le Robert
& Collins

espagnol

français-espagnol
espagnol-français

leRobert Collins

HarperCollins Publishers
Westerhill Road
Bishopbriggs
Glasgow
G64 2QT
Great Britain

Cuarta edición/Quatrième
édition 2006

Reimpresión/Réimpression 2008

© William Collins Sons & Co.
Ltd 1980
© HarperCollins Publishers
1999, 2003, 2006

Collins Gem® is a registered
trademark of HarperCollins
Publishers Limited

www.collins.co.uk

Dictionnaires Le Robert
25, avenue Pierre de Coubertin,
75211 Paris cedex 13, France

ISBN 978-2-84902-201-6

Dépôt légal janvier 2006
Suite du premier tirage
Achevé d'imprimer en
janvier 2008

Random House Mondadori, S.A.
Travessera de Gràcia 47–49,
08021 Barcelona

www.diccionarioscollins.com

ISBN 978-84-253-4130-4

Fotocomposición/
Photocomposition
Morton Word Processing Ltd,
Scarborough

Impreso en Italia por/
Imprimé en Italie par
Legoprint S.p.A.

Reservados todos los derechos/
Tous droits réservés

REDACTORES/RÉDACTION
Teresa Alvarez García
Jean-Benoît Ormal-Grenon
Christine Penman
Christian Salzedo

COORDINACIÓN/COORDINATION
Sharon J. Hunter

AYUDANTE DE REDACCIÓN/
SECRÉTARIAT DE RÉDACTION
Emma Aeppli
Gaëlle Amiot-Cadey
Susie Beattie
Laurent Jouet
Cordelia Lilly

INFORMÁTICA/
INFORMATION ÉDITORIALE
John Podbielski

COLECCIÓN DIRIGIDA POR/
COLLECTION DIRIGÉE PAR
Lorna Knight

TABLE DES MATIÈRES

ÍNDICE

ABRÉVIATIONS

ABREVIATURAS

abréviation	**abr**	abreviatura
adjectif	**adj**	adjetivo
administration	**ADMIN**	administración
adverbe	**adv**	adverbio
agriculture	**AGR**	agricultura
quelqu'un	**algn**	alguien
Amérique Latine	**AM**	América Latina
anatomie	**ANAT**	anatomía
Andes	**AND**	Andes
architecture	**ARQ, ARCHIT**	arquitectura
automobile	**AUTO**	automóvil
aviation	**AVIAT**	aviación
biologie	**BIO(L)**	biología
botanique	**BOT**	botánica
chimie	**CHIM**	química
cinéma	**CINE, CINÉ**	cine
commerce	**COM(M)**	comercio
conjonction	**conj**	conjunción
construction	**CONSTR**	construcción
Argentine, Chili et Uruguay	**CSUR**	Cono Sur
Cuba	**CU**	Cuba
cuisine	**CULIN**	cocina
économie	**ECON, ÉCON**	economía
électricité, électronique	**ELEC, ÉLEC**	electricidad, electrónica
enseignement	**ESCOL**	escolar
Espagne	**ESP**	España
surtout	**esp**	especialmente
exclamation	**excl**	exclamación
féminin	**f**	femenino
familier	**fam**	familiar
vulgaire	**fam!**	vulgar
chemins de fer	**FERRO**	ferrocarril
figuré	**fig**	figurado
finance	**FIN**	finanzas
physique	**FIS**	física
photographie	**FOTO**	fotografía
en général, généralement	**gen, gén**	generalmente
géographie	**GEO, GÉO**	geografía
géométrie	**GEOM, GÉOM**	geometría
histoire	**HIST**	historia
industrie	**IND**	industria
informatique	**INFORM**	informática
invariable	**inv**	invariable
juridique	**JUR**	jurídico
linguistique	**LING**	lingüística
littérature	**LIT(T)**	literatura
masculin	**m**	masculino

ABRÉVIATIONS

ABREVIATURAS

mathématiques	MAT, MATH	matemáticas
médecine	MED, MÉD	medicina
météorologie	MÉTÉO	meteorología
Mexique	MÉX, MEX	México
domaine militaire	MIL	militar
musique	MÚS, MUS	música
nom	n	nombre
nautisme	NÁUT, NAUT	náutica
Panama	PAN	Panamá
Pérou	PE	Perú
péjoratif	pey, péj	peyorativo
photographie	PHOTO	fotografía
physique	PHYS	física
physiologie	PHYSIOL	fisiología
pluriel	pl	plural
politique	POL	política
participe passé	pp	participio de pasado
préfixe	pref, préf	prefijo
préposition	prep, prép	preposición
pronom	pron	pronombre
psychologie	PSICO, PSYCH	psicología
quelque chose	qch	algo
quelqu'un	qn	alguien
chimie	QUÍM	química
chemins de fer	RAIL	ferrocarril
religion	REL	religión
enseignement	SCOL	escolar
singulier	sg	singular
subjonctif	subjun	subjuntivo
sujet	suj	sujeto
aussi	tb	también
technique	TEC(H)	técnica, tecnología
télécommunications	TELEC, TÉL	telecomunicaciones
typographie	TIP	tipografía
télévision	TV	televisión
typographie	TYPO	tipografía
université	UNIV	universitario
verbe	vb	verbo
Venezuela	VEN	Venezuela
verbe intransitif	vi	verbo intransitivo
verbe pronominal	vpr	verbo pronominal
verbe transitif	vt	verbo transitivo
zoologie	ZOOL	zoología
marque déposée	®	marca registrada
indique une équivalence culturelle	≈	indica un equivalente cultural

LA PRONONCIATION DE L'ESPAGNOL

La prononciation de l'espagnol pose peu de problèmes
francophone, du moins lorsqu'il s'agit de se faire comprendre sa
essayer de passer pour un hispanophone. Nous ne montrerons
donc ici pour mémoire que la dizaine de lettres ou groupes
lettres qui correspondent à une prononciation très différente
celle à laquelle le francophone pourrait s'attendre.

CONSONNES

ci, ce	le **c** se prononce comme le *th* anglais dans *thin*: on appelle ce son une dentale fricative sourde
ch	se prononcent *tch*
gi, ge, j	le son représenté ici par le **g** ou le **j** se prononce approximativement comme le *ch* de *nach* en allemand: on l'appelle une vélaire fricative sourde
ll	se prononcent approximativement comme le *lli* de *million*
ñ	se prononce comme le *gn* de *agneau*
r, rr	le **r** espagnol est roulé, le **rr** doublement roulé
v	se prononce approximativement comme *b* (un b prononcé de façon douce): on appelle ce son une bilabiale fricative sonore
z	se prononce comme le *th* anglais dans *thin*: on appelle ce son une dentale fricative sourde

VOYELLES

e	n'est jamais muet, mais se prononce toujours, comme un *é* ou *è*
u	se prononce comme le *ou* de *cou* (mais reste muet dans les groupes **gue, gui**)
an, en etc	il n'y a pas de nasales en espagnol: **tanto** se prononce *tann-to*, **viento** *bienne-to* etc

DIPHTONGUES

ai, ay	se prononcent *aille* comme dans *bataille*
ei, ey	se prononcent *eille* comme dans *bouteille*
oi, oy	se prononcent comme on prononcerait *oille*
eu	se prononcent *é-ou*: **deuda** *dé-ouda*
au	se prononcent *ao*: **causa** *kao-sa*

L'ACCENT TONIQUE

Il est très important pour être compris de placer correctement l'accent tonique. Voici les règles à observer:

) mot se terminant par une voyelle (sauf *y*), par *n* ou *s*:
  accent sur l'avant-dernière syllabe
  apar**ta**mento, ha**bla**mos, **co**men, **ma**dre

) mot se terminant par *y*, par une consonne (sauf *n* ou *s*):
  accent sur la dernière syllabe
  ca**rey**, ciu**dad**, ha**blar**, des**leal**

) Les exceptions sont signalées dans l'orthographe espagnole par un accent (aigu) marquant la syllabe accentuée:
  inte**rés**, co**mún**, dactil**ó**grafo, **glán**dula

TRANSCRIPCIÓN FONÉTICA DEL FRANCÉS

CONSONANTES

poupée poupe	**p**	**f**	*fer phare gaffe paraphe*	
bombe	**b**	**v**	*valve*	
tente thermal	**t**	**l**	*lent salle sol*	
dinde	**d**	**R**	*rare venir rentrer*	
coq qui képi sac pastèque	**k**	**m**	*maman femme*	
gag gare bague gringalet	**g**	**n**	*non nonne*	
sale ce ça dessous	**s**	**ɲ**	*gnôle agneau vigne*	
nation pouce tous		**h**	*hop! (avec h aspiré)*	
zéro maison rose	**z**	**j**	*yeux paille pied hier*	
chat tache	**ʃ**	**w**	*nouer oui*	
gilet juge	**ʒ**	**ɥ**	*huile lui*	

VOCALES

ici vie lyre	**i**	**œ**	*beurre peur*	
jouer été fermée	**e**	**ø**	*peu deux*	
lait jouet merci	**ɛ**	**ɔ**	*mort or homme*	
patte plat amour	**a**	**o**	*geôle mot dôme eau gauche chevaux*	
bas pâte	**ɑ**	**u**	*genou roue*	
le premier	**ə**	**y**	*rue vêtu urne*	
matin plein brin	**ɛ̃**	**ɑ̃**	*vent sang an dans*	
brun	**œ̃**	**ɔ̃**	*bon ombre*	

DIVERSOS

para el francés: no hay enlace	**'**	pour l'espagnol: précède la syllabe accentué

viii

FRANÇAIS – ESPAGNOL
FRANCÉS – ESPAÑOL

A, a

a [a] *vb voir* **avoir**

MOT-CLÉ

à [a] (*à + le* = **au**, *à + les* = **aux**) *prép* **1** (*endroit, situation*) en; **être à Paris/au Portugal** estar en París/en Portugal; **être à la maison/à l'école/au bureau** estar en casa/en el colegio/en la oficina; **être à la campagne** estar en el campo; **c'est à 10 km/à 20 minutes (d'ici)** está a 10 km/a 20 minutos (de aquí); **à la radio/télévision** en la radio/televisión
2 (*direction*) a; **aller à Paris/au Portugal** ir a París/a Portugal; **aller à la maison/à l'école/au bureau** ir a casa/al colegio/a la oficina; **aller à la campagne** ir al campo
3 (*temps*) a; **à 3 heures/à minuit** a las tres/a medianoche; **à demain/lundi/la semaine prochaine!** ¡hasta mañana/el lunes/la semana que viene!; **au printemps/au mois de juin** en primavera/el mes de junio; **à cette époque là** en aquella época; **nous nous verrons à Noël** nos veremos por Navidad; **visites de 5 h à 6 h** visitas de 5 a 6
4 (*attribution, appartenance*) de; **le livre est à lui/à nous/à Paul** el libro es suyo/nuestro/de Pablo; **un ami à moi** un amigo mío; **donner qch à qn** dar algo

a algn
5 (*moyen*): **se chauffer au gaz/à l'électricité** calentarse con gas/con electricidad; **à bicyclette** en bicicleta; **à pied** a pie; **à la main/machine** a mano/máquina; **pêcher à la ligne** pescar con caña
6 (*provenance*) de; **boire à la bouteille** beber de la botella
7 (*caractérisation, manière*): **l'homme aux yeux bleus/à la veste rouge** el hombre de ojos azules/de la chaqueta roja; **café au lait** café con leche; **à sa grande surprise** para su gran sorpresa; **à ce qu'il prétend** según pretende (él); **à l'européenne/la russe** a la europea/la rusa; **à nous trois nous n'avons pas su le faire** no hemos sabido hacerlo entre los tres
8 (*but, destination: de choses ou personnes*): **tasse à café** taza de café; **"à vendre"** "se vende"; **à bien réfléchir** pensándolo bien; **problèmes à régler** problemas *mpl* por solucionar
9 (*rapport, évaluation, distribution*): **100 km/unités à l'heure** 100 km/unidades por hora; **payé au mois/à l'heure** pagado por mes/por hora; **cinq à six** cinco a seis; **ils sont arrivés à quatre** llegaron cuatro

abaisser [abese] *vt* bajar; (*fig*)

rebajar

abandon [abɑ̃dɔ̃] *nm* abandono;
  être à l'~ estar abandonado(-a);
  laisser à l'~ abandonar
abandonner [abɑ̃dɔne] *vt*
  abandonar ♦ *vi* (SPORT) abandonar;
  (INFORM) salir; **~ qch à qn**
  entregar algo a algn
abat-jour [abaʒuʀ] *nm inv*
  pantalla
abats [aba] *vb voir* **abattre** ♦
  nmpl (CULIN) menudos *mpl*
abattement [abatmɑ̃] *nm*
  (déduction) deducción *f*; **~ fiscal**
  deducción fiscal
abattoir [abatwaʀ] *nm* matadero
abattre [abatʀ] *vt* (arbre) talar;
  (mur, maison, avion) derribar;
  (tuer) matar; (déprimer) desanimar;
  s'~ *vpr* (mât, malheur) caerse;
  s'~ sur caer sobre; **~ du travail**
  (ou de la besogne) trabajar
  duro
abbaye [abei] *nf* abadía
abbé [abe] *nm* (d'une abbaye)
  abad *m*
abcès [apsɛ] *nm* absceso
abdiquer [abdike] *vi* abdicar ♦ *vt*
  (pouvoir, dignité) renunciar a
abdominal, e, -aux
  [abdɔminal, o] *adj* abdominal;
  abdominaux *nmpl* abdominales
  mpl; **faire des abdominaux**
  hacer abdominales
abeille [abɛj] *nf* abeja
aberrant, e [abeʀɑ̃, ɑ̃t] *adj*
  aberrante
aberration [abeʀasjɔ̃] *nf*
  aberración *f*
abîme [abim] *nm* abismo
abîmer [abime] *vt* estropear; **s'~**
  vpr estropearse; (fig) abismarse
aboiement [abwamɑ̃] *nm* ladrido
abolir [abɔliʀ] *vt* abolir
abominable [abɔminabl] *adj*

abominable
abondance [abɔ̃dɑ̃s] *nf*
  abundancia
abondant, e [abɔ̃dɑ̃, ɑ̃t] *adj*
  abundante; **abonder** *vi* abundar
abonné, e [abɔne] *adj* (à un
  journal) suscrito(-a); (au téléphone)
  abonado(-a) ♦ *nm/f* (au téléphone,
  à l'opéra) abonado(-a); (à un
  journal) suscriptor(a)
abonnement [abɔnmɑ̃] *nm* (à un
  journal) suscripción *f*; (transports
  en commun, théâtre) abono
abonner [abɔne] *vt*: **~ qn à**
  (revue) suscribir a algn a; **s'~** *vpr*:
  s'~ à (revue) suscribirse a;
  (téléphone) abonarse a
abord [abɔʀ] *nm*: **être d'un ~
  facile/difficile** ser de fácil/difícil
  acceso; **~s** *nmpl* (d'un lieu)
  alrededores *mpl*; **d'~** primero, en
  primer lugar; **de prime ~, au
  premier** a primera vista
abordable [abɔʀdabl] *adj*
  (personne) accesible; (prix,
  marchandise) asequible
aborder [abɔʀde] *vi* abordar ♦ *vt*
  abordar
aboutir [abutiʀ] *vi* tener éxito; **~
  à/dans/sur** (lieu) dar a
aboyer [abwaje] *vi* ladrar
abréger [abʀeʒe] *vt* acortar
abreuver [abʀœve] *vt* abrevar;
  (fig): **~ qn de** (injures) saciar a
  algn de; **s'~** *vpr* (fam) beber hasta
  reventar; **abreuvoir** *nm*
  abrevadero
abréviation [abʀevjasjɔ̃] *nf*
  abreviatura
abri [abʀi] *nm* refugio; **à l'~** (des
  intempéries, financièrement) a
  cubierto; (de l'ennemi) a salvo; **à
  l'~ de** (fig: erreur) protegido(-a)
  contra
abricot [abʀiko] *nm* albaricoque

m, damasco (AM)

abriter [abʀite] vt (*lieu*)
resguardar; **s'~** vpr resguardarse

abrupt, e [abʀypt] adj
abrupto(-a); (*personne, ton*)
rudo(-a)

abruti, e [abʀyti] (*fam*) nm/f
tonto(-a)

absence [apsɑ̃s] nf ausencia

absent, e [apsɑ̃, ɑ̃t] adj, nm/f
ausente m/f; **absenter**:
s'absenter vpr ausentarse

absolu, e [apsɔly] adj
absoluto(-a); **absolument** adv
(*oui*) sí, por supuesto

absorbant, e [apsɔʀbɑ̃, ɑ̃t] adj
absorbente

absorber [apsɔʀbe] vt absorber;
(*manger, boire*) tomar

abstenir [apstəniʀ]: **s'~** vpr
abstenerse; **s'~ de qch/de faire**
privarse de algo/de hacer

abstrait, e [apstʀɛ, ɛt] adj
abstracto(-a)

absurde [apsyʀd] adj absurdo(-a)

abus [aby] nm abuso; **abuser** vi
abusar; **abuser de** abusar de;
abusif, -ive adj abusivo(-a)

académie [akademi] nf
academia; (UNIV) ≃ distrito
universitario

Académie française

La Académie française *fue
fundada por el cardenal Richelieu
en 1635 durante el reinado de
Luis XIII. Consta de cuarenta
eruditos y escritores electos a los
que se conoce como "les
Quarante" o "les Immortels". Una
de las funciones de la Academia
es regular el desarrollo de la
lengua francesa y sus
recomendaciones son con
frecuencia objeto de encendido*
*debate. Ha publicado varias
ediciones de su conocido
diccionario y concede diversos
premios literarios.*

acajou [akaʒu] nm caoba

acariâtre [akaʀjɑtʀ] adj
desabrido(-a)

accablant, e [akablɑ̃, ɑ̃t] adj
(*témoignage, preuve*)
abrumador(-a); (*chaleur, poids*)
agobiante

accabler [akable] vt
(*physiquement*) agobiar;
(*moralement*) abatir; (*suj: preuves,
témoignage*) inculpar; **~ qn
d'injures/de travail** colmar a
algn de injurias/de trabajo

accalmie [akalmi] nf calma,
tregua

accaparer [akapaʀe] vt acaparar

accéder [aksede]: **~ à** vt ind
(*lieu*) tener acceso a; (*fig*) acceder
a

accélérateur [akseleʀatœʀ] nm
acelerador m

accélérer [akseleʀe] vt, vi
acelerar

accent [aksɑ̃] nm acento; **mettre
l'~ sur** (*fig*) hacer hincapié en; **~
aigu/circonflexe/grave**
acento agudo/circunflejo/grave;
accentuer vt acentuar;
s'accentuer vpr acentuarse

acceptation [akseptasjɔ̃] nf
aceptación f, admisión f

accepter [aksepte] vt aceptar; **~
de faire** aceptar hacer

accès [aksɛ] nm acceso ♦ nmpl
(*routes, entrées*) accesos mpl; **~ de
colère** arrebato; **accessible**
adj accesible; (*prix, objet*)
asequible; (*livre, sujet*):
accessible (à qn) accesible (a

algn)

accessoire [akseswaʀ] *adj* secundario(-a) ♦ *nm* accesorio

accident [aksidã] *nm* accidente *m*; (*événement fortuit*) incidente *m*; **par ~** por accidente;

accidenté, e *adj* accidentado(-a); (*voiture*) estropeado(-a), dañado(-a);

accidentel, le *adj* accidental; (*fortuit*) casual

acclamer [aklame] *vt* aclamar

acclimater [aklimate] *vt* aclimatar; **s'~** *vpr* aclimatarse

accolade [akɔlad] *nf* abrazo

accommoder [akɔmɔde] *vt* (*CULIN*) aliñar; **s'~** *vpr*: **s'~ de** contentarse con

accompagnateur, -trice [akɔ̃paɲatœʀ, tʀis] *nm/f* acompañante *m/f*

accompagner [akɔ̃paɲe] *vt* acompañar

accompli, e [akɔ̃pli] *adj* consumado(-a)

accomplir [akɔ̃pliʀ] *vt* cumplir

accord [akɔʀ] *nm* (*entente*) acuerdo; (*consentement, autorisation*) consentimiento; (*MUS*) acorde *m*; **se mettre d'~** ponerse de acuerdo; **être d'~ (pour faire/que)** estar de acuerdo (en hacer/en que); **d'~!** ¡de acuerdo!

accordéon [akɔʀdeɔ̃] *nm* acordeón *m*

accorder [akɔʀde] *vt* (*faveur, délai*) conceder; (*MUS*) afinar; **~ de l'importance/de la valeur à qch** dar importancia/valor a algo

accoster [akɔste] *vt* (*NAUT*) acostar ♦ *vt* acostar

accouchement [akuʃmã] *nm* parto

accoucher [akuʃe] *vi, vt* dar a luz

accouder [akude] *vb*: **s'~ à/sur** acodarse en/sobre; **accoudoir** *nm* brazo

accoupler [akuple] *vb*: **s'~** *vpr* aparearse

accourir [akuʀiʀ] *vi* precipitarse

accoutumance [akutymãs] *nf* (*au climat*) adaptación *f*

accoutumé, e [akutyme] *adj* acostumbrado(-a)

accoutumer [akutyme] *vb*: **s'~ à qch/à faire** acostumbrarse a algo/a hacer

accroc [akʀo] *nm* (*déchirure*) desgarrón *m*; **sans ~s** (*fig*) sin contratiempos

accrochage [akʀɔʃaʒ] *nm* (*accident*) choque *m*

accrocher [akʀɔʃe]: **~ à** *vt ind* (*vêtement, tableau*) colgar en; (*véhicule*) chocar con; (*déchirer: robe, pull*) rasgar; (*fig: regard, client*) atraer; **s'~** *vpr* (*MIL, se disputer*) pelearse; **s'~ à** (*agripper*) agarrarse a; (*personne*) pegarse a

accroissement [akʀwasmã] *nm* aumento

accroître [akʀwatʀ]: **s'~** *vpr* acrecentarse

accroupir [akʀupiʀ]: **s'~** *vpr* ponerse en cuclillas

accru, e [akʀy] *adj* acrecentado(-a)

accueil [akœj] *nm* acogida; **centre/comité d'~** centro/comité de recepción;

accueillir *vt* (*recevoir, saluer*) acoger; (*loger*) alojar

accumuler [akymyle] *vt* acumular; **s'~** *vpr* acumularse

accusation [akyzasjɔ̃] *nf* acusación *f*; **l'~** (*JUR*) la acusación; **mettre qn en ~** iniciar causa en contra de algn

accusé, e [akyze] *adj, nm/f*

acusado(-a); ~ de réception nm acuse de recibo

accuser [akyze] vt acusar; (fig: souligner) acentuar; **~ qn de qch** acusar a algn de algo; **~ réception de** acusar recibo de

acéré, e [asere] adj acerado(-a)

acharné, e [aʃaʀne] adj encarnizado(-a)

acharner [aʃaʀne] vb: **s'~ contre/sur** ensañarse con

achat [aʃa] nm compra; **faire des ~s** ir de compras

acheter [aʃ(ə)te] vt comprar; **~ qch à qn** comprar algo a algn; **acheteur, -euse** nm/f comprador(a)

achever [aʃ(ə)ve] vt acabar, finalizar; **s'~** vpr acabarse

acide [asid] adj ácido(-a) ♦ nm ácido; **acidulé** adj ácido(-a); **bonbons acidulés** caramelos mpl ácidos

acier [asje] nm acero; **~ inoxydable** acero inoxidable; **aciérie** nf acería

acné [akne] nf acné f

acompte [akɔ̃t] nm (arrhes) señal f; (sur somme due) adelanto

à-côté [akote] nm (point accessoire) cuestión f secundaria; (argent: aussi pl) dinero extra m

à-coup [aku] nm **sans ~~s** sin interrupción; **par ~~s** a tirones

acoustique [akustik] nf acústica

acquéreur [akeʀœʀ] nm comprador(a)

acquérir [akeʀiʀ] vt comprar

acquis, e [aki, iz] pp de **acquérir** ♦ nm (savoir, expérience) conocimientos mpl ♦ nmpl: **les ~ sociaux** los logros sociales

acquitter [akite] vt (accusé) absolver

âcre [ɑkʀ] adj acre

acrobate [akʀɔbat] nm/f acróbata m/f

acrobatie [akʀɔbasi] nf acrobacia

acte [akt] nm (THÉÂTRE, action) acto; (document) acta; **~s** nmpl (compte-rendu) actas fpl; **faire ~ de candidature** presentar una candidatura

acteur, -trice [aktœʀ, tʀis] nm/f actor (actriz)

actif, -ive [aktif, iv] adj activo(-a) ♦ nm activo; **l'~ et le passif** el activo y el pasivo

action [aksjɔ̃] nf acción f; (déploiement d'énergie) actividad f; **une bonne/mauvaise ~** una buena/mala acción; **actionnaire** nm/f accionista m/f; **actionner** vt accionar

activer [aktive]: **s'~** vpr (se presser) apresurarse; (s'affairer) trajinar

activité [aktivite] nf actividad f

actrice [aktʀis] nf voir **acteur**

actualité [aktɥalite] nf actualidad f; **~s** nfpl: **les ~s** las noticias; **l'~ politique/sportive** la actualidad política/deportiva

actuel, le [aktɥɛl] adj actual; **actuellement** adv actualmente

acupuncture [akypɔ̃ktyʀ] nf acupuntura

adaptateur, -trice [adaptatœʀ, tʀis] nm (ÉLEC) adaptador m

adapter [adapte] vt: **~ à** adaptar a; **s'~** vpr (personne): **s'~ (à)** adaptarse (a)

addition [adisjɔ̃] nf (MATH) adición f; (au restaurant) cuenta; **additionner** vt sumar

adepte [adɛpt] nm/f (d'une religion) adepto(-a); (d'un sport) partidario(-a)

adéquat, e [adekwa(t), at] adj adecuado(-a)

adhérent, e [aderã, ãt] *adj*
adherente ♦ *nm/f* miembro *m/f*
adhérer [adere] *vi* adherirse: **~ à**
♦ *vt ind (coller)* adherir a; *(devenir
membre de)* afiliarse a; **adhésif,
-ive** *adj* adhesivo(-a) ♦ *nm*
adhesivo
adieu [adjø] *excl* ¡adiós! ♦ *nm*
adiós *msg*; **dire ~ à qn** decir
adiós a algn
adjectif, -ive [adʒɛktif, iv] *nm*
adjetivo
adjoint, e [adʒwɛ̃, wɛ̃t] *nm/f*
adjunto(-a); **directeur adjoint**
director *m* adjunto; **~ au maire**
teniente *m* alcalde
admettre [admɛtʀ] *vt* admitir;
(candidat) admitir, aprobar;
admettons que ... admitamos
que ...
administrateur, -trice
[administʀatœʀ, tʀis] *nm/f*
administrador(a)
administration [administʀasjɔ̃]
nf administración *f*
administrer [administʀe] *vt*
administrar
admirable [admiʀabl] *adj*
admirable
admirateur, -trice [admiʀatœʀ,
tʀis] *nm/f* admirador(a)
admiration [admiʀasjɔ̃] *nf*
admiración *f*
admirer [admiʀe] *vt* admirar
admis, e [admi, iz] *pp de*
admettre
admissible [admisibl] *adj*
(candidat) admitido(-a);
(comportement: gén nég) admisible
ADN [adeɛn] *sigle m* (= *acide
désoxyribonucléique*) ADN *m*
adolescence [adɔlesɑ̃s] *nf*
adolescencia
adolescent, e [adɔlesɑ̃, ɑ̃t] *nm/f*
adolescente *m/f*

adopter [adɔpte] *vt (projet de loi)*
aprobar; *(politique, enfant)*
adoptar; **adoptif, -ive** *adj*
adoptivo(-a)
adorable [adɔʀabl] *adj* adorable
adorer [adɔʀe] *vt* adorar
adosser [adose] *vt*: **s'~ à/
contre** respaldarse en/contra
adoucir [adusiʀ] *vt* suavizar;
(peine, douleur) aliviar
adresse [adʀɛs] *nf (habileté)*
habilidad *f*; *(domicile)* dirección *f*
adresser [adʀese] *vt (expédier)*
enviar; *(écrire l'adresse sur)* poner
la dirección en; *(injure,
compliments)* dirigir; **s'~** *vpr*: **s'~
à** dirigirse a; *(suj: livre, conseil)*
estar dirigido(-a) a; **~ la parole à
qn** dirigir la palabra a algn
adroit, e [adʀwa, wat] *adj* hábil
adulte [adylt] *nm/f* adulto(-a)
adverbe [advɛʀb] *nm* adverbio
adversaire [advɛʀsɛʀ] *nm/f*
adversario(-a)
aération [aeʀasjɔ̃] *nf (circulation
de l'air)* ventilación *f*
aérer [aeʀe] *vt (pièce, literie)*
ventilar
aérien, ne [aeʀjɛ̃, jɛn] *adj*
aéreo(-a); **ligne ~e** línea aérea
aéro... [aeʀo] *préfixe*: **aérogare**
nf terminal *f*; *(en ville)* estación *f*
terminal; **aéroglisseur** *nm*
aerodeslizador *m*
aéronaval, e, -aux [aeʀonaval,
o] *adj* aeronaval ♦ *nf*: **l'A~e** las
Fuerzas aeronavales; **aérophagie**
nf aerofagia; **aéroport** *nm*
aeropuerto; **aérosol** *nm* aerosol
m
affaiblir [afebliʀ] *vt* debilitar; **s'~**
vpr debilitarse
affaire [afɛʀ] *nf (problème,
question)* asunto; *(scandale)*
escándalo; *(criminelle, judiciaire)*

caso; (*entreprise, magasin*) negocio, empresa; (*marché, transaction*) negocio; (*occasion intéressante*) cosas *fpl*; **ce sont mes/tes ~s** (*cela me/te concerne*) es asunto mío/tuyo; **ceci fera l'~** esto bastará; **avoir ~ à qn/qch** (*comme contact*) estar en relación con algo/algn; **c'est une ~ de goût/d'argent** es una cuestión de gusto/dinero; **les A~s étrangères** Asuntos Exteriores; **affairer: s'affairer** *vpr* afanarse

affamé, e [afame] *adj* hambriento(-a)

affecter [afekte] *vt* (*toucher, émouvoir*) conmover, afectar; (*feindre*) fingir

affectif, -ive [afektif, iv] *adj* afectivo(-a)

affection [afeksjɔ̃] *nf* afecto, cariño; **affectionner** *vt* querer; **affectueux, -euse** afectuoso(-a)

affichage [afiʃaʒ] *nm* anuncio; (*électronique*) marcador *m*; **"~ interdit"** "se prohíbe fijar carteles"

affiche [afiʃ] *nf* cartel *m*, afiche *m* (*AM*); (*officielle*) anuncio

afficher [afiʃe] *vt* anunciar; (*électroniquement*) marcar; (*fig, péj*) ostentar

affilée [afile] : **d'~** *adv* de un tirón

affirmatif, -ive [afirmatif, iv] *adj* (*réponse*) afirmativo(-a)

affirmer [afirme] *vt* afirmar

affligé, e [afliʒe] *adj* afligido(-a); **~ d'une maladie/tare** aquejado(-a) por una enfermedad/tara

affliger [afliʒe] *vt* afligir

affluence [aflyɑ̃s] *nf* afluencia; **heure/jour d'~** hora/día *m* de afluencia

affluent [aflyɑ̃] *nm* afluente *m*

affolant, e [afɔlɑ̃, ɑ̃t] *adj* enloquecedor(a)

affolement [afɔlmɑ̃] *nm* pánico

affoler [afɔle] *vt* asustar; **s'~** *vpr* asustarse

affranchir [afrɑ̃ʃir] *vt* (*lettre, paquet*) franquear; (*esclave*) libertar; **affranchissement** *nm* (*POSTES*) franqueo

affreux, -euse [afrø, øz] *adj* horrible

affront [afrɔ̃] *nm* afrenta; **affrontement** *nm* enfrentamiento

affronter [afrɔ̃te] *vt* (*adversaire*) afrontar, hacer frente a; (*tempête, critiques*) afrontar

affût [afy] *nm*: **à l'~ (de)** al acecho de(-a)

afin [afɛ̃]: **~ que** *conj* a fin de que; **~ de faire** a fin de hacer, con el fin de hacer

africain, e [afrikɛ̃, ɛn] *adj* africano(-a) ♦ *nm/f*: **A~, e** africano(-a)

Afrique [afrik] *nf* África; **~ australe/du Nord/du Sud** África austral/del Norte/del Sur

agacer [agase] *vt* molestar

âge [ɑʒ] *nm* edad *f*; **quel ~ as-tu?** ¿qué edad tienes?; **troisième ~** tercera edad; **âgé, e** *adj* de edad; **âgé de 10 ans** de 10 años de edad; **les personnes âgées** los ancianos

agence [aʒɑ̃s] *nf* agencia; (*succursale*) sucursal *f*; **~ immobilière/matrimoniale** agencia inmobiliaria/matrimonial

agenda [aʒɛ̃da] *nm* agenda

agenouiller [aʒ(ə)nuje]: **s'~** *vpr*

arrodillarse

agent, e [aʒã, ãt] nm/f (ADMIN)
funcionario(-a) ♦ nm (élément, facteur) agente m, factor m; **~ (de
police)** policía m, agente (AM); **~
immobilier** agente inmobiliario

agglomération [aɡlɔmeʀasjɔ̃] nf
aglomeración f; **l'~ parisienne**
el área metropolitana de París

aggraver [aɡʀave] vt agravar,
empeorar; **s'~** vpr agravarse

agile [aʒil] adj ágil

agir [aʒiʀ] vi actuar; (avoir de
l'effet) hacer efecto; **s'~** vpr: **il
s'agit de faire** se trata de hacer;
il s'agit de se trata de; **de quoi
s'agit-il?** ¿de qué se trata?

agitation [aʒitasjɔ̃] nf agitación f

agité, e [aʒite] adj (gén enfant)
revoltoso(-a); (vie, personne)
agitado(-a); **une mer ~e** un mar
agitado ou revuelto

agiter [aʒite] vt agitar; (personne)
inquietar

agneau [aɲo] nm cordero

agonie [aɡɔni] nf agonía f

agrafe [aɡʀaf] nf (MÉD, de bureau)
grapa; **agrafer** vt (des feuilles de
papier) grapar; **agrafeuse** nf
grapadora

agrandir [aɡʀãdiʀ] vt agrandar,
ampliar; **s'~** vpr agrandarse;
agrandissement nm (PHOTO)
ampliación f

agréable [aɡʀeabl] adj agradable

agréé, e [aɡʀee] adj: **magasin/
concessionnaire ~** estableci-
miento/concesionario autorizado

agréer [aɡʀee] vt: **veuillez ~ ...**
le saluda ...

agrégation [aɡʀegasjɔ̃] nf
oposición f; **agrégé, e** nm/f
catedrático(-a)

agrément [aɡʀemɑ̃] nm (accord)
consentimiento

agresser [aɡʀese] vt agredir;
agresseur nm agresor(a);
agressif, -ive adj agresivo(-a);
(couleur, toilette) provocador(a)

agricole [aɡʀikɔl] adj agrícola;
agriculteur, -trice nm/f
agricultor(a); **agriculture** nf
agricultura

agripper [aɡʀipe] vt agarrar; **s'~**
vpr: **s'~ à** agarrarse a, aferrarse a

agro-alimentaire
[aɡʀoalimɑ̃tɛʀ] (pl **~~s**) adj
agroalimenticio(-a)

agrumes [aɡʀym] nmpl agrios
mpl

aguets [aɡɛ] nmpl: **être aux ~**
estar al acecho

ai [e] vb voir **avoir**

aide [ɛd] nf ayuda ♦ nm/f
ayudante m/f; **à l'~ de** con (la)
ayuda de; **appeler (qn) à l'~**
pedir ayuda (a algn); **aide-
éducateur, -trice** (pl **aides-
éducateurs, -trices**) nm/f
ayudante m/f de clase; **~
judiciaire** nf ayuda judicial;
aide-mémoire nm inv
memorándum m

aider [ede] vt ayudar; **s'~ de** vpr
ayudarse de, servirse de; **~ à**
(faciliter, favoriser) ayudar a;
aide-soignant, e nm/f (pl **aides-
soignants, es**) nm/f auxiliar m/f
de enfermería

aie etc [ɛ] vb voir **avoir**

aïe [aj] excl ¡ay!

aigle [ɛɡl] nm águila

aigre [ɛɡʀ] adj agrio(-a); **aigre-
doux, -douce** (pl **aigres-
doux, -douces**) adj agridulce;
aigreur nf acidez f; (d'un propos)
acritud f; **aigreurs d'estomac**
acidez de estómago

aigu, ë [egy] adj (objet, arête)
afilado(-a); (voix, note, douleur)

aigudo(-a)

aiguille [egɥij] nf aguja; **~ à
tricoter** aguja de tejer

aiguiser [egize] vt afilar; (fig)
aguzar

ail [aj] nm ajo

aile [ɛl] nf ala; (de voiture) aleta;
ailier nm tercera fila

aille etc [aj] vb voir **aller**

ailleurs [ajœʀ] adv en otra parte;
partout/nulle part ~ en
cualquier/en ninguna parte;
d'~ además; **par ~** por otra parte

aimable [embl] adj amable

aimant, e [emã, ãt] adj
afectuoso(-a) ♦ nm imán m

aimer [eme] vt (d'amour) querer,
amar; (d'amitié, affection) querer;
(chose, activité) gustar; **bien ~
qn/qch** querer mucho a algn/
algo; **je t'aime** te quiero;
j'aimerais autant ou **mieux y
aller maintenant** preferiría ir
ahora

aine [ɛn] nf ingle f

aîné, e [ene] adj mayor ♦ nm/f
primogénito(-a)

ainsi [ɛ̃si] adv (de cette façon) de
este modo; (ce faisant) así ♦ conj
entonces; **~ que** (comme) así
como; (et aussi) y también; **et ~
de suite** y así sucesivamente

air [ɛʀ] nm aire m; (expression,
attitude) aspecto; **prendre l'~**
tomar el aire; **avoir l'~** parecer,
verse (AM); **il a l'~ de manger/
dormir/faire** parece que está
comiendo/durmiendo/haciendo;
avoir l'~ d'un homme/clown
parecer un hombre/payaso

aisance [ɛzãs] nf (facilité)
facilidad f

aise [ɛz] nf (confort) comodidad f;
(financière) desahogo; **~s** nfpl:
prendre ses ~s instalarse a sus

anchas; **être à l'~** ou **à son ~**
estar a gusto; (pas embarrassé)
estar a sus anchas; (financièrement)
estar desahogado(-a); **se mettre
à l'~** ponerse a gusto; **être mal
à l'~** ou **à son ~** estar a
disgusto; **aisé, e** adj (facile) fácil;
(assez riche) acomodado(-a)

aisselle [ɛsɛl] nf axila

ait [ɛ] vb voir **avoir**

ajonc [aʒɔ̃] nm aulaga

ajourner [aʒuʀne] vt (débat,
décision) aplazar, postergar (AM)

ajouter [aʒute] vt añadir, agregar
(esp AM)

alarme [alaʀm] nf (signal) alarma;
donner l'~ dar la alarma;
alarmer vt alarmar

album [albɔm] nm álbum m; **~ à
colorier/de timbres** álbum
para colorear/de sellos

albumine [albymin] nf albúmina;
avoir ou **faire de l'~** tener
albúmina

alcool [alkɔl] nm: **l'~** el alcohol;
un ~ un licor; **~ à 90°** alcohol
de 90°; **~ à brûler** alcohol de
quemar; **alcoolique** adj, nm/f
alcohólico(-a); **alcoolisé, e** adj
alcoholizado(-a); **alcoolisme** nm
alcoholismo; **alco(o)test** ® nm
(objet) alcohómetro; (épreuve)
prueba del alcohol; **faire subir
l'alcootest à qn** hacer la prueba
del alcohol a algn

aléatoire [aleatwaʀ] adj
aleatorio(-a)

alentour [alãtuʀ] adv alrededor;
~s nmpl alrededores mpl; **aux ~s
de** en los alrededores de

alerte [alɛʀt] adj vivo(-a) ♦ nf
(menace) alerta; **alerter** vt alertar

algèbre [alʒɛbʀ] nf álgebra

Alger [alʒe] n Argel m

Algérie [alʒeʀi] nf Argelia;

algérien, ne adj argelino(-a)
algue [alg] nf alga
alibi [alibi] nm coartada
aligner [aliɲe] vt alinear; (idées) ordenar; **s'~** vpr alinearse; **s'~ (sur)** (POL) estar alineado(-a) (con)
aliment [alimã] nm alimento; **alimentation** nf alimentación f; (en eau, en électricité) provisión f; **alimenter** vt alimentar; (en eau, électricité): **alimenter (en)** alimentar (con), abastecer (con)
allaiter [alete] vt (femme) dar el pecho a
alléchant, e [aleʃã, ãt] adj (odeur) atrayente; (proposition etc) tentador(a)
allécher [aleʃe] vt (odeur) atraer; **~ qn** engatusar a algn
allée [ale] nf (de jardin, parc) paseo, sendero; (en ville) avenida
allégé, e [aleʒe] adj (yaourt etc) bajo(-a) en contenido graso
Allemagne [almaɲ] nf Alemania; **allemand, e** adj alemán(-ana) ♦ nm/f: **Allemand, e** alemán(-ana)

MOT-CLÉ

aller [ale] nm ida; **aller (simple)** ida
♦ vi 1 ir; **aller à la chasse/pêche** ir a cazar/pescar, ir de caza/pesca; **aller au théâtre/au concert/au cinéma** ir al teatro/a conciertos/al cine; **aller à l'école** ir al colegio
2 (situation, moteur, personne etc) andar, estar; **comment allez-vous?** ¿qué tal está usted?; **comment ça va?** ¿qué tal?; **ça va? - oui, ça va/non, ça ne va pas** ¿qué tal? - bien/mal; **ça ne va pas très bien (au bureau)** las cosas no van muy

bien (en la oficina); **ça va bien/mal** anda bien/mal; **ça va** (approbation) bien; **tout va bien** todo va bien; **il va bien/mal** está bien/mal; **il n'y est pas allé par quatre chemins** (fig) no se anduvo con rodeos; **tu y vas un peu (trop) fort** exageras un poco; **aller à** (suj: forme, pointure etc) adaptarse a; **cette robe te va très bien** este vestido te sienta muy bien; **cela me va** (couleur, vêtement) esto me sienta ou va bien; **aller avec** (couleurs, style etc) pegar con; **ça ira** (comme ça) está bien así; **se laisser aller** (se négliger) abandonarse; **aller jusqu'à Paris/100 euros** (limite) llegar hasta París/100 euros; **ça va de soi** se cae por su propio peso; **ça va sans dire** ni qué decir tiene; **il va sans dire que ...** ni qué decir tiene que ...
3 (fonction d'auxiliaire): **je vais me fâcher/le faire** voy a enfadarme/hacerlo; **aller chercher/voir qn** ir a buscar/a ver a algn; **je vais m'en occuper demain** voy a ocuparme de ello mañana
4: allons-y! ¡vamos!; **allez!** ¡venga!; **allons donc!** ¡anda ya!; **aller mieux** ir mejorando; **aller en empirant** ir empeorando; **allez, fais un effort** vamos, haz un esfuerzo; **allez, je m'en vais** bueno, me voy; **s'en aller** irse

allergique [alɛʀʒik] adj alérgico(-a); **~ à** alérgico(-a) a
alliance [aljãs] nf alianza
allier [alje] vt aliar; (fig) unir; **s'~** vpr aliarse
allô [alo] excl dígame, aló (AM)

allocation [alɔkasjɔ̃] *nf* asignación *f*; **~ (de) chômage** subsidio de desempleo; **~s familiales** ayuda *fsg* familiar

allonger [alɔ̃ʒe] *vt (objet, durée)* alargar; *(bras)* estirar; **s'~** *vpr (personne)* tumbarse

allumage [alymaʒ] *nm* encendido

allume-cigare [alymsigar] *nm inv* encendedor *m*

allumer [alyme] *vt* encender, prender *(AM)*; *(pièce)* alumbrar; **s'~** *vpr* encenderse

allumette [alymet] *nf* cerilla

allure [alyr] *nf (d'un véhicule)* velocidad *f*; *(d'un piéton)* paso; *(démarche, maintien)* presencia; *(aspect, air)* aspecto; **avoir de l'~** tener buena presencia; **à toute ~** a toda velocidad

allusion [a(l)lyzjɔ̃] *nf (référence)* referencia; *(sous-entendu)* alusión *f*; **faire ~ à** hacer referencia a; *(avec sous-entendu)* hacer alusión a

---

MOT-CLÉ

---

alors [alɔr] *adv (à ce moment-là)* entonces; **il habitait alors à Paris** vivía entonces en París ♦ *conj (par conséquent)* entonces; **tu as fini? alors je m'en vais** ¿has acabado? entonces, me voy; **et alors?** *(pour en savoir plus)* ¿entonces?; *(indifférence)* ¿y qué?; **alors que** *conj* **1** *(au moment où)* cuando; **il est arrivé alors que je partais** llegó cuando me iba
2 *(pendant que)* cuando, mientras; **alors qu'il était à Paris, il a visité ...** mientras estaba en París, visitó ...
3 *(tandis que, opposition)* mientras que; **alors que son frère**

travaillait dur, lui se reposait mientras que su hermano trabajaba duro, él descansaba

alourdir [alurdir] *vt* hacer pesado(-a)

Alpes [alp] *nfpl*: **les ~** los Alpes

alphabet [alfabe] *nm* alfabeto; **alphabétique** *adj* alfabético(-a); **par ordre alphabétique** por orden alfabético

alpinisme [alpinism] *nm* alpinismo, andinismo *(AM)*; **alpiniste** *m/f* alpinista *m/f*, andinista *m/f* *(AM)*

Alsace [alzas] *nf* Alsacia; **alsacien, ne** *adj* alsaciano(-a) ♦ *nm/f*: **Alsacien, ne** alsaciano(-a)

alternateur [alternatœr] *nm* alternador *m*

alternatif, -ive [alternatif, iv] *adj* alternativo(-a); **alternative** *nf* alternativa; **alterner** *vt (choses)* alternar ♦ *vi* alternar

altitude [altityd] *nf (par rapport à la mer)* altitud *f*

alto [alto] *nm (instrument)* viola ♦ *nf (chanteuse)* contralto *f*

aluminium [alyminjɔm] *nm* aluminio

amabilité [amabilite] *nf* amabilidad *f*

amaigrissant, e [amegrisɑ̃, ɑ̃t] *adj*: **régime ~** régimen *m* de adelgazamiento

amande [amɑ̃d] *nf* almendra; **amandier** *nm* almendro

amant [amɑ̃] *nm* amante *m*

amas [amɑ] *nm* montón *m*; **amasser** *vt* amontonar

amateur [amatœr] *nm* aficionado(-a); **en ~** *(péj)* como aficionado(-a)

ambassade [ɑ̃basad] *nf* embajada; **ambassadeur,**

-drice nm/f (POL, fig)
embajador(a)

ambiance [ɑ̃bjɑ̃s] nf ambiente m

ambigu, -uë [ɑ̃bigy] adj
ambiguo(-a)

ambitieux, -euse [ɑ̃bisjø, jøz]
adj, nm/f ambicioso(-a)

ambition [ɑ̃bisjɔ̃] nf ambición f

ambulance [ɑ̃bylɑ̃s] nf
ambulancia; **ambulancier,**
-ière nm/f conductor(a) de una
ambulancia

âme [ɑm] nf (spirituelle) alma

amélioration [ameljɔʁasjɔ̃] nf
mejoría

améliorer [ameljɔʁe] vt mejorar;
s'~ vpr mejorarse

aménager [amenaʒe] vt
acondicionar; (installer) habilitar

amende [amɑ̃d] nf multa

amener [am(ə)ne] vt llevar;
(occasionner) provocar; **s'~** [am]
vpr venirse; **~ qn à qch/à faire**
incitar a algn a algo/a hacer

amer, amère [amɛʁ] adj
amargo(-a)

américain, e [amerikɛ̃, ɛn] adj
americano(-a) ♦ nm/f: **A~, e**
americano(-a)

Amérique [ameʁik] nf América;
~ centrale/du Nord/du Sud/
latine América central/del Norte/
del Sur/latina

amertume [amɛʁtym] nf
amargura

ameublement [amœbləmɑ̃] nm
mobiliario

ami, e [ami] nm/f amigo(-a);
(amant/maîtresse) amante m/f;
pays/groupe ~ país m/grupo
aliado

amiable [amjabl] adj (gén)
amistoso(-a); **à l'~** amistosamente

amiante [amjɑ̃t] nm amianto

amical, e, -aux [amikal, o] adj

amistoso(-a); **amicalement** adv
amistosamente; (formule
épistolaire) cordialmente

amincir [amɛ̃siʁ] vt (suj: vêtement)
hacer más delgado(-a); **s'~** vpr
(personne) adelgazar

amincissant, e [amɛ̃sisɑ̃, ɑ̃t] adj
adelgazante

amiral, -aux [amiʁal, o] nm
almirante m

amitié [amitje] nf amistad f;
prendre en ~ tomar afecto a;
faire ou présenter ses ~s à
qn dar ou enviar recuerdos a algn;
~s (formule épistolaire)
cordialmente

amonceler [amɔ̃s(ə)le] vt (objets)
amontonar; **s'~** vpr amontonarse;
(fig) acumularse

amont [amɔ̃] nm: **en ~** (d'un
cours d'eau) río arriba

amorce [amɔʁs] nf (sur un
hameçon) cebo; **amorcer** vt
(hameçon, munition) cebar; (fig:
négociations) emprender

amortir [amɔʁtiʁ] vt (choc, bruit)
amortiguar; (COMM) amortizar; **~**
un abonnement amortizar un
abono; **amortisseur** nm
amortiguador m

amour [amuʁ] nm (sentiment,
goût) amor m; **faire l'~** hacer el
amor; **amoureux, -euse** adj
amoroso(-a) ♦ nmpl (amants)
amantes mpl; **amour-propre** (pl
amours-propres) nm amor m
propio

ampère [ɑ̃pɛʁ] nm amperio

amphithéâtre [ɑ̃fiteɑtʁ] nm
anfiteatro

ample [ɑ̃pl] adj amplio(-a);
amplement adv ampliamente;
amplement suffisant más que
suficiente; **ampleur** nf amplitud
f; (de vêtement) anchura

amplificateur [ɑ̃plifikatœr] *nm* amplificador *m*

amplifier [ɑ̃plifje] *vt* (*son, oscillation*) amplificar; (*importance, quantité*) acrecentar

ampoule [ɑ̃pul] *nf* (ÉLEC) bombilla, foco (AM), bombillo (AM); (*de médicament, aux mains*) ampolla

amusant, e [amyzɑ̃, ɑ̃t] *adj* divertido(-a)

amuse-gueule [amyzgœl] *nm pl* tapas *fpl*

amusement [amyzmɑ̃] *nm* diversión *f*

amuser [amyze] *vt* divertir; **s'~** *vpr* divertirse; (*péj: manquer de sérieux*) estar de juerga

amygdale [amidal] *nf* amígdala

an [ɑ̃] *nm* año; **le jour de l'~, le premier de l'~, le nouvel ~** el día de año nuevo, el año nuevo

analphabète [analfabɛt] *adj, nm/f* analfabeto(-a)

analyse [analiz] *nf* análisis *m inv*; **analyser** *vt* analizar

ananas [anana(s)] *nm* piña, ananá(s) *m* (AM)

anatomie [anatɔmi] *nf* anatomía

ancêtre [ɑ̃sɛtr] *nm/f* (*parent*) antepasado(-a)

anchois [ɑ̃ʃwa] *nm* anchoa

ancien, ne [ɑ̃sjɛ̃, jɛn] *adj* antiguo(-a), viejo(-a); (*de jadis, de l'antiquité*) antiguo(-a); (*précédent, ex-*) antiguo(-a), ex- ♦ *nm/f* anciano(-a); **un ~ ministre** un ex-ministro; **mon ~ne voiture** mi antiguo coche; **ancienneté** *nf* antigüedad *f*

ancre [ɑ̃kr] *nf* ancla; **jeter/lever l'~** echar/levar anclas; **ancrer** *vt* (*câble*) fijar

Andorre [ɑ̃dɔr] *nf* Andorra

andouille [ɑ̃duj] *nf* especie de

embutido

âne [ɑn] *nm* burro

anéantir [aneɑ̃tir] *vt* (*pays, récolte, espoirs*) aniquilar

anémie [anemi] *nf* anemia

anémique [anemik] *adj* anémico(-a)

anesthésie [anɛstezi] *nf* anestesia; **~ générale/locale** anestesia general/local

ange [ɑ̃ʒ] *nm* ángel *m*

angine [ɑ̃ʒin] *nf* angina; **~ de poitrine** angina de pecho

anglais, e [ɑ̃glɛ, ɛz] *adj* inglés(-esa) ♦ *nm* (LING) inglés *m* ♦ *nm/f*: **A~, e** inglés(-esa); **les A~** los ingleses

angle [ɑ̃gl] *nm* (*coin*) esquina; (GÉOM, *fig*) ángulo; **~ droit** ángulo recto

Angleterre [ɑ̃glətɛr] *nf* Inglaterra

anglophone [ɑ̃glɔfɔn] *adj, nm/f* anglófono(-a)

angoisse [ɑ̃gwas] *nf* angustia; **avoir des ~s** estar angustiado(-a); **angoissé, e** *adj* angustiado(-a)

anguille [ɑ̃gij] *nf* anguila

animal, e, -aux [animal, o] *adj* animal ♦ *nm* animal *m*; **~ domestique/sauvage** animal doméstico/salvaje

animateur, -trice [animatœr, tris] *nm/f* animador(a); (*de spectacle*) presentador(a)

animation [animasjɔ̃] *nf* animación *f*

animé, e [anime] *adj* (*rue, lieu*) animado(-a)

animer [anime] *vt* animar; **s'~** *vpr* animarse

anis [ani(s)] *nm* anís *m*

ankyloser [ɑ̃kiloze]: **s'~** *vpr* anquilosarse

anneau, x [ano] *nm* (*de rideau*)

argolla; (de chaîne) anilla
année [ane] nf año
annexe [anɛks] adj (problème) anexo(-a); (document) adjunto(-a); (salle) contiguo(-a) ♦ nf anexo
anniversaire [anivɛʀsɛʀ] nm (d'une personne) cumpleaños m inv; (d'un événement, bâtiment) aniversario
annonce [anɔ̃s] nf anuncio; **les petites ~s** anuncios mpl por palabras
annoncer [anɔ̃se] vt anunciar; **s'~** vpr: **s'~ bien/difficile** presentarse bien/difícil
annuaire [anɥɛʀ] nm anuario; **~ téléphonique** guía telefónica
annuel, le [anɥɛl] adj anual
annulation [anylasjɔ̃] nf anulación f
annuler [anyle] vt anular
anonymat [anɔnima] nm anonimato; **garder l'~** mantener el anonimato
anonyme [anɔnim] adj anónimo(-a)
anorak [anɔʀak] nm anorak m
anormal, e, -aux [anɔʀmal, o] adj (exceptionnel, inhabituel) anormal; (injuste) injusto(-a); (personne) subnormal
ANPE [aɛnpe] sigle f (= Agence nationale pour l'emploi) ≈ INEM m (= Instituto Nacional de Empleo)
antarctique [ɑ̃taʀktik] adj antártico(-a) ♦ nm: **l'A~** la Antártida; **le cercle/l'océan ~** el círculo polar antártico/el océano Antártico
antenne [ɑ̃tɛn] nf antena; (poste avancé, succursale, agence) unidad f; **avoir l'~** estar en conexión; **prendre l'~** conectar, sintonizar
antérieur, e [ɑ̃teʀjœʀ] adj anterior

anti... [ɑ̃ti] préf anti...;
antialcoolique adj antialcohólico(-a); **antibiotique** nm antibiótico; **antibrouillard** adj: **phare antibrouillard** faro antiniebla
anticipation [ɑ̃tisipasjɔ̃] nf anticipación f, previsión f; **livre/film d'~** libro/película de ciencia ficción
anticipé, e [ɑ̃tisipe] adj (règlement, paiement) por adelantado
anticiper [ɑ̃tisipe] vt (événement, coup) anticipar; (en imaginant) prever ♦ vi: **~ sur** anticiparse a
anti...: anticorps nm anticuerpo; **antidote** nm antídoto; **antigel** nm anticongelante m;
antihistaminique nm antihistamínico
antillais, e [ɑ̃tijɛ, ɛz] adj antillano(-a) ♦ nm/f: **A~, e** antillano(-a)
Antilles [ɑ̃tij] nfpl: **les ~** las Antillas; **les grandes/petites ~** las grandes/pequeñas Antillas
antilope [ɑ̃tilɔp] nf antílope m
anti...: antimite(s) adj, nm: **(produit) antimite(s)** antipolilla m; **antimondialisation** nf antiglobalización f;
antipathique adj antipático(-a); **antipelliculaire** adj anticaspa
antiquaire [ɑ̃tikɛʀ] nm/f anticuario(-a)
antique [ɑ̃tik] adj (gréco-romain, très vieux) antiguo(-a); (démodé) anticuado(-a); **l'antiquité** f; **l'Antiquité** la Antigüedad; **magasin d'antiquités** tienda de antigüedades
anti...: antirabique adj

antirrábico(-a); **antirouille** adj inv: **peinture/produit antirouille** pintura/producto antioxidante; **antisémite** adj, nm/f antisemita; **antiseptique** adj antiséptico(-a); **antivol** nm antirrobo

anxiété [ɑ̃ksjete] nf ansiedad f

anxieux, -euse [ɑ̃ksjø, jøz] adj ansioso(-a)

AOC sigle f (= appellation d'origine contrôlée) denominación f de origen

---
AOC

AOC es la categoría más alta de los vinos franceses. Indica que cumple con los criterios más estrictos en lo referente a cepa de origen, tipo de uva cultivada, método de producción y volumen alcohólico.
---

août [u(t)] nm agosto; voir aussi **juillet**

apaiser [apeze] vt tranquilizar; **s'~** vpr tranquilizarse

apercevoir [apɛʀsəvwaʀ] vt (voir) distinguir; (constater, percevoir) percibir; **s'~ de/que** darse cuenta de/de que

aperçu, e [apɛʀsy] pp de **apercevoir ♦ apercu** nm visión f de conjunto; (gén pl: intuition) idea

apéritif, -ive [apeʀitif, iv] adj aperitivo(-a) ♦ nm aperitivo

à-peu-près [apøpʀɛ] (péj) nm inv aproximación f

apeuré, e [apœʀe] adj atemorizado(-a)

aphte [aft] nm afta

apitoyer [apitwaje] vt apiadar; **s'~ (sur qn)** apiadarse de (algn)

aplatir [aplatiʀ] vt aplastar; **s'~**

vpr aplastarse; (fig) tumbarse

aplomb [aplɔ̃] nm (équilibre) equilibrio; (sang-froid) aplomo; **d'~** (en équilibre) verticalmente; (CONSTR) aplomo

apostrophe [apɔstʀɔf] nf (signe) apóstrofe m

apparaître [apaʀɛtʀ] vi aparecer; (avec attribut) parecer

appareil [apaʀɛj] nm aparato; **~ digestif** aparato digestivo; **qui est à l'~?** ¿quién está al aparato?; **~ photographique, ~ photo** cámara de fotos;

appareiller vi zarpar ♦ vt emparejar

apparemment [apaʀamɑ̃] adv aparentemente, dizque (AM)

apparence [apaʀɑ̃s] nf apariencia

apparent, e [apaʀɑ̃, ɑ̃t] adj (visible) aparente; (évident) evidente; (illusoire, superficiel) ilusorio(-a)

apparenté, e [apaʀɑ̃te] adj: **~ à** emparentado(-a) con

apparition [apaʀisjɔ̃] nf aparición f

appartement [apaʀtəmɑ̃] nm piso, departamento (AM)

appartenir [apaʀtəniʀ]: **~ à** vt ind pertenecer a

apparu, e [apaʀy] pp de **apparaître**

appât [apɑ] nm cebo

appel [apɛl] nm llamada, llamado (AM); (nominal) lista; (MIL) alistamiento a filas; **faire ~ à** (invoquer) apelar a; (avoir recours à) recurrir a; (nécessiter) necesitar; **faire ~** (JUR) apelar; **faire l'~** pasar lista; **~ d'offres** llamada a licitación; **~ (téléphonique)** llamada (telefónica)

appelé, e [ap(ə)le] nm (MIL) recluta m

appeler [ap(ə)le] *vt* llamar; (*nécessiter*) requerir; **s'~** *vpr* llamarse; **être appelé à** (*fig*) ser llamado a; **comment ça s'appelle?** ¿cómo se llama esto?

appendicite [apɛ̃disit] *nf* apendicitis *f*

appesantir [apəzɑ̃tiːr] **s'~ sur** *vpr* (*fig*) insistir en

appétissant, e [apetisɑ̃, ɑ̃t] *adj* apetitoso(-a)

appétit [apeti] *nm* apetito; **bon ~!** ¡buen provecho!

applaudir [aplodiːr] *vt, vi* aplaudir; **applaudissements** *nmpl* aplausos *mpl*

application [aplikasjɔ̃] *nf* aplicación *f*

appliquer [aplike] *vt* aplicar; **s'~** *vpr* aplicarse

appoint [apwɛ̃] *nm* (*fig*) ayuda; **chauffage/lampe d'~** calefacción *f*/lámpara suplementaria

apporter [apɔrte] *vt* (*amener*) traer; (*soutien, preuve*) aportar; (*soulagement*) procurar

appréciable [apresjabl] *adj* apreciable

apprécier [apresje] *vt* apreciar

appréhender [apreɑ̃de] *vt* (*craindre*) temer; (*JUR, aborder*) aprehender; **appréhension** *nf* aprehensión *f*

apprendre [aprɑ̃dʀ] *vt* aprender; (*nouvelle, résultat*) conocer; **~ qch à qn** (*informer*) informar de algo a algn; (*enseigner*) enseñar algo a algn; **~ à faire qch** aprender a hacer algo; **~ à qn à faire qch** enseñar a algn a hacer algo; **apprenti, e** *nm/f* aprendiz(a); **apprentissage** *nm* aprendizaje *m*

apprêter [aprete] **s'~ à faire**

qch *vpr* disponerse a hacer algo

appris, e [apri, iz] *pp de* **apprendre**

apprivoiser [aprivwaze] *vt* domesticar

approbation [aprɔbasjɔ̃] *nf* (*autorisation*) aprobación *f*, conformidad *f*

approcher [aprɔʃe] *vi* acercarse, aproximarse ♦ *vt* (*vedette, artiste*) relacionarse con; (*rapprocher*): **~ qch (de qch)** acercar algo (a algo); **s'~ de** *vpr* acercarse a; **~ de** (*but, moment*) acercarse a, estar más cerca de; (*nombre, quantité*) rozar

approfondir [aprɔfɔ̃diːr] *vt* (*sujet, question*) profundizar (en)

approprié, e [aprɔprije] *adj* apropiado(-a), adecuado(-a)

approprier [aprɔprije]: **s'~** *vpr* apropiarse de, adueñarse de

approuver [apruve] *vt* (*autoriser*) aprobar; (*être d'accord avec*) estar de acuerdo con

approvisionner [aprɔvizjɔne] *vt* (*magasin, personne*) abastecer, proveer; (*compte bancaire*) cubrir; **s'~ en** proveerse de

approximatif, -ive [aprɔksimatif, iv] *adj* aproximativo(-a)

appt *abr* = **appartement**

appui [apɥi] *nm* apoyo; (*soutien, aide*) apoyo, sostén *m*

appuyer [apɥije] *vt* (*personne, demande*) apoyar, respaldar; **~ qch sur/contre/à** apoyar algo en/contra/en

après [apʀɛ] *prép* después de ♦ *adv* después; (*soutien, aide*) **2 heures** = 2 horas después; **~ qu'il est** *ou* **soit parti/avoir fait** después de que marchó/de haber hecho; **d'~** según; **~ coup** posteriormente; **~**

tout después de todo; **et (puis)
~!** ¿y qué?; **après-demain** adv
pasado mañana; **après-midi** nm
ou nf inv tarde f; **après-rasage** nm: **lotion
après-rasage** loción f para
después del afeitado; **après-
shampooing** nm inv
acondicionador m; **après-ski**
nm: **après-skis** nm botas fpl
"après-ski"
apte [apt] adj: **~ à qch/à faire
qch** apto(-a) para algo/para hacer
algo
aquarelle [akwaʀɛl] nf acuarela
aquarium [akwaʀjɔm] nm acuario
arabe [aʀab] adj árabe ♦ nm
(LING) árabe m ♦ nm/f: **A~** árabe
m/f
Arabie [aʀabi] nf Arabia; **l'~
saoudite** Arabia Saudita
arachide [aʀaʃid] nf (plante)
cacahuete m; (graine) cacahuete,
maní m
araignée [aʀɛɲe] nf araña; **~ de
mer** araña de mar
arbitraire [aʀbitʀɛʀ] adj
arbitrario(-a)
arbitre [aʀbitʀ] nm (SPORT)
árbitro; (JUR, TENNIS, CRICKET) juez m;
arbitrer vt (SPORT) arbitrar
arbre [aʀbʀ] nm árbol m
arbuste [aʀbyst] nm arbusto
arc [aʀk] nm arco
arcade [aʀkad] nf (ARCHIT) arcada;
~s nfpl (d'une rue) soportales mpl
arc-en-ciel [aʀkɑ̃sjɛl] (pl **~s-~-
~**) nm arco iris m
arche [aʀʃ] nf arco; **~ de Noé**
arca de Noé
archéologie [aʀkeɔlɔʒi] nf
arqueología; **archéologue** nm/f
arqueólogo(-a)
archet [aʀʃe] nm arco
archi- [aʀʃi] préf archi-

archipel [aʀʃipɛl] nm archipiélago
architecte [aʀʃitɛkt] nm
arquitecto(-a)
architecture [aʀʃitɛktyʀ] nf
arquitectura
archives [aʀʃiv] nfpl (documents)
archivos mpl; (local) archivo msg
arctique [aʀktik] adj ártico(-a) ♦
nm: **l'A~** el Ártico
ardent, e [aʀdɑ̃, ɑ̃t] adj ardiente;
(feu, soleil) ardiente, abrasador(a);
(prière) fervoroso(-a)
ardoise [aʀdwaz] nf pizarra
ardu, e [aʀdy] adj arduo(-a)
arène [aʀɛn] nf arena
arête [aʀɛt] nf (de poisson) espina;
(d'une montagne) cresta
argent [aʀʒɑ̃] nm (métal, couleur)
plata; (monnaie) dinero; **~ de
poche** dinero para gastos
menudos; **~ liquide** dinero
líquido; **argenterie** nf plata
argentin, e [aʀʒɑ̃tɛ̃, in] adj
argentino(-a)
Argentine [aʀʒɑ̃tin] nf Argentina
argile [aʀʒil] nf arcilla
argot [aʀgo] nm argot m, jerga;
argotique adj argótico(-a)
argument [aʀgymɑ̃] nm
argumento
argumenter [aʀgymɑ̃te] vi
argumentar
aride [aʀid] adj (sol, pays)
árido(-a); (texte, sujet) árido(-a),
aburrido(-a)
aristocratie [aʀistɔkʀasi] nf
aristocracia; **aristocratique** adj
aristocrático(-a)
arithmétique [aʀitmetik] adj
aritmético(-a) ♦ nf aritmética
arme [aʀm] nf arma; **~ à feu/
blanche** arma de fuego/blanca
armée [aʀme] nf ejército; (fig)
nube f, ejército; **~ de l'air/de
terre** ejército del aire/de tierra

armer [aʁme] vt armar; (*arme à feu, appareil photo*) montar

armistice [aʁmistis] nm armisticio; **l'A~** el armisticio

armoire [aʁmwaʁ] nf armario, closet *ou* clóset (*AM*); (*penderie*) ropero

armure [aʁmyʁ] nf armadura; **armurier** nm armero

arnaquer [aʁnake] vt (*fam*) timar

arobase [aʁobaz] nf arroba

aromates [aʁɔmat] nmpl hierbas fpl aromáticas

aromatisé, e [aʁɔmatize] adj aromatizado(-a)

arôme [aʁom] nm aroma m

arracher [aʁaʃe] vt arrancar; (*clou, dent*) sacar, extraer; (*par explosion, accident*) desgarrar; **s'~** vpr (*personne, article très recherché*) disputarse

arrangement [aʁɑ̃ʒmɑ̃] nm (*compromis*) acuerdo

arranger [aʁɑ̃ʒe] vt (*appartement*) arreglar, disponer; (*voyage*) organizar; (*rendez-vous*) concertar; (*problème, difficulté*) arreglar, solucionar; **s'~** vpr (*se mettre d'accord*) ponerse de acuerdo; (*querelle, situation*) arreglarse; **je vais m'~** voy a arreglarme; **cela m'arrange** eso me conviene

arrestation [aʁɛstasjɔ̃] nf detención f

arrêt [aʁɛ] nm detención f, interrupción f; (*JUR*) fallo m; **sans ~** (*sans interruption*) sin parar; (*très fréquemment*) continuamente; **~ de travail** permiso de trabajo

arrêter [aʁete] vt (*projet, maladie*) parar, interrumpir; (*voiture, personne*) detener; parar; (*chauffage*) parar; (*date, choix*) fijar, decidir; (*suspect, criminel*) detener; **s'~** vpr pararse; **~ de**

faire (qch) dejar de hacer (algo)

arrhes [aʁ] nfpl arras fpl, señal f

arrière [aʁjeʁ] adj inv (*AUTO*) trasero(-a) ♦ nm (*d'une voiture, maison*) parte f trasera; (*SPORT*) defensa; **siège ~** asiento trasero; **à l'~** detrás; **en ~** hacia atrás; **arrière-goût** (*pl arrière-goûts*) nm regusto; **arrière-pays** nm inv interior m, tierra adentro; **arrière-pensée** (*pl arrière-pensées*) nf (*raison intéressée*) segunda intención f; **arrière-plan** (*pl arrière-plans*) nm segundo plano; **à l'arrière-plan** en segundo plano; **arrière-saison** (*pl arrière-saisons*) nf final m del otoño

arrimer [aʁime] vt estibar

arrivage [aʁivaʒ] nm arribada

arrivée [aʁive] nf (*de bateau*) arribada; (*concurrent, visites*) llegada, arribo (*esp AM*); (*ligne d'arrivée*) línea de llegada; **~ d'air/de gaz** entrada de aire/de gas

arriver [aʁive] vi (*événement, fait*) ocurrir, suceder; **~ à qch/faire qch** lograr algo/hacer algo; **il arrive à 8 h** llega a las 8; **il arrive que** ocurre que; **il lui arrive de faire** suele hacer

arrogance [aʁɔgɑ̃s] nf arrogancia, prepotencia (*esp AM*)

arrogant, e [aʁɔgɑ̃, ɑ̃t] adj arrogante, prepotente (*esp AM*)

arrondissement [aʁɔ̃dismɑ̃] nm distrito

arroser [aʁoze] vt regar; (*fig*) mojar; **arrosoir** nm regadera

arsenal, -aux [aʁsənal, o] nm arsenal m; (*NAUT*) arsenal, astillero

art [aʁ] nm arte m; (*expression artistique*) **l'~** el arte

artère [aʀtɛʀ] nf arteria
arthrite [aʀtʀit] nf artritis f
artichaut [aʀtiʃo] nm alcachofa
article [aʀtikl] nm artículo
articulation [aʀtikylasjɔ̃] nf
articulación f
articuler [aʀtikyle] vt articular
artificiel, le [aʀtifisjɛl] adj
artificial; (jambe) ortopédico(-a);
(péj) artificial, fingido(-a)
artisan [aʀtizɑ̃] nm artesano(-a)
artisanal, e, -aux [aʀtizanal, o]
adj artesanal; **artisanat** nm
artesanía
artiste [aʀtist] artista ♦ nm/f
artista m/f; **artistique** adj
artístico(-a)
as [ɑs] vb voir **avoir** ♦ nm as m
ascenseur [asɑ̃sœʀ] nm ascensor
m, elevador (AM)
ascension [asɑ̃sjɔ̃] nf ascensión f;
l'Ascension (REL) la Ascensión

Ascension

La fête de l'Ascension es una
festividad francesa, que suele caer
en Mayo. Como se celebra en
jueves, muchos se toman el
viernes libre para hacer puente y
disfrutar de un largo fin de
semana.

asiatique [azjatik] adj asiático(-a)
♦ nm/f: **A~** asiático(-a)
Asie [azi] nf Asia
asile [azil] nm asilo
aspect [aspɛ] nm aspecto,
apariencia; (fig) aspecto; **à l'~ de
...** a la vista de...
asperge [aspɛʀʒ] nf espárrago
asperger [aspɛʀʒe] vt rociar
asphalte [asfalt] nm asfalto
asphyxier [asfiksje] vt asfixiar
aspirateur [aspiʀatœʀ] nm

aspiradora
aspirer [aspiʀe] vt aspirar;
(liquide) absorber; **~ à qch** aspirar
a algo
aspirine [aspiʀin] nf aspirina
assagir [asaʒiʀ]: **s'~** vpr
sosegarse, aplacarse
assaisonnement [asɛzɔnmɑ̃]
nm aliño; (ingrédient) condimento
assaisonner [asɛzɔne] vt aliñar,
condimentar
assassin [asasɛ̃] nm asesino(-a);
assassiner vt asesinar
assaut [aso] nm asalto; **prendre
d'~** tomar por asalto
assécher [aseʃe] vt desecar
assemblage [asɑ̃blaʒ] nm
ensamblaje
assemblée [asɑ̃ble] nf asamblea
assembler [asɑ̃ble] vt ensamblar, juntar; **s'~** vpr reunirse
asseoir [aswaʀ]: **s'~** vpr sentarse
assez [ase] adv (suffisamment)
bastante; (passablement)
suficientemente, bastante; **~ de
pain** bastante pan; **~ de livres**
bastantes libros; **vous en avez ~**
tiene bastante
assidu, e [asidy] adj asiduo(-a)
assied etc [asje] vb voir **asseoir**
assiérai etc [asjeʀe] vb voir
asseoir
assiette [asjɛt] nf plato; **~ à
dessert** plato de postre; **~
anglaise** plato de fiambres
variados; **~ creuse** plato hondo;
~ plate plato llano
assimiler [asimile] vt
(connaissances, idée) asimilar;
(immigrants) integrar; (identifier): **~
qch/qn à** equiparar algo/a algn
con; **s'~** vpr integrarse
assis, e [asi, iz] pp de **asseoir** ♦
adj sentado(-a)
assistance [asistɑ̃s] nf (public)

asistencia, público; (*aide*)
asistencia
assistant, e [asistɑ̃, ɑ̃t] *nm/f*
(SCOL) lector(a); (*d'un professeur,
cinéaste*) ayudante *m/f*; **~e
sociale** asistenta social
assisté, e [asiste] *adj* (AUTO)
asistido(-a) ♦ *nm/f* beneficiario(-a)
(de la ayuda del estado)
assister [asiste] *vt* ayudar; **~ à** *vt
ind* asistir a
association [asɔsjasjɔ̃] *nf*
asociación *f*
associé, e [asɔsje] *adj*
asociado(-a)
associer [asɔsje] *vt* asociar; **s'~**
vpr asociarse; (*un collaborateur*)
asociarse con; **~ qch à** unir algo a
assoiffé, e [aswafe] *adj*
sediento(-a)
assommer [asɔme] *vt* (*étourdir:
personne*) dejar inconsciente de un
golpe; (*étourdir, abrutir:
médicament*) aturdir, atontar
Assomption [asɔ̃psjɔ̃] *nf*: **l'~** la
Asunción

Assomption

La **fête de l'Assomption** del
15 de agosto es una fiesta
nacional francesa. Es costumbre
que grandes cantidades de
turistas realicen salidas en esta
fecha y provoquen con frecuencia
el caos circulatorio en las
carreteras.

---

assorti, e [asɔrti] *adj* (*en
harmonie*) combinado(-a);
fromages ~s quesos *mpl*
surtidos; **~ à** a juego con;
assortiment *nm* (*aussi* COMM)
surtido
assortir [asɔrtir] *vt* combinar; **~**

qch à combinar algo con
assouplir [asuplir] *vt* (*membres,
corps, aussi fig*) flexibilizar
assumer [asyme] *vt* asumir;
(*poste, rôle*) desempeñar
assurance [asyrɑ̃s] *nf* (*certitude*)
certeza; (*confiance en soi*)
seguridad *f*; (*contrat, secteur
commercial*) seguro; **~ au tiers**
seguro contra terceros; **~ tous
risques** seguro a todo riesgo; **~s
sociales** seguros *mpl* sociales;
assurance-vie (*pl
assurances-vie*) *nf* seguro de
vida
assuré, e [asyre] *adj*: **~ de**
seguro(-a) de ♦ *nm/f*
asegurado(-a); **assurément** *adv*
seguramente
assurer [asyre] *vt* asegurar;
(*succès, victoire*) asegurar,
garantizar; **~ (à qn) que** asegurar
(a algn) que; **s'~** *vpr*: **s'~
(contre)** asegurarse (contra); **~
qn de son amitié** garantizar a
algn su amistad; **~ qch à qn**
(*emploi, revenu*) garantizar algo a
algn; (*fait etc*) asegurar algo a
algn; **s'~ de/que** asegurarse de/
de que; **assureur** *nm*
asegurador(a)
asthme [asm] *nm* asma
asticot [astiko] *nm* cresa
astre [astr] *nm* astro
astrologie [astrɔlɔʒi] *nf*
astrología
astronaute [astronot] *nm/f*
astronauta *m/f*
astronomie [astronɔmi] *nf*
astronomía
astuce [astys] *nf* astucia;
(*plaisanterie*) picardía, broma;
astucieux, -euse *adj*
astucioso(-a)
atelier [atəlje] *nm* taller *m*; (*de*

peintre) estudio; **~ de musique/
poterie** taller de música/cerámica
athée [ate] *adj, nm/f* ateo(-a)
Athènes [atɛn] *n* Atenas
athlète [atlɛt] *nm/f* atleta *m/f*;
athlétisme *nm* atletismo
atlantique [atlɑ̃tik] *adj*
atlántico(-a) ♦ *nm*: **l'(océan) A~**
el (océano) Atlántico
atlas [atlɑs] *nm* atlas *m*
atmosphère [atmɔsfɛʀ] *nf*
atmósfera
atome [atom] *nm* átomo;
atomique *adj* atómico(-a)
atomiseur [atɔmizœʀ] *nm*
atomizador *m*
atout [atu] *nm* triunfo; (*fig*)
triunfo, ventaja
atroce [atʀɔs] *adj* atroz; (*très
désagréable, pénible*) atroz, terrible
attachant, e [ataʃɑ̃, ɑ̃t] *adj*
(*persona*) atrayente; (*animal*)
encantador(a)
attache [ataʃ] *nf* grapa; (*fig*) lazo
attacher [ataʃe] *vt* atar; (*bateau*)
amarrar; (*étiquette à qch*) pegar,
fijar ♦ *vi* (*poêle*) pegar; **s'~ à**
encariñarse con; **~ qch à** atar
algo a
attaque [atak] *nf* ataque *m*
attaquer [atake] *vt* atacar;
(*entreprendre*) acometer ♦ *vi*
atacar; **~ qn en justice** entablar
una acción judicial contra algn
attarder [ataʀde]: **s'~** *vpr* (*sur
qch, en chemin*) demorarse; (*chez
qn*) entretenerse
atteindre [atɛ̃dʀ] *vt* alcanzar;
(*cible, fig*) alcanzar; herir; **atteint, e** *pp de*
atteindre ♦ *adj*: **être atteint
de** estar aquejado(-a) de;
atteinte *nf* (*à l'honneur, au
prestige*) (*gén pl*: *d'un mal*)
ataque *m*; **hors d'atteinte** fuera

de mi *etc* alcance; **porter
atteinte à** atentar contra
attendant [atɑ̃dɑ̃] *adv*: **en ~**
(*dans l'intervalle*) entretanto,
mientras tanto; (*quoi qu'il en soit*)
de todos modos
attendre [atɑ̃dʀ] *vt* esperar ♦ *vi*
esperar; **s'~ à (ce que)**
esperarse (que); **~ un enfant**
esperar un niño; **~ de faire/
d'être** esperar hacer/ser; **~ qch
de qn** *ou* **qch** esperar algo de
algn *ou* algo; **~ que** esperar que ♦
adv voir **attendant**
attendrir [atɑ̃dʀiʀ] *vt* (*personne*)
enternecer; **attendrissant, e**
adj enternecedor(a)
attendu, e [atɑ̃dy] *pp de*
attendre ♦ *adj* esperado(-a)
attentat [atɑ̃ta] *nm* atentado; **~ à
la bombe/à la pudeur**
atentado con bomba/contra el
pudor
attente [atɑ̃t] *nf* espera;
(*espérance*) espera, expectativa
attenter [atɑ̃te]: **~ à** *vt ind*
atentar contra; **~ à la vie de qn**
atentar contra la vida de algn
attentif, -ive [atɑ̃tif, iv] *adj*
(*auditeur, élève*) atento(-a)
attention [atɑ̃sjɔ̃] *nf* atención *f*;
(*prévenance*: *gén pl*) atenciones *fpl*;
à l'~ de (*pour*) a la atención de;
attirer l'~ de qn sur qch
llamar la atención de algn sobre
algo; **faire ~ à** (*remarquer, noter*)
prestar atención a; (*prendre garde
à*) tener cuidado con; **faire ~
que/à ce que** tener cuidado
que; **~!** ¡cuidado!; **attentionné,
e** *adj* atento(-a), solícito(-a)
atténuer [atenɥe] *vt* atenuar;
(*douleur*) aliviar
atterrir [ateʀiʀ] *vi* aterrizar;
atterrissage *nm* aterrizaje *m*

attestation [atɛstasjɔ̃] nf
certificado; **~ de paiement**
comprobante m de pago

attirant, e [atiʀɑ̃, ɑ̃t] adj
atractivo(-a)

attirer [atiʀe] vt atraer; **~ qn
dans un coin/vers soi** llevar a
algn a un rincón/hacia sí; **~
l'attention de qn sur qch**
llamar la atención de algn sobre
algo; **s'~ des ennuis** acarrearse
problemas

attitude [atityd] nf
(comportement) actitud f,
conducta; (position du corps)
postura; (état d'esprit) actitud,
disposición f

attraction [atʀaksjɔ̃] nf atracción
f; (de cabaret, cirque) atracción,
número

attrait [atʀɛ] nm (de l'argent, de la
gloire) atractivo, incentivo

attraper [atʀape] vt (saisir)
atrapar, coger, agarrar (AM);
(voleur, maladie, amende) agarrar;
(train, maladie, amende) pillar;
(fam: réprimander) reñir; (: duper)
engañar

attrayant, e [atʀɛjɑ̃, ɑ̃t] adj
atrayente

attribuer [atʀibɥe] vt (prix)
otorgar; (rôle, tâche) asignar

attrister [atʀiste] vt entristecer

attroupement [atʀupmɑ̃] nm
aglomeración f

attrouper [atʀupe]: **s'~** vpr
aglomerarse, agolparse

au [o] prép + dét voir **à**

aubaine [obɛn] nf (avantage
inattendu) suerte f; (COMM) ganga,
chollo (fam)

aube [ob] nf alba, madrugada,
amanecer m; **à l'~** al alba, de
madrugada, al amanecer

aubépine [obepin] nf espino

auberge [obɛʀʒ] nf posada,
mesón m; **~ de jeunesse**
albergue m de juventud

aubergine [obɛʀʒin] nf berenjena

aucun, e [okœ̃, yn] dét
ningún(-una) ♦ pron ninguno(-a),
nadie; **il n'a ~ sens** no tiene
ningún sentido, no tiene sentido
alguno

audace [odas] nf audacia; (péj)
descaro; **audacieux, -euse** adj
audaz

au-delà [od(ə)la] adv más allá ♦
nm inv: **l'~~** el más allá; **~~~ de**
más allá de

au-dessous [odsu] prép abajo,
debajo; **~~~ de** (dans l'espace)
debajo de; (dignité, condition,
somme) por debajo de

au-dessus [odsy] adv arriba,
encima; **~~~ de** (dans l'espace)
arriba de, encima de; (limite,
somme, loi) por encima de

au-devant [od(ə)vɑ̃]: **~~~ de**
prép al encuentro de; **aller ~~~
de** (personne) ir al encuentro de;
(danger) hacer frente a; (désirs de
qn) adelantarse a

audience [odjɑ̃s] nf (auditeurs,
lecteurs) auditorio, público;
(entrevue, séance) audiencia

audiovisuel, le [odjovizɥɛl] adj
audiovisual ♦ nm (techniques)
técnicas fpl audiovisuales;
(méthodes) métodos mpl
audiovisuales; **l'~** los medios
audiovisuales

audition [odisjɔ̃] nf audición f;
(JUR) audiencia; (MUS, THÉÂTRE)
prueba, audición

auditoire [oditwaʀ] nm auditorio

augmentation [ɔɡmɑ̃tasjɔ̃] nf
(action, résultat) aumento; (prix)
subida; **~ (de salaire)** aumento
(del salario)

augmenter [ɔgmɑ̃te] vt
aumentar; (prix) subir; (employé,
salarié) subir el sueldo a ♦ vi
aumentar

augure [ogyr] nm: **de bon/
mauvais ~** de buen/mal augurio

aujourd'hui [oʒurdɥi] adv hoy;
(de nos jours) hoy en día

aumônier [omonje] nm capellán
m

auparavant [oparavɑ̃] adv antes

auprès [oprɛ]: **~ de** prép al lado
de, cerca de; (en comparaison de)
comparado(-a) con

auquel [okɛl] prép + pron voir
lequel

aurai etc [ɔre] vb voir **avoir**

aurons etc [ɔrɔ̃] vb voir **avoir**

aurore [ɔrɔr] nf aurora

ausculter [ɔskylte] vt auscultar

aussi [osi] adv también; (de
comparaison: avec adj, adv) tan;
(si, tellement) tan ♦ conj (par
conséquent) por lo tanto; **~ fort/
rapidement que** tan fuerte/
rápidamente como

aussitôt [osito] adv enseguida,
inmediatamente; **~ que** tan
pronto como

austère [ɔstɛr] adj austero(-a)

austral, e [ɔstral] adj austral

Australie [ɔstrali] nf Australia;
australien, ne adj
australiano(-a e

autant [otɑ̃] adv (tant, tellement)
tanto; (comparatif): **~ (que)** tanto
(como), tan (como); **~ (de)**
tanto(-a), tantos(-as); **~ partir/ne
rien dire** mejor marchar/no decir
nada; **~ dire que ...** eso es tanto
como decir que ...; **d'~ plus/
moins/mieux (que)** tanto más/
menos/mejor (cuanto que)

autel [otɛl] nm altar m

auteur [otœr] nm autor(a)

authenticité [otɑ̃tisite] nf
autenticidad f

authentique [otɑ̃tik] adj
auténtico(-a); (récit, histoire)
auténtico(-a), cierto(-a)

auto [oto] nf coche m, carro (AM),
auto (esp AM)

auto...: **autobiographie** nf
autobiografía; **autobus** nm
autobús m, camión m (MEX);
autocar nm autocar m

autochtone [otɔkton] adj, nm/f
autóctono(-a)

auto...: **autocollant, e** adj
autoadhesivo(-a) ♦ nm
autoadhesivo; **autocuiseur** nm
olla a presión; **autodéfense** nf
autodefensa; **groupe
d'autodéfense** grupo de
autodefensa; **autodidacte** nm/f
autodidacta m/f; **auto-école** (pl
auto-écoles) nf autoescuela;
autographe nm autógrafo

automate [ɔtɔmat] nm autómata
m

automatique [ɔtɔmatik] adj
automático(-a); (réflexe, geste)
automático(-a), mecánico(-a);
automatiquement adv
automáticamente

automne [ɔtɔn] nm otoño

automobile [ɔtɔmɔbil] nf coche
m, automóvil m; **l'~** la industria
automovilística; **automobiliste**
nm/f automovilista m/f

autonome [ɔtɔnɔm] adj
autónomo(-a); **autonomie** nf
autonomía

autopsie [ɔtɔpsi] nf autopsia

autoradio [otoradjo] nm
autorradio

autorisation [ɔtɔrizasjɔ̃] nf
(permission) autorización f,
permiso; (papiers) licencia, permiso

autorisé, e [ɔtɔrize] adj

autorizado(-a)

autoriser [ɔtɔʀize] vt autorizar, permitir; (justifier, permettre) autorizar

autoritaire [ɔtɔʀitɛʀ] adj autoritario(-a)

autorité [ɔtɔʀite] nf autoridad f; **les ~s** las autoridades

autoroute [otoʀut] nf autopista

auto-stop [otostɔp] nm inv: **l'~~~** hacer autostop; **faire de l'~~~** hacer autostop; **auto-stoppeur, -euse** (pl **auto-stoppeurs, -euses**) nm/f autostopista m/f

autour [otuʀ] adv alrededor, en torno; **~ de** (en cercle) alrededor de, en torno de ou a

---
MOT-CLÉ
---

autre [otʀ] adj **1** (différent) otro(-a); **je préférerais un autre verre** preferiría otro vaso **2** (supplémentaire): **je voudrais un autre verre d'eau** querría otro vaso de agua **3** (d'une paire, dans une dualité) otro(-a); **penser à autre chose** pensar en otra cosa; **autre part** (aller) a otra parte; (se trouver) en otra parte; **d'autre part** (en outre) además; **d'une part ..., d'autre part ...** por una parte ..., por otra parte ...

♦ pron: **un autre** otro; **nous autres** nosotros(-as); **vous autres** ustedes; (politesse) ustedes; **d'autres** otros(-as); **les autres** los (las) otros(-as); (autrui) los demás; **l'un et l'autre** uno y otro; **se détester l'un l'autre/les uns les autres** detestarse uno a otro/unos a otros; **d'une minute à l'autre** de un momento a otro; **entre**

autres entre otros(-as); **j'en ai vu d'autres** (indifférence) estoy curado de espanto; **à d'autres!** ¡cuéntaselo a otro!; **ni l'un ni l'autre** ni uno ni otro; **donnez-m'en un autre** deme otro; **de temps à autre** de vez en cuando; voir aussi **part**; **temps**; **un**

autrefois [otʀəfwa] adv antaño, en otro tiempo

autrement [otʀəmã] adv (d'une manière différente) de otro modo; (sinon) si no, de lo contrario; **je n'ai pas pu faire ~** no he podido hacer otra cosa; **~ dit** en otras palabras

Autriche [otʀiʃ] nf Austria

autrichien, ne [otʀiʃjɛ̃, ɛn] adj austríaco(-a)

autruche [otʀyʃ] nf avestruz m

aux [o] prép =à+det voir **à**

auxiliaire [ɔksiljɛʀ] adj auxiliar ♦ nm/f auxiliar m/f

auxquelles [okɛl] prép + pron voir **lequel**

auxquels [okɛl] prép + pron voir **lequel**

avalanche [avalɑ̃ʃ] nf avalancha

avaler [avale] vt tragar; (fig) devorar; (croire) tragarse

avance [avɑ̃s] nf avance m; (d'argent) adelanto, anticipo; (opposé à retard) adelanto; (être) **en ~** (sur l'heure fixée) (estar) adelantado(-a); **à l'~, par ~** de antemano; **d'~** por anticipado; **payer d'~** pagar por adelantado

avancé, e [avɑ̃se] adj avanzado(-a); (travail) adelantado(-a)

avancement [avɑ̃smɑ̃] nm (professionnel) ascenso; (de travaux) progreso

avancer [avɑ̃se] vi avanzar;

(*travail, montre, réveil*) adelantar ♦ *vt* adelantar; (*hypothèse, idée*) proponer, sugerir; **s'~** *vpr* (*s'approcher*) adelantarse, acercarse; (*se hasarder*) aventurarse

avant [avɑ̃] *prép* antes de ♦ *adj inv*: **siège ~** asiento delantero ♦ *nm* (*d'un véhicule, bâtiment*) delantera, frente *m*; (*SPORT*) delantero; **qu'il (ne) parte/de faire** antes de que marche/de hacer; **~ tout** ante todo; **à l'~** (*dans un véhicule*) en la delantera; **en ~** (*marcher, regarder*) hacia adelante; **en ~ de** (*en tête de, devant*) delante de

avantage [avɑ̃taʒ] *nm* (*supériorité*) ventaja; (*intérêt, bénéfice*) ventaja, beneficio; **~s sociaux** beneficios *mpl* sociales; **avantager** *vt* favorecer; **avantageux, -euse** *adj* ventajoso(-a); (*portrait, coiffure*) favorecedor(a)

avant...: avant-bras *nm inv* antebrazo; **avant-coureur** (*pl* **avant-coureurs**) *adj*: **signe avant-coureur** signo anunciador; **avant-dernier, -ière** (*pl* **avant-derniers, -ières**) *adj, nm/f* penúltimo(-a); **avant-goût** (*pl* **avant-goûts**) *nm* anticipo; **avant-hier** *adv* anteayer; **avant-première** (*pl* **avant-premières**) *nf* preestreno; **avant-veille** (*pl* **avant-veilles**) *nf*: **l'avant-veille** la antevíspera

avare [avaʀ] *adj, nm/f* avaro(-a)

avec [avɛk] *prép* con; (*contre: se battre*) con, contra; (*en plus de, en sus de*) además de

avenir [avniʀ] *nm*: **l'~** el porvenir, el futuro; **à l'~** en el

futuro; **métier/politicien d'~** trabajo/político con futuro

aventure [avɑ̃tyʀ] *nf* aventura;
aventurer *vt* aventurar, arriesgar; **s'aventurer à faire qch** arriesgarse a hacer algo;
aventureux, -euse *adj* (*personne*) aventurado(-a), arriesgado(-a)

avenue [avny] *nf* avenida

avérer [aveʀe]: **s'~** *vpr* (*avec attribut*): **s'~ faux/coûteux** revelarse falso/costoso

averse [avɛʀs] *nf* aguacero, chaparrón *m*

averti, e [avɛʀti] *adj* entendido(-a)

avertir [avɛʀtiʀ] *vt*: **~ qn de qch/que** prevenir a algn de algo/de que; (*renseigner*) advertir;
avertissement *nm* advertencia; (*blâme*) amonestación *f*;
avertisseur *nm* bocina

aveu [avø] *nm* confesión *f*, declaración *f*

aveugle [avœgl] *adj, nm/f* ciego(-a);
aviation [avjasjɔ̃] *nf* aviación *f*

avide [avid] *adj* ávido(-a); (*péj*) codicioso(-a)

avion [avjɔ̃] *nm* avión *m*; **par ~** por avión; **aller (quelque part) en ~** ir (a algún sitio) en avión; **~ à réaction** avión de *ou* a reacción

aviron [aviʀɔ̃] *nm* remo; (*sport*): **l'~** el remo

avis [avi] *nm* (*point de vue*) opinión *f*; (*conseil*) opinión, consejo; (*notification*) aviso; **changer d'~** cambiar de opinión

aviser [avize] *vt* (*informer*): **~ qn de qch/que** avisar a algn de algo/de que ♦ *vi* (*réfléchir*) reflexionar

avocat, e [avɔka, at] *nm/f*
abogado(-a) ♦ *nm* (BOT, CULIN)
aguacate m, palta (AM); **~
général** fiscal m

avoine [avwan] *nf* avena

MOT-CLÉ

avoir [avwaʀ] *vt* **1** (*posséder*)
tener; **elle a 2 enfants/une
belle maison** tiene dos niños/
una casa bonita; **il a les yeux
gris** tiene los ojos grises; **vous
avez du sel?** ¿tiene sal?; **avoir
du courage/de la patience**
tener valor/paciencia; **avoir du
goût** tener gusto; **avoir horreur
de** tener horror a; **avoir
rendez-vous** tener una cita
2 (*âge, dimensions*) tener; **il a 3
ans** tiene 3 años; **le mur a 3
mètres de haut** la pared tiene 3
metros de alto; *voir aussi* **faim;
peur** *etc*
3 (*fam: duper*) pegársela a algn;
on vous a eu! ¡le han
engañado!
4: en avoir après *ou* **contre
qn** estar enojado(-a) con algn; **en
avoir assez** estar harto; **j'en ai
pour une demi-heure** tengo
para media hora
5 (*obtenir: train, tickets*) coger,
agarrar (AM)
♦ *vb aux* **1** haber; **avoir
mangé/dormi** haber comido/
dormido; **j'en ai pas mangé**
(*verbe au passé simple
quand la période dans laquelle se
situe l'action est révolue*) ayer no
comí
2 (*avoir + à + infinitif*): **avoir à
faire qch** tener que hacer algo;
**vous n'avez qu'à lui
demander** no tiene más que
preguntarle; (*en colère*) pregúntele

a él; **tu n'as pas à le savoir** no
tienes porqué saberlo
♦ *vb impers* **1: il y a** (+ *sing, pl*)
hay; **qu'y a-t-il?** ¿qué ocurre?;
qu'est-ce qu'il y a? ¿qué
pasa?; **il n'y a rien** no pasa
nada; **qu'as-tu?** ¿qué tienes?;
qu'est-ce que tu as? ¿qué te
pasa?; **il doit y avoir une
explication** tiene que haber una
explicación; **il n'y a qu'à
recommencer ...** no hay más
que volver a empezar ...; **il ne
peut y en avoir qu'un** no
puede haber más que uno; **il n'y
a pas de quoi** no hay de qué
2 (*temporel*): **il y a 8 ans** hace 8
años; **il y a 10 ans/longtemps
que je le sais** hace 10 años/
mucho tiempo que lo sé; **il y a
10 ans qu'il est arrivé** hace
10 años que llegó
♦ *nm* haber m

avortement [avɔʀtəmɑ̃] *nm*
aborto

avouer [avwe] *vt* confesar,
declarar ♦ *vi* (*se confesser*)
confesar; (*admettre*) confesar,
reconocer; **~ avoir fait/être/que**
confesar haber hecho/ser/que

avril [avʀil] *nm* abril m; *voir aussi*
juillet

---

poisson d'avril

*La broma o inocentada típica del
1 de abril en Francia es pegarle
en la espalda un pez de papel,*
poisson d'avril, *a alguien sin
ser visto.*

---

axe [aks] *nm* eje m; (*fig*)
orientación f; **~ routier** carretera
general

ayons etc [ejɔ] vb voir **avoir**

azote [azɔt] nm nitrógeno

B, b

bâbord [babɔr] nm: **à** ou **par** ~ a babor

baby-foot [babifut] nm inv futbolín m

bac¹ [bak] abr, nm (bateau) transbordador m; (récipient) cubeta

bac² [bak] nm = **baccalauréat**

baccalauréat [bakalɔrea] nm título que se obtiene al finalizar BUP y COU

baccalauréat

En Francia el **baccalauréat** o **bac** es un título que se obtiene al terminar los estudios de enseñanza secundaria superior a la edad de diecisiete o dieciocho años y que permite el ingreso en la universidad. Se pueden escoger distintas combinaciones de asignaturas de entre un amplio plan de estudios.

bâcler [bakle] vt hacer de prisa y corriendo

baffe [baf] (fam) nf bofetada, torta

bafouiller [bafuje] vi, vt farfullar

bagage [bagaʒ] nm (gén: bagages) equipaje m; ~s à main equipaje de mano

bagarre [bagar] nf pelea; **bagarrer: se bagarrer** vpr pelearse

bagnole [baɲɔl] (fam) nf coche m; (vieille) cacharro

bague [bag] nf anillo, sortija; ~

de fiançailles sortija de pedida; ~ **de serrage** casquillo

baguette [baget] nf (bâton) varilla; (chinoise) palillo; (de chef d'orchestre) batuta; (pain) barra; ~ **magique** varita mágica

baie [bɛ] nf bahía; (fruit) baya; ~ **(vitrée)** ventanal m

baignade [bɛɲad] nf baño

baigner [beɲe] vt bañar; **se** ~ vpr bañarse; **baignoire** nf bañera, tina (AM)

bail [baj] (pl **baux**) nm (contrato de) arrendamiento

bâillement [bajmɑ̃] nm bostezo

bâiller [baje] vi bostezar

bain [bɛ̃] nm baño; **se mettre dans le** ~ (fig) meterse en el asunto; **prendre un** ~ tomar un baño; ~ **de soleil** baño de sol; ~ **moussant** baño de espuma; **bain-marie** (pl **bains-marie**) nm baño (de) María; **faire chauffer au bain-marie** calentar al baño (de) María

baiser [beze] nm beso ♦ vt besar; (fam!) tirarse a (fam!), coger (fam!) (AM)

baisse [bɛs] nf (de température, des prix) descenso, baja

baisser [bese] vt bajar ♦ vi (niveau, température) bajar, descender; **se** ~ vpr inclinarse, agacharse

bal [bal] nm baile m; ~ **costumé** baile de disfraces

balade [balad] nf (à pied) paseo, vuelta; **balader** vt pasear; **se balader** vpr pasearse; **baladeur** nm walkman m ®

balai [balɛ] nm escoba

balance [balɑ̃s] nf balanza; (ASTROL): **la B~** Libra; **être (de la) B~** ser Libra; ~ **commerciale** balanza comercial

balancer [balɑ̃se] *vt* balancear; (*lancer*) arrojar; (*renvoyer, jeter*) despedir ♦ *vpr:* **se ~** balancearse, mecerse; **je m'en balance** (*fam*) me importa un pito; **balançoire** *nf* (*suspendue*) columpio; (*sur pivot*) balancín *m*, subibaja *m*

balayer [baleje] *vt* barrer; (*suj: radar, phares*) explorar;

balayeur, -euse *nm/f* barrendero(-a)

balbutier [balbysje] *vi, vt* balbucear

balcon [balkɔ̃] *nm* balcón *m*; (*THÉÂTRE*) principal *m*

baleine [balɛn] *nf* ballena

balise [baliz] *nf* baliza; **baliser** *vt* balizar; (*fam*) tener miedo

balle [bal] *nf* (*de fusil*) bala; (*de tennis, golf*) pelota; **~s** *nfpl* (*fam: franc*) francos *mpl*

ballerine [bal(ə)ʀin] *nf* bailarina

ballet [balɛ] *nm* ballet *m*

ballon [balɔ̃] *nm* (*de sport*) balón *m*; (*AVIAT, jouet*) globo; **~ de football** balón de fútbol

balnéaire [balneɛʀ] *adj* termal, balneario(-a) (*AM*)

balustrade [balystʀad] *nf* balaustrada

bambin [bɑ̃bɛ̃] *nm* niño(-a), chiquillo(-a)

bambou [bɑ̃bu] *nm* bambú *m*

banal, e [banal] *adj* trivial;
banalité *nf* trivialidad *f*

banane [banan] *nf* plátano, banana (*esp AM*)

banc [bɑ̃] *nm* banco; **~ d'essai** (*fig*) banco de prueba; **~ de sable** banco de arena

bancaire [bɑ̃kɛʀ] *adj* bancario(-a)

bancal, e [bɑ̃kal] *adj* cojo(-a)

bandage [bɑ̃daʒ] *nm* vendaje *m*

bande [bɑ̃d] *nf* banda; (*de tissu*) faja; (*pour panser*) venda; (*motif,*

dessin) banda, franja; **une ~ de ...** (*copains, voyous*) una pandilla de ...; **faire ~ à part** hacer rancho aparte; **~ dessinée** (*dans un journal*) tira cómica, historieta; (*livre*) cómic *m*; **~ sonore** banda sonora

---

bande dessinée

La **bande dessinée** o **BD** goza de gran cantidad de seguidores entre los niños y los adultos en Francia. Todos los años en enero se celebra en Angulema el Salón Internacional del Cómic. Astérix, Tintín, Lucky Luke y Gaston Lagaffe son algunos de los personajes de tebeo más famosos.

---

bandeau [bɑ̃do] *nm* venda; (*autour du front*) cinta, venda, vincha (*AND, CSUR*)

bander [bɑ̃de] *vt* (*blessure*) vendar

bandit [bɑ̃di] *nm* bandido

bandoulière [bɑ̃duljɛʀ] *nf*: **en ~** en bandolera

banlieue [bɑ̃ljø] *nf* suburbio; **quartier de ~** barrio suburbano; **lignes/trains de ~** líneas *fpl*/trenes *mpl* de cercanías

banlieusard, e [bɑ̃ljøzaʀ, aʀd] *nm/f* habitante *m/f* de los suburbios

bannir [baniʀ] *vt* desterrar

banque [bɑ̃k] *nf* banco; (*activités*) banca; **~ d'affaires** banco de negocios

banquet [bɑ̃kɛ] *nm* banquete *m*

banquette [bɑ̃kɛt] *nf* banqueta

banquier [bɑ̃kje] *nm* banquero

banquise [bɑ̃kiz] *nf* banco de hielo, banquisa

baptême [batɛm] *nm* (*sacrement*) bautismo; **~ de l'air** bautismo del aire

baptiser [batize] vt bautizar

bar [baʀ] nm bar m, cantina (esp AM)

baraque [baʀak] nf barraca; (fam) casucha; **~ foraine** barraca de feria; **baraqué, e** (fam) adj plantado(-a)

barbare [baʀbaʀ] adj, nm/f bárbaro(-a)

barbe [baʀb] nf barba; **au nez et à la ~ de qn** en las barbas de algn; **quelle ~!** (fam) ¡qué lata!; **~ à papa** algodón m de azúcar

barbelé [baʀbəle] nm alambrada

barbiturique [baʀbityʀik] nm barbitúrico

barbouiller [baʀbuje] vt (couvrir, salir) embadurnar; **avoir l'estomac barbouillé** tener el estómago revuelto

barbu, e [baʀby] adj barbudo(-a)

barder [baʀde] vi (fam): **ça va ~** se va a armar la gorda ♦ vt enalbardar

barème [baʀɛm] nm (des prix, des tarifs) baremo, tabla

baril [baʀi(l)] nm barril m

bariolé, e [baʀjɔle] adj abigarrado(-a)

baromètre [baʀɔmɛtʀ] nm barómetro

baron [baʀɔ̃] nm barón m

baroque [baʀɔk] adj (ART) barroco(-a); (fig) estrambótico(-a)

barque [baʀk] nf barca

barquette [baʀkɛt] nf (en aluminium) envase m

barrage [baʀaʒ] nm pantano, embalse m

barre [baʀ] nf barra; (NAUT) timón m; (écrite) raya

barreau, x [baʀo] nm barrote m; (JUR): **le ~** el foro, la abogacía

barrer [baʀe] vt (route) obstruir; (mot) tachar; (chèque) cruzar; (NAUT) timonear; **se ~** (fam) vpr largarse, pirarse

barrette [baʀɛt] nf (pour les cheveux) prendedor m

barricader [baʀikade] vt (rue) levantar barricadas en; (porte, fenêtre) atrancar

barrière [baʀjɛʀ] nf barrera

barrique [baʀik] nf barrica, tonel m

bas, basse [ba, bas] adj bajo(-a); (vue) corto(-a); (action) bajo(-a), vil ♦ nm (de femme) media; (partie inférieure): **le ~ de ...** la parte de abajo de... ♦ adv bajo; **au ~ mot** por lo menos, por lo bajo; **en ~** abajo; **en ~ de** debajo de, en la parte baja de; **"à ~ la dictature/l'école!"** "¡abajo la dictadura/la escuela!"

bas-côté [bakote] (pl **~~s**) nm (de route) arcén m

basculer [baskyle] vi (tomber) volcar; (benne) bascular ♦ vt (gén: faire basculer) volcar

base [baz] nf base f; **jeter les ~s de** sentar las bases de; **à la ~ de** (fig) en el origen de; **sur la ~ de** (fig) tomando como base; **principe/produit de ~** principio/producto de base; **à ~ de café** a base de café; **~ de données** (INFORM) base de datos; **baser** vt: **baser qch sur** basar algo en; **se baser sur** basarse en

bas-fonds [bafɔ̃] nmpl (fig) bajos fondos mpl, hampa fsg

basilic [bazilik] nm albahaca

basket [basket] nm = **basket-ball**

basket-ball [basketbol] (pl **~~s**) nm baloncesto

basque [bask] *adj, nm/f* vasco(-a)

basse [bɑs] *adj f voir* **bas ♦** *nf*
bajo; **basse-cour** (*pl* **basses-
cours**) *nf* corral *m*

bassin [basɛ̃] *nm* (*pièce d'eau*)
estanque *m*; (*de fontaine*) pila;
(*GÉO*) cuenca; (*ANAT*) pelvis *f*

bassine [basin] *nf* balde *m*

basson [bɑsɔ̃] *nm* (*instrument*)
fagot *m*

bat [ba] *vb voir* **battre**

bataille [bataj] *nf* batalla

bateau, x [bato] *nm* barco ♦ *adj*
(*banal, rebattu*) típico(-a);
bateau-mouche (*pl* **bateaux-
mouches**) *nm* golondrina

bâti, e [bati] *adj* (*terrain*)
edificado(-a); **bien ~** (*personne*)
bien hecho(-a), fornido(-a)

bâtiment [batimã] *nm* edificio;
(*NAUT*) navío

bâtir [batiʀ] *vt* edificar, construir

bâtisse [batis] *nf* construcción *f*

bâton [batɔ̃] *nm* palo, vara

bats [ba] *vb voir* **battre**

battement [batmã] *nm* (*de cœur*)
latido, palpitación *f*; (*intervalle*)
intervalo; **10 minutes de ~ de**
paupières parpadeo

batterie [batʀi] *nf* batería; **~ de**
cuisine batería de cocina

batteur [batœʀ] *nm* (*MUS*) batería
m/f; (*appareil*) batidora

battre [batʀ] *vt* golpear; (*suj:*
pluie, vagues) golpear, azotar;
(*vaincre*) vencer, derrotar; (*tapis*)
sacudir ♦ *vi* (*cœur*) latir; (*volets etc*)
golpear; **se ~** *vpr* pelearse, luchar;
~ de: ~ des mains aplaudir; **~**
la mesure llevar el compás; **~**
son plein estar en su apogeo

baume [bom] *nm* bálsamo

bavard, e [bavaʀ, aʀd] *adj*
parlanchín(-ina); **bavarder** *vi*

charlar, platicar (*MEX*);
(*indiscrètement*) charlatanear, irse
de la lengua

baver [bave] *vi* babear; **en baver**
(*fam*) pasar las de Caín, pasarlas
negras

bavoir [bavwaʀ] *nm* babero

bavure [bavyʀ] *nf* rebaba,
mancha; (*fig*) error *m*

bazar [bazaʀ] *nm* bazar *m*; (*fam*)
leonera; **bazarder** (*fam*) *vt*
liquidar

BCBG [besebeʒe] *sigle adj* (= *bon*
chic bon genre): **une fille ~** ≃
una chica bien vestida

BD *sigle f* (= *bande dessinée*) *voir*
bande; (= *base de données*) base *f*
de datos

bd *abr* (= *boulevard*) Blvr. (=
bulevar)

béant, e [beɑ̃, ɑ̃t] *adj* abierto(-a)

beau (bel), belle, beaux [bo,
bɛl] *adj* (*gén*) bonito(-a); (*plus*
formel) hermoso(-a), bello(-a),
lindo(-a) (*esp AM*) (*personne*)
guapo(-a) ♦ *nm*: **avoir le sens**
du beau tener sentido estético ♦
adv: **il fait beau** hace buen
tiempo; **le temps est au beau**
el tiempo se anuncia bueno; **un**
beau geste un gesto noble; **un**
beau salaire un buen salario; **un**
beau gâchis/rhume (*iro*)
un buen despilfarro/resfriado; **en**
faire/dire de belles hacerlas/
decirlas buenas; **le beau monde**
la buena sociedad; **un beau jour**
... un buen día ...; **de plus belle**
más y mejor; **bel et bien** de
verdad; **le plus beau c'est que**
... lo mejor es que ...; **"c'est du**
beau!" "¡qué bonito!"; **on a**
beau essayer ... por más que
se tente ...; **faire le beau**
(*chien*) ponerse en dos patas;

beau parleur hombre m de labia

beaucoup [boku] adv mucho; **il boit** ~ bebe mucho; **il ne rit pas** ~ no ríe mucho; **il est** ~ **plus grand** es mucho más grande; **il en a** ~ tiene mucho(s)(-a(s)); ~ **trop de** demasiado(s)(-a(s)); **(pas)** ~ **de** (no) mucho(s)(-a(s)); ~ **d'étudiants/de touristes** muchos estudiantes/turistas; ~ **de courage** mucho valor; **il n'a pas** ~ **d'argent** no tiene mucho dinero; **de** ~ con mucho; ~ **le savent** (emploi nominal) muchos lo saben

beau...: beau-fils (pl **beaux-fils**) nm yerno; **beau-frère** (pl **beaux-frères**) nm cuñado; **beau-père** (pl **beaux-pères**) nm suegro; (remariage) padrastro

beauté [bote] nf belleza; **en** ~: **finir en** ~ terminar brillantemente

beaux-arts [bozaʀ] nmpl bellas artes fpl

beaux-parents [bopaʀɑ̃] nmpl suegros mpl

bébé [bebe] nm bebé m

bec [bɛk] nm pico; (d'une clarinette etc) boquilla; ~ **de gaz** farola

bêche [bɛʃ] nf pala; **bêcher** vt (terre) cavar

bedaine [bədɛn] nf barriga

bedonnant, e [bədɔnɑ̃, ɑ̃t] adj barrigudo(-a)

bée [be] adj: **bouche** ~ boquiabierto(-a)

bégayer [begeje] vi, vt tartamudear

beige [bɛʒ] adj beige

beignet [bɛɲɛ] nm buñuelo

bel [bɛl] adj m voir **beau**

bêler [bele] vi balar

belette [bəlɛt] nf comadreja

belge [bɛlʒ] adj belga ♦ nm/f: **B~** belga m/f

Belgique [bɛlʒik] nf Bélgica

bélier [belje] nm (ZOOL) carnero; (ASTROL): **le B~** Aries m

belle [bɛl] adj f voir **beau** ♦ nf (SPORT): **la** ~ el desempate; **belle-fille** (pl **belles-filles**) nf nuera; (remariage) hijastra; **belle-mère** (pl **belles-mères**) nf suegra; (remariage) madrastra; **belle-sœur** (pl **belles-sœurs**) nf cuñada

belvédère [bɛlvedɛʀ] nm mirador m

bémol [bemɔl] nm bemol m

bénédiction [benediksjɔ̃] nf bendición f

bénéfice [benefis] nm (COMM) beneficio; (avantage) beneficio, provecho; **bénéficier** vi: **bénéficier de** (jouir de, avoir, obtenir) disfrutar de; (tirer profit de) beneficiarse de, aprovecharse de; **bénéfique** adj benéfico(-a)

bénévole [benevɔl] adj (personne) benévolo(-a); (aide etc) voluntario(-a)

bénin, -igne [benɛ̃, iɲ] adj benigno(-a)

bénir [beniʀ] vt bendecir; **bénit, e** adj bendito(-a); **eau bénite** agua bendita

benne [bɛn] nf (de camion) volquete m; (de téléphérique) cabina

béquille [bekij] nf muleta; (de bicyclette) soporte m

berceau, x [bɛʀso] nm cuna

bercer [bɛʀse] vt acunar, mecer; (suj: musique) mecer; ~ **qn de** ilusionar a algn con; **berceuse** nf (chanson) canción f de cuna, nana

béret (basque) [bere (bask(ə))]
nm boina

berge [bɛrʒ] *nf (d'un cours d'eau)*
ribera

berger, -ère [bɛrʒe, ʒɛr] *nm/f*
pastor(a)

berner [bɛrne] *vt* estafar

besogne [bəzɔɲ] *nf* tarea, faena

besoin [bəzwɛ̃] *nm* necesidad *f*;
(pauvreté): **le ~** la necesidad, la
estrechez ♦ *adv*: **au ~** si es
menester; **faire ses ~s** hacer sus
necesidades; **avoir ~ de qch/de
faire qch** tener necesidad de
algo/de hacer algo

bestiole [bɛstjɔl] *nf* bicho

bétail [betaj] *nm* ganado

bête [bɛt] *nf (gén)* animal *m*;
(insecte, bestiole) bicho ♦ *adj*
(stupide) tonto(-a), bobo(-a);
chercher la petite ~ ser un
chinche; **~ noire** pesadilla, bestia
negra; **~s sauvages** fieras *fpl*,
animales *mpl* salvajes

bêtement [bɛtmɑ̃] *adv*
tontamente; **tout ~** simplemente,
sin rodeos

bêtise [betiz] *nf (défaut
d'intelligence)* estupidez *f*, tontería;
(action, remarque) tontería

béton [betɔ̃] *nm* hormigón *m*; **en
~** *(alibi, argument)* sólido(-a); **~
armé** hormigón armado

betterave [bɛtrav] *nf* remolacha,
betarraga *(CHI)*

Beur [bœr] *nm* joven árabe
*nacido en Francia de padres
emigrantes*

beurre [bœr] *nm* mantequilla,
manteca *(AM)*; **~ noir** mantequilla
requemada; **beurrer** *vt* untar con
mantequilla; **beurrier** *nm*
mantequera

bi- [bi] *préf* bi-

biais [bjɛ] *nm (d'un tissu)* sesgo;

(moyen) rodeo, vuelta; **en ~, de
~** *(obliquement)* al sesgo; *(fig)* con
rodeos

bibelot [biblo] *nm* chuchería

biberon [bibrɔ̃] *nm* biberón *m*

bible [bibl] *nf* biblia

biblio... [biblijo] *préfixe*:
bibliobus *nm* biblioteca
ambulante, bibliobús *m*;
bibliothécaire *nm/f*
bibliotecario(-a); **bibliothèque**
nf biblioteca; **bibliothèque
municipale** biblioteca municipal

bicarbonate [bikarbɔnat] *nm*:
(de soude) bicarbonato (sódico)

biceps [bisɛps] *nm* bíceps *m inv*

biche [biʃ] *nf* cierva

bicolore [bikɔlɔr] *adj* bicolor

bicoque [bikɔk] *(péj)* *nf* casucha

bicyclette [bisiklɛt] *nf* bicicleta

bidet [bide] *nm* bidé *m*

bidon [bidɔ̃] *nm (récipient)* bidón
m ♦ *adj inv (fam)* amañado(-a)

bidonville [bidɔ̃vil] *nm* chabolas
fpl

bidule [bidyl] *nm* trasto, chisme
m

MOT-CLÉ

bien [bjɛ̃] *nm* **1** *(avantage, profit,
moral)* bien *m*; **faire du bien à
qn** hacer bien a algn; **faire le
bien** hacer el bien; **dire du bien
de qn/qch** hablar bien de algn/
algo; **c'est pour son bien** es
por su bien; **mener à bien** llevar
a buen término; **je te veux du
bien** te quiero bien

2 *(possession, patrimoine)* bien;
son bien le plus précieux su
bien más preciado; **avoir du
bien** tener fortuna; **biens de
consommation** bienes *mpl* de
consumo

♦ *adv* **1** *(de façon satisfaisante)*

bien; **elle travaille/mange bien** trabaja/come bien; **vite fait, bien fait** pronto y bien; **croyant bien faire, je ...** creyendo hacer bien, yo ... **2** (*valeur intensive*) muy, mucho; **bien jeune** muy joven; **bien mieux** mucho mejor; **bien souvent** muy a menudo; **c'est bien fait!** (*tu le mérites*) ¡te está bien empleado!; **j'espère bien y aller** sí espero poder ir; **je veux bien le faire** (*concession*) me parece bien hacerlo; **il faut bien le faire** hay que hacerlo; **il faut bien l'admettre** hay que admitirlo; **il y a bien 2 ans** hace 2 años largos; **Paul est bien venu, n'est-ce pas?** Paul sí ha venido, ¿verdad?; **tu as eu bien raison de dire cela** hiciste muy bien en decir eso; **j'ai bien téléphoné** sí llamé por teléfono; **se donner bien du mal** molestarse mucho; **où peut-il bien être passé?** ¿dónde se habrá metido?; **on verra bien** ya veremos

3 (*beaucoup*): **bien des gens** mucha gente

♦ *excl*: **eh bien?** bueno, ¿qué?

♦ *adj inv* **1** (*en bonne forme, à l'aise*): **être/se sentir bien** estar/sentirse bien; **je ne me sens pas bien** no me siento bien; **on est bien dans ce fauteuil** se está bien en este sillón

2 (*joli, beau*) bien; **tu es bien dans cette robe** estás bien con ese vestido

3 (*satisfaisant, adéquat*) bien; **elle est bien, cette maison** está bien esta casa; **elle est bien, cette secrétaire** es buena esta

secretaria; **c'est bien?** ¿está bien?; **mais non, c'est très bien** que no, está muy bien; **c'est très bien (comme ça)** está muy bien (así)

4 (*juste, moral, respectable*) bien *inv*; **ce n'est pas bien de ...** no está bien ...; **des gens bien** gente bien

5 (*en bons termes*): **être bien avec qn** estar bien con algn; **si bien que** (*résultat*) de tal manera que; **tant bien que mal** así, así

6 **bien que** *conj* aunque

7 **bien sûr** *adv* desde luego

bien-aimé, e [bjɛneme] *adj, nm/f* bienamado(-a)

bien-être [bjɛnɛtʀ] *nm* bienestar *m*

bienfaisance [bjɛfazɑ̃s] *nf* beneficencia

bienfait [bjɛfɛ] *nm* favor *m*; (*de la science*) beneficio

bienfaiteur, -trice [bjɛfɛtœʀ, tʀis] *nm/f* bienhechor(a)

bien-fondé [bjɛ̃fɔde] *nm* legitimidad *f*

bientôt [bjɛto] *adv* pronto, luego; **à ~** hasta luego

bienveillant, e [bjɛ̃vɛjɑ̃, ɑ̃t] *adj* benévolo(-a)

bienvenu, e [bjɛ̃vny] *adj* bienvenido(-a); **bienvenue** *nf*: **souhaiter la bienvenue à** desear la bienvenida a; **bienvenue à** bienvenida a

bière [bjɛʀ] *nf* cerveza; (*cercueil*) ataúd *m*; **~ blonde/brune** cerveza dorada/negra; **~ (à la) pression** cerveza de barril

bifteck [biftɛk] *nm* bistec *m*, bisté *m*, bife *m* (ARG)

bigorneau, x [bigɔʀno] *nm* bígaro *m*

bigoudi [bigudi] *nm* bigudí *m*

bijou, x [biʒu] *nm* joya, alhaja; **bijouterie** *nf* (*bijoux*) joyas *fpl*; (*magasin*) joyería; **bijoutier, -ière** *nm/f* joyero(-a)

bikini [bikini] *nm* biquini *m*

bilan [bilɑ̃] *nm* balance *m*; **faire le ~ de** hacer el balance de; **déposer son ~** declararse en quiebra

bile [bil] *nf* bilis *f*; **se faire de la ~** (*fam*) hacerse mala sangre

bilieux, -euse [biljø, jøz] *adj* bilioso(-a); (*fig*) bilioso(-a), colérico(-a)

bilingue [bilɛ̃g] *adj* bilingüe

billard [bijaʀ] *nm* billar *m*

bille [bij] *nf* bola; (*du jeu de billes*) canica

billet [bijɛ] *nm* billete *m*; (*de cinéma*) entrada; **~ aller retour** billete de ida y vuelta; **billetterie** *nf* emisión *f* y venta de billetes; (*distributeur*) taquilla; (*BANQUE*) cajero (automático)

billion [biljɔ̃] *nm* billón *m*

bimensuel, le [bimɑ̃sɥɛl] *adj* bimensual, quincenal

bio... [bjo] *préf* bio...; **biochimie** *nf* bioquímica; **biodiversité** *nf* biodiversidad *f*; **biographie** *nf* biografía; **biologie** *nf* biología; **biologique** *adj* biológico(-a); **biologiste** *nm/f* biólogo(-a); **bioterroriste** *nm/f* bioterrorista *m/f*

Birmanie [biʀmani] *nf* Birmania

bis¹, e [bi, biz] *adj* pardo(-a)

bis² [bis] *adv*: **12 ~ 12** bis ♦ *excl* ¡otra! ♦ *nm* bis *m*

biscotte [biskɔt] *nf* biscote *m*

biscuit [biskɥi] *nm* (*gâteau sec*) galleta; (*gâteau, porcelaine*) bizcocho

bise [biz] *adj f voir* **bis¹** ♦ *nf*

(*baiser*) beso; (*vent*) cierzo

bisou [bizu] (*fam*) *nm* besito

bissextile [bisɛkstil] *adj*: **année ~** año bisiesto

bistro(t) [bistʀo] *nm* bar *m*, café *m*, cantina (*esp AM*)

bitume [bitym] *nm* asfalto

bizarre [bizaʀ] *adj* raro(-a)

blague [blag] *nf* (*propos*) chiste *m*; (*farce*) broma; **"sans ~!"** (*fam*) "¡no me digas!"; **blaguer** *vi* bromear

blaireau, x [blɛʀo] *nm* (*ZOOL*) tejón *m*; (*brosse*) brocha de afeitar

blâme [blɑm] *nm* (*jugement*) reprobación *f*; (*sanction*) sanción *f*; **blâmer** *vt* (*réprouver*) reprobar

blanc, blanche [blɑ̃, blɑ̃ʃ] *adj* blanco(-a) ♦ *nm/f* blanco(-a) ♦ *nm* blanco; (*linge*) ropa blanca; (*aussi*: **~ d'œuf**) clara; (*aussi*: **~ de poulet**) pechuga; **à ~** (*chauffer*) al rojo vivo; (*tirer, charger*) con munición de fogueo; **chèque en ~** cheque *m* en blanco; **~ cassé** color *m* hueso; **blanche** *nf* (*MUS*) blanca; **blancheur** *nf* blancura

blanchir [blɑ̃ʃiʀ] *vt* (*gén, argent*) blanquear; (*linge*) lavar; (*CULIN*) escaldar; (*disculper*) rehabilitar ♦ *vi* blanquear; (*cheveux*) blanquear, encanecer; **blanchisserie** *nf* lavandería

blason [blɑzɔ̃] *nm* blasón *m*

blasphème [blasfɛm] *nm* blasfemia

blazer [blazɛʀ] *nm* blázer *m*

blé [ble] *nm* trigo; **~ noir** trigo sarraceno

bled [blɛd] *nm* (*péj*) poblacho

blême [blɛm] *adj* pálido(-a)

blessant, e [blesɑ̃, ɑ̃t] *adj* hiriente

blessé, e [blese] *adj* herido(-a); (*offensé*) ofendido(-a) ♦ *nm/f* herido(-a)

lesser [blese] vt herir; (suj: souliers) hacer daño a; (offenser) ofender; **se ~** vpr herirse; **se ~ au pied** etc lastimarse el pie etc; **blessure** nf herida, (fig) herida, ofensa

leu, e [blø] adj azul; (bifteck) poco hecho ♦ nm azul m; (contusion) cardenal m; (vêtement: aussi: **~s**) mono, overol m (AM); **~ marine** azul marino; **bleuet** [blœe] nm aciano

loc [blɔk] nm bloque m; (de papier à lettres) bloc m; (ensemble) montón m; **serré à ~** apretado a fondo; **en ~** en bloque; **~ opératoire** quirófano; **blocage** nm (aussi PSYCH) bloqueo; **bloc-notes** (pl **blocs-notes**) nm bloc m de notas

lond, e [blɔ̃, blɔ̃d] adj rubio(-a); (sable, blés) dorado(-a) ♦ nm/f rubio(-a); **~ cendré** rubio ceniciento

loquer [blɔke] vt bloquear

lottir [blɔtiʀ]: **se ~** vpr acurrucarse

louse [bluz] nf bata

louson [bluzɔ̃] nm cazadora; **~ noir** (fig) gamberro

luff [blœf] nm exageración f, farol m; **bluffer** vi exagerar, farolear ♦ vt engañar

bobine [bɔbin] nf (de fil) carrete m; (de film) carrete, rollo; (ÉLEC) bobina

bocal, -aux [bɔkal, o] nm tarro (de vidrio)

bock [bɔk] nm jarra (de cerveza)

body [bɔdi] nm body m; (SPORT) malla

bœuf [bœf] nm buey m; (CULIN) carne f de vaca

bof! [bɔf] (fam) excl ¡bah!

bohémien, ne [bɔemjɛ̃, jen] nm/f bohemio(-a)

boire [bwaʀ] vt beber, tomar (AM); **~ un coup** echar un trago

bois¹ [bwa] vb voir **boire**

bois² [bwa] nm (substance) madera; (forêt) bosque m; **de ~, en ~** de madera; **boisé, e** adj arbolado(-a)

boisson [bwasɔ̃] nf bebida

boîte [bwat] nf caja; (de fer) lata; **il a quitté sa ~** (fam: entreprise) ha dejado el curro (fam); **~ en conserves** alimentos mpl en lata; **~ à gants** guantera; **~ aux lettres** buzón m; **~ d'allumettes** caja de cerillas; **~ de conserves** lata de conservas; **~ de nuit** discoteca; **~ de vitesses** caja de cambios; **~ postale** apartado de correos

boiter [bwate] vi cojear, renguear (AM)

boîtier [bwatje] nm (d'appareil-photo) cuerpo

boive etc [bwav] vb voir **boire**

bol [bɔl] nm tazón m; **un ~ d'air** una bocanada de aire; **en avoir ras le ~** (fam) estar hasta la coronilla

bombarder [bɔ̃baʀde] vt (MIL) bombardear; **~ qn de** bombardear a algn con, acosar a algn con

bombe [bɔ̃b] nf bomba; (atomiseur) atomizador m

MOT-CLÉ

---

bon, bonne [bɔ̃, bɔn] adj **1** (agréable, satisfaisant) bueno(-a); (avant un nom masculin) buen; **un bon repas/restaurant** una buena comida/un buen restaurante; **vous êtes trop bon** es usted demasiado bueno; **avoir**

bon goût tener buen gusto; **elle est bonne en maths** se le dan bien las matemáticas

2 (*bienveillant, charitable*): **être bon (envers)** ser bueno (con)

3 (*correct*) correcto(-a); **le bon numéro** el número correcto; **le bon moment** el momento oportuno

4 (*souhaits*): **bon anniversaire!** ¡feliz cumpleaños!; **bon voyage!** ¡buen viaje!; **bonne chance!** ¡(buena) suerte!; **bonne année!** ¡feliz año nuevo!; **bonne nuit!** ¡buenas noches!

5 (*approprié, apte*): **bon à/pour** bueno(-a) para; **ces chaussures sont bonnes à jeter** estos zapatos están para tirarlos; **c'est bon à savoir** está bien saberlo

6 **de bonne heure** temprano; **bon marché** barato(-a); **bon sens** sentido común; **c'est un bon vivant** le gusta la buena vida

7 (*valeur intensive*) largo(-a); **ça m'a pris deux bonnes heures** me llevó dos horas largas

♦ *nm* **1** (*billet*) bono, vale *m*; **bon cadeau** vale regalo; **bon à rien** inútil *m/f*; **bon mot** ocurrencia

2: **avoir du bon** tener ventajas; **pour de bon** de verdad, en serio; **il y a du bon dans ce qu'il dit** lo que dice tiene sentido

♦ *adv*: **il fait bon** hace bueno; **sentir bon** oler bien; **tenir bon** resistir; **à quoi bon?** ¿para qué?; **juger bon de faire ...** juzgar oportuno hacer ...; **le bus/ton frère a bon dos** (*fig*) siempre es el autobús/tu hermano

♦ *excl*: **bon!** ¡bueno!; **ah bon?**

¿ah, sí?; **bon, je reste** bueno, me quedo; *voir aussi* **bonne**

bonbon [bɔ̃bɔ̃] *nm* caramelo

bond [bɔ̃] *nm* (*saut*) salto; (*d'une balle*) bote *m*; (*fig*) salto, avance *m*; **faire un ~** dar un salto

bondé, e [bɔ̃de] *adj* abarrotado(-a)

bondir [bɔ̃diʀ] *vi* saltar, brincar

bonheur [bɔnœʀ] *nm* felicidad *f*; **porter ~ (à qn)** dar buena suerte (a algn); **par ~** por fortuna

bonhomme [bɔnɔm] *nm* hombre *m*; (*pl* **bonshommes**) *nm* hombre *m*; **~ de neige** muñeco de nieve

bonjour [bɔ̃ʒuʀ] *excl, nm* buenos días *mpl*

bonne [bɔn] *adj f voir* **bon** ♦ *nf* criada, mucama (*CSUR*), recamarera (*MEX*)

bonnet [bɔnε] *nm* gorro; (*de soutien-gorge*) copa; **~ de bain** gorro de baño

bonshommes [bɔ̃zɔm] *nmpl de* **bonhomme**

bonsoir [bɔ̃swaʀ] *excl, nm* buenas tardes; (*plus tard*) buenas noches

bonté [bɔ̃te] *nf* bondad *f*

bonus [bɔnys] *nm inv* (*ASSURANCE*) descuento en la prima por poca siniestralidad

bord [bɔʀ] *nm* (*de table, verre, falaise*) borde *m*; (*de lac, route*) orilla, borde *m*; (*NAUT*): **à ~** a bordo; **monter à ~** subir a bordo; **jeter par-dessus ~** arrojar por la borda; **le commandant/les hommes du ~** el comandante/ los hombres a bordo; **au ~ de la mer/de la route** a orillas del mar/de la carretera; **être au ~ des larmes** (*fig*) estar a punto de llorar

bordeaux [bɔʀdo] *nm inv* (*vin*)

burdeos *m inv* ♦ *adj inv* (couleur) burdeos *inv*, rojo violáceo *inv*

bordel [bɔʀdɛl] (*fam*) *nm* burdel *m*; (*fig*) follón *m* ♦ *excl* ¡joder! (*fam!*)

bordelais, e [bɔʀdəlɛ, ɛz] *adj* bordelés(-esa) ♦ *nm/f*: **B~, e** bordelés(-esa)

border [bɔʀde] *vt* (être le long de) orillar, bordear; (*personne, lit*) arropar; **~ qch de** (garnir) ribetear algo de

bordure [bɔʀdyʀ] *nf* borde *m*; **en ~ de** a orillas de

borne [bɔʀn] *nf* (pour délimiter) mojón *m*; (*gén: borne kilométrique*) mojón; **~s** *nfpl* (*fig*) límites *mpl*; **dépasser les ~s** pasarse de la raya

borné, e [bɔʀne] *adj* limitado(-a)

borner [bɔʀne] *vt*: **se ~ à faire** limitarse a hacer

bosquet [bɔskɛ] *nm* bosquecillo

bosse [bɔs] *nf* (de terrain) montículo; (sur un objet) protuberancia; (enflure) bulto; (du bossu, du chameau) joroba; **avoir la ~ des maths** ser ducho(-a) en matemáticas

bosser [bɔse] (*fam*) *vt* empollar

bossu, e [bɔsy] *adj, nm/f* jorobado(-a)

botanique [bɔtanik] *nf*: **la ~ la** botánica ♦ *adj* botánico(-a)

botte [bɔt] *nf* bota; **~ d'asperges** manojo de espárragos; **~ de radis** manojo de rábanos; **~s de caoutchouc** botas *fpl* de goma

bottin [bɔtɛ̃] *nm* anuario del comercio

bottine [bɔtin] *nf* botina

bouc [buk] *nm* (animal) macho cabrío; (barbe) perilla

boucan [bukɑ̃] *nm* jaleo

bouche [buʃ] *nf* boca; **faire du ~-à-~ à qn** hacer el boca a boca a algn; **~ de métro/d'incendie** boca de metro/de incendios

bouché, e [buʃe] *adj* (flacon) tapado(-a); (temps, ciel) encapotado(-a); (personne, carrière) cerrado(-a)

bouchée [buʃe] *nf* bocado; **~ à la reine** pastel de hojaldre de pollo

boucher [buʃe] *nm* carnicero; (colmater) rellenar; (porte) cerrar; (porte) obstruir; **se ~** *vpr* (tuyau) taponarse; **se ~ le nez** taparse la nariz; **boucherie** *nf* carnicería *m*

bouchon [buʃɔ̃] *nm* (en liège) corcho; (autre matière) tapón *m*; (embouteillage) atasco; (PÊCHE) flotador *m*

boucle [bukl] *nf* curva; (objet) argolla, hebilla; **~ (de cheveux)** bucle; **~s d'oreilles** pendientes *mpl*, aretes *mpl* (esp AM)

bouclé, e [bukle] *adj* (cheveux, personne) ensortijado(-a)

boucler [bukle] *vt* (ceinture etc) cerrar, ajustar; (affaire) concluir; (budget) equilibrar; (enfermer) encerrar

bouder [bude] *vi* enojarse

boudin [budɛ̃] *nm* (CULIN) morcilla

boue [bu] *nf* barro, fango

bouée [bwe] *nf* (de baigneur) flotador *m*; **~ (de sauvetage)** salvavidas *m inv*

boueux, -euse [bwø, øz] *adj* fangoso(-a)

bouffe [buf] (*fam*) *nf* comilona

bouffée [bufe] *nf* bocanada

bouffer [bufe] *vi* (fam) jalar

bouffi, e [bufi] *adj* hinchado(-a)

bouger [buʒe] *vi* moverse;

(changer) alterarse; **(agir)** agitarse
♦ *vt* mover

bougie [buʒi] *nf* vela; (AUTO) bujía

bouillabaisse [bujabɛs] *nf* sopa de pescado

bouillant, e [bujɑ̃, ɑ̃t] *adj* hirviendo

bouille [buj] *nf gacha fpl*; **(de bébé)** papilla; **en ~ (fig)** en papilla

bouillir [bujiR] *vi* hervir ♦ *vt* (gén: *faire bouillir*) hervir

bouilloire [bujwaR] *nf* hervidor *m*

bouillon [buj ɔ̃] *nm* (CULIN) caldo; **bouillonner** *vi* borbotear

bouillotte [bujɔt] *nf* calentador *m*, bolsa de agua caliente

boulanger, -ère [bulɑ̃ʒe, ʒɛR] *nm/f* panadero(-a); **boulangerie** *nf* panadería

boule [bul] *nf* bola; (pour jouer) bolo; **~ de neige** bola de nieve

boulette [bulɛt] *nf* (petite boule) bolita

boulevard [bulvaR] *nm* bulevar *m*

bouleversant, e [bulvɛRsɑ̃, ɑ̃t] *adj* (émouvant) conmovedor(a)

bouleversement [bulvɛRsəmɑ̃] *nm* trastorno

bouleverser [bulvɛRse] *vt* (changer) trastornar; (émouvoir) conmover; (causer du chagrin à) afectar

boulon [bul ɔ̃] *nm* perno

boulot, te [bulo, ɔt] (fam) *nm* trabajo, curro

boum [bum] *nm* bum *m* ♦ *nf* fiesta

bouquet [bukɛ] *nm* (de fleurs) ramo, ramillete *m*

bouquin [bukɛ̃] (fam) *nm* libro; **bouquiner** (fam) *vi* leer; **bouquiniste** *nm/f* librero de viejo

bourdon [buRd ɔ̃] *nm* abejorro

bourg [buR] *nm* burgo

bourgeois, e [buRʒwa, waz] *adj* (souvent péj) burgués(-esa)

bourgeoisie *nf* burguesía

bourgeon [buRʒ ɔ̃] *nm* brote *m*, yema

Bourgogne [buRg ɔɲ] *nf* Borgoña
♦ *nm*: **b~ (vin)** vino de borgoña

bourguignon, ne [buRgiɲ ɔ̃, ɔn] *adj, nm/f* borgoñón(-ona); **(bœuf) ~** encebollado de vaca

bourrasque [buRask] *nf* borrasca

bourratif, -ive [buRatif, iv] *adj* pesado(-a)

bourré, e [buRe] *adj* (fam) trompa *inv*; **~ de** (rempli) cargado(-a) de

bourrer [buRe] *vt* (valise, poêle) rellenar

bourru, e [buRy] *adj* rudo(-a)

bourse [buRs] *nf* (subvention) beca; (porte-monnaie) bolsa; **la B~** la Bolsa

boursier, -ière [buRsje, jɛR] *adj* (élève) becario(-a); (COMM) bursátil ♦ *nm/f* becario(-a)

bous [bu] *vb voir* **bouillir**

bousculade [buskylad] *nf* (précipitation) atropello; **bousculer** *vt* empujar; (presser) meter prisa a

boussole [busɔl] *nf* brújula

bout¹ [bu] *vb voir* **bouillir**

bout² [bu] *nm* (morceau) trozo; (extrémité) punta; (de table) extremo; (fin, rue) final *m*; **au ~ de** (après) al cabo de, al final de; **pousser qn à ~** poner a algn al límite; **venir à ~ de qch** terminar algo; **venir à ~ de qn** poder con algn

bouteille [butɛj] *nf* botella; (de gaz) bombona

boutique [butik] *nf* tienda

bouton [but ɔ̃] *nm* botón *m*; (sur la peau) grano; **boutonner** *vt* abotonar; **boutonnière** nf ojal m

ovin, e [bɔvɛ̃, in] adj bovino(-a);
~s nmpl ganado msg bovino

owling [bulin] nm juego de
bolos; (salle) bolera

oxe [bɔks] nf boxeo, box m (AM);
(salle) bolera

boxeur, -euse nm/f
boxeador(a)

3P [bepe] sigle f (= boîte postale)
Apdo. (= Apartado de correos), C.P.
f (AM) (= Casilla Postal)

racelet [braslɛ] nm pulsera

braconnier [brakɔnje] nm
cazador m/pescador m furtivo

rader [brade] vt vender a precio
de saldo; **braderie** nf (marché)
mercadillo

braguette [braɡɛt] nf bragueta

braise [brɛz] nf brasas fpl

brancard [brɑ̃kar] nm (civière)
camilla; **brancardier** nm
camillero

ranche [brɑ̃ʃ] nf rama

branché, e [brɑ̃ʃe] (fam) adj
(personne) a la última; (boîte de
nuit) de moda

brancher [brɑ̃ʃe] vt enchufar

brandir [brɑ̃dir] vt (arme) blandir

braquer [brake] vi (AUTO) girar ♦
vt (regard) clavar; **~ qch sur qn**
(revolver) apuntar a algn con algo

bras [brɑ] nm brazo; **~ droit** (fig)
brazo derecho

brassard [brasar] nm brazalete
m

brasse [bras] nf braza; **~
papillon** braza mariposa

brassée [brase] nf brazada

brasser [brase] vt (bière) fabricar;
(remuer) mezclar

brasserie [brasri] nf (restaurant)
cervecería; (usine) fábrica de
cerveza

brave [brav] adj (courageux, aussi
péj) valiente; (bon, gentil)

bueno(-a)

braver [brave] vt (ordre) desafiar;
(danger) afrontar

bravo [bravo] excl, nm bravo

bravoure [bravur] nf bravura

break [brɛk] nm (AUTO) ranchera

brebis [brəbi] nf oveja

bredouiller [brəduje] vi, vt
farfullar

bref, brève [brɛf, ɛv] adj breve ♦
adv total

Brésil [brezil] nm Brasil m;
brésilien, ne adj brasileño(-a) ♦
nm/f: **Brésilien, ne** brasileño(-a)

Bretagne [brətaɲ] nf Bretaña

bretelle [brətɛl] nf (de vêtement)
tirante m; (d'autoroute) enlace m;
~s nfpl (pour pantalons) tirantes
mpl, suspensores mpl (AM)

breton, ne [brətɔ̃, ɔn] adj
bretón(-ona)

brève [brɛv] adj f voir **bref**

brevet [brəvɛ] nm certificado; **~
(d'invention)** patente f;
breveté, e adj (invention)
patentado(-a)

bricolage [brikɔlaʒ] nm bricolaje
m

bricoler [brikɔle] vi hacer
chapuzas; (passe-temps) hacer
bricolaje; **bricoleur, -euse**
nm/f mañoso(-a), manitas m/f inv

bridge [bridʒ] nm (jeu) bridge m

brièvement [brijɛvmɑ̃] adv
brevemente

brigade [briɡad] nf (gén)
cuadrilla; (POLICE, MIL) brigada;
brigadier nm (MIL) cabo; (POLICE)
jefe m

brillamment [brijamɑ̃] adv
estupendamente

brillant, e [brijɑ̃, ɑ̃t] adj brillante;
(luisant) reluciente ♦ nm brillante
m

briller [brije] vi brillar

brin [bʀɛ̃] nm hebra; **un ~ de** (fig) una pizca de; **~ d'herbe** brizna de hierba

brindille [bʀɛ̃dij] nf ramita

brioche [bʀijɔʃ] nf bollo, queque m (AM); (fam: ventre) buche m

brique [bʀik] nf ladrillo ♦ adj inv (couleur) de color teja

briquet [bʀikɛ] nm mechero, encendedor m

brise [bʀiz] nf brisa

briser [bʀize] vt (casser) romper; (fig) arruinar, destrozar; (grève) romper; **se ~** vpr romperse

britannique [bʀitanik] adj británico(-a)

brocante [bʀɔkɑ̃t] nf (objets) baratillo; **brocanteur, -euse** nm/f chamarilero(-a)

broche [bʀɔʃ] nf (bijou) broche m; (MÉD) alambre m; **à la ~** (CULIN) al asador

broché, e [bʀɔʃe] adj (livre) en rústica

brochet [bʀɔʃɛ] nm lucio

brochette [bʀɔʃɛt] nf pincho, brocheta

brochure [bʀɔʃyʀ] nf folleto

broder [bʀɔde] vt bordar; **broderie** nf bordado

bronches [bʀɔ̃ʃ] nfpl bronquios mpl; **bronchite** nf bronquitis f inv

bronze [bʀɔ̃z] nm bronce m

bronzer [bʀɔ̃ze] vi broncearse; **se ~** vpr broncearse

brosse [bʀɔs] nf cepillo, escobilla (AM); **coiffé en ~** peinado al cepillo; **~ à cheveux** cepillo para el pelo; **~ à dents/à habits** cepillo de dientes/de (la) ropa; **brosser** vt (nettoyer) cepillar; (fig) bosquejar; **se brosser les dents** cepillarse los dientes

brouette [bʀuɛt] nf carretilla

brouillard [bʀujaʀ] nm niebla

brouiller [bʀuje] vt mezclar; (embrouiller) embarullar, enredar; (rendre trouble, confus) enturbiar; (amis) enemistar; **se ~** vpr (vue) nublarse; **se ~ (avec)** enfadarse (con)

brouillon, ne [bʀujɔ̃, ɔn] adj desordenado(-a) ♦ nm (écrit) borrador m, copia en sucio

broussailles [bʀusaj] nfpl maleza fsg; **broussailleux, -euse** adj cubierto(-a) de maleza

brousse [bʀus] nf monte m bajo

brouter [bʀute] vt pacer

brugnon [bʀyɲɔ̃] nm nectarina

bruiner [bʀɥine] vi: **il bruine** llovizna

bruit [bʀɥi] nm ruido; (rumeur) rumor m; **sans ~** sin ruido; **~ de fond** ruido de fondo

brûlant, e [bʀylɑ̃, ɑ̃t] adj ardiente; (liquide) hirviendo

brûlé, e [bʀyle] adj (démasqué) descubierto(-a) ♦ nm: **odeur de ~** olor m a quemado

brûler [bʀyle] vt quemar; (suj: eau bouillante) escaldar; (feu rouge, signal) saltarse ♦ vi (se consumer) consumirse; (jeu): **tu brûles** caliente-caliente; **se ~** vpr (accidentellement) quemarse

brûlure [bʀylyʀ] nf (lésion) quemadura; **~s d'estomac** ardores mpl de estómago

brume [bʀym] nf bruma

brun, e [bʀœ̃, bʀyn] adj moreno(-a)

brushing [bʀœʃiŋ] nm marcado; **faire un ~** lavar y marcar

brusque [bʀysk] adj (soudain) repentino(-a); (rude) brusco(-a)

brut, e [bʀyt] adj bruto(-a); **(pétrole) ~** crudo

brutal, e, -aux [bʀytal, o] adj

brutal; *(franchise)* rudo(-a)

Bruxelles [brysɛl] *n* Bruselas

bruyamment [brɥijamɑ̃] *adv* ruidosamente

bruyant, e [brɥijɑ̃, ɑ̃t] *adj* ruidoso(-a)

bruyère [brɥijɛr] *nf* brezo

BTS [beteɛs] *sigle m* (= *brevet de technicien supérieur) diploma de enseñanza técnica*

bu, e [by] *pp de* **boire**

buccal, e, -aux [bykal, o] *adj:* **par voie ~e** por vía oral

bûche [byʃ] *nf* leño; **~ de Noël** bizcocho de navidad

bûcher [byʃe] *vi, vt (fam)* empollar

budget [bydʒɛ] *nm* presupuesto

buée [bɥe] *nf* vaho

buffet [byfɛ] *nm (meuble)* aparador *m; (de réception)* buffet *m;* **~ (de gare)** cantina (de estación)

buis [bɥi] *nm* boj *m*

buisson [bɥisɔ̃] *nm* matorral *m*

bulbe [bylb] *nm* bulbo

Bulgarie [bylgari] *nf* Bulgaria

bulle [byl] *nf* burbuja

bulletin [byltɛ̃] *nm* boletín *m; (papier)* folleto; **~ d'informations** boletín informativo; **~ (de vote)** papeleta

bureau, x [byro] *nm (meuble)* escritorio; *(pièce)* despacho; **~ de change/de poste** oficina de cambio/de correos; **~ de tabac** estanco

bureaucratie [byrokrasi] *nf* burocracia

bus¹ [by] *vb voir* **boire**

bus² [bys] *nm* autobús *m*, bus *m (esp AM)*; camión *m (MEX)*

buste [byst] *nm* busto

but¹ [by] *vb voir* **boire**

but² [byt] *nm (cible)* meta; *(d'un voyage)* destino; *(d'une entreprise, d'une action)* objetivo; *(FOOTBALL: limites)* portería, arco *(AM)*; **avoir pour ~ de faire** tener como objetivo hacer; **dans le ~ de** con el propósito de

butane [bytan] *nm* butano

butiner [bytine] *vt, vi* libar

buvais *etc* [byvɛ] *vb voir* **boire**

buvard [byvar] *nm* secante *m*

buvette [byvɛt] *nf* puesto de bebidas

C, c

c' [s] *dét voir* **ce**

CA *sigle m* (= *chiffre d'affaires) voir* **chiffre**; (= *conseil d'administration) voir* **conseil**

ça [sa] *pron (proche)* esto; *(pour désigner)* eso; *(plus loin)* aquello; **~ va?** ¿qué tal?; *(d'accord?)* ¿vale?; **~ alors!** *(désapprobation)* ¡pero bueno!; *(étonnement)* ¡y entonces!

çà [sa] *adv:* **~ et là** aquí y allá

cabane [kaban] *nf* cabaña

cabaret [kabarɛ] *nm* cabaret *m*

cabillaud [kabijo] *nm* bacalao fresco

cabine [kabin] *nf* cabina; *(de bateau)* camarote *m; (de plage)* caseta; **~ d'essayage** probador *m;* **~ (téléphonique)** cabina (telefónica), locutorio

cabinet [kabinɛ] *nm (aussi POL)* gabinete *m; (de médecin)* gabinete, consulta; *(d'avocat, de notaire)* gabinete, despacho; **~s** *nmpl* servicios *mpl;* **~ de toilette** cuarto de aseo

câble [kabl] *nm* cable *m*

cacahuète [kakaɥɛt] *nf* cacahuete *m*, maní *m (AM)*,

cacahuate *m* (*AM*)
cacao [kakao] *nm* cacao
cache [kaʃ] *nf* (*cachette*) escondite *m*
cache-cache [kaʃkaʃ] *nm inv*: **jouer à ~~~** jugar al escondite
cachemire [kaʃmiʀ] *nm* cachemira, cachemir *m*
cacher [kaʃe] *vt* ocultar, esconder; **se ~** *vpr* esconderse, ocultarse; **~ qch à qn** ocultar algo a algn
cachet [kaʃe] *nm* (*MÉD*) pastilla
cachette [kaʃet] *nf* escondite *m*; **en ~** a escondidas
cactus [kaktys] *nm inv* cactus *m inv*
cadavre [kadɑvʀ] *nm* cadáver *m*
caddie [kadi] *nm* (*au supermarché*) carrito
cadeau, x [kado] *nm* regalo; **faire un ~ à qn** hacer un regalo a algn
cadenas [kadnɑ] *nm* candado
cadet, te [kade, et] *adj* (*plus jeune*) menor; (*le plus jeune*) menor, más pequeño(-a) ♦ *nm/f* (*de la famille*) benjamín(-ina)
cadran [kadʀɑ̃] *nm* (*de pendule, montre*) esfera; **~ solaire** reloj *m* de sol
cadre [kadʀ] *nm* marco ♦ *nm/f* (*ADMIN*) ejecutivo(-a), cuadro; **dans le ~ de** (*fig*) en el marco de
cafard [kafaʀ] *nm* cucaracha; **avoir le ~** (*fam*) estar melancólico(-a)
café [kafe] *nm* café *m*; **~ noir** café solo; **~ tabac** café-estanco; **cafetière** *nf* cafetera
cage [kaʒ] *nf* jaula
cageot [kaʒo] *nm* caja
cagoule [kagul] *nf* (*ski etc*) gorro
cahier [kaje] *nm* (*de classe*) cuaderno, libreta; **~ d'exercices**

cuaderno de ejercicios; **~ de brouillon** cuaderno de sucio
caille [kaj] *nf* codorniz *f*
caillou, x [kaju] *nm* guijarro, piedra; **cailouteux, -euse** *adj* pedregoso(-a)
caisse [kes] *nf* caja; (*recettes*) caja, recaudación *f*; **~ d'épargne/de retraite** caja de ahorros/de jubilaciones; **caissier, -ière** *nm/f* cajero(-a)
cake [kek] *nm* plum-cake *m*
calandre [kalɑ̃dʀ] *nf* (*AUTO*) rejilla del radiador, calandra
calcaire [kalkeʀ] *nm* caliza ♦ *adj* calcáreo(-a); (*GÉO*) calcáreo(-a), calizo(-a)
calcul [kalkyl] *nm* (*aussi fig*) cálculo; **~ (biliaire)** cálculo (biliar); **calculatrice** *nf* calculadora; **calculer** *vt* calcular; **calculette** *nf* calculadora de bolsillo
cale [kal] *nf* (*de bateau*) bodega; (*en bois*) cuña
calé, e [kale] *adj* (*fam: personne*) empollado(-a)
caleçon [kalsɔ̃] *nm* calzoncillos *mpl*
calendrier [kalɑ̃dʀije] *nm* calendario; (*programme*) calendario, programa *m*
calepin [kalpɛ̃] *nm* agenda
caler [kale] *vt* (*fixer*) calzar, fijar ♦ *vi* (*fig: ne plus pouvoir continuer*) rendirse; **~ (son moteur/véhicule)** calar (el motor/vehículo)
calibre [kalibʀ] *nm* (*d'une arme*) calibre *m*; (*fig*) calibre, envergadura
câlin, e [kɑlɛ̃, in] *adj* mimoso(-a)
calmant, e [kalmɑ̃, ɑ̃t] *adj, nm* calmante *m*
calme [kalm] *adj* tranquilo(-a);

(ville, mer, endroit) tranquilo(-a), apacible ♦ nm (d'un lieu) tranquilidad f; ~ **plat** (NAUT) calma chicha; **calmer** vt tranquilizar, calmar; (douleur, colère) calmar, sosegar; **se calmer** vpr calmarse; (personne) calmarse, tranquilizarse

calorie [kalɔʀi] nf caloría

camarade [kamaʀad] nm/f compañero(-a), amigo(-a); (POL, SYNDICATS) camarada m/f

cambriolage [kɑ̃bʀijɔlaʒ] nm robo (con efracción); **cambrioler** vt robar (con efracción); **cambrioleur, -euse** nm/f atracador(a), ladrón(-ona)

camelote [kamlɔt] nf (fam) baratija

caméra [kameʀa] nf cámara

caméscope [kameskɔp] nm cámara de vídeo

camion [kamjɔ̃] nm camión m; **camionnette** nf camioneta; **camionneur** nm (chauffeur) camionero(-a)

camomille [kamɔmij] nf manzanilla

camp [kɑ̃] nm (militaire, d'expédition) campo, campamento; (réfugiés, prisonniers) campamento; (fig) campo

campagnard, e [kɑ̃paɲaʀ, aʀd] adj, nm/f campesino(-a)

campagne [kɑ̃paɲ] nf campo; (MIL, POL, COMM) campaña; **à la ~** en el campo; **~ électorale** campaña electoral

camper [kɑ̃pe] vi acampar; **campeur, -euse** nm/f campista m/f

camping [kɑ̃piŋ] nm camping m; **(terrain de) ~** (terreno de) camping; **faire du ~** hacer camping; **camping-car** (pl camping-cars) nm coche caravana m

Canada [kanada] nm Canadá m; **canadien, ne** adj canadiense; **canadienne** nf (veste) cazadora

canal, -aux [kanal, o] nm (rivière) canal m; **canalisation** nf (d'un cours d'eau) canalización f; (tuyau) canalización, cañería

canapé [kanape] nm (fauteuil) canapé m, sofá m; (CULIN) canapé

canard [kanaʀ] nm pato

cancer [kɑ̃sɛʀ] nm (aussi fig) cáncer m; (ASTROL): **le C~** Cáncer m

candidat, e [kɑ̃dida, at] nm/f (examen, POL) candidato(-a); (à un poste) candidato(-a), aspirante m/f; **candidature** nf candidatura; **poser sa candidature** presentar su candidatura

cane [kan] nf pata

canette [kanɛt] nf (de bière) botellín m

canevas [kanva] nm (COUTURE) cañamazo

caniche [kaniʃ] nm caniche m

canicule [kanikyl] nf canícula

canif [kanif] nm navaja

canne [kan] nf bastón m; **~ à pêche** caña de pescar; **~ à sucre** caña de azúcar

cannelle [kanɛl] nf canela

canoë [kanɔe] nm canoa; **~ (kayak)** (SPORT) piragüismo

canot [kano] nm (bateau) bote m, lancha; **~ de sauvetage** bote salvavidas; **~ pneumatique** bote neumático

cantatrice [kɑ̃tatʀis] nf cantante f

cantine [kɑ̃tin] nf (réfectoire) cantina

canton [kɑ̃tɔ̃] nm (en France) distrito; (en Suisse) cantón m

caoutchouc [kautʃu] nm caucho; (bande élastique) goma

CAP [seape] sigle m (= certificat d'aptitude professionnelle) ≃ título de FP1

cap [kap] nm (GÉO) cabo

capable [kapabl] adj (compétent) competente; ~ **de faire** capaz de hacer; **il est ~ d'oublier** es capaz de olvidar

capacité [kapasite] nf capacidad f

cape [kap] nf capa

CAPES [kapes] sigle m (= certificat d'aptitude au professorat de l'enseignement du second degré) título de profesor de enseñanza secundaria

capitaine [kapiten] nm capitán m

capital, e, -aux [kapital, o] adj, nm capital m; **capitaux** nmpl (fonds) capitales mpl; **capitale** nf (ville) capital f; (lettre) mayúscula; **capitalisme** nm capitalismo; **capitaliste** adj, nm/f capitalista m/f

caporal, -aux [kapoʀal, o] nm cabo

capot [kapo] nm capó m

câpre [kɑpʀ] nf alcaparra

caprice [kapʀis] nm capricho, antojo; **capricieux, -euse** adj caprichoso(-a)

Capricorne [kapʀikɔʀn] nm (ASTROL) Capricornio

capsule [kapsyl] nf cápsula; (de bouteille) cápsula, chapa

capter [kapte] vt captar

captivant, e [kaptivɑ̃, ɑ̃t] adj cautivador(-a)

capturer [kaptyʀe] vt capturar, apresar

capuche [kapyʃ] nf capucha

capuchon [kapyʃɔ̃] nm capuchón m

car [kaʀ] nm autocar m ♦ conj pues, porque

carabine [kaʀabin] nf carabina

caractère [kaʀaktɛʀ] nm (humeur, tempérament) carácter m; (de choses) naturaleza; (cachet) carácter, personalidad f; **avoir bon/mauvais ~** tener buen/mal carácter; **en ~s gras** en negrita; **en ~s d'imprimerie** en letras mayúsculas

caractériser [kaʀakteʀize] vt caracterizar; **se ~ par** vpr caracterizarse por

caractéristique [kaʀakteʀistik] adj característico(-a) ♦ nf característica

carafe [kaʀaf] nf (d'eau, de vin) jarra

caraïbe [kaʀaib] adj caribeño(-a); **les C~s** nfpl el Caribe

caramel [kaʀamɛl] nm caramelo; (bonbon) caramelo blando

caravane [kaʀavan] nf caravana; **caravaning** nm (camping) camping m en caravana

carbone [kaʀbɔn] nm carbono; (aussi: **papier ~**) papel m carbón; **carbonique** adj carbónico(-a); **carbonisé, e** adj carbonizado(-a)

carburant [kaʀbyʀɑ̃] nm carburante m

carburateur [kaʀbyʀatœʀ] nm carburador m

cardiaque [kaʀdjak] adj, nm/f cardíaco(-a)

cardigan [kaʀdigɑ̃] nm rebeca

cardiologue [kaʀdjɔlɔg] nm/f cardiólogo(-a)

carême [kaʀɛm] nm: **le C~** Cuaresma

carence [kaʀɑ̃s] nf (manque) carencia

caresse [kaʀɛs] nf caricia

caresser [kaʀese] vt acariciar

cargaison [kaʀgɛzɔ̃] nf carga, cargamento

cargo [kaʀgo] nm carguero, buque m de carga

caricature [kaʀikatyʀ] nf caricatura

carie [kaʀi] nf caries f inv; **la ~ (dentaire)** la caries (dental)

carnaval [kaʀnaval] nm carnaval m

carnet [kaʀnɛ] nm libreta; (de loterie etc) taco; (de timbres) cuadernillo; **~ de chèques** talonario de cheques

carotte [kaʀɔt] nf zanahoria

carré, e [kaʀe] adj cuadrado(-a); **mètre/kilomètre ~** metro/kilómetro cuadrado

carreau, x [kaʀo] nm (par terre) baldosa; (de fenêtre) cristal m; (CARTES: couleur) diamante mpl; (carte) diamante m; **papier/tissu à ~x** papel m/tela de cuadros

carrefour [kaʀfuʀ] nm encrucijada

carrelage [kaʀlaʒ] nm (sol) embaldosado

carrelet [kaʀlɛ] nm (poisson) platija, acedía

carrément [kaʀemɑ̃] adv (franchement) francamente; (sans détours, sans hésiter) directamente; (nettement) verdaderamente

carrière [kaʀjɛʀ] nf (de craie, sable) cantera; (métier) carrera; **militaire de ~** militar m de carrera

carrosserie [kaʀɔsʀi] nf carrocería

carrure [kaʀyʀ] nf (d'une personne) anchura de espalda; (fig) clase f

cartable [kaʀtabl] nm cartera

carte [kaʀt] nf mapa m; (GÉO, au restaurant) carta; (CARTES, naipe m; (d'abonnement etc) abono; (aussi: ~ postale) postal f; (aussi: ~ de visite) tarjeta; **à la ~** a la carta; **~ bancaire/de crédit** tarjeta bancaria/de crédito; **~ de séjour** permiso de residencia; **~ d'identité** carnet de identidad, documento nacional de identidad, cédula (de identidad) (AM); **~ grise** documentación f de un automóvil; **~ routière** mapa de carreteras

carter [kaʀtɛʀ] nm cárter m

carton [kaʀtɔ̃] nm (matériau, ART) cartón m; (boîte) caja (de cartón)

cartouche [kaʀtuʃ] nf (de fusil) cartucho; (de stylo) cartucho, recambio; (de cigarettes) cartón m

cas [kɑ] nm caso; **faire peu de ~/grand ~ de** hacer poco/mucho caso a; **le ~ échéant** llegado el caso; **en aucun ~** en ningún caso, bajo ningún concepto; **au ~ où** en caso de que, por si acaso; **en ~ de** en caso de; **en ~ de besoin** en caso de necesidad; **en tout ~** de todas maneras

case [kɑz] nf casilla; (hutte) choza; (pour le courrier) casillero

caser [kɑze] vt colocar

caserne [kazɛʀn] nf cuartel m

casier [kɑzje] nm casillero; **~ judiciaire** antecedentes mpl penales

casino [kazino] nm casino

casque [kask] nm casco; (chez le coiffeur) secador m; (pour audition) casco, auricular m

casquette [kaskɛt] nf gorra

casse-croûte [kɑskʀut] nm inv tentempié m

casse-noix [kɑsnwa] nm inv cascanueces m inv

casse-pieds [kɑspje] (fam) adj,

casser *nm/f inv* pesado(-a)
casser [kase] *vt* (*verre etc*) romper; **se ~** *vpr* romperse; **~ les prix** romper los precios

casserole [kasʁɔl] *nf* cacerola, cazuela

casse-tête [kastet] *nm inv* (*fig*) quebradero de cabeza

cassette [kaset] *nf* (*bande magnétique*) cassette f, casete f

cassis [kasis] *nm* grosellero negro, casis m

cassoulet [kasule] *nm* guiso de alubias

catalogue [katalɔg] *nm* catálogo

catalytique [katalitik] *adj*: **pot ~** catalizador m

catastrophe [katastʁɔf] *nf* catástrofe f

catéchisme [kateʃism] *nm* catecismo

catégorie [kategɔʁi] *nf* categoría f

catégorique *adj* categórico(-a), tajante

cathédrale [katedʁal] *nf* catedral f

catholique [katɔlik] *adj, nm/f* católico(-a); **pas très ~** (*fig*) no muy católico(-a)

cauchemar [koʃmaʁ] *nm* pesadilla

cause [koz] *nf* causa; **à ~ de** (*gén*) debido a; **pour ~ de** por causa de, por; **(et) pour ~** claro está; **être en ~** (*personne*) tener parte de culpa; (*qualité, intérêts etc*) estar en juego; **mettre en ~** culpar; **remettre en ~** poner en tela de juicio; **causer** *vt* causar ♦ *vi* charlar

caution [kosjɔ̃] *nf* (*argent, JUR*) fianza; (*fig*) garantía, aval m; **libéré sous ~** libre bajo fianza

cavalier, -ière [kavalje, jɛʁ] *nm/f* (*à cheval*) jinete m/f; (*au bal*)

pareja

cave [kav] *nf* sótano; (*réserve de vins*) bodega

CD [sede] *sigle m* (= *compact disc*) CD m

CD-Rom [sedeʁɔm] *sigle m* CD-Rom

MOT-CLÉ

---

ce, c', cette [sə, sɛt] (*devant nm commençant par voyelle ou h aspiré* **cet**) (*pl* **ces**) *dét* (*proche*) este (esta); (*intermédiaire*) ese (esa); (*éloigné*: *plus loin*) aquel(la); **cette maison(-ci/là)** esta casa/esa ou aquella casa; **cette nuit** esta noche ♦ *pron* **1: c'est** es; **c'est un peintre/ce sont des peintres** (*métier*) es un pintor/son pintores; (*en désignant*) es un pintor/son unos pintores; **c'est le facteur** (*à la porte*) es el cartero; **qui est-ce?** ¿quién es?; **c'est toi qui le dis** lo dices tú; **c'est toi qui lui as parlé** eres tú quien le hablaste; **c'est petit/grand** es pequeño/grande
2: ce qui, ce que lo que; (*chose qui*): **il est bête, ce qui me chagrine** es tonto, lo cual me apena; **tout ce qui bouge** todo lo que se mueve; **tout ce que je sais** todo lo que sé; **ce dont j'ai parlé** eso de lo que hablé; *voir aussi* **-ci**; **est-ce que**; **n'est-ce pas**; **c'est-à-dire**

ceci [səsi] *pron* esto

céder [sede] *vi* ceder; **~ à** (*tentation etc*) ceder a

CEDEX [sedeks] *sigle m* (= *courrier d'entreprise à distribution exceptionnelle*) correo especial para empresas

CEI [seɛi] *sigle f* (= *Communauté*

des États indépendants) CEI *f* (= Comunidad de los Estados Independientes)

:einture [sɛ̃tyʀ] *nf* cinturón *m*; (*d'un pantalon, d'une jupe*) cintura, cinturilla; **~ de sécurité** cinturón de seguridad

:ela [s(ə)la] *pron* eso; (*plus loin*) aquello; **quand ~?** ¿cuándo?

:élèbre [selɛbʀ] *adj* famoso(-a), célebre; **célébrer** *vt* celebrar; (*louer*) celebrar, encomiar

:éleri [selʀi] *nm*: **~-(-rave)** apio (nabo); **~ en branche** apio

:élibataire [selibatɛʀ] *adj* soltero(-a)

:elle, celles [sɛl] *pron voir* **celui**

:ellulite [selylit] *nf* celulitis *f*

:elui, celle [səlɥi, sɛl] (*pl* ceux, *f* celles) *pron*: **~-ci** éste/ésa; **celle-ci** ésta/ésa; **~-là/celle-là** aquél/aquélla; **ceux-ci/celles-ci** éstos/éstas; **ceux-là/celles-là** ésos *ou* aquéllos/ésas *ou* aquéllas; **~ de mon frère** el de mi hermano; **~ du salon/du dessous** el del salón/de abajo; **~ qui bouge** (*pour désigner*) el que se mueve; **~ que je vois** el que veo; **~ dont je parle** (*personne*) ése del que hablo; (*chose*) eso de lo que hablo; **~ qui veut** (*valeur indéfinie*) el que quiera

:endre [sɑ̃dʀ] *nf* ceniza; **~s** *nfpl* cenizas *fpl*; **sous la ~** (*CULIN*) en las cenizas; **cendrier** *nm* cenicero

:ensé, e [sɑ̃se] *adj*: **je suis ~ faire 7 h par jour** se supone que hago 7 horas diarias

:enseur [sɑ̃sœʀ] *nm* (*du lycée*) subdirector *m*; (*POL, PRESSE, CINÉ*) censor *m*

:ensure [sɑ̃syʀ] *nf* censura; **censurer** *vt* censurar

cent [sɑ̃] *adj* (*avant un nombre*) ciento; (*avant un substantif*) cien ♦ *nm* ciento; (*MATH*) cien *m inv*; **~ cinquante** ciento cincuenta; **~ euros** cien euros; **pour ~** por ciento; **centaine** *nf* centena; **une centaine (de)** un centenar (de); **plusieurs centaines (de)** varios centenares (de); **des centaines (de)** centenares (de); **centenaire** *adj, nm/f* centenario(-a) ♦ *nm* (*anniversaire*) centenario; **centième** *adj, nm/f* centésimo(-a); **un centième de seconde** una centésima de segundo; *voir aussi* **cinquantième**; **centigrade** *nm* centígrado; **centilitre** *nm* centilitro; **centime** *nm* céntimo; **centimètre** *nm* centímetro; (*ruban*) cinta métrica

central, e, -aux [sɑ̃tʀal, o] *adj* central; **centrale** *f* (*prison*) central *f*; **centrale électrique/ nucléaire** central eléctrica/ nuclear

centre [sɑ̃tʀ] *nm* centro; **le ~** (*POL*) el centro; **~ commercial/ culturel** centro comercial/ cultural; **centre-ville** (*pl* **centres-villes**) *nm* centro de la ciudad

cèpe [sɛp] *nm* seta

cependant [s(ə)pɑ̃dɑ̃] *conj* sin embargo, no obstante

céramique [seʀamik] *nf* cerámica

cercle [sɛʀkl] *nm* círculo

cercueil [sɛʀkœj] *nm* ataúd *m*, féretro

céréale [seʀeal] *nf* cereal *m*

cérémonie [seʀemɔni] *nf* ceremonia

cerf [sɛʀ] *nm* ciervo

cerf-volant (*pl* **~s-~s**) *nm* cometa

cerise [s(ə)ʀiz] nf, adj inv cereza; **cerisier** nm cerezo

cerner [sɛʀne] vt (armée, ville) cercar; (problème) delimitar

certain, e [sɛʀtɛ̃, ɛn] adj (indéniable) cierto(-a), seguro(-a); (personne): ~ **(de/que)** seguro(-a) (de/de que), convencido(-a) (de/ de que) ♦ dét: **un ~ Georges** un tal Georges; **d'un ~ âge** de cierta edad; **un ~ temps** cierto tiempo; **certainement** adv (probablement) probablemente, (bien sûr) sin duda, por supuesto

certes [sɛʀt] adv (bien sûr) por supuesto

certificat [sɛʀtifika] nm certificado

certifier [sɛʀtifje] vt asegurar

certitude [sɛʀtityd] nf certeza

cerveau, x [sɛʀvo] nm cerebro

cervelas [sɛʀvəla] nm salchicha corta y gruesa de carne y sesos

cervelle [sɛʀvɛl] nf (CULIN) sesos mpl

CES [seəɛs] sigle m (= collège d'enseignement secondaire) ≈ Instituto de Enseñanza Media

ces [se] dét voir **ce**

cesse [sɛs]: **sans ~** adv sin parar; **n'avoir de ~ que** no descansar hasta que; **cesser** vt detener-a ♦ vi parar, cesar; **cesser de faire** dejar de hacer; **cessez-le-feu** nm inv alto el fuego

c'est-à-dire [sɛtadiʀ] adv es decir; (manière d'excuse) es decir que

cet, cette [sɛt] dét voir **ce**

ceux [sø] pron voir **celui**

chacun, e [ʃakœ̃, yn] pron cada uno(-a)

chagrin [ʃagʀɛ̃] nm pena; **avoir du ~** sentir pena

chahut [ʃay] nm jaleo; **chahuter**

vt incordiar ♦ vi alborotar

chaîne [ʃɛn] nf cadena; (TV) cadena, canal m; **travail à la ~** trabajo en cadena; ~ **(de fabrication)/(de montage)** cadena (de fabricación)/(de montaje); ~ **(de montagnes)** cadena (de montañas), cordillera; ~ **(hi-fi)** cadena (hi-fi) ou equipo de música; ~ **stéréo** cadena ou equipo estéreo

chair [ʃɛʀ] nf carne f; **avoir la ~ de poule** tener la carne ou piel de gallina

chaise [ʃɛz] nf silla; ~ **longue** tumbona, hamaca

châle [ʃal] nm chal m

chaleur [ʃalœʀ] nf calor m; **chaleureux, -euse** adj (accueil, gens) caluroso(-a)

chamailler [ʃamaje]: **se ~** (fam) vpr reñir

chambre [ʃɑ̃bʀ] nf (d'un logement) habitación f, cuarto; (TECH, POL, COMM) cámara f; ~ **à air** cámara de aire; ~ **à coucher** dormitorio; ~ **à un lit/deux lits** (à l'hôtel) habitación individual/ doble; ~ **d'amis** cuarto de invitados; ~ **d'hôte** habitación de huéspedes; ~ **meublée** habitación amueblada

chameau, x [ʃamo] nm camello

chamois [ʃamwa] nm gamuza

champ [ʃɑ̃] nm campo; **laisser le ~ libre à qn** dejar el campo libre a algn; ~ **de courses** hipódromo

champagne [ʃɑ̃paɲ] nm champán m

champignon [ʃɑ̃piɲɔ̃] nm seta; (BOT) hongo; ~ **de couche** ou **de Paris** champiñón m

champion, ne [ʃɑ̃pjɔ̃, jɔn] nm/f (SPORT) campeón(-ona); (d'une *cause)* adalid m/f; **championnat** nm campeonato

chance [ʃɑ̃s] nf suerte f; *(occasion)* oportunidad f; **~s** *(probabilités)* posibilidades fpl; **bonne ~!** ¡buena suerte!; **je n'ai pas de ~** no tengo suerte

Chandeleur [ʃɑ̃dlœʀ] nf: **la ~ la** Candelaria

change [ʃɑ̃ʒ] nm cambio

changement [ʃɑ̃ʒmɑ̃] nm cambio; **~ climatique** cambio climático; **~ de vitesse** cambio de velocidades ou marchas

changer [ʃɑ̃ʒe] vt cambiar ♦ vi cambiar; **se ~** vpr cambiarse; **~ de** cambiar de; **~ de vitesse** *(AUTO)* cambiar de velocidad ou de marcha; **il faut ~ à Lyon** hay que cambiar en Lyon

chanson [ʃɑ̃sɔ̃] nf canción f

chant [ʃɑ̃] nm canto

chantage [ʃɑ̃taʒ] nm chantaje m; **faire du ~** chantajear ou hacer chantaje

chanter [ʃɑ̃te] vt cantar; **~ juste** cantar sin desafinar; **~ faux** desafinar; **si cela lui chante** *(fam)* si le apetece; **chanteur, -euse** nm/f cantante m/f

chantier [ʃɑ̃tje] nm obra; **~ naval** astillero

chantilly [ʃɑ̃tiji] nf voir **crème**

chantonner [ʃɑ̃tɔne] vi, vt canturrear

chapeau, x [ʃapo] nm sombrero; *(PRESSE)* entradilla; **~!** *(fam)* ¡bravo!

chapelle [ʃapɛl] nf capilla

chapitre [ʃapitʀ] nm capítulo; *(sujet)* tema

chaque [ʃak] dét cada; **c'est cinq euros ~** son cinco euros cada uno(-a)

char [ʃaʀ] nm carro

charbon [ʃaʀbɔ̃] nm carbón m; **~**

de bois carbón de leña

charcuterie [ʃaʀkytʀi] nf *(magasin)* charcutería; *(produits)* embutidos mpl; **charcutier, -ière** nm/f chacinero(-a)

chardon [ʃaʀdɔ̃] nm cardo

charge [ʃaʀʒ] nf carga; *(rôle, mission)* misión f; **~s** nfpl *(du loyer)* facturas fpl; **à la ~ de** cargo de; **prendre en ~** hacerse cargo de; **~s sociales** cargas sociales

chargement [ʃaʀʒəmɑ̃] nm *(marchandises)* cargamento

charger [ʃaʀʒe] vt cargar ♦ vi cargar; **se ~** vpr encargarse de; **~ de** cargar; **se ~ de** encargarse de

chariot [ʃaʀjo] nm carretilla; *(charrette)* carreta

charité [ʃaʀite] nf caridad f

charmant, e [ʃaʀmɑ̃, ɑ̃t] adj encantador(a)

charme [ʃaʀm] nm encanto; **charmer** vt *(plaire)* fascinar

charpente [ʃaʀpɑ̃t] nf *(d'un bâtiment)* esqueleto;

charpentier [ʃaʀpɑ̃tje] nm albañil

charrette [ʃaʀɛt] nf carreta

charter [ʃaʀtɛʀ] nm chárter m

chasse [ʃas] nf caza; **prendre en ~** perseguir, dar caza a; **tirer la ~ (d'eau)** tirar de la cadena; **~ à courre** caza a caballo; **~ gardée** *(aussi fig)* coto vedado; **chasse-neige** nm inv quitanieves m inv; **chasser** vt cazar; *(expulser)* echar; **chasseur, -euse** nm/f *(de gibier)* cazador(a)

chat [ʃa] nm gato

châtaigne [ʃatɛɲ] nf castaña; **châtaignier** nm castaño

châtain [ʃatɛ̃] adj inv castaño(-a)

château, x [ʃato] nm castillo; **~ fort** fortaleza, alcázar m

châtiment [ʃatimɑ̃] nm castigo

chaton [ʃatɔ̃] nm (ZOOL) gatito

chatouiller [ʃatuje] vt hacer cosquillas

chatte [ʃat] nf gata

chaud, e [ʃo, ʃod] adj caliente; (très chaud) ardiente; (vêtement) abrigado(-a); (couleur) cálido(-a); (félicitations) ardiente, cálido(-a) ♦ nm calor m; **il fait ~** hace calor; **avoir ~** tener calor; **ça me tient ~** eso me abriga; **rester au ~** permanecer abrigado(-a)

chaudière [ʃodjɛʀ] nf caldera

chauffage [ʃofaʒ] nm calentamiento, calefacción f; (appareils) calefacción; **~ central** calefacción central

chauffe-eau [ʃofo] nm inv calentador m de agua

chauffer [ʃofe] vt calentar ♦ vi calentar; (trop chauffer) recalentar; **se ~** vpr (aussi fig) calentarse

chauffeur, -euse [ʃofœʀ, øz] nm/f chófer m, chofer m (AM); **chaumière** nf choza

chaussée [ʃose] nf calzada

chausser [ʃose] vt calzar; **~ du 38/42** calzar el 38/42

chaussette [ʃosɛt] nf calcetín m, media (AM)

chausson [ʃosɔ̃] nm zapatilla; (de bébé) patuco; **~ (aux pommes)** pastel m de manzana

chaussure [ʃosyʀ] nf zapato; **~s basses** zapatos mpl bajos; **~s de ski** botas fpl de esquí

chauve [ʃov] adj calvo(-a); **chauve-souris** (pl **chauves-souris**) nf murciélago

chauvin, e [ʃovɛ̃, in] adj, nm/f patriotero(-a)

chaux [ʃo] nf cal f; **blanchi à la ~** encalado

chef [ʃɛf] nm jefe m; **~ d'entreprise** empresario; **~**

d'équipe jefe de equipo; **~ d'État** jefe de estado; **~ d'orchestre** director m de orquesta; **~ de famille** cabeza de familia; **~ de gare** jefe de estación; **~ de rayon/de service** jefe de sección/de servicio; **chef-d'œuvre** (pl **chefs-d'œuvre**) nm obra maestra; **chef-lieu** (pl **chefs-lieux**) nm cabeza de distrito

chemin [ʃ(ə)mɛ̃] nm camino, sendero; (itinéraire) camino; (trajet) trayecto, camino; **en ~** por el camino; **les ~s de fer** (organisation) los ferrocarriles mpl

cheminée [ʃ(ə)mine] nf chimenea

chemise [ʃ(ə)miz] nf (vêtement) camisa; (dossier) carpeta

chemisier [ʃ(ə)mizje] nm blusa

chêne [ʃɛn] nm castaño

chenil [ʃ(ə)nil] nm perrera

chenille [ʃ(ə)nij] nf oruga

chèque [ʃɛk] nm cheque m, talón m; **~ de voyage** cheque de viaje; **~ sans provision** cheque sin fondos

chéquier [ʃekje] nm talonario de cheques

cher, chère [ʃɛʀ] adj (aimé) querido(-a); (coûteux) caro(-a) ♦ adv: **coûter ~** costar caro; **payer ~** pagar mucho dinero; **cela coûte ~** esto cuesta caro

chercher [ʃɛʀʃe] vt buscar; **~ des ennuis** buscarse problemas; **~ la bagarre** buscar pelea; **aller ~** ir a buscar; **~ à faire** tratar de hacer; **chercheur, -euse** nm/f investigador(a)

chéri, e [ʃeʀi] adj querido(-a); **(mon) ~** querido (mío)

cheval, -aux [ʃ(ə)val, o] nm caballo; **faire du ~** practicar equitación; **à ~** a caballo; **à ~**

sur (*mur etc*) a horcajadas en *ou* sobre; **~ de course** caballo de carreras

chevalier [ʃ(ə)valje] *nm* caballero

chevalière [ʃ(ə)valjɛʀ] *nf* (sortija de) sello

chevaux [ʃəvo] *nmpl voir* **cheval**

chevet [ʃ(ə)vɛ] *nm* presbiterio; **~ de qn** al lecho de algn; **lampe de ~** lámpara de noche

cheveu, x [ʃ(ə)vø] *nm* cabello, pelo; **~x** *nmpl* pelo *msg*; **avoir les ~x courts/en brosse** tener el pelo corto/de punta; **tiré par les ~x** (*histoire*) inverosímil

cheville [ʃ(ə)vij] *nf* (*ANAT*) tobillo

chèvre [ʃɛvʀ] *nf* cabra ♦ *nm* queso de cabra

chèvrefeuille [ʃɛvʀəfœj] *nm* madreselva

chevreuil [ʃəvʀœj] *nm* corzo

chez [ʃe] *prép* (*à la demeure de*) en casa de; (*: direction*) a casa de; (*auprès de, parmi*) entre ♦ *nm inv*: **~-moi/~-soi/~-toi** casa; **~ qn** en casa de algn; **~ moi** (*à la maison*) en mi casa; (*direction*) a mi casa; **~ ce poète** en este poeta; **~ les Français/les renards** entre los franceses/los zorros; **~ lui c'est un devoir** es un deber en él; **aller ~ le boulanger/le dentiste** ir a la panadería/al dentista; **il travaille ~ Renault** trabaja en la Renault

chic [ʃik] *adj inv* (*élégant*) elegante; (*généreux*) amable ♦ *nm* (*élégance*) elegancia; **avoir le ~ pour** tener el don de

chicorée [ʃikɔʀe] *nf* achicoria

chien [ʃjɛ̃] *nm* perro

chienne [ʃjɛn] *nf* perra

chiffon [ʃifɔ̃] *nm* trapo; **chiffonner** *vt* arrugar

chiffre [ʃifʀ] *nm* cifra, número;

(*montant, total*) importe *m*; **~ d'affaires** volumen *m* de negocios; **chiffrer** *vt* (*dépense*) calcular; **se chiffrer à** *vpr* ascender a

chignon [ʃiɲɔ̃] *nm* moño

Chili [ʃili] *nm* Chile *m*; **chilien, ne** *adj* chileno(-a) ♦ *nm/f*: **Chilien, ne** chileno(-a)

chimie [ʃimi] *nf* química;
chimique *adj* químico(-a);
produits chimiques productos *mpl* químicos

chimpanzé [ʃɛ̃pɑ̃ze] *nm* chimpancé *m*

Chine [ʃin] *nf* China; **la république de ~** la república de China

chinois, e [ʃinwa, waz] *adj* chino(-a)

chiot [ʃjo] *nm* cachorro (de perro)

chips [ʃips] *nfpl* (*aussi*: **pommes ~**) patatas *fpl* fritas

chirurgie [ʃiʀyʀʒi] *nf* cirugía; **~ esthétique** cirugía estética;
chirurgien, ne *nm/f* cirujano(-a)

chlore [klɔʀ] *nm* cloro

choc [ʃɔk] *nm* choque *m*; (*moral*) impacto; (*affrontement*) enfrentamiento

chocolat [ʃɔkɔla] *nm* chocolate *m*; (*bonbon*) bombón *m*; **~ à croquer** chocolate para crudo; **~ au lait** chocolate con leche

chœur [kœʀ] *nm* coro; **en ~** a coro

choisir [ʃwaziʀ] *vt* escoger, elegir; (*candidat*) elegir

choix [ʃwa] *nm* elección *f*; (*assortiment*) selección *f*, surtido; **avoir le ~ de/entre** tener la opción de/entre; **de premier ~** (*COMM*) de primera calidad; **au ~** a escoger

chômage [ʃomaʒ] *nm* paro, cesantía (AM); **mettre au ~** dejar en el paro; **être au ~** estar en paro; **chômeur, -euse** *nm/f* parado(-a)

choquer [ʃɔke] *vt* chocar

chorale [kɔʀal] *nf* coral *f*

chose [ʃoz] *nf* cosa; **c'est peu de ~** es poca cosa

chou, x [ʃu] *nm* col *f*, berza; **chou à la crème** pastelillo (de crema); **choucroute** *nf* chucrut *m*

chou-fleur [ʃuflœʀ] (*pl* **~x-~s**) *nm* coliflor *f*

chrétien, ne [kʀetjɛ̃, jɛn] *adj*, *nm/f* cristiano(-a)

Christ [kʀist] *nm*: **le ~** el Cristo; **christianisme** *nm* cristianismo

chronique [kʀɔnik] *adj* crónico(-a) ♦ *nf* crónica

chronologique [kʀɔnɔlɔʒik] *adj* cronológico(-a)

chrono(mètre) [kʀɔnɔ(mɛtʀ)] *nm* cronómetro; **chronométrer** *vt* cronometrar

chrysanthème [kʀizɑ̃tɛm] *nm* crisantemo

chuchotement [ʃyʃɔtmɑ̃] *nm* cuchicheo

chuchoter [ʃyʃɔte] *vt*, *vi* cuchichear

chut [ʃyt] *excl* ¡chitón!

chute [ʃyt] *nf* caída; (*déchet*) recorte *m*; **faire une ~ (de 10 m)** caerse (10 metros); **~ (d'eau)** salto de agua; **~ libre** caída libre; **~s de neige** nevadas *fpl*

Chypre [ʃipʀ] *n* Chipre *f*

ci-, -ci [si] *adv voir* **par; comme; ci-contre** *etc* ♦ *dét*: **ce garçon/cet homme-ci** este chico/este hombre; **ces hommes/femmes-ci** estos hombres/estas mujeres

cible [sibl] *nf* blanco; (*fig*) blanco, objetivo

ciboulette [sibulɛt] *nf* cebolleta

cicatrice [sikatʀis] *nf* cicatriz *f*; **cicatriser** *vt* cicatrizar

ci-contre [sikɔ̃tʀ] *adv* al lado

ci-dessous [sidəsu] *adv* más abajo

ci-dessus [sidəsy] *adv* arriba

cidre [sidʀ] *nm* sidra

Cie *abr* (= *compagnie*) Cía (= *compañía*)

ciel [sjɛl] (*pl* **~s** *ou* (*litt*) **cieux**) *nm* cielo; **cieux** *nmpl* cielos *mpl*; **à ~ ouvert** a cielo abierto

cieux [sjø] *nmpl voir* **ciel**

cigale [sigal] *nf* cigarra

cigare [sigaʀ] *nm* cigarro, puro

cigarette [sigaʀɛt] *nf* cigarrillo, pitillo

ci-inclus, e [siɛ̃kly, yz] *adj* incluso(-a)

ci-joint, e [siʒwɛ̃, ɛt] *adj* adjunto(-a)

cil [sil] *nm* pestaña

cime [sim] *nf* cima

ciment [simɑ̃] *nm* cemento

cimetière [simtjɛʀ] *nm* cementerio, camposanto

cinéaste [sineast] *nm/f* cineasta *m/f*

cinéma [sinema] *nm* cine *m*

cinq [sɛ̃k] *adj inv*, *nm inv* cinco *inv*; **avoir ~ ans** tener cinco años; **le ~ décembre** el cinco de diciembre; **à ~ heures** a las cinco; **nous sommes ~** somos cinco; **Henri V (cinq)** Enrique V (quinto); **cinquantaine** [sɛ̃kɑ̃tɛn] *nf*: **une cinquantaine (de)** una cincuentena (de); **cinquante** [sɛ̃kɑ̃t] *adj inv*, *nm inv* cincuenta *inv*; *voir aussi* **cinq; cinquantenaire** *nm* (*institution*) cincuentenario(-a); (*personne*) cincuentón(-ona);

cinquantième *adj, nm/f*
quincuagésimo(-a); **son ~
anniversaire** su cincuenta
cumpleaños; **vous êtes le ~**
Usted es el (número) cincuenta;
cinquième *adj, nm/f* quinto(-a);
**un cinquième de la
population** un quinto de la
población; **trois cinquièmes**
tres quintos
cintre [sɛ̃tʀ] *nm* percha
cintré, e [sɛ̃tʀe] *adj (chemise)*
entallado(-a)
cirage [siʀaʒ] *nm* betún *m*
circonstance [siʀkɔ̃stɑ̃s] *nf*
circunstancia; **~s atténuantes**
circunstancias *fpl* atenuantes
circuit [siʀkɥi] *nm* circuito
circulaire [siʀkylɛʀ] *adj, nf*
circular *f*
circulation [siʀkylasjɔ̃] *nf*
circulación *f*; **bonne/mauvaise
~ (du sang)** buena/mala
circulación; **la ~ (AUTO)** la
circulación, el tráfico
circuler [siʀkyle] *vi (aussi fig)*
circular; **faire ~** hacer circular
cire [siʀ] *nf* cera; **ciré, e** [siʀe]
adj encerado(-a); **cirer** *vt* encerar
cirque [siʀk] *nm* circo
ciseaux [sizo] *nmpl* tijeras *fpl*
citadin, e [sitadɛ̃, in] *nm/f, adj*
ciudadano(-a)
citation [sitasjɔ̃] *nf (d'auteur)* cita
cité [site] *nf* ciudad *f*; **~
universitaire** ciudad
universitaria
citer [site] *vt* citar
citoyen, ne [sitwajɛ̃, jɛn] *nm/f*
ciudadano(-a)
citron [sitʀɔ̃] *nm* limón *m*; **~
pressé** *(boisson)* zumo natural de
limón; **~ vert** limón verde;
citronnade *nf* limonada
citrouille [sitʀuj] *nf* calabaza

civet [sive] *nm* encebollado
civière [sivjɛʀ] *nf* camilla
civil, e [sivil] *adj* civil; **dans le ~**
en la vida civil; **mariage/
enterrement ~** matrimonio/
entierro civil
civilisation [sivilizasjɔ̃] *nf*
civilización *f*
clair, e [klɛʀ] *adj* claro(-a) ♦ *nm*:
~ de lune claro de luna; **y voir
~** *(comprendre)* verlo claro; **tirer
qch au ~** sacar algo en claro;
mettre au ~ *(notes etc)* poner en
limpio, pasar a limpio; **le plus ~
de son temps/argent** la mayor
parte de su tiempo/dinero;
clairement *adv* claramente
clairière [klɛʀjɛʀ] *nf* claro,
calvero
clandestin, e [klɑ̃dɛstɛ̃, in] *adj*
clandestino(-a); **passager ~**
polizón *m*; **immigration ~e**
inmigración *f* clandestina
claque [klak] *nf* bofetada;
claquer *vi (coup de feu)* sonar;
(porte) golpear ♦ *vt (doigts)*
castañetear; **se claquer un
muscle** distenderse un músculo;
claquettes *nfpl* claquetas *fpl*
clarinette [klaʀinɛt] *nf* clarinete
m
classe [klas] *nf (aussi fig)* clase *f*;
(local) clase, aula; **aller en ~** ir a
clase; **classement** *nm*
clasificación *f*
classer [klase] *vt* clasificar; *(JUR)*
archivar, cerrar; **se ~ premier/
dernier** clasificarse el primero/el
último; **classeur** *nm (cahier)*
clasificador *m*; *(meuble)* archivador
m
classique [klasik] *adj* clásico(-a);
(habituel) típico(-a)
clavecin [klav(ə)sɛ̃] *nm*
clavicordio, clavecín *m*

clavicule [klavikyl] *nf* clavícula

clé [kle] *nf* = **clef**

clef [kle] *nf* llave *f*; (*fig*) clave *f*; ~ **de contact** llave de contacto; **clef USB** memoria flash

clergé [klɛʀʒe] *nm* clero

cliché [kliʃe] *nm* cliché *m*

client, e [klijã, klijãt] *nm/f* cliente(-a); **clientèle** *nf* clientela

cligner [kliɲe] *vi*: ~ **des yeux** (*rapidement*) parpadear; ~ **de l'œil** guiñar (el ojo); **clignotant, e** [kliɲɔtã, ãt] *adj* intermitente ♦ *nm* (AUTO) intermitente *m*, direccional *m* (AM); **clignoter** *vi* parpadear

climat [klima] *nm* clima *m*

climatisation [klimatizasjɔ̃] *nf* climatización *f*; **climatisé, e** *adj* climatizado(-a)

clin d'œil [klɛ̃dœj] *nm* guiño; **en un ~ ~** en un abrir y cerrar de ojos

clinique [klinik] *adj* clínico(-a) ♦ *nf* clínica

clip [klip] *nm* clip *m*

cliquer [klike] *vi* (INFORM): ~ **sur** hacer clic en, clicar en

clochard, e [klɔʃaʀ, aʀd] *nm/f* mendigo(-a)

cloche [klɔʃ] *nf* (*d'église*) campana; **clocher** *nm* campanario ♦ *vi* (*fam*) fallar, no andar bien

cloison [klwazɔ̃] *nf* tabique *m*

cloque [klɔk] *nf* ampolla

clôture [klotyʀ] *nf* (*des inscriptions*) cierre del plazo; (*barrière*) cercado, valla

clou [klu] *nm* clavo; ~**s** *nmpl* paso de peatones; ~ **de girofle** clavo de especia

clown [klun] *nm* payaso, clown *m*

club [klœb] *nm* club *m*

CNRS [seenɛʀɛs] *sigle m* (= *Centre national de la recherche scientifique*) ≃ CSIC *m* (= *Consejo Superior de Investigaciones Científicas*)

coaguler [kɔagyle] *vi* (*aussi:* **se** ~) coagularse

cobaye [kɔbaj] *nm* cobaya *m* ou *f*, conejillo de Indias; (*fig*) cobaya

cocaïne [kɔkain] *nf* cocaína

coccinelle [kɔksinɛl] *nf* mariquita

cocher [kɔʃe] *vt* marcar (*con una cruz*)

cochon [kɔʃɔ̃] *nm* cerdo, cancho (AM) ♦ *nm/f* (*péj*) cerdo(-a) ♦ *adj* (*fam: livre, histoire, propos*) verde; **cochonnerie** (*fam*) *nf* porquería

cocktail [kɔktɛl] *nm* cóctel *m*, daiquiri ou daiquirí *m* (AM)

cocorico [kɔkɔʀiko] *excl* ¡quiquiriquí!

cocotte [kɔkɔt] *nf* olla, cacerola; ~ **(-minute)** ® olla a presión

code [kɔd] *nm* código; (*conventions*) reglas *fpl*; **se mettre en ~(s)** (AUTO) poner las luces de cruce; **phares ~(s)** luz *f* de cruce; ~ **à barres** código de barras; ~ **civil** código civil; ~ **de la route** código de la circulación; ~ **pénal** código penal; ~ **postal** código postal

cœur [kœʀ] *nm* corazón *m*; (CARTES: *couleur*) corazones *mpl*; (: *carte*) corazón *m*; **avoir bon/du ~** tener buen corazón; **avoir mal au ~** tener náuseas; **opérer à ~ ouvert** operar a algn a corazón abierto; **parler à ~ ouvert** hablar con el corazón en la mano; **de tout son ~** de todo corazón; **avoir le ~ gros** ou **serré** estar acongojado; **en avoir le ~ net** saber a qué atenerse; **avoir le ~ sur la main** ser muy generoso; **par ~** de memoria; **de bon/grand ~** con toda el alma; **cela**

lui tient à ~ esto le apasiona;
prendre les choses à ~ tomar
las cosas a pecho; **s'en donner
à ~ joie** gozar; **être de (tout) ~
avec qn** apoyar a algn, estar
(moralmente) con algn

coffre [kɔfʀ] nm (meuble) arca;
(coffre-fort) cofre m; (d'auto)
maletero, baúl m (AM), maletera
(AND, CSUR); **coffret** nm cofrecito

cognac [kɔɲak] nm coñac m

cogner [kɔɲe] vt, vi golpear

cohérent, e [kɔeʀɑ̃, ɑ̃t] adj
coherente

coiffé, e [kwafe] adj: **bien/mal
~** bien/mal peinado(-a); **~ en
brosse** peinado(-a) con el cepillo

coiffer [kwafe] vt peinar; **se ~** vpr
peinarse; **coiffeur, -euse** nm/f
peluquero(-a); **coiffeuse** nf
(table) tocador m, coqueta;
coiffure nf (cheveux) peinado m; **la
coiffure** la peluquería

coin [kwɛ̃] nm (gén) esquina;
l'épicerie du ~ el ultramarinos
de la esquina; **dans le ~** por aquí

coincé, e [kwɛ̃se] adj (tiroir, porte
mobile) atascado(-a); (fig) corto(-a)

coincer [kwɛ̃se] vt calzar; (fam:
par une question, une manœuvre)
pillar; **se ~** vpr atascarse

coïncidence [kɔɛ̃sidɑ̃s] nf
coincidencia

coing [kwɛ̃] nm membrillo

col [kɔl] nm cuello; (de montagne)
puerto; **~ de l'utérus** cuello del
útero; **~ roulé** cuello vuelto

colère [kɔlɛʀ] nf ira, cólera, enojo
(esp AM); **être en ~ (contre qn)**
estar enfadado(-a) ou enojado(-a)
(con algn); **se mettre
en ~** enfadarse, enojarse (esp AM);
coléreux, -euse adj
colérico(-a)

colin [kɔlɛ̃] nm merluza

colique [kɔlik] nf cólico

colis [kɔli] nm paquete m

collaborer [kɔ(l)labɔʀe] vi (aussi
POL) colaborar; **~ à** colaborar en

collant, e [kɔlɑ̃, ɑ̃t] adj
adherente; (robe) ajustado(-a);
(péj: personne) pegajoso(-a) ♦ nm
(bas) pantis mpl

colle [kɔl] nf (à papier)
pegamento; (à papiers peints) cola;
(devinette) pega

collecte [kɔlɛkt] nf colecta;
collectif, -ive adj colectivo(-a)
♦ nm colectivo

collection [kɔlɛksjɔ̃] nf colección
f; **collectionner** vt coleccionar;
collectionneur, -euse nm/f
coleccionista m/f

collectivité [kɔlɛktivite] nf
colectivo; **~s locales**
administraciones fpl locales

collège [kɔlɛʒ] nm colegio;
collégien, ne [kɔleʒjɛ̃, jɛn] nm/f
colegial m/f

---

collège

*El collège es un colegio público
de educación secundaria para
niños de entre once y quince
años. Los alumnos siguen un
currículum que consta de una
serie de asignaturas comunes y
varias optativas. Los colegios
tienen libertad para elaborar sus
propios horarios y escoger su
propia metodología. Antes de que
abandonen el collège, se evalúa
el trabajo de los alumnos durante
la etapa y se les examina para la
obtención del brevet des
collèges.*

---

collègue [kɔ(l)lɛg] nm/f colega
m/f

coller [kɔle] vt pegar; (papier peint) encolar; (SCOL: fam) catear ♦ vi (être collant) pegarse; (adhérer) pegar

collier [kɔlje] nm collar m

colline [kɔlin] nf colina

collision [kɔlizjɔ̃] nf colisión f; **entrer en ~ (avec)** chocar (con)

collyre [kɔlir] nm colirio

colombe [kɔlɔ̃b] nf paloma

Colombie [kɔlɔ̃bi] nf Colombia

colonie [kɔlɔni] nf colonia; **~ (de vacances)** colonia (de vacaciones)

colonne [kɔlɔn] nf columna; **~ (vertébrale)** columna vertebral

colorant, e [kɔlɔrɑ̃, ɑ̃t] adj colorante

colorer [kɔlɔre] vt colorear

colorier [kɔlɔrje] vt colorear, pintar

coloris [kɔlɔri] nm colorido

colza [kɔlza] nm colza

coma [kɔma] nm coma m; **être dans le ~** estar en coma

combat [kɔ̃ba] vb voir **combattre** ♦ nm (MIL) combate m; (fig) lucha; **~ de boxe** combate de boxeo; **combattant** vb voir **combattre** ♦ adj combatiente ♦ nm combatiente m; (d'une rixe) contendiente m; **ancien combattant** antiguo combatiente; **combattre** vt, vi combatir

combien [kɔ̃bjɛ̃] adv (interrogatif) cuánto(-a); (nombre) cuántos(-as); (exclamatif: comme, que) cómo, qué; **~ de** cuántos(-as); **~ de temps** cuánto tiempo; **~ coûte/pèse ceci?** ¿cuánto cuesta/pesa esto?; **ça fait ~?** ¿cuánto es?

combinaison [kɔ̃binɛzɔ̃] nf combinación f; (astuce) plan m; (vestido, SPORT) traje m; (bleu de travail) mono, overol m (AM)

combiné [kɔ̃bine] nm (aussi: **~ téléphonique**) auricular m

comble [kɔ̃bl] adj abarrotado(-a) ♦ nm (du bonheur, plaisir) colmo; **c'est le ~!** ¡es el colmo!

combler [kɔ̃ble] vt (trou) llenar; (fig) llenar, cubrir; (satisfaire) colmar

comédie [kɔmedi] nf comedia; **~ musicale** comedia musical;

Comédie française

La Comédie française, fundada en 1680 por Luis XIV, es el teatro nacional de Francia. Financiada con fondos públicos, la compañía actúa principalmente en el Palais Royal de París y pone en escena fundamentalmente teatro clásico francés.

---

comédien, ne nm/f (THÉÂTRE, fig) comediante(-a)

comestible [kɔmɛstibl] adj comestible

comique [kɔmik] adj cómico(-a) ♦ nm cómico(-a)

commandant [kɔmɑ̃dɑ̃] nm comandante m

commande [kɔmɑ̃d] nf (COMM) pedido; (INFORM) mando; **~s** nfpl mandos mpl; **passer une ~ (de)** cursar un pedido (de);

commander vt (COMM) encargar, pedir; (diriger, ordonner) mandar; **commander à qn de faire qch** ordenar a algn que haga algo

MOT-CLÉ

comme [kɔm] *prép* **1**
(*comparaison*) como; **tout
comme son père** igual que su
padre; **fort comme un bœuf**
fuerte como un toro; **il est petit
comme tout** es muy pequeño;
comme c'est pas permis
(*fam*) como él (ella) solo(-a)
2 (*manière*) **comme ça** así;
comme ci, comme ça así, así;
faites comme cela hágalo así;
**on ne parle pas comme ça à
...** no se habla así a ...
3 (*en tant que*) **donner comme
prix/heure** dar como precio/
hora; **travailler comme
secrétaire** trabajar de secretaria
♦ *conj* **1** (*ainsi que*) como; **elle
écrit comme elle parle** escribe
como habla; **comme on dit**
como se dice; **comme si** como
si; **comme quoi ...** (*disant que*)
en el/la/los/las que dice *etc* que ...;
(*d'où il s'ensuit que*) lo que
demuestra que; **comme il faut**
como es debido
2 (*au moment où, alors que*)
cuando; **il est parti comme
j'arrivais** se marchó cuando yo
llegaba
3 (*parce que, puisque*) como;
comme il était en retard, ...
como se retrasaba, ...
♦ *adv* (*exclamation*) **comme
c'est bon/il est fort!** ¡qué
bueno está!/¡qué fuerte es!

commencement [kɔmɑ̃smɑ̃] *nm*
comienzo
commencer [kɔmɑ̃se] *vt, vi*
comenzar, empezar; **~ à ou de
faire** comenzar *ou* empezar a

hacer
comment [kɔmɑ̃] *adv*
(*interrogatif*) como; **~?** ¿cómo?,
¿mande (usted)?; **et ~!** ¡pero
cómo!
commentaire [kɔmɑ̃tɛʀ] *nm*
(*gén pl*) comentario
commerçant, e [kɔmɛʀsɑ̃, ɑ̃t]
adj (*rue, ville*) comercial ♦ *nm/f*
comerciante m/f
commerce [kɔmɛʀs] *nm* (*activité*)
comercio, negocio; (*boutique*)
comercio, tienda; **~ en ou de
gros** comercio al por mayor; **~
équitable** comercio justo; **~
extérieur** comercio exterior
commercial, e, -aux
[kɔmɛʀsjal, jo] *adj* (*aussi péj*)
comercial; **commercialiser** *vt*
comercializar
commissaire [kɔmisɛʀ] *nm*
comisario; **commissariat** *nm*
comisaría
commission [kɔmisjɔ̃] *nf* (*course*)
encargo, recado; **~s** *nfpl* compras
fpl
commode [kɔmɔd] *adj*
cómodo(-a); (*personne*): **pas ~**
difícil ♦ *nf* cómoda
commun, e [kɔmœ̃, yn] *adj*
común, colectivo(-a); **en ~** en
común; **d'un ~ accord** de
común acuerdo
communauté [kɔmynote] *nf*
comunidad f
commune [kɔmyn] *adj f voir*
commun ♦ *nf* municipio
communication
[kɔmynikasjɔ̃] *nf* comunicación f; **~s** *nfpl*
comunicaciones *fpl*; **mettre qn
en ~ avec qn** (*en contact*) poner
a algn en contacto con algn; (*au
téléphone*) poner a algn en
comunicación con
communier [kɔmynje] *vi*

comulgar

communion [kɔmynjɔ̃] *nf*
comunión f

communiquer [kɔmynike] *vt*
comunicar; (*demande, dossier*)
presentar; (*maladie, chaleur*)
transmitir ♦ *vi* comunicarse; **se ~**
à *vpr* tra(n)smitirse a

communisme [kɔmynism] *nm*
comunismo m; **communiste** *adj,*
nm/f comunista m/f

commutateur [kɔmytatœr] *nm*
conmutador m

compact, e [kɔ̃pakt] *adj*
compacto(-a)

compagne [kɔ̃paɲ] *nf* compañera

compagnie [kɔ̃paɲi] *nf*
compañía; **tenir ~ à qn** hacer
compañía a algn; **en ~ de** en
compañía de; **~ aérienne**
compañía aérea

compagnon [kɔ̃paɲɔ̃] *nm*
compañero

comparable [kɔ̃paʀabl] *adj*: **~**
(à) comparable (a)

comparaison [kɔ̃paʀezɔ̃] *nf*
comparación f

comparer [kɔ̃paʀe] *vt* comparar;
~ qch/qn à *ou* **et** comparar
algo/algn con *ou* a

compartiment [kɔ̃paʀtimɑ̃] *nm*
(*de train*) compartim(i)ento

compas [kɔ̃pa] *nm* compás m

compatible [kɔ̃patibl] *adj*: **~**
(avec) compatible (con)

compatriote [kɔ̃patʀijɔt] *nm/f*
compatriota m/f

compensation [kɔ̃pɑ̃sasjɔ̃] *nf*
(*dédommagement*) compensación f

compenser [kɔ̃pɑ̃se] *vt*
compensar

compétence [kɔ̃petɑ̃s] *nf* (*aussi*
JUR) competencia

compétent, e [kɔ̃petɑ̃, ɑ̃t] *adj*
competente

compétition [kɔ̃petisjɔ̃] *nf*
competencia; (*SPORT*) competición
f

complément [kɔ̃plemɑ̃] *nm* (*gén,*
aussi LING) complemento; (*reste*)
resto; **~ d'information** (*ADMIN*)
suplemento (informativo);
complémentaire *adj*
complementario(-a)

complet, -ète [kɔ̃ple, εt] *adj*
completo(-a) ♦ *nm* (*aussi*: **~-**
veston) traje m;
complètement *adv*
completamente; **compléter** *vt*
completar

complexe [kɔ̃pleks] *adj*
complejo(-a) ♦ *nm* complejo; **~**
industriel/portuaire/
hospitalier complejo industrial/
portuario/hospitalario;
complexé, e *adj*
acomplejado(-a)

complication [kɔ̃plikasjɔ̃] *nf*
complicación f; **~s** *nfpl* (*MÉD*)
complicaciones *fpl*

complice [kɔ̃plis] *nm/f* cómplice
m/f

compliment [kɔ̃plimɑ̃] *nm*
cumplido; **~s** *nmpl* (*félicitations*)
enhorabuena *fsg*

compliqué, e [kɔ̃plike] *adj*
complicado(-a)

comportement [kɔ̃pɔʀtəmɑ̃] *nm*
comportamiento

comporter [kɔ̃pɔʀte] *vt* constar
de; (*impliquer*) conllevar; **se ~** *vpr*
comportarse

composer [kɔ̃poze] *vt* componer;
se ~ de componerse de; **~ un**
numéro marcar *ou* discar (*AM*) un
número; **compositeur, -trice**
nm/f (*MUS*) compositor(a);
composition *nf* composición f;
(*SCOL: d'histoire, de math*) prueba

composter [kɔ̃pɔste] *vt* (*dater*)

fechar; (poinçonner) picar, perforar
compote [kɔ̃pɔt] nf compota; ~
de pommes compota de
manzana
compréhensible [kɔ̃pʀeɑ̃sibl]
adj (aussi fig) comprensible
compréhensif, -ive [kɔ̃pʀeɑ̃s-
iv] adj comprensivo(-a)
comprendre [kɔ̃pʀɑ̃dʀ] vt (se
composer de, être muni de)
comprender, constar de; (sens,
problème) comprender, entender;
(point de vue) entender
compresse [kɔ̃pʀɛs] nf compresa
comprimé, e [kɔ̃pʀime] nm
comprimido, pastilla
compris, e [kɔ̃pʀi, iz] pp de
comprendre ♦ adj (inclus)
incluido(-a); ~ entre ... (situé)
situado(-a) entre ...; **y/non ~ la
maison** inclusive la casa/sin
incluir la casa; **100 euros tout
~** 100 euros con todo incluido
comptabilité [kɔ̃tabilite] nf
contabilidad f
comptable [kɔ̃tabl] nm/f, adj
contable m/f, contador m (AM)
comptant [kɔ̃tɑ̃] adv: **payer/
acheter ~** pagar/comprar al
contado
compte [kɔ̃t] nm cuenta; ~s nmpl
(comptabilité) cuentas fpl; **rendre
des ~s à qn** (fig) dar cuentas a
algn; **en fin de ~** (fig) a fin de
cuentas; **à bon ~** a buen precio;
avoir son ~ (fig: fam) tener su
merecido; **pour le ~ de qn** por
cuenta de algn; **travailler à son
~** trabajar por su cuenta; **rendre
~ (à qn) de qch** dar cuenta de
algo (a algn); **tenir ~ de qch/
que** tener en cuenta algo/que; ~
courant cuenta corriente; ~
rendu informe m; **compte-
gouttes** nm inv cuentagotas m

inv
compter [kɔ̃te] vt contar;
(facturer) cobrar; (comporter)
constar de ♦ vi contar; ~ **parmi**
figurar entre; ~ **réussir/revenir**
esperar aprobar/volver; ~ **sur** (se
fier à) contar con
compteur [kɔ̃tœʀ] nm (d'auto)
cuentakilómetros m inv; (à gaz,
électrique) contador m; ~ **de
vitesse** velocímetro
comptoir [kɔ̃twaʀ] nm (de
magasin) mostrador m; (de café)
barra
con, ne [kɔ̃, kɔn] (fam!) adj, nm/f
gilipollas m/f inv (fam!)
concentré, e [kɔ̃sɑ̃tʀe] adj
concentrado(-a) ♦ nm concentrado
concentrer [kɔ̃sɑ̃tʀe]: **se ~** vpr
concentrarse
concerner [kɔ̃sɛʀne] vt concernir
a; **en ce qui me concerne** en
lo que a mí respecta
concert [kɔ̃sɛʀ] nm (MUS) concierto; (fig) coro; **se concerter** vpr
ponerse de acuerdo, concertarse
concessionnaire [kɔ̃sesjɔneʀ]
nm/f concesionario(-a)
concevoir [kɔ̃s(ə)vwaʀ] vt
concebir; (décoration etc) imaginar;
(machine) diseñar; **appartement
bien/mal conçu** piso bien/mal
diseñado
concierge [kɔ̃sjɛʀʒ] nm/f
portero(-a); (d'hôtel) conserje m
concis, e [kɔ̃si, iz] adj conciso(-a)
conclure [kɔ̃klyʀ] vt (terminer)
concluir, terminar; **conclusion**
nf conclusión f
conçois etc [kɔ̃swa] vb voir
concevoir
concombre [kɔ̃kɔ̃bʀ] nm pepino
concours [kɔ̃kuʀ] nm concurso;
(SCOL) examen m eliminatorio; ~
de circonstances cúmulo de

circunstancias; **~ hippique** concurso hípico

concret, -ète [kɔkʀɛ, ɛt] *adj* concreto(-a)

conçu, e [kɔsy] *pp de* **concevoir**

concubinage [kɔkybinaʒ] *nm* concubinato

concurrence [kɔkyʀɑs] *nf* competencia; **jusqu'à ~ de** hasta un total de

concurrent, e [kɔkyʀɑ̃, ɑ̃t] *adj* (*société*) competidor(a) ♦ *nm/f* (*SPORT, ÉCON*) competidor(a); (*SCOL*) candidato(-a)

condamner [kɔdɑne] *vt* condenar; **~ qn à 2 ans de prison** condenar a algn a 2 años de prisión

condensation [kɔdɑsasjɔ] *nf* condensación *f*

condition [kɔdisjɔ] *nf* condición *f*; **~s** *nfpl* (*tarif, prix, circonstances*) condiciones *fpl*; **sans ~** *adj* sin condición

conditionnement [kɔdisjɔnmɑ̃] *nm* (*emballage*) embalaje *m*, envasado

condoléances [kɔdɔleɑs] *nfpl* pésame *m*

conducteur, -trice [kɔdyktœʀ, tʀis] *adj* conductor(a) ♦ *nm* (*ÉLEC*) conductor *m* ♦ *nm/f* conductor(a)

conduire [kɔduiʀ] *vt* conducir; (*passager*) llevar; (*diriger*) dirigir; **se ~** *vpr* comportarse, portarse; **~ vers/à** (*suj: route*) conducir a, llevar hacia a/a; **~ à** (*suj: attitude, erreur*) llevar a; **~ qn quelque part** llevar a algn a algún sitio

conduite [kɔduit] *nf* (*comportement*) conducta; (*d'eau, gaz*) conducto

confection [kɔfeksjɔ] *nf* confección *f*; **la ~** (*COUTURE*) la confección; **vêtement de ~** ropa

de confección

conférence [kɔfeʀɑs] *nf* conferencia; **~ de presse** conferencia de prensa

confesser [kɔfese] *vt* confesar; **se ~** *vpr* confesarse

confession [kɔfesjɔ] *nf* confesión *f*

confiance [kɔfjɑs] *nf* confianza; **avoir ~ en** tener confianza en; **en soi** confianza en sí mismo

confiant, e [kɔfjɑ, jɑt] *adj* confiado(-a)

confidence [kɔfidɑs] *nf* confidencia; **confidentiel, le** *adj* confidencial

confier [kɔfje] *vt* confiar; **~ à qn** (*en dépôt, garde*) confiar a algn; **se ~ à qn** confiarse a algn

confirmation [kɔfiʀmasjɔ] *nf* confirmación *f*

confirmer [kɔfiʀme] *vt* confirmar

confiserie [kɔfizʀi] *nf* confitería; **~s** *nfpl* golosinas *fpl*

confisquer [kɔfiske] *vt* (*JUR*) confiscar; (*à un enfant*) quitar

confit, e [kɔfi, it] *adj*: **fruits ~s** frutas *fpl* confitadas; **~ d'oie** conserva de oca en su grasa

confiture [kɔfityʀ] *nf* confitura, mermelada

conflit [kɔfli] *nm* conflicto; (*fig*) choque *m*, conflicto

confondre [kɔfɔdʀ] *vt* confundir

conforme [kɔfɔʀm] *adj*: **~ à** conforme a; **copie certifiée ~ (à l'original)** copia compulsada; **conformément** *adv*: **conformément à** conforme a, según; **conformer** *vb*: **se conformer à** adecuarse a, adaptarse a

confort [kɔfɔʀ] *nm* confort *m*; **tout ~** con todas las comodidades; **confortable** *adj* confortable, cómodo(-a)

confronter [kɔfʀɔte] *vt* confrontar

confus, e [kɔ̃fy, yz] *adj*
confuso(-a); **confusion** *nf*
confusión *f*
congé [kɔ̃ʒe] *nm* (*vacances*)
vacaciones *fpl*; (*arrêt de travail*)
descanso; **en ~** de vacaciones;
semaine/jour de ~ semana/día
m de vacaciones; **prendre ~ de**
qn despedirse de algn; **donner**
son ~ à despedir a; **~ de**
maladie baja por enfermedad; **~**
de maternité baja maternal; **~s**
payés vacaciones pagadas
congédier [kɔ̃ʒedje] *vt* despedir
congélateur [kɔ̃ʒelatœʀ] *nm*
congelador *m*
congeler [kɔ̃ʒ(ə)le] *vt* congelar
congestion [kɔ̃ʒɛstjɔ̃] *nf* (*routière,*
postale) congestión *f*; **~**
cérébrale derrame *m* cerebral
congrès [kɔ̃gʀɛ] *nm* congreso
conifère [kɔnifɛʀ] *nm* conífera
conjoint, e [kɔ̃ʒwɛ̃, wɛ̃t] *adj*
conjunto(-a) ♦ *nm/f* (*époux*)
cónyuge *m/f*
conjonctivite [kɔ̃ʒɔ̃ktivit] *nf*
conjuntivitis *f inv*
conjoncture [kɔ̃ʒɔ̃ktyʀ] *nf*
coyuntura
conjugaison [kɔ̃ʒygɛzɔ̃] *nf*
conjugación *f*
conjuguer [kɔ̃ʒyge] *vt* (*LING*)
conjugar
connaissance [kɔnesɑ̃s] *nf*
(*savoir*) conocimiento; (*personne*
connue) conocido(-a); **être sans**
~ (*MÉD*) estar sin conocimiento;
perdre/reprendre ~ perder/
recobrar el conocimiento; **à ma/**
sa ~ por lo que sé/sabe
connaisseur, -euse [kɔnesœʀ,
øz] *nm/f* conocedor(a),
entendido(-a)
connaître [kɔnɛtʀ] *vt* conocer;
(*adresse*) conocer, saber; **se ~** *vpr*

conocerse; (*se rencontrer*)
conocerse, encontrarse; **~ qn de**
nom/vue conocer a algn de
nombre/vista
connecter [kɔnɛkte] *vt* conectar
connerie [kɔnʀi] (*fam!*)
gilipollez *f*
connu, e [kɔny] *pp de*
connaître ♦ *adj* conocido(-a)
conquête [kɔ̃kɛt] *nf* conquista
consacrer [kɔ̃sakʀe] *vt* (*fig*)
consagrar; **~ qch à** (*employer*)
dedicar algo a
conscience [kɔ̃sjɑ̃s] *nf*
conciencia; **avoir ~ de** ser
consciente de, tomar conciencia
de; **prendre ~ de** (*présence,*
situation) darse cuenta de;
(*responsabilité*) tomar conciencia
de; **avoir qch sur la ~** tener el
peso de algo en la conciencia;
perdre/reprendre ~ perder/
recuperar el conocimiento; **avoir**
bonne/mauvaise ~ tener
buena/mala conciencia;
consciencieux, -euse *adj*
concienzudo(-a); **conscient, e** *adj*
consciente
consécutif, -ive [kɔ̃sekytif, iv]
adj consecutivo(-a); **~ à**
debido(-a) a
conseil [kɔ̃sɛj] *nm* consejo;
prendre ~ (auprès de qn)
consultar (a algn)
conseiller¹ [kɔ̃seje] *vt* aconsejar
a; **~ à qn de faire qch** aconsejar
a algn hacer algo
conseiller², -ère [kɔ̃seje, ɛʀ]
nm/f consejero(-a)
consentement [kɔ̃sɑ̃tmɑ̃] *nm*
consentimiento
consentir [kɔ̃sɑ̃tiʀ] *vt*: **~ (à**
qch/à faire) consentir (en algo/
en hacer)
conséquence [kɔ̃sekɑ̃s] *nf*

consecuencia; **~s** *nfpl (effet, répercussion)* consecuencias *fpl*; **en ~** *(donc)* en consecuencia; *par conséquent*, *(de façon appropriée)* en consecuencia; **conséquent, e** *adj*: **par conséquent** por consiguiente

conservateur, -trice [kɔ̃sɛʀvatœʀ, tʀis] *adj* conservador(a) ♦ *nm/f* conservador(a)

conservatoire [kɔ̃sɛʀvatwaʀ] *nm (de musique)* conservatorio

conserve [kɔ̃sɛʀv] *nf (gén pl: aliments)* conserva; **en ~** en conserva

conserver [kɔ̃sɛʀve] *vt* conservar; *(habitude)* mantener, conservar

considérable [kɔ̃sideʀabl] *adj* considerable

considération [kɔ̃sideʀasjɔ̃] *nf* consideración *f*

considérer [kɔ̃sideʀe] *vt* considerar; **~ qch comme** considerar algo como

consigne [kɔ̃siɲ] *nf (de bouteilles)* importe *m* (del envase); *(ordre, instruction, de gare)* consigna; **~ automatique** consigna automática

consister [kɔ̃siste] *vi*: **~ en** ou **dans** consistir en; **~ à faire** consistir en hacer

consoler [kɔ̃sɔle] *vt* consolar

consommateur, -trice [kɔ̃sɔmatœʀ, tʀis] *nm/f (ÉCON)* consumidor(a); *(dans un café)* cliente *m/f*

consommation [kɔ̃sɔmasjɔ̃] *nf* consumición *f*; **la ~** *(ÉCON)* el consumo; **de ~** *(biens)* de consumo; **~ aux 100 km** *(AUTO)* consumo cada 100 km

consommer [kɔ̃sɔme] *vt* consumir ♦ *vi (dans un café)*

consumir, tomar

consonne [kɔ̃sɔn] *nf* consonante *f*

constamment [kɔ̃stamɑ̃] *adv* constantemente

constant, e [kɔ̃stɑ̃, ɑ̃t] *adj* constante

constat [kɔ̃sta] *nm (d'huissier)* acta; *(après un accident)* atestado

constatation [kɔ̃statasjɔ̃] *nf (d'un fait)* constatación *f*

constater [kɔ̃state] *vt (remarquer)* advertir, observar; *(ADMIN, JUR)* testificar; *(dégâts)* constatar

consterner [kɔ̃stɛʀne] *vt* consternar

constipé, e [kɔ̃stipe] *adj* estreñido(-a)

constitué, e [kɔ̃stitɥe] *adj*: **~ de** constituido(-a) por, integrado(-a) por

constituer [kɔ̃stitɥe] *vt* constituir; *(équipe)* crear; *(dossier)* elaborar; *(collection)* reunir

constructeur [kɔ̃stʀyktœʀ] *nm* constructor *m*

constructif, -ive [kɔ̃stʀyktif, iv] *adj* constructivo(-a)

construction [kɔ̃stʀyksjɔ̃] *nf* construcción *f*

construire [kɔ̃stʀɥiʀ] *vt* construir

consul [kɔ̃syl] *nm* cónsul *m*; **consulat** *nm* consulado

consultant, e [kɔ̃syltɑ̃, ɑ̃t] *adj* consultor(a)

consultation [kɔ̃syltasjɔ̃] *nf* consulta; **heures de ~** *(MÉD)* horas *fpl* de consulta

consulter [kɔ̃sylte] *vt* consultar ♦ *vi (médecin)* examinar

contact [kɔ̃takt] *nm* contacto; **au ~ de** al contacto con; **mettre/ couper le ~** *(AUTO)* encender ou poner/apagar ou quitar el contacto; **prendre ~ avec**

ponerse en contacto con;
contacter vt contactar con
contagieux, -euse [kɔ̃taʒjø, jøz] adj contagioso(-a)
contaminer [kɔ̃tamine] vt contaminar
conte [kɔ̃t] nm cuento; ~ **de fées** cuento de hadas
contempler [kɔ̃tɑ̃ple] vt contemplar
contemporain, e [kɔ̃tɑ̃pɔʀɛ̃, ɛn] adj, nm/f contemporáneo(-a)
contenir [kɔ̃t(ə)niʀ] vt (aussi fig) contener; (local) tener una capacidad de ou pa
content, e [kɔ̃tɑ̃, ɑ̃t] adj contento(-a); ~ **de qn/qch** contento(-a) con algn/algo;
contenter: **se contenter de** vpr contentarse con
contenu, e [kɔ̃t(ə)ny] pp de **contenir** ♦ nm contenido
conter [kɔ̃te] vt contar, relatar
contestable [kɔ̃tɛstabl] adj discutible
conteste [kɔ̃tɛst]: **sans ~** adv sin discusión; **contester** vt discutir, cuestionar ♦ vi discutir
contexte [kɔ̃tɛkst] nm contexto
continent [kɔ̃tinɑ̃] nm continente m
continu, e [kɔ̃tiny] adj continuo(-a) ♦ nm **(courant) ~** (corriente f) continua
continuel, le [kɔ̃tinɥɛl] adj (qui se répète) constante; (continu: pluie etc) continuo(-a)
continuer [kɔ̃tinɥe] vt continuar; (voyage, études etc) continuar, proseguir ♦ vi continuar; (voyageur) continuar, seguir; ~ **à** ou **de faire** seguir haciendo
contourner [kɔ̃tuʀne] vt rodear, evitar
contraceptif, -ive [kɔ̃tʀaseptif,

iv] adj anticonceptivo(-a) ♦ nm anticonceptivo; **contraception** nf contracepción f
contracté, e [kɔ̃tʀakte] adj (personne) tenso(-a)
contracter [kɔ̃tʀakte] vt contraer; (assurance) contratar; **se ~** vpr (métal, muscles) contraerse
contractuel, le [kɔ̃tʀaktɥɛl] nm/f (agent) controlador(a) del estacionamiento
contradiction [kɔ̃tʀadiksjɔ̃] nf contradicción f; **en ~ avec** en contradicción con;
contradictoire adj contradictorio(-a)
contraignant, e [kɔ̃tʀɛɲɑ̃, ɑ̃t] vb voir **contraindre** ♦ adj apremiante
contraindre [kɔ̃tʀɛdʀ] vt: ~ **qn à qch/à faire qch** forzar a algn a algo/a hacer algo; **contrainte** nf coacción f
contraire [kɔ̃tʀɛʀ] adj contrario(-a), opuesto(-a); **au ~** al contrario
contrarier [kɔ̃tʀaʀje] vt (irriter) contrariar; **contrariété** nf contrariedad f
contraste [kɔ̃tʀast] nm contraste m
contrat [kɔ̃tʀa] nm contrato
contravention [kɔ̃tʀavɑ̃sjɔ̃] nf (amende) multa
contre [kɔ̃tʀ] prép contra; (en échange) por; **par ~** en cambio
contrebande [kɔ̃tʀəbɑ̃d] nf contrabando
contrebas [kɔ̃tʀəba]: **en ~** adv más abajo
contrebasse [kɔ̃tʀəbas] nf contrabajo
contre...: **contrecœur**: **à contrecœur** adv de mala gana, a regañadientes; **contrecoup**

nm rebote *m*; **contredire** *vt* contradecir

contrefaçon [kɔ̃trəfasɔ̃] *nf* falsificación *f*

contre...: **contre-indication** (*pl* **contre-indications**) *nf* contraindicación *f*; **contre-indiqué, e** (*pl* **contre-indiqués, es**) *adj* contraindicado(-a)

contremaître [kɔ̃trəmɛtr] *nm* contramaestre *m*, capataz *m*

contre-plaqué [kɔ̃trəplake] (*pl* **~~s**) *nm* contrachapado

contresens [kɔ̃trəsɑ̃s] *nm* contrasentido *m*; **à ~** en sentido contrario

contretemps [kɔ̃trətɑ̃] *nm* contratiempo *m*

contribuer [kɔ̃tribɥe]: **~ à** *vt ind* contribuir a

contribution [kɔ̃tribysjɔ̃] *nf* contribución *f*; **mettre à contribution** utilizar los servicios de

contrôle [kɔ̃trol] *nm* control *m*; **~ continu** (*SCOL*) evaluación *f* continua; **~ d'identité** control de identidad

contrôler [kɔ̃trole] *vt* controlar; (*vérifier*) comprobar; **contrôleur, -euse** *nm/f* revisor(a), inspector(a) de boletos (*AM*)

controversé, e [kɔ̃trɔvɛrse] *adj* controvertido(-a)

contusion [kɔ̃tyzjɔ̃] *nf* contusión *f*

convaincre [kɔ̃vɛ̃kr] *vt*: **~ qn (de qch/de faire)** convencer a algn (de algo/para que haga); **~ qn de** (*JUR*) inculpar a algn de

convalescence [kɔ̃valesɑ̃s] *nf* convalecencia

convenable [kɔ̃vnabl] *adj* (*personne, manières*) decoroso(-a),

correcto(-a); (*salaire, travail*) aceptable

convenir [kɔ̃vnir] *vi* convenir; **~ à** (*être approprié à*) ser apropiado(-a) para; **~ de** (*admettre*) admitir, reconocer; (*fixer*) convenir, acordar; **~ que** (*admettre*) admitir que; **comme convenu** como estaba acordado

convention [kɔ̃vɑ̃sjɔ̃] *nf* (*accord*) convenio; (*ART, THÉÂTRE*) reglas *fpl*; **~s** *nfpl* (*règles, convenances*) convenciones *fpl*; **conventionné, e** *adj* (*clinique*) concertado(-a); (*médecin, pharmacie*) que tiene un acuerdo con la Seguridad Social

convenu, e [kɔ̃vny] *pp, adj* (*heure*) acordado(-a)

conversation [kɔ̃vɛrsasjɔ̃] *nf* conversación *f*

convertir [kɔ̃vɛrtir] *vt*: **~ qch en** transformar algo en, convertir algo en

conviction [kɔ̃viksjɔ̃] *nf* convicción *f*

convienne *etc* [kɔ̃vjɛn] *vb voir* **convenir**

convivial, e [kɔ̃vivjal, jo] *adj* sociable; (*INFORM*) fácil de usar

convocation [kɔ̃vɔkasjɔ̃] *nf* convocatoria

convoquer [kɔ̃vɔke] *vt* convocar

coopération [kɔɔperasjɔ̃] *nf* cooperación *f*

coopérer [kɔɔpere] *vi*: **~ (à)** cooperar (en)

coordonné, e [kɔɔrdɔne] *adj* coordinado(-a); **~s** *nmpl* (*vêtements*) coordinados *mpl*

coordonner [kɔɔrdɔne] *vt* coordinar

copain, copine [kɔpɛ̃, kɔpin] *nm/f* (*ami*) amigo(-a); (*de classe, de régiment*) compañero(-a)

copie [kɔpi] nf copia; (feuille d'examen) hoja de examen;
copier vt copiar; **copier sur** copiar a; **copieur** nm copiadora
copieux, -euse [kɔpjø, jøz] adj (repas) copioso(-a), abundante; (portion, notes, exemples) abundante
copine [kɔpin] nf voir **copain**
coq [kɔk] nm gallo
coque [kɔk] nf (de noix) cáscara; (de bateau, d'avion) casco; (mollusque) berberecho; **à la ~** (CULIN) pasado por agua
coquelicot [kɔkliko] nm amapola
coqueluche [kɔklyʃ] nf (MÉD) tos f ferina
coquet, te [kɔkε, εt] adj (qui veut plaire) coqueto(-a); (robe, appartement) coquetón(-ona); (somme) bonito(-a)
coquetier [kɔk(ə)tje] nm huevera
coquillage [kɔkijaʒ] nm (mollusque) marisco; (coquille) concha
coquille [kɔkij] nf (de mollusque) concha; (de noix) cáscara; (TYPO) errata; **~ St Jacques** vieira
coquin, e [kɔkε, in] adj (enfant, sourire, regard) pícaro(-a)
cor [kɔr] nm (MUS) trompa; (au pied) callo
corail, -aux [kɔraj, o] nm coral m
Coran [kɔrɑ̃] nm: **le ~** el Corán
corbeau, x [kɔrbo] nm cuervo
corbeille [kɔrbεj] nf cesta; **à papiers** cesto de los papeles
corde [kɔrd] nf (gén) cuerda; (de violon, raquette) cuerda; (ATHLÉTISME, AUTO) la cuerda; **~ à linge** tendedero; **~ à sauter** comba; **~s vocales** cuerdas fpl vocales
cordée [kɔrde] nf cordada

cordialement [kɔrdjalmɑ̃] adv cordialmente
cordon [kɔrdɔ̃] nm cordón m
cordonnerie [kɔrdɔnri] nf zapatería; **cordonnier** nm zapatero
Corée [kɔre] nf Corea; **la ~ du Sud/du Nord** Corea del Sur/del Norte; **la République (démocratique populaire de) ~** la República (democrática popular de) Corea
coriace [kɔrjas] adj correoso(-a)
corne [kɔrn] nf cuerno
cornée [kɔrne] nf córnea
corneille [kɔrnεj] nf corneja
cornemuse [kɔrnəmyz] nf cornamusa, gaita
cornet [kɔrnε] nm cucurucho
corniche [kɔrniʃ] nf (route) carretera de cornisa
cornichon [kɔrniʃɔ̃] nm pepinillo
corporel, le [kɔrpɔrεl] adj corporal
corps [kɔr] nm cuerpo
correct, e [kɔrεkt] adj (exact, bienséant) correcto(-a); (passable) correcto(-a), pasable;
correcteur, -trice nm/f (d'examen) examinador(a); (TYPO) corrector(a); **correction** nf corrección f; (coups) paliza, golpiza (AM)
correspondance [kɔrεspɔ̃dɑ̃s] nf correspondencia; (de train, d'avion) empalme m; **cours par ~** curso por correspondencia; **vente par ~** venta por correo
correspondant, e [kɔrεspɔ̃dɑ̃, ɑ̃t] adj correspondiente; (au téléphone) interlocutor(a)
correspondre [kɔrεspɔ̃dr] vi corresponder; a corresponder a; **~ avec qn** cartearse con algn
corrida [kɔrida] nf corrida

corridor [kɔʀidɔʀ] *nm* pasillo

corrigé [kɔʀiʒe] *nm* (SCOL) solución *f*

corriger [kɔʀiʒe] *vt* (aussi MÉD) corregir; (punir) castigar; **~ qn de qch** (défaut) corregir (algo) a algn

corrompre [kɔʀɔ̃pʀ] *vt* corromper

corruption [kɔʀypsjɔ̃] *nf* corrupción *f*

corse [kɔʀs] *adj* corso(-a) ♦ *nf:* **C~** Córcega ♦ *nm/f:* **C~** corso(-a)

corsé, e [kɔʀse] *adj* (café etc) fuerte; (problème) arduo(-a)

cortège [kɔʀtɛʒ] *nm* (funèbre) comitiva; (de manifestants) desfile *m*

cortisone [kɔʀtizɔn] *nf* cortisona

corvée [kɔʀve] *nf* faena

cosmétique [kɔsmetik] *nm* (produit de beauté) cosmético

cosmopolite [kɔsmɔpɔlit] *adj* cosmopolita

costaud, e [kɔsto, od] *adj* robusto(-a)

costume [kɔstym] *nm* traje *m*; (de théâtre) vestuario; **costumé, e** *adj* disfrazado(-a)

cote [kɔt] *nf* (d'une valeur boursière) cotización *f*; (d'un candidat etc) popularidad *f*

côte [kot] *nf* (rivage) costa; (pente) cuesta; (ANAT, BOUCHERIE) costilla; **~ à ~** uno al lado de otro; **la ~ (d'Azur)** la costa Azul

côté [kote] *nm* (gén, GÉOM) lado; (du corps) costado; (feuille) cara; (de la rivière) orilla; **de tous les ~s** por todos lados, por todas partes; **de quel ~ est-il parti?** ¿en qué dirección salió?; **de ce/de l'autre ~** de este/del otro lado; **d'un ~ ... de l'autre ~** por una parte ... por otra; **du ~ de** (provenance) por el lado de;

(direction) en dirección a; **du ~ de Lyon** (proximité) por Lyon; **de ~** (marcher, regarder) de lado; **laisser de ~** dejar de lado; **mettre de ~** poner a un lado; **de chaque ~ (de)** a cada lado (de), a ambos lados (de); **de mon ~** por mi parte; **à ~** al lado; **à ~ de** al lado de

côtelette [kotlɛt] *nf* chuleta

côtier, -ière [kotje, jɛʀ] *adj* costero(-a)

cotisation [kɔtizasjɔ̃] *nf* (à un club, syndicat) cuota; (pour une pension, sécurité sociale) cotización *f*

cotiser [kɔtize] *vi* (à une assurance etc): **~ (à)** cotizar; **se ~** *vpr* pagar a escote

coton [kɔtɔ̃] *nm* algodón *m*; **~ hydrophile** algodón hidrófilo

Coton-tige ® [kɔtɔ̃tiʒ] (*pl* **~s-~s**) *nm* bastoncillo

cou [ku] *nm* cuello

couchant [kuʃɑ̃] *adj:* **soleil ~** sol *m* poniente

couche [kuʃ] *nf* (de bébé) pañal *m*; (gén, GÉOLOGIE) capa; **~s sociales** capas *fpl* sociales

couché, e [kuʃe] *adj* tumbado(-a), tendido(-a); (au lit) acostado(-a)

coucher [kuʃe] *nm* (du soleil) puesta (de sol) ♦ *vt* (mettre au lit) acostar; (étendre) tumbar, tender; (loger) alojar; **se ~** *vpr* (pour dormir) acostarse; (pour se reposer) tumbarse, acostarse; (soleil) ponerse

couchette [kuʃɛt] *nf* litera

coucou [kuku] *nm* cuclillo ♦ *excl* ¡hola!

coude [kud] *nm* codo

coudre [kudʀ] *vt, vi* coser

couette [kwɛt] *nf* (édredon)

couffin [kufɛ̃] nm (de bébé)
moisés m

couler [kule] vi (fleuve) fluir;
(liquide, sang) correr; (stylo) perder
tinta; (récipient) gotear; (nez)
moquear; (bateau) hundirse ♦ vt
colar; (bateau) hundir; (entreprise)
hundir, arruinar

couleur [kulœʀ] nf color m;
(CARTES) palo; ~s nfpl (du teint,
dans un drapeau) colores mpl,
colorido; **film/télévision en ~s**
película/televisión f en color; **de ~**
de color

couleuvre [kulœvʀ] nf culebra

coulisses [kulis] nfpl (THÉÂTRE)
bastidores mpl; (fig): **dans les ~**
entre bastidores

coup [ku] nm golpe m; (avec arme
à feu) disparo; (frappé par une
horloge) campanada; (fam: fois)
vez f; (SPORT: geste) jugada; **en ~
de vent** como un rayo; **donner
ou passer un ~ de balai
(dans)** dar un barrido (a), pasar
la escoba (por); **boire un ~** echar
un trago; **être dans le/hors du
~** estar/no estar en el ajo; **du
~** así que; **d'un seul ~** (subitement)
de repente; (à la fois) de un solo
golpe; **du premier ~** al primer
intento; **du même ~** al mismo
tiempo; **à ~ sûr ...** seguro que
...; **après ~** después; **sur ~**
uno(-a) tras otro(-a); **sous le
~ de** (surprise etc) afectado(-a) por;
~ d'envoi saque m de centro; **~
d'État** golpe de estado; **~ d'œil**
vistazo, ojeada; **~ de chance**
golpe de suerte; **~ de coude**
codazo; **~ de couteau**
cuchillada; **~ de feu** disparo; **~
de frein** (AUTO) frenazo; **~ de
main**donner un coup de main

à qn echar una mano a algn; **~
de pied** patada; **~ de poing**
puñetazo; **~ de soleil** insolación
f; **~ de sonnette** timbrazo; **~ de
téléphone** telefonazo, llamado
(AM); **~ de tête** (fig) cabezonada;
~ de tonnerre trueno

coupable [kupabl] adj, nm/f
culpable m/f

coupe [kup] nf corte f; (verre,
SPORT) copa; (à fruits) frutero

couper [kupe] vt cortar;
(retrancher) suprimir; (eau,
courant) cortar, quitar; (appétit,
fièvre) quitar; (vin, liquide) aguar ♦
vi cortar; (prendre un raccourci)
atajar; **se ~** vpr cortarse; **~ la
parole à qn** quitar la palabra a
algn, interrumpir a algn

couple [kupl] nm pareja

couplet [kuplɛ] nm (MUS) copla,
estrofa

coupole [kupɔl] nf cúpula

coupon [kupɔ̃] nm (ticket) cupón
m, bono

coupure [kupyʀ] nf corte m;
(billet de banque) billete m de
banco; **~ de courant/d'eau**
corte de corriente/de agua

cour [kuʀ] nf (de ferme) corral m;
(jardin, immeuble) patio; (JUR)
tribunal m; (royale) corte f; **faire
la ~ à qn** hacer la corte a algn; **~
de récréation** patio

courage [kuʀaʒ] nm valor m;
(ardeur, énergie) coraje m;

courageux, -euse adj valiente,
valeroso(-a)

couramment [kuʀamɑ̃] adv
(souvent) frecuentemente; (parler)
con soltura

courant, e [kuʀɑ̃, ɑ̃t] adj
(fréquent) corriente, común; (gén,
COMM) corriente; (en cours) en
curso ♦ nm corriente f; **être au ~**

(de) estar al corriente (de);
mettre qn au ~ (de) poner a
algn al corriente (de); **se tenir
au ~ (de)** mantenerse al corriente
(de); **dans le ~ de** durante; **~
d'air** corriente de aire; **~
électrique** corriente eléctrica
courbature [kuʀbatyʀ] *nf*
agotamiento *m*; (SPORT) agujetas *fpl*
courbe [kuʀb] *adj* curvo(-a) ♦ *nf*
curva
coureur, -euse [kuʀœʀ, øz]
nm/f corredor(a)
courge [kuʀʒ] *nf* calabaza;
courgette *nf* calabacín *m*
courir [kuʀiʀ] *vi* correr ♦ *vt*
(SPORT) disputar; (danger, risque)
correr
couronne [kuʀɔn] *nf* (aussi fig)
corona
courons etc [kuʀɔ̃] *vb voir* **courir**
courriel [kuʀjɛl] *nm* e-mail *m*
courrier [kuʀje] *nm* correo;
(rubrique) prensa ♦ **électronique**
correo electrónico
courroie [kuʀwa] *nf* correa
courrons etc [kuʀɔ̃] *vb voir*
courir
cours [kuʀ] *vb voir* **courir** ♦ *nm*
clase *f*; (série de leçons) clases *fpl*,
curso; (établissement) academia;
(des événements, d'une rivière)
curso; (avenue) avenida, paseo;
(COMM) valor *m*, precio; **donner
libre ~ à** dar rienda suelta a;
avoir ~ (monnaie) estar en
circulación; (fig) estilarse; (SCOL)
tener clase; **en ~** (année) en
curso; (travaux) en curso,
pendiente; **en ~ de route** en el
camino; **au ~ de** durante, en el
transcurso de; **le ~ du change** el
cambio; **~ d'eau** río; **~ du soir**
(SCOL) clase nocturna
course [kuʀs] *nf* (gén, d'un taxi,

du soleil) carrera; **~s** *nfpl* compras
fpl; **faire les ~s** ir de compras
court, e [kuʀ, kuʀt] *adj* (temps)
corto(-a), breve; (en longueur,
distance) corto(-a); (en hauteur)
bajo(-a) ♦ *adv* corto ♦ *nm* (de
tennis) pista, cancha; **à ~ de**
escaso de; **court-circuit** (pl
courts-circuits *pl*)
cortocircuito
courtoisie [kuʀtwazi] *nf* cortesía
couru [kuʀy] *pp de* **courir**
cousais etc [kuze] *vb voir* **coudre**
couscous [kuskus] *nm* cuscús *m*,
alcuzcuz *m*
cousin, e [kuzɛ̃, in] *nm/f*
primo(-a)
coussin [kusɛ̃] *nm* cojín *m*
cousu, e [kuzy] *pp de* **coudre**
coût [ku] *nm* (d'un travail, objet)
coste *m*, precio; **le ~ de la vie** el
coste de la vida
couteau, x [kuto] *nm* cuchillo
coûter [kute] *vt* costar ♦ *vi*: **~ à
qn** costarle a algn; **combien ça
coûte?** ¿cuánto cuesta?, ¿cuánto
vale?; **coûte que coûte** a toda
costa; **coûteux, -euse** *adj*
costoso(-a)
coutume [kutym] *nf* costumbre *f*
couture [kutyʀ] *nf* costura;
couturier *nm* modisto;
couturière *nf* modista
couvent [kuvã] *nm* convento
couver [kuve] *vt* (œufs, maladie)
incubar
couvercle [kuvɛʀkl] *nm* tapa
couvert, e [kuvɛʀ, ɛʀt] *pp de*
couvrir ♦ *adj* (ciel, coiffé d'un
chapeau) cubierto(-a) ♦ *nm*
cubierto; **~s** *nmpl* cubiertos *mpl*;
mettre le ~ poner la mesa
couverture [kuvɛʀtyʀ] *nf* (de lit)
manta, frazada (AM), cobija (AM)
couvre-lit [kuvʀəli] (pl **~~s**) *nm*

colcha

couvrir [kuvʁiʁ] *vt* cubrir; (*d'ornements, d'éloges*): ~ **qch/qn de** cubrir a algo/algn de; (*erreur*) ocultar; (*distance*) recorrer; **se** ~ *vpr* cubrirse; **se** ~ **de** (*fleurs, boutons*) llenarse de

cow-boy [kɔbɔj] (*pl* ~**~s**) *nm* vaquero

crabe [kʁab] *nm* cangrejo (de mar)

cracher [kʁaʃe] *vi, vt* escupir

crachin [kʁaʃɛ̃] *nm* llovizna, garúa (*AM*)

craie [kʁɛ] *nf* (*substance*) greda; (*morceau*) tiza, gis *m* (*MEX*)

craindre [kʁɛ̃dʁ] *vt* temer; (*être sensible à*) no tolerar

crainte [kʁɛ̃t] *nf* temor *m*; (**de**) ~ **de/que** por temor a/a que; **craintif, -ive** *adj* temeroso(-a)

crampe [kʁɑp] *nf* calambre *m*

crampon [kʁɑpɔ̃] *nm* (*de semelle*) taco; (*ALPINISME*) crampón *m*; **cramponner** *vb*:

cramponner (à) agarrarse (a)

cran [kʁɑ̃] *nm* (*de courroie*) ojete *m*; (*courage*) agallas *fpl*

crapaud [kʁapo] *nm* sapo

craquement [kʁakmɑ̃] *nm* crujido

craquer [kʁake] *vi* (*bois, plancher*) crujir; (*fil, branche*) romperse; (*couture*) estallar; (*s'effondrer*) derrumbarse ♦ *vt* **je craque** (*enthousiasme*) me vuelvo loco(-a)

crasse [kʁas] *nf* mugre *f*; **crasseux, -euse** *adj* mugriento(-a), mugroso(-a) (*AM*)

cravache [kʁavaʃ] *nf* fusta

cravate [kʁavat] *nf* corbata

crawl [kʁol] *nm* crol *m*

crayon [kʁejɔ̃] *nm* lápiz *m*; ~ **à bille** bolígrafo; ~ **de couleur** lápiz de color; **crayon-feutre**

(*pl* **crayons-feutres**) *nm* rotulador *m*

création [kʁeasjɔ̃] *nf* creación *f*; (*nouvelle robe, voiture etc*) creación, diseño

crèche [kʁɛʃ] *nf* (*de Noël*) nacimiento, belén *m*; (*garderie*) guardería

crédit [kʁedi] *nm* (*confiance, autorité, ÉCON*) crédito; ~**s** *nmpl* fondos *mpl*; **créditer** *vt*: **créditer un compte (de)** abonar en cuenta

créer [kʁee] *vt* crear; (*spectacle*) montar

crémaillère [kʁemajɛʁ] *nf* **pendre la** ~ festejar el estreno de una casa

crème [kʁɛm] *nf* crema; (*du lait*) nata, crema ♦ *adj inv* crema; **un (café)** ~ un café con leche; ~ **à raser** crema de afeitar; ~ **chantilly** nata Chantilly; **crémeux, -euse** *adj* cremoso(-a)

créneau, x [kʁeno] *nm* (*de fortification*) almena; (*fig*) hueco; (*COMM*) segmento de mercado; **faire un** ~ (*AUTO*) aparcar hacia atrás

crêpe [kʁɛp] *nf* crêpe *f*, panqueque *m* (*AM*) ♦ *nm* (*tissu*) crespón *m*; **crêperie** *nf* crepería

crépuscule [kʁepyskyl] *nm* crepúsculo

cresson [kʁɛsɔ̃] *nm* berro

creuser [kʁøze] *vt* cavar; (*bois*) vaciar; (*problème, idée*) cavilar; **ça creuse** (*l'estomac*) eso abre el apetito; **se** ~ **la cervelle** *ou* **la tête** romperse la cabeza

creux, -euse [kʁø, kʁøz] *adj* hueco(-a) ♦ *nm* hueco; (*fig*) vacío; **heures creuses** (*transports*) horas *fpl* de menos tráfico;

(*travail*) horas muertas
crevaison [krəvɛzɔ̃] *nf* pinchazo
crevé, e [krəve] *adj* (*pneu*) pinchado(-a); (*fam*): **je suis ~** estoy reventado(-a)
crever [krəve] *vt* estallar, explotar ♦ *vi* (*pneu, automobiliste*) pinchar; (*abcès, outre*) reventar; (*fam: mourir*) palmarla
crevette [krəvɛt] *nf*: **~ rose** gamba; **~ grise** quisquilla, camarón *m*
cri [kri] *nm* grito
criard, e [krijar, krijard] *adj* (*couleur*) chillón(-ona)
cric [krik] *nm* (*AUTO*) gato
crier [krije] *vi* gritar ♦ *vt* (*ordre*) dar a gritos; (*injure*) lanzar
crime [krim] *nm* crimen *m*; **criminel, le** *adj, nm/f* criminal *m/f*
crin [krɛ̃] *nm* crin *f*
crinière [krinjɛr] *nf* (*de cheval*) crines *fpl*; (*lion*) melena
crique [krik] *nf* cala
criquet [krikɛ] *nm* langosta
crise [kriz] *nf* crisis *f inv*; **~ cardiaque** ataque *m* cardíaco; **~ de foie** cólico biliar; **~ de nerfs** ataque de nervios, crisis nerviosa
cristal, -aux [kristal, o] *nm* cristal *m*; (*neige*) cristal, copo
critère [kritɛr] *nm* criterio
critiquable [kritikabl] *adj* discutible
critique [kritik] *adj* crítico(-a) ♦ *nf* crítica ♦ *nm* crítico
critiquer [kritike] *vt* criticar
Croatie [krɔasi] *nf* Croacia
crochet [krɔʃɛ] *nm* gancho; (*détour*) desvío, rodeo; (*TRICOT*) ganchillo
crocodile [krɔkɔdil] *nm* cocodrilo
croire [krwar] *vt* creer; **se ~ fort**

considerarse fuerte; **~ que** creer que; **~ à** *ou* **en** creer en
crois [krwa] *vb voir* **croître**
croisade [krwazad] *nf* cruzada
croisement [krwazmã] *nm* (*carrefour, BIOL*) cruce *m*
croiser [krwaze] *vt* cruzar; (*personne, voiture*) cruzarse con, encontrar; **se ~** *vpr* cruzarse; **les jambes/les bras** cruzar las piernas/los brazos
croisière [krwazjɛr] *nf* crucero
croissance [krwasãs] *nf* desarrollo, crecimiento
croissant, e [krwasã, ãt] *vb voir* **croître** ♦ *adj* creciente ♦ *nm* (*gâteau*) croissant *m*
croître [krwatr] *vi* crecer
croix [krwa] *nf* cruz *f*; **en ~** adj en cruz; **la C~ Rouge** la Cruz Roja
croque-monsieur [krɔkməsjø] *nm inv* sandwich de jamón y queso (tostado)
croquer [krɔke] *vt* (*manger, fruit*) comer ♦ *vi* crujir; **chocolat à ~** chocolate m para comer
croquis [krɔki] *nm* croquis *m inv*, boceto
crotte [krɔt] *nf* caca; **crottin** *nm* (*petit fromage de chèvre*) quesito redondo de cabra
croustillant, e [krustijã, ãt] *adj* crujiente
croûte [krut] *nf* (*du fromage, pain*) corteza; (*MÉD*) costra, postilla; **en ~** (*CULIN*) en pastel
croûton [krutɔ̃] *nm* (*CULIN*) picatoste m; (*extrémité: du pain*) cuscurro
croyant, e [krwajã, ãt] *vb voir* **croire** ♦ *adj* (*REL*): **être/ne pas être ~** ser/no ser creyente
CRS [seɛres] *sigle fpl* = *Compagnies républicaines de*

sécurité
cru, e [kʀy] pp de **croître** ♦ adj
(non cuit) crudo(-a); (lumière,
couleur) fuerte, vivo(-a); (description, langage) crudo(-a);
(grossier) grosero(-a) ♦ nm
(vignoble) viñedo; (vin) caldo
crû [kʀy] pp de **croître**
cruauté [kʀyote] nf crueldad f
cruche [kʀyʃ] nf cántaro
crucifix [kʀysifi] nm crucifijo
crudités [kʀydite] nfpl (CULIN)
verduras fpl y hortalizas crudas
crue [kʀy] adj f voir **cru** ♦ nf
crecida
cruel, le [kʀyɛl] adj (personne,
sort) cruel; (froid) despiadado(-a)
crus etc [kʀy] vb voir **croire**
crûs etc [kʀy] vb voir **croître**
crustacés [kʀystase] nmpl
crustáceos mpl
Cuba [kyba] nm Cuba; **cubain,
e** adj cubano(-a) ♦ nm/f: **Cubain,
e** cubano(-a)
cube [kyb] nm cubo; (MATH): **2 au
~ = 8** 2 al cubo = 8; **mètre ~**
metro cúbico
cueillette [kœjɛt] nf recolección
f, cosecha
cueillir [kœjiʀ] vt recoger;
(attraper) pillar
cuiller, cuillère [kɥijɛʀ] nf
cuchara; **~ à café** cucharilla; **~ à
soupe** cuchara sopera;
cuillerée nf cucharada
cuir [kɥiʀ] nm cuero
cuire [kɥiʀ] vt (aliments, poterie)
cocer; (au four) asar ♦ vi cocerse;
bien cuit (viande) bien hecho ou
pasado; **trop cuit** demasiado
hecho ou pasado; **cuit à point**
hecho en su punto
cuisine [kɥizin] nf cocina;
(nourriture) comida; **faire la ~**
preparar la comida; **cuisiné, e**

adj: **plat cuisiné** plato cocinado;
cuisiner vt cocinar; (fam)
acribillar a preguntas a ♦ vi
cocinar; **cuisinier, -ière** nm/f
cocinero(-a); **cuisinière** nf
(poêle) cocina
cuisse [kɥis] nf (ANAT) muslo; (de
poulet) muslo; (de mouton) pierna
cuisson [kɥisɔ̃] nf cocción f
cuit, e [kɥi, kɥit] pp de **cuire** ♦
adj cocido(-a)
cuivre [kɥivʀ] nm cobre m; **les
~s** (MUS) los cobres
cul [ky] (fam!) nm culo (fam!)
culminant [kylminɑ̃] adj: **point
~** punto culminante
culot [kylo] nm (effronterie)
desfachatez f, descaro
culotte [kylɔt] nf (pantalon)
pantalón m corto; (de femme):
(petite) ~ bragas fpl, calzones
mpl (AM)
culte [kylt] nm culto
cultivateur, -trice [kyltivatœʀ,
tʀis] nm/f cultivador(a)
cultivé, e [kyltive] adj (terre)
cultivado(-a); (personne)
culto(-a)
cultiver [kyltive] vt cultivar
culture [kyltyʀ] nf cultivo;
(connaissances) cultura; **~
physique** culturismo; **culturel,
le** adj cultural
cumin [kymɛ̃] nm comino
cure [kyʀ] nf (MÉD) cura
curé [kyʀe] nm cura m, párroco
cure-dent [kyʀdɑ̃] (pl **~~~s**) nm
palillo, mondadientes m inv
curieusement [kyʀjøzmɑ̃] adv
curiosamente
curieux, -euse [kyʀjø, jøz] adj
curioso(-a) ♦ nmpl curiosos mpl,
mirones mpl; **curiosité** nf
curiosidad f; (objet, site)
singularidad f

curriculum vitae
[kyʁikylɔmvite] *nm inv* curriculum vitae *m*

cutané, e [kytane] *adj* cutáneo(-a)

cuve [kyv] *nf* cuba; (*à mazout etc*) depósito, tanque *m*

cuvette [kyvɛt] *nf* (*récipient*) palangana; (*des w-c*) taza; (*GÉO*) hondonada

CV [seve] *sigle m* (= cheval vapeur) C.V. (= caballos de vapor); = curriculum vitae

cybercafé [siberkafe] *nm* cibercafé *m*

cyclable [siklabl] *adj*: **piste ~** pista para ciclistas

cycle [sikl] *nm* (*vélo*) velocípedo; (*naturel, biologique*) ciclo; **cyclisme** *nm* ciclismo; **cycliste** *nm/f* ciclista *m/f* ♦ *adj*: **coureur cycliste** corredor *m* ciclista

cyclomoteur [siklomɔtœʁ] *nm* ciclomotor *m*

cyclone [siklon] *nm* ciclón *m*

cygne [siɲ] *nm* cisne *m*

cylindre [silɛ̃dʁ] *nm* cilindro; **cylindrée** *nf* cilindrada

cymbale [sɛ̃bal] *nf* platillo

cynique [sinik] *adj* cínico(-a)

cystite [sistit] *nf* cistitis *f*

D, d

d' [d] *prép voir de*

dactylo [daktilo] *nf* (*aussi*: **dactylographe**) mecanógrafa

daim [dɛ̃] *nm* (*ZOOL*) gamo; (*peau*) ante *m*; (*imitation*) piel *f* vuelta

dame [dam] *nf* señora; (*CARTES, ÉCHECS*) reina; **~s** *nfpl* (*jeu*) damas *nfpl*

Danemark [danmaʁk] *nm* Dinamarca

danger [dɑ̃ʒe] *nm*: **le ~** el peligro; **un ~** un peligro; **être/ mettre en ~** estar/poner en peligro; **dangereux, -euse** *adj* peligroso(-a)

danois, e [danwa, waz] *nm* (*LING, chien*) danés *msg* ♦ *nm/f*: **D~, e** danés(-esa)

MOT-CLÉ

---

dans [dɑ̃] *prép* **1** (*position*) en; **dans le tiroir/le salon** en el cajón/el salón; **marcher dans la ville** andar por la ciudad; **je l'ai lu dans un journal** lo leí en un periódico; **monter dans une voiture/le bus** subir en un coche/el autobús; **dans la rue** en la calle; **dans les premiers** ser de los primeros
2 (*direction*) a; **elle a couru dans le salon** corrió al salón
3 (*provenance*) de; **je l'ai pris dans le tiroir/salon** lo saqué del cajón/salón; **boire dans un verre** beber en un vaso
4 (*temps*) dentro de; **dans 2 mois** dentro de dos meses; **dans quelques instants** dentro de unos momentos; **dans quelques jours** dentro de unos días; **il part dans quinze jours** se marcha dentro de quince días; **je serai là dans la matinée** estaré allí por la mañana
5 (*approximation*) alrededor de; **dans les 20 €/4 mois** alrededor de 20 €/4 meses
6 (*intention*) con; **dans le but de faire qch** con objeto de hacer algo

---

danse [dɑ̃s] *nf* danza; **une ~** un baile; **danser** *vt, vi* bailar,

danzar; **danseur, -euse** *nm/f*
(*de ballet*) bailarín(-ina); (*cavalier*)
pareja
date [dat] *nf* (*jour*) fecha; **de
longue** *ou* **vieille ~** (*amitié*)
viejo(-a); **~ limite** fecha límite;
(*d'un aliment: aussi:* **date limite
de vente**) fecha de caducidad; **~
de naissance** fecha de
nacimiento; **dater** *vt* fechar ♦ *vi*
estar anticuado(-a); **dater de**
(*remonter à*) datar de; **à dater de**
a partir de
datte [dat] *nf* dátil *m*
dauphin [dofɛ̃] *nm* delfín *m*
davantage [davɑ̃taʒ] *adv* más;
(*plus longtemps*) más tiempo; **~
de** más

MOT-CLÉ

de, d' [də] (*de + le* = **du**, *de + les*
= **des**) *prép* **1** (*appartenance*) de;
le toit de la maison el tejado
de la casa; **la voiture
d'Élisabeth/de mes parents**
el coche de Elisabeth/de mis
padres
2 (*moyen*) con; **suivre des
yeux** seguir con la mirada;
estimé de ses collègues
estimado por sus colegas
3 (*provenance*) de; **il vient de
Londres** viene de Londres; **elle
est sortie du cinéma** salió del
cine
4 (*caractérisation, mesure*): **un
mur de brique** un muro de
ladrillo; **un verre d'eau** un vaso
de agua; **un billet de 50 €** un
billete de 50 €; **une pièce de 2
m de large** *ou* **long** una
habitación de 2m de ancho;
un bébé de 10 mois un bebé
de 10 meses; **12 mois de
crédit/travail** 12 meses de

crédito/trabajo; **augmenter** *etc*
de 10 € aumentar *etc* 10 €; **3
jours de libres** 3 días libres; **être
payé 15 € de l'heure** cobrar
15 € por hora
5 (*rapport*): **de 14 à 18** de 14 a
18; **de Madrid à Paris** de
Madrid a París; **voyager de
pays en pays** viajar de país en
país
6 de; (*cause*): **mourir de faim**
morir(se) de hambre; **rouge de
colère** rojo(-a) de ira
7 (*vb + de + infinitif*): **je vous
prie de venir** le ruego que
venga; **il m'a dit de rester** me
dijo que me quedara
8: **cet imbécile de Pierre** el
tonto de Pierre ♦ *dét* (*partitif*): **du
vin/de l'eau/des pommes**
vino/agua/manzanas; **des
enfants sont venus** vinieron
unos niños; **pendant des mois**
durante meses; **il mange de
tout** come de todo; **y a-t-il du
vin?** ¿hay vino?; **il n'a pas de
chance/d'enfants** no tiene
suerte/niños

---

dé [de] *nm* (*aussi:* **~ à coudre**)
dedal *m*; (*à jouer*) dado
déballer [debale] *vt* desembalar
débarcadère [debarkadɛr] *nm*
desembarcadero
débardeur [debardœr] *nm*
(*maillot*) camiseta corta sin
mangas
débarquer [debarke] *vt*
desembarcar ♦ *vi* desembarcar;
(*fam*) plantarse
débarras [debarɑ] *nm* trastero;
(*placard*) armario trastero; **"bon
~!"** "¡anda y que te zurzan!";
débarrasser *vt* desalojar ♦ *vi*

quitar la mesa; **se débarrasser**
vpr: **se débarrasser de**
desembarazarse de; *(habitude)*
librarse de; **débarrasser la
table** quitar la mesa;
débarrasser qn de qch
(vêtements) recogerle algo a algn;
(paquets) ayudar a algn con
algo

débat [deba] *nm* debate *m*; **~s**
nmpl (POL) debate *msg*; **débattre**
vt (question, prix) debatir, discutir;
se débattre *vpr* debatirse

débit [debi] *nm (fleuve)* caudal *m*;
(élocution) cadencia; *(d'un
magasin)* ventas *fpl*; *(bancaire)*
débito; **~ de tabac** estanco

déblayer [debleje] *vt* despejar

débloquer [debləke] *vt*
desbloquear

déboîter [debwate] *vi* (AUTO)
salirse de la fila ♦ *vt*: **se ~**
dislocarse

débordé, e [debɔrde] *adj*: **être
~** estar desbordado(-a)

déborder [debɔrde] *vi (rivière)*
desbordarse; *(eau, lait)*
derramarse; *(dépasser)*: **~ (de)
qch** rebosar de algo

débouché [debuʃe] *nm (gén pl:
pour vendre un produit)* mercado;
(perspectives d'emploi)
posibilidades *fpl*

déboucher [debuʃe] *vt (évier,
tuyau etc)* destapar; *(bouteille)*
descorchar; **~ sur** desembocar
en; **~ de** salir de

debout [d(ə)bu] *adv (personne,
chose)* de pie; *(levé, éveillé)*
levantado(-a); **être encore ~**
(fig) estar todavía en pie; **se
mettre ~** ponerse de pie; **se
tenir ~** mantenerse en pie; **"~!"**
"¡pie!"; *(du lit)* "¡arriba!"; **cette
histoire/ça ne tient pas ~**

esta historia/eso no se tiene en pie

déboutonner [debutɔne] *vt*
desabrochar, desabotonar

débraillé, e [debraje] *adj (tenue)*
desaliñado(-a)

débrancher [debrɑ̃ʃe] *vt*
(appareil électrique) desenchufar;
(téléphone) desconectar

débrayage [debrejaʒ] *nm* (AUTO:
aussi action) desembrague *m*;
débrayer *vi* (AUTO) desembragar

débris [debri] *nm* trozo ♦ *nmpl*
restos *mpl*

débrouillard, e [debrujar, ard]
adj avispado(-a)

débrouiller [debruje] *vt (affaire,
cas)* desembrollar; **se ~** *vpr*
arreglárselas

début [deby] *nm* comienzo,
principio; **débutant, e** *nm/f, adj*
principiante *m/f*; **débuter** *vi*
comenzar; *(personne)* debutar

décaféiné, e [dekafeine] *adj*
descafeinado(-a)

décalage [dekalaʒ] *nm* desfase
m; *(écart)* separación *f*; **~ horaire**
diferencia de horario

décaler [dekale] *vt (changer de
position)* desplazar; *(dans le
temps: avancer)* adelantar; *(: retarder)*
aplazar

décapotable [dekapɔtabl] *adj*
descapotable

décapsuleur [dekapsylœr] *nm*
abrebotellas *m inv*

décédé, e [desede] *adj*
fallecido(-a)

décéder [desede] *vi* fallecer

décembre [desɑ̃br] *nm*
diciembre *m*; *voir aussi* **juillet**

décennie [deseni] *nf* decenio

décent, e [desɑ̃, ɑ̃t] *adj* decente

déception [desɛpsjɔ̃] *nf*
decepción *f*

décès [desɛ] *nm* fallecimiento

décevant, e [des(ə)vã, ãt] *adj*
decepcionante

décevoir [des(ə)vwaʀ] *vt*
decepcionar; *(espérances,
confiance)* defraudar

décharge [deʃaʀʒ] *nf (dépôt
d'ordures)* vertedero; **décharger**
vt descargar

déchausser [deʃose]: **se ~** *vpr
(personne)* descalzarse; *(dent)*
descarnarse

déchets [deʃɛ] *nmpl (ordures)*
restos *mpl*, residuos *mpl*

déchiffrer [deʃifʀe] *vt (nouvelle)*
leer; *(musique, partition)* ejecutar
por primera vez; *(texte illisible)*
descifrar

déchirant, e [deʃiʀã, ãt] *adj*
desgarrador(a)

déchirement [deʃiʀmã] *nm*
desgarrón *m*; *(chagrin)*
desgarramiento

déchirer [deʃiʀe] *vt (vêtement,
livre)* desgarrar; *(mettre en
morceaux)* rasgar; *(pour ouvrir)*
rasgar; *(arracher)* arrancar; *(fig)*
destrozar; **se ~** *vpr* desgarrarse;
(fig) destrozarse; **se ~ un
muscle/tendon** desgarrarse un
músculo/tendón

déchirure [deʃiʀyʀ] *nf* desgarrón
m; **~ musculaire** desgarrón
muscular

décidé, e [deside] *adj*
decidido(-a); **c'est ~** está
decidido; **décidément** *adv*
decididamente

décider [deside] *vt*: **~ qch** decidir
algo; **se ~** *vpr (personne)*
decidirse; *(problème, affaire)*
resolverse; **~ que** decidir que;
~ qn (à faire qch) animar a algn
(a hacer algo); **~ de qch** decidir
algo; **~ de faire** decidir
hacer; **~ qch de qch** decidir algo; **se
~ à faire qch** decidirse a hacer
algo; **se ~ pour qch** decidirse

por algo

décimal, e, -aux [desimal, o]
adj decimal

décimètre [desimɛtʀ] *nm*
decímetro; **double ~** doble
decímetro

décisif, -ive [desizif, iv] *adj*
decisivo(-a)

décision [desizjɔ̃] *nf* decisión *f*

déclaration [deklaʀasjɔ̃] *nf*
declaración *f*; **~ (d'amour)**
declaración (de amor); **~ (de
perte)** denuncia (de pérdida); **~
(de sinistre)** declaración (de
siniestro); **~ (de vol)** denuncia
(de robo)

déclarer [deklaʀe] *vt* declarar;
(vol etc: à la police) denunciar;
(décès, naissance) certificar; **se ~**
vpr declararse

déclencher [deklãʃe] *vt* activar;
(attaque) lanzar; *(fig)* provocar; **se
~** *vpr* desencadenarse

décliner [dekline] *vi (jour, santé)*
declinar

décoiffer [dekwafe] *vt (déranger
la coiffure)* despeinar; **se ~** *vpr*
despeinarse

déçois *etc* [deswa] *vb voir*
décevoir

décollage [dekɔlaʒ] *nm* despegue
m, decolaje *m* (AM)

décoller [dekɔle] *vt, vi* despegar,
decolar (AM); **se ~** *vpr* despegarse

décolleté, e [dekɔlte] *adj*
escotado(-a) ♦ *nm* escote *m*

décolorer [dekɔlɔʀe] *vt*
decolorar; *(suj: âge, lumière)*
descolorir; **se ~** *vpr* descolorirse

décommander [dekɔmãde] *vt
(marchandise)* anular; **se ~** *vpr
(invité etc)* excusarse

déconcerter [dekɔ̃sɛʀte] *vt*
desconcertar

décongeler [dekɔ̃ʒ(ə)le] *vt*

descongelar

déconner [dekɔne] *(fam) vi (en parlant)* decir pijadas

déconseiller [dekɔseje] *vt:* **~ qch (à qn)** desaconsejar algo (a algn)

décontracté, e [dekɔ̃trakte] *adj (personne)* relajado(-a); *(ambiance)* distendido(-a)

décontracter [dekɔ̃trakte] *vt* descontraer; *(muscle)* relajar; **se ~** *vpr (personne)* relajarse

décor [dekɔr] *nm (d'un palais etc)* decoración *f*; *(paysage)* panorama *m*; *(gén pl: THÉÂTRE, CINÉ)* decorado;

décorateur, -trice [dekɔratœr, tris] *nm/f (ouvrier)* decorador(a); *(CINÉ)* escenógrafo(-a);

décoration [dekɔrasjɔ̃] *nf* decoración *f*; *(médaille)* condecoración *f*;

décorer *vt* decorar; *(médaille)* condecorar

décortiquer [dekɔrtike] *vt (riz)* descascarillar; *(amandes, crevettes)* pelar; *(fig)* desmenuzar

découdre [dekudr]: **se ~** *vpr* descoserse

découper [dekupe] *vt* recortar; *(volaille, viande)* trinchar; *(fig)* fragmentar; **se ~ sur** *(le ciel, fond)* perfilarse en

décourager [dekuraʒe] *vt* desanimar, desalentar; **se ~** *vpr* desanimarse

décousu, e [dekuzy] *pp de* **découdre** ♦ *adj* descosido(-a); *(fig)* deshilvanado(-a)

découvert, e [dekuver, ert] *pp de* **découvrir** ♦ *adj* descubierto(-a) ♦ *nm (bancaire)* descubierto; **découverte** *nf* descubrimiento

découvrir [dekuvrir] *vt* descubrir; *(casserole)* destapar; *(apercevoir)* divisar

décriminaliser [dekriminalize]

vt despenalizar

décrire [dekrir] *vt* describir

décrocher [dekrɔʃe] *vt* descolgar; *(contrat etc)* conseguir; *(abandonner)* retirarse; *(perdre sa concentration)* desconectar

déçu, e [desy] *pp de* **décevoir** ♦ *adj (personne)* decepcionado(-a)

dédaigner [dedeɲe] *vt* desdeñar; **dédaigneux, -euse** *adj* desdeñoso(-a); **dédain** *nm* desdén

dedans [dədɑ̃] *adv* dentro, adentro *(esp AM)* ♦ *nm* interior *m*; **là--** ahí dentro; **au ~** *(por)* dentro; **en ~** por dentro

dédicacer [dedikase] *vt* dedicar

dédier [dedje] *vt:* **~ à** *(livre)* dedicar a; *(efforts)* consagrar a

dédommagement [dedɔmaʒmɑ̃] *nm (indemnité)* indemnización *f*

dédommager [dedɔmaʒe] *vt:* **~ qn** indemnizar a algn (por)

dédouaner [dedwane] *vt* aduanar

déduire [deduir] *vt:* **~ qch (de)** deducir algo (de)

défaillance [defajɑ̃s] *nf* desfallecimiento; *(technique)* fallo; **~ cardiaque** fallo cardíaco

défaire [defer] *vt (installation, échafaudage)* desmontar; *(paquet etc)* abrir; *(nœud)* desatar; *(vêtement)* descoser; *(déranger)* deshacer; *(cheveux)* despeinar; **se ~** *vpr (cheveux, nœud)* deshacerse

défait, e [defe, et] *pp de* **défaire** ♦ *adj* deshecho(-a); *(nœud)* desatado(-a); *(visage)* descompuesto(-a); **défaite** *nf (MIL)* derrota; *(gén: échec)* fracaso

défaut [defo] *nm (moral)* defecto; *(d'étoffe, métal)* falla; **~ de** *(manque, carence)* falto de; **en ~** en falta; **faire ~** faltar; **à ~** al menos; **à ~ de** a falta de

défavorable [defavɔʀabl] *adj* desfavorable

défavoriser [defavɔʀize] *vt* desfavorecer

défectueux, -euse [defektɥø, øz] *adj* defectuoso(-a)

défendre [defɑ̃dʀ] *vt* defender; *(interdire)* prohibir; **se ~** *vpr* defenderse; **~ à qn qch/de faire** prohibir a algn algo/hacer; **il se défend** *(fig)* va defendiéndose; **ça se défend** *(fig)* esto se sostiene; **se ~ de/contre** *(se protéger)* protegerse de/contra; **se ~ de** *(se garder de)* evitar

défense [defɑ̃s] *nf* defensa; **"~ de fumer"** "prohibido fumar"

défi [defi] *nm* desafío, reto

déficit [defisit] *nm* (COMM) déficit *m*

défier [defje] *vt* desafiar

défigurer [defigyʀe] *vt* desfigurar

défilé [defile] *nm* (GÉO) desfiladero; *(soldats, manifestants)* desfile *m*

défiler [defile] *vi* desfilar

définir [definiʀ] *vt* definir

définitif, -ive [definitif, iv] *adj* definitivo(-a); *(décision, refus)* irrevocable; **définitive** *nf:* **en définitive** en definitiva; **définitivement** *adv* definitivamente

déformer [defɔʀme] *vt* deformar; **se ~** *vpr* deformarse

défouler [defule]: **se ~** *vpr* (gén) desahogarse

défunt, e [defœ̃, œ̃t] *nm/f* difunto(-a)

dégagé, e [degaʒe] *adj* (ciel, vue) despejado(-a); *(ton, air)* desenvuelto(-a)

dégager [degaʒe] *vt* liberar; *(exhaler)* desprender;

(désencombrer) despejar; *(idée, aspect etc)* extraer; **se ~** *vpr* *(odeur)* desprenderse; *(passage bloqué, ciel)* despejarse

dégâts [dega] *nmpl:* **faire des ~** causar daños

dégel [deʒel] *nm* deshielo; **dégeler** *vi* deshelarse

dégivrer [deʒivʀe] *vt* (frigo) descongelar; *(vitres)* deshelar

dégonflé, e [degɔ̃fle] *adj* (pneu) desinflado(-a), deshinchado(-a)

dégonfler [degɔ̃fle] *vt* desinflar, deshinchar

dégouliner [deguline] *vi* chorrear

dégourdi, e [deguʀdi] *adj* espabilado(-a)

dégourdir [deguʀdiʀ]: **se ~** *vpr:* **se ~ (les jambes)** desentumecerse las piernas

dégoût [degu] *nm* asco; **dégoûtant, e** *adj* asqueroso(-a); **c'est dégoûtant!** *(injuste)* ¡no hay derecho!; **dégoûté, e** *adj* asqueado(-a); **dégoûté de** asqueado(-a) de; **dégoûter** *vt* asquear; **dégoûter qn de faire qch** quitarle a algn las ganas de hacer algo

dégrader [degʀade]: **se ~** *vpr* deteriorarse

degré [degʀe] *nm* grado; *(niveau, taux)* punto; **alcool à 90 ~s** alcohol *m* de 90 grados

dégressif, -ive [degʀesif, iv] *adj* decreciente

dégringoler [degʀɛ̃gɔle] *vi* caer rodando; *(prix, Bourse etc)* hundirse

déguisement [degizmɑ̃] *nm* disfraz *m*

déguiser [degize]: **se ~** *vpr* disfrazarse

dégustation [degystasjɔ̃] *nf* degustación *f*; *(vin)* cata

déguster [degyste] *vt* degustar; *(vin)* catar; *(fig)* saborear

dehors [dəɔʀ] *adv* fuera, afuera *(esp AM)* ♦ *nm* exterior *m* ♦ *nmpl* *(apparences)* apariencias *fpl*; **mettre** *ou* **jeter ~** echar fuera; **au ~ de** fuera de; **en ~ (por)** fuera; *(en apparence)* por fuera; **au ~ de** fuera de; **en ~ (vers l'extérieur)** hacia afuera; **en ~ de** *(hormis)* fuera de

déjà [deʒa] *adv* ya

déjeuner [deʒœne] *vi (matin)* desayunar; *(à midi)* almorzar, comer ♦ *nm (petit déjeuner)* desayuno; *(à midi)* almuerzo, comida

delà [dəla] *prép, adv*: **par~~** *(plus loin que)* más allá de; *(de l'autre côté de)* al otro lado de; **en ~ (de)/au~~ (de)** más allá (de)

délacer [delase] *vt* desatar

délai [dele] *nm* plazo; *(sursis)* prórroga; **sans ~** sin demora; **en bref ~** en breve plazo; **dans les ~s** dentro de los plazos

délaisser [delese] *vt* abandonar

délasser [delɑse]: **se ~** *vpr* recrearse

délavé, e [delave] *adj* descolorido(-a)

délayer [deleje] *vt* diluir

delco ® [delko] *nm (AUT)* delco

délégué, e [delege] *adj* delegado(-a) ♦ *nm/f* delegado(-a)

déléguer [delege] *vt* delegar

délibéré, e [delibeʀe] *adj* deliberado(-a); *(déterminé)* resuelto(-a)

délicat, e [delika, at] *adj* delicado(-a); *(attentionné)* atento(-a); **délicatement** *adv* delicadamente; *(subtilement)* con delicadeza

délice [delis] *nm* delicia

délicieux, -euse [delisjø, jøz]

adj (goût, femme) delicioso(-a); *(sensation)* placentero(-a)

délimiter [delimite] *vt* delimitar

délinquant, e [delɛ̃kɑ̃, ɑ̃t] *adj, nm/f* delincuente *m/f*

délirer [deliʀe] *vi* delirar

délit [deli] *nm (JUR, gén)* delito

délivrer [delivʀe] *vt (prisonnier)* liberar; *(passeport, certificat)* expedir

deltaplane ® [deltaplan] *nm* ala delta

déluge [delyʒ] *nm* diluvio

demain [d(ə)mɛ̃] *adv* mañana; **~ matin/soir** mañana por la mañana/tarde; **~ midi** mañana a mediodía

demande [d(ə)mɑ̃d] *nf* petición *f*; *(ADMIN, formulaire)* instancia, solicitud *f*; **la ~** *(ÉCON)* la demanda; **~ d'emploi** solicitud de empleo; **"~s d'emploi"** "demandas *fpl* de empleo"

demandé, e [d(ə)mɑ̃de] *adj*: **très ~** muy solicitado(-a)

demander [d(ə)mɑ̃de] *vt* pedir; *(autorisation)* solicitar; *(médecin, plombier, infirmier)* necesitar; *(de l'habileté, du courage)* requerir; **~ qch à qn** preguntar algo a algn; **~ l'heure/son chemin** preguntar la hora/el camino; **~ à qn de faire** pedir a algn que haga; **se ~ si/pourquoi** *etc* preguntarse si/por qué *etc*; **on vous demande au téléphone** le llaman por teléfono; **il ne demande que ça/qu'à faire ...** *(iro)* justo lo que quería/lo que quería hacer ...; **je ne demande pas mieux que ...** no deseo otra cosa más que ...; **demandeur, -euse** *nm/f*: **demandeur d'emploi** demandante *m/f* de empleo

démangeaison [demãʒezɔ̃] nf picor m

démanger [demãʒe] vi picar

démaquillant, e [demakijã, ãt] adj desmaquillador(a)

démaquiller: se ~ vpr desmaquillarse

démarche [demaʀʃ] nf (allure) paso; (intervention) trámite m; (intellectuelle etc) proceso; **faire** ou **entreprendre des ~s (auprès de qn)** hacer ou iniciar gestiones (ante algn)

démarrage [demaʀaʒ] nm (d'une voiture, SPORT) salida

démarrer [demaʀe] vi arrancar; (travaux, affaire) ponerse en marcha; **démarreur** nm (AUTO) botón m de arranque

démêlant, e [demɛlã, ãt] adj: **crème ~e** ou **baume ~** crema suavizante

démêler [demele] vt (fil, cheveux) desenredar; **démêlés** nmpl diferencias fpl

déménagement [demenaʒmã] nm mudanza; **entreprise/ camion de ~** empresa/camión m de mudanzas

déménager [demenaʒe] vt mudar ♦ vi mudarse; **déménageur** nm encargado de mudanzas; (entrepreneur) empresario m de mudanzas

démerder [demɛʀde] (fam!) vi: **se ~** arreglárselas

démettre [demɛtʀ] **se ~** vpr (épaule etc) dislocarse

demeurer [dœmœʀe] vi (habiter) residir, vivir; (séjourner) permanecer; (rester) quedar, permanecer

demi, e [dəmi] adj: **~-rempli** medio lleno(-a) nm (bière) caña; (FOOTBALL) medio; **trois bouteilles et ~e** tres botellas y

media; **il est deux heures et ~e** son las dos y media; **à ~** a medias; **à la ~e** (heure) a la media; **demi-douzaine** (pl **demi-douzaines**) nf media docena; **demi-finale** (pl **demi-finales**) nf semifinal f; **demi-frère** (pl **demi-frères**) nm medio hermano, hermanastro; **demi-heure** (pl **demi-heures**) nf media hora; **demi-journée** (pl **demi-journées**) nf media jornada; **demi-litre** (pl **demi-litres**) nm medio litro; **demi-livre** (pl **demi-livres**) nf media libra; **demi-pension** (pl **demi-pensions**) nf media pensión f

démis, e [demi, iz] pp de **démettre** ♦ adj (épaule etc) dislocado(-a)

demi-sœur [dəmisœʀ] (pl **~~s**) nf media hermana, hermanastra

démission [demisjɔ̃] nf dimisión f; **donner sa ~** presentar la dimisión; **démissionner** vi dimitir

demi-tarif [dəmitaʀif] (pl **~~s**) nm media tarifa

demi-tour [dəmituʀ] (pl **~~s**) nm media vuelta; **faire ~~** dar la vuelta

démocratie [demɔkʀasi] nf democracia; **démocratique** adj democrático(-a)

démodé, e [demɔde] adj pasado(-a) de moda

demoiselle [d(ə)mwazɛl] nf señorita; **~ d'honneur** dama de honor

démolir [demɔliʀ] vt (bâtiment) demoler

démon [demɔ̃] nm demonio; **le D~** el demonio

démonstration [demɔ̃stʀasjɔ̃] nf demostración f

démonter [demɔ̃te] vt desmontar
démontrer [demɔ̃tʀe] vt
demostrar
démouler [demule] vt (gâteau)
extraer del molde
démuni, e [demyni] adj
pelado(-a)
dénicher [deniʃe] vt dar con
dénier [denje] vt negar
dénivellation [denivelasjɔ̃] nf
desnivel m
dénombrer [denɔ̃bʀe] vt
(compter) contar; (énumérer)
enumerar
dénomination [denɔminasjɔ̃] nf
(nom) denominación f
dénoncer [denɔ̃se] vt denunciar
dénouement [denumɑ̃] nm
desenlace m
dénouer [denwe] vt desatar
denrée [dɑ̃ʀe] nf producto; **~s
alimentaires** productos mpl
alimenticios
dense [dɑ̃s] adj denso(-a);
densité nf densidad f
dent [dɑ̃] nf diente m; **avoir une
~ contre** algn tener manía a algn;
en ~s de scie dentado(-a); **~
de lait** diente de leche; **~ de
sagesse** muela del juicio;
dentaire adj dental
dentelle [dɑ̃tɛl] nf encaje m
dentier [dɑ̃tje] nm dentadura f
dentifrice [dɑ̃tifʀis] nm dentífrico
dentiste [dɑ̃tist] nm/f dentista
m/f
dentition [dɑ̃tisjɔ̃] nf (dents)
dentadura f; (formation) dentición f
dénué, e [denɥe] adj: **~ de**
desprovisto(-a) de
déodorant [deɔdɔʀɑ̃] nm
desodorante m
déontologie [deɔ̃tɔlɔʒi] nf
deontología
dépannage [depanaʒ] nm

reparación f; **service de ~**
(AUTO) servicio de reparaciones
dépanner [depane] vt reparar;
(fig) sacar de apuros;
dépanneuse nf grúa
dépareillé, e [depaʀeje] adj
(collection, service) descabalado(-a);
(gant, volume, objet)
desparejado(-a)
départ [depaʀ] nm partida;
marcha; (d'un employé) despido;
(SPORT, sur un horaire) salida; **à
son ~** a su marcha; **au ~** al
principio
département [depaʀtamɑ̃] nm ≈
provincia; (d'université)
departamento; (de magasin)
sección f

---

département

*Francia se halla dividida en 96
unidades administrativas
denominadas **départements**. Al
frente de estas divisiones de la
administración local se encuentra
el **préfet**, nombrado por el
gobierno, y su administración
corre a cargo de un Conseil
général electo. Los
départements suelen tomar su
nombre de algún hito geográfico
importante, como un río o una
cordillera; véase también DOM-
ROM.*

---

dépassé, e [depase] adj
pasado(-a) de moda; (fig)
desbordado(-a)
dépasser [depase] vt (véhicule,
concurrent) adelantar; (endroit)
dejar atrás; (somme, limite fixée,
prévisions) rebasar; (fig) superar;
(être en saillie sur) sobresalir ♦ vi
(AUTO) adelantarse; (ourlet, jupon)

sobresalir; **se ~** vpr (se surpasser)
superarse; **être dépassé** estar
desbordado

dépaysé, e [depeize] adj
extrañado(-a)

dépaysement [depeizmã] nm
extrañamiento

dépêcher [depeʃe]: **se ~** vpr
darse prisa, apresurarse, apurarse
(AM)

dépendance [depãdãs] nf
dependencia; (MÉD) adicción f

dépendre [depãdʀ] vt descolgar;
~ de depender de

dépens [depã] nmpl: **aux ~ de** a
expensas de

dépense [depãs] nf gasto; (fig)
consumo; **dépenser** vt gastar; (fig)
consumir; **se dépenser** vpr
fatigarse

dépeupler [depœple]: **se ~** vpr
despoblarse

dépilatoire [depilatwaʀ] adj
depilatorio(-a)

dépister [depiste] vt (MÉD)
identificar

dépit [depi] nm despecho; **en ~
de** a pesar de; **en ~ du bon
sens** sin sentido común; **dépité,
e** adj contrariado(-a)

déplacé, e [deplase] adj fuera de
lugar inv

déplacement [deplasmã] nm
traslado; (voyage) viaje m; **en ~**
de viaje

déplacer [deplase] vt mover

déplaire [deplɛʀ] vt desagradar;
ceci me déplaît esto me
desagrada; **déplaisant, e** vb voir
déplaire ♦ adj desagradable

dépliant [deplijã] nm folleto

déplier [deplije] vt desplegar

déposer [depoze] vt poner, dejar;
(à la banque) ingresar; (ADMIN, JUR)
presentar; (JUR): **~ (contre)**

declarar (contra); **se ~** vpr
depositarse; **dépositaire** nm/f
(COMM) concesionario(-a);

déposition nf (JUR) deposición f

dépôt [depo] nm (d'argent)
ingreso; (entrepôt) depósito

dépourvu, e [depuʀvy] adj: **~
de** desprovisto(-a) de; **au ~:
prendre qn au ~** coger a algn
desprevenido(-a)

dépression [depʀesjɔ̃] nf
depresión f; **~ (nerveuse)**
depresión (nerviosa)

déprimant, e [depʀimã, ãt] adj
deprimente

déprimer [depʀime] vt deprimir

depuis [dəpyi] prép desde ♦ adv
(temps) desde entonces; **~ que**
desde que; **~ qu'il m'a dit ça**
desde que me dijo eso; **~
combien de temps?** ¿cuánto
tiempo hace?; **il habite Paris ~
5 ans** vive en París desde hace 5
años, lleva 5 años viviendo en
París; **~ quand le connaissez-
vous?** ¿desde cuándo lo conoce
usted?; **je le connais ~ 9 ans**
lo conozco desde hace 9 años; **~
quand?** (excl) ¿desde cuándo?; **il
a plu ~ Metz** ha estado
lloviendo desde Metz; **elle a
téléphoné ~ Valence** llamó por
teléfono desde Valencia; **~ les
plus petits jusqu'aux plus
grands** desde los más pequeños
hasta los más grandes; **je ne lui
ai pas parlé ~** no he vuelto a
hablar con él ou ella; **~ lors**
desde entonces

député [depyte] nm (POL)
diputado(-a)

dérangement [deʀãʒmã] nm
molestia; **en ~** averiado(-a)

déranger [deʀãʒe] vt desordenar;
(personne) molestar; (projet)

desarreglar; **se ~** *vpr* molestarse
déraper [derape] *vi* (*voiture*) derrapar, patinar; (*personne, couteau*) resbalar
dérégler [deregle] *vt* (*mécanisme*) estropear; (*estomac*) indisponer
dérisoire [derizwar] *adj* irrisorio(-a)
dérive [deriv] *nf* (NAUT) orza de quilla; **aller à la ~** (NAUT, *fig*) ir a la deriva
dérivé, e [derive] *nm* derivado
dermatologue [dermatɔlɔg] *nm/f* dermatólogo(-a)
dernier, -ière [dernje, jɛr] *adj* último(-a) ♦ *nm/f* último(-a) ♦ *nm* (*étage*) último piso; **lundi/le mois ~** el lunes/el mes pasado; **en ~** al final, por último; **ce ~/cette dernière** este último/esta última; **dernièrement** *adv* últimamente
dérogation [derɔgasjɔ̃] *nf* contravención *f*
dérouiller [deruje] *vt*: **se ~ les jambes** estirar las piernas
déroulement [derulmã] *nm* desenrollamiento
dérouler [derule] *vt* (*ficelle, papier*) desenrollar; **se ~** *vpr* (*avoir lieu*) desarrollarse
dérouter [derute] *vt* (*avion, train*) desviar; (*fig*) despistar
derrière [dɛrjɛr] *prép* detrás de; (*fig*) tras, más allá de ♦ *nm* (*d'une maison*) trasera; (*postérieur*) trasero; **les pattes/roues de ~** las patas/ruedas traseras; **par ~** por detrás
des [de] *dét* voir **de** ♦ *prép* + *dét* = **de**
dès [dɛ] *prép* desde; **~ que** tan pronto como; **~ son retour** en cuanto vuelva; **~ lors** desde entonces

désaccord [dezakɔr] *nm* desacuerdo
désagréable [dezagreabl] *adj* desagradable
désagrément [dezagremã] *nm* desagrado
désaltérer [dezaltere]: **se ~** *vpr* beber
désapprobateur, -trice [dezaprɔbatœr, tris] *adj* desaprobatorio(-a)
désapprouver [dezapruve] *vt* desaprobar
désarmant, e [dezarmã, ãt] *adj* conmovedor(a)
désastre [dezastr] *nm* desastre *m*; **désastreux, -euse** *adj* desastroso(-a)
désavantage [dezavãtaʒ] *nm* (*handicap*) inferioridad *f*; (*inconvénient*) desventaja; **désavantager** *vt* desfavorecer
descendre [desãdr] *vt* bajar; (*abattre*) cargarse; (*boire*) pimplar, soplar ♦ *vi* bajar, descender; (*passager*) bajar(se); **~ à pied/en voiture** bajar a pie/en coche; **~ de** (*famille*) descender de; **~ du train/d'un arbre/de cheval** bajar(se) del tren/de un árbol/del caballo; **~ à l'hôtel** quedarse en un hotel
descente [desãt] *nf* bajada, descenso; (*route*) pendiente *f*; (SKI) descenso; **au milieu de la ~** en medio de la bajada
description [dɛskripsjɔ̃] *nf* descripción *f*
déséquilibre [dezekilibr] *nm* desequilibrio; **en ~** desequilibrado(-a)
désert, e [dezer, ɛrt] *adj* desierto(-a) ♦ *nm* desierto; **désertique** *adj* desértico(-a)
désespéré, e [dezespere] *adj*,

nm/f desesperado(-a); **état ~** (*MÉD*) estado desesperado

désespérer [dezεspere] *vi* desesperar; **~ de qn/qch** perder la esperanza en algn/algo; **désespoir** *nm* desesperación *f*, desesperanza

déshabiller [dezabije] *vt* desvestir; **se ~** *vpr* desnudarse, desvestirse (*esp AM*)

déshydraté, e [dezidrate] *adj* deshidratado(-a)

desiderata [deziderata] *nmpl* desiderata *fsg*

désigner [dezin̲e] *vt* (*montrer*) enseñar; (*dénommer*) designar

désinfectant, e [dezɛ̃fɛktɑ̃, ɑ̃t] *adj* desinfectante ♦ *nm* desinfectante *m*

désinfecter [dezɛ̃fɛkte] *vt* desinfectar

désintéressé, e [dezɛ̃terese] *adj* desinteresado(-a)

désintéresser [dezɛ̃terese] *vt*: **se ~ (de qn/qch)** desinteresarse (por algn/algo), perder el interés (por algn/algo)

désintoxication [dezɛ̃tɔksikasjɔ̃] *nf* (*MÉD*) desintoxicación *f*; **faire une cure de ~** hacer una cura de desintoxicación

désinvolte [dezɛ̃vɔlt] *adj* impertinente

désir [dezir] *nm* deseo; **désirer** *vt* desear; **je désire ...** (*formule de politesse*) desearía ...

désister [deziste] **se ~** *vpr* desistir

désobéir [dezɔbeir] *vi*: **~ (à qn/qch)** desobedecer (a algn/algo); **désobéissant, e** *adj* desobediente

désodorisant [dezɔdɔrizɑ̃, ɑ̃t] *adj* desodorante

désolé, e [dezɔle] *adj* desolado(-a); **je suis ~, il n'y en a plus** lo siento, ya no hay más

désordonné, e [dezɔrdɔne] *adj* desordenado(-a)

désordre [dezɔrdr] *nm* desorden *m*; **en ~** en desorden

désormais [dezɔrmɛ] *adv* (de ahora) en adelante

desquelles [dekɛl] *prép + pron voir* **lequel**

desquels [dekɛl] *prép + pron voir* **lequel**

dessécher [desefe] **se ~** *vpr* secarse

desserrer [desere] *vt* aflojar; (*poings, dents*) abrir

dessert [deser] *vb voir* **desservir** ♦ *nm* (*moment du repas*) postres *mpl*; (*mets*) postre *m*

desservir [deservir] *vt* (*suj: moyen de transport*) cubrir el servicio de; (: *voie de communication*) comunicar

dessin [desɛ̃] *nm* dibujo; **~ animé** dibujos *mpl* animados; **~ humoristique** dibujo humorístico, viñeta

dessinateur, -trice *nm/f* dibujante *m/f*; **dessinateur industriel** delineante *m/f*;

dessiner *vt* dibujar; (*concevoir*) diseñar

dessous [d(ə)su] *adv* debajo, abajo ♦ *nm* parte *f* inferior; (*de voiture*) bajos *mpl* ♦ *nmpl* (*fig*) secretos *mpl*; (*sous-vêtements*) ropa interior *fsg*; **en ~** (*sous*) debajo; (*plus bas*) por debajo; **par-~** *adv* por debajo; **par ~** *prép* por debajo de; **au-~** abajo, debajo; **au-~ de** por debajo; **au-~ de tout** incalificable; **avoir le ~** tener *ou* llevar la peor parte; **dessous-**

de-plat *nm inv* salvamanteles *m inv*

dessus [d(ə)sy] *adv* encima, arriba ♦ *nm* parte *f* superior; **c'est écrit ~** está ahí; **par-~** *adv* por encima, por arriba ♦ *prép* por encima de, por arriba de; **au-~** encima, arriba; **avoir/prendre le ~** ir ganando; **reprendre le ~** recobrarse; **sens ~ dessous** patas arriba; **dessus-de-lit** *nm inv* colcha

destin [dɛstɛ̃] *nm* destino

destinataire [dɛstinatɛʀ] *nm/f* destinatario(-a)

destination [dɛstinasjɔ̃] *nf* destino; (*usage*) función *f*; **à ~ de** con destino a

destiner [dɛstine] *vt*: **~ qch à qn** destinar a algn para algo; **se ~ à l'enseignement** pensar dedicarse a la enseñanza; **être destiné à** estar destinado(-a) a; (*usage*) ser para

détachant [detafɑ̃] *nm* quitamanchas *m inv*

détacher [detafe] *vt* (*ôter*) desprender; (*délier*) desatar, soltar; **se ~** *vpr* (*tomber, se défaire*) desprenderse; **se ~ sur** (*se dessiner*) destacarse en

détail [detaj] *nm* detalle *m*; **au ~** (*COMM*) al por menor; **en ~** en detalle; **détaillant, e** [detajɑ̃, ɑ̃t] *nm/f* minorista *m/f*; **détaillé, e** *adj* detallado(-a); **détailler** *vt* detallar

détecter [detɛkte] *vt* detectar; **détective** [detɛktiv] *nm*: ~ **(privé/privée)** detective *m/f*

déteindre [detɛ̃dʀ] *vi* desteñir

détendre [detɑ̃dʀ] *vt* aflojar; (*atmosphère etc*) relajar; **se ~** *vpr* (*ressort*) aflojarse; (*se reposer*) descansar

détenir [det(ə)niʀ] *vt* poseer; (*otage*) retener; (*prisonnier*) tener preso a; (*record*) ostentar; **~ le pouvoir** (*POL*) ostentar el poder

détente [detɑ̃t] *nf* distensión *f*, relajación *f*; (*politique, sociale*) distensión; (*loisirs*) esparcimiento, descanso

détention [detɑ̃sjɔ̃] *nf* posesión *f*; (*d'un otage*) retención *f*; (*d'un prisonnier*) encarcelamiento

détenu, e [det(ə)ny] *pp de* **détenir ♦** *nm/f* (*prisonnier*) preso(-a)

détergent [detɛʀʒɑ̃] *nm* detergente *m*

détériorer [deteʀjɔʀe]: **se ~** *vpr* deteriorarse

déterminé, e [detɛʀmine] *adj* (*personne, air*) decidido(-a); (*but, intentions*) claro(-a)

déterminer [detɛʀmine] *vt* (*date etc*) determinar; **~ qn à faire qch** decidir a algn a hacer algo

détester [detɛste] *vt* (*haïr*) detestar, odiar; (*sens affaibli*) detestar

détour [detuʀ] *nm* rodeo; (*tournant, courbe*) curva, recodo; **sans ~** (*fig*) sin rodeos

détourné, e [detuʀne] *adj* (*sentier, chemin*) indirecto(-a); (*moyen*) dudoso(-a)

détourner [detuʀne] *vt* desviar; (*avion: par la force*) secuestrar; (*yeux*) apartar; (*tête*) volver; (*de l'argent*) malversar; **se ~** *vpr* (*tourner la tête*) apartar la cara

détraquer [detʀake] *vt* fastidiar, cargarse; (*santé, estomac*) estropear; **se ~** *vpr*: **ma montre s'est détraquée** se me ha fastidiado el reloj

détriment [detʀimɑ̃] *nm*: **au ~ de** en detrimento de

détroit [detʀwa] *nm* estrecho; **le ~ Be(h)ring/de Gibraltar/ de Magellan** el estrecho de Bering/de Gibraltar/de Magallanes
détruire [detʀɥiʀ] *vt* destruir
dette [dɛt] *nf* deuda
DEUG [dœg] *sigle m* (= *diplôme d'études universitaires générales*) diplomatura
deuil [dœj] *nm* luto
deux [dø] *adj inv*, *nm inv* dos *m inv*; **les ~** los (las) dos, ambos(-as); **ses ~ mains** las dos manos; **~ points** (*ponctuation*) dos puntos *mpl*; *voir aussi* **cinq**
deuxième *adj*, *nm/f* segundo(-a); *voir aussi* **cinquième**; **deuxièmement** *adv* en segundo lugar; **deux-pièces** *nm inv* dos piezas *m inv*; (*appartement*) apartamento de dos habitaciones; **deux-roues** *nm inv* vehículo de dos ruedas
devais [dəvɛ] *vb voir* **devoir**
dévaluation [devalɥasjɔ̃] *nf* devaluación *f*
devancer [dəvɑ̃se] *vt* adelantar; (*arriver avant, aussi fig*) adelantarse a
devant [d(ə)vɑ̃] *vb voir* **devoir** ♦ *adv* delante, adelante ♦ *prép* (*en face de*) delante de, frente a; (*passer, être*) delante de; (*en présence de*) ante; (*face à*) ante, delante de ♦ *nm* (*de maison*) fachada; (*vêtement, voiture*) delantera; **prendre les ~s** adelantarse; **de ~** delantero(-a); **par ~** por delante; **aller au-de de qn** ir al encuentro de algn; **aller au-~ de** (*désirs de qn*) anticiparse a
devanture [d(ə)vɑ̃tyʀ] *nf* (*étalage, vitrine*) escaparate *m*, vidriera (AM)

développement [dev(ə)lɔpmɑ̃] *nm* desarrollo; (*photo*) revelado; (*exposé*) exposición *f*; (*gén pl*) evolución *f*
développer [dev(ə)lɔpe] *vt* desarrollar; (*PHOTO*) revelar; **se ~** *vpr* desarrollarse; (*affaire*) evolucionar
devenir [dəv(ə)niʀ] *vt* volverse; **que sont-ils devenus?** ¿qué ha sido de ellos?; **~ médecin** hacerse médico
devez [dəve] *vb voir* **devoir**
déviation [devjasjɔ̃] *nf* desviación *f*; (*AUTO*) desvío
devienne *etc* [dəvjɛn] *vb voir* **devenir**
deviner [d(ə)vine] *vt* adivinar; (*apercevoir*) atisbar; **devinette** *nf* adivinanza
devins *etc* [dəvɛ̃] *vb voir* **devenir**
devis [d(ə)vi] *nm* presupuesto
devise [dəviz] *nf* (*formule*) lema *m*, divisa; (*ÉCON*) divisa; **~s** *nfpl* dinero *msg* extranjero
dévisser [devise] *vt* desatornillar
devoir [d(ə)vwaʀ] *nm* deber *m* ♦ *vt* deber; **il doit le faire** (*obligation*) debe hacerlo, tiene que hacerlo; **cela devait arriver** (*fatalité*) tenía que ocurrir (un día); **il doit partir demain** (*intention*) se va mañana; **il doit être tard** (*probabilité*) debe (de) ser tarde
dévorer [devɔʀe] *vt* devorar
dévoué, e [devwe] *adj* dedicado(-a)
dévouer [devwe] *vb*: **se ~ (pour)** sacrificarse (por); **se ~ à** dedicarse a
devral [dəvʀe] *vb voir* **devoir**
diabète [djabɛt] *nm* (*MÉD*) diabetes *f inv*; **diabétique** *adj*, *nm/f* diabético(-a)

diable [djabl] *nm* diablo
diabolo [djabɔlo] *nm* (*boisson*) mezcla de gaseosa y almíbar
diagnostic [djagnɔstik] *nm* diagnóstico; **diagnostiquer** *vt* diagnosticar
diagonal, e, -aux [djagɔnal, o] *adj* diagonal; **diagonale** *nf* diagonal *f*
diagramme [djagram] *nm* diagrama *m*
dialecte [djalɛkt] *nm* dialecto
dialogue [djalɔg] *nm* diálogo
diamant [djamɑ̃] *nm* diamante *m*
diamètre [djamɛtr] *nm* diámetro
diapositive [djapozitiv] *nf* diapositiva
diarrhée [djare] *nf* diarrea
dictateur [diktatœr] *nm* dictador *m*; **dictature** *nf* dictadura
dictée [dikte] *nf* dictado
dicter [dikte] *vt* (*aussi fig*) dictar
dictionnaire [diksjɔnɛr] *nm* diccionario
dièse [djez] *nm* sostenido
diesel [djezɛl] *nm* diesel *m*
diète [djɛt] *nf* dieta; **diététique** *adj* dietético(-a) ♦ *nf* dietética; **magasin diététique** tienda de dietética
dieu, x [djø] *nm* dios *msg*; **D~** Dios; **mon D~!** ¡Dios mío!
différemment [diferamã] *adv* de forma diferente
différence [diferɑ̃s] *nf* diferencia; **à la ~ de** a diferencia de; **différencier** *vt* diferenciar; **se différencier (de)** diferenciarse (de)
différent, e [diferɑ̃, ɑ̃t] *adj*: **~ (de)** distinto(-a), diferente (de); **~s objets/personnes** varios objetos/personas
différer [difere] *vt* diferir, postergar (*AM*) ♦ *vi*: **~ (de)** diferir

(de)
difficile [difisil] *adj* difícil; **difficilement** *adv* difícilmente
difficulté [difikylte] *nf* dificultad *f*; **en ~** en apuros
diffuser [difyze] *vt* emitir; (*nouvelle, idée*) difundir; (*COMM*) distribuir
digérer [diʒere] *vt* digerir; **digestif, -ive** [diʒestif, iv] *adj* digestivo(-a) ♦ *nm* licor *m*; **digestion** *nf* digestión *f*
digne [diɲ] *adj* (*respectable*) digno(-a); **~ d'intérêt/ d'admiration** digno de interés/ de admiración; **~ de foi** digno de fe; **~ de qn/qch** digno de algn/ algo; **dignité** *nf* dignidad *f*
digue [dig] *nf* dique *m*
dilemme [dilɛm] *nm* dilema *m*
diligence [diliʒãs] *nf* diligencia
diluer [dilɥe] *vt* diluir
dimanche [dimãʃ] *nm* domingo; *voir aussi* **lundi**
dimension [dimãsjɔ̃] *nf* dimensión *f*; (*gén pl*: cotes, coordonnées) dimensiones *fpl*
diminuer [diminɥe] *vt* disminuir; (*dénigrer*) desacreditar ♦ *vi* disminuir; **diminutif** *nm* (*surnom*) diminutivo cariñoso
dinde [dɛ̃d] *nf* pava
dindon [dɛ̃dɔ̃] *nm* pavo
dîner [dine] *nm* cena, comida (*AM*) ♦ *vi* cenar
dingue [dɛ̃g] (*fam*) *adj* chalado(-a)
dinosaure [dinɔzɔr] *nm* dinosaurio
diplomate [diplɔmat] *nm/f* diplomático(-a); **diplomatie** *nf* diplomacia
diplôme [diplom] *nm* diploma *m*, título; (*examen*) examen *m* de diplomatura; **diplômé, e** *adj*, *nm/f* titulado(-a), diplomado(-a)

dire [diʀ] vt decir; (suj: horloge) decir, marcar; (ordre, invitation): **~ à qn qu'il fasse** ou **de faire qch** decir a algn que haga algo; (objecter): **n'avoir rien à ~ (à)** no tener nada que decir (a); (penser): **que dites-vous de ...?** ¿qué opina usted de ...?; (se prétendre): **se ~ malade** etc pretenderse enfermo(-a) etc; **ça se dit ... en anglais** se dice ... en inglés; **~ quelque chose/ce qu'on pense** decir algo/lo que uno piensa; **~ la vérité/l'heure** decir la verdad/la hora; **on dirait que** parece que; **ça ne me dit rien** no me apetece; (rappeler qch) no me suena; **pour ainsi ~** por decirlo así; **cela va sans ~** ni qué decir tiene; **dis donc!/dites donc!** (pour attirer attention) ¡oye!/¡oigan!; (agressif) ¡oye!/¡oiga Vd!; **et ~ que ...** y pensar que ...; **ceci** ou **cela dit** a pesar de todo, (à ces mots) dicho esto; **il n'y a pas à ~** realmente

direct, e [diʀɛkt] adj directo(-a); (personne) franco(-a); **en ~** en directo; **directement** adv directamente

directeur, -trice [diʀɛktœʀ, tʀis] nm/f director(a)

direction [diʀɛksjɔ̃] nf dirección f; **"toutes ~s"** (AUTO) "todas las direcciones"

dirent [diʀ] vb voir **dire**

dirigeant, e [diʀiʒɑ̃, ɑ̃t] adj, nm/f dirigente m/f

diriger [diʀiʒe] vt dirigir; **se ~** vpr orientarse; **~ sur** (regard) dirigir hacia; **se ~ vers** ou **sur** dirigirse hacia

dis [di] vb voir **dire**

discerner [disɛʀne] vt (apercevoir) divisar

discipline [disiplin] nf disciplina; **discipliner** vt disciplinar

discontinu, e [diskɔ̃tiny] adj discontinuo(-a)

discontinuer [diskɔ̃tinɥe] vi: **sans ~** sin interrupción

discothèque [diskɔtɛk] nf discoteca

discours [diskuʀ] nm discurso

discret, -ète [diskʀɛ, ɛt] adj discreto(-a); **discrétion** nf discreción f

discrimination [diskʀiminasjɔ̃] nf discriminación f; **sans ~** sin discriminación

discussion [diskysjɔ̃] nf discusión f

discutable [diskytabl] adj discutible

discuter [diskyte] vt, vi discutir

disjoncteur [disʒɔ̃ktœʀ] nm (ÉLEC) interruptor m

disloquer [dislɔke]: **se ~** vpr se **~ l'épaule** dislocarse el hombro

disons [dizɔ̃] vb voir **dire**

disparaître [dispaʀɛtʀ] vi desaparecer; **faire ~ qch/qn** hacer desaparecer algo/a algn

disparition [dispaʀisjɔ̃] nf desaparición f

disparu, e [dispaʀy] pp de **disparaître ♦** nm/f (dont on a perdu la trace) desaparecido(-a)

dispensaire [dispɑ̃sɛʀ] nm dispensario

dispenser [dispɑ̃se] vt (soins etc) prestar; (exempter): **~ qn de qch/faire qch** dispensar a algn de algo/hacer algo

disperser [dispɛʀse] vt dispersar

disponible [dispɔnibl] adj disponible

disposé, e [dispoze] adj dispuesto(-a); **bien/mal ~ de**

disposer buen/mal humor; **être bien/mal ~ pour** ou **envers qn** estar bien/mal dispuesto(-a) hacia algn; **~ à** dispuesto(-a) a
disposer [dispoze] vt disponer ♦ vi: **~ de** disponer de; **se ~ à faire qch** disponerse a hacer algo
dispositif [dispozitif] nm dispositivo
disposition [dispozisjɔ̃] nf disposición f; (arrangement) distribución f; (gén pl: mesures) medidas fpl; (: préparatifs) preparativos mpl; **à la ~ de qn** a disposición de algn
disproportionné, e [disprɔpɔrsjɔne] adj desproporcionado(-a)
dispute [dispyt] nf riña, disputa; **disputer: se disputer** vpr reñir
disqualifier [diskalifje] vt descalificar
disque [disk] nm disco; **~ compact** disco compacto; **~ d'embrayage** (AUTO) disco de embrague; **~ laser** disco láser;
disquette nf (INFORM) diskette m
dissertation [disertasjɔ̃] nf (SCOL) redacción f
dissimuler [disimyle] vt disimular, ocultar
dissipé, e [disipe] adj (indiscipliné) distraído(-a)
dissolvant [disɔlvɑ̃] nm (CHIM) disolvente m
dissuader [disɥade] vt: **~ qn de faire qch/de qch** disuadir a algn de hacer algo/de algo
distance [distɑ̃s] nf distancia; **une ~ de 10 km** una distancia de 10 km; **distancer** vt (concurrent) distanciarse de
distant, e [distɑ̃, ɑ̃t] adj distante; **~ de 5 km** distante 5km
distillerie [distilri] nf destilería

distinct, e [distɛ̃(kt), ɛkt] adj distinto(-a); **distinctement** adv (voir) con nitidez; (parler) con claridad; **distinctif, -ive** adj distintivo(-a)
distingué, e [distɛ̃ge] adj distinguido(-a)
distinguer [distɛ̃ge] vt distinguir
distraction [distraksjɔ̃] nf distracción f
distraire [distrɛr] vt distraer; (amuser) distraer, entretener; **se ~** vpr distraerse; **distrait, e** pp de **distraire** ♦ adj distraído(-a)
distrayant, e [distrɛjɑ̃, ɑ̃t] vb voir **distraire** ♦ adj distraído(-a), entretenido(-a)
distribuer [distribɥe] vt repartir; (CARTES) dar; **distributeur** nm: **distributeur (automatique)** máquina (expendedora)
dit [di] pp de **dire**
dites [dit] vb voir **dire**
divan [divɑ̃] nm sofá m
divers, e [divɛr, ɛrs] adj (varié) diverso(-a), vario(-a); (différent) variado(-a) ♦ dét (plusieurs) varios(-as), diversos(-as); **(frais) ~** gastos mpl varios
diversité [diversite] nf diversidad f
divertir [divertir]: **se ~** vpr divertirse; **divertissement** nm diversión f
diviser [divize] vt dividir; **division** nf división f
divorce [divɔrs] nm divorcio; **divorcé, e** adj, nm/f divorciado(-a); **divorcer** vi divorciarse; **divorcer de** ou **d'avec qn** divorciarse de algn
divulguer [divylge] vt divulgar
dix [dis] adj inv, nm inv diez m inv; voir aussi **cinq**
dix-huit [dizɥit] adj inv, nm inv

dieciocho *m inv*; *voir aussi* **cinq**

dix-huitième [dizɥitjɛm] *adj,
nm/f* decimoctavo(-a) ♦ *nm
(partitif)* dieciochoavo; *voir aussi*
cinquantième; **dixième** *adj,
nm/f* décimo(-a) ♦ *nm* décimo;
voir aussi **cinquième**

dix-neuf [diznœf] *adj inv, nm inv*
diecinueve *m inv*; *voir aussi* **cinq**

dix-neuvième [diznœvjɛm] *adj,
nm/f* decimonoveno(-a) ♦ *nm
(partitif)* diecinueveavo; *voir aussi*
cinquantième

dix-sept [diset] *adj inv, nm inv*
diecisiete *m inv*; *voir aussi* **cinq**

dix-septième [disetjɛm] *adj,
nm/f* decimoséptimo(-a) ♦ *nm
(partitif)* diecisieteavo; *voir aussi*
cinquantième

dizaine [dizɛn] *nf (unité)* decena;
une ~ de ... unos(-as) diez ...

do [do] *nm inv (MUS)* do

docile [dɔsil] *adj* dócil

dock [dɔk] *nm* dique *m*; **docker**
nm estibador *m*

docteur [dɔktœʀ] *nm (médecin)*
médico, doctor *m*; **doctorat** *nm
(aussi:* **doctorat d'État)**
doctorado

doctrine [dɔktʀin] *nf* doctrina

document [dɔkymɑ̃] *nm*
documento; **documentaire** *nm:*
(film) documental *m*;
documentaliste *nm/f*
documentalista *m/f*;
documentation *nf*
documentación *f*; **documenter**
vb: **se documenter (sur)**
documentarse (sobre)

dodo [dodo] *nm:* **aller faire ~** ir
a la cama

dogue [dog] *nm (chien)* dogo

doigt [dwa] *nm* dedo; **être à
deux ~s de** estar a dos dedos de

doit *etc* [dwa] *vb voir* **devoir**

dollar [dɔlaʀ] *nm* dólar *m*

domaine [dɔmɛn] *nm* dominio

domestique [dɔmɛstik] *adj*
doméstico(-a) ♦ *nm/f*
doméstico(-a), sirviente(-a),
criado(-a)

domicile [dɔmisil] *nm* domicilio;
à ~ a domicilio; **domicilié, e**
adj: **être domicilié à** estar
domiciliado(-a) en

dominant, e [dɔminɑ̃, ɑ̃t] *adj*
dominante

dominer [dɔmine] *vt* dominar;
(passions etc) dominar, controlar;
(surpasser) sobrepasar a ♦ *vi*
dominar

domino [dɔmino] *nm* dominó *m*

dommage [dɔmaʒ] *nm* daño,
perjuicio; *(gén pl: dégâts, pertes)*
daños *mpl*, pérdidas *fpl*; **c'est ~
de faire/que ...** es una lástima
hacer/que ...; **~s matériels**
daños materiales

dompter [d5(p)te] *vt* domar;
dompteur, -euse *nm/f*
domador(a)

DOM-ROM [dɔmtɔm] *sigle m ou
mpl* (= *département(s) d'outre-
mer/région(s) d'outre-mer*)
departamentos y regiones
franceses de ultramar

don [d5] *nm (cadeau)* regalo;
(charité) donativo; *(aptitude)* don
m; **avoir des ~s pour** tener don
ou tener gracia para

donc [d5k] *conj (en conséquence)*
por tanto; *(après une digression)* así
pues

donné, e [dɔne] *adj (convenu):*
prix/jour ~ precio/día *m*
determinado; **c'est ~** es tirado,
está regalado; **étant ~ que ...**
puesto *ou* dado que ...; **donnée**
nf dato

donner [dɔne] vt dar; (offrir)
regalar; (maladie) pegar; (film,
spectacle) echar, poner ♦ vi
(fenêtre, chambre): ~ **sur** dar a;
se ~ vpr: **se ~ à fond (à son
travail)** entregarse a fondo (a su
trabajo); ~ **qch à qn** dar algo a
algn

MOT-CLÉ

dont [dɔ̃] pron rel **1** (complément
d'un nom sujet) cuyo(-a),
cuyos(-as); **une méthode dont
je ne connais pas les
résultats** un método cuyos
resultados desconozco; **c'est le
chien dont le maître habite
en face** es el perro cuyo dueño
vive enfrente
2 (complément de verbe ou
adjectif): **le voyage dont je t'ai
parlé** el viaje del que te hablé; **le
pays dont il est originaire** el
país del que es originario; **la
façon dont il l'a fait** la forma
en que lo hizo
3 (parmi lequel(le)s): **2 livres,
dont l'un est gros** 2 libros, uno
de los cuales es gordo; **il y avait
plusieurs personnes, dont
Gabrielle** había varias personas,
entre ellas Gabriela; **10 blessés,
dont 2 grièvement** 10 heridos,
2 de ellos de gravedad

doré, e [dɔre] adj dorado(-a)
dorénavant [dɔʀenavɑ̃] adv en
adelante, en lo sucesivo
dorer [dɔre] vt dorar ♦ vi (CULIN:
poulet): **(faire) ~** dorar
dorloter [dɔʀlɔte] vt mimar
dormir [dɔʀmiʀ] vi dormir; (être
endormi) dormir, estar dormido(-a)
dortoir [dɔʀtwaʀ] nm dormitorio
dos [do] nm espalda; (d'un animal,

de livre) lomo; (d'un chèque etc)
dorso; **voir au ~** véase al dorso;
de ~ de espaldas; ~ **à ~** de
espaldas uno a otro
dosage [dozaʒ] nm dosificación f
dose [doz] nf dosis f inv; **doser**
vt (aussi fig) dosificar
dossier [dosje] nm expediente m;
(chemise, enveloppe) carpeta; (de
chaise) respaldo; (PRESSE) dossier m
douane [dwan] nf aduana; (taxes)
arancel m; **douanier, -ière** adj,
nm/f aduanero(-a)
double [dubl] adj doble ♦ adv:
voir ~ ver doble ♦ nm (autre
exemplaire) copia; (sosie) doble; **le
~ (de)** el doble (de); ~
messieurs/mixte (TENNIS)
dobles mpl masculinos/mixtos; **en
~** por duplicado
doubler [duble] vt duplicar;
(vêtement, chaussures) forrar;
(voiture etc) adelantar; (film)
doblar; (acteur) doblar a ♦ vi
duplicarse
doublure [dublyʀ] nf (de
vêtement) forro; (CINÉMA) doble m
douce [dus] adj voir **doux**;
douceâtre adj dulzón(-ona);
doucement adv (délicatement)
con cuidado; (à voix basse) bajo;
(lentement) despacio; **douceur** nf
suavidad f; (d'une personne, saveur
etc) dulzura; (de gestes) delicadeza
douche [duʃ] nf ducha; ~**s** nfpl
(salle) duchas fpl; **prendre une
~** ducharse; **doucher: se
doucher** vpr ducharse
doué, e [dwe] adj dotado(-a); ~
de (possédant) dotado(-a) de
douille [duj] nf (ÉLEC) casquillo
douillet, te [dujɛ, ɛt] adj (péj)
delicado(-a)
douleur [dulœʀ] nf dolor m;
douloureux, -euse adj

doloroso(-a)

doute [dut] *nm* duda; **sans ~** seguramente; **mettre en ~** poner en duda; **douter** *vt* dudar; **douter de** dudar de; **se douter de qch/que** sospechar algo/que; **je m'en doutais** me lo figuraba; **douteux, -euse** *adj* dudoso(-a); *(discutable)* discutible; *(péj)* de aspecto dudoso

douzaine [duzen] *nf* docena; **une ~ (de)** unos(-as) doce

douze [duz] *adj inv, nm inv* doce *m inv*; *voir aussi* **cinq**; **douzième** *adj, nm/f* duodécimo(-a) ♦ *nm* duodécimo; *voir aussi* **cinquième**

dragée [dʀaʒe] *nf* peladilla

draguer [dʀage] *vt (rivière)* dragar; *(fam: filles)* ligar con ♦ *vi* ligar

dramatique [dʀamatik] *adj* dramático(-a) ♦ *nf (TV)* teledrama *m*

drame [dʀam] *nm* drama *m*

drap [dʀa] *nm* sábana; *(tissu)* paño

drapeau, x [dʀapo] *nm* bandera

drap-housse [dʀaus] *(pl* **~s-~s)** *nm* sábana ajustable

dresser [dʀese] *vt* levantar; *(liste)* redactar; *(animal domestique)* entrenar; *(animal de cirque)* amaestrar; **se ~** *vpr* levantarse; erguirse; *(obstacle)* presentarse

drogue [dʀɔg] *nf* droga; **drogué** *nm/f* drogadicto(-a); **droguer** *vt* drogar; **se droguer** *vpr* drogarse; **droguerie** *nf* droguería; **droguiste** *nm/f* droguero(-a)

droit, e [dʀwa, dʀwat] *adj* derecho(-a), recto(-a); *(opposé à gauche)* derecho(-a); *(fig)* recto(-a)

♦ *adv* derecho ♦ *nm* derecho; **avoir le ~ de** tener el derecho de; **avoir ~ à** tener derecho a; **être dans son ~** estar en su derecho; **de quel ~?** ¿con qué derecho?; **~s d'auteur** derechos de autor; **~s d'inscription** matrícula; **droite** *nf (direction)* derecha; *(MATH)* recta; *(POL)*: **la droite** la derecha; **à droite (de)** a la derecha (de); **de droite** *(POL)* de derechas; **droitier, -ière** *adj, nm/f* diestro(-a)

drôle [dʀol] *adj* gracioso(-a); *(bizarre)* raro(-a)

dromadaire [dʀɔmadɛʀ] *nm* dromedario

du [dy] *prép + dét voir* **de**

dû, e [dy] *pp de* **devoir** ♦ *adj (somme)* debido(-a); **~ à** debido a

dune [dyn] *nf* duna

duplex [dyplɛks] *nm (appartement)* dúplex *m*

duquel [dykɛl] *prép + pron voir* **lequel**

dur, e [dyʀ] *adj* duro(-a); *(problème)* difícil; *(fam)* almidonado(-a) ♦ *adv (travailler, taper etc)* duramente, mucho

durant [dyʀɑ̃] *prép* durante; **~ des mois, des mois ~** durante meses enteros

durcir [dyʀsiʀ] *vt, vi* endurecer; **se ~** *vpr* endurecerse

durée [dyʀe] *nf* duración f

durement [dyʀmɑ̃] *adv (très)* fuertemente; *(traiter)* severamente, duramente

durer [dyʀe] *vi* durar

dureté [dyʀte] *nf* dureza

durit ® [dyʀit] *nm* durita

dus *etc* [dy] *vb voir* **devoir**

duvet [dyvɛ] *nm* plumón *m*; **(sac de couchage) ~** saco de dormir (de plumón)

dynamique [dinamik] *adj* dinámico(-a); **dynamisme** *nm* dinamismo

dynamo [dinamo] *nf* dinamo *f* (*m* en AM)

dysenterie [disɑ̃tri] *nf* disentería

dyslexie [disleksi] *nf* dislexia

E, e

eau, x [o] *nf* agua; **prendre l'~** (*chaussure etc*) dejar pasar el agua; **tomber à l'~** (*fig*) fracasar; **~ courante/douce/salée** agua corriente/dulce/salada; **~ de Cologne/de toilette** agua de Colonia/de olor; **~ de javel** lejía; **~ oxygénée** agua oxigenada; **~ plate/minérale/gazeuse** agua natural (del grifo)/mineral/con gas; **eau-de-vie** (*pl* **eaux-de-vie**) *nf* aguardiente *m*

ébène [ebɛn] *nf* ébano; **ébéniste** *nm* ebanista *m/f*

éblouir [ebluir] *vt* deslumbrar

éboueur [ebwœr] *nm* basurero

ébouillanter [ebujɑ̃te] *vt* escaldar

éboulement [ebulmɑ̃] *nm* derrumbamiento

ébranler [ebrɑ̃le] *vt* (*vitres, immeuble*) estremecer; (*résolution, personne*) hacer vacilar

ébullition [ebylisjɔ̃] *nf* ebullición *f*; **en ~** en ebullición

écaille [ekaj] *nf* (*de poisson*) escama; (*de coquillage*) concha; (*matière*) concha, carey *m*; (*de peinture*) desconchón *m*; **écailler** *vt* (*poisson*) escamar; **s'écailler** *vpr* (*peinture*) desconcharse

écart [ekar] *nm* (*de temps*) lapso; (*dans l'espace*) separación *f*; (*de prix etc*) diferencia; (*embardée, mouvement*) desvío brusco; **à l'~**

(*éloigné*) alejado(-a), apartado(-a)

écarté, e [ekarte] *adj* (*isolé*) apartado(-a); (*ouvert*) abierto(-a); **les jambes ~es** las piernas abiertas; **les bras ~s** los brazos abiertos

écarter [ekarte] *vt* (*éloigner*) alejar; (*personnes*) separar; (*ouvrir*) abrir; (*CARTES, candidat, possibilité*) descartar; **s'~** *vpr* (*parois, jambes*) abrirse; **s'~ de** se aleja de

échafaudage [eʃafodaʒ] *nm* (*CONSTR*) andamiaje *m*

échalote [eʃalɔt] *nf* chalote *m*, chalota

échange [eʃɑ̃ʒ] *nm* intercambio; **échanger** *vt* intercambiar; **échanger qch (contre)** (*troquer*) canjear algo (por)

échantillon [eʃɑ̃tijɔ̃] *nm* muestra

échapper [eʃape] **~ à** *vt ind* escapar de; (*punition, péril*) librarse de; **s'~** *vpr* escaparse; **~ à qn** escapársele a algn; **l'~ belle** escapar por los pelos

écharpe [eʃarp] *nf* (*cache-nez*) bufanda; **avoir un bras en ~** tener un brazo en cabestrillo

échauffer [eʃofe]: **s'~** *vpr* (*SPORT*) calentarse

échéance [eʃeɑ̃s] *nf* (*date*) vencimiento; **à brève/longue ~** *adj, adv* a corto/largo plazo

échéant [eʃeɑ̃]: **le cas ~** *adv* llegado el caso

échec [eʃɛk] *nm* fracaso; **~s** *nmpl* (*jeu*) ajedrez *msg*; **~ et mat/au roi** jaque mate/al rey

échelle [eʃɛl] *nf* (*de bois*) escalera de mano; (*fig*) escala

échelon [eʃ(ə)lɔ̃] *nm* (*d'échelle*) escalón *m*; (*ADMIN*) escalafón *m*; (*SPORT*) categoría; **échelonner** *vt* escalonar

échiquier [eʃikje] *nm* tablero

écho [eko] *nm* eco; *(potins)*
cotilleo; **échographie** *nf*
ecografía

échouer [eʃwe] *vi (tentative)*
fracasar; *(candidat)* suspender;
(bateau) encallar; **s'~** *vpr*
embarrancarse

éclabousser [eklabuse] *vt*
salpicar

éclair [eklɛr] *nm (d'orage)*
relámpago; *(de génie,*
d'intelligence) chispa

éclairage [eklɛraʒ] *nm*
iluminación *f*

éclaircie [eklɛrsi] *nf* escampada

éclaircir [eklɛrsir] *vt* aclarar; **s'~**
vpr (ciel) despejarse;

éclaircissement *nm (gén pl:*
explication) aclaración *f*

éclairer [eklɛre] *vt (suj: lampe,*
lumière) iluminar; *(avec une lampe*
de poche) alumbrar ♦ *vi:* **~ bien/**
mal iluminar bien/mal

éclat [ekla] *nm (de bombe, verre)*
fragmento; *(du soleil, d'une*
couleur) brillo; **~ de rire**
carcajada; **~s de voix** subidas *fpl*
de tono

éclatant, e [eklatɑ̃, ɑ̃t] *adj*
(couleur) brillante; *(lumière)*
resplandeciente; *(succès)*
clamoroso(-a)

éclater [eklate] *vi* estallar; **~ de**
rire/en sanglots reventar de
risa/en llanto

écluse [eklyz] *nf* esclusa

écœurant [ekœrɑ̃] *adj*
asqueroso(-a)

écœurer [ekœre] *vt (suj: gâteau,*
goût) dar asco; *(personne, attitude)*
desagradar; *(démoraliser)* destrozar

école [ekɔl] *nf* escuela; **aller à**
l'~ ir a la escuela; **~ maternelle**
escuela de párvulos; **~**
élémentaire, ~ primaire

escuela primaria; **~ privée/**
publique/secondaire escuela
privada/pública/secundaria;
écolier, -ière *nm/f* escolar *m/f*

écologie [ekɔlɔʒi] *nf* ecología;
écologique *adj* ecológico(-a);
écologiste *nm/f* ecologista *m/f*

économe [ekɔnɔm] *adj*
ahorrador(a)

économie [ekɔnɔmi] *nf*
economía; **~s** *nfpl*
ahorros *mpl*; **économique** *adj*
económico(-a); **économiser** *vt*
ahorrar, economizar

écorce [ekɔrs] *nf* corteza; *(de*
fruit) piel *f*

écorcher [ekɔrʃe] *vt (animal)*
desollar; *(égratigner)* arañar;
écorchure *nf* arañazo

écossais, e [ekɔsɛ, ɛz] *adj*
escocés(-esa)

Écosse [ekɔs] *nf* Escocia

écouter [ekute] *vt* escuchar; *(fig)*
hacer caso de *ou* a, escuchar a;
si je m'écoutais *(suivre son*
impulsion) si por mí fuera;
écouteur *nm (téléphone)*
auricular *m*

écran [ekrɑ̃] *nm* pantalla; **le**
petit ~ la pequeña pantalla

écrasant, e [ekʀɑzɑ̃, ɑ̃t] *adj*
(*responsabilité, travail*) agobiante

écraser [ekʀɑze] *vt* (*broyer*)
aplastar; (*suj: voiture, train etc*)
atropellar; (*ennemi, équipe adverse*)
aplastar; **s'~ (au sol)** (*avion*)
estrellarse (contra el suelo)

écrevisse [ekʀəvis] *nf* cangrejo
de río

écrire [ekʀiʀ] *vt, vi* escribir; **s'~**
vpr (*réciproque*) escribirse; (*mot*):
ca s'écrit comment? ¿cómo se
escribe eso?; **écrit, e** [ekʀi, it] *pp*
de **écrire ♦** *adj*: **bien/mal écrit**
bien/mal escrito(-a) ♦ *nm* escrito;
par écrit por escrito

écriteau, x [ekʀito] *nm* letrero

écriture [ekʀityʀ] *nf* escritura;
l'É~ (sainte) la (sagrada)
Escritura

écrivain [ekʀivɛ̃] *nm* escritor(a)

écrou [ekʀu] *nm* tuerca

écrouler [ekʀule]: **s'~** *vpr* (*mur*)
derrumbarse; (*personne, animal*)
desplomarse; (*projet etc*) venirse
abajo

écru [ekʀy] *adj* crudo(-a)

écu [eky] *nm* (*monnaie de la* CE)
ecu *m* ♦

écume [ekym] *nf* espuma

écureuil [ekyʀœj] *nm* ardilla

écurie [ekyʀi] *nf* cuadra

eczéma [egzema] *nm* eczema *m*

EDF [adeef] *sigle f* = Électricité de
France

éditer [edite] *vt* editar; **éditeur,**
-trice *nm/f* editor(a); **édition** *nf*
edición *f*; **l'édition** (*industrie du
livre*) la edición

édredon [edʀədɔ̃] *nm* edredón *m*

éducateur, -trice [edykatœʀ,
tʀis] *nm/f* educador(a)

éducatif, -ive [edykatif, iv] *adj*
educativo(-a)

éducation [edykasjɔ̃] *nf*

educación *f*; **bonne/mauvaise**
~ buena/mala educación; **~**
physique educación física

éduquer [edyke] *vt* educar

effacer [efase] *vt* borrar

effarant, e [efaʀɑ̃, ɑ̃t] *adj*
espantoso(-a)

effectif, -ive [efɛktif] *adj* efectivo(-a) ♦
nm (MIL, COMM: *gén pl*) efectivos
mpl; **effectivement** *adv*
efectivamente; (*réellement*)
realmente

effectuer [efɛktɥe] *vt* efectuar; (*mouvement*) realizar

effervescent, e [efɛʀvesɑ̃, ɑ̃t]
adj efervescente

effet [efɛ] *nm* efecto; **faire de l'~**
(*médicament, menace*) hacer
efecto; **en ~** en efecto

efficace [efikas] *adj* eficaz;
efficacité *nf* eficacia

effondrer [efɔ̃dʀe]: **s'~** *vpr* (*mur,
bâtiment*) desmoronarse; (*prix,
marché*) hundirse

efforcer [efɔʀse]: **s'~ de** *vpr*
esforzarse por; **s'~ de faire**
esforzarse por hacer

effort [efɔʀ] *nm* esfuerzo; **faire**
un ~ hacer un esfuerzo

effrayant, e [efʀejɑ̃, ɑ̃t] *adj*
horroroso(-a), espantoso(-a)

effrayer [efʀeje] *vt* asustar; **s'~**
(de) *vpr* asustarse (de)

effréné, e [efʀene] *adj*
desenfrenado(-a)

effronté, e [efʀɔ̃te] *adj*
descarado(-a)

effroyable [efʀwajabl] *adj*
espantoso(-a)

égal, e, -aux [egal, o] *adj* (*gén*)
igual; (*vitesse, rythme*) regular ♦
nm/f igual *m/f*; **être ~ à** ser igual
a; **ça lui/nous est ~** le/nos da
igual; **sans ~** sin igual; **d'~ à**
~ de igual a igual; **également** *adv*

(partager etc) en partes iguales;
(en outre, aussi) igualmente;
égaler vt igualar; **égaliser** vt
igualar ♦ vi (SPORT) empatar;
égalité nf igualdad f; **être à
égalité (de points)** estar
empatados(-as) (en tantos)
égard [egaʀ] nm consideración f;
~s nmpl (marques de respect)
atenciones fpl; **à cet ~/certains
~s/tous ~s** a este respecto/en
ciertos aspectos/por todos los
conceptos; **en ~ à** en
consideración a; **par/sans ~
pour** por/sin consideración para;
à l'~ de con respecto a
égarer [egaʀe] vt (perdre) perder;
(personne) echar a perder; **s'~** vpr
perderse; (objet) extraviarse
églefin [egləfɛ̃] nm abadejo
église [egliz] nf iglesia f; **aller à
l'~** (être pratiquant) ir a la iglesia
égoïsme [egɔism] nm egoísmo
égoïste [egɔist] adj, nmf egoísta m/f
égout [egu] nm alcantarilla
égoutter [egute] vt escurrir ♦ vi
gotear; **s'~** vpr escurrirse;
égouttoir [egutwaʀ] nm escurridero
égratignure [egʀatiɲyʀ] nf
rasguño
Égypte [eʒipt] nf Egipto;
égyptien, ne adj egipcio(-a) ♦
nm/f: **Egyptien, ne** egipcio(-a)
eh [e] excl ¡eh!; **~ bien!** (surprise)
¡pero bueno!; **~ bien?** (attente,
doute) ¿y bien?
élaborer [elabɔʀe] vt elaborar
élan [elɑ̃] nm (ZOOL) alce m;
(mouvement, lancée) impulso m;
(fig) arrebato; **prendre de l'~** tomar
carrerilla; **prendre son ~** tomar
impulso
élancer [elɑ̃se]: **s'~** vpr lanzarse
élargir [elaʀʒiʀ] vt (porte, route)
ensanchar; (vêtement) sacar a; **s'~**

vpr ensancharse
élastique [elastik] adj elástico(-a)
♦ nm (de bureau) elástico, goma;
(pour la couture) goma
élection [eleksjɔ̃] nf elección f;
~s nfpl (POL) elecciones fpl
électricien, ne [elektʀisjɛ̃, jɛn]
nm/f electricista m/f
électricité [elektʀisite] nf
electricidad f; **allumer/éteindre
l'~** encender/apagar la luz
électrique [elektʀik] adj
eléctrico(-a); (fig) tenso(-a)
électrocuter [elektʀɔkyte] vt
electrocutar
électroménager
[elektʀɔmenaʒe] adj: **appareils
~s** aparatos mpl
electrodomésticos; **l'~** (secteur
commercial) el sector de
electrodomésticos
électronique [elektʀɔnik] adj
electrónico(-a) ♦ nf electrónica
élégance [elegɑ̃s] nf elegancia
élégant, e [elegɑ̃, ɑ̃t] adj elegante
élément [elemɑ̃] nm elemento;
élémentaire adj elemental
éléphant [elefɑ̃] nm elefante m
élevage [elvaʒ] nm (de bétail,
de volaille etc) cría; (activité, secteur
économique) ganadería
élevé, e [el(ə)ve] adj elevado(-a);
bien/mal ~ bien/mal
educado(-a)
élève [elɛv] nm/f alumno(-a)
élever [el(ə)ve] vt (enfant,
animaux, vin) educar, criar;
(hausser) subir; (monument, âme,
esprit) elevar; **s'~** vpr (avion,
alpiniste) ascender; (clocher,
montagne) alzarse; (protestations)
levantar; (cri) oírse; (niveau) subir;
(température) ascender; **s'~
contre qch** rebelarse contra
algo; **s'~ à** (frais, dégâts) elevarse

a; **éleveur, -euse** nm/f (de bétail) ganadero(-a)

éliminatoire [eliminatwaʀ] adj eliminatorio(-a) ♦ nf eliminatoria

éliminer [elimine] vt eliminar

élire [eliʀ] vt (POL etc) elegir

elle [el] pron ella; **Marie est~ grande?** ¿María es grande?; **c'est à ~** es suyo(-a), es de ella; **ce livre est à ~** ese libro es suyo; (après préposition) sí misma; **avec ~** (réfléchi) consigo; **elle-même** ella misma

éloigné, e [elwaɲe] adj (gén) alejado(-a); (date, échéance, parent) lejano(-a)

éloigner [elwaɲe] vt (échéance, but) retrasar; (soupçons, danger) ahuyentar; **s'~ (de)** alejarse (de); (fig) distanciarse; **~ qch (de)** alejar algo (de); **~ qn (de)** distanciar a algn (de)

élu, e [ely] pp de **élire** ♦ nm/f (POL) elegido(-a), electo(-a)

Élysée [elize] nm: **l'~, le palais de l'~** el Elíseo, el palacio del Elíseo

émail, -aux [emaj, o] nm esmalte m

émanciper [emãsipe] vt (JUR) emancipar; (gén: aussi moralement) liberar; **s'~** vpr (fig) liberarse

emballage [ãbalaʒ] nm embalaje m; (d'un cadeau) envoltura

emballer [ãbale] vt (gén, moteur) embalar; (cadeau) envolver; (fig: fam) apetecer; **s'~** vpr (moteur, personne) embalarse; (cheval) desbocarse; (fig) propasarse

embarcadère [ãbaʀkadɛʀ] nm embarcadero

embarquement [ãbaʀkəmã] nm embarque m

embarquer [ãbaʀke] vt, vi embarcar; **s'~** vpr embarcarse;

s'~ dans (affaire, aventure) embarcarse en

embarras [ãbaʀa] nm (gén pl: obstacle) inconveniente m; (confusion) turbación f

embarrassant, e [ãbaʀasã, ãt] adj molesto(-a)

embarrasser [ãbaʀase] vt (encombrer) estorbar; (gêner) molestar; (troubler) turbar

embaucher [ãboʃe] vt contratar

embêtement [ãbɛtmã] nm (gén pl) contratiempo

embêter [ãbete] vt (importuner) molestar, embromar (AM); (ennuyer) aburrir; (contrarier) fastidiar; **s'~** vpr aburrirse

emblée [ãble]: **d'~** adv de golpe

embouchure [ãbuʃyʀ] nf (GÉO) desembocadura

embourber [ãbuʀbe]: **s'~** vpr atascarse

embouteillage [ãbutejaʒ] nm embotellamiento

embranchement [ãbʀãʃmã] nm (routier) bifurcación f; (SCIENCE) tipo

embrasser [ãbʀase] vt (étreindre) abrazar; (donner un baiser) besar

embrayage [ãbʀejaʒ] nm embrague m

embrouiller [ãbʀuje] vt enredar; **s'~** vpr enredarse

embruns [ãbʀœ̃] nmpl salpicaduras fpl

embué, e [ãbɥe] adj empañado(-a)

émeraude [em(ə)ʀod] nf, adj inv esmeralda

émerger [emeʀʒe] vi emerger; (fig) surgir

émeri [em(ə)ʀi] nm: **papier ~** papel m de esmeril

émerveiller [emeʀveje] vt maravillar; **s'~** vpr: **s'~ (de qch)**

maravillarse (de algo)
émettre [emɛtʀ] *vt, vi* emitir
émeus *etc* [emø] *vb voir*
émouvoir
émeute [emøt] *nf* motín *m*
émigrer [emigʀe] *vi* emigrar
émincer [emɛ̃se] *vt* (*viande*)
trinchar; (*oignons etc*) cortar en
rodajas finas
émission [emisjɔ̃] *nf* emisión *f*
emmêler [ãmele] *vt* enmarañar;
s'~ *vpr* enmarañarse
emménager [ãmenaʒe] *vi*
mudarse; **~ dans** instalarse en
emmener [ãm(ə)ne] *vt* llevar;
(*comme otage, capture, avec soi*)
llevarse; **~ qn au cinéma/**
restaurant llevar a algn al cine/
restaurante
emmerder [ãmɛʀde] (*fam!*) *vt*
dar el coñazo (*fam!*), fregar (AM)
(*fam!*); **s'~** *vpr* aburrirse la hostia
(*fam!*)
émotif, -ive [emɔtif, iv] *adj*
(*troubles etc*) emocional; (*personne*)
emotivo(-a)
émotion [emosjɔ̃] *nf* emoción *f*
émouvoir [emuvwaʀ] *vt* (*troubler*)
turbar; (*attendrir*) conmover; **s'~**
vpr (*se troubler*) turbarse;
(*s'attendrir*) conmoverse
empaqueter [ãpakte] *vt*
empaquetar
emparer [ãpaʀe]: **s'~ de** *vpr*
apoderarse de; (MIL) adueñarse de
empêchement [ãpɛʃmã] *nm*
impedimento
empêcher [ãpeʃe] *vt* impedir; **~**
qn de faire qch impedir a algn
que haga algo; **il n'empêche**
que lo que no quiere decir que; **il**
n'a pas pu s'~ de rire no
pudo evitar reírse
empereur [ãpʀœʀ] *nm*
emperador *m*

empiffrer [ãpifʀe]: **s'~** *vpr* (*péj*)
atracarse
empiler [ãpile] *vt* apilar
empire [ãpiʀ] *nm* imperio *m*; (*fig*)
dominio
empirer [ãpiʀe] *vi* empeorar
emplacement [ãplasmã] *nm*
emplazamiento
emplettes [ãplɛt] *nfpl*: **faire**
des ~ ir de tiendas
emploi [ãplwa] *nm* empleo; **l'~**
(COMM, ÉCON) el empleo; **offre/**
demande d'~ oferta/demanda
de empleo; **~ du temps** horario
employé, e [ãplwaje] *nm/f*
empleado(-a); **~ de bureau**
oficinista *m*
employer [ãplwaje] *vt* emplear;
employeur, -euse *nm/f*
patrón(-ona), empresario(-a)
empoigner [ãpwaɲe] *vt* empuñar
empoisonner [ãpwazɔne] *vt*
(*volontairement*) envenenar;
(*accidentellement, empester*)
intoxicar; (*fam: embêter*): **~ qn**
fastidiar a algn
emporter [ãpɔʀte] *vt* llevar; (*en*
dérobant, enlevant) arrebatar; (*suj:*
courant, vent, avalanche, choc)
arrastrar; (*gagner, MIL*) lograr; **s'~**
vpr enfurecerse; **boissons/plats**
chauds à ~ bebidas/platos
calientes para llevar; **comidas**
fpl calientes para llevar
empreinte [ãpʀɛ̃t] *nf* huella; **~s**
(digitales) huellas *fpl* (dactilares)
empressé, e [ãpʀese] *adj*
solícito(-a)
empresser [ãpʀese]: **s'~** *vpr*
apresurarse; **s'~ de faire**
apresurarse a hacer
emprisonner [ãpʀizɔne] *vt*
encarcelar
emprunt [ãpʀɛ̃] *nm* (*gén, FIN*)
préstamo
emprunter [ãpʀɛ̃te] *vt* (*gén, FIN*)

pedir *ou* tomar prestado; (*route, itinéraire*) seguir

ému, e [emy] *pp de* **émouvoir** ♦ *adj* (*de joie, gratitude*) emocionado(-a)

MOT-CLÉ

---

en [ã] *prép* **1** (*endroit, pays*) en; (*direction*) a; **habiter en France/en ville** vivir en Francia/en la ciudad; **aller en France/en ville** ir a Francia/a la ciudad
2 (*temps*) en; **en 3 jours/20 ans** en 3 días/20 años; **en été/juin** en verano/junio
3 (*moyen*) en; **en avion/taxi** en avión/taxi
4 (*composition*) de; **c'est en verre/bois** es de cristal/madera; **un collier en argent** un collar de plata
5 (*description, état*): **une femme en rouge** una mujer de rojo; **peindre qch en rouge** pintar algo de rojo; **en T/étoile** en forma de T/en estrella; **en chemise/chaussettes** en camisa/calcetines; **en soldat** de soldado; **en deuil** de luto; **cassé en plusieurs morceaux** roto en varios pedazos; **en réparation** en reparación; **partir en vacances** marcharse de vacaciones; **le même en plus grand** el mismo en tamaño más grande; **expert/licencié en ...** experto/licenciado en ...; **fort en maths** fuerte en matemáticas; **être en bonne santé** estar bien de salud; **en deux volumes/une pièce** en dos volúmenes/una pieza; (*pour locutions avec 'en'*) *voir* **tant**; **croire** *etc*
6 (*en tant que*): **en bon**

chrétien como buen cristiano; **je te parle en ami** te hablo como amigo
7 (*avec gérondif*): **en travaillant/dormant** al trabajar/dormir, trabajando/durmiendo; **en apprenant la nouvelle/sortant, ...** al saber la noticia/al salir, ...; **sortir en courant** salir corriendo
♦ *pron* **1** (*indéfini*): **j'en ai ...** tengo ...; **as-tu?** ¿tienes?; **en veux-tu?** ¿quieres?; **je n'en veux pas** no quiero; **j'en ai 2** tengo dos; **j'en ai assez** (*fig*) tengo bastante; (*j'en ai marre*) estoy harto de eso; **combien y en a-t-il?** ¿cuántos hay?; **où en étais-je?** ¿dónde estaba?
2 (*provenance*) de allí; **j'en viens/sors** vengo/salgo de allí
3 (*cause*): **il en est malade/perd le sommeil** está enfermo/pierde el sueño (por ello)
4 (*complément de nom, d'adjectif, de verbe*): **j'en connais les dangers/défauts** conozco sus peligros/defectos de eso; **j'en suis fier** estoy orgulloso de ello; **j'en ai besoin** lo necesito

encadrer [ãkadʀe] *vt* (*tableau, image*) enmarcar; (*fig: entourer*) rodear; (*personnel*) formar
encaisser [ãkese] *vt* (*chèque, argent*) cobrar; (*coup, défaite*) encajar
en-cas [ãka] *nm inv* tentempié *m*
enceinte [ãsɛ̃t] *adj f*: ~ (*de 6 mois*) encinta *ou* embarazada (de 6 meses) ♦ *nf* (*mur*) muralla; (*espace*) recinto; ~ (**acoustique**) bafle *m*
encens [ãsã] *nm* incienso
enchaîner [ãʃene] *vt* encadenar ♦

vi proseguir

enchanté, e [ãʃɑ̃te] *adj*
encantado(-a); **~ de faire votre
connaissance** encantado(-a) de
conocerle

enchère [ãʃɛʀ] *nf* oferta;
mettre/vendre aux ~s sacar/
vender en subasta

enclencher [ãklãʃe] *vt*
(*mécanisme*) enganchar; **s'~** *vpr*
ponerse en marcha

encombrant, e [ãkɔ̃bʀã, ãt] *adj*
voluminoso(-a); **encombrement**
nm (*de circulation*)
embotellamiento; (*des lignes
téléphoniques*) saturación *f*

encombrer [ãkɔ̃bʀe] *vt* (*couloir,
rue*) obstruir; (*personne*) estorbar;
s'~ de *vpr* (*bagages etc*) cargarse
de *ou* con

MOT-CLÉ

encore [ãkɔʀ] *adv* **1**
(*continuation*) todavía; **il travaille
encore** trabaja todavía; **pas
encore** todavía no
2 (*de nouveau*) **elle m'a
encore demandé de l'argent**
me ha vuelto a pedir dinero;
encore! (*insatisfaction*) ¡otra vez!;
encore un effort un esfuerzo
más; **j'irai encore demain** iré
también mañana; **encore une
fois** una vez más; **encore deux
jours** dos días más
3 (*intensif*) **encore plus fort/
mieux** aún más fuerte/mejor;
hier encore todavía ayer; **non
seulement ... , mais encore**
no sólo ... sino también
4 (*restriction*) al menos; **encore
pourrais-je le faire, si j'avais
de l'argent** al menos tuviera
dinero, podría hacerlo; **si encore**
si por lo menos; **(et puis) quoi**

encore? ¿y qué más?; **encore
que**
♦ *conj* aunque

---

encourager [ãkuʀaʒe] *vt*
(*personne*) animar

encourir [ãkuʀiʀ] *vt* exponerse a

encre [ãkʀ] *nf* tinta

encyclopédie [ãsiklɔpedi] *nf*
enciclopedia

endetter [ãdete] **s'~** *vpr*
endeudarse

endive [ãdiv] *nf* endibia

endormi, e [ãdɔʀmi] *pp de*
endormir ♦ *adj* dormido(-a)

endormir [ãdɔʀmiʀ] *vt*
adormecer, dormir; (*MÉD*)
anestesiar; **s'~** *vpr* dormirse

endroit [ãdʀwa] *nm* lugar *m*,
sitio; (*opposé à l'envers*) derecho; **à
l'~** (*vêtement*) al derecho

endurance [ãdyʀãs] *nf*
resistencia

endurant, e [ãdyʀã, ãt] *adj*
resistente

endurcir [ãdyʀsiʀ] **s'~** *vpr*
endurecerse

endurer [ãdyʀe] *vt* aguantar

énergétique [enɛʀʒetik] *adj*
energético(-a)

énergie [enɛʀʒi] *nf* energía;
énergique *adj* enérgico(-a)

énervant, e [enɛʀvã, ãt] *adj*
irritante

énerver [enɛʀve] *vt* poner
nervioso, enervar; **s'~** *vpr* ponerse
nervioso, enervarse

enfance [ãfãs] *nf* (*âge*) niñez *f*

enfant [ãfã] *nm/f* (*garçon, fillette*)
niño(-a); (*fils, fille*) hijo(-a);
enfantin, e *adj* infantil

enfer [ãfɛʀ] *nm* infierno

enfermer [ãfɛʀme] *vt* (*à clef etc*)
encerrar

enfiler [ãfile] *vt* (*perles*) ensartar;

(aiguille) enhebrar; **~ qch**
(vêtement) ponerse algo
enfin [ɑ̃fɛ̃] *adv (pour finir)*
finalmente; *(en dernier lieu, pour
conclure)* por último; *(de restriction,
résignation)* en fin
enflammer [ɑ̃flɑme] *vt* inflamar;
s'~ *vpr* inflamarse
enflé, e [ɑ̃fle] *adj* hinchado(-a)
enfler [ɑ̃fle] *vi (MÉD)* inflamar,
hinchar
enfoncer [ɑ̃fɔ̃se] *vt (clou)* clavar;
(forcer, défoncer, faire pénétrer)
hundir ♦ *vi (dans la vase etc)*
hundirse; **s'~** *vpr* hundirse; **s'~
dans** hundirse en
enfouir [ɑ̃fwir] *vt (dans le sol)*
enterrar; *(dans un tiroir, une poche)*
meter en el fondo
enfuir [ɑ̃fɥir]: **s'~** *vpr* huir
engagement [ɑ̃gaʒmɑ̃] *nm*
compromiso
engager [ɑ̃gaʒe] *vt (embaucher)*
contratar; *(débat)* iniciar; *(:
négociations)* entablar; *(lier)*
comprometer; *(impliquer,
entraîner)* implicar; **s'~**
(s'embaucher) incorporarse; *(MIL)*
alistarse; *(politiquement, promettre)*
comprometerse; *(négociations)*
entablarse; **~ qch dans** *(faire
pénétrer)* meter algo en; **s'~ à
faire qch** comprometerse a hacer
algo; **s'~ dans** *(rue, passage)*
meterse en
engelures [ɑ̃ʒlyr] *nfpl* sabañones
mpl
engin [ɑ̃ʒɛ̃] *nm* máquina; *(péj)*
artefacto
engloutir [ɑ̃glutir] *vt* tragar
engouement [ɑ̃gumɑ̃] *nm*
apasionamiento
engouffrer [ɑ̃gufre] *vt* engullir;
s'~ dans *vpr (suj: vent, eau)*

penetrar en
engourdir [ɑ̃gurdir] *vt*
(membres) entumecer; *(esprit)*
entorpecer; **s'~** *vpr* entumecerse,
entorpecerse
engrais [ɑ̃grɛ] *nm* abono
engraisser [ɑ̃grese] *vt (animal)*
cebar ♦ *vi (péj: personne)* forrarse
engrenage [ɑ̃grənaʒ] *nm*
engranaje *m*
engueuler [ɑ̃gœle] *(fam) vt:* **~
qn** cabrearse con algn
enhardir [ɑ̃ardir]: **s'~** *vpr*
envalentonarse
énigme [enigm] *nf* enigma *m*
enivrer [ɑ̃nivre] *vt* embriagar,
emborrachar
enjamber [ɑ̃ʒɑ̃be] *vt* franquear
enjeu, x [ɑ̃ʒø] *nm* apuesta; *(d'une
élection, d'un match)* lo que está
en juego
enjoué, e [ɑ̃ʒwe] *adj* alegre
enlaidir [ɑ̃ledir] *vt* afear ♦ *vi*
afearse
enlèvement [ɑ̃lɛvmɑ̃] *nm (rapt)*
rapto
enlever [ɑ̃l(ə)ve] *vt* quitar;
(ordures, meubles à déménager)
recoger; *(kidnapper)* raptar; *(prix,
victoire)* conseguir; **~ qch à qn**
(possessions, espoir) quitar algo a
algn
enliser [ɑ̃lize]: **s'~** *vpr* hundirse
enneigé, e [ɑ̃neʒe] *adj (pente,
col)* nevado(-a)
ennemi, e [ɛnmi] *adj, nm/f*
enemigo(-a)
ennui [ɑ̃nɥi] *nm (lassitude)*
aburrimiento; *(difficulté)* problema
m; **avoir/s'attirer des ~s**
tener/buscarse problemas;
ennuyer *vt (importuner, gêner)*
molestar; *(contrarier)* fastidiar;
(lasser) aburrir; **s'ennuyer** *vpr (se
lasser)* aburrirse; **s'ennuyer de**

qch/qn (regretter) echar de menos algo/a algn; **ennuyeux, -euse** adj (lassant) aburrido(-a); (contrariant) molesto(-a)

énorme [enɔʀm] adj enorme; **énormément** adv (avec vb) muchísimo; **énormément de neige/gens** muchísima nieve/gente

enquête [ɑ̃kɛt] nf (judiciaire, administrative, de police) investigación f; (de journaliste, sondage) encuesta; **enquêter** vi (gén, police) investigar; (journaliste, sondage) hacer una encuesta

enragé, e [ɑ̃ʀaʒe] adj (MÉD) rabioso(-a); (passionné) apasionado(-a)

enrageant, e [ɑ̃ʀaʒɑ̃, ɑ̃t] adj irritante

enrager [ɑ̃ʀaʒe] vi dar rabia

enregistrement [ɑ̃ʀ(ə)ʒistʀəmɑ̃] nm (d'un disque) grabación f; (d'un fichier, d'une plainte) registro; **~ des bagages** facturación f

enregistrer [ɑ̃ʀ(ə)ʒistʀe] vt (MUS, INFORM) grabar; (ADMIN, COMM, fig) registrar; (aussi: **faire ~: bagages**) facturar

enrhumer [ɑ̃ʀyme]: **s'~** vpr acatarrarse, constiparse, resfriarse

enrichir [ɑ̃ʀiʃiʀ] vt enriquecer; **s'~** vpr enriquecerse

enrouer [ɑ̃ʀwe]: **s'~** vpr enronquecer

enrouler [ɑ̃ʀule] vt enrollar; **s'~** vpr enrollarse; **~ qch autour de** enrollar algo alrededor de

enseignant, e [ɑ̃sɛɲɑ̃, ɑ̃t] adj, nm/f docente m/f

enseignement [ɑ̃sɛɲ(ə)mɑ̃] nm enseñanza

enseigner [ɑ̃sɛɲe] vt (suj: professeur) enseñar, dar clase de; **~ qch à qn** enseñar algo a algn

ensemble [ɑ̃sɑ̃bl] adv (l'un avec l'autre) juntos(-as); (en même temps) juntos(-as) ♦ nm conjunto; **l'~ du/de la** la totalidad del/de la; **aller ~** (être assorti) combinarse; **dans l'~** (en gros) en conjunto

ensoleillé, e [ɑ̃sɔleje] adj soleado(-a)

ensuite [ɑ̃sɥit] adv (dans une succession: après) a continuación; (plus tard) después; **~ de quoi** después de lo cual

entamer [ɑ̃tame] vt (pain, bouteille) empezar; (hostilités, pourparlers) iniciar

entasser [ɑ̃tase] vt (empiler) amontonar; **s'~** vpr amontonarse; hacinarse

entendre [ɑ̃tɑ̃dʀ] vt oír; (comprendre) entender; (vouloir dire) querer decir; **s'~** vpr (sympathiser) entenderse; (: se mettre d'accord) ponerse de acuerdo; **j'ai entendu dire que** he oído que; **~ parler de** oír hablar de; **je m'entends** sé lo que (me) digo; **laisser ~ que**, **donner à ~ que** dar a entender que

entendu, e [ɑ̃tɑ̃dy] pp de **entendre** ♦ adj (affaire) concluido(-a); (air) entendido(-a); **(c'est) ~!** ¡de acuerdo!, ¡entendido!; **c'est ~** (concession) entendido; **bien ~!** ¡por supuesto!

entente [ɑ̃tɑ̃t] nf (entre amis, pays) entendimiento; (accord, traité) acuerdo

enterrement [ɑ̃tɛʀmɑ̃] nm entierro

enterrer [ɑ̃tɛʀe] vt enterrar

entêtant, e [ɑ̃tɛtɑ̃, ɑ̃t] adj (odeur, atmosphère) mareante

entêté, e [ɑ̃tɛte] adj

obstinado(-a), cabezota;
en-tête [ɑ̃tɛt] (pl ~~~s) nm
membrete m; **enveloppe/
papier à ~~~** sobre m/papel m
con membrete

entêter [ɑ̃tete]: **s'~** vpr
obstinarse, empeñarse; **s'~ (à
faire)** empeñarse (en hacer)

enthousiasme [ɑ̃tuzjasm] nm
entusiasmo; **enthousiasmer** vt
entusiasmar; **s'enthousiasmer**
vpr: **s'enthousiasmer (pour
qch)** entusiasmarse (con algo);
enthousiaste adj, nm/f
entusiasta m/f

entier, ère [ɑ̃tje, jɛʀ] adj
entero(-a); (en totalité) entero(-a),
completo(-a); **en ~** por completo;
lait ~ leche f entera;
entièrement adv enteramente

entonnoir [ɑ̃tɔnwaʀ] nm
(ustensile) embudo

entorse [ɑ̃tɔʀs] nf esguince m

entourage [ɑ̃tuʀaʒ] nm
(personnes proches) allegados mpl;
(ce qui enclôt) cerco

entourer [ɑ̃tuʀe] vt (par une
clôture etc) cercar; (faire cercle
autour de) rodear; (apporter son
soutien à) atender; **s'~ de** vpr
(collaborateurs) rodearse de; **~
qch de** rodear algo con

entracte [ɑ̃tʀakt] nm entreacto

entraide [ɑ̃tʀɛd] nf ayuda mutua

entrain [ɑ̃tʀɛ̃] nm ánimo; **avec ~**
con entusiasmo

entraînement [ɑ̃tʀɛnmɑ̃] nm
entrenamiento

entraîner [ɑ̃tʀene] vt (tirer)
arrastrar; (charrier) acarrear;
(moteur, poulie) accionar;
(emmener) llevarse; (joueurs,
soldats) guiar; (SPORT) entrenar;
(influencer) influenciar; (impliquer,
causer) ocasionar; **s'~** vpr (SPORT)

entrenarse; **~ qn à/à faire qch**
(inciter) arrastrar a algn a/a hacer
algo; **s'~ à qch/à faire qch**
(s'exercer) ejercitarse en algo/en
hacer algo; **entraîneur, -euse**
nm/f (SPORT) entrenador(a);
(HIPPISME) picador(a)

entre [ɑ̃tʀ] prép entre; **l'un d'~
eux/nous** uno de ellos/nosotros;
~ autres (choses) entre otras
(cosas); **~ nous, ...** entre
nosotros, ...; **ils se battent ~
eux** se pelean entre sí;
entrecôte nf entrecot(e) m

entrée [ɑ̃tʀe] nf entrada; **~ en
vigueur** entrada en vigor
entre...: entrefilet nm noticia
breve; **entremets** nm postre m

entrepôt [ɑ̃tʀepo] nm almacén m,
galpón m (CSUR)

entreprendre [ɑ̃tʀepʀɑ̃dʀ] vt
emprender

entrepreneur [ɑ̃tʀepʀənœʀ] nm
empresario; **~ (en bâtiment)**
contratista m/f (de obras)

entreprise [ɑ̃tʀepʀiz] nf empresa

entrer [ɑ̃tʀe] vi entrar ◆ vt
(INFORM) meter; **(faire) ~ qch
dans** (objet) meter algo en; **~
dans** entrar en; (entrer en collision
avec) chocar con; **~ au
couvent/à l'hôpital** ingresar en
el convento/en el hospital; **faire
~** hacer pasar

entre-temps [ɑ̃tʀətɑ̃] adv
entretanto

entretenir [ɑ̃tʀət(ə)niʀ] vt
mantener

entretien [ɑ̃tʀətjɛ̃] nm (d'une
maison, d'une famille, service)
mantenimiento; (discussion)
conversación f; (audience)
entrevista

entrevoir [ɑ̃tʀəvwaʀ] vt entrever;
(solution, problème) vislumbrar

entrevue [ɑ̃trəvy] *nf* entrevista

entrouvert, e [ɑ̃truvɛr, ɛrt] *adj* entreabierto(-a)

énumérer [enymere] *vt* enumerar

envahir [ɑ̃vair] *vt* invadir; **envahissant, e** *adj (péj: personne)* avasallador(-a)

enveloppe [ɑ̃v(ə)lɔp] *nf* sobre *m*; **envelopper** *vt* envolver

enverrai *etc* [ɑ̃vere] *vb voir* envoyer

envers [ɑ̃vɛr] *prép* hacia ♦ *nm*: **l'~** *(d'une feuille)* el dorso; *(d'un vêtement)* el revés; **à l'~** al revés

envie [ɑ̃vi] *nf* envidia; **avoir ~ de qch/de faire qch** tener ganas de algo/de hacer algo; **avoir ~ que** tener ganas de que; **ça lui fait ~** le da envidia; **envier** *vt* envidiar; **envieux, -euse** *adj, nm/f* envidioso(-a)

environ [ɑ̃virɔ̃] *adv* aproximadamente; **3 h/2 km ~** 3 h/2 km aproximadamente

environnant, e [ɑ̃virɔnɑ̃, ɑ̃t] *adj* cercano(-a)

environnement [ɑ̃virɔnmɑ̃] *nm* medioambiente

environs [ɑ̃virɔ̃] *nmpl* alrededores *mpl*; *(fig: temps, somme)* alrededor de

envisager [ɑ̃vizaʒe] *vt* considerar; *(avoir en vue)* prever

envoler [ɑ̃vɔle]: **s'~** *vpr (oiseau)* echarse a volar; *(papier, feuille)* volarse; *(espoir, illusion)* esfumarse

envoyé, e [ɑ̃vwaje] *nm/f (POL)* enviado(-a)

envoyer [ɑ̃vwaje] *vt* enviar; *(projectile, ballon)* lanzar; **~ chercher qch/qn** mandar a buscar algo/a algn

épagneul, e [epaɲœl] *nm/f* podenco(-a)

épais, se [epɛ, ɛs] *adj* espeso(-a); **épaisseur** [epɛsœr] *nf (v adj)* espesor *m*, grosor *m*

épanouir [epanwir]: **s'~** *vpr (fleur)* abrirse; *(visage)* iluminarse; *(fig)* florecer

épargne [eparɲ] *nf* ahorro

épargner [eparɲe] *vt* ahorrar; *(ennemi, récolte, région)* perdonar ♦ *vi* ahorrar; **~ qch à qn** evitarle algo a algn

éparpiller [eparpije] *vt* esparcir; *(pour répartir)* diseminar; **s'~** *vpr* esparcirse; *(fig: étudiant, chercheur etc)* dispersarse los esfuerzos

épatant, e [epatɑ̃, ɑ̃t] *(fam)* estupendo(-a)

épater [epate] *(fam)* *vt* impresionar

épaule [epol] *nf (ANAT)* hombro; *(CULIN)* espaldilla

épave [epav] *nf* restos *mpl*

épée [epe] *nf* espada

épeler [ep(ə)le] *vt* deletrear

éperon [eprɔ̃] *nm (de botte)* espuela

épervier [epɛrvje] *nm (ZOOL)* gavilán *m*; *(PÊCHE)* esparavel *m*

épi [epi] *nm (de blé)* espiga

épice [epis] *nf* especia

épicé, e [epise] *adj* picante

épicer [epise] *vt* condimentar

épicerie [episri] *nf (magasin)* tienda de ultramarinos, boliche *m (AM)*; **~ fine** ultramarinos *mpl* finos; **épicier, -ière** *nm/f* tendero(-a)

épidémie [epidemi] *nf* epidemia

épiderme [epidɛrm] *nm* epidermis *f inv*

épier [epje] *vt (personne)* espiar; *(arrivée, occasion)* estar pendiente de

épilepsie [epilɛpsi] *nf* epilepsia

épiler [epile] *vt* depilar

épinards [epinar] *nmpl* espinacas *fpl*

épine [epin] *nf* espina

épingle [epɛ̃gl] *nf* alfiler *m*; ~ **de nourrice** *ou* **de sûreté** imperdible *m*

épisode [epizɔd] *nm* episodio; **film en trois ~s** película en tres episodios; **épisodique** *adj* episódico(-a)

épluche-légumes [eplyʃlegym] *nm inv* pelador *m*, mondador *m*

éplucher [eplyʃe] *vt* (fruit, légumes) pelar; (fig: texte) examinar minuciosamente; **épluchures** *nfpl* mondas *fpl*

éponge [epɔ̃ʒ] *nf* esponja ♦ *adj*: **tissu ~** tela de felpa; **éponger** *vt* (liquide, fig) enjugar; (surface) pasar una esponja por; **s'éponger le front** enjugarse la frente

époque [epɔk] *nf* época; **d'~** (meuble etc) de época

épouse [epuz] *nf* esposa; **épouser** *vt* casarse con

épousseter [epuste] *vt* limpiar el polvo de

épouvantable [epuvɑ̃tabl] *adj* horroroso(-a); (bruit, vent etc) espantoso(-a)

épouvantail [epuvɑ̃taj] *nm* espantapájaros *m inv*

épouvante [epuvɑ̃t] *nf* espanto; **film/livre d'~** película/novela de terror; **épouvanter** *vt* (terrifier) horrorizar; (sens affaibli) espantar

époux, épouse [epu, uz] *nm/f* esposo(-a) ♦ *nmpl*: **les ~** los esposos

épreuve [eprœv] *nf* prueba; (SCOL) examen *m*; **mettre à l'~** poner a prueba

éprouvant, e [epruvɑ̃, ɑ̃t] *adj* duro(-a)

éprouver [epruve] *vt* (fatigue, douleur) sufrir, padecer; (sentiment) sentir; (difficultés etc) encontrar

épuisé, e [epчize] *adj* agotado(-a); **épuisement** *nm* agotamiento

épuiser [epчize] *vt* agotar; **s'~** *vpr* agotarse

épuisette [epчizεt] *nf* (PÊCHE) salabre *m*

équateur [ekwatœr] *nm* ecuador *m*; **Équateur** Ecuador *m*

équation [ekwasjɔ̃] *nf* ecuación *f*

équerre [ekεr] *nf* (pour dessiner, mesurer) escuadra

équilibre [ekilibr] *nm* equilibrio; **être/mettre en ~** estar/poner en equilibrio; **garder/perdre l'~** guardar/perder el equilibrio; **équilibré, e** *adj* equilibrado(-a); **équilibrer** *vt* equilibrar

équipage [ekipaʒ] *nm* (de bateau, d'avion) tripulación *f*

équipe [ekip] *nf* (de joueurs) equipo; (de travailleurs) cuadrilla *f*

équipé, e [ekipe] *adj* equipado(-a)

équipement [ekipmɑ̃] *nm* equipo; (d'une cuisine) instalación *f*

équiper [ekipe] *vt* equipar

équipier, -ière [ekipje, jεr] *nm/f* compañero(-a) de equipo

équitation [ekitasjɔ̃] *nf* equitación *f*

équivalent, e [ekivalɑ̃, ɑ̃t] *adj* equivalente

équivaloir [ekivalwar]: **~ à** *vt ind* equivaler a

érable [erabl] *nm* arce *m*

érafler [erafle] *vt* arañar; **éraflure** *nf* rasguño, arañazo

ère [εr] *nf* era; **en l'an 1050 de notre ~** = en el año 1050 de nuestra era

érection [erεksjɔ̃] *nf* erección *f*

éroder [erode] vt erosionar; (suj: acide) corroer

érotique [erotik] adj erótico(-a)

errer [ere] vi vagar

erreur [ercer] nf error m; **par ~** por error; **faire ~** equivocarse

éruption [erypsjɔ̃] nf erupción f; (de joie, colère) arrebato

es [ɛ] vb voir **être**

ès [ɛs] prép: **licencié ~ lettres/ sciences** licenciado en letras/ ciencias

escabeau, x [ɛskabo] nm (tabouret) escabel m; (échelle) escalera de tijera

escalade [ɛskalad] nf escalada; **escalader** vt escalar

escale [ɛskal] nf escala; **faire ~ (à)** hacer escala (en)

escalier [ɛskalje] nm escalera; **dans l' ~** ou **les ~s** en la escalera ou las escaleras; **~ roulant** ou **mécanique** escalera mecánica

escapade [ɛskapad] nf escapada

escargot [ɛskargo] nm caracol m

escarpé, e [ɛskarpe] adj escarpado(-a)

esclavage [ɛsklavaʒ] nm esclavitud f

esclave [ɛsklav] nm/f esclavo(-a)

escompte [ɛskɔ̃t] nm descuento

escrime [ɛskrim] nf esgrima

escroc [ɛskro] nm estafador(a)

escroquer [ɛskroke] vt: **~ qch (de qch)** timar a algn (con algo); **~ qch (à qn)** estafar algo (a algn); **escroquerie** nf estafa

espace [ɛspas] nm espacio

espacer [ɛspase] vt espaciar; **s' ~** vpr espaciarse

espadon [ɛspadɔ̃] nm pez m espada inv, emperador m

espadrille [ɛspadrij] nf alpargata

Espagne [ɛspaɲ] nf España;

espagnol, e adj español(-a) ♦ nm (LING) español m, castellano (esp AM) ♦ nm/f: **Espagnol, e** español(a)

espèce [ɛspɛs] nf especie f; **~s** nfpl (COMM) metálico; (sorte, genre) clases fpl; **une ~ de** una especie de; **~ de maladroit/de brute!** ¡pedazo de ou so inútil/ brutol; **payer en ~s** pagar en metálico

espérance [ɛsperɑ̃s] nf esperanza; **~ de vie** esperanza de vida

espérer [ɛspere] vt esperar; **j'espère (bien)** eso espero; **~ que/faire** esperar que/hacer; **~ en qn/qch** confiar en algn/algo

espiègle [ɛspjɛgl] adj travieso(-a)

espion, ne [ɛspjɔ̃, jon] nm/f espía m/f; **espionnage** nm espionaje m; **espionner** vt espiar

espoir [ɛspwar] nm esperanza; **dans l' ~ de/que** con la esperanza de/de que; **reprendre ~** recuperar la esperanza

esprit [ɛspri] nm espíritu m; **faire de l' ~** hacerse el gracioso; **reprendre ses ~s** recuperar el sentido; **avoir bon/mauvais ~** tener buenas/malas intenciones

esquimau, de, x [ɛskimo, od] adj esquimal; (glace) pingüino ♦ nm/f: **E~, de** esquimal m/f

essai [ɛse] nm (d'une voiture, d'un vêtement) prueba; (tentative, aussi SPORT) intento; (RUGBY, LITT) ensayo; **à l' ~** a prueba; **~ gratuit** prueba gratuita

essaim [ɛsɛ̃] nm enjambre m

essayer [ɛseje] vt probar ♦ vi intentar, tratar de; **~ de faire qch** intentar hacer algo, tratar de hacer algo

essence [ɛsɑ̃s] nf (carburant)

gasolina, nafta (ARG), bencina (CHI); (d'une plante, fig) esencia; (espèce: d'arbre) especie f

essentiel, le [esɑ̃sjɛl] adj esencial; **c'est l'~** es lo esencial; **l'~ de** la mayor parte de

essieu, x [esjø] nm eje m

essor [esɔʀ] nm (de l'économie etc) auge m

essorer [esɔʀe] vt escurrir; (à la machine) centrifugar; **essoreuse** nf (à rouleaux) escurridor m; (à tambour) secadora

essouffler [esufle] vt sofocar; **s'~** vpr sofocarse

essuie-glace [esɥiglas] nm inv limpiaparabrisas m inv

essuyer [esɥije] vt secar; (épousseter) limpiar; **s'~** vpr secarse; **~ la vaisselle** secar los platos

est¹ [ɛ] vb voir **être**

est² [ɛst] nm este m ♦ adj inv este inv; **à l'~** (situation) al este inv; (direction) hacia el este; **à l'~ de** al este de; **les pays de l'E~** los países del Este

est-ce que [ɛskə] adv: **~~~ ~ c'est cher/c'était bon?** ¿es caro?/¿estaba bueno?; **quand est-ce qu'il part?** ¿cuándo es marcha?

esthéticienne [ɛstetisjɛn] nf (d'institut de beauté) esteticista

esthétique [ɛstetik] adj estético(-a)

estimation [ɛstimasjɔ̃] nf valoración f

estime [ɛstim] nf estima; **estimer** vt (personne, qualité) estimar, apreciar; (expertiser: bijou etc) valorar; (évaluer: prix, distance) calcular; **estimer que/être ...** (penser) estimar que/ser ..., considerar que/ser ...

estival, e, -aux [ɛstival, o] adj estival

estivant, e [ɛstivɑ̃, ɑ̃t] nm/f veraneante m/f

estomac [ɛstɔma] nm estómago m

estragon [ɛstʀagɔ̃] nm estragón m

estuaire [ɛstɥɛʀ] nm estuario m

et [e] conj y; **~ aussi/lui** y también/él; **~ alors** ou (puis) **après?** (qu'importe!) ¿y qué?; (ensuite) ¿y entonces?

étable [etabl] nf establo

établi, e [etabli] adj (en place, solide) establecido(-a) ♦ nm banco

établir [etabliʀ] vt establecer; (facture) hacer, realizar; (liste, programme) establecer, fijar; (installer: entreprise, camp) establecer, instalar; (relations, liens d'amitié) entablar, establecer; **s'~** vpr establecerse; (colonie) asentarse; **s'~ (à son compte)** establecerse (por su cuenta)

établissement [etablismɑ̃] nm establecimiento; **~ scolaire** establecimiento escolar

étage [etaʒ] nm (d'immeuble) piso, planta; **habiter à l'~/au deuxième ~** vivir en el primer/segundo piso

étagère [etaʒɛʀ] nf estante m

étal [etal] nm puntal m

étain [etɛ̃] nm estaño

étais etc [etɛ] vb voir **être**

étaler [etale] vt (carte, nappe) extender, desplegar; (beurre, liquide) extender; (paiements, dates) escalonar; (richesses, connaissances) ostentar; **s'~** vpr: **s'~ sur** (suj: travaux, paiements) repartirse por

étalon [etalɔ̃] nm (cheval) semental m

étanche [etɑ̃ʃ] adj impermeable

étang [etɑ̃] nm estanque m

étant [etɑ̃] vb voir **être**; **donné**

étape [etap] nf etapa

état [eta] nm estado; **en bon/
mauvais ~** en buen/mal estado;
être en ~ (de marche)
funcionar; **remettre en ~** volver
a poner en condiciones, arreglar;
**être en ~/hors d'~ de faire
qch** estar/no estar en condiciones
de hacer algo; **être dans tous
ses ~s** estar fuera de sí; **être en
~ d'arrestation** (JUR) quedar
arrestado(-a), estar detenido(-a); **~
civil** (ADMIN) estado civil; **~ des
lieux** estado del inmueble;
États-Unis nmpl: **les États-
Unis** los Estados Unidos

etc. [etsetera] abr (= et c(a)etera)
etc.

et c(a)etera [etsetera] adv
etcétera

été [ete] pp de **être** ♦ nm verano

éteindre [etɛ̃dʀ] vt apagar;
(incendie) extinguir, apagar; **s'~**
vpr apagarse; **éteint, e** pp de
éteindre ♦ adj apagado(-a)

étendre [etɑ̃dʀ] vt extender;
(carte, tapis) extender, desplegar;
(lessive, linge) tender, colgar;
(blessé, malade) tender; **s'~** vpr
extenderse; **s'~ (sur)** (personne)
tenderse (sobre ou en); (fig: sujet,
problème) extenderse (en); **s'~
jusqu'à/d'un endroit à un
autre** extenderse hasta/de un
sitio a otro

étendu, e [etɑ̃dy] adj (terrain)
extenso(-a); (connaissances,
pouvoirs etc) amplio(-a)

éternel, le [etɛʀnɛl] adj
eterno(-a); (habituel) inseparable

éternité [etɛʀnite] nf eternidad f

éternuement [etɛʀnymɑ̃] nm
estornudo

éternuer [etɛʀnɥe] vi estornudar

êtes [ɛt(z)] vb voir **être**

étiez [etje] vb voir **être**

étinceler [etɛ̃s(ə)le] vi
resplandecer

étincelle [etɛ̃sɛl] nf chispa, fulgor
m

étiquette [etiket] nf etiqueta; **l'~**
(protocole) la etiqueta; **sans ~**
(POL) sin etiqueta

étirer [etiʀe] vt estirar; **s'~** vpr
estirarse; (convoi, route): **s'~ sur
plusieurs kilomètres**
extenderse por varios kilómetros

étoile [etwal] nf estrella; (signe)
asterisco; **à la belle ~** al sereno,
al aire libre; **étoile de mer**
estrella de mar; **étoile filante**
estrella fugaz

étonnant, e [etɔnɑ̃, ɑ̃t] adj
(surprenant) asombroso(-a),
sorprendente; (valeur intensive)
sorprendente

étonnement [etɔnmɑ̃] nm
asombro, estupefacción f; **à mon
grand ~ ...** con gran asombro
mío ...

étonner [etɔne] vt asombrar,
sorprender; **s'~ que/de**
asombrarse de que/de; **cela
m'étonnerait (que)** me
sorprendería (que)

étouffer [etufe] vt (personne)
ahogar; (bruit) acallar; (nouvelle,
scandale) ocultar, tapar ♦ vi
ahogarse; (avoir trop chaud)
sofocarse, ahogarse; **s'~** vpr (en
mangeant) atragantarse

étourderie [etuʀdəʀi] nf
descuido

étourdi, e [etuʀdi] adj
aturdido(-a), distraído(-a)

étourdir [etuʀdiʀ] vt (assommer)
aturdir, atontar; (griser) aturdir

étourdissement nm

aturdimiento

étrange [etʀɑ̃ʒ] *adj* extraño(-a), raro(-a)

étranger, -ère [etʀɑ̃ʒe, ɛʀ] *adj* (*d'un autre pays*) extranjero(-a), gringo(-a) (*AM*); (*pas de la famille*) extraño(-a) ♦ *nm/f* (*d'un autre pays*) extranjero(-a); (*inconnu*) extraño(-a); **de l'~** del extranjero

étrangler [etʀɑ̃gle] *vt* (*intentionnellement*) estrangular; (*accidentellement*) ahogar; **s'~** *vpr* (*en mangeant etc*) atragantarse

---
MOT-CLÉ

être [etʀ] *vb + attribut, vi* **1** (*qualité essentielle, permanente, profession*) ser; **il est fort/ intelligent** es fuerte/inteligente; **être journaliste** ser periodista **2** (*état temporaire, position, + adj/ pp*) estar; **comme tu es belle!** ¡qué guapa estás!; **être marié** estar casado; **il est à Paris/au salon** está en París/en el salón; **je ne serai pas ici demain** no estaré aquí mañana; **ça y est!** ¡ya está!

3: **être à** (*appartenir*) ser de; **le livre est à Paul** el libro es de Pablo, **c'est à moi/eux** es mío(-a)/suyo(-a) *ou* de ellos **4** (*+de: provenance, origine*): **il est de Paris** es de París; (*appartenance*): **il est des nôtres** es de los nuestros; **être de Genève/de la même famille** ser de Ginebra/de la misma familia **5** (*date*): **nous sommes le 5 juin** estamos a 5 de junio

♦ *vb aux* **1** haber; **être arrivé/ allé** haber llegado/ido; **il est parti** (él) se ha marchado; **il est parti hier** (*verbe au passé simple quand la période dans laquelle se*

situe l'action est révolue) se marchó ayer

2 (*forme passive*) ser; **être fait par** ser hecho por; **il a été promu** ha sido ascendido **3** (*+à: obligation*): **c'est à faire/réparer** está por hacer/ reparar; **c'est à essayer** está por ensayar; **il est à espérer/ souhaiter que** es de esperar/ desear que

♦ *vb impers* **1**: **il est +adjectif** es; **il est impossible de le faire** es imposible hacerlo; **il serait facile/souhaitable que** sería fácil/deseable que **2** (*heure, date*): **il est 10 heures** son las 10 **3** (*emphatique*): **c'est moi** soy yo; **c'est à lui de le faire/de décider** tiene que hacerlo/ decidirlo él

♦ *nm* ser *m*; **être humain** ser humano

étrennes [etʀɛn] *nfpl* (*cadeaux*) regalos *mpl*

étrier [etʀije] *nm* estribo

étroit, e [etʀwa, wat] *adj* (*gén, fig*) estrecho(-a); **à l'~** con estrechez

étude [etyd] *nf* estudio; (*SCOL: salle de travail*) sala de estudio; **~s** *nfpl* (*SCOL*) estudios *mpl*; **faire des ~s de droit/médecine** cursar estudios de *ou* estudiar derecho/medicina

étudiant, e [etydjɑ̃, jɑ̃t] *nm/f* (*UNIV*) estudiante *m/f*, universitario(-a)

étudier [etydje] *vt, vi* estudiar

étui [etɥi] *nm* (*à lunettes*) funda, estuche *m*

eu, eue [y] *pp de* avoir

euh [ø] *excl* ¡ee!

euro [øʀo] *nm* (*monnaie*) euro *m*
Europe [øʀɔp] *nf* Europa;
européen, ne *adj* europeo(-a)
eus *etc* [y] *vb voir* **avoir**
eux [ø] *pron* ellos
évacuer [evakɥe] *vt* evacuar
évader [evade]: **s'~** *vpr* evadirse
évaluer [evalɥe] *vt* evaluar,
calcular
évangile [evãʒil] *nm* evangelio;
(*texte de la Bible*): **É~** Evangelio
évanouir [evanwiʀ]: **s'~** *vpr*
desmayarse, desvanecerse; (*fig*)
desvanecerse, desaparecer;
évanouissement *nm* (*MÉD*)
desmayo, desvanecimiento
évaporer [evapɔʀe]: **s'~** *vpr*
evaporarse
évasion [evazjɔ̃] *nf* evasión *f*
éveillé, e [eveje] *adj* despierto(-a)
éveiller [eveje] *vt* despertar; **s'~**
vpr despertarse
événement [evenmã] *nm*
acontecimiento; **~s** *nmpl* (*POL etc*:
situation générale) acontecimientos
mpl
éventail [evãtaj] *nm* abanico
éventualité [evãtɥalite] *nf*
eventualidad *f*; **dans l' ~ de** en la
eventualidad de
éventuel, le [evãtɥel] *adj*
eventual; **éventuellement** *adv*
eventualmente
évêque [evɛk] *nm* obispo
évidemment [evidamã] *adv*
evidentemente; **~!** ¡claro!
évidence [evidãs] *nf* evidencia;
de toute ~ a todas luces; **en ~**
en evidencia; **mettre en ~**
(*problème*) poner de manifiesto;
évident, e *adj* evidente
évier [evje] *nm* fregadero
éviter [evite] *vt* evitar; (*fig*:
problème, question) evitar, eludir;
(*importun, raseur: fuir*) rehuir,

evitar; (*coup, projectile, obstacle*)
esquivar; **~ de faire/que qch**
ne se passe evitar hacer/que
algo suceda; **~ qch à qn** evitar
algo a algn
évoluer [evolɥe] *vi* evolucionar;
évolution *nf* evolución *f*
évoquer [evɔke] *vt* evocar
ex- [ɛks] *préf*: **ex-ministre/**
président ex-ministro/
-presidente; **son ex-mari/**
-femme su ex-marido/-mujer
ex. *abr* (= *exemple*) ej (= *ejemplo*)
exact, e [ɛgza(kt), ɛgzakt] *adj*
(*précis*) exacto(-a); (*personne:*
ponctuel) puntual; **l'heure ~e** la
hora exacta; **exactement** *adv*
exactamente
ex aequo [ɛgzeko] *adv* iguales
exagéré, e [ɛgzaʒeʀe] *adj*
exagerado(-a)
exagérer [ɛgzaʒeʀe] *vt* exagerar ♦
vi (*abuser*) abusar; (*déformer les*
faits, la vérité) exagerar
examen [ɛgzamɛ̃] *nm* examen *m*;
~ médical examen *ou*
reconocimiento médico
examinateur, -trice
[ɛgzaminatœʀ, tʀis] *nm/f*
examinador(a)
examiner [ɛgzamine] *vt* examinar
exaspérant, e [ɛgzaspeʀã, ãt]
adj exasperante
exaspérer [ɛgzaspeʀe] *vt*
exasperar
exaucer [ɛgzose] *vt* (*vœu*) otorgar
excéder [ɛksede] *vt* (*dépasser*)
exceder, sobrepasar; (*agacer*)
crispar
excellent, e [ɛkselã, ãt] *adj*
excelente
excentrique [ɛksãtʀik] *adj*
excéntrico(-a)
excepté, e [ɛksɛpte] *adj*: **les**
élèves ~s/dictionnaires ~s

excepto los alumnos/los diccionarios ♦ *prép*: **~ les élèves** salvo los alumnos; **~ si/quand ...** salvo si/cuando ...

exception [ɛksɛpsjɔ̃] *nf* excepción *f*; **à l'~ de** con excepción de; **exceptionnel, le** *adj* excepcional; **exceptionnellement** *adv* excepcionalmente

excès [ɛksɛ] *nm* exceso ♦ *nmpl* (*abus*) excesos *mpl*; **~ de vitesse** exceso de velocidad; **excessif, -ive** *adj* excesivo(-a)

excitant [ɛksitɑ̃] *adj, nm* excitante *m*; **excitation** *nf* excitación *f*

exciter [ɛksite] *vt* excitar; **s'~** *vpr* excitarse

exclamer [ɛksklame]: **s'~** *vpr* exclamar

exclure [ɛksklyʀ] *vt* excluir; (*d'une salle, d'un parti*) expulsar, excluir; **exclusif, -ive** *adj* exclusivo(-a); **exclusion** *nf* expulsión *f*, exclusión *f*; **à l'exclusion de** con exclusión de; **exclusivité** *nf* exclusividad *f*; **en exclusivité** en exclusiva

excursion [ɛkskyʀsjɔ̃] *nf* excursión *f*

excuse [ɛkskyz] *nf* excusa; **~s** *nfpl* (*expression de regret*) disculpas *fpl*; **excuser** *vt* excusar, disculpar; **s'excuser** *vpr* (*par politesse*) disculparse, excusarse; **s'excuser (de)** disculparse (de), excusarse (por); **"excusez-moi"** (*en passant devant qn*) "discúlpeme"; (*pour attirer l'attention*) "perdón"

exécuter [ɛgzekyte] *vt* (INFORM, MUS, *prisonnier*) ejecutar; (*opération, mouvement*) efectuar, realizar

exemplaire [ɛgzɑ̃plɛʀ] *adj* ejemplar ♦ *nm* ejemplar *m*

exemple [ɛgzɑ̃pl] *nm* ejemplo; **par ~** por ejemplo; (*valeur intensive*) ¡no es posible!; **donner l'~** dar ejemplo; **prendre ~ sur qn** tomar ejemplo de algn

exercer [ɛgzɛʀse] *vt* ejercer; (*former: personne*) acostumbrar; (*animal*) adiestrar; (*faculté, partie du corps*) ejercitar ♦ *vi* (*médecin*) ejercer; **s'~** *vpr* (*sportif*) entrenarse; (*musicien*) practicar; **s'~ (sur/contre)** (*pression, poussée*) ejercerse (sobre/contra)

exercice [ɛgzɛʀsis] *nm* ejercicio

exhiber [ɛgzibe] *vt* exhibir; **s'~** *vpr* exhibirse

exhibitionniste [ɛgzibisjɔnist] *nm/f* exhibicionista *m/f*

exigeant, e [ɛgziʒɑ̃, ɑ̃t] *adj* exigente

exiger [ɛgziʒe] *vt* exigir

exil [ɛgzil] *nm* exilio; **exiler**: **s'exiler** *vpr* exiliarse

existence [ɛgzistɑ̃s] *nf* existencia

exister [ɛgziste] *vi* existir; **il existe une solution/des solutions** existe una solución/ existen soluciones

exorbitant, e [ɛgzɔʀbitɑ̃, ɑ̃t] *adj* exorbitante

exotique [ɛgzɔtik] *adj* exótico(-a)

expédier [ɛkspedje] *vt* (*lettre*) expedir; (*troupes, renfort*) enviar; (*péj: faire rapidement*) despachar; **expéditeur, -trice** *nm/f* remitente *m/f*; **expédition** *nf* (*d'une lettre*) envío; (MIL, *scientifique*) expedición *f*

expérience [ɛksperjɑ̃s] *nf* experiencia; **une ~** (*scientifique*) un experimento

expérimenté, e [ɛksperimɑ̃te] *adj* experimentado(-a)

expérimenter [ɛksperimɑ̃te] *vt*
experimentar

expert, e [ɛkspɛʀ, ɛʀt] *adj*: **~ en**
experto(-a) en ♦ *nm* experto(-a),
perito(-a); **expert-comptable**
(*pl* **experts-comptable**) *nm*
perito contable

expirer [ɛkspiʀe] *vi* (*passeport,
bail*) vencer, expirar; (*respirer*)
espirar

explication [ɛksplikasjɔ̃] *nf*
explicación *f*; (*discussion*) discusión
f

explicite [ɛksplisit] *adj* explícito(-a)

expliquer [ɛksplike] *vt* explicar

exploit [ɛksplwa] *nm* hazaña;

exploitant *nm* (AGR)
agricultor(a), labrador(a);
exploitation *nf* explotación *f*;
exploitation agricole
explotación agrícola; **exploiter**
vt explotar; (*tirer parti de: faiblesse
de qn*) aprovecharse de

explorer [ɛksplɔʀe] *vt* (*pays,
grotte*) explorar

exploser [ɛksploze] *vi* (*bombe*)
explotar, estallar; (*joie, colère*)
estallar; **explosif** *adj*
explosivo(-a); **explosion** *nf*
explosión *f*

exportateur, -trice
[ɛkspɔʀtatœʀ, tʀis] *adj, nm/f*
exportador(a)

exportation [ɛkspɔʀtasjɔ̃] *nf*
exportación *f*

exporter [ɛkspɔʀte] *vt* exportar

exposant [ɛkspozɑ̃] *nm*
(*personne*) expositor *m*

exposé, e [ɛkspoze] *adj* (*orienté*)
orientado(-a) ♦ *nm* (*écrit*) informe
m; (*oral*) charla; (SCOL) exposición
f; **~ à l'est/au sud** orientado(-a)
al este/al sur; **bien ~** bien
orientado(-a)

exposer [ɛkspoze] *vt* exponer;

(*orienter: maison*) orientar;
exposition *nf* exposición *f*

exprès¹, expresse [ɛkspʀɛs]
adj expreso(-a) ♦ *adj inv*: **lettre/
colis ~** carta/paquete *m* urgente

exprès² [ɛkspʀɛ] *adv*
(*délibérément*) a propósito, adrede;
(*spécialement*) expresamente

express [ɛkspʀɛs] *adj, nm*:
(café) ~ (café) exprés *m*; **(train)
~** (tren) expreso

expressif, -ive [ɛkspʀesif, iv]
adj expresivo(-a)

expression [ɛkspʀesjɔ̃] *nf*
expresión *f*

exprimer [ɛkspʀime] *vt*
(*sentiment, idée*) expresar

expulser [ɛkspylse] *vt* expulsar;
(*locataire*) echar

exquis, e [ɛkski, iz] *adj* (*personne,
élégance, parfum*) exquisito(-a)

extasier: **s'~** *vpr*: **s'~ sur**
extasiarse ante

exténuer [ɛkstenɥe] *vt* extenuar

extérieur, e [ɛksteʀjœʀ] *adj*
exterior; (*pressions, calme*)
externo(-a) ♦ *nm* exterior *m*; **à l'~**
(*dehors*) fuera, afuera (AM); (*à
l'étranger*) en el exterior

externat [ɛksteʀna] *nm* externado

externe [ɛkstɛʀn] *adj* externo(-a)
♦ *nm/f* externo(-a); (*étudiant en
médecine*) alumno(-a) en prácticas

extincteur [ɛkstɛ̃ktœʀ] *nm*
extintor *m*

extinction [ɛkstɛ̃ksjɔ̃] *nf* extinción
f; **~ de voix** afonía

extra [ɛkstʀa] *adj inv, préf* extra ♦
nm extra *m*

extracommunautaire
[ɛkstʀakɔmynotɛʀ] *adj*
extracomunitario(-a)

extraire [ɛkstʀɛʀ] *vt* extraer; **~
qch de** extraer algo de; **extrait**
pp de **extraire** ♦ *nm* extracto; (*de

film, livre) pasaje *m*; **extrait de naissance** partida de nacimiento

extraordinaire [ɛkstʁaɔʁdinɛʁ] *adj* extraordinario(-a)

extravagant, e [ɛkstʁavagɑ̃, ɑ̃t] *adj* extravagante

extraverti, e [ɛkstʁavɛʁti] *adj* extravertido(-a), extrovertido(-a)

extrême [ɛkstʁɛm] *adj* extremo(-a); **extrêmement** *adv* extremadamente; **Extrême-Orient** *nm* Extremo Oriente *m*

extrémité [ɛkstʁemite] *nf* extremo; (*d'un doigt, couteau*) punta

exubérant, e [ɛgzybeʁɑ̃, ɑ̃t] *adj* exuberante

F, f

F [ɛf] *abr* = **franc**; (*appartement*): **un F2/F3** un piso de 2/3 habitaciones

fa [fa] *nm inv* fa *m*

fabricant [fabʁikɑ̃] *nm* fabricante *m/f*

fabrication [fabʁikasjɔ̃] *nf* fabricación *f*

fabrique [fabʁik] *nf* fábrica; **fabriquer** *vt* (*produire*) producir; (*construire*) fabricar; **qu'est-ce qu'il fabrique?** (*fam*) ¿qué está tramando?

fac [fak] (*pl fam*) *f* = **faculté**

façade [fasad] *nf* fachada

face [fas] *nf* (*visage*) cara, rostro; (*côté*) cara; (*d'un problème, sujet*) aspecto ♦ *adj*: **le côté** ~ cara; **en** ~ de enfrente de; (*fig*) frente a; **de** ~ de frente; ~ **à** frente a, ante; **faire** ~ **à qn/qch** hacer frente *ou* cara a algn/algo; ~ **à** ~ *adv* frente a frente ♦ *nm inv* debate *m*

fâché, e [fɑʃe] *adj* enfadado(-a)

fâcher [fɑʃe] *vt* enfadar; **se** ~ *vpr*: **se** ~ (**contre** *ou* **avec qn**) enfadarse (con algn)

facile [fasil] *adj* (*aussi péj*) fácil; (*accommodant*) sencillo(-a); **facilement** *adv* con facilidad, fácilmente; (*au moins*) por lo menos; **facilité** *nf* facilidad *f*; **faciliter** *vt* facilitar

façon [fasɔ̃] *nf* modo, manera; ~**s** *nfpl* (*péj*) modales *mpl*; **de quelle** ~ **l'a-t-il fait/construit?** ¿cómo lo ha hecho/construido?; **sans** ~ *adv* simplemente; **de** ~ **à** faire/**à ce que** de modo que haga/de modo que; **de (telle)** ~ **que** de tal forma que; **de toute** ~ de todos modos

facteur, -trice [faktœʁ, tʁis] *nm/f* cartero(-a) ♦ *nm* (MATH, *fig*) factor *m*

facture [faktyʁ] *nf* factura

facultatif, -ive [fakyltatif, iv] *adj* facultativo(-a)

faculté [fakylte] *nf* facultad *f*; ~**s** *nfpl* (*moyens intellectuels*) facultades *fpl*

fade [fad] *adj* soso(-a), insípido(-a)

faible [fɛbl] *adj* débil; (*sans volonté*) apático(-a); (*rendement, revenu*) bajo(-a) ♦ *nm*: **le** ~ **de qn/qch** el punto flaco de algn/algo; **faiblesse** *nf* debilidad *f*; (*défaillance*) desmayo; **faiblir** *vi* debilitarse; (*vent*) amainar

faïence [fajɑ̃s] *nf* loza

faignant, e [fɛɲɑ̃, ɑ̃t] *nm/f*, *adj* = **fainéant**

faillir [fajiʁ] *vi*: **j'ai failli tomber/lui dire** estuve a punto de caer/decirle

faillite [fajit] *nf* (*échec*) fracaso; **être en/faire** ~ (COMM) estar en/hacer quiebra

faim [fɛ̃] nf hambre f; **avoir ~**
tener hambre

fainéant, e [fɛneɑ̃, ɑ̃t] adj, nm/f
holgazán(-ana), flojo(-a) (AM)

MOT-CLÉ

faire [fɛʀ] vt **1** (fabriquer, être
l'auteur de) hacer; (blé, soie)
producir; **faire du vin/une
offre/un film** hacer vino/una
oferta/una película; **faire du
bruit** hacer ruido; **fait à la
main/la machine** hecho a mano/máquina
2 (effectuer: travail, opération)
hacer; **que faites-vous?** ¿qué
hace?; **(quel métier etc)** ¿a qué se
dedica (usted)?; **faire la lessive**
hacer la colada; **faire la
cuisine/le ménage/les
courses** hacer la cocina/la
limpieza/las compras; **faire les
magasins/l'Europe** ir de
tiendas/por Europa
3 (étudier, pratiquer): **faire du
droit/du français** hacer
derecho/francés; **faire du
sport/rugby** hacer deporte/
rugby; **faire du cheval** montar a
caballo; **faire du ski/du vélo** ir
a esquiar/en bicicleta; **faire du
violon/piano** tocar el violín/
piano
4 (simuler): **faire le malade/
l'ignorant** hacerse el enfermo/el
ignorante
5 (transformer, avoir un effet sur):
faire de qn un frustré/avocat
hacer de algn un frustrado/
abogado; **ça ne me fait rien** ou
ni chaud ni froid no me
importa nada; **ça ne me fait rien** no
importa nada
6 (calculs, prix, mesures): **2 et 2
font 4** 2 y 2 son 4; **9 divisé par**

3 fait 3 9 entre 3 es 3; **ça fait
10 m/15 €** son 10 m/15 €; **je
vous le fais 10 €** (j'en demande
10 €) se lo dejo en 10 €; voir **mal;
entrer; sortir**
**7: qu'a-t-il fait de sa valise/
de sa sœur?** ¿qué ha hecho con
su maleta/con su hermana?; **que
faire?** ¿qué voy etc a hacer?; **tu
fais bien de me le dire** haces
bien en decírmelo
**8: ne faire que: il ne fait que
critiquer** no hace más que
criticar
9 (dire) decir; **"vraiment?" fit-il**
"¿de verdad?" dijo
10 (maladie) tener; **faire du
diabète/de la tension/de la
fièvre** tener diabetes/tensión/
fiebre
♦ vi **1** (agir, s'y prendre) hacer;
(faire ses besoins) hacer sus
necesidades; **il faut faire vite**
hay que darse prisa; **comment
a-t-il fait?** ¿cómo ha hecho?;
faites comme chez vous está
en su casa
2 (paraître): **tu fais jeune dans
ce costume** este traje te hace
joven; **ça fait bien** queda bien
♦ vb substitut hacer; **je viens de
le faire** acabo de hacerlo; **ne le
casse pas comme je l'ai fait**
no lo rompas como me hecho yo;
je peux le voir? - faites!
desde luego
♦ vb impers **1: il fait beau** hace
bueno; voir aussi **jour; froid** etc
2 (temps écoulé, durée): **ça fait 5
ans/heures qu'il est parti**
hace 5 años/horas que está partido
ça fait 2 ans/heures qu'il y est
hace 2 años/horas que está allí
♦ vb semi-aux: **faire** + infinitif
hacer + infinitivo; **faire**

tomber/bouger qch hacer caer/mover algo; **cela fait dormir** esto hace dormir; **faire réparer qch** llevar algo a arreglar; **que veux-tu me faire croire/comprendre?** ¿qué quieres hacerme creer/comprender?; **il m'a fait ouvrir la porte** me hizo abrir la puerta; **il m'a fait traverser la rue** me ayudó a cruzar la calle; **se faire**
♦ **vi 1** *(vin, fromage)* hacerse **2: cela se fait beaucoup** eso se hace mucho; **cela ne se fait pas** eso no se hace **3: se faire** + *nom ou pron:* **se faire une jupe** hacerse una falda; **se faire des amis** hacer amigos; **se faire du souci** inquietarse; **il ne s'en fait pas** no se preocupa; **se faire des illusions** hacerse ilusiones; **se faire beaucoup d'argent** hacer mucho dinero **4: se faire** + *adj (devenir):* **se faire vieux** hacerse viejo; *(délibérément):* **se faire beau** ponerse guapo **5: se faire** *(s'habituer):* acostumbrarse a; **je n'arrive pas à me faire à la nourriture/au climat** no acabo de acostumbrarme a la comida/al clima **6: se faire** +*infinitif:* **se faire opérer/examiner la vue** operarse/examinarse la vista; **se faire couper les cheveux** cortarse el pelo; **il va se faire tuer/punir** le van a matar/castigar; **il s'est fait aider par qn** le ha ayudado algn; **se faire faire un vêtement** hacerse un vestido; **se faire ouvrir (la porte)** hacerse abrir (la puerta)

je me suis fait expliquer le texte par Anne Anne me explicó el texto **7** *(impersonnel):* **comment se fait-il que ...?** ¿cómo es que ...?; **il peut se faire que ...** puede ocurrir que ...

faire-part [fɛʀpaʀ] *nm inv:* ~~ **de mariage** participación *f* de boda; ~~~ **de décès** esquela de defunción

faisan, e [fəzɑ̃] *nm/f* faisán(-ana)

faisons [fəzɔ̃] *vb voir* **faire**

fait¹ [fɛ] *vb voir* **faire** ♦ *nm* hecho; **le ~ que ...** el hecho de que ...; **le ~ de manger/travailler** el hecho de comer/trabajar; **être au ~ de** estar al corriente de; **au ~** a propósito; **aller droit au ~** ir al grano; **en venir au ~** pasar a los hechos; **de ~** *adj (opposé à: de droit)* de hecho ♦ *adv (en fait)* en realidad; **du ~ que** por el hecho de que; **du ~ de** a causa de; **de ce ~** por esto; **en ~ de** hecho; **en ~ de repas/vacances** a guisa de comida/vacaciones; **c'est un ~** es un hecho, es verdad; **prendre qn sur le ~** coger a algn con las manos en la masa; **les ~s et gestes de qn** todos los movimientos de algn; **~ divers** suceso

fait², e [fɛ, fɛt] *pp de* **faire** ♦ *adj (fromage)* curado(-a); *(melon)* maduro(-a); **c'est ~ de lui** es su fin; **c'en est ~ de notre tranquillité** se acabó la tranquilidad; **tout(e) fait(e)** *(préparé à l'avance)* ya listo(-a), ya preparado(-a); **c'est bien ~ pour lui!** ¡le está bien empleado!

faites [fɛt] *vb voir* **faire**

falaise [falɛz] *nf* acantilado
falloir [falwaʀ] *vb impers (besoin)*:
il va ~ 100 € se necesitarán
100 €; **il doit ~ du temps pour
...** se necesitará tiempo para ...; **il
faut faire les lits** *(obligation)*
hay que hacer las camas; **il me
faut/faudrait 100 €/de l'aide**
necesito/necesitaría 100 €/ayuda;
**nous avons ce qu'il (nous)
faut** tenemos lo necesario; **il faut
que je fasse les lits** tengo que
hacer las camas; **il a fallu que je
parte** tuve que irme; **comme il
faut** *adj, adv (bien, convenable)*
como Dios manda; **s'en ~: il
s'en faut/s'en est fallu de 5
minutes/100 € (pour que ...)**
faltan/faltaron 5 minutos/100 €
(para que ...); **il ne fallait pas**
(pour remercier) no era necesario;
il faudrait que ... convendría
que ...; **il s'en est fallu de
peu que ...** faltó poco para que
...
famé, e [fame] *adj*: **mal ~** de
mala fama
fameux, -euse [famø, øz] *adj
(illustre)* famoso(-a), ilustre; *(bon)*
excelente
familial, e, -aux [familjal, jo]
adj familiar
familiarité [familjaʀite] *nf*
familiaridad *f*; **~s** *nfpl*
familiaridades *fpl*, confianzas
fpl
familier, -ière [familje, jɛʀ] *adj
(connu)* familiar; *(rapports de
confiance)* familiar; *(LING)* familiar,
coloquial ♦ *nm* asiduo(-a); **tu es un peu
trop ~ avec lui** *(cavalier,
impertinent)* te tomas demasiadas
confianzas con él
famille [famij] *nf* familia; **il a de
la ~ à Paris** tiene familia en París

famine [famin] *nf* hambruna
fanatique [fanatik] *adj, nm/f*
fanático(-a); **~ de rugby/de
voile** *(sens affaibli)* entusiasta *m/f*
del rugby/de la vela
faner [fane]: **se ~** *vpr (fleur)*
marchitarse
fanfare [fɑ̃faʀ] *nf* fanfarria,
charanga; *(musique)* fanfarria
fantaisie [fɑ̃tezi] *nf* fantasía;
(caprice) capricho ♦ *adj*: **bijou/
pain ~** joya/pan *m* de fantasía
fantasme [fɑ̃tasm] *nm* fantasma
m
fantastique [fɑ̃tastik] *adj*
fantástico(-a)
fantôme [fɑ̃tom] *nm* fantasma *m*
faon [fɑ̃] *nm* cervatillo
farce [faʀs] *nf (viande)* relleno;
(THÉÂTRE) farsa; **faire une ~ à qn**
gastar una broma a algn; **farcir**
vt (viande) rellenar
farder [faʀde] *vt* maquillar
farine [faʀin] *nf* harina
farouche [faʀuʃ] *adj (animal)*
arisco(-a); *(personne)* esquivo(-a)
fart [faʀt] *nm (SKI)* cera
fascination [fasinasjɔ̃] *nf (fig)*
fascinación *f*
fasciner [fasine] *vt* fascinar
fascisme [faʃism] *nm* fascismo
fasse *etc* [fas] *vb voir* **faire**
fastidieux, -euse [fastidjø, jøz]
adj fastidioso(-a)
fatal, e [fatal] *adj* mortal;
(inévitable) fatal; **fatalité** *nf*
fatalidad *f*
fatidique [fatidik] *adj* fatídico(-a)
fatigant, e [fatigɑ̃, ɑ̃t] *adj*
fatigante; *(agaçant)* pesado(-a)
fatigue [fatig] *nf* fatiga,
cansancio; **fatigué, e** *adj*
fatigado(-a); **fatiguer** *vt
(personne, membres)* fatigar,
cansar; *(moteur etc)* forzar;

(*importuner*) cansar ♦ *vi* (*moteur*) forzarse; **se fatiguer** *vpr* fatigarse, cansarse

fauché, e [foʃe] (*fam*) *adj* pelado(-a)

faucher [foʃe] *vt* (*aussi fig*) segar; (*herbe*) segar, cortar; (*fam: voler*) birlar

faucon [fokɔ̃] *nm* halcón *m*

faudra [fodʀa] *vb voir* **falloir**

faufiler [fofile] *vt* hilvanar; **se ~** *vpr*: **se ~ dans/parmi/entre** deslizarse entre/en/entre

faune [fon] *nf* (*fig, péj*) fauna *f*

fausse [fos] *adj voir* **faux²**; **faussement** *adv* (*accuser*) en falso

fausser [fose] *vt* (*serrure, objet*) torcer; (*résultat, données*) falsear

faut [fo] *vb voir* **falloir**

faute [fot] *nf* (*de calcul*) error *m*; (*SPORT, d'orthographe*) falta; (*REL*) pecado, culpa; **c'est de sa/ma ~** es culpa suya/mía; **être en ~** hacer mal; (*être responsable*) tener la culpa; **... ~ de** por falta de; **~ de mieux ...** a falta de algo mejor ...; **sans ~** (*à coup sûr*) sin falta; **~ de frappe** error de máquina; **~ professionnelle** error profesional

fauteuil [fotœj] *nm* sillón *m*; **~ d'orchestre** (*THÉÂTRE*) butaca de patio; **~ roulant** sillón de ruedas

fautif, -ive [fotif, iv] *adj* (*incorrect*) erróneo(-a); (*responsable*) culpable

fauve [fov] *nm* fiera

faux¹ [fo] *nf* (*AGR*) guadaña

faux², fausse [fo, fos] *adj* falso(-a); (*inexact*) erróneo(-a); (*rire, personne*) falso(-a), hipócrita; (*barbe, dent*) postizo(-a); (*MUS*) desafinado(-a); (*opposé à bon, correct: numéro, clé*)

confundido(-a) ♦ *adv*: **jouer/chanter ~** tocar/cantar desafinadamente ♦ *nm* (*peinture, billet*) falsificación *f*; **le ~** (*opposé au vrai*) lo falso; **faire fausse route** ir por mal camino; **faire ~ bond à qn** fallarle a algn; **fausse alerte** falsa alarma; **fausse couche** aborto; **fausse note** (*MUS, fig*) nota discordante; **~ frais** *nmpl* gastos *mpl* menudos; **~ mouvement** movimiento en falso; **~ pas** (*aussi fig*) paso en falso; **~ témoignage** (*délit*) falso testimonio; **faux-filet** (*pl* **faux-filets**) *nm* solomillo bajo

faveur [favœʀ] *nf* favor *m*; **à ~ de** (*la nuit, une erreur*) aprovechando; **en ~ de qn/qch** en favor de algo/algo

favorable [favoʀabl] *adj* favorable

favori, te [favoʀi, it] *adj, nm/f* favorito(-a) (*aussi SPORT*)

favoriser [favoʀize] *vt* favorecer

fécond, e [fekɔ̃, ɔ̃d] *adj* fértil, fecundo(-a); **féconder** *vt* fecundar

féculents [fekylɑ̃] *nmpl* féculas *fpl*

fédéral, e, -aux [fedeʀal, o] *adj* federal; **fédération** *nf* federación *f*; **la Fédération française de football** la Federación Francesca de Fútbol

fée [fe] *nf* hada

feignant, e [fɛɲɑ̃, ɑ̃t] *adj, nm/f* = **fainéant**

feindre [fɛ̃dʀ] *vt, vi* fingir

fêler [fele] *vt* (*verre, assiette*) resquebrajar

félicitations [felisitasjɔ̃] *nfpl* felicidades *fpl*

féliciter [felisite] *vt* felicitar; **~ qn (de qch/d'avoir fait qch)** felicitar a algn (por algo/por haber hecho algo)

félin [felɛ̃] nm felino
femelle [fəmɛl] nf hembra
féminin, e [feminɛ̃, in] adj
femenino(-a); (*vêtements etc*) de
mujer ♦ nm (LING) femenino
féministe [feminist] adj, nm/f
feminista m/f
femme [fam] nf mujer f; **~ au
foyer** ama de casa; **~ de
chambre** doncella; **~ de
ménage** asistenta
fémur [femyʀ] nm fémur m
fendre [fɑ̃dʀ] vt hender
fenêtre [f(ə)nɛtʀ] nf ventana
fenouil [fənuj] nm hinojo
fente [fɑ̃t] nf (*fissure*) grieta,
hendidura; (*de boîte à lettres*)
ranura
fer [fɛʀ] nm hierro; (*de cheval*)
herradura; **santé f/main de ~**
salud f/mano de hierro; **~ à
cheval** herradura; **~ (à
repasser)** plancha; **~ forgé**
hierro forjado
feral etc [fəʀe] vb voir **faire**
fer-blanc [fɛʀblɑ̃] (pl **~s-~s**) nm
hojalata
férié, e [feʀje] adj: **jour ~** día m
festivo
ferions etc [fəʀɔ̃] vb voir **faire**
ferme [fɛʀm] adj firme; (*chair*)
prieto(-a) ♦ adv: **travailler ~**
trabajar mucho ♦ nf granja
fermé, e [fɛʀme] adj (*aussi fig*)
cerrado(-a); (*gaz, eau*) cortado(-a)
fermenter [fɛʀmɑ̃te] vi fermentar
fermer [fɛʀme] vt cerrar; (*rideaux*)
correr; (*eau, électricité, route*)
cortar ♦ vi cerrar; **se ~** vpr
cerrarse; **~ à clef** cerrar con llave
fermeté [fɛʀməte] nf firmeza; (*des
muscles*) dureza
fermeture [fɛʀmətyʀ] nf cierre
m, cerradura; (*dispositif*) cerradura;
~ éclair ® cierre relámpago

fermier, -ière [fɛʀmje, jɛʀ] adj:
beurre/cidre ~ mantequilla/
sidra de granja ♦ nm/f (*locataire*)
granjero(-a), colono; **fermière** nf
(*femme de fermier*) granjera
féroce [feʀɔs] adj feroz
ferons [fəʀɔ̃] vb voir **faire**
ferrer [feʀe] vt (*cheval*) herrar;
(*poisson*) enganchar con el anzuelo
ferroviaire [feʀɔvjɛʀ] adj
ferroviario(-a)
ferry-(boat) [feʀe(bot)] (pl
ferry-boats ou ferries) nm
ferry m, transbordador m
fertile [fɛʀtil] adj fértil
fervent, e [fɛʀvɑ̃, ɑ̃t] adj
ferviente
fesse [fɛs] nf nalga; **fessée** nf
nalgada
festin [fɛstɛ̃] nm festín m
festival [fɛstival] nm festival m
festivités [fɛstivite] nfpl fiestas
fpl
fétard, e [fetaʀ, aʀd] (*péj*) nm/f
juerguista m/f
fête [fɛt] nf fiesta; (*kermesse*)
romería; (*d'une personne*) santo;
faire la ~ irse de juerga ou de
farra (AM); **faire à qn** festejar a
algn; **les ~s (de fin d'année)**
las fiestas (de fin de año); **salle/
comité des ~s** sala/comité m de
fiestas; **la ~ des Mères/des
Pères** el día de la madre/del
padre; **la F~ Nationale**
aniversario de la revolución
francesa; **~ foraine** feria; **fêter**
vt (*personne*) festejar; (*événement,
anniversaire*) festejar, celebrar
feu, x [fø] nm fuego; (*signal
lumineux*) luz f; (*fig*) fuego, ardor
m; **~x** nmpl (*éclat, lumière*)
destello msg; (AUTO: *de circulation*)
semáforo msg; **au ~!** ¡fuego!; **à ~
doux/vif** a poco fuego/fuego

vivo; **à petit ~** a fuego lento; *(fig)* lentamente; **ne pas faire long ~** *(fig)* no durar muchacho; **prendre ~** *(maison)* incendiarse; *(vêtements, rideaux)* prender fuego; **mettre le ~ à** meterle fuego a; **faire du ~** hacer fuego; **avez-vous du ~?** ¿tiene fuego?; **~ arrière** *(AUTO)* luz *f* trasera, piloto trasero; **d'artifice** fuegos *mpl* de artificio; **~ de joie** fogata *(fig)* **orange/ rouge/vert** *(AUTO)* disco ámbar/ rojo/verde; **~x de brouillard/de croisement/de position/de stationnement** *(AUTO)* luces *fpl* de niebla/de cruce/de posición/ intermitentes; **~x de route** *(AUTO)* luces largas *ou* de carretera

feuillage [fœjaʒ] *nm* follaje *m*

feuille [fœj] *nf* hoja; **~ de maladie** informe *m* médico; **~ (de papier)** hoja (de papel); **~ de paye** aviso de pago; **~ volante** hoja suelta

feuillet [fœjɛ] *nm* pliego, página

feuilleté, e [fœjte] *adj* *(CULIN)* hojaldrado(-a)

feuilleter [fœjte] *vt* *(livre)* hojear

feuilleton [fœjtɔ̃] *nm/f* serial *m*

feutre [føtʀ] *nm* fieltro; *(chapeau)* sombrero de fieltro; *(stylo)* rotulador *m*; **feutré, e** *adj* *(tissu)* afelpado(-a); *(pas, voix, atmosphère)* amortiguado(-a)

fève [fɛv] *nf* haba; *(dans la galette des Rois)* sorpresa

février [fevʀije] *nm* febrero; *voir aussi* **juillet**

FFF *sigle f* = *Fédération française de football* voir **fédération**

fiable [fjabl] *adj* fiable

fiançailles [fjɑ̃sɑj] *nfpl* noviazgo

fiancé, e [fjɑ̃se] *nm/f* novio(-a)

fiancer [fjɑ̃se]: **se ~** *vpr*: **se ~ (avec)** prometerse (con)

fibre [fibʀ] *nf* fibra; *(de bois)* veta

ficeler [fis(ə)le] *vt* atar

ficelle [fisɛl] *nf* cordón; *(pain)* violín *m*; **~s** *nfpl* *(procédés cachés)* artificios *mpl*

fiche [fiʃ] *nf* ficha; *(formulaire)* ficha, impreso; *(ÉLEC)* enchufe *m*

ficher [fiʃe] *vt* *(pour un fichier)* anotar en fichas; *(suj: police, personne)* fichar; **il ne fiche rien** *(fam)* no da golpe; **fiche(-moi) le camp** *(fam)* lárgate; **fiche-moi la paix** *(fam)* déjame en paz; **se ~ de** *vpr* *(fam)* tomar el pelo a

fichier [fiʃje] *nm* fichero

fichu, e [fiʃy] *pp de* **ficher** ♦ *adj* *(fam: fini, inutilisable)* estropeado(-a) ♦ *nm* *(foulard)* pañoleta; **être mal ~** *(fam: santé)* estar fastidiado(-a); **bien/mal ~** *(fam: habillé)* bien/mal arreglado(-a); **~ temps** tiempo pajolero

fictif, -ive [fiktif, iv] *adj* ficticio(-a); *(promesse, nom)* falso(-a)

fiction [fiksjɔ̃] *nf* ficción *f*

fidèle [fidɛl] *adj* fiel; *(loyal)* fiel, leal ♦ *nm/f* *(REL, fig)* devoto(-a); **les ~s** *(REL)* los fieles; **fidélité** *nf* fidelidad *f*

fier[1] [fje] *vb*: **se ~ à** fiarse de

fier[2]**, fière** [fjɛʀ] *adj* orgulloso(-a); *(hautain, méprisant)* arrogante, altivo(-a); **~ de qch/ qn** orgulloso(-a) de algo/algn; **fierté** *nf* orgullo; arroganza

fièvre [fjɛvʀ] *nf* *(aussi fig)* fiebre *f*; **avoir de la ~/39** *ou* tener fiebre/39 de fiebre; **fiévreux, -euse** *adj* febril

figer [fiʒe]: **se ~** *vpr* *(sang)* coagularse; *(personne, sourire)* petrificarse

fignoler [fiɲɔle] *vt* dar el último

toque a

figue [fig] nf higo; **figuier** nm higuera

figurant, e [figyʀɑ̃, ɑ̃t] nm/f figurante m/f

figure [figyʀ] nf (visage) cara; (illustration, dessin) figura, ilustración f

figuré, e [figyʀe] adj figurado(-a)

figurer [figyʀe] vi figurar ♦ vt representar, figurar; **se ~ qch/que** imaginarse algo/que

fil [fil] nm hilo; (du téléphone) cable m; (tranchant) filo; **au ~ des heures/des années** a lo largo ou con el correr de las horas/de los años; **le ~ d'une histoire/de ses pensées** el hilo de una historia/de sus pensamientos; **au ~ de l'eau** a favor de la corriente; **donner/recevoir un coup de ~** dar/recibir un telefonazo; **à coudre** hilo de coser; **à pêche** sedal m; **~ de fer** alambre m; **~ de fer barbelé** alambre de espino; **~ électrique** cable eléctrico

file [fil] nf (de voitures) fila; (de clients) cola; **prendre la ~ de droite** (AUTO) coger el carril de la derecha; **à la ~** (d'affilée) seguidos(-as); (l'un derrière l'autre) en fila; **à la ou en ~ indienne** en fila india; **~ (d'attente)** cola

filer [file] vt hilar; (prendre en filature) seguir los pasos a ♦ vi (bas, maille) correrse, hacerse una carrera; (aller vite) pasar volando; (fam: partir) largarse; **~ qch à qn** (fam: donner) dar algo a algn

filet [file] nm red f; (de poisson) filete m; (viande) solomillo; (d'eau, sang) hilo; **~ (à provisions)** bolsa (de la compra)

filiale [filjal] nf filial f, sucursal f

filière [filjɛʀ] nf escalafón m

fille [fij] nf chica; (opposé à fils) hija; **vieille ~** solterona; **fillette** nf chiquilla

filleul, e [fijœl] nm/f ahijado(-a)

film [film] nm película; (couche) capa

fils [fis] nm hijo; **~ à papa** (péj) niño de papá

filtre [filtʀ] nm filtro; **filtrer** vt filtrar; (candidats, nouvelles) hacer una criba de ♦ vi filtrarse

fin¹ [fɛ̃] nf final m; (d'un projet, d'un rêve: aussi mort) final, fin m; **~s** nfpl (desseins) fines mpl; **prendre ~** terminar, acabar; **mettre ~ à qch** poner fin a algo; **à la ~** finalmente; **sans ~** sin fin, interminable; **sans cesse** sin cesar

fin², e [fɛ̃, fin] adj fino(-a); (taille) delgado(-a); (effilé) afilado(-a); (subtil) agudo(-a) ♦ adv fino; **avoir la vue ~e/l'ouïe ~e** tener vista aguda/buen oído; **vin ~** vino selecto; **~es herbes** hierbas fpl aromáticas

final, e [final] adj último(-a) ♦ nm (MUS) final m; **quart/8èmes/16èmes de ~** cuarto/octavos/dieciseisavos de final; **finale** nf (SPORT) final f; **finalement** adv finalmente; (après tout) al final, después de todo

finance [finɑ̃s] nf: **la ~** las finanzas; **~s** nfpl (d'un club, pays) fondos mpl; (activités et problèmes financiers) finanzas fpl; **financer** vt financiar; **financier, -ière** adj financiero(-a)

finesse [finɛs] nf finura; (délicatesse) delgadez f; afilamiento f; agudeza; **~s** nfpl (subtilités) sutilezas fpl

fini, e [fini] adj terminado(-a), acabado(-a); (MATH, PHILOSOPHIE) finito(-a) ♦ nm (d'un objet

manufacturé) perfección f; **bien/
mal ~** (travail, vêtement) bien/mal
terminado(-a), bien/mal
rematado(-a)

finir [finiʀ] vt acabar, terminar;
(être placé en fin de: période, livre)
finalizar ♦ vi terminarse, acabarse;
~ de faire qch (terminer) acabar
de hacer algo; **~ par qch/par
faire qch** (gén) acabar con algo/
haciendo ou por hacer algo; **il
finit par m'agacer** acaba
molestándome; **~ en tragédie**
acabar en tragedia; **en ~ (avec
qn/qch)** acabar (con algo/algo);
cela/il va mal ~ eso/él acabará
mal

finition [finisjɔ̃] nf acabado,
último toque m

finlandais, e [fɛ̃lɑ̃dɛ, ɛz] adj
finlandés(-esa) ♦ nm/f: **F~, e**
finlandés(-esa)

Finlande [fɛ̃lɑ̃d] nf Finlandia

firme [fiʀm] nf firma

fis [fi] vb voir **faire**

fisc [fisk] nm: **le ~** el fisco

fiscal, e, -aux [fiskal, o] adj
fiscal; **fiscalité** nf (système)
régimen m tributario; (charges)
cargas fpl fiscales

fissure [fisyʀ] nf fisura;
fissurer: se fissurer vpr
agrietarse

fit [fi] vb voir **faire**

fixation [fiksasjɔ̃] nf fijación f; **~
(de sécurité)** (de ski) fijación (de
seguridad)

fixe [fiks] adj fijo(-a) ♦ nm (salaire
de base) sueldo base; **à date/
heure ~** en fecha/hora fijas;
menu à prix ~ menú m de
precio fijo

fixé, e [fikse] adj: **être ~ (sur)**
saber a qué atenerse (respecto a)

fixer [fikse] vt fijar; (poser son

regard sur) fijar la mirada en; **se ~
quelque part** establecerse en
algún sitio; **~ sur** (suj: regard,
attention) fijarse en

flacon [flakɔ̃] nm frasco

flageolet [flaʒɔlɛ] nm (MUS)
chirimía; (CULIN) frijol m

flagrant, e [flagʀɑ̃, ɑ̃t] adj
flagrante; **prendre qn en ~
délit** coger a algn en flagrante
delito

flair [flɛʀ] nm olfato; **flairer** vt
olfatear

flamand, e [flamɑ̃, ɑ̃d] adj
flamenco(-a) ♦ nm (LING) flamenco
♦ nm/f: **F~, e** flamenco(-a); **les
F~s** los flamencos

flamant [flamɑ̃] nm (ZOOL)
flamenco

flambant [flɑ̃bɑ̃] adv: **~ neuf**
nuevo flamante

flambé, e [flɑ̃be] adj: **banane/
crêpe ~e** plátano/crêpe m
flameado

flambée [flɑ̃be] nf llamarada

flamber [flɑ̃be] vi llamear

flamboyer [flɑ̃bwaje] vi (aussi fig)
resplandecer

flamme [flam] nf llama; (fig)
pasión f; **en ~s** en llamas

flan [flɑ̃] nm flan m

flanc [flɑ̃] nm (ANAT) costado;
(montagne) ladera

flancher [flɑ̃ʃe] vi flaquear

flanelle [flanɛl] nf franela

flâner [flane] vi callejear,
deambular

flanquer [flɑ̃ke] vt flanquear; **~
qch sur/dans** (fam: mettre) tirar
algo a/en; **~ par terre** (fam)
arrojar al suelo; **~ à la porte**
(fam) echar a la calle

flaque [flak] nf charco

flash [flaʃ] (pl **~es**) nm (PHOTO:
dispositif) flash m; **~**

d'information flash informativo

flatter [flate] vt (personne) halagar, adular; **flatteur, -euse** adj (photo, profil) halagüeño(-a); (éloges) halagador(a) ♦ nm/f (personne) adulador(a)

flèche [flɛʃ] nf flecha; (de clocher) aguja; (de grue) aguilón m; **monter en ~** (fig) subir como una flecha; **fléchettes** nfpl (jeu) dardos mpl

flétrir [fletʀiʀ]: **se ~** vpr (fleur) marchitarse; (peau, visage) ajarse

fleur [flœʀ] nf flor f; **être en ~** estar en flor

fleuri, e [flœʀi] adj florido(-a)

fleurir [flœʀiʀ] vi florecer ♦ vt poner flores en

fleuriste [flœʀist] nm/f florista m/f

fleuve [flœv] nm río

flexible [flɛksibl] adj flexible

flic [flik] (fam: péj) nm poli m

flipper¹ [flipœʀ] nm flíper m

flipper² [flipe] vi (fam) amargarse

flirter [flœʀte] vi flirtear

flocon [flɔkɔ̃] nm copo

flore [flɔʀ] nf flora

florissant, e [flɔʀisɑ̃, ɑ̃t] vb voir **fleurir** ♦ adj (entreprise, commerce) floreciente, próspero(-a)

flot [flo] nm (fig) oleada; (de paroles, etc) río; **~s** nmpl (de la mer) olas fpl, mar fsg; **à ~s** a raudales

flottant, e [flɔtɑ̃, ɑ̃t] adj (vêtement) de vuelo, ancho(-a); (non fixe) fluctuante

flotte [flɔt] nf (naut) flota; (fam: eau) agua; (: pluie) lluvia

flotter [flɔte] vi flotar; (drapeau, cheveux) ondear; (vêtements) volar; (ÉCON) fluctuar ♦ vb impers (fam):

il flotte llueve; **flotteur** nm (d'hydravion etc) flotador m; (de canne à pêche) boya

flou, e [flu] adj borroso(-a); (idée) vago(-a)

fluide [flɥid] adj fluido(-a)

fluor [flyɔʀ] nm flúor m

fluorescent, e [flyɔʀesɑ̃, ɑ̃t] adj fluorescente

flûte [flyt] nf flauta; (verre) copa; (pain) barra pequeña de pan; **~!** ¡caramba!; **~ à bec/traversière** flauta dulce/travesera

flux [fly] nm flujo; **le ~ et le reflux** el flujo y el reflujo

FM [ɛfɛm] sigle f (= fréquence modulée) FM f (= frecuencia modulada)

foc [fɔk] nm foque m

foi [fwa] nf fe f; **avoir ~ en** tener fe en; **digne de ~** fidedigno(-a); **être de bonne/mauvaise ~** actuar con buena/mala fe; **ma ~!** ¡lo juro!

foie [fwa] nm hígado m

foin [fwɛ̃] nm heno

foire [fwaʀ] nf mercado; (fête foraine) feria, romería; **faire la ~** (fig: fam) irse de juerga ou de farra (AM); **~ (exposition)** feria de muestras

fois [fwa] nf: **une/deux ~** una vez/dos veces; **2 ~ 2** 2 por 2; **deux/quatre ~ plus grand (que)** dos/cuatro veces mayor (que); **une (bonne) ~ pour toutes** de una vez por todas; **une ~ que c'est fait** una vez que esté hecho; **à la ~** (ensemble) a la vez; **des ~** a veces; **chaque ~ que** cada vez que

fol [fɔl] adj voir **fou**

folie [fɔli] nf locura; **faire des ~s** hacer locuras, gastar a lo loco

folklorique [fɔlklɔʀik] adj

folklórico(-a); *(péj)*
estrambótico(-a)
folle [fɔl] *adj f, nf voir* **fou**;
follement *adv (amoureux)*
locamente; *(drôle, intéressant)*
tremendamente; **avoir**
follement envie de tener unos
celos tremendos
foncé, e [fɔ̃se] *adj* oscuro(-a)
foncer [fɔ̃se] *vt* oscurecer; *(fam:
aller vite)* ir volando; **~ sur** *(fam)*
arremeter contra
fonction [fɔ̃ksjɔ̃] *nf* función *f;
(profession)* profesión *f; (poste)*
cargo; **~s** *nfpl (activité, pouvoirs)*
competencias *fpl;* **entrer en/**
reprendre ses ~s tomar
posesión de/reincorporarse a su
cargo; **voiture/maison de ~**
coche *m*/casa oficial; **être ~ de**
(fig) depender de; **en ~ de**
dependiendo de; **faire ~ de** *(suj:
personne)* hacer las veces de;
(chose) servir para; **la ~ publique**
la función pública;
fonctionnaire *nm/f*
funcionario(-a); **fonctionner** *vi*
funcionar
fond [fɔ̃] *nm* fondo; **un ~ de**
verre/bouteille el resto del
vaso/de la botella; *(SPORT)* el
fondo; **au ~ de** *(récipient)* en el
fondo de; *(salle)* al fondo de;
sans ~ *(très profond)* sin fondo;
toucher à ~ *(aussi fig)* tocar
fondo; **à ~ de** train, *(soutenir)*
capa y espada; **à ~ (de train)**
(fam) a todo correr, a toda
marcha; **dans le ~, au ~** en
resumidas cuentas; **de ~ en**
comble de arriba a abajo; **~ de**
teint maquillaje *m* de fondo; **~**
sonore fondo sonoro
fondamental, e, -aux
[fɔ̃damɑ̃tal, o] *adj* fundamental

fondant, e [fɔ̃dɑ̃, ɑ̃t] *adj:* **la**
neige/glace ~e la nieve/el hielo
que se derrite
fondation [fɔ̃dasjɔ̃] *nf* fundación
f; **~s** *nfpl (d'une maison)*
cimientos *mpl*
fondé, e [fɔ̃de] *adj* fundado(-a)
fondement [fɔ̃dmɑ̃] *nm:* **sans ~**
sin fundamento
fonder [fɔ̃de] *vt* fundar; **~ qch**
sur *(fig)* basar algo en; **se ~ sur**
qch *(personne)* basarse en algo
fonderie [fɔ̃dʀi] *nf* fundición *f*
fondre [fɔ̃dʀ] *vt (neige, glace)*
fundir, derretir; *(métal)* fundir;
(dans l'eau: sucre) disolver;
(mélanger) mezclar ♦ *vi* fundirse,
derretirse; *(métal)* fundirse;
(argent, courage) esfumarse; **~ sur**
(se précipiter) abatirse sobre; **faire**
~ derretir; *(sucre)* disolver; **~ en**
larmes deshacerse en lágrimas
fonds [fɔ̃] *nm* fondo ♦ *nmpl
(argent)* fondos *mpl;* **~ (de**
commerce) fondo de comercio
fondu, e [fɔ̃dy] *adj (beurre)*
derretido(-a); *(neige)* fundido(-a),
derretido(-a); *(métal)* fundido(-a);
fondue *nf:* **fondue**
(savoyarde)/bourguignonne
fondue *f* (saboyana)/burguiñona
font [fɔ̃] *vb voir* **faire**
fontaine [fɔ̃tɛn] *nf* fuente *f*
fonte [fɔ̃t] *nf (de la neige)* deshielo
foot(ball) [fut(bol)] *nm* fútbol *m;*
footballeur, -euse *nm/f*
futbolista *m/f*
footing [futiŋ] *nm:* **faire du ~**
hacer footing
forain, e [fɔʀɛ̃, ɛn] *adj* ferial ♦
nm/f (marchand) feriante *m/f*
forçat [fɔʀsa] *nm* forzado
force [fɔʀs] *nf* fuerza; *(d'une
armée)* potencia; *(intellectuelle,
morale)* fortaleza; **~s** *nfpl (MIL,*

physiques) fuerzas fpl; **ménager ses/reprendre des ~s** ahorrar/recuperar fuerzas; **être à bout de ~** estar agotado(-a); **à ~ de critiques/de le critiquer/ de faire** a fuerza de críticas/de criticarlo/de hacer; **de ~** (*prendre, enlever*) a la fuerza; **être de ~ à faire qch** ser capaz de hacer algo; **les ~s de l'ordre** las fuerzas del orden; **c'est une ~ de la nature** (*personne*) es un sansón

forcé, e [fɔʀse] adj (*rire, attitude*) forzado(-a); (*bain, atterrissage*) forzoso(-a); **forcément** adv (*obligatoirement*) forzosamente; (*bien sûr*) como es lógico

forcer [fɔʀse] vt forzar; (AGR) impulsar el crecimiento de ♦ vi esforzarse; **~ qn à qch/à faire qch** obligar a algn a algo/a hacer algo; **se ~ à qch/faire qch** obligarse a algo/a hacer algo; **la main à qn** apretarle los tornillos a algn

forestier, -ière [fɔʀestje, jɛʀ] adj forestal

forêt [fɔʀɛ] nf bosque m

forfait [fɔʀfɛ] nm (COMM) ajuste m; (*crime*) crimen m; **déclarer ~** (SPORT) retirarse; **travailler à ~** trabajar a destajo; **forfaitaire** adj concertado(-a)

forge [fɔʀʒ] nf forja; **forgeron** nm herrero

formaliser [fɔʀmalize]: **se ~** vpr molestarse; **se ~ de qch** molestarse por algo

formalité [fɔʀmalite] nf requisito, trámite m; **simple ~** mera formalidad f

format [fɔʀma] nm formato; **formater** vt formatear

formation [fɔʀmasjɔ̃] nf

formación f; (*apprentissage*) educación f; **la ~ permanente/ continue** la formación permanente/continua; **la ~ professionnelle/des adultes** la formación profesional/de adultos

forme [fɔʀm] nf forma; (*type*) tipo; **~s** nfpl (*manières*) formas fpl; **en ~ de poire** con forma de pera; **être en (bonne/pleine) ~** estar en (buena/plena) forma; **avoir la ~** estar en forma

formel, le [fɔʀmɛl] adj (*preuve, décision*) categórico(-a); (*logique*) formal; **formellement** adv absolutamente

former [fɔʀme] vt formar; **se ~** vpr formarse

formidable [fɔʀmidabl] adj (*important*: *excellent*) estupendo(-a)

formulaire [fɔʀmylɛʀ] nm impreso

formule [fɔʀmyl] nf fórmula; (*de vacances, crédit*) sistema m; **~ de politesse** fórmula de cortesía

fort, e [fɔʀ, fɔʀt] adj (*aussi fig*) fuerte; (*gros*) grueso(-a); (*quantité*) importante; (*soleil*) intenso(-a) ♦ adv (*frapper, serrer, sonner*) con fuerza; (*parler*) alto; (*beaucoup*) mucho; (*très*) muy ♦ nm (*édifice, fig*) fuerte m; **être ~ (en)** (*doué*) ser bueno(-a) (en); **au plus ~ de** en lo más álgido de; **forteresse** nf fortaleza

fortifiant [fɔʀtifjɑ̃] nm fortificante

fortune [fɔʀtyn] nf fortuna; **faire ~** hacer fortuna; **de ~** improvisado(-a); **fortuné, e** adj afortunado(-a)

fosse [fos] nf fosa

fossé [fose] nm zanja

fossette [fosɛt] nf hoyuelo

fossile [fosil] *nm* fósil *m*

fou (fol), folle [fu, fɔl] *adj*
loco(-a); (*fam*: *extrême*)
inmenso(-a) ♦ *nm/f* loco(-a) ♦ *nm*
(*d'un roi*) bufón *m*; **être fou de**
estar loco(-a) por; **faire le fou**
hacer el tonto *ou* el indio; **avoir**
le fou rire tener un ataque de
risa; **ça prend un temps fou**
(*fam*) esto lleva mucho tiempo; **il**
a eu un succès fou (*fam*) tuvo
un éxito loco

foudre [fudʀ] *nf* rayo

foudroyant, e [fudʀwajɑ̃, ɑ̃t] *adj*
fulminante

fouet [fwɛ] *nm* látigo, fuete (AM),
rebenque (AM); (*CULIN*) batidor *m*;
de plein ~ (*heurter*) de frente;

fouetter *vt* dar latigazos a

fougère [fuʒɛʀ] *nf* helecho

fougue [fug] *nf* fogosidad *f*;
fougueux, -euse *adj* fogoso(-a)

fouille [fuj] *nf* (*v cf*) cacheo,
registro; **~s** *nfpl* (*archéologiques*)
excavaciones *fpl*; **fouiller** *vt*
(*suspect*) cachear; (*local, quartier*)
registrar; (*creuser*) excavar;
(*approfondir*) ahondar en; **fouillis**
nm revoltijo

foulard [fulaʀ] *nm* pañuelo

foule [ful] *nf*: **la ~** la
muchedumbre, el gentío; **une ~**
de una multitud de

foulée [fule] *nf* (*SPORT*) zancada

fouler [fule] *vt* (*écraser*) prensar;
se ~ *vpr* (*fam*) matarse
trabajando; **se ~ la cheville/le**
bras torcerse el tobillo/el brazo;
foulure *nf* esguince *m*

four [fuʀ] *nm* horno; (*échec*)
fracaso

fourche [fuʀʃ] *nf* horca

fourchette [fuʀʃɛt] *nf* tenedor *m*;
(*STATISTIQUE*) gama

fourgon [fuʀgɔ̃] *nm* furgón *m*;

fourgonnette *nf* furgoneta

fourmi [fuʀmi] *nf* hormiga; **avoir**
des ~s dans les jambes/
mains (*fig*) tener un hormigueo
en las piernas/manos;
fourmilière *nf* hormiguero

fourneau, x [fuʀno] *nm* horno

fourni, e [fuʀni] *adj* (*barbe,*
cheveux) tupido(-a), poblado(-a);
bien/mal ~ (en) bien/mal
equipado(-a) (en)

fournir [fuʀniʀ] *vt* proporcionar;
(*effort*) realizar; (*chose*) dar,
proporcionar; **fournisseur,**
-euse *nm/f* proveedor(a);
fournisseur d'accès à
Internet proveedor *m* de
servicios de Internet;
fournitures *nfpl* material *msg*

fourrage [fuʀaʒ] *nm* forraje *m*

fourré, e [fuʀe] *adj* (*bonbon*)
relleno(-a); (*manteau, botte*)
forrado(-a) ♦ *nm* maleza

fourrer [fuʀe] (*fam*) *vt*: **~ qch**
dans meter algo en; **se ~** *vpr*: **se ~**
dans/sous meterse en/bajo

fourrière [fuʀjɛʀ] *nf* (*pour chiens*)
perrera; (*voitures*) depósito de
coches

fourrure [fuʀyʀ] *nf* piel *f*;
manteau de ~ abrigo de
piel

foutre [futʀ] (*fam!*) *vt* = **ficher**;
foutu, e (*fam!*) *adj* = **fichu**

foyer [fwaje] *nm* hogar *m*; (*fig*)
foco

fracassant, e [fʀakasɑ̃, ɑ̃t] *adj*
(*fig*) estrepitoso(-a)

fraction [fʀaksjɔ̃] *nf* fracción *f*;
(*MATH*) fracción, quebrado

fracture [fʀaktyʀ] *nf* (*MÉD*)
fractura; **fracturer** *vt* (*coffre,*
serrure) forzar; **se fracturer la**
jambe fracturarse la pierna

fragile [fʀaʒil] *adj* (*aussi fig*) frágil;

(*santé, personne*) delicado(-a);
fragilité *nf* fragilidad *f*

fragment [fʀagmɑ̃] *nm* (*d'un objet*) fragmento, trozo; (*d'un discours*) fragmento

fraîche [fʀɛʃ] *adj voir* **frais**;
fraîcheur *nf* (*voir frais*) frescor *m*, frescura; lozanía; frialdad *f*;
fraîchir *vi* refrescar; (*vent*) levantarse

frais, fraîche [fʀɛ, fʀɛʃ] *adj* fresco(-a); (*teint*) lozano(-a); (*accueil*) frío(-a) ♦ *nm*: **mettre au ~** poner en el frigorífico ♦ *nmpl* (*COMM, dépenses*) gastos *mpl*; **à boire/servir ~** beber/servir frío; **légumes/fruits ~** verduras *fpl*/frutas *fpl* frescas; **prendre le ~** tomar el fresco; **faire des ~** hacer gasto; **~ de scolarité** gastos de matrícula; **~ généraux** gastos generales

fraise [fʀɛz] *nf* (*BOT, TECH*) fresa, frutilla (*AM*); **~ des bois** fresa silvestre

framboise [fʀɑ̃bwaz] *nf* frambuesa

franc, franche [fʀɑ̃, fʀɑ̃ʃ] *adj* franco(-a); (*refus, couleur*) claro(-a); (*coupure*) limpio(-a); (*intensif*) auténtico(-a) ♦ *adv*: **à parler ~** francamente ♦ *nm* (*monnaie*) franco; **~ de port** porte pagado

français, e [fʀɑ̃sɛ, ez] *adj* francés(-esa) ♦ *nm* (*LING*) francés ♦ *nm/f*: **F~, e** francés(-esa); **les F~** los franceses

France [fʀɑ̃s] *nf* Francia

franche [fʀɑ̃ʃ] *adj f voir* **franc**;
franchement *adv* francamente; (*tout à fait*) realmente

franchir [fʀɑ̃ʃiʀ] *vt* (*aussi fig*) salvar; (*seuil*) franquear

franchise [fʀɑ̃ʃiz] *nf* franqueza;

(*douanière, ASSURANCE*) franquicia;
(*COMM*) licencia

franc-maçon [fʀɑ̃masɔ̃] (*pl ~- ~s*) *nm* francmasón(-ona)

franco [fʀɑ̃ko] *adv* (*COMM*): **~ (de port)** porte pagado

francophone [fʀɑ̃kɔfɔn] *adj*, *nm/f* francófono(-a)

franc-parler [fʀɑ̃paʀle] *nm inv* franqueza

frange [fʀɑ̃ʒ] *nf* fleco, franja; (*de cheveux*) flequillo; (*fig*) franja

frangipane [fʀɑ̃ʒipan] *nf* crema almendrada

frappant, e [fʀapɑ̃, ɑ̃t] *adj* sorprendente

frappé, e [fʀape] *adj* (*vin, café*) helado(-a); **~ de ou par qch** impresionado(-a) por algo

frapper [fʀape] *vt* golpear; (*fig*) impresionar; (*malheur, impôt*) afectar; (*monnaie*) acuñar; **~ dans les mains** golpear con las manos; **~ du poing sur la table** dar un puñetazo en la mesa

fraternel, le [fʀatɛʀnɛl] *adj* fraterno(-a); **fraternité** *nf* fraternidad *f*

fraude [fʀod] *nf* fraude *m*; **passer qch en ~** pasar algo fraudulentamente

frayeur [fʀɛjœʀ] *nf* pavor *m*

fredonner [fʀədɔne] *vt* tararear

freezer [fʀizœʀ] *nm* congelador *m*

frein [fʀɛ̃] *nm* freno; **sans ~** sin freno; **~s à disques** frenos de disco; **~ à main** freno de mano; **~s à tambours** frenos de tambor; **freiner** *vi* frenar ♦ *vt* frenar, parar

frêle [fʀɛl] *adj* frágil

frelon [fʀəlɔ̃] *nm* abejón *m*

frémir [fʀemiʀ] *vi* estremecerse; (*eau*) empezar a hervir

frêne [fʀɛn] nm fresno
fréquemment [fʀekamã] adv
frecuentemente, seguido (AM)
fréquent, e [fʀekã, ãt] adj
frecuente; (opposé à rare) corriente
fréquentation [fʀekãtasjɔ̃] nf
frecuentación f, trato; **~s** nfpl
(relations): **de bonnes ~s** buenas
relaciones
fréquenté, e [fʀekãte] adj: **très
~** muy concurrido(-a); **mal ~**
frecuentado(-a) por gente
indeseable
fréquenter [fʀekãte] vt
frecuentar; (personne) tratar,
frecuentar; (courtiser) salir con; **se
~** vpr tratarse, frecuentarse
frère [fʀɛʀ] nm hermano
fresque [fʀɛsk] nf fresco; (LITT)
retrato
fret [fʀɛ(t)] nm flete m
friand, e [fʀijã, fʀijãd] adj: **~ de**
entusiasta de
friandise [fʀijãdiz] nf golosina
fric [fʀik] (fam) nm pasta
friche [fʀiʃ]: **en ~** adj, adv
inculto(-a)
friction [fʀiksjɔ̃] nf fricción f
frigidaire ® [fʀiʒidɛʀ] nm
nevera, frigorífico
frigo [fʀigo] nm = **frigidaire**
frigorifique [fʀigɔʀifik] adj
frigorífico(-a)
frileux, -euse [fʀilø, øz] adj
friolero(-a); (fig) encogido(-a)
frimer [fʀime] (fam) vi chulear
fringale [fʀɛ̃gal] nf: **avoir la ~**
tener un hambre canina
fringues [fʀɛ̃g] (fam) nfpl trapos
mpl
fripé, e [fʀipe] adj arrugado(-a)
frire [fʀiʀ] vt (aussi: **faire ~**) freír
frisé, e [fʀize] adj rizado(-a)
frisson [fʀisɔ̃] nm escalofrío,
estremecimiento; **frissonner** vi

tiritar, estremecerse; (fig) temblar
frit, e [fʀi, fʀit] pp de **frire** ♦ adj
frito(-a); (pommes) **~es** patatas
fpl ou papas fpl (AM) fritas; **frite**
nf patata frita; **friteuse** nf
freidora; **friture** nf (huile) aceite
m; (RADIO) ruido de fondo; **friture
(de poissons)** fritura (de
pescado)
froid, e [fʀwa, fʀwad] adj frío(-a);
il fait ~ hace frío; **avoir/
prendre ~** tener/coger frío; **à ~**
en frío; **jeter un ~** (fig) provocar
el asombro; **être en ~ avec qn**
estar enfadado(-a) con algn;
froidement adv con frialdad
froisser [fʀwase] vt arrugar; (fig)
ofender; **se ~** vpr arrugarse; **se ~
un muscle** distendérsele a algn
un músculo
frôler [fʀole] vt rozar
fromage [fʀɔmaʒ] nm queso; **~
blanc** queso fresco, requesón m
froment [fʀɔmã] nm trigo
froncer [fʀɔ̃se] vt fruncir; **~ les
sourcils** fruncir el ceño
front [fʀɔ̃] nm frente f; **de ~**
(rouler) al lado; (simultanément) al mismo tiempo;
faire ~ à hacer frente a; **~ de
mer** paseo marítimo
frontalier, -ière [fʀɔ̃talje, jɛʀ]
adj fronterizo(-a) ♦ nm/f:
(travailleurs) **~s** (trabajadores
mpl) fronterizos mpl
frontière [fʀɔ̃tjɛʀ] nf frontera
frotter [fʀɔte] vi frotar ♦ vt frotar;
(pour nettoyer) frotar, estregar; **~
une allumette** encender una
cerilla
fruit [fʀui] nm fruta; **~s de mer**
mariscos mpl; **~s secs** frutos
secos; **fruité, e** adj afrutado(-a);
fruitier, -ière adj: **arbre
fruitier** árbol m frutal

frustrer [fʀystʀe] vt frustrar
fuel(-oil) [fjul(ɔjl)] (pl **fuels(-oils)**) nm fuel(-oil) m
fugace [fygas] adj fugaz
fugitif, -ive [fyʒitif, iv] adj (lueur, amour) efímero(-a); (prisonnier etc) fugitivo(-a) ♦ nm/f fugitivo(-a)
fugue [fyg] nf: **faire une ~** fugarse
fuir [fɥiʀ] vt huir ♦ vi huir; (gaz, eau) escapar; (robinet) perder agua
fuite [fɥit] nf huida; (des capitaux etc) fuga; (d'eau) escape m; (divulgation) filtración f; **être en ~** ser un(a) prófugo(-a); **mettre en ~** ahuyentar
fulgurant, e [fylgyʀɑ̃, ɑ̃t] adj fulgurante
fumé, e [fyme] adj ahumado(-a);
fumée nf humo
fumer [fyme] vi echar humo; (personne) fumar ♦ vt (cigarette, pipe) fumar
fûmes [fym] vb voir **être**
fumeur, -euse [fymœʀ, øz] nm/f fumador(a)
fumier [fymje] nm estiércol m
funérailles [fyneʀɑj] nfpl funeral msg
fur [fyʀ]: **au ~ et à mesure** adv poco a poco; **au ~ et à mesure que** a medida que, conforme
furet [fyʀɛ] nm (ZOOL) hurón m
fureter [fyʀ(ə)te] (péj) vi husmear, fisgonear
fureur [fyʀœʀ] nf furia, cólera; **faire ~** estar en boga, hacer furor
furie [fyʀi] nf furia; en ~ desencadenado(-a); **furieux, -euse** adj furioso(-a)
furoncle [fyʀɔ̃kl] nm forúnculo m
furtif, -ive [fyʀtif, iv] adj furtivo(-a)
fus [fy] vb voir **être**
fusain [fyzɛ̃] nm (BOT) bonetero;

(ART) carboncillo
fuseau, x [fyzo] nm (pantalon) fuso; (pour filer) huso; **~ horaire** huso horario
fusée [fyze] nf cohete m
fusible [fyzibl] nm fusible m
fusil [fyzi] nm (de guerre, à canon rayé) fusil m; (de chasse, à canon lisse) escopeta; **fusillade** nf (bruit) tiroteo; **fusiller** vt fusilar
fusionner [fyzjɔne] vi fusionarse
fût¹ [fy] vb voir **être**
fût² [fy] nm (tonneau) tonel m, barril m; (de canon) caña
futé, e [fyte] adj ladino(-a)
futile [fytil] adj fútil
futur, e [fytyʀ] adj futuro(-a) ♦ nm: **le ~** (LING) el futuro; (avenir) el futuro, el porvenir
fuyard, e [fɥijaʀ, aʀd] nm/f fugitivo(-a)

G, g

gâcher [gaʃe] vt arruinar, estropear; (vie) arruinar; (argent) malgastar; **gâchis** nm (gaspillage) despilfarro
gaffe [gaf] nf (instrument) bichero; (fam: erreur) metedura de pata; **faire ~** (fam) tener cuidado
gage [gaʒ] nm (dans un jeu, comme garantie) prenda; (fig: de fidélité) prueba; **mettre en ~** empeñar
gagnant, e [gaɲɑ̃, ɑ̃t] adj: **billet/numéro ~** billete m/número premiado
gagne-pain [gaɲpɛ̃] nm inv medio de vida
gagner [gaɲe] vt ganar; (suj: maladie, feu) extenderse a; (envahir) invadir ♦ vi (être vainqueur) ganar; **~ du temps/**

de la place ganar tiempo/
espacio; ~ **sa vie** ganarse la vida;
~ **du terrain** (aussi fig) ganar
terreno

gai, e [ge] adj alegre; **gaiement**
adv alegremente; (de bon cœur)
con entusiasmo; **gaieté** [gete] nf
alegría; **de gaieté de cœur** de
buena gana

gain [gẽ] nm (revenu) ingreso;
(bénéfice: gén pl) ganancias fpl;
avoir ~ de cause (fig) ganar,
tener razón

gala [gala] nm gala

galant, e [galɑ̃, ɑ̃t] adj galante;
(entreprenant) galanteador(a)

galerie [galʀi] nf galería; (THÉÂTRE)
palco; (de voiture) baca; (fig:
spectateurs) público, galería; ~ **de
peinture** galería de arte; ~
marchande centro comercial,
galería comercial

galet [galɛ] nm guijarro; (TECH)
arandela

galette [galɛt] nf (gâteau) roscón
m; (crêpe) crepe f, panqueque m
(AM)

galipette [galipɛt] nf: **faire des
~s** hacer piruetas

Galles [gal] nfpl: **le pays de ~** el
país de Gales; **gallois, e** adj
galés(-esa) ♦ nm (LING) galés ♦
nm/f: **Gallois, e** galés(-esa)

galon [galɔ̃] nm galón m

galop [galo] nm galope m;
galoper vi galopar

gambader [gɑ̃bade] vi brincar

gamin, e [gamɛ̃, in] nm/f
chiquillo(-a), chamaco(-a) (CAM,
MEX), pibe(-a) (ARG), cabro(-a)
(AND, CHI)

gamme [gam] nf (MUS) escala;
(fig) gama

gang [gɑ̃g] nm banda

gant [gɑ̃] nm guante m; ~ **de**

toilette manopla de baño

garage [gaʀaʒ] nm garaje m;
garagiste nm/f (propriétaire)
dueño(-a) de un garaje;
(mécanicien) mecánico(-a)

garantie [gaʀɑ̃ti] nf garantía;
(bon de) ~ (bono de) garantía

garantir [gaʀɑ̃tiʀ] vt garantizar; ~
de qch proteger contra ou de
algo

garçon [gaʀsɔ̃] nm niño; **mon/
son ~** (fils) mi/su hijo; (célibataire)
soltero; ~ **de café** camarero, ~
manqué medio chico

garde [gaʀd(ə)] nm guardia m; (de
domaine etc) guarda m ♦ nf
guardia f; **de ~** adj, adv de
guardia; **mettre en ~** poner en
guardia; **prendre ~ (à)** tener
cuidado (con); **être sur ses ~s**
estar en guardia; **monter la ~**
montar guardia; ~ **à vue** nf (JUR)
detención f provisional; ~
champêtre nm guarda rural; ~
d'enfants nf niñera; ~ **des
Sceaux** nm ≃ ministro de
Justicia; ~ **du corps** nm
guardaespaldas m inv, guarura m
(MEX) (fam); **garde-boue** nm inv
guardabarros m inv; **garde-
chasse** (pl gardes-chasse(s))
nm guarda m de caza

garder [gaʀde] vt (conserver:
personne) mantener; (: sur soi:
vêtement, chapeau) quedarse con;
(surveiller: enfants) cuidar; (:
prisonnier, lieu) vigilar; **se ~** vpr
(aliment) conservarse; ~ **le lit**
guardar cama; ~ **la chambre**
permanecer en la habitación; **se
~ de faire qch** abstenerse de
hacer algo; **pêche/chasse
gardée** coto de pesca/caza

garderie [gaʀdəʀi] nf guardería

garde-robe [gaʀdəʀɔb] (pl ~~s)

gardien *nf (meuble)* ropero; *(vêtements)* guardarropa *m*

gardien, ne [gaʀdjɛ̃, jɛn] *nm/f (garde)* vigilante *m/f*; *(de prison)* oficial *m/f*; *(de domaine, réserve, cimetière)* guarda *m/f*; *(de phare)* farero; *(fig: garant)* garante *m/f*; *(d'immeuble)* portero(-a); **~ de but** portero, arquero *(esp AM)*; **~ de la paix** guardia *m* del orden público; **~ de nuit** vigilante de noche

gare [gaʀ] *nf* estación *f* ♦ *excl:* **~ à ...** cuidado con ...; **~ à toi** cuidado con lo que haces; **~ routière** estación de autobuses

garer [gaʀe] *vt* aparcar; **se ~** *vpr (véhicule, personne)* aparcar; *(pour laisser passer)* apartarse

garni, e [gaʀni] *adj (plat)* con guarnición ♦ *nm (appartement)* piso amueblado

garniture [gaʀnityʀ] *nf (CULIN: légumes)* guarnición *f*; *(décoration)* adorno; *(protection)* revestimiento; **~ de frein** *(AUTO)* forro de freno

gars [ga] *nm (fam: garçon)* chico; *(homme)* tío

Gascogne [gaskɔɲ] *nf* Gascoña

gas-oil [gazwal] *nm* gas-oil *m*

gaspiller [gaspije] *vt* derrochar, malgastar

gastronome [gastʀɔnɔm] *nm/f* gastrónomo(-a); **gastronomie** *nf* gastronomía; **gastronomique** *adj:* **menu gastronomique** menú *m* gastronómico

gâteau, x [gato] *nm* pastel *m*; **~ sec** galleta

gâter [gate] *vt (personne)* mimar; *(plaisir, vacances)* estropear; **se ~** *vpr (dent, fruit)* picarse; *(temps, situation)* empeorar

gauche [goʃ] *adj* izquierda; *(personne, style)* torpe ♦ *nf* izquierda; **à ~** a la izquierda; **gaucher, -ère** [goʃe, ɛʀ] *adj, nm/f* zurdo(-a); **gauchiste** *adj, nm/f* izquierdista *m/f*

gaufre [gofʀ] *nf (pâtisserie)* gofre *m*

gaufrette [gofʀɛt] *nf* barquillo *m*

gaulois, e [golwa, waz] *adj* galo(-a) ♦ *nm/f:* **G~, e** galo(-a)

gaz [gaz] *nm inv* gas *m*; **avoir des ~** tener gases

gaze [gaz] *nf* gasa

gazette [gazet] *nf* gaceta

gazeux, -euse [gazø, øz] *adj* gaseoso(-a); **eau/boisson gazeuse** agua/bebida con gas

gazoduc [gazodyk] *nm* gaseoducto

gazon [gazɔ̃] *nm* césped *m*

geai [ʒe] *nm* arrendajo

géant, e [ʒeɑ̃, ɑ̃t] *adj* gigante ♦ *nm/f* gigante(-a)

geindre [ʒɛ̃dʀ] *vi* gemir

gel [ʒel] *nm (temps)* helada; *(de l'eau)* hielo; *(fig)* congelación *f*; *(produit de beauté)* gel *m*

gélatine [ʒelatin] *nf* gelatina

gelée [ʒ(ə)le] *nf (CULIN)* gelatina; *(MÉTÉO)* helada

geler [ʒ(ə)le] *vt (sol, liquide)* helar ♦ *vi (sol, personne)* helarse; **il gèle** hiela

gélule [ʒelyl] *nf* gragea

Gémeaux [ʒemo] *nmpl (ASTROL):* **les ~** Géminis *mpl*

gémir [ʒemiʀ] *vi* gemir

gênant, e [ʒenɑ̃, ɑ̃t] *adj (aussi fig)* molesto(-a)

gencive [ʒɑ̃siv] *nf* encía

gendarme [ʒɑ̃daʀm] *nm* gendarme *m*; **~** guardia *m* civil; **gendarmerie** *nf* ≈ Guardia Civil; *(caserne, bureaux)* ≈ cuartel

m de la Guardia Civil
gendre [ʒɑ̃dʀ] *nm* yerno
gêné, e [ʒene] *adj* embarazoso(-a)
gêner [ʒene] *vt* (*incommoder*)
molestar; (*encombrer*) estorbar; ~
qn (*embarrasser*) violentar a algn;
se ~ *vpr* molestarse
général, e, -aux [ʒeneʀal, o]
adj, nm general; **en ~** en general;
généralement *adv*
(*communément*) al nivel general;
(*habituellement*) generalmente;
généraliser *vt, vi* generalizar;
se généraliser *vpr*
generalizarse; **généraliste** *nm*
médico general
génération [ʒeneʀasjɔ̃] *nf*
generación *f*
généreux, -euse [ʒeneʀø, øz]
adj generoso(-a)
générique [ʒeneʀik] *adj*
genérico(-a) ♦ *nm* (CINÉ, TV) ficha
técnica
générosité [ʒeneʀozite] *nf*
generosidad *f*
genêt [ʒ(ə)nɛ] *nm* retama
génétique [ʒenetik] *adj*
genético(-a)
Genève [ʒ(ə)nɛv] *n* Ginebra
génial, e, -aux [ʒenjal, jo] *adj*
(*aussi fam*) genial
génie [ʒeni] *nm* genio
genièvre [ʒənjɛvʀ] *nm* (BOT,
CULIN) enebro
génisse [ʒenis] *nf* ternera
génital, e, -aux [ʒenital, o] *adj*
genital
génoise [ʒenwaz] *nf* bizcocho
genou, x [ʒ(ə)nu] *nm* rodilla; **à
~x** de rodillas
genre [ʒɑ̃ʀ] *nm* género; (*allure*)
estilo; **avoir bon/mauvais ~**
(*allure*) tener buena/mala
presencia
gens [ʒɑ̃] *nmpl, parfois nfpl* gente

f
gentil, le [ʒɑ̃ti, ij] *adj* (*aimable*)
amable; (*enfant*) bueno(-a);
(*endroit etc*) agradable;
gentillesse *nf* (*v adj*)
amabilidad *f*; bondad *f*; lo
agradable; encanto; **gentiment**
adv con amabilidad
géographie [ʒeɔgʀafi] *nf*
geografía
géologie [ʒeɔlɔʒi] *nf* geología
géomètre [ʒeɔmɛtʀ] *nm/f*:
(**arpenteur-**)~ agrimensor(a)
géométrie [ʒeɔmetʀi] *nf*
geometría; **géométrique** *adj*
geométrico(-a)
géranium [ʒeʀanjɔm] *nm* geranio
gérant, e [ʒeʀɑ̃, ɑ̃t] *nm/f* gerente
m/f
gerbe [ʒɛʀb] *nf* (*de fleurs*) ramo
gercé, e [ʒɛʀse] *adj* agrietado(-a)
gerçure [ʒɛʀsyʀ] *nf* grieta
gérer [ʒeʀe] *vt* administrar
germain, e [ʒɛʀmɛ̃, ɛn] *adj* voir
cousin
germe [ʒɛʀm] *nm* germen *m*;
(*pousse*) brote *m*; **germer** *vi*
germinar
geste [ʒɛst] *nm* gesto
gestion [ʒɛstjɔ̃] *nf* gestión *f*
gibier [ʒibje] *nm* caza
gicler [ʒikle] *vi* brotar
gifle [ʒifl] *nf* bofetada; **gifler** *vt*
abofetear
gigantesque [ʒigɑ̃tɛsk] *adj*
gigantesco(-a)
gigot [ʒigo] *nm* pierna
gigoter [ʒigɔte] *vi* patalear
gilet [ʒile] *nm* (*de costume*)
chaleco; (*tricot*) chaqueta (de
punto); (*sous-vêtement*) camiseta;
~ de sauvetage chaleco
salvavidas
gin [dʒin] *nm* ginebra
gingembre [ʒɛ̃ʒɑ̃bʀ] *nm* jenjibre

_m_

girafe [ʒiʀaf] _nf_ jirafa

giratoire [ʒiʀatwaʀ] _adj_: **sens ~** sentido giratorio

girofle [ʒiʀɔfl] _nf_: **clou de ~** clavo

girouette [ʒiʀwɛt] _nf_ veleta

gitan, e [ʒitã, an] _nm/f_ gitano(-a)

gîte [ʒit] _nm_ (_maison_) morada; **~ rural** casa de turismo rural

givre [ʒivʀ] _nm_ escarcha; **givré, e** _adj_: **citron/orange givré(e)** limón _m_ escarchado/naranja escarchada

glace [glas] _nf_ hielo; (_crème glacée_) helado; (_verre_) cristal _m_; (_miroir_) espejo; (_de voiture_) ventanilla

glacé, e [glase] _adj_ helado(-a); (_fig_) frío(-a)

glacer [glase] _vt_ (_lac, eau_) helar; (_CULIN, papier, tissu_) glasear

glacial, e [glasjal] _adj_ glacial

glacier [glasje] _nm_ (_GÉO_) glaciar _m_; (_marchand_) heladero

glacière [glasjɛʀ] _nf_ nevera

glaçon [glasɔ̃] _nm_ témpano; (_pour boisson_) cubito de hielo

glaïeul [glajœl] _nm_ gladiolo

glaise [glɛz] _nf_ greda

gland [glã] _nm_ (_de chêne_) bellota; (_décoration_) borla

glande [glãd] _nf_ glándula

glissade [glisad] _nf_ (_par jeu_) deslizamiento; (_chute_) resbalón _m_; **faire des ~s** deslizarse

glissant, e [glisã, ãt] _adj_ resbaladizo(-a)

glissement [glismã] _nm_ (_aussi fig_) deslizamiento; **~ de terrain** corrimiento de tierra

glisser [glise] _vi_ resbalar; (_patineur, fig_) deslizarse ♦ _vt_ (_introduire: erreur, citation_) deslizar; (_mot, conseil_) decir discretamente;

se ~ dans/entre (_personne_) deslizarse ou escurrirse en/entre

global, e, -aux [glɔbal, o] _adj_ global

globe [glɔb] _nm_ globo

globule [glɔbyl] _nm_ glóbulo

gloire [glwaʀ] _nf_ gloria; (_mérite_) mérito; (_personne_) celebridad _f_

glousser [gluse] _vi_ (_rire_) reír ahogadamente

glouton, ne [glutɔ̃, ɔn] _adj_ glotón(-ona)

gluant, e [glyã, ãt] _adj_ pegajoso(-a)

glucose [glykoz] _nm_ glucosa

glycine [glisin] _nf_ glicina

GO [ʒeo] _sigle fpl_ (= _grandes ondes_) OL

goal [gol] _nm_ portero, guardameta _m_

gobelet [gɔblɛ] _nm_ cubilete _m_

goéland [gɔelã] _nm_ gaviota

goélette [gɔelɛt] _nf_ goleta

goinfre [gwɛ̃fʀ] _adj, nm/f_ tragón(-ona)

golf [gɔlf] _nm_ golf _m_

golfe [gɔlf] _nm_ golfo

gomme [gɔm] _nf_ (_à effacer_) goma (de borrar); **gommer** _vt_ borrar

gonflé, e [gɔ̃fle] _adj_ hinchado(-a); **être ~** (_fam_) tener jeta

gonfler [gɔ̃fle] _vt_ hinchar ♦ _vi_ hincharse; (_CULIN, pâte_) inflarse

gonzesse [gɔ̃zɛs] (_fam_) _nf_ tía (_fam_)

gorge [gɔʀʒ] _nf_ garganta; (_poitrine_) pecho; (_GÉO_) garganta, desfiladero

gorgée [gɔʀʒe] _nf_ trago

gorille [gɔʀij] _nm_ gorila

gosse [gɔs] _nm/f_ chiquillo(-a), chamaco(-a) (_CAM, MEX_), pibe(-a) (_ARG_), cabro(-a) (_AND, CHI_)

goudron [gudʀɔ̃] _nm_ alquitrán _m_; **goudronner** _vt_ alquitranar

gouffre [gufʀ] nm sima, precipicio; (fig) abismo

goulot [gulo] nm cuello; **boire au** ~ beber a morro

goulu, e [guly] adj glotón(-ona)

gourde [guʀd] nf (récipient) cantimplora; (fam) zoquete m/f

gourdin [guʀdɛ̃] nm porra

gourmand, e [guʀmɑ̃, ɑ̃d] adj goloso(-a)

gourmandise [guʀmɑ̃diz] nf gula

gourmet [guʀme] nm gastrónomo(-a)

goût [gu] nm gusto, sabor m; (fig) gusto; **de bon/mauvais** ~ de buen/mal gusto; **prendre** ~ **à** aficionarse a

goûter [gute] vt (aussi: ~ **à**: essayer) probar; (apprécier) apreciar ♦ vi merendar ♦ nm merienda

goutte [gut] nf gota; **goutte-à-goutte** nm inv bomba de perfusión

gouttière [gutjɛʀ] nf canalón m

gouvernail [guvɛʀnaj] nm timón m

gouvernement [guvɛʀnəmɑ̃] nm gobierno

gouverner [guvɛʀne] vt gobernar

grâce [gʀɑs] nf gracia; (JUR) indulto; **de bonne/mauvaise** ~ de buena/mala gana; **faire** ~ **à qn de qch** perdonar algo a algn; **demander** ~ pedir perdón; ~ **à** gracias a; **gracieux, -euse** adj elegante

grade [gʀad] nm grado; **monter en** ~ ascender de grado

gradin [gʀadɛ̃] nm grada; ~**s** nmpl (de stade) gradas fpl

gradué, e [gʀadɥe] adj

graduel, le [gʀadɥel] adj gradual

graduer [gʀadɥe] vt graduar; (effort) dosificar

graffiti [gʀafiti] nmpl grafiti mpl

grain [gʀɛ̃] nm grano; (averse) aguacero; ~ **de beauté** lunar m; ~ **de café/de poivre** grano de café/de pimienta; ~ **de poussière** mota de polvo; ~ **de raisin** uva

graine [gʀɛn] nf semilla

graissage [gʀesaʒ] nm engrase m

graisse [gʀɛs] nf grasa; **graisser** vt engrasar; (tacher) manchar de grasa; **graisseux, -euse** adj grasiento(-a); (ANAT) adiposo(-a)

grammaire [gʀa(m)mɛʀ] nf gramática

gramme [gʀam] nm gramo

grand, e [gʀɑ̃, gʀɑ̃d] adj grande; (avant le nom) gran; (haut) alto(-a); (fil, voyage, période) largo(-a) ♦ adv: ~ **ouvert** abierto de par en par; **un** ~ **homme/artiste** un gran hombre/artista; **au** ~ **air** al aire libre; ~ **blessé/brûlé** herido/quemado grave; ~ **ensemble** gran barriada; ~**e personne** persona mayor; ~**es écoles** universidades de élite francesas; ~**es lignes** líneas fpl principales; ~**e surface** hipermercado; ~**es vacances** vacaciones fpl de verano; ~ **magasin** grandes almacenes mpl; **grand-chose** nm/f inv: **pas grand-chose** poca cosa; **Grande-Bretagne** nf Gran Bretaña; **grandeur** nf tamaño; (mesure, quantité, aussi fig) magnitud f; (gloire, puissance) grandeza; **grandeur nature** adj tamaño natural; **grandiose** adj grandioso(-a); **grandir** vi (enfant, arbre) crecer; **grand-mère** (pl **grand(s)-mères**) nf abuela; **grand-peine**: **à grand-peine** adv a duras penas; **grand-père** (pl **grands-pères**) nm abuelo; **grands-parents** nmpl abuelos mpl

grange [grɑ̃ʒ] nf granero

granit [granit] nm granito

graphique [grafik] adj gráfico(-a) ♦ nm gráfico

grappe [grap] nf (BOT) racimo; **~ de raisin** racimo de uvas

gras, se [grɑ, grɑs] adj (viande, soupe) graso(-a); (personne) gordo(-a); (surface, cheveux) grasiento(-a); (toux) flemático(-a); (rire) ordinario(-a); (crayon) grueso(-a); (TYPO) en negrita ♦ nm (CULIN) gordo; **faire la ~se matinée** levantarse tarde; **grassement** adv: **grassement payé** largamente pagado

gratifiant, e [gratifjã, jãt] adj gratificante

gratin [gratɛ̃] nm gratín m; **gratiné, e** adj gratinado(-a); (fam) espantoso(-a)

gratis [gratis] adv, adj gratis

gratitude [gratityd] nf gratitud f

gratte-ciel [gratsjɛl] nm inv rascacielos m inv

gratter [grate] vt (frotter) raspar; (enlever) quitar, borrar; (bras, bouton) rascar; **se ~** vpr rascarse

gratuit, e [gratɥi, ɥit] adj gratuito(-a)

grave [grav] adj grave; (sujet, problème) grave, serio(-a); **gravement** adv gravemente

graver [grave] vt grabar; **~ qch dans sa mémoire** (fig) grabar algo en su memoria; **graveur**

nm: **graveur de CD/DVD** grabadora de CD/DVD

gravier [gravje] nm grava; **gravillons** nmpl gravilla

gravir [gravir] vt subir

gravité [gravite] nf (aussi PHYS) gravedad f

graviter [gravite] vi (aussi fig): **~ autour de** gravitar alrededor de

gravure [gravyr] nf grabado m

gré [gre] nm: **à son ~** a su gusto; **contre le ~ de qn** contra la voluntad de algn; **de son (plein) ~** por su propia voluntad; **de ~ ou de force** por las buenas o por las malas; **il faut le faire bon ~ mal ~** hay que hacerlo, queramos o no

grec, grecque [grɛk] adj griego(-a) ♦ nm/f: **G~, Grecque** griego(-a)

Grèce [grɛs] nf Grecia

greffe [grɛf] nf (AGR) injerto; (MÉD) tra(n)splante m ♦ nm (JUR) archivo; **~ du rein** transplante de riñón; **greffer** vt (tissu) injertar; (organe) transplantar

grêle [grɛl] adj flaco(-a) ♦ nf granizo; **grêler** vb impers: **il grêle** graniza; **grêlon** nm granizo

grelot [grəlo] nm cascabel m

grelotter [grələte] vi tiritar

grenade [grənad] nf granada; **grenadine** nf granadina

grenier [grənje] nm (de maison) desván m, altillo (AM), entretecho (AM)

grenouille [grənuj] nf rana

grès [grɛ] nm (roche) arenisca; (poterie) gres msg

grève [grɛv] nf huelga; (plage) playa; **se mettre en/faire ~** declararse en/hacer huelga; **~ de la faim** huelga de hambre; **~ sur le tas** huelga de brazos caídos

gréviste [gʀevist] nm/f huelguista m/f

grièvement [gʀijɛvmɑ̃] adv gravemente

griffe [gʀif] nf garra; (fig: d'un couturier, parfumeur) marca;

griffer vt arañar

grignoter [gʀiɲɔte] vt roer; (argent, temps) consumir

gril [gʀil] nm parrilla; **grillade** nf carne f a la parilla, asado (AM)

grillage [gʀijaʒ] nm (treillis) reja; (clôture) alambrada

grille [gʀij] nf reja; (fig) red f

grille-pain [gʀijpɛ̃] nm inv tostador m de pan

griller [gʀije] vt (aussi: **faire ~**: pain, café) tostar; (: viande) asar; (ampoule, résistance) fundir; (feu rouge) saltar

grillon [gʀijɔ̃] nm grillo

grimace [gʀimas] nf mueca; **faire des ~s** hacer muecas

grimper [gʀɛ̃pe] vt trepar a ou por ♦ vi empinarse; (prix, nombre) subir; (SPORT) escalar

grincer [gʀɛ̃se] vi (porte, roue) chirriar; (plancher) crujir; **~ des dents** rechinar los dientes

grincheux, -euse [gʀɛ̃ʃø, øz] adj cascarrabias

grippe [gʀip] nf gripe f; **grippé, e** adj: **être grippé** estar griposo(-a); (moteur) estar gripado(-a)

gris, e [gʀi, gʀiz] adj gris inv; (ivre) alegre

grisaille [gʀizaj] nf gris msg

griser [gʀize] vt (fig) embriagar

grive [gʀiv] nf tordo

Groenland [gʀɔɛnlɑ̃d] nm Groenlandia

grogner [gʀɔɲe] vi gruñir; (personne) gruñir, refunfuñar; **grognon, ne** adj gruñón(-ona)

grommeler [gʀɔm(ə)le] vi mascullar

gronder [gʀɔ̃de] vi (canon, tonnerre) retumbar; (fig) amenazar con estallar ♦ vt regañar

gros, se [gʀo, gʀos] adj (personne) gordo(-a); (paquet, problème, fortune) gran, grande; (travaux, dégâts) importante; (commerçant) acaudalado(-a); (orage, bruit) fuerte; (trait, fil) grueso(-a) ♦ adv: **risquer/gagner ~** arriesgar/ganar mucho ♦ nm (COMM): **le ~** el por mayor; **en ~** en líneas generales; **prix de/vente en ~** precio/venta al por mayor; **par ~ temps** con temporal; **par ~se mer** con mar gruesa; **le ~ de** (troupe, fortune) el grueso de; **~ lot** premio gordo; **~ mot** palabrota; **~ œuvre** (CONSTR) obra bruta; **~ plan** (PHOTO) primer plano; **~se caisse** (MUS) bombo; **~ sel** sal f gorda; **~ titre** (PRESSE) titular m

groseille [gʀozɛj] nf grosella; **~ à maquereau** grosella espinosa

grosse [gʀos] adj voir **gros**;

grossesse nf embarazo;

grosseur nf (d'une personne) gordura; (d'un paquet) tamaño; (d'un trait) grosor m; (tumeur) bulto

grossier, -ière [gʀosje, jɛʀ] adj (vulgaire) grosero(-a); (travail, finition) tosco(-a); (erreur) burdo(-a), craso(-a);

grossièrement adv groseramente; toscamente; (en gros, à peu près) aproximadamente; **il s'est grossièrement trompé** ha cometido un craso error

grossièreté [gʀosjɛʀte] nf grosería

grossir [gʀosiʀ] vi engordar; (fig) aumentar; (rivière, eaux) crecer ♦ vt (suj: vêtement): ~ **qn** hacer gordo a algn; (nombre, importance) aumentar; (histoire, erreur) exagerar

grossiste [gʀosist] nm/f (COMM) mayorista m/f

grotesque [gʀɔtɛsk] adj grotesco(-a)

grotte [gʀɔt] nf gruta

groupe [gʀup] nm grupo; ~ **électrogène** grupo electrógeno; ~ **sanguin/scolaire** grupo sanguíneo/escolar; ~ **de parole** grupo de apoyo; **grouper** vt agrupar

grue [gʀy] nf grúa; (ZOOL) grulla

guépard [gepaʀ] nm guepardo

guêpe [gɛp] nf avispa

guère [gɛʀ] adv (avec adjectif, adverbe): **ne ... ~** poco; (avec verbe) poco, apenas; **tu n'es ~ raisonnable** eres poco razonable; **il ne la connaît ~** apenas la conoce; **il n'y a ~ de** apenas hay; **il n'y a ~ que toi qui puisse le faire** apenas hay otro que pueda hacerlo más que tú

guérilla [geʀija] nf guerrilla

guérillero [geʀijeʀo] nm guerrillero

guérir [geʀiʀ] vt curar ♦ vi (personne, chagrin) curarse; **guérison** nf curación f; **guérisseur, -euse** nm/f curandero(-a)

guerre [gɛʀ] nf guerra; ~ **atomique/de tranchées/ d'usure** guerra atómica/de trincheras/de desgaste; **en ~** en guerra; **faire la ~ à** hacer la guerra a; **guerrier, -ière** adj, nm/f guerrero(-a)

guet [gɛ] nm: **faire le ~** estar al acecho

guet-apens [gɛtapɑ̃] nm inv emboscada; **guetter** vt (pour épier, surprendre) acechar; (attendre) aguardar

gueule [gœl] nf (d'animal) hocico; (fam: visage) jeta; **ta ~!** (fam) ¡cierra el pico!; ~ **de bois** (fam) resaca; **gueuler** (fam) vi chillar

gui [gi] nm muérdago

guichet [giʃɛ] nm (d'un bureau, d'une banque) ventanilla

guide [gid] nm guía m; (livre) guía f; **guider** vt guiar

guidon [gidɔ̃] nm manillar m

guillemets [gijmɛ] nmpl: **entre ~** entre comillas

guindé, e [gɛ̃de] adj estirado(-a)

guirlande [giʀlɑ̃d] nf guirnalda

guise [giz] nf: **à votre ~** como guste; **en ~ de** (manière de, comme) a guisa de; (à la place de) en lugar de

guitare [gitaʀ] nf guitarra

gymnase [ʒimnɑz] nm gimnasio; **gymnaste** nm/f gimnasta m/f; **gymnastique** nf gimnasia

gynécologie [ʒinekɔlɔʒi] nf ginecología; **gynécologique** adj ginecológico(-a); **gynécologue** nm/f ginecólogo(-a)

H, h

habile [abil] adj hábil; **habileté** [abilte] nf habilidad f

habillé, e [abije] adj vestido(-a); (robe, costume) elegante

habiller [abije] vt vestir; **s'~** vpr vestirse; (mettre des vêtements chic) vestir bien, ir bien vestido(-a)

habit [abi] nm traje m; **~s** nmpl (vêtements) ropa; ~ **(de soirée)**

traje de etiqueta
habitant, e [abitɑ̃, ɑ̃t] nm/f
habitante m/f; (d'une maison)
ocupante m/f; (d'un immeuble)
vecino(-a)
habitation [abitasjɔ̃] nf (fait de
résider) habitación f; **~s à loyer
modéré** viviendas oficiales de
bajo alquiler
habiter [abite] vt vivir en; (suj:
sentiment, envie) anidar ♦ vi: **~ à**
ou **dans** vivir en
habitude [abityd] nf costumbre f,
avoir l'~ de faire/qch tener la
costumbre de hacer/algo; **d'~**
normalmente; **comme d'~** como
de costumbre
habitué, e [abitɥe] adj: **être ~ à**
estar acostumbrado(-a) a ♦ nm/f
(d'une maison) amigo(-a); (client:
d'un café etc) parroquiano(-a)
habituel, le [abitɥɛl] adj habitual
habituer [abitɥe] vt: **~ qn à
qch/faire** acostumbrar a algn a
algo/hacer; **s'~ à** acostumbrarse
a
hache [aʃ] nf hacha
hacher [aʃe] vt (viande, persil)
picar; (entrecouper) cortar;
hachis nm picadillo
haie [ɛ] nf seto; (SPORT) valla
haillons [ajɔ̃] nmpl harapos mpl,
andrajos mpl
haine [ɛn] nf odio
haïr [aiʀ] vt odiar
hâlé, e [ɑle] adj bronceado(-a)
haleine [alɛn] nf aliento; **hors
d'~** sin aliento; **tenir en ~** tener
en vilo
haleter [alte] vi jadear
hall [ol] nm vestíbulo
halle [al] nf mercado; **~s** nfpl
(marché principal) mercado central
hallucination [alysinasjɔ̃] nf
alucinación f

'halte [alt] nf alto; (excl) ¡alto!;
faire ~ hacer un alto, pararse
haltère [altɛʀ] nm pesa; **~s** nmpl
(activité): **faire des ~** hacer
pesas; **haltérophilie** nf
halterofilia
'hamac [amak] nm hamaca
'hameau, x [amo] nm aldea
hameçon [amsɔ̃] nm anzuelo
'hanche [ɑ̃ʃ] nf cadera
'handball [ɑdbal] (pl **~s**) nm
balonmano
handicapé, e [ɑ̃dikape] adj,
nm/f disminuido(-a); **~ mental**
disminuido(-a) psíquico; **~
moteur** paralítico(-a); **~
physique** minusválido(-a) ou
disminuido(-a) físico(-a)
hangar [ɑ̃gaʀ] nm cobertizo,
galpón m (CSUR); (AVIAT) hangar m
'hanneton [antɔ̃] nm abejorro
'hanter [ɑ̃te] vt (suj: fantôme)
aparecer en
'hantise [ɑ̃tiz] nf obsesión f
'haras [aʀɑ] nm acaballadero
'harceler [aʀsəle] vt (MIL)
hostigar; (CHASSE, fig) acosar
'hardi, e [aʀdi] adj audaz
'hareng [aʀɑ̃] nm arenque m
'hargne [aʀɲ] nf saña;
'hargneux, -euse adj
arisco(-a), hosco(-a); (critiques)
acerbo(-a)
'haricot [aʀiko] nm (BOT) judía; **~
blanc/rouge** alubia blanca/
pinta; **~ vert** judía verde
harmonica [aʀmɔnika] nm
armónica
harmonie [aʀmɔni] nf armonía;
harmonieux, -euse adj
armonioso(-a)
'harpe [aʀp] nf arpa
'hasard [azaʀ] nm azar m; **un ~**
una casualidad; **au ~** al azar; (à
l'aveuglette) a ciegas; **par ~** por

casualidad; **à tout ~** por si acaso
'**hâte** ['ɑt] *nf* prisa; **à la ~ de**
prisa; **en ~** rápidamente; **avoir ~
de** tener prisa por; '**hâter** *vt*
apresurar; **se hâter** *vpr*
apresurarse; '**hâtif, -ive** *adj*
precipitado(-a); *(fruit, légume)*
temprano(-a)
'**hausse** ['os] *nf* alza; '**hausser**
vt subir; '**hausser les épaules**
encogerse de hombros
'**haut, e** ['o, 'ot] *adj* alto(-a);
(température, pression) elevado(-a),
alto(-a) ♦ *adv*: **être/monter/
lever ~** estar/subir/levantar en
alto ♦ *nm* alto; **de 3 m de ~** de 3
m de alto *ou* altura; **des ~s et
des bas** altibajos *mpl*; **à ~ de
voix, tout ~** en voz alta; **du ~
de** desde lo alto de; **de ~ en
bas** *(regarder)* de arriba abajo;
plus ~ más alto; *(dans un texte)*
más arriba; **en ~** arriba; **en ~ de**
(être situé) por encima de; **"~ les
mains!"** "¡arriba las manos!"; **~
débit** *(INFORM)* banda *f* ancha; **~e
fidélité** *(ÉLEC)* alta fidelidad *f*
'**hautain, e** ['otɛ̃, ɛn] *adj*
altanero(-a)
'**hautbois** ['obwa] *nm* oboe *m*
'**hauteur** ['otœʀ] *nf* altura;
(noblesse) grandeza; **à la ~ de** al
nivel de; **à la ~** *(fig)* a la altura
'**haut-parleur** ['opaʀlœʀ] (*pl*
~~s) *nm* altavoz *m*
hebdomadaire [ebdɔmadɛʀ] *adj*
semanal
hébergement [ebɛʀʒəmɑ̃] *nm*
alojamiento, hospedaje *m*
héberger [ebɛʀʒe] *vt* alojar,
hospedar; *(réfugiés)* acoger;
hébergeur *nm* (*INFORM*) servidor
m
hébreu, x [ebʀø] *adj* hebreo(-a)
hectare [ɛktaʀ] *nm* hectárea

hein ['ɛ̃] *excl (comment?)* ¿eh?; **tu
m'approuves, ~?** ¿estás de
acuerdo, eh?
'**hélas** ['elas] *excl* ¡ay! ♦ *adv*
desgraciadamente
'**héler** ['ele] *vt* llamar
hélice [elis] *nf* hélice *f*
hélicoptère [elikɔptɛʀ] *nm*
helicóptero
helvétique [elvetik] *adj*
helvético(-a)
hématome [ematom] *nm*
hematoma *m*
hémisphère [emisfɛʀ] *nm*: **~
nord/sud** hemisferio norte/sur
hémorragie [emɔʀaʒi] *nf*
hemorragia
hémorroïdes [emɔʀɔid] *nfpl*
almorranas *fpl*, hemorroides *fpl*
'**hennir** ['eniʀ] *vi* relinchar
hépatite [epatit] *nf* hepatitis *f*
herbe [ɛʀb] *nf* hierba; **en ~** en
cierne; **herbicide** *nm* herbicida *m*;
herboriste *nm/f* herbolario(-a)
héréditaire [eʀeditɛʀ] *adj*
hereditario(-a)
'**hérisson** [eʀisɔ̃] *nm* erizo
héritage [eʀitaʒ] *nm* herencia
hériter [eʀite] *vi*: **~ qch (de qn)**
heredar algo (de algn) ♦ *vt*: **il a
hérité 2 millions de son
oncle** heredó 2 millones de su tío
héritier, -ière [eʀitje, jɛʀ] *nm/f*
heredero(-a)
hermétique [ɛʀmetik] *adj*
hermético(-a); *(étanche)*
impermeable
hermine [ɛʀmin] *nf* armiño
'**hernie** ['ɛʀni] *nf* hernia
héroïne [eʀɔin] *nf* heroína
héroïque [eʀɔik] *adj* heroico(-a)
'**héron** ['eʀɔ̃] *nm* garza
'**héros** ['eʀo] *nm* héroe *m*
hésitant, e [ezitɑ̃, ɑ̃t] *adj*
vacilante, indeciso(-a)

hésitation [ezitɑsjɔ̃] nf indecisión f, vacilación f

hésiter [ezite] vi: ~ **(à faire)** vacilar ou dudar (en hacer)

hétérosexuel, le [eterɔsekɥɛl] adj heterosexual

'hêtre ['ɛtʀ] nm haya

heure [œʀ] nf hora; (SCOL) clase f; **c'est l'~** es la hora; **quelle ~ est-il?** ¿qué hora es?; **2 ~s (du matin)** las 2 (de la mañana); **être à l'~** ser puntual; (montre) estar en hora; **mettre à l'~** poner en hora; **à toute ~** a todas horas; **24 ~s sur 24** 24 horas al día; **à l'~ qu'il est** a esta hora; **sur l'~** inmediatamente; **d'~ en ~** cada hora; **de bonne ~** de madrugada; **~ de pointe** hora punta; **~s supplémentaires/ de bureau** horas fpl extraordinarias/de oficina

heureusement [œʀøzmɑ̃] adv afortunadamente

heureux, -euse [œʀø, øz] adj feliz; (caractère) optimista

'heurt ['œʀ] nm choque m; ~s nmpl (fig: bagarre) choques mpl

'heurter ['œʀte] vt: (mur, porte) chocar con ou contra; (personne) tropezar con; (fig: personne, sentiment) chocar (con); **se ~ à** (fig) enfrentarse a

hexagone [ɛgzagɔn] nm hexágono; (la France) Francia

hiberner [ibɛʀne] vi invernar

'hibou, x ['ibu] nm búho

'hideux, -euse ['idø, øz] adj horrendo(-a)

hier [jɛʀ] adv ayer; ~ **matin/ soir/midi** ayer por la mañana/ por la tarde/al mediodía; **toute la journée/la matinée d'~** todo el día/toda la mañana de ayer

'hiérarchie ['jeʀaʀʃi] nf jerarquía

hindou, e [ɛ̃du] adj hindú ♦ nm/f: **H~, e** hindú m/f

hippique [ipik] adj hípico(-a); **hippisme** nm hipismo

hippodrome [ipɔdʀom] nm hipódromo

hippopotame [ipɔpɔtam] nm hipopótamo

hirondelle [iʀɔ̃dɛl] nf golondrina

'hisser ['ise] vt izar

histoire [istwaʀ] nf historia; (chichis: gén pl) lío; ~s nfpl (ennuis) problemas mpl;

historique [istɔʀik] adj histórico(-a)

hiver [ivɛʀ] nm invierno

hivernal, e, -aux [ivɛʀnal, o] adj invernal; **hiverner** vi invernar

HLM [aʃɛlɛm] sigle m ou f (= habitations à loyer modéré) viviendas oficiales de bajo alquiler

'hobby ['ɔbi] nm hobby m

'hocher ['ɔʃe] vt: ~ **la tête** cabecear; (signe négatif ou dubitatif) menear la cabeza

'hockey ['ɔkɛ] nm: ~ **(sur glace/gazon)** hockey m (sobre hielo/hierba)

'hold-up ['ɔldœp] nm inv atraco a mano armada

'hollandais, e ['ɔlɑ̃dɛ, ɛz] adj holandés(-esa) ♦ nm (LING) holandés msg ♦ nm/f: **H~, e** holandés(-esa); **les H~** los holandeses

'Hollande ['ɔlɑ̃d] nf Holanda

'homard ['ɔmaʀ] nm bogavante m

homéopathique [ɔmeɔpatik] adj homeopático(-a)

homicide [ɔmisid] nm homicidio; ~ **involontaire** homicidio involuntario

hommage [ɔmaʒ] nm homenaje m; **rendre ~ à** rendir homenaje a

homme [ɔm] nm hombre m;

(*individu de sexe masculin*) hombre, varón *m*; **l'~ de la rue** el hombre de la calle; **~ d'affaires** hombre de negocios; **~ d'État** estadista *m*

homo...: homogène *adj* homogéneo(-a); **homologue** *nm/f* homólogo(-a); **homologué, e** *adj* homologado(-a); **homonyme** *nm* (*LING*) homónimo; (*d'une personne*) tocayo(-a); **homosexuel, le** *adj* homosexual

'Hongrie ['5gri] *nf* Hungría; **'hongrois, e** *adj* húngaro(-a) ♦ *nm* (*LING*) húngaro ♦ *nm/f*: **Hongrois, e** húngaro(-a)

honnête [ɔnɛt] *adj* (*intègre*) honrado(-a), honesto(-a); (*juste, satisfaisant*) justo(-a), razonable; **honnêtement** *adv* honestamente; (*équitablement*) justamente; **honnêteté** *nf* honestidad *f*

honneur [ɔnœr] *nm* honor *m*; (*mérite*) **"j'ai l'~ de ..."** "tengo el honor de ..."; **en l'~ de** (*personne*) en honor de; (*événement*) en celebración de; **faire ~ à** (*engagements*) cumplir con; (*famille, professeur*) hacer honor a; (*repas*) hacer los honores a

honorable [ɔnɔrabl] *adj* honorable; (*suffisant*) satisfactorio(-a)

honoraire [ɔnɔrɛr] *adj* honorario(-a); **~s** *nmpl* honorarios *mpl*

honorer [ɔnɔre] *vt* honrar; (*estimer*) respetar; (*COMM: chèque, dette*) pagar

'honte ['5t] *nf* vergüenza; **avoir ~ de** tener vergüenza de; **faire ~ à qn** avergonzar a algn; **'honteux,**

-euse *adj* avergonzado(-a); (*conduite, acte*) vergonzoso(-a)

hôpital, -aux [ɔpital, o] *nm* hospital *m*

'hoquet ['ɔkɛ] *nm* hipo; **avoir le ~** tener hipo

horaire [ɔrɛr] *adj* por hora ♦ *nm* horario; **~s** *nmpl* (*conditions, heures de travail*) horario *msg*; **~ souple** *ou* **flexible** horario flexible

horizon [ɔrizɔ̃] *nm* horizonte *m*; (*paysage*) panorama *m*

horizontal, e, -aux [ɔrizɔ̃tal, o] *adj* horizontal

horloge [ɔrlɔʒ] *nf* reloj *m*; **horloger, -ère** *nm/f* relojero(-a)

'hormis ['ɔrmi] *prép* excepto

horoscope [ɔrɔskɔp] *nm* horóscopo

horreur [ɔrœr] *nf* horror *m*; **avoir ~ de qch** sentir horror por algo; **horrible** *adj* horrible, horrendo(-a); (*laid*) horroroso(-a); **horrifier** *vt* horrorizar

'hors ['ɔr] *prép* salvo; **~ de** fuera de; **~ de propos** fuera de lugar; **être ~ de soi** estar fuera de sí; **~ pair** fuera de serie; **~ service/ d'usage** fuera de servicio/de uso; **'hors-bord** *nm inv* fuera borda *m inv*; **'hors-d'œuvre** *nm inv* entremés *m*; **'hors-la-loi** *nm inv* forajido; **'hors-taxe** *adj* libre de impuestos

hortensia [ɔrtɑ̃sja] *nm* hortensia

hospice [ɔspis] *nm* (*de vieillards*) asilo

hospitalier, -ière [ɔspitalje, jɛr] *adj* hospitalario(-a)

hospitaliser [ɔspitalize] *vt* hospitalizar

hospitalité [ɔspitalite] *nf* hospitalidad *f*

hostie [ɔsti] *nf* (*REL*) hostia

hostile [ɔstil] *adj* hostil; **~ à**
contrario(-a) a; **hostilité** *nf*
hostilidad *f*; **hostilités** *nfpl* (MIL)
hostilidades *fpl*

hôte [ot] *nm* (*maître de maison*)
anfitrión *m* ♦ *nm/f* (*invité*) huésped
m/f; **~ payant** huésped de pago

hôtel [otɛl] *nm* hotel *m*; **aller à
l'~** ir a un hotel; **~ de ville**
ayuntamiento; **~ (particulier)**
palacete *m*; **hôtellerie** *nf*
(*profession*) hostelería

hôtesse [otɛs] *nf* (*maîtresse de
maison*) anfitriona; (*dans une
agence, une foire*) azafata,
recepcionista; **~ (de l'air)** azafata
(de aviación), aeromoza (AM); **~
(d'accueil)** azafata (de
recepción)

houblon ['ublɔ̃] *nm* lúpulo

houille ['uj] *nf* hulla; **~ blanche**
hulla blanca

houle ['ul] *nf* marejada;
houleux, -euse *adj* (*mer*)
encrespado(-a); (*discussion*)
agitado(-a)

hourra ['uʀa] *nm* hurra ♦ *excl*
¡hurra!

housse ['us] *nf* funda

houx ['u] *nm* acebo

hublot ['yblo] *nm* portilla

huche ['yʃ] *nf*: **~ à pain** artesa

huer ['ɥe] *vt* abuchear

huile [ɥil] *nf* aceite *m*; (ART) óleo;
(*fam*) pez *m* gordo

huissier [ɥisje] *nm* ordenanza *m*;
(JUR) ujier *m*

huit ['ɥi(t)] *adj inv, nm inv* ocho
m inv; **samedi en ~** el sábado
en ocho días; *voir aussi* **cinq**;
huitaine *nf*: **une huitaine de**
unos ocho; **huitième** *adj, nm/f*
octavo(-a) ♦ *nm* (*partitif*) octavo;
voir aussi **cinquième**

huître [ɥitʀ] *nf* ostra

humain, e [ymɛ̃, ɛn] *adj*
humano(-a) ♦ *nm* humano;
humanitaire *adj*
humanitario(-a); **humanité** *nf*
humanidad *f*

humble [œbl] *adj* humilde

'humer ['yme] *vt* aspirar, oler

humeur [ymœʀ] *nf* (*momentanée*)
humor *m*; (*tempérament*) carácter
m; (*irritation*) mal humor; **de
bonne/mauvaise ~** de buen/
mal humor

humide [ymid] *adj* húmedo(-a)

humilier [ymilje] *vt* humillar

humilité [ymilite] *nf* humildad *f*

humoristique [ymɔʀistik] *adj*
humorístico(-a)

humour [ymuʀ] *nm* humor *m*;
avoir de l'~ tener sentido del
humor; **~ noir** humor negro

'huppé, e ['ype] (*fam*) *adj*
encopetado(-a)

'hurlement ['yʀləmã] *nm* aullido,
alarido

'hurler ['yʀle] *vi* (*animal*) aullar;
(*personne*) dar alaridos

hutte ['yt] *nf* choza

hydratant, e [idʀatã, ãt] *adj*
hidratante

hydraulique [idʀolik] *adj*
hidráulico(-a)

hydravion [idʀavjɔ̃] *nm*
hidroavión *m*

hydrogène [idʀɔʒɛn] *nm*
hidrógeno

hydroglisseur [idʀɔɡlisœʀ] *nm*
hidroplano

hyène [jɛn] *nf* hiena

hygiénique [iʒenik] *adj*
higiénico(-a)

hymne [imn] *nm* himno

hypermarché [ipeʀmaʀʃe] *nm*
hipermercado

hypermétrope [ipeʀmetʀɔp] *adj*
hipermétrope

hypertension [ipɛʀtɑ̃sjɔ̃] nf hipertensión f

hypnose [ipnoz] nf hipnosis fsg; **hypnotiser** vt hipnotizar

hypocrisie [ipɔkʀizi] nf hipocresía; **hypocrite** adj, nm/f hipócrita m/f

hypothèque [ipɔtɛk] nf hipoteca

hypothèse [ipɔtɛz] nf hipótesis f inv

hystérique [isteʀik] adj histérico(-a)

I, i

iceberg [ajsbɛʀg] nm iceberg m

ici [isi] adv aquí; **jusqu'~** hasta aquí; (temporel) hasta ahora; **d'~ là** para entonces; (en attendant) mientras tanto; **d'~ peu** dentro de poco

idéal, e, -aux [ideal, o] adj ideal ♦ nm (modèle, type parfait) ideal m; **idéaliste** adj, nm/f idealista m/f

idée [ide] nf idea; **~s noires** pensamientos mpl negros; **~s reçues** ideas preconcebidas

identifier [idɑ̃tifje] vt identificar; **s'~ avec** ou **à qch/qn** identificarse con algo/algn

identique [idɑ̃tik] adj idéntico(-a); **~ à** idéntico a

identité [idɑ̃tite] nf (d'une personne) identidad f

idiot, e [idjo, idjɔt] adj (péj: personne) idiota, estúpido(-a); (film, réflexion) estúpido(-a) ♦ nm/f idiota m/f

idole [idɔl] nf (aussi fig) ídolo m

if [if] nm (BOT) tejo

ignorant, e [iɲɔʀɑ̃, ɑ̃t] adj, nm/f

ignorante m/f

ignorer [iɲɔʀe] vt (loi, faits) ignorar; (personne, demande) no hacer caso a, ignorar a; (être sans expérience de: plaisir, guerre) desconocer

il [il] pron él; **~s** ellos; **~ fait froid** hace frío; **~ est midi** es mediodía; **Pierre est-~ arrivé?** ¿ha llegado Pedro?; voir aussi **avoir**

île [il] nf isla

illégal, e, -aux [i(l)legal, o] adj ilegal

illimité, e [i(l)limite] adj ilimitado(-a); (confiance) infinito(-a)

illisible [i(l)lizibl] adj (indéchiffrable) ilegible

illogique [i(l)lɔʒik] adj ilógico(-a)

illuminer [i(l)lymine] vt iluminar

illusion [i(l)lyzjɔ̃] nf ilusión f; **se faire des ~s** hacerse ilusiones; **faire ~** dar el pego

illustration [i(l)lystʀasjɔ̃] nf ilustración f

illustré, e [i(l)lystʀe] adj ilustrado(-a) ♦ nm (périodique) revista ilustrada; (pour enfants) tebeo

illustrer [i(l)lystʀe] vt ilustrar

ils [il] pron voir **il**

image [imaʒ] nf imagen f; **~ de marque** (d'un produit) imagen de marca; (d'une personne, d'une entreprise) reputación f; **imagé, e** adj rico(-a) en imágenes

imaginaire [imaʒinɛʀ] adj imaginario(-a)

imagination [imaʒinasjɔ̃] nf imaginación f

imaginer [imaʒine] vt imaginar; (inventer) idear; **s'~** vpr (scène) imaginarse; **~ que** suponer que; **j'imagine qu'il a voulu**

plaisanter me figuro que habrá querido bromear; **s'~ que** imaginarse que; **s'~ à 60 ans/ en vacances** imaginarse a los 60 años/en vacaciones; **il s'imagine pouvoir faire ...** se imagina que va a poder hacer ...; **ne t'imagine pas que** no te imagines que

imbécile [ɛ̃besil] *adj, nm/f* imbécil *m/f*

imbu, e [ɛ̃by] *adj:* ~ **de** imbuido(-a) de

imitateur, -trice [imitatœʀ, tʀis] *nm/f* imitador(a)

imitation [imitasjɔ̃] *nf* imitación *f*

imiter [imite] *vt* imitar; (*ressembler à*) imitar a

immangeable [ɛ̃mɑ̃ʒabl] *adj* incomible

immatriculation [imatʀikylasjɔ̃] *nf* (*Auto*) matrícula; (*à l'université*) inscripción *f*

immatriculer [imatʀikyle] *vt* matricular; **se faire ~** matricularse, inscribirse

immédiat, e [imedja, jat] *adj* inmediato(-a) ♦ *nm:* **dans l'~** por ahora; **immédiatement** *adv* inmediatamente

immense [i(m)mɑ̃s] *adj* inmenso(-a); (*succès, influence, avantage*) enorme

immerger [imɛʀʒe] *vt* sumergir; **s'~** *vpr* (*sous-marin*) sumergirse

immeuble [imœbl] *nm* (*bâtiment*) edificio; ~ **locatif** edificio de alquiler

immigration [imigʀasjɔ̃] *nf* inmigración *f*

immigré, e [imigʀe] *nm/f* inmigrado(-a)

imminent, e [iminɑ̃, ɑ̃t] *adj* inminente

immobile [i(m)mɔbil] *adj* inmóvil

immobilier, -lère [imɔbilje, jɛʀ] *adj* inmobiliario(-a) ♦ *nm:* **l'~** (*COMM*) el sector inmobiliario

immobiliser [imɔbilize] *vt* inmovilizar; (*file, circulation*) detener; **s'~** *vpr* (*personne*) inmovilizarse; (*machine, véhicule*) pararse

immoral, e, -aux [i(m)mɔʀal, o] *adj* inmoral

immortel, -elle [imɔʀtɛl] *adj* inmortal

immunisé, e [im(m)ynize] *adj:* ~ **contre** inmunizado(-a) contra

immunité [imynite] *nf* inmunidad *f*

impact [ɛ̃pakt] *nm* impacto

impair, e [ɛ̃pɛʀ] *adj* impar ♦ *nm* (*gaffe*) torpeza

impardonnable [ɛ̃paʀdɔnabl] *adj* imperdonable

imparfait, e [ɛ̃paʀfɛ, ɛt] *adj* (*guérison, connaissance*) incompleto(-a); (*imitation*) deficiente ♦ *nm* (*LING*) (pretérito) imperfecto

impartial, e, -aux [ɛ̃paʀsjal, jo] *adj* imparcial

impasse [ɛ̃pɑs] *nf* callejón *m* sin salida

impassible [ɛ̃pasibl] *adj* impasible

impatience [ɛ̃pasjɑ̃s] *nf* impaciencia

impatient, e [ɛ̃pasjɑ̃, jɑ̃t] *adj* impaciente; ~ **de faire qch** impaciente por hacer algo; **impatienter: s'~** *vpr* impacientarse

impeccable [ɛ̃pekabl] *adj* impecable; (*employé*) impecable, intachable; (*fam: formidable*) fenomenal

impensable [ɛ̃pɑ̃sabl] *adj* (*inconcevable*) impensable

imper [ɛpɛʀ] *nm* = **imperméable**
impératif, -ive [ɛpeʀatif, iv] *adj*
imperioso(-a) ♦ *nm* (LING): **l'~** el
imperativo
impératrice [ɛpeʀatʀis] *nf*
emperatriz *f*
imperceptible [ɛpɛʀsɛptibl] *adj*
imperceptible
impérial, e, -iaux [ɛpeʀjal, jo]
adj imperial
impérieux, -ieuse [ɛpeʀjø, jøz]
adj (*air, ton*) imperioso(-a);
(*pressant*) imperioso(-a), urgente
impérissable [ɛpeʀisabl] *adj*
imperecedero(-a)
imperméable [ɛpɛʀmeabl] *adj*
impermeable ♦ *nm* impermeable
m
impertinent, e [ɛpɛʀtinɑ̃, ɑ̃t] *adj*
impertinente
impitoyable [ɛpitwajabl] *adj*
despiadado(-a)
implanter [ɛplɑ̃te] *vt* (*usine*)
instalar; (MÉD, *usage, mode*)
implantar; (*idée*) inculcar
impliquer [ɛplike] *vt*: **~ qn
(dans)** implicar a algn (en);
(*supposer, entraîner*) implicar,
suponer
impoli, e [ɛpoli] *adj* descortés
impopulaire [ɛpɔpylɛʀ] *adj*
impopular
importance [ɛpɔʀtɑ̃s] *nf*
importancia; **sans ~** sin
importancia; **quelle ~?** ¿qué más
da?; **d'~** de importancia
important, e [ɛpɔʀtɑ̃, ɑ̃t] *adj*
importante; (*péj: airs, ton*) de
importancia ♦ *nm*: **l'~ (est ce/
est que)** lo importante (es/es
que)
importateur, -trice [ɛpɔʀtatœʀ,
tʀis] *adj, nm/f* importador(a)
importation [ɛpɔʀtasjɔ̃] *nf* (*de
marchandises, fig*) importación *f*

importer [ɛpɔʀte] *vt* (COMM)
importar; (*maladies, plantes*)
importar, introducir ♦ *vi* (*être
important*) importar; **peu
m'importe** (*je n'ai pas de
préférence*) ¡me da igual!; (*je m'en
moque*) ¡a mí qué me importa!;
peu importe! ¡qué importa!
importun, e [ɛpɔʀtœ̃, yn] *adj*
(*curiosité, présence*) importuno(-a);
(*visite, personne*) inoportuno(-a) ♦
nm/f inoportuno(-a);
importuner *vt* importunar; (*suj:
insecte, bruit*) molestar
imposant, e [ɛpozɑ̃, ɑ̃t] *adj*
imponente
imposer [ɛpoze] *vt* (*taxer*) gravar;
(*faire accepter par force*) imponer;
s'~ *vpr* imponerse; (*montrer sa
prééminence*) destacar; (*être
importun*) molestar; **~ qch à qn**
imponer algo a algn; **en ~ à qn**
impresionar a algn
impossible [ɛposibl] *adj*
(*irréalisable, improbable*) imposible;
(*enfant*) insoportable,
inaguantable; (*absurde,
extravagant*) increíble; **il m'est ~
de le faire** me resulta imposible
hacerlo; **faire l'~** hacer lo
imposible
imposteur [ɛpostœʀ] *nm*
impostor(a)
impôt [ɛpo] *nm* (*taxe*) impuesto;
~s *nmpl* (*contributions*) impuestos
mpl; **~ direct/foncier/indirect**
impuesto directo/sobre la
propiedad/indirecto; **~s locaux**
impuestos municipales; **~ le
revenu** impuesto sobre el
capital/la renta
impotent, e [ɛpotɑ̃, ɑ̃t] *adj*
(*personne*) impedido(-a),
inválido(-a)
impraticable [ɛpʀatikabl] *adj*

(projet, idée) impracticable; *(piste, chemin, sentier)* intransitable, impracticable

imprécis, e [ɛ̃presi, iz] *adj (contours, renseignement)* impreciso(-a); *(souvenir)* impreciso(-a), borroso(-a)

imprégner [ɛ̃preɲe] *vpr:* **s'~ de** impregnarse de

imprenable [ɛ̃prənabl] *adj (forteresse, citadelle)* inexpugnable; **vue ~** vista panorámica asegurada

impression [ɛ̃presjɔ̃] *nf (sentiment, sensation: d'étouffement etc)* sensación *f*; *(PHOTO, d'un ouvrage)* impresión *f*; *(d'un tissu, papier peint)* impresión *f*; **faire bonne/mauvaise ~** causar buena/mala impresión; **faire/produire une vive ~** *(émotion)* causar/producir una viva impresión; **donner l'~ d'être ...** dar la impresión de ser ...;

impressionnant, e impresionante; **impressionner** *vt* impresionar

imprévisible [ɛ̃previzibl] *adj* imprevisible

imprévu, e [ɛ̃prevy] *adj (événement, succès)* imprevisto(-a); *(dépense, réaction, geste)* inesperado(-a) ♦ *nm:* **l'~** lo imprevisto; **en cas d'~** en caso de imprevisto

imprimante [ɛ̃primɑ̃t] *nf (INFORM)* impresora

imprimé, e [ɛ̃prime] *adj (motif, tissu)* estampado(-a); *(livre, ouvrage)* impreso(-a) ♦ *nm* impreso; *(tissu)* estampado

imprimer [ɛ̃prime] *vt* imprimir; *(tissu)* estampar; **imprimerie** *nf* imprenta; *(technique)* tipografía; **imprimeur** *nm* impresor *m*

impropre [ɛ̃prɔpr] *adj (incorrect)* incorrecto(-a), impropio(-a); **~ à** *(suj: personne)* inepto(-a) para

improviser [ɛ̃prɔvize] *vt, vi* improvisar; **s'~** *vpr* improvisarse; **s'~ cuisinier** improvisarse como *ou* de cocinero

improviste [ɛ̃prɔvist]: **à l'~** *adv* de improviso

imprudence [ɛ̃prydɑ̃s] *nf* imprudencia

imprudent, e [ɛ̃prydɑ̃, ɑ̃t] *adj, nm/f* imprudente *m/f*

impuissant, e [ɛ̃pɥisɑ̃, ɑ̃t] *adj* impotente; *(effort)* inútil, vano(-a); **~ à faire qch** incapaz de hacer algo

impulsif, -ive [ɛ̃pylsif, iv] *adj* impulsivo(-a)

impulsion [ɛ̃pylsjɔ̃] *nf* impulso

inabordable [inabɔrdabl] *adj (cher, exorbitant)* exorbitante

inacceptable [inaksɛptabl] *adj* inaceptable

inaccessible [inaksesibl] *adj (endroit)* inaccesible; *(obscur)* incomprensible; *(personne)* inaccesible, inabordable

inachevé, e [inaʃ(ə)ve] *adj* inacabado(-a)

inactif, -ive [inaktif, iv] *adj* inactivo(-a)

inadapté, e [inadapte] *adj, nm/f* inadaptado(-a)

inadéquat, e [inadekwa(t), kwat] *adj* inadecuado(-a)

inadmissible [inadmisibl] *adj* inadmisible

inadvertance [inadvɛrtɑ̃s]: **par ~** *adv* por inadvertencia, por descuido

inanimé, e [inanime] *adj* inanimado(-a)

inanition [inanisjɔ̃] *nf:* **tomber/mourir d'~** caer/morir de inanition

inaperçu, e [inapɛʀsy] *adj*:
passer ~ pasar desapercibido(-a)

inapte [inapt] *adj*: **~ à qch/faire
qch** incapaz para *ou* de algo/
hacer algo

inattendu, e [inatɑ̃dy] *adj*
inesperado(-a)

inattentif, -ive [inatɑ̃tif, iv] *adj*
(*lecteur, élève*) desatento(-a); **~ à**
(*dangers, détails matériels*)
despreocupado(-a) de;
inattention *nf*: **faute** *ou*
erreur d'inattention despiste
m; **une minute d'inattention**
un momento de despiste

inauguration [inoɡyʀasjɔ̃] *nf*
inauguración *f*, descubrimiento;
discours/cérémonie d'~
discurso/ceremonia de
inauguración

inaugurer [inoɡyʀe] *vt* inaugurar;
(*statue*) descubrir; (*politique*)
inaugurar, estrenar

inavouable [inavwabl] *adj*
inconfesable

incalculable [ɛ̃kalkylabl] *adj*
incalculable

incapable [ɛ̃kapabl] *adj* incapaz;
~ de faire qch incapaz de hacer
algo

incapacité [ɛ̃kapasite] *nf*
(*incompétence*) incapacidad *f*; **je
suis dans l'~ de vous aider**
(*impossibilité*) me resulta imposible
ayudarle

incarcérer [ɛ̃kaʀseʀe] *vt*
encarcelar

incassable [ɛ̃kasabl] *adj*
irrompible

incendie [ɛ̃sɑ̃di] *nm* incendio; **~
criminel/de forêt** incendio
doloso/forestal; **incendier** *vt*
incendiar

incertain, e [ɛ̃sɛʀtɛ̃, ɛn] *adj*

incierto(-a); (*éventuel, douteux*)
inseguro(-a), incierto(-a); (*temps*)
inestable; (*indécis, imprécis*)
indefinido(-a); **incertitude** *nf*
(*d'un résultat, d'un fait*)
incertidumbre *f*; (*d'une personne*)
indecisión *f*

incessamment [ɛ̃sesamɑ̃] *adv*
inmediatamente

incident, e [ɛ̃sidɑ̃, ɑ̃t] *adj* (*JUR:
accessoire*) incidental ♦ *nm*
incidente *m*; **~ de parcours** (*fig*)
pequeño contratiempo; **~
technique** dificultad *f* técnica

incinérer [ɛ̃sineʀe] *vt* incinerar

incisive [ɛ̃siziv] *nf* incisivo

inciter [ɛ̃site] *vt*: **~ qn à (faire)
qch** incitar a algn a (hacer) algo

inclinable [ɛ̃klinabl] *adj*
reclinable

inclination [ɛ̃klinasjɔ̃] *nf*
inclinación *f*; **~ de (la) tête**
inclinación de la cabeza

incliner [ɛ̃kline] *vt* inclinar ♦ *vi*:
à qch/à faire tender a algo/a
hacer; **s'~** *vpr* (*personne, toit*)
inclinarse; (*chemin, pente*) bajar,
descender; **~ la tête** *ou* **le front**
(*pour saluer*) inclinar la cabeza;
s'~ devant (*qn/qch*) inclinarse
(ante algn/algo); **s'~ (devant qch)**
(*céder*) ceder (ante algo)

inclure [ɛ̃klyʀ] *vt* incluir; (*joindre à
un envoi*) adjuntar

incognito [ɛ̃kɔɲito] *adv* de
incógnito ♦ *nm*: **garder l'~**
mantener el incógnito

incohérent, e [ɛ̃kɔeʀɑ̃, ɑ̃t] *adj*
incoherente

incollable [ɛ̃kɔlabl] *adj* (*riz*) que
no se pega

incolore [ɛ̃kɔlɔʀ] *adj* incoloro(-a);
(*style*) insulso(-a)

incommoder [ɛ̃kɔmɔde] *vt*

incomodar

incomparable [ɛ̃kɔparabl] *adj*
(*inégalable*) incomparable

incompatible [ɛ̃kɔpatibl] *adj*
incompatible

incompétent, e [ɛ̃kɔpetɑ̃, ɑ̃t] *adj*
(*ignorant*): ~ **(en)** incompetente
(en); (*incapable*) incapaz

incomplet, -ète [ɛ̃kɔplɛ, ɛt] *adj*
incompleto(-a)

incompréhensible
[ɛ̃kɔpreɑ̃sibl] *adj* incomprensible

incompris, e [ɛ̃kɔpri, iz] *adj*
incomprendido(-a)

inconcevable [ɛ̃kɔ̃s(ə)vabl] *adj*
inconcebible

inconfortable [ɛ̃kɔ̃fɔrtabl] *adj*
(*aussi fig*) incómodo(-a)

incongru, e [ɛ̃kɔ̃gry] *adj*
(*attitude, remarque*) improcedente;
(*visite*) intempestivo(-a),
inoportuno(-a)

inconnu, e [ɛ̃kɔny] *adj*
desconocido(-a); (*joie, sensation*)
desconocido(-a); ♦ *nm/f* desconocido(-a); (*étranger,
tiers*) extraño(-a) ♦ *nm:* **l'~** lo
desconocido; **inconnue** *nf* (MATH,
fig) incógnita

inconsciemment [ɛ̃kɔ̃sjamɑ̃]
adv inconscientemente

inconscient, e [ɛ̃kɔ̃sjɑ̃, jɑ̃t] *adj*
inconsciente ♦ *nm* (PSYCH): **l'~** el
inconsciente ♦ *nm/f* inconsciente
m/f; **il est ~ de ...**
(*conséquences*) no es consciente
de ...

inconsidéré, e [ɛ̃kɔ̃sidere] *adj*
desconsiderado(-a)

inconsistant, e [ɛ̃kɔ̃sistɑ̃, ɑ̃t] *adj*
inconsistente; (*caractère, personne*)
débil

inconsolable [ɛ̃kɔ̃sɔlabl] *adj*
inconsolable

incontestable [ɛ̃kɔ̃tɛstabl] *adj*
indiscutible

incontinent, e [ɛ̃kɔ̃tinɑ̃, ɑ̃t] *adj*
(MÉD) incontinente

incontournable [ɛ̃kɔ̃turnabl] *adj*
inevitable

incontrôlable [ɛ̃kɔ̃trolabl] *adj*
(*invérifiable*) no comprobable

inconvénient [ɛ̃kɔ̃venjɑ̃] *nm*
inconveniente *m*, desventaja; (*d'un
remède, changement*)
inconveniente; **~s** inconvenientes
mpl

incorporer [ɛ̃kɔrpɔre] *vt*
incorporar; ~ **(à)** (*mélanger*)
incorporar (a); ~ **(dans)** (*insérer*)
insertar (en)

incorrect, e [ɛ̃kɔrɛkt] *adj*
incorrecto(-a)

incorrigible [ɛ̃kɔriʒibl] *adj*
incorregible

incrédule [ɛ̃kredyl] *adj* (*personne,
moue*) incrédulo(-a), escéptico(-a)

incroyable [ɛ̃krwajabl] *adj*
increíble

incruster [ɛ̃kryste] *vt:* ~ **qch
dans** (ART) incrustar algo en; **s'~**
vpr: **s'~ dans** incrustarse en;
(*invité*) instalarse en, aposentarse
en

inculpé, e [ɛ̃kylpe] *nm/f*
inculpado(-a), acusado(-a)

inculper [ɛ̃kylpe] *vt:* ~ **(de)**
inculpar (de), acusar (de)

inculquer [ɛ̃kylke] *vt:* ~ **qch à
qn** inculcar algo a ou en algn

Inde [ɛ̃d] *nf* India

indécent, e [ɛ̃desɑ̃, ɑ̃t] *adj*
indecente, indecoroso(-a);
(*inconvenant, déplacé*)
desconsiderado(-a)

indéchiffrable [ɛ̃deʃifrabl] *adj*
(*aussi fig*) indescifrable; (*pensée,
personnage*) inescrutable

indécis, e [ɛ̃desi, iz] *adj* (*paix,
victoire*) dudoso(-a); (*temps*)

dudoso(-a), inestable; (*personne*)
indeciso(-a)
indéfendable [ɛ̃defɑ̃dabl] *adj*
(*aussi fig*) indefendible
indéfini, e [ɛ̃defini] *adj*
indefinido(-a); (*nombre*)
ilimitado(-a); (*LING: article*)
indeterminado(-a); **passé ~**
perfecto; **indéfiniment** *adv*
indefinidamente; **indéfinissable**
adj indefinible
indélébile [ɛ̃delebil] *adj* indeleble
indélicat, e [ɛ̃delika, at] *adj*
(*grossier*) falto(-a) de delicadeza;
(*malhonnête*) deshonesto(-a)
indemne [ɛ̃dɛmn] *adj* indemne;
indemniser *vt* indemnizar;
indemniser qn de qch
indemnizar a algn por algo
indemnité [ɛ̃demnite] *nf*
(*dédommagement*) indemnización
f; (*allocation*) subsidio; **~ de
licenciement** indemnización por
despido
indépendamment [ɛ̃depɑ̃damɑ̃]
adv independientemente; **~ de**
(*en faisant abstraction de*)
independientemente de; (*par
surcroît, en plus*) además de
indépendance [ɛ̃depɑ̃dɑ̃s] *nf*
independencia
indépendant, e [ɛ̃depɑ̃dɑ̃, ɑ̃t]
adj independiente; **travailleur ~**
trabajador autónomo
indescriptible [ɛ̃dɛskriptibl] *adj*
indescriptible
indésirable [ɛ̃dezirabl] *adj*
indeseable
indestructible [ɛ̃destryktibl] *adj*
indestructible
indéterminé, e [ɛ̃determine] *adj*
indeterminado(-a)
index [ɛ̃dɛks] *nm* índice *m*
indicateur -trice [ɛ̃dikatœʀ,
tʀis] *nm/f* (*de la police*) confidente

m/f ♦ *adj*: **poteau ~** indicador,
señal *f* de orientación; **panneau
~** panel *m* informativo
indicatif [ɛ̃dikatif] *nm* (*LING*)
indicativo; (*RADIO*) sintonía;
(*téléphonique*) prefijo ♦ *adj*: **à titre
~** a título informativo
indication [ɛ̃dikasjɔ̃] *nf* indicación
f; **~s** *nfpl* (*directives*) indicaciones
fpl, instrucciones *fpl*
indice [ɛ̃dis] *nm* indicio; (*POLICE*)
indicio, pista; (*ÉCON, SCIENCE, TECH,
ADMIN*) índice *m*
indicible [ɛ̃disibl] *adj* (*joie,
charme*) inefable; (*peine*) indecible
indien, ne [ɛ̃djɛ̃, jɛn] *adj*
indio(-a), hindú ♦ *nm/f*: **I~, ne**
(*d'Amérique*) indio(-a)
indifféremment [ɛ̃diferamɑ̃] *adv*
indiferentemente, indistintamente
indifférence [ɛ̃diferɑ̃s] *nf*
indiferencia
indifférent, e [ɛ̃diferɑ̃, ɑ̃t] *adj*
indiferente; **~ à qn/qch**
indiferente a algn/algo
indigène [ɛ̃diʒɛn] *adj, nm/f*
indígena, criollo(-a) (*AM*)
indigeste [ɛ̃diʒɛst] *adj*
indigesto(-a)
indigestion [ɛ̃diʒɛstjɔ̃] *nf*
indigestión *f*
indigne [ɛ̃diɲ] *adj* indigno(-a); **~
de** indigno(-a) de
indigner [ɛ̃diɲe] *vt* indignar; **s'~**
vpr: **s'~ (de qch/contre qn)** (*se
fâcher*) indignarse (por ou con
algo/contra ou con algn)
indiqué, e [ɛ̃dike] *adj* (*date, lieu*)
indicado(-a), acordado(-a);
(*adéquat*) indicado(-a),
adecuado(-a); **ce n'est pas très
~** no es muy adecuado
indiquer [ɛ̃dike] *vt* indicar; (*heure,
solution*) indicar, informar;
(*déterminer*) señalar, fijar; **~ qch/**

qn du doigt/du regard
(*désigner*) indicar *ou* señalar algo/a
algn con el dedo/con la mirada; **à
l'heure indiquée** a la hora
acordada; **pourriez-vous m'~
les toilettes/l'heure?** ¿puede
indicarme dónde están los
servicios/decirme la hora?
indiscipliné, e [ɛ̃disipline] *adj*
(*écolier, troupes*) indisciplinado(-a)
indiscret, -ète [ɛ̃diskʀɛ, ɛt] *adj*
indiscreto(-a)
indiscutable [ɛ̃diskytabl] *adj*
indiscutible
indispensable [ɛ̃dispɑ̃sabl] *adj*
(*garanties, précautions, condition*)
indispensable; (*objet,
connaissances, personne*)
imprescindible
indisposé, e [ɛ̃dispoze] *adj*
indispuesto(-a)
indistinct, e [ɛ̃distɛ̃(kt), ɛ̃kt] *adj*
(*objet*) indistinto(-a);
indistinctement *adv*
indistintamente; **tous les
Français indistinctement**
todos los franceses sin distinción
individu [ɛ̃dividy] *nm* individuo;
individuel, le *adj* individual;
(*opinion*) personal; (*cas*) particular;
chambre/maison individuelle
habitación *f*/casa individual
indolore [ɛ̃dɔlɔʀ] *adj* indoloro(-a)
Indonésie [ɛ̃dɔnezi] *nf* Indonesia
indu, e [ɛ̃dy] *adj*: **à des heures
~es** (*travailler*) tarde
indulgent, e [ɛ̃dylʒɑ̃, ɑ̃t] *adj*
indulgente
industrialiser [ɛ̃dystʀijalize] *vt*
industrializar; **s'~** *vpr*
industrializarse
industrie [ɛ̃dystʀi] *nf* industria;
industriel, le *adj*, *nm/f*
industrial *m/f*
inébranlable [inebʀɑ̃labl] *adj*

inquebrantable; (*personne,
certitude*) firme
inédit, e [inedi, it] *adj* inédito(-a)
inefficace [inefikas] *adj* ineficaz;
(*machine, employé*) ineficiente
inégal, e, -aux [inegal, o] *adj*
desigual; (*partage, part*)
desproporcionado(-a); (*humeur*)
variable; **inégalable** *adj*
inigualable; **inégalé, e** *adj*
inigualado(-a); **inégalité** *nf*
desigualdad *f*
inépuisable [inepɥizabl] *adj*
inagotable; **il est ~ sur** es
inagotable en
inerte [inɛʀt] *adj* inerte
inespéré, e [inɛspeʀe] *adj*
inesperado(-a)
inestimable [inɛstimabl] *adj*
inestimable
inévitable [inevitabl] *adj*
inevitable; (*hum: rituel*)
consabido(-a)
inexact, e [inɛgza(kt), akt] *adj*
inexacto(-a); (*non ponctuel*)
impuntual
inexcusable [inɛkskyzabl] *adj*
inexcusable
inexplicable [inɛksplikabl] *adj*
inexplicable
in extremis [inɛkstʀemis] *adv* de
milagro ♦ *adj* (*préparatifs,
sauvetage*) en el último momento
infaillible [ɛ̃fajibl] *adj* infalible
infarctus [ɛ̃faʀktys] *nm*: **~ (du
myocarde)** infarto (de
miocardio)
infatigable [ɛ̃fatigabl] *adj*
infatigable, incansable
infect, e [ɛ̃fɛkt] *adj* pestilente;
(*goût*) asqueroso(-a); (*personne*)
odioso(-a)
infecter [ɛ̃fɛkte] *vt* (*atmosphère,
eau*) contaminar; (*personne*)
contagiar; **s'~** *vpr* infectarse;

infection nf (MÉD) infección f
inférieur, e [ɛ̃feʀjœʀ] adj
inferior; ~ **à** inferior a
infernal, e, -aux [ɛ̃feʀnal, o] adj
infernal; (satanique) diabólico(-a);
tu es ~! (fam: enfant) ¡eres un
diablo!
infidèle [ɛ̃fidɛl] adj infiel
infiltrer [ɛ̃filtʀe] vb: **s'~ dans**
infiltrarse en
infime [ɛ̃fim] adj ínfimo(-a)
infini, e [ɛ̃fini] adj infinito(-a);
(précautions) extremo(-a) ♦ nm:
l'~ (MATH, PHOTO) el infinito; **à l'~**
(MATH) al infinito; (discourir)
interminablemente; (agrandir,
varier) ampliamente; **infiniment**
adv infinitamente; **infinité** nf:
une infinité de una infinidad de
infinitif, -ive [ɛ̃finitif, iv] nm
(LING) infinitivo
infirme [ɛ̃fiʀm] adj, nm/f
inválido(-a)
infirmerie [ɛ̃fiʀməʀi] nf
enfermería
infirmier, -ière [ɛ̃fiʀmje, jɛʀ]
nm/f enfermero(-a), A.T.S. m/f ♦
adj: **élève ~** alumno(-a) de
enfermería; **infirmière chef**
enfermera jefe; **infirmière**
visiteuse enfermera domiciliaria
infirmité [ɛ̃fiʀmite] nf invalidez f
inflammable [ɛ̃flamabl] adj
inflamable
inflation [ɛ̃flasjɔ̃] nf inflación f
influençable [ɛ̃flyɑ̃sabl] adj
influenciable
influence [ɛ̃flyɑ̃s] nf influencia;
(d'une drogue) efecto; (POL)
predominio; **influencer** vt
influir; **influent, e** adj influyente
informaticien, ne [ɛ̃fɔʀmatisjɛ̃,
jɛn] nm/f informático(-a)
information [ɛ̃fɔʀmasjɔ̃] nf
información f; **~s** nfpl (RADIO)

noticias fpl
informatique [ɛ̃fɔʀmatik] nf
informática; **informatiser** vt
informatizar
informer [ɛ̃fɔʀme] vt: ~ **qn (de)**
informar a algn (de); **s'~** vpr: **s'~**
(sur) informarse (sobre)
infos [ɛ̃fo] nfpl voir **information**
infraction [ɛ̃fʀaksjɔ̃] nf infracción
f; **être en ~** haber cometido una
infracción
infranchissable [ɛ̃fʀɑ̃ʃisabl] adj
infranqueable; (fig) insalvable
infrarouge [ɛ̃fʀaʀuʒ] adj
infrarrojo(-a) ♦ nm infrarrojo
infrastructure [ɛ̃fʀastʀyktyʀ] nf
infraestructura; **~s** nfpl (d'un pays
etc) infraestructuras fpl; **~**
touristique/hôtelière/
routière infraestructura turística/
hotelera/viaria
infuser [ɛ̃fyze] vt (aussi: **faire ~**)
dejar reposar; **infusion** nf
infusión f
ingénier [ɛ̃ʒenje]: **s'~** vpr: **s'~ à**
faire qch ingeniárselas para
hacer algo
ingénierie [ɛ̃ʒeniʀi] nf ingeniería
ingénieur [ɛ̃ʒenjœʀ] nm
ingeniero; ~ **agronome/du son**
ingeniero agrónomo/de sonido
ingénieux, -ieuse [ɛ̃ʒenjø, jøz]
adj ingenioso(-a)
ingrat, e [ɛ̃gʀa, at] adj (personne,
travail) ingrato(-a); (sol) estéril;
(visage) poco agraciado(-a) ♦ nm/f
ingrato(-a); ~ **envers** ingrato con
ingrédient [ɛ̃gʀedjɑ̃] nm
ingrediente m
inhabité, e [inabite] adj (régions)
despoblado(-a); (maison)
deshabitado(-a)
inhabituel, le [inabituɛl] adj
inhabitual
inhibition [inibisjɔ̃] nf inhibición f

inhumain, e [inymɛ̃, ɛn] adj (barbare) inhumano(-a)

inimaginable [inimaʒinabl] adj inimaginable

ininterrompu, e [inɛ̃teʁɔ̃py] adj ininterrumpido(-a); (flot, vacarme) continuo(-a)

initial, e, -aux [inisjal, jo] adj, nf inicial; **~es** nfpl iniciales fpl

initiation [inisjasjɔ̃] nf iniciación f

initiative [inisjativ] nf (aussi POL) iniciativa; **de sa propre ~** por propia iniciativa

initier [inisje] vt iniciar; **s'~** vpr: **s'~ à** iniciarse en; **~ qn à** iniciar a algn en

injecter [ɛ̃ʒekte] vt inyectar; **injection** [ɛ̃ʒeksjɔ̃] nf inyección f; **injection intraveineuse/ sous-cutanée** inyección intravenosa/subcutánea; **à injection** (moteur, système) de inyección

injure [ɛ̃ʒyʁ] nf insulto; **injurier** vt insultar; **injurieux, -ieuse** adj injurioso(-a)

injuste [ɛ̃ʒyst] adj injusto(-a); **(avec ou envers qn)** injusto(-a) (con algn); **injustice** nf injusticia

inlassable [ɛ̃lɑsabl] adj incansable, infatigable

inné, e [i(n)ne] adj innato(-a)

innocent, e [inɔsɑ̃, ɑ̃t] adj inocente; (jeu, plaisir) inofensivo(-a); **innocenter** vt disculpar

innombrable [i(n)nɔ̃bʁabl] adj incontable

innover [inɔve] vt innovar ♦ vi: **~ en art/en matière d'art** innovar en arte/en temas de arte

inoccupé, e [inɔkype] adj desocupado(-a)

inodore [inɔdɔʁ] adj inodoro(-a)

inoffensif, -ive [inɔfɑ̃sif, iv] adj inofensivo(-a); (plaisanterie) inocente

inondation [inɔ̃dɑsjɔ̃] nf inundación f

inonder [inɔ̃de] vt inundar; (envahir) invadir; **~ de** inundar de

inopportun, e [inɔpɔʁtœ̃, yn] adj inoportuno(-a)

inoubliable [inublijabl] adj inolvidable

inouï, e [inwi] adj inaudito(-a)

inox [inɔks] adj, nm abr acero inoxidable

inquiet, -ète [ɛ̃kjɛ, ɛ̃kjɛt] adj inquieto(-a); **inquiétant, e** adj inquietante, preocupante; **inquiéter** vt inquietar, preocupar; **s'inquiéter** vpr inquietarse, preocuparse; **s'inquiéter de** preocuparse por; **inquiétude** nf inquietud f, preocupación f

insaisissable [ɛ̃sezisabl] adj (nuance) imperceptible

insalubre [ɛ̃salybʁ] adj insalubre

insatisfait, e [ɛ̃satisfɛ, ɛt] adj insatisfecho(-a)

inscription [ɛ̃skʁipsjɔ̃] nf inscripción f; (à une institution) inscripción, matrícula

inscrire [ɛ̃skʁiʁ] vt escribir, inscribir; (renseignement) anotar; (nom: sur une liste etc) anotar, apuntar; **s'~** vpr (pour une excursion etc) apuntarse, inscribirse; **~ qn à** matricular ou apuntar a algn a; **s'~ (à)** (un club, parti) apuntarse (a), matricularse (en); (l'université, un examen) matricularse (en)

insecte [ɛ̃sekt] nm insecto; **insecticide** adj insecticida ♦ nm insecticida m

insensé, e [ɛ̃sɑ̃se] adj insensato(-a)

insensible [ɛ̃sɑ̃sibl] *adj*
insensible; (*pouls, mouvement*)
imperceptible; **~ aux
compliments/à la chaleur**
insensible a los halagos/al
calor

inséparable [ɛ̃sepaʀabl] *adj*
inseparable

insigne [ɛ̃siɲ] *nm* emblema *m*

insignifiant, e [ɛ̃siɲifjɑ̃, jɑ̃t] *adj*
insignificante

insinuer [ɛ̃sinɥe] *vt* insinuar; **s'~
vpr: s'~ dans** (*odeur, humidité*)
filtrarse en

insipide [ɛ̃sipid] *adj* insípido(-a),
insulso(-a)

insister [ɛ̃siste] *vi* insistir; **~ sur**
insistir en

insolation [ɛ̃sɔlasjɔ̃] *nf* insolación *f*

insolent, e [ɛ̃sɔlɑ̃, ɑ̃t] *adj*
insolente, descarado(-a)

insolite [ɛ̃sɔlit] *adj* extraño(-a)

insomnie [ɛ̃sɔmni] *nf* insomnio

insouciant, e [ɛ̃susjɑ̃, jɑ̃t] *adj*
despreocupado(-a); (*imprévoyant*)
dejado(-a)

insoupçonnable [ɛ̃supsɔnabl]
adj insospechable

insoupçonné, e [ɛ̃supsɔne] *adj*
insospechado(-a)

insoutenable [ɛ̃sut(ə)nabl] *adj*
(*argument, opinion*) insostenible;
(*lumière, chaleur, spectacle*)
insoportable; (*effort*) insufrible

inspecter [ɛ̃spɛkte] *vt*
inspeccionar; (*personne*) dar un
repaso a; (*maison*) revisar

inspecteur, -trice *nm/f*
inspector(a); **inspecteur (de
police)** inspector (de policía);
inspecteur des Finances *ou*
des impôts inspector de
hacienda; **inspection** *nf*
inspección *f*

inspirer [ɛ̃spiʀe] *vt* inspirar ♦ *vi*
inspirar; **s'~ vpr: s'~ de qch**
inspirarse en algo; **~ qch à qn**
sugerir algo a algn; (*crainte,
horreur*) inspirar algo a algn; **ça
ne m'inspire pas beaucoup/
vraiment pas** eso no me dice
mucho/nada

instable [ɛ̃stabl] *adj* inestable

installation [ɛ̃stalasjɔ̃] *nf*
instalación *f*; **~s** *nfpl* (*équipement*):
~s portuaires instalaciones *fpl*
portuarias; **une ~ provisoire** *ou*
de fortune un alojamiento
provisional; **l'~ électrique** la
instalación eléctrica

installer [ɛ̃stale] *vt* instalar; **s'~**
vpr instalarse; (*à un emplacement*)
acomodarse; (*maladie, grève*)
arraigarse; **s'~ à l'hôtel/chez
qn** alojarse en el hotel/en casa de
algn

instance [ɛ̃stɑ̃s] *nf*: **être en ~
de divorce** estar en trámites de
divorcio

instant [ɛ̃stɑ̃] *nm* instante *m*; **en**
ou **dans un ~** en un instante; **à
l'~: je l'ai vu à l'~** lo he visto
hace nada; **à chaque** *ou* **tout ~**
a cada instante; **pour l'~** por el
momento; **par ~s** por
momentos; **de tous les ~s**
constante

instantané, e [ɛ̃stɑ̃tane] *adj*
instantáneo(-a) ♦ *nm* (*PHOTO*)
instantánea

instar [ɛ̃staʀ]: **à l'~ de** *prép* a
semejanza de

instaurer [ɛ̃stɔʀe] *vt* implantar;
s'~ *vpr* establecerse

instinct [ɛ̃stɛ̃] *nm* instinto;
instinctivement *adv*
instintivamente

instituer [ɛ̃stitɥe] *vt* establecer;
(*un organisme*) fundar

institut [ɛ̃stity] nm instituto; **~ de
beauté** instituto de belleza; **l~
universitaire de technologie
(IUT)** ≈ Escuela Politécnica
instituteur, -trice [ɛ̃stitytœʀ,
tʀis] nm/f maestro(-a)
institution [ɛ̃stitysjɔ̃] nf
institución f; (collège) colegio
privado
instructif, -ive [ɛ̃stʀyktif, iv] adj
instructivo(-a)
instruction [ɛ̃stʀyksjɔ̃] nf
(enseignement) enseñanza; (savoir)
cultura; (JUR, INFORM) instrucción f;
~s nfpl (directives, mode d'emploi)
instrucciones fpl
instruire [ɛ̃stʀɥiʀ] vt (élèves)
enseñar; (MIL, JUR) instruir; **s'~** vpr
instruirse; **instruit, e** pp de
instruire ♦ adj instruido(-a),
culto(-a)
instrument [ɛ̃stʀymɑ̃] nm
herramienta; **~ à cordes/à
percussion/à vent/de
musique** instrumento de
cuerda/de percusión/de viento/
musical
insu [ɛ̃sy] nm: **à l'~ de qn** a
espaldas de algn; **à son ~** a sus
espaldas
insuffisant, e [ɛ̃syfizɑ̃, ɑ̃t] adj
insuficiente
insulaire [ɛ̃sylɛʀ] adj insular;
(attitude) cerrado(-a)
insuline [ɛ̃sylin] nf insulina
insulte [ɛ̃sylt] nf insulto;
insulter vt insultar
insupportable [ɛ̃sypɔʀtabl] adj
insoportable
insurmontable [ɛ̃syʀmɔ̃tabl] adj
insuperable; (angoisse, aversion)
invencible
intact, e [ɛ̃takt] adj intacto(-a)
intarissable [ɛ̃taʀisabl] adj
inagotable; **il est ~ sur ...** es

incansable cuando habla de ...
intégral, e, -aux [ɛ̃tegʀal, o] adj
total; (édition) completo(-a);
intégralement adv totalmente,
completamente; **intégralité** nf
totalidad f; **dans son
intégralité** en su totalidad;
intégrant, e adj: **faire partie
intégrante de qch** formar parte
integrante de algo
intègre [ɛ̃tegʀ] adj íntegro(-a)
intégrer [ɛ̃tegʀe] vt (personnes)
integrar; (théories, paragraphe)
incorporar; **s'~** vpr: **s'~ à** ou
dans qch integrarse en algo
intégrisme [ɛ̃tegʀism] nm
integrismo
intellectuel, le [ɛ̃telɛktɥel] adj,
nm/f intelectual m/f
intelligence [ɛ̃teliʒɑ̃s] nf
inteligencia; (compréhension)
comprensión f
intelligent, e [ɛ̃teliʒɑ̃, ɑ̃t] adj
inteligente
intelligible [ɛ̃teliʒibl] adj: **parler
de façon peu ~** hablar de forma
poco clara
intempéries [ɛ̃tɑ̃peʀi] nfpl
tiempo inclemente
intenable [ɛ̃t(ə)nabl] adj
inaguantable, insoportable
intendant, e [ɛ̃tɑ̃dɑ̃, ɑ̃t] nm/f
(MIL) intendente m; (SCOL,
régisseur) administrador(a)
intense [ɛ̃tɑ̃s] adj intenso(-a);
intensif, -ive [ɛ̃tɑ̃sif, iv] adj
intensivo(-a)
intenter [ɛ̃tɑ̃te] vt: **~ un
procès/une action contre** ou
à qn entablar proceso/una acción
contra algn
intention [ɛ̃tɑ̃sjɔ̃] nf intención f;
(but, objectif) intención f,
propósito; **avoir l'~ de faire
qch** tener la intención de hacer
algo; **à l'~ de qn** para algn; (film,

ouvrage) dedicado(-a) a algn;
intentionné, e adj: **être bien/mal intentionné** tener buena/mala intención

interactif, -ive [ɛ̃teʀaktif, iv] adj *(aussi INFORM)* interactivo(-a)

intercepter [ɛ̃teʀsepte] vt interceptar; *(lumière etc)* impedir el paso de

interchangeable [ɛ̃teʀʃɑ̃ʒabl] adj intercambiable

interdiction [ɛ̃teʀdiksjɔ̃] nf interdicción f, prohibición f

interdire [ɛ̃teʀdiʀ] vt prohibir; *(ADMIN, REL: personne)* inhabilitar; ~ **à qn de faire qch** prohibir a algn hacer algo; *(suj: chose)* impedir que algn haga algo

interdit, e [ɛ̃teʀdi, it] pp de **interdire** ♦ nm pauta; **film ~ aux moins de 18/13 ans** película prohibida a los menores de 18/13 años; **sens/ stationnement ~** dirección f/ estacionamiento prohibido(-a); **~ de séjour** expulsado(-a)

intéressant, e [ɛ̃teʀesɑ̃, ɑ̃t] adj interesante

intéressé, e [ɛ̃teʀese] adj interesado(-a)

intéresser [ɛ̃teʀese] vt *(élèves etc)* interesar; *(ADMIN: mesure, loi)* concernir; **ce film m'a beaucoup intéressé** he encontrado muy interesante esta película; **ça n'intéresse personne** eso no interesa a nadie; **s'~ à qn/à ce que fait qn/qch** interesarse por algn/por lo que hace algn/algo

intérêt [ɛ̃teʀɛ] nm interés m; *msg*; **il a ~ à acheter cette voiture** le interesa comprar ese coche; **tu aurais ~ à te taire!** ¡más te vale callarte!

intérieur, e [ɛ̃teʀjœʀ] adj interior ♦ nm interior m; **ministère de l'i~** ministerio del Interior; **un ~ bourgeois/confortable** una decoración burguesa/confortable; **à l'~ (de)** en el interior *ou* dentro *ou* adentro *(esp AM)* (de); *(fig)* dentro (de); **intérieurement** adv por dentro

intérim [ɛ̃teʀim] nm interinidad f; **faire de l'~** hacer sustituciones

intérimaire [ɛ̃teʀimɛʀ] adj, nm/f interino(-a)

interlocuteur, -trice [ɛ̃teʀlɔkytœʀ, tʀis] nm/f interlocutor(a)

intermédiaire [ɛ̃teʀmedjɛʀ] adj intermedio(-a) ♦ nm/f intermediario(-a); **par l'~ de** por mediación de

interminable [ɛ̃teʀminabl] adj interminable

intermittence [ɛ̃teʀmitɑ̃s] nf: **par ~** *(travailler)* con intermitencias

internat [ɛ̃teʀna] nm internado

international, e, -aux [ɛ̃teʀnasjɔnal, o] adj internacional ♦ nm/f *(SPORT)* jugador(a) internacional

internaute [ɛ̃teʀnot] nmf internauta mf

interne [ɛ̃teʀn] adj interno(-a) ♦ nm/f *(élève)* interno(-a); *(MÉD)* médico(-a) interno(-a)

Internet [ɛ̃teʀnet] nm Internet m

interpeller [ɛ̃teʀpəle] vt interpelar; *(police)* detener

interphone [ɛ̃teʀfɔn] nm interfono; *(d'un appartement)* portero automático

interposer [ɛ̃teʀpoze] vt interponer; **s'~** vpr interponerse

interprète [ɛ̃teʀpʀɛt] nm/f intérprete m/f

interpréter [ɛ̃tɛʀpʀete] *vt* interpretar

interrogatif, -ive [ɛ̃teʀɔgatif, iv] *adj* interrogativo(-a)

interrogation [ɛ̃teʀɔgasjɔ̃] *nf* interrogación *f*; **~ écrite/orale** (*SCOL*) control *m* escrito/oral

interrogatoire [ɛ̃teʀɔgatwaʀ] *nm* interrogatorio

interroger [ɛ̃teʀɔʒe] *vt* interrogar; (*données*) consultar; (*candidat*) examinar

interrompre [ɛ̃teʀɔ̃pʀ] *vt* interrumpir; (*circuit électrique, communications*) cortar; **s'~** *vpr* interrumpirse; **interrupteur** *nm* interruptor *m*; **interruption** *nf* interrupción *f*; **sans interruption** sin interrupción; **interruption (volontaire) de grossesse** interrupción (voluntaria) del embarazo

intersection [ɛ̃tɛʀsɛksjɔ̃] *nf* intersección *f*

intervalle [ɛ̃tɛʀval] *nm* intervalo; **dans l'~** mientras tanto

intervenir [ɛ̃tɛʀvəniʀ] *vi* (*survenir*) ocurrir, tener lugar; **~ dans** intervenir en; **~ (pour faire qch)** intervenir (para hacer algo); **~ auprès de qn/en faveur de qn** interceder ante algn/en favor de algn; **intervention** *nf* intervención *f*; **intervention (chirurgicale)** intervención (quirúrgica)

interview [ɛ̃tɛʀvju] *nf* interviú *f*, entrevista

intestin, e [ɛ̃tɛstɛ̃, in] *nm* intestino

intime [ɛ̃tim] *adj* íntimo(-a); (*convictions*) profundo(-a) ♦ *nm/f* íntimo(-a)

intimider [ɛ̃timide] *vt* intimidar

intimité [ɛ̃timite] *nf* intimidad *f*; **dans l'~** en la intimidad; (*sans formalités*) informalmente

intolérable [ɛ̃tɔleʀabl] *adj* (*chaleur*) insoportable; (*inadmissible*) intolerable

intoxication [ɛ̃tɔksikasjɔ̃] *nf* intoxicación *f*; **~ alimentaire** intoxicación alimenticia

intoxiquer [ɛ̃tɔksike] *vt* intoxicar; (*fig aussi*) contaminar

intraitable [ɛ̃tʀɛtabl] *adj* despiadado(-a); **~ (sur)** intransigente (en)

intransigeant, e [ɛ̃tʀɑ̃ziʒɑ̃, ɑ̃t] *adj* intransigente; (*morale, passion*) firme

intrépide [ɛ̃tʀepid] *adj* intrépido(-a)

intrigue [ɛ̃tʀig] *nf* intriga; **intriguer** *vi, vt* intrigar

introduction [ɛ̃tʀɔdyksjɔ̃] *nf* introducción *f*, incorporación *f*

introduire [ɛ̃tʀɔdɥiʀ] *vt* introducir; **~ qn auprès de qn** conducir a algn ante algn; **~ qn dans un club** introducir a algn en un club; **s'~ dans** introducirse en

introuvable [ɛ̃tʀuvabl] *adj* (*personne*) ilocalizable; (*COMM: rare: édition, livre*) imposible de encontrar

intrus, e [ɛ̃tʀy, yz] *nm/f* intruso(-a)

intuition [ɛ̃tɥisjɔ̃] *nf* intuición *f*

inusable [inyzabl] *adj* duradero(-a)

inutile [inytil] *adj* inútil; (*superflu*) innecesario(-a); **inutilement** *adv* inútilmente; **inutilisable** *adj* inutilizable

invalide [ɛ̃valid] *adj, nm/f* inválido(-a); **~ de guerre** inválido de guerra

invariable [ɛ̃vaʀjabl] *adj*

invariable
invasion [ɛ̃vazjɔ̃] *nf* (aussi fig) invasión f; (de sauterelles, rats) plaga, invasión
inventaire [ɛ̃vɑ̃tɛʀ] *nm* inventario
inventer [ɛ̃vɑ̃te] *vt* inventar; (moyen) idear; **inventeur, -trice** [ɛ̃vɑ̃tœʀ, tʀis] *nm/f* inventor(a); **inventif, -ive** *adj* inventivo(-a); **invention** *nf* invención f
inverse [ɛ̃vɛʀs] *adj* (ordre) inverso(-a) ♦ *nm*: **l'~** lo contrario; **dans l'ordre ~** en orden inverso; **dans le sens ~ des aiguilles d'une montre** en sentido contrario a las agujas del reloj; **en** ou **dans le sens ~** en sentido contrario; **à l'~** al contrario; **inversement** *adv* inversamente; **inverser** *vt* invertir
investir [ɛ̃vɛstiʀ] *vt* (argent, capital) invertir;
investissement *nm* inversión f
invisible [ɛ̃vizibl] *adj* invisible
invitation [ɛ̃vitasjɔ̃] *nf* invitación f
invité, e [ɛ̃vite] *nm/f* invitado(-a)
inviter [ɛ̃vite] *vt* invitar; **~ qn à faire qch** (engager, exhorter) invitar a algn a hacer algo
invivable [ɛ̃vivabl] *adj* insoportable
involontaire [ɛ̃vɔlɔ̃tɛʀ] *adj* involuntario(-a)
invoquer [ɛ̃vɔke] *vt* invocar; (excuse, argument) invocar, alegar
invraisemblable [ɛ̃vʀɛsɑ̃blabl] *adj* (histoire) inverosímil
iode [jɔd] *nm* yodo
irai *etc* [iʀe] *vb voir* **aller**
Irak [iʀak] *nm* Irak m; **irakien, ne** *adj* iraquí ♦ *nm/f*: **Irakien, ne** iraquí *m/f*
Iran [iʀɑ̃] *nm* Irán m; **iranien,**

ne *adj* iraní ♦ *nm/f*: **Iranien, ne** iraní *m/f*
irons *etc* [iʀɔ̃] *vb voir* **aller**
iris [iʀis] *nm* (BOT) lirio; (ANAT) iris *m inv*
irlandais, e [iʀlɑ̃dɛ, ɛz] *adj* irlandés(-esa) ♦ *nm* (LING) irlandés *m* ♦ *nm/f*: **I~, e** irlandés(-esa); **les I~** los irlandeses
Irlande [iʀlɑ̃d] *nf* Irlanda; **la mer d'~** el mar de Irlanda; **l'~ du Nord/Sud** Irlanda del Norte/Sur
ironie [iʀɔni] *nf* ironía; **~ du sort** ironía del destino; **ironique** *adj* irónico(-a); **ironiser** *vi* ironizar
irons *etc* [iʀɔ̃] *vb voir* **aller**
irradier [iʀadje] *vi* irradiar ♦ *vt* irradiar, difundir
irraisonné, e [iʀɛzɔne] *adj* irrazonable
irrationnel, le [iʀasjɔnɛl] *adj* irracional
irréalisable [iʀealizabl] *adj* irrealizable
irrécupérable [iʀekypeʀabl] *adj* irrecuperable
irréel, le [iʀeɛl] *adj* irreal
irréfléchi, e [iʀefleʃi] *adj* irreflexivo(-a)
irrégularité [iʀegylaʀite] *nf* irregularidad f; **~s** *nfpl* irregularidades fpl
irrégulier, -ière [iʀegylje, jɛʀ] *adj* irregular; (développement, accélération) irregular, desigual
irrémédiable [iʀemedjabl] *adj* irremediable
irremplaçable [iʀɑ̃plasabl] *adj* irremplazable; (personne) irremplazable, insustituible
irréparable [iʀepaʀabl] *adj* (aussi fig) irreparable
irréprochable [iʀepʀɔʃabl] *adj* (personne, vie) irreprochable, intachable; (tenue, toilette)

intachable
irrésistible [irezistibl] *adj*
irresistible; (*concluant: logique*)
contundente; (*qui fait rire*)
graciosísimo(-a)
irrésolu, e [irezɔly] *adj*
irresoluto(-a)
irrespectueux, -euse
[irespɛktyø, øz] *adj*
irrespetuoso(-a)
irresponsable [irespɔ̃sabl] *adj,*
nm/f irresponsable *m/f*
irriguer [irige] *vt* irrigar
irritable [iritabl] *adj* irritable
irriter [irite] *vt* irritar
irruption [irypsjɔ̃] *nf* irrupción *f*;
faire ~ dans un endroit/chez
qn irrumpir en un lugar/en casa
de algn
Islam [islam] *nm:* **l'~** el Islam;
islamique *adj* islámico(-a)
Islande [islɑ̃d] *nf* Islandia
isolant, e [izɔlɑ̃, ɑ̃t] *adj, nm*
aislante *m*
isolation [izɔlasjɔ̃] *nf:* **~**
acoustique/thermique
aislamiento acústico/térmico
isolé, e [izɔle] *adj* aislado(-a);
(*éloigné*) apartado(-a)
isoler [izɔle] *vt* aislar; **s'~** *vpr*
(*pour travailler*) aislarse
Israël [israɛl] *nm* Israel *m*;
israélien, ne *adj* israelí *m/f*;
Israélien, ne *nm/f* israelí *m/f*;
israélite *adj* (*REL*) israelita ♦ *nm/*
f: **Israélite** israelita *m/f*
issu, e [isy] *adj:* **~ de**
descendiente de; (*fig*) resultante
de; **issue** *nf* salida; (*solution*)
salida, solución *f*; **à l'issue de** al
concluir; **chemin/rue sans**
issue camino/calle *f* sin salida
Italie [itali] *nf* Italia; **italien, ne**
adj italiano(-a) ♦ *nm* (*LING*) italiano
♦ *nm/f:* **Italien, ne** italiano(-a)

italique [italik] *nm:* **(mettre un**
mot) en ~(s) (poner una
palabra) en cursiva
itinéraire [itinerɛr] *nm* itinerario
IUT *sigle m* (= *Institut universitaire*
de technologie) *voir* **institut**
IVG *sigle f* (= *interruption volontaire*
de grossesse) interrupción *f*
voluntaria del embarazo
ivoire [ivwar] *nm* marfil *m*
ivre [ivr] *adj* (*saoul*) ebrio(-a),
beodo(-a); **~ de colère/de**
bonheur ebrio(-a) de ira/de
felicidad; **ivrogne** *nm/f*
borracho(-a)

J, j

j' [ʒ] *pron voir* **je**
jacinthe [ʒasɛ̃t] *nf* jacinto
jadis [ʒadis] *adv* antaño
jaillir [ʒajir] *vi* (*liquide*) brotar;
(*fig*) surgir
jais [ʒɛ] *nm* azabache *m*
jalousie [ʒaluzi] *nf* celos *mpl*;
(*store*) celosía
jaloux, -se [ʒalu, uz] *adj*
(*envieux*) envidioso(-a)
jamais [ʒamɛ] *adv* nunca, jamás;
(*sans négation*) alguna vez; **ne ...**
~ no ... nunca; si ~ ... si alguna
vez ...; **à (tout) ~, pour ~** para
siempre
jambe [ʒɑ̃b] *nf* (*ANAT*) pierna;
(*d'un pantalon*) pernil *m*
jambon [ʒɑ̃bɔ̃] *nm* jamón *m*
jante [ʒɑ̃t] *nf* llanta
janvier [ʒɑ̃vje] *nm* enero; *voir*
aussi **juillet**
Japon [ʒapɔ̃] *nm* Japón *m*;
japonais, e *adj* japonés(-esa) ♦
nm (*LING*) japonés *m* ♦ *nm/f:*
Japonais, e japonés(-esa)
jardin [ʒardɛ̃] *nm* jardín *m*;

jardinage nm jardinería;

jardiner vi cuidar el jardín;

jardinier, -ière nm/f jardinero(-a); **jardinière** nf (de fenêtre) jardinera; **jardinière (de légumes)** (CULIN) menestra

jargon [ʒaʀgɔ̃] nm jerga;

jarret [ʒaʀɛ] nm (ANAT) corva; (CULIN) morcillo

jauge [ʒoʒ] nf (instrument) aspilla, varilla graduada

jaune [ʒon] adj amarillo(-a) ♦ nm amarillo; (aussi: ~ d'œuf) yema ♦ nm/f (péj): **J~** (de race jaune) amarillo(-a); **jaunir** vt amarillear; **jaunir** vi; **jaunisse** nf ictericia

Javel [ʒavɛl] nf voir **eau**

javelot [ʒavlo] nm jabalina

je [ʒ] pron yo

jean [dʒin] nm (TEXTILE) tela vaquera

Jésus-Christ [ʒezykʀi(st)] n Jesucristo

jet¹ [dʒɛt] nm (avion) jet m, avión m a reacción

jet² [ʒɛ] nm (lancer) lanzamiento; (jaillissement, tuyau) chorro; **du premier ~** a la primera; **~ d'eau** chorro de agua

jetable [ʒ(ə)tabl] adj desechable

jetée [ʒəte] nf (digue) escollera

jeter [ʒ(ə)te] vt (lancer) lanzar, botar (AM); (se défaire de) tirar; (passerelle, pont) tender; (bases, fondations) establecer, sentar; (lumière, son) dar; **~ un coup d'œil (à)** echar un vistazo (a); **~ qch à qn** lanzar algo a algn; **~ un sort à qn** echar una maldición a algn; **se ~ dans** (suj: fleuve) desembocar en; **se ~ à l'eau** (fig) lanzarse a hacer algo

jeton [ʒ(ə)tɔ̃] nm ficha

jette etc [ʒɛt] vb voir **jeter**

jeu, x [ʒø] nm juego;

(interprétation) actuación f, interpretación f; (MUS) interpretación; (TECH) juego, holgura; (défaut de serrage) holgura; **être/remettre en ~** (FOOTBALL) estar/poner en juego; **entrer/mettre en ~** (fig) entrar/poner en juego; **se piquer ou se prendre au ~** cegarse por el juego; **~ de cartes** juego de naipes; **~ de clés/d'aiguilles** (série) juego de llaves/de agujas; **~ d'échecs** ajedrez m; **~ de hasard/de mots** juego de azar/de palabras

jeudi [ʒødi] nm jueves m inv; **~ saint** jueves santo; voir aussi **lundi**

jeun [ʒœ̃]: **à ~** adv en ayunas

jeune [ʒœn] adj joven; (récent) joven, reciente; **~ fille** muchacha, chica; **~ homme** muchacho, chico; **~s gens** jóvenes mpl

jeûne [ʒøn] nm ayuno

jeunesse [ʒœnɛs] nf juventud f

jeuniste [ʒœnist] adj (en faveur des jeunes) projoven; (contre les jeunes) antijoven

joaillier, -ière [ʒɔaje, jɛʀ] nm/f joyero(-a)

joie [ʒwa] nf (bonheur intense) alegría, gozo; (vif plaisir) alegría

joindre [ʒwɛ̃dʀ] vt juntar, unir; **~ qch à** (ajouter) adjuntar algo a; **~ qn** (réussir à contacter) dar con algn, localizar a algn; **~ les deux bouts** (fig) llegar a final de mes; **se ~ à** (s'unir) unirse a

joint, e [ʒwɛ̃, ɛ̃t] pp de **joindre** ♦ adj junto(-a) ♦ nm (articulation, assemblage) junta, empalme m

joli, e [ʒɔli] adj bonito(-a), lindo(-a) (AM) (fam); une **~e somme** una buena suma; **c'est du ~!** (iron) ¡muy bonito!; **c'est**

bien ~ mais ... está muy bien pero ...

jonc [ʒɔ̃] nm (BOT) junco

jonction [ʒɔ̃ksjɔ̃] nf (action) unión f; **(point de) ~** (de routes) empalme m, enlace m

jongleur, -euse [ʒɔ̃glœʀ, øz] nm/f malabarista m/f

jonquille [ʒɔ̃kij] nf junquillo

Jordanie [ʒɔʀdani] nf Jordania

joue [ʒu] nf mejilla

jouer [ʒwe] vt jugar; (pièce de théâtre) representar; (film, rôle) interpretar; (simuler) fingir; (morceau de musique) ejecutar, tocar ♦ vi jugar; (CINÉ, THÉÂTRE) actuar; (bois, porte) combarse; **~ au héros** dárselas de héroe; **~ sur** (miser) jugar con; **~ de** (instrument) tocar; **~ à** (jeu, sport) jugar a; **~ avec** (sa santé etc) jugar con; **se ~ de** (difficultés) pasar por alto; **~ un tour à qn** jugar una mala pasada a algn; **à toi de ~** (fig) te toca a ti

jouet [ʒwe] nm juguete m

joueur, -euse [ʒwœʀ, øz] nm/f jugador(a); **être beau/mauvais ~** (fig) ser un buen/mal perdedor

jouir [ʒwiʀ]: **~ de** vt ind (avoir) gozar de; (savourer) disfrutar de

jour [ʒuʀ] nm día m; (clarté) luz f; (ouverture) hueco, vano; **de nos ~s** hoy en día; **sous un ~ favorable/nouveau** (fig) bajo el aspecto más favorable/nuevo; **de ~ de** día a día; **au ~ le ~**, **de ~ en ~** día a día; **il fait ~** es de día; **au grand ~** a todas luces, de forma evidente; **mettre au ~** (découvrir) sacar a la luz; **être/mettre à ~** estar/poner al día; **donner le ~ à** dar a luz a; **voir le ~** salir a la luz; **~ férié** día festivo

journal, -aux [ʒuʀnal, o] nm periódico; (personnel) diario; **~ télévisé** diario televisado, telediario

journalier, -ière [ʒuʀnalje, jɛʀ] adj diario(-a)

journalisme [ʒuʀnalism] nm periodismo; **journaliste** nm/f periodista m/f

journée [ʒuʀne] nf día m; (travail d'une journée) jornada

joyau, x [ʒwajo] nm joya

joyeux, -euse [ʒwajø, øz] adj feliz, alegre; **~ Noël!** ¡feliz Navidad!; **~ anniversaire!** ¡feliz cumpleaños!

jubiler [ʒybile] vi regocijarse

judas [ʒyda] nm mirilla

judiciaire [ʒydisjɛʀ] adj judicial

judicieux, -euse [ʒydisjø, øz] adj juicioso(-a), sensato(-a)

judo [ʒydo] nm judo

juge [ʒyʒ] nm juez m/f; **~ d'instruction/de paix** juez de instrucción/de paz

jugé [ʒyʒe]: **au ~** adv a bulto

jugement [ʒyʒmɑ̃] nm (JUR) sentencia; (gén) juicio

juger [ʒyʒe] vt juzgar; sentenciar; **~ bon de faire ...** juzgar oportuno hacer ...; **~ de qch** juzgar algo

juif, -ive [ʒɥif, ʒɥiv] adj judío(-a) ♦ nm/f: **J~, -ive** judío(-a)

juillet [ʒɥijɛ] nm julio; **le premier ~** el uno de julio; **le deux/onze ~** el dos/once de julio; **début/fin ~** a primeros/finales de julio; **le 14 ~** el 14 de julio (la fiesta nacional francesa)

---

14 juillet

En Francia, **le 14 juillet** es una fiesta nacional en conmemoración del asalto a la Bastilla durante la

*Revolución Francesa, celebrada
con desfiles, música, baile y
fuegos artificiales. En París tiene
lugar un desfile militar por los
Champs-Élysées en presencia del
Presidente.*

juin [ʒɥɛ̃] *nm* junio; *voir aussi*
juillet

jumeau, -elle, x [ʒymo, ɛl] *adj,
nm/f* gemelo(-a)

jumeler [ʒym(ə)le] *vt* (TECH)
acoplar; (*villes*) hermanar

jumelle [ʒymɛl] *vb voir* **jumeler**
♦ *adj, nf voir* **jumeau**; **~s** *nfpl*
(*instrument*) gemelos *mpl*

jument [ʒymɑ̃] *nf* yegua

jungle [ʒœ̃gl] *nf* jungla, selva

jupe [ʒyp] *nf* falda, pollera (AM)

jupon [ʒypɔ̃] *nm* enaguas *fpl*

juré [ʒyʀe] *nm* jurado

jurer [ʒyʀe] *vt* jurar ♦ *vi* jurar; **~
(avec)** (*couleurs etc*) chocar (con),
desentonar (con); **~ de faire/
que** jurar hacer/que; **~ de qch**
jurar algo, responder de algo

juridique [ʒyʀidik] *adj* jurídico(-a)

juron [ʒyʀɔ̃] *nm* juramento

jury [ʒyʀi] *nm* (JUR) jurado

jus [ʒy] *nm* jugo, zumo (*Esp*); (*de
viande*) jugo; **~ de fruits** jugo *ou*
zumo (*Esp*) de frutas

jusque [ʒysk]: **jusqu'à** *prép*
hasta; **jusqu'au matin/soir**
hasta la mañana/la tarde; **jusqu'à
ce que** hasta que; **jusqu'à
présent** *ou* **maintenant** hasta
ahora; **~ sur/dans** hasta arriba
de/en; (*y compris*) hasta, incluso

justaucorps [ʒystokɔʀ] *nm* malla

juste [ʒyst] *adj* justo(-a); (*légitime*)
justo(-a), legítimo(-a); (*étroit*)
justo(-a); (*insuffisant*) escaso(-a)
♦ *adv* (*avec exactitude, précision*)

con precisión; (*étroitement*)
apretado; (*chanter*) afinado; **~
assez/au-dessus** bastante/
hasta por encima de; **au ~**
exactamente; **le ~ milieu** el
término medio; **à ~ titre** con
razón; **justement** *adv*
justamente; **c'est justement ce
qu'il fallait faire** es
precisamente lo que había que
hacer; **justesse** *nf* (*exactitude,
précision*) precisión *f*, exactitud *f*;
(*d'une remarque*) propiedad *f*;
(*d'une opinion*) rectitud *f*; **de
justesse** por poco

justice [ʒystis] *nf* justicia

justificatif, -ive [ʒystifikatif, iv]
adj justificativo(-a)

justifier [ʒystifje] *vt* justificar; **~
de** probar; **justifié à droite/
gauche** justificado a la derecha/
izquierda

juteux, -euse [ʒytø, øz] *adj*
jugoso(-a); (*fam*) jugoso(-a),
sustancioso(-a)

juvénile [ʒyvenil] *adj* juvenil

K, k

K [kɑ] *abr* (= *kilooctet*) K

kaki [kaki] *adj inv* caqui

kangourou [kɑ̃guʀu] *nm* canguro

karaté [kaʀate] *nm* kárate *m*

kascher [kaʃɛʀ] *adj inv* de
acuerdo con las normas dietéticas
de la ley hebraica

kayak [kajak] *nm* kayak *m*

képi [kepi] *nm* quepis *m*

kermesse [kɛʀmɛs] *nf* romería

kidnapper [kidnape] *vt* secuestrar

kilo [kilo] *nm* kilo

kilo...: **kilobit** *nm* kilobit *m*;
kilogramme *nm* kilogramo;
kilométrage *nm* kilometraje *m*;

kilomètre [kilɔmɛtʀ] *nm* kilómetro;
kilométrique *adj* kilométrico(-a)
kinésithérapeute
[kineziteʀapøt] *nm/f*
kinesiólogo/-a

kiosque [kjɔsk] *nm* (*de jardin, à journaux*) kiosco *ou* quiosco

kir [kiʀ] *nm* kir *m* (*vino blanco con licor de grosella negra*)

kiwi [kiwi] *nm* kiwi *m*

klaxon [klaksɔn] *nm* bocina,
claxon *m*; **klaxonner** *vi* tocar la
bocina *ou* el claxon

km *abr* (= *kilomètre(s)*) km. (=
kilómetro(s))

km/h *abr* (= *kilomètres/heure*) km/
h.

K.-O. [kao] *adj inv* K.O.

kyste [kist] *nm* quiste *m*

L, l

l' [l] *dét voir* **le**

la [la] *nm* (MUS) la *m inv* ♦ *dét*,
pron voir **le**

là [la] *adv* (*plus loin*) ahí, allí; (*ici*)
aquí; (*dans le temps*) entonces;
elle n'est pas ~ no está; **c'est
~ que** ahí *ou* allí es donde; (*ici*)
aquí es donde; **~ où** allí donde;
par ~ (*fig*) con eso; **tout est ~**
todo está ahí; **là-bas** *adv* allí

laboratoire [labɔʀatwaʀ] *nm*
laboratorio

laborieux, -ieuse [labɔʀjø, jøz]
adj laborioso(-a)

labourer [labuʀe] *vt* labrar

labyrinthe [labiʀɛ̃t] *nm* laberinto

lac [lak] *nm* lago

lacet [lasɛ] *nm* (*de chaussure*)
cordón *m*

lâche [lɑʃ] *adj* (*poltron*) cobarde;
(*desserré, pas tendu*) flojo(-a) ♦
nm/f cobarde *m/f*

lâcher [lɑʃe] *vt* soltar; (*SPORT:
distancer*) despegarse de ♦ *vi*
soltar; **~ les chiens** (*contre*)
soltar los perros

lacrymogène [lakʀimɔʒɛn] *adj*
lacrimógeno(-a)

lacune [lakyn] *nf* laguna

là-dedans [ladədɑ̃] *adv* ahí
dentro

là-dessous [ladsu] *adv* ahí
debajo; (*fig*) detrás de eso

là-dessus [ladsy] *adv* ahí encima;
(*fig*) luego; (*à ce sujet*) al respecto

lagune [lagyn] *nf* laguna

là-haut [lao] *adv* allí arriba

laid, e [lɛ, lɛd] *adj* feo(-a);
laideur *nf* fealdad *f*

lainage [lɛnaʒ] *nm* (*vêtement*)
jersey *ou* chaqueta de lana

laine [lɛn] *nf* lana; **pure ~** pura
lana

laïque [laik] *adj, nm/f* laico(-a)

laisse [lɛs] *nf* (*de chien*) correa;
tenir en ~ tener atado(-a); (*fig*)
manejar a su antojo

laisser [lese] *vt* dejar; **~ qch
quelque part** dejar algo en
algún sitio; **se ~ aller**
abandonarse; **laisse-toi faire**
déjate hacer; **rien ne laisse
penser que ...** nada permite
pensar que ...; **laisser-aller** *nm
inv* (*péj*) desaliño; **laissez-
passer** *nm inv* salvoconducto

lait [lɛ] *nm* leche *f*; **frère/sœur
de ~** hermano/hermana de leche;
~ concentré/condensé leche
concentrada/condensada; **~ de
beauté** leche de belleza; **laitage**
nm producto lácteo; **laiterie** *nf*
lechería; **laitier, -ière** *adj*
(*produit, industrie*) lácteo(-a);
vache laitière vaca lechera

laiton [lɛtɔ̃] *nm* latón *m*

laitue [lety] *nf* lechuga

lambeau, x [lãbo] *nm* jirón *m*;
en ~x hecho(-a) jirones
lame [lam] *nf* (*de couteau etc*)
hoja; (*de parquet etc*) lámina;
(*vague*) ola; **~ de fond** mar *m* de
fondo; **~ de rasoir** cuchilla de
afeitar; **lamelle** *nf* laminilla
lamentable [lamãtabl] *adj*
lamentable
lamenter [lamãte] *vb*: **se ~
(sur)** quejarse de
lampadaire [lãpadεʀ] *nm*
lámpara de pie
lampe [lãp] *nf* lámpara; **~ de
chevet/halogène** lámpara de
mesa/halógena; **~ à pétrole**
lámpara de petróleo, quinqué *m*;
~ à souder soplete *m*; **~ de
poche** linterna
lance [lãs] *nf* lanza; **~
d'incendie/d'arrosage**
manguera de incendios/de
riego
lancée [lãse] *nf*: **être/continuer
sur sa ~** aprovechar el impulso
inicial
lancement [lãsmã] *nm*
lanzamiento
lance-pierres [lãspjεʀ] *nm inv*
tirachinas *m inv*
lancer [lãse] *nm* lanzamiento ♦ *vt*
lanzar; (*emprunt*) emitir; **~ qch à
qn** lanzar algo a algn; (*de façon
agressive*) arrojar algo a algn; **~
un appel** lanzar un llamamiento;
se ~ *vpr* lanzarse; **se ~ sur** *ou*
contre lanzarse sobre *ou* contra;
se ~ dans lanzarse en; **~ du
poids** lanzamiento de peso
landau [lãdo] *nm* coche *m ou*
carro de niño
lande [lãd] *nf* landa
langage [lãgaʒ] *nm* lenguaje *m*
langouste [lãgust] *nf* langosta;
langoustine *nf* cigala

langue [lãg] *nf* lengua; **~ de
terre** franja de tierra; **tirer la ~
(à)** sacar la lengua (a); **de ~
française** de lengua francesa; **~
maternelle** lengua materna; **~
vivante** lengua viva
langueur [lãgœʀ] *nf* languidez
f
languir [lãgiʀ] *vi* languidecer;
faire ~ qn hacer esperar a algn
lanière [lanjεʀ] *nf* tralla
lanterne [lãtεʀn] *nf* linterna; (*de
voiture*) luz *f* de población; **~
rouge** (*fig*) farolillo rojo
laper [lape] *vt* beber a
lengüetadas
lapidaire [lapidεʀ] *adj*
lapidario(-a)
lapin [lapε̃] *nm* conejo
Laponie [laponi] *nf* Laponia
laps [laps] *nm*: **~ de temps** lapso
laque [lak] *nm ou f* laca
laquelle [lakεl] *pron voir* **lequel**
larcin [laʀsε̃] *nm* ratería
lard [laʀ] *nm* tocino
lardon [laʀdɔ̃] *nm* (*CULIN*) torrezno
large [laʀʒ] *adj* ancho(-a); **~
d'esprit** de mentalidad abierta ♦
adv: **calculer ~** calcular por lo
alto; **voir ~** ver con amplitud ♦
nm: **5 m de ~** 5 m de ancho; **le
~** alta mar; **au ~ de** a la altura
de; **largement** *adv*
ampliamente; (*au minimum*) al
menos; (*sans compter*)
generosamente; **largesse** *nf*
esplendidez *f*, largueza;
largesses *nfpl* (*dons*) regalos
mpl espléndidos; **largeur** *nf*
anchura; (*impression visuelle, fig*)
amplitud *f*
larguer [laʀge] *vt* (*fam*) pasar de;
~ les amarres soltar amarras
larme [laʀm] *nf* lágrima; **une ~
de** (*fig*) una gota de; **en ~s**

llorando; **larmoyer** vi (*yeux*) lagrimear

larvé, e [laʀve] *adj* larvado(-a)

laryngite [laʀeʒit] *nf* laringitis *f inv*

las, lasse [lɑ, lɑs] *adj* fatigado(-a)

laser [lazɛʀ] *nm*: **(rayon)** ~ (rayo) láser *m*

lasse [lɑs] *adj f voir* **las**

lasser [lɑse] *vt* (*ennuyer*) cansar; **se** ~ **de** *vpr* cansarse de

latéral, e, -aux [lateʀal, o] *adj* lateral

latin, e [latɛ̃, in] *adj* latino(-a)

latitude [latityd] *nf* latitud *f*

lauréat, e [lɔʀea, at] *nm/f* galardonado(-a)

laurier [lɔʀje] *nm* laurel *m*

lavable [lavabl] *adj* lavable

lavabo [lavabo] *nm* lavabo

lavage [lavaʒ] *nm* lavado; ~ **de cerveau** lavado de cerebro

lavande [lavɑ̃d] *nf* lavanda

lave [lav] *nf* lava

lave-linge [lavlɛ̃ʒ] *nm inv* lavadora

laver [lave] *vt* lavar; **se** ~ *vpr* lavarse; **se** ~ **les dents/les mains** lavarse los dientes/las manos; **s'en** ~ **les mains** (*fig*) lavarse las manos con respecto a algo; **laverie** *nf*: **laverie (automatique)** lavandería; **lavette** *nf* estropajo; (fig: *péj*) calzonazos *m inv*; **laveur, -euse** *nm/f* (*de carreaux*) lavacristales *m inv*; (*de voitures*) lavacoches *m/f inv*; **lave-vaisselle** *nm inv* lavaplatos *m inv*; **lavoir** *nm* lavadero

laxatif, -ive [laksatif, iv] *adj, nm* laxante *m*

layette [lɛjɛt] *nf* canastilla

le [lə], **l', la** (*pl* **les**) *art déf* **1** (*masculin*) el; (*féminin*) la; (*pluriel*) los (las); **la pomme/l'arbre** la manzana/el árbol; **les étudiants/femmes** los estudiantes/las mujeres

2 (*indiquant la possession*): **avoir les yeux gris** tener los ojos grises

3 (*temps*): **travailler le matin/le soir** trabajar por la mañana/la tarde; (*ce jeudi-là*) el jueves; **le jeudi** (*d'habitude*) los jueves; **o el jueves; **le lundi je vais toujours au cinéma** los lunes voy siempre al cine

4 (*distribution, évaluation*) el (la); **10 euros le mètre/la douzaine** 10 euros el metro/la docena; **le tiers/quart de** el tercio/cuarto de

♦ *pron* **1** (*masculin*) lo; (*féminin*) la; (*pluriel*) los (las); **je le/la/les vois** lo/la/los(las) veo

2 (*remplaçant une phrase*): **je ne le savais pas** no lo sabía; **il était riche et ne l'est plus** era rico y ya no lo es

lécher [leʃe] *vt* lamer; **lèche-vitrines** *nm inv*: **faire du lèche-vitrines** mirar escaparates

leçon [l(ə)sɔ̃] *nf* clase *f*; (*fig*) lección *f*; **faire la** ~ **da** la lección; ~**s de conduite** clases de conducir

lecteur, -trice [lɛktœʀ, tʀis] *nm/f* lector(a) ♦ *nm* (*TECH*): ~ **de cassettes** cassette *m*; ~ **de CD/DVD/MP3** lector *m* ou reproductor *m* de CD/DVD/MP3; (*INFORM*): ~ **de disquette(s)** lector *m* de disquete(s)

lecture [lɛktyʀ] nf lectura
légal, e, -aux [legal, o] adj legal;
légaliser vt legalizar; **légalité**
nf legalidad f
légendaire [leʒɑ̃dɛʀ] adj
legendario(-a)
légende [leʒɑ̃d] nf leyenda;
(d'une photo) pie m
léger, -ère [leʒe, ɛʀ] adj
ligero(-a); (erreur, retard) leve; (peu
sérieux, personne) superficial; (peu
volage) frívolo(-a); **à la légère** a
la ligera; **légèrement** adv
ligeramente, suavemente;
légèreté nf ligereza; (d'une
personne) superficialidad f

Légion d'honneur

Creada por Napoleón en 1802
para premiar los servicios
prestados al estado, la Légion
d'honneur es una prestigiosa
orden encabezada por el
Presidente de la República, el
"Grand Maître". Sus miembros
reciben una paga anual libre de
impuestos.

législatif, -ive [leʒislatif, iv] adj
legislativo(-a); **législatives** nfpl
elecciones fpl legislativas
légitime [leʒitim] adj legítimo(-a);
en (état de) ~ défense (JUR) en
(estado de) legítima defensa
legs [lɛg] nm (JUR, fig) legado
léguer [lege] vt: ~ **qch à qn**
legar algo a algn
légume [legym] nm verdura
lendemain [lɑ̃dmɛ̃] nm: **le ~** el
día siguiente; **le ~ matin/soir** el
día siguiente por la mañana/por la
noche; **le ~ de** el día después de;
sans ~ sin futuro, sin porvenir
lent, e [lɑ̃, lɑ̃t] adj lento(-a);

lentement adv lentamente;
lenteur nf lentitud f
lentille [lɑ̃tij] nf (OPTIQUE) lente f;
~s de contact lentillas fpl
léopard [leɔpaʀ] nm leopardo
lèpre [lɛpʀ] nf lepra
lequel, laquelle [lakɛl, lakɛl] (pl
lesquels, f lesquelles) (à +
lequel = **auquel,** de + lequel =
duquel etc) pron (interrogatif)
cuál; (relatif: personne) el/la cual,
que; (: après préposition) el/la cual;
**laquelle des chambres est la
sienne?** ¿cuál de las habitaciones
es la suya?; **un homme sur la
compétence duquel on ne
peut compter** un hombre con
cuya competencia no se puede
contar ♦ adj: **il prit un livre, ~
livre ...** cogió un libro, el cual ...
les [le] dét voir **le**
lesbienne [lɛsbjɛn] nf lesbiana
lesdits, lesdites [ledi, ledit] dét
voir **ledit**
léser [leze] vt perjudicar
lésiner [lezine] vi: ~ **(sur)**
escatimar (en)
lésion [lezjɔ̃] nf lesión f
lesquels, lesquelles [lekɛl]
pron voir **lequel**
lessive [lesiv] nf detergente m;
(linge) colada; (opération) lavado m;
lessiver vt lavar
lest [lɛst] nm lastre m
leste [lɛst] adj ágil, ligero(-a);
(osé) atrevido(-a)
lettre [lɛtʀ] nf carta; (TYPO) letra;
~s nfpl (ART, SCOL) letras fpl; **à la
~** (fig) al pie de la letra; **en
toutes ~s** por extenso, sin
abreviar; **~ morte: rester ~
morte** quedarse en papel
mojado; **~ ouverte** (POL, de
journal) carta abierta
leucémie [løsemi] nf leucemia

leur [lœʀ] adj possessif su ♦ pron
(objet indirect) les; (: après un autre
prénom à la troisième personne) se;
~ **maison** su casa; **~s amis** sus
amigos; **à ~ avis** en su opinión;
à ~ approche al acercarse ellos;
à ~ vue al verles; **je ~ ai dit la
vérité** les dije la verdad; **je le ~
ai donné** se lo di; **le(la) ~, les
~s** (possessif) el (la) suyo(-a), los
(las) suyos(-as)

leurs [lœʀ] adj voir **leur**

levain [ləvɛ̃] nm levadura

levé, e [lave] adj: **être ~** estar
levantado(-a); **au pied ~** de
forma improvisada; **levée** nf
(POSTES) recogida; (CARTES) baza;
levée de boucliers (fig)
levantamiento de protestas

lever [l(ə)ve] vt levantar; (vitre)
subir; (impôts) recaudar; (armée)
reclutar; **se ~** vpr levantarse;
(soleil) salir ♦ vi (CULIN) levantarse;
(semis, graine) brotar ♦ nm: **au ~
du soleil/du jour** amanecer m; **~
du rideau** subida del telón

levier [ləvje] nm palanca

lèvre [levʀ] nf labio; **du bout
des ~s** (manger) con desgana

lévrier [levʀije] nm galgo

levure [l(ə)vyʀ] nf levadura

lexique [leksik] nm glosario

lézard [lezaʀ] nm lagarto

lézarde [lezaʀd] nf grieta

liaison [ljɛzɔ̃] nf (rapport) relación
f; (RAIL, AVIAT, PHONÉTIQUE) enlace m;
(relation amoureuse) relaciones fpl;
(hum) lío; **entrer/être en ~
avec** entrar/estar en
comunicación con

liane [ljan] nf liana

liasse [ljas] nf fajo

Liban [libã] nm Líbano;
libanais, e adj libanés(-esa) ♦

nm/f: **Libanais, e** libanés(-esa)

libeller [libele] vt: **~ (au nom
de)** extender (a la orden de)

libellule [libelyl] nf libélula

libéral, e, -aux [liberal, o] adj,
nm/f liberal m/f; **les
professions ~es** las profesiones
liberales

libérer [libeʀe] vt liberar; (de
prison) poner en libertad; **se ~** vpr
(de rendez-vous) escaparse

liberté [libeʀte] nf libertad f;
mettre/être en ~ poner/estar
en libertad; **en ~ provisoire/
surveillée/conditionnelle** en
libertad provisional/vigilada/
condicional; **~ d'association/
de la presse/syndicale**
libertad de asociación/de prensa/
sindical; **~s individuelles**
libertades individuales

libraire [libʀɛʀ] nm/f librero(-a)

librairie [libʀeʀi] nf librería

libre [libʀ] adj libre; (propos,
manières) atrevido(-a); (ligne
téléphonique) desocupado(-a);
(SCOL) privado(-a); **~ de qch/de
faire** libre de algo/de hacer; **en
vente ~** de venta libre; **~
arbitre** libre albedrío; **libre-
échange** nm librecambio; **libre-
service** (pl **libres-
services**) nm autoservicio

Libye [libi] nf Libia

licence [lisãs] nf licencia;
(diplôme) ≃ licenciatura

licencié, e [lisãsje] nm/f: **~ ès
lettres/en droit** ≃ licenciado(-a)
en letras/derecho; (SPORT)
poseedor(-a) de licencia

licenciement [lisãsimã] nm
despido

licencier [lisãsje] vt despedir

licite [lisit] adj lícito(-a)

lie [li] nf heces fpl

lié, e [lje] adj: **être très ~ avec qn** (fig) tener mucha confianza con algn; **être ~ par** (serment, promesse) estar comprometido(-a) por

liège [ljɛʒ] nm corcho

lien [ljɛ̃] nm ligadura; (rapport affectif, culturel) vínculo; **~ de parenté** lazo de parentesco

lier [lje] vt (attacher) atar; (joindre) unir, ligar; (fig) unir; (moralement) vincular; (sauce) espesar; **se ~ (avec qn)** relacionarse (con algn); **~ qch à** (attacher) atar algo a; **~ amitié (avec)** trabar amistad (con); **~ conversation (avec)** entablar conversación (con); **~ connaissance (avec)** entablar relación (con), trabar conocimiento (con)

lierre [ljɛʀ] nm hiedra

lieu, x [ljø] nm (position) lugar m, sitio; (endroit) lugar; **~x** nmpl (habitation, salle) lugar; **quitter les ~x** desalojar el lugar; (d'un accident, manifestation) **arriver/être sur les ~x** llegar al/estar en el lugar; **en ~ sûr** en lugar seguro; **en haut ~** en altas esferas; **en premier/dernier ~** en primer/último lugar; **avoir ~** tener lugar, suceder; **donner ~ à** dar lugar a; **au ~ de** en lugar de, en vez de; **~ commun** lugar común; **~ public** lugar público; **lieu-dit** (pl **lieux-dits**) nm aldea

lieutenant [ljøt(ə)nɑ̃] nm teniente m

lièvre [ljɛvʀ] nm liebre f

ligament [ligamɑ̃] nm ligamento

ligne [liɲ] nf línea; **entrer en ~ de compte** entrar en cuenta; **~ de conduite** línea de conducta; **~ fixe** línea fija

lignée [liɲe] nf linaje m

ligoter [ligɔte] vt (bras, personne) amarrar

ligue [lig] nf (association) liga, asociación f

lilas [lila] nm lila

limace [limas] nf babosa

limande [limɑ̃d] nf gallo

lime [lim] nf lima; **~ à ongles** lima de uñas; **limer** vt limar

limitation [limitasjɔ̃] nf limitación f; **~ de vitesse** limitación de velocidad

limite [limit] nf límite m; **à la ~** (au pire) como mucho; **vitesse/ charge ~** velocidad f/carga límite; **cas ~** caso límite; **date ~ de vente/consommation** fecha límite de venta/consumo; **limiter** vt (délimiter) delimitar; **limitrophe** adj limítrofe

limoger [limɔʒe] vt destituir

limon [limɔ̃] nm lino

limonade [limɔnad] nf gaseosa

lin [lɛ̃] nm lino

linceul [lɛ̃sœl] nm mortaja

linge [lɛ̃ʒ] nm ropa blanca; (pièce de tissu) lienzo; (aussi: **~ de corps**) ropa interior; (lessive) colada; **lingerie** nf lencería

lingot [lɛ̃go] nm lingote m

linguistique [lɛ̃gɥistik] adj lingüístico(-a) ♦ nf lingüística

lion, ne [ljɔ̃, ɔn] nm/f león m (leona); **lionceau, x** nm cachorro de león

liqueur [likœʀ] nf licor m

liquidation [likidasjɔ̃] nf liquidación f

liquide [likid] adj líquido(-a) ♦ nm líquido; **en ~** (COMM) en líquido; **liquider** vt liquidar

lire [liʀ] nf (monnaie italienne) lira ♦ vt, vi leer

lis [lis] vb voir **lire** ♦ nm = **lys**

lisible [lizibl] adj legible

lisière [lizjɛʀ] nf (d'une forêt) lindero, linde m ou f
lisons [lizɔ̃] vb voir **lire**
lisse [lis] adj liso(-a)
liste [list] nf lista; **faire la ~ de** hacer la lista de; **~ de mariage** lista de boda; **~ électorale/ noire** lista electoral/negra;
listing nm (INFORM) listado
lit [li] nm cama; (de rivière) lecho;
faire son ~ hacerse la cama;
aller/se mettre au ~ ir a/ meterse en la cama; **~ d'enfant** cuna; **~ de camp** cama de campaña; **~ simple/double** cama sencilla/de matrimonio
literie [litʀi] nf ropa de cama
litige [litiʒ] nm litigio
litre [litʀ] nm litro
littéraire [literɛʀ] adj literario(-a)
littéral, e, -aux [literal, o] adj literal
littérature [literatyʀ] nf literatura
littoral, e, -aux [litɔʀal, o] adj, nm litoral m
livide [livid] adj lívido(-a)
livraison [livrɛzɔ̃] nf entrega, reparto
livre [livʀ] nm libro ♦ nf (poids, monnaie) libra; **~ d'or** libro de oro; **~ de bord** diario de navegación; **~ de poche** libro de bolsillo
livré, e [livre] adj: **~ à** (soumis à) sometido(-a) a; **~ à soi-même** abandonado a sí mismo
livrer [livʀe] vt (marchandises, otage, complice) entregar; (plusieurs colis etc) repartir; (secret, information) revelar; **se ~ à** vpr entregarse a
livret [livʀɛ] nm (petit livre) librito; (d'opéra) libreto; **~ de caisse d'épargne** libreta de ahorros; **~ de famille** libro de familia; **~**

scolaire libro escolar
livreur, -euse [livʀœʀ, øz] nm/f repartidor(a)
local, e, -aux [lɔkal, o] adj local ♦ nm local m; **locaux** nmpl (d'une compagnie) locales mpl; **localité** nf localidad f
locataire [lɔkatɛʀ] nm/f inquilino(-a)
location [lɔkasjɔ̃] nf alquiler m; (par le propriétaire) arriendo, alquiler; **"~ de voitures"** "alquiler de coches"
locomotive [lɔkɔmɔtiv] nf locomotora
locution [lɔkysjɔ̃] nf (LING) locución f
loge [lɔʒ] nf (d'artiste) camerino; (de spectateurs) palco; (de concierge) portería, conserjería; (de franc-maçon) logia
logement [lɔʒmɑ̃] nm alojamiento; (maison, appartement) vivienda; **chercher un ~** buscar una vivienda; **~ de fonction** alojamiento de servicio
loger [lɔʒe] vt alojar ♦ vi vivir; **se ~** vpr: **trouver à se ~** encontrar dónde alojarse ou vivir; **logeur, -euse** nm/f casero(-a)
logiciel [lɔʒisjɛl] nm (INFORM) software m
logique [lɔʒik] adj lógico(-a) ♦ nf lógica
logo [lɔgo] nm (COMM) logotipo
loi [lwa] nf ley f; **faire la ~** dictar la ley
loin [lwɛ̃] adv lejos; **au ~** a lo lejos; **de ~** de lejos; (de beaucoup) con mucho; **il revient de ~** (fig) ha vuelto a nacer; **~ de là** ni mucho menos
lointain, e [lwɛ̃tɛ̃, ɛn] adj lejano(-a)
loir [lwaʀ] nm lirón m

loisir [lwaziʀ] *nm*: **heures de ~** horas *fpl* de ocio; **~s** *nmpl* tiempo libre *msg*; (*activités*) diversiones *fpl*

londonien, ne [lɔ̃dɔnjɛ̃, jɛn] *adj* londinense ♦ *nm/f*: **L~, ne** londinense *m/f*

Londres [lɔ̃dʀ] *n* Londres

long, longue [lɔ̃, lɔ̃g] *adj* largo(-a) ♦ *adv*: **en dire/savoir ~** decir/saber mucho ♦ *nm*: **de 5 mètres de ~** de 5 metros de largo; **au ~ cours** (*NAUT*) de altura; **de longue date** de antiguo; **longue durée** larga duración; **(tout) le ~ de** (*rue, bord*) a lo largo de; **tout au ~ de** (*année, vie*) a lo largo de; **de ~ en large** de un lado a otro

longer [lɔ̃ʒe] *vt* bordear, costear

longiligne [lɔ̃ʒilin] *adj* longilíneo(-a)

longitude [lɔ̃ʒityd] *nf* longitud *f*

longtemps [lɔ̃tɑ̃] *adv* mucho tiempo; **avant ~** dentro de poco; **pour/pendant ~** para/durante mucho tiempo; **mettre ~ à faire qch** costarle mucho tiempo a algn *ou* algo hacer algo; **elle/il en a pour ~** (à le faire) le va a llevar un buen rato (hacerlo); **il y a ~ que je n'ai pas travaillé** llevo mucho tiempo sin trabajar

longue [lɔ̃g] *adj* f voir **long** ♦ *nf*: **à la ~** a la larga; **longuement** *adv* mucho tiempo, largamente

longueur [lɔ̃gœʀ] *nf* longitud *f*; **en ~** a lo largo; **tirer en ~** alargarse demasiado; **à ~ de journée** durante todo el día

loquet [lɔkɛ] *nm* picaporte *m*

lorgner [lɔʀɲe] *vt* mirar de reojo

lors [lɔʀ]: **~ de** *prép* durante

lorsque [lɔʀsk] *conj* cuando

losange [lɔzɑ̃ʒ] *nm* rombo

lot [lo] *nm* lote *m*; (*de loterie*)

premio; **~ de consolation** premio de consolación

loterie [lɔtʀi] *nf* (*tombola*) lotería, rifa

lotion [losjɔ̃] *nf* loción *f*

lotissement [lɔtismɑ̃] *nm* (*de maisons, d'immeubles*) urbanización *f*

loto [lɔto] *nm* lotería; (*jeu de hasard*) loto

Loto

La Loto es un sorteo nacional de lotería que distribuye grandes sumas de dinero. Los apostantes escogen 7 números de entre 49. Cuantos más números acertados, mayor es el premio. El sorteo se televisa dos veces a la semana.

---

lotte [lɔt] *nf* (*de mer*) rape *m*

louanges [lwɑ̃ʒ] *nfpl* (*compliments*) elogios *mpl*, alabanzas *fpl*

loubard [lubaʀ] *nm* macarra *m*

louche [luʃ] *adj* sospechoso(-a) ♦ *nf* cucharón *m*; **loucher** *vi* bizquear

louer [lwe] *vt* alquilar; (*réserver*) reservar; **"à ~"** "se alquila"

loup [lu] *nm* lobo; (*poisson*) róbalo, lubina

loupe [lup] *nf* (*OPTIQUE*) lupa; **~ de noyer** (*MENUISERIE*) nudo de nogal; **à la ~** (*fig*) con lupa

louper [lupe] (*fam*) *vt* (*train etc*) perder; (*examen*) catear

lourd, e [luʀ, luʀd] *adj* pesado(-a); (*chaleur, temps*) bochornoso(-a); (*responsabilité*) importante; **~ de** (*conséquences, menaces*) lleno(-a) de; **lourdaud, e** (*péj*) *adj* torpe, tosco(-a)

lourdement *adv*: **marcher/**

tomber lourdement andar con paso pesado/caer como un plomo; **se tromper lourdement** equivocarse burdamente

loutre [lutʀ] nf nutria

louveteau, x [luv(ə)to] nm (ZOOL) lobezno; (scout) joven scout m

louvoyer [luvwaje] vi (NAUT) bordear; (fig) andar con rodeos

loyal, e, -aux [lwajal, o] adj leal; (fair-play) legal; **loyauté** nf lealtad f

loyer [lwaje] nm alquiler m

lu [ly] pp de **lire**

lubie [lybi] nf capricho, antojo

lubrifiant [lybʀifjɑ̃] nm lubrificante m

lubrifier [lybʀifje] vt lubrificar

lubrique [lybʀik] adj lúbrico(-a)

lucarne [lykaʀn] nf tragaluz m

lucide [lysid] adj lúcido(-a)

lucratif, -ive [lykʀatif, iv] adj lucrativo(-a); **à but non ~** sin ánimo de lucro

lueur [lɥœʀ] nf resplandor m; (fig: de désir, colère) señal f; (d'espoir) rayo, chispa

luge [lyʒ] nf trineo (pequeño)

lugubre [lygybʀ] adj lúgubre; (lumière, temps) lóbrego(-a)

lui [lɥi] pron (objet indirect) le; (: après un autre pronom à la troisième personne) se; (sujet, objet direct: aussi forme emphatique) él; **je ~ ai donné de l'argent** le di dinero; **je le ~ donne** se lo doy; **elle est riche, ~ est pauvre** ella es rica, él es pobre; **~, il est à Paris** él está en París; **c'est ~ qui l'a fait** lo hizo él; **~** (possessif) suyo(-a), suyos(-as), de él; **cette voiture est à ~** ese coche es suyo; **je la connais mieux que ~** la conozco mejor

que él; **~-même** él mismo; **il a agi de ~-même** obró por sí mismo

luire [lɥiʀ] vi brillar, relucir

lumière [lymjɛʀ] nf luz f; (personne) lumbrera; **~s** nfpl (d'une personne) luces fpl; **mettre qch en ~** (fig) poner algo en claro, sacar algo a la luz; **~ du jour/du soleil** luz del día/del sol

luminaire [lyminɛʀ] nm luminaria

lumineux, -euse [lyminø, øz] adj luminoso(-a)

lunatique [lynatik] adj lunático(-a)

lundi [lœdi] nm lunes m inv; **on est ~** estamos a lunes; **le(s) lundi(s)** (chaque lundi) el (los) lunes; **"à ~"** "hasta el lunes"; **~ de Pâques** lunes de Pascua

lune [lyn] nf luna; **être dans la ~** estar en la luna; **~ de miel** luna de miel

lunette [lynɛt] nf: **~s** nfpl gafas fpl, anteojos mpl (AM); **~ arrière** (AUTO) ventanilla trasera; **~s noires/de soleil** gafas negras/de sol

lustre [lystʀ] nm araña; (éclat) brillo; **lustrer** vt lustrar

luth [lyt] nm laúd m

lutin [lytɛ̃] nm duende m

lutte [lyt] nf lucha; **lutter** vi luchar

luxe [lyks] nm lujo; **de ~** de lujo

Luxembourg [lyksãbuʀ] nm Luxemburgo

luxer [lykse] vt: **se ~ l'épaule/le genou** luxarse el hombro/la rodilla

luxueux, -euse [lyksɥø, øz] adj lujoso(-a)

lycée [lise] nm instituto, liceo (AM); **lycéen, ne** nm/f alumno(-a) de instituto

lyophilisé, e [ljɔfilize] *adj* liofilizado(-a)

lyrique [liʀik] *adj* lírico(-a)

lys [lis] *nm* (*BOT*) lirio; (*emblème*) lis *m*

M, m

M *abr* (= *Monsieur*) Sr. (= *Señor*)

m' [m] *pron voir* **me**

ma [ma] *dét voir* **mon**

macaron [makaʀɔ̃] *nm* mostachón *m*

macaroni [makaʀɔni] *nm* macarrones *mpl*

macédoine [masedwan] *nf*: ~ **de fruits** macedonia de frutas

macérer [maseʀe] *vi*, *vt* macerar

mâcher [maʃe] *vt* masticar; **ne pas ~ ses mots** no tener pelos en la lengua

machin [maʃɛ̃] (*fam*) *nm* chisme *m*

machinal, e, -aux [maʃinal, o] *adj* maquinal; **machinalement** *adv* mecánicamente

machination [maʃinasjɔ̃] *nf* maquinación *f*

machine [maʃin] *nf* máquina; ~ **à coudre/à écrire/à tricoter** máquina de coser/de escribir/de tricotar; ~ **à laver** lavadora; ~ **à sous** máquina tragaperras *inv*

mâchoire [maʃwaʀ] *nf* mandíbula

mâchonner [maʃɔne] *vt* mordisquear

maçon [masɔ̃] *nm* albañil *m*;

maçonnerie *nf* albañilería; (*murs*) muros *mpl*

Madame [madam] (*pl* **Mesdames**) *nf*: ~ **X** la señora X; **occupez-vous de ~/de Monsieur/de Mademoiselle** atienda a la señora/al señor/a la señorita; **bonjour ~/ Monsieur/Mademoiselle** (*ton déférent*) buenos días señora/ señor/señorita; ~**/monsieur** (*pour appeler*) ¡(oiga) señora/ señor!; ~**/Monsieur/ Mademoiselle** (*sur lettre*) Señora/Señor/Señorita; **chère ~/ cher Monsieur/chère Mademoiselle** estimado(-a) Señora/Señor/Señorita

Mesdames Señoras

madeleine [madlɛn] *nf* (*gâteau*) magdalena

Mademoiselle [madmwazɛl] (*pl* **Mesdemoiselles**) *nf* Señorita; *voir aussi* **Madame**

madère [madɛʀ] *nm* madeira *m*

magasin [magazɛ̃] *nm* tienda; (*entrepôt*) almacén *m*

magazine [magazin] *nm* revista; (*radiodiffusé, télévisé*) magazine *m*

Maghreb [magʀɛb] *nm* Magreb *m*

magicien, ne [maʒisjɛ̃, jɛn] *nm/f* mago(-a)

magie [maʒi] *nf* magia;

magique *adj* mágico(-a)

magistral, -aux [maʒistʀal, o] *adj* magistral; **cours ~** (*ex cathedra*) clase *f* teórica

magistrat [maʒistʀa] *nm* magistrado

magnétique [maɲetik] *adj* magnético(-a)

magnétophone [maɲetɔfɔn] *nm* magnetófono; ~ **(à cassettes)** cassette *m*

magnétoscope [maɲetɔskɔp] *nm* magnetoscopio

magnifique [maɲifik] *adj* magnífico(-a)

magret [magʀɛ] *nm*: ~ **de canard** filete *m* de pechuga de pato

mai [mɛ] *nm* mayo; *voir aussi* **juillet**

maigre [mɛgʀ] *adj (après nom: personne, animal)* delgado(-a), flaco(-a); (*: viande, fromage*) magro(-a); (*fig: avant nom: repas, salaire, profit*) escaso(-a);
maigreur *nf* delgadez *f*, flaqueza; **maigrir** *vi* adelgazar

mail [mɛl] *nm* e-mail *m*, correo

maille [maj] *nf (boucle)* eslabón *m*; (*ouverture: dans un filet etc*) punto; **avoir ~ à partir avec qn** andar en dimes y diretes con algn; **~ à l'endroit/à l'envers** punto del derecho/al revés

maillet [majɛ] *nm (outil)* mazo

maillon [majɔ̃] *nm (d'une chaîne)* eslabón *m*

maillot [majo] *nm* malla; (*de sportif*) camiseta; **~ (de corps)** camiseta; **~ de bain** traje *m* de baño, bañador *m*

main [mɛ̃] *nf* mano *f*; **à la ~** a mano; **se donner la~** darse la mano; **donner** *ou* **tendre la ~ à qn** dar *ou* tender la mano a algn; **sous la ~** a mano; **haut les ~s** arriba las manos; **attaque à ~ armée** ataque *m* a mano armada; **à remettre en ~s propres** a entregar en mano; **mettre la dernière ~ à qch** dar el último toque a algo; **mettre la ~ à la pâte** poner manos a la obra; **forcer la ~ à qn** obligar a algn; **se faire la ~** entrenarse; **perdre la ~** estar desentrenado(-a); **en un tour de ~** (*fig*) en un periquete; **~ courante** pasamanos *m inv*; **main-d'œuvre** (*pl* **mains-d'œuvre**) *nf* mano *f* de obra; **mainmise** *nf* (*fig*): **avoir la mainmise sur** tener control sobre; **mains-libres** *adj inv*: **kit mains-libres** (kit *m*) manos libres *m*

maint, e [mɛ̃, mɛ̃t] *adj* varios(-as); **à ~es reprises** en repetidas ocasiones

maintenant [mɛ̃t(ə)nɑ̃] *adv* ahora; (*ceci dit*) ahora bien

maintenir [mɛ̃t(ə)niʀ] *vt* mantener; **se ~** *vpr* mantenerse

maintien [mɛ̃tjɛ̃] *nm* mantenimiento; (*attitude, allure, contenance*) compostura

maire [mɛʀ] *nm* alcalde *m*, intendente *m* (CSUR), regente *m* (MEX); **mairie** *nf* ayuntamiento

mais [mɛ] *conj* pero; **~ non!** ¡que

no!; **~ enfin!** ¡pero bueno!; **~ encore** sino que
maïs [mais] *nm* maíz ♦ *adj inv* (CULIN) casero(-a); **~ de repos** casa de reposo; **~ de santé** centro de salud; **~ des jeunes** casa de la juventud

---

maisons des jeunes et de la culture

Maisons des jeunes et de la culture *son centros juveniles que organizan una amplia gama de actividades deportivas y culturales y, asimismo, realizan trabajo social. Están parcialmente financiados por el estado.*

---

maître, maîtresse [mɛtʀ, mɛtʀɛs] *nm/f* (*chef*) jefe(-a); (SCOL) maestro(-a) ♦ *nm* (*peintre etc*) maestro; (JUR): **M~** título que se da en Francia a abogados, procuradores y notarios ♦ *adj* maestro(-a); **être ~** dominar; **une ~sse femme** toda una mujer; **~ chanteur** chantajista *m*; **~ d'hôtel** (*d'hôtel*) jefe de comedor, maître *m*; **~ nageur** monitor(a) de natación; **maîtresse** *nf* (*amante*) amante *f*; (SCOL) maestra; **maîtresse de maison** (*hôtesse*) señora *ou* dueña de la casa
maîtrise [metʀiz] *nf* (*aussi:* **~ de soi**) dominio de sí mismo; (*habileté, virtuosité*) maestría; (*suprématie*) dominio; (*diplôme*) ≃ licenciatura; **maîtriser** *vt* dominar; **se maîtriser** *vpr* dominarse
majestueux, -euse [maʒɛstɥø, øz] *adj* majestuoso(-a)
majeur, e [maʒœʀ] *adj* mayor;

(JUR: *personne*) mayor de edad; (*préoccupation*) principal ♦ *nm/f* (JUR) mayor *m/f* de edad ♦ *nm* (*doigt*) corazón *m*; **en ~e partie** en su mayor parte
majorer [maʒɔʀe] *vt* recargar
majoritaire [maʒɔʀitɛʀ] *adj* mayoritario(-a)
majorité [maʒɔʀite] *nf* mayoría; (JUR) mayoría de edad; **en ~** en su mayoría; **avoir la ~** tener la mayoría
majuscule [maʒyskyl] *adj, nf*: **(lettre) ~** (letra) mayúscula
mal, maux [mal, mo] *nm* (*tort, épreuve, malheur*) desgracia; (*douleur physique*) dolor *m*; (*maladie*) mal *m*; (*difficulté*) dificultad ♦ *adv* mal ♦ *adj*: **c'est ~ (de faire)** está mal (hacer); **être ~ (mal installé)** estar incómodo(-a); **se sentir/se trouver ~** sentirse/encontrarse mal; **il a ~ compris** ha entendido mal; **~ tourner** ir mal; **dire du ~ de qn** hablar mal de algn; **penser du ~ de qn** pensar mal de algn; **ne voir aucun ~ à** no ver ningún mal en; **faire du ~ à qn** hacer daño a algn; **se donner du ~ pour faire qch** tomarse trabajo para hacer algo; **se faire ~** hacerse daño; **ça fait ~** duele; **j'ai du ~ (ici)** me duele (aquí); **j'ai ~ au dos** me duele la espalda; **avoir ~ à la tête/aux dents** tener dolor de cabeza/de muelas; **avoir ~ au cœur** tener náuseas; **j'ai du ~ à faire...** me cuesta hacer...; **avoir le ~ du pays** tener morriña; **~ en point** *adj inv* bastante mal
malade [malad] *adj* enfermo(-a); (*poitrine, jambe*) malo(-a) ♦ *nm/f* enfermo(-a); **tomber ~** caer

enfermo(-a); **être ~ du cœur**
estar enfermo(-a) del corazón; **~**
mental enfermo mental;
maladie *nf* enfermedad *f*;
maladif, -ive *adj* enfermizo(-a)
maladresse [maladʀɛs] *nf*
torpeza
maladroit, e [maladʀwa, wat]
adj torpe
malaise [malɛz] *nm* malestar *m*
malaria [malaʀja] *nf* malaria
malaxer [malakse] *vt* amasar
malbouffe [malbuf] *nf* comida
basura
malchance [malʃɑ̃s] *nf* mala
suerte; **par ~** por desgracia;
malchanceux, -euse *adj*
desafortunado(-a)
mâle [mɑl] *nm* macho ♦ *adj*
macho; (*enfant*) varón; (*viril*)
varonil, viril; **prise f ~** (*ÉLEC*)
clavija
malédiction [malediksjɔ̃] *nf*
maldición *f*
mal...: **malentendant, e** *nm/f*:
les malentendants las personas
con defectos de audición; **malen-**
tendu *nm* malentendido; **malfa-**
çon *nf* defecto; **malfaisant, e**
adj (*bête*) dañino(-a); (*être*)
nocivo(-a); **malfaiteur** *nm*
malhechor *m*; (*voleur*) ladrón *m*;
malfamé, e *adj* de mala fama
malgache [malgaʃ] *adj* malgache
♦ *nm* (*LING*) malgache *m* ♦ *nm/f*:
M~ malgache *m/f*
malgré [malgʀe] *prép* (*contre le*
gré de) contra la voluntad de; (*en*
dépit de) a pesar de; **~ tout** a
pesar de todo
malheur [malœʀ] *nm* desgracia;
faire un ~ (*fam*) explotar;
malheureusement *adv*
desgraciadamente;

malheureux, -euse *adj* (*triste*:
personne) infeliz, desdichado(-a);
(*existence, accident*)
desgraciado(-a), desdichado(-a);
(*malchanceux*: *candidat*)
derrotado(-a); (*insignifiant*)
miserable ♦ *nm/f* desgraciado(-a);
la malheureuse victime la
desdichada víctima; **les malheu-**
reux los desamparados
malhonnête [malɔnɛt] *adj*
deshonesto(-a); **malhonnêteté**
nf falta de honradez
malice [malis] *nf* malicia;
malicieux, -ieuse *adj*
malicioso(-a)
malin, -igne [malɛ̃, maliɲ] *adj* (*f*
gén maligne) astuto(-a); (*MÉD*)
maligno(-a)
malingre [malɛ̃gʀ] *adj* enteco(-a)
malle [mal] *nf* baúl *m*; **mallette**
nf maletín *m*
malmener [malmǝne] *vt*
maltratar; (*fig*: *adversaire*) dejar
maltrecho(-a)
malodorant, e [malɔdɔʀɑ̃, ɑ̃t]
adj maloliente
malpoli, e [malpɔli] *nm/f*
maleducado(-a)
malsain, e [malsɛ̃, ɛn] *adj*
malsano(-a); (*esprit, curiosité*)
morboso(-a)
malt [malt] *nm* malta
Malte [malt] *nf* Malta
maltraiter [maltʀete] *vt* maltratar
malveillance [malvejɑ̃s] *nf* mala
intención *f*; (*JUR*) malevolencia
malversation [malvɛʀsasjɔ̃] *nf*
malversación *f*
maman [mamɑ̃] *nf* mamá *f*
mamelle [mamɛl] *nf* teta
mamelon [mam(ǝ)lɔ̃] *nm* pezón
m
mamie [mami] (*fam*) *nf* abuelita,
nana

mammifère [mamifɛʀ] *nm* mamífero

mammouth [mamut] *nm* mamut *m*

manche [mɑ̃ʃ] *nf* manga; (*d'un jeu, tournoi*) partida; (*GÉO*) **la M-** Canal *m* de la Mancha; **faire la -** tocar en la calle ♦ *nm* mango; **~ à balai** *nm* palo de escoba

manchette [mɑ̃ʃɛt] *nf* (*de chemise*) puño; (*coup*) golpe dado con el antebrazo; (*PRESSE*) cabecera, titular *m*

manchot, e [mɑ̃ʃo, ɔt] *adj* manco(-a) ♦ *nm* (*ZOOL*) pingüino

mandarine [mɑ̃daʀin] *nf* mandarina

mandat [mɑ̃da] *nm* (*postal*) giro; (*d'un député, président*) mandato; (*POLICE*) orden *f*; **~ d'arrêt** orden de arresto; **mandataire** *nm/f* mandatario(-a)

manège [manɛʒ] *nm* (*école d'équitation*) picadero; (*à la foire*) tiovivo; (*fig: manœuvre*) maniobra

manette [manɛt] *nf* palanca

mangeable [mɑ̃ʒabl] *adj* comible

mangeoire [mɑ̃ʒwaʀ] *nf* pesebre *m*

manger [mɑ̃ʒe] *vt* comer; (*ronger: suj: rouille etc*) carcomer ♦ *vi* comer

mangue [mɑ̃g] *nf* mango

maniable [manjabl] *adj* manejable

maniaque [manjak] *adj* maniático(-a) ♦ *nm/f* (*obsédé, fou*) maníaco(-a)

manie [mani] *nf* manía

manier [manje] *vt* manejar

manière [manjɛʀ] *nf* manera; **~s** *nfpl* (*attitude*) modales *mpl*; (*chichis*) melindres *mpl*; **de ~ à** con objeto de; **de telle ~ que** de tal manera que; **de cette ~ de**

esta manera; **d'une ~ générale** en general; **de toute ~** de todas maneras; **d'une certaine ~** en cierto sentido

maniéré, e [manjeʀe] *adj* amanerado(-a)

manifestant, e [manifɛstɑ̃, ɑ̃t] *nm/f* manifestante *m/f*

manifestation [manifɛstasjɔ̃] *nf* manifestación *f*; (*fête, réunion etc*) acto

manifeste [manifɛst] *adj* manifiesto(-a) ♦ *nm* manifiesto;

manifester *vt* manifestar ♦ *vi* (*POL*) manifestarse; **se manifester** *vpr* manifestarse; (*témoin*) presentarse

manigancer [manigɑ̃se] *vt* tramar

manipulation [manipylasjɔ̃] *nf* manipulación *f*; **~ génétique** manipulación genética

manipuler [manipyle] *vt* manipular

manivelle [manivɛl] *nf* manivela

mannequin [mankɛ̃] *nm* (*COUTURE*) maniquí *m*; (*MODE*) modelo

manœuvre [manœvʀ] *nf* maniobra ♦ *nm* obrero; **fausse ~** maniobra falsa; **manœuvrer** *vt* maniobrar; (*levier, personne*) manejar ♦ *vi* maniobrar

manoir [manwaʀ] *nm* casa solariega

manque [mɑ̃k] *nm* falta; **~s** *nmpl* (*lacunes*) lagunas *fpl*

manqué, e [mɑ̃ke] *adj* fracasado(-a), fallido(-a)

manquer [mɑ̃ke] *vi* faltar; (*échouer*) fallar, fracasar ♦ *vt* (*coup, objectif*) fallar; (*cours, réunion*) faltar a ♦ *vb impers*: **il (nous) manque encore 100 €** nos faltan todavía 100 euros; **il**

manque des pages faltan páginas; **~ à qn: il/cela me manque** le/lo echo de menos; **~ à** (*ses responsabilités etc*) faltar a; **~ de** carecer de; **~ (de) faire: il a manqué (de) se tuer** por poco se mata

mansarde [mãsard] *nf* buhardilla; **mansardé, e** *adj* abuhardillado(-a)

manteau, x [mãto] *nm* abrigo

manucure [manykyr] *nf* manicura

manuel, le [manɥɛl] *adj* manual ♦ *nm* (*livre*) manual *m*

manufacture [manyfaktyr] *nf* manufactura; **manufacturé, e** *adj* manufacturado(-a)

manuscrit, e [manyskri, it] *adj* manuscrito(-a) ♦ *nm* manuscrito(-a) *m*

manutention [manytãsjɔ̃] *nf* manipulación *f*

mappemonde [mapmɔ̃d] *nf* mapamundi *m*

maquereau, x [makro] *nm* (*ZOOL*) caballa; (*fam: proxénète*) chulo

maquette [makɛt] *nf* maqueta

maquillage [makijaʒ] *nm* maquillaje *m*

maquiller [makije] *vt* maquillar; **se ~** *vpr* maquillarse

maquis [maki] *nm* (*GÉO*) monte *m* bajo; (*MIL*) maquis *m inv*

maraîcher, -ère [mareʃe, ɛr] *adj*: **cultures maraîchères** cultivos *mpl* de huerta ♦ *nm/f* hortelano(-a)

marais [mare] *nm* pantano

marasme [marasm] *nm* marasmo

marathon [maratɔ̃] *nm* maratón *m*

marbre [marbr] *nm* mármol *m*

marc [mar] *nm* (*de raisin, pommes*) orujo

marchand, e [marʃã, ãd] *nm/f* comerciante *m/f*; (*au marché*) vendedor(a) ♦ *adj*: **valeur ~e** valor *m* comercial; **~ de fruits** frutero(-a); **~ de journaux** vendedor de periódicos; **~ de légumes** verdulero(-a); **~ de poisson** pescadero(-a);

marchander *vt, vi* regatear;

marchandise *nf* mercancía

marche [marʃ] *nf* marcha; (*d'escalier*) escalón *m*; **ouvrir/ fermer la ~** abrir/cerrar la marcha; **dans le sens de la ~** (*RAIL*) en el sentido de la marcha; **monter/prendre en ~** subir/ coger en marcha; **mettre en ~** poner en marcha; **se mettre en ~** ponerse en marcha; **~ à suivre** pasos *mpl* a seguir; **~ arrière** (*AUTO*) marcha atrás; **faire marche arrière** (*AUTO*) dar marcha atrás

marché [marʃe] *nm* mercado; (*accord, affaire*) trato; **par dessus le ~** por añadidura; **~ aux puces** rastro, mercadillo; **~ noir** mercado negro

marcher [marʃe] *vi* andar; (*se promener*) caminar; (*fonctionner*) funcionar; **d'accord, je marche** (*fam*) bueno, me parece bien; **~ sur** (*mettre le pied sur*) pisar; **~ dans** (*entrer dans*) caminar por; **faire ~ qn** (*pour rire*) tomar el pelo a algn; **marcheur, -euse** *nm/f* andarín(-ina)

mardi [mardi] *nm* martes *m inv*; **M~ gras** martes de Carnaval; *voir aussi* **lundi**

mare [mar] *nf* charco

marécage [marekaʒ] *nm* ciénaga; **marécageux, -euse** *adj* cenagoso(-a)

maréchal, -aux [mareʃal, o] *nm*

mariscal m

marée [maʀe] nf marea; **~ basse/haute** marea baja/alta; **~ montante/descendante** flujo/reflujo; **~ noire** marea negra

marelle [maʀɛl] nf rayuela

margarine [maʀgaʀin] nf margarina

marge [maʀʒ] nf margen m; **en ~ (de)** al margen (de); **~ bénéficiaire** (COMM) margen de beneficios

marginal, e, -aux [maʀʒinal, o] adj marginal

marguerite [maʀgəʀit] nf margarita

mari [maʀi] nm marido

mariage [maʀjaʒ] nm matrimonio; (noce) boda; (fig: de mots, couleurs) combinación f; **~ blanc** matrimonio no consumado; **~ civil/religieux** matrimonio civil/religioso

marié, e [maʀje] adj casado(-a) ♦ nm/f novio(-a); **les ~s** los novios

marier [maʀje] vt casar; (fig: couleur) combinar; **se ~ (avec)** casarse (con)

marin, e [maʀɛ̃, in] adj marino(-a) ♦ nm marino; (matelot) marinero

marine [maʀin] adj f voir **marin** ♦ nf marina; **~ marchande/de guerre** marina mercante/de guerra

mariner [maʀine] vt, vi escabechar

marionnette [maʀjɔnɛt] nf marioneta

maritalement [maʀitalmɑ̃] adv maritalmente

maritime [maʀitim] adj marítimo(-a)

mark [maʀk] nm marco

marmelade [maʀməlad] nf mermelada

marmite [maʀmit] nf (récipient) marmita

marmonner [maʀmɔne] vt mascullar

marmotter [maʀmɔte] vt mascullar

Maroc [maʀɔk] nm Marruecos msg

Marocain, e [maʀɔkɛ̃, ɛn] adj marroquí ♦ nm/f: **M~, e** marroquí m/f

maroquinerie [maʀɔkinʀi] nf marroquinería

marquant, e [maʀkɑ̃, ɑ̃t] adj destacado(-a); (personnalité) especial

marque [maʀk] nf marca; **de ~** adj (COMM: produit) de marca; (fig) destacado(-a); **~ déposée** marca registrada

marquer [maʀke] vt marcar; (inscrire) anotar; (suj: chose: laisser une trace sur) dejar una marca en; (fig: impressionner) impresionar; (assentiment, refus) manifestar ♦ vi (SPORT) marcar; **~ le pas** (fig) marcar el paso

marqueterie [maʀkɛtʀi] nf marquetería

marquis, e [maʀki, iz] nm/f marqués(-esa)

marraine [maʀɛn] nf madrina

marrant, e [maʀɑ̃, ɑ̃t] (fam) adj divertido(-a); **ce n'est pas ~** no tiene gracia

marre [maʀ] (fam) adv: **en avoir ~** estar harto(-a) de

marrer [maʀe]: **se ~** (fam) vpr desternillarse de risa

marron [maʀɔ̃, ɔn] nm castaña ♦ adj inv (couleur) marrón inv; **marronnier** nm castaño

mars [maʀs] nm marzo; voir aussi **juillet**

Marseille [maʁsɛj] n Marsella

La **Marseillaise** es el himno nacional francés desde 1879. La letra del *"Chant de guerre de l'armée du Rhin"*, título original de la canción, fue escrita en 1792 por el capitán del ejército Rouget de Lisle con una melodía anónima. Adoptada más tarde como marcha militar por el batallón de Marsella, terminó conociéndose como la Marsellesa.

---

marsouin [maʁswɛ̃] nm marsopa
marteau [maʁto] nm martillo; **marteau-piqueur** (pl **marteaux-piqueurs**) nm martillo neumático
marteler [maʁtəle] vt martillear
martien, ne [maʁsjɛ̃, jɛn] adj marciano(-a)
martyr, e [maʁtiʁ] nm/f mártir m/f; **martyre** nm martirio; **martyriser** vt martirizar
marxiste [maʁksist] adj, nm/f marxista m/f
mascara [maskaʁa] nm rímel m
masculin, e [maskylɛ̃, in] adj masculino(-a) ♦ nm masculino
masochiste [mazɔʃist] adj, nm/f masoquista m/f
masque [mask] nm máscara; ~ **de plongée** gafas fpl de bucear; **masquer** vt ocultar
massacre [masakʁ] nm matanza; **massacrer** vt matar, exterminar
massage [masaʒ] nm masaje m
masse [mas] nf masa; (maillet) maza; **la** ~ (péj: peuple) la masa; **les** ~**s laborieuses** las masas trabajadoras; **en** ~ juntos(-as); (plus nombreux) en masa

masser [mase] vt (personne, jambe) dar masaje a; **se** ~ vpr (se regrouper) concentrarse;
masseur, -euse nm/f masajista m/f
massif, -ive [masif, iv] adj (porte, silhouette, or) macizo(-a); (dose, déportations) masivo(-a) ♦ nm macizo
massue [masy] nf maza
mastic [mastik] nm masilla
mastiquer [mastike] vt masticar
mat, e [mat] adj mate inv; (son) sordo(-a); **être** ~ (ÉCHECS) ser mate
mât [mɑ] nm (NAUT) mástil m; (poteau) poste m
match [matʃ] nm partido; ~ **aller/retour** partido de ida/de vuelta; **faire match nul** empatar
matelas [mat(ə)la] nm colchón m; ~ **pneumatique** colchón de aire
matelot [mat(ə)lo] nm marinero
mater [mate] vt (personne) someter; (révolte) dominar
matérialiser [mateʁjalize]: **se** ~ vpr materializarse
matérialiste [mateʁjalist] adj, nm/f materialista m/f
matériau [mateʁjo] nm material m
matériel, le [mateʁjɛl] adj material ♦ nm material m; (de camping) equipo; (de pêche) aparejos mpl; (INFORM) soporte m físico
maternel, le [matɛʁnɛl] adj (amour) maternal; (par filiation: grand-père etc) materno(-a); **maternelle** nf (aussi: **école maternelle**) escuela de párvulos
maternité [matɛʁnite] nf maternidad f
mathématiques [matematik]

nfpl matemáticas *fpl*
maths [mat] *(fam)* *nfpl*
matemáticas *fpl*, mates *fpl* *(fam)*
matière [matjɛr] *nf* (PHYS)
materia; (COMM, TECH) material *m*;
(d'un livre etc) tema *m*; (SCOL)
asignatura; **en ~ de** en materia
de; (en ce qui concerne) en cuanto
a; **~ grise** materia gris; **~s
grasses** grasas *fpl*; **~s
premières** materias primas

---
hôtel Matignon

L'hôtel Matignon *es el
despacho y residencia del primer
ministro francés en París. Por
extensión, el término "Matignon"
se emplea frecuentemente para
designar al primer ministro o a su
equipo.*

---

matin [matɛ̃] *nm* mañana; **le ~**
por la mañana; **dimanche ~** el
domingo por la mañana; **le
lendemain ~** a la mañana
siguiente; **hier/demain ~** ayer/
mañana por la mañana; **du ~ au
soir** de la mañana a la noche;
une heure du ~ la una de la
mañana; **à demain ~!** ¡hasta
mañana por la mañana!; **de
grand** *ou* **bon ~** de madrugada
matinal, e, -aux [matinal, o] *adj*
(toilette, gymnastique)
matutino(-a), matinal; (de bonne
heure) tempranero(-a); **être ~**
(personne) ser madrugador(a);
matinée *nf* mañana; (spectacle)
función *f* de tarde, vermú *m* (AM)
matou [matu] *(fam)* *nm* gato
matraque [matRak] *nf* (de
malfaiteur) cachiporra; (de policier)
porra
matricule [matRikyl] *nf* matrícula

♦ *nm* (MIL) número de registro
matrimonial, e, -aux
[matrimɔnjal, jo] *adj* matrimonial
maudit, e [modi, it] *adj*
maldito(-a)
maugréer [mogree] *vi* refunfuñar
maussade [mosad] *adj*
(personne) malhumorado(-a); (ciel,
temps) desapacible
mauvais, e [mɔvɛ, ɛz] *adj*
malo(-a); (placé avant le nom) mal;
(rire) perverso(-a) ♦ *adv*: **il fait ~**
hace malo; **sentir ~** oler mal; **la
mer est ~e** el mar está agitado;
~ joueur mal jugador *m*; **~ pas**
mal paso; **~e herbe** mala hierba;
~e langue lengua viperina; **~e
tête** terco(-a)
mauve [mov] *nm* malva ♦ *adj*
malva *inv*
maux [mo] *nmpl voir* **mal**
maximum [maksimɔm] *adj*
máximo(-a) ♦ *nm* máximo; **au ~**
adv (le plus possible) al máximo;
(tout au plus) como máximo
mayonnaise [majɔnɛz] *nf*
mayonesa
mazout [mazut] *nm* fuel-oil *m*
me [mə] *pron* me; **il m'a donné
un livre** me ha dado un libro
mec [mek] *(fam)* *nm* tío
mécanicien, ne [mekanisjɛ̃, jen]
nm/f mecánico(-a)
mécanique [mekanik] *adj*
mecánico(-a) ♦ *nf* mecánica; **s'y
connaître en ~** saber de
mecánica; **ennui ~** problema *m*
mecánico
mécanisme [mekanism] *nm*
mecanismo
méchamment [meʃamɑ̃] *adv*
cruelmente
méchanceté [meʃɑ̃ste] *nf*
maldad *f*, malicia
méchant, e [meʃɑ̃, ɑ̃t] *adj*

(*personne*) malvado(-a); (*sourire*)
malicioso(-a); (*animal*) malo(-a);
(*avant le nom: affaire, humeur*)
mal; (: *intensif*) malísimo(-a)
mèche [mɛʃ] *nf* mecha; (*de
cheveux: coupés*) mechón *m*;
vendre la ~ irse de la lengua;
être de ~ avec qn estar
conchabado(-a) con algn
méchoui [meʃwi] *nm* cordero
asado
méconnaissable [mekɔnɛsabl]
adj irreconocible
méconnaître [mekɔnɛtʀ] *vt*
(*ignorer*) desconocer; (*méjuger*)
infravalorar
mécontent, e [mekɔtɑ̃, ɑ̃t] *adj*:
~ (de) descontento(-a) (con);
mécontentement *nm*
descontento
médaille [medaj] *nf* medalla
médaillon [medajɔ̃] *nm* medallón
m
médecin [medsɛ̃] *nm*
médico(-a); **~ généraliste/
légiste/traitant** médico
general/forense/de cabecera
médecine [medsin] *nf*
medicina; **~ légale/préventive**
medicina legal/preventiva
médiatique [medjatik] *adj*
mediático
médical, e, -aux [medikal, o]
adj médico(-a)
médicament [medikamɑ̃] *nm*
medicamento
médiéval, e, -aux [medjeval, o]
adj medieval
médiocre [medjɔkʀ] *adj*
mediocre
méditer [medite] *vt* meditar;
(*préparer*) planear
Méditerranée [mediteʀane] *nf*:
la (mer) ~ el (mar)
Mediterráneo; **méditerranéen,**

ne *adj* mediterráneo(-a) ♦ *nm/f*:
Méditerranéen, ne
mediterráneo(-a)
méduse [medyz] *nf* medusa
méfait [mefɛ] *nm* (*faute*) fechoría;
~s *nmpl* (*ravages*) daños *mpl*
méfiance [mefjɑ̃s] *nf*
desconfianza, recelo
méfiant, e [mefjɑ̃, ɑ̃t] *adj*
desconfiado(-a), receloso(-a)
méfier [mefje]: **se ~** *vpr*
desconfiar; **se ~ de** desconfiar
de; (*faire attention*) tener cuidado
con
mégarde [megaʀd] *nf*: **par ~** por
descuido; (*par erreur*) por
equivocación
mégère [meʒɛʀ] (*péj*) *nf* arpía,
bruja
mégot [mego] *nm* colilla
meilleur, e [mejœʀ] *adj* mejor;
(*superlatif*): **le ~ (de) (personne)** el
mejor (de); (*chose*) lo mejor (de) ♦
nm: **le ~** (*personne*) el mejor;
(*chose*) lo mejor ♦ *nf*: **la ~e** la
mejor; **le ~ des deux** el mejor
de los dos; **c'est la ~e!** ¡es el
colmo!; **~ marché** más barato
mél [mel] *nm* e-mail *m*, correo
mélancolie [melɑ̃kɔli] *nf*
melancolía
mélange [melɑ̃ʒ] *nm* mezcla;
mélanger *vt* mezclar; **vous
mélangez tout!** ¡usted lo mezcla
todo!
mêlée [mele] *nf* (*bataille*) pelea,
contienda; (*RUGBY*) melé *f*
mêler [mele] *vt* mezclar; **se ~**
vpr mezclarse; **se ~ à** mezclarse con;
se ~ de entrometerse en; **~ qn à
une affaire** implicar a algn en
un asunto
mélodie [melɔdi] *nf* melodía;
mélodieux, -euse *adj*
melodioso(-a)

melon [m(ə)lɔ̃] *nm* melón *m*

membre [mɑ̃bʀ] *nm* miembro ♦
adj miembro *inv*

mémé [meme] *(fam) nf* abuelita

MOT-CLÉ

---

même [mɛm] *adj* **1** *(avant le nom)*
mismo(-a); **en même temps** al
mismo tiempo; **ils ont les
mêmes goûts** tienen los mismos
gustos; **la même chose** lo
mismo
2 *(après le nom: renforcement)*: **il
est la loyauté même** es la
lealtad misma; **ce sont ses
paroles mêmes** son sus mismas
palabras
♦ *pron*: **le(la) même** el (la)
mismo(-a)
♦ *adv* **1** *(renforcement)*: **il n'a
même pas pleuré** ni siquiera
lloró; **même lui l'a dit** incluso él
lo dijo; **ici même** aquí mismo
2: **à même la
bouteille** de la botella misma; **à
même la peau** junto a la piel;
être à même de faire estar en
condiciones de hacer
3: **de même: faire de même**
hacer lo mismo; **lui de même**
también él; **de même que** lo
mismo que; **de lui-même** por sí
mismo; **il en va de même pour**
lo mismo va para
4: **même si** *conj* aunque
(+subjonctif)

---

mémoire [memwaʀ] *nf* memoria;
à la ~ de en memoria de, en
recuerdo de ♦ *nm (ADMIN, JUR,
SCOL)* memoria; **~s** *nmpl
(souvenirs)* memorias *fpl*; **pour ~**
adv a título de información; **de ~**
adv de memoria; **mettre en ~**
(INFORM) guardar en memoria; **~**

morte/vive memoria ROM/RAM

mémorable [memɔʀabl] *adj*
memorable

menace [mənas] *nf* amenaza;
menacer *vt* amenazar

ménage [menaʒ] *nm* quehaceres
mpl domésticos, limpieza; *(couple)*
matrimonio; **faire le ~** hacer la
limpieza; **ménagement** *nm*
deferencia

ménager¹ [menaʒe] *vt*
(personne) tratar con deferencia;
(monture) no fatigar; *(ouverture)*
instalar; **se ~** *vpr* cuidarse

ménager², -ère [menaʒe, ɛʀ]
adj doméstico(-a); **ménagère** *nf*
ama de casa

mendiant, e [mɑ̃djɑ̃, jɑ̃t] *nm/f*
mendigo(-a), pordiosero(-a)

mendier [mɑ̃dje] *vt, vi* mendigar

mener [m(ə)ne] *vt* dirigir;
(enquête, vie, affaire) llevar ♦ *vi
(SPORT)* estar a la cabeza, ir en
cabeza; **~ à/dans/chez**
(emmener) llevar a/en/a casa de; **~
qch à bonne fin/à terme/à
bien** llevar algo a buen fin (a
término/a buen término); **~ à
rien/à tout** llevar uno conducir a
nada/a todas partes

meneur, -euse [mənœʀ, øz]
nm/f dirigente *m/f*; *(péj: agitateur)*
cabecilla *m/f*

méningite [menɛʒit] *nf*
meningitis *f*

ménopause [menopoz] *nf*
menopausia

menottes [mənɔt] *nfpl* esposas
fpl

mensonge [mɑ̃sɔ̃ʒ] *nm* mentira;
mensonger, -ère *adj* falso(-a)

mensualité [mɑ̃sɥalite] *nf*
mensualidad *f*

mensuel, le [mɑ̃sɥɛl] *adj*
mensual

mensurations [mɑ̃syʀasjɔ̃] *nfpl* medidas *fpl*

mental, e, -aux [mɑ̃tal, o] *adj* mental; **mentalité** *nf* mentalidad *f*

menteur, -euse [mɑ̃tœʀ, øz] *nm/f* mentiroso(-a), embustero(-a)

menthe [mɑ̃t] *nf* menta

mention [mɑ̃sjɔ̃] *nf* mención *f*; (SCOL, UNIV): **~ passable/assez bien/bien/très bien** aprobado/bien/notable/ sobresaliente; **"rayer la ~ inutile"** (ADMIN) "tache lo que no proceda"; **mentionner** *vt* mencionar

mentir [mɑ̃tiʀ] *vi* mentir

menton [mɑ̃tɔ̃] *nm* (ANAT) mentón *m*, barbilla

menu, e [məny] *adj* menudo(-a); (*voix*) débil; (*frais*) módico(-a) ♦ *adv*: **couper/hacher ~** cortar/ picar en trocitos ♦ *nm* menú *m*

menuiserie [mənɥizʀi] *nf* carpintería; **menuisier** *nm* carpintero

méprendre [mepʀɑ̃dʀ]: **se ~** *vpr* equivocarse, confundirse; **se ~ sur** confundirse en, equivocarse en

mépris [mepʀi] *pp de* **méprendre** ♦ *nm* desprecio, menosprecio; **au ~ de** a despecho de; **méprisable** *adj* despreciable; **méprisant, e** *adj* despreciativo(-a); **méprise** *nf* equivocación *f*; **mépriser** *vt* despreciar, menospreciar

mer [mɛʀ] *nf* mar *m*; **en ~** en el mar; **prendre la ~** hacerse a la mar; **en haute/pleine ~** en alta mar

mercenaire [mɛʀsənɛʀ] *nm* mercenario

mercerie [mɛʀsəʀi] *nf* mercería

merci [mɛʀsi] *excl* gracias ♦ *nf* merced *f*; **à la ~ de qn/qch** a merced de algn/algo; **~ de/pour** gracias por

mercredi [mɛʀkʀədi] *nm* miércoles *m inv*; **~ des cendres** miércoles de Ceniza; *voir aussi* **lundi**

mercure [mɛʀkyʀ] *nm* mercurio

merde [mɛʀd] (*fam!*) *nf* mierda (*fam!*) ♦ *excl* ¡mierda! (*fam!*); (*surprise, impatience*) ¡joder! (*fam!*), ¡coño! (*fam!*)

mère [mɛʀ] *nf* madre *f*; (*fam*) tía; **~ célibataire/de famille** madre soltera/de familia

merguez [mɛʀgez] *nf* salchicha muy condimentada

méridional, e, -aux [meʀidjɔnal, o] *adj* meridional; (*du midi de la France*) del Sur de Francia ♦ *nm/f* nativo(-a) *ou* habitante *m/f* del Sur de Francia

meringue [məʀɛ̃g] *nf* merengue *m*

mérite [meʀit] *nm* mérito; (*valeur*) mérito, valor *m*; **mériter** *vt* merecer, ameritar (AM)

merle [mɛʀl] *nm* mirlo

merveille [mɛʀvɛj] *nf* maravilla; **faire ~/des ~s** hacer maravillas; **à ~** a las mil maravillas; **merveilleux, -euse** *adj* maravilloso(-a)

mes [me] *dét voir* **mon**

mésange [mezɑ̃ʒ] *nf* herrerillo

mésaventure [mezavɑ̃tyʀ] *nf* infortunio

Mesdames [medam] *nfpl voir* **Madame**

Mesdemoiselles [medmwazɛl] *nfpl voir* **Mademoiselle**

mesquin, e [mɛskɛ̃, in] *adj*: **esprit ~/personne ~e** espíritu ruin/persona mezquina;

message [mesaʒ] nm mensaje m; **~ SMS** SMS m, mensaje de texto; **messager, -ère** nm/f mensajero(-a); **messagerie** nf: **messagerie électronique** e-mail m; **messagerie vocale** mensaje m de voz

messe [mɛs] nf misa; **aller à la ~** ir a misa; **~ de minuit** misa del gallo

Messieurs [mesjø] nmpl voir **Monsieur**

mesure [m(ə)zyr] nf (dimension) medida; (évaluation) medición f; (MUS) compás msg; (modération) mesura, comedimiento; **sur ~** a la medida; **dans la ~ de/où** en la medida de/en que; **à ~ que** a medida que; **en ~** (MUS) al compás; **être en ~ de** estar en condiciones de

mesurer [məzyre] vt medir; **se ~ avec/à qn** medirse con algn; **il mesure 1 m 80** mide 1 m 80

métal, -aux [metal, o] nm metal m; **métallique** adj metálico(-a)

météo [meteo] nf (bulletin) tiempo; (service) servicio meteorológico

météorologie [meteɔrɔlɔʒi] nf meteorología

méthode [metɔd] nf método

méticuleux, -euse [metikylø, øz] adj meticuloso(-a)

métier [metje] nm oficio m, (technique, expérience) práctica; (aussi: **~ à tisser**) telar m

métis, -se [metis] adj, nm/f mestizo(-a), cholo(-a) (AND)

métrage [metraʒ] nm long/ moyen/court (CINÉ) largometraje/mediometraje/ cortometraje m

mètre [mɛtr] nm metro

métro [metro] nm metro,

subterráneo (AM)

métropole [metrɔpɔl] nf metrópoli f, metrópolis f inv

mets [mɛ] vb voir **mettre** ♦ nm plato

metteur [metœr] nm: **~ en scène** (THÉÂTRE) director m escénico; (CINÉ) director

MOT-CLÉ

mettre [mɛtr] vt **1** poner; **mettre en bouteille** embotellar; **mettre en sac** poner en sacos; **mettre en pages** compaginar; **mettre en examen** detener (para ser interrogado); **mettre à la poste** echar al correo **2** (vêtements: revêtir) poner; (: soi-même) ponerse; (: installer) poner; **mets ton gilet** ponte el chaleco **3** (faire fonctionner: chauffage, réveil) poner; (: lumière) dar; (installer: gaz, eau) poner; **faire mettre le gaz/l'électricité** poner gas/electricidad; **mettre en marche** poner en marcha **4** (consacrer): **mettre du temps/2 heures à faire qch** tardar tiempo/dos horas en hacer algo **5** (noter, écrire): **qu'est-ce que tu as mis sur la carte?** ¿qué has puesto en la postal?; **mettre au pluriel** poner en plural **6** (supposer): **mettons que ...** pongamos que ... **7: y mettre du sien** (dans une affaire) poner de su parte **se mettre** vpr: **vous pouvez vous mettre là** puede ponerse allí; **où ça se met?** ¿dónde se pone eso?; **se mettre au lit** meterse en la cama; **se mettre de l'encre sur les doigts**

mancharse los dedos de tinta; **se mettre en maillot de bain** ponerse en bañador; **n'avoir rien à se mettre** no tener nada que ponerse; **se mettre à faire qch** ponerse a hacer algo; **se mettre au travail** ponerse a trabajar; **se mettre au régime** ponerse a régimen; **allons, il faut s'y mettre!** ¡venga, vamos a ponernos a trabajar!

meuble [mœbl] *nm* mueble *m*; (*ameublement, mobilier*) mobiliario; **meublé, e** *adj*: **chambre meublée** habitación *f* amueblada; **meubler** *vt* amueblar

meugler [møgle] *vi* mugir

meule [møl] *nf* muela; (*AGR*) almiar *m*; (*de fromage*) rueda grande de queso

meunier, -ière [mønje, jɛʀ] *nm/f* molinero(-a)

meurs *etc* [mœʀ] *vb voir* **mourir**

meurtre [mœʀtʀ] *nm* asesinato; **meurtrier, -ière** *nm/f* asesino(-a) ♦ *adj* mortal; (*arme, instinct*) asesino(-a)

meurtrir [mœʀtʀiʀ] *vt* magullar; (*fig*) herir

meus *etc* [mœ] *vb voir* **mouvoir**

meute [møt] *nf* jauría

mexicain, e [mɛksikɛ̃, ɛn] *adj* mexicano(-a), mejicano(-a) ♦ *nm/f*: **M~, e** mexicano(-a), mejicano(-a)

Mexico [mɛksiko] *n* México, Méjico

Mexique [mɛksik] *nm* México, Méjico

Mgr *abr* (= *Monseigneur*) Mons. (= *Monseñor*)

mi [mi] *nm inv* (*MUS*) mi *m* ♦ *préf* medio; **à la ~-janvier** a mediados de enero; **à ~-jambes**

a media pierna; **à ~-hauteur/-pente** a media altura/pendiente

miauler [mjole] *vi* maullar

miche [miʃ] *nf* hogaza

mi-chemin [miʃmɛ̃]: **à ~~** *adv* a medio camino

mi-clos, e [miklo, kloz] (*pl* **~~, es**) *adj* entornado(-a)

micro [mikʀo] *nm* micrófono; (*INFORM*) micro

microbe [mikʀɔb] *nm* microbio

micro...: micro-onde (*pl* **micro-ondes**) *nf*: **four à micro-ondes** horno microondas; **micro-ordinateur** (*pl* **micro-ordinateurs**) *nm* microordenador *m*; **microscope** *nm* microscopio; **microscopique** *adj* microscópico(-a); (*opération*) con microscopio

midi [midi] *nm* mediodía *m*; **le M~** (*de la France*) el sur de Francia; **à ~** a mediodía

mie [mi] *nf* miga

miel [mjɛl] *nm* miel *f*; **mielleux, -euse** (*péj*) *adj* meloso(-a)

mien, ne [mjɛ̃, mjɛn] *adj* mío(-a) ♦ *pron*: **le ~, la ~ne, les ~s** el mío, la mía, los míos

miette [mjɛt] *nf* migaja; **en ~s** hecho añicos

MOT-CLÉ

---

mieux [mjø] *adv* **1** (*d'une meilleure façon*): **mieux (que)** mejor (que); **elle travaille/mange mieux** trabaja/come mejor; **elle va mieux** va mejor; **j'aime mieux le cinéma** me gusta más el cine; **j'attendais mieux de vous** esperaba algo más de usted; **de mieux en mieux** cada vez mejor

2 (*de la meilleure façon*) mejor; **ce**

que je sais le mieux lo que
mejor sé; **les livres les mieux
faits** los libros mejor hechos
♦ *adj* **1** *(plus à l'aise, en meilleure
forme)* mejor; **se sentir mieux**
encontrarse mejor
2 *(plus satisfaisant, plus joli)* mejor;
c'est mieux ainsi es mejor así;
c'est le mieux des deux es el
mejor de los dos; **le(la) mejor,
les mieux** el (la) mejor, los (las)
mejores; **demandez-lui, c'est
le mieux** pregúntele, es mejor;
il est mieux sans moustache
está mejor sin bigote; **il est
mieux que son frère** es mejor
que su hermano
3: au mieux en el mejor de los
casos; **être au mieux avec**
llevarse muy bien con; **tout est
pour le mieux** todo va de
maravilla
♦ *nm* **1** *(amélioration, progrès)*
mejoría; **faute de mieux** a falta
de algo mejor
2: faire de son mieux hacer
cuanto se pueda; **du mieux qu'il
peut** lo mejor que puede

mignon, ne [miɲɔ̃, ɔn] *adj*
mono(-a)
migraine [migʀɛn] *nf* jaqueca
mijoter [miʒɔte] *vt (plat)* cocer a
fuego lento; *(affaire)* tramar ♦ *vi*
cocer a fuego lento
milieu, x [miljø] *nm* medio m;
(social, familial) medio, entorno;
au ~ en medio de; **au beau
ou en plein ~ (de)** justo en
medio *ou* mitad (de); **le ~** *(pègre)*
el hampa
militaire [militɛʀ] *adj, nm* militar
m
militant, e [militɑ̃, ɑ̃t] *adj, nm/f*
militante m/f

militer [milite] *vi* militar; **~
pour/contre** militar a favor de/
en contra de
mille [mil] *adj inv, nm inv* mil ♦
nm: **~ marin** milla marina;
mettre dans le ~ dar en el
blanco; **millefeuille** *nm* milhojas
m inv; **millénaire** *nm* milenio ♦
adj milenario(-a); **mille-pattes**
nm inv ciempiés *m inv*
millet [mijɛ] *nm* mijo
milliard [miljaʀ] *nm* mil millones
mpl; **milliardaire** *adj, nm/f*
multimillonario(-a)
millier [milje] *nm* millar m; **un ~
(de)** un millar (de); **par ~s** por
miles, a millares
milligramme [miligʀam] *nm*
miligramo
millimètre [milimɛtʀ] *nm*
milímetro
million [miljɔ̃] *nm* millón m;
deux ~s de dos millones de;
millionnaire *adj, nm/f*
millonario(-a)
mime [mim] *nm/f* mimo; **mimer**
vt mimar; *(singer)* imitar
minable [minabl] *adj* penoso(-a)
mince [mɛ̃s] *adj* delgado(-a),
(étoffe, filet d'eau) fino(-a); *(fig)*
escaso(-a) ♦ *excl:* **~ alors!**
¡caramba!; **minceur** *nf* delgadez
f; **mincir** *vi* adelgazar
mine [min] *nf* mina; *(physionomie)*
cara, aspecto; **avoir bonne/
mauvaise ~** tener buena/mala
cara; **tu as bonne ~!** *(iron:
aspect)* ¡vaya pinta que tienes!;
faire grise ~ poner mala cara;
faire ~ de faire qch simular
hacer algo; **ne pas payer de ~**
tener mala pinta; **~ de rien** como
quien no quiere la cosa, como si
nada
miner [mine] *vt* minar

minerai [minʀe] nm mineral
m

minéral, e, -aux [mineʀal, o]
adj, nm mineral m

minéralogique [mineʀalɔʒik] adj
numéro ~ número de matrícula

minet, te [mine, et] nm/f
gatito(-a), minino(-a); (péj) chuleta
m/f

mineur, e [minœʀ] adj (souci)
secundario(-a) ♦ nm/f (JUR) menor
m/f ♦ nm (travailleur) minero(-a)

miniature [minjatyʀ] adj, nf
miniatura

minibus [minibys] nm microbús
msg

minier, -ière [minje, jeʀ] adj
minero(-a)

mini-jupe [miniʒyp] (pl ~~s) nf
minifalda

minime [minim] adj mínimo(-a)

minimiser [minimize] vt
minimizar

minimum [minimɔm] adj
mínimo(-a) ♦ nm mínimo; **au ~**
como mínimo

ministère [ministeʀ] nm
ministerio; **~ public** (JUR)
ministerio público

ministre [ministʀ] nm ministro

Minitel ® [minitel] nm Minitel m
®

Minitel

Minitel es un terminal
informático personal facilitado de
forma gratuita por la compañía
France-Télécom a los abonados.
Hace las veces de guía telefónica
informatizada y de vía de acceso
a distintos servicios, tales como
horarios de trenes, información
bursátil y oferta de empleo. A los
servicios se accede marcando un
número de teléfono y su

utilización se factura a cada
abonado.

minoritaire [minɔʀiteʀ] adj
minoritario(-a)

minorité [minɔʀite] nf minoría;
être en ~ estar en minoría

minuit [minɥi] nm medianoche f

minuscule [minyskyl] adj
minúsculo(-a) ♦ nf: **(lettre) ~**
(letra) minúscula

minute [minyt] nf minuto; **d'une
~ à l'autre** de un momento a
otro; **minuter** vt cronometrar;
minuterie nf interruptor m (de
luz)

minutieux, -ieuse [minysjø,
jøz] adj minucioso(-a)

mirabelle [miʀabel] nf ciruela
mirabel

miracle [miʀakl] nm milagro

mirage [miʀaʒ] nm espejismo

mire [miʀ] nf: **point/ligne de ~**
punto/línea de mira

miroir [miʀwaʀ] nm espejo

miroiter [miʀwate] vi: **faire ~
qch à qn** seducir a algn con algo

mis, e [mi, miz] pp de **mettre** ♦
adj puesto(-a)

mise [miz] nf (argent) apuesta;
(tenue) porte m; **~ à jour** puesta
al día; **~ au point** (PHOTO)
enfoque m; (fig) aclaración f; **~ en
plis** marcado; **~ en scène**
(THÉÂTRE, CINÉ) dirección f

miser [mize] vt apostar; **~ sur**
apostar a; (fig) contar con

misérable [mizeʀabl] adj
miserable ♦ nm/f miserable m/f

misère [mizeʀ] nf miseria; **~s**
nfpl (malheurs, peines) desgracias
fpl; **salaire de ~** salario de
miseria

missile [misil] nm misil m

mission [misjɔ̃] *nf* misión *f*;
(*fonction, vocation*) función *f*;
missionnaire *nm/f*
misionero(-a)
mité, e [mite] *adj* apolillado(-a)
mi-temps [mitɑ̃] *nf inv* (*SPORT*:
période) tiempo; (: *pause*)
descanso; **à ~~** *adv* media
jornada
miteux, -euse [mitø, øz] *adj*
mísero(-a)
mitigé, e [mitiʒe] *adj*
moderado(-a)
mitoyen, ne [mitwajɛ̃, jɛn] *adj*
medianero(-a)
mitrailler [mitraje] *vt* ametrallar;
mitraillette *nf* metralleta;
mitrailleuse *nf* ametralladora
mi-voix [mivwa]: **à ~~** *adv* a
media voz
mixage [miksaʒ] *nm* (*CINÉ*) mezcla
f de sonido
mixer, mixeur [miksœʀ] *nm*
(*CULIN*) batidora
mixte [mikst] *adj* mixto(-a)
mixture [mikstyʀ] *nf* mixtura;
(*péj*) mejunje *m*
Mlle (*pl* **~s**) *abr* (= *Mademoiselle*)
Srta. (= *Señorita*)
MM *abr* (= *Messieurs*) ≃ Srs. (=
Señores); *voir aussi* **Monsieur**
Mme (*pl* **~s**) *abr* (= *Madame*) ≃
Sra. (= *Señora*)
mobile [mɔbil] *adj* móvil, movible
♦ *nm* móvil *m*
mobilier, -ière [mɔbilje, jɛʀ] *adj*
mobiliario(-a) ♦ *nm* mobiliario
mobiliser [mɔbilize] *vt* movilizar
mocassin [mɔkasɛ̃] *nm* mocasín
m
moche [mɔʃ] (*fam*) *adj* feo(-a)
modalité [mɔdalite] *nf* modalidad
f
mode [mɔd] *nf* moda; **à la ~** de
moda ♦ *nm* modo; **~ d'emploi**

instrucciones *fpl*; **~ de paiement**
forma de pago; **~ de vie** modo
de vida
modèle [mɔdɛl] *nm* modelo;
(*qualités*): **un ~ de fidélité/
générosité** un modelo de
fidelidad/generosidad; **~ déposé**
(*COMM*) modelo patentado *ou*
registrado; **~ réduit** modelo
reducido ♦ *adj* modelo; **modeler**
vt modelar
modem [mɔdɛm] *nm*
módem *m*, módem *m*
modéré, e [mɔdeʀe] *adj, nm/f*
moderado(-a)
modérer [mɔdeʀe] *vt* moderar;
se ~ *vpr* moderarse
moderne [mɔdɛʀn] *adj*
moderno(-a) ♦ *nm* (*ART*) arte *m*
moderno; **moderniser** *vt*
modernizar
modeste [mɔdɛst] *adj*
modesto(-a); **modestie** *nf*
modestia
modifier [mɔdifje] *vt* modificar;
se ~ *vpr* modificarse
modique [mɔdik] *adj* módico(-a)
module [mɔdyl] *nm* módulo
moelle [mwal] *nf* médula
moelleux, -euse [mwalø, øz]
adj esponjoso(-a)
mœurs [mœʀ(s)] *nfpl* costumbres
fpl; **~ simples/bohèmes**
costumbres sencillas/bohemias;
passer dans les ~ entrar en las
costumbres; **contraire aux
bonnes ~** contrario a las buenas
costumbres
moi [mwa] *pron* (*sujet*) yo; (*objet
direct/indirect*) me ♦ *nm* (*PSYCH*) yo
m; **c'est ~** soy yo; **c'est ~ qui
l'ai fait** lo hice yo; **c'est ~ que
vous avez appelé?** ¿me ha
llamado a mí?; **apporte-le-~**
tráemelo; **donnez m'en un peu**

deme un poco; **à ~** (*possessif*) mío (mía), míos (mías); **le livre est à ~** ese libro es mío; **avec ~** conmigo; **sans ~** sin mí; **~, je ... ** (*emphatique*) yo, ...; **plus grand que ~** más grande que yo; **moi-même** *pron* yo mismo

moindre [mwɛ̃dʀ] *adj* menor; **le/la ~, les ~s** el/la menor, los/ las menores; **c'est la ~ des choses** es lo mínimo

moine [mwan] *nm* monje *m*, fraile *m*

moineau, x [mwano] *nm* gorrión *m*

___

MOT-CLÉ

moins [mwɛ̃] *adv* **1** (*comparatif*): **moins (que)** menos (que); **il a 3 ans de moins que moi** tiene 3 años menos que yo; **moins intelligent que** menos inteligente que; **moins je travaille, mieux je me porte** cuanto menos trabajo, mejor me encuentro

2 (*superlatif*): **le moins** el (lo) menos; **c'est ce que j'aime le moins** es lo que menos me gusta; **le moins doué** el menos dotado; **pas le moins du monde** en lo más mínimo; **au moins, du moins** por lo menos, al menos

3: **moins de** (*quantité, nombre*) menos; **moins de sable/d'eau** menos arena/agua; **moins de livres/de gens** menos libros/ gente; **moins de 2 ans/100 €** menos de 2 años/100 €

4: **de/en moins**: **100 €/3 jours de moins** 100 €/3 días menos; **3 livres en moins** 3 libros menos; **de l'argent en moins** menos dinero; **le soleil en moins** sin el sol; **de moins**

en moins cada vez menos; **en moins de deux** en un santiamén
5: **moins de/que** *conj* a menos que, a no ser que; **à moins de faire** a no ser que se haga *etc*; **à moins que tu ne fasses** a menos que hagas; **à moins d'un accident** a no ser por un accidente
♦ *prép*: **4 moins 2** 4 menos 2; **il est moins 5** son menos 5; **il fait moins 5** hay cinco grados bajo cero

___

mois [mwa] *nm* mes *msg*

moisi, e [mwazi] *nm* moho; **odeur/goût de ~** olor *m*/gusto a moho; **moisir** *vi* enmohecerse; **moisissure** *nf* moho

moisson [mwasɔ̃] *nf* siega, cosecha; **moissonner** *vt* segar, cosechar; **moissonneuse** *nf* segadora

moite [mwat] *adj* (*peau*) sudoroso(-a); (*atmosphère*) húmedo(-a)

moitié [mwatje] *nf* mitad *f*; **la ~** la mitad; **la ~ du temps/des gens** la mitad del tiempo/de la gente; **~ moins grand** la mitad de grande; **à ~** a medias; **de ~** en la mitad

molaire [mɔlɛʀ] *nf* molar *m*

molester [mɔlɛste] *vt* maltratar

molle [mɔl] *adj f voir* **mou**; **mollement** *adv* débilmente; (*péj*) desganadamente

mollet [mɔlɛ] *nm* pantorrilla

molletonné, e [mɔltɔne] *adj* forrado(-a) de muletón

mollir [mɔliʀ] *vi* flaquear

mollusque [mɔlysk] *nm* (ZOOL) molusco

môme [mom] (*fam*) *nm/f* chiquillo(-a); (*fille*) chavala

moment [mɔmɑ̃] *nm* momento;
ce n'est pas le ~ no es el
mejor momento; **à un certain ~**
en cierto momento; **à un ~
donné** en un momento dado; **au
même ~** en el mismo momento;
pour un bon ~ un buen rato; **en
avoir pour un bon ~** tener para
rato; **pour le ~** por el momento;
au ~ de en el momento de; **au ~
où** en el momento en que; **à
tout ~** a cada momento *ou* rato;
en ce ~ en este momento; **sur
le ~** al principio; **par ~s** por
momentos; **d'un ~ à l'autre** de
un momento a otro; **du ~ que**
siempre que; **momentané, e**
adj momentáneo(-a);
momentanément *adv*
momentáneamente
momie [mɔmi] *nf* momia
mon, ma [mɔ̃, ma] (*pl* **mes**) *dét*
mi; (*pl*) mis
Monaco [mɔnako] *nm*: **la
(principauté de) ~** (el
principado de) Mónaco
monarchie [mɔnaʁʃi] *nf*
monarquía
monastère [mɔnastɛʁ] *nm*
monasterio
mondain, e [mɔ̃dɛ̃, ɛn] *adj*
mundano(-a)
monde [mɔ̃d] *nm* mundo;
beaucoup/peu de ~ mucha/
poca gente; **mettre au ~** dar a
luz; **tout le ~** todo el mundo;
pas le moins du ~ de ninguna
manera; **homme/femme du ~**
hombre *m*/mujer *f* de mundo
mondial, e, -aux [mɔ̃djal, jo]
adj mundial; **mondialement** *adv*
mundialmente; **mondialisation**
nf globalización *f*
monégasque [mɔnegask] *adj*
monegasco(-a) ♦ *nm/f*: **M~**

monegasco(-a)
monétaire [mɔnetɛʁ] *adj*
monetario(-a)
moniteur, -trice [mɔnitœʁ,
tʁis] *nm/f* monitor(a)
monnaie [mɔnɛ] *nf* moneda;
avoir de la ~ (*petites pièces*)
tener cambio; **avoir/faire la ~
de 20 euros** tener cambio de/
cambiar 20 euros; **rendre à qn
la ~ (sur 20 euros)** darle la
vuelta a algn (de 20 euros)
monologue [mɔnɔlɔg] *nm*
monólogo
monopole [mɔnɔpɔl] *nm*
monopolio
monospace [mɔnɔspas] *nm*
monovolumen *m*
monotone, e [mɔnɔtɔn] *adj*
monótono(-a)
Monsieur [məsjø] (*pl*
Messieurs) *nm* (*titre*) señor,
don; **un/le m~** un/el señor; *voir
aussi* **Madame**
monstre [mɔ̃stʁ] *nm* monstruo ♦
adj (*fam*) monstruo *inv*; **un
travail ~** un trabajo monstruo;
monstrueux, -euse *adj*
monstruoso(-a)
mont [mɔ̃] *nm*: **par ~s et par
vaux** por todas partes
montage [mɔ̃taʒ] *nm* montaje *m*
montagnard, e [mɔ̃taɲaʁ, aʁd]
adj, nm/f montañés(-esa)
montagne [mɔ̃taɲ] *nf* montaña;
~s russes montaña *fsg* rusa;
montagneux, -euse *adj*
montañoso(-a)
montant, e [mɔ̃tɑ̃, ɑ̃t] *adj*
ascendente ♦ *nm* importe *m*
monte-charge [mɔ̃tʃaʁʒ] *nm inv*
montacargas *m inv*
montée [mɔ̃te] *nf* subida; (*côte*)
cuesta; **au milieu de la ~** en
medio de la cuesta *ou* de la subida

monter [mɔ̃te] *vi* subir; *(à cheval)*:
~ bien/mal montar bien/mal ♦
vt montar; *(escalier, valise etc)*
subir; *(tente, échafaudage,
machine)* armar; **~ dans un
train/avion/taxi** subir en un
tren/avión/taxi; **~ sur/à un
arbre/une échelle** subir a un
árbol/una escalera; **~ à cheval/
bicyclette** montar a caballo/en
bicicleta; **~ à pied/en voiture**
subir a pie/en coche; **~ à bord**
subir a bordo; **à la tête de qn**
subírsele a la cabeza de algn

montre [mɔ̃tʀ] *nf* reloj *m*; **~ en
main** reloj en mano; **contre la ~**
contra reloj

montrer [mɔ̃tʀe] *vt* mostrar,
enseñar; **~ qch à qn** mostrar algo
a algn; **~ à qn qu'il a tort**
demostrar a algn que está
equivocado; **~ à qn son
affection/amitié** demostrar su
afecto/amistad a algn

monture [mɔ̃tyʀ] *nf (bête)*
montura

monument [mɔnymɑ̃] *nm*
monumento; **~ aux morts**
monumento a los caídos

moquer [mɔke]: **se ~ de** *vt
(mépriser)* importarle a
algn muy poco; **se ~ de qn**
burlarse de algn

moquette [mɔkɛt] *nf* moqueta

moqueur, -euse [mɔkœʀ, øz]
adj burlón(-ona)

moral, e, -aux [mɔʀal, o] *adj,
nm* moral *f*; **avoir le ~ à zéro**
tener la moral por los suelos;

morale *nf* moral *f*; *(d'une fable
etc)* moraleja; **faire la morale à
qn** echarle un sermón a algn;

moralité *nf* moralidad *f*;
(conclusion) moraleja

morceau, x [mɔʀso] *nm* trozo,

pedazo; *(MUS, œuvre littéraire)*
fragmento; *(CULIN: de viande)*
tajada; **couper o déchirer en
~x** cortar en/rasgar en trozos;
mettre en ~x hacer pedazos

morceler [mɔʀsəle] *vt* parcelar

mordant, e [mɔʀdɑ̃, ɑ̃t] *adj
(ironie)* mordaz; *(froid)* cortante

mordiller [mɔʀdije] *vt*
mordisquear

mordre [mɔʀdʀ] *vt* morder ♦ *vi
(poisson)* picar; **~ sur** *(fig)*
sobrepasar; **~ à l'hameçon**
morder el anzuelo

mordu, e [mɔʀdy] *pp de* **mordre**
♦ *nm/f*: **un ~ de voile/de jazz**
un loco de la vela/del jazz

morfondre [mɔʀfɔ̃dʀ]: **se ~** *vpr*
aburrirse esperando

morgue [mɔʀg] *nf* depósito de
cadáveres

morne [mɔʀn] *adj (personne,
regard)* apagado(-a); *(temps)*
desapacible

morose [mɔʀoz] *adj* taciturno(-a)

mors [mɔʀ] *nm* bocado

morse [mɔʀs] *nm (ZOOL)* morsa;
(TÉL) morse *m*

morsure [mɔʀsyʀ] *nf* picadura

mort, e [mɔʀ, mɔʀt] *pp de*
mourir ♦ *adj, nm/f* muerto(-a) ♦
nf muerte *f*; *(fig)* fin *m* ♦ *nm*: **il
y a eu plusieurs ~s** hubo varios
muertos; **~ ou vif** vivo o muerto;
~ de peur/fatigue muerto(-a)
de miedo/cansancio

mortalité [mɔʀtalite] *nf*
mortalidad *f*

mortel, le [mɔʀtɛl] *adj, nm/f*
mortal *m/f*

mort-né, e [mɔʀne] *(pl* **~~s,
es)** *adj* nacido(-a) muerto(-a)

mortuaire [mɔʀtɥeʀ] *adj*:
cérémonie ~ ceremonia
fúnebre; **couronne ~** corona

mortuoria

morue [mɔʀy] *nf* bacalao
mosaïque [mɔzaik] *nf* mosaico
Moscou [mɔsku] *n* Moscú
mosquée [mɔske] *nf* mezquita
mot [mo] *nm* palabra; **mettre/
écrire/recevoir un ~** (*message*)
poner/escribir/recibir unas líneas;
~ à ~ *adj, adv* palabra por
palabra; **~s** después
de/con estas palabras; **en un ~**
en una palabra; **~ pour ~** palabra
por palabra; **~ de passe**
contraseña, santo y seña; **~s
croisés** crucigrama *msg*
motard [mɔtaʀ] *nm* motociclista
m; (*de la policía*) motorista *m*
motel [mɔtɛl] *nm* motel *m*
moteur, -trice [mɔtœʀ, tʀis] *adj*
(*ANAT*) motor(a); (*TECH*) motor
(motriz); (*AUTO*): **à 4 roues
motrices** con 4 ruedas motrices
♦ *nm* motor *m*; **à ~** a motor
motif [mɔtif] *nm* motivo; (*JUR*) alegato; **sans ~** sin motivo
motivation [mɔtivasjɔ̃] *nf*
motivación *f*
motiver [mɔtive] *vt* motivar
moto [mɔto] *nf* moto *f*;
motocycliste *nm/f* motociclista
m/f
motorisé, e [mɔtɔʀize] *adj*
motorizado(-a)
motrice [mɔtʀis] *adj f voir*
moteur
motte [mɔt] *nf*: **~ de terre**
terrón *m*; **~ de beurre** pella de
mantequilla
mou, molle [mu, mɔl] *adj*
blando(-a); (*péj: visage*) insulso(-a);
(: *résistance*) débil ♦ *nm* bofe *m*;
avoir du ~ estar flojo(-a)
mouche [muʃ] *nf* mosca
moucher [muʃe] *vpr* ~ se
sonarse

moucheron [muʃʀɔ̃] *nm* mosca
pequeña
mouchoir [muʃwaʀ] *nm* pañuelo;
~ en papier pañuelo de papel
moudre [mudʀ] *vt* moler
moue [mu] *nf* mueca; **faire la ~**
poner cara de asco
mouette [mwɛt] *nf* gaviota
moufle [mufl] *nf* manopla
mouillé, e [muje] *adj* mojado(-a)
mouiller [muje] *vt* mojar; (*NAUT*)
fondear ♦ *vi* (*NAUT*) fondear; **se ~**
vpr mojarse
moulant, e [mulɑ̃, ɑ̃t] *adj*
ceñido(-a)
moule [mul] *nf* mejillón *m* ♦ *nm*
molde *m*; (*modèle plein*) modelo;
~ à gâteaux molde para pasteles
mouler [mule] *vt* moldear, vaciar;
(*suj: vêtement, bas*) ceñir, ajustar
moulin [mulɛ̃] *nm* molino; **~ à
café/à poivre** molinillo de café/
de pimienta; **~ à légumes**
pasapurés *m inv*; **~ à paroles**
cotorra
moulinet [mulinɛ] *nm* carrete *m*;
**faire des ~s avec un bâton/
les bras** hacer molinetes con un
palo/los brazos
moulinette ® [mulinɛt] *nf*
pequeño pasapurés *m*
moulu, e [muly] *pp de* **moudre**
♦ *adj* molido(-a)
mourant, e [muʀɑ̃, ɑ̃t] *vb voir*
mourir ♦ *adj* moribundo(-a)
mourir [muʀiʀ] *vi* morir(se); **~ de
faim/de froid/d'ennui**
morir(se) de hambre/de frío/de
aburrimiento; **~ d'envie de
faire** morirse de ganas de hacer;
à ~: s'ennuyer à ~ morirse de
aburrimiento
mousse [mus] *nf* (*BOT*) musgo;
(*écume*) espuma; (*CULIN*) mousse *f*;
(*en caoutchouc etc*) gomaespuma;

~ à raser espuma de afeitar; **~ carbonique** espuma de gas carbónico ♦ *nm* grumete *m*

mousseline [muslin] *nf* (TEXTILE) muselina; **pommes ~** (CULIN) puré *m* de patatas

mousser [muse] *vi* espumar, hacer espuma; **mousseux, -euse** *adj* (chocolat) cremoso(-a) ♦ *nm*: **(vin) mousseux** (vino) espumoso

mousson [musɔ̃] *nf* monzón *m*

moustache [mustaʃ] *nf* bigote *m*; **~s** *nfpl* (d'animal) bigotes *mpl*; **moustachu, e** *adj* bigotudo(-a)

moustiquaire [mustikɛʀ] *nf* mosquitero

moustique [mustik] *nm* mosquito

moutarde [mutaʀd] *nf, adj inv* mostaza

mouton [mutɔ̃] *nm* (ZOOL) carnero; (peau) piel *f* de carnero; (CULIN) cordero

mouvement [muvmɑ̃] *nm* movimiento; (geste) gesto; **en ~** en movimiento; **~ révolutionnaire/syndical** movimiento revolucionario/ sindical; **mouvementé, e** *adj* accidentado(-a); (agité) agitado(-a)

mouvoir [muvwaʀ] mover; **se ~** *vpr* moverse

moyen, ne [mwajɛ̃, jɛn] *adj* medio(-a); (élève, résultat) regular ♦ *nm* medio; **~s** *nmpl* (capacités) medios *mpl*; **au ~ de** por medio de; **par tous les ~s** por todos los medios; **par ses propres ~s** por sus propios medios; **M~ Âge** Edad *f* Media; **~ d'expression** forma de expresión

moyennant [mwajɛnɑ̃] *prép* al precio de; **~ quoi** mediante lo cual

moyenne [mwajɛn] *nf* media, promedio; (MATH, STATISTIQUE) media; (SCOL) nota media; **en ~** por término medio; **~ d'âge** edad *f* media

Moyen-Orient [mwajɛnɔʀjɑ̃] *nm* Medio Oriente *m*

moyeu, x [mwajø] *nm* cubo

MST [ɛmɛste] *sigle f* (= maladie sexuellement transmissible)

mû, mue [my] *pp de* **mouvoir**

muer [mɥe] *vi* mudar; (jeune garçon): **il mue** está mudando la voz; **se ~** *vpr*: **se ~ en** convertirse en

muet, te [mɥɛ, mɥɛt] *adj, nm/f* mudo(-a); (fig): **~ d'admiration/d'étonnement** mudo(-a) de admiración/de extrañeza

mufle [myfl] *nm* hocico; (goujat) patán *m*

mugir [myʒiʀ] *vi* mugir; (sirène) sonar

muguet [mygɛ] *nm* muguete *m*, lirio del valle

mule [myl] *nf* mula; **~s** *nfpl* (pantoufles) chinelas *fpl*

mulet [mylɛ] *nm* mulo

multinationale [myltinasjɔnal] *nf* multinacional *f*

multiple [myltipl] *adj* múltiple ♦ *nm* múltiplo; **multiplication** *nf* multiplicación *f*; **multiplier** *vt* multiplicar; **se multiplier** *vpr* multiplicarse

municipal, e, -aux [mynisipal, o] *adj* municipal; **municipalité** *nf* municipalidad *f*, ayuntamiento

munir [myniʀ] *vt*: **~ qn de** proveer a algn de; **~ qch de** dotar algo de

munitions [mynisjɔ̃] *nfpl* municiones *fpl*

mur [myʀ] *nm* muro; (cloison)

pared f; ~
d'incompréhension/de haine
(obstacle) muro de
incomprensión de odio; ~ **du
son** barrera del sonido
mûr, e [myʀ] adj maduro(-a)
muraille [myʀɑj] nf muralla
mural, e, -aux [myʀal, o] adj
mural
mûre [myʀ] nf (de la ronce)
zarzamora
muret [myʀɛ] nm muro bajo
mûrir [myʀiʀ] vt, vi madurar
murmure [myʀmyʀ] nm
murmullo; ~ **d'approbation/
d'admiration/de protestation**
murmullo de aprobación/de
admiración/de protesta;
murmurer vi murmurar
muscade [myskad] nf: **noix de
~** nuez f moscada
muscat [myska] nm uva moscatel
muscle [myskl] nm músculo;
musclé, e adj musculoso(-a);
(fig: politique, régime) duro(-a)
museau, x [myzo] nm hocico
musée [myze] nm museo
museler [myz(ə)le] vt poner un
bozal a; **muselière** nf bozal m
musette [myzɛt] adj inv:
orchestre/valse ~ orquesta/
vals msg popular
musical, e, -aux [myzikal, o]
adj musical
music-hall [myzikol] (pl **~-~s**)
nm music-hall m
musicien, ne [myzisjɛ̃, jɛn] adj
músico(-a)
musique [myzik] nf música; ~ **de
chambre/de fond** música de
cámara/de fondo
musulman, e [myzylmɑ̃, an] adj,
nm/f musulmán(-ana)
mutation [mytasjɔ̃] nf (ADMIN)
traslado; (BIOL) mutación f

muter [myte] vt (ADMIN) trasladar
mutilé, e [mytile] nm/f
mutilado(-a)
mutiler [mytile] vt mutilar
mutin, e [mytɛ̃, in] adj (enfant)
travieso(-a); (air, ton) pícaro(-a) ♦
nm/f (MIL) amotinado(-a);
mutinerie nf motín m
mutisme [mytism] nm mutismo
mutuel, le [mytɥɛl] adj
mutuo(-a); **mutuelle** nf
mutualidad f, mutua
myope [mjɔp] adj miope
m/f
myosotis [mjɔzɔtis] nm
nomeolvides m inv
myrtille [miʀtij] nf arándano
mystère [mistɛʀ] nm misterio;
mystérieux, -euse adj
misterioso(-a)
mystifier [mistifje] vt mistificar
mythe [mit] nm mito
mythologie [mitɔlɔʒi] nf
mitología

N, n

n' [n] adv voir **ne**
nacre [nakʀ] nf nácar m
nage [naʒ] nf natación f;
traverser/s'éloigner à la ~
atravesar/alejarse a nado; **en ~**
bañado(-a) en sudor; **nageoire**
nf aleta; **nager** vi nadar;
nageur, euse nm/f nadador(-a)
naïf, -ïve [naif, naiv] adj
ingenuo(-a)
nain, e [nɛ̃, nɛn] adj, nm/f
enano(-a)
naissance [nɛsɑ̃s] nf nacimiento;
donner ~ à (enfant) dar a luz a;
(fig) originar; **lieu de ~** lugar de
nacimiento
naître [nɛtʀ] vi nacer; **il est né**

en 1960 ha nacido en 1960
naïve [naiv] adj voir **naïf**
naïveté [naivte] nf ingenuidad f
nana [nana] (fam) nf chica
nappe [nap] nf mantel m;
napperon [napʀɔ̃] nm tapete m
naquit etc [naki] vb voir **naître**
narguer [naʀge] vt provocar
narine [naʀin] nf ventana (de la
nariz)
natal, e [natal] adj natal;
natalité nf natalidad f
natation [natasjɔ̃] nf natación f
natif, -ive [natif, iv] adj
nativo(-a)
nation [nasjɔ̃] nf nación f
national, e, -aux [nasjɔnal, o]
adj nacional; **nationaux** nmpl
nacionales mpl; **nationale** nf:
(**route**) **nationale** (carretera)
nacional f; **nationaliser** vt
nacionalizar; **nationalisme** nm
nacionalismo; **nationalité** nf
nacionalidad f
natte [nat] nf (tapis) estera;
(cheveux) coleta
naturaliser [natyʀalize] vt
naturalizar
nature [natyʀ] nf naturaleza; f
(tempérament) temperamento;
payer en ~ pagar en especie; ~
morte naturaleza muerta,
bodegón m; **naturel, le** adj
natural; **naturellement** adv
naturalmente
naufrage [nofʀaʒ] nm naufragio; f
(fig) ruina
nausée [noze] nf náusea, asco
nautique [notik] adj náutico(-a)
naval, e [naval] adj naval
navet [navɛ] nm nabo; (péj: film)
tostón m
navette [navɛt] nf lanzadera; (en
car etc) recorrido; **faire la ~
(entre)** ir y venir (entre)

navigateur [navigatœʀ] nm
navegante m/f
navigation [navigasjɔ̃] nf
navegación f
naviguer [navige] vi navegar
navire [naviʀ] nm buque m
navrer [navʀe] vt afligir; **je suis
navré** lo siento en el alma; **je
suis navré que** siento
muchísimo que
ne [n(ə)] adv no; **je ~ le veux
pas** no lo quiero; **je crains
qu'il ~ vienne** temo que venga;
je ~ veux que ton bonheur
sólo quiero tu felicidad; voir
jamais; pas; plus
né, e [ne] pp de **naître**; ~ **en
1960** nacido(-a) en 1960; ~**e
Dupont** de soltera Dupont
néanmoins [neɑ̃mwɛ̃] adv no
obstante
néant [neɑ̃] nm nada; **réduire à
~** reducir a la nada
nécessaire [neseseʀ] adj
necesario(-a) ♦ nm: **faire le ~**
hacer lo necesario; **nécessité** nf
necesidad f; **nécessiter** vt
necesitar
nectar [nɛktaʀ] nm néctar m
néerlandais, e [neeʀlɑ̃dɛ, ɛz]
adj neerlandés(-esa) ♦ nm (LING)
neerlandés m ♦ nm/f: **N~, e**
neerlandés(-esa)
nef [nɛf] nf nave f
néfaste [nefast] adj nefasto(-a)
négatif, -ive [negatif, iv] adj
negativo(-a) ♦ nm (PHOTO)
negativo
négligé, e [negliʒe] adj
descuidado(-a)
négligeable [negliʒabl] adj
despreciable
négligent, e [negliʒɑ̃, ɑ̃t] adj
(personne) descuidado(-a); (geste,
attitude) negligente

négliger [neɡliʒe] vt descuidar; (avis, précautions) ignorar, no hacer caso; **~ de faire qch** olvidarse de hacer algo

négociant, e [neɡɔsjɑ̃, jɑ̃t] nm/f negociante m/f

négociation [neɡɔsjasjɔ̃] nf negociación f

négocier [neɡɔsje] vt negociar

nègre [nɛɡʀ] (péj) nm (aussi écrivain) negro

neige [nɛʒ] nf nieve f; **battre les œufs en ~** (CULIN) batir los huevos a punto de nieve; **neiger** vi nevar

nénuphar [nenyfaʀ] nm nenúfar m

néon [neɔ̃] nm neón m

néo-zélandais, e [neozelɑ̃dɛ, ɛz] (pl ~~, es) adj neocelandés(-esa) ♦ nm/f: **N~~, e** neocelandés(-esa)

nerf [nɛʀ] nm nervio; **~s** nmpl nervios mpl; **être à bout de ~s** estar al borde de un ataque de nervios; **nerveux, -euse** adj nervioso(-a); **nervosité** nf nerviosismo

n'est-ce pas [nɛspa] adv: **"c'est bon, ~~ ?"** "está bueno, ¿ verdad?"

Net [nɛt] nm (fam): **le ~** Internet m o f, la Red; **surfer sur le ~** navegar por Internet

net, nette [nɛt] adj (évident, sans équivoque) claro; (distinct, propre, sans tache) limpio(-a); (photo, film) nítido(-a); (COMM) neto(-a) ♦ adv: **s'arrêter ~** pararse en seco ♦ nm: **mettre au ~** poner en limpio; **nettement** adv claramente; **nettement mieux/meilleur** mucho mejor; **netteté** nf (v adj) limpieza; nitidez f

nettoyage [nɛtwajaʒ] nm limpieza; **~ à sec** limpieza en seco

nettoyer [nɛtwaje] vt limpiar

neuf¹ [nœf] adj inv, nm inv nueve m inv; voir aussi **cinq**

neuf², neuve [nœf, nœv] adj nuevo(-a) ♦ nm **remettre à ~** dejar como nuevo; **quoi de ~?** ¿qué hay de nuevo?

neutre [nøtʀ] adj neutro(-a); (POL) neutral ♦ nm neutro

neuve [nœv] adj voir **neuf²**

neuvième [nœvjɛm] adj, nm/f noveno(-a) ♦ nm (partitif) noveno; voir aussi **cinquième**

neveu, x [n(ə)vø] nm sobrino

nez [ne] nm nariz f; **avoir du ~** tener olfato; **~ à ~ avec** cara a cara con; **à vue de ~** a ojo de buen cubero

ni [ni] conj: **l'un ~ l'autre ne sont ...** ni uno ni otro son ...; **il n'a rien vu ~ entendu** no ha visto ni oído nada

niche [niʃ] nf (du chien) perrera; (dans un mur) hornacina, nicho; **nicher** vi anidar

nid [ni] nm nido

nièce [njɛs] nf sobrina

nier [nje] vt negar

Nil [nil] nm: **le ~** el Nilo

n'importe [nɛ̃pɔʀt] adv: **~ qui** cualquiera; **~ quoi** cualquier cosa; **~ où** a ou en cualquier sitio; **lequel/laquelle d'entre nous** cualquiera de nosotros(-as); **~ quel/quelle** cualquier/cualquiera; **~ quand** en cualquier momento; **~ comment** de cualquier manera

niveau, x [nivo] nm nivel m; **au ~ de** a nivel de; **le ~ de la mer** el nivel del mar; **~ de vie** (ÉCON) nivel de vida

niveler [niv(ə)le] vt nivelar

noble [nɔbl] *adj, nm/f* noble *m/f*; **noblesse** *nf* nobleza

noce [nɔs] *nf* boda; **faire la ~** (*fam*) ir de juerga

nocif, -ive [nɔsif, iv] *adj* nocivo(-a)

nocturne [nɔktyrn] *adj* nocturno(-a)

Noël [nɔel] *nm* Navidad *f*

nœud [nø] *nm* nudo; lazo; (*ruban*) lazo; (*fig*: *liens*) vínculo; **~ papillon** pajarita

noir, e [nwar] *adj* negro(-a); (*obscur, sombre*) oscuro(-a); (*roman*) policíaco(-a) ♦ *nm/f* (*personne*) negro(-a) ♦ *nm* negro; (*obscurité*) oscuridad *f*: **au ~** ilegalmente; **il fait ~** está oscuro; **noircir** *vi* ennegrecer ♦ *vt* ensombrecer; **noire** *nf* (*MUS*) negra

noisette [nwazet] *nf* avellana

noix [nwa] *nf* nuez *f*; (*CULIN*): **une ~ de beurre** una nuez de mantequilla; **~ de coco** coco; **~ muscade** nuez moscada

nom [nɔ̃] *nm* nombre *m*; **~ de famille** apellido; **~ de jeune fille** apellido de soltera

nomade [nɔmad] *adj, nm/f* nómada *m/f*

nombre [nɔ̃br] *nm* número; **venir en ~** venir muchos; **ils sont au ~ de 3** son 3; **nombreux, -euse** *adj* (*avec nom pl*) numerosos(-as); **un public nombreux** mucho público; **peu nombreux** poco numeroso(-a)

nombril [nɔ̃bri(l)] *nm* ombligo

nommer [nɔme] *vt* nombrar; (*baptiser*) llamar; **se ~** *vpr*: **il se nomme Jean** se llama Jean

non [nɔ̃] *adv* no; **~ (pas) que ...** no porque ...; **~ plus: moi ~**

plus yo tampoco; **~ seulement** no sólo

non alcoolisé, e [nɔ̃alkɔɔlize] *adj* sin alcohol

nonante [nɔnɑ̃t] *adj, nm* (*Belgique, Suisse*) noventa

nonchalant, e [nɔ̃ʃalɑ̃, ɑ̃t] *adj* indolente

non-fumeur, -euse [nɔ̃fymœr, øz] (*pl* ~~~s, euses) *nm/f* no fumador(a)

non-sens [nɔ̃sɑ̃s] *nm* disparate *m*

nord [nɔr] *nm* norte *m*; (*région*): **le N~** el Norte ♦ *adj inv* norte; **au ~** (*situation*) al norte; (*direction*) hacia el norte; **au ~ de** al norte de; **nord-est** *nm inv* nordeste *m*; **nord-ouest** *nm inv* noroeste *m*

normal, e, -aux [nɔrmal, o] *adj* normal; **normale** *nf*: **la normale** la normalidad; **normalement** *adv* normalmente

normand, e [nɔrmɑ̃, ɑ̃d] *adj* normando(-a) ♦ *nm/f*: **N~,** normando(-a)

Normandie [nɔrmɑ̃di] *nf* Normandía

norme [nɔrm] *nf* norma

Norvège [nɔrvɛʒ] *nf* Noruega; **norvégien, ne** *adj* noruego(-a) ♦ *nm* (*LING*) noruego ♦ *nm/f*: **Norvégien, ne** noruego(-a)

nos [no] *dét voir* **notre**

nostalgie [nɔstalʒi] *nf* nostalgia; **nostalgique** *adj* nostálgico(-a)

notable [nɔtabl] *adj, nm* notable *m/f*

notaire [nɔter] *nm* notario

notamment [nɔtamɑ̃] *adv* particularmente, especialmente

note [nɔt] *nf* nota; (*facture*) cuenta; **~ de service** nota de servicio

noter [nɔte] *vt* (*écrire*) anotar,

apuntar; *(remarquer)* señalar, notar
notice [nɔtis] *nf* nota; *(brochure)*:
~ **explicative** folleto explicativo
notifier [nɔtifje] *vt*: ~ **qch à qn**
notificar algo a algn
notion [nɔsjɔ̃] *nf* noción *f*
notoire [nɔtwaʀ] *adj* notorio(-a)
notre [nɔtʀ] *dét* nuestro(-a)
nôtre, nos [notʀ, nos] ♦ *pron*: **le** ~
el *ou* lo nuestro; **la** ~ la nuestra; **les** ~s
los (las) nuestros(-as); **soyez des**
~s únase a nosotros
nouer [nwe] *vt* anudar, atar; *(fig:
amitié)* trabar; (: *alliance)* formar
noueux, -euse [nwø, øz] *adj*
nudoso(-a)
nourrice [nuʀis] *nf* nodriza
nourrir [nuʀiʀ] *vt* alimentar; *(fig:
espoir)* mantener; (: *haine)*
guardar; **logé, nourri**
alojamiento y comida;
nourrissant, e *adj*
alimenticio(-a); **nourriture** *nf*
alimento, comida
nous [nu] *pron* nosotros(-as);
(objet direct, indirect) nos; **c'est** ~
qui l'avons fait lo hicimos
nosotros; ~ **les Marseillais**
nosotros los marselleses; **il** ~ **le**
dit nos lo dice; **il** ~ **en a parlé**
nos habló de eso; **à** ~ *(possession)*
nuestro(-a), nuestros(-as); **ce**
livre est à ~ ese libro es nuestro;
avec/sans ~ con/sin nosotros;
plus riche que ~ más rico que
nosotros; ~ **mêmes** nosotros(-as)
mismos(-as)
nouveau (nouvel), -elle,
-aux [nuvo, nuvɛl] *adj* nuevo(-a)
♦ *nm/f* nuevo(-a), novato(-a); **de**
~, **à** ~ de nuevo, otra vez;
Nouvel An año nuevo;
nouveau venu recién llegado;
nouvelle venue recién llegada;

nouveau-né, e *(pl* **nouveau-**
nés, es) *adj, nm/f* recién
nacido(-a); **nouveauté** *nf*
novedad *f*
nouvel [nuvɛl] *adj m voir*
nouveau
nouvelle [nuvɛl] *adj f voir*
nouveau ♦ *nf* noticia; *(LITT)*
cuento; **Nouvelle-Calédonie**
nf Nueva Caledonia;
nouvellement *adv (arrivé etc)*
recién; **Nouvelle-Zélande** *nf*
Nueva Zelanda, Nueva Zelandia
(AM)
novembre [nɔvɑ̃bʀ] *nm*
noviembre *m*; *voir aussi* **juillet**
noyade [nwajad] *nf* ahogamiento
noyau, x [nwajo] *nm* núcleo, *(de
fruit)* hueso
noyer [nwaje] *nm* nogal *m* ♦ *vt*
ahogar; *(fig: submerger)* sumergir;
se ~ *vpr* ahogarse
nu, e [ny] *adj* desnudo(-a) ♦ *nm*
(ART) desnudo; **mettre à** ~
desnudar
nuage [nɥaʒ] *nm* nube *f*;
nuageux, -euse *adj*
nuboso(-a), nublado(-a)
nuance [nɥɑ̃s] *nf* matiz *m*; **il y a**
une ~ **(entre ...)** hay una leve
diferencia (entre ...); **nuancer** *vt*
matizar
nucléaire [nykleɛʀ] *adj* nuclear
nudiste [nydist] *nm/f* nudista *m/f*
nuée [nɥe] *nf*: **une** ~ **de** una
nube de
nuire [nɥiʀ] *vi* perjudicar; ~ **à**
qn/qch ser perjudicial para algn/
algo; **nuisible** *adj* perjudicial;
animal nuisible animal dañino
nuit [nɥi] *nf* noche *f*; **il fait** ~ es
de noche; **cette** ~ esta noche; **de**
~ por la noche; **blanche**
noche en blanco *ou* en vela
nul, nulle [nyl] *adj (aucun)*

ninguno(-a); (non valable, péj)
nulo(-a) ♦ pron nadie; **match ~**
(SPORT) empate m; **~ le part** en
ningún sitio; (aller etc) a ningún sitio;
nullement adv de ningún modo
numérique [nymerik] adj
numérico(-a); (appareil photo)
digital
numéro [nymero] nm número; **~
de téléphone** número de
teléfono; **~ vert** número verde;
numéroter vt numerar
nuque [nyk] nf nuca
nu-tête [nytɛt] adj inv cabeza
descubierta
nutritif, -ive [nytritif, iv] adj
nutritivo(-a)
nylon [nilɔ̃] nm nylon m

O, o

oasis [ɔazis] nf ou m oasis m inv
obéir [ɔbeiʀ] vi obedecer; **~ à**
obedecer a; (loi) acatar;
obéissance nf obediencia;
obéissant, e adj obediente
obèse [ɔbɛz] adj obeso(-a);
obésité nf obesidad f
objecter [ɔbʒɛkte] vt (prétexter)
pretextar; **objecteur** nm:
objecteur de conscience
objetor m de conciencia
objectif, -ive [ɔbʒɛktif, iv] adj
objetivo(-a) ♦ nm objetivo
objection [ɔbʒɛksjɔ̃] nf objeción f;
objectivité nf objetividad f
objet [ɔbʒɛ] nm objeto; **être** ou
faire l'~ de ser objeto de;
(bureau des) ~s trouvés
(oficina del) objetos perdidos; **~
d'art** objeto de arte
obligation [ɔbligasjɔ̃] nf
obligación f; (gén pl: devoir)
compromisos mpl; **obligatoire**

adj obligatorio(-a);
obligatoirement adv
(nécessairement) obligatoriamente;
(fatalement) a la fuerza
obligé, e [ɔbliʒe] adj obligado(-a)
obliger [ɔbliʒe] vt obligar
oblique [ɔblik] adj oblicuo(-a)
oblitérer [ɔblitere] vt matar
obnubiler [ɔbnybile] vt
obsesionar
obscène [ɔpsɛn] adj obsceno(-a)
obscur, e [ɔpskyʀ] adj
oscuro(-a); **obscurité** nf
oscuridad f; **dans l'obscurité**
en la oscuridad
obsédé, e [ɔpsede] nm/f: **un ~
de** un obseso de; **~ sexuel**
obseso sexual
obséder [ɔpsede] vt obsesionar
obsèques [ɔpsɛk] nfpl exequias fpl
observateur, -trice
[ɔpsɛʀvatœʀ, tʀis] adj, nm/f
observador(a)
observation [ɔpsɛʀvasjɔ̃] nf
observación f; (d'un règlement etc)
cumplimiento; **faire une ~ à qn**
(reproche) criticarle a algn; **en ~**
(MÉD) en observación
observatoire [ɔpsɛʀvatwaʀ] nm
observatorio
observer [ɔpsɛʀve] vt observar;
(remarquer) notar; **faire ~ qch à
qn** hacer ver algo a algn
obsession [ɔpsesjɔ̃] nf obsesión f
obstacle [ɔpstakl] nm obstáculo
obstiné, e [ɔpstine] adj
(caractère) obstinado(-a); (effort)
tenaz
obstiner [ɔpstine]: **s'~** vpr
obstinarse; **s'~ à faire qch**
empeñarse en hacer algo; **s'~
sur qch** obcecarse con algo
obstruer [ɔpstʀye] vt obstruir
obtenir [ɔptəniʀ] vt conseguir,
obtener; **~ de pouvoir faire**

qch conseguir poder hacer algo; **~ de qn qu'il fasse** conseguir que algn haga

obturateur [ɔptyratœr] nm (PHOTO) obturador m

obus [ɔby] nm obús msg

occasion [ɔkazjɔ̃] nf ocasión f, oportunidad f, chance m ou f (AM); (acquisition avantageuse) ganga; (circonstance) ocasión; **à plusieurs ~s** en varias ocasiones; **être l'~ de** ser el momento para; **à l'~ de** con motivo de; **d'~** de segunda mano, de ocasión; (fortuit) ocasional; (non régulier) eventual

occasionner [ɔkazjɔne] vt ocasionar, causar

occident [ɔksidɑ̃] nm (POL): **l'O~** Occidente m

occidental, e, -aux [ɔksidɑ̃tal, o] adj occidental

occupation [ɔkypasjɔ̃] nf ocupación f

occupé, e [ɔkype] adj ocupado(-a); (ligne téléphonique) comunicando

occuper [ɔkype] vt ocupar; **s'~** vpr ocuparse; **s'~ de** (être responsable de) encargarse de; (clients etc) ocuparse de

occurrence [ɔkyrɑ̃s] nf: **en l'~** en este caso

océan [ɔseɑ̃] nm océano

octet [ɔktɛ] nm (INFORM) byte m, octeto

octobre [ɔktɔbr] nm octubre m; voir aussi juillet

oculiste [ɔkylist] nm/f oculista m/f

odeur [ɔdœr] nf olor m

odieux, -euse [ɔdjø, jøz] adj abominable

odorant, e [ɔdɔrɑ̃, ɑ̃t] adj oloroso(-a)

odorat [ɔdɔra] nm olfato

œil [œj] (pl **yeux**) nm ojo; **à l'~** (fam) por la cara; **à l'~ nu** a simple vista; **avoir l'~** estar ojo avizor; **avoir l'~ sur qn** no quitar ojo a algn; **voir qch d'un bon/mauvais ~** ver algo con buenos/malos ojos; **à mes/ses yeux** para mí/él; **de ses propres yeux** con sus propios ojos; **fermer les yeux (sur)** (fig) hacer la vista gorda (a); **ne pas pouvoir fermer l'~** no pegar ojo; **les yeux fermés** a ciegas

œillères [œjɛr] nfpl anteojeras fpl; **avoir des ~** (fig: péj) ser de miras muy estrechas

œillet [œjɛ] nm (BOT) clavel m; (trou, bordure rigide) ojete m

œuf [œf] nm huevo, blanquillo (MEX); **étouffer qch dans l'~** cortar algo de raíz; **~ à la coque/au plat/dur** huevo cocido/al plato/duro; **~ de Pâques** huevo de Pascua; **~ mollet** huevo pasado por agua; **~ poché** huevo escalfado; **~s brouillés** huevos mpl revueltos

œuvre [œvr] nf trabajo; (art) obra; (organisation charitable) obra benéfica ♦ nm (d'un artiste) obra; (CONSTR): **le gros ~** el armazón; **être/se mettre à l'~** estar/ponerse manos a la obra; **mettre en ~** poner en práctica

offense [ɔfɑ̃s] nf ofensa, agravio; **offenser** vt ofender

offert, e [ɔfɛr, ɛrt] pp de **offrir**

office [ɔfis] nm (charge) cargo; (bureau, agence) oficina; (messe) oficio; **d'~** automáticamente; **~ du tourisme** oficina de turismo

officiel, le [ɔfisjɛl] adj oficial

officier [ɔfisje] *nm* oficial *m/f* ♦ *vi* (REL) oficiar; **~ de l'état-civil** teniente *m* (alcalde)

officieux, -euse [ɔfisjø, jøz] *adj* oficioso(-a)

offrande [ɔfʀãd] *nf* regalo

offre [ɔfʀ] *vb voir* **offrir** ♦ *nf* oferta; (ADMIN: *soumission*) licitación *f*; **"~s d'emploi"** "ofertas *fpl* de empleo"; **~ publique d'achat** oferta pública de compra

offrir [ɔfʀiʀ] *vt* regalar, ofrecer; **s'~** *vpr* (*vacances*) tomarse; (*voiture*) regalarse; **~ (à qn) de faire qch** proponer (a algn) hacer algo; **~ à boire à qn** ofrecer de beber a algn

OGM *sigle m* (= *organisme génétiquement modifié*) OMG *m* (= *organismo modificado genéticamente*)

oie [wa] *nf* ganso, oca

oignon [ɔɲ5] *nm* cebolla; (*de tulipe etc*) bulbo

oiseau, x [wazo] *nm* ave *f*, pájaro; **~ de proie** ave de rapiña

oisif, -ive [wazif, iv] *adj* ocioso(-a) ♦ *nm/f* (*péj*) holgazán(-ana)

oléoduc [ɔleɔdyk] *nm* oleoducto

olive [ɔliv] *nf* aceituna, oliva; **olivier** *nm* olivo

OLP [ɔɛlpe] *sigle f* (= *Organisation de libération de la Palestine*) OLP *f* (= *Organización para la Liberación de Palestina*)

olympique [ɔlɛ̃pik] *adj* olímpico(-a)

ombragé, e [5bʀaʒe] *adj* (*coin*) con sombra; (*colline*) umbrío(-a)

ombre [5bʀ] *nf* sombra; **il n'y a pas l'~ d'un doute** no hay la menor sombra de duda; **donner/faire de l'~** dar/hacer

sombra; **dans l'~** en la sombra; **~ à paupières** sombra de ojos

omelette [ɔmlɛt] *nf* tortilla

omettre [ɔmɛtʀ] *vt* omitir

omoplate [ɔmɔplat] *nf* omóplato, omoplato

MOT-CLÉ

---

on [5] *pron* **1** (*indéterminé*): **on peut le faire ainsi** se puede hacer así; **on frappe à la porte** llaman a la puerta

2 (*quelqu'un*): **on les a attaqués** les atacaron; **on vous demande au téléphone** le llaman por teléfono

3 (*nous*) nosotros(-as); **on va y aller demain** vamos a ir (allí) mañana

4 (*les gens*): **autrefois, on croyait ...** antes, se creía ...; **on dit que ...** dicen que ..., se dice que ...

5: on ne peut plus *adv*: **il est on ne peut plus stupide** no puede ser más estúpido

---

oncle [5kl] *nm* tío

onctueux, -euse [5ktɥø, øz] *adj* cremoso(-a)

onde [5d] *nf* onda; **sur les ~s** en antena; **~s courtes** onda *fsg* corta

ondée [5de] *nf* chaparrón *m*

on-dit [5di] *nm inv* rumor *m*

onduler [5dyle] *vi* ondular; (*route*) serpentear

onéreux, -euse [ɔneʀø, øz] *adj* oneroso(-a)

ongle [5gl] *nm* uña

ont [5] *vb voir* **avoir**

ONU [ɔny] *sigle f* (= *Organisation des Nations unies*) ONU *f* (= *Organización de las Naciones Unidas*)

onze ['ɔz] *adj inv, nm inv* once *m inv; voir aussi* **cinq**; **onzième** *adj, nm/f* undécimo(-a) ♦ *nm (partitif)* onceavo *m; voir aussi* **cinquième**

OPA [ɔpea] *sigle f (= offre publique d'achat)* OPA *f (= Oferta Pública de Adquisición)*

opaque [ɔpak] *adj* opaco(-a)

opéra [ɔpera] *nm* ópera

opérateur, -trice [ɔperatœr, tris] *nm/f* operador(a)

opération [ɔperasjɔ̃] *nf* operación *f*

opératoire [ɔperatwar] *adj* operatorio(-a)

opérer [ɔpere] *vt* operar; *(faire, exécuter)* realizar ♦ *vi (agir)* hacer efecto; *(MÉD)* operar; **s'~** *vpr* realizarse; **se faire ~** operarse

opérette [ɔperet] *nf* opereta

opiner [ɔpine] *vi:* **~ de la tête** asentir con la cabeza

opinion [ɔpinjɔ̃] *nf* opinión *f;* **~s** convicciones *fpl*, ideas *fpl;* **l'~ (publique)** la opinión pública

opportun, e [ɔpɔrtœ̃, yn] *adj* oportuno(-a); **opportuniste** *adj, nm/f* oportunista *m/f*

opposant, e [ɔpozɑ̃, ɑ̃t] *adj, nm/f* opositor(a)

opposé, e [ɔpoze] *adj* opuesto(-a) ♦ *nm:* **l'~ (contraire)** lo opuesto; **être ~ à** ser opuesto a; **à l'~ (direction)** en dirección contraria; **à l'~ de** al otro lado de; *(contrairement à)* al contrario de

opposer [ɔpoze] *vt (personnes etc)* enfrentar; *(suj: conflit)* dividir; **s'~** *vpr* oponerse; **s'~ à** oponerse a; *(tenir tête)* enfrentarse a

opposition [ɔpozisjɔ̃] *nf* oposición *f;* **par ~ à** a diferencia de; **être en ~ avec** estar en

contra de; **faire ~ à un chèque** bloquear un cheque

oppressant, e [ɔpresɑ̃, ɑ̃t] *adj* agobiante

oppresser [ɔprese] *vt (chaleur)* agobiar; **oppression** *nf* opresión *f*

opprimer [ɔprime] *vt* oprimir

opter [ɔpte] *vi:* **~ pour/entre** optar por/entre

opticien, ne [ɔptisjɛ̃, jɛn] *nm/f* óptico(-a)

optimisme [ɔptimism] *nm* optimismo; **optimiste** *adj, nm/f* optimista *m/f*

option [ɔpsjɔ̃] *nf* opción *f*

optique [ɔptik] *adj* óptico(-a) ♦ *nf* óptica; *(fig)* enfoque *m*

or [ɔr] *nm* oro ♦ *conj* ahora bien; **en ~** de oro

orage [ɔraʒ] *nm* tormenta; **orageux, -euse** *adj* tormentoso(-a)

oral, e, -aux [ɔral, o] *adj* oral; **par voie ~e** *(MÉD)* por vía oral

orange [ɔrɑ̃ʒ] *nf* naranja ♦ *adj inv* naranja *inv* ♦ *nm (couleur)* naranja *m;* **orangé, e** *adj* anaranjado(-a), naranja *inv;* **orangeade** *nf* naranjada; **oranger** *nm* naranjo

orateur [ɔratœr] *nm* orador(a)

orbite [ɔrbit] *nf (ANAT, PHYS)* órbita

orchestre [ɔrkestr] *nm* orquesta; *(de jazz, danse)* orquesta, grupo; *(THÉÂTRE, CINÉ: places)* patio de butacas

orchidée [ɔrkide] *nf* orquídea

ordinaire [ɔrdinɛr] *adj* ordinario(-a) ♦ *nm (menus):* **l'~** lo corriente ♦ *nf (essence)* normal *f;* **d'~** por lo general, corrientemente; **à l'~** de costumbre

ordinateur [ɔrdinatœr] *nm* ordenador *m*

ordonnance [ɔʀdɔnɑ̃s] nf (MÉD) receta, prescripción f

ordonné, e [ɔʀdɔne] adj ordenado(-a)

ordonner [ɔʀdɔne] vt ordenar; (MÉD) recetar, prescribir; **~ à qn de faire** ordenar ou mandar a algn que haga

ordre [ɔʀdʀ] nm orden m; **~s** nmpl (REL): **être/entrer dans les ~s** pertenecer/entrar en las órdenes; **mettre en ~** poner en orden; **avoir de l'~** tener orden, ser ordenado(-a); **rentrer dans l'~** volver a la normalidad; **être aux ~s de qn/sous les ~s de qn** estar a las órdenes de algn; **jusqu'à nouvel ~** hasta nuevo aviso; **payer à l'~ de** (COMM) pagar a la orden de; **dans le même ~/un autre ~ d'idées** en el mismo orden/en otro orden de cosas; **~ du jour** orden del día; **~ public** orden público

ordure [ɔʀdyʀ] nf basura; **~s ménagères** basura

oreille [ɔʀɛj] nf oreja; **avoir de l'~** tener oído

oreiller [ɔʀeje] nm almohada

oreillons [ɔʀejɔ̃] nmpl paperas fpl

ores [ɔʀ]: **d'~ et déjà** adv desde ahora, de aquí en adelante

orfèvrerie [ɔʀfɛvʀəʀi] nf orfebrería

organe [ɔʀgan] nm órgano

organigramme [ɔʀganigʀam] nm organigrama m

organique [ɔʀganik] adj orgánico(-a)

organisateur, -trice [ɔʀganizatœʀ, tʀis] nm/f organizador(a)

organisation [ɔʀganizasjɔ̃] nf organización f; **O~ des Nations unies** Organización de Naciones Unidas

organiser [ɔʀganize] vt organizar; **s'~** vpr (personne) organizarse

organisme [ɔʀganism] nm organismo

organiste [ɔʀganist] nm/f organista m/f

orgasme [ɔʀgasm] nm orgasmo

orge [ɔʀʒ] nf cebada

orgue [ɔʀg] nm (MUS) órgano

orgueil [ɔʀgœj] nm orgullo, soberbia; **orgueilleux, -euse** adj orgulloso(-a)

oriental, e, -aux [ɔʀjɑ̃tal, o] adj oriental

orientation [ɔʀjɑ̃tasjɔ̃] nf orientación f; **avoir le sens de l'~** tener sentido de la orientación; **~ professionnelle** orientación profesional

orienté, e [ɔʀjɑ̃te] adj: **bien/mal ~** (appartement) bien/mal orientado(-a); **~ au sud** orientado(-a) al sur

orienter [ɔʀjɑ̃te] vt orientar, colocar; **s'~** vpr orientarse; **(s')~ vers** (recherches) orientar(se) ou dirigir(se) hacia

origan [ɔʀigɑ̃] nm orégano

originaire [ɔʀiʒinɛʀ] adj originario(-a)

original, e, -aux [ɔʀiʒinal, o] adj original ♦ nm/f (fam: excentrique) excéntrico(-a), extravagante m/f ♦ nm (document) original m

origine [ɔʀiʒin] nf origen m; **originel, le** adj original

orme [ɔʀm] nm olmo

ornement [ɔʀnəmɑ̃] nm adorno

orner [ɔʀne] vt adornar

ornière [ɔʀnjɛʀ] nf carril m

orphelin, e [ɔʀfəlɛ̃, in] adj, nm/f huérfano(-a); **orphelinat** nm orfanato

orteil [ɔʀtɛj] *nm* dedo del pie

orthographe [ɔʀtɔgʀaf] *nf* ortografía

ortie [ɔʀti] *nf* ortiga

os [ɔs] *nm* hueso

oscariser, e [ɔskaʀize] *adj* galardonado(-a) con el Óscar

osciller [ɔsile] *vi* oscilar; **~ entre** vacilar ou dudar entre

osé, e [oze] *adj (tentative)* osado(-a); *(plaisanterie)* atrevido(-a)

oseille [ozɛj] *nf (BOT)* acedera

oser [oze] *vt, vi* osar; atreverse a; **~ faire qch** atreverse a hacer algo

osier [ozje] *nm* mimbre *m*; **d'~, en ~** de mimbre

osseux, -euse [ɔsø, øz] *adj* óseo(-a); *(main, visage)* huesudo(-a)

otage [ɔtaʒ] *nm* rehén *m*; **prendre qn ou en ~** tomar *ou* coger a algn de *ou* como rehén

OTAN [ɔtɑ̃] *sigle f (= Organisation du traité de l'Atlantique Nord)* OTAN *f*

otarie [ɔtaʀi] *nf* león *m* marino, otaria

ôter [ote] *vt* quitar; *(soustraire)* quitar, restar; **~ qch de** quitar algo de; **~ qch à qn** quitar algo a algn

otite [ɔtit] *nf* otitis *f inv*

ou [u] *conj* o, u; **l'un ~ l'autre** una u otra

2 *(direction)* adonde; **la ville où je me rends** la ciudad adonde me dirijo

3 *(temps, état)* (en) que; **le jour où il est parti** el día (en) que se marchó; **au prix où c'est** al precio que está

♦ *adv* **1** *(interrogatif)* ¿dónde?; **où est-il?** ¿dónde está?; **par où?** ¿por dónde?

2 *(direction)* (a)dónde; **où va-t-il?** ¿(a)dónde va?

3 *(relatif)* donde; **je sais où il est** sé donde está; **où que l'on aille** vayamos ou donde vayamos, dondequiera que vayamos

ouate ['wat] *nf* algodón *m*, guata

oubli [ubli] *nm* olvido; **l'~** el olvido

oublier [ublije] *vt* olvidar

ouest [wɛst] *nm* oeste *m* ♦ *adj inv* oeste; **à l'~ (de)** al oeste (de)

ouf ['uf] *excl* ¡uf!

oui ['wi] *adv* sí

ouï-dire ['widiʀ] *nm inv*: **par ~~** de oídas

ouïe [wi] *nf* oído; **~s** *nfpl (de poisson)* agallas *fpl*

ouragan [uʀagɑ̃] *nm* huracán *m*

ourlet [uʀlɛ] *nm (COUTURE)* dobladillo

ours [uʀs] *nm inv* oso; **~ blanc/brun** oso blanco/pardo; **~ (en peluche)** oso de peluche

oursin [uʀsɛ̃] *nm* erizo de mar

ourson [uʀsɔ̃] *nm* osezno(-a)

ouste [ust] *excl* ¡fuera!, ¡largo de aquí!

outil [uti] *nm* herramienta, instrumento; **outiller** *vt* equipar de herramienta *ou* de maquinaria

outrage [utʀaʒ] *nm* ultraje *m*;

MOT-CLÉ

où [u] *pron rel* **1** *(lieu)* donde, en que; **la chambre où il était** la habitación en que ou donde estaba; **le village d'où je viens** el pueblo de donde vengo; **les villes par où il est passé** las ciudades por donde pasó

~ à la pudeur (JUR) ultraje al
pudor
outrance [utʀɑ̃s] adv: **à ~** a
ultranza
outre [utʀ] nf odre m; **passer ~
à** hacer caso omiso a; **en ~**
además, por añadidura; **~
mesure** sin medida,
desmesuradamente; **outre-
Atlantique** adv al otro lado del
Atlántico; **outre-mer** adv
ultramar
ouvert, e [uvɛʀ, ɛʀt] pp de
ouvrir ♦ adj abierto(-a);
ouvertement adv (agir)
abiertamente; **ouverture** nf
apertura; (orifice, MUS) obertura;
ouverture d'esprit apertura de
ideas, amplitud f de ideas
ouvrable [uvʀabl] adj: **jour ~** día
m laborable
ouvrage [uvʀaʒ] nm obra
ouvre-boîte(s) [uvʀəbwat] nm
inv abrelatas m inv
ouvre-bouteille(s) [uvʀəbutɛj]
nm inv abrebotellas m inv
ouvreuse [uvʀøz] nf
acomodadora
ouvrier, -ière [uvʀije, ijɛʀ] nm/f
obrero(-a) **♦** adj obrero(-a);
classe ouvrière clase f
obrera
ouvrir [uvʀiʀ] vt abrir **♦** vi abrir;
s'~ vpr abrirse; **s'~ à** algo
confiarse a algn
ovaire [ovɛʀ] nm ovario
ovale [oval] adj oval, ovalado(-a)
OVNI [ovni] sigle m (= objet volant
non identifié) OVNI m (= objeto
volante no identificado)
oxyder [okside]: **s'~** vpr oxidarse
oxygène [oksiʒɛn] nm oxígeno
oxygéné, e [oksiʒene] adj: **eau
~e** agua oxigenada
ozone [ozon] nm ozono

P, p

pacifique [pasifik] adj pacífico(-a)
♦ nm: **le P~**, **l'océan P~** el
(Océano) Pacífico
pack [pak] nm pack m
pacotille [pakɔtij] (péj) nf
pacotilla
PACS [paks] sigle m (= pacte civil
de solidarité) contrato de unión civil
pagaille [pagaj] nf (désordre)
follón m, desbarajuste m
page [paʒ] nf página **♦** nm paje m;
être à la ~ (fig) estar al día; **~
d'accueil** página web
paiement [pemɑ̃] nm pago
païen, ne [pajɛ̃, pajɛn] adj, nm/f
pagano(-a)
paillasson [pajasɔ̃] nm felpudo
paille [paj] nf paja; (défaut)
defecto
paillettes [pajɛt] nfpl lentejuelas
fpl
pain [pɛ̃] nm pan m; **petit ~**
panecillo; **~ complet** pan
integral; **~ d'épice(s)** alfajor m;
~ de mie pan de molde; **~ grillé**
pan tostado
pair, e [pɛʀ] adj par; **paire** nf par m
paisible [pezibl] adj apacible;
(ville, lac) tranquilo(-a)
paix [pe] nf paz f; (fig: tranquillité)
paz, sosiego; **faire la ~ avec**
hacer las paces con; **avoir la ~**
tener paz
Pakistan [pakistɑ̃] nm Paquistán m
palais [pale] nm palacio; (ANAT)
paladar m
pâle [pɑl] adj pálido(-a); **bleu/
vert ~** azul/verde pálido
Palestine [palɛstin] nf Palestina
palette [palɛt] nf paleta; (plateau
de chargement) plataforma

pâleur [pɑlœʀ] *nf* palidez *f*

palier [palje] *nm* (d'escalier) rellano; **par ~s** gradualmente

pâlir [pɑliʀ] *vi* palidecer

pallier [palje] *vt* paliar

palme [palm] *nf* palma; **palmé, e** *adj* palmeado(-a)

palmier [palmje] *nm* palmera

pâlot, e [pɑlo, ɔt] *adj* paliducho(-a)

palourde [paluʀd] *nf* almeja

palper [palpe] *vt* palpar

palpitant, e [palpitɑ̃, ɑ̃t] *adj* palpitante

palpiter [palpite] *vi* palpitar

paludisme [palydism] *nm* paludismo

pamphlet [pɑ̃flɛ] *nm* panfleto

pamplemousse [pɑ̃pləmus] *nm* pomelo

pan [pɑ̃] *nm* (d'un manteau, rideau) faldón *m*; (côté) cara ♦ *excl* ¡pum!

panache [panaʃ] *nm* penacho; **avoir du ~** (fig) tener caballerosidad

panaché, e [panaʃe] *nf* clara, cerveza con gaseosa

pancarte [pɑ̃kaʀt] *nf* cartel *m*, pancarta

pancréas [pɑ̃kʀeas] *nm* páncreas *m inv*

pané, e [pane] *adj* empanado(-a)

panier [panje] *nm* cesta; **~ à provisions** cesta de la compra; **panier-repas** (*pl* **paniers-repas**) *nm* almuerzo

panique [panik] *nf* pánico; **paniquer** *vt* aterrorizar ♦ *vi* aterrorizarse, espantarse

panne [pan] *nf* avería; **être/tomber en ~** tener una avería, descomponerse/estar descompuesto (*esp MEX*); **tomber en ~ d'essence** *ou* **sèche**

quedarse sin gasolina; **~ d'électricité** *ou* **de courant** corte *m* eléctrico

panneau, x [pano] *nm* panel *m*; **~ d'affichage** tablón *m* de anuncios; **~ de signalisation** señal *f* de tráfico; **~ indicateur** panel indicador

panoplie [panɔpli] *nf* panoplia

panorama [panɔʀama] *nm* panorama *m*

panse [pɑ̃s] *nf* panza

pansement [pɑ̃smɑ̃] *nm* venda, apósito; **~ adhésif** tirita, curita (*AM*)

pantalon [pɑ̃talɔ̃] *nm* pantalón *m*

panthère [pɑ̃tɛʀ] *nf* pantera

pantin [pɑ̃tɛ̃] *nm* pelele *m*

pantoufle [pɑ̃tufl] *nf* zapatilla

paon [pɑ̃] *nm* pavo real

papa [papa] *nm* papá *m*

pape [pap] *nm* papa *m*

paperasse [papʀas] (*péj*) *nf*: **des ~s** *ou* **de la ~** papelotes *mpl*; **paperasserie** (*péj*) *nf* papelerío

papeterie [papetʀi] *nf* papelería

papi [papi] (*fam*) *nm* abuelito

papier [papje] *nm* papel *m*; **~s** *nmpl* (*aussi*: **~s d'identité**) documentación *f*, papeles *mpl*; **~ à lettres** papel de cartas; **~ (d')aluminium** papel de aluminio; **~ d'emballage** papel de envolver; **~ de verre** papel de lija; **~ hygiénique** papel higiénico; **~ peint** papel pintado

papillon [papijɔ̃] *nm* mariposa

papillote [papijɔt] *nf* papillote *f*

papoter [papɔte] *vi* parlotear

paquebot [pak(ə)bo] *nm* paquebote *m*

pâquerette [pɑkʀɛt] *nf* margarita

Pâques [pɑk] *nmpl* (*fête*) Pascua *fsg* ♦ *nm* (*période*) Semana Santa

paquet [pakɛ] *nm* paquete *m*;

paquet-cadeau (*pl* **paquets-cadeaux**) *nm* paquete *m* regalo *inv*

MOT-CLÉ
---

par [paʀ] *prép* **1** (*agent, cause*) por; **par amour** por amor; **peint par un grand artiste** pintado por un gran artista
2 (*lieu, direction*) por; **passer par Lyon/la côte** pasar por Lyon/la costa; **par la fenêtre** (*jeter, regarder*) por la ventana; **par le haut/bas** por arriba/abajo; **par ici** por aquí; **par où?** ¿por dónde?; **par là** por allí; **par-ci, par-là** aquí y allá; **être/jeter par terre** estar en el/tirar al suelo
3 (*fréquence, distribution*) por; **3 fois par semaine** 3 veces por ou a la semana; **3 par jour/par personne** 3 al día/por persona; **par centaines** a cientos, a centenares; **2 par 2** (*marcher, entrer, prendre etc*) de 2 en 2
4 (*moyen*) por; **par la poste** por correo
5 (*manière*): **prendre par la main** coger ou agarrar de la mano; **prendre par la poignée** coger ou agarrar por el asa; **finir etc par** terminar etc por; **le film se termine par une scène d'amour** la película termina con una escena de amor; **Pau commence par la lettre 'p'** Pau empieza por 'p'

parabolique [paʀabɔlik] *adj* parabólico(-a)
parachute [paʀaʃyt] *nm* paracaídas *m inv*; **parachutiste** *nm/f* paracaidista *m/f*
parade [paʀad] *nf* (MIL) desfile *m*

paradis [paʀadi] *nm* paraíso
paradoxe [paʀadɔks] *nm* paradoja
paraffine [paʀafin] *nf* parafina
parages [paʀaʒ] *nmpl* (NAUT) aguas *fpl*; **dans les ~ (de)** en los alrededores (de)
paragraphe [paʀagʀaf] *nm* párrafo
paraître [paʀɛtʀ] *vb + attribut* parecer, verse (AM) ♦ *vi* (*apparaître*) aparecer; (PRESSE, ÉDITION) publicarse; (*sembler*) parecer; **il paraît que** parece que; **~ en justice** comparecer ante la justicia
parallèle [paʀalɛl] *adj* paralelo(-a) ♦ *nm* paralelo ♦ *nf* (*droite, ligne*) paralela
paralyser [paʀalize] *vt* paralizar
paramédical, e, -aux [paʀamedikal, o] *adj*: **personnel ~** personal *m* paramédico
paraphrase [paʀafʀaz] *nf* paráfrasis *f inv*
parapluie [paʀaplɥi] *nm* paraguas *m inv*
parasite [paʀazit] *nm* parásito ♦ *adj* parásito(-a); **~s** *nmpl* (TÉL) parásitos *mpl*
parasol [paʀasɔl] *nm* quitasol *m*
paratonnerre [paʀatɔnɛʀ] *nm* pararrayos *m inv*
parc [paʀk] *nm* parque *m*; **~ de stationnement** aparcamiento
parcelle [paʀsɛl] *nf* (*d'or, de vérité*) partícula; (*de terrain*) parcela
parce que [paʀs(ə)kə] *conj* porque
parchemin [paʀʃəmɛ̃] *nm* pergamino
parcmètre [paʀkmɛtʀ] *nm* parquímetro
parcourir [paʀkuʀiʀ] *vt* recorrer

(*journal, article*) echar un vistazo a
parcours [paʀkuʀ] *vb voir*
parcourir; ♦ *nm* (*trajet, itinéraire*)
trayecto; (*SPORT*) recorrido
par-dessous [paʀd(ə)su] *prép*
por debajo de ♦ *adv* por debajo
pardessus [paʀdəsy] *nm* abrigo
par-dessus [paʀd(ə)sy] *prép* por
encima de; **~~ le marché** para
colmo
pardon [paʀdɔ̃] *nm* perdón *m* ♦
excl ¡perdón!, ¡disculpe!;
demander ~ à qn (de ...)
pedir perdón a algn (por ...);
pardonner *vi* perdonar;
pardonner qch à qn perdonar
algo a algn
pare...: pare-brise *nm inv*
parabrisas *m inv*; **pare-chocs**
nm inv parachoques *m inv*
pareil, le [paʀɛj] *adj* igual;
(*similaire*) parecido(-a); **faire ~**
hacer lo mismo; **~ à** parecido(-a)
a; **sans ~** sin igual
parent, e [paʀɑ̃, ɑ̃t] *nm/f*
pariente(-a); **~s** *nmpl* (*père et
mère*) padres *mpl*; (*famille, proches*)
parientes *mpl*; **parenté** *nf*
(*rapport, lien*) parentesco
parenthèse [paʀɑ̃tɛz] *nf*
paréntesis *m inv*
paresse [paʀɛs] *nf* pereza,
holgazanería; **paresseux,
-euse** *adj* perezoso(-a), flojo(-a)
(*AM*)
parfait, e [paʀfɛ, ɛt] *adj* pp *de*
parfaire ♦ *adj* perfecto(-a);
parfaitement *adv*
perfectamente ♦ *excl* ¡seguro!,
¡desde luego!
parfois [paʀfwa] *adv* a veces
parfum [paʀfœ̃] *nm* perfume *m*;
(*de tabac, vin*) aroma *m*; (*de glace*

etc) sabor *m*; **parfumé, e** *adj*
perfumado(-a); **parfumé au
café** aromatizado(-a) con café,
con sabor a café; **parfumer** *vt*
perfumar; (*crème, gâteau*)
aromatizar; **parfumerie** *nf*
perfumería
pari [paʀi] *nm* apuesta; **parier** *vt*
apostar
Paris [paʀi] *n* París; **parisien,
ne** *adj* (*personne, vie*) parisino(-a);
(*GÉO, ADMIN*) parisiense ♦ *nm/f*:
Parisien, ne parisiense *m/f*
parjure [paʀʒyʀ] *nm* perjurio
parking [paʀkiŋ] *nm*
aparcamiento
parlant, e [paʀlɑ̃, ɑ̃t] *adj* vivo(-a),
elocuente; (*CINÉ*) sonoro(-a)
parlement [paʀləmɑ̃] *nm*
parlamento; **parlementaire** *adj*
parlamentario(-a) ♦ *nm/f* (*député*)
parlamentario(-a)
parler [paʀle] *nm* habla ♦ *vi*
hablar; **~ de qch/qn** hablar de
algo/algn; **~ (à qn) de** hablar a
algn de; **~ affaires/politique**
hablar de negocios/de política; **~
en dormant** hablar en sueños; **tu
parles!** ¡ya ves!
parloir [paʀlwaʀ] *nm* locutorio;
(*d'un hôpital*) sala de visitas
parmi [paʀmi] *prép* entre, en
medio de
parol [paʀwa] *nf* pared *f*
paroisse [paʀwas] *nf* parroquia
parole [paʀɔl] *nf* palabra; **~s** *nfpl*
(*d'une chanson*) letra *fsg*; **tenir ~**
cumplir con su palabra; **avoir/
prendre la ~** tener/tomar la
palabra; **sur ~: croire qn sur ~**
confiar en la palabra de algn;
prisonnier sur ~ preso bajo
palabra
parquet [paʀkɛ] *nm* (*plancher*)
parqué *m*; **le ~** (*JUR*) el tribunal de

justicia

parrain [paʀɛ̃] *nm* padrino;
parrainer *vt* apadrinar; (*suj:
entreprise*) patrocinar

pars [paʀ] *vb voir* **partir**

parsemer [paʀsəme] *vt* cubrir; ~
qch de sembrar algo de

part [paʀ] *vb voir* **partir** ♦ *nf* parte
f; (*de gâteau, fromage*) trozo,
pedazo; (*titre*) acción *f*; **prendre
~ à** (*débat etc*) tomar parte en;
pour ma ~ por mi parte; **à ~
entière** de pleno derecho; **de la
~ de** de parte de; **de ~ et
d'autre** a ou en ambos lados; **de
~ en ~** de parte a parte; **d'une
~ ... d'autre** por una parte ...
por otra; **nulle/autre/quelque
~** en ninguna/otra/en alguna
parte; **à ~** *adv* aparte ♦ *prép*: **à ~
cela** aparte de eso, excepto eso

partage [paʀtaʒ] *nm* reparto

partager [paʀtaʒe] *vt* repartir; **se
~ qch** *vpr* repartirse; **~ un gâteau
en quatre/une ville en deux**
dividir un pastel en cuatro/una
ciudad en dos; **~ la joie de qn/
la responsabilité d'un acte**
compartir la alegría de algn/la
responsabilidad de un acto

partenaire [paʀtənɛʀ] *nm/f*
compañero(-a)

parterre [paʀtɛʀ] *nm* (*de fleurs*)
parterre *m*, arriate *m*; (*THÉÂTRE*)
patio de butacas

parti [paʀti] *nm* partido; **un
beau/riche ~** un buen partido;
tirer ~ de sacar partido de;
prendre le ~ de faire qch
tomar la decisión de hacer algo;
prendre ~ (pour qn) tomar
partido (por algn); **~ pris**
prejuicio

partial, e, -aux [paʀsjal, jo] *adj*
parcial

participant, e [paʀtisipɑ̃, ɑ̃t]
nm/f participante *m/f*; (*à un
concours*) concursante *m/f*

participation [paʀtisipasjɔ̃] *nf*
participación *f*; **la ~ aux frais** la
contribución a los gastos

participer [paʀtisipe]: **~ à** *vt ind*
participar en

particularité [paʀtikylaʀite] *nf*
particularidad *f*

particulier, -ière [paʀtikylje,
jɛʀ] *adj* particular; (*entretien,
conversation*) privado(-a); **avec
un soin ~** con un cuidado
especial; **~ à** propio(-a) de; **en ~**
(*précisément*) en concreto; (*en
privé*) en privado; (*surtout*)
especialmente;

particulièrement *adv*
principalmente

partie [paʀti] *nf* parte *f*; (*de cartes,
tennis*) partida; **en ~** en parte;
faire ~ de qch formar parte de
algo; **en grande/majeure ~** en
gran/la mayor parte; **~ civile**
(*JUR*) parte civil

partiel, le [paʀsjɛl] *adj, nm*
parcial *m*

partir [paʀtiʀ] *vi* (*gén*) partir;
(*train, bus etc*) salir; (*s'éloigner*)
marcharse; **~ de** (*lieu*) salir de;
(*suj: personne, route*) partir de; **~
pour/à** (*lieu, pays*) salir para/
hacia; **à ~ de** a partir de

partisan, e [paʀtizɑ̃, an] *nm/f*
seguidor(a), partidario(-a) ♦ *adj*
partidario(-a)

partition [paʀtisjɔ̃] *nf* (*MUS*)
partitura

partout [paʀtu] *adv* por todas
partes; **~ où il allait** por
dondequiera que iba; **trente/
quarante ~** (*TENNIS*) iguales a
treinta/a cuarenta, empate *m* a
treinta/a cuarenta

paru, e [paʀy] *pp de* **paraître**

parution [paʀysjɔ̃] *nf* aparición *f*, publicación *f*

parvenir [paʀvəniʀ]: **~ à** *vt ind* llegar a, arribar a (AM); **~ à ses fins** alcanzar sus fines; **~ à faire qch** conseguir hacer algo; **faire ~ qch à qn** hacer llegar algo a algn

pas¹ [pa] *nm* paso; **~ à ~** paso a paso; **marcher à grands ~** andar dando zancadas; **rouler au ~** (AUTO) ir a paso lento; **au ~ de gymnastique/de course** a paso ligero/a la carrera; **à ~ de loup** con paso sigiloso; **faire les cent ~** ir y venir, ir de un lado para otro; **faire les premiers ~** dar los primeros pasos; **retourner** *ou* **revenir sur ses ~** volver sobre sus pasos; **sur le ~ de la porte** en el umbral de (la puerta); **le ~ de Calais** (*détroit*) el paso *ou* estrecho de Calais

---

MOT-CLÉ

---

pas² [pa] *adv* **1** (*avec ne, non etc*): **ne ... pas** no; **je ne vais pas à l'école** no voy a la escuela; **je ne mange pas de pain** no como pan; **il ne ment pas** no miente; **ils n'ont pas de voiture/d'enfants** no tienen coche/niños; **il m'a dit de ne pas le faire** me ha dicho que no lo haga; **non pas que ...** no es que ...; **je n'en sais pas plus** no sé más; **il n'y avait pas plus de 200 personnes** no había más de 200 personas; **je ne reviendrai pas de sitôt** tardaré en volver

2 (*sans ne etc*): **pas moi** yo no; (*renforçant l'opposition*): **elle**

travaille, (mais) lui pas *ou* **pas lui** ella trabaja, (pero) él no; (*dans des réponses négatives*): **pas de sucre, merci!** ¡sin azúcar, gracias!; **une pomme pas mûre** una manzana que no está madura; **je suis très content - moi pas** *ou* **pas moi** yo estoy muy contento - yo no; **pas du tout** (*réponse*) en absoluto; **ça ne me plaît pas du tout** no me gusta nada; **ils sont 4 et non (pas) 3** son 4 y no 3; **pas encore** todavía no

3: pas mal no está mal; **ça va? - pas mal** ¿qué tal? - bien; **pas mal de** (*beaucoup de*): **ils ont pas mal d'argent** no andan mal de dinero

---

passage [pasaʒ] *nm* paso; (*extrait*) pasaje *m*; **"laissez/ n'obstruez pas le ~"** "dejen/ no impidan el paso"; **de ~** (*touristes*) de paso; **au ~** (*en passant*) al paso, de paso; **~ à niveau** paso a nivel

passager, -ère [pasaʒe, ɛʀ] *adj* pasajero(-a) ♦ *nm/f* pasajero(-a); **~ clandestin** polizón *m*

passant, e [pasɑ̃, ɑ̃t] *adj* transitado(-a) ♦ *nm/f* transeúnte *m/f*

passe [pas] *nf* pase *m*

passé, e [pase] *adj* pasado(-a) ♦ *prép* **~ 10 heures/7 ans/ce poids** después de las 10/de 7 años/a partir de ese peso ♦ *nm* pasado; **~ de mode** pasado(-a) de moda; **~ simple/composé** perfecto simple/pretérito perfecto

passe-partout [paspaʀtu] *nm inv* llave *f* maestra

passeport [paspɔʀ] *nm* pasaporte *m*

passer [pɑse] vi pasar; (air)
correr; (liquide, café) filtrarse,
colarse; (couleur, papier)
decolorarse ♦ vt pasar; (obstacle)
pasar, superar; (frontière, rivière
etc) cruzar; (examen) pasar; (film,
émission, disque) poner; (vêtement)
ponerse; (café) filtrar; **se ~** vpr
(s'écouler) pasar; (arriver): **que
s'est-il passé?** ¿qué ha
pasado?; **~ par** pasar por; **~
chez qn** pasar por la casa de
algn; **~ qch à qn** pasar algo a
algn; **~ devant/derrière qn/
qch** pasar delante/detrás de
algn/algo; **~ avant qch/qn** estar
antes de algo/de algn; **laisser ~**
dejar pasar; **~ directeur/
président** ascender a director/a
presidente; **~ en seconde/
troisième** (AUTO) meter
segunda/tercera; **à l'action**
pasar a la acción; **~ outre (à
qch)** hacer caso omiso (de algo);
~ pour un imbécile pasar por
un imbécil; **~ à table** sentarse a
la mesa; **je passe mon tour**
paso; **~ l'aspirateur** pasar la
aspiradora; **je vous passe M. X**
le pongo ou comunico (con el
Sr. X); **~ commande** hacer un
pedido; **~ un marché/accord**
concertar un negocio/acuerdo; **se
~ de l'eau sur le visage**
echarse agua por la cara; **se ~ de
qch** (s'en priver) pasarse sin algo
passerelle [pɑsʀɛl] nf pasarela
passe-temps [pɑstɑ̃] nm inv
pasatiempo
passif, -ive [pasif, iv] adj
pasivo(-a)
passion [pasjɔ̃] nf pasión f;
passionnant, e adj
apasionante; **passionné, e** adj

apasionado(-a); **passionner** vt
apasionar; **se passionner pour
qch** apasionarse por algo
passoire [paswaʀ] nf colador m
pastèque [pastɛk] nf sandía
pasteur [pastœʀ] nm pastor m
pasteuriser [pastœʀize] vt
pasteurizar
pastille [pastij] nf pastilla
patate [patat] nf patata, papa
(AM); **~ douce** batata, camote m
(AM)
patauger [patoʒe] vi chapotear
pâte [pɑt] nf pasta; **~s** nfpl
(macaroni etc) pastas fpl; **~ à
modeler** plastilina; **~ brisée**
pasta quebrada; **~ d'amandes**
pasta de almendra; **~ de fruits**
fruta escarchada; **~ feuilletée**
masa de hojaldre
pâté [pɑte] nm (CULIN) paté m; **~
de maisons** manzana de casas;
~ en croûte paté empanado
pâtée [pɑte] nf cebo
paternel, le [patɛʀnɛl] adj
paterno(-a)
pâteux, -euse [pɑtø, øz] adj
pastoso(-a)
pathétique [patetik] adj
patético(-a)
patience [pasjɑ̃s] nf paciencia;
(CARTES) solitario
patient, e [pasjɑ̃, jɑ̃t] adj, nm/f
paciente m/f; **patienter** vi
esperar
patin [patɛ̃] nm patín m; **~s (à
glace)** patines mpl (de cuchilla);
~s à roulettes patines de
ruedas
patinage [patinaʒ] nm patinaje m
patiner [patine] vi patinar;
patineur, -euse nm/f
patinador(a); **patinoire** nf pista
de patinaje
pâtir [pɑtiʀ] vi: **~ de** padecer de

pâtisserie [patisʀi] nf pastelería; (à la maison) repostería; **~s** nfpl (gâteaux) pasteles mpl;
pâtissier, -ière nm/f pastelero(-a)

patois [patwa] nm dialecto

patrie [patʀi] nf patria

patrimoine [patʀimwan] nm patrimonio

patriotique [patʀijɔtik] adj patriótico(-a)

patron, ne [patʀɔ̃, ɔn] nm/f (chef) jefe(-a), patrón(-ona); (REL) patrono(-a) ♦ nm (COUTURE) patrón m; **patronat** nm empresariado;
patronner vt (personne, entreprise) patrocinar

patrouille [patʀuj] nf patrulla

patte [pat] nf pata

pâturage [patyʀaʒ] nm pasto

paume [pom] nf palma (de la mano)

paumé, e [pome] (fam) adj marginado(-a)

paupière [popjɛʀ] nf párpado

pause [poz] nf (arrêt, halte) parada; (en parlant) pausa; (MUS) silencio

pauvre [povʀ] adj, nm/f pobre m/f; **pauvreté** nf pobreza

pavé, e [pave] adj pavimentado(-a) ♦ nm (bloc de pierre) adoquín m; (pavage, pavement) pavimento

pavillon [pavijɔ̃] nm pabellón m; (maisonnette, villa) chalet m

payant, e [pɛjɑ̃, ɑ̃t] adj (hôte, spectateur) que paga; **c'est ~** hay que pagar

paye [pɛj] nf paga

payement [pɛjmɑ̃] nm = **paiement**

payer [pɛje] vt pagar ♦ vi (métier) dar dinero; (effort, tactique) dar fruto; **il me l'a fait ~ 10 €** me

ha cobrado 10 €; **~ qch à qn** pagar algo a algn; **se ~ la tête de qn** (fam) burlarse de algn, tomar el pelo a algn

pays [pei] nm país msg

paysage [peizaʒ] nm paisaje m

paysan, ne [peizɑ̃, an] nm/f campesino(-a)

Pays-Bas [peiba] nmpl: **les ~~** los Países Bajos

PC [pese] sigle m (= Parti communiste) partido comunista; (= personal computer) OP (= ordenador personal)

PDG [pedeʒe] sigle m (= président directeur général) voir **président**

péage [peaʒ] nm peaje m

peau, x [po] nf piel f; **être bien/mal dans sa ~** encontrarse bien/no encontrarse bien consigo mismo; **~ de chamois** gamuza

péché [peʃe] nm pecado

pêche [pɛʃ] nf (sport) pesca; (fruit) melocotón m, durazno (AM); **~ à la ligne** pesca con caña

pécher [peʃe] vi pecar

pêcher [peʃe] nm melocotonero ♦ vi ir de pesca ♦ vt pescar

pécheur, -eresse [peʃœʀ, peʃʀɛs] nm/f pecador(-a)

pêcheur [peʃœʀ] nm pescador m

pédagogie [pedagɔʒi] nf pedagogía; **pédagogique** adj pedagógico(-a)

pédale [pedal] nf pedal m

pédalo [pedalo] nm barca a pedal

pédant, e [pedɑ̃, ɑ̃t] (péj) adj, nm/f pedante m/f

pédestre [pedɛstʀ] adj: **randonnée ~** excursión f a pie

pédiatre [pedjatʀ] nm/f pediatra m/f

pédicure [pedikyʀ] nm/f pedicuro(-a)

pègre [pɛgʀ] *nf* hampa
peigne [pɛɲ] *nm* peine *m*;
  peigner *vt* peinar; **se peigner**
  vpr peinarse; **peignoir** [pɛɲwaʀ]
  nm (*déshabillé*) bata *f*;
  peignoir de bain *ou* **de plage**
  albornoz;*m*
peindre [pɛ̃dʀ] *vt* pintar
peine [pɛn] *nf* pena; (*effort,
  difficulté*) trabajo; (*JUR*) condena;
  faire de la ~ à qn hacer sufrir a
  algn; **prendre la ~ de faire**
  tomarse la molestia de hacer; **ce
  n'est pas la ~ de faire/que
  vous fassiez** no vale la pena
  hacer/que haga; **à ~** apenas,
  recién (*AM*); **à ~ était-elle
  sortie qu'il se mit à pleuvoir**
  apenas salió se puso a llover;
  **défense d'afficher sous ~
  d'amende** prohibido fijar carteles
  bajo multa; **~ capitale** *ou* **de
  mort** pena capital *ou* de muerte;
  peiner *vi* cansarse ♦ *vt* apenar
peintre [pɛ̃tʀ] *nm* pintor(a); **~ en
  bâtiment** pintor (de brocha
  gorda)
peinture [pɛ̃tyʀ] *nf* pintura; **"~
  fraîche"** "recién pintado"
péjoratif, -ive [peʒɔʀatif, iv] *adj*
  peyorativo(-a), despectivo(-a)
pêle-mêle [pɛlmɛl] *adv* en
  desorden
peler [pəle] *vt* pelar
pèlerin [pɛlʀɛ̃] *nm* peregrino
pèlerinage [pɛlʀinaʒ] *nm*
  peregrinación *f*; (*lieu*) centro de
  peregrinación
pelle [pɛl] *nf* pala
pellicule [pelikyl] *nf* (*couche fine*)
  película; (*PHOTO*) rollo, carrete *m*;
  (*CINÉ*) cinta; **~s** *nfpl* (*MÉD*) caspa
  fsg
pelote [p(ə)lɔt] *nf* (*de fil, laine*)
  ovillo; (*d'épingles, d'aiguilles*)
  acerico; (*balle, jeu*): **~ (basque)**

pelota (vasca)
peloton [p(ə)lɔtɔ̃] *nm* pelotón *m*;
  ~ d'exécution pelotón de
  ejecución
pelotonner [p(ə)lɔtɔne]: **se ~** *vpr*
  acurrucarse
pelouse [p(ə)luz] *nf* césped *m*
peluche [p(ə)lyʃ] *nf*: **animal en
  ~** muñeco de peluche
pelure [p(ə)lyʀ] *nf* piel *f*
pénal, e, -aux [penal, o] *adj*
  penal; **pénalité** *nf* penalidad *f*
penchant [pɑ̃ʃɑ̃] *nm* inclinación *f*
pencher [pɑ̃ʃe] *vi* inclinarse ♦ *vt*
  inclinar; **se ~** *vpr* inclinarse; (*se
  baisser*) agacharse; **se ~ sur**
  inclinarse sobre; (*fig*) examinar; **se
  ~ au dehors** asomarse; **~ pour**
  (*fig*) inclinarse por
pendant [pɑ̃dɑ̃] *prép* durante; **~
  que** mientras
pendentif [pɑ̃dɑ̃tif] *nm* colgante
  m
penderie [pɑ̃dʀi] *nf* ropero
pendre [pɑ̃dʀ] *vt* colgar;
  (*personne*) ahorcar ♦ *vi* colgar; **se
  ~ (à)** (*se suicider*) ahorcarse (de);
  ~ à colgar de; **~ qch à** colgar
  algo de
pendule [pɑ̃dyl] *nf* (*horloge*) reloj
  m péndulo ♦ *nm* péndulo
pénétrer [penetʀe] *vi* penetrar ♦
  vt entrar; (*suj: projectile, mystère,
  secret*) penetrar; **~ dans/à
  l'intérieur de** penetrar en/en el
  interior de
pénible [penibl] *adj* penoso(-a);
  péniblement *adv* penosamente;
  (*tout juste*) a duras penas
péniche [peniʃ] *nf* chalana
pénicilline [penisilin] *nf*
  penicilina
péninsule [penɛ̃syl] *nf* península
pénis [penis] *nm* pene *m*
pénitence [penitɑ̃s] *nf*

penitencia; **pénitencier** nm (prison) penitenciaría

pénombre [penɔ̃bʀ] nf penumbra

pensée [pɑ̃se] nf pensamiento

penser [pɑ̃se] vi pensar ♦ vt pensar; (concevoir: problème, machine) pensar, idear; **~ à** pensar en; **~ (à) faire qch** pensar (en) hacer algo; **faire ~ à** hacer pensar en, recordar; **pensif, -ive** adj pensativo(-a)

pension [pɑ̃sjɔ̃] nf pensión f de jubilación; (prix du logement, hôtel) pensión; (école) internado; **mettre en ~** (enfant) meter interno; **~ complète** pensión completa; **~ de famille** casa de huéspedes; **pensionnaire** nm/f (d'un hôtel) huésped m; (d'école) interno(-a); **pensionnat** nm pensionado

pente [pɑ̃t] nf pendiente f

Pentecôte [pɑ̃tkot] nf: **la ~** Pentecostés msg

pénurie [penyʀi] nf penuria

pépé [pepe] (fam) nm abuelo

pépin [pepɛ̃] nm (BOT) pepita; (fam: ennui) lío

pépinière [pepinjɛʀ] nf vivero

perçant, e [pɛʀsɑ̃, ɑ̃t] adj (vue, regard, yeux) perspicaz; (cri, voix) agudo(-a)

percepteur [pɛʀsɛptœʀ] nm (ADMIN) recaudador(a) de impuestos

perception [pɛʀsɛpsjɔ̃] nf percepción f; (d'impôts etc) recaudación f; (bureau) oficina de recaudación

percer [pɛʀse] vt (métal etc) perforar; (coffre-fort) abrir; (pneu) pinchar; (abcès) reventar; (trou etc) abrir; (mystère, énigme) penetrar; (suj: bruit: oreilles, tympan) traspasar ♦ vi (artiste) abrirse

camino; **perceuse** nf taladradora, perforadora

percevoir [pɛʀsəvwaʀ] vt percibir

perche [pɛʀʃ] nf (ZOOL) perca; (pièce de bois, métal) vara; (SPORT) pértiga

percher [pɛʀʃe]: **se ~** vpr (oiseau) encaramarse; **perchoir** nm percha

perçois etc [pɛʀswa] vb voir **percevoir**

perçu, e [pɛʀsy] pp de **percevoir**

percussion [pɛʀkysjɔ̃] nf percusión f

percuter [pɛʀkyte] vt percutir; (suj: véhicule) chocar

perdant, e [pɛʀdɑ̃, ɑ̃t] nm/f perdedor(a)

perdre [pɛʀdʀ] vt perder; (argent) gastar ♦ vi perder; **se ~** vpr perderse

perdrix [pɛʀdʀi] nf perdiz f

perdu, e [pɛʀdy] pp de **perdre** ♦ adj perdido(-a); **à vos moments ~s** en sus ratos libres

père [pɛʀ] nm padre m; **~ de famille** padre de familia; **le ~ Noël** el papa Noel

perfection [pɛʀfɛksjɔ̃] nf perfección f; **à la ~** a la perfección; **perfectionné, e** adj perfeccionado(-a);

perfectionner vt perfeccionar

perforatrice [pɛʀfɔʀatʀis] nf perforadora, taladradora

perforer [pɛʀfɔʀe] vt perforar

performant, e [pɛʀfɔʀmɑ̃, ɑ̃t] adj (ÉCON) competitivo(-a)

perfusion [pɛʀfyzjɔ̃] nf perfusión f; **être sous ~** tener puesto el gotero

péril [peʀil] nm peligro

périmé, e [peʀime] adj (conception, idéologie) pasado(-a) de moda; *(passeport, billet)* caducado(-a)

périmètre [peʀimɛtʀ] *nm* perímetro; *(zone)* superficie *f*

période [peʀjɔd] *nf* periodo; **périodique** *adj* periódico(-a) ♦ *nm* periódico

périphérique [peʀifeʀik] *adj* periférico(-a) ♦ *nm* (INFORM) periférico; *(AUTO):* **(boulevard) ~** carretera de circunvalación

périr [peʀiʀ] *vi* perecer

périssable [peʀisabl] *adj* perecedero(-a)

perle [pɛʀl] *nf* perla; *(de verre etc)* cuenta; *(de rosée, sang, sueur)* gota; *(erreur)* gazapo

permanence [pɛʀmanɑ̃s] *nf* permanencia; *(local)* guardia; **assurer une ~** *(service public, bureaux)* estar abierto(-a); **être de ~** estar de guardia; **en ~** permanentemente

permanent, e [pɛʀmanɑ̃, ɑ̃t] *adj* permanente; *(spectacle)* continuo(-a); **permanente** *nf* permanente *f*

perméable [pɛʀmeabl] *adj* permeable

permettre [pɛʀmɛtʀ] *vt* permitir; **~ à qn de faire qch** permitir a algn hacer algo; **se ~ (de faire) qch** permitirse (hacer) algo; **permettez!** ¡perdone!

permis, e [pɛʀmi, iz] *pp de* **permettre** ♦ *nm* permiso; **~ de chasse/pêche** licencia de caza/pesca; **~ de conduire** carnet *m* de conducir; **~ de séjour/travail** permiso de residencia/de trabajo

permission [pɛʀmisjɔ̃] *nf* permiso; **en ~** *(MIL)* de permiso; **avoir la ~ de faire qch** tener permiso para hacer algo

Pérou [peʀu] *nm* Perú *m*

perpétuel, le [pɛʀpetɥɛl] *adj* perpetuo(-a); **perpétuité:** à **perpétuité** *adj* a perpetuidad ♦ *adv* perpetuamente; **être condamné à perpétuité** estar condenado a cadena perpetua

perplexe [pɛʀplɛks] *adj* perplejo(-a)

perquisitionner [pɛʀkizisjɔne] *vi* registrar

perron [peʀɔ̃] *nm* escalinata

perroquet [peʀɔkɛ] *nm* loro

perruche [peʀyʃ] *nf* cotorra

perruque [peʀyk] *nf* peluca

persécuter [pɛʀsekyte] *vt* perseguir

persévérer [pɛʀsevere] *vi* perseverar

persil [pɛʀsi] *nm* perejil *m*

Persique [pɛʀsik] *adj:* **le golfe ~** el Golfo pérsico

persistant, e [pɛʀsistɑ̃, ɑ̃t] *adj* persistente

persister [pɛʀsiste] *vi* persistir; **~ à faire qch** empeñarse en hacer algo

personnage [pɛʀsɔnaʒ] *nm* personaje *m*

personnalité [pɛʀsɔnalite] *nf* personalidad *f*

personne [pɛʀsɔn] *nf* persona ♦ *pron* nadie; **~s** *nfpl* personas *fpl*; **il n'y a ~** no hay nadie; **10 €** **par ~** 10 € por persona; **en ~** en persona; **~ âgée** persona mayor; **personnel, le** *adj* personal ♦ *nm (domestiques)* servidumbre *f*; *(employés)* plantilla; **personnellement** *adv* personalmente

perspective [pɛʀspɛktiv] *nf* perspectiva

perspicace [pɛʀspikas] *adj* perspicaz; **perspicacité** *nf* perspicacia

persuader [pɛʀsɥade] vt: ~ qn
(de qch/de faire qch)
persuadir a algn (de algo/de hacer
algo)

persuasif, -ive [pɛʀsɥazif, iv]
adj persuasivo(-a)

perte [pɛʀt] nf pérdida; (morale)
perdición f; **~s** nfpl (personnes
tuées) bajas fpl; **~s blanches**
flujo msg

pertinent, e [pɛʀtinɑ̃, ɑ̃t] adj
pertinente

perturbation [pɛʀtyʀbasjɔ̃] nf
perturbación f

perturber [pɛʀtyʀbe] vt perturbar

pervers, e [pɛʀvɛʀ, ɛʀs] adj,
nm/f perverso(-a)

pervertir [pɛʀvɛʀtiʀ] vt pervertir

pesant, e [pəzɑ̃, ɑ̃t] adj
pesado(-a)

pèse-personne [pɛzpɛʀsɔn] (pl
~~(s)) nm báscula

peser [pəze] vt pesar ♦ vi pesar;
(fig) tener peso; **~ sur** (fig)
abrumar

pessimiste [pesimist] adj, nm/f
pesimista m/f

peste [pɛst] nf (MÉD) peste f

pétale [petal] nm pétalo

pétanque [petɑ̃k] nf petanca

┌─────────────────────────┐
│ **pétanque** │
└─────────────────────────┘

Pétanque, que tiene sus orígenes
en el sur de Francia, es una
versión del juego de **boules**
practicada en diversos tipos de
terreno. De pie y con los pies
juntos, los jugadores lanzan bolas
de acero hacia un boliche de
madera.

pétard [petaʀ] nm petardo,
cohete m

péter [pete] (fam) vi (sauter)
estallar; (casser) romperse; (fam!)
tirarse pedos

pétillant, e [petijɑ̃, ɑ̃t] adj (eau)
con gas

pétiller [petije] vi (champagne)
burbujear; (yeux) chispear

petit, e [p(ə)ti, it] adj
pequeño(-a), chico(-a) (esp AM);
(personne, cri) bajo(-a); **~s** nmpl:
les tout~s los pequeñitos; **~ à
~** poco a poco; **~(e) ami(e)**
novio(-a); **~ déjeuner** desayuno;
~ four pastelillo; **~ pain**
panecillo; **~s pois** guisantes mpl,
arvejas fpl (AM), chícharos mpl
(MEX); **les ~es annonces**
anuncios mpl por palabras;
petite-fille (pl **petites-filles**)
nf nieta; **petit-fils** (pl **petits-
fils**) nm nieto

pétition [petisjɔ̃] nf petición
f

petits-enfants [pətizɑ̃fɑ̃] nmpl
nietos mpl

pétrin [petʀɛ̃] nm artesa; (fig):
être dans le ~ estar en un
apuro

pétrir [petʀiʀ] vt (argile,
cire) moldear; (pâte)
amasar

pétrole [petʀɔl] nm petróleo;
pétrolier, -ière adj
petrolero(-a) ♦ nm petrolero

┌─────────────────────────┐
│ MOT-CLÉ │
└─────────────────────────┘

peu [pø] adv **1** poco; **il boit peu**
bebe poco; **il est peu bavard** es
poco hablador; **peu avant/
après** poco antes/después;
depuis peu desde hace poco
2 (modifiant nom): **peu de**
poco(-a), poco(-as); (quantité):
peu d'espoir pocas esperanzas;
il y a peu d'arbres hay pocos

árboles; **pour peu de temps** por poco tiempo; **c'est (si) peu de chose** eso es (muy) poca cosa **3: peu à peu** poco a poco; **à peu près** *adv* más o menos; **à peu près 10 kg/10 euros** unos 10 kg/10 euros, como 10 kg/10 euros (AM)
♦ *nm* **1: le peu de gens qui** los pocos que; **le peu de courage qui nous restait** el poco valor que nos quedaba
2: un peu un poco; **un petit peu** un poquito; **un peu d'espoir** cierta esperanza; **essayez un peu !** ¡mire a ver!; **un peu plus/moins de** un poco más/menos de; **un peu plus et il ratait son train** un poco más y pierde el tren; **pour peu qu'il travaille, il réussira** a poco que trabaje, aprobará
♦ *pron*: **peu le savent** pocos lo saben; **avant** *ou* **sous peu** dentro de poco; **de peu: il a gagné de peu** ganó por poco; **il s'en est fallu de peu (qu'il ne le blesse)** faltó muy poco (para que lo hiriese); **éviter qch de peu** evitar algo por poco

peuple [pœpl] *nm* pueblo;
peupler *vt* poblar
peuplier [pøplije] *nm* álamo
peur [pœʀ] *nf* miedo; **avoir ~ (de qn/qch/de faire qch)** tener miedo (de *ou* a algn/algo/de hacer algo); **avoir ~ que** temer que; **faire ~ à qn** asustar a algn; **de ~ de/que** por miedo a/a que; **peureux, -euse** *adj* (*personne*) miedoso(-a); (*regard*) atemorizado(-a)
peut [pø] *vb voir* **pouvoir**
peut-être [pøtɛtʀ] *adv* quizá(s), a

lo mejor; **~~ bien (qu'il fera/est)** puede (que haga/sea); **~~ que** quizá(s), a lo mejor
phare [faʀ] *nm* faro; **se mettre en ~s, mettre ses ~s** poner la luz larga
pharmacie [faʀmasi] *nf* farmacia; (*produits, armoire*) botiquín *m*; **pharmacien, ne** *nm/f* farmacéutico(-a)
phénomène [fenɔmɛn] *nm* fenómeno; (*personne*) bicho raro
philosophe [filɔzɔf] *adj, nm/f* filósofo(-a)
philosophie [filɔzɔfi] *nf* filosofía
phobie [fɔbi] *nf* fobia
phoque [fɔk] *nm* foca
phosphorescent, e [fɔsfɔʀesɑ̃, ɑ̃t] *adj* fosforescente
photo [fɔto] *nf* (*abr de photographie*) foto ♦ *adj* (*abr de photographique*): **appareil/ pellicule ~** máquina/carrete *m* de fotos; **prendre (qn) en ~** hacer una foto (a algn); **faire de la ~** hacer fotografía; **~ d'identité** foto de carnet; **photocopie** *nf* fotocopia; **photocopier** *vt* fotocopiar; **photocopieuse** *nf* fotocopiadora; **photographe** *nm/f* fotógrafo(-a); **photographie** *nf* fotografía; **photographier** *vt* fotografiar
phrase [fʀɑz] *nf* frase *f*
physicien, ne [fizisjɛ̃, jɛn] *nm/f* físico(-a)
physique [fizik] *adj* físico(-a) ♦ *nm* físico ♦ *nf* física; **physiquement** *adv* físicamente
pianiste [pjanist] *nm/f* pianista *m/f*
piano [pjano] *nm* piano; **pianoter** *vi* teclear; (*tapoter*) tamborilear

pic [pik] *nm* pico; (*ZOOL*) pájaro carpintero; **à ~** escarpado(-a); (*fig*): **arriver/tomber à ~** venir/caer de perilla

pichet [piʃɛ] *nm* jarro

picorer [pikɔʀe] *vt* picotear

pie [pi] *nf* (*ZOOL*) urraca

pièce [pjɛs] *nf* pieza; (*d'un logement*) habitación *f*; (*THÉÂTRE*) obra; (*de monnaie*) moneda; (*COUTURE*) parche *m*; **dix euros ~** diez euros la unidad; **vendre à la ~** vender por unidades; **travailler/payer à la ~** trabajar/cobrar a destajo; **maillot une ~** bañador *m*; **un deux-~s cuisine** apartamento con dos habitaciones y cocina; **~ à conviction** prueba de convicción; **~ d'identité: avez-vous une ~ d'identité?** ¿tiene usted algún documento de identidad?; **~ de rechange** pieza de recambio; **~s détachées** piezas *fpl* de repuesto; **~ jointe** (*INFORM*) archivo adjunto; **~s justificatives** comprobante *msg*

pied [pje] *nm* pie *m*; (*ZOOL, d'un meuble, d'une échelle*) pata; **à ~** a pie; **à ~ sec** pie enjuto; **au ~ de la lettre** al pie de la letra; **avoir ~** hacer pie; **perdre ~** (*fig*) perder pie; **être sur ~ dès cinq heures** estar en pie desde las cinco; **mettre sur ~** (*entreprise*) poner en pie; **~ de vigne** cepa; **pied-noir** (*pl* **pieds-noirs**) *nm/f* francés nacido en Argelia

piège [pjɛʒ] *nm* trampa; **prendre au ~** coger en la trampa; **piéger** *vt* coger en la trampa; **lettre/voiture piégée** carta/coche *m* bomba *inv*

pierre [pjɛʀ] *nf* piedra; **~ tombale** lápida sepulcral;

pierreries *nfpl* pedrería

piétiner [pjetine] *vi* patalear; (*fig*) estancarse, atascarse ♦ *vt* (*aussi fig*) pisotear

piéton, ne [pjetɔ̃, ɔn] *nm/f* peatón *m/f*; **piétonnier, -ière** *adj* peatonal

pieu, x [pjø] *nm* estaca

pieuvre [pjœvʀ] *nf* pulpo

pieux, -euse [pjø, pjøz] *adj* piadoso(-a)

pigeon [piʒɔ̃] *nm* palomo

piger [piʒe] (*fam*) *vt, vi* pillar

pigiste [piʒist] *nm/f* (*journaliste*) periodista *m/f* que trabaja por líneas

pignon [piɲɔ̃] *nm* piñón *m*; (*d'un mur*) aguilón *m*

pile [pil] *nf* pila ♦ *adv* (*net, brusquement*) en seco; **à deux heures ~** a las dos en punto; **jouer à ~ ou face** jugar a cara o cruz

piler [pile] *vt* machacar

pilier [pilje] *nm* (*colonne, support, RUGBY*) pilar *m*

piller [pije] *vt* saquear

pilote [pilɔt] *nm* piloto; **~ d'essai/de chasse/de course/de ligne** piloto de pruebas/de caza/de carreras/civil; **piloter** *vt* pilotar

pilule [pilyl] *nf* píldora; **prendre la ~** tomar la píldora

piment [pimɑ̃] *nm* pimiento, ají *m* (*AM*); (*fig*) sal y pimienta; **pimenté, e** *adj* salpimentado(-a)

pin [pɛ̃] *nm* pino

pinard [pinaʀ] (*fam*) *nm* vino

pince [pɛ̃s] *nf* pinza; (*outil*) pinzas *fpl*; **~ à épiler** pinza de depilar; **~ à linge** pinza de la ropa

pincé, e [pɛ̃se] *adj* (*air*) forzado(-a)

pinceau, x [pɛ̃so] *nm* pincel *m*

pincée [pɛ̃se] *nf*: **une ~ de sel/poivre** una pizca de sal/pimienta

pincer [pɛ̃se] *vt* (*personne*) pellizcar; (*MUS: cordes*) puntear

pinède [pinɛd] *nf* pinar *m*

pingouin [pɛ̃gwɛ̃] *nm* pingüino

ping-pong [piŋpɔ̃g] (*pl ~~s*) *nm* ping-pong *m*

pinson [pɛ̃sɔ̃] *nm* pinzón *m*

pintade [pɛ̃tad] *nf* pintada

pion [pjɔ̃] *nm* (*ÉCHECS*) peón *m*; (*DAMES*) ficha

pionnier [pjɔnje] *nm* pionero(-a)

pipe [pip] *nf* pipa

piquant, e [pikɑ̃, ɑ̃t] *adj* punzante; (*saveur*) picante ♦ *nm* (*épine*) espina; (*fig*): **le ~** lo picante

pique [pik] *nf* pica; (*parole blessante*): **envoyer** *ou* **lancer des ~s à qn** tirar *ou* lanzar indirectas a algn ♦ *nm* (*CARTES*) picas *fpl* ♦ **~s** = espadas *fpl*

pique-nique [piknik] (*pl ~~s*) *nm* picnic *m*; **pique-niquer** *vi* ir de picnic

piquer [pike] *vt* picar; (*fam: voler*) birlar ♦ *vi* (*oiseau, avion*) bajar en picado

piquet [pike] *nm* estaca; **~ de grève** piquete *m* de huelga

piqûre [pikyr] *nf* (*gén*) picadura; (*MÉD*) inyección *f*; **faire une ~ à qn** poner una inyección a algn

pirate [pirat] *nm* pirata *m/f* ♦ *adj*: **émetteur ~** emisora pirata

pire [pir] *adj* (*comparatif*) peor; (*superlatif*): **le (la) ~** el (la) peor ♦ *nm*: **le ~ (de)** lo peor (de)

pis [pi] *nm* (*de vache*) ubre *f*; (*pire*): **le ~** lo peor ♦ *adj, adv* peor

piscine [pisin] *nf* piscina; **~ couverte/en plein air/olympique** piscina cubierta/al aire libre/olímpica

pissenlit [pisɑ̃li] *nm* cardillo

pistache [pistaʃ] *nf* pistacho

piste [pist] *nf* pista, rastro; (*sentier*) camino; (*d'un magnétophone*) banda; **~ cyclable** pista para ciclistas

pistolet [pistolɛ] *nm* pistola; **pistolet-mitrailleur** (*pl* **pistolets-mitrailleurs**) *nm* pistola ametralladora

piston [pistɔ̃] *nm* (*TECH*) pistón *m*; (*fig*) enchufe *m*; **pistonner** *vt* enchufar

piteux, -euse [pitø, øz] *adj* (*résultat*) deplorable; (*air*) lastimoso(-a)

pitié [pitje] *nf* piedad *f*; **faire ~** dar pena *ou* lástima; **il me fait ~** me da lástima; **avoir ~ de qn** compadecerse de algn

pitoyable [pitwajabl] *adj* lamentable

pittoresque [pitɔrɛsk] *adj* pintoresco(-a)

PJ [peʒi] *sigle f* (= *police judiciaire*) *voir* **police**

placard [plakar] *nm* (*armoire*) armario (empotrado)

place [plas] *nf* plaza; (*siège*) asiento; (*prix: au cinéma etc*) entrada; (*UNIV, emploi*) puesto; **en ~** en su sitio; **sur ~** en el sitio; **faire de la ~** hacer sitio; **faire ~ à qch** dar paso a algo; **ça prend de la ~** ocupa sitio; **à votre ~ ...** en su lugar ...; **à la ~ de** en lugar de; **il y a 20 ~s assises/debout** hay 20 plazas de asiento/de pie

placé, e [plase] *adj* (*HIPPISME*) clasificado(-a); **haut ~** (*fig*) bien situado(-a); **être bien/mal ~** (*objet*) estar bien/mal colocado(-a); (*spectateur*) estar bien/mal situado(-a); (*concurrent*)

tener buena/mala posición; **être
bien/mal ~ pour** estar en una
buena/mala posición para
placement [plasmã] *nm (emploi)*
colocación *f*; *(FIN)* inversión *f*
placer [plase] *vt (convive,
spectateur)* acomodar; *(chose)*
colocar; *(capital)* invertir
plafond [plafɔ̃] *nm* techo
plage [plaʒ] *nf* playa
plaider [plede] *vi (avocat)* pleitear;
(plaignant) litigar ♦ *vt (cause)*
defender; **~ coupable/non
coupable** declararse culpable/
inocente; **plaidoyer** [JUR, fig]
alegato
plaie [plɛ] *nf* herida
plaignant, e [plɛɲã, ãt] *vb voir*
plaindre ♦ *adj, nm/f* demandante
m/f
plaindre [plɛ̃dʀ] *vt* compadecer;
se ~ *vpr* quejarse
plaine [plɛn] *nf* llanura
plain-pied [plɛ̃pje]: **de ~~** *adv*
al mismo nivel
plainte [plɛ̃t] *nf* queja;
(gémissement) lamento; *(JUR)*:
porter ~ poner una denuncia
plaire [plɛʀ] *vi* gustar; **se ~** *vpr
(quelque part)* estar a gusto; **~ à**:
cela me plaît eso me gusta; **s'il
vous plaît** por favor
plaisance [plɛzãs] *nf (aussi:
navigation de ~)* navegación *f*
de recreo
plaisant, e [plɛzã, ãt] *adj*
agradable
plaisanter [plɛzãte] *vi* bromear;
plaisanterie *nf* broma
plaisir [plɛziʀ] *nm*: **le ~** el placer;
faire ~ à qn complacer a algn;
(suj: cadeau, nouvelle) agradar a
algn; **j'ai le ~ de ...** tengo el
gusto de ...; **pour le** *ou* **par** *ou*
pour son ~ por gusto

plaît [plɛ] *vb voir* **plaire**
plan, e [plã, an] *adj* plano(-a) ♦
nm (projet, ÉCON) plano *m*;
au premier/second ~ en
primer/segundo plano; **sur tous
les ~s** *(aspect)* en todos los
aspectos; **à l'arrière ~** en
segundo plano; **laisser/rester
en ~** dejar/quedar en suspenso; **~
d'eau** estanque *m*
planche [plãʃ] *nf* tabla; **~s** *nfpl*:
les ~s *(THÉÂTRE)* las tablas; **~ à
repasser** tabla de planchar; **~ (à
roulettes)** monopatín *m*; **~ à
voile** *(objet)* tabla de windsurfing;
(SPORT) windsurfing *m*
plancher [plãʃe] *nm* suelo
planer [plane] *vi (oiseau)* cernerse;
(avion) planear; **~ sur** cernerse
sobre
planète [planɛt] *nf* planeta *m*
planeur [planœʀ] *nm* planeador
m
planifier [planifje] *vt* planificar
planning [planiŋ] *nm*
programación *f*; **~ familial**
planificación *f* familiar
plant [plã] *nm* planta joven
plante [plãt] *nf* planta; *(ANAT)*: **~
du pied** planta del pie
planter [plãte] *vt* plantar; *(pieu)*
clavar; *(tente)* montar; *(:
abandonner)*: **~ là** dejar
plantado(-a)
plaque [plak] *nf* placa; *(d'ardoise,
de verre)* hoja; **~ chauffante**
placa calientaplatos; **~
minéralogique/
d'immatriculation** placa
mineralógica/de matrícula; **~ de
cuisson** quemador *m*
plaqué, e [plake] *nm (métal)*: **~
or/argent** chapado en oro/plata
plaquer [plake] *vt (bijou)* chapar;
(RUGBY) hacer un placaje a; *(fam:*

laisser tomber) dejar plantado(-a); (*aplatir*): **~ qch sur/contre** aplastar algo sobre/contra

plaquette [plakɛt] *nf* (*de chocolat, pilules*) tableta

plastique [plastik] *adj* plástico(-a) ♦ *nm* plástico; **plastiquer** *vt* volar con goma dos

plat, e [pla, at] *adj* llano(-a); (*ventre, poitrine*) plano(-a); (*banal*) anodino(-a) ♦ *nm* (CULIN: *mets*) plato; (: *récipient*) fuente *f*; **à ~** *adv* a lo largo ♦ *adj* (*pneu*) desinflado(-a); **à ~ ventre** boca abajo; **batterie à ~** batería descargada; **talons ~s** zapatos *mpl* planos

platane [platan] *nm* plátano

plateau, x [plato] *nm* bandeja; (GÉO) meseta; (CINÉ, TV) plató; **~ à fromage** tabla de quesos

plate-bande [platbɑ̃d] (*pl* **~s-~s**) *nf* arriate *m*

plate-forme [platfɔRm] (*pl* **~s-~s**) *nf* plataforma

platine [platin] *nm* platino ♦ *nf* platina ♦ *adj inv*: **cheveux/blond ~** cabello/rubio platino *inv*

plâtre [platR] *nm* yeso; (MÉD, *statue*) escayola; **avoir un bras dans le ~** tener un brazo escayolado

plein, e [plɛ̃, plɛn] *adj* lleno(-a); (*journée*) ocupado(-a); (*porte, roue*) macizo(-a); (*joues, formes*) relleno(-a); (*chienne, jument*) preñada ♦ *prép*: **avoir de l'argent ~ les poches** tener los bolsillos llenos de dinero ♦ *nm*: **faire le ~ (d'essence)** llenar el depósito de (gasolina); **à ~es mains** a manos llenas; **à ~ régime** al máximo; **à ~ temps, à temps ~** a tiempo completo; **en ~ air** al aire libre; **en ~ soleil**

a pleno sol; **en ~ mer** en altamar; **en ~ rue** en medio de la calle; **en ~ milieu** en medio; **en ~ jour/~e nuit** en pleno día/plena noche; **en ~ sur** de lleno sobre; **en avoir ~ le dos** (*fam*) estar hasta la coronilla; **~s pouvoirs** plenos poderes *mpl*

pleurer [plœʀe] *vt, vi* llorar; **~ sur** llorar por

pleurnicher [plœʀniʃe] *vi* lloriquear

pleurs [plœʀ] *nmpl*: **en ~** deshecho(-a) en lágrimas

pleut [plø] *vb voir* **pleuvoir**

pleuvoir [pløvwaʀ] *vb impers*: **il pleut** llueve ♦ *vi* (*fig*) llover; **il pleut des cordes** *ou* **à verse/à torrents** llueve a cántaros/torrencialmente

pli [pli] *nm* pliegue *m*; (*d'une jupe*) tabla; (*d'un pantalon*) raya; (*aussi*: **faux ~**) arruga; (ADMIN) carta; (CARTES) baza

pliant, e [plijɑ̃, plijɑ̃t] *adj* plegable ♦ *nm* silla de tijera

plier [plije] *vt* doblar; (*pour ranger*) recoger; (*genou, bras*) flexionar ♦ *vi* curvarse; (*céder*) ceder; **se ~ à** *vpr* doblegarse a

plisser [plise] *vt* arrugar; (*jupe*) hacerle tablas a, plisar

plomb [plɔ̃] *nm* plomo; (*d'une cartouche*) perdigón *m*; (ÉLEC) fusible *m*

plomberie [plɔ̃bʀi] *nf* fontanería, plomería (AM); (*installation*) cañería

plombier [plɔ̃bje] *nm* fontanero, plomero (AM), gasfiter *m* (CHI)

plonge [plɔ̃ʒ] (*fam*) *nf*: **faire la ~** fregar los platos

plongeant, e [plɔ̃ʒɑ̃, ɑ̃t] *adj* (*vue*) desde arriba; (*décolleté*) pronunciado(-a)

plongée [plɔ̃ʒe] *nf* inmersión *f*;

(SPORT: sans bouteilles) buceo; **~ (sous-marine)** submarinismo
plongeoir [plɔ̃ʒwaʀ] nm trampolín m
plongeon [plɔ̃ʒɔ̃] nm zambullida
plonger [plɔ̃ʒe] vi (personne) zambullirse; (sous-marin) sumergirse; (oiseau, avion) lanzarse en picado; (FOOTBALL) hacer una estirada ♦ vt sumergir; **plongeur, -euse** nm/f buceador(a); (avec bouteilles) submarinista m/f; (de restaurant): **travailler comme plongeur** fregar los platos
plu [ply] pp de **plaire; pleuvoir**
pluie [plɥi] nf lluvia; **une ~ de** (fig) una lluvia de
plume [plym] nf pluma
plupart [plypaʀ]: **la ~** pron la mayor parte; **la ~ du temps** la mayoría de las veces; **dans la ~ des cas** en la mayoría de los casos; **pour la ~** en su mayoría
pluriel [plyʀjɛl] nm plural m

MOT-CLÉ

plus [ply] adv 1 (forme négative): **ne ... plus** ya no; **je n'ai plus d'argent** ya no tengo dinero; **il ne travaille plus** ya no trabaja
2 [plys] (comparatif) más; **plus intelligent (que)** más inteligente (que); **plus d'intelligence/de possibilités (que)** más inteligencia/posibilidades (que); (superlatif): **le plus** el más; **c'est lui qui travaille le plus** es él quien más trabaja; **le plus grand** el más grande; **(tout) au plus** a lo sumo, a lo más
3 (davantage) más; **il travaille plus (que)** trabaja más (que); **plus il travaille, plus il est heureux** cuanto más trabaja, más feliz es; **il était plus de minuit**

era más de medianoche; **plus de 3 heures/4 kilos** más de 3 horas/4 kilos; **3 heures/kilos de plus que** 3 horas/kilos más que; **il a 3 ans de plus que moi** tiene 3 años más que yo; **de plus** (en supplément) de más; (en outre) además; **de plus en plus** cada vez más; **plus de pain** más pan; **sans plus** sin más; **3 kilos en plus** 3 kilos de más; **en plus de cela ...** además de eso ...; **d'autant plus** que tanto más cuando, más aún cuando; **qui plus est** y lo que es más; **plus ou moins** o menos; **ni plus ni moins** ni más ni menos
♦ prép: **4 plus 2** 4 más 2

plusieurs [plyzjœʀ] dét, pron varios(-as); **ils sont ~** son varios
plus-value [plyvaly] (pl **~~s**) nf (ÉCON) plusvalía
plutôt [plyto] adv más bien; **je ferais ~ ceci** haría más bien esto; **fais ~ comme ça** haz mejor así; **~ que (de) faire qch** en lugar de hacer algo; **~ grand/rouge** más bien grande/rojo
pluvieux, -euse [plyvjø, jøz] adj lluvioso(-a)
PME [peɛmə] sigle fpl (= petites et moyennes entreprises) ≃ PYME fsg (= pequeña y mediana empresa)
PMU [peɛmy] sigle m (= pari mutuel urbain) voir **pari**
PNB [peɛnbe] sigle m (= produit national brut) PNB m (= producto nacional bruto)
pneu, x [pnø] nm neumático, llanta (AM)
pneumonie [pnømɔni] nf neumonía
poche [pɔʃ] nf bolsillo; **de ~** de

bolsillo
pochette [pɔʃɛt] *nf (de timbres)* sobre *m*; *(d'aiguilles etc)* estuche *m*; *(sur veste)* pañuelo; **~ de disque** funda de discos
poêle [pwal] *nm* estufa ♦ *nf*: **~ (à frire)** sartén *f (m en AM)*
poème [pɔɛm] *nm* poema *m*
poésie [pɔezi] *nf* poesía
poète [pɔɛt] *nm* poeta *m*
poids [pwa] *nm* peso; *(pour peser)* pesa; *(SPORT)* pesas *fpl*; **vendre qch au ~** vender algo al peso; **prendre/perdre du ~** coger/ perder peso; **~ lourd** peso pesado; *(camion: aussi:* **PL)** camión *m* de carga pesada
poignant, e [pwaɲɑ̃, ɑ̃t] *adj* conmovedor(a)
poignard [pwaɲaʀ] *nm* puñal *m*; **poignarder** *vt* apuñalar
poigne [pwaɲ] *nf* fuerza; *(fig)* firmeza
poignée [pwaɲe] *nf* puñado; *(de couvercle, valise)* asa; *(tiroir)* tirador *m*; *(porte)* picaporte *m*; **~ de main** apretón *m* de manos
poignet [pwaɲɛ] *nm* muñeca; *(d'une chemise)* puño
poil [pwal] *nm* pelo; *(de pinceau, brosse)* cerda; **à ~** *(fam: tout nu)* en pelota; **au ~** *(parfait)* estupendo; **être de bon/ mauvais ~** *(fam)* estar de buenas/malas; **poilu, e** *adj* peludo(-a)
poinçonner [pwɛ̃sɔne] *vt (billet, ticket)* picar
poing [pwɛ̃] *nm* puño
point [pwɛ̃] *nm* punto; *(COUTURE, TAPISSERIE)* puntada; **faire le ~** *(NAUT)* determinar la posición; *(fig)* recapitular; **en tout ~** de todo punto; **sur le ~ de faire qch** a punto de hacer algo; **au ~ que**

hasta el punto que; **mettre au ~** poner a punto; *(appareil de photo)* enfocar; *(affaire)* precisar; **à ~** *(CULIN)* en su punto; **à ~ nommé** en el momento oportuno; **~ com** puntocom *f inv*; **~ d'eau** punto de agua; **~ d'exclamation/ d'interrogation** signo de exclamación/de interrogación; **~ de repère** punto de referencia; **~ de vente** punto de venta; **~ de vue** *(fig)* punto de vista; **~ faible** punto débil; **~ mort** punto muerto; **~s de suspension** puntos suspensivos
pointe [pwɛ̃t] *nf* punta; *(fig)*: **une ~ d'ail** una pizca de ajo; **être à la ~ de qch** estar en la vanguardia de algo; **sur la ~ des pieds** de puntillas; **en ~** *adv, adj* en punta; **de ~** *(industries etc)* de vanguardia; *(vitesse)* tope; **heures/jours de ~** horas *fpl*/ días *mpl* punta
pointer [pwɛ̃te] *vt* puntear; *(employés, ouvriers)* fichar; *(canon, doigt)* apuntar ♦ *vi (ouvrier, employé)* fichar
pointillé [pwɛ̃tije] *nm* línea de puntos
pointilleux, -euse [pwɛ̃tijø, øz] *adj* puntilloso(-a)
pointu, e [pwɛ̃ty] *adj* puntiagudo(-a); *(son, voix, fig)* agudo(-a)
pointure [pwɛ̃tyʀ] *nf* número
point-virgule [pwɛ̃viʀgyl] *(pl* **~s-~s)** *nm* punto y coma *m*
poire [pwaʀ] *nf* pera
poireau, x [pwaʀo] *nm* puerro
poirier [pwaʀje] *nm* peral *m*
pois [pwa] *nm* guisante *m*; *(sur une étoffe)* lunar *m*; **à ~** de lunares
poison [pwazɔ̃] *nm* veneno
poisseux, -euse [pwasø, øz] *adj*

pegajoso(-a)
poisson [pwasɔ̃] nm pez m;
(CULIN) pescado; (ASTROL): **P~s**
Piscis msg; **~ d'avril** inocentada;
~ rouge pez de colores;
poissonnerie nf pescadería;
poissonnier, -ière nm/f
pescadero(-a)
poitrine [pwatrin] nf pecho
poivre [pwavʀ] nm pimienta
poivron [pwavʀɔ̃] nm pimiento
morrón
polaire [pɔlɛʀ] adj polar
polar [pɔlaʀ] (fam) nm novela
policial ou policíaca
pôle [pol] nm (GÉO, ÉLEC) polo
poli, e [pɔli] adj (personne)
educado(-a), elegante
police [pɔlis] nf: **la ~** la policía;
(ASSURANCE): **~ d'assurance**
póliza de seguros; **~ judiciaire**
policía judicial; **~ secours**
servicio urgente de policía;
policier, -ière adj policial,
policíaco(-a) ♦ nm policía m/f,
agente m (AM); (aussi: **roman
policier**) novela policiaca
polio(myélite) [pɔljo(mjelit)] nf
poliomielitis f inv
polir [pɔliʀ] vt pulir
politesse [pɔlitɛs] nf cortesía
politicien, ne [pɔlitisjɛ̃, jɛn] nm/f
político(-a); (péj) politicastro(-a)
politique [pɔlitik] adj, nm/f
político(-a) ♦ nf política
pollen [pɔlɛn] nm polen m
polluant, e [pɔlɥɑ̃, ɑ̃t] adj, nm
contaminante m; **produit ~**
producto contaminante
polluer [pɔlɥe] vt contaminar;
pollution nf polución f
polo [pɔlo] nm polo
Pologne [pɔlɔɲ] nf Polonia
polonais, e adj polaco(-a)
♦ nm (LING) polaco ♦ nm/f:

Polonais, e polaco(-a)
poltron, ne [pɔltʀɔ̃, ɔn] adj
cobarde
polycopier [pɔlikɔpje] vt
multicopiar
Polynésie [pɔlinezi] nf Polinesia:
la ~ française la Polinesia
francesa
polyvalent, e [pɔlivalɑ̃, ɑ̃t] adj
polivalente
pommade [pɔmad] nf pomada
pomme [pɔm] nf manzana;
(pomme de terre): **un steak (~s)
frites** un filete con patatas
(fritas); **tomber dans les ~s**
(fam) darle a algn un patatús; **~
d'Adam** nuez f de Adán; **~ de
pin** piña; **~ de terre** patata,
papa (AM)
pommette [pɔmɛt] nf pómulo
pommier [pɔmje] nm manzano
pompe [pɔ̃p] nf (appareil) bomba;
(faste) pompa; **~ (à essence)**
surtidor m (de gasolina); **~s
funèbres** pompas fpl fúnebres;
pomper vt bombear
pompeux, -euse [pɔ̃pø, øz] (péj)
adj pomposo(-a)
pompier [pɔ̃pje] nm bombero
pompiste [pɔ̃pist] nm/f
encargado(-a) de una gasolinera
poncer [pɔ̃se] vt alisar con un
abrasivo
ponctuation [pɔ̃ktɥasjɔ̃] nf
puntuación f
ponctuel, le [pɔ̃ktɥɛl] adj
puntual
pondéré, e [pɔ̃deʀe] adj
ponderado(-a)
pondre [pɔ̃dʀ] vt (œufs) poner;
(fig: fam) parir
poney [pɔnɛ] nm poney m, poni
m
pont [pɔ̃] nm puente m; (NAUT)
cubierta; **pont-levis** (pl **ponts-**

levis) *nm* puente *m* levadizo

pop [pɔp] *adj inv* pop *inv*

populaire [pɔpylɛʀ] *adj* popular

popularité [pɔpylaʀite] *nf* popularidad *f*

population [pɔpylasjɔ̃] *nf* población *f*

populeux, -euse [pɔpylø, øz] *adj* populoso(-a)

porc [pɔʀ] *nm* (ZOOL) cerdo, chancho (AM); (CULIN) carne *f* de cerdo

porcelaine [pɔʀsəlɛn] *nf* porcelana

porc-épic [pɔʀkepik] (*pl* ~s-~s) *nm* puerco espín

porche [pɔʀʃ] *nm* porche *m*

porcherie [pɔʀʃəʀi] *nf* porqueriza

pore [pɔʀ] *nm* poro

porno [pɔʀno] *adj* (*abr de pornographique*) porno *inv*

port [pɔʀ] *nm* porte *m*; (NAUT) puerto; ~ **d'arme** (JUR) tenencia de armas

portable [pɔʀtabl] *adj* (*vêtement*) ponedero(-a); (*ordinateur etc*) portátil ♦ *nm* (*téléphone*) móvil *m*; (*ordinateur*) portátil *m*

portail [pɔʀtaj] *nm* portal *m*

portant, e [pɔʀtɑ̃, ɑ̃t] *adj*: **être bien/mal ~** (*personne*) tener buena/mala salud

portatif, -ive [pɔʀtatif, iv] *adj* portátil

porte [pɔʀt] *nf* puerta; **mettre qn à la ~** poner a algn en la calle; **faire du ~ à ~** (COMM) vender de puerta en puerta, vender a domicilio; **porte-avions** *nm inv* portaaviones *m inv*; **porte-bagages** *nm inv* portaequipajes *m inv*; **porte-bonheur** *nm inv* amuleto; **porte-clefs** *nm inv* llavero; **porte-documents** *nm inv*

cartera de mano, portafolio(s) *m* (AM)

porté, e [pɔʀte] *adj*: **être ~ sur qch** darle a algo; **portée** *nf* alcance *m*; (*d'une chienne etc*) camada; (MUS) pentagrama *m*; **à (la) portée (de)** al alcance de (de); **hors de portée (de)** fuera del alcance (de); **à portée de la main** al alcance de la mano; **à portée de voix** a poca distancia

porte...: portefeuille *nm* cartera; (POL) cartera (ministerial); **portemanteau, x** *nm* perchero; **porte-monnaie** *nm inv* monedero; **porte-parole** *nm inv* portavoz *m*, vocero(-a) (AM)

porter [pɔʀte] *vt* llevar; (: *responsabilité*) cargar con; (*suj: jambes*) sostener ♦ *vi* (fig) surtir efecto; **se** ~ *vpr*: **se** ~ **bien/mal** encontrarse bien/mal; ~ **sur** tratar de; ~ **secours/assistance à qn** prestar socorro/asistencia a algn; ~ **bonheur à qn** traer buena suerte a algn; ~ **une somme sur un registre** asentar una cantidad en un registro; ~ **atteinte à (l'honneur/la réputation de qn)** atentar contra (el honor/la reputación de algn); **se faire ~ malade** declararse enfermo(-a); ~ **son attention/regard sur** fijar su atención/mirada sobre; ~ **à croire** llevar a pensar

porteur, -euse [pɔʀtœʀ, øz] *nm* (*de bagages*) mozo de equipaje; (COMM: *d'un chèque*) portador *m*

porte-voix [pɔʀtəvwa] *nm inv* megáfono

portier [pɔʀtje] *nm* portero

portière [pɔʀtjɛʀ] *nf* puerta

portion [pɔʀsjɔ̃] *nf* (*part*) ración *f*; (*partie*) parte *f*

porto [pɔʀto] *nm* oporto

portrait [pɔʀtʀɛ] *nm* retrato;
portrait-robot (*pl* **portraits-robots**) *nm* retrato robot

portuaire [pɔʀtɥɛʀ] *adj*
portuario(-a)

portugais, e [pɔʀtyɡɛ, ɛz] *adj*
portugués(-esa) ♦ *nm* (LING)
portugués *m* ♦ *nm/f*: **P~, e**
portugués(-esa)

Portugal [pɔʀtyɡal] *nm* Portugal
m

pose [poz] *nf* (*de moquette*)
instalación *f*; (*de rideau, papier
peint*) colocación *f*; (*position*)
postura; (**temps de**) **~** (PHOTO)
(tiempo de) exposición *f*

posé, e [poze] *adj* comedido(-a)

poser [poze] *vt* poner; (*moquette,
carrelage*) instalar; (*rideaux, papier
peint*) colocar; (*question*) hacer;
(*problème*) plantear; **se ~** *vpr*
(*oiseau, avion*) posarse; (*question*)
plantearse

positif, -ive [pozitif, iv] *adj*
positivo(-a)

position [pozisjɔ̃] *nf* posición *f*;
(*posture*) postura; (*métier*) cargo;
**être dans une ~ difficile/
délicate** estar en una situación
difícil/delicada; **prendre ~** tomar
posiciones

posologie [pozɔlɔʒi] *nf* posología

posséder [posede] *vt* poseer;
(*qualité*) estar dotado(-a) de;
(*métier, langue*) dominar, conocer
a fondo; **possession** *nf*
posesión *f*

possibilité [posibilite] *nf*
posibilidad *f*; **~s** *nfpl* (*moyens*)
medios *mpl*; (*potentiel*)
posibilidades *fpl*

possible [posibl] *adj* posible;
(*projet*) realizable ♦ *nm*: **faire
(tout) son ~** hacer (todo) lo (que

sea) posible; **il est ~ que** es
posible que; **le plus/moins de
livres ~** el mayor/menor número
de libros posible; **le plus/moins
d'eau ~** la mayor/menor
cantidad de agua posible;
aussitôt *ou* **dès que ~** en
cuanto sea posible

postal, e, -aux [pɔstal, o] *adj*
postal

poste [pɔst] *nf* (*service*) correo;
(*administration*) correos *mpl*;
(*bureau*) oficina de correos ♦ *nm*
(MIL) puesto; (*charge*) cargo; (*de
radio, télévision*) aparato; (TÉL)
extensión *f*; **~s** *nfpl*: **agent/
employé des ~s** agente *m/*
empleado de correos; **mettre à
la ~** echar al correo; **~ (de
police)** *nm* puesto de policía); **~
restante** *nf* lista de correos

poster¹ [pɔste] *vt* (*lettre*) echar al
correo

poster² [pɔstɛʀ] *nm* póster *m*

postérieur, e [pɔsteʀjœʀ] *adj*
posterior ♦ *nm* (*fam*) trasero

postuler [pɔstyle] *vt* solicitar

pot [po] *nm* (*récipient*) cacharro;
(*en métal*) bote *m*; (*fam: chance*):
avoir du ~ tener potra; **boire** *ou*
prendre un ~ (*fam*) tomar una
copa; **~ d'échappement** (AUTO)
silenciador *m*

potable [pɔtabl] *adj* potable

potage [pɔtaʒ] *nm* sopa;

potager, -ère [pɔtaʒe, ɛʀ] *adj*
hortícola; (**jardin**) **potager** huerto

pot-au-feu [pɔtofø] *nm inv*
cocido

pot-de-vin [podvɛ̃] (*pl* **~s-~-~**)
nm gratificación *f*

pote [pɔt] (*fam*) *nm* amigo,
compadre *m* (AM), manito (MEX)

poteau, x [pɔto] *nm* poste *m*; **~
indicateur** poste indicador

potelé, e [pɔt(ə)le] *adj* rollizo(-a)

potentiel, le [pɔtɑ̃sjɛl] *adj, nm* potencial *m*

poterie [pɔtʀi] *nf* (*fabrication*) alfarería; (*objet*) objeto de barro, cerámica

potier [pɔtje] *nm* alfarero

potiron [pɔtiʀɔ̃] *nm* calabaza *f*

pou, x [pu] *nm* piojo

poubelle [pubɛl] *nf* cubo *ou* bote *m* (*AM*) de la basura

pouce [pus] *nm* pulgar *m*

poudre [pudʀ] *nf* polvo; (*fard*) polvos *mpl*; (*explosif*) pólvora; **en ~: lait en ~** leche *f* en polvo; **poudreuse** *nf* nieve *f* en polvo; **poudrier** *nm* polvera

pouffer [pufe] *vi*: **~ (de rire)** partirse de risa

poulailler [pulaje] *nm* (*aussi* THÉÂTRE) gallinero

poulain [pulɛ̃] *nm* potro; (*fig*) pupilo

poule [pul] *nf* gallina

poulet [pulɛ] *nm* pollo; (*fam*) poli *m*

poulie [puli] *nf* polea

pouls [pu] *nm* pulso; **prendre le ~ de qn** tomar el pulso a algn

poumon [pumɔ̃] *nm* pulmón *m*

poupée [pupe] *nf* muñeca

MOT-CLÉ

pour [puʀ] *prép* **1** (*destination, temps*): **elle est partie pour Paris** se ha ido a París; **le train pour Séville** el tren para *ou* a Sevilla; **j'en ai pour une heure** tengo para una hora; **il faut le faire pour après les vacances** hay que hacerlo para después de vacaciones; **pour toujours** para siempre

2 (*au prix de, en échange de*) por; **il l'a acheté pour 5 €** lo compró por 5 €; **donnez-moi pour 200 € d'essence** deme 200 € de gasolina; **je te l'échange pour ta montre** te lo cambio por tu reloj

3 (*en vue de, intention, en faveur de*): **pour le plaisir** por gusto; **pour ton anniversaire** para tu cumpleaños; **je le fais pour toi** lo hago por ti; **pastilles pour la toux** pastillas *fpl* para la tos; **pour que** para que; **pour faire** para hacer; **pour quoi faire?** ¿para qué?; **je suis pour la démocratie** estoy por la democracia

4 (*à cause de*): **fermé pour (cause de) travaux** cerrado por obras; **c'est pour cela que je le fais** por eso lo hago; **être pour beaucoup dans qch** influir mucho en algo; **ce n'est pas pour dire, mais ...** (*fam*) no es por nada pero ...; **pour avoir fait** por haber hecho

5 (*à la place de*): **il a parlé pour moi** habló por mí

6 (*rapport, comparaison*): **mot pour mot** palabra por palabra; **ça fait un an jour pour jour** hoy hace justamente un año; **10 pour cent** diez por ciento; **pour un Français, il parle bien suédois** para ser francés, habla bien el sueco

7 (*comme*): **la femme qu'il a eue pour mère** la mujer que tuvo por madre

8 (*point de vue*): **pour moi, il a tort** para mí que se equivoca; **pour ce qui est de ...** por lo que se refiere a ...; **pour autant que je sache** que yo sepa

♦ *nm*: **le pour et le contre** los pros y los contras

pourboire [puʀbwaʀ] *nm* propina

pourcentage [puʀsɑ̃taʒ] *nm* porcentaje *m*

pourchasser [puʀʃase] *vt* perseguir

pourparlers [puʀpaʀle] *nmpl* negociaciones *fpl*

pourpre [puʀpʀ] *adj* púrpura

pourquoi [puʀkwa] *adv, conj* por qué ♦ *nm*: **le ~ (de)** el porqué (de)

pourri, e [puʀi] *adj* podrido(-a)

pourrir [puʀiʀ] *vi* podrirse ♦ *vt* pudrir; (*fig: corrompre: personne*) corromper; **pourriture** *nf* podredumbre *f*

poursuite [puʀsɥit] *nf* persecución *f*

poursuivre [puʀsɥivʀ] *vt* perseguir; (*mauvais payeur*) acosar, perseguir; (*obséder*) perseguir, perseguir; (*continuer: voyage, études*) proseguir ♦ *vi* proseguir; **se ~** *vpr* seguirse; **~ qn en justice** demandar a *ou* querellarse contra algn

pourtant [puʀtɑ̃] *adv* sin embargo; **c'est ~ facile** sin embargo es fácil

pourtour [puʀtuʀ] *nm* (*d'un quadrilatère*) perímetro

pourvoir [puʀvwaʀ] *vt* (*COMM*): **~ qn en** proveer a algn de, suministrar a algn ♦ *vi*: **~ à** ocuparse de; (*emploi*) atender a; **~ qn de qch** proporcionar algo a algn; **~ qch de** equipar algo con; **pourvu, e** *pp de* **pourvoir** ♦ *adj*: **~ de** provisto(-a) de; **~ que** (*à condition que*) con tal que; **~ qu'il soit là!** (*espérons que*) ¡ojalá que esté!

pousse [pus] *nf* brote *m*; (*bourgeon*) botón *m*, yema

poussée [puse] *nf* (*pression, attaque*) empuje *m*; (*coup*) empujón *m*; (*MÉD*) acceso

pousser [puse] *vt* empujar; (*acculer*): **~ qn à qch/à faire qch** arrastrar *ou* empujar a algn a algo/a algn a hacer algo; (*cri*) lanzar, exhalar ♦ *vi* crecer; **se ~** *vpr* echarse a un lado; **faire ~** (*plante*) sembrar, plantar

poussette [puset] *nf* cochecito de niño

poussière [pusjɛʀ] *nf* (*la poussière*) polvo; (*une poussière*) mota; **poussiéreux, -euse** *adj* sucio(-a) de polvo; (*route*) polvoriento(-a)

poussin [pusɛ̃] *nm* pollito

poutre [putʀ] *nf* viga

pouvoir [puvwaʀ] *nm* poder *m*; **le ~** el poder; **les ~s public** los poderes públicos; **~ calorifique** poder calorífico; **~ d'achat** poder adquisitivo ♦ *vt, vb semi-aux, vb impers* poder; **~** *vi*: **il se peut que** puede ser que; **je me porte on ne peut mieux** me encuentro perfectamente; **je ne peux pas te réparer** no puedo arreglarlo; **tu ne peux pas savoir!** ¡no puedes imaginarte!; **je n'en peux plus** no puedo más; **je ne peux pas dire le contraire** no puedo decir lo contrario; **j'ai fait tout ce que j'ai pu** hice todo lo que pude; **qu'est-ce que je pouvais bien faire?** ¿qué iba a *ou* podía hacer yo?; **il aurait pu le dire!** ¡podría haberlo dicho!; **vous pouvez aller au cinéma** podéis ir al cine; **il a pu avoir un accident** pudo haber un accidente; **il peut arriver que** puede suceder que; **il pourrait pleuvoir** puede que llueva

prairie [pʀɛʀi] *nf* pradera

praline [pʀalin] *nf (bonbon)* garapiñado

praticable [pʀatikabl] *adj (chemin)* transitable

pratiquant, e [pʀatikɑ̃, ɑ̃t] *adj* practicante

pratique [pʀatik] *nf* práctica ♦ *adj* práctico(-a); **pratiquement** *adv (dans la pratique)* de una manera práctica; *(à peu près)* prácticamente; **pratiquer** *vt* practicar; *(métier)* ejercer; *(intervention)* efectuar, realizar

pré [pʀe] *nm* prado

préados [pʀeado] *nmpl* preadolescentes *mpl*

préalable [pʀealabl] *adj* previo(-a) ♦ *nm*: **au ~ de** antemano

préambule [pʀeɑ̃byl] *nm* preámbulo; **sans ~** sin preámbulos

préau, x [pʀeo] *nm (d'une cour d'école)* cobertizo

préavis [pʀeavi] *nm*: **~ (de licenciement)** notificación *f* (de despido); **communication avec ~** *(TÉL)* llamada con aviso

précaution [pʀekosjɔ̃] *nf* precaución *f; (prudence)* atención *f;* **avec/sans ~** con/sin precaución; **par ~** por precaución

précédemment [pʀesedamɑ̃] *adv* anteriormente

précédent, e [pʀesedɑ̃, ɑ̃t] *adj* precedente, anterior ♦ *nm* precedente *m;* **sans ~** sin precedentes; **le jour ~** el día antes

précéder [pʀesede] *vt* preceder; **elle m'a précédé de**

quelques minutes llegó unos minutos antes que yo

prêcher [pʀeʃe] *vt (REL)*: **~ l'Evangile** predicar el Evangelio

précieux, -euse [pʀesjø, jøz] *adj* precioso(-a); *(temps, qualités)* valioso(-a), importante; *(littérature, style)* preciosista

précipice [pʀesipis] *nm* precipicio

précipitamment [pʀesipitamɑ̃] *adv* precipitadamente

précipitation [pʀesipitasjɔ̃] *nf (hâte)* precipitación *f;* **~s** *nfpl (MÉTÉO)*: **~s (atmosphériques)** precipitaciones *fpl*

précipité, e [pʀesipite] *adj (respiration)* jadeante; *(démarche, entreprise)* precipitado(-a)

précipiter [pʀesipite] *vt (faire tomber)* arrojar, tirar; *(événements)* precipitar; **se ~** *vpr (événements)* precipitarse; **se ~ sur/vers** lanzarse sobre/hacia

précis, e [pʀesi, iz] *adj* conciso(-a); *(vocabulaire)* conciso(-a), preciso(-a); *(heure)* preciso(-a), exacto(-a); *(tir, mesures)* exacto(-a) ♦ *nm* compendio; **précisément** *adv (avec précision)* de manera precisa; *(dans une réponse)* exactamente; **préciser** *vt* precisar; **se préciser** *vpr* precisarse, concretarse; **précision** *nf* precisión *f; (détail)* exactitud *f*

précoce [pʀekɔs] *adj* precoz

préconçu, e [pʀekɔ̃sy] *(péj) adj* preconcebido(-a)

préconiser [pʀekɔnize] *vt* preconizar

prédécesseur [pʀedesesœʀ] *nm* predecesor *m*

prédilection [pʀedileksjɔ̃] *nf*: **avoir une ~ pour qn/qch** tener predilección por algn/algo; **de ~**

favorito(-a), preferido(-a)
prédire [predir] *vt (événement improbable)* predecir, vaticinar
prédominer [predɔmine] *vi* predominar
préembauche [preãboʃ] *nf inv* precontratación *f*
préface [prefas] *nf* prólogo
préfecture [prefektyr] *nf* prefectura, ≈ gobierno civil; *(ville)* capital *f* de departamento; **~ de police** dirección *f* general de policía de París
préférable [preferabl] *adj* preferible
préféré, e [prefere] *adj* preferido(-a) ♦ *nm/f* favorito(-a)
préférence [preferãs] *nf* preferencia; **de ~** preferentemente
préférer [prefere] *vt*: **~ qch/qn (à)** preferir algo/a algn (a); **~ faire qch** preferir hacer algo; **je préférerais du thé** preferiría té
préfet [prefe] *nm* prefecto, ≈ gobernador *m* civil
préhistorique [preistɔrik] *adj* prehistórico(-a)
préjudice [preʒydis] *nm* perjuicio; **porter ~ à qch/à qn** perjudicar algo/a algn
préjugé [preʒyʒe] *nm* prejuicio; **avoir un ~ contre qn/qch** tener prejuicios contra algn/algo
prélasser [prelase]: **se ~** *vpr* relajarse
prélèvement [prelevmã] *nm* extracción *f*, toma; **faire un ~ de sang** hacer una extracción de sangre
prélever [prel(ǝ)ve] *vt (échantillon)* tomar, sacar; **~ (sur)** *(retirer)* sacar de; *(déduire)* descontar de, deducir de
prématuré, e [prematyre] *adj, nm/f* prematuro(-a)

premier, -ière [prǝmje, jer] *adj* primero(-a); *(avant un nom masculin)* primer ♦ *nm (premier étage)* primero ♦ *nf (vitesse, classe)* primera; *(SCOL)* sexto año de educación secundaria en el sistema francés; *(THÉÂTRE, CINÉ)* estreno; **le ~ venu** el primero que venga; **le ~ de l'an** el primero de año, el día de año nuevo; **P~ ministre** primer(-a) ministro(-a); **premièrement** *adv* primeramente
prémonition [premɔnisjɔ̃] *nf* premonición *f*
prenant, e [prǝnã, ãt] *vb voir* **prendre**
prénatal, e [prenatal] *adj* prenatal
prendre [prãdr] *vt* coger, agarrar *(AM)*; *(aller chercher)* recoger; *(emporter avec soi)* llevar; *(poisson)* pescar; *(place)* ocupar; *(ÉCHECS, aliment)* comer; *(boisson)* beber; *(médicament, notes, mesures)* tomar; *(bain, douche)* darse; *(moyen de transport, route)* tomar, coger; *(essence)* echar; *(passager, personnel, élève)* coger, tomar *(AM)*; *(photographie)* sacar; *(engagement)* aceptar; *(attitude)* adoptar; *(de la valeur)* adquirir, ganar; *(vacances, repos)* tomar(se); *(coûter: temps)* requerir, llevar; *(: efforts, argent)* requerir ♦ *vi (pâte, peinture)* espesar; *(ciment)* fraguar; *(semis, vaccin)* agarrar; *(feu, incendie)* comenzar; *(bois, allumette)* prender; **~ la fuite** emprender la huida; **~ qn en sympathie/horreur** coger *ou* agarrar simpatía/odio a algn; **~ qn à témoin** poner a algn por testigo; **~ à gauche** coger *ou* tomar a la izquierda; **s'en ~ à** emprenderla con; **se ~ pour**

creerse; **se ~ d'affection pour
qn** cobrar afecto a algn; **s'y ~
bien/mal** hacerlo bien/mal
preneur [pʀənœʀ] *nm:* **je suis ~**
estoy dispuesto a comprar;
trouver ~ encontrar comprador
prénom [pʀenɔ̃] *nm* nombre *m*
(de pila)
préoccupation [pʀeɔkypasjɔ̃] *nf*
preocupación *f*
préoccuper [pʀeɔkype] *vt*
(*personne*) preocupar, inquietar
préparatifs [pʀepaʀatif] *nmpl*
preparativos *mpl*
préparation [pʀepaʀasjɔ̃] *nf*
preparación *f*
préparer [pʀepaʀe] *vt* preparar;
se ~ *vpr* prepararse; **se ~ (à
qch/à faire qch)** prepararse
(para algo/para hacer algo)
prépondérant, e [pʀepɔ̃deʀɑ̃,
ɑ̃t] *adj* preponderante
préposé, e [pʀepoze] *adj:* **~ (à
qch)** encargado(-a) (de algo) ♦
nm/f encargado(-a)
préposition [pʀepozisjɔ̃] *nf*
preposición *f*
près [pʀɛ] *adv* cerca; **~ de** (*lieu*)
cerca de; (*temps, quantité*)
alrededor de; **de ~** de cerca; **à 5
m/5 kg ~** 5 m/5 kg más o
menos; **à cela ~ que** salvo que,
excepto que
présage [pʀezaʒ] *nm* presagio
presbyte [pʀɛsbit] *adj* présbita,
hipermétrope
presbytère [pʀɛsbiteʀ] *nm* casa
parroquial
prescription [pʀɛskʀipsjɔ̃] *nf*
(*MÉD*) prescripción *f* facultativa,
receta
prescrire [pʀɛskʀiʀ] *vt* (*remède*)
recetar
présence [pʀezɑ̃s] *nf* presencia;
(*au bureau etc*) presencia,

asistencia
présent, e [pʀezɑ̃, ɑ̃t] *adj, nm*
presente *m*; **~s** *nmpl:* **les ~s**
(*personnes*) los presentes; **à ~ que**
ahora que
présentation [pʀezɑ̃tasjɔ̃] *nf*
presentación *f*
présenter [pʀezɑ̃te] *vt* presentar;
(*billet, pièce d'identité*) enseñar;
(*remettre: note*) entregar;
(*condoléances, félicitations,
remerciements*) dar ♦ *vi:* **~ mal/
bien** tener buena/mala presencia;
se ~ *vpr* presentarse; (*solution,
doute*) surgir; **se ~ bien/mal**
(*affaire*) presentarse bien/mal; **se
~ à l'esprit** venir a la cabeza
préservatif [pʀezeʀvatif] *nm*
preservativo
préserver [pʀezeʀve] *vt:* **~
qch/qn de** (*protéger*) preservar
ou proteger algo/a algn de
président [pʀezidɑ̃] *nm*
presidente *m*; **~ directeur
général** director *m* gerente;
présidentielles *nfpl* (*élections*)
elecciones *fpl* presidenciales
présider [pʀezide] *vt* presidir; **~
à qch** presidir algo
presque [pʀɛsk] *adv* casi; **~
tous/rien** casi todos/nada; **il n'a
~ pas d'argent** casi no tiene
dinero, apenas tiene dinero
presqu'île [pʀɛskil] *nf* península
pressant, e [pʀesɑ̃, ɑ̃t] *adj*
apremiante; (*besoin*) acuciante
presse [pʀɛs] *nf* prensa
pressé, e [pʀese] *adj* (*personne*)
apresurado(-a), apurado(-a) (*AM*);
(*lettre, besogne*) urgente; **orange
~** zumo de naranja
pressentiment [pʀesɑ̃timɑ̃] *nm*
presentimiento
pressentir [pʀesɑ̃tiʀ] *vt* presentir
presse-papiers [pʀɛspapje] *nm*

inv pisapapeles *m inv*

presser [prese] *vt* (*fruit*) exprimir; (*éponge*) escurrir; (*interrupteur, bouton*) pulsar ♦ *vi* (*être urgent*) urgir, correr prisa; **se ~** *vpr* (*se hâter*) darse prisa, apurarse (*AM*); **le temps presse** el tiempo apremia; **rien ne presse** no hay prisa; **~ le pas** *ou* **l'allure** aligerar (el paso)

pressing [presiŋ] *nm* (*magasin*) tintorería

pression [presjɔ̃] *nf* presión *f*; (*bouton*) automático; **faire ~ sur qn/qch** ejercer presión sobre algn/algo; **sous ~** a presión; (*fig*) presionado(-a); **~ artérielle** tensión *f* arterial

prestataire [prestatɛʀ] *nm/f* beneficiario(-a); **~ de services** (*COMM*) prestador *m* de servicios

prestation [prɛstasjɔ̃] *nf* (*allocation*) prestación *f*, ayuda; (*d'une entreprise*) contribución *f*; (*d'un joueur, artiste, homme politique*) actuación *f*

prestidigitateur, -trice [prɛstidiʒitatœʀ, tʀis] *nm/f* prestidigitador(-a)

prestige [prɛstiʒ] *nm* prestigio; **prestigieux, -euse** *adj* prestigioso(-a)

présumer [prezyme] *vt*: **~ que** presumir que

prêt, e [pʀɛ, pʀɛt] *adj* listo(-a), presto(-a) ♦ *nm* préstamo; **prêt-à-porter** (*pl* **prêts-à-porter**) *nm* prêt-à-porter *f*

prétendre [pʀetɑ̃dʀ] *vt* (*avoir la ferme intention de*) pretender; (*affirmer*): **~ que** mantener que; **~ à** aspirar a; **prétendu, e** *adj* supuesto(-a)

prétentieux, -euse [pʀetɑ̃sjø, jøz] *adj* presuntuoso(-a)

prétention [pʀetɑ̃sjɔ̃] *nf* pretensión *f*

prêter [pʀete] *vt* (*livres, argent*): **~ qch (à)** prestar algo (a) ♦ *vi*: **~ à**: **~ aux commentaires/à équivoque/à rire** prestarse a comentarios/a equívoco/a risa; **se ~ à qch** prestarse a algo; **~ assistance à** prestar socorro a; **~ attention/serment** prestar atención/juramento; **~ l'oreille** aguzar el oído

prétexte [pʀetɛkst] *nm* pretexto; **sous aucun ~** bajo ningún pretexto; **prétexter** vt poner el pretexto de

prêtre [pʀɛtʀ] *nm* sacerdote *m*

preuve [pʀœv] *nf* prueba; **faire ~ de** dar pruebas de; **faire ses ~s** dar prueba de sus aptitudes

prévaloir [pʀevalwaʀ] *vi* prevalecer

prévenant, e [pʀev(ə)nɑ̃, ɑ̃t] *adj* atento(-a)

prévenir [pʀev(ə)niʀ] *vt* prevenir; (*besoins, etc*) anticiparse a; **~ qn (de qch)** (*avertir*) prevenir a algn (de algo)

préventif, -ive [pʀevɑ̃tif, iv] *adj* preventivo(-a)

prévention [pʀevɑ̃sjɔ̃] *nf* prevención *f*; **~ routière** seguridad *f* vial

prévenu, e [pʀev(ə)ny] *nm/f* preso(-a) ♦ *adj*: **être ~ contre qn** estar prevenido(-a) contra algn

prévision [pʀevizjɔ̃] *nf*: **~s** previsión *f*; **en ~ de l'orage** en caso de que haya tormenta; **~s météorologiques** previsión meteorológica

prévoir [pʀevwaʀ] *vt* prever; **prévu pour 4 personnes** con cabida para 4 personas; **prévu pour 10 h** previsto para las 10;

prévoyant, e *vb voir* **prévoir ♦**
adj prevenido(-a), precavido(-a)
prévu [prevy] *pp de* **prévoir**
prier [prije] *vi* rezar ♦ *vt* rogar;
(REL) rezar; **se faire ~** hacerse
rogar; **je vous en prie** *(allez-y)*
pase por favor; *(de rien)* de nada;
prière *nf* oración *f*; **"prière de
faire/ne pas faire ..."** "se
ruega hacer/no hacer ..."
primaire [primer] *adj*
primario(-a); *(péj)* primitivo(-a) ♦
nm (SCOL: *aussi*): **enseignement
~**): **le ~** ≃ primera etapa de la
educación primaria
prime [prim] *nf (bonification,
ASSURANCE, BOURSE)* prima; *(subside)*
ayuda; *(COMM: cadeau)*
bonificación *f* ♦ *adj*: **de ~ abord**
de entrada; **primer** *vt
(récompenser)* premiar ♦ *vi* primar
primeurs [primœr] *nfpl (fruits,
légumes)* frutos *mpl* tempranos
primevère [primver] *nf*
primavera
primitif, -ive [primitif, iv] *adj*
primitivo(-a)
primordial, e, -aux
[primɔrdjal, jo] *adj* primordial
prince [prɛ̃s] *nm* príncipe *m*;
princesse *nf* princesa
principal, e, -aux [prɛ̃sipal, o]
adj principal ♦ *nm (SCOL)* director
m
principe [prɛ̃sip] *nm* principio;
pour le ~ por principios; **de/
en/par ~** de/en/por principio
printemps [prɛ̃tɑ̃] *nm* primavera
priorité [prijɔrite] *nf* prioridad *f*;
~ à droite prioridad a la derecha
pris, e [pri, priz] *pp de* **prendre**
♦ *adj (place, journée)* ocupado(-a);
(billets) sacado(-a); **avoir le nez
~/la gorge ~e** *(MÉD)* tener la
nariz/la garganta irritada

prise [priz] *nf (d'une ville)* toma;
(PÊCHE, CHASSE) presa; *(ÉLEC)*
conexión *f*; *(fiche)* enchufe *m*;
être aux ~s avec qn
enfrentarse con algn; **~ de
courant** conexión; **~ de sang**
toma de sangre; **~ de terre** toma
de tierra; **~ de vue** (PHOTO) toma
de vista; **~ en charge** *(par un
taxi)* bajada de bandera; **~
multiple** ladrón *m*
priser [prize] *vt (tabac)* inhalar;
(estimer) apreciar
prison [prizɔ̃] *nf* cárcel *f*, prisión
f; (MIL) prisión militar; **faire de/
risquer la ~** estar en/correr el
riesgo de ir a la cárcel;
prisonnier, -ière *nm/f*
preso(-a); *(soldat, otage)*
prisionero(-a)
privé, e [prive] *adj* privado(-a); **~
de** privado(-a) de; **en ~** en
privado
priver [prive] *vt* privar; **se ~ vpr:
(ne pas) se ~** (no) privarse
(de)
privilège [privilɛʒ] *nm* privilegio
prix [pri] *nm* precio; *(récompense)*
premio; **au ~ fort** a precio más
alto; **acheter qch à ~ d'or**
comprar algo a precio de oro;
hors de ~ carísimo(-a); **à aucun
~** por nada del mundo; **à tout ~**
cueste lo que cueste
probable [prɔbabl] *adj* probable;
probablement *adv*
probablemente
problème [prɔblɛm] *nm*
problema *m*
procédé [prɔsede] *nm* proceso;
(comportement) comportamiento
procéder [prɔsede] *vi* proceder;
~ à (JUR) pasar a
procès [prɔse] *nm* (JUR) juicio;
être en ~ avec qn estar en

pleito con algn

processus [prɔsesys] *nm*
proceso

procès-verbal [prɔsevɛrbal] (*pl*
~-verbaux) *nm* (*constat*)
atestado; (*aussi*: **P.V.**) multa;
(*d'une réunion*) acta

prochain, e [prɔʃɛ̃, ɛn] *adj*
próximo(-a) ♦ *nm* prójimo; **la ~e**
fois la próxima vez; **la semaine**
~e la semana que viene;
prochainement *adv* pronto; (*au*
cinéma) próximamente

proche [prɔʃ] *adj* (*ami*)
cercano(-a), próximo(-a); **~s** *nmpl*
(*parents*) familiares *mpl*; **être ~**
(de) estar cerca (de); (*fig: parent*)
estar unido(-a) a

proclamer [prɔklame] *vt*
declarar; (*la république, son*
innocence) proclamar

procuration [prɔkyrasjɔ̃] *nf*
poder *m*

procurer [prɔkyre] *vt* (*fournir*)
proporcionar; (*causer*) dar; **se ~**
vpr conseguir; **procureur** *nm*:
procureur (de la République)
≃ fiscal *m*

prodige [prɔdiʒ] *nm* prodigio;
prodiguer *vt* prodigar

producteur, -trice [prɔdyktœr,
tris] *adj, nm/f* productor(a-)

productif, -ive [prɔdyktif, iv]
adj productivo(-a)

production [prɔdyksjɔ̃] *nf*
producción *f*

productivité [prɔdyktivite] *nf*
productividad *f*

produire [prɔdɥir] *vt* producir;
(*ADMIN, JUR: documents, témoins*)
presentar

produit, e [prɔdɥi, it] *pp de*
produire ♦ *nm* (*profit*)
rendimiento; **~ d'entretien**
producto de limpieza

prof [prɔf] *abr* (= *professeur*) prof.
(= *profesor*)

proférer [prɔfere] *vt* proferir

professeur [prɔfesœr] *nm*
profesor(a); (*titulaire d'une chaire*)
catedrático(-a); **professeure** *nf*
(*esp CANADA*) = **professeur**

profession [prɔfesjɔ̃] *nf*
profesión *f*; **"sans ~"** "sin profesión"; **professionnel, le** *adj*
profesional ♦ *nm/f* profesional *m/f*

profil [prɔfil] *nm* perfil *m*; **de ~**
de perfil

profit [prɔfi] *nm* (*avantage*)
provecho; (*COMM, FIN*) beneficio;
au ~ de qn/qch en beneficio de
algn/algo; **tirer** *ou* **retirer ~ de**
qch sacar provecho de algo;
profitable *adj* provechoso(-a);
profiter: profiter de *vt ind*
aprovecharse de; (*lecture*) sacar
provecho de; (*occasion*)
aprovechar

profond, e [prɔfɔ̃, ɔ̃d] *adj*
profundo(-a); (*trou, écaux*)
hondo(-a); **profondément** *adv*
profundamente; **profondeur** *nf*
profundidad *f*

programme [prɔgram] *nm*
programa *m*; **programmer** *vt*
programar; **programmeur,**
-euse *nm/f* (*INFORM*)
programador(a)

progrès [prɔgrɛ] *nm* progreso,
avance *m*; **faire des/être en ~**
hacer progresos; **progresser** *vi*
(*mal etc*) avanzar; (*élève, recherche*)
progresar; **progressif, -ive** *adj*
progresivo(-a)

proie [prwa] *nf* presa

projecteur [prɔʒɛktœr] *nm* (*de*
théâtre, cirque) foco; (*de films,*
photos) proyector *m*

projectile [prɔʒɛktil] *nm*
proyectil *m*

projection [prɔʒɛksjɔ̃] nf
proyección f

projet [prɔʒɛ] nm proyecto; **~ de
loi** proyecto de ley; **projeter** vt
proyectar; (jeter) lanzar; (envisager)
planear

prolétaire [prɔletɛr] nm
proletario(-a)

prolongement [prɔlɔ̃ʒmɑ̃] nm
prolongación f

prolonger [prɔlɔ̃ʒe] vt prolongar;
(délai) prorrogar; **se ~** vpr
prolongarse

promenade [prɔm(ə)nad] nf
paseo; **faire une ~** dar un paseo

promener [prɔm(ə)ne] vt dar un
paseo a; (doigts, main) recorrer;
se ~ vpr pasearse

promesse [prɔmɛs] nf promesa

promettre [prɔmɛtr] vt, vi
prometer; **~ à qn de faire qch**
prometer a algn hacer algo

promiscuité [prɔmiskɥite] nf
promiscuidad f

promontoire [prɔmɔ̃twar] nm
promontorio

promoteur, -trice [prɔmɔtœr,
tris] nm/f: **~ (immobilier)**
promotor (inmobiliario)

promotion [prɔmosjɔ̃] nf
promoción f; (avancement)
ascenso; **article en ~** artículo en
oferta

promouvoir [prɔmuvwar] vt (à
un grade, poste) ascender a;
(recherche etc) promover

prompt, e [prɔ̃(pt), prɔ̃(p)t] adj
rápido(-a)

prôner [prone] vt (préconiser)
preconizar

pronom [prɔnɔ̃] nm pronombre
m

prononcer [prɔnɔ̃se] vt
pronunciar; (souhait, vœu)
formular; **se ~** vpr pronunciarse;

se ~ sur qch pronunciarse sobre
algo; **pronunciation** nf
pronunciación f

pronostic [prɔnɔstik] nm
pronóstico

propagande [prɔpagɑ̃d] nf
propaganda

propager [prɔpaʒe] vt propagar;
se ~ vpr propagarse

prophète, prophétesse
[prɔfɛt, prɔfetɛs] nm/f profeta
(profetisa)

prophétie [prɔfesi] nf (d'un
prophète) profecía; (d'une
cartomancienne) predicción f

propice [prɔpis] adj propicio(-a)

proportion [prɔpɔrsjɔ̃] nf
proporción f; (relation,
pourcentage) relación f; **toute(s)
~(s) gardée(s)** manteniendo las
proporciones

propos [prɔpo] nm (paroles)
palabras fpl; (intention) propósito;
à ~ de a propósito de; **à tout ~**
a cada momento; **à ce ~** a ese
respecto; **à ~** a propósito

proposer [prɔpoze] vt proponer;
se ~ (pour faire qch) ofrecerse
(para hacer qch); **se ~ de faire
qch** proponerse hacer algo;
proposition nf propuesta; (offre)
oferta; (LING) proposición f

propre [prɔpr] adj limpio(-a);
(net) pulcro(-a); (fig: honnête)
intachable; (intensif possessif, sens)
propio(-a) ♦ nm: **le ~ de** lo
propio de; **à ~** (particulier)
propio(-a) de; **mettre** ou
recopier au ~ pasar a limpio; **~
à rien** nm/f (péj) inútil m/f;
proprement adv (manger etc)
correctamente; **à proprement
parler** a decir verdad; **le village
proprement dit** el pueblo
propiamente dicho; **propreté** nf

limpieza

propriétaire [prɔprijetɛr] nm/f
propietario(-a); (pour le locataire)
casero(-a)

propriété [prɔprijete] nf
propiedad f; (villa, terres) casa de
campo

propulser [prɔpylse] vt (missile,
engin) propulsar; (projeter) lanzar

prose [proz] nf prosa

prospecter [prɔspɛkte] vt
prospectar; (COMM) estudiar el
mercado de

prospectus [prɔspɛktys] nm
prospecto

prospère [prɔspɛr] adj
próspero(-a); **prospérer** vi
prosperar

prosterner [prɔsterne]: **se ~** vpr
prosternarse

prostituée [prɔstitɥe] nf
prostituta

prostitution [prɔstitysjɔ̃] nf
prostitución f

protecteur, -trice [prɔtɛktœr,
tris] adj protector(a) ♦ nm/f
protector(a)

protection [prɔtɛksjɔ̃] nf
protección f

protéger [prɔteʒe] vt proteger;
se ~ de/contre qch protegerse
de/contra algo

protéine [prɔtein] nf proteína

protestant, e [prɔtɛstɑ̃, ɑ̃t] adj,
nm/f protestante m/f

protestation [prɔtɛstasjɔ̃] nf
protesta

protester [prɔtɛste] vi protestar

prothèse [prɔtɛz] nf prótesis f
inv; **~ dentaire** prótesis dental

protocole [prɔtɔkɔl] nm
protocolo

proue [pru] nf proa

prouesse [prues] nf proeza

prouver [pruve] vt probar;

(montrer) demostrar

provenance [prɔv(ə)nɑ̃s] nf
procedencia; (d'un mot, d'une
coutume) origen m; **en ~ de**
procedente de

provenir [prɔv(ə)nir] vi: **~ de**
proceder de; (résulter de) derivarse
de

proverbe [prɔvɛrb] nm proverbio

province [prɔvɛ̃s] nf provincia

proviseur [prɔvizœr] nm
director(a) de instituto

provision [prɔvizjɔ̃] nf provisión
f; (acompte, avance) anticipo;
(COMM) provisión de fondos; **~s**
nfpl (vivres) provisiones fpl

provisoire [prɔvizwar] adj
provisional, provisorio(-a) (AM);
provisoirement adv
provisionalmente

provocant, e [prɔvɔkɑ̃, ɑ̃t] adj
(agressif) provocante; (excitant)
provocativo(-a)

provoquer [prɔvɔke] vt provocar;
(curiosité) despertar

proxénète [prɔksenɛt] nm
proxeneta m

proximité [prɔksimite] nf (dans
l'espace) cercanía; (dans le temps)
proximidad f; **à ~ (de)** cerca (de)

prudemment [prydamɑ̃] adv
con prudencia

prudence [prydɑ̃s] nf prudencia;
avec ~ con prudencia; **par
(mesure de)** como medida de
precaución

prudent, e [prydɑ̃, ɑ̃t] adj
prudente; (sage, conseillé)
sensato(-a); **soyez ~!** ¡tened
cuidado!

prune [pryn] nf ciruela

pruneau, x [pryno] nm ciruela
pasa

prunier [prynje] nm ciruelo

PS [peɛs] sigle m = Parti socialiste;

(= *post-scriptum*) PD

pseudonyme [psødɔnim] *nm*
seudónimo; (*de comédien*) nombre
m artístico

psychanalyse [psikanaliz] *nf*
(p)sicoanálisis *m inv*

psychiatre [psikjatʀ] *nm/f*
(p)siquiatra *m/f*; **psychiatrique**
adj (p)siquiátrico(-a)

psychique [psiʃik] *adj*
(p)síquico(-a)

psychologie [psikɔlɔʒi] *nf*
(p)sicología; **psychologique** *adj*
(p)sicológico(-a); **psychologue**
nm/f (p)sicólogo(-a)

pu [py] *pp de* **pouvoir**

puanteur [pɥɑ̃tœʀ] *nf* pestilencia

pub [pyb] *nf* (*fam*: *publicité*)
publicidad *f*

public, -ique [pyblik] *adj*
público(-a) ♦ *nm* público; **en ~** en
público

publicitaire [pyblisitɛʀ] *adj*
publicitario(-a)

publicité [pyblisite] *nf* publicidad
f; **une ~** un anuncio

publier [pyblije] *vt* publicar

publique [pyblik] *adj f voir*
public

puce [pys] *nf* pulga; (*INFORM*)
pulgada; **marché aux ~s**
mercadillo

pudeur [pydœʀ] *nf* pudor *m*

pudique [pydik] *adj* (*chaste*)
pudoroso(-a); (*discret*)
recatado(-a)

puer [pɥe] (*péj*) *vi, vt* apestar (a)

puéricultrice [pɥeʀikyltʀis] *nf*
puericultora

puéril, e [pɥeʀil] *adj* pueril

puis [pɥi] *vb voir* **pouvoir** ♦ *adv*
(*ensuite*) después, luego; (*en
outre*): **et ~** y además, y encima

puiser [pɥize] *vt*: **~ (dans)** sacar
(de)

puisque [pɥisk] *conj* ya que, como

puissance [pɥisɑ̃s] *nf* potencia;
(*pouvoir*) poder *m*

puissant, e [pɥisɑ̃, ɑ̃t] *adj*
poderoso(-a); (*moteur*) potente;
(*éclairage, drogue, vent*) fuerte

puits [pɥi] *nm* pozo

pull [pyl], **pull-over** [pylɔvɛʀ] (*pl*
~-overs) *nm* jersey *m*

pulluler [pylyle] *vi* pulular

pulpe [pylp] *nf* pulpa

pulvériser [pylveʀize] *vt*
pulverizar; (*fig*: *adversaire*)
machacar

punaise [pynɛz] *nf* (*ZOOL*) chinche
f; (*clou*) chincheta

punch [pœnʃ] *nm* (*boisson*)
ponche *m*; (*fig*) vitalidad *f*

punir [pyniʀ] *vt* castigar;
punition *nf* castigo

pupille [pypij] *nf* (*ANAT*) pupila

pupitre [pypitʀ] *nm* (*SCOL*) pupitre
m; (*REL, MUS*) atril *m*

pur, e [pyʀ] *adj* puro(-a);
(*intentions*) bueno(-a); **en ~e
perte** en balde

purée [pyʀe] *nf* puré *m*

purement [pyʀmɑ̃] *adv*
puramente

purgatoire [pyʀgatwaʀ] *nm*
purgatorio

purger [pyʀʒe] *vt* purgar;
(*vidanger*) limpiar

pur-sang [pyʀsɑ̃] *nm inv* pura
sangre *m*

pus [py] *vb voir* **pouvoir** ♦ *nm*
pus *m*

putain [pytɛ̃] (*fam!*) *nf* puta; **~!**
¡joder!

puzzle [pœzl] *nm* rompecabezas
m inv

PV [peve] *sigle m* (= *procès-verbal*)
multa

pyjama [piʒama] *nm* pijama *m*,
piyama *m ou f* (*AM*)

pyramide [piramid] *nf* pirámide *f*
Pyrénées [pirene] *nfpl*: **les ~** los Pirineos

Q, q

QI [kyi] *sigle m* (= *quotient intellectuel*) C.I. *m* (= *coeficiente intelectual*)
quadragénaire [k(w)adraʒenɛʀ] *nm/f* (*de quarante à cinquante ans*) cuarentón(-ona) *m/f*; **les ~s** los mayores de cuarenta años
quadruple [k(w)adʀypl] *adj* cuádruple ♦ *nm*: **le ~ de** el cuádruplo de; **quadruplés, -ées** *nm/fpl* cuatrillizos(-as)
quai [ke] *nm* (*d'un port*) muelle *m*; (*d'une gare*) andén *m*; (*d'un cours d'eau, canal*) orilla *f*; **être à ~** (*navire*) estar atracado; (*train*) estar en el andén
qualification [kalifikasjɔ̃] *nf* (*aptitude*) capacitación *f*
qualifier [kalifje] *vt* calificar; **se ~** *vpr* (SPORT) calificarse
qualité [kalite] *nf* calidad *f*; **rapport ~-prix** relación *f* calidad-precio
quand [kɑ̃] *conj* cuando; (*chaque fois que*) cada vez que; (*alors que*) cuando, mientras; **~ je serai riche, j'aurai une belle maison** cuando yo sea rico, tendré una casa bonita; (*tout de même*): **tu exagères ~ même** desde luego te pasas
quant [kɑ̃]: **~ à** *prép* en cuanto a; **~ à moi, ...** en cuanto a mí ..., por lo que se refiere a mí ...
quantité [kɑ̃tite] *nf* cantidad *f*; (*grand nombre*): **une ~ de** *ou* **des ~(s) de** una cantidad *ou* cantidades de
quarantaine [kaʀɑ̃ten] *nf*

(*isolement*) cuarentena; (*nombre*): **une ~ (de)** unos cuarenta; (*âge*): **avoir la ~** estar en la cuarentena; **mettre en ~** poner en cuarentena
quarante [kaʀɑ̃t] *adj inv, nm inv* cuarenta *m inv*; *voir aussi* **cinq**
quarantième [kaʀɑ̃tjɛm] *adj, nm/f* cuadragésimo(-a); *voir aussi* **cinquantième**
quart [kaʀ] *nm* cuarto ♦ *nm* (NAUT, *surveillance*) guardia; **le ~ de** la cuarta parte de; **un ~ de l'héritage** un cuarto de la herencia; **un ~ de kilo** *ou* **de fromage** un cuarto (de kilo) de queso; **un kilo un** *ou* **et ~** un kilo y cuarto; **~s de finale** (SPORT) cuartos *mpl* de final; **~ d'heure** cuarto de hora
quartier [kaʀtje] *nm* cuarto; (*d'une ville*) barrio; (*d'orange*) gajo; **cinéma de ~** cine *m* de barrio; **ne pas faire de ~** no dar cuartel; **~ général** cuartel general
quartz [kwaʀts] *nm* cuarzo
quasi [kazi] *adv* casi ♦ *préf*: **~-certitude/totalité** cuasicerteza/cuasitotalidad *f*; **quasiment** *adv* casi
quatorze [katɔʀz] *adj inv, nm inv* catorce *m inv*; *voir aussi* **cinq**
quatorzième [katɔʀzjɛm] *adj, nm/f* decimocuarto(-a); *voir aussi* **cinquantième**
quatre [katʀ] *adj inv, nm inv* cuatro *m inv*; **à ~ pattes** a cuatro patas; **être tiré à ~ épingles** estar hecho un maniquí; **se mettre en ~ pour qn** desvivirse por algn; **monter/descendre (l'escalier) à ~ à ~** subir/ bajar (los escalones) de cuatro en cuatro; *voir aussi* **cinq**; **quatre-vingt-dix** *adj inv, nm inv* noventa *m inv*; *voir aussi* **cinq**;

quatre-vingt-dixième adj, nm/f nonagésimo(-a); voir aussi **cinquantième**; **quatre-vingtième** adj, nm/f octogésimo(-a); voir aussi **cinquantième**; **quatre-vingts** adj inv, nm inv ochenta m inv; voir aussi **cinq**; **quatrième** adj, nm/f cuarto(-a) ♦ nf (AUTO) cuarta; (SCOL) tercer año de educación secundaria en el sistema francés; voir aussi **cinquième**

quatuor [kwatyɔʀ] nm cuarteto

MOT-CLÉ

que [kə] conj 1 (introduisant complétive) que; **il sait que tu es là** sabe que estás allí; **je veux que tu acceptes** quiero que aceptes; **il a dit que oui** dijo que sí

2 (reprise d'autres conjonctions): **quand il rentrera et qu'il aura mangé** cuando vuelva y haya comido; **si vous y allez ou que vous lui téléphonez** si usted va (allí) o le llama por teléfono

3 (en tête de phrase: hypothèse, souhait etc): **qu'il le veuille ou non** quiera o no quiera; **qu'il fasse ce qu'il voudra!** ¡que haga lo que quiera!

4 (après comparatif): **aussi grand que** tan grande como; **plus grand que** más grande que; voir aussi **plus**

5 (temps): **elle venait à peine de sortir qu'il se mit à pleuvoir** acababa justo de salir cuando se puso a llover; **il y a 4 ans qu'il est parti** hace 4 años que se marchó

6 (attribut): **c'est une erreur que de croire ...** es un error creer

7 (but): **tenez-le qu'il ne tombe pas** sujételo (para) que no se caiga

8 (seulement): **ne ... que** sólo, no más que; **il ne boit que de l'eau** sólo bebe agua, no bebe más que agua

♦ adv (exclamation): **qu'est-ce qu'il est bête!** ¡qué tonto es!; **qu'est-ce qu'il court vite!** ¡cómo corre!; **que de livres!** ¡cuántos libros!

♦ pron 1 (relatif): **l'homme que je vois** el hombre que veo; (temps): **un jour que j'étais ...** un día en que yo estaba ...; **le livre que tu lis** el libro que lees

2 (interrogatif): **que fais-tu?**, **qu'est-ce que tu fais?** ¿qué haces?; **que préfères-tu, celui-ci ou celui-là?** ¿cuál prefieres, éste o ése?; **que fait-il dans la vie?** ¿a qué se dedica?; **qu'est-ce que c'est?** ¿qué es?; **que faire?** ¿qué se puede hacer?; voir aussi **aussi**; **autant** etc

Québec [kebɛk] nm Quebec m

MOT-CLÉ

quel, quelle [kɛl] adj 1 (interrogatif: avant un nom) qué; (avant un verbe: personne) quién; (: chose) cuál; **sur quel auteur va-t-il parler?** ¿sobre qué autor va a hablar?; **quels acteurs préférez-vous?** ¿(a) qué actores prefieres?; **quel est cet homme?** ¿quién es este hombre?; **quel livre veux-tu?** ¿qué libro quieres?; **quel est ton nom?** ¿cuál es su nombre?

2 (exclamatif): **quelle**

surprise/coïncidence! ¡qué sorpresa/coincidencia!; **quel dommage qu'il soit parti!** ¡qué pena que se haya marchado! **3: quel que soit** (*personne*) sea quien sea, quienquiera que sea; (*chose*) sea cual sea, cualquiera que sea; **quel que soit le coupable** sea quien sea el culpable; **quel que soit votre avis** sea cual sea su opinión

♦ *pron interrog*: **de tous ces enfants, quel est le plus intelligent?** de todos esos niños, ¿cuál es el más inteligente?

quelconque [kɛlkɔ̃k] *adj* cualquier(a); (*sans valeur*) mediocre; **pour une raison ~** por cualquier razón

---
MOT-CLÉ
---

quelque [kɛlk] *adj* **1** (*suivi du singulier*) algún(-una); (*suivi du pluriel*) algunos(-as); **cela fait quelque temps que je ne l'ai (pas) vu** hace algún tiempo que no lo he visto; **il a dit quelques mots de remerciement** dijo algunas palabras de agradecimiento; **les quelques enfants qui ...** los pocos niños que ...; **il habite à quelque distance d'ici** vive a cierta distancia de aquí; **20 kg et quelque(s)** 20 kg y pico **2: quelque ... que:** **quelque livre qu'il choisisse** cualquier libro que elija **3: quelque chose** *pron* algo; **quelque chose d'autre** otra cosa; **y être pour quelque chose** tener algo que ver; **ça m'a fait quelque chose!** (*fig*) ¡sentí una cosa!; **puis-je faire**

quelque chose pour vous? ¿puedo hacer algo por usted?; **c'est déjà quelque chose** algo es algo; **quelque part** (*position*) en alguna parte; (*direction*) a alguna parte; **en quelque sorte** (*pour ainsi dire*) en cierto modo

♦ *adv* **1** (*environ, à peu près*): **une route de quelque 100 km** una carretera de unos 100 km **2: quelque peu** algo

quelquefois [kɛlkəfwa] *adv* a veces

quelques-uns, -unes [kɛlkəzœ̃, yn] *pron* algunos(-as)

quelqu'un [kɛlkœ̃] *pron* alguien; (*entre plusieurs*) alguno(-a); **~ d'autre** (*chose*) otro(-a); (*de valeur*) ser alguien

qu'en dira-t-on [kɑ̃diratɔ̃] *nm inv*: **le ~ ~~~~** el qué dirán

querelle [kərɛl] *nf* pelea; **quereller: se quereller** *vpr* pelearse

qu'est-ce que [kɛskə] *voir* que; **qu'est-ce qui** [kɛski] *voir* que; qui

question [kɛstjɔ̃] *nf* (*gén*) pregunta; (*problème*) cuestión *f*, problema *m*; **il a été ~ de** se trató de; **de quoi est-il ~?** ¿de qué se trata?; **il n'en est pas ~** ni hablar, ni mucho menos; **en ~** en cuestión; **hors de ~** fuera de lugar; **(re)mettre en ~** poner en tela de juicio; **questionnaire** *nm* cuestionario; **questionner** *vt* preguntar

quête [kɛt] *nf* (*collecte*) colecta; (*recherche*) búsqueda; **faire la ~** (*à l'église*) pasar la bandeja; (*artiste*) pasar la gorra

quetsche [kwɛtʃ] *nf* ciruela

damascena

queue [kø] nf cola; (d'un fruit, d'une feuille) rabillo; **faire la ~** hacer cola; **~ de cheval** cola de caballo

─────────
MOT-CLÉ
─────────

qui [ki] pron **1** (interrogatif) quién; (: pluriel) quiénes; (: objet): **qui (est-ce que) j'emmène?** ¿a quién llevo?; **je ne sais pas qui c'est** no sé quién es; **à qui est ce sac?** ¿de quién es este bolso?; **à qui parlais-tu?** ¿con quién hablabas?
2 (relatif) que; (: après prép) quien, el (la) que; (: pluriel) quienes, los (las) que; **l'ami de qui je vous ai parlé** el amigo de quien ou del que le hablé; **la personne avec qui je l'ai vu** la persona con quien lo vi
3 (sans antécédent): **amenez qui vous voulez** traiga a quien quiera; **qui que ce soit** quienquiera que sea

─────────

quiconque [kikɔ̃k] pron quienquiera que; (n'importe qui) cualquiera

quille [kij] nf bolo; (d'un bateau) quilla

quincaillerie [kɛ̃kajri] nf (magasin) ferretería

quinquagénaire [kɛ̃kaʒenɛr] nm/f quincuagenario(-a)

quinte [kɛ̃t] nf: **~ (de toux)** golpe m de tos

quintuple [kɛ̃typl] nm: **le ~ de** el quíntuplo de; **quintuplés, -ées** nm/fpl quintillizos(-as)

quinzaine [kɛ̃zɛn] nf quincena; **une ~ (de jours)** una quincena (de días)

quinze [kɛ̃z] adj inv, nm inv

quince m inv; **dans ~ jours** dentro de quince días; voir aussi **cinq**

quinzième [kɛ̃zjɛm] adj, nm/f decimoquinto(-a); voir aussi **cinquantième**

quiproquo [kiprɔko] nm malentendido

quittance [kitɑ̃s] nf (reçu) recibo

quitte [kit] adj: **être ~ envers qn** estar en paz con algn; **je resterai ~ à attendre pendant 3 heures** me quedaré aunque tenga que esperar 3 horas

quitter [kite] vt dejar; (vêtement) quitarse; **se ~** vpr (couples, interlocuteurs) separarse; **~ la route** (véhicule) salir de la carretera; **ne quittez pas** (au téléphone) no se retire

qui-vive [kiviv] nm inv: **être sur le ~~** estar alerta

─────────
MOT-CLÉ
─────────

quoi [kwa] pron interrog **1** (interrogation directe) qué; **quoi de plus beau que ...?** ¿hay algo más hermoso que ...?; **quoi de neuf?** ¿qué hay de nuevo?; **quoi encore?** ¿y ahora, qué?; **et puis quoi encore!** ¡y qué más!; **quoi?** (qu'est-ce que tu dis?) ¿qué?
2 (interrogation directe avec prép) qué; **à quoi penses-tu?** ¿en qué piensas?; **de quoi parlez-vous?** ¿de qué habláis?; **en quoi puis-je vous aider?** ¿en qué puedo ayudarle?; **à quoi bon?** ¿para qué?
3 (interrogation indirecte) qué; **dis-moi à quoi ça sert** dime para qué sirve; **je ne sais pas à quoi il pense** no sé en qué piensa

♦ *pron rel* **1** que; **ce à quoi tu penses** lo que piensas; **de quoi écrire** algo para escribir; **il n'a pas de quoi se l'acheter** no tiene con qué comprarlo; **il y a de quoi être fier** es para estar orgulloso; **merci - il n'y a pas de quoi** gracias - no hay de qué **2** (*locutions*): **après quoi** después de lo cual; **sans quoi, faute de quoi** si no; **comme quoi** (*déduction*) así que; **un message comme quoi il est arrivé** un mensaje en el que dice que ha llegado **3**: **quoi qu'il arrive** pase lo que pase; **quoi qu'il en soit** sea lo que sea; **quoi qu'elle fasse** haga lo que haga; **si vous avez besoin de quoi que ce soit** si necesita cualquier cosa **♦** *excl* qué

quoique [kwak(ə)] *conj* aunque

quotidien, ne [kɔtidjɛ̃, jɛn] *adj* cotidiano(-a) **♦** *nm* (*journal*) diario; **quotidiennement** *adv* diariamente

R, r

R [ɛʀ] *abr* (= *route*) ctra. (= *carretera*); (= *rue*) C (= *calle*)

rabais [ʀabɛ] *nm* rebaja; **rabaisser** *vt* (*prétentions, autorité*) bajar, reducir; (*personne, mérites*) rebajar

rabattre [ʀabatʀ] *vt* (*couvercle, siège*) bajar

rabbin [ʀabɛ̃] *nm* rabino

rabougri, e [ʀabugʀi] *adj* mustio(-a)

raccommoder [ʀakɔmɔde] *vt* (*vêtement, linge*) remendar; **se ~**

avec (*fam*) reconciliarse con

raccompagner [ʀakɔ̃paɲe] *vt* acompañar

raccord [ʀakɔʀ] *nm* (*TECH*) racor *m*, empalme *m*; **raccorder** *vt* (*tuyaux, fils électriques*) empalmar

raccourci [ʀakuʀsi] *nm* atajo

raccourcir [ʀakuʀsiʀ] *vt* acortar

raccrocher [ʀakʀɔʃe] *vt* (*tableau, vêtement*) volver a colgar; (*récepteur*) colgar **♦** *vi* (*TÉL*) colgar; **se ~ à** *vpr* (*branche*) agarrarse a; (*fig*) aferrarse a

race [ʀas] *nf* raza

rachat [ʀaʃa] *nm* (*v vt*) compra; redención *f*

racheter [ʀaʃ(ə)te] *vt* volver a comprar; (*part, firme: aussi d'occasion*) comprar; (*mauvaise conduite, oubli, défaut*) compensar; **se ~** *vpr* (*REL*) redimirse

racial, e, -aux [ʀasjal, jo] *adj* racial

racine [ʀasin] *nf* raíz *f*; **~ carrée/cubique** raíz cuadrada/ cúbica

raciste [ʀasist] *adj, nm/f* racista *m/f*

racket [ʀaket] *nm* chantaje *m*

raclée [ʀakle] (*fam*) *nf* paliza

racler [ʀakle] *vt* raspar

racontars [ʀakɔ̃taʀ] *nmpl* habladurías *fpl*

raconter [ʀakɔ̃te] *vt*: **~ (à qn)** contar (a algn)

radar [ʀadaʀ] *nm* radar *m*

rade [ʀad] *nf* rada

radeau, x [ʀado] *nm* balsa

radiateur [ʀadjatœʀ] *nm* radiador *m*

radiation [ʀadjasjɔ̃] *nf* radiación *f*

radical, e, -aux [ʀadikal, o] *adj* radical; (*moyen, remède*) infalible

radieux, -leuse [ʀadjø, jøz] *adj* radiante

radin, e [Radɛ̃, in] (fam) adj
tacaño(-a)

radio [Radjo] nf radio f (m en AM);
à la ~ en la radio; **radioactif,
-ive** adj radioactivo(-a);
radiocassette nf radiocasete
m; **radiographie** nf radiografía;
radiophonique adj:
**programme/jeu
radiophonique** programa m/
juego radiofónico; **radio-réveil**
(pl **radios-réveils**) nm radio-
despertador m

radis [Radi] nm rábano

radoter [Radɔte] vi chochear

radoucir [Radusiʀ]: **se ~** vpr
suavizarse

rafale [Rafal] nf ráfaga

raffermir [Rafɛʀmiʀ] vt fortalecer;
(fig) afianzar

raffiner [Rafine] vt refinar;
raffinerie nf refinería

raffoler [Rafɔle]: **~ de** vt ind
volverse loco(-a) por

rafle [Rafl] nf redada,
allanamiento (esp AM); **rafler**
(fam) vt arrasar

rafraîchir [Rafreʃiʀ] vt refrescar;
(atmosphère, température) enfriar;
(fig) renovar ♦ vi: **mettre une
boisson à ~** poner una bebida a
enfriar; **se ~** vpr refrescarse;
rafraîchissant, e adj
refrescante; **rafraîchissement**
nm (de la température)
enfriamiento;
rafraîchissements nmpl
refrescos mpl

rage [Raʒ] nf rabia; **faire ~**
(tempête) bramar; **~ de dents**
tremendo dolor m de muelas

ragot [Rago] (fam) nm chisme m

ragoût [Ragu] nm guiso

raide [Red] adj (cheveux) liso(-a);
(ankylosé) entumecido(-a); (peu

souple: câble, personne) tenso(-a);
(escarpé) empinado(-a); (fam:
surprenant) inaudito(-a) ♦ adv:
tomber ~ mort quedarse en el
sitio; **raideur** nf rigidez f; **avec
raideur** (marcher, danser) con
envaramiento; **raidir** vt contraer;
se raidir vpr (personne, muscles)
contraerse; (se crisper) ponerse
tieso(-a)

raie [Re] nf raya

raifort [Refɔʀ] nm rábano picante

rail [Raj] nm: **par ~** por ferrocarril

railler [Raje] vt burlarse de

rainure [Renyʀ] nf ranura

raisin [Rezɛ̃] nm uva; **~s secs**
(uvas) pasas

raison [Rezɔ̃] nf razón f; **avoir ~**
tener razón; **donner ~ à qn** dar
la razón a algn; **se faire une ~**
conformarse; **perdre/recouvrer
la ~** perder/recobrar el juicio; **~
de plus** razón de más; **à plus
forte ~** con mayor motivo; **en ~
de** (à cause de) a causa de; **à ~
de** a razón de; **sans ~** sin razón;
~ sociale razón social;
raisonnable adj razonable;
raisonnement [Rezɔnmɑ̃] nm
raciocinio; (argumentation)
razonamiento

raisonner [Rezɔne] vi razonar ♦
vt (personne) hacer entrar en razón
a

rajeunir [Raʒœniʀ] vt rejuvenecer;
(fig) remozar ♦ vi (personne)
rejuvenecer

rajouter [Raʒute] vt: **~ du sel/
un œuf** añadir sal/un huevo

rajuster [Raʒyste] vt (cravate,
coiffure) arreglar; (salaires, prix)
reajustar

ralenti [Ralɑ̃ti] nm: **au ~** a ralentí;
(CINÉ) a cámara lenta; **tourner au
~** (AUTO) rodar a ralentí

ralentir [Ralãtir] vt (marche, allure) aminorar; (production, expansion) disminuir ♦ vi (véhicule, coureur) disminuir la velocidad

râler [Rale] vi (fam: protester) gruñir

rallier [Ralje] vt (rassembler) reunir; **se ~ à** vpr (avis, opinion) adherirse a

rallonge [Ralɔ̃ʒ] nf (de table) larguero; (ÉLEC) alargador m

rallonger [Ralɔ̃ʒe] vt alargar

rallye [Rali] nm rally m

ramassage [Ramasaʒ] nm: **~ scolaire** transporte m escolar

ramasser [Ramase] vt recoger; **ramassis** (péj) nm revoltijo

rambarde [Rãbard] nf barandilla

rame [Ram] nf (aviron) remo; (de métro) tren m; (de papier) resma

rameau, x [Ramo] nm rama; **les R~x** Domingo de Ramos

ramener [Ram(ə)ne] vt volver a traer; (reconduire) llevar; (rendre) devolver; **~ qch sur** (couverture, visière) echar algo hacia; **~ qch à** (MATH, réduire) reducir algo a

ramer [Rame] vi remar

ramollir [RamɔliR] vt (amollir) ablandar; **se ~** vpr reblandecerse

rampe [Rãp] nf (d'escalier) barandilla; (dans un garage) rampa; (THÉÂTRE): **la ~** candilejas fpl

ramper [Rãpe] vi reptar

rancard [Rãkar] (fam) nm (rendez-vous) cita

rancart [Rãkar] (fam) nm: **mettre au ~** (objet, projet) arrinconar

rance [Rãs] adj rancio(-a)

rancœur [Rãkœr] nf rencor m

rançon [Rãsɔ̃] nf rescate m

rancune [Rãkyn] nf rencor m; **garder ~ à qn (de qch)**

guardar rencor a algn (por algo); **sans ~!** ¡olvidémoslo!;

rancunier, -ière adj rencoroso(-a)

randonnée [Rãdɔne] nf excursión f

rang [Rã] nm (rangée) fila; (grade) grado; (position dans un classement) posición f; **~s** nmpl (MIL) filas fpl; **se mettre en ~s/sur un ~** ponerse en filas/en una fila; **au premier/dernier ~** en el primer/último puesto

rangé, e [Rãʒe] adj ordenado(-a)

rangée [Rãʒe] nf fila

ranger [Rãʒe] vt ordenar; **se ~** vpr (se placer/disposer) colocarse; (véhicule, conducteur) hacerse a un lado; (s'assagir) sosegarse; **~ qch/qn parmi** (fig) situar algo/algn entre

ranimer [Ranime] vt reanimar

rapace [Rapas] nm rapaz f

râpe [Rãp] nf (CULIN) rallador m; **râper** vt (CULIN) rallar

rapide [Rapid] adj rápido(-a); **rapidement** adv rápidamente

rapiécer [Rapjese] vt remendar

rappel [Rapel] nm (MÉD) vacuna de refuerzo; (THÉÂTRE etc) llamada a escena; (de limitation de vitesse) señal recordatoria de limitación de velocidad; **rappeler** vt (retéléphoner à) volver a llamar; (ambassadeur) retirar; **rappeler qch à qn** recordar algo a algn; (évoquer, faire penser à) traer algo a la memoria de algn; **se rappeler** vpr acordarse de; **se rappeler que ...** acordarse de que ...

rapport [Rapɔr] nm (compte rendu) informe m; (lien, analogie) relación f; (proportion) razón f; **~s** nmpl (entre personnes, groupes,

rapporter [Rapɔʀte] vt (remettre à sa place, rendre) devolver; (apporter de nouveau) volver a traer; (revenir avec, ramener) traer; (relater) referir ♦ vi (investissement, propriété) rentar; (activité) dar beneficio; (péj: moucharder) chivarse; **se ~** vpr: **se ~ à** relacionarse con

rapprochement [Raprɔʃmā] nm (réconciliation) acercamiento; (analogie, rapport) cotejo

rapprocher [Raprɔʃe] vt (deux objets) juntar, arrimar; (associer, comparer) cotejar; **se ~** vpr acercarse

raquette [Raket] nf raqueta; (de ping-pong) pala

rare [RɑR] adj raro(-a); (main-d'œuvre, denrées) escaso(-a); **se faire ~** escasear; **rarement** adv raramente

ras, e [Rɑ, Rɑz] adj (tête, cheveux) rapado(-a); (poil) corto(-a); (herbe, mesure, cuillère) raso(-a) ♦ adv (couper) al rape; **à ~ bords** colmado(-a); **au ~ de** a(l) ras de; **en avoir ~ le bol** (fam) estar hasta el moño

raser [Rɑze] vt (barbe, cheveux) rasurar; (menton, personne) afeitar; (fam: ennuyer) dar la lata; (quartier) derribar; (frôler) rozar; **se ~** vpr afeitarse; (fam) aburrirse; **rasoir** nm navaja de afeitar

rassasier [Rɑsazje] vt saciar

rassemblement [Rasābləmā] nm reunión f; (POL) concentración f

rassembler [Rasāble] vt (réunir) reunir; (regrouper) agrupar; **se ~** vpr reunirse

rassurer [Rasyre] vt tranquilizar; **se ~** vpr tranquilizarse; **rassure-toi** tranquilízate

rat [Ra] nm rata

rate [Rat] nf (ANAT) bazo

raté, e [Rate] adj (tentative, opération) frustrado(-a); (vacances, spectacle) malogrado(-a)

râteau, x [Rɑto] nm rastrillo

rater [Rate] vi (échouer) fracasar ♦ vt (cible, balle, train) perder; (démonstration, plat) estropear; (examen) suspender

ration [Rasjɔ̃] nf ración f

RATP [ɛʀɑtepe] sigle f (= Régie autonome des transports parisiens) administración de transportes parisinos

rattacher [Ratafe] vt atar de nuevo; **~ qch à** (incorporer) incorporar algo a; **~ qch à** (relier) relacionar algo con

rattraper [Ratrape] vt (fugitif, animal échappé) volver a coger; (retenir, empêcher de tomber) coger; (atteindre, rejoindre) alcanzar; (imprudence, erreur) reparar, subsanar; **se ~** vpr (compenser une perte de temps) ponerse al día; **se ~ (à)** (se raccrocher) agarrarse (a)

rature [Ratyr] nf tachadura

rauque [Rok] adj ronco(-a)

ravages [Ravaʒ] nmpl estragos mpl

ravi, e [Ravi] adj encantado(-a); **être ~ de/que ...** estar encantado(-a) de/de que ...

ravin [Ravɛ̃] nm hondonada

ravir [ʀaviʀ] vt (*enchanter*) encantar; **à ~** de maravilla

raviser [ʀavize]: **se ~** vpr cambiar de opinión

ravissant, e [ʀavisɑ̃, ɑ̃t] adj encantador(a)

ravisseur, -euse [ʀavisœʀ, øz] nm/f secuestrador(a)

ravitailler [ʀavitaje] vt abastecer; **se ~** vpr abastecerse

raviver [ʀavive] vt avivar; (*flamme, douleur*) reavivar

rayé, e [ʀeje] adj a ou de rayas

rayer [ʀeje] vt rayar; (*d'une liste*) tachar

rayon [ʀejɔ̃] nm rayo; (GÉOM, *d'une roue*) radio; (*de grand magasin*) departamento, sección f; **~s** nmpl (*radiothérapie*) rayos mpl; **dans un ~ de ...** (*périmètre*) en un radio de ...; **~ de soleil** rayo de sol; **~s X** rayos X

rayonnement [ʀejɔnmɑ̃] nm (*solaire*) radiación f

rayonner [ʀejɔne] vi irradiar; (*fig*) ejercer su influencia

rayure [ʀejyʀ] nf (*motif*) raya; (*éraflure*) rayado

raz-de-marée [ʀɑdmaʀe] nm inv maremoto

ré [ʀe] nm inv (MUS) re m

réaction [ʀeaksjɔ̃] nf reacción f; **avion/moteur à ~** avión m/ motor m de reacción

réadapter [ʀeadapte] vt readaptar; **se ~ (à)** readaptarse (a)

réagir [ʀeaʒiʀ] vi reaccionar; **~ à** reaccionar ante

réalisateur, -trice [ʀealizatœʀ, tʀis] nm/f realizador(a)

réalisation [ʀealizasjɔ̃] nf realización f

réaliser [ʀealize] vt realizar; (*rêve, souhait*) cumplir; (*exploit*) llevar a cabo; (*comprendre, se rendre compte de*) darse cuenta de; **se ~** vpr (*projet, prévision*) realizarse

réaliste [ʀealist] adj, nm/f realista m/f

réalité [ʀealite] nf realidad f; **en ~** en realidad

réanimation [ʀeanimasjɔ̃] nf reanimación f

rébarbatif, -ive [ʀebaʀbatif, iv] adj (*travail*) fastidioso(-a)

rebattu, e [ʀ(ə)baty] adj trillado(-a)

rebelle [ʀəbɛl] adj, nm/f rebelde m/f

rebeller [ʀ(ə)bele]: **se ~** vpr rebelarse

rebondir [ʀ(ə)bɔ̃diʀ] vi rebotar; (*fig*) reanudarse

rebord [ʀ(ə)bɔʀ] nm (*d'une table etc*) reborde m

rebours [ʀ(ə)buʀ]: **à ~** adv: **compte à ~** cuenta f atrás

rebrousser [ʀ(ə)bʀuse] vt: **~ chemin** dar marcha atrás

rebuter [ʀ(ə)byte] vt (*suj: travail, matière*) repeler

récalcitrant, e [ʀekalsitʀɑ̃, ɑ̃t] adj indómito(-a)

récapituler [ʀekapityle] vt recapitular

receler [ʀ(ə)sale] vt (*produit d'un vol*) ocultar; (*fig*) encerrar;

receleur, -euse nm/f encubridor(a)

récemment [ʀesamɑ̃] adv recientemente, recién (AM)

recensement [ʀ(ə)sɑ̃smɑ̃] nm censo

recenser [ʀ(ə)sɑ̃se] vt (*population*) censar; (*inventorier*) hacer el recuento ou el inventario de

récent, e [ʀesɑ̃, ɑ̃t] adj reciente

récépissé [ʀesepise] nm recibo

récepteur, -trice [ʀesɛptœʀ, tʀis] *adj* receptor(a); **~ (de radio)** receptor *m*

réception [ʀesɛpsjɔ̃] *nf* recepción *f*; **réceptionniste** *nm/f* recepcionista *m/f*

recette [ʀ(ə)sɛt] *nf* receta; (COMM) ingreso; **~s** *nfpl* (COMM: rentrées d'argent) entradas *fpl*

recevoir [ʀ(ə)səvwaʀ] *vt* recibir; (visiteurs, ambassadeur) acoger; (candidat, plainte) admitir; **être reçu** (à un examen) aprobar; **être bien/mal reçu** ser bien/mal recibido

rechange [ʀ(ə)ʃɑ̃ʒ]: **de ~** *adj* (pièces, roue) de repuesto; **vêtements de ~** vestidos *mpl* para cambiarse

recharge [ʀ(ə)ʃaʀʒ] *nf* recambio; **rechargeable** *adj* recargable; **recharger** *vt* (fusil, batterie) recargar; (appareil photo, briquet, stylo) cargar

réchaud [ʀeʃo] *nm* hornillo

réchauffement [ʀeʃofmɑ̃] *nm*: **~ imatique** calentamiento global

réchauffer [ʀeʃofe] *vt* (plat) recalentar; (mains, doigts, personne) calentar; **se ~** *vpr* calentarse

rêche [ʀɛʃ] *adj* áspero(-a)

recherche [ʀ(ə)ʃɛʀʃ] *nf* búsqueda; (raffinement) afectación *f*; (scientifique etc) investigación *f*; **être/se mettre à la ~ de** estar investigando/ponerse a la búsqueda de

recherché, e [ʀ(ə)ʃɛʀʃe] *adj* rebuscado(-a)

rechercher [ʀ(ə)ʃɛʀʃe] *vt* buscar; (objet égaré, lettre) rebuscar; (cause d'un phénomène, nouveau procédé) investigar; (la perfection, le bonheur etc) perseguir

rechute [ʀ(ə)ʃyt] *nf* recaída

récidiver [ʀesidive] *vi* reincidir

récif [ʀesif] *nm* arrecife *m*

récipient [ʀesipjɑ̃] *nm* recipiente *m*

réciproque [ʀesipʀɔk] *adj* (mutuel) recíproco(-a) ♦ *nf*: **la ~** (l'inverse) la inversa

récit [ʀesi] *nm* relato; **récital** *nm* recital *m*; **réciter** *vt* recitar

réclamation [ʀeklamasjɔ̃] *nf* reclamación *f*; **service des ~s** servicio de reclamaciones

réclame [ʀeklam] *nf*: **la ~** la publicidad; **article en ~** artículo de oferta; **réclamer** *vt* (aide, nourriture) pedir; (exiger) reclamar; (nécessiter) requerir

réclusion [ʀeklyzjɔ̃] *nf* reclusión *f*

recoin [ʀəkwɛ̃] *nm* rincón *m*

reçois etc [ʀəswa] *vb voir* **recevoir**

récolte [ʀekɔlt] *nf* cosecha; **récolter** *vt* cosechar; (fam: ennuis, coups) ganarse, cobrar

recommandé, e [ʀ(ə)kɔmɑ̃de] *adj* recomendado(-a) ♦ *nm* (POSTES): **en ~** certificado(-a)

recommander [ʀ(ə)kɔmɑ̃de] *vt* recomendar

recommencer [ʀ(ə)kɔmɑ̃se] *vt* (reprendre) seguir con; (refaire) repetir; (erreur) reincidir ♦ *vi* volver a empezar

récompense [ʀekɔ̃pɑ̃s] *nf* recompensa; **récompenser** *vt* recompensar; **récompenser qn de** ou **pour qch** recompensar a algn por algo

réconcilier [ʀekɔ̃silje] *vt* reconciliar; **se ~** *vpr* reconciliarse

reconduire [ʀ(ə)kɔ̃dɥiʀ] *vt* acompañar hasta la salida

réconfort [ʀekɔ̃fɔʀ] *nm* consuelo; **réconforter** *vt* reconfortar

reconnaissance [ʀ(ə)kɔnɛsɑ̃s]
nf reconocimiento; (*gratitude*)
agradecimiento;
reconnaissant, e *vb voir*
reconnaître ♦ *adj* agradecido(-a)
reconnaître [ʀ(ə)kɔnɛtʀ] *vt*
reconocer; **~ que** reconocer que;
~ qch/qn à reconocer algo/a
algn por
reconstituer [ʀ(ə)kɔ̃stitɥe] *vt*
reconstituir; (*fortune, patrimoine*)
rehacer
reconstruire [ʀ(ə)kɔ̃stʀɥiʀ] *vt*
reconstruir
reconvertir [ʀ(ə)kɔ̃vɛʀtiʀ] *vt*
reconvertir; **se ~ dans**
reconvertirse en
record [ʀ(ə)kɔʀ] *adj, nm* récord *m*
recoupement [ʀ(ə)kupmɑ̃] *nm*:
par ~ atando cabos
recouper [ʀ(ə)kupe]: **se ~** *vpr*
(*témoignages*) coincidir
recourber [ʀ(ə)kuʀbe] *vt*
(*branche, tige de métal*) doblar
recourir [ʀ(ə)kuʀiʀ]: **~ à** *vt ind*
recurrir a
recours [ʀ(ə)kuʀ] *nm*: **le ~ à la
ruse/violence** el recurso de la
astucia/violencia; **avoir ~ à**
recurrir a; **en dernier ~** como
último recurso
recouvrer [ʀ(ə)kuvʀe] *vt* (*la vue,
santé, raison*) recobrar
recouvrir [ʀ(ə)kuvʀiʀ] *vt*
recubrir; (*embrasser*) abarcar; **se ~**
vpr (*idées, concepts*) superponerse
récréation [ʀekʀeasjɔ̃] *nf* recreo
recroqueviller [ʀ(ə)kʀɔk(ə)vije]:
se ~ *vpr* (*plantes*) marchitarse;
(*personne*) acurrucarse
recrudescence [ʀ(ə)kʀydesɑ̃s]
nf recrudecimiento
recruter [ʀ(ə)kʀyte] *vt* contratar
rectangle [ʀɛktɑ̃gl] *nm*
rectángulo; **rectangulaire** *adj*

rectangular
rectificatif, -ive [ʀɛktifikatif, iv]
adj rectificativo(-a) **♦** *nm*
rectificativo
rectifier [ʀɛktifje] *vt* (*tracé*)
enderezar; (*calcul*) rectificar;
(*erreur*) corregir
rectiligne [ʀɛktiliɲ] *adj*
rectilíneo(-a)
recto [ʀɛkto] *nm* anverso
reçu, e [ʀ(ə)sy] *pp de* **recevoir ♦**
nm (*récépissé*) recibo
recueil [ʀəkœj] *nm* selección *f*;
recueillir *vt* recoger;
(*renseignements, dépositions*)
reunir; (*réfugiés*) acoger; **se
recueillir** *vpr* recogerse
recul [ʀ(ə)kyl] *nm* retroceso;
avoir un mouvement de ~
hacer un movimiento de
retroceso; **prendre du ~**
retroceder; **reculé, e** *adj*
apartado(-a); **reculer** *vi*
retroceder; (*véhicule, conducteur*)
dar marcha atrás; (*se dérober,
hésiter*) echarse atrás **♦** *vt* (*meuble,
véhicule*) retirar; (*fig: possibilités,
limites*) ampliar; **reculer devant**
(*danger, difficulté*) echarse atrás
ante; **reculons: à reculons** *adv*
hacia atrás
récupérer [ʀekypeʀe] *vt*
recuperar
récurer [ʀekyʀe] *vt* fregar
reçut [ʀəsy] *vb voir* **recevoir**
recycler [ʀ(ə)sikle] *vt* reciclar; **se
~** *vpr* reciclarse
rédacteur, -trice [ʀedaktœʀ,
tʀis] *nm/f* redactor(a); **~ en chef**
redactor(a) jefe
rédaction [ʀedaksjɔ̃] *nf* redacción
f
redescendre [ʀ(ə)desɑ̃dʀ] *vi*
volver a bajar **♦** *vt* bajar
rédiger [ʀediʒe] *vt* redactar

redire [R(ə)diR] vt repetir; **avoir/ trouver qch à ~** tener/encontrar algo que criticar

redoubler [R(ə)duble] vi (tempête, violence) arreciar; (SCOL) repetir; **~ de** (amabilité, efforts) redoblar

redoutable [R(ə)dutabl] adj temible

redouter [R(ə)dute] vt temer

redressement [R(ə)dRεsmɑ̃] nm (de l'économie etc) restablecimiento

redresser [R(ə)dRese] vt enderezar; (situation, économie) restablecer; **se ~** vpr (objet penché) enderezarse; (personne) erguirse

réduction [Redyksjɔ̃] nf reducción f; (rabais, remise) rebaja

réduire [Reduir] vt reducir; **se ~ à** vpr reducirse a; **réduit, e** pp de **réduire ♦** adj reducido(-a) **♦** nm cuchitril m

rééducation [Reedykasjɔ̃] nf rehabilitación f

réel, le [Reεl] adj real; (intensif: avant le nom) verdadero(-a); **réellement** adv realmente

réexpédier [Reεkspedje] vt (à l'envoyeur) devolver; (au destinataire) remitir

refaire [R(ə)fεR] vt hacer de nuevo; (recommencer, faire tout autrement) rehacer

réfectoire [RefεktwaR] nm refectorio, comedor m

référence [Referɑ̃s] nf referencia

référer [Refere] vb: **se ~ à** remitirse a; **en ~ à qn** remitir a algn

refermer [R(ə)fεRme] vt volver a cerrar; **se ~** vpr cerrarse

refiler [R(ə)file] (fam) vt: **~ qch à qn** encajar algo a algn

réfléchi, e [Refleʃi] adj reflexivo(-a); (action, décision) pensado(-a)

réfléchir [RefleʃiR] vt reflejar **♦** vi reflexionar; **~ à** ou **sur** reflexionar acerca de

reflet [R(ə)flε] nm reflejo; **refléter** vt reflejar; **se refléter** vpr reflejarse

réflexe [Reflεks] nm reflejo

réflexion [Reflεksjɔ̃] nf reflexión f; (remarque désobligeante) reproche m; **après ~, ~ faite, à la ~** pensándolo bien

réforme [RefɔRm] nf reforma; **réformer** vt reformar

refouler [R(ə)fule] vt (envahisseurs) rechazar; (liquide) impeler; (fig: larmes) contener; (PSYCH, colère) reprimir

refrain [R(ə)fRε̃] nm estribillo; (air) canción f; (leitmotiv) cantinela

refréner [Rəfrene] vt refrenar

réfrigérateur [RefRiʒeRatœR] nm frigorífico, nevera, heladera (AM)

refroidir [R(ə)fRwadiR] vt enfriar **♦** vi (plat, moteur) enfriar; **se ~** vpr (personne) enfriarse, coger frío; (temps) refrescar; **refroidissement** nm enfriamiento

refuge [R(ə)fyʒ] nm refugio; **réfugié, e** adj, nm/f refugiado(-a); **réfugier: se réfugier** vpr refugiarse

refus [R(ə)fy] nm rechazo; **ce n'est pas de ~** (fam) se agradece; **refuser** vt (ne pas accorder) denegar; (ne pas accepter) rechazar; (candidat) suspender; **se refuser à qch/ faire qch** negarse a algo/hacer algo

regagner [R(ə)gaɲe] vt regresar a

régal [Regal] nm (mets, fig) placer

m; **régaler: se régaler** vpr
(faire un bon repas) regalarse; (fig)
disfrutar

regard [R(ə)gar] nm mirada; **au
~ de** (loi, morale) a la luz de

regardant, e [R(ə)gardã, ãt] adj:
très/peu ~ sur (qualité,
propreté) muy/poco mirado(-a)
con

regarder [R(ə)garde] vt mirar;
(concerner) ◆ vi ver;
mirar; **~ (vers)** mirar (hacia)

régie [Reʒi] nf (COMM, INDUSTRIE)
corporación f pública; (CINÉ,
THÉÂTRE) departamento de
producción; (RADIO, TV) sala de
control

régime [Reʒim] nm régimen m;
(fig: allure) paso; (de bananes,
dattes) racimo; **se mettre au/
suivre un ~** ponerse a/estar a
régimen

régiment [Reʒimã] nm
regimiento

région [Reʒjɔ̃] nf región f

régional, e, -aux [Reʒjɔnal, o]
adj regional

régir [Reʒir] vt regir

régisseur [Reʒisœʀ] nm
administrador(a); (THÉÂTRE, CINÉ)
regidor(a)

registre [Rəʒistr] nm registro; **~
de l'état civil** registro civil

réglage [Reglaʒ] nm ajuste m,
regulación f

réglé, e [Regle] adj (affaire)
zanjado(-a); (vie, personne)
ordenado(-a)

règle [Regl] nf regla; **~s** nfpl
(PHYSIOL) reglas fpl; **en ~** (papiers
d'identité) en regla; **en ~
générale** por regla general

règlement [Regləmã] nm (règles)
reglamento; (paiement) pago;
(d'un conflit, d'une affaire) arreglo,

solución f; **réglementaire** adj
reglamentario(-a);
réglementation nf
reglamentación f; **réglementer**
vt reglamentar

régler [Regle] vt (mécanisme,
machine) ajustar; (moteur,
thermostat) regular; (question,
problème) arreglar; (facture) pagar

réglisse [Reglis] nf ou m regaliz
m

règne [Rɛɲ] nm reinado; (fig)
reino; **régner** vi reinar

regorger [R(ə)gɔrʒe] vi: **~ de**
rebosar de

regret [R(ə)gre] nm (nostalgie)
nostalgia; **à ~** ou **avec ~** con
pesar; **être au ~ de devoir/ne
pas pouvoir faire ...** lamentar
mucho tener que/no poder hacer
...; **regrettable** adj lamentable;
regretter vt lamentar; **je
regrette** lo siento

regrouper [R(ə)grupe] vt
reagrupar; **se ~** vpr reagruparse

régulier, -ière [Regylje, jɛr] adj
regular; **régulièrement** adv con
regularidad

rehausser [Raose] vt (mur,
plafond) levantar; (fig) realzar

rein [Rɛ̃] nm riñón m; **~s** nmpl
(ANAT: dos, muscles du dos) riñones
mpl

reine [Rɛn] nf reina; **~ mère**
reina madre

reine-claude [Rɛnklod] (pl **~s-
~s**) nf ciruela claudia

réinsertion [Reɛ̃sɛrsjɔ̃] nf
reinserción f

réintégrer [Reɛ̃tegre] vt
reintegrar

rejaillir [R(ə)ʒajir] vi: **~ sur**
repercutir sobre

rejet [Rəʒɛ] nm rechazo; **rejeter**
vt rechazar; **rejeter la**

responsabilité de qch sur qn
echar la responsabilidad de algo
sobre algn
rejoindre [R(ə)ʒwɛ̃dR] *vt*
(*personnes*) reunirse con; (*lieu*)
retornar a; (*concurrent*) alcanzar;
(*suj: route etc*) llegar a; **se ~** *vpr*:
je te rejoins au café te veo en
el café
réjouir [ReʒwiR] *vt* alegrar; **se ~**
vpr regocijarse, alegrarse
réjouissances *nfpl* festejos *mpl*
relâche [Rəlɑʃ] *nf*: **faire ~** (CINÉ)
no haber función; **sans ~** sin
descanso; **relâché, e** *adj*
relajado(-a); **relâcher** *vt* (*ressort,
étreinte, cordes*) soltar; (*animal,
prisonnier*) soltar; **se relâcher** *vpr*
(*cordes*) aflojarse; (*discipline*)
relajarse
relais [Rəlɛ] *nm*: **(course de)**
~ (carrera de) relevos *mpl*; (RADIO,
TV) repetidor *m*; **prendre le ~**
(de qn) tomar el relevo (de algn);
~ routier restaurante *m* de
carretera
relancer [Rəlɑ̃se] *vt* (*économie,
agriculture*) reactivar
relatif, -ive [Rəlatif, iv] *adj*
relativo(-a); **~ à** relativo(-a) a
relation [Rəlasjɔ̃] *nf* relación *f*;
être/entrer en ~(s) avec
estar/entrar en relación(relaciones)
con
relaxer [Rəlakse] *vt* (*détendre*)
relajar; (JUR) poner en libertad; **se**
~ *vpr* relajarse
relayer [Rəleje] *vt* relevar; **se ~**
vpr relevarse
reléguer [Rəlege] *vt* relegar
relevé, e [Rəl(ə)ve] *adj* (*manches*)
arremangado(-a); (*conversation,
style*) elevado(-a); (*sauce, plat*)
sazonado(-a) ♦ *nm* (*facture*)
extracto; (*d'un compteur*) lectura;

~ de compte saldo
relève [Rəlɛv] *nf* relevo; **prendre**
la ~ tomar el relevo
relever [Rəl(ə)ve] *vt* levantar;
(*niveau de vie, salaire*) aumentar;
(*col*) subir; (*fautes, points*) señalar;
(*traces, anomalies*) constatar; (*défi*)
hacer frente a; (*compteur*) leer;
(*copies*) recoger; **se ~** *vpr*
levantarse; **~ de** ser de la
competencia de; **~ la tête**
levantar la cabeza
relief [Rəljɛf] *nm* relieve *m*;
mettre en ~ poner de relieve
relier [Rəlje] *vt* (*routes, bâtiments*)
unir; (*livre*) encuadernar; **~ qch à**
unir algo con
religieux, -euse [R(ə)liʒjø, jøz]
adj religioso(-a) ♦ *nm* religioso ♦
nf religiosa
religion [R(ə)liʒjɔ̃] *nf* religión *f*
relire [R(ə)liR] *vt* releer
reluire [R(ə)lɥiR] *vi* relucir
remanier [R(ə)manje] *vt* (*roman,
pièce*) modificar; (*ministère*)
reorganizar
remarquable [R(ə)maRkabl] *adj*
notable
remarque [R(ə)maRk] *nf*
comentario
remarquer [R(ə)maRke] *vt* notar;
se ~ *vpr* notarse; **se faire ~** (*péj*)
hacerse notar; **faire ~ (à qn)**
que hacer notar a (algn) que;
faire ~ qch (à qn) hacer notar
algo (a algn); **remarquez que**
... observe que ...
rembourrer [RâbuRe] *vt* rellenar
remboursement [RâbuRsəmâ]
nm reembolso; **rembourser** *vt*
reembolsar
remède [R(ə)mɛd] *nm* remedio
remémorer [R(ə)memɔRe]: **se ~**
vpr acordarse de
remerciements [R(ə)mɛRsimâ]

nmpl gracias *fpl*; **(avec) tous mes ~ (con)** todo mi agradecimiento

remercier [R(ə)mɛʀsje] *vt* (*congédier: employé*) despedir; **~ qn de qch** agradecerle algo a algn; **je vous remercie d'être venu** le agradezco que haya venido

remettre [R(ə)mɛtʀ] *vt* (*vêtement*) volver a ponerse; **~ qch à qn** entregar algo a algn; (*ajourner, reporter*): **~ qch (à)** aplazar algo (hasta *ou* para); **se ~** *vpr* (*malade*) reponerse; **~ du sel/un sucre** añadir sal/un azucarillo; **se ~ de** (*maladie, chagrin*) recuperarse de

remise [R(ə)miz] *nf* entrega; (*rabais, réduction*) descuento; (*lieu, local*) trastero, galpón *m* (*CSUR*); **~ en cause** replanteamiento; **~ en jeu** (*FOOTBALL*) saque *m*

remontant [R(ə)mɔ̃tɑ̃] *nm* estimulante

remonte-pente [R(ə)mɔ̃tpɑ̃t] (*pl ~-~s*) *nm* remonte *m*

remonter [R(ə)mɔ̃te] *vi* volver a subir; (*jupe*) subir ♦ *vt* volver a subir; (*fleuve*) remontar; (*hausser*) subir; (*montre*) dar cuerda; **~ à** (*dater de*) remontarse a; **~ le moral à qn** levantar la moral a algn

remontrer [R(ə)mɔ̃tʀe] *vt*: **en ~ à qn** dar lecciones a algn

remords [R(ə)mɔʀ] *nm* remordimiento; **avoir des ~** tener remordimiento

remorque [R(ə)mɔʀk] *nf* remolque *m*; **prendre en ~** llevar en remolque; **remorquer** *vt* remolcar; **remorqueur** *nm* remolcador *m*

remous [Rəmu] *nm* remolino ♦ *nmpl* (*fig*) alboroto *msg*

remparts [Rɑ̃paʀ] *nmpl* murallas *fpl*

remplaçant, e [Rɑ̃plasɑ̃, ɑ̃t] *nm/f* sustituto(-a)

remplacement [Rɑ̃plasmɑ̃] *nm* sustitución *f*; **faire des ~s** hacer sustituciones

remplacer [Rɑ̃plase] *vt* (*pneu, ampoule*) cambiar; (*tenir lieu de*) sustituir a; **~ qch par qch d'autre/qn par qn d'autre** cambiar una cosa por otra/a algn por otro(-a)

rempli, e [Rɑ̃pli] *adj* (*journée*) cargado(-a); **~ de** lleno(-a) de

remplir [Rɑ̃pliʀ] *vt* llenar; (*questionnaire*) rellenar; (*obligations, conditions, rôle*) cumplir (con); **se ~** *vpr* llenarse

remporter [Rɑ̃pɔʀte] *vt* (*victoire, succès*) lograr

remuant, e [Rəmɥɑ̃, ɑ̃t] *adj* (*enfant etc*) revoltoso(-a)

remue-ménage [R(ə)mymenaʒ] *nm inv* zafarrancho

remuer [Rəmɥe] *vt* (*partie du corps*) mover; (*café, salade, sauce*) remover ♦ *vi* moverse; **se ~** *vpr* moverse

rémunérer [Remyneʀe] *vt* remunerar

renard [R(ə)naʀ] *nm* zorro

renchérir [Rɑ̃ʃeʀiʀ] *vi* encarecerse; **~ (sur)** ir más allá (de)

rencontre [Rɑ̃kɔ̃tʀ] *nf* encuentro; **aller à la ~ de qn** ir al encuentro de algn; **rencontrer** *vt* encontrar (a); (*SPORT: équipe*) enfrentarse con; **se rencontrer** *vpr* encontrarse

rendement [Rɑ̃dmɑ̃] *nm* rendimiento; **à plein ~** a pleno rendimiento

rendez-vous [Rɑ̃devu] *nm inv*

cita; **donner ~~~ à qn** dar una cita a algn; **avoir ~~~ (avec qn)** tener una cita (con algn); **prendre ~~~ (avec qn)** pedir cita (con algn)

rendre [ʀɑ̃dʀ] vt devolver; (sons) producir; (pensée, tournure) traducir, expresar; ~ **qn célèbre/qch possible** hacer a algn célebre/algo posible; **se ~** vpr rendirse; **se ~ quelque part** irse a algún sitio; **se ~ compte de qch** darse cuenta de algo; ~ **la monnaie** dar las vueltas

rênes [ʀɛn] nfpl riendas

renfermé, e [ʀɑ̃fɛʀme] adj (fig) reservado(-a) ♦ nm: **sentir le ~** oler a cerrado

renfermer [ʀɑ̃fɛʀme] vt contener

renforcer [ʀɑ̃fɔʀse] vt reforzar

renforts nmpl (MIL, gén) refuerzo msg; **à grand renfort de** con gran acompañamiento de

renfrogné, e [ʀɑ̃fʀɔɲe] adj sombrío(-a)

renier [ʀənje] vt renegar de

renifler [ʀ(ə)nifle] vi resoplar ♦ vt aspirar

renne [ʀɛn] nm reno

renom [ʀənɔ̃] nm renombre m; **renommé, e** adj renombrado(-a), famoso(-a); **renommée** nf fama

renoncer [ʀ(ə)nɔ̃se] vt: **~ à** vt ind renunciar a

renouer [ʀənwe]: **~ avec** vt volver a; **~ avec qn** reconciliarse con algn

renouvelable [ʀ(ə)nuv(ə)labl] adj (contrat, bail) renovable

renouveler [ʀ(ə)nuv(ə)le] vt renovar; (eau d'une piscine, pansement) cambiar; (demande) reiterar; (exploit, méfait) repetir; **se ~** vpr repetirse

renouvellement nm renovación f; (pansement) cambio; (exploit, incident) repetición f

rénover [ʀenɔve] vt renovar; (quartier) remozar

renseignement [ʀɑ̃sɛɲmɑ̃] nm información f; **(guichet des) ~s** (ventanilla de) información; **les ~s généraux** dirección f general de seguridad

renseigner [ʀɑ̃sɛɲe] vt: **~ qn (sur)** informar a algn (sobre); **se ~** vpr informarse

rentabilité [ʀɑ̃tabilite] nf rentabilidad f

rentable [ʀɑ̃tabl] adj rentable

rente [ʀɑ̃t] nf renta

rentrée [ʀɑ̃tʀe] nf: **~ (d'argent)** ingreso; **la ~ (des classes)** el comienzo del curso

---

rentrée (des classes)

La rentrée (des classes) *en septiembre marca un hito importante en el calendario anual francés. Supone la vuelta al colegio para profesores y alumnos y se reanuda la vida política y social tras el largo descanso estival.*

---

rentrer [ʀɑ̃tʀe] vi entrar; (entrer de nouveau) volver a entrar; (revenir chez soi) irse a casa; (revenu, argent) ingresar ♦ vt meter; (foins) recoger; (griffes) guardar; (fig: larmes, colère etc) tragarse; **~ dans l'ordre** volver al orden; **~ dans ses frais** cubrir sus gastos

renverse [ʀɑ̃vɛʀs]: **à la ~** adv (tomber) de espaldas

renverser [ʀɑ̃vɛʀse] vt (liquide) derramar; (chaise, verre) dejar caer;

(*piéton*) atropellar; (*gouvernement etc*) derrochar; **se ~** *vpr* (*pile d'objets, récipient*) caerse

renvoi [Rɑ̃vwa] *nm* reenvío, devolución *f*; (*d'un élève*) expulsión *f*; (*d'un employé*) despido; (*référence*) llamada, nota; (*éructation*) eructo; **renvoyer** *vt* devolver; (*élève*) expulsar; (*employé*) despedir

repaire [R(ə)pER] *nm* guarida

répandre [Repɑ̃dR] *vt* derramar; (*gravillons, sable etc*) echar; (*lumière, chaleur, odeur*) despedir; (*nouvelle, usage*) propagar; **se ~** *vpr* (*liquide*) derramarse; (*épidémie, mode*) difundirse; **répandu, e** *pp de* **répandre** ♦ *adj* (*courant*) extendido(-a)

réparation [Reparasjɔ̃] *nf* arreglo

réparer [Repare] *vt* arreglar

repartie [Reparti] *nf* réplica; **avoir de la ~** tener una respuesta fácil

repartir [Repartir] *vi* (*retourner*) regresar; **~ à zéro** recomenzar de cero

répartir [Repartir] *vt* repartir; **se ~** *vpr* (*travail, rôles*) repartirse; **répartition** *nf* reparto

repas [R(ə)pa] *nm* comida

repassage [R(ə)pasaʒ] *nm* planchado

repasser [R(ə)pase] *vi* (*passer de nouveau*) volver a pasar ♦ *vt* planchar

repentir [Rəpɑ̃tir] *nm* arrepentimiento; **se ~** *vpr* arrepentirse

répercussions [Reperkysjɔ̃] *nfpl* (*fig*) repercusiones *fpl*

répercuter [Reperkyte]: **se ~** *vpr* repercutir; **se ~ sur** (*fig*) repercutir en

repère [R(ə)pER] *nm* referencia;

(*monument etc*) lugar *m* de referencia

repérer [R(ə)pere] *vt* (*erreur, connaissance*) ver; (*abri, ennemi*) localizar; **se ~** *vpr* orientarse

répertoire [Repertwar] *nm* repertorio

répéter [Repete] *vt* repetir; (*THÉÂTRE*) ensayar ♦ *vi* (*THÉÂTRE etc*) ensayar; **se ~** *vpr* repetirse

répétition [Repetisjɔ̃] *nf* repetición *f*; (*THÉÂTRE*) ensayo; **~ générale** (*THÉÂTRE*) ensayo general

répit [Repi] *nm* descanso

replier [R(ə)plije] *vt* doblar; **se ~** *vpr* replegarse

réplique [Replik] *nf* réplica; **répliquer** *vt* contestar; (*avec impertinence*) replicar

répondeur [Repɔ̃dœR] *nm*: **~ automatique** (*TÉL*) contestador *m* automático

répondre [Repɔ̃dR] *vi* contestar, responder; (*freins, mécanisme*) responder; (*salut, provocation, description*) responder a

réponse [Repɔ̃s] *nf* respuesta; **en ~ à** en respuesta a

reportage [R(ə)pɔRtaʒ] *nm* reportaje *m*

reporter¹ [R(ə)pɔRter] *nm* reportero

reporter² [Rəpɔrte] *vt* (*total, notes*): **~ qch sur** pasar algo a; (*ajourner, renvoyer*): **~ qch (à)** aplazar algo (hasta); **se ~ à** remitirse a

repos [R(ə)po] *nm* descanso; (*après maladie*) reposo; (*MIL*): **~!** ¡descansen!; **au ~** en reposo; **de tout ~** seguro(-a)

reposant, e [R(ə)pozɑ̃, ɑ̃t] *adj* descansado(-a)

reposer [R(ə)poze] *vt* (*verre, livre*)

volver a poner; (*question, problème*) replantear ♦ *vi* (*liquide, pâte*) reposar; ~ **sur** (*suj: bâtiment*) descansar sobre; (*fig: affirmation*) basarse en; **se** ~ **sur** descansar; **se** ~ **sur qn** apoyarse en algn

repoussant, e [ʀ(ə)pusɑ̃, ɑ̃t] *adj* repulsivo(-a)

repousser [ʀ(ə)puse] *vi* volver a crecer ♦ *vt* rechazar; (*rendez-vous, entrevue*) aplazar

reprendre [ʀ(ə)pʀɑ̃dʀ] *vt* (*prisonnier*) volver a coger; (*MIL: ville*) volver a tomar; (*objet prêté, donné*) recuperar; (*se resserver de*) volver a tomar; (*travail, études*) reanudar; (*explication, histoire*) volver a; (*emprunter: argument, idée*) volver a tomar; (*article etc*) rehacer; (*jupe, pantalon*) arreglar; (*personne*) corregir ♦ *vi* (*cours, classes*) reanudarse; (*affaires, industrie*) reactivarse; ~ **courage/des forces** recobrar valor/fuerzas; ~ **ses habitudes/sa liberté** recuperar sus costumbres/su libertad; ~ **la route** volver a ponerse en marcha; ~ **haleine** *ou* **son souffle** recobrar el aliento

représentant, e [ʀ(ə)pʀezɑ̃tɑ̃, ɑ̃t] *nm/f* representante *m/f*

représentation [ʀ(ə)pʀezɑ̃tasjɔ̃] *nf* representación *f*

représenter [ʀ(ə)pʀezɑ̃te] *vt* representar; **se** ~ *vpr* figurarse

répression [ʀepʀesjɔ̃] *nf* represión *f*

réprimer [ʀepʀime] *vt* reprimir

repris, e [ʀ(ə)pʀi, iz] *pp de* **reprendre**

reprise [ʀ(ə)pʀiz] *nf* (*recommencement*) reanudación *f*; (*THÉÂTRE, TV, CINÉ*) reposición *f*;

(*AUTO*) reprise *m*; (*COMM*) compra; (*de location*) traspaso; **à plusieurs** ~**s** repetidas veces

repriser [ʀ(ə)pʀize] *vt* zurcir

reproche [ʀ(ə)pʀɔʃ] *nm* reproche *m*; **faire des** ~**s à qn** hacer reproches a algn; **sans** ~(**s**) sin reproche; **reprocher** *vt*:
reprocher qch à (qn)
reprochar algo a (algn)

reproduction [ʀ(ə)pʀɔdyksjɔ̃] *nf* (*aussi BIOL*) reproducción *f*; "**~ interdite**" "prohibida su reproducción"

reproduire [ʀ(ə)pʀɔdɥiʀ] *vt* reproducir; **se** ~ *vpr* (*BIOL, fig*) reproducirse

reptile [ʀɛptil] *nm* reptil *m*

république [ʀepyblik] *nf* república

répugnant, e [ʀepyɲɑ̃, ɑ̃t] *adj* repugnante

répugner [ʀepyɲe] *vt* repugnar

réputation [ʀepytasjɔ̃] *nf* reputación *f*; **réputé, e** *adj* famoso(-a)

requérir [ʀəkeʀiʀ] *vt* requerir

requête [ʀəkɛt] *nf* (*prière*) petición *f*; (*JUR*) demanda, requerimiento

requin [ʀəkɛ̃] *nm* tiburón *m*

requis, e [ʀəki, iz] *pp de* **requérir**

RER [ɛʀøɛʀ] *sigle m* (= *Réseau express régional*) red de trenes rápidos de París y de la periferia; (*train*) uno de esos trenes

rescapé, e [ʀɛskape] *nm/f* superviviente *m/f*

rescousse [ʀɛskus] *nf*: **aller/ venir à la ~ de** ir/venir en socorro de

réseau, x [ʀezo] *nm* red *f*

réservation [ʀezɛʀvasjɔ̃] *nf* reserva

réserve [REZERV] nf reserva; (d'un magasin) depósito; (de pêche, chasse) coto; **sous ~ de** a reserva de; **sans ~** sin reservas

réservé, e [REZERVE] adj reservado(-a); (chasse, pêche) vedado(-a)

réserver [REZERVE] vt reservar; (réponse, assentiment etc) reservarse; **~ qch pour/à** reservar algo para/a; **~ qch à qn** reservar algo a algn; **se ~ qch** reservarse algo; **se ~ le droit de faire qch** reservarse el derecho de hacer algo

réservoir [REZERVWAR] nm depósito

résidence [REZIdãs] nf (ADMIN) sede f; (groupe d'immeubles) conjunto residencial; **(en) ~ surveillée** (JUR) (en) arresto domiciliario; **~ universitaire** residencia universitaria;

résidentiel, le adj residencial; **résider** vi: **résider à/dans/en** residir en; **résider dans/en** (fig) radicar en

résidu [REZIdy] nm residuo

résigner [REZIɲe]: **se ~** vpr resignarse; **se ~ à qch/faire qch** resignarse a algo/hacer algo

résilier [REZIlje] vt rescindir

résistance [REZIstãs] nf resistencia; **la R~** (POL) la Resistencia

résistant, e [REZIstã, ãt] adj resistente

résister [REZIste] vi resistir; **~ à** resistir a

résolu, e [REZɔly] pp de **résoudre**; **être ~ à qch/faire qch** estar decidido(-a) a algo/hacer algo

résolution [REZɔlysjɔ̃] nf resolución f

résolve etc [REZɔlv] vb voir **résoudre**

résonner [REZɔne] vi resonar

résorber [REZɔrbe]: **se ~** vpr (MÉD) reabsorberse; (déficit, chômage) reducirse

résoudre [REZudr] vt resolver; **se ~ à qch/faire qch** decidirse por algo/a ou por hacer algo

respect [RESpɛ] nm respeto;

respecter vt respetar; **faire respecter** hacer respetar;

respectueux, -euse adj respetuoso(-a)

respiration [RESpirasjɔ̃] nf respiración f; **~ artificielle** respiración artificial

respirer [RESpire] vi, vt respirar

resplendir [RESplãdir] vi resplandecer; **~ (de)** resplandecer (de)

responsabilité [RESpɔ̃sabilite] nf responsabilidad f

responsable [RESpɔ̃sabl] adj, nm/f responsable m/f

ressaisir [R(ə)sezir]: **se ~** vpr (se maîtriser) serenarse

ressasser [R(ə)sase] vt rumiar; (histoires, critiques) repetir

ressemblance [R(ə)sãblãs] nf semejanza

ressemblant, e [R(ə)sãblã, ãt] adj parecido(-a)

ressembler [R(ə)sãble]: **~ à** vt ind parecerse a; **se ~** vpr parecerse

ressentiment [R(ə)sãtimã] nm resentimiento

ressentir [R(ə)sãtir] vt sentir; **se ~ de** resentirse de

resserrer [R(ə)sere] vt apretar; (liens d'amitié) estrechar

resservir [R(ə)servir] vt: **~ qn (d'un plat)** volver a servir a algn (un plato) ♦ vi (être réutilisé) servir

de nuevo; **se ~ de** (plat) volver a
servirse

ressort [ʀəsɔʀ] vb voir **ressortir**
♦ nm muelle m; **en dernier ~** en
última instancia; **être du ~ de**
ser de la competencia de

ressortir [ʀəsɔʀtiʀ] vi (sortir à
nouveau) salir de nuevo; (couleur,
broderie, détail) resaltar; **faire ~
qch** hacer resaltar algo

ressortissant, e [ʀ(ə)sɔʀtisã,
ãt] nm/f súbdito(-a)

ressources [ʀ(ə)suʀs] nfpl
recursos mpl

ressusciter [ʀesysite] vi resucitar

restant, e [ʀɛstã, ãt] adj restante
♦ nm: **un ~ de** unas sobras de

restaurant [ʀɛstɔʀã] nm
restaurante m

restauration [ʀɛstɔʀasjɔ̃] nf
restauración f; **~ rapide** comida
rápida

restaurer [ʀɛstɔʀe] vt restaurar;
se ~ vpr comer

reste [ʀɛst] nm resto m; (MATH)
residuo; **~s** nmpl (CULIN) sobras
fpl; **pour le ~** por lo demás; **du
~** además

rester [ʀɛste] vi (dans un lieu)
quedarse ♦ vb impers: **il me
reste du pain** me queda pan; **il
(me) reste 2 œufs** (me)
quedan 2 huevos; **il (me) reste
10 minutes** (me) quedan 10
minutos; **ce qui (me) reste à
faire** lo que (me) falta por hacer;
(il) reste à savoir si ... queda
por saber si ...; **il reste que ...,
il n'en reste pas moins que
...** sin embargo ..., con todo y
con eso ...; **restons-en là**
dejémoslo aquí; **y ~** (fam): **il a
failli y ~** por poco estira la pata

restituer [ʀɛstitɥe] vt (TECH:
énergie, son) reproducir; **~ qch (à**

qn) (objet, somme) restituir algo (a
algn)

restreindre [ʀɛstʀɛ̃dʀ] vt
restringir

restriction [ʀɛstʀiksjɔ̃] nf
restricción f

résultat [ʀezylta] nm resultado

résulter [ʀezylte] vi: **~ de**
resultar de

résumé [ʀezyme] nm resumen m;
en ~ en resumen

résumer [ʀezyme] vt resumir; **se
~ à** (se réduire à) resumirse a

résurrection [ʀezyʀɛksjɔ̃] nf
(REL) resurrección f; (fig)
reaparición f

rétablir [ʀetabliʀ] vt restablecer;
se ~ vpr restablecerse

rétablissement nm
restablecimiento

retaper [ʀ(ə)tape] vt arreglar; (fig:
fam) restablecer

retard [ʀ(ə)taʀ] nm retraso; **être
en ~ (de 2 heures)** retrasarse
(2 horas); **avoir du ~** estar
retrasado(-a); **sans ~** sin retraso

retardataire [ʀ(ə)taʀdatɛʀ] adj
retrasado(-a) ♦ nm/f rezagado(-a)

retardement [ʀ(ə)taʀdəmã]: **à ~**
adj de efecto retardado; **bombe à
~** bomba de relojería

retarder [ʀ(ə)taʀde] vt (montre)
atrasar ♦ vi (horloge, montre)
atrasar; **~ qn (d'une heure)**
retrasar a algn (una hora)

retenir [ʀət(ə)niʀ] vt retener;
(objet qui glisse) agarrar; (colère,
larmes) contener; (chanson, date)
recordar; (suggestion, proposition)
aceptar; (place, chambre) reservar;
~ son souffle contener su
respiración; **se ~** vpr
(euphémisme) aguantarse; (se
raccrocher): **se ~ (à)** agarrarse a;
se ~ (de faire qch) contenerse

(de hacer algo)
retentir [R(ə)tɑ̃tiR] *vi* resonar;
retentissant, e *adj* (*voix, choc*)
ruidoso(-a); (*succès etc*)
clamoroso(-a)
retenue [Rət(ə)ny] *nf* (*somme
prélevée*) deducción *f*; (*modération*)
moderación *f*
réticence [Retisɑ̃s] *nf* reticencia;
réticent, e *adj* reticente
rétine [Retin] *nf* retina
retiré, e [R(ə)tiRe] *adj* (*personne,
vie*) solitario(-a)
retirer [R(ə)tiRe] *vt* retirar;
(*vêtement, lunettes*) quitarse; **~
qch/qn de** sacar algo/a algn de
retomber [R(ə)tɔ̃be] *vi* caer;
(*tomber de nouveau*) caer de
nuevo; **~ sur qn** recaer sobre
algn
rétorquer [RetɔRke] *vt*: **~ (à qn)
que** replicar (a algn) que
retouche [R(ə)tuʃ] *nf* retoque *m*;
faire une *ou* **des ~(s) à** dar un
ou unos retoque(s) a; **retoucher**
vt retocar
retour [R(ə)tuR] *nm* vuelta; (*d'un
lieu, vers un lieu*) regreso; **au ~** a
la vuelta; **être de ~ (de)** estar de
vuelta (de); **par ~ du courrier** a
vuelta de correo; **match ~**
partido de vuelta
retourner [R(ə)tuRne] *vt* (*dans
l'autre sens*) dar la vuelta a, voltear
(AM); (*caisse*) poner boca abajo;
(*renvoyer, restituer, argument*)
devolver; (*sac, vêtement*) volver del
revés; (*terre, sol, foin*) remover;
(*émouvoir*) revolver ♦ *vi* volver; (*aller de
nouveau*): **~ quelque part** volver
de nuevo a algún sitio; **se ~** *vpr*
volverse, voltearse (AM); **~ à** volver
a; **se ~ contre qn/qch** (*fig*)
volverse contra algn/algo; **savoir
de quoi il retourne** saber de

qué se trata
retrait [R(ə)tRε] *nm* retiro; **en ~**
apartado(-a); **~ du permis (de
conduire)** retirada de carnet (de
conducir)
retraite [R(ə)tRεt] *nf* retiro; (*d'une
armée*) retirada; **prendre sa ~**
jubilarse; **~ anticipée** jubilación
anticipada; **retraité, e** *adj*
retirado(-a), jubilado(-a) ♦ *nm/f*
jubilado(-a)
retrancher [R(ə)tRɑ̃ʃe] *vt*
suprimir; **~ qch de** (*nombre,
somme*) sustraer algo de; **se ~
derrière/dans** refugiarse en
rétrécir [RetResiR] *vt, vi*
(*vêtement*) encoger; **se ~** *vpr*
estrecharse
rétro [RetRo] *adj inv*: **mode/
style ~** moda/estilo retro *inv* ♦
nm (*fam*) = **rétroviseur**
rétroprojecteur
[RetRopRɔʒεktœR] *nm*
retroproyector *m*
rétrospective [RetRɔspεktiv] *nf*
retrospectiva;
rétrospectivement *adv*
retrospectivamente
retrousser [R(ə)tRuse] *vt*
(*pantalon etc*) arremangar
retrouvailles [R(ə)tRuvaj] *nfpl*
reencuentro
retrouver [R(ə)tRuve] *vt*
encontrar; (*sommeil, calme, santé*)
recobrar; (*rejoindre*) encontrarse
con; **se ~** *vpr* encontrarse;
(*s'orienter*) orientarse; **se ~ dans**
(*calculs, dossiers, désordre*)
desenvolverse en; **s'y ~** (*rentrer
dans ses frais*) salir ganando
rétroviseur [RetRɔvizœR] *nm*
retrovisor *m*
réunion [Reynjɔ̃] *nf* reunión *f*;
(*séance, congrès*) encuentro
réunir [ReyniR] *vt* reunir;

(*rattacher*) unir; **se ~** *vpr* reunirse

réussi, e [ʀeysi] *adj* (*robe, photographie*) logrado(-a); (*réception*) exitoso(-a)

réussir [ʀeysiʀ] *vi* (*tentative, projet*) ser un éxito; (*personne*) tener éxito; (: *à un examen*) salir bien de ♦ *vt* (*examen, plat*) salir bien; **~ à faire qch** lograr hacer algo; **~ à qn** (*aliment*) sentar bien a algn; **réussite** *nf* éxito; (*CARTES*) solitario

revaloir [ʀ(ə)valwaʀ] *vt*: **je vous revaudrai cela** se lo pagaré con la misma moneda

revanche [ʀ(ə)vɑ̃ʃ] *nf* revancha; **en ~** en cambio

rêve [ʀɛv] *nm* sueño; **la voiture/maison de ses ~s** el coche/la casa de sus sueños

réveil [ʀevɛj] *nm* despertar *m*; (*pendule*) despertador *m*; **au ~, je ... au** despertar, yo ...; **réveiller** *vt* despertar; **se réveiller** *vpr* despertarse; (*fig: se secouer*) espabilarse

réveillon [ʀevɛjɔ̃] *nm* cena de Nochebuena; (*de la Saint-Sylvestre*) cena de Nochevieja; **réveillonner** *vi* celebrar la cena de Nochebuena *ou* la cena de Nochevieja

révélateur, -trice [ʀevelatœʀ, tʀis] *adj* revelador(a)

révéler [ʀevele] *vt* revelar; **~ qn/qch** dar algn/algo a conocer

revenant, e [ʀ(ə)vənɑ̃, ɑ̃t] *nm/f* fantasma *m*

revendeur, -euse [ʀ(ə)vɑ̃dœʀ, øz] *nm/f* revendedor(a)

revendication [ʀ(ə)vɑ̃dikasjɔ̃] *nf* reivindicación *f*

revendiquer [ʀ(ə)vɑ̃dike] *vt* reivindicar; (*responsabilité*) asumir

revendre [ʀ(ə)vɑ̃dʀ] *vt* revender;

à ~ de sobra

revenir [ʀəv(ə)niʀ] *vi* (*venir de nouveau*) venir de nuevo; (*rentrer*) regresar, volver; **faire ~ de la viande/des légumes** rehogar la carne/las verduras; **~ cher/à 100 euros (à qn)** resultar caro/a 100 euros (a algn); **~ à** (*conversation*) volver a; (*équivaloir à*) venir a; (*part, honneur*) corresponder a algn; (*souvenir, nom*) venirle a algn *ou* a la mente; **~ de** (*fig*) salir de; **~ sur** (*question*) volver sobre; (*promesse*) retractarse de; **n'en pas ~: je n'en reviens pas** no vuelvo de mi asombro; **~ sur ses pas** dar marcha atrás; **cela revient au même/à dire que** eso equivale a lo mismo/a decir que

revenu, e [ʀəv(ə)ny] *pp de* **revenir** ♦ *nm* renta; **~s** *nmpl* ingresos *mpl*

rêver [ʀeve] *vi* soñar; **~ de** *ou* **à** soñar con

réverbère [ʀevɛʀbɛʀ] *nm* farola; **réverbérer** *vt* reverberar

revers [ʀ(ə)vɛʀ] *nm* revés *msg*; (*de la main*) dorso; (*d'une pièce, médaille*) reverso

revêtement [ʀ(ə)vɛtmɑ̃] *nm* revestimiento; (*d'une chaussée*) firme *m*; (*d'un tuyau etc*) capa

revêtir [ʀ(ə)vɛtiʀ] *vt* revestir; (*vêtement*) ponerse

rêveur, -euse [ʀɛvœʀ, øz] *nm/f* soñador/a

revient [ʀəvjɛ] *vb voir* **revenir** ♦ *nm*: **prix de ~** (*COMM*) precio de coste

revigorer [ʀ(ə)vigɔʀe] *vt* vigorizar

revirement [ʀ(ə)viʀmɑ̃] *nm* cambio brusco

réviser [ʀevize] *vt* revisar; (*SCOL, comptes*) repasar

révision [revizjɔ̃] nf revisión f

revivre [R(ə)vivR] vi recuperar fuerzas; (traditions, coutumes) recuperarse ♦ vt revivir

revoir [R(ə)vwaR] vt volver a ver; (texte, édition) revisar ♦ nm: **au ~** adiós msg

révoltant, e [Revɔltɑ̃, ɑ̃t] adj indignante

révolte [Revɔlt] nf rebelión f

révolter [Revɔlte] vt indignar; **se ~** vpr: **se ~ (contre)** rebelarse (contra)

révolu, e [Revɔly] adj (de jadis) pasado(-a); (ADMIN: complété: année etc): **âgé de 18 ans ~s** con 18 años cumplidos

révolution [Revɔlysjɔ̃] nf revolución f; **révolutionnaire** adj, nm/f revolucionario(-a)

revolver [Revɔlvɛʀ] nm pistola; (à barillet) revólver m

révoquer [Revɔke] vt revocar; (fonctionnaire) destituir

revue [R(ə)vy] nf revista; **passer en ~** estudiar

rez-de-chaussée [Red(ə)fose] nm inv planta baja

RF [ɛʀɛf] sigle f = République française

Rhin [ʀɛ̃] nm: **le ~** el Rin

rhinocéros [ʀinɔseʀɔs] nm (ZOOL) rinoceronte m

Rhône [Ron] nm: **le ~** el Ródano

rhubarbe [Rybarb] nf ruibarbo m

rhum [Rɔm] nm ron m

rhumatisme [Rymatism] nm reumatismo, reúma

rhume [Rym] nm catarro m; **~ de cerveau** catarro de nariz; **le ~ des foins** la fiebre del heno

ricaner [Rikane] vi reírse burlonamente

riche [Rif] adj rico(-a); **richesse** nf riqueza

ricochet [Rikɔfɛ] nm rebote m; **faire ~** rebotar; **faire des ~s** hacer cabrillas

ride [Rid] nf arruga

rideau, x [Rido] nm (de fenêtre) visillo; (THÉÂTRE) telón m

rider [Ride] vt arrugar

ridicule [Ridikyl] adj ridículo(-a); **ridiculiser** vt ridiculizar; **se ridiculiser** vpr ridiculizarse

rien [Rjɛ̃] pron: **(ne) ... ~** (no) ... nada; **qu'est-ce que vous avez? - ~** ¿qué le pasa? - nada; **il n'a ~ dit/fait** no dijo/hizo nada; **il n'a ~** no tiene nada; **de ~!** ¡de nada!; **n'avoir peur de ~** no tener miedo de nada; **~ d'intéressant** nada interesante; **~ d'autre** nada más; **~ du tout** nada en absoluto; **~ que** nada más que; **~ que pour lui faire plaisir** nada más que por agradarle; **~ que la vérité** nada más que la verdad; **en un ~ de temps** en nada de tiempo

rieur, -euse [R(i)jœR, R(i)jøz] adj reidor(a)

rigide [Riʒid] adj rígido(-a)

rigoler [Rigɔle] vi (fam) reírse; (s'amuser) pasarlo bien; **rigolo, -ote** (fam) adj gracioso(-a) ♦ nm/f gracioso(-a); (péj: fumiste) cantamañanas m inv

rigoureusement [RiguRøzmɑ̃] adv rigurosamente; **~ interdit** totalmente prohibido

rigoureux, -euse [RiguRø, øz] adj riguroso(-a)

rigueur [RigœR] nf rigor m, rigurosidad f; **à la ~** en último extremo; **tenir ~ à qn de qch** guardar rencor a algn por algo

rillettes [Rijɛt] nfpl especie de paté de cerdo u oca

rime [Rim] nf rima

rinçage [ʀɛsaʒ] nm aclarado

rincer [ʀɛse] vt enjuagar

ringard, e [ʀɛgaʀ, aʀd] (fam, péj) adj anticuado(-a)

riposter [ʀipɔste] vi replicar ♦ vt: ~ que responder que; ~ à responder a

rire [ʀiʀ] vi reír; (se divertir) reírse; se ~ de reírse de; pour ~ en broma ♦ nm risa

risible [ʀizibl] adj risible

risque [ʀisk] nm riesgo; à ses ~s et périls por su cuenta y riesgo; au ~ de a riesgo de; **risqué, e** adj arriesgado(-a); **risquer** vt arriesgar; (allusion, comparaison, question) aventurar; (MIL, gén) arriesgarse a; **ça ne risque rien** no hay riesgo alguno; **il risque de se tuer** puede matarse; **ce qui risque de se produire** lo que puede producirse; **il ne risque pas de recommencer** no hay peligro de que vuelva a empezar

rissoler [ʀisɔle] vi, vt: (faire) ~ de la viande/des légumes dorar la carne/las verduras

ristourne [ʀistuʀn] nf rebaja, descuento

rite [ʀit] nm rito

rivage [ʀivaʒ] nm costa

rival, e, -aux [ʀival, o] adj rival ♦ nm/f adversario; **rivaliser** vi: rivaliser avec rivalizar con; **rivalité** nf rivalidad

rive [ʀiv] nf orilla; **riverain, e** adj, nm/f (d'une rivière) ribereño(-a); (d'une route) vecino(-a)

rivière [ʀivjɛʀ] nf río

riz [ʀi] nm arroz m; **rizière** nf arrozal m

RMI [ɛʀɛmi] sigle m (= revenu minimum d'insertion) ayuda compensatoria

RN [ɛʀɛn] sigle f (= route nationale) N. (= carretera nacional)

robe [ʀɔb] nf vestido; (de juge, d'avocat) toga; (d'ecclésiastique) hábito; (d'un animal) pelo; ~ de chambre bata; ~ de mariée vestido de novia; ~ de soirée traje de noche

robinet [ʀɔbinɛ] nm grifo, canilla (AM)

robot [ʀɔbo] nm robot m

robuste [ʀɔbyst] adj robusto(-a); **robustesse** nf robustez f

roc [ʀɔk] nm roca

rocade [ʀɔkad] nf (AUTO) circunvalación f

rocaille [ʀɔkaj] nf rocalla

roche [ʀɔʃ] nf roca

rocher [ʀɔʃe] nm (un ~) peñasco; (matière) roca

rocheux, -euse [ʀɔʃø, øz] adj rocoso(-a)

rodage [ʀɔdaʒ] nm rodaje m; en ~ (AUTO) en rodaje

rôder [ʀode] vi rondar; (péj) vagabundear; **rôdeur, -euse** nm/f vagabundo(-a)

rogne [ʀɔɲ] nf (fam): être en ~ estar rabiando; mettre en ~ hacer rabiar

rogner [ʀɔɲe] vt recortar; ~ sur (dépenses etc) recortar

rognons [ʀɔɲɔ̃] nmpl riñones mpl

roi [ʀwa] nm rey m; le jour ou la fête des R~s, les R~s el día de Reyes, los Reyes

---

fête des Rois

La fête des Rois se celebra el 6 de enero. Es costumbre agregar las figurillas de los Reyes Magos al belén y comer la galette des Rois, un pastel de bizcocho

aplanado en el que se esconde un
amuleto (**la fève**). Quien
encuentra el amuleto se convierte
en rey o reina por un día y escoge
a su pareja.

rôle [Rol] *nm* (*CINÉ, THÉÂTRE*) papel
m; (*fonction*) función *f*

romain, e [Rɔmɛ̃, ɛn] *adj*
romano(-a) ♦ *nm/f*: **R~, e**
romano(-a)

roman, e [Rɔmɑ̃, an] *adj*
románico(-a)

romancer [Rɔmɑ̃se] *vt* novelar;
romancier, -ière *nm/f*
novelista *m/f*; **romanesque** *adj*
fabuloso(-a)

roman-feuilleton [Rɔmɑ̃fœjtɔ̃]
(*pl* **~s-~s**) *nm* folletín *m*

romanichel, le [Rɔmaniʃɛl] *nm/f*
gitano(-a)

romantique [Rɔmɑ̃tik] *adj*
romántico(-a)

romarin [RɔmaRɛ̃] *nm* romero *m*

rompre [Rɔ̃pR] *vt* romper ♦ *vi*
(*fiancés*) romper; **se ~** *vpr*
romperse; **rompu, e** *pp de*
rompre ♦ *adj*: **rompu à**
avezado(-a) en

ronces [Rɔ̃s] *nfpl* zarzas *fpl*

ronchonner [Rɔ̃ʃɔne] (*fam*) *vi*
refunfuñar

rond, e [Rɔ̃, Rɔ̃d] *adj* redondo(-a);
(*fam: ivre*) alegre ♦ *nm* redondo;
je n'ai plus un ~ (*fam: sou*) no
me queda ni una perra ♦ *adv*: **en
~** corro; **ronde** *f nf* ronda;
(*danse*) corro; (*MUS: note*) redonda;
à 10 km à la ronde a 10 km a
la redonda; **rondelet, te** *adj*
regordete(-a); (*fig: somme*)
suculento(-a)

rondelle [Rɔ̃dɛl] *nf* (*TECH*)
arandela; (*tranche*) loncha

rond-point [Rɔ̃pwɛ̃] (*pl* **~s-~s**)
nm rotonda

ronflement [Rɔ̃fləmɑ̃] *nm* (*d'une
personne*) ronquido; (*d'un moteur*)
zumbido

ronfler [Rɔ̃fle] *vi* (*personne*)
roncar; (*moteur, poêle*) zumbar

ronger [Rɔ̃ʒe] *vt* (*suj: souris, chien
etc*) roer; (: *vers*) carcomer; (:
insectes) ficar; (: *rouille*) corroer;
se ~ les ongles comerse las
uñas; **rongeur** *nm* roedor *m*

ronronner [Rɔ̃Rɔne] *vi* ronronear

rosbif [Rɔsbif] *nm* rosbif *m*

rose [Roz] *nf* rosa ♦ *adj* rosa *inv*

rosé, e [Roze] *adj* rosa *inv* ♦ *nm*:
(**vin**) ~ (*vino*) rosado

roseau, x [Rozo] *nm* caña

rosée [Roze] *adj f voir* **rosé** ♦ *nf*
rocío

rosier [Rozje] *nm* rosal *m*

rossignol [Rɔsiɲɔl] *nm* (*ZOOL*)
ruiseñor *m*

rotation [Rɔtasjɔ̃] *nf* rotación *f*

roter [Rɔte] (*fam*) *vi* eructar

rôti [Roti] *nm* carne *f* de asar;
(*cuit*) asado de carne

rotin [Rɔtɛ̃] *nm* mimbre *m ou f*;
fauteuil en ~ sillón *m* de
mimbre

rôtir [RotiR] *vt* asar ♦ *vi* asarse;
rôtisserie *nf* (*restaurant*)
restaurante-parrilla *m*; (*comptoir,
magasin*) establecimiento de
precocinados; **rôtissoire** *nf*
asador *m*

rotule [Rɔtyl] *nf* rótula

rouage [Rwaʒ] *nm* engranaje *m*;
(*de montre*) maquinaria; **~s** *nmpl*
(*fig*) máquina *fsg*

roue [Ru] *nf* rueda; **~ de
secours** rueda de repuesto

rouer [Rwe] *vt*: **~ qn de coups**
moler a algn a palos

rouge [Ruʒ] *adj* rojo(-a) ♦ *nm*

(couleur) rojo; (fard) carmín m;
(vin) ~ (vino) tinto; **passer au
~** (automobiliste) pasar en rojo;
être sur la liste ~ (TÉL) no
constar en la guía; **~ (à lèvres)**
barra de labios; **rouge-gorge** (pl
rouges-gorges) nm petirrojo

rougeole [ʀuʒɔl] nf sarampión m

rougeoyer [ʀuʒwaje] vi ponerse
rojo

rouget [ʀuʒɛ] nm salmonete m

rougeur [ʀuʒœʀ] nf rojez f

rougir [ʀuʒiʀ] vi enrojecer; (fraise,
tomate) ponerse rojo

rouille [ʀuj] nf moho; **rouillé, e**
adj oxidado(-a); **rouiller** vt
oxidar ♦ vi oxidarse

roulant, e [ʀulɑ̃, ɑ̃t] adj rodante;
(surface, trottoir) transportador(a)

rouleau, x [ʀulo] nm rollo; (à
peinture) rodillo; (à mise en plis)
rulo; (vague) rompiente m; **~ à
pâtisserie** rodillo

roulement [ʀulmɑ̃] nm
rodamiento; **par ~** por turno

rouler [ʀule] vt (CULIN, tissu,
papier) enrollar ♦ vi rodar; (voiture,
train) circular, estar en marcha;
(automobiliste) circular; (bateau)
balancearse; **se ~ dans** (boue)
revolcarse en

roulette [ʀulɛt] nf rueda; **la ~** la
ruleta

roulis [ʀuli] nm balanceo

roulotte [ʀulɔt] nf carro,
carromato

roumain, e [ʀumɛ̃, ɛn] adj
rumano(-a) ♦ nm (LING) rumano ♦
nm/f: **R~,** e rumano(-a)

Roumanie [ʀumani] nf Rumania

rouquin, e [ʀukɛ̃, in] (fam) nm/f
pelirrojo(-a)

rouspéter [ʀuspete] (fam) vi
refunfuñar

rousse [ʀus] adj voir **roux**

roussir [ʀusiʀ] vt (herbe, linge)
quemar ♦ vi (feuilles) amarillear

route [ʀut] nf (voie); (itinéraire,
parcours) ruta; (fig) camino; **par
(la) ~** por (la) carretera; **il y a 3
heures de ~** hay 3 horas de
camino; **en ~** por en camino; **en
~!** ¡en marcha!; **mettre en ~**
poner en marcha; **se mettre en
~** ponerse en camino; **~
nationale** ≃ carretera nacional;
routier, -ière adj (réseau, carte)
de carreteras ♦ nm (camionneur)
camionero

routine [ʀutin] nf rutina;
routinier, -ière adj rutinario(-a)

rouvrir [ʀuvʀiʀ] vt (porte, valise)
volver a abrir ♦ vi (suj: école,
piscine) volver a abrirse; **se ~**
(porte, blessure) volver a abrirse

roux, rousse [ʀu, ʀus] adj, nm/f
pelirrojo(-a)

royal, e, -aux [ʀwajal, o] adj
real; (festin, cadeau) regio(-a)

royaume [ʀwajom] nm reino; (fig)
dominios mpl

royauté [ʀwajote] nf realeza

ruban [ʀybɑ̃] nm cinta; (de
velours, de soie) lazo; **~ adhésif**
cinta adhesiva

rubéole [ʀybeɔl] nf rubeola

rubis [ʀybi] nm rubí m

rubrique [ʀybʀik] nf (titre,
catégorie) rúbrica; (PRESSE: article)
sección f

ruche [ʀyʃ] nf colmena

rude [ʀyd] adj (barbe, toile, voix)
áspero(-a); (métier, épreuve, climat)
duro(-a); (bourru) rudo(-a);
rudement adv: **elle est
rudement belle/riche** (fam:
très) es super bonita/rica; **j'ai
rudement faim** (fam) tengo un
montón de hambre

rudimentaire [ʀydimɑ̃tɛʀ] adj

rudimentario(-a)
rudiments [ʀydimɑ̃] *nmpl*
rudimentos *mpl*
rue [ʀy] *nf* calle *f*
ruée [ʀɥe] *nf* riada
ruelle [ʀɥɛl] *nf* callejuela
ruer [ʀɥe] *vi* cocear; **se
~** *vpr*: **se ~ sur** arrojarse sobre; **se ~
vers/dans/hors de** precipitarse
hacia/en/fuera de
rugby [ʀygbi] *nm* rugby *m*
rugir [ʀyʒiʀ] *vi* rugir
rugueux, -euse [ʀygø, øz] *adj*
rugoso(-a)
ruine [ʀɥin] *nf* ruina; **ruiner** *vt*
arruinar; **ruineux, -euse** *adj*
ruinoso(-a)
ruisseau, x [ʀɥiso] *nm* (*cours
d'eau*) arroyo
ruisseler [ʀɥis(ə)le] *vi* (*eau, pluie,
larmes*) correr
rumeur [ʀymœʀ] *nf* rumor *m*
ruminer [ʀymine] *vi, vt* rumiar
rupture [ʀyptyʀ] *nf* rotura; (*d'un
contrat*) incumplimiento
rural, e, -aux [ʀyʀal, o] *adj* rural
ruse [ʀyz] *nf* astucia; **une ~** un
ardid; **rusé, e** *adj* astuto(-a)
russe [ʀys] *adj* ruso(-a) ♦ *nm*
(LING) ruso ♦ *nm/f*: **R~** ruso(-a)
Russie [ʀysi] *nf* Rusia
rustine [ʀystin] *nf* parche *m*
rustique [ʀystik] *adj* rústico(-a)
rythme [ʀitm] *nm* ritmo;
rythmé, e *adj* rítmico(-a)

S, s

s' [s] *pron voir* **se**
sa [sa] *dét voir* **son**
sable [sɑbl] *nm* arena
sablé, e [sɑble] *adj* enarenado(-a)
♦ *nm* galleta; **pâte ~e** masa de
galleta

sabler [sɑble] *vt* enarenar; **~ le
champagne** (*fig*) celebrar algo
con champán
sabot [sabo] *nm* (*chaussure*)
zueco; (*de cheval, bœuf*) casco
saboter [sabɔte] *vt* sabotear
sac [sak] *nm* saco; **~ à dos**
mochila; **~ à main** bolso de
mano, cartera (AM); **~ à
provisions** bolsa de la compra;
~ de couchage saco de dormir;
~ de voyage bolsa de viaje
saccadé, e [sakade] *adj*
brusco(-a); (*voix*) entrecortado(-a)
saccager [sakaʒe] *vt* (*piller*)
saquear; (*dévaster*) devastar
saccharine [sakaʀin] *nf* sacarina
sachet [saʃɛ] *nm* bolsita; (*de
poudre, lavande*) saquito
sacoche [sakɔʃ] *nf* bolso, talego
sacré, e [sakʀe] *adj* sagrado(-a)
sacrement [sakʀəmɑ̃] *nm*
sacramento
sacrifice [sakʀifis] *nm* sacrificio;
sacrifier *vt* sacrificar
sacristie [sakʀisti] *nf* sacristía
sadique [sadik] *adj, nm/f*
sádico(-a)
safran [safʀɑ̃] *nm* azafrán *m*
sage [saʒ] *adj* (*avisé, prudent*)
sensato(-a); (*enfant*) bueno(-a)
sage-femme [saʒfam] (*pl* **~s-
~s**) *nf* comadrona
sagesse [saʒɛs] *nf* sensatez *f*
Sagittaire [saʒitɛʀ] *nm* (ASTROL)
Sagitario
Sahara [saaʀa] *nm* Sáhara *m*
saignant, e [sɛɲɑ̃, ɑ̃t] *adj*
(*viande*) poco hecho(-a)
saigner [seɲe] *vi* sangrar ♦ *vt*
(*animal*) desangrar; **~ du nez**
sangrar por la nariz
saillir [sajiʀ] *vi* sobresalir
sain, e [sɛ̃, sɛn] *adj* sano(-a);
(*affaire, entreprise*) saneado(-a); **~**

et sauf sano y salvo; **~ d'esprit** sano(-a) de espíritu

saindoux [sɛ̃du] nm manteca de cerdo

saint, e [sɛ̃, sɛ̃t] adj, nm/f santo(-a); **la S~e Vierge** la Virgen Santísima; **sainteté** nf santidad f

sais etc [se] vb voir **savoir**

saisie [sezi] nf (JUR) embargo; **~ (de données)** (INFORM) recogida de datos

saisir [seziʀ] vt (personne, chose: prendre) agarrar; (fig: occasion, prétexte) aprovechar; (comprendre) comprender; (entendre) captar; (suj: sensations, émotions) sobrecoger; (INFORM) procesar; (CULIN) soasar; (JUR: biens, personne) embargar; **saisissant, e** adj (spectacle, contraste) sobrecogedor(a)

saison [sezɔ̃] nf temporada, época; **haute/basse/morte ~** temporada alta/media/baja; **saisonnier, -ière** adj (produits, culture) estacional

salade [salad] nf ensalada; **saladier** nm ensaladera

salaire [saleʀ] nm salario; **~ de base** sueldo base

salarié, e [salaʀje] adj, nm/f asalariado(-a)

salaud [salo] (fam!) nm cabrón m (fam!), hijo de la chingada (MEX) (fam!)

sale [sal] adj sucio(-a); (avant le nom: fam) malo(-a)

salé, e [sale] adj salado(-a); (fig: histoire, plaisanterie) picante; (fam: note, facture) desorbitado(-a)

saler [sale] vt (plat) echar sal

saleté [salte] nf suciedad f; (chose sans valeur) porquería

salière [saljɛʀ] nf salero

salir [saliʀ] vt manchar; (fig) mancillar; **se ~** vpr ensuciarse; **salissant, e** adj sucio(-a)

salle [sal] nf sala; (de restaurant) salón m; **~ à manger** comedor m; **~ d'attente** sala de espera; **~ d'eau** aseo; **~ de bain(s)** cuarto de baño; **~ de classe** aula; **~ de concert** sala de conciertos; **~ de jeux** sala de juegos; **~ d'embarquement** sala de embarque; **~ de séjour** cuarto de estar; **~ de spectacle** sala de espectáculos; **~ des ventes** salón de ventas; **~ d'exposition** sala de exposiciones; **~ d'opération** sala de operaciones

salon [salɔ̃] nm salón m, living m (AM); **~ de thé** salón de té

salope [salɔp] (fam!) nf marrana; **saloperie** (fam!) nf (action vile) marranada; (chose sans valeur, de mauvaise qualité) porquería

salopette [salɔpɛt] nf pantalón m de peto; (de travail) mono, overol m (AM)

salsifis [salsifi] nm salsifí m

salubre [salybʀ] adj salubre

saluer [salɥe] vt saludar

salut [saly] nm (REL, sauvegarde) salvación f; (MIL, parole d'accueil) saludo ♦ excl (fam: bonjour) ¡hola!; (: au revoir) ¡hasta luego!, ¡chao! ou ¡chau! (esp AM)

salutations [salytasjɔ̃] nfpl saludos mpl; **recevez mes ~ distinguées** ou **respectueuses** (dans une lettre) reciba mis cordiales ou respetuosos saludos

samedi [samdi] nm sábado m; voir aussi **lundi**

SAMU [samy] sigle m (= service d'assistance médicale d'urgence) ≈ servicio médico de urgencia

sanction [sãksjɔ̃] nf sanción f;
sanctionner vt sancionar

sandale [sãdal] nf sandalia

sandwich [sãdwi(t)ʃ] nm
sandwich m, bocadillo,
emparedado (esp AM)

sang [sã] nm sangre f; **être en ~**
estar cubierto de sangre; **se faire
du mauvais ~** preocuparse;
sang-froid nm inv sangre fría;
faire qch de sang-froid hacer
algo a sangre fría; **sanglant, e**
adj (visage, arme)
ensangrentado(-a); (combat, fig)
sangriento(-a)

sangle [sãgl] nf correa

sanglier [sãglije] nm jabalí m

sanglot [sãglo] nm sollozo;
sangloter vi sollozar

sangsue [sãsy] nf sanguijuela

sanguin, e [sãgɛ̃, in] adj
sanguíneo(-a)

sanitaire [saniteʀ] adj
sanitario(-a); **~s** nmpl sanitarios
mpl

sans [sã] prép sin; **~ qu'il s'en
aperçoive** sin que se dé cuenta;
sans-abri nm/f inv persona sin
hogar; **sans-emploi** nm/f inv
desempleado(-a); **sans-gêne**
inv desenfadado(-a)

santé [sãte] nf salud f; **être en
bonne ~** estar bien de salud;
boire à la ~ de qn beber a la
salud de algn

saoudien, ne [saudjɛ̃, jɛn] adj
saudí, saudita ♦ nm/f: **S~, ne**
saudí m/f, saudita m/f

saoul, e [su, sul] adj = **soûl**

saper [sape] vt socavar

sapeur-pompier [sapœʀpɔ̃pje]
(pl **~s-~s**) nm bombero

saphir [safiʀ] nm zafiro

sapin [sapɛ̃] nm (BOT) abeto; (bois)
pino; **~ de Noël** pino de Navidad

sarcastique [saʀkastik] adj
sarcástico(-a)

Sardaigne [saʀdɛɲ] nf Cerdeña

sardine [saʀdin] nf sardina

SARL [ɛsaɛʀɛl] sigle f (= société à
responsabilité limitée) ≈ SL (=
sociedad limitada)

sarrasin [saʀazɛ̃] nm (farine)
harina de alforfón, harina de trigo
sarraceno

satané, e [satane] adj maldito(-a)

satellite [satelit] nm satélite msg

satin [satɛ̃] nm satén m

satire [satiʀ] nf sátira; **satirique**
adj satírico(-a)

satisfaction [satisfaksjɔ̃] nf
satisfacción f; **ils ont obtenu ~**
se ha accedido a sus demandas

satisfaire [satisfeʀ] vt satisfacer;
se ~ de vpr contentarse con; **~ à**
cumplir con; (conditions)
responder a; **satisfaisant, e** adj
satisfactorio(-a); **satisfait, e** adj
satisfecho(-a)

saturer [satyʀe] vt saturar

sauce [sos] nf salsa; **~ blanche**
salsa blanca; **saucière** nf salsera

saucisse [sosis] nf salchicha

saucisson [sosisɔ̃] nm salchichón
m

sauf¹ [sof] prép salvo; **~ avis
contraire** salvo aviso contrario; **~
erreur/imprévu** salvo error/
imprevisto

sauf², sauve [sof, sov] adj
(personne) ileso(-a); (fig: honneur)
a salvo; **laisser la vie sauve à
qn** perdonar la vida a algn

sauge [soʒ] nf salvia

saugrenu, e [sogʀəny] adj
(accoutrement) estrafalario(-a);
(idée, question) ridículo(-a)

saule [sol] nm sauce m

saumon [somɔ̃] nm salmón m

saupoudrer [sopudʀe] vt: **~ qch**

de (de sel, sucre) espolvorear algo de

saur [sɔʀ] adj m: **hareng ~** arenque m ahumado

saut [so] nm salto; **faire un ~ chez qn** dar un salto a casa de algn; **~ en hauteur/longueur/ à la perche** salto de altura/ longitud/con pértiga; **~ à la corde** salto a la comba; **~ périlleux** salto mortal

sauter [sote] vi saltar; (exploser) estallar; (se détacher) soltarse ♦ vt (obstacle) franquear; (fig: omettre) saltarse; **faire ~** (avec explosifs) volar; (CULIN) saltear; **~ au cou de qn** echarse al cuello de algn; **~ aux yeux** saltar a la vista; **~ au plafond** (fig) subirse por las paredes

sauterelle [sotʀɛl] nf (ZOOL) saltamontes m inv

sautiller [sotije] vi dar saltitos

sauvage [sovaʒ] adj salvaje; (plante) silvestre; (lieu) agreste; (insociable) huraño(-a); (non officiel) no autorizado(-a) ♦ nm/f salvaje m/f

sauve [sov] adj f voir **sauf²**

sauvegarde [sovɡaʀd] nf salvaguardia; **sauvegarder** vt salvaguardar; (INFORM) grabar; (: copier) hacer una copia de seguridad de

sauve-qui-peut [sovkipœ] nm inv desbandada

sauver [sove] vt salvar; **se ~** vpr (fam: partir) irse; **sauvetage** nm salvamento; **sauveteur** nm salvador m; **sauvette: à la sauvette** adv precipitadamente; **sauveur** nm salvador m

savant, e [savɑ̃, ɑ̃t] adj sabio(-a); (ironique: compétent, calé) erudito(-a)

saveur [savœʀ] nf sabor m

savoir [savwaʀ] vt saber; (connaître: date, fait etc) conocer ♦ nm saber m; **se ~** vpr (chose: être connu) saberse; **je n'en sais rien** yo no sé nada de eso; **à ~** a saber; **faire ~ qch à qn** hacer saber algo a algn; **pas que je sache** que yo sepa, no

savon [savɔ̃] nm jabón m; **un ~** una pastilla de jabón; **passer un ~ à qn** (fam) echarle un rapapolvo a algn; **savonner** vt enjabonar; **savonnette** nf jaboncillo

savourer [savuʀe] vt saborear; **savoureux, -euse** adj sabroso(-a)

saxo(phone) [sakso(fɔn)] nm saxo(fón) m

scabreux, -euse [skabʀø, øz] adj escabroso(-a)

scandale [skɑ̃dal] nm escándalo; **faire du ~** armar un escándalo; **faire ~** causar escándalo; **scandaleux, -euse** adj escandaloso(-a)

scandinave [skɑ̃dinav] adj escandinavo(-a) ♦ nm/f: **S~** escandinavo(-a)

Scandinavie [skɑ̃dinavi] nf Escandinavia

scarabée [skaʀabe] nm escarabajo

scarlatine [skaʀlatin] nf escarlatina

scarole [skaʀɔl] nf escarola

sceau, x [so] nm sello

sceller [sele] vt sellar

scénario [senaʀjo] nm guión m

scène [sɛn] nf escena; (lieu, décors) escena, escenario; **entrer en ~** entrar en escena; **mettre en ~** (THÉÂTRE) poner en escena; (CINÉ) dirigir; **~ de ménage** riña conyugal

sceptique [sɛptik] *adj, nm/f* escéptico(-a)

schéma [ʃema] *nm* esquema *m*; **schématique** *adj* esquemático(-a)

sciatique [sjatik] *adj:* **nerf ~** nervio ciático

scie [si] *nf* sierra

sciemment [sjamɑ̃] *adv* conscientemente

science [sjɑ̃s] *nf* ciencia; **~s humaines/naturelles** ciencias humanas/naturales; **science-fiction** *nf* ciencia ficción; **scientifique** *adj, nm/f* científico(-a)

scier [sje] *vt* serrar; *(partie en trop)* aserrar; **scierie** *nf* aserradero *m*

scintiller [sɛ̃tije] *vi* centellear

sciure [sjyʀ] *nf:* **~ (de bois)** serrín *m* (de madera)

sclérose [skleʀoz] *nf* esclerosis *f inv;* **~ en plaques** esclerosis en placas

scolaire [skɔlɛʀ] *adj* escolar; **scolariser** *vt* escolarizar; **scolarité** *nf* escolaridad *f*

scooter [skutœʀ] *nm* escúter *m*

score [skɔʀ] *nm* (SPORT) tanteo

scorpion [skɔʀpjɔ̃] *nm* escorpión *m*

scotch [skɔtʃ] *nm* (whisky) whisky *m* escocés; (® adhésif) celo, cinta adhesiva

scout, e [skut] *adj* de scout ♦ *nm/f* scout *m/f*, explorador(a)

script [skʀipt] *nm* (écriture) letra cursiva; (CINÉ) guión *m*

scrupule [skʀypyl] *nm* escrúpulo *m*

scruter [skʀyte] *vt* (objet, visage) escrutar; (horizon, alentours) otear

scrutin [skʀytɛ̃] *nm* escrutinio

sculpter [skylte] *vt* esculpir; **sculpteur** *nm* escultor *m*;

sculpture *nf* escultura; **sculpture sur bois** escultura en madera

SDF *sigle m* (= sans domicile fixe) persona sin hogar; **les SDF** los sin techo

se (s') [sə] *pron* se; **se voir comme on est** verse como uno es; **ils s'aiment** se quieren; **cela se répare facilement** eso se arregla fácilmente; **se casser la jambe/laver les mains** romperse una pierna/lavarse las manos

séance [seɑ̃s] *nf* sesión *f*

seau, x [so] *nm* cubo, balde *m* (esp AM)

sec, sèche [sɛk, sɛʃ] *adj* seco(-a) ♦ *nm:* **tenir au ~** mantener en sitio seco ♦ *adv* (démarrer) bruscamente; **je le bois ~** lo bebo puro; **à ~** (cours d'eau) agotado(-a); (à court d'argent) pelado(-a)

sécateur [sekatœʀ] *nm* podadera

sèche [sɛʃ] *adj f voir* **sec**; **sèche-cheveux** *nm inv* secador *m* de pelo; **sèche-linge** *nm inv* secadora; **sèchement** *adv* (répliquer etc) secamente

sécher [seʃe] *vt* secar; (fam: SCOL: classe) pirarse ♦ *vi* secarse; (fam: candidat) estar pez ♦ **se ~** *vpr* secarse; **sécheresse** *nf* (du climat, sol) sequedad *f*; (absence de pluie) sequía; **séchoir** *nm* (à linge) tendedero

second, e [s(ə)gɔ̃, ɔ̃d] *adj* segundo(-a) ♦ *nm* ayudante *m*; (étage) segundo; (NAUT) segundo de a bordo; **de ~e main** de segunda mano; **secondaire** *adj* secundario(-a); **seconde** *nf* segundo; **voyager en seconde** (TRANSPORT) viajar en segunda;

seconder vt (*assister*) ayudar

secouer [s(ə)kwe] vt sacudir; (*fam: faire se démener*) pinchar

secourir [s(ə)kuʀiʀ] vt socorrer; (*prodiguer des soins à*) auxiliar; **secourisme** nm socorrismo; **secouriste** nm/f socorrista m/f

secours [s(ə)kuʀ] nm socorro ♦ nmpl (*aide financière, matérielle*) ayuda fsg; **au ~!** ¡socorro!; **appeler au ~** pedir socorro; **les premiers ~** los primeros auxilios

secousse [s(ə)kus] nf sacudida; (*électrique*) descarga

secret, -ète [səkʀɛ, ɛt] adj secreto(-a) ♦ nm secreto; **en ~** en secreto; **~ professionnel** secreto profesional

secrétaire [s(ə)kʀeteʀ] nm/f secretario(-a) ♦ nm (*meuble*) secreter m; **~ d'État** secretario de Estado; **~ de rédaction** secretario de redacción

secrétariat nm (*profession*) secretariado; (*bureau, fonction*) secretaría

secteur [sɛktœʀ] nm sector m; **branché sur le ~** conectado a la red; **le ~ privé/public** el sector privado/público

section [sɛksjɔ̃] nf sección f; (*d'une route, d'un parcours*) tramo; **sectionner** vt seccionar

sécu [seky] (*fam*) nf (= *Sécurité sociale*) voir **sécurité**

sécurité [sekyʀite] nf seguridad f; **être en ~** estar seguro(-a); **mesures de ~** medidas fpl de seguridad; **la ~ routière** la seguridad vial; **la S~ sociale** la Seguridad Social

sédentaire [sedɑ̃teʀ] adj sedentario(-a)

séduction [sedyksjɔ̃] nf seducción f

séduire [sedɥiʀ] vt seducir; **séduisant, e** adj seductor(a)

ségrégation [segʀegasjɔ̃] nf segregación f

seigle [sɛgl] nm (*BOT*) centeno

seigneur [sɛɲœʀ] nm señor m; **le S~** (*REL*) el Señor

sein [sɛ̃] nm (*ANAT*) seno; **au ~ de** en el seno de

séisme [seism] nm seísmo

seize [sɛz] adj inv, nm inv dieciséis m inv; voir aussi **cinq**; **seizième** adj, nm/f decimosexto(-a) ♦ nm (*partitif*) dieciseisavo; voir aussi **cinquième**

séjour [seʒuʀ] nm (*villégiature*) estancia; (*pièce*) cuarto de estar; **séjourner** vi permanecer

sel [sɛl] nm sal f

sélection [selɛksjɔ̃] nf selección f; **sélectionner** vt seleccionar

self-service [sɛlfsɛʀvis] (*pl ~-~s*) adj autoservicio ♦ nm self-service m, restaurante m autoservicio

selle [sɛl] nf (*de cheval*) silla de montar; (*de bicyclette*) sillín m; **~s** nfpl (*MÉD*) deposiciones fpl; **seller** vt ensillar

selon [s(ə)lɔ̃] prép según; **~ que** según que; **~ moi** a mi modo de ver

semaine [s(ə)mɛn] nf semana; **en ~** durante la semana; **la ~ de 35 heures** la semana de 35 horas

semblable [sɑ̃blabl] adj semejante; **~ à** parecido(-a) a ♦ nm (*prochain*) semejante m

semblant [sɑ̃blɑ̃] nm: **faire ~ (de faire qch)** fingir (hacer algo)

sembler [sɑ̃ble] vi parecer ♦ vb impers: **il semble que** parece que; **il me semble (bien) que** me parece (bien) que

semelle [s(ə)mɛl] nf suela;

semer [s(ə)me] vt (AGR) sembrar; (fig: éparpiller) esparcir; ~ **la confusion** sembrar la confusión

semestre [s(ə)mɛstʀ] nm semestre m

séminaire [seminɛʀ] nm seminario m

semi-remorque [səmiʀəmɔʀk] (pl ~~s) nm semirremolque m

semoule [s(ə)mul] nf sémola f

sénat [sena] nm: **le S~** el Senado; **sénateur** nm senador(a)

sens¹ [sã] vb voir **sentir**

sens² [sãs] nm sentido; **avoir le ~ des affaires** tener el don de los negocios; **en dépit du bon ~** sin sentido común; **en un ~, dans un ~** en cierto sentido; **à mon ~** en mi opinión; **dans le ~ des aiguilles d'une montre** en el sentido de las agujas del reloj; **dans le mauvais ~** en mal sentido; **bon ~** sensatez f; **~ commun** sentido común; **~ dessus dessous** patas arriba; **~ figuré/propre** sentido figurado/ propio; **~ interdit** dirección f prohibida; **~ unique** dirección f única

sensation [sãsasjɔ̃] nf sensación f; **faire ~** causar sensación; **à ~** (péj) sensacionalista; **sensationnel, le** adj sensacional

sensé, e [sãse] adj sensato(-a)

sensibiliser [sãsibilize] vt: ~ **qn (à)** sensibilizar a algn (para)

sensibilité [sãsibilite] nf sensibilidad f

sensible [sãsibl] adj sensible; (différence, progrès) apreciable; **sensiblement** adv: **ils ont sensiblement le même poids** tienen casi el mismo peso;

sensiblerie nf sensiblería

sensuel, le [sãsɥɛl] adj sensual

sentence [sãtãs] nf sentencia

sentier [sãtje] nm sendero

sentiment [sãtimã] nm sentimiento; **avoir le ~ de/que** tener la impresión de/que; **recevez mes ~ respectueux/dévoués** (dans une lettre) reciba usted mis más sinceros respetos

sentimental, e, -aux [sãtimãtal, o] adj sentimental

sentinelle [sãtinɛl] nf centinela

sentir [sãtiʀ] vt sentir; (par l'odorat) oler; (avoir une odeur de, aussi fig) oler a; **~ bon/mauvais** oler bien/mal; **se ~ à l'aise** sentirse a gusto ou cómodo; **se ~ mal** encontrarse mal

séparation [separasjɔ̃] nf separación f; (mur, cloison) división f

séparé, e [separe] adj separado(-a); **séparément** adv separadamente

séparer [separe] vt separar; **se ~** vpr separarse; (amis etc) despedirse; (écorce) desprenderse; **se ~ de** (époux) separarse de; (employé, objet personnel) deshacerse de

sept [sɛt] adj inv, nm inv siete m inv; voir aussi **cinq**; **septante** adj inv, nm inv (Belgique, Suisse) setenta m inv

septembre [sɛptãbʀ] nm se(p)tiembre m; voir aussi **juillet**

septicémie [sɛptisemi] nf septicemia

septième [sɛtjɛm] adj, nm/f sé(p)timo(-a) ♦ nm (partitif) sé(p)timo; voir aussi **cinquième**

septique [sɛptik] adj: **fosse ~** foso séptico

séquelles [sekεl] nfpl secuelas fpl

serein, e [sǝRε̃, εn] adj sereno(-a)

sergent [sεRʒɑ̃] nm sargento

série [seRi] nf serie f; **en/de/hors ~** en/de/fuera de serie

sérieusement [seRjøzmɑ̃] adv con seriedad

sérieux, -ieuse [seRjø, jøz] adj serio(-a) ♦ nm seriedad f; **garder son ~** mantener su seriedad; **prendre qch/qn au ~** tomarse algo/a algn en serio

serin [s(ǝ)Rε̃] nm canario

seringue [s(ǝ)Rε̃g] nf jeringa

serment [sεRmɑ̃] nm juramento

sermon [sεRmɔ̃] nm sermón m

séropositif, -ive [seRopozitif, iv] adj (MÉD) seropositivo(-a)

serpent [sεRpɑ̃] nm serpiente f; **serpenter** vi serpentear

serpillière [sεRpijεR] nf bayeta

serre [sεR] nf (de construction) invernadero; **~s** nfpl (d'un rapace) garras fpl

serré, e [seRe] adj apretado(-a); (lutte, match) reñido(-a); (café) fuerte

serrer [seRe] vt apretar; (tenir: chose) asir; (: rapprocher) apretujar; (frein, robinet) apretar ♦ vi: **~ la main à qn** estrechar la mano a algn; **~ qn dans ses bras/contre son cœur** estrechar a algn entre sus brazos/contra su pecho; **se ~ contre qn** estrecharse contra algn; **se ~ les coudes** prestarse ayuda; **~ les rangs** cerrar filas

serrure [seRyR] nf cerradura, chapa (AM); **serrurier** nm cerrajero

sert etc [sεR] vb voir **servir**

servante [sεRvɑ̃t] nf sirvienta, mucama (CSUR), recamarera (MEX)

serveur, -euse [sεRvœR, øz]

nm/f camarero(-a)

serviable [sεRvjabl] adj servicial

service [sεRvis] nm servicio; (aide, faveur) favor m; **~s** nmpl (travail, prestations) servicios mpl; (ÉCON) sector m servicios; **porte de ~** puerta de servicio; **rendre un ~ à qn** hacer un favor a algn; **être/mettre en ~** estar/poner en servicio; **hors ~** fuera de servicio; **~ après vente** servicio pos(t)-venta; **~ d'ordre** servicio de orden; **~ militaire/public** servicio militar/público; **~s secrets/sociaux** servicios secretos/sociales

serviette [sεRvjεt] nf (de table) servilleta; (de toilette) toalla; (porte-documents) cartera, portafolio(s) m (AM); **~ hygiénique** compresa

servir [sεRviR] vt servir; (client: au magasin) atender ♦ vi servir; **se ~** vpr servirse; **se ~ de** (plat) servirse de; (voiture, outil) utilizar; (relations, amis) valerse de; **~ à qn** servir a algn; **~ à qch/faire qch** servir para algo/hacer algo; **cela ne sert à rien** eso no sirve para nada; **~ (à qn) de** hacer (a algn) de

serviteur [sεRvitœR] nm servidor m

ses [se] dét voir **son**

seuil [sœj] nm umbral m

seul, e [sœl] adj solo(-a); (avec nuance affective: isolé) solitario(-a); **le ~ livre/homme** el único libro/hombre ♦ adv: **vivre ~** vivir solo(-a); **à lui (tout) ~** sólo a él; **d'un ~ coup** adv de pronto; **parler tout ~** hablar solo; **il en reste un(e) ~(e)** queda sólo uno(-a); **seulement** adv: **seulement 5, 5 seulement**

solamente 5; **non seulement ... mais aussi** *ou* **encore** no solamente ... pero también *ou* además

sève [sɛv] *nf* savia

sévère [sevɛʀ] *adj* severo(-a); *(style, tenue)* austero(-a)

sexe [sɛks] *nm* sexo; **sexuel, le** *adj* sexual

shampooing [ʃɑ̃pwɛ̃] *nm (lavage)* lavado; *(produit)* champú *m*; **se faire un ~** hacerse un lavado con champú

short [ʃɔʀt] *nm* pantalón *m* corto, short *m*

MOT-CLÉ
---

si [si] *adv* **1** *(oui)* sí; **Paul n'est pas venu? - si!** ¿no ha venido Pablo? - ¡sí!; **mais si!** ¡que sí!; **je suis sûr que si** estoy seguro (de) que sí; **je vous assure que si** le aseguro que sí; **il m'a répondu que si** me contestó que sí

2 *(tellement)*: **si gentil/ rapidement** tan amable/ rápidamente; **si rapide qu'il soit** por muy rápido que sea
♦ *conj* si; **si tu veux** si quieres; **je me demande si ...** me pregunto si ...; **si seulement** si sólo; **(tant et) si bien que** tanto que; **s'il pouvait (seulement) venir!** ¡si (al menos) pudiera venir!; **s'il le fait, c'est que ...** si lo hace, es que ...; **s'il est aimable, eux par contre ...** él es amable, pero en cambio ellos ...; **si j'étais toi ...** yo que tú ...
♦ *nm inv* (MUS) si *m*

Sicile [sisil] *nf* Sicilia

SIDA [sida] *sigle m* (= *syndrome immuno-déficitaire acquis*) SIDA *m*

(= *Síndrome de Inmunodeficiencia Adquirida*)

sidéré, e [sideʀe] *adj* atónito(-a)

sidérurgie [sideʀyʀʒi] *nf* siderurgia

siècle [sjɛkl] *nm* siglo *m*

siège [sjɛʒ] *nm* asiento; *(dans une assemblée)* puesto; *(de député)* escaño; *(d'une entreprise)* oficina central; (MIL) sitio; **~ social** sede social; **siéger** *vi (député)* ocupar un escaño; *(assemblée, tribunal)* celebrar sesión

sien, ne [sjɛ̃, sjɛn] *pron*: **le ~, la ~ne** el suyo, la suya; **les ~s, les ~nes** los suyos, las suyas; **faire des ~nes** *(fam)* hacer de las suyas; **les ~s** *(sa famille)* los suyos

sieste [sjɛst] *nf* siesta; **faire la ~** dormir la siesta

sifflement [siflǝmɑ̃] *nm* silbido

siffler [sifle] *vi (train, avec un sifflet)* pitar ♦ *vt* silbar; *(orateur, faute, départ)* pitar; *(fam: verre, bouteille)* soplarse

sifflet [siflɛ] *nm (instrument)* silbato; **coup de ~** pitido

siffloter [siflɔte] *vi, vt* silbar ligeramente

sigle [sigl] *nm* sigla

signal, -aux [sinal, o] *nm* señal *f*; **donner le ~ de** dar la señal de; **~ d'alarme/d'alerte** señal de alarma/de alerta; **signalement** *nm* descripción *f*

signaler [sinale] *vt* señalar; **~ qch à qn/(a qn) que** señalar algo a algn/(a algn) que

signature [sinatyʀ] *nf* firma

signe [sin] *nm* signo; *(mouvement, geste)* seña; **c'est bon/mauvais ~** es buena/mala señal; **faire un ~ de la tête/main** hacer una seña con la cabeza/la mano; **faire ~ à qn d'entrer** hacer señas a

algn para que entre; **en ~ de** en
señal de; **~s particuliers** señas
individuales; **signer** vt firmar; **se
signer** vpr santiguarse
significatif, -ive [sinifikatif, iv]
adj significativo(-a)
signification [sinifikasjɔ̃] nf
significado
signifier [sinifje] vt significar
silence [silɑ̃s] nm silencio; (MUS)
pausa; **"~!"** "¡silencio!";
silencieux, -euse adj
silencioso(-a) ♦ nm silenciador m
silhouette [silwet] nf silueta
sillage [sijaʒ] nm estela
sillon [sijɔ̃] nm surco; **sillonner**
vt (suj: rides, crevasses) formar
surcos en; (parcourir en tous sens)
surcar
simagrées [simaɡʀe] nfpl
melindres mpl
similaire [similɛʀ] adj similar;
similicuir nm cuero artificial;
similitude nf semejanza
simple [sɛ̃pl] adj simple; (peu
complexe) sencillo(-a), simple;
(repas, vie) sencillo(-a) ♦ nm
(TENNIS): **~ messieurs/dames**
individual m masculino/femenino;
~ d'esprit simplón(-ona)
simplicité [sɛ̃plisite] nf sencillez f;
en toute ~ con toda sencillez
simplifier [sɛ̃plifje] vt simplificar
simuler [simyle] vt fingir; (suj:
substance, revêtement) simular,
imitar
simultané, e [simyltane] adj
simultáneo(-a)
sincère [sɛ̃sɛʀ] adj sincero(-a);
sincèrement adv sinceramente;
sincérité nf sinceridad f
singe [sɛ̃ʒ] nm mono; **singer** vt
imitar; **singeries** nfpl monerías
fpl
singulariser [sɛ̃ɡylaʀize] vt

singularizar; **se ~** vpr
caracterizarse
singularité [sɛ̃ɡylaʀite] nf
singularidad f
singulier, -ière [sɛ̃ɡylje, jɛʀ] adj
singular ♦ nm (LING) singular m
sinistre [sinistʀ] adj siniestro(-a)
♦ nm siniestro; **sinistré, e** adj
siniestrado(-a)
sinon [sinɔ̃] conj (autrement, sans
quoi) de lo contrario; (si ce n'est) si
no
sinueux, -euse [sinɥø, øz] adj
(ruelles) sinuoso(-a)
sinus [sinys] nm seno; **sinusite**
nf sinusitis f inv
sirène [siʀɛn] nf sirena; **~
d'alarme** sirena de alarma
sirop [siʀo] nm (de fruit etc)
concentrado; (boisson) sirope m,
zumo; (pharmaceutique) jarabe m
siroter [siʀɔte] vt beber a sorbos
sismique [sismik] adj sísmico(-a)
site [sit] nm (paysage,
environnement) paraje m; (d'une
ville etc) emplazamiento; **~
(pittoresque)** paisaje m
(pintoresco)
sitôt [sito] adv: **~ parti** nada más
marcharse (etc); **~ après**
inmediatamente después; **pas de
~** no tan pronto
situation [sitɥasjɔ̃] nf situación f;
(emploi, place) puesto; **~ de
famille** estado civil
situé, e [sitɥe] adj situado(-a)
situer [sitɥe] vt situar; (en pensée)
localizar; **se ~** vpr: **se ~ à** ou
dans/près de situarse en/cerca
de
six [sis] adj inv, nm inv seis m inv;
voir aussi **cinq**; **sixième** adj,
nm/f sexto(-a) ♦ nm (partitif) sexto
♦ nf (SCOL) primer año de
educación secundaria en el sistema

francés; voir aussi **cinquième**
skaï [skaj] nm skay m
ski [ski] nm esquí m; **~ de fond/
de piste/de randonnée** esquí
de fondo/de pista/de paseo; **~
nautique** esquí náutico; **skier** vi
esquiar; **skieur, -euse** nm/f
esquiador(a)
slip [slip] nm (d'homme)
calzoncillo, slip m, calzones mpl
(AM); (de femme) braga, calzones
mpl (AM); (de bain: d'homme)
bañador m; (: de femme) braga
(del bikini)
slogan [slɔgã] nm eslogan m
SMIC [smik] sigle m (= salaire
minimum interprofessionnel de
croissance) salario mínimo
interprofesional

SMIC

En Francia, se llama SMIC a la
tarifa salarial mínima establecida
por hora para trabajadores de
más de dieciocho años. Va ligado
al IPC y sube cada vez que el
coste de la vida aumenta en un
2%.

---

smoking [smɔkiŋ] nm esmoquin
m
SNCF [esenseef] sigle f (= Société
nationale des chemins de fer
français) red nacional de
ferrocarriles franceses
snob [snɔb] adj, nm/f esnob m/f;
snobisme nm esnobismo
sobre [sɔbʀ] adj sobrio(-a)
sobriquet [sɔbʀikɛ] nm mote m
social, e, -aux [sɔsjal, jo] adj
social
socialisme [sɔsjalism] nm
socialismo; **socialiste** adj, nm/f
socialista m/f

société [sɔsjete] nf sociedad f; **~
anonyme/à responsabilité
limitée** sociedad anónima/de
responsabilidad limitada
sociologie [sɔsjɔlɔʒi] nf
sociología
socle [sɔkl] nm pedestal m
socquette [sɔkɛt] nf calcetín m
corto
sœur [sœʀ] nf hermana; **~
Elisabeth** (REL) sor Elisabeth; **~
aînée/cadette** hermana mayor/
menor
soi [swa] pron sí mismo(-a); **cela
va de ~** ni que decir tiene; **soi-
disant** adj inv supuesto(-a) ♦ adv
presuntamente
soie [swa] nf seda; (de porc,
sanglier) cerda; **soierie** nf sedería
soif [swaf] nf sed f; **avoir ~** tener
sed; **donner ~ (à qn)** dar sed (a
algn)
soigné, e [swaɲe] adj (personne)
cuidado(-a); (travail) esmerado(-a)
soigner [swaɲe] vt cuidar (a);
(maladie) curar; **soigneux,
-euse** adj cuidadoso(-a)
soi-même [swamɛm] pron sí
mismo(-a)
soin [swɛ̃] nm cuidado; **~s** nmpl
(à un malade, aussi hygiène)
cuidados mpl; **avoir** ou **prendre
~ de qch/qn** ocuparse de algo/
algn; **laisser à qn le ~ de faire
qch** dejar a algn al cargo de hacer
algo; **les premiers ~s** primeros
auxilios mpl
soir [swaʀ] nm tarde f, noche f;
ce ~ esta tarde; **"à ce ~!"**
"¡hasta la tarde!"; **sept heures
du ~** las siete de la tarde; **dix
heures du ~** las diez de la
noche; **demain ~** mañana por la
noche; **soirée** nf (moment de la
journée) tarde f; (: tard) noche f;

(réception) velada

soit [swa] *vb voir* **être** ♦ *conj* es decir ♦ *adv* (*assentiment*) sea, de acuerdo; **~ que ...**, **~ que ...** ya sea ... ya sea ...

soixantaine [swasɑ̃tɛn] *nf* (*nombre*): **la ~** los sesenta; **avoir la ~** rondar los sesenta

soixante [swasɑ̃t] *adj inv, nm inv* sesenta *m inv*; *voir aussi* **cinq**

soixante-dix [swasɑ̃tdis] *adj inv, nm inv* setenta *m inv*

soixante-dixième [swasɑ̃tdizjɛm] *adj, nm/f* septuagésimo(-a); *voir aussi* **cinquième**

soixantième [swasɑ̃tjɛm] *adj, nm/f* sexagésimo(-a); *voir aussi* **cinquième**

soja [sɔʒa] *nm* soja; **germes de ~** brotes *mpl* de soja

sol [sɔl] *nm* suelo ♦ *nm inv* (*MUS*) sol *m*

solaire [sɔlɛʀ] *adj* solar; (*huile, filtre*) bronceador(a); **cadran ~** reloj *m* de sol

soldat [sɔlda] *nm* soldado

solde [sɔld] *nf* (*MIL*) sueldo ♦ *nm* (*COMM*) saldo; **~s** nm ou fpl (*COMM*) saldos *mpl*; **en ~** rebajado; **solder** vt (*compte: en acquittant le solde*) saldar; (: *en l'arrêtant*) liquidar; (*marchandise*) rebajar; **article soldé 10 €** artículo rebajado a 10 €

sole [sɔl] *nf* lenguado

soleil [sɔlɛj] *nm* sol *m*; **il y a ~** hace sol; **au ~** al sol; **en plein ~** a pleno sol

solennel, le [sɔlanɛl] *adj* solemne

solfège [sɔlfɛʒ] *nm* solfeo

solidaire [sɔlidɛʀ] *adj* solidario(-a); (*choses*) interdependiente; **solidarité** *nf*

solidaridad *f*; **par solidarité (avec)** por solidaridad (con)

solide [sɔlid] *adj* sólido(-a); (*personne, estomac*) fuerte ♦ *nm* (*PHYS, GÉOM*) sólido

soliste [sɔlist] *nm/f* solista *m/f*

solitaire [sɔlitɛʀ] *adj* solitario(-a) ♦ *nm* (*diamant, jeu*) solitario

solitude [sɔlityd] *nf* soledad *f*

solliciter [sɔlisite] *vt* solicitar; (*suj: attractions etc*) tentar; (: *occupations*) absorber; **~ qn** tentar a algn

sollicitude [sɔlisityd] *nf* solicitud *f*

soluble [sɔlybl] *adj* soluble

solution [sɔlysjɔ̃] *nf* solución *f*; **~ de facilité** solución fácil

solvable [sɔlvabl] *adj* solvente

sombre [sɔ̃bʀ] *adj* oscuro(-a); **sombrer** *vi* (*bateau*) zozobrar

sommaire [sɔmɛʀ] *adj* somero(-a) ♦ *nm* sumario

somme [sɔm] *nf* (*MATH, d'argent*) suma ♦ *nm*: **faire un ~** echar un sueño; **en ~** en resumidas cuentas

sommeil [sɔmɛj] *nm* sueño; **avoir ~** tener sueño

sommeiller [sɔmeje] *vi* dormitar; (*fig*) estar en suspenso

sommet [sɔmɛ] *nm* cima; (*de la perfection, gloire*) cumbre *f*

sommier [sɔmje] *nm* somier *m*

somnambule [sɔmnɑ̃byl] *nm/f* sonámbulo(-a)

somnifère [sɔmnifɛʀ] *nm* somnífero

somnoler [sɔmnɔle] *vi* dormitar

somptueux, -euse [sɔ̃ptɥø, øz] *adj* suntuoso(-a)

son¹, sa [sɔ̃, sa] (*pl* **ses**) *dét* su

son² [sɔ̃] *nm* sonido; (*de blé*) salvado

sondage [sɔ̃daʒ] *nm* sondeo

sonde [sɔ̃d] *nf* sonda; (*TECH*)

barrena
sonder [sɔ̃de] *vt* sondear; (*plaie, malade*) sondar; (*fig: conscience etc*) indagar (en); **~ le terrain** (*fig*) tantear el terreno
songe [sɔ̃ʒ] *nm* sueño; **songer**: **songer à** *vt ind* pensar en; **songeur, -euse** *adj* pensativo
sonnant, e [sɔnɑ̃, ɑ̃t] *adj*: **à huit heures ~es** a las ocho en punto
sonné, e [sɔne] *adj*: **il est midi ~** son las doce dadas; **il a quarante ans bien ~s** tiene cuarenta años bien cumplidos
sonner [sɔne] *vi* (*cloche*) tañer; (*réveil, téléphone*) sonar ♦ *vt* (*cloche*) tañer; (*domestique, portier, infirmière*) llamar a; (*messe, réveil, tocsin*) tocar a; (*fam: suj: choc, coup*) dejar sonado(-a); **~ faux** (*instrument*) desafinar; (*rire*) sonar a falso; **~ les heures** dar las horas
sonnerie [sɔnʁi] *nf* timbre *m*; (*de portable*) tono; **~ d'alarme** alarma
sonnette [sɔnɛt] *nf* (*de porte, électrique*) timbre *m*
sonore [sɔnɔʁ] *adj* sonoro(-a); **sonorisation** *nf* sonorización *f*; **sonorité** *nf* sonoridad *f*
sophistiqué, e [sɔfistike] *adj* sofisticado(-a)
sorbet [sɔʁbɛ] *nm* sorbete *m*
sorcier, -ière [sɔʁsje, jɛʁ] *nm/f* brujo(-a)
sordide [sɔʁdid] *adj* sórdido(-a)
sort [sɔʁ] *nm* **voir sortir** ♦ *nm* (*fortune, destin*) suerte *f*; (*condition, situation*) fortuna *f*; **jeter un ~** hechizar; **tirer au ~** sortear
sorte [sɔʁt] *nf* clase *f*, especie *f*; **en quelque ~** en cierto modo; **de (telle) ~ que** de (tal) modo que; **faire en ~ que** procurar

que
sortie [sɔʁti] *nf* salida *f*; **~ de secours** salida de emergencia
sortilège [sɔʁtilɛʒ] *nm* sortilegio
sortir [sɔʁtiʁ] *vi* salir ♦ *vt* llevar; (*mener dehors, promener: personne, chien*) sacar; (*produit etc*) salir al mercado; (*fam: expulser: personne*) echar; **~ de** salir de; (*rails etc, aussi fig*) salirse de; **se ~ de** (*affaire, situation*) salir de; **~ de ses gonds** (*fig*) salirse de sus casillas; **s'en ~** (*malade*) reponerse
sosie [sɔzi] *nm* doble *m/f*
sot, sotte [so, sɔt] *adj, nm/f* necio(-a); **sottise** *nf*: **une sottise** una tontería
sou [su] *nm*: **être près de ses ~s** ser un(a) agarrado(-a); **être sans le ~** estar sin blanca
soubresaut [subʁəso] *nm* sobresalto
souche [suʃ] *nf* (*d'un arbre*) cepa; (*d'un registre, carnet*) matriz *f*
souci [susi] *nm* preocupación *f*, inquietud *f*; (*BOT*) caléndula; **se faire du ~** inquietarse; **soucier**: **se soucier de** *vpr* preocuparse por; **soucieux, -euse** *adj* preocupado(-a)
soucoupe [sukup] *nf* platillo; **~ volante** platillo volante
soudain, e [sudɛ̃, ɛn] *adj* repentino(-a) ♦ *adv* de repente
soude [sud] *nf* sosa
souder [sude] *vt* soldar
soudure [sudyʁ] *nf* soldadura
souffle [sufl] *nm* soplo; (*d'une explosion*) onda expansiva; **être à bout de ~** estar sin aliento; **second ~** (*fig*) fuerzas recobradas
soufflé [sufle] *nm* (*CULIN*) suflé *m*
souffler [sufle] *vi* soplar; (*haleter*) resoplar ♦ *vt* soplar; (*suj: explosion*)

volar; **~ qch à qn** apuntar algo a algn

souffrance [sufʀɑ̃s] *nf* sufrimiento

souffrant, e [sufʀɑ̃, ɑ̃t] *adj* (*personne*) indispuesto(-a)

souffre-douleur [sufʀədulœʀ] *nm inv* chivo expiatorio

souffrir [sufʀiʀ] *vi* sufrir ♦ *vt* padecer; (*exception, retard*) admitir; **~ de** padecer de; (: *dents, blessure etc*) hacer padecer a algn

soufre [sufʀ] *nm* azufre *m*

souhait [swɛ] *nm* deseo; **"à vos ~s!"** "¡Jesús!"; **souhaitable** *adj* aconsejable

souhaiter [swete] *vt* desear; **~ le bonjour à qn** dar los buenos días a algn; **~ la bonne année à qn** desearle un feliz año nuevo a algn

soûl, e [su, sul] *adj* borracho(-a) ♦ *nm*: **boire/manger tout son ~** beber/comer hasta hartarse

soulagement [sulaʒmɑ̃] *nm* alivio

soulager [sulaʒe] *vt* aliviar

soûler [sule] *vt* emborrachar; (*boisson, fig*) embriagar; **se ~** *vpr* emborracharse

soulever [sul(ə)ve] *vt* levantar; (*difficultés*) provocar; (*question, problème, débat*) plantear; **se ~** *vpr* levantarse; (*peuple, province*) sublevarse; **cela (me) soulève le cœur** eso me revuelve el estómago

soulier [sulje] *nm* zapato

souligner [suliɲe] *vt* subrayar; (*détail, l'importance de qch*) remarcar

soumettre [sumɛtʀ] *vt* someter; **se ~** *vpr*: **se ~ (à)** someterse (a)

soumis, e [sumi, iz] *pp de* **soumettre** ♦ *adj* (*personne, air*) sumiso(-a); (*peuples*) sometido(-a);

soumission *nf* sumisión *f*

soupçon [supsɔ̃] *nm* sospecha; **un ~ de** una pizca de

soupçonner *vt* sospechar;

soupçonneux, -euse *adj* desconfiado(-a)

soupe [sup] *nf* sopa

souper [supe] *vi* cenar ♦ *nm* cena

soupeser [supəze] *vt* sopesar

soupière [supjɛʀ] *nf* sopera

soupir [supiʀ] *nm* suspiro; (*MUS*) silencio de negra

soupirer [supiʀe] *vi* suspirar

souple [supl] *adj* flexible; (*démarche, taille*) desenvuelto(-a); **souplesse** *nf* flexibilidad *f*; (*de la démarche*) desenvoltura; **en souplesse, avec souplesse** con suavidad

source [suʀs] *nf* fuente *f*; (*point d'eau*) manantial *m*; (*fig: cause, point de départ*) origen *m*; **~s** *nfpl* (*fig*) fuentes *fpl*

sourcil [suʀsi] *nm* ceja;

sourciller *vi*: **sans sourciller** sin pestañear

sourd, e [suʀ, suʀd] *adj* sordo(-a) ♦ *nm/f* sordo(-a); **sourdine** *nf* (*MUS*) sordina; **en sourdine** por lo bajo

sourd-muet, sourde-muette [suʀmyɛ, suʀdmyɛt] (*pl* **~s-~s, sourdes-muettes**) *adj, nm/f* sordomudo(-a)

souriant, e [suʀjɑ̃, jɑ̃t] *vb voir* **sourire** ♦ *adj* sonriente

sourire [suʀiʀ] *nm* sonrisa ♦ *vi* sonreír; **garder le ~** mantener la sonrisa; **~ à qn** sonreír a algn

souris [suʀi] *nf* (*ZOOL, INFORM*) ratón *m*

sournois, e [suʀnwa, waz] *adj* disimulado(-a); (*regard*) disimulado(-a); (*fig*) sombrío(-a)

sous [su] *prép* debajo de, bajo; **~ la pluie/le soleil** bajo la lluvia/el sol; **~ mes yeux** ante mis ojos; **~ terre** adj bajo tierra ♦ adv debajo de la tierra; **~ vide** adj al vacío ♦ adv en vacío; **~ Louis XIV** bajo el reinado de Luis XIV; **~ peu** dentro de poco; **sous-bois** nm inv maleza

souscrire [suskʀiʀ]: **~ à** vt ind suscribir a

sous...: **sous-directeur, -trice** (pl **sous-directeurs, trices**) nm/f subdirector(a); **sous-entendre** vt sobrentender; **sous-entendu, e** (pl **sous-entendus, es**) adj implícito(-a) ♦ nm insinuación f; **sous-estimer** vt subestimar; **sous-jacent, e** (pl **sous-jacents, es**) adj subyacente; (fig: idée) latente; **sous-louer** vt subarrendar; **sous-marin, e** (pl **sous-marins, es**) adj submarino(-a) ♦ nm submarino; **soussigné, e** adj: **je soussigné ...** yo, el que suscribe ...; **sous-sol** (pl **sous-sols**) nm sótano; **sous-titre** (pl **sous-titres**) nm subtítulo

soustraction [sustʀaksjɔ̃] nf sustracción f

soustraire [sustʀɛʀ] vt sustraer; **~ qn à** alejar a algn de

sous...: **sous-traitant** (pl **sous-traitants**) nm subcontratista m; **sous-traiter** vt (COMM: affaire) ceder en subcontrato ♦ vi subcontratar; **sous-vêtements** nmpl ropa interior

soutane [sutan] nf sotana

soute [sut] nf (aussi: **~ à bagages**) bodega

soutenir [sut(ə)niʀ] vt sostener; (intérêt, effort) mantener; **~ que** mantener que; **soutenu, e** pp de

soutenir ♦ adj (attention, efforts) constante; (style) elevado(-a); (couleur) vivo(-a)

souterrain, e [suteʀɛ̃, ɛn] adj subterráneo(-a) ♦ nm subterráneo

soutien [sutjɛ̃] nm apoyo; **soutien-gorge** (pl **soutiens-gorge**) nm sujetador m, corpiño (AM)

soutirer [sutiʀe] vt: **~ qch à qn** sonsacar algo a algn

souvenir [suv(ə)niʀ] nm recuerdo; (réminiscence) memoria ♦ vpr: **se ~ de** recordar, acordarse de; **en ~ de** como recuerdo de; **se ~ que** recordar que, acordarse de que

souvent [suvɑ̃] adv a menudo, con frecuencia, seguido (AM); **peu ~** pocas veces, con poca frecuencia

souverain, e [suv(ə)ʀɛ̃, ɛn] adj soberano(-a) ♦ nm/f soberano(-a)

soyeux, -euse [swajø, øz] adj sedoso(-a)

spacieux, -ieuse [spasjø, jøz] adj espacioso(-a)

spaghettis [spageti] nmpl espaguetis mpl

sparadrap [spaʀadʀa] nm esparadrapo, curita (AM)

spatial, e, -aux [spasjal, jo] adj espacial

speaker, ine [spikœʀ, kʀin] nm/f locutor(a)

spécial, e, -aux [spesjal, jo] adj especial; **spécialement** adv especialmente; **spécialiser: se ~ vpr** especializarse; **spécialiste** nm/f especialista m/f; **spécialité** nf especialidad f

spécifier [spesifje] vt especificar; **spécimen** [spesimɛn] nm espécimen m; (revue etc) ejemplar m gratuito

spectacle [spɛktakl] *nm*
espectáculo; **spectaculaire** *adj*
espectacular

spectateur, -trice [spɛktatœʀ,
tʀis] *nm/f* espectador(a)

spéculer [spekyle] *vi* especular; **~
sur** (*FIN, COMM*) especular con;
(*réfléchir*) especular sobre

spéléologie [speleɔlɔʒi] *nf*
espeleología

sperme [spɛʀm] *nm* esperma *m*

sphère [sfɛʀ] *nf* esfera

spirale [spiʀal] *nf* espiral *f*

spirituel, le [spiʀitɥɛl] *adj*
espiritual; (*fin, amusant*)
ingenioso(-a)

splendide [splɑ̃did] *adj*
espléndido(-a)

sponsoring [spɔ̃sɔʀiŋ] *nm*
esponsorización *f*, patrocinio

spontané, e [spɔ̃tane] *adj*
espontáneo(-a); **spontanéité** *nf*
espontaneidad *f*

sport [spɔʀ] *nm* deporte *m* ♦ *adj
inv* (*vêtement, ensemble*) de sport;
faire du ~ hacer deporte; **~
d'hiver** deporte de invierno;
sportif, -ive *adj* deportivo(-a) ♦
nm/f deportista *mf*

spot [spɔt] *nm* (*lampe*) foco; **~
(publicitaire)** anuncio *ou* spot *m*
(publicitario)

square [skwaʀ] *nm* plazoleta

squelette [skəlɛt] *nm* esqueleto;
squelettique *adj* esquelético(-a)

stabiliser [stabilize] *vt* estabilizar

stable [stabl] *adj* estable

stade [stad] *nm* estadio; **stadier**
nm vigilante *m* de seguridad (*en
un estadio*)

stage [staʒ] *nm* cursillo;
stagiaire *nm/f* cursillista *m/f*

stagner [stagne] *vi* estancarse

stand [stɑ̃d] *nm* (*d'exposition*)
stand *m*; (*de foire*) puesto; **~ de
tir** (*MIL, SPORT*) galería de tiro; (*à la
foire*) puesto de tiro al blanco

standard [stɑ̃daʀ] *adj inv*
estándar ♦ *nm* estándar *m*;
(*téléphonique*) central *f* telefónica,
conmutador *m* (*AM*); **standardiste** *nm/f* telefonista *m/f*

standing [stɑ̃diŋ] *nm* nivel *m* de
vida; **immeuble de grand ~**
inmueble de lujo

starter [staʀtɛʀ] *nm* (*AUTO*)
estárter *m*

station [stasjɔ̃] *nf* estación *f*; (*de
bus, métro*) parada; (*RADIO, TV*)
emisora; **~ de sports d'hiver**
estación de esquí; **~ de taxis**
parada de taxis; **~ thermale**
balneario; **stationnement** *nm*
(*AUTO*) aparcamiento; **stationner**
vi aparcar; **station-service** (*pl*
stations-service) *nf* gasolinera,
estación *f* de servicio

statistique [statistik] *nf*
estadística ♦ *adj* estadístico(-a)

statue [staty] *nf* estatua

statu quo [statykwo] *nm*:
maintenir le ~ ~ mantener el
statu quo

statut [staty] *nm* estatuto;
statutaire *adj* estatutario(-a)

Sté *abr* = **société**

steak [stɛk] *nm* bistec *m*, bife *m*
(*ARG*)

sténo(graphie) [stenɔ(gʀafi)] *nf*
taquigrafía *f*

stérile [steʀil] *adj* estéril

stérilet [steʀilɛ] *nm* espiral *f*

stériliser [steʀilize] *vt* esterilizar

stimulant, e [stimylɑ̃, ɑ̃t] *adj*
estimulante ♦ *nm* (*fig*) aliciente *m*,
incentivo

stimuler [stimyle] *vt* estimular

stipuler [stipyle] *vt* estipular

stock [stɔk] *nm* (*COMM*)
existencias *fpl*, stock *m*; (*d'or*)

reservas *fpl*; **stocker** *vt* almacenar

stop [stɔp] *nm* (AUTO: panneau) stop *m*; (auto-stop) auto-stop *m* ♦ *excl* ¡alto!; **stopper** *vt* (navire, machine) detener; (mouvement, attaque) parar; (COUTURE) zurcir

store [stɔʀ] *nm* (en tissu) cortinilla; (en bois) persiana; (de magasin) toldo

strapontin [stʀapɔ̃tɛ̃] *nm* asiento plegable

stratégie [stʀateʒi] *nf* estrategia; **stratégique** *adj* estratégico(-a)

stress [stʀɛs] *nm* estrés *msg*; **stressant, e** *adj* estresante; **stresser** *vt* estresar

strict, e [stʀikt] *adj* estricto(-a); (parents) severo(-a); (tenue) de etiqueta; **c'est son droit le plus ~** es su justo derecho; **le ~ nécessaire** *ou* **minimum** lo esencial

strident, e [stʀidɑ̃, ɑ̃t] *adj* estridente

strophe [stʀɔf] *nf* estrofa

structure [stʀyktyʀ] *nf* estructura; **~s d'accueil** medios *mpl* de acogida

studieux, -euse [stydjø, jøz] *adj* estudioso(-a)

studio [stydjo] *nm* estudio; (logement) apartamento-estudio

stupéfait, e [stypefɛ, ɛt] *adj* estupefacto(-a)

stupéfiant, e [stypefjɑ̃, jɑ̃t] *adj*, *nm* estupefaciente *m*

stupéfier [stypefje] *vt* dejar estupefacto(-a)

stupeur [stypœʀ] *nf* estupor *m*

stupide [stypid] *adj* estúpido(-a); **stupidité** *nf* estupidez *f*

style [stil] *nm* estilo

stylé, e [stile] *adj* con clase

styliste [stilist] *nm/f* diseñador(a)

stylo [stilo] *nm*: **~ (à) plume** estilográfica; **~ (à) bille** bolígrafo, birome *f* (CSUR)

su, e [sy] *pp de* **savoir**

suave [sɥav] *adj* suave

subalterne [sybaltɛʀn] *adj*, *nm/f* subalterno(-a)

subconscient [sybkɔ̃sjɑ̃] *nm* subconsciente *m*

subir [sybiʀ] *vt* padecer; (mauvais traitements, revers, modification) sufrir; (influence, charme) experimentar; (traitement, opération, examen) pasar

subit, e [sybi, it] *adj* repentino(-a); **subitement** *adv* repentinamente

subjectif, -ive [sybʒɛktif, iv] *adj* subjetivo(-a)

subjonctif [sybʒɔ̃ktif] *nm* subjuntivo

subjuguer [sybʒyge] *vt* encantar

submerger [sybmɛʀʒe] *vt* sumergir

subordonné, e [sybɔʀdɔne] *adj* (LING) subordinado(-a) ♦ *nm/f* (ADMIN, MIL) subordinado(-a)

subrepticement [sybʀɛptismɑ̃] *adv* con disimulo

subside [sybzid] *nm* subsidio

subsidiaire [sybzidjɛʀ] *adj*: **question ~** pregunta adicional

subsister [sybziste] *vi* (monument, erreur) perdurar; (personne, famille) subsistir

substance [sypstɑ̃s] *nf* su(b)stancia

substituer [sypstitɥe] *vt*: **~ qch/qn à** sustituir algo/a algn por

substitut [sypstity] *nm* (JUR) sustituto; (succédané) su(b)stitutivo

subterfuge [sybtɛʀfyʒ] *nm* subterfugio

subtil, e [syptil] *adj* sutil

subvenir [sybvəniʀ]: **~ à** vt ind
atender a

subvention [sybvɑ̃sjɔ̃] nf
subvención f; **subventionner** vt
subvencionar

suc [syk] nm (BOT) jugo; (d'un
fruit) zumo

succéder [syksede]: **~ à** vt ind
suceder a; **se ~** vpr sucederse

succès [syksɛ] nm éxito; **sans ~**
sin éxito; **avoir du ~** tener éxito;
à ~ de éxito

successeur [syksesœʀ] nm
sucesor m

successif, -ive [syksesif, iv] adj
sucesivo(-a)

succession [syksesjɔ̃] nf
sucesión f

succomber [sykɔ̃be] vi sucumbir;
~ à sucumbir a

succulent, e [sykylɑ̃, ɑ̃t] adj
suculento(-a)

succursale [sykyʀsal] nf sucursal
f

sucer [syse] vt chupar; **sucette**
nf (bonbon) piruleta

sucre [sykʀ] nm azúcar m ou f;
(morceau de sucre) terrón m de
azúcar; **~ cristallisé** azúcar en
polvo; **~ d'orge** pirulí m; **~ en
morceaux/en poudre** azúcar
de cortadillo/en polvo; **sucré, e**
adj azucarado(-a); (péj: ton, voix)
meloso(-a); **sucrer** vt poner
azúcar en ou a; **sucreries** nfpl
(bonbons) golosinas fpl; **sucrier,
-ière** nm azucarero

sud [syd] nm inv sur m ♦ adj inv sur
inv; **au ~** al sur; **au ~ de** al sur
de; **sud-africain, e** (pl **sud-
africains, es**) adj
sudafricano(-a) ♦ nm/f: **Sud-
Africain, e** sudafricano(-a);
sud-américain, e (pl **sud-
américains, es**) adj

sudamericano(-a) ♦ nm/f: **Sud-
Américain, e** sudamericano(-a);
sud-est nm inv sudeste m inv;
sud-ouest nm inv sudoeste m
inv

Suède [sɥɛd] nf Suecia;
suédois, e adj sueco(-a) ♦ nm
(LING) sueco ♦ nm/f: **Suédois, e**
sueco(-a)

suer [sɥe] vi sudar; **sueur** nf
sudor m

suffire [syfiʀ] vi bastar; (intensif):
**il suffit d'une négligence
pour que ...** un descuido basta
para que ...; **il suffit qu'on
oublie pour que ...** basta
olvidarse para que ...; **cela lui
suffit** eso le basta; **"ça suffit!"**
"¡basta ya!"

suffisamment [syfizamɑ̃] adv
suficientemente; **~ de** suficiente

suffisant, e [syfizɑ̃, ɑ̃t] adj
suficiente; (air, ton) de suficiencia

suffixe [syfiks] nm sufijo

suffoquer [syfɔke] vt sofocar;
(nouvelle etc) dejar sin respiración
♦ vi sofocarse

suffrage [syfʀaʒ] nm voto; **~s**
nmpl (du public etc) votos mpl; **~
universel/direct/indirect**
sufragio universal/directo/indirecto

suggérer [sygʒeʀe] vt sugerir;
suggestion nf sugerencia

suicide [sɥisid] nm suicidio;
suicider: se suicider vpr
suicidarse

suie [sɥi] nf hollín m

suisse [sɥis] adj suizo(-a) ♦ nm/f:
S~ suizo(-a); **Suissesse** nf suiza

suite [sɥit] nf continuación f; (de
maisons, rues, succès) sucesión f;
(MATH, liaison logique) serie f; (MUS,
appartement) suite f; (escorte)
séquito m; **~s** nfpl (d'une maladie,
chute) secuelas fpl; **prendre la ~**

de *(directeur etc)* tomar el relevo de; **donner ~ à** dar curso a; **~ à votre lettre du ...** en respuesta a su carta del ...; **de ~** *(d'affilée)* seguido(-a); **par la ~** luego; **à la ~** *adj* seguido(-a) ♦ *adv a* continuación; **à la ~ de** *(derrière)* tras; *(en conséquence de)* como consecuencia de

suivant, e [sɥivɑ̃, ɑ̃t] *vb voir* **suivre** ♦ *adj* siguiente ♦ *prép* según; **~ que** según que; **"au ~!"** "¡el siguiente!"

suivi, e [sɥivi] *pp de* **suivre** ♦ *adj* seguido(-a) ♦ *nm* seguimiento

suivre [sɥivʀ] *vt* seguir; *(imagination, fantaisie, goût)* dejarse guiar por; *(cours)* asistir a; *(comprendre: programme, leçon)* comprender; *(malade, affaire)* llevar el seguimiento de; *(raisonnement)* seguir el hilo de ♦ *vi (écouter attentivement)* atender; *(assimiler le programme)* comprender; *(venir après)* seguirse; **se ~** *vpr* sucederse; **faire ~** *(lettre)* reexpedir

sujet, te [syʒɛ, ɛt] *adj*: **être ~ à** *(accidents, vertige etc)* ser propenso(-a) a ♦ *nm/f (d'un souverain etc)* súbdito(-a) ♦ *nm* tema *m*; **au ~ de** a propósito de; **~ de conversation** tema de conversación; **~ d'examen** tema de examen

super [sypɛʀ] *adj inv (fam)* súper *inv* ♦ *nm* súper *f*

superbe [sypɛʀb] *adj* espléndido(-a)

superficie [sypɛʀfisi] *nf* superficie *f*

superficiel, le [sypɛʀfisjɛl] *adj* superficial

superflu, e [sypɛʀfly] *adj* superfluo(-a)

supérieur, e [sypeʀjœʀ] *adj* superior; *(air, sourire)* de superioridad ♦ *nm* superior *m* ♦ *nm/f* Superior(a); **Mère ~e** madre *f* superiora; **à l'étage ~** en el piso de arriba; **supériorité** *nf* superioridad *f*

supermarché [sypɛʀmaʀʃe] *nm* supermercado

superposer [sypɛʀpoze] *vt* superponer; **lits superposés** literas *fpl*

superpuissance [sypɛʀpɥisɑ̃s] *nf* superpotencia

superstitieux, -euse [sypɛʀstisjø, jøz] *adj* supersticioso(-a)

superviser [sypɛʀvize] *vt* supervisar

supplanter [syplɑ̃te] *vt* *(personne)* suplantar

suppléant, e [sypleɑ̃, ɑ̃t] *adj* *(juge, fonctionnaire)* suplente; *(professeur)* sustituto(-a) ♦ *nm/f* sustituto(-a)

suppléer [syplee] *vt* suplir; **~ à** suplir

supplément [syplemɑ̃] *nm* suplemento; **un ~ de frites** una porción extra de patatas fritas; **en ~** *(au menu etc)* no incluido; **~** *(au menu etc)* no incluido; **supplémentaire** *adj* suplementario(-a); *(train etc)* adicional

supplications [syplikasjɔ̃] *nfpl* súplicas *fpl*

supplice [syplis] *nm* suplicio

supplier [syplije] *vt* suplicar

support [sypɔʀ] *nm* soporte *m*

supportable [sypɔʀtabl] *adj* soportable

supporter¹ [sypɔʀtœʀ] *nm* seguidor(a)

supporter² [sypɔʀte] *vt* soportar; *(choc)* resistir a

supposer [sypoze] vt suponer; **en supposant** ou **à ~ que** suponiendo que

suppositoire [sypozitwaʀ] nm supositorio

suppression [sypʀesjɔ̃] nf supresión f

supprimer [sypʀime] vt suprimir

suprême [sypʀɛm] adj (pouvoir etc) supremo(-a)

MOT-CLÉ

sur¹ [syʀ] prép **1** en; (par dessus, au-dessus) encima de, sobre; **pose-le sur la table** ponlo en la mesa; **je n'ai pas d'argent sur moi** no llevo dinero encima; **avoir de l'influence/un effet sur ...** tener influencia/un efecto sobre ...; **avoir accident sur accident** tener accidente tras accidente; **sur ce** tras esto
2 (direction) hacia; **en allant sur Paris** yendo hacia París; **sur votre droite** a su derecha
3 (à propos de) acerca de, sobre; **un livre/une conférence sur Balzac** un libro/una conferencia sobre Balzac
4 (proportion, mesures) de entre, de cada; **un sur 10** uno sobre 10; (SCOL: note) uno sobre 10; **sur 20, 2 sont venus** de 20, han venido 2; **4m sur 2** 4m por 2

sur², e [syʀ] adj agrio(-a)

sûr, e [syʀ] adj seguro(-a); (renseignement, ami, voiture) de confianza; (goût, réflexe etc) agudo(-a); **c'est ~ et certain** sin lugar a dudas; **~ de soi** seguro de sí mismo(-a)

surcharge [syʀʃaʀʒ] nf sobrecarga; **~ de travail** exceso de trabajo; **surcharger** vt

(véhicule) cargar en exceso

surcroît [syʀkʀwa] nm: **un ~ de** un aumento de; **de ~** por añadidura

surdité [syʀdite] nf sordera

sûrement [syʀmɑ̃] adv con seguridad; (certainement) seguramente

surenchère [syʀɑ̃ʃɛʀ] nf (aux enchères) sobrepuja; (sur prix fixe) encarecimiento; **surenchérir** vi (COMM) sobrepujar; (fig): **surenchérir sur qn** aventajar a algn

surestimer [syʀɛstime] vt sobreestimar

sûreté [syʀte] nf fiabilidad f; (du goût etc) agudeza; **être/mettre en ~** (personne) estar/poner a salvo; (objet) estar/poner en lugar seguro; **pour plus de ~** para mayor seguridad

surf [sœʀf] nm surf m

surface [syʀfas] nf superficie f; **faire ~** salir a la superficie; **en ~** (nager, naviguer) en la superficie; (fig) aparentemente

surfait, e [syʀfɛ, ɛt] adj sobreestimado(-a)

surgelé, e [syʀʒale] adj congelado(-a)

surgir [syʀʒiʀ] vi aparecer; (de terre) salir; (fig) surgir

sur...: surhumain, e adj sobrehumano(-a); **sur-le-champ** adv en el acto; **surlendemain** nm: **le surlendemain** a los dos días; **le surlendemain de** dos días después de; **surmenage** nm (MÉD) agotamiento; **surmener** vt agotar; **se surmener** vpr agotarse

surmonter [syʀmɔ̃te] vt vencer; (suj: coupole etc) coronar

surnaturel, le [syʀnatyʀɛl] adj

sobrenatural ♦ *nm*: **le ~** lo sobrenatural

surnom [syʀnɔ̃] *nm* (*gén*) sobrenombre *m*

surnombre [syʀnɔ̃bʀ] *nm*: **être en ~** estar de más

surpeuplé, e [syʀpœple] *adj* superpoblado(-a)

surplace [syʀplas] *nm*: **faire du ~** (*rester en équilibre*) mantener el equilibrio; (*dans un embouteillage etc*) ir a paso de caracol

surplomber [syʀplɔ̃be] *vi* sobresalir ♦ *vt* destacar sobre

surplus [syʀply] *nm* (*COMM*) excedente *m*; **~ de bois/tissu** sobrante *m* de leña/de tela

surprenant, e [syʀpʀənɑ̃, ɑ̃t] *vb* voir **surprendre** ♦ *adj* sorprendente

surprendre [syʀpʀɑ̃dʀ] *vt* sorprender; (*secret, conversation*) descubrir

surpris, e [syʀpʀi, iz] *pp de* **surprendre** ♦ *adj* de sorpresa; **~ de/que** sorprendido(-a) por/de que; **surprise** *nf* sorpresa; **faire une surprise à qn** dar una sorpresa a algn; **surprise-partie** (*pl* **surprises-parties**) *nf* guateque *m*

sursaut [syʀso] *nm* sobresalto; **en ~** de un sobresalto; **~ d'énergie** resuelto de energía; **sursauter** *vi* sobresaltarse

sursis [syʀsi] *nm* (*JUR: d'une peine*) indulto; (: *à la condamnation à mort*) aplazamiento

surtout [syʀtu] *adv* sobre todo; **~ pas!** ¡de ninguna manera!; **~ que ...** sobre todo porque ...

surveillance [syʀvejɑ̃s] *nf* vigilancia; **sous ~ médicale** bajo control médico

surveillant, e [syʀvejɑ̃, ɑ̃t] *nm/f* (*SCOL, de prison*) vigilante *m/f*

surveiller [syʀveje] *vt* (*enfant etc*) cuidar de; (*MIL, gén*) vigilar; (*travaux, cuisson*) atender; **se ~** *vpr* controlarse; **~ son langage/sa ligne** cuidar su vocabulario/la línea

survenir [syʀvəniʀ] *vi* sobrevenir

survêtement [syʀvetmɑ̃] *nm* chandal *m ou* chándal *m*

survie [syʀvi] *nf* supervivencia; **survivant, e** *nm/f* superviviente *m/f*; **survivre** *vi* sobrevivir; **survivre à** sobrevivir a

survoler [syʀvɔle] *vt* (*lieu*) sobrevolar

survolté, e [syʀvɔlte] *adj* (*personne*) superexcitado(-a); (*ambiance*) acalorado(-a)

sus [sy(s)] *prép*: **en ~ de** (*JUR, ADMIN*) además de; **en ~** además

susceptible [syseptibl] *adj* susceptible; **~ de** susceptible de

susciter [sysite] *vt* (*admiration etc*) suscitar; **~ (à qn)** (*ennuis etc*) originar a algn

suspect, e [syspe(kt), ekt] *adj* sospechoso(-a) ♦ *nm/f* sospechoso(-a); **suspecter** *vt* sospechar

suspendre [syspɑ̃dʀ] *vt* suspender; **se ~** *vpr*: **se ~ à** aferrarse a, colgarse de; **~ qch (à)** colgar algo (de)

suspendu, e [syspɑ̃dy] *pp de* **suspendre** ♦ *adj* (*accroché*): **~ à** colgado(-a) de; (*perché*): **~ au-dessus de** suspendido(-a) sobre

suspens [syspɑ̃] *nm*: **tenir en ~** mantener en suspense

suspense [syspɛns] *nm* suspense *m*

suspension [syspɑ̃sjɔ̃] *nf* suspensión *f*; (*lustre*) lámpara de

techo; **en ~** en suspensión
suture [sytyʀ] nf: **point de ~**
punto de sutura
svelte [svɛlt] adj esbelto(-a)
SVP [ɛsvepe] abr (= s'il vous plaît)
por favor
syllabe [si(l)lab] nf sílaba
symbole [sɛbɔl] nm símbolo;
symbolique adj simbólico(-a);
symboliser vt simbolizar
symétrique [simetʀik] adj
simétrico(-a)
sympa [sɛpa] (fam) adj inv voir
sympathique
sympathie [sɛpati] nf simpatía;
(condoléances) pésame m;
accueillir avec ~ acoger con
gusto; **témoignages de ~**
muestras fpl de condolencia;
sympathique adj simpático(-a);
(déjeuner etc) agradable
sympathisant, e [sɛpatizɑ̃, ɑ̃t]
nm/f simpatizante m/f
sympathiser [sɛpatize] vi
simpatizar
symphonie [sɛfɔni] nf sinfonía
symptôme [sɛptom] nm síntoma
m
synagogue [sinɔnim] nf sinagoga
syncope [sɛkɔp] nf (MÉD) síncope
m; **elle est tombée en ~** le dio
un síncope
syndic [sɛdik] nm administrador
m
syndical, e, -aux [sɛdikal, o]
adj sindical; **syndicaliste** nm/f
sindicalista m/f
syndicat [sɛdika] nm sindicato; ~
d'initiative oficina de turismo;
syndiqué, e adj sindicado(-a);
syndiquer: se syndiquer vpr
sindicarse
synonyme [sinɔnim] adj
sinónimo(-a) ♦ nm sinónimo
syntaxe [sɛtaks] nf sintaxis fsg

synthèse [sɛtɛz] nf síntesis f inv
synthétique [sɛtetik] adj
sintético(-a)
Syrie [siʀi] nf Siria
systématique [sistematik] adj
sistemático(-a)
système [sistɛm] nm sistema m;
utiliser le ~ D (fam) utilizar el
ingenio; ~ **nerveux/solaire**
sistema nervioso/solar

T, t

t' [t] pron voir **te**
ta [ta] dét voir **ton¹**
tabac [taba] nm tabaco; **passer
qn à ~** (fam: battre) dar una
tunda a algn; **faire un ~** (fam)
tener mucho éxito; (**débit** ou
bureau d'~ estanco
tabagisme [tabaʒism] nm
tabaquismo
table [tabl] nf mesa; (invités)
comensales mpl; **à ~!** ¡a comer!;
se mettre à ~ sentarse a la
mesa; (fam) cantar de plano;
mettre/desservir la ~ poner/
quitar la mesa; ~ **de
multiplication** tabla de
multiplicar; ~ **de nuit** ou **de
chevet** mesita de noche; ~ **des
matières** índice m; ~ **ronde**
(débat) mesa redonda
tableau, x [tablo] nm cuadro;
(panneau) tablero; (schéma)
cuadro, gráfico; ~ **d'affichage**
tablón m ou tablero de anuncios;
~ **de bord** (AUTO) cuadro de
instrumentos; ~ **noir** encerado
tablette [tablɛt] nf (tablet)
anaquel m, tabla; ~ **de chocolat**
tableta de chocolate
tablier [tablije] nm delantal m
tabou, e [tabu] adj, nm tabú m

tabouret [taburɛ] *nm* taburete *m*

tac [tak] *nm*: **répondre qch du ~ au ~** saltar con algo

tache [taʃ] *nf* mancha; **~ de rousseur** peca

tâche [taʃ] *nf* tarea, labor *f*; **travailler à la ~** trabajar a destajo

tacher [taʃe] *vt* manchar

tâcher [taʃe] *vi*: **~ de faire** tratar de hacer, procurar hacer

tacheté, e [taʃte] *adj*: **~ (de)** salpicado(-a) ou moteado(-a) (de)

tact [takt] *nm* tacto; **avoir du ~** tener tacto

tactique [taktik] *adj* táctico(-a) ♦ *nf* táctica

taie [tɛ] *nf*: **~ (d'oreiller)** funda (de la almohada)

taille [taj] *nf* tallado; poda; (*hauteur*) estatura; (*grandeur*) tamaño; **de ~ importante**; **taille-crayon(s)** *nm inv* sacapuntas *m inv*

tailler [taje] *vt* (*pierre, diamant*) tallar; (*arbre, plante*) podar; (*vêtement*) cortar; (*crayon*) afilar

tailleur [tajœʀ] *nm* sastre *m*; (*vêtement pour femmes*) traje *m* de chaqueta; **en ~** a la turca

taillis [taji] *nm* bosque *m* bajo

taire [tɛʀ] *vt* ocultar ♦ *vi*: **faire ~ qn** hacer callar a algn; **se ~** *vpr* callarse

talc [talk] *nm* talco

talent [talɑ̃] *nm* talento; **avoir du ~** tener talento

talkie-walkie [tokiwoki] (*pl* **~s-~s**) *nm* walkie-talkie *m*

talon [talɔ̃] *nm* (*ANAT, de chaussette*) talón *m*; (*de chaussure*) tacón *m*; **~s plats/aiguilles** tacones bajos/muy finos

talus [taly] *nm* (*GÉO*) talud *m*

tambour [tɑ̃buʀ] *nm* tambor *m*;

tambourin *nm* tamboril *m*;

tambouriner *vi*: **tambouriner contre** repiquetear en ou contra

Tamise [tamiz] *nf*: **la ~** el Támesis

tamisé, e [tamize] *adj* tamizado(-a)

tampon [tɑ̃pɔ̃] *nm* (*de coton, d'ouate, bouchon*) tapón *m*; (*pour nettoyer, essuyer*) muñequilla, bayeta; (*amortisseur: RAIL, fig*) tope *m*; (*INFORM: aussi mémoire tampon*) tampón *m*; (*cachet, timbre*) matasellos *m inv*; **~ (hygiénique)** tampón (higiénico); **tamponner** *vt* (*essuyer*) taponar; (*heurter*) chocar; **tamponneuse** *adj f*: **autos tamponneuses** coches *mpl* de choque

tandem [tɑ̃dɛm] *nm* tándem *m*

tandis [tɑ̃di]: **~ que** *conj* mientras que

tanguer [tɑ̃ge] *vi* (*NAUT*) cabecear, arfar

tant [tɑ̃] *adv* tanto; **~ de** (*sg*) tanto(-a); (*pl*) tantos(-as); **~ mieux** mejor; **~ bien que mal** mal que bien

tante [tɑ̃t] *nf* tía

tantôt [tɑ̃to] *adv* (*cet après-midi*) esta tarde, por la tarde; **~ ... ~ ...** unas veces ... otras veces

taon [tɑ̃] *nm* tábano

tapage [tapaʒ] *nm* alboroto

tapageur, -euse [tapaʒœʀ, øz] *adj* alborotador(a); (*publicité*) sensacionalista

tape [tap] *nf* cachete *m*; (*dans le dos*) palmada

tape-à-l'œil [tapalœj] *adj inv* vistoso(-a), llamativo(-a)

taper [tape] *vt* (*personne*) pegar; (*dactylographier*) escribir a máquina ♦ *vi* (*soleil*) apretar; **se ~**

vpr (fam: travail) chuparse, cargarse; (: *boire, manger*) soplarse, zamparse; ~ **qn de 10 euros** *(fam)* dar un sablazo de 10 euros a algn; ~ **sur qch** golpear en algo; ~ **à** *(porte etc)* llamar a; ~ **des mains/pieds** palmear/patalear

tapi, e [tapi] *adj*: ~ **dans/derrière** *(blotti)* acurrucado(-a) en/detrás de

tapis [tapi] *nm* alfombra; ~ **roulant** cinta transportadora, pasillo rodante

tapisser [tapise] *vt (avec du papier peint)* empapelar; ~ **qch (de)** *(recouvrir)* revestir algo (con); **tapisserie** *nf* tapiz m; *(papier peint)* empapelado; **tapissier (-décorateur)** *nm* tapicero

tapoter [tapɔte] *vt* dar golpecitos en, golpetear

taquiner [takine] *vt* pinchar

tard [taʀ] *adv* tarde

tarder [taʀde] *vi* tardar; ~ **à faire** tardar en hacer; **sans (plus)** ~ sin (más) demora, sin (más) tardar

tardif, -ive [taʀdif, iv] *adj* tardío(-a)

tarif [taʀif] *nm* tarifa

tarir [taʀiʀ] *vi, vt* secarse, agotarse

tarte [taʀt] *nf* tarta

tartine [taʀtin] *nf* rebanada; **tartiner** *vt* untar; **fromage** *etc* **à tartiner** queso *etc* para untar

tartre [taʀtʀ] *nm* sarro

tas [ta] *nm* montón m; **en** ~ amontonado(-a); **formé sur le** ~ formado en la práctica

tasse [tas] *nf* taza

tassé, e [tase] *adj*: **bien** ~ *(café etc)* bien cargado(-a)

tasser [tase] *vt* apisonar, pisar; **se** ~ *vpr (sol, terrain)* hundirse; *(problème)* arreglarse; ~ **qch**

dans amontonar algo en

tata [tata] *nf* tita

tâter [tɑte] *vt* tantear; **se** ~ *vpr (hésiter)* reflexionar; ~ **de** *(prison etc)* probar; ~ **le terrain** tantear el terreno

tatillon, ne [tatijɔ̃, ɔn] *adj* puntilloso(-a)

tâtonnement [tɑtɔnmɑ̃] *nm*: **par** ~**s** a tientas

tâtonner [tɑtɔne] *vi* andar a tientas

tâtons [tɑtɔ̃]: **à** ~ *adv*: **chercher/avancer à** ~ buscar/avanzar a tientas

tatouage [tatwaʒ] *nm* tatuaje m

tatouer [tatwe] *vt* tatuar

taudis [todi] *nm* cuchitril m

taule [tol] *(fam)* nf chirona

taupe [top] *nf* topo

taureau, x [tɔʀo] *nm (ZOOL)* toro; **le T~** *(ASTROL)* Tauro

tauromachie [tɔʀɔmaʃi] *nf* tauromaquia

taux [to] *nm* tasa; *(proportion: d'alcool)* porcentaje m; (: *de participation*) índice m; ~ **d'intérêt** tipo de interés

taxe [taks] *nf* tasa, impuesto; *(douanière)* arancel m; **toutes ~s comprises** impuestos incluidos; ~ **à** *ou* **sur la valeur ajoutée** impuesto sobre el valor añadido

taxer [takse] *vt (personne)* gravar con impuestos; *(produit)* tasar

taxi [taksi] *nm* taxi m

Tchécoslovaquie [tʃekɔslɔvaki] *nf* Checoslovaquia; **tchèque** *adj* checo(-a) ♦ *nm (LING)* checo ♦ *nm/f*: **Tchèque** checo(-a);

Tchéquie *nf* Chequia, la República Checa

te [tə] *pron* te

technicien, ne [tɛknisjɛ̃, jɛn] *nm/f* técnico m/f

**technico-commercial, e,
-aux** [tɛknikokɔmɛrsjal, jo] *adj*
técnico-comercial

technique [tɛknik] *adj* técnico(-a)
♦ *nf* técnica; **techniquement**
adv técnicamente

technologie [tɛknɔlɔʒi] *nf*
tecnología; **technologique** *adj*
tecnológico(-a)

tee-shirt [tiʃœrt] (*pl* ~~**s**) *nm*
camiseta

teindre [tɛ̃dr] *vt* teñir; **teint, e**
pp de **teindre** ♦ *adj* teñido(-a) ♦
nm (*permanent*) tez *f*;
(*momentané*) color *m*; **grand
teint** *adj inv* (*tissu*) de color sólido

teinté, e [tɛ̃te] *adj* (*verres,
lunettes*) ahumado(-a); (*bois*)
teñido(-a); **~ de** teñido(-a) de

teinter [tɛ̃te] *vt* teñir

teinture [tɛ̃tyr] *nf* (*substance*)
tinte; **~ d'iode** tintura de yodo;
teinturerie *nf* tintorería;
teinturier, -ière *nm/f*
tintorero(-a)

tel, telle [tɛl] *adj* (*pareil*) tal,
semejante; (*indéfini*) tal; **un/
des ...** tal como.../como ...; **un
~/de ~s ...** un tal/tales ...; **rien
de ~** nada como; **~ quel** tal cual;
~ que tal como

télé [tele] *nf* tele *f*; **à la ~** en la
tele

télé...: télécabine *nf* teleférico
(monocable); **télécarte** *nf* tarjeta
de teléfono; **télécharger** *vt*
(*INFORM*) descargar;
télécommande *nf* telemando;
télécopieur *nm* máquina de
fax; **télégramme** *nm* telegrama
m; **télégraphier** *vt, vi*
telegrafiar; **téléguider** *vt*
teledirigir; **téléobjectif** *nm*
teleobjetivo; **télépathie** *nf*
telepatía; **téléphérique** *nm*
teleférico

téléphone [telefɔn] *nm* (*appareil*)
teléfono; teléfono; **avoir le ~** tener
teléfono; **au ~** al teléfono;
téléphoner *vt, vi* llamar por
teléfono; **téléphoner à** llamar
por teléfono a; **téléphonique**
adj telefónico(-a)

téléréalité [telerealite] *nf*
telerrealidad *f*

télescope [teleskɔp] *nm* telescopio

télescoper [teleskɔpe] *vt* chocar de
frente; **se ~** *vpr* chocarse de frente

télé...: téléscripteur *nm*
teleimpresor *m*; **télésiège** *nm*
telesilla; **téléski** *nm* telesquí *m*;
téléspectateur, -trice *nm/f*
telespectador(a); **télétravail** *nm*
teletrabajo; **téléviseur** *nm*
televisor *m*; **télévision** *nf*
televisión *f*; **à la télévision** en la
televisión

télex [teleks] *nm* télex *m*

telle [tɛl] *adj voir* **tel; tellement**
adv tan; **tellement de** (*sg*)
tanto(-a); (*pl*) tantos(-as); **il était
tellement fatigué qu'il s'est
endormi** estaba tan cansado que
se durmió; **il s'est endormi
tellement il était fatigué** se
durmió de lo cansado que estaba;
**je n'ai pas tellement envie
d'y aller** no tengo muchas *ou*
tantas ganas de ir

téméraire [temerɛr] *adj*
temerario(-a)

témoignage [temwaɲaʒ] *nm*
testimonio; (*d'affection etc*)
muestra

témoigner [temwaɲe] *vt* (*intérêt,
gratitude*) manifestar ♦ *vi*
testimoniar, atestiguar; **~ de** dar
pruebas de

témoin [temwɛ̃] *nm* testigo;
(*preuve*) prueba ♦ *adj* testigo *inv*;

(*appartement*) piloto *inv*; **être ~
de** ser testigo de; **appartement
~** piso piloto; **~ oculaire** testigo
ocular

tempe [tɑ̃p] *nf* sien *f*

tempérament [tɑ̃peʀamɑ̃] *nm*
temperamento; **à ~** (*vente*) a
plazos

température [tɑ̃peʀatyʀ] *nf*
temperatura; **avoir** *ou* **faire de
la ~** tener fiebre

tempête [tɑ̃pɛt] *nf* (*en mer*)
temporal *m*; (*à terre*) tormenta; **~
de neige/de sable** tormenta de
nieve/de arena

temple [tɑ̃pl] *nm* templo

temporaire [tɑ̃poʀɛʀ] *adj*
temporal

temps [tɑ̃] *nm* tiempo; (*époque*)
tiempo, época; **il fait beau/
mauvais ~** hace buen/mal
tiempo; **avoir le ~/tout le ~/
juste le ~** tener tiempo/mucho
tiempo/el tiempo justo; **en ~ de
paix/de guerre** en tiempo de
paz/de guerra; **de ~ en ~, de ~
à autre** de vez en cuando; **à ~** a
tiempo; **à plein/mi-~** (*travailler*)
jornada completa/media jornada;
à ~ partiel *adv, adj* a tiempo
parcial; **dans le ~** hace tiempo,
antaño; **de tout ~** de toda la vida

tenable [t(ə)nabl] *adj* soportable

tenace [tənas] *adj* tenaz

tenant, e [tənɑ̃, ɑ̃t] *nm/f* (*SPORT*):
~ du titre poseedor/a del título

tendance [tɑ̃dɑ̃s] *nf* tendencia;
avoir ~ à tener tendencia a

tendeur [tɑ̃dœʀ] *nm* tensor *m*

tendre [tɑ̃dʀ] *adj* tierno(-a),
blando(-a); (*affectueux*)
cariñoso(-a) ♦ *vt* (*élastique, peau*)
extender, estirar; (*muscle, arc*)
tensar; (*piège*) tender; **se ~** *vpr*
tensarse; **~ à qch/à faire qch**

tender a algo/a hacer algo; **~ qch
à qn** alcanzar algo a algn; **~
l'oreille** aguzar el oído; **~ le
bras/la main** alargar el brazo/
extender la mano; **tendrement**
adv tiernamente; **tendresse** *nf*
ternura

tendu, e [tɑ̃dy] *pp de* **tendre** ♦
adj (*allongé*) estirado(-a); (*raidi*)
tensado(-a)

ténèbres [tenɛbʀ] *nfpl* tinieblas
fpl

teneur [tənœʀ] *nf* proporción *f*;
(*d'une lettre*) texto

tenir [t(ə)niʀ] *vt* (*avec la main, un
objet*) tener; (*qn: par la main, le
cou etc*) agarrar, coger; (*garder,
maintenir: position*) mantener;
(*propos, discours*) proferir;
(*magasin, hôtel*) tener; (*une
promesse*) cumplir; (*un rôle*)
desempeñar; (*MIL: ville, région*)
ocupar; (*AUTO: la route*) agarrarse a
♦ *vi* (*être fixé*) aguantar; **se ~** *vpr*
agarrarse; **~ à** (*personne, chose*)
tener cariño a; (*avoir pour cause*)
deberse a; **~ à faire** tener interés
en hacer; **~ qch pour** considerar
algo como; **~ qn pour** tener a
algn por; **~ compte de** tener en
cuenta; **~ la solution/el
culpable; ~ la caisse/les
comptes** llevar la contabilidad/
las cuentas; **~ le coup/, bon**
aguantar; **~ au chaud/à l'abri**
mantener caliente/protegido(-a); **~
chaud** (*suj: vêtement*) mantener
abrigado; **~ parole** mantener su
etc palabra; **~ sa langue**
mantener la boca cerrada; **se ~
debout/droit** tenerse en pie/
derecho; **bien/mal se ~**
comportarse bien/mal; **s'en ~ à
qch** atenerse a algo; **se ~ prêt/**

sur ses gardes estar listo/en guardia; **se ~ tranquille** estarse quieto; **ça ne tient qu'à lui** es cosa suya; **ça ne tient pas debout** no tiene ni pies ni cabeza; **qu'à cela ne tienne** por eso que no quede; **je n'y tiens pas** no me apetece; **tiens/tenez!** ¡toma/tome!

tennis [tenis] *nm* tenis *msg*; *(aussi:* **court de ~**) cancha (de tenis) ♦ *nm ou fpl (aussi:* **chaussures de ~**) playeras *fpl*; **tennisman** *nm* tenista *m*

tension [tɑ̃sjɔ̃] *nf* tensión *f*; **faire ou avoir de la ~** tener tensión

tentation [tɑ̃tasjɔ̃] *nf* tentación *f*

tentative [tɑ̃tativ] *nf* intento *m*

tente [tɑ̃t] *nf* tienda

tenter [tɑ̃te] *vt* tentar; **~ qch/de faire qch** intentar algo/hacer algo; **~ sa chance** tentar la suerte

tenture [tɑ̃tyʀ] *nf* colgadura

tenu, e [t(ə)ny] *pp de* **tenir** ♦ *adj:* **maison bien ~e** casa bien cuidada; **les comptes de cette entreprise sont mal ~s** llevan mal las cuentas de esta empresa; **être ~ de faire/de ne pas faire/à qch** estar obligado(-a) a hacer/a no hacer/a algo

ter [tɛʀ] *adj:* **16 ~** 16 C

terme [tɛʀm] *nm* término; *(FIN)* vencimiento; **être en bons/ mauvais ~s avec qn** estar en buenos/malos términos con algn; **au ~ de** al término de; **à court/moyen/long ~** *adj, adv* a corto/medio/largo plazo; **avant ~** *(MÉD)* antes de tiempo; **mettre un ~ à** poner término a

terminaison [tɛʀminɛzɔ̃] *nf* (LING) terminación *f*

terminal, e, -aux [tɛʀminal, o]

adj terminal ♦ *nm* (INFORM) terminal *m*; *(pétrolier, gare)* terminal *f*; **terminale** *nf* (SCOL) séptimo año de educación secundaria en el sistema francés

terminer [tɛʀmine] *vt* terminar, acabar; **se ~** *vpr* terminar(se), acabar(se)

terne [tɛʀn] *adj* apagado(-a)

ternir [tɛʀniʀ] *vt (couleur, peinture)* deslustrar; *(fig: honneur, réputation)* empañar; **se ~** *vpr* desteñirse

terrain [teʀɛ̃] *nm* terreno; *(SPORT, fig: domaine)* campo; **~ d'aviation** campo de aviación; **~ de camping** camping *m*; **~ de jeu** patio de juego; **~ vague** solar *m*

terrasse [teʀas] *nf* terraza; *(sur le toit)* azotea; **terrasser** *vt (adversaire)* derribar; *(suj: maladie etc)* fulminar

terre [tɛʀ] *nf* tierra; **à ~, par ~** en el suelo ou piso (AM); *(jeter, tomber)* al suelo; **~ à ~** *adj inv* prosaico(-a); **la T~** la Tierra; **~ cuite** terracota, arcilla cocida; **~ ferme** tierra firme

terreau [teʀo] *nm* mantillo

terre-plein [tɛʀplɛ̃] *(pl ~~s) nm* (CONSTR) terraplén *m*

terrestre [teʀɛstʀ] *adj* terrestre; *(REL)* terrenal; *(globe)* terráqueo(-a)

terreur [teʀœʀ] *nf* terror *m*

terrible [teʀibl] *adj* terrible; *(fam)* estupendo(-a), regio(-a)

terrien, ne [teʀjɛ̃, jɛn] *adj:* **propriétaire ~** terrateniente *m/f* ♦ *nm/f (non martien etc)* terrícola *m/f*

terrier [teʀje] *nm* madriguera; *(chien)* terrier *m*

terrifier [teʀifje] *vt* aterrorizar

terrine [teʀin] *nf* tarro; *(CULIN)*

conserva de carnes en tarro

territoire [teritwar] *nm* territorio

terroriser [terɔrize] *vt* aterrorizar

terrorisme [terɔrism] *nm* terrorismo; **terroriste** *adj, nm/f* terrorista *m/f*

tertiaire [tersjer] *nm* (ÉCON) sector *m* servicios

tes [te] *dét voir* **ton¹**

test [test] *nm* prueba, examen *m*

testament [testamã] *nm* testamento

tester [teste] *vt* someter a prueba

testicule [testikyl] *nm* testículo

tétanos [tetanos] *nm* tétanos *msg*

têtard [tetar] *nm* renacuajo

tête [tet] *nf* cabeza; (*visage*) cara; (*FOOTBALL*) cabezazo; **de ~** *adv* (*calculer*) mentalmente; **être à la ~ de qch** estar al frente de algo; **prendre la ~ de qch** tomar la dirección de algo; **perdre la ~** perder la cabeza; **tenir ~ à qn** hacer frente a algn; **la ~ la première** de cabeza; **la ~ en bas** cabeza abajo; **faire la ~** poner mala cara; **en ~** (*SPORT*) a la cabeza; **de la ~ aux pieds** de la cabeza a los pies; **~ d'affiche** (*THÉÂTRE etc*) cabecera del reparto; **~ de liste** (*POL*) cabeza de lista;

tête-à-queue *nm inv*: **faire un tête-à-queue** derrapar y quedar en sentido contrario

téter [tete] *vt* mamar

tétine [tetin] *nf* (*de biberon*) tetina

têtu, e [tety] *adj* terco(-a), testarudo(-a)

texte [tekst] *nm* texto

textile [tekstil] *adj* textil ♦ *nm* tejido

texto [teksto] *adv* al pie de la letra ♦ *nm*: **Texto** ® mensaje *m* de texto

texture [tekstyr] *nf* textura

TGV [teʒeve] *sigle m* (= *train à grande vitesse*) ≈ AVE

thaïlandais, e [tajlɑ̃dɛ, ɛz] *adj* tailandés(-esa) ♦ *nm/f*: **T~, e** tailandés(-esa)

Thaïlande [tajlɑ̃d] *nf* Tailandia

thé [te] *nm* té *m*

théâtral, e, -aux [teatral, o] *adj* teatral

théâtre [teatr] *nm* teatro; (*fig: lieu*): **le ~ de** el escenario de

théière [tejer] *nf* tetera

thème [tem] *nm* tema; (*traduction*) traducción *f* inversa

théorie [teɔri] *nf* teoría; **théorique** *adj* teórico(-a)

thérapie [terapi] *nf* terapia

thermal, e, -aux [termal, o] *adj* termal

thermomètre [termɔmetr] *nm* termómetro

thermos ® [termos] *nm ou f*: **(bouteille) ~** termo

thermostat [termɔsta] *nm* termostato

thèse [tez] *nf* tesis *f inv*

thon [tɔ̃] *nm* atún *m*

thym [tɛ̃] *nm* tomillo

TIC [tik] *sigle fpl* (= technologies de l'informatique et de la communication) TIC *fpl*

tic [tik] *nm* (*nerveux*) tic *m*

ticket [tike] *nm* billete *m*, boleto (*AM*); (*de cinéma, théâtre*) entrada; **~ de caisse** ticket *m* ou tique(t) *m* de compra

tiède [tjed] *adj* tibio(-a), templado(-a); **tiédir** *vi* templarse

tien, ne [tjɛ̃, tjen] *adj* tuyo(-a) ♦ *pron*: **le(la) ~(ne)** el/la tuyo(-a); **les ~s/les tiennes** los tuyos/las tuyas; **les ~s** (*ta famille*) los tuyos

tiens [tjɛ̃] *vb, excl voir* **tenir**

tiercé [tjerse] *nm* apuesta triple

tiers, tierce [tjer, tjers] *adj*

tercero(-a); **le ~ monde** el tercer mundo

tige [tiʒ] *nf* tallo

tignasse [tiɲas] (*péj*) *nf* greñas *fpl*

tigre [tigʀ] *nm* tigre *m*; **tigré, e** *adj* picado(-a); **tigresse** *nf* tigresa

tilleul [tijœl] *nm* (*arbre*) tilo; (*boisson*) tila

timbre [tɛ̃bʀ] *nm* timbre *m*; (*aussi:* **~-poste**) sello, estampilla (*AM*)

timbré, e [tɛ̃bʀe] *adj* (*enveloppe*) timbrado(-a), sellado(-a); (*fam*) tocado(-a) de la cabeza

timide [timid] *adj* tímido(-a); **timidement** *adv* tímidamente; **timidité** *nf* timidez *f*

tintamarre [tɛ̃tamaʀ] *nm* escandalera

tinter [tɛ̃te] *vi* tintinar

tique [tik] *nf* garrapata

tir [tiʀ] *nm* tiro; (*stand*) tiro al blanco; **~ à l'arc** tiro con arco; **~ au pigeon** tiro de pichón

tirage [tiʀaʒ] *nm* (*PHOTO*) revelado; (*d'un journal, de livre*) tirada; (*d'un poêle etc*) tiro; (*de loterie*) sorteo; **~ au sort** sorteo

tire [tiʀ] *nf*: **voleur à la ~** ratero; **vol à la ~** tirón *m*

tiré, e [tiʀe] *adj* (*visage*) cansado(-a); **~ par les cheveux** difícil de creer

tire-bouchon [tiʀbuʃɔ̃] (*pl* **~~s**) *nm* sacacorchos *m inv*

tirelire [tiʀliʀ] *nf* hucha

tirer [tiʀe] *vt* (*sonnette etc*) tirar de, jalar (*AM*); (*remorque*) arrastrar, jalar (*AM*); (*trait*) trazar; (*rideau*) correr; (*carte, numéro, conclusion*) sacar; (*en faisant feu*) tirar, disparar; (*: animal*) disparar (a); (*journal, livre*) imprimir; (*PHOTO*)

revelar; (*FOOTBALL*) sacar, tirar ♦ *vi* (*faire feu*) disparar; (*cheminée, SPORT*) tirar; **se ~** *vpr* (*fam*) largarse; **s'en ~** salir bien; **~ à l'arc** tirar con arco; **~ à sa fin** tocar a su fin; **~ les cartes** echar las cartas

tiret [tiʀɛ] *nm* guión *m*

tireur, -euse [tiʀœʀ, øz] *nm/f* (*MIL*) tirador(a)

tiroir [tiʀwaʀ] *nm* cajón *m*; **tiroir-caisse** (*pl* **tiroirs-caisses**) *nm* caja

tisane [tizan] *nf* tisana

tisser [tise] *vt* tejer

tissu [tisy] *nm* tejido; **tissu-éponge** (*pl* **tissus-éponges**) *nm* felpa

titre [titʀ] *nm* título; (*de journal, aussi: télévisé*) titular *m*; **à juste ~** con toda razón; **à quel ~?** ¿a título de qué?; **à aucun ~** bajo ninguna razón; **au même ~ (que)** al igual (que); **à ~ d'exemple** como ejemplo; **à ~ d'information** a modo de información; **~ de transport** billete *m*

tituber [titybe] *vi* titubear

titulaire [tityleʀ] *adj* titular ♦ *nm* titular *m*; **être ~ de** ser titular de

toast [tost] *nm* tostada; (*de bienvenue*) brindis *m inv*; **porter un ~ à** brindar por algn

toboggan [tɔbɔgɑ̃] *nm* tobogán *m*

toc [tɔk] *nm*: **en ~** de imitación

tocsin [tɔksɛ̃] *nm* rebato, toque *m* de alarma

tohu-bohu [tɔybɔy] *nm inv* (*tumulte*) barullo

toi [twa] *pron* tú

toile [twal] *nf* tela; **~ cirée** hule *m*; **~ d'araignée** telaraña; **~ de fond** telón *m* de fondo; **~ émeri**

tela de esmeril
toilette [twalɛt] *nf* aseo;
(*habillement*) vestimenta; **~s** *nfpl*
servicios *mpl*; **faire sa ~** asearse;
articles de ~ artículos *mpl* de
aseo
toi-même [twamɛm] *pron* tú
mismo
toit [twa] *nm* techo; (*de bâtiment*)
tejado; **~ ouvrant** techo solar
toiture [twatyʀ] *nf* tejado,
techumbre *f*
tôle [tol] *nf* chapa; **~ ondulée**
chapa ondulada
tolérable [tɔleʀabl] *adj* tolerable
tolérant, e [tɔleʀɑ̃, ɑ̃t] *adj*
tolerante
tolérer [tɔleʀe] *vt* tolerar
tollé [tɔ(l)le] *nm*: **un ~
(d'injures/de protestations)**
una sarta (de insultos/de
protestas)
tomate [tɔmat] *nf* tomate *m*
tombe [tɔ̃b] *nf* tumba
tombeau, x [tɔ̃bo] *nm* tumba
tombée [tɔ̃be] *nf*: **à la ~ du jour**
ou **de la nuit** al atardecer, al
anochecer
tomber [tɔ̃be] *vi* caer;
(*accidentellement*) caerse; **laisser
~** abandonar; **~ sur** encontrarse
con; **~ de fatigue/de sommeil**
caerse de cansancio/de sueño; **~ à
l'eau** (*fig*) irse al garete; **ça
tombe bien/mal** viene bien/mal
tombola [tɔ̃bɔla] *nf* tómbola
tome [tɔm] *nm* tomo
ton¹, ta [tɔ̃, ta, te] (*pl* **tes**) *dét* tu
ton² [tɔ̃] *nm* tono; **donner le ~**
llevar la voz cantante; **de bon ~**
de buen tono
tonalité [tɔnalite] *nf* tonalidad *f*;
(*au téléphone*) señal *f*
tondeuse [tɔ̃døz] *nf* (*à gazon*)
cortadora de césped

tondre [tɔ̃dʀ] *vt* (*pelouse*) cortar;
(*mouton*) esquilar; (*cheveux*) rapar
tonifier [tɔnifje] *vt* (*organisme*)
entonar; (*peau*) tonificar
tonique [tɔnik] *adj* (*lotion*)
tónico(-a) ♦ *nm* (*médicament*)
estimulante *m*; (*lotion*) tónico
tonne [tɔn] *nf* tonelada
tonneau, x [tɔno] *nm* tonel *m*;
faire des ~x (*voiture*) dar vueltas
de campana
tonnelle [tɔnɛl] *nf* glorieta
tonner [tɔne] *vi* tronar
tonnerre [tɔnɛʀ] *nm* trueno
tonton [tɔ̃tɔ̃] *nm* tito
tonus [tɔnys] *nm*: **avoir du ~**
estar entonado(-a); **donner du ~**
entonar
top [tɔp] *nm*: **au 3ème ~** a la
tercera señal ♦ *adj*: **~ secret** top
secret
topinambour [tɔpinɑ̃buʀ] *nm*
aguaturma, pataca
torche [tɔʀʃ] *nf* antorcha
torchon [tɔʀʃɔ̃] *nm* paño de
cocina
tordre [tɔʀdʀ] *vt* torcer; **se ~** *vpr*
torcerse; **se ~ le pied/bras**
torcerse el pie/brazo; **se ~ de
douleur/de rire** retorcerse de
dolor/desternillarse de risa;
tordu, e *pp* de **tordre** ♦ *adj*
idiota
tornade [tɔʀnad] *nf* tornado
torrent [tɔʀɑ̃] *nm* torrente *m*
torsade [tɔʀsad] *nf* retorcido
torse [tɔʀs] *nm* torso
tort [tɔʀ] *nm* (*préjudice*) perjuicio;
~s *nmpl* (*JUR*) daños y perjuicios
mpl; **avoir ~** estar
equivocado(-a); **être dans son
~** tener la culpa; **causer du ~**
perjudicar a; **à ~** sin razón; **à ~
et à travers** a tontas y a locas
torticolis [tɔʀtikɔli] *nm* tortícolis

tortiller [tɔʀtije] *vt* retorcer; **se ~**
vpr retorcerse

tortionnaire [tɔʀsjɔnɛʀ] *nm*
verdugo

tortue [tɔʀty] *nf* tortuga

tortueux, -euse [tɔʀtɥø, øz] *adj*
tortuoso(-a)

torture [tɔʀtyʀ] *nf* tortura;
torturer *vt* torturar

tôt [to] *adv* temprano (*au bout de
peu de temps*) pronto; **~ ou tard**
tarde o temprano; **si ~** tan
pronto; **au plus ~** cuanto antes

total, e, -aux [tɔtal, o] *adj* total
♦ *nm* total *m*; **au ~** en total;

totalement *adv* totalmente;

totaliser *vt* totalizar;

totalitaire *adj* totalitario(-a);

totalité *nf* totalidad *f*

toubib [tubib] (*fam*) *nm* médico

touchant, e [tuʃɑ̃, ɑ̃t] *adj*
conmovedor(a)

touche [tuʃ] *nf* (*de piano, de
machine à écrire*) tecla; (*PEINTURE,
fig*) toque *m*; (*FOOTBALL: aussi:*
remise en ~) saque *m* de
banda; (: *ligne de touche*) línea de
banda

toucher [tuʃe] *nm* tacto ♦ *vt*
tocar; (*mur, pays*) lindar con;
(*atteindre*) alcanzar; (*émouvoir*)
conmover; (*suj: catastrophe,
malheur, crise*) afectar; (*prix,
récompense*) recibir; (*salaire,
chèque*) cobrar; **se ~** tocarse;
au ~ al tacto; **~ à qch** tocar
algo; (*concerner*) atañer a algo;
au but llegar a la meta; **je vais
lui en ~ un mot** le diré dos
palabras sobre ello; **~ à sa fin**
tocar a su fin

touffe [tuf] *nf* (*d'herbe*) mata

touffu, e [tufy] *adj* (*haie, forêt*)
frondoso(-a); (*style, texte*)

denso(-a)

toujours [tuʒuʀ] *adv* siempre;
(*encore*) todavía; **~ plus** cada vez
más; **pour ~** para siempre; **il vit
~ ici** sigue viviendo aquí

toupie [tupi] *nf* peonza

tour [tuʀ] *nf* torre *f*; (*de
appartements*) bloque *m* (*de
pisos*) ♦ *nm* (*promenade*) paseo,
vuelta; (*SPORT, POL, de vis, de tour*)
vuelta; (*d'être servi ou de jouer etc*)
turno; (*ruse*) ardid *m*; (*de
prestidigitation etc*) número; (*de
potier, à bois*) torno; **faire le ~
de** dar la vuelta a; (*questions,
possibilités*) dar vueltas a; **fermer
à double ~** cerrar bajo siete
llaves; **c'est au ~ de Philippe**
le toca a Philippe; **à ~ de rôle, ~
à ~** por turnos, en orden; **~ de
chant** recital de canto; **~
de contrôle** *nf* torre de control;
~ de force *nf* hazaña; **~ de
taille** *nm* contorno de cintura

tourbe [tuʀb] *nf* turba

tourbillon [tuʀbijɔ̃] *nm* (*d'eau, de
poussière*) remolino; (*de vent, fig*)
torbellino; **tourbillonner** *vi*
arremolinarse

tourelle [tuʀɛl] *nf* torrecilla

tourisme [tuʀism] *nm* turismo;
office du ~ oficina de turismo;
faire du ~ hacer turismo;
touriste *nm/f* turista *m/f*;
touristique *adj* turístico(-a)

tourment [tuʀmɑ̃] *nm* tormento;
tourmenter: se tourmenter
vpr atormentarse

tournage [tuʀnaʒ] *nm* rodaje *m*

tournant, e [tuʀnɑ̃, ɑ̃t] *adj*
giratorio(-a) ♦ *nm* (*de route*) curva;
(*fig*) giro

tournée [tuʀne] *nf* (*du facteur*)
ronda; (*d'artiste, de politicien*) gira;
payer une ~ pagar una ronda

tourner [tuʀne] vt girar, voltear
(AM); (difficulté etc) esquivar;
(scène, film) rodar ♦ vi girar,
voltear (AM); (vent) cambiar de
dirección; (moteur) estar en
marcha; (compteur) estar andando;
(lait etc) agriarse; (chance)
cambiar; **se ~** vpr volverse; **se ~
vers** volverse hacia; (personne:
pour demander: aide, conseil)
dirigirse a; **bien/mal ~** salir
bien/mal; **~ autour de** dar
vueltas alrededor de; **~ autour
du pot** andarse con rodeos; **~ le
dos à** dar la espalda a

tournesol [tuʀnəsɔl] nm girasol
m

tournevis [tuʀnəvis] nm
destornillador m

tournoi [tuʀnwa] nm (HIST) torneo

tournure [tuʀnyʀ] nf (LING) giro;
prendre ~ tomar forma; **~
d'esprit** manera de enfocar las
cosas

tourte [tuʀt] nf (CULIN): **~ à la
viande** pastel m de carne

tourterelle [tuʀtəʀɛl] nf tórtola

tous [tu] dét, pron voir **tout**

Toussaint [tusɛ̃] nf: **la ~** el día
de Todos los Santos

Toussaint

La Toussaint, 1 de noviembre,
es una fiesta oficial francesa.
Tradicionalmente, la gente visita
las tumbas de sus parientes y
amigos y deposita en ellas
coronas de brezo y crisantemos.

---

tousser [tuse] vi toser

MOT-CLÉ

tout, e [tu, tut] (pl **tous**, f
toutes) adj **1** (avec article)
todo(-a); **tout le lait/l'argent**
toda la leche/todo el dinero;
toute la nuit toda la noche;
tout le livre todo el libro;
**toutes les trois/deux
semaines** cada tres/dos
semanas; **tout le temps** adv
todo el tiempo; **tout le monde**
pron todo el mundo; **c'est tout
le contraire** todo lo contrario;
toutes les nuits todas las
noches; **toutes les fois que ...**
todas las veces que ...; **tous les
deux** los dos, ambos

2 (sans article): **à tout âge/à
toute heure** a cualquier edad/
hora; **pour toute nourriture, il
avait ...** por todo alimento, tenía
...; **à toute vitesse** a toda
velocidad; **de tous côtés** ou **de
toutes parts** de todos (los) lados
ou de todas partes; **à tout
hasard** por si acaso

♦ pron todo(-a); **il a tout fait** lo
hizo todo; **je les vois toutes** las
veo a todas; **nous y sommes
tous allés** fuimos todos; **en
tout** en total; **tout ce qu'il sait**
todo lo que sabe; **tout ou rien**
todo o nada; **c'est tout** eso es
todo, nada más

♦ nm todo; **le tout est de ...** lo
importante es ...; **pas du tout** en
absoluto

♦ adv **1** (**toute** avant adj f
commençant par consonne ou h
aspiré) (très, complètement): **elle
était tout émue** estaba muy
emocionada; **elle était toute
petite** era muy pequeñita; **tout
près** muy cerca; **le tout
premier** el primero de todos;
tout seul solo; **le livre tout
entier** el libro entero; **tout en
haut/bas** arriba/abajo del todo;

tout droit todo recto; **tout rouge** todo rojo; **parler tout bas** hablar muy bajo; **tout simplement** sencillamente; **fais-le tout doucement** hazlo despacito **2: tout en** mientras; **tout en travaillant il ...** mientras trabaja, ... **3: tout d'abord** en primer lugar; **tout à coup** de repente; **"tout à fait!"** "¡desde luego!"; **tout à l'heure** (passé) hace un rato; (futur) luego; **à tout à l'heure!** ¡hasta luego!; **tout de même** sin embargo; **tout de suite** enseguida; **tout terrain** ou **tous terrains** adj inv todo terreno inv

toutefois [tutfwa] adv sin embargo, no obstante

toutes [tut] dét, pron voir **tout**

toux [tu] nf tos f inv

toxicomane [tɔksikɔman] adj toxicómano(-a)

toxique [tɔksik] adj tóxico(-a)

trac [tʀak] nm nerviosismo

tracasser [tʀakase] vt (suj: problème, idée) preocupar; **se ~** vpr preocuparse

trace [tʀas] nf huella; (de pneu, de brûlure etc) marca; (quantité minime) rastro; **avoir une ~ d'accent étranger** tener un ligero acento extranjero; **suivre qn à la ~** seguir la pista ou el rastro de algn; **~s de pas** huellas fpl de pasos

tracer [tʀase] vt trazar

tract [tʀakt] nm panfleto

tracteur [tʀaktœʀ] nm tractor m

traction [tʀaksjɔ̃] nf tracción f

tradition [tʀadisjɔ̃] nf tradición f; **traditionnel, le** adj tradicional

traducteur, -trice [tʀadyktœʀ, tʀis] nm/f traductor(a)

traduction [tʀadyksjɔ̃] nf traducción f

traduire [tʀadɥiʀ] vt traducir; **~ qn en justice** hacer comparecer a algn ante la justicia

trafic [tʀafik] nm tráfico; **~ d'armes** tráfico de armas; **trafiquant, e** nm/f traficante m/f; **trafiquer** vt (péj) amañar

tragédie [tʀaʒedi] nf tragedia; **tragique** adj trágico(-a)

trahir [tʀaiʀ] vt traicionar; (suj: objet): **~ qn** descubrir a algn; **se ~** vpr traicionarse; **trahison** nf traición f

train [tʀɛ̃] nm tren m; (allure) paso; (ensemble) serie f; **être en ~ de faire qch** estar haciendo algo; **mettre qch en ~** empezar a hacer algo; **~ autos-couchettes** tren coche-cama; **~ de pneus** juego de neumáticos; **~ de vie** tren de vida; **~ électrique** (jouet) tren eléctrico

traîne [tʀɛn] nf cola; **être à la ~** (en arrière) ir rezagado(-a)

traîneau, x [tʀɛno] nm trineo

traîner [tʀene] vt tirar de ♦ vi rezagarse; (être en désordre) estar tirado(-a); (vagabonder) callejear; (durer) alargarse; **se ~** vpr arrastrarse; **~ les pieds** arrastrar los pies; **~ par terre** arrastrar por el suelo

train-train [tʀɛ̃tʀɛ̃] nm inv rutina

traire [tʀɛʀ] vt ordeñar

trait [tʀɛ] nm trazo; (caractéristique) rasgo; **~s** nmpl (du visage) rasgos mpl; **d'un ~** de un tirón; **de ~** (animal) de tiro; **avoir ~ à** referirse a; **~ d'union** guión m; (fig) lazo

traitant [tʀɛtɑ̃] adj m: **votre**

médecin ~ su médico de cabecera

traite [tʁɛt] *nf* (AGR) ordeño; **d'une (seule) ~** de un (solo) tirón

traité [tʁɛte] *nm* tratado

traitement [tʁɛtmɑ̃] *nm* tratamiento; **mauvais ~s** malos tratos *mpl*; **~ de texte** (INFORM) procesamiento *ou* tratamiento de textos

traiter [tʁɛte] *vt, vi* tratar; **~ qn d'idiot** llamar idiota a algn; **~ de qch** tratar de algo

traiteur [tʁɛtœʁ] *nm* negocio de comidas por encargo *ou* de catering

traître, -esse [tʁɛtʁ, tʁɛtʁɛs] *adj* traicionero(-a) ♦ *nm/f* traidor(a)

trajectoire [tʁaʒɛktwaʁ] *nf* trayectoria

trajet [tʁaʒɛ] *nm* trayecto

trampoline [tʁɑ̃pɔlin] *nm* trampolín *m*

tramway [tʁamwɛ] *nm* tranvía *m*

tranchant, e [tʁɑ̃ʃɑ̃, ɑ̃t] *adj* (*lame*) afilado(-a); (*personne*) resuelto(-a) ♦ *nm* (*d'un couteau*) filo; **à double ~** de doble filo

tranche [tʁɑ̃ʃ] *nf* (*de pain*) rebanada; (*de jambon, fromage*) loncha; (*de saucisson*) rodaja; (*de gâteau*) porción *f*; (*d'un couteau, livre etc*) canto; **~ d'âge/de salaires** tramo de edad/de salarios; **~ de vie** periodo de la vida cotidiana

tranché, e [tʁɑ̃ʃe] *adj* (*couleurs*) contrastado(-a); (*opinions*) tajante

trancher [tʁɑ̃ʃe] *vt* cortar; (*question*) zanjar ♦ *vi*: **~ avec** *ou* **sur** contrastar con

tranquille [tʁɑ̃kil] *adj* tranquilo(-a); **se tenir ~** estarse quieto(-a); **laisse-moi/laisse-ça ~!** ¡déjame/deja eso en paz!; **tranquillisant, e** *nm* (MÉD) tranquilizante *m*; **tranquillité** *nf* tranquilidad *f*

transférer [tʁɑ̃sfeʁe] *vt* transferir; (*prisonnier, bureaux*) trasladar; (*titre*) transmitir; **transfert** *nm* transferencia; (*d'un prisonnier, de bureaux*) traslado; (*d'un titre*) transmisión *f*

transformation [tʁɑ̃sfɔʁmasjɔ̃] *nf* transformación *f*; **~s** *nfpl* (*travaux*) reformas *fpl*

transformer [tʁɑ̃sfɔʁme] *vt* transformar; (*maison, magasin, vêtement*) reformar

transfusion [tʁɑ̃sfyzjɔ̃] *nf*: **~ sanguine** transfusión *f* sanguínea

transgresser [tʁɑ̃sgʁese] *vt* transgredir

transi, e [tʁɑ̃zi] *adj* helado(-a)

transiger [tʁɑ̃ziʒe] *vi* transigir

transit [tʁɑ̃zit] *nm* tránsito; **transiter** *vt* hacer circular

transition [tʁɑ̃zisjɔ̃] *nf* transición *f*; **transitoire** *adj* transitorio(-a)

transmettre [tʁɑ̃smɛtʁ] *vt* transmitir; (*secret*) revelar; (*recette*) pasar, dar; **transmission** *nf* transmisión *f*

transparent, e [tʁɑ̃spaʁɑ̃, ɑ̃t] *adj* transparente

transpercer [tʁɑ̃spɛʁse] *vt* traspasar

transpiration [tʁɑ̃spiʁasjɔ̃] *nf* transpiración *f*

transpirer [tʁɑ̃spiʁe] *vi* transpirar; (*information, nouvelle*) trascender

transplanter [tʁɑ̃splɑ̃te] *vt* (BOT, MÉD) transplantar

transport [tʁɑ̃spɔʁ] *nm* transporte *m*; **~s en commun** transportes públicos

transporter *vt* llevar; (*voyageurs,*

marchandises) transporter;
transporteur *nm* transportista
m
transvaser [trãsvaze] *vt*
transvasar
transversal, e, -aux
[trãsversal, o] *adj* transversal
trapèze [trapεz] *nm* trapecio
trappe [trap] *nf* trampa, trampilla
trapu, e [trapy] *adj* bajo(-a) y
fortachón(-ona)
traquenard [traknar] *nm* cepo
traquer [trake] *vt* acorralar;
(harceler) acosar
traumatiser [tromatize] *vt*
traumatizar
travail, -aux [travaj, o] *nm*
trabajo; *(MÉD)* parto; **être sans ~**
estar sin trabajo; **~ (au) noir**
trabajo clandestino; **travaux**
nmpl (de réparation) trabajos *mpl;*
(de construction, sur route) obras
fpl; **travaux des champs**
faenas *fpl* del campo; **travaux
dirigés** *(SCOL)* ejercicios *mpl*
dirigidos; **travaux manuels**
(SCOL) trabajos manuales
travailler [travaje] *vi* trabajar;
(bois) alabearse; *(argent)* producir
♦ *vt* trabajar; **cela le travaille**
eso le preocupa; **à travailler en;**
(contribuer à) contribuir a;
travailleur, -euse *adj, nm/f*
trabajador(a); **travailleur social**
trabajador *m* social; **travailliste**
adj, nm/f laborista
travers [traver] *nm (défaut)*
imperfección *f;* **en ~ (de)**
atravesado(-a) (en); **au ~ (de)** a
través (de); **de ~** *adj* de través ♦
adv oblicuamente; *(fig)* al revés; **à
~ a** través; **regarder de ~** *(fig)*
mirar de reojo
traverse [travers] *nf* **chemin
de ~** atajo

traversée [traverse] *nf* travesía
traverser [traverse] *vt* atravesar;
(rue) cruzar; *(percer: suj: pluie,
froid)* traspasar
traversin [traversẽ] *nm* cabezal
m
travesti [travesti] *nm (artiste de
cabaret)* travestido; *(homosexuel)*
travesti *m*
trébucher [trebyʃe] *vi:* **~ (sur)**
tropezar (con)
trèfle [trεfl] *nm* trébol *m*
treize [trεz] *adj inv, nm inv* trece
m inv; voir aussi **cinq; treizième**
adj, nm/f decimotercero(-a) ♦ *nm
(partitif)* treceavo; *voir aussi*
cinquantième

----

treizième mois

Le treizième mois *es una paga
extraordinaria de final de año
que equivale aproximadamente a
un mes de sueldo. Para muchos
empleados es una parte normal
de su salario anual.*

----

tréma [trema] *nm* diéresis *f inv*
tremblement [trãblamã] *nm*
temblor *m;* **~ de terre** terremoto
trembler [trãble] *vi* temblar; **~
de** temblar de; **~ pour qn** temer
por algn
trémousser [tremuse]: **se ~** *vpr*
menearse
trempé, e [trãpe] *adj*
empapado(-a)
tremper [trãpe] *vt* empapar;
(pain, chemise) mojar ♦ *vi* estar en
remojo; **~ dans** *(fig, péj)* estar
metido(-a) o implicado(-a) en;
faire ~, mettre à ~ poner en
remojo; **~ qch dans** remojar
algo en
tremplin [trãplẽ] *nm* trampolín *m*

trentaine [trãten] nf treintena; **avoir la ~** tener unos treinta años; **une ~ (de)** unos(-as) treinta

trente [trãt] adj inv, nm inv treinta m inv; voir aussi **cinq**

trentième adj, nm/f trigésimo(-a) ♦ nm (partitif) treintavo; voir aussi **cinquantième**

trépidant, e [trepidã, ãt] adj trepidante

trépigner [trepiɲe] vi: **~ (d'enthousiasme/ d'impatience)** patalear (de entusiasmo/de impaciencia)

très [tre] adv muy

trésor [trezɔr] nm tesoro; (vertu précieuse) joya; **T~ (public)** Tesoro (público); **trésorerie** nf tesorería; **trésorier, -ière** nm/f tesorero(-a)

tressaillir [tresajir] vi (de peur) estremecerse; (de joie, d'émotion) vibrar

tressauter [tresote] vi sobresaltar

tresse [tres] nf trenza; **tresser** vt trenzar

tréteau, x [treto] nm caballete m

treuil [trœj] nm torno

trève [trev] nf tregua

tri [tri] nm selección f; **le ~** (POSTES: action) la clasificación

triangle [trijãgl] nm triángulo; **triangulaire** adj triangular

tribord [tribɔr] nm: **à ~** a estribor

tribu [triby] nf tribu f

tribunal, -aux [tribynal, o] nm tribunal m; (bâtiment) juzgado

tribune [tribyn] nf tribuna

tribut [triby] nm tributo; **payer un lourd ~ à** pagar un tributo muy caro a

tributaire [tribytɛr] adj: **être ~ de** ser tributario(-a) de

tricher [triʃe] vi (à un examen) copiar; (aux cartes) hacer trampas; **tricheur, -euse** nm/f tramposo(-a)

tricolore [trikɔlɔr] adj tricolor; (français: drapeau, équipe) francés(-esa)

tricot [triko] nm punto; (ouvrage) prenda de punto; **tricoter** vt tricotar

tricycle [trisikl] nm triciclo

trier [trije] vt (classer) clasificar; (choisir) seleccionar; (fruits, grains) seleccionar, escoger

trimestre [trimestr] nm trimestre m; **trimestriel, le** adj trimestral

trinquer [trɛ̃ke] vi chocar los vasos; (porter un toast) brindar

triomphe [trijɔ̃f] nm triunfo; **triompher** vi triunfar; **triompher de qch/qn** triunfar sobre algo/algn

tripes [trip] nfpl (CULIN) callos mpl

triple [tripl] adj triple ♦ nm: **le ~ (de)** el triple (de); **en ~ exemplaire** por triplicado; **tripler** vi, vt triplicar

triplés, -ées [triple] nm/fpl (bébés) trillizos mpl

tripoter [tripote] vt (objet) manosear

triste [trist] adj triste; **un ~ personnage/une ~ affaire** (péj) un personaje mediocre/un asunto turbio; **tristesse** nf tristeza

trivial, e, -aux [trivjal, jo] adj trivial

troc [trɔk] nm trueque m

trognon [trɔɲɔ̃] nm (de fruit) corazón m; (de légume) troncho

trois [trwa] adj inv, nm inv tres m inv; voir aussi **cinq**; **troisième**

adj, nm/f tercero(-a) ♦ nf (AUTO) tercera; *voir aussi* **cinquième**

trombe [tʀɔ̃b] *nf* tromba; **en ~** en tromba

trombone [tʀɔ̃bɔn] *nm* (MUS) trombón m; (*de bureau*) clip m

trompe [tʀɔ̃p] *nf* trompa

tromper [tʀɔ̃pe] *vt* engañar; (*espoir, attente*) frustrar; (*vigilance, poursuivants*) burlar; **se ~** *vpr* equivocarse; **se ~ de voiture/jour** equivocarse de coche/día; **se ~ de 3 cm/2 €** equivocarse en 3 cm/2 €

trompette [tʀɔ̃pɛt] *nf* trompeta; **nez en ~** nariz f respingona

trompeur, -euse [tʀɔ̃pœʀ, øz] *adj* engañoso(-a)

tronc [tʀɔ̃] *nm* (BOT, ANAT) tronco

tronçon [tʀɔ̃sɔ̃] *nm* tramo; **tronçonner** *vt* (*arbre*) cortar en trozos

trône [tʀon] *nm* trono

trop [tʀo] *adv* demasiado; (*devant adverbe*) muy, demasiado; **~ (souvent/longtemps)** demasiado (a menudo/tiempo); **~ de sucre/personnes** demasiado azúcar/demasiadas personas; **ils sont ~** son demasiados; **de ~, en ~: des livres en ~** libros *mpl* de sobra; **du lait en ~** leche f de sobra; **3 livres/5 € de ~** 3 libras/5 € de más

tropical, e, -aux [tʀɔpikal, o] *adj* tropical

tropique [tʀɔpik] *nm* trópico

trop-plein [tʀoplɛ̃] (*pl* **~~s**) *nm* (lo) sobrante m, exceso

troquer [tʀɔke] *vt*: **~ qch contre qch** trocar algo por algo; (*fig*) cambiar algo por algo

trot [tʀo] *nm* trote m; **trotter** *vi* trotar

trottinette [tʀɔtinɛt] *nf* patinete m

trottoir [tʀɔtwaʀ] *nm* acera, vereda (AM), andén (AM); **faire le ~** (*péj*) hacer la calle; **~ roulant** cinta móvil

trou [tʀu] *nm* agujero; (*moment de libre*) hueco; **~ d'air** bache m; **~ de la serrure** ojo de la cerradura; **~ de mémoire** fallo de la memoria

troublant, e [tʀublɑ̃, ɑ̃t] *adj* (*ressemblance*) sorprendente

trouble [tʀubl] *adj* turbio(-a) ♦ *adv*: **voir ~** ver borroso ♦ *nm* (*désarroi*) desconcierto; (*émoi sensuel*) trastorno; (*embarras*) confusión f; **~s** *nmpl* (POL) disturbios *mpl*; (MÉD) trastornos *mpl*; **trouble-fête** *mf inv* aguafiestas *m/f inv*

troubler [tʀuble] *vt* turbar; (*liquide*) enturbiar; (*ordre*) alterar; **se ~** *vpr* turbarse

trouer [tʀue] *vt* agujerear

trouille [tʀuj] (*fam*) *nf*: **avoir la ~** tener mieditis

troupe [tʀup] *nf* (MIL) tropa; **~ (de théâtre)** compañía (de teatro)

troupeau, x [tʀupo] *nm* (*de moutons*) rebaño; (*de vaches*) manada

trousse [tʀus] *nf* (*étui*) estuche m; (*d'écolier*) cartera; (*de docteur*) maletín m; **~ à outils** bolsa de herramientas; **~ de toilette** neceser m

trousseau, x [tʀuso] *nm* ajuar m; **~ de clefs** manojo de llaves

trouvaille [tʀuvaj] *nf* hallazgo

trouver [tʀuve] *vt* encontrar, hallar; **se ~** *vpr* encontrarse, hallarse; **aller/venir ~ qn** ir/venir a ver a algn; **~ le loyer**

cher/le prix excessif parcerle
a algn el alquiler caro/el precio
excesivo; **je trouve que me
parece que; il se trouve que**
resulta que; **se ~ bien/mal**
sentirse ou encontrarse bien/mal
truand [tʀɥɑ̃] nm truhán m,
timador m; **truander** (fam) vt
timar
truc [tʀyk] nm truco; (fam:
machin, chose) cosa, chisme m
truffe [tʀyf] nf (BOT) trufa
truffer [tʀyfe] vt (CULIN) trufar;
truffé de (fig: erreurs) repleto de
truie [tʀɥi] nf cerda, marrana
truite [tʀɥit] nf trucha
truquer [tʀyke] vt trucar;
(élections) amañar
TSVP [teesvepe] abr (= tournez s'il
vous plaît) sigue
TTC [tetese] abr (= toutes taxes
comprises) todo incluido
tu¹ [ty] pron tú
tu²,e [ty] pp de **taire**
tuba [tyba] nm tuba
tube [tyb] nm tubo; (chanson,
disque) éxito
tuberculose [tybeʀkyloz] nf
tuberculosis f
tuer [tɥe] vt matar; **se ~** vpr
matarse; **tuerie** nf matanza
tue-tête [tytɛt]: **à ~~** adv a voz
en grito, a grito pelado
tueur [tɥœʀ] nm asesino; **~ à
gages** asesino a sueldo
tuile [tɥil] nf teja; (fam)
contratiempo, problema m
tulipe [tylip] nf tulipán m
tuméfié, e [tymefje] adj
tumefacto(-a)
tumeur [tymœʀ] nf tumor m
tumulte [tymylt] nm tumulto;
tumultueux, -euse adj
tumultuoso(-a)
tunique [tynik] nf túnica

Tunisie [tynizi] nf Túnez m;
tunisien, ne adj tunecino(-a) ♦
nm/f: **Tunisien, ne** tunecino(-a)
tunnel [tynɛl] nm túnel m
turbulent, e [tyʀbylɑ̃, ɑ̃t] adj
revoltoso(-a)
turc, turque [tyʀk] adj turco(-a)
♦ nm (LING) turco ♦ nm/f: **T~,
Turque** turco(-a); **à la turque**
adj (w.c.) sin asiento
turf [tyʀf] nm deporte m hípico;
turfiste nm/f aficionado(-a) a las
carreras de caballos
Turquie [tyʀki] nf Turquía
turquoise [tyʀkwaz] adj inv
turquesa inv ♦ nf turquesa
tutelle [tytɛl] nf tutela
tuteur, -trice [tytœʀ, tʀis] nm/f
(JUR) tutor(a) ♦ nm (de plante)
tutor m, rodrigón m
tutoyer [tytwaje] vt: **~ qn** tutear
a algn
tuyau, x [tɥijo] nm tubo; (fam:
conseil) consejo; **~ d'arrosage**
manguera de riego; **~
d'échappement** tubo de
escape; **tuyauterie** nf cañería,
tubería
TVA [tevea] sigle f (= taxe à la
valeur ajoutée) ≃ IVA
tympan [tɛ̃pɑ̃] nm tímpano
type [tip] nm tipo; (fam: homme)
tío ♦ adj tipo
typé, e [tipe] adj típico(-a)
typique [tipik] adj típico(-a)
tyran [tiʀɑ̃] nm tirano;
tyrannique adj tiránico(-a)
tzigane [dzigan] adj cíngaro(-a),
zíngaro(-a)

U, u

UE sigle f (= Union européenne) UE
f

ulcère [ylsɛʀ] *nm* úlcera
ultérieur, e [ylteʀjœʀ] *adj*
ulterior, posterior; **reporté à une
date ~e** aplazado hasta nuevo
aviso; **ultérieurement** *adv*
posteriormente
ultime [yltim] *adj* último(-a)

MOT-CLÉ
---

un, une [œ̃, yn] *art indéf* un(a);
un garçon/vieillard un chico/
viejo; **une fille** una niña
♦ *pron* uno(-a); **l'un des
meilleurs** uno de los mejores;
l'un ..., l'autre ... uno ..., el
otro ...; **les uns ..., les autres
...** (los) unos ..., (los) otros ...;
l'un et l'autre uno y otro; **l'un
ou l'autre** uno u otro; **pas un
seul** ni uno; **un par un** uno a
uno
♦ *num* uno(-a); **une pomme
seulement** una manzana
solamente
♦ *nf*: **la une** (*PRESSE*) la primera
página; (*chaîne de télévision*) la
primera (cadena)

---

unanime [ynanim] *adj* unánime;
unanimité *nf* unanimidad *f*; **à
l'unanimité** por unanimidad
uni, e [yni] *adj* (*tissu*) uniforme;
(*surface, couleur*) liso(-a); (*groupe,
pays*) unido(-a)
unifier [ynifje] *vt* unificar
uniforme [ynifɔʀm] *adj* (*aussi fig*)
uniforme ♦ *nm* uniforme *m*;
uniformiser *vt* uniformizar,
uniformar
union [ynjɔ̃] *nf* unión *f*
unique [ynik] *adj* único(-a); **fils/
fille ~** hijo único/hija única;
uniquement *adv* únicamente
unir [yniʀ] *vt* unir; (*couleurs*)
mezclar; **s'~** *vpr* unirse; **~ qch à**

unir algo a
unitaire [ynitɛʀ] *adj* unitario(-a)
unité [ynite] *nf* unidad *f*
univers [ynivɛʀ] *nm* universo;
universel, le *adj* universal
universitaire [ynivɛʀsitɛʀ] *adj*,
nm/f universitario(-a)
université [ynivɛʀsite] *nf*
universidad *f*
urbain, e [yʀbɛ̃, ɛn] *adj*
urbano(-a); **urbanisme** *nm*
urbanismo
urgence [yʀʒɑ̃s] *nf* urgencia; **d'~**
adv urgentemente
urgent, e [yʀʒɑ̃, ɑ̃t] *adj* urgente
urine [yʀin] *nf* orina; **urinoir** *nm*
urinario
urne [yʀn] *nf* urna
urticaire [yʀtikɛʀ] *nf* urticaria
us [ys] *nmpl*: **~ et coutumes**
usos *mpl* y costumbres
usage [yzaʒ] *nm* (*aussi LING*) uso;
l'~ (*la coutume*) la costumbre; **à
l'~** con el uso; **à l'~ de** para uso
de; **en ~** en uso; **hors d'~** fuera
de uso, en desuso; **à ~ interne/
externe** (*MÉD*) de uso interno/
externo; **usagé, e** *adj* usado(-a);
usager, -ère *nm/f* usuario(-a)
usé, e [yze] *adj* usado(-a); (*banal,
rebattu*) manido(-a)
user [yze] *vt* usar (*consommer*)
gastar; (*fig: santé, personne*)
desgastar; **s'~** *vpr* (*outil, vêtement*)
gastarse; **~ de** (*moyen, droit,
procédé*) servirse de
usine [yzin] *nf* fábrica
usité, e [yzite] *adj* empleado(-a)
ustensile [ystɑ̃sil] *nm* utensilio; **~
de cuisine** utensilio de cocina
usuel, le [yzɥɛl] *adj* usual
usure [yzyʀ] *nf* desgaste *m*;
avoir qn à l'~ acabar
convenciendo a algn
utérus [yteʀys] *nm* útero

utile [ytil] *adj* útil

utilisation [ytilizasjɔ̃] *nf* utilización *f*

utiliser [ytilize] *vt* utilizar; (CULIN: *restes*) aprovechar

utilitaire [ytilitɛr] *adj* (*objet, véhicule*) utilitario(-a)

utilité [ytilite] *nf* utilidad *f*; **reconnu d'~ publique** (ADMIN) reconocido de utilidad pública

utopie [ytɔpi] *nf* utopía *f*

V, v

va [va] *vb voir* **aller**

vacance [vakɑ̃s] *nf* (ADMIN) vacante *f*; **~s** *nfpl* vacaciones *fpl*; **prendre des/ses ~s (en juin)** coger las vacaciones (en junio); **aller en ~s** ir de vacaciones

vacancier, -ière *nm/f* veraneante *m/f*

vacant, e [vakɑ̃, ɑ̃t] *adj* vacante

vacarme [vakarm] *nm* alboroto

vaccin [vaksɛ̃] *nm* vacuna *f*

vaccination *nf* vacunación *f*;
vacciner *vt* vacunar; **être vacciné** (*fig: fam*) estar vacunado(-a)

vache [vaʃ] *nf* vaca; (*fam*) piel *f* ♦ *adj* (*fam*) duro(-a); **vachement** (*fam*) *adv* super; **vacherie** (*fam*) *nf* faena

vaciller [vasije] *vi* vacilar

va-et-vient [vaevjɛ̃] *nm inv* vaivén *m*

vagabond, e [vagabɔ̃, ɔ̃d] *adj* vagabundo(-a); (*pensées*) errabundo(-a) ♦ *nm* vagabundo; **vagabonder** *vi* vagabundear

vagin [vaʒɛ̃] *nm* vagina

vague [vag] *nf* ola ♦ *adj* (*silhouette, souvenir*) vago(-a); (*angoisse*) indefinido(-a); **~ de**

fond *nf* mar de fondo; **~ de froid** *nf* ola de frío

vaillant, e [vajɑ̃, ɑ̃t] *adj* valiente; (*vigoureux*) saludable

vain, e [vɛ̃, vɛn] *adj* vano(-a); **en ~** en vano

vaincre [vɛ̃kr] *vt* vencer, derrotar; **vaincu, e** *pp de* **vaincre** ♦ *nm/f* vencido(-a), derrotado(-a);
vainqueur *adj m, nm* ganador *m*

vaisseau, x [veso] *nm* (ANAT) vaso; (NAUT) navío; **~ spatial** nave *f* espacial

vaisselier [veselje] *nm* aparador *m*

vaisselle [vesel] *nf* vajilla; (*lavage*) fregado

valable [valabl] *adj* válido(-a); (*motif, solution*) admisible

valet [valɛ] *nm* criado; (CARTES) sota

valeur [valœr] *nf* valor *m*; **~s** *nfpl* (*morales*) valores *mpl* morales; **mettre en ~** (*fig*) destacar; **avoir/prendre de la ~** tener/adquirir valor; **sans ~** sin valor

valide [valid] *adj* (*personne*) sano(-a); (*passeport, billet*) válido(-a); **valider** *vt* validar

valise [valiz] *nf* maleta, valija (AM)

vallée [vale] *nf* valle *m*

vallon [valɔ̃] *nm* pequeño valle *m*

valoir [valwar] *vi* valer ♦ *vt* valer; (*un effort, détour*) merecer; (*causer, procurer: suj: chose*): **~ qch à qn** valer algo a algn; **se ~** *vpr* ser equivalente; **faire ~** (*ses droits*) hacer valer; **à ~ sur** a cuenta de; **cela ne me dit rien qui vaille** eso me da mala espina; **ce climat *etc* ne me vaut rien** este clima *etc* no me sienta nada bien; **~ la peine** merecer la pena; **mieux: il vaut mieux se**

**taire/que je fasse comme
ceci** más vale callarse/que lo
haga así; **ça ne vaut rien** eso no
vale nada
valse [vals] *nf* vals *m*
vandalisme [vãdalism] *nm*
vandalismo
vanille [vanij] *nf* vainilla
vanité [vanite] *nf* vanidad *f*;
vaniteux, -euse *adj*
vanidoso(-a)
vanne [van] *nf* compuerta; *(fam)*
pulla
vannerie [vanʀi] *nf* cestería
vantard, e [vãtaʀ, aʀd] *adj*
jactancioso(-a)
vanter [vãte] *vt* alabar; **se ~** *vpr*
jactarse; **se ~ de qch** jactarse *ou*
presumir de algo
vapeur [vapœʀ] *nf* vapor *m*; **cuit
à la ~** *(CULIN)* cocinado al vapor;
vaporeux, -euse *adj*
vaporoso(-a); **vaporisateur** *nm*
vaporizador *m*; **vaporiser** *vt*
vaporizar
varappe [vaʀap] *nf* escalada de
rocas
vareuse [vaʀøz] *nf (blouson)*
marinera
variable [vaʀjabl] *adj* variable;
(résultats) diverso(-a)
varice [vaʀis] *nf* variz *f*
varicelle [vaʀisɛl] *nf* varicela
varié, e [vaʀje] *adj* variado(-a);
(goûts, résultats) diverso(-a)
varier [vaʀje] *vi* variar, cambiar;
(différer) variar ♦ *vt* cambiar;
variété [vaʀjete] *nf* variedad *f*; **variétés**
nfpl: **spectacle/émission de
variétés** espectáculo/programa
de variedades
variole [vaʀjɔl] *nf* viruela
vas [va] *vb voir* aller; **~-y!**
¡venga!
vase [vɑz] *nm* vaso ♦ *nf* fango;

vaseux, -euse *adj* fangoso(-a);
(fam: confus) confuso(-a); (:
fatigué) hecho(-a) polvo
vasistas [vazistas] *nm* tragaluz *m*
vaste [vast] *adj* amplio(-a)
vautour [votuʀ] *nm* buitre *m*
vautrer [votʀe]: **se ~** *vpr*
revolcarse; **se ~ dans/sur**
revolcarse en
va-vite [vavit]: **à la ~~** *adv* de
prisa y corriendo

veau, x [vo] *nm* ternero; *(CULIN)*
ternera; *(peau)* becerro
vécu, e [veky] *pp de* vivre ♦ *adj*
vivido(-a)
vedette [vadɛt] *nf* estrella; *(canot)*
lancha motora
végétal, e, -aux [veʒetal, o] *adj*,
nm vegetal *m*; **végétalien,
ne** *adj*, *nm/f* vegetariano(-a)
estricto(-a)
végétarien, ne [veʒetaʀjɛ̃, jɛn]
adj, *nm/f* vegetariano(-a)
végétation [veʒetasjɔ̃] *nf*
vegetación *f*
véhicule [veikyl] *nm* vehículo
veille [vɛj] *nf* vigilancia; *(PSYCH)*
vigilia; *(jour)*: **la ~ de** el día
anterior a; **la ~ au soir** la noche
anterior

veillée [veje] *nf* velada
veiller [veje] *vi* velar; (*être vigilant*) vigilar ♦ *vt* velar; ~ **de** to velar; ~ **à ce que** ocuparse de hacer/de que; ~ **sur** cuidar de; **veilleur** *nm*:
veilleur de nuit sereno;
veilleuse *nf* (*lampe*) lamparilla de noche; (AUTO, flamme) piloto;
en veilleuse a media luz
veinard, e [venar, ard] (*fam*) *nm/f* suertudo(-a)
veine [ven] *nf* vena; (*du bois, marbre etc*) veta; **avoir de la** ~ (*fam*) tener chiripa
véliplanchiste [veliplɑ̃ʃist] *nm/f* windsurfista *m/f*
vélo [velo] *nm* bici *f*;
vélomoteur *nm* velomotor *m*
velours [v(ə)luʀ] *nm* terciopelo;
~ **côtelé** pana; **velouté, e** *adj* (*peau*) aterciopelado(-a); (*au goût*) cremoso(-a) ♦ *nm* (CULIN):
velouté d'asperges/de tomates crema de espárragos/ sopa de tomate
velu, e [vəly] *adj* velloso(-a)
vendange [vɑ̃dɑ̃ʒ] *nf* vendimia;
vendanger *vi, vt* vendimiar
vendeur, -euse [vɑ̃dœr, øz] *nm/f* vendedor(a) ♦ *nm* (JUR) vendedor *m*; ~ **de journaux** vendedor *ou* voceador *m* de periódicos, canillita *m* (CSUR)
vendre [vɑ̃dʀ] *vt* vender; ~ **qch à qn** vender algo a algn; **"à ~"** "en venta"
vendredi [vɑ̃dʀədi] *nm* viernes *m inv*; **V~ saint** Viernes Santo; *voir aussi* **lundi**
vénéneux, -euse [venenø, øz] *adj* venenoso(-a)
vénérien, ne [veneʀjɛ̃, jɛn] *adj* venéreo(-a)
vengeance [vɑ̃ʒɑ̃s] *nf* venganza
venger [vɑ̃ʒe] *vt* vengar; **se ~** *vpr*

vengarse; **se ~ de/sur qch/qn** vengarse de/en algo/algn
venimeux, -euse [vənimø, øz] *adj* venenoso(-a)
venin [vənɛ̃] *nm* veneno
venir [v(ə)niʀ] *vi* venir, llegar; ~ **de** (*lieu*) venir de; (*cause*) proceder de; ~ **de faire**: **je viens d'y aller/de le voir** acabo de ir/de verle; **où veux-tu en ~?** ¿hasta dónde quieres llegar?; **je te vois ~** te veo venir; **il me vient une idée** se me ocurre una idea; **faire ~** llamar
vent [vɑ̃] *nm* viento; **il y a du ~** hace viento; **c'est du ~** (*fig*) son palabras al aire; **(être) dans le ~** (*fam*) (estar) a la moda; **avoir ~ de** enterarse de; **contre ~s et marées** contra viento y marea
vente [vɑ̃t] *nf* venta; **mettre en ~** poner en venta; ~ **aux enchères** subasta
venteux, -euse [vɑ̃tø, øz] *adj* ventoso(-a)
ventilateur [vɑ̃tilatœʀ] *nm* ventilador *m*
ventiler [vɑ̃tile] *vt* ventilar; (*total, statistiques*) repartir
ventouse [vɑ̃tuz] *nf* ventosa
ventre [vɑ̃tʀ] *nm* vientre *m*; **j'ai mal au ~** me duele la barriga
venu, e [v(ə)ny] *pp de* **venir** ♦ *adj*: **être mal ~ de faire** ser poco oportuno hacer
ver [vɛʀ] *nm* gusano; (*intestinal*) lombriz *f*; (*du bois*) polilla; ~ **à soie** gusano de seda; ~ **de terre** lombriz *f*; ~ **luisant** luciérnaga; ~ **solitaire** tenia; *voir aussi* **vers**
verbe [vɛʀb] *nm* verbo
verdâtre [vɛʀdɑtʀ] *adj* verdusco(-a)
verdict [vɛʀdik(t)] *nm* veredicto
verdir [vɛʀdiʀ] *vi* verdear,

verdecer; **verdure** nf verde m,
verdor m

véreux, -euse [verø, øz] adj
agusanado(-a); (malhonnête)
corrompido(-a)

verge [verʒ] nf (ANAT) verga

verger [verʒe] nm huerto

verglacé, e [verglase] adj
helado(-a)

verglas [vergla] nm hielo

véridique [veridik] adj
verídico(-a)

vérification [verifikasjɔ̃] nf
revisión f

vérifier [verifje] vt revisar;
(hypothèse) comprobar; **se ~** vpr
verificarse

véritable [veritabl] adj
verdadero(-a); (ami, amour)
auténtico(-a); **un ~ désastre/
miracle** un auténtico desastre/
milagro

vérité [verite] nf verdad f

vermeil, le [vermej] adj
bermejo(-a)

vermine [vermin] nf parásitos
mpl; (fig) chusma

vermoulu, e [vermuly] adj
carcomido(-a)

verni, e [verni] adj barnizado(-a)

vernir [vernir] vt barnizar;
(poteries, ongles) esmaltar; **vernis**
nm barniz m; (fig) capa; **vernis à
ongles** esmalte m de uñas;
vernissage nm barnizado;
(d'une exposition) inauguración f

vérole [verɔl] nf (aussi: **petite ~**)
viruela

verre [ver] nm vidrio, cristal m;
(récipient, contenu) vaso, copa; (de
lunettes) cristal m; **boire** ou
prendre un ~ beber ou tomar
una copa; **~s de contact** lentes
mpl de contacto, lentillas fpl

verrière nf cristalera

verrou [veru] nm cerrojo; (GÉO,
MIL) bloqueo; **mettre qn/être
sous les ~s** meter a algn/estar
en chirona; **verrouillage** nm
cierre m; **verrouiller** vt (porte)
cerrar con cerrojo

verrue [very] nf verruga

vers [ver] nm verso ♦ prép hacia;
(dans les environs de) hacia, cerca
de; (temporel) alrededor de, sobre

versant [versɑ̃] nm ladera

versatile [versatil] adj versátil

verse [vers]: **à ~** adv: **il pleut à
~** llueve a cántaros

Verseau [verso] nm (ASTROL)
Acuario

versement [versəmɑ̃] nm pago;
en 3 ~s en 3 plazos

verser [verse] vt verter, derramar;
(dans une tasse etc) echar; (argent:
à qn) pagar; (: sur un compte)
ingresar

version [versjɔ̃] nf versión f

verso [verso] nm dorso; **voir au
~** ver al dorso

vert, e [ver, vert] adj verde;
(personne vigoureux) lozano(-a);
(langage, propos) fuerte ♦ nm
verde m

vertèbre [vertebr] nf vértebra

vertement [vertəmɑ̃] adv
severamente

vertical, e, -aux [vertikal, o]
adj vertical; **verticale** nf vertical
f; **à la verticale** en vertical;
verticalement adv
verticalmente

vertige [vertiʒ] nm vértigo;
vertigineux, -euse adj
vertiginoso(-a)

vertu [verty] nf virtud f; **en ~ de**
en virtud de; **vertueux, -euse**
adj virtuoso(-a)

verve [verv] nf inspiración f; **être
en ~** estar en vena

verveine [vɛʀvɛn] nf verbena
vésicule [vezikyl] nf vesícula; ~ **biliaire** vesícula biliar
vessie [vesi] nf vejiga
veste [vɛst] nf chaqueta, americana, saco (AM); ~ **croisée/droite** chaqueta cruzada/recta ou sin cruzar
vestiaire [vɛstjɛʀ] nm (au théâtre etc) guardarropa; (de stade etc) vestuario
vestibule [vɛstibyl] nm vestíbulo
vestige [vɛstiʒ] nm vestigio
vestimentaire [vɛstimɑ̃tɛʀ] adj (détail) de la vestimenta; (élégance) en el vestir
veston [vɛstɔ̃] nm americana
vêtement [vɛtmɑ̃] nm vestido; ~s nmpl ropa
vétérinaire [veteʀinɛʀ] adj, nm/f veterinario(-a)
vêtir [vetiʀ] vt vestir
vêtu, e [vety] pp de **vêtir** ♦ adj: ~ **de** vestido(-a) de
vétuste [vetyst] adj vetusto(-a)
veuf, veuve [vœf, vœv] adj, nm/f viudo(-a)
veuve [vœv] adj f voir **veuf**
vexant, e [vɛksɑ̃, ɑ̃t] adj molesto(-a)
vexations [vɛksasjɔ̃] nfpl humillaciones fpl
vexer [vɛkse] vt ofender, humillar; **se ~** vpr ofenderse
viable [vjabl] adj viable
viande [vjɑ̃d] nf carne f
vibrer [vibʀe] vi vibrar
vice [vis] nm vicio; ~ **de fabrication/construction** defecto de fabricación/ construcción
vicié, e [visje] adj viciado(-a)
vicieux, -euse [visjø, jøz] adj vicioso(-a)
vicinal, e, -aux [visinal, o] adj

vecinal; **chemin** ~ camino vecinal
victime [viktim] nf víctima
victoire [viktwaʀ] nf victoria, triunfo
victuailles [viktɥaj] nfpl vitualla
vidange [vidɑ̃ʒ] nf (AUTO) cambio de aceite; (de lavabo) desagüe m; **vidanger** vt vaciar
vide [vid] adj vacío(-a) ♦ nm vacío; **emballé sous** ~ envasado al vacío; **avoir peur du** ~ tener miedo del vacío; **parler dans le** ~ hablar en el aire; **faire le** ~ hacer el vacío
vidéo [video] nf vídeo
vide-ordures [vidɔʀdyʀ] nm inv vertedero de basuras
vider [vide] vt vaciar; (bouteille, verre) beber; (volaille, poisson) limpiar; (fam) echar; ~ **les lieux** desalojar el local; **videur** nm matón m
vie [vi] nf vida; (animation) vitalidad f; **être en** ~ estar vivo(-a); **sans** ~ sin vida; **à** ~ para toda la vida, vitalicio(-a); **mener la** ~ **dure à qn** hacerle la vida imposible a algn
vieil [vjɛj] adj m voir **vieux**; **vieillard** nm anciano; **vieille** adj f voir **vieux**; **vieille fille** solterona; **vieilleries** nfpl antiguallas fpl; **vieillesse** nf vejez f; **vieillir** vi envejecer; (vin) hacerse añejo(-a) ♦ vt avejentar; (attribuer un âge plus avancé) envejecer
vierge [vjɛʀʒ] adj virgen; (page) en blanco ♦ nf virgen f; (ASTROL): **la V~** Virgo; ~ **de** sin
vietnamien, ne [vjetnamjɛ̃, jɛn] adj vietnamita ♦ nm (LING) vietnamita m ♦ nm/f: **Vietnamien, ne** vietnamita m/f
vieux (vieil), vieille [vjø, vjɛj]

adj viejo(-a); (*ancien*) antiguo(-a) ♦
nmpl: **les ~** los viejos; **mon ~/
ma vieille** (*fam*) hombre/mujer;
prendre un coup de ~
envejecer de repente; **se faire ~**
hacerse viejo(-a); **~ garçon**
solterón; **~ jeu** *adj inv*
chapado(-a) a la antigua

vif, vive [vif, viv] *adj* vivo(-a);
(*alerte*) espabilado(-a); (*air*)
tonificante; (*vent, froid*) cortante;
(*émotion*) fuerte; (*déception,
intérêt*) profundo(-a); **de vive
voix** de viva voz; **avoir les
nerfs à ~** tener los nervios de
punta

vigne [viɲ] *nf* (*plante*) vid *f*;
(*plantation*) viña; **vigneron** *nm*
viñador *m*

vignette [viɲɛt] *nf* viñeta; (*AUTO*)
pegatina; (*sur médicament*)
resguardo de precio

vignoble [viɲɔbl] *nm* viñedo

vigoureux, -euse [viguʁø, øz]
adj vigoroso(-a)

vigueur [vigœʁ] *nf* vigor *m*; (*JUR*):
être/entrer en ~ estar/entrar en
vigor; **en ~** vigente

vilain, e [vilɛ̃, ɛn] *adj* (*laid*)
feo(-a); (*affaire, blessure*) malo(-a);
(*enfant*) malo(-a)

villa [villa] *nf* villa, chalet *m*

village [vilaʒ] *nm* pueblo; (*aussi:
petit ~*) aldea; **villageois, e**
adj, nm/f lugareño(-a); (*d'un petit
village*) aldeano(-a)

ville [vil] *nf* ciudad *f*, villa,
municipio

vin [vɛ̃] *nm* vino; **~ de pays/de
table** vino del país/de mesa

vinaigre [vinɛgʁ] *nm* vinagre *m*;
vinaigrette *nf* vinagreta

vindicatif, -ive [vɛ̃dikatif, iv] *adj*
vindicativo(-a)

vingt [vɛ̃] *adj inv, nm inv* veinte *m* ♦

inv; voir aussi **cinq; vingtaine**
nf: **une vingtaine (de)** unos
veinte; **vingtième** *adj, nm/f*
vigésimo(-a) ♦ *nm* (*partitif*)
veinteavo; *voir aussi*
cinquantième

vinicole [vinikɔl] *adj* vinícola

vinyle [vinil] *nm* vinilo

viol [vjɔl] *nm* violación *f*

violacé, e [vjɔlase] *adj*
violáceo(-a)

violemment [vjɔlamɑ̃] *adv*
violentamente

violence [vjɔlɑ̃s] *nf* violencia

violent, e [vjɔlɑ̃, ɑ̃t] *adj*
violento(-a)

violer [vjɔle] *vt* violar

violet, te [vjɔlɛ, ɛt] *adj, nm*
violeta *m*; **violette** *nf* violeta

violon [vjɔlɔ̃] *nm* violín *m*;
violoncelle *nm* violoncelo,
violonchelo; **violoniste** *nm/f*
violinista *m/f*

vipère [vipɛʁ] *nf* víbora

virage [viʁaʒ] *nm* (*d'un véhicule*)
giro; (*d'une route, piste*) curva

virée [viʁe] *nf* vuelta

virement [viʁmɑ̃] *nm* (*COMM*)
transferencia

virer [viʁe] *vt*: **~ qch (sur)**
(*COMM: somme*) hacer una
transferencia a; (*fam*) echar ♦ *vi*
virar; **~ de bord** (*NAUT*) virar de
bordo

virevolter [viʁvɔlte] *vi* dar
vueltas

virgule [viʁgyl] *nf* coma

viril, e [viʁil] *adj* viril, varonil

virtuel, le [viʁtɥɛl] *adj* virtual

virtuose [viʁtɥoz] *adj, nm/f*
virtuoso(-a)

virus [viʁys] *nm* virus *m inv*

vis [vis] *nf* tornillo

visa [viza] *nm* visa, visado

visage [vizaʒ] *nm* cara, rostro

vis-à-vis [vizavi] *adv* enfrente de, frente a ♦ *nm inv* (*personne*) persona de enfrente; **~-~-~ de** con respecto a

visée [vize] *nf* (*avec une arme*) punteria; **~s** *nfpl* (*intentions*) objetivos *mpl*

viser [vize] *vi* apuntar ♦ *vt* apuntar; (*carrière etc*) aspirar a; (*concerner*) atañer a; **~ à qch/faire qch** pretender algo/hacer algo

visibilité [vizibilite] *nf* visibilidad f

visible [vizibl] *adj* visible

visière [vizjɛʀ] *nf* visera

vision [vizjɔ̃] *nf* visión f;
visionneuse *nf* visionador *m*

visite [vizit] *nf* visita; **rendre ~ à qn** visitar a algn; **heures de ~** horas *fpl* de visita

visiter [vizite] *vt* visitar;
visiteur, -euse *nm/f* visitante *m/f*

vison [vizɔ̃] *nm* visón *m*

visser [vise] *vt* atornillar; (*serrer: couvercle*) enroscar

visuel, le [vizɥɛl] *adj* visual

vital, e, -aux [vital, o] *adj* vital

vitamine [vitamin] *nf* vitamina

vite [vit] *adv* de prisa; (*sans délai*) pronto; **faire ~** darse prisa

vitesse [vites] *nf* rapidez f; (*d'un véhicule, corps, fluide*) velocidad f; (*AUTO*): **les ~s** las marchas; **prendre de la ~** coger velocidad; **à toute ~** a toda marcha

viticulteur [vitikyltœʀ] *nm* viticultor *m*

vitrail, -aux [vitʀaj, o] *nm* vidriera

vitre [vitʀ] *nf* vidrio, cristal *m*; (*d'une portière, voiture*) cristal; **vitré, e** *adj* con cristales

vitrine [vitʀin] *nf* escaparate *m*, vidriera (AM); (*petite armoire*) vitrina

vivable [vivabl] *adj* soportable

vivace [vivas] *adj* (*arbre, plante*) resistente; (*haine*) tenaz

vivacité [vivasite] *nf* vivacidad f

vivant, e [vivã, ãt] *vb voir* **vivre** ♦ *adj* viviente; (*animé*) vivo(-a)

vive [viv] *adj f voir* **vif** ♦ *excl*: **~ le roi/la république!** ¡viva el rey/la república!; **vivement** *adv* vivamente ♦ *excl*: **vivement qu'il s'en aille!** ¡que se vaya pronto!; **vivement les vacances!** ¡que lleguen ya las vacaciones!

vivier [vivje] *nm* vivero

vivifiant, e [vivifjã, jãt] *adj* vivificante

vivoter [vivɔte] *vi* ir tirando

vivre [vivʀ] *vi* vivir ♦ *vt* vivir; **~s** *nmpl* (*provisions*) víveres *mpl*; **la victime vit encore** la víctima sigue viva; **se laisser ~** dejarse estar; **il est facile/difficile à ~** tiene buen/mal carácter; **faire ~ qn** mantener a algn; **~ bien/mal** vivir bien/mal

vlan [vlã] *excl* ¡pum!

VO [veo] *sigle f* (= *version originale*) V.O. (= *versión original*)

vocabulaire [vɔkabylɛʀ] *nm* vocabulario

vocation [vɔkasjɔ̃] *nf* vocación f

vœu, x [vø] *nm* deseo; (*à Dieu*) voto; **faire ~ de** hacer voto de; **avec tous nos ~ x** muchas felicidades; **~x de bonheur** deseos *mpl* de felicidad

vogue [vɔg] *nf* moda; **en ~** en boga

voici [vwasi] *prép* aquí está; **et ~ que ...** y entonces ...

voie [vwa] *nf* vía; (*AUTO*) carril *m*; **par ~ orale/rectale** por vía

oral/rectal; **être en bonne ~**
estar en el buen camino; **mettre
qn sur la ~** encaminar a algn;
route à 2/3 ~s carretera de
dos/tres carriles; **~ ferrée/
navigable** vía férrea/navegable;
~ publique vía pública

voilà [vwala] *prép* he ahí, ahí está;
les ~ *ou* **voici** ahí *ou* aquí están;
~ *ou* voici deux ans que ...
hace dos años que ...; **et ~!** ¡eso
es todo!, ¡ya está!; **~ tout** eso es
todo

voile [vwal] *nm* velo ♦ *nf* vela; **la
~** (SPORT) la vela; **voiler** *vt* (fig)
velar, ocultar; (fausser: roue)
alabear; **se voiler** *vpr* (lune)
ocultarse; (regard) apagarse; (TECH)
combarse; **voilier** *nm* velero;
voilure *nf* velamen *m*

voir [vwar] *vi* ver ♦ *vt* ver;
(constater): **~ que/comme** ver
que/como; **se ~** *vpr*: **se ~
critiquer** verse criticado(-a);
cela se voit es evidente; **~
loin/venir** ver lejos/venir; **faire
~ qch à qn** enseñar algo a algn;
ne pas pouvoir ~ qn no poder
ver a algn; **voyons!** ¡vamos!;
c'est à ~! ¡habrá que verlo!;
c'est ce qu'on va ~ eso habrá
que verlo; **avoir quelque chose
à ~ avec** tener algo que ver con

voire [vwar] *adv* incluso

voisin, e [vwazɛ̃, in] *adj*
vecino(-a), próximo(-a);
(ressemblant) parecido(-a),
vecino(-a) ♦ *nm/f* vecino(-a);
voisinage *nm* vecindad *f*

voiture [vwatyr] *nf* coche *m*,
auto *m* (esp AM), carro (AM); **~ de
sport** coche deportivo

voix [vwa] *nf* voz *f*; (POL) voto; **~
passive/active** (LING) voz
pasiva/activa; **à haute ~** en voz

alta; **à ~ basse** en voz baja

vol [vɔl] *nm* vuelo; (mode
d'appropriation) robo; (larcin)
hurto; **à ~ d'oiseau** a vuelo de
pájaro; **au ~: attraper qch au
~** coger algo al atraco, a algn; **à la tire**
tirón *m* (de bolsa); **~ à main
armée** robo ou atraco a mano
armada; **~ libre** (SPORT) vuelo
libre

volage [vɔlaʒ] *adj* voluble

volaille [vɔlaj] *nf* (oiseaux) aves
fpl de corral; (viande, oiseau) ave *f*

volant, e [vɔlɑ̃, ɑ̃t] *adj* volante,
volador(a) ♦ *nm* volante *m*

volcan [vɔlkɑ̃] *nm* volcán *m*

volée [vɔle] *nf* (TENNIS) voleo;
rattraper qch à la ~ coger algo
al vuelo; **à toute ~** (sonner les
cloches) al vuelo; (lancer un
projectile) al vuelo; **~ (de coups)**
paliza; **~ de flèches** lluvia de
flechas

voler [vɔle] *vi* volar; (voleur) robar,
hurtar ♦ *vt* (objet) robar; **~ en
éclats** volar en mil pedazos; **~
qch à qn** robar algo a algn

volet [vɔlɛ] *nm* postigo

voleur, -euse [vɔlœr, øz] *adj*,
nm/f ladrón(-ona)

volontaire [vɔlɔ̃tɛr] *adj*
voluntario(-a) ♦ *nm/f* voluntario(-a)

volonté [vɔlɔ̃te] *nf* voluntad *f*; **à
~** a voluntad; **bonne/mauvaise
~** buena/mala voluntad

volontiers [vɔlɔ̃tje] *adv* con
gusto

volt [vɔlt] *nm* voltio

volte-face [vɔltəfas] *nf inv* media
vuelta

voltige [vɔltiʒ] *nf* (au cirque)
acrobacia (en el aire); (ÉQUITATION)
acrobacia ecuestre; **voltiger** *vi*
revolotear

volubile [vɔlybil] *adj* locuaz

volume [vɔlym] *nm* volumen *m*;
volumineux, -euse *adj*
voluminoso(-a)

volupté [vɔlypte] *nf*
voluptuosidad *f*

vomi [vɔmi] *nm* vómito; **vomir** *vi*
vomitar ♦ *vt* vomitar;
vomissements *nmpl*: **être
pris de vomissements**
comenzar a devolver *ou* vomitar
de pronto

vorace [vɔras] *adj* voraz

vos [vo] *dét voir* **votre**

vote [vɔt] *nm* voto; ~ **par
correspondance/procuration**
voto por correspondencia/poder;
voter *vi*, *vt* votar

votre [vɔtʀ] (*pl* **vos**) *dét*
vuestro(-a), su

vôtre [vɔtʀ] *dét*: **le/la** ~ el (la)
vuestro(-a); **les** ~**s** los (las)
vuestros(-as); **à la** ~ *!* ¡salud!

vouer [vwe] *vt*: ~ **une haine/
amitié éternelle à qn** profesar
odio/amistad eterna a algn

MOT-CLÉ
---

vouloir [vulwaʀ] *vt* **1** querer;
voulez-vous du thé? ¿quiere
té?; **que me veut-il?** ¿qué
quiere de mí?; **sans le vouloir**
sin querer; **je voudrais qch/
faire** quería *ou* quisiera algo/
hacer; **le hasard a voulu que
...** el azar quiso que ...; **la
tradition veut que ...** la
tradición es que ...; **vouloir
faire/que qn fasse qch** querer
hacer/que algn haga algo; **que
veux-tu que je te dise?** ¿qué
quieres que te diga?
2 (*consentir*): **tu veux venir? -
oui, je veux bien** ¿quieres
venir? - sí, me parece bien; **oui,
si on veut** sí, en cierto modo; **si**

vous voulez si quiere; **veuillez
attendre** tenga la amabilidad de
esperar; **veuillez agréer ...** le
saluda atentamente ...; **comme
vous voudrez** como quiera
**3: en vouloir à: en vouloir à
qn** estar resentido con algn; **je lui
en veux d'avoir fait ça** me
sienta muy mal que haya hecho
eso; **s'en vouloir d'avoir fait
qch** estar arrepentido de haber
hecho algo; **je ne lui veux pas
de mal** no le deseo nada malo
**4: vouloir de qch/qn:
l'entreprise ne veut plus de
lui** la empresa ya no le quiere;
elle ne veut pas de son aide
ella no quiere su ayuda
5: vouloir dire (que) (*signifier*)
querer decir (que)
♦ *nm*: **le bon vouloir de qn** la
buena voluntad de algn

---

voulu, e [vuly] *pp de* **vouloir** ♦
adj (*requis*) requerido(-a); (*délibéré*)
deliberado(-a)

vous [vu] *pron* (*sujet: pl: familier*)
vosotros(-as), ustedes (*AM*); (:
forme de politesse) ustedes; (:
singulier) usted; (*objet direct: pl*) os,
les (*AM*); (: *forme de politesse*) les
(las) *ou* los; (: *singulier*) le (la) *ou*
lo; (*objet indirect: pl*) os, les (*AM*); (:
forme de politesse) les; (: *singulier*)
le; (*réfléchi, réciproque: direct,
indirect*) os; (: *forme de politesse*)
se; **je** ~ **le jure** os lo juro;
(*politesse*) se lo juro; **je** ~ **prie de
...** os pido que ...; (*politesse:
pluriel*) les pido que ...; (: *singulier*)
le pido que ...; ~ **pouvez** ~
asseoir podéis sentaros;
(*politesse: pluriel*) pueden sentarse;
(: *singulier*) puede usted sentarse;
à ~ vuestro(-a), vuestros(-as);

(formule de politesse) suyo(-a), suyos(-as); **ce livre est à ~** ese libro es vuestro; (politesse) este libro es suyo; **avec/sans ~** con/sin vosotros; (politesse: pluriel) con/sin ustedes; (: singulier) con/sin usted; **je vais chez ~** voy a vuestra casa; (politesse) voy a su casa; **~-même** (sujet) usted mismo(-a); (après prép) sí mismo(-a); (emphatique): **~-même, ~ ...** usted mismo, ..; **~-mêmes** (sujet) vosotros(-as) ou (AM) ustedes mismos(-as); (forme de politesse) ustedes mismos(-as); (après prép) sí mismos(-as); (emphatique): **~-mêmes, ~ ...** vosotros, ..., ustedes, ... (AM), (forme de politesse) ustedes, ...

vouvoyer [vuvwaje] vt: **~ qn** tratar de usted a algn

voyage [vwajaʒ] nm viaje m; **être/partir en ~** estar/ir ou salir de viaje; **faire bon ~** hacer un buen viaje; **~ d'affaires** viaje de negocios; **~ de noces** viaje de novios; **~ organisé** viaje organizado

voyager [vwajaʒe] vi viajar; **voyageur, -euse** adj, nm/f viajero(-a)

voyant, e [vwajã, ãt] adj llamativo(-a) ♦ nm/f vidente m/f ♦ nm indicador m luminoso

voyelle [vwajɛl] nf vocal f

voyou [vwaju] adj, nm granuja m

vrac [vRak]: **en ~** adj, adv en desorden; (COMM) a granel

vrai, e [vRE] adj verdadero(-a), cierto(-a); **son ~ nom** su auténtico nombre; **un ~ comédien/sportif** un auténtico comediante/deportista; **à dire ~, ~ à dire** a decir verdad; **vraiment** adv verdaderamente;

"vraiment?" "¿de verdad?", "¿es cierto?"; **vraisemblable** adj (plausible) verosímil; **vraisemblablement** adv probablemente; **vraisemblance** nf verosimilitud f

vrombir [vRɔ̃biR] vi zumbar

VRP [veeRpe] sigle m (= voyageur, représentant, placier) representante

VTT [vetete] sigle m (= vélo tout terrain) bicicleta todo terreno

vu¹ [vy] prép visto; **~ que** visto que

vu², e [vy] pp de **voir** ♦ adj: **bien/mal ~** bien/mal visto(-a)

vue [vy] nf vista; **~s** nfpl (idées) opiniones fpl; (dessein) proyectos mpl; **perdre la ~** perder la vista; **perdre de ~** perder de vista; **hors de ~** fuera de la vista; **première ~** a primera vista; **connaître qn de ~** conocer a algn de vista; **à ~ d'œil** a ojos vistas; **avoir ~ sur** tener vistas a; **en ~ de faire qch** con intención de hacer algo; **~ d'ensemble** vista de conjunto

vulgaire [vylgɛR] adj vulgar; **de ~s chaises de cuisine** simples sillas de cocina; **nom ~** (BOT, ZOOL) nombre m común; **vulgariser** vt (connaissances) divulgar

vulnérable [vylneRabl] adj vulnerable

W, w

wagon [vagɔ̃] nm vagón m; **wagon-lit** (pl **wagons-lits**) nm coche-cama m; **wagon-restaurant** (pl **wagons-restaurants**) nm coche-restaurante m

wallon, ne [walɔ̃, ɔn] adj

valón(-ona) ♦ nm (LING) valón m ♦
nm/f: **W~, ne** valón(-ona)
watt [wat] nm vatio
w-c [vese] nmpl W-C mpl
Web [wɛb] nm inv: **le ~** la Red, la
Web
webcam [wɛbkam] nf webcam f
webmaster [wɛbmastɛʀ],
webmestre [wɛbmɛstʀə] nm
webmaster m/f, administrador(a)
de web
week-end [wikɛnd] (pl ~~s)
nm fin m de semana
western [wɛstɛʀn] nm película
del oeste, western m
whisky [wiski] (pl **whiskies**) nm
whisky m

X, x

xénophobe [ɡzenɔfɔb] nm/f
xenófobo(-a)
xérès [ɡzeʀɛs] nm jerez m
xylophone [ɡzilɔfɔn] nm xilófono

Y, y

y [i] adv allí; (plus près) ahí; (ici)
aquí ♦ pron (la préposition
espagnole dépend du verbe
employé) a ou de ou en él, ella,
ello; **nous ~ sommes enfin** ya
estamos aquí, **à l'hôtel? j'~
reste 3 semaines** ¿en el hotel?
me voy a quedar 3 semanas; **j'~
pense** (je n'ai pas oublié) lo tengo
en mente; (décision à prendre) me
lo estoy pensando; **j'~ suis!** ¡ya
caigo!; **je n'~ suis pour rien**
no he tenido nada que ver (en
esto); **s'~ entendre (en qch)**
entender de (algo); voir aussi

aller; avoir
yacht [jɔt] nm yate m
yaourt [jauʀt] nm yogur m
yeux [jø] nmpl de **œil**
yoga [jɔga] nm yoga m
yoghourt [jɔɡuʀt] nm = **yaourt**
yougoslave [juɡɔslav] adj
yugoslavo(-a) ♦ nm/f: **Y~**
yugoslavo(-a)
Yougoslavie [juɡɔslavi] nf
Yugoslavia

Z, z

zapping [zapiŋ] nm: **faire du ~**
hacer zapping, zapear
zèbre [zɛbʀ(ə)] nm cebra; **zébré,
e** adj rayado(-a)
zèle [zɛl] nm celo; **faire du ~**
(péj) pasarse en el celo; **zélé, e**
adj (fonctionnaire) diligente;
(défenseur) celoso(-a)
zéro [zeʀo] adj cero ♦ nm (SCOL)
cero; **au-dessus/au-dessous
de ~** sobre/bajo cero; **réduire à
~** reducir a cero; **partir de ~**
partir de cero; **trois (buts) à ~**
tres (goles) a cero
zeste [zɛst] nm cáscara
zézayer [zezeje] vi cecear
zigzag [ziɡzaɡ] nm zigzag m;
zigzaguer vi zigzaguear
zinc [zɛ̃ɡ] nm (CHIM) cinc m
zizi [zizi] (fam) nm pito
zodiaque [zɔdjak] nm zodíaco
zona [zona] nm zona
zone [zon] nf zona; ~
industrielle polígono
industrial
zoo [zo(o)] nm zoo
zoologie [zɔɔlɔʒi] nf zoología;
zoologique adj zoológico(-a)
zut [zyt] excl ¡mecachis!

ESPAÑOL – FRANCÉS
ESPAGNOL – FRANÇAIS

A, a

PALABRA CLAVE

a (*a* + *el* = **al**) *prep* **1** (*dirección*) à;
fueron a Madrid/Grecia ils
sont allés à Madrid/en Grèce;
caerse al río tomber dans la
rivière; **subirse a la mesa**
monter sur la table; **bajarse a la
calle** descendre dans la rue; **me
voy a casa** je rentre à la maison
o chez moi
2 (*distancia*): **está a 15 km de
aquí** c'est à 15 km d'ici
3 (*posición*): **estar a la mesa**
être à table; **al lado de** à côté de
4 (*tiempo*): **a las 10/a
medianoche** à 10 heures/à
minuit; **a la mañana siguiente**
le lendemain matin; **a los pocos
días** peu de jours après;
estamos a 9 de julio nous
sommes le 9 juillet; **a los 24
años** à (l'âge de) 24 ans; **una
vez a la semana** une fois par
semaine
5 (*manera*): **a la francesa** à la
française; **a caballo** à cheval; **a
oscuras** à tâtons
6 (*medio, instrumento*): **a lápiz** au
crayon; **a mano** à la main; **le
echaron a patadas** ils l'ont
flanqué dehors à coups de pied
aux fesses
7 (*razón*): **a dos euros el kilo** à
deux euros le kilo; **a más de 50
km/h** à plus de 50 km/h
8 (*complemento directo: no se
traduce*): **vi a Juan/a tu padre**

j'ai vu Jean/ton père
9 (*dativo*): **se lo di a Pedro** je
l'ai donné à Pierre
10 (*verbo* + *a* + *infin*): **empezó a
trabajar** il a commencé à
travailler; (*no se traduce*): **voy a
verle** je vais le voir; **vengo a
decírtelo** je viens te le dire
11 (*simultaneidad*): **al verle, le
reconocí inmediatamente**
quand je l'ai vu, je l'ai tout de
suite reconnu
12 (*n* + *a* + *infin*): **el camino a
recorrer** le chemin à parcourir
13 (*imperativo*): **¡a callar!**
taisez-vous!; **¡a comer!** on
mange!

abad, esa *nm/f* abbé (abbesse);
abadía *nf* abbaye *f*

PALABRA CLAVE

abajo *adv* **1** (*posición*) en bas; **allí
abajo** là-bas; **el piso de abajo**
l'appartement du dessous; **la
parte de abajo** le bas; **más
abajo** plus bas; (*en texto*) ci-
dessous; **desde abajo** d'en bas;
abajo del todo tout en bas;
Pedro está abajo Pedro est en
bas; **el abajo firmante** le
soussigné; **de 50 euros para
abajo** au-dessous de 50 euros
2 (*dirección*): **ir calle abajo**
descendre la rue; **río abajo** en
descendant le courant, en aval
♦ *prep*: **abajo de** (*AM*) sous;
abajo de la mesa sous la table

♦ *excl*: **¡abajo!** descends!; **¡abajo el gobierno!** à bas le gouvernement!

abalanzarse *vpr*: ~ **sobre/ contra** se jeter sur/contre
abandonado, -a *adj* abandonné(e)
abandonar *vt* abandonner; (*salir de, tb INFORM*) quitter; **~se** *vpr* (*descuidarse*) se laisser aller; **~se a** (*desesperación, dolor*) s'abandonner à; **abandono** *nm* abandon m
abanicar *vt* éventer; **abanico** *nm* éventail m
abaratarse *vpr* (*artículo*) coûter moins cher; (*precio*) baisser
abarcar *vt* (*temas, período*) comprendre; (*rodear con los brazos*) embrasser
abarrotado, -a *adj*: ~ **(de)** plein(e) à craquer
abarrotar *vt* bourrer
abarrotero, -a (*AM*) *nm/f* (*tendero*) épicier(-ière)
abarrotes (*AM*) *nmpl* (*ultramarinos*) épicerie *fsg*
abastecer *vt*: ~ **(de)** fournir, approvisionner (en); **~se** *vpr*: **~se (de)** s'approvisionner (en); **abastecimiento** *nm* approvisionnement m
abasto *nm*: **~s** *nmpl* provisions *fpl*; **no dar** o **~s** a o **para hacer** ne pas arriver à faire
abatido, -a *adj* (*deprimido*) abattu(e)
abatir *vt* abattre; (*asiento*) rabattre; **~se** *vpr* se laisser abattre
abdicar *vi*: **~ (en algn)** abdiquer (en faveur de qn)
abdomen *nm* abdomen m
abdominal *adj* abdominal(e); **~es** *nmpl* (*tb*: **ejercicios ~es**)

abdominaux *mpl*
abecedario *nm* abécédaire m
abedul *nm* bouleau m
abeja *nf* abeille f
abejorro *nm* bourdon m
abertura *nf* ouverture f; (*en falda, camisa*) échancrure f
abeto *nm* sapin m
abierto, -a *pp de* **abrir** ♦ *adj* ouvert(e); **a campo ~** en rase campagne
abigarrado, -a *adj* bigarré(e)
abismal *adj* (*diferencia*) colossal(e)
abismarse *vpr*: **~ en** plonger dans; (*lectura*) se plonger dans
abismo *nm* abîme m
abjurar *vi*: **~ de** abjurer
ablandar *vt* ramollir; (*persona*) adoucir; (*carne*) attendrir; **~se** *vpr* se ramollir; s'adoucir
abnegación *nf* abnégation f
abnegado, -a *adj* (*persona*) qui fait preuve d'abnégation
abochornar *vt* faire rougir (de honte); **~se** *vpr* rougir (de honte)
abofetear *vt* gifler
abogado, -a *nm/f* avocat(e); **~ defensor** avocat de la défense
abogar *vi*: **~ por** plaider pour
abolengo *nm* de ~ (*familia, persona*) de vieille souche
abolición *nf* abolition f
abolir *vt* abolir
abolladura *nf* bosse f
abollar *vt* (*metal*) bosseler; (*coche*) cabosser; **~se** *vpr* se bosseler; se cabosser
abominable *adj* abominable
abonado, -a *adj* (*deuda etc*) acquitté(e) ♦ *nm/f* abonné(e)
abonar *vt* (*deuda etc*) acquitter; (*terreno*) fumer; **~se** *vpr* s'abonner à; **~ a algn** abonner qn à; **abono** *nm* (*fertilizante*)

engrais *msg*; *(suscripción)*
abonnement *m*
abordar *vt* aborder
aborigen *nm/f* aborigène *m/f*
aborrecer *vt* abhorrer
abortar *vi* (*espontáneamente*) faire
une fausse couche; *(de manera
provocada)* avorter ♦ *vt* (*huelga,
golpe de estado*) faire avorter;
aborto *nm* (*espontáneo*) fausse
couche *f*; (*provocado*) avortement
m
abotonar *vt* boutonner; **~se** *vpr*
se boutonner
abrasar *vt* brûler ♦ *vi* être très
chaud; **~se** *vpr*: **~se de calor**
étouffer (de chaleur)
abrazar *vt* embrasser; **~se** *vpr*
s'embrasser
abrazo *nm* accolade *f*; **dar un ~
a algn** serrer qn dans ses bras;
"un ~" (*en carta*) "amitiés"
abrebotellas *nm inv* ouvre-
bouteille *m*
abrecartas *nm inv* coupe-papier
m inv
abrelatas *nm inv* ouvre-boîte *m*
abreviar *vt* abréger ♦ *vi*
(*apresurarse*) s'empresser;
abreviatura *nf* abréviation *f*
abridor *nm* (*de botellas*) ouvre-
bouteille *m*; (*de latas*) ouvre-boîte
m
abrigar *vt* abriter (*suj: ropa*)
couvrir; (*fig: sospechas, dudas*)
nourrir ♦ *vi* (*ropa*) tenir chaud;
~se *vpr* se couvrir
abrigo *nm* (*prenda*) manteau *m*;
(*lugar*) abri *m*; **al ~ de** à l'abri de
abril *nm* avril *m*; *ver tb* **julio**
abrillantar *vt* faire reluire
abrir *vt, vi* ouvrir; **~se** *vpr*
s'ouvrir; **~se paso** se frayer un
chemin
abrochar *vt* (*con botones*)

boutonner; (*con hebilla*) boucler;
~se *vpr* (*zapatos*) se lacer;
(*abrigo*) se boutonner; **~se el
cinturón** attacher sa ceinture
abrumar *vt* (*agobiar*) accabler;
(*apabullar*) écraser
abrupto, -a *adj* abrupt(e)
absceso *nm* abcès *msg*
absolución *nf* (*REL*) absolution *f*;
(*JUR*) non-lieu *m*
absoluto, -a *adj* absolu(e); **en ~**
(*para nada*) en aucun cas; (*en
respuesta*) pas du tout
absolver *vt* (*REL, JUR*) absoudre
absorbente *adj* absorbant(e)
absorber *vt* absorber; **~se** *vpr*:
~se en algo s'absorber dans qch
absorto, -a *pp de* **absorber** ♦
adj: **~ en** absorbé(e) par *o* dans
abstemio, -a *adj* abstinent(e)
abstención *nf* abstention *f*
abstenerse *vpr* s'abstenir; **~ de
algo** se priver de qch; **~ de
hacer** s'abstenir de faire
abstinencia *nf* abstinence *f*
abstracción *nf* abstraction *f*
abstracto, -a *adj* abstrait(e)
abstraer *vt* (*problemas, cuestión*)
isoler; **~se** *vpr*: **~se (de)**
s'abstraire (de)
abstraído, -a *adj* abstrait(e)
absuelto *pp de* **absolver**
absurdo, -a *adj* absurde
abuchear *vt* huer
abuela *nf* grand-mère *f*
abuelo *nm* grand-père *m*; **~s**
nmpl grands-parents *mpl*
abultado, -a *adj* (*mejillas*)
bouffi(e); (*facciones*) saillant(es);
(*paquete*) volumineux(-euse)
abultar *vi* prendre de la place
abundancia *nf* abondance *f*;
abundante *adj* abondant(e);
abundar *vi* abonder
aburrido, -a *adj* (*hastiado*)

saturé(e); (que aburre)
ennuyeux(-euse); **aburrimiento**
nm ennui m

aburrir vt ennuyer; **~se** vpr
s'ennuyer

abusar vi: **~ de** abuser de

abusivo, -a adj abusif(-ive);
abuso nm abus msg

a/c abr (= al cuidado de) abs (=
aux bons soins de); (= a cuenta) a/
o (= un acompte de)

acá adv (esp AM: lugar) ici; **de
junio ~** depuis juin

acabado, -a adj (mueble, obra)
achevé(e), fini(e); (persona) usé(e)
♦ nm finition f

acabar vt achever, finir; (comida,
bebida) terminer, finir ♦ vi finir;
~se vpr finir, se terminer;
(gasolina, pan, agua) être
épuisé(e); **~ con** en finir avec;
(destruir) liquider; **~ en** se
terminer en; **~ de hacer** venir de
faire; **~ haciendo** o **por hacer**
finir par faire; **¡se acabó!**
terminé! (¡basta!) ça suffit!

acabóse nm: **esto es el ~** c'est
le bouquet

academia nf académie f; (de
enseñanza) école f privée; **~ de
idiomas** école de langues

académico, -a adj académique
♦ nm/f académicien(ne)

acallar vt faire taire

acalorado, -a adj échauffé(e)

acalorarse vpr (fig) s'échauffer

acampada nf: **ir de ~** partir
camper

acampar vi camper

acantilado nm falaise f

acaparar vt (alimentos, gasolina)
accumuler; (atención) accaparer

acariciar vt caresser

acarrear vt transporter; (fig)
entraîner

acaso adv peut-être; **por si ~** au
cas où; **si ~** à la rigueur; **¿~?**
(AM: fam) alors ...?; **¿~ es mi
culpa?** alors, c'est ma faute?

acatar vt respecter

acatarrarse vpr s'enrhumer

acaudalado, -a adj nanti(e)

acaudillar vt (motín, revolución)
diriger; (tropas) commander

acceder vi: **~ a** accéder à;
(INFORM) avoir accès à

accesible adj accessible

acceso nm (tb MED, INFORM) accès
msg; **tener ~ a** avoir accès à

accesorio, -a adj accessoire; **~s**
nmpl (prendas de vestir, AUTO)
accessoires mpl; (de cocina)
ustensiles mpl

accidentado, -a adj (terreno)
accidenté(e); (viaje, día) agité(e) ♦
nm/f accidenté(e)

accidental adj accidentel(le)

accidentarse vpr avoir un
accident

accidente nm accident m; **tener**
o **sufrir un ~** avoir un accident;
~ laboral o **de trabajo/de
tráfico** accident du travail/de la
circulation

acción nf action f; **accionar** vt
actionner; (INFORM) commander

accionista nm/f actionnaire m/f

acebo nm houx msg

acechar vt guetter; **acecho** nm:
estar al acecho (de) être à
l'affût (de)

aceitar vt huiler

aceite nm huile f; **aceitera** nf
huilier m

aceitoso, -a adj (comida)
gras(se); (consistencia, líquido)
huileux(-euse)

aceituna nf olive f; **~ rellena**
olive fourrée

acelerador nm accélérateur m

acelerar vt, vi accélérer; **~ el paso/la marcha** presser le pas/l'allure

acelga nf blette f

acento nm accent m

acentuar vt accentuer; **~se** vpr s'accentuer

acepción nf acception f

aceptable adj acceptable

aceptación nf acceptation f; **tener gran ~** être très populaire

aceptar vt accepter; **~ hacer algo** accepter de faire qch

acequia nf canal m d'irrigation

acera nf trottoir m

acerca: **~ de** prep de, sur, à propos de

acercar vt approcher; **~se** vpr approcher; **~se a** s'approcher de

acerico nm pelote f à épingles

acero nm acier m; **~ inoxidable** acier inoxydable

acérrimo, -a adj acharné(e)

acertado, -a adj (respuesta, medida) pertinent(e); (color, decoración) heureux(-euse)

acertar vt (blanco) atteindre; (solución, adivinanza) trouver ♦ vi réussir; **~ a hacer algo** réussir à faire qch; **~ con** (camino, calle) trouver

acertijo nm devinette f

achacar vt: **~ algo a** imputer qch à

achacoso, -a adj souffreteux(-euse)

achantar (fam) vt (acobardar) démonter; **~se** (fam) vpr se dégonfler

achaque vb ver **achacar** ♦ nm ennui m de santé

achicar vt rétrécir; (NÁUT) écoper

achicharrar vt (comida) brûler; **~se** vpr (comida) attacher; (planta) griller; (persona) se

consumer

achicoria nf chicorée f

aciago, -a adj funeste

acicalarse vpr se faire beau (belle)

acicate nm stimulant m

acidez nf acidité f

ácido, -a adj acide ♦ nm (tb fam: droga) acide m

acierto vb ver **acertar** ♦ nm (al adivinar) découverte f; (éxito, logro) réussite f, idée f judicieuse; (habilidad) adresse f

aclamación nf acclamation f

aclamar vt (aplaudir) acclamer; (proclamar) proclamer

aclaración nf éclaircissement m

aclarar vt éclaircir; (ropa) rincer ♦ vi (tiempo) s'éclaircir; **~se** vpr (persona) s'expliquer; (asunto) s'éclaircir; **~se la garganta** s'éclaircir la gorge

aclaratorio, -a adj explicatif(-ive)

aclimatación nf acclimatation f; **aclimatar** vt acclimater; **aclimatarse** vpr s'acclimater

acné nm o f acné f

acobardarse vpr se laisser intimider

acogedor, a adj accueillant(e)

acoger vt accueillir

acogida nf accueil m

acometer vt (empresa, tarea) entreprendre ♦ vi: **~ (contra)** s'attaquer (à); **acometida** nf attaque f; (de gas, agua) branchement m

acomodado, -a adj huppé(e)

acomodador, a nm/f placeur (ouvreuse)

acomodar vt (paquetes, maletas) disposer; (personas) placer; **~se** vpr s'installer

acompañar vt accompagner;

¿quieres que te acompañe? veux-tu que je t'accompagne?; **~ a algn a la puerta** raccompagner qn à la porte; **le acompaño en el sentimiento** veuillez accepter mes condoléances

acondicionar vt: **~ (para)** aménager (pour)

acongojar vt angoisser

aconsejar vt conseiller; **~ a algn hacer** o **que haga/que no haga algo** conseiller à qn de faire/de ne pas faire qch

acontecer vi arriver; **acontecimiento** nm événement m

acopio nm: **hacer ~** faire provision de

acoplar vt: **~ (a)** accoupler (à)

acordar vt décider; (precio, condiciones) convenir de; **~se** vpr: **~se de (hacer)** se souvenir de (faire); **~ hacer algo** (resolver) décider de faire qch; **acorde** adj (MÚS) accordé(e) ♦ nm (MÚS) accord m; **acorde (con)** conforme (à)

acordeón nm accordéon m

acorralar vt acculer

acortar vt raccourcir; **~se** vpr raccourcir

acosar vt traquer; (fig) harceler

acoso nm harcèlement m; **~ sexual** harcèlement m sexuel

acostar vt (en cama) coucher; (en suelo) allonger; **~se** vpr (para descansar) s'allonger; (para dormir) se coucher

acostumbrar vt: **~ a algn a hacer algo** habituer qn à faire qch; **~se** vpr: **~se a** prendre l'habitude de; (ciudad) se faire à; **~ (a) hacer algo** prendre l'habitude de faire qch

ácrata adj, nm/f anarchiste m/f

ácre adj âcre ♦ nm acre m

acrecentar vt accroître

acreditar vt accréditer; **~se** vpr (buen médico) se faire une réputation de

acreedor, a adj: **~ a** (respeto) digne de ♦ nm/f créancier(-ière)

acribillar vt: **~ a balazos** cribler de balles

acróbata nm/f acrobate m/f

acta nf (de reunión) procès-verbal m; **~ notarial** acte m notarié

actitud nf attitude f

activar vt (mecanismo) actionner; (economía, comercio) relancer

actividad nf activité f

activo, -a adj actif(-ive) ♦ nm (COM) actif m

acto nm acte m; (ceremonia) cérémonie f; **en el ~** sur-le-champ; **~ seguido** immédiatement

actor nm acteur m

actriz nf actrice f

actuación nf (acción) action f; (comportamiento) comportement m; (TEATRO) jeu m

actual adj actuel(le); **actualidad** nf actualité f; **en la actualidad** actuellement

actualizar vt actualiser, mettre à jour

actualmente adv à l'heure actuelle, actuellement

actuar vi (comportarse) agir; (actor) jouer; **~ de** tenir le rôle de

acuarela nf aquarelle f

acuario nm aquarium m; **A~** (ASTROL) Verseau m; **ser A~** être (du) Verseau

acuartelar vt (retener en cuartel) consigner

acuático, -a adj aquatique

acuchillar vt poignarder

acuciante *adj* pressant(e)
acuciar *vt* presser
acudir *vi* aller; **~ a** (*amistades etc*) avoir recours à; **~ a una cita** aller à un rendez-vous
acuerdo *vb ver* **acordar ♦** *nm* accord *m*; (*decisión*) décision *f*; **¡de ~!** d'accord!; **de ~ con** en accord avec; **de común ~** d'un commun accord; **estar de ~** être d'accord; **llegar a un ~** parvenir à un accord
acumular *vt* accumuler
acuñar *vt* (*moneda*) frapper; (*palabra, frase*) consacrer
acupuntura *nf* acupuncture *f*
acurrucarse *vpr* se blottir
acusación *nf* accusation *f*
acusado, -a *nm/f* (*JUR*) accusé(e)
acusar *vt* accuser; (*revelar*) manifester; (*suj: aparato*) indiquer; **acusarse** *vpr*: **acusarse de algo** s'accuser de qch; (*REL*) confesser qch; **acusar recibo de** accuser réception de
acuse *nm*: **~ de recibo** accusé *m* de réception
acústico, -a *adj* acoustique **♦** *nf* acoustique *f*
adaptación *nf* adaptation *f*
adaptador *nm* adaptateur *m*; **~ universal** adaptateur universel
adaptar *vt*: **~ (a)** adapter (à)
adecuado, -a *adj* adéquat(e)
adecuar *vt*: **~ a** adapter à
a. de J.C. *abr* (= *antes de Jesucristo*) av. J.-C.
adelantado, -a *adj* avancé(e); (*reloj*) en avance; **pagar por ~** payer d'avance
adelantamiento *nm* (*AUTO*) dépassement *m*
adelantar *vt, vi* avancer; (*AUTO*) doubler, dépasser; **~se** *vpr* (*tomar la delantera*) prendre les devants;

(*anticiparse*) être en avance
adelante *adv* devant **♦** *excl* (*incitando a seguir*) en avant!; (*autorizando a entrar*) entrez!; **en ~** désormais; **de hoy en ~** à l'avenir; **más ~** (*después*) plus tard; (*más allá*) plus loin
adelanto *nm* progrès *msg*; (*de dinero, hora*) avance *f*
adelgazar *vt* (*persona*) faire maigrir **♦** *vi* maigrir
ademán *nm* geste *m*; **ademanes** *nmpl* gestes *mpl*
además *adv* de plus; **~ de** en plus de
adentrarse *vpr*: **~ en** pénétrer dans
adentro *adv* dedans; **mar ~** au large; **tierra ~** à l'intérieur des terres; **para sus ~s** dans son for intérieur; **~ de** (*AM: dentro de*) dans
adepto, -a *nm/f* adepte *m/f*
aderezar *vt* assaisonner
adeudar *vt* (*dinero*) devoir; **~se** *vpr* (*persona*) s'endetter
adherir: **~ a algo** faire adhérer une chose à une autre; **~se** *vpr* (*a propuesta*) adhérer
adhesión *nf* adhésion *f*
adhesivo, -a *adj* adhésif(-ive)
adicción *nf* (*a drogas etc*) dépendance *f*
adición *nf* addition *f*; (*cosa añadida*) ajout *m*
adicto, -a *adj* (*a ideología*) acquis(e); (*persona*) dépendant(e) **♦** *nm/f* (*MED*) drogué(e); (*partidario*) fanatique *m/f*
adiestrar *vt* entraîner
adinerado, -a *adj* fortuné(e)
adiós *excl* (*despedida*) au revoir!; (*al pasar*) salut!
aditivo *nm* additif *m*
adivinanza *nf* devinette *f*;

adivinar vt (pensamientos) deviner; (el futuro) lire
adivino, -a nm/f devin(eresse)
adj abr = **adjunto**
adjetivo nm adjectif m
adjudicar vt adjuger; ~**se** vpr: ~**se algo** s'adjuger qch
adjuntar vt joindre
adjunto, -a adj (documento) joint(e); (médico, director etc) adjoint(e) ♦ nm/f (profesor) assistant(e) ♦ adv ci-joint
administración nf administration f; **A~ pública** fonction f publique
administrador, a nm/f administrateur(-trice), gérant(e)
administrar vt administrer, gérer; (medicamento, sacramento) administrer
administrativo, -a adj administratif(-ive) ♦ nm/f (de oficina) préposé(e)
admirable adj admirable
admiración nf (estimación) admiration f; (asombro) étonnement m; (LING) exclamation f
admirar vt (estimar) admirer; (asombrar) étonner; ~**se** vpr: ~**se de** s'étonner de
admisible adj acceptable
admisión nf admission f; (de razones etc) acceptation f
admitir vt (razonamiento etc) admettre; (regalos) accepter
adobar vt (CULIN) préparer
adobe nm torchis msg
adoctrinar vt endoctriner
adolecer vi: ~ **de** souffrir de
adolescente adj, nm/f adolescent(e)
adonde (esp AM) conj où
adónde adv où
adopción nf adoption f

adoptar vt adopter
adoptivo, -a adj adoptif(-ive); (lengua, país) d'adoption
adoquín nm pavé m
adorar vt adorer
adormecer vt endormir; ~**se** vpr somnoler; (miembro) s'endormir
adornar vt orner; (habitación, mesa) décorer
adorno nm ornement m
adosado, -a adj: **chalet ~** maison f jumelle
adquiera etc vb ver **adquirir**
adquirir vt acquérir
adquisición nf acquisition f
adrede adv exprès, à dessein
adscribir vt: ~ **a** assigner à
adscrito pp de **adscribir**
aduana nf douane f
aduanero, -a adj, nm/f douanier(-ière)
aducir vt alléguer
adueñarse vpr: ~ **de** s'approprier
adular vt aduler
adulterar vt (alimentos, vino) frelater
adulterio nm adultère m
adúltero, -a adj, nm/f adultère m/f
adulto, -a adj, nm/f adulte m/f
adusto, -a adj (expresión, carácter) sévère; (paisaje, región) austère
advenedizo, -a nm/f intrus(e)
advenimiento nm avènement m
adverbio nm adverbe m
adversario, -a nm/f adversaire m/f
adversidad nf adversité f
adverso, -a adj adverse
advertencia nf avertissement m
advertir vt (observar) observer; ~ **a algn de algo** avertir qn de qch; ~ **a algn que ...** avertir qn

que ...
advierta *etc vb ver* **advertir**
adyacente *adj* adjacent(e)
aéreo, -a *adj* aérien(ne); **por vía aérea** par avion
aerobic *nm inv* aérobic *f*
aerodeslizador,
aerodeslizante *nm*
aéroglisseur *m*
aerodinámico, -a *adj*
aérodynamique
aeromozo, -a (AM) *nm/f* (AVIAT)
steward (hôtesse de l'air)
aeronave *nf* aéronef *m*
aeroplano *nm* aéroplane *m*
aeropuerto *nm* aéroport *m*
aerosol *nm* aérosol *m*
afabilidad *nf* affabilité *f*; **afable**
adj affable
afán *nm* (ahínco) ardeur *f*; (deseo)
soif *f*; **con ~** avec ardeur
afanar (fam) *vt* (robar) rafler; **~se**
vpr (atarearse) s'affairer; **~se por**
hacer s'évertuer à faire
afear *vt* enlaidir
afección *nf* infection *f*
afectación *nf* affectation *f*
afectado, -a *adj* affecté(e);
afectar *vt* affecter
afectísimo, -a *adj*: **suyo ~**
respectueusement vôtre
afectivo, -a *adj* (problema)
affectif(-ive); (persona)
affectueux(-euse)
afecto *nm* (cariño) affection *f*;
tenerle ~ a algn avoir de
l'affection pour qn
afectuoso, -a *adj*
affectueux(-euse); **"un saludo ~"**
(en carta) "affectueusement"
afeitar *vt* raser; **~se** se raser;
~se la barba/el bigote se raser
la barbe/la moustache
afeminado, -a *adj* efféminé(e)
Afganistán *nm* Afghanistan *m*

afianzamiento *nm* consolidation
f; (salud) amélioration *f*; **afianzar**
vt (objeto, conocimientos)
consolider; (salud) assurer;
afianzarse *vpr* se cramponner
afiche (AM) *nm* (cartel) affiche *f*
afición *nf* goût *m*, penchant *m*;
la ~ les supporters *mpl*
aficionado, -a *adj, nm/f* amateur
m; **ser ~ a algo** être amateur de
qch
aficionar *vt*: **~ a algn a algo**
donner le goût de qch; **~se**
vpr: **~se a algo** prendre goût à
qch
afilado, -a *adj* (cuchillo)
aiguisé(e); (lápiz) bien taillé(e)
afilar *vt* (cuchillo) aiguiser; (lápiz)
tailler
afiliarse *vpr*: **~ (a)** s'affilier (à)
afín *adj* (carácter) semblable;
(ideas, opiniones) voisin(e)
afinar *vt* (MÚS) accorder; (puntería,
TEC) ajuster ♦ *vi* (MÚS) être
accordé(e)
afincarse *vpr*: **~ en** s'établir à
afinidad *nf* affinité *f*
afirmación *nf* affirmation *f*;
afirmar *vt* affirmer; (objeto)
consolider ♦ *vi* acquiescer
afirmativo, -a *adj* affirmatif(-ive)
aflicción *nf* affliction *f*
afligir *vt* affliger; **~se** *vpr* s'affliger
aflojar *vt* desserrer; (cuerda)
détendre ♦ *vi* (tormenta, viento) se
calmer; **~se** *vpr* (pieza) prendre
du jeu
aflorar *vi* affleurer
afluente *nm* affluent *m*
afluir *vi*: **~ a** (gente, sangre)
affluer à
afmo., -a. *abr* = **afectísimo, a**
afónico, -a *adj*: **estar ~** être
aphone
aforo *nm* (de teatro) capacité *f*

afortunado, -a adj (persona) chanceux(-euse)

afrancesado, -a (pey) adj partisan des Français (lors de la guerre d'Indépendance, et aux XVIII et XIX siècles)

afrenta nf affront m

África nf Afrique f; **~ del Sur** Afrique du Sud

africano, -a adj africain(e) ♦ nm/f Africain(e)

afrontar vt affronter

afuera adv (esp AM) dehors; **~s** nfpl banlieue fsg

agachar vt incliner; **~se** vpr s'incliner

agalla nf (ZOOL) ouïe f; **tener ~s** (fam) ne pas avoir froid aux yeux

agarradera (AM) nf (asa) anse f

agarrado, -a adj radin(e)

agarrar vt saisir; (esp AM: recoger) prendre; (fam: enfermedad) attraper ♦ vi (planta) prendre; **~se** vpr (comida) coller; **~se (a)** s'accrocher (à)

agarrotar vt (reo) faire subir le supplice du garrot à; **~se** vpr (MED) avoir des crampes

agasajar vt accueillir chaleureusement

agazapar vt saisir; **~se** vpr (persona, animal) se tapir

agencia nf agence f; **~ de viajes** agence de voyages

agenciarse vpr se procurer

agenda nf agenda m

agente nm/f agent(e); **~ (de policía)** agent(e) (de police)

ágil adj agile; **agilidad** nf agilité f

agilizar vt activer

agitación nf agitation f

agitado, -a adj (día, viaje, vida) agité(e)

agitar vt agiter; (fig) troubler,

inquiéter; **~se** vpr s'agiter; (inquietarse) se troubler, s'inquiéter

aglomeración nf: **~ de gente** rassemblement m; **~ de tráfico** embouteillage m

agnóstico, -a adj, nm/f agnostique m/f

agobiar vt (suj: trabajo) accabler; (: calor) accabler, étouffer

agolparse vpr (personas) se presser, se bousculer

agonía nf agonie f

agonizante adj agonisant(e)

agonizar vi agoniser, être à l'agonie

agosto nm août m; ver tb **julio**

agotado, -a adj épuisé(e)

agotador, a adj épuisant(e)

agotamiento nm épuisement m

agotar vt épuiser; **~se** vpr s'épuiser; (libro) être épuisé(e)

agraciado, -a adj qui a du charme ♦ nm/f (en sorteo, lotería) gagnant(e)

agradable adj agréable

agradar vi plaire; **esto no me agrada** cela ne me plaît pas; **le agrada estar en su compañía** votre compagnie lui est agréable

agradecer vt remercier; **te agradezco que hayas venido** je te remercie d'être venu

agradecido, -a adj ¡**muy ~!** merci beaucoup!, merci bien!; **agradecimiento** nm remerciement m

agradezca etc vb ver **agradecer**

agrado nm agrément m, plaisir m; (amabilidad) amabilité f; **ser de tu** etc **~** être à ton etc goût

agrandar vt agrandir

agrario, -a adj agraire

agravante nm o f: **con el** o **la ~ de que ...** le problème étant que ...

agravar vt aggraver; **~se** vpr s'aggraver

agraviar vt offenser; **agravio** nm offense f

agredir vt agresser

agregado nm agrégat m; (profesor) maître m de conférences (à l'université), professeur certifié(e) (dans l'enseignement secondaire)

agregar vt: **~ (a)** ajouter (à); (unir) associer (à)

agresión nf agression f

agresivo, -a adj agressif(-ive)

agriar vt aigrir; (leche) faire tourner; **~se** vpr s'aigrir; (leche) tourner

agrícola adj agricole

agricultor, a nm/f agriculteur(-trice)

agricultura nf agriculture f

agridulce adj aigre-doux(-douce)

agrietarse vpr se crevasser; (piel) se gercer

agrimensor, a nm/f arpenteur m

agrio, -a adj aigre; (carácter) aigri(e), revêche; **~s** nmpl agrumes mpl

agrupación nf groupement m, regroupement m

agrupar vt (personas) grouper; (libros, datos) regrouper; **~se** vpr se regrouper

agua nf eau f; (lluvia) pluie f, eau de pluie; **hacer ~** (embarcación) faire eau; **se me hace la boca agua** ça me met l'eau à la bouche; **~s abajo** en aval; **~s arriba** en amont; **~ caliente/corriente** eau chaude/courante; **~ de colonia** eau de Cologne; **~ mineral (con/sin gas)** eau minérale (gazeuse/non gazeuse)

aguacate nm avocat m; (árbol) avocatier m

aguacero nm averse f

aguado, -a adj (leche, vino) baptisé(e)

aguafiestas nm/f inv trouble-fête m/f inv, rabat-joie m/f inv

aguanieve nf neige f fondue

aguantar vt supporter, endurer ♦ vi (ropa) résister; (persona) se dominer; **aguante** nm (paciencia) patience f; (resistencia) résistance f

aguar vt (leche, vino) baptiser, couper

aguardar vt attendre ♦ vi: **~ (a que)** attendre (que)

aguardiente nm eau-de-vie f

aguarrás nm essence f de térébenthine

agudeza nf (oído, olfato) finesse f; (vista) acuité f; (de sonido) aigu m; (fig: ingenio) vivacité f, finesse

agudizar vt aiguiser; (crisis) intensifier; **~se** vpr s'aiguiser; (crisis) s'intensifier

agudo, -a adj (afilado) tranchant(e), coupant(e); (vista) perçant(e); (oído, olfato) fin(e); (sonido, dolor) aigu(ë)

agüero nm: **ser de buen/mal ~** être de bon/mauvais augure

aguijón nm (de insecto) dard m; (fig: estímulo) aiguillon m

águila nf aigle m; **ser un ~** (fig) être un as

aguileño, -a adj (nariz) aquilin(e)

aguinaldo nm étrennes fpl

aguja nf aiguille f; (para hacer punto) aiguille à tricoter; (para hacer ganchillo) crochet m

agujerear vt (perforar: ropa, cristal, madera) trouer

agujero nm trou m

agujetas nfpl courbatures fpl

aguzar vt (herramientas) aiguiser, affiler; (ingenio, entendimiento)

aiguillonner, stimuler; **~ el oído/
la vista** aiguiser l'ouïe/la vue

ahí *adv* (*lugar*) là; **de ~ que** donc,
d'où il s'ensuit que; **~ está el
problema** tout le problème est
là; **~ llega** le voilà; **por ~** par là;
(*lugar indeterminado*) là-bas; **200
o por ~** environ 200

ahijado, -a *nm/f* filleul(e)

ahogar *vt* étouffer; (*en el agua*)
noyer; **~se** *vpr* (*en el agua*) se
noyer; (*por asfixia*) s'asphyxier

ahondar *vt* creuser ♦ *vi*: **~ en**
(*problema*) approfondir, creuser

ahora *adv* maintenant; (*hace poco*)
tout à l'heure; **~ bien** *o* **que**
cependant, remarquez (que); **~
mismo** à l'instant (même); **~ voy**
j'arrive; **¡hasta ~!** à tout de
suite!, à bientôt!; **por ~** pour le
moment

ahorcar *vt* pendre; **~se** *vpr* se
pendre

ahorita (*esp AM: fam*) *adv* tout de
suite

ahorrar *vt* économiser, épargner;
~ a algn algo épargner qch à
qn; **ahorro** *nm* économie *f*,
épargne *f*; **ahorros** *nmpl*
économies *fpl*

ahuecar *vt* (*madera, tronco*)
évider; (*voz*) enfler

ahumar *vt* fumer

ahuyentar *vt* (*ladrón, fiera*)
mettre en fuite; (*fig*) chasser

airado, -a *adj* furieux(-euse)

airar *vt* (*persona*) irriter, fâcher;
airarse *vpr* (*irritarse*) s'irriter, se
fâcher

aire *nm* air *m*; **~s** *nmpl*: **darse
~s** se donner des airs; **al ~ libre**
en plein air; **cambiar de ~s**
changer d'air; **estar en el ~**
(*RADIO*) être sur les ondes; (*fig*) être
en suspens; **tener un ~ con** *o*

darse un ~ se ressembler à;
tomar el ~ prendre l'air; **~
acondicionado** air conditionné

airearse *vpr* prendre l'air

airoso, -a *adj*: **salir ~ de algo**
bien s'en tirer

aislado, -a *adj* isolé(e)

aislar *vt* isoler

ajardinado, -a *adj* aménagé(e)

ajedrez *nm* échecs *mpl*

ajeno, -a *adj* d'autrui; **estar ~ a
algo** être étranger à qch

ajetreado, -a *adj* (*día*)
mouvementé(e)

ajetreo *nm* agitation *f*

ají (*AM*) *nm* piment *m* rouge;
(*salsa*) sauce *f* au piment

ajo *nm* ail *m*

ajuar *nm* (*de casa*) mobilier *m*; (*de
novia*) trousseau *m*

ajustado, -a *adj* (*ropa*) ajusté(e);
(*resultado*) serré(e)

ajustar *vt* ajuster; (*reloj, cuenta*)
régler ♦ *vi* (*ventana, puerta*)
cadrer; **~se** *vpr*: **~se a** se
conformer à; **~ algo a algo**
ajuster qch à qch; (*fig*) adapter
qch à qch; **~ cuentas con algn**
régler ses comptes avec qn

ajuste *nm* (*FIN*) fixation *f* (*des
prix*); (*acuerdo*) accord *m*

al (= *a + el*) *ver* **a**

ala *nf* aile *f*; (*de sombrero*) bord *m*

alabanza *nf* éloge *m*, louange *f*

alabar *vt* (*persona*) louer, faire
l'éloge de; (*obra etc*) louer, vanter

alacena *nf* garde-manger *m inv*

alacrán *nm* scorpion *m*

alambrada *nf*, **alambrado** *nm*
grillage *m*

alambre *nm* fil *m* de fer; **~ de
púas** fil de fer barbelé

alameda *nf* peupleraie *f*; (*lugar de
paseo*) promenade *f* (*bordée
d'arbres*)

álamo *nm* peuplier *m*

alarde *nm:* **hacer ~ de** se vanter de, faire étalage de

alargador *nm* (ELEC) rallonge *f*

alargar *vt* rallonger; (*estancia, vacaciones*) prolonger; (*brazo*) allonger, tendre; **~se** *vpr* (*días*) rallonger

alarido *nm* hurlement *m*

alarma *nf* (*señal de peligro*) alarme *f*, alerte *f*; **~ de incendios** avertisseur *m* d'incendie

alarmante *adj* alarmant(e)

alarmar *vt* alarmer; **~se** *vpr* s'alarmer

alba *nf* aube *f*

albacea *nm/f* exécuteur *m* testamentaire

albahaca *nf* basilic *m*

Albania *nf* Albanie *f*

albañil *nm* maçon *m*

albarán *nm* bordereau *m*

albaricoque *nm* abricot *m*

albedrío *nm:* **libre ~** libre arbitre *m*

alberca *nf* réservoir *m* d'eau; (AM) piscine *f*

albergar *vt* héberger; (*esperanza*) nourrir

albergue *vb ver* **albergar ♦** *nm* abri *m*; **~ juvenil** *o* **de juventud** auberge *f* de jeunesse

albóndigas *nfpl* boulettes *fpl* de viande

albornoz *nm* (*para el baño*) sortie *f* de bain

alborotar *vt* agiter; (*amotinar*) ameuter **♦** *vi* faire du tapage; **~se** *vpr* s'agiter; **alboroto** *nm* tapage *m*

alborozar *vt* réjouir; **~se** *vpr* se réjouir

alborozo *nm* réjouissance *f*

álbum (*pl* **~s** *o* **~es**) *nm* album *m*

alcachofa *nf* artichaut *m*; **~ de ducha/de regadera** pomme *f* de douche/d'arrosoir

alcalde, -esa *nm/f* maire *m*

alcaldía *nf* mairie *f*

alcance *vb ver* **alcanzar ♦** *nm* portée *f*; **al ~ de la mano** à portée de main; **estar a mi** *etc* **fuera de mi** *etc* **~** être/ne pas être à ma *etc* portée

alcantarilla *nf* (*subterránea*) égout *m*; (*en la calle*) caniveau *m*

alcanzar *vt* atteindre; (*persona*) rattraper; (*autobús*) attraper; (AM: *entregar*) passer **♦** *vi* être suffisant(e); (*para todos*) suffire

alcaparra *nf* câpre *f*

alcayata *nf* (*clavo*) piton *m*

alcázar *nm* citadelle *f*; (NÁUT) dunette *f*

alcoba *nf* alcôve *f*

alcohol *nm* alcool *m*; (*tb:* **~ metílico**) alcool à brûler

alcohólico, -a *adj, nm/f* alcoolique *m/f*

alcoholímetro *nm* alcoomètre *m*

alcoholismo *nm* alcoolisme *m*

alcornoque *nm* chêne-liège *m*; (*fam*) andouille *f*

alcurnia *nf* noble lignée *f*

aldaba *nf* heurtoir *m*

aldea *nf* hameau *m*

aldeano, -a *adj, nm/f* villageois(e)

aleación *nf* alliage *m*

aleatorio, -a *adj* aléatoire

aleccionar *vt* instruire

alegación *nf* allégation *f*; **alegar** *vt* alléguer **♦** *vi* (AM) discuter

alegato *nm* plaidoyer *m*; (AM) discussion *f*

alegoría *nf* allégorie *f*

alegrar *vt* réjouir; (*casa*) égayer; (*fiesta*) animer; **~se** *vpr* (*fam*) se griser; **~se de** être heureux(-euse) de

alegre adj gai(e), joyeux(-euse); (fam: con vino) éméché(e);

alegría nf joie f, gaîté f

alejamiento nm éloignement m

alejar vt éloigner; **~se** vpr s'éloigner

alemán, -ana adj allemand(e) ♦ nm/f Allemand(e) ♦ nm (LING) allemand m

Alemania nf Allemagne f; **~ Occidental/Oriental** (HIST) Allemagne de l'Ouest/de l'Est

alentador, a adj encourageant(e)

alentar vt encourager

alergia nf allergie f

alero nm auvent m

alerta adj inv vigilant(e) ♦ nf alerte f ♦ adv: **estar** o **mantenerse ~** être sur ses gardes

aleta nf (pez) nageoire f; (foca) aileron m; (nariz) aile f; (DEPORTE) palme f; (AUTO) garde-boue m inv

aletargar vt endormir; **~se** vpr s'assoupir

aletear vi (ave) battre des ailes; (pez) battre des nageoires

alevín nm alevin m

alfabeto nm alphabet m

alfalfa nf luzerne f

alfarería nf poterie f; (tienda) magasin m de poterie

alfarero, -a adj, nm/f potier m

alféizar nm embrasure f

alférez nm (MIL) sergent m

alfil nm (AJEDREZ) fou m

alfiler nm épingle f; (broche) broche f; **~ de gancho** (AM: imperdible grande) (grande) épingle de nourrice

alfiletero nm porte-aiguilles m inv

alfombra nf tapis msg;

alfombrar vt recouvrir d'un

tapis; **alfombrilla** nf carpette f

alforja nf sacoche f

algarabía (fam) nf brouhaha m

algas nfpl algues fpl

álgebra nf algèbre f

álgido, -a adj crucial(e)

algo pron quelque chose; (una cantidad pequeña) un peu ♦ adv un peu, assez; **~ así (como)** quelque chose comme; **~ es ~** c'est toujours quelque chose; **¿~ más?** c'est tout?; (en tienda) et avec ceci?; **por ~ será** il y a bien une raison

algodón nm coton m; **~ de azúcar** barbe f à papa; **~ hidrófilo** coton hydrophile

algodonero, -a adj cotonnier(-ière)

alguacil nm (de juzgado) huissier m; (de ayuntamiento) employé m municipal; (TAUR) officiel m à cheval

alguien pron quelqu'un

alguno, -a adj (delante de nm: **algún**) quelque, un (une); (después de n): **no tiene talento ~** il n'a aucun talent ♦ pron quelqu'un; **~ de ellos** l'un d'eux; **algún que otro libro** quelques livres; **algún día iré** j'irai un jour; **~s piensan** certains pensent

alhaja nf joyau m

alhelí nm giroflée f

aliado, -a adj, nm/f allié(e)

alianza nf alliance f

aliarse vpr: **~ (con/a)** s'allier (à)

alias adv alias

alicates nmpl pince fsg; **~ de uñas** coupe-ongles m inv

aliciente nm stimulant m; (atractivo) attrait m, charme m

alienación nf aliénation f

aliento vb ver **alentar** ♦ nm haleine f; **sin ~** hors d'haleine

aligerar *vt* alléger; **~ el paso** presser le pas

alijo *nm* saisie *f*

alimaña *nf* animal *m* nuisible

alimentación *nf* alimentation *f*; **tienda de ~** magasin *m* d'alimentation; **alimentar** *vt* nourrir, alimenter; (*suj: alimento*) nourrir

alimenticio, -a *adj* (*sustancia*) alimentaire; (*nutritivo*) nourrissant(e)

alimento *nm* aliment *m*; **~s** *nmpl* (*JUR*) aliments *mpl*

alineación *nf* alignement *m*; (*DEPORTE*) formation *f*

alinear *vt* aligner; (*DEPORTE*) faire jouer; **~se** *vpr* s'aligner; (*DEPORTE*) rentrer

aliñar *vt* assaisonner; **aliño** *nm* assaisonnement *m*

alisar *vt* lisser; (*madera*) polir

alistarse *vpr* s'inscrire; (*MIL*) s'enrôler; (*AM: prepararse*) se préparer

aliviar *vt* (*carga*) alléger; (*persona*) soulager

alivio *nm* soulagement *m*

aljibe *nm* citerne *f*

allá *adv* là-bas; (*por ahí*) par là; **~ abajo/arriba** tout en bas/en haut; **hacia ~** là-bas; **más ~** plus loin; **más ~ de** au-delà de; **~ por** vers; **¡~ tú!** tant pis pour toi!

allanamiento *nm*: **~ de morada** violation *f* de domicile

allanar *vt* aplanir; (*muro*) raser

allegado, -a *adj* partisan(e) ♦ *nm/f* proche parent(e)

allí *adv* (*lugar*) là; **~ mismo** là précisément; **por ~** par là

alma *nf* (*tb TEC*) âme *f*; (*de negocio*) nœud *m*; (*de fiesta*) clou *m*; (*de reunión*) objet *m* principal;

con toda el ~ du fond du cœur

almacén *nm* magasin *m*; (*al por mayor*) magasin de gros; (*AM*) épicerie *f*; (*grandes*) **almacenes** grands magasins *mpl*

almacenaje *nm* emmagasinage *m*, stockage *m*; **almacenaje secundario** (*INFORM*) mémoire *f* auxiliaire

almacenar *vt* emmagasiner, stocker; **almacenero, -a** (*AM*) *nm/f* épicier(-ière)

almanaque *nm* almanach *m*

almeja *nf* (*ZOOL*) clovisse *f*; (*CULIN*) palourde *f*

almendra *nf* amande *f*; **almendro** *nm* amandier *m*

almíbar *nm* sirop *m*; **en ~** au sirop

almidón *nm* amidon *m*

almirante *nm* amiral *m*

almirez *nm* mortier *m*

almizcle *nm* musc *m*

almohada *nf* oreiller *m*; (*funda*) taie *f* d'oreiller; **almohadilla** *nf* (*para sentarse*) coussinet *m*; (*para planchar*) pattemouille *f*; (*para sellar*) tampon *m* encreur; (*en los arreos*) tapis *msg* de selle; (*AM*) pelote *f* à épingles

almohadón *nm* coussin *m*; (*funda de almohada*) taie *f* d'oreiller

almorranas *nfpl* hémorroïdes *fpl*

almorzar *vt*: **~ una tortilla** déjeuner d'une omelette ♦ *vi* déjeuner

almuerzo *vb ver* **almorzar** ♦ *nm* déjeuner *m*

alocado, -a *adj* écervelé(e); (*acción*) irréfléchi(e)

alojamiento *nm* logement *m*

alojar *vt* loger; **~se** *vpr*: **~se en** (*persona*) loger à; (*bala, proyectil*) se loger dans

alondra *nf* alouette *f*

alpargata *nf* espadrille *f*
Alpes *nmpl*: **los ~** les Alpes *fpl*
alpinismo *nm* alpinisme *m*;
 alpinista *nm/f* alpiniste *m/f*
alpiste *nm* alpiste *m*
alquilar *vt* louer; **"se alquila
 casa"** "maison à louer"
alquiler *nm* location *f*; *(precio)*
 loyer *m*; **de ~** à louer; **~ de
 coches/automóviles** location
 de voitures
alquimia *nf* alchimie *f*
alquitrán *nm* goudron *m*
alrededor *adv* autour; **~es** *nmpl*
 environs *mpl*; **~ de** autour de;
 (aproximadamente) environ; **a su
 ~** autour de lui; **mirar a su
 ~** regarder autour de soi
alta *nf*: **dar a algn de ~** *(en
 empleo)* autoriser qn à reprendre
 son travail *(après un congé de
 maladie)*; **darse de ~** *(MED)* se
 déclarer guéri(e); *(en club,
 asociación)* devenir membre
altanería *nf* arrogance *f*; *(de
 aves)* haut vol *m*
altanero, -a *adj* hautain(e)
altar *nm* autel *m*
altavoz *nm* haut-parleur *m*
alteración *nf* altération *f*;
 (alboroto) altercation *f*; *(agitación)*
 agitation *f*; **~ del orden público**
 trouble *m* de l'ordre public
alterar *vt* modifier; *(persona)*
 perturber; *(alimentos, medicinas)*
 altérer; **~se** *vpr* *(persona)* se
 troubler
altercado *nm* altercation *f*
alternar *vi* fréquenter des gens;
 ~se *vpr* se relayer
alternativa *nf* **no tener otra ~**
 ne pas avoir le choix
alternativo, -a *adj*
 alternatif(-ive); *(hojas, ángulo)*
 alterne

alterno, -a *adj* *(días)* tous les
 deux; *(ELEC)* alternatif(-ive)
alteza *nf* altesse *f*
altibajos *nmpl* *(del terreno)*
 inégalités *fpl*; *(fig)* des hauts et des
 bas *mpl*
altiplanicie *nf* haut plateau *m*
altiplano *nm* = **altiplanicie**
altisonante *adj* ronflant(e)
altitud *nf* altitude *f*
altivez *nf* hauteur *f*, morgue *f*
altivo, -a *adj* hautain(e)
alto, -a *adj* haut(e); *(persona)*
 grand(e); *(sonido)* aigu(ë); *(precio,
 ideal, clase)* élevé(e) ♦ *nm* haut *m*;
 (AM) tas *msg* ♦ *adv* haut; *(río)* en
 crue ♦ *excl* halte!; **la pared tiene
 2 metros de ~** le mur fait 2
 mètres de haut; **alta fidelidad/
 frecuencia** haute fidélité/
 fréquence; **en alta mar** en haute
 mer; **alta tensión** haute tension;
 a altas horas de la noche à
 une heure avancée de la nuit; **en
 lo ~ de** en haut de, tout en haut
 de; **hacer un ~** faire une halte;
 por todo lo ~ sur un grand pied;
 **declarar/respetar el ~ el
 fuego** déclarer/observer le
 cessez-le-feu
altoparlante *(AM)* *nm* haut-
 parleur *m*
altruismo *nm* altruisme *m*
altura *nf* hauteur *f*; *(de persona)*
 taille *f*; *(altitud)* altitude *f*; **~s** *nfpl*
 hauteurs *fpl*; **la pared tiene
 1.80 de ~** le mur fait 1 mètre 80
 de hauteur *o* de haut; **a estas
 ~s** à l'heure qu'il est
alubias *nfpl* haricots *mpl*
alucinación *nf* hallucination *f*;
alucinar *vt* halluciner
alud *nm* avalanche *f*
aludir *vi*: **~ a** faire allusion à;

darse por aludido se sentir visé
alumbrado *nm* éclairage *m*;
  alumbramiento *nm*
  accouchement *m*
alumbrar *vt* éclairer; (MED)
  accoucher de
aluminio *nm* aluminium *m*
alumno, -a *nm/f* élève *m/f*
alunizar *vi* alunir
alusión *nf* allusion *f*; **hacer ~ a**
  faire allusion à
aluvión *nm* (de agua) inondation
  f; (de gente, noticias) déluge *m*
alverja (AM) *nf* pois *msg* de
  senteur
alza *nf* hausse *f*; **estar en ~**
  (precio) être en hausse;
  (estimación) être bien coté(e)
alzada *nf* (de caballos) hauteur *f*
  au garrot
alzamiento *nm* (rebelión)
  soulèvement *m*; (de muro)
  élévation *f*
alzar *vt* (tb castigo) lever; (precio,
  muro, monumento) élever; (cuello
  de abrigo) relever; (poner derecho)
  redresser; **~se** *vpr* s'élever;
  (rebelarse) se soulever; **~ la voz**
  élever la voix
ama *nf* maîtresse *f* (de maison),
  propriétaire *f*; **~ de casa**
  ménagère *f*; **~ de llaves**
  gouvernante
amabilidad *nf* amabilité *f*;
  amable *adj* aimable; **es Vd
  muy amable** c'est très aimable à
  vous
amaestrado, -a *adj* dressé(e)
amaestrar *vt* dresser
amago *nm* menace *f*; (MED)
  symptôme *m*
amainar *vi* tomber
amalgama *nf* amalgame *m*;
  amalgamar *vt* amalgamer
amamantar *vt* allaiter, donner le

sein à
amanecer *vi*: **amanece** le jour
  se lève ♦ *nm* lever *m* du jour; **el
  niño amaneció con fiebre**
  l'enfant s'est réveillé avec de la
  fièvre
amanerado, -a *adj* maniéré(e);
  (lenguaje) affecté(e)
amansar *vt* apprivoiser; **~se** *vpr*
  (persona) s'amadouer
amante *adj*: **~ de**
  amoureux(-euse) de ♦ *nm/f* amant
  (maîtresse)
amapola *nf* coquelicot *m*
amar *vt* aimer
amargado, -a *adj* amer(-ère),
  aigri(e)
amargar *vt* (comida) rendre
  amer(-ère); (fig: estropear) gâcher
  ♦ *vi* (naranja) se gâter; **~se** *vpr*
  s'aigrir
amargo, -a *adj* amer(-ère);
  amargura *nf* (tristeza) chagrin *m*
amarillento, -a *adj* jaunâtre;
  (tez) jaune
amarillo, -a *adj* (color) jaune ♦
  nm jaune *m*
amarra *nf* amarre *f*; **~s** *nfpl*
  piston *msg*; **soltar ~s** larguer les
  amarres
amarrar *vt* (NÁUT) amarrer; (atar)
  ficeler, ligoter
amasar *vt* (masa) pétrir; (yeso,
  mortero) gâcher; **amasijo** *m*
  (fig) ramassis *msg*
amateur *nm/f* amateur *m*
amazona *nf* amazone *f*, cavalière
  f
Amazonas *nm*: **el (Río) ~**
  l'Amazone *f*
ambages *nmpl*: **sin ~** sans
  ambages
ámbar *nm* ambre *m* (jaune)
ambición *nf* ambition *f*;
  ambicionar *vt* ambitionner;

ambicionar hacer ambitionner de faire

ambicioso, -a *adj* ambitieux(-ieuse)

ambidextro, -a *adj* ambidextre

ambientación *nf* (CINE, TEATRO, TV) cadre *m*

ambiente *nm* (atmósfera, tb fig) atmosphère *f*; (entorno) air *m* ambiant, milieu *m*

ambigüedad *nf* ambiguïté *f*

ambiguo, -a *adj* ambigu(ë)

ámbito *nm* domaine *m*; (fig) cercle *m*

ambos, -as *adj pl* les deux ♦ *pron pl* tous (toutes) les deux

ambulancia *nf* ambulance *f*

ambulante *adj* ambulant(e)

ambulatorio *nm* dispensaire *m*

amedrentar *vt* effrayer; **~se** *vpr* s'effrayer

amén *excl* amen!; **~ de** outre

amenaza *nf* menace *f*

amenazar *vt* menacer; **~ con (hacer)** menacer de (faire); **~ de muerte** menacer de mort

amenidad *nf* aménité *f*

ameno, -a *adj* amène

América *nf* Amérique *f*; **~ Central/Latina** Amérique centrale/latine; **~ del Norte/del Sur** Amérique du Nord/du Sud

americana *nf* veste *f*

americano, -a *adj* américain(e) ♦ *nm/f* Américain(e)

ametralladora *nf* mitrailleuse *f*

amianto *nm* amiante *m*

amigable *adj* amical(e)

amígdala *nf* amygdale *f*

amigdalitis *nf* amygdalite *f*

amigo, -a *adj* amical(e) ♦ *nm/f* (gen) ami(e); (amante) petit(e) ami(e); **ser ~ de algo** être un ami de qch; **ser muy ~s** être très amis

amilanar *vt* effrayer; **~se** *vpr* s'effrayer

aminorar *vt* (velocidad etc) ralentir

amistad *nf* amitié *f*; **~es** *nfpl* (amigos) amis *mpl*

amistoso, -a *adj* amical(e)

amnesia *nf* amnésie *f*

amnistía *nf* amnistie *f*

amo *nm* (dueño) maître *m* (de maison), propriétaire *m*; (jefe) patron *m*; **hacerse el ~ (de algo)** prendre la direction (de qch)

amodorrarse *vpr* s'assoupir

amoldar ~se *vpr*: **~se (a)** (prenda, zapatos) prendre la forme (de); **~se a** s'adapter à

amonestación *nf* admonestation *f*; **amonestaciones** *nfpl* (REL) bans *mpl*

amonestar *vt* admonester; (REL) publier les bans de

amontonar *vt* entasser, amonceler; (riquezas etc) accumuler, amasser; **~se** *vpr* (gente) se masser; (hojas, nieve etc) s'entasser; (trabajo) s'accumuler

amor *nm* amour *m*; **de mil ~es** très volontiers; **hacer el ~** faire l'amour; (cortejar) faire la cour; **tener ~es con algn** avoir une liaison avec qn; **¡por (el) ~ de Dios!** pour l'amour de Dieu!; **~ propio** amour-propre *m*

amoratado, -a *adj* (por frío) violacé(e); (por golpes) couvert(e) de bleus; **ojo ~** œil *m* au beurre noir

amordazar *vt* bâillonner

amorfo, -a *adj* amorphe

amoroso, -a *adj* amoureux(-euse); (carta) d'amour

amortiguador *nm* (dispositivo) amortisseur *m*; (parachoques) pare-chocs *m inv*; **~es** *nmpl*

(AUTO) suspension *fsg*
amortiguar *vt* amortir; (*dolor*) atténuer; (*color*) neutraliser; (*luz*) baisser

amortización *nf* amortissement *m*

amotinar *vt* ameuter; ~**se** *vpr* se mutiner

amparar *vt* secourir; (*suj: ley*) protéger; ~**se** *vpr* se mettre à l'abri; ~**se en** (*ley, costumbre*) se prévaloir de; **amparo** *nm* protection *f*; **al amparo de** grâce à

amperio *nm* ampère *m*

ampliación *nf* agrandissement *m*; (*de capital*) augmentation *f*; (*de estudios*) approfondissement *m*; (*cosa añadida*) extension *f*; **ampliar** *vt* agrandir; (*estudios*) approfondir

amplificación *nf* amplification *f*; **amplificador** *nm* amplificateur *m*

amplificar *vt* amplifier

amplio, -a *adj* (*habitación*) vaste; (*ropa, consecuencias*) ample; (*calle*) large

amplitud *nf* étendue *f*; **de gran amplitud** de grande envergure; **amplitud de miras** largeur *f* d'esprit

ampolla *nf* ampoule *f*

ampuloso, -a *adj* ampoulé(e)

amputar *vt* amputer

amueblar *vt* meubler

amuleto *nm* amulette *f*

anacronismo *nm* anachronisme *m*

anales *nmpl* annales *fpl*

analfabetismo *nm* analphabétisme *m*

analfabeto, -a *adj, nm/f* analphabète *m/f*

analgésico *nm* analgésique *m*

análisis *nm inv* analyse *f*

analista *nm/f* analyste *m/f*

analizar *vt* analyser

analogía *nf* analogie *f*

analógico, -a *adj* analogique

análogo, -a *adj* analogue

anaquel *nm* rayon *m*

anaranjado, -a *adj* orangé(e)

anarquía *nf* anarchie *f*; **anarquismo** *nm* anarchisme *m*; **anarquista** *nm/f* anarchiste *m/f*

anatomía *nf* anatomie *f*

anca *nf* (*de animal*) croupe *f*

ancho, -a *adj* large ♦ *nm* largeur *f*; **a lo** ~ sur toute la largeur; **me está** *o* **queda** ~ **el vestido** je nage dans cette robe; **estar a sus anchas** être à l'aise; **ir muy** ~**s** prendre de grands airs

anchoa *nf* anchois *msg*

anchura *nf* largeur *f*

anciano, -a *adj* vieux (vieille) ♦ *nm/f* personne *f* âgée

ancla *nf* ancre *f*; **anclar** *vi* mouiller l'ancre

Andalucía *nf* Andalousie *f*

andaluz, a *adj* andalou(se) ♦ *nm/f* Andalou(se)

andamiaje *nm* échafaudage *m*

andamio *nm* échafaudage *m*

PALABRA CLAVE
---

andar *vt* parcourir
♦ *vi* **1** (*persona, animal*) marcher; (*coche*) rouler

2 (*funcionar: máquina, reloj*) marcher

3 (*estar*) être; **¿qué tal andas?** comment vas-tu?; **andar mal de dinero/de tiempo** être à court d'argent/de temps; **andar haciendo algo** être en train de faire qch; **anda (metido) en asuntos sucios** il est impliqué dans des affaires louches; **anda**

por los cuarenta il a environ quarante ans; **no sé por dónde anda** je ne sais pas où il est

4 (*revolver*): **no andes ahí/en mi cajón** ne touche pas à ça/à mon tiroir

5 (*obrar*): **andar con cuidado** *o* **con pies de plomo** faire bien attention, regarder où l'on met les pieds; **andarse** *vpr*: **andarse con rodeos** *o* **por las ramas** tourner autour du pot; **andarse con historias** raconter des histoires

♦ *nm*: **andares** *nmpl* démarche *f*

andén *nm* quai *m*; (AM) trottoir *m*

Andes *nmpl*: **los ~** les Andes *fpl*

Andorra *nf* Andorre *f*

andrajo *nm* loque *f*, haillon *m*

andrajoso, -a *adj* déguenillé(e), loqueteux(-euse)

anduve *etc vb ver* **andar**

anduviera *etc vb ver* **andar**

anécdota *nf* anecdote *f*

anegar *vt* (*lugar*) inonder; **~se** *vpr* être inondé(e)

anejo, -a *adj* annexe ♦ *nm* annexe *f*

anemia *nf* anémie *f*

anestesia *nf* anesthésie *f*; **~ general/local** anesthésie générale/locale

anexar *vt* annexer; **~ algo a algo** (POL) annexer qch à qch; **anexión** *nf* annexion *f*; **anexionamiento** *nm* = **anexión**

anexo, -a *adj* annexe ♦ *nm* annexe *f*

anfibio, -a *adj* amphibie ♦ *nm* amphibien *m*

anfiteatro *nm* amphithéâtre *m*

anfitrión, -ona *nm/f* amphitryon

m, hôte(sse); **el equipo ~** (DEPORTE) l'équipe qui reçoit

ángel *nm* ange *m*; **~ de la guarda** ange gardien; **angelical** *adj* angélique

angélico, -a *adj* = **angelical**

angina *nf*: **tener ~s** avoir une angine; **~ de pecho** angine *f* de poitrine

anglicano, -a *adj*, *nm/f* anglican(e)

anglosajón, -ona *adj* anglo-saxon(ne) ♦ *nm/f* Anglo-Saxon(ne) *m*

angosto, -a *adj* étroit(e), resserré(e)

anguila *nf* anguille *f*

angulas *nfpl* civelles *fpl*

ángulo *nm* angle *m*; (*rincón*) coin *m*

angustia *nf* angoisse *f*; (*agobio*) anxiété *f*; **angustiar** *vt* angoisser; **angustiarse** *vpr* s'angoisser

anhelar *vt* être avide de; **~ hacer** mourir d'envie de faire; **anhelo** *nm* désir *m* ardent

anhídrido *nm*: **~ carbónico** dioxyde *m* de carbone

anidar *vi* nicher

anillo *nm* bague *f*; **~ de boda** alliance *f*; **~ de compromiso** bague de fiançailles

animación *nf* animation *f*

animado, -a *adj* (*vivaz*) plein(e) de vie o d'entrain; (*fiesta, conversación*) animé(e); (*alegre*) joyeux(-euse)

animador, a *nm/f* (TV, DEPORTE) animateur(-trice); (*persona alegre*) boute-en-train *m inv*

animadversión *nf* animadversion *f*

animal *adj* animal(e) ♦ *nm* animal *m*; **ser un ~** (*fig*) être un animal

animar *vt* animer; (*dar ánimo a*) encourager; (*habitación, vestido*)

égayer; (fuego) ranimer; **~se** vpr
s'égayer; **~ a algn a hacer/
para que haga** encourager qn à
faire; **~se a hacer** se décider à
faire

ánimo nm courage m ♦ excl
courage!; **tener ~(s) (para)** être
d'humeur (à); **con/sin ~ de
hacer** avec l'intention/sans
intention de faire

animoso, -a adj
courageux(-euse)

aniquilar vt anéantir; (salud)
ruiner

anís nm anis msg

aniversario nm anniversaire m

anoche adv hier soir, la nuit
dernière; **antes de ~** avant-hier
soir

anochecer vi commencer à faire
nuit ♦ nm crépuscule m; **al ~** à la
tombée de la nuit

anodino, -a adj (película, novela)
insipide; (persona) insignifiant(e)

anomalía nf anomalie f

anonadado, -a adj abattu(e)

anonimato nm anonymat m

anónimo, -a adj anonyme ♦ nm
lettre f anonyme

anorexia nf anorexie f

anormal adj anormal(e) ♦ nm/f
débile m/f mental(e)

anotar vt annoter

anquilosarse vpr s'ankyloser;
(fig) vieillir

ansia nf (deseo) avidité f;
(ansiedad) angoisse f; **ansiar** vt
être avide de; **ansiar hacer**
brûler de faire

ansiedad nf angoisse f

ansioso, -a adj (codicioso) avide;
(preocupado) anxieux(-euse); **~ de
o por (hacer)** avide de (faire)

antagónico, -a adj antagonique;
antagonista nm/f adversaire m/f

antaño adv jadis, autrefois

Antártico nm: **el ~** l'Antarctique
m

ante prep devant; (enemigo,
peligro, en comparación con) face
à; (datos, cifras) en présence de ♦
nm daim m; **~ todo** avant tout

anteanoche adv avant-hier soir

anteayer adv avant-hier

antebrazo nm avant-bras m inv

antecedente adj antérieur(e) ♦
nm antécédent m; **~s** nmpl
antécédents mpl; **estar en ~s**
être au courant; **poner a algn
en ~s** mettre o tenir qn au
courant; **~s penales** casier msg
judiciaire

anteceder vt: **~ a** précéder

antecesor, a nm/f prédécesseur
m

antedicho, -a adj susdit(e)

antelación nf: **con ~** à l'avance

antemano: de ~ adv d'avance

antena nf antenne f; **~
parabólica** antenne parabolique

anteojo nm lunette f; **~s** nmpl
(esp AM) lunettes fpl

antepasados nmpl ancêtres mpl

anteponer vt: **~ algo a algo**
faire passer une chose avant une
autre

anteproyecto nm avant-projet m

anterior adj: **~ (a)** (en orden) qui
précède; (en el tiempo) antérieur(e)
(à); **anterioridad** nf: **con
anterioridad a** préalablement à,
avant

antes adv avant; (primero)
d'abord; (hace tiempo) autrefois ♦
prep: **~ de** (antiguamente) avant ♦
conj: **~ de ir/de que te vayas**
avant d'aller/que tu ne partes; **~
bien** plutôt; **~ de nada** avant
tout; **dos días ~** deux jours plus
tôt; **la tarde de ~** la veille au

soir; **no quiso venir** ~ il n'a pas voulu venir plus tôt; **tomo el avión** ~ **que el barco** je préfère l'avion au bateau; ~ **que yo** avant moi

antiaéreo, -a *adj* antiaérien(ne)

antibalas *adj inv*: **chaleco** ~ gilet *m* pare-balles

antibiótico *nm* antibiotique *m*

anticiclón *nm* anticyclone *m*

anticipación *nf*: **con 10 minutos de** ~ avec 10 minutes d'avance; **hacer algo con** ~ faire qch à l'avance

anticipado, -a *adj* anticipé(e); **por** ~ d'avance, par anticipation

anticipar *vt* anticiper; **~se** *vpr* (*estación*) être en avance; **~se (a)** (*adelantarse*) devancer; **~se** (*prever*) prévenir

anticipo *nm* avance *f*

anticonceptivo, -a *adj* contraceptif(-ive) ♦ *nm* contraceptif *m*

anticongelante *nm* (AUTO) antigel *m*

anticuado, -a *adj* (*ropa, estilo*) démodé(e); (*máquina, término*) vieillot(te), vieux (vieille)

anticuario *nm* antiquaire *m/f*

anticuerpo *nm* anticorps *msg*

antídoto *nm* antidote *m*

antiestético, -a *adj* inesthétique

antifaz *nm* masque *m*

antiglobalización *nf* antimondialisation *f*

antigualla *nf* (*pey: objeto*) antiquité *f*

antiguamente *adv* autrefois, jadis

antigüedad *nf* antiquité *f*; (*en empleo*) ancienneté *f*; **~es** *nfpl* antiquités *fpl*

antiguo, -a *adj* ancien(ne), vieux (vieille) ♦ *nm*: **los ~s** les Anciens

mpl; **a la antigua** à l'ancienne

Antillas *nfpl*: **las** ~ les Antilles *fpl*

antílope *nm* antilope *f*

antinatural *adj* anormal(e); (*perverso*) contre nature; (*afectado*) forcé(e)

antipatía *nf* antipathie *f*; (*a cosa*) répugnance *f*

antipático, -a *adj* antipathique; (*gesto etc*) déplaisant(e)

antirrobo *adj inv* antivol

antisemita *adj*, *nm/f* antisémite *m/f*

antiséptico, -a *adj* antiseptique ♦ *nm* antiseptique *m*

antítesis *nf inv*

antojadizo, -a *adj* capricieux(-ieuse)

antojarse *vpr*: **se me antoja comprarlo** j'ai envie de me l'acheter; **se me antoja que** j'imagine que

antojo *nm* caprice *m*, lubie *f*; (ANAT, *de embarazada, lunar*) envie *f*; **hacer algo a su** ~ faire qch à sa guise

antología *nf* anthologie *f*

antorcha *nf* torche *f*

antro *nm* (*fig*) antre *m*

antropófago, -a *adj*, *nm/f* anthropophage *m/f*

antropología *nf* anthropologie *f*

anual *adj* annuel(le)

anuario *nm* annuaire *m*

anudar *vt* nouer; **~se** *vpr* s'emmêler

anulación *nf* annulation *f*; (*ley*) abrogation *f*; (*persona*) annihilation *f*

anular *vt* annuler; (*ley*) abroger ♦ *nm* (*tb*: **dedo** ~) annulaire *m*

anunciación *nf* (REL): **la A~** l'Annonciation *f*

anunciante *nm/f* (COM) annonceur *m* (publicitaire)

anunciar vt annoncer; (COM) faire de la publicité pour

anuncio nm annonce f; (COM) publicité f; (cartel) panneau m publicitaire; (señal) pancarte f; **~s por palabras** petites annonces fpl

anzuelo nm hameçon m; (fig) appât m

añadidura nf ajout m; (vestido) rallonge f; **por ~** par surcroît

añadir vt ajouter; (prenda) rallonger

añejo, -a adj (vino) vieux (vieille); (pey: tocino, jamón) rance

añicos nmpl morceaux mpl; **hacer ~** (cosa) mettre en morceaux; **hacerse ~** briser en mille morceaux; (cristal) voler en éclats

añil nm indigo m

año nm an m; (duración) année f; **los ~s 80** les années 80; **¡Feliz Año Nuevo!** Bonne et heureuse année!; **tener 15 ~s** avoir 15 ans; **~ académico** o **escolar/bisiesto/sabático** année scolaire o universitaire/bissextile/sabbatique; **~ económico** o **fiscal** exercice m financier; **~-luz** année-lumière f

añoranza nf nostalgie f

apabullar vt sidérer

apacentar vt faire paître

apacible adj paisible; (clima) doux (douce); (lluvia) fin(e)

apaciguar vt apaiser, calmer; **~se** vpr s'apaiser, se calmer

apadrinar vt (REL) être le parrain de

apagado, -a adj éteint(e); (color) terne; (sonido) étouffé(e); **estar ~** être éteint

apagar vt éteindre; (sed) étancher; **~se** vpr s'éteindre

apagón nm panne f

apalabrar vt (persona) engager; (piso) convenir (verbalement) de

apalear vt rosser

apañar (fam) vt (arreglar) rafistoler; (vestido) raccommoder; **~se** vpr **~se** o **apañárselas (para hacer)** se débrouiller (pour faire)

aparador nm buffet m

aparato nm appareil m; (RADIO, TV) poste m; **~s** nmpl (gimnasia) agrès mpl; **~ de facsímil** télécopieur m; **~ de mando** (AVIAT etc) commandes fpl

aparatoso, -a adj spectaculaire

aparcamiento nm (lugar) parking m; (maniobra) stationnement m

aparcar vt garer ♦ vi se garer

aparearse vpr s'apparier

aparecer vi apparaître; (publicarse) paraître; (ser encontrado) être trouvé(e); **~se** vpr apparaître

aparejado, -a adj: **llevar** o **traer ~** entraîner

aparejador, a nm/f (ARQ) aide-architecte

aparejo nm (de pesca) matériel m (de pêche); (NÁUT) gréement m

aparentar vt (edad) paraître ♦ vi se faire remarquer; **~ hacer** faire semblant de faire

aparente adj apparent(e)

aparezca etc vb ver **aparecer**

aparición nf apparition f; (de libro) parution f

apariencia nf apparence f; **~s** nfpl (aspecto) apparences fpl; **en ~** en apparence; **tener (la) ~ de** avoir l'apparence de; **guardar las ~s** sauver les apparences

apartado, -a adj éloigné(e) ♦ nm paragraphe m, alinéa m; **~ (de correos)** boîte f postale

apartamento *nm* studio *m*

apartar *vt* écarter; *(quitar)* retirer; *(comida, dinero)* mettre de côté; **~se** *vpr* s'écarter

aparte *adv (en otro sitio)* de côté; *(en sitio retirado)* à l'écart; *(además)* en outre ♦ *prep*: **~ de** à part ♦ *nm* aparté *m* ♦ *adj* à part; **~ de que** sans compter que, en plus du fait que

aparthotel *nm* apparthôtel *m*

apasionado, -a *adj* passionné(e); **~ de/por** passionné(e) de/par

apasionar *vt*: **le apasiona el fútbol** c'est un passionné de football; **~se** *vpr* se passionner; **~se por** se passionner pour; *(persona)* être passionnément amoureux(-euse) de; *(deporte, política)* être mordu(e) de

apatía *nf* indolence *f*

apático, -a *adj* apathique

Apdo. *abr* (= *Apartado (de Correos)*) B.P. (= *boîte postale*)

apeadero *nm* (FERRO) halte *f*

apearse *vpr*: **~se (de)** descendre (de)

apechugar *vi*: **~ con algo** se coltiner qch

apedrear *vt* lapider

apegarse *vpr*: **~ a** *(a persona)* s'attacher à; *(a cargo)* prendre à cœur; *nm* **apego a/por** *(objeto)* attachement à

apelación *nf* appel *m*

apelar *vi* **~ a** faire appel à; *(justicia)* avoir recours à

apellidarse *vpr*: **se apellida Pérez** il s'appelle Pérez

apellido *nm* nom *m* de famille

apelmazarse *vpr (masa)* se tasser; *(arroz)* se coller; *(prenda)* rétrécir

apenar *vt* peiner, faire de la peine

à; *(AM: avergonzar)* faire honte à; **~se** *vpr* avoir de la peine; *(AM)* avoir honte

apenas *adv* à peine, presque pas ♦ *conj* dès que; **~ si podía levantarse** c'est à peine s'il pouvait se lever

apéndice *nm* appendice *m*; **apendicitis** *nf* appendicite *f*

aperitivo *nm* apéritif *m*

aperos *nmpl (utensilios)* matériel *msg*; (AGR) matériel agricole

apertura *nf* ouverture *f*; *(de curso)* rentrée *f* (des classes); *(de parlamento)* rentrée parlementaire

apesadumbrar *vt* attrister

apestar *vt* empester ♦ *vi*: **~ (a)** empester; **estar apestado de** être infesté de

apetecer *vt*: **¿te apetece una tortilla?** as-tu envie d'une omelette?; **apetecible** *adj* appétissant(e); *(olor)* agréable; *(objeto)* séduisant(e)

apetito *nm* appétit *m*

apetitoso, -a *adj* alléchant(e)

apiadarse *vpr*: **~ de** s'apitoyer sur

ápice *nm (fig)* summum *m*

apilar *vt* empiler

apiñarse *vpr* se presser

apio *nm* céleri *m*

apisonadora *nf* rouleau *m* compresseur

aplacar *vt* apaiser; *(sed)* étancher; *(entusiasmo)* refroidir; **~se** *vpr* s'apaiser; *(entusiasmo)* se refroidir

aplanar *vt* aplanir

aplastante *adj* écrasant(e)

aplastar *vt* écraser

aplatanarse *vpr (fam)* se ramollir

aplaudir *vt, vi* applaudir

aplauso *nm* applaudissement *m*

aplazamiento *nm* ajournement *m*

aplazar vt (reunión) ajourner

aplicación nf application f;
aplicaciones nfpl applications
fpl

aplicado, -a adj appliqué(e),
studieux(-euse)

aplicar vt mettre en pratique; (ley,
norma) appliquer; **~se** vpr
s'appliquer; **~ (a)** appliquer (à)

aplique vb ver **aplicar** ♦ nm
applique f

aplomo nm aplomb m

apocado, -a adj timoré(e)

apoderado nm (JUR, COM)
mandataire m, fondé m de
pouvoir

apoderarse vpr: **~ de** s'emparer
de, s'approprier

apodo nm surnom m

apogeo nm apogée m

apolillarse vpr (ropa) être
mangé(e) par les mites; (madera)
être vermoulu(e)

apoltronarse vpr se prélasser

apoplejía nf apoplexie f

aporrear vt cogner sur

aportar vt (datos) fournir; (dinero)
apporter; **~se** vpr (AM) arriver

aposento nm appartement m

aposta adv à dessein, exprès

apostar vt (dinero) parier; (tropas)
poster ♦ vi parier; **~se** vpr se
poster; **¿qué te apuestas a
que ...?** on parie combien que
...?

apóstol nm apôtre m

apóstrofo nm apostrophe f

apoyar vt appuyer; **~se** vpr: **~se
en** s'appuyer o reposer sur;
apoyo nm appui m; (fundamento)
fondement m

apreciable adj appréciable

apreciar vt apprécier

aprecio nm estime f; **tener ~
a/sentir ~ por** avoir/ressentir de

l'estime pour

aprehender vt (armas, drogas)
saisir; (persona) appréhender

apremiante adj pressant(e)

apremiar vt, vi presser; **~ a algn
a hacer/para que haga** presser
qn de faire

aprender vt, vi apprendre; **~ de
memoria/de carretilla**
apprendre par cœur

aprendiz, a nm/f apprenti(e);
(recadero) galopin m;
aprendizaje nm apprentissage
m

aprensión nf appréhension f

aprensivo, -a adj
appréhensif(-ive), méfiant(e)

apresar vt (delincuente)
incarcérer; (contrabando) saisir;
(soldado) mettre aux arrêts

apresurado, -a adj (decisión)
hâtif(-ive); (persona) pressé(e)

apresurarse vpr se presser; **~ (a
hacer)** se hâter (de faire)

apretado, -a adj serré(e);
(estrecho de espacio) à l'étroit;
(programa) chargé(e); **íbamos
muy ~s en el autobús** nous
étions à l'étroit dans l'autobus;
vivir ~ vivre à l'étroit

apretar vt serrer; (labios) pincer;
(gatillo, botón) appuyer sur ♦ vi
(calor etc) redoubler; (zapatos,
ropa) serrer, être trop juste; **~ el
paso** presser le pas

apretón nm: **~ de
manos** poignée f de main;
apretones nmpl cohue fsg

aprieto vb ver **apretar** ♦ nm
gêne f, embarras msg; **estar en
un ~** être dans l'embarras; **estar
en ~s** traverser des moments
difficiles

aprisa adv vite

aprisionar vt (poner en prisión)

emprisonner; *(sujetar)* serrer
aprobación *nf* approbation *f*
aprobar *vt (decisión)* approuver; *(examen, materia)* être reçu(e) à ♦ *vi (en examen)* réussir; **~ por mayoría/por unanimidad** approuver à la majorité/à l'unanimité
apropiación *nf* appropriation *f*
apropiado, -a *adj* approprié(e)
apropiarse *vpr:* **~ de** s'approprier, s'emparer de
aprovechado, -a *adj (estudiante)* appliqué(e); *(día, viaje)* bien employé(e) ♦ *nm/f (pey: persona)* profiteur(-euse);
aprovechamiento *nm* exploitation *f*, utilisation *f*
aprovechar *vt* profiter de; *(tela, comida, ventaja)* tirer profit de ♦ *vi* progresser; **~se** *vpr:* **~se de** *(pey)* profiter de; **¡que aproveche!** bon appétit!; **~ la ocasión para hacer** profiter de l'occasion pour faire
aproximación *nf* rapprochement *m;* **con ~** par approximation
aproximado, -a *adj* approximatif(-ive)
aproximarse *vpr* (s')approcher
apruebe *etc vb ver* **aprobar**
aptitud *nf:* **~ (para)** aptitude *f* (pour)
apto, -a *adj:* **~ (para)** apte (à), capable (de); *(apropiado)* qui convient (à)
apuesta *nf* pari *m.*
apuntador *nm (TEATRO)* souffleur *m*
apuntalar *vt* étayer
apuntar *vt (con arma)* viser; *(con dedo)* montrer *o* désigner du doigt; *(datos)* noter; *(TEATRO)* souffler; **~se** *vpr (tanto, victoria)* remporter; *(en lista, registro)* s'inscrire
apunte *nm* croquis *msg;* **~s** *nmpl (ESCOL)* notes *fpl*
apuñalar *vt* poignarder
apurado, -a *adj (necesitado)* dans la gène; *(situación)* difficile, délicat(e); *(AM: con prisa)* pressé(e); **estar ~** *(avergonzado)* être embarrassé(e)
apurar *vt (bebida, cigarrillo)* finir; *(recursos)* épuiser; *(persona: agobiar)* mettre à bout; *(: causar vergüenza a)* mettre dans l'embarras; **~se** *vpr* s'inquiéter; *(esp AM: darse prisa)* se dépêcher
apuro *nm (aprieto, vergüenza)* gène *f*, embarras *msg; (AM: prisa)* hâte *f;* **estar en ~s** *(dificultades)* avoir des ennuis; *(falta de dinero)* être dans la gène
aquejado, -a *adj:* **~ de** *(MED)* atteint(e) de
aquel, aquella *(mpl* **aquellos,** *fpl* **aquellas)** *adj* ce (cette); *(pl)* ces
aquél, aquélla *(mpl* **aquéllos,** *fpl* **aquéllas)** *pron* celui-là (celle-là); *(pl)* ceux-là (celles-là)
aquello *pron* cela; **~ que hay allí** ce qu'il y a là-bas
aquí *adv* ici; **~ abajo/arriba** en bas/là-haut; **~ mismo** ici même; **de ~ en adelante** désormais; **de ~ a siete días** d'ici sept jours; **hasta ~** jusqu'ici; **por ~** par ici
aquietar *vt* apaiser
árabe *adj* arabe ♦ *nm/f* Arabe *m/f* ♦ *nm (LING)* arabe *m*
Arabia *nf* Arabie *f;* **~ Saudí** *o* **Saudita** Arabie saoudite
arado *nm* charrue *f*
Aragón *nm* Aragon *m*
aragonés, -esa *adj* aragonais(e) ♦ *nm/f* Aragonais(e) ♦ *nm (LING)*

aragonais *msg*

arancel *nm* (tb: **~ de aduanas**) tarif *m* douanier

arandela *nf* rondelle *f*; (de vela) bobèche *f*

araña *nf* araignée *f*; (lámpara) lustre *m*

arañar *vt* (herir) griffer; (raspar) érafler; **~se** *vpr* s'égratigner

arañazo *nm* égratignure *f*

arar *vt* labourer

aras *nfpl* (beneficio): **en ~s de** au nom de

arbitraje *nm* arbitrage *m*

arbitrar *vt* arbitrer ♦ *vi* arbitrer

arbitrariedad *nf* arbitraire *m*

arbitrario, -a *adj* arbitraire

arbitrio *nm*: **quedar al ~ de algn** dépendre de la volonté de qn

árbitro, -a *nm/f* arbitre *m*

árbol *nm* arbre *m*; (NÁUT) mât *m*; **~ de Navidad** arbre de Noël

arbolado, -a *adj* boisé(e) ♦ *nm* bois *msg*

arboleda *nf* bois *msg*, bosquet *m*

arbusto *nm* arbuste *m*

arca *nf* coffre *m*

arcada *nf* arcade *f*; **~s** *nfpl* (MED) nausées *fpl*

arcaico, -a *adj* archaïque

arce *nm* érable *m*

arcén *nm* (de autopista) accotement *m*; (de carretera) bas-côté *m*

archipiélago *nm* archipel *m*

archivador *nm* classeur *m*

archivar *vt* archiver; **archivo** *nm* archives *fpl*; **archivo adjunto** fichier *m* joint; **archivo de seguridad** sauvegarde *f*

arcilla *nf* argile *f*

arco *nm* arc *m*; (MÚS) archet *m*; (AM: DEPORTE) but *m*; **~ iris** arc-en-ciel *m*

arder *vi* brûler; **estar que arde**

(fam) bouillir de rage

ardid *nm* ruse *f*

ardiente *adj* ardent(e)

ardilla *nf* écureuil *m*

ardor *nm* ardeur *f*; **con ~** (fig) avec ardeur; **~ de estómago** brûlures *fpl* d'estomac

arduo, -a *adj* ardu(e)

área *nf* (zona) surface *f*; (medida) are *m*; (DEPORTE) zone *f*

arena *nf* sable *m*; **~s movedizas** sables mouvants

arenal *nm* étendue *f* de sable

arengar *vt* haranguer

arenisca *nf* grès *msg*

arenoso, -a *adj* sablonneux(-euse)

arenque *nm* hareng *m*

argamasa *nf* mortier *m*

Argel *n* Alger *m*; **Argelia** *nf* Algérie *f*

argelino, -a *adj* algérien(ne) ♦ *nm/f* Algérien(ne)

Argentina *nf* Argentine *f*

argentino, -a *adj* argentin(e) ♦ *nm/f* Argentin(e)

argolla *nf* anneau *m*; (AM: anillo de matrimonio) alliance *f*

argot (*pl* **~s**) *nm* argot *m*

argucia *nf* argutie *f*

argüir *vt* arguer ♦ *vi* argumenter; **~ que** (alegar) arguer que; (deducir) déduire que

argumentación *nf* argumentation *f*

argumentar *vt* argumenter; (deducir) déduire; **~ que** (alegar) avancer que

argumento *nm* argument *m*; (CINE, TV) scénario *m*

aria *nf* aria *f*

aridez *nf* aridité *f*

árido, -a *adj* aride; **áridos** *nmpl* (AGR) grains *mpl*

Aries *nm* (ASTROL) Bélier *m*; **ser ~**

arisco, -a adj (persona) bourru(e)

aristocracia nf aristocratie f

aristócrata nm/f aristocrate m/f

aritmética nf arithmétique f

arma nf arme f; **~s** nfpl (MIL) armes fpl; **~ blanca** (cuchillo) arme blanche; (espada) épée f; **~ de doble filo** (fig) arme à double tranchant; **~ de fuego** arme à feu

armada nf marine f de guerre; (flota) flotte f

armadillo nm tatou m

armado, -a adj armé(e)

armador nm (NÁUT: dueño) armateur m

armadura nf (MIL) armure f; (TEC, FÍS) armature f; (tejado) charpente f; (de gafas) monture f

armamento nm armement m

armar vt armer; (MEC, TEC) monter; (ruido, escándalo) faire, provoquer; **~se** vpr: **~se (con/de)** s'armer (de); **~la** faire un esclandre; **~se un lío** s'arracher les cheveux

armario nm armoire f; **~ de cocina** garde-manger m inv; **~ empotrado** placard m

armatoste nm (fam) monument m

armazón nf, nm armature f; (ARQ) échafaudage m; (AUTO) châssis msg

armería nf (tienda) armurerie f

armiño nm hermine f; **de ~** d'hermine

armisticio nm armistice m

armonía nf harmonie f

armónica nf harmonica m

armonioso, -a adj harmonieux(-euse)

armonizar vt harmoniser ♦ vi: **~ con** (fig) être en harmonie avec

arneses nmpl (para caballerías) harnais mpl

aro nm cercle m, anneau m; (juguete) cerceau m; (AM: pendiente) anneau

aroma nm arôme m, parfum m

aromático, -a adj aromatique

arpa nf harpe f

arpía nf (fig) harpie f, mégère f

arpillera nf serpillière f

arpón nm harpon m

arquear vt fléchir; **~se** vpr fléchir

arqueología nf archéologie f

arqueólogo, -a nm/f archéologue m/f

arquetipo nm archétype m

arquitecto, -a nm/f architecte m/f; **arquitectura** nf architecture f

arrabal nm faubourg m; (barrio bajo) bas quartiers mpl; **~es** nmpl (afueras) faubourgs mpl

arraigado, -a adj enraciné(e)

arraigar vi prendre racine; (ideas, costumbres) s'enraciner, prendre racine; (persona) s'installer, s'établir; **~se** vpr (costumbre) s'enraciner, prendre racine; (persona) s'installer, s'établir

arrancar vt arracher; (árbol) déraciner; (carteles, colgaduras) retirer; (esparadrapo) enlever; (AUTO) mettre en marche; (INFORM) démarrer ♦ vi (AUTO, máquina) démarrer; **~ de raíz** déraciner

arranque vb ver **arrancar** ♦ nm (AUTO) démarrage m; (fig: arrebato) élan m

arrasar vi (fig) faire un triomphe o tabac (fam)

arrastrado, -a adj misérable; (AM: servil) servile

arrastrar vt traîner; (suj: agua, viento, tb fig) entraîner ♦ vi traîner; **~se** vpr se traîner; **llevar algo arrastrando** traîner qch depuis longtemps

arrastre *nm* remorquage *m*

arre *excl* hue!

arrear *vt* exciter; (*fam*) flanquer

arrebatado, -a *adj* emporté(e), impétueux(-euse); (*cara*) congestionné(e); (*color*) vif (vive)

arrebatar *vt* arracher; **~se** *vpr* s'emporter

arrebato *nm* emportement *m*; **~ de cólera/entusiasmo** élan *m* o mouvement *m* de colère/ d'enthousiasme

arrecife *nm* récif *m*; (*tb:* **~ de coral**) récif de corail

arredrarse *vpr:* **~ (por** *o* **ante algo)** s'effrayer (de qch)

arreglado, -a *adj* (*persona*) soigné(e); (*vestido*) impeccable; (*habitación*) ordonné(e), en ordre

arreglar *vt* ranger, mettre en ordre; (*persona*) préparer; (*algo roto*) réparer, arranger; (*problema*) régler; (*entrevista*) fixer; **~se** *vpr* s'arranger, se régler; (*acicalarse*) se pomponner; **arreglárselas** (*fam*) se débrouiller, s'en sortir; **~se el pelo/las uñas** s'arranger les cheveux/se faire les ongles

arreglo *nm* rangement *m*, ordre *m*; (*acuerdo*) arrangement *m*, accord *m*; (*MÚS*) arrangement *m*; (*de algo roto*) réparation *f*; (*de persona*) toilette *f*, soin *m*; **con ~ a** conformément à

arrellanarse *vpr:* **~ en** (*sillón*) se carrer *o* se prélasser dans

arremangar *vt* relever, retrousser; **~se** *vpr* retrousser ses manches

arremeter *vi:* **~ contra** se jeter à l'assaut de, fondre sur

arrendamiento *nm* location *f*; (*contrato*) bail *m*; (*precio*) loyer *m*

arrendar *vt* louer

arrendatario, -a *nm/f* locataire *m/f*

arreos *nmpl* harnais *msg*

arrepentimiento *nm* repentir *m*

arrepentirse *vpr:* **~ (de)** se repentir (de); **~ de haber hecho algo** se repentir d'avoir fait qch

arrestar *vt* arrêter; (*MIL*) mettre aux arrêts

arresto *nm* arrestation *f*; (*MIL*) arrêts *mpl*; **arrestos** *nmpl* (*audacia*) audace *fsg*; **arresto domiciliario** assignation *f* à domicile

arriar *vt* amener

PALABRA CLAVE

arriba *adv* **1** (*posición*) en haut; **allí arriba** là-haut; **el piso de arriba** l'appartement du dessus; **la parte de arriba** le haut; **desde arriba** d'en haut; **arriba del todo** tout en haut; **Juan está arriba** Juan est en haut; **lo arriba mencionado** ce qui est mentionné ci-dessus

2 (*dirección*) remonter la rue; **río arriba** en amont

3: mirar a algn de arriba abajo regarder qn de haut en bas

♦ *prep:* **arriba de** (*AM*) au-dessus de; **arriba de 30 euros** plus de 30 euros

♦ *excl:* **¡arriba!** (*¡levanta!*) debout!; (*¡ánimo!*) courage!; **¡manos arriba!** haut les mains!; **¡arriba España!** vive l'Espagne!

---

arribar *vi* arriver

arribista *nm/f* arriviste *m/f*

arriendo *vb ver* **arrendar** ♦ *nm* = **arrendamiento**

arriero *nm* muletier *m*

arriesgado, -a *adj* (*peligroso*)

arriesgar vt (acercar): **~ a** approcher de; (dejar de lado) abandonner, laisser tomber; **~se** vpr: **~se a** (acercarse) s'approcher de; (apoyarse) s'appuyer sur

arriesgar vt, **arriesgarse** vpr risquer(e), hasardeux(-euse); (audaz: persona) audacieux(-euse)

arrimar vt (acercar): **~ a** approcher de; (dejar de lado) abandonner, laisser tomber; **~se** vpr: **~se a** (acercarse) s'approcher de; (apoyarse) s'appuyer sur

arrinconar vt (algo viejo) mettre dans un coin, mettre au rebut; (enemigo) acculer

arroba nf (INFORM) arobase f

arrodillarse vpr s'agenouiller

arrogancia nf arrogance f; **arrogante** adj arrogant(e)

arrojar vt (piedras) jeter; (pelota) lancer; (basura) jeter, déverser; (humo) cracher; (persona) chasser, mettre dehors; (COM) totaliser; **~se** vpr se jeter

arrojo nm hardiesse f

arrollador, a adj (éxito) retentissant(e); (fuerza) irrésistible; (mayoría) écrasant(e)

arrollar vt (suj: vehículo) renverser; (DEPORTE) écraser

arropar vt couvrir

arroyo nm ruisseau m; (de la calle) caniveau m

arroz nm riz m; **~ blanco** (CULIN) riz blanc; **~ con leche** riz au lait

arruga nf ride f; (en ropa) pli m

arrugar vt (piel) rider; (ropa, papel) froisser; (ceño, frente) froncer; **~se** vpr se rider; (ropa) se froisser

arruinar vt ruiner; **~se** vpr se ruiner

arrullar vt bercer

arsenal nm (MIL) arsenal m; (NÁUT) chantier m naval

arte nm (gen m en sg y siempre f en pl) art m; (maña) don m; **por**

amor al ~ pour l'amour de l'art; **por ~ de magia** comme par enchantement; **Bellas A~s** Beaux-Arts mpl

artefacto nm engin m, machine f

arteria nf artère f

artesanía nf artisanat m; **de ~** artisanal(e)

artesano, -a nm/f artisan(e)

ártico, -a adj arctique ♦ nm: **el Á~** l'Arctique m

articulación nf articulation f

articulado, -a adj articulé(e)

articular vt articuler

artículo nm article m; **~s** nmpl (COM) articles mpl; **~s de escritorio/tocador** articles de bureau/toilette

artífice nm/f (fig) auteur m

artificial adj artificiel(le); (fig) artificiel(le), forcé(e)

artificio nm appareil m, engin m; (truco) artifice m

artillería nf artillerie f

artilugio nm engin m

artimaña nf (ardid) stratagème m

artista nm/f artiste m/f; **~ de cine** artiste de cinéma; **~ de teatro** comédien(ne)

artístico, -a adj artistique

artritis nf arthrite f

artrosis nf arthrose f

arveja nf (AM: guisante) nf pois msg

arzobispo nm archevêque m

as nm as m; **ser un ~ (de)** (fig) être un as (de)

asa nf anse f

asado nm (carne) rôti m; (CSUR: barbacoa) barbecue m

asaduras nfpl (CULIN) abats mpl

asalariado, -a adj, nm/f salarié(e)

asaltador, a, asaltante nm/f assaillant(e)

asaltar vt (banco etc) attaquer;

(*persona, fig*) assaillir; (MIL) prendre d'assaut; **asalto** *nm* (*a banco*) hold-up *m inv*; (*a persona*) agression *f*; (MIL) assaut *m*; (BOXEO) round *m*

asamblea *nf* (*corporación*) assemblée *f*, rassemblement *m*; (*reunión*) assemblée

asar *vt* rôtir (*au four*), griller (*au feu de bois, au grill*); **~se** *vpr* (*fig*) cuire

asbesto *nm* asbeste *m*

ascendencia *nf* ascendance *f*; **de ~ francesa** d'origine française; **tener ~ sobre algn** avoir de l'ascendant sur qn

ascender *vi* monter; (*en puesto de trabajo*) monter en grade ♦ *vt* faire monter; **~ a** s'élever à; **ascendiente** *nm* ascendant *m*; **ascendientes** *nmpl* ascendants *mpl*

ascensión *nf* ascension *f*; **la A~** (REL) l'Ascension

ascenso *nm* promotion *f*

ascensor *nm* ascenseur *m*

ascético, -a *adj* ascétique

asco *nm*: ¡**qué ~**! (que) c'est dégoûtant!; **el ajo me da ~** j'ai horreur de l'ail; **estar hecho un ~** être dégoûtant(e); **ser un ~** (*clase, libro*) être nul(le); (*película*) être un navet

ascua *nf* braise *f*; **estar en** *o* **sobre ~s** être sur des charbons ardents

aseado, -a *adj* (*persona*) impeccable, bien mis(e); (*casa*) impeccable

asear *vt* (*casa*) arranger; **~se** *vpr* (*persona*) s'arranger, faire sa toilette

asediar *vt* assiéger; (*fig*) assaillir; **asedio** *nm* siège *m*

asegurado, -a *adj, nm/f*

assuré(e)

asegurar *vt* assurer; (*cuerda, clavo*) fixer; (*maleta*) bien fermer; (*afirmar*) assurer, certifier; (*garantizar*) garantir; **~se** *vpr*: **~se (contra)** (COM) s'assurer (contre), prendre une assurance (contre)

asemejarse *vpr*: **~ a** ressembler à

asentado, -a *adj* sensé(e); **estar ~ en** être situé(e) dans *o* sur; (*persona*) être établi(e) à

asentar *vt* (*instalar*) installer; (*asegurar*) assurer; **~se** *vpr* (*persona*) s'établir; (*líquido, polvo*) se déposer

asentir *vi* acquiescer; **~ con la cabeza** acquiescer d'un signe de tête

aseo *nm* hygiène *f*, toilette *f*; **~s** *nmpl* (*servicios*) toilettes *fpl*

aséptico, -a *adj* aseptique

asequible *adj* (*precio*) abordable; (*persona*) accessible, abordable; **~ a** (*comprensible*) accessible à, à la portée de

aserrar *vt* scier

asesinar *vt* assassiner; **asesinato** *nm* assassinat *m*

asesino *nm* assassin *m*

asesor, a *nm/f* conseiller(-ère), consultant(e)

asesorar *vt* (JUR, COM) conseiller; **~se** *vpr*: **~se con** *o* **de** prendre conseil de; **asesoría** *nf* (*cargo*) conseil *m*; (*oficina*) cabinet *m* d'expert-conseil

asestar *vt* (*golpe*) assener; (*tiro*) envoyer

asfalto *nm* bitume *m*

asfixia *nf* asphyxie *f*

asfixiar *vt* (*suj: persona*) asphyxier; (: *calor*) étouffer; **~se** *vpr* être asphyxié(e), être

étouffé(e); **~se de calor** étouffer
de chaleur

asgo etc vb ver **asir**

así adv (de esta manera) ainsi;
(aunque) même si; **~ de grande**
grand(e) comme ça; **~ llamado**
soi-disant, prétendu; **y ~
sucesivamente** et ainsi de
suite; **~ y todo** malgré tout; **¿no
es ~?** n'est-ce pas (vrai)?; **diez
euros o ~** à peu près dix euros;
~ como (también) ainsi que, de
même que; **~ pues** ainsi donc; **~
que** (en cuanto) dès que; (por
consiguiente) donc

Asia nf Asie f

asiático, -a adj asiatique ♦ nm/f
Asiatique m/f

asidero nm anse f

asiduidad nf assiduité f

asiduo, -a adj assidu(e) ♦ nm/f
habitué(e)

asiento vb ver **asentar**; **asentir**
♦ nm siège m; (de silla etc) assise f;
(de cine, tren) place f; (COM)
inscription f; **~ delantero/
trasero** siège avant/arrière

asignación nf attribution f;
(paga) traitement m

asignar vt assigner; (cantidad)
allouer, attribuer

asignatura nf matière f,
discipline f

asilado, -a nm/f (POL) réfugié(e)
politique; (en asilo de ancianos)
pensionnaire m/f

asilo nm asile m; **pedir/dar ~ a**
algn demander/donner asile à qn;
~ político asile politique

asimilación nf assimilation f

asimilar vt assimiler; **~se** vpr:
~se a s'assimiler à

asimismo adv tout autant,
pareillement

asir vt saisir; **~se** vpr: **~se a** o **de**

se saisir de, s'accrocher à

asistencia nf assistance f; (tb: **~
médica**) soins mpl médicaux; **~
social/técnica** assistance
sociale/technique

asistenta nf femme f de ménage

asistente nm/f assistant(e); **los
asistentes** les assistants;
asistente social employé(e)
des services sociaux; (mujer)
assistante sociale

asistido, -a adj (AUTO: dirección)
assisté(e); **~ por ordenador**
assisté par ordinateur

asistir vt (MED) assister, soigner;
(ayudar) assister, secourir ♦ vi: **~
(a)** assister (à)

asma nf asthme m

asno nm âne m

asociación nf association f; **~ de
ideas** association d'idées

asociado, -a adj, nm/f associé(e)

asociar vt associer; **~se** vpr: **~se
(a)** s'associer (à)

asolar vt dévaster, ravager

asomar vt sortir, mettre dehors ♦
vi (sol) poindre, se montrer;
(barco) apparaître; **~se** vpr: **~se
a** o **por** se montrer à, se mettre à

asombrar vt (causar asombro)
étonner, stupéfier; **~se** vpr: **~se (de)**
(sorprenderse) s'étonner (de);
(admirarse) admirer

asombro nm (sorpresa)
étonnement m, stupéfaction f

asombroso, -a adj étonnant(e),
stupéfiant(e)

asomo nm signe m, ombre f; **ni
por ~** pas le moins du monde, en
aucune manière

aspa nf croix fsg de Saint André;
(de molino) aile f

aspaviento nm gestes mpl
outranciers; **hacer ~s** faire des
simagrées

aspecto *nm* aspect *m*, air *m*; (*de salud*) mine *f*; (*fig*) aspect; **tener buen/mal ~** (*persona*) avoir bonne/mauvaise mine

aspereza *nf* rugosité *f*; (*de terreno, carácter*) aspérité *f*

áspero, -a *adj* rugueux(-euse); (*sabor*) âpre

aspersión *nf* aspersion *f*; **riego por ~** arrosage par aspersion

aspiración *nf* aspiration *f*

aspirador *nm* = **aspiradora**

aspiradora *nf* aspirateur *m*

aspirante *nm/f* candidat(e)

aspirar *vt* aspirer ♦ *vi*: **~ a (hacer)** aspirer à (faire)

aspirina *nf* aspirine *f*

asquear *vt* écœurer; **~se** *vpr*: **~se (de)** être dégoûté(e) (de)

asqueroso, -a *adj*, *nm/f* dégoûtant(e)

asta *nf* hampe *f*; **~s** *nfpl* (*ZOOL*) bois *mpl*; **a media ~** en berne

asterisco *nm* astérisque *m*

astigmatismo *nm* astigmatisme *m*

astilla *nf* éclat *m*; (*de leña*) écharde *f*; (*de hueso*) esquille *f*; **~s** *nfpl* (*para fuego*) petit bois *m*

astilleros *nmpl* chantier *m* naval; (*de la Armada*) arsenal *m*

astringente *adj* astringent(e) ♦ *nm* astringent *m*

astro *nm* astre *m*

astrología *nf* astrologie *f*

astronauta *nm/f* astronaute *m/f*

astronave *nf* astronef *m*

astronomía *nf* astronomie *f*

astrónomo, -a *nm/f* astronome *m/f*

astucia *nf* astuce *f*

astuto, -a *adj* astucieux(-euse); (*taimado*) rusé(e)

asumir *vt* assumer

asunción *nf* prise *f* de possession;

la A~ l'Assomption *f*

asunto *nm* (*tema*) sujet *m*; (*negocio*) affaire *f*

asustar *vt* faire peur à; (*ahuyentar*) mettre en fuite; **~se** *vpr*: **~se (de** *o* **por)** avoir peur (de)

atacar *vt* attaquer; (*teoría*) s'attaquer à

atadura *nf* attache *f*, lien *m*; (*impedimento*) entrave *f*, lien

atajar *vt* (*interrumpir*) couper court à, interrompre; (*cortar el paso a*) barrer la route à; (*enfermedad*) enrayer; (*riada, sublevación*) endiguer; (*incendio*) maîtriser ♦ *vi* prendre un raccourci

atajo *nm* raccourci *m*; (*DEPORTE*) plaquage *m*

atañer *vi*: **~ a** (*persona*) concerner; (*gobierno*) incomber à

ataque *vb ver* **atacar** ♦ *nm* (*MIL*) attaque *f*, raid *m*; (*MED*) attaque; (*de ira, nervios, risa*) crise *f*; **~ cardíaco** crise cardiaque

atar *vt* attacher, ligoter; **~se** *vpr* (*zapatos*) attacher; (*corbata*) nouer; **~ cabos** déduire par recoupements

atardecer *vi*: **atardece a las 8** la nuit tombe à 8 h ♦ *nm* tombée *f* du jour; **al ~** à la tombée du jour

atareado, -a *adj* affairé(e)

atascar *vt* boucher; **~se** *vpr* se boucher; (*coche*) s'embourber; (*motor*) se gripper; (*fig: al hablar*) bafouiller; **atasco** *nm* obstruction *f*; (*AUTO*) bouchon *m*

ataúd *nm* cercueil *m*, bière *f*

ataviar *vt* parer; **~se** *vpr* se parer

atavío *nm* toilette *f*

atemorizar *vt* faire peur à; **~se** *vpr*: **~se (de** *o* **por)** s'effrayer (de)

Atenas n Athènes

atención nf attention f ♦ excl attention!; **atenciones** nfpl (amabilidad) attentions fpl, égards mpl; **llamar la ~ a algn** (despertar curiosidad) attirer l'attention de qn; (reprender) rappeler qn à l'ordre; **prestar ~** prêter attention

atender vt (consejos) tenir compte de; (enfermo, niño) s'occuper de, soigner; (petición) accéder à ♦ vi: **~ a** se soucier de; **~ al teléfono** répondre au téléphone; **~ a la puerta** aller ouvrir la porte

atenerse vpr: **~ a** s'en tenir à; **~ a las consecuencias** penser aux conséquences

atentado nm attentat m; (delito) atteinte f, attentat; **~ contra la vida de algn** attentat à la vie de qn; **~ suicida** attentat suicide; **~ terrorista** attentat terroriste

atentamente adv attentivement; **le saluda ~** (en carta) recevez mes salutations distinguées

atentar vi: **~ a** o **contra** (seguridad) attenter à; (moral, derechos) porter atteinte à; **~ contra** (POL) attenter à la vie de, commettre un attentat contre

atento, -a adj attentif(-ive); (cortés) attentionné(e); **~ a** attentif(-ive) à

atenuar vt atténuer; **~se** vpr s'atténuer

ateo, -a adj, nm/f athée m/f

aterido, -a adj: **~ de frío** transi(e)

aterrador, a adj épouvantable, effroyable

aterrar vt effrayer; **~se** vpr: **~se de** o **por** être terrifié(e) par

aterrizaje nm (AVIAT) atterrissage m; **~ forzoso** atterrissage forcé

aterrizar vi atterrir

aterrorizar vt terroriser; **~se** vpr: **~se de** o **por**) être terrorisé(e) (par)

atesorar vt amasser; (fig) accumuler

atestado, -a adj entêté(e) ♦ nm (JUR) procès-verbal m

atestar vt envahir; (JUR) attester

atestiguar vt (JUR) témoigner; (fig: dar prueba de) témoigner de

atiborrar vt envahir; **~se** vpr: **~se (de)** se gaver de

ático nm attique m

atinado, -a adj approprié(e); (sensato) sensé(e)

atinar vi viser juste; (fig) deviner juste; **~ con** o **en** (solución) trouver

atisbar vt épier; (vislumbrar) percevoir

atizar vt (fuego, fig) attiser; (fam: golpe) flanquer

atlántico, -a adj atlantique ♦ nm: **el (Océano) A~** l'(océan m) Atlantique m

atlas nm atlas m

atleta nm/f athlète m/f

atlético, -a adj (competición) d'athlétisme; (persona) athlétique

atletismo nm athlétisme m

atmósfera nf atmosphère f

atolladero nm (fig) impasse f

atómico, -a adj atomique

atomizador nm atomiseur m

átomo nm atome m

atónito, -a adj pantois(e)

atontado, -a adj étourdi(e) ♦ nm/f abruti(e)

atontar vt abrutir; **~se** vpr s'abêtir

atormentar vt tourmenter, torturer; **~se** vpr se tourmenter

atornillar vt visser

atosigar vt empoisonner; **~se**

vpr être obsédé(e)

atracador, a nm/f malfaiteur m

atracar vt (NÁUT) amarrer; (atacar) attaquer à main armée ♦ vi amarrer; **~se** vpr: **~se (de)** se bourrer (de)

atracción nf attirance f; **atracciones** nfpl (diversiones) attractions fpl; **sentir ~ por** éprouver de l'attirance pour; **centro/punto de ~** centre m/ point m d'attraction

atraco nm agression f; (en banco) hold-up m inv

atracón nm: **darse o pegarse un ~ (de)** (fam) s'empiffrer (de), se bourrer (de)

atractivo, -a adj attirant(e) ♦ nm attrait m

atraer vt attirer; **~se** vpr s'attirer

atragantarse vpr: **~ (con)** s'étrangler (avec); **se me ha atragantado el chico ése** je ne peux pas le voir, celui-là; **se me ha atragantado el inglés** l'anglais et moi, ça fait deux

atrancar vt (puerta) barricader; (desagüe) boucher; **~se** vpr (desagüe) se boucher; (mecanismo) se gripper

atrapar vt attraper

atrás adv (posición) derrière, en arrière; (dirección) derrière; **~ de** prep (AM: detrás de) derrière; **años/meses ~** des années/mois auparavant; **días ~** cela fait des jours et des jours; **asiento/parte de ~** siège m/partie f arrière; **marcha ~** marche f arrière; **ir hacia ~** (movimiento) aller en arrière; (dirección) aller derrière; **estar ~** être o se trouver derrière o en arrière; **está más ~** c'est plus loin derrière; (desdecirse) se dédire

atrasado, -a adj (pago) arriéré(e); (país) sous-développé(e); (trabajo) en retard; **el reloj está o va ~** la pendule retarde; **poner fecha atrasada a** antidater

atrasar vi ♦ vt retarder; **~se** vpr (persona) s'attarder; (tren) avoir du retard; (reloj) retarder; **atraso** nm retard m; **atrasos** nmpl (COM) arriérés mpl

atravesar vt traverser; (poner al través) barrer; **~se** vpr se mettre en travers de

atraviese etc vb ver **atravesar**

atrayente adj alléchant(e)

atreverse vpr: **~ a (hacer)** oser (faire)

atrevido, -a adj (audaz) audacieux(-euse); (descarado) insolent(e); (moda, escote) osé(e); **atrevimiento** nm (audacia) audace f; (descaro) insolence f

atribuciones nfpl (POL, ADMIN) attributions fpl

atribuirse vpr s'attribuer

atribular vt affliger; **~se** vpr être affligé(e)

atributo nm attribut m, apanage m

atril nm pupitre m; (MÚS) lutrin m

atrocidad nf atrocité f; **~es** nfpl (disparates) énormités fpl

atropellar vt écraser; **~se** vpr s'embrouiller; **atropello** nm (AUTO) collision f; (contra propiedad, derechos) violation f

atroz adj atroce; (frío) terrible; (hambre) de loup; (sueño) irrésistible; (película, comida) épouvantable

A.T.S. sigla m/f (= Ayudante Técnico Sanitario) infirmier(-ère) m/f

atto., -a. abr (= atento, a) dévoué(e)

atuendo *nm* tenue *f*

atún *nm* thon *m*

aturdir *vt* assommer; (*suj: ruido*) assourdir; (: *vino*) étourdir; (: *droga*) abrutir; (: *noticia*) laisser sans voix; **~se** *vpr* être assourdi(e); (*por órdenes contradictorias*) être décontenancé(e)

atusarse *vpr* se pomponner

audacia *nf* audace *f*; **audaz** *adj* audacieux(-euse)

audible *adj* audible

audición *nf* audition *f*

audiencia *nf* audience *f*

audífono *nm* audiophone *m*

audiovisual *adj* audio-visuel(le)

auditor *nm* (*JUR*) assesseur *m*, (*COM*) commissaire *m* aux comptes

auditorio *nm* auditoire *m*; (*sala*) auditorium *m*

auge *nm* apogée *m*; (*COM, ECON*) essor *m*

augurar *vt* (*suj: hecho*) laisser présager; (: *persona*) prédire

augurio *nm* présage *m*

aula *nf* (*en colegio*) salle *f* de classe, classe *f*; (*en universidad*) salle de cours

aullar *vi* grogner; (*fig: viento*) hurler

aullido *nm* hurlement *m*

aumentar *vt* augmenter; (*vigilancia*) redoubler de; (*FOTO*) agrandir ♦ *vi* augmenter; (*vigilancia*) redoubler de; **aumento** *nm* augmentation *f*; (*vigilancia*) redoublement *m*; **en aumento** (*precios*) en hausse

aun *adv* même; **~ así** même ainsi; **~ cuando** même si

aún *adv* (*todavía*) encore, toujours; **~ no** pas encore, toujours pas; **~ más** encore plus; **¿no ha venido ~?** il n'est pas encore

arrivé?, il n'est toujours pas arrivé?

aunque *conj* bien que, même si

aúpa *adj*: **de ~** (*fam: catarro*) carabiné(e); (: *chica*) bien roulé(e); (: *espectáculo*) sensass

auricular *nm* (*TELEC*) écouteur *m*; **~es** *nmpl* écouteurs *mpl*

aurora *nf* aurore *f*

auscultar *vt* ausculter

ausencia *nf* absence *f*

ausentarse *vpr*: **~ (de)** s'absenter (de)

ausente *adj* absent(e)

auspicio *nm*: **buen/mal ~** bons/mauvais auspices *mpl*; **~s** *nmpl*: **bajo los ~s de** sous les auspices de

austeridad *nf* (*de vida*) austérité *f*; (*de mirada*) sévérité *f*

austero, -a *adj* austère; (*lenguaje*) dépouillé(e)

austral *adj* austral(e) ♦ *nm* (*AM*: 1985-1991) austral *m*

Australia *nf* Australie *f*

australiano, -a *adj* australien(ne) ♦ *nm/f* Australien(ne)

Austria *nf* Autriche *f*

austriaco, -a, austríaco, -a *adj* autrichien(ne) ♦ *nm/f* Autrichien(ne)

auténtico, -a *adj* authentique; (*cuero*) véritable; **es un ~ campeón** c'est un vrai champion

auto *nm* (*coche*) auto *f*; (*JUR*) arrêté *m*; **~s** *nmpl* (*JUR*) pièces *fpl* d'un dossier

autoadhesivo, -a *adj* autocollant(e)

autobiografía *nf* autobiographie *f*

autobús *nm* autobus *m*; **~ de línea** car *m*

autocar *nm* autocar *m*

autóctono, -a *adj* autochtone

autodefensa *nf* autodéfense *f*
autodeterminación *nf* autodétermination *f*
autodidacta *adj, nm/f* autodidacte *m/f*
autoescuela *nf* auto-école *f*
autógrafo *nm* autographe *m*
autómata *nm* (*persona*) automate *m*
automático, -a *adj* automatique ♦ *nm* bouton-pression *m*
automotor, -triz *adj* automoteur(-trice) ♦ *nm* automotrice *f*
automóvil *nm* automobile *f*;
automovilismo *nm* automobilisme *m*;
automovilista *nm/f* (*conductor*) automobiliste *m/f*
automovilístico, -a *adj* (*industria*) automobile
autonomía *nf* autonomie *f*;
(*territorio*) région *f* autonome
autonómico, -a (*ESP*) *adj* (*elecciones*) des communautés autonomes; (*política*) d'autonomie des régions
autónomo, -a *adj* (*POL, INFORM*) autonome
autopista *nf* autoroute *f*; ~ **de peaje** autoroute à péage
autopsia *nf* autopsie *f*
autor, a *nm/f* auteur *m*
autoridad *nf* autorité *f*; **~es** *nfpl* (*POL*) autorités *fpl*; **la ~ política/ judicial** les autorités politiques/ judiciaires; **tener ~ sobre algn** avoir autorité sur qn
autoritario, -a *adj* autoritaire
autorización *nf* autorisation *f*
autorizado, -a *adj* autorisé(e)
autorizar *vt* autoriser; **~ a hacer** autoriser à faire
autoservicio *nm* (*tienda*) libre-service *m*; (*restaurante*) self-service *m*

autostop *nm* auto-stop *m*; **hacer ~** faire de l'auto-stop;
autostopista *nm/f* auto-stoppeur(-euse)
autovía *nf* route *f* à quatre voies
auxiliar *vt* secourir, venir en aide à ♦ *adj* auxiliaire; (*profesor*) suppléant(e) ♦ *nm/f* auxiliaire *m/f*;
auxilio *nm* aide *f*, secours *msg*;
primeros auxilios premiers secours *mpl*
Av. *abr* (= *Avenida*) av. (= *avenue*)
aval *nm* aval *m*
avalancha *nf* avalanche *f*
avance *vb ver* **avanzar** ♦ *nm* (*de tropas*) avance *f*, progression *f*; (*de la ciencia*) progrès *msg*; (*pago*) avance; (*TV: de noticias*) flash *m* (d'information); (*del tiempo*) prévisions *fpl* météorologiques
avanzar *vt* avancer ♦ *vi* avancer, progresser; (*proyecto*) avancer; (*alumno*) avancer, faire des progrès
avaricia *nf* avarice *f*
avaricioso, -a *adj*
avaricieux(-euse)
avaro, -a *adj, nm/f* avare *m/f*
Avda. *abr* (= *Avenida*) av. (= *avenue*)
AVE *sigla m* (= *Alta Velocidad Española*) ≈ TGV *m* (= *train à grande vitesse*)
ave *nf* oiseau *m*; **~ de rapiña** oiseau de proie
avecinarse *vpr* approcher
avellana *nf* noisette *f*; **avellano** *nm* noisetier *m*, coudrier *m*
avemaría *nm* Ave (Maria) *m*
avena *nf* avoine *f*
avenida *nf* avenue *f*; (*de río*) crue *f*
avenirse *vpr* (*personas*) s'entendre; **~se a hacer**

consentir à faire
aventajado, -a adj remarquable
aventajar vt: **~ a algn (en algo)** surpasser qn (en qch)
aventura nf aventure f
aventurado, -a adj
aventureux(-euse)
aventurero, -a adj, nm/f
aventurier(-ère)
avergonzar vt faire honte à; **~se** vpr: **~se de (hacer)** avoir honte de (faire)
avería nf (TEC) panne f, avarie f; (AUTO) panne
averiguación nf enquête f; (descubrimiento) découverte f
averiguar vt enquêter sur; (descubrir) découvrir
aversión nf aversion f
avestruz nm autruche f
aviación nf aviation f
aviador, a nm/f aviateur(-trice)
avidez nf: **~ de** o **por** empressement m à; (pey) avidité f de
ávido, -a adj: **~ de** o **por** avide de
avinagrado, -a adj aigri(e), revêche; (voz) aigre
avión nm avion m
avioneta nf avion m léger
avisar vt (ambulancia, fontanero) appeler; (médico) prévenir; **~ (de)** (advertir) avertir de; (informar) avertir (de), faire part (de); **aviso** nm avis msg; **hasta nuevo aviso** jusqu'à nouvel ordre; **sin previo aviso** sans préavis
avispa nf guêpe f
avispado, -a adj éveillé(e)
avispero nm guêpier m
avituallar vt ravitailler
avivar vt aviver; (paso) presser; **~se** vpr se raviver; (discusión) s'animer
axila nf aisselle f
axioma nm axiome m

ay excl aïe!; (aflicción) hélas!; **¡~ de mí!** pauvre de moi!
aya nf (institutriz) gouvernante f; (niñera) nurse f
ayer adv hier; **antes de ~** avant-hier
ayote nm (MÉX: calabaza) nm courge f
ayuda nf aide f
ayudante, -a nm/f adjoint(e); (ESCOL) assistant(e); (MIL) adjudant m; **~ de clase** aide-éducateur(-trice)
ayudar vt aider; **~ a algn a hacer algo** aider qn à faire qch
ayunar vi jeûner; **ayunas** nfpl: **estar en ayunas** être à jeun; **ayuno** nm jeûne m
ayuntamiento nm municipalité f, mairie f; (edificio) mairie, hôtel m de ville
azabache nm jais msg
azada nf houe f
azafata nf hôtesse f de l'air; (de congreso) hôtesse d'accueil
azafrán nm safran m
azahar nm fleur f d'oranger
azar nm (casualidad) hasard m; **al/por ~** au/par hasard
azoramiento nm trouble m
azorar vt faire honte; **~se** vpr se troubler
Azores nfpl: **las (Islas) ~** les Açores fpl
azotar vt fouetter; **azote** nm coup m de fouet; (a niño) fessée f; (fig) fléau m
azotea nf terrasse f; **andar** o **estar mal de la ~** travailler du chapeau
azteca adj aztèque ♦ nm/f Aztèque m/f
azúcar nm o f sucre m; **~ glaseado** sucre glace
azucarado, -a adj sucré(e)
azucarero, -a adj (industria)

sucrier(-ère); (comercio) du sucre ♦
nm sucrier m

azucena nf lys m

azufre nm soufre m

azul adj bleu(e) ♦ nm bleu m; ~
celeste/marino bleu ciel/
marine

azulejo nm carreau m (au mur)

azuzar vt exciter

B, b

B.A. abr = **Buenos Aires**

baba nf bave f; **caérsele la ~ a**
algn (fig) baver d'admiration

babero nm bavoir m

babor nm: **a** o **por ~** à bâbord

baboso, -a (AM: fam) adj, nm/f
idiot(e), imbécile m/f

baca nf (AUTO) galerie f

bacalao nm morue f

bache nm nid m de poule; (fig)
crise f passagère

bachillerato nm baccalauréat m

bacteria nf bactérie f

báculo nm (bastón) canne f

bádminton nm badminton m

bagaje nm (de ejército) barda m

Bahama nfpl: **las (Islas) ~s** les
(îles) Bahamas fpl

bahía nf baie f

bailar vt danser; (peonza, trompo)
faire tourner ♦ vi danser; (peonza,
trompo) tourner

bailarín, -ina nm/f
danseur(-euse)

baile nm danse f; (fiesta) bal m;
baile de disfraces bal masqué;
baile flamenco danse flamenca

baja nf baisse f; (MIL) perte f;
(empleado) congédier qn; **darse**
de ~ (de trabajo) démissionner;
(por enfermedad) se faire porter
malade; (de club) se retirer

bajada nf baisse f; (declive,
camino) pente f

bajar vi descendre; (temperatura,
precios, calidad) baisser ♦ vt
baisser; (escalera, maletas)
descendre; (INFORM) télécharger;
~se vpr: **~se de** descendre de;
los coches han bajado de
precio le prix des voitures a
baissé

bajeza nf bassesse f

bajío (AM) nm banc m de sable

bajo, -a adj (persona, animal)
petit(e); (ojos) baissé(e); (sonido)
faible ♦ adv bas ♦ prep sous; (en
edificio) rez-de-chaussée m inv;
hablar en voz baja parler à voix
basse; **~ la lluvia** sous la pluie

bajón nm chute f; (de salud)
aggravation f; **dar** o **pegar un ~**
(fam) chuter

bakalao nm (fam) techno f

bala nf (proyectil) balle f; **como**
una ~ comme l'éclair

balance nm (COM) bilan m;
hacer ~ de faire le point de

balancear vt (suj: viento, olas)
balancer; **~se** vpr se balancer;

balanceo nm balancement m

balanza nf balance f; ~
comercial balance commerciale;
~ de pagos balance des
paiements

balar vi bêler

balaustrada nf balustrade f; (en
escalera) rampe f

balazo nm (disparo) coup m de
feu; (herida) blessure f par balle

balbucear vi, vt balbutier;

balbuceo nm balbutiement m

balcón nm balcon m

balde nm (esp AM) seau m; **de ~**
gratis; **en ~** en vain

baldío, -a adj en friche; (esfuerzo,
ruego) vain(e)

baldosa nf (para suelos) carreau m; (azulejo) petit carreau en faïence

baldosín nm (de pared) petit carreau en faïence

Baleares nfpl: **las (Islas) ~** les (îles) Baléares fpl

balido nm bêlement m

baliza nf (AVIAT, NÁUT) balise f

ballena nf baleine f

ballet (pl ~s) nm ballet m

balneario, -a adj: **estación balnearia** station f balnéaire ♦ nm station f balnéaire

balón nm ballon m

baloncesto nm basket-ball m

balonmano nm hand-ball m

balonvolea nm volley-ball m

balsa nf (NÁUT) radeau m; (charca) mare f

bálsamo nm baume m

baluarte nm (de muralla) rempart m

bambolearse vpr osciller; (persona) tituber

bambú nm bambou m

banana (AM) nf banane f; **banano** (AM) nm bananier m

banca nf (AM: asiento) banc m; (COM) banque f

bancario, -a adj bancaire

bancarrota nf faillite f; (fraudulenta) banqueroute f; **hacer ~** faire faillite

banco nm banc m; (de carpintero) établi m; (COM) banque f; **~ de arena** banc de sable; **~ de crédito** établissement m de crédit; **~ de datos** (INFORM) banque de données

banda nf (MÚS) fanfare f; (para el pelo) ruban m; **fuera de ~** (DEPORTE) en touche; **~ ancha** (INFORM) haut débit m; **~ de sonido** bande sonore; **~ sonora**

(CINE) bande son

bandada nf (de pájaros) volée f; (de peces) banc m

bandazo nm: **dar ~s** (coche) faire des embardées

bandeja nf plateau m

bandera nf drapeau m; **izar (la) ~** hisser les couleurs; **arriar la ~** amener les couleurs; **jurar ~** prêter serment au drapeau

banderilla nf (TAUR) banderille f

banderín nm (para la pared) fanion m

bandido nm bandit m

bando nm arrêt m; (facción) faction f

bandolera nf (bolso) cartouchière f; **llevar en ~** porter en bandoulière

bandolero nm brigand m

banquero nm banquier m

banqueta nf banquette f; (AM) trottoir m

banquete nm banquet m; **~ de bodas** repas msg de noces

banquillo nm (JUR) banc m des accusés

bañador nm maillot m de bain

bañar vt baigner; **~se** se baigner; (en la bañera) prendre un bain; **bañado en** baigné(e) de; **~ en** o **de** (de pintura) enduire de; (chocolate) enrober de

bañera nf baignoire f

bañero nm maître-nageur m

bañista nm/f baigneur(-euse)

baño nm bain m; (en río, mar, piscina) baignade f; (cuarto) salle f de bains; (bañera) baignoire f; (capa) couche f; **~ (de) María** bain-marie m

bar nm bar m; **ir de ~es** faire la tournée des bars

barahúnda nf tapage m

baraja nf jeu m de cartes;

barajar vt battre; (fig) envisager; (datos) brasser

baranda, **barandilla** nf (en escalera) rampe f; (en balcón) balustrade f

baratija nf babiole f

baratillo nm friperie f

barato, -a adj bon marché inv ♦ adv bon marché

baraúnda nf = **barahúnda**

barba nf barbe f; (mentón) menton m; **salir algo a 30 euros por ~** (fam) revenir à 30 euros par tête de pipe; **con ~ de tres días** avec une barbe de trois jours

barbacoa nf barbecue m

barbaridad nf atrocité f; (imprudencia, temeridad) témérité f; **come una ~** (fam) il mange énormément; **¡qué ~!** (fam) quelle horreur!

barbarie nf barbarie f

bárbaro, -a adj barbare; (fam: estupendo) sensass; (éxito) monstre ♦ nm/f (pey: salvaje) barbare m/f ♦ adv: **lo pasamos ~** (fam) ça a été génial; **¡qué ~!** c'est formidable!

barbero nm barbier m, coiffeur m

barbilla nf collier m (de barbe)

barbo nm barbeau m

barbotar, **barbotear** vt, vi bredouiller

barbudo, -a adj barbu(e)

barca nf barque f; **~ pesquera** barque de pêche; **barcaza** nf péniche f

Barcelona n Barcelone

barcelonés, -esa adj barcelonais(e)

barco nm bateau m; (buque) bâtiment m; **~ de carga** cargo m; **~ de guerra** bateau de guerre; **~ de vela** bateau à voiles

baremo nm barème m

barítono nm baryton m

barman nm inv barman m

barniz nm vernis msg; **~ de uñas** vernis à ongles; **barnizar** vt vernir

barómetro nm baromètre m

barquero nm barreur m

barquillo nm (dulce) cornet m

barra nf barre f; (de un bar, café) comptoir m; (de pan) pain m long; **~ de labios** bâton m de rouge à lèvres; **~ libre** (en bar) boissons fpl à volonté

barraca nf baraque f; (en feria) stand m

barranco nm précipice m; (rambla) fossé m

barrenar vt forer

barreno nm mine f

barrer vt balayer; (niebla, nubes) dissiper

barrera nf barrière f; (obstáculo) obstacle m; **~ del sonido** mur m du son

barriada nf quartier m

barricada nf barricade f

barrida nf, **barrido** nm balayage m

barriga nf panse f, ventre m; **rascarse o tocarse la ~** (fam) se tourner les pouces; **echar ~** prendre du ventre

barrigón, -ona, barrigudo, -a adj bedonnant(e)

barril nm baril m; **cerveza de ~** bière f pression

barrio nm quartier m; (en las afueras) faubourg m; **~ chino** quartier des prostituées

barro nm boue f; (arcilla) terre f (glaise)

barroco, -a adj baroque ♦ nm baroque m

barrote nm (de ventana etc)

barreau m

barruntar vt (conjeturar) deviner; (presentir) pressentir

bartola: **a la ~** adv: **tirarse** o **tumbarse a la ~** prendre ses aises

bártulos nmpl attirail m

barullo nm tohu-bohu m inv; (desorden) pagaille f

basar vt: **~ algo en** (fig) fonder qch sur; **~se** vpr: **~se en** se fonder sur

báscula nf bascule f

base nf base f ♦ adj (color, salario) de base; **a ~ de** (mediante) grâce à; **~ de datos** (INFORM) base de données; **~ de operaciones** base d'opérations; **~ imponible** (FIN) assiette f de l'impôt

básico, -a adj (elemento, norma, condición) de base

basílica nf basilique f

| PALABRA CLAVE |

bastante adj 1 (suficiente) assez de; **bastante dinero** assez d'argent; **bastantes libros** assez de livres

2 (valor intensivo) **bastante gente** pas mal de gens ♦ adv 1 (suficiente) assez; **¿hay bastante?** il y en a assez?; (lo) **bastante inteligente (como) para hacer algo** assez intelligent pour faire qch

2 (valor intensivo) **bastante rico** assez riche; **voy a tardar bastante** je serai assez long

bastar vi suffire; **¡basta!** ça suffit!; **me basta con 5** 5 me suffisent; **me basta con ir** il me suffit d'aller; **basta (ya) de ...** arrêtez de ...

bastardilla nf (TIP) italique m

bastardo, -a adj, nm/f bâtard(e)

bastidor nm (de costura) métier m à broder; **entre ~es** en coulisse

basto, -a adj rustre; (tela) grossier(-ière); **~s** nmpl (NAIPES) l'une des quatre couleurs du jeu de cartes espagnol

bastón nm (cayado) canne f; (tb: ~ de esquí) bâton m de ski

bastoncillo nm (de algodón) bâtonnet m

basura nf ordures fpl; (tb: cubo de la ~) boîte f à ordures

basurero nm (persona) éboueur m; (lugar) décharge f

bata nf robe f de chambre; (MED, TEC, ESCOL) blouse f

batalla nf bataille f; **de ~** de tous les jours; **~ campal** bataille rangée

batallar vi batailler

batallón nm bataillon m

batata nf (AM: BOT, CULIN) patate f douce

batería nf batterie f ♦ nm/f (persona) batteur m; **aparcar/estacionar en ~** se garer/stationner en épi; **~ de cocina** batterie de cuisine

batido, -a adj (camino) battu(e); (mar) agité(e) ♦ nm (de chocolate, frutas) milk-shake m

batidora nf mixeur m

batir vt battre ♦ vi: **~ (contra)** battre (contre); **~ palmas** battre des mains

batuta nf (MÚS) baguette f; **llevar la ~** mener la danse

baúl nm malle f

bautismo nm (REL) baptême m

bautizar vt baptiser; **bautizo** nm baptême m

bayeta nf (para limpiar) chiffon m

à poussière
bayoneta nf baïonnette f
baza nf (NAIPES) pli m; (fig) atout m; **meter ~** mettre son grain de sel
bazar nm (comercio) bazar m
bazofia nf: **es una ~** c'est infect
beato, -a adj, nm/f (pey) bigot(e)
bebé (pl ~s) nm bébé m
bebedor, a adj, nm/f (fam) buveur(-euse)
beber vt, vi boire
bebida nf boisson f
bebido, -a adj ivre
beca nf bourse f
becario, -a nm/f boursier(-ière)
bedel nm (ESCOL, UNIV) appariteur m
béisbol nm base-ball m
Belén nm Bethléem; **belén** nm crèche f
belga adj belge ♦ nm/f Belge m/f
Bélgica nf Belgique f
bélico, -a adj (armamento, preparativos) de guerre; (conflicto) armé(e); (actitud) belliqueux(-euse)
beligerante adj belligérant(e)
belleza nf beauté f
bello, -a adj beau (belle); **Bellas Artes** beaux-arts mpl
bellota nf gland m
bemol nm bémol m
bencina (CHI) nf (gasolina) essence f
bendecir vt: ~ **la mesa** bénir la table
bendición nf bénédiction f; **ser una ~** être une bénédiction
bendito, -a pp de **bendecir** ♦ adj bénit(e) ♦ nm/f brave homme/femme; (ingenuo) benêt m; **¡~ sea Dios!** Dieu soit loué!
beneficencia nf (tb: ~ **pública**) assistance f publique
beneficiar vt profiter à

beneficiario, -a nm/f bénéficiaire m/f
beneficio nm (bien) bienfait m; (ganancia) bénéfice m; **a/en ~ de** au bénéfice de; **sacar ~ de** tirer profit de
beneficioso, -a adj salutaire; (ECON) rentable
benéfico, -a adj (organización, festival) de bienfaisance
benevolencia nf bienveillance f
benévolo, -a adj bienveillant(e)
benigno, -a adj bienveillant(e); (clima) clément(e); (resfriado, MED) bénin (bénigne)
berberecho nm coque f
berenjena nf aubergine f
Berlín n Berlin
Bermudas nfpl: **las (islas) ~** les (îles) Bermudes fpl
bermudas nfpl o nmpl bermuda msg
berrear vi mugir; (niño) brailler
berrido nm mugissement m; (niño) braillement m
berrinche (fam) nm petite colère f; (disgusto) rogne f
berro nm cresson m
berza nf chou m
besamel nf béchamel f
besar vt embrasser; **~se** vpr s'embrasser; **beso** nm baiser m
bestia nf bête f; (fig) brute f; **mala ~** peau de vache; **~ de carga** bête de somme
bestial adj (inhumano) bestial(e); (fam: calor) accablant(e); (error) aberrant(e); **bestialidad** nf bestialité f; (fam) énormité f
besugo nm daurade f; (fam) bourrique f
betún nm cirage m
biberón nm biberon m
Biblia nf Bible f
bibliografía nf bibliographie f

biblioteca nf bibliothèque f; **~ de consulta** bibliothèque de consultation
bibliotecario, -a nm/f bibliothécaire m/f
bicarbonato nm bicarbonate m
bicho nm bestiole f; (fam) bête f
bici (fam) nf vélo m
bicicleta nf bicyclette f
bidé nm bidet m
bidón nm bidon m

PALABRA CLAVE
---

bien nm **1** bien m; **te lo digo por tu bien** je te le dis pour ton bien; **el bien y el mal** (moral) le bien et le mal
2 bienes nmpl (posesiones) biens mpl; **bienes de consumo** biens de consommation; **bienes inmuebles/muebles** biens immeubles/meubles; **bienes raíces** biens-fonds mpl
♦ adv **1** (de manera satisfactoria, correcta) bien; **trabaja/come bien** il travaille/mange bien; **huele bien** cela sent bon; **sabe bien** cela a bon goût; **contestó bien** il a bien répondu; **lo pasamos muy bien** nous nous sommes bien amusés; **hiciste bien en llamarme** tu as bien fait de m'appeler; **no me siento bien** je ne me sens pas bien
2: estar bien: estoy muy bien aquí je suis très bien ici; **¿estás bien?** ça va (bien)?; **ese libro está muy bien** ce livre est très bien, c'est un très bon livre; **está bien que vengan** c'est bien qu'ils viennent; **está bien! lo haré** c'est bon! je le ferai
3 (de buena gana): **yo bien que iría pero ...** moi, j'irais bien, mais ...

4 (ya): **bien se ve que ... ~** on voit bien que ...
5: no quiso o bien no pudo venir il n'a pas voulu venir, ou plutôt il n'a pas pu
♦ excl (aprobación) bien!; **¡muy bien!** très bien!
♦ adj inv (matiz despectivo): **niño bien** fils msg de bonne famille; **gente bien** gens mpl bien
♦ conj **1: bien ... bien: bien en coche bien en tren** soit en voiture soit en train
2: no bien (esp AM): **no bien llegue te llamaré** dès que j'arrive, je t'appelle
3: si bien si; ver tb **más**

bienal adj biennal(e)
bienestar nm bien-être m
bienhechor, a adj, nm/f bienfaiteur(-trice)
bienvenida nf bienvenue f; **dar la ~ a algn** souhaiter la bienvenue à qn
bienvenido, -a adj: **~ (a)** bienvenu(e) (à) ♦ excl bienvenue!
bife (AM) nm bifteck m
bifurcación nf bifurcation f
bigamia nf bigamie f
bigote nm (tb: **~s**) moustache f
bigotudo, -a adj moustachu(e)
bikini nm bikini m
bilateral adj bilatéral(e)
bilbaíno, -a adj de Bilbao ♦ nm/f natif(-ive) o habitant(e) de Bilbao
bilingüe adj bilingue
billar nm billard m; **~ americano** billard américain
billete nm billet m; (en autobús, metro) ticket m; **medio ~** demi-tarif; **~ de ida** aller m simple; **~ de ida y vuelta** aller-retour m; **~ electrónico** billet électronique

billetera nf, **billetero** nm
portefeuille m
billón nm billion m
bimensual adj bimensuel(le)
biodegradable adj
biodégradable
biodiversidad nf biodiversité f
biografía nf biographie f
biología nf biologie f
biológico, -a adj biologique;
(cultivo, producto) bio(logique)
biólogo, -a nm/f biologiste m/f
biombo nm paravent m
biopsia nf biopsie f
bioterrorista nm/f bioterroriste
m/f
biquini nm = bikini
Birmania nf Birmanie f
birria nf: **ser una** ~ être un(e)
rien du tout; (película) être un
navet; (libro) être un torchon
bis adv bis; **viven en el 27** ~ ils
habitent au 27 bis; **artículo 47**
~ article 47 bis
bisabuelo, -a nm/f arrière-
grand-père (arrière-grand-mère)
bisagra nf charnière f
bisiesto, -a adj ver **año**
bisnieto, -a nm/f arrière-petit-fils
(arrière-petite-fille)
bisonte nm (ZOOL) bison m
bisté, bistec (pl **bistés**) nm
bifteck m
bisturí (pl ~es) nm bistouri m
bisutería nf bijoux mpl en toc
bit nm (INFORM) bit m
bizco, -a adj qui louche ♦ nm/f
personne f qui louche
bizcocho nm biscuit m
bizquear vi loucher
blanca nf: **estar sin** ~ être
fauché(e)
blanco, -a adj blanc (blanche) ♦
nm/f (individuo) Blanc (Blanche) ♦
nm blanc m; (MIL) cible f; **cheque**

en ~ chèque m en blanc; **noche**
en ~ nuit f blanche; **dar en el** ~
faire mouche; **quedarse en** ~
(mentalmente) avoir un trou; **ser**
el ~ **de las burlas** être l'objet des
railleries; ~ **del ojo** blanc m de l'œil
blancura nf blancheur f
blandir vt brandir
blando, -a adj mou (molle);
(padre, profesor) indulgent(e);
(carne, fruta) tendre; **blandura** nf
mollesse f; (de padre, profesor)
indulgence f
blanquear vt blanchir
blanquecino, -a adj blanchâtre;
(luz) blafard(e)
blasfemar vi: ~ (**contra**)
blasphémer (contre); **blasfemia**
nf blasphème m
blasón nm blason m
bledo nm: (**no**) **me importa un** ~
ça ne me fait ni chaud ni froid
blindado, -a adj blindé(e);
coche (ESP) o **carro** (AM) ~
véhicule m blindé
blindaje nm blindage m
bloc (pl ~**s**) nm bloc-notes msg;
(cuaderno) bloc m
blog (pl ~**s**) nm blog m
bloque nm bloc m; (de noticias)
rubrique f en ~ en bloc
bloquear vt bloquer; (MIL) faire le
blocus de
bloqueo nm blocage m; (MIL) blocus
msg; **bloqueo mental** blocage
blusa nf blouse f; (de mujer)
chemisier m
boa nf boa m
boato nm faste m
bobada nf sottise f; **decir** ~**s**
dire des bêtises
bobina nf bobine f
bobo, -a adj (tonto) sot (sotte) ♦
nm/f sot (sotte); **hacer el** ~ faire
le pitre

boca nf bouche f; (de animal carnívoro, horno) gueule f; (de vasija) bec m; ~ **abajo** sur le ventre; ~ **arriba** sur le dos; **hacerle a algn el** ~ **a** ~ faire du bouche à bouche à qn; **se me hace la** ~ **agua** j'en ai l'eau à la bouche; **quedarse con la** ~ **abierta** en rester bouche bée; ~ **de dragón** (BOT) gueule-de-loup f; ~ **de incendios** bouche d'incendie; ~ **de metro** bouche de métro

bocacalle nf: **una** ~ **de la avenida** une rue qui donne dans l'avenue

bocadillo nm sandwich m

bocado nm bouchée f; (mordisco) coup m de dent

bocajarro: a ~ adv à brûle-pourpoint

bocanada nf bouffée f; (de líquido) gorgée f

bocata (fam) nm casse-croûte m inv

bocatería nf sandwicherie f

boceto nm esquisse f; (plano) ébauche f

bochorno nm (vergüenza) honte f; (color): **hace** ~ il fait lourd

bochornoso, -a adj (día) lourd(e); (situación) orageux(-euse)

bocina nf (AUTO) klaxon m; **tocar la** ~ klaxonner

boda nf (tb: ~**s**) noce f, mariage m; (fiesta) noce f; ~**s de oro** noces fpl d'or; ~**s de plata** noces d'argent

bodega nf (de vino) cave f; (establecimiento) marchand m de vin; (de barco) cale f

bodegón nm taverne f; (ARTE) nature morte f

bofe nm (tb: ~**s**: de res) mou m

bofetada nf gifle f; **bofetón** nm

= **bofetada**

boga nf: **en** ~ en vogue

bogar vi ramer

Bogotá n Bogota

bohemio, -a adj, nm/f bohémien(ne)

boicot (pl ~**s**) nm boycott m; **hacer el** ~ **a** boycotter; **boicotear** vt boycotter; **boicoteo** nm boycottage m

boina nf béret m

bola nf boule f; (canica) bille f; (pelota) balle f, ballon m; (fam) bobard m; (AM: rumor) rumeur f; ~**s** nfpl (AM: CAZA) bolas fpl; ~ **de billar** boule de billard; ~ **de nieve** boule de neige; ~ **del mundo** globe m terrestre

boleadoras (AM) nfpl bolas fpl

bolera nf bowling m

boleta (AM) nf (billete) laissez-passer m inv; (permiso) bon m; (cédula para votar) bulletin m de vote

boletería (AM) nf (taquilla) guichet m

boletín nm bulletin m; ~ **informativo** o **de noticias** informations fpl

boleto nm billet m; ~ **electrónico** (AM) billet électronique

boli (fam) nm stylo m

bolígrafo nm stylo bille m, stylo m à bille

bolívar nm bolivar m

Bolivia nf Bolivie f

boliviano, -a adj bolivien(ne) ♦ nm/f Bolivien(ne)

bollería nf viennoiserie f

bollo nm petit pain m; (de bizcocho) brioche f; (abolladura) bosse f

bolo nm quille f ♦ adj (CAM, CU, MÉX) ivre, soûl(e); **(juego de)** ~**s**

(jeu m de) quilles fpl
bolsa nf sac m, poche f; (tela)
sacoche f; (AM: bolsillo) poche; ~
de agua caliente bouillotte f; ~
de la compra panier m de la
ménagère; ~ **de papel/plástico**
sac en papier/plastique
bolsillo nm poche f; **de ~** de
poche
bolsista nm/f (FIN) agent m de
change
bolso nm sac m; (de mujer) sac à
main
bomba nf (MIL) bombe f; (TEC)
pompe f ♦ adj (fam): **noticia ~**
nouvelle f sensationnelle ♦ adv
(fam): **pasarlo ~** s'amuser
comme un fou o des petits fous; ~
atómica bombe atomique; ~ **de
agua/de gasolina/de
incendios** pompe à eau/à
essence/à incendie; ~ **de efecto
retardado/de neutrones**
bombe à retardement/à neutrons
bombardear vt bombarder; ~ **a
preguntas** bombarder de
questions; **bombardeo** nm
bombardement m
bombear vt (agua) pomper;
(DEPORTE) lober
bombero nm pompier m
bombilla nf ampoule f
bombín nm pompe f à vélo
bombo nm (MÚS) grosse caisse f;
dar ~ a (a persona) ne pas tarir
d'éloges sur; (asunto) faire du
tam-tam autour de
bombón nm (CULIN) crotte f de
chocolat, chocolat m
bombona nf bouteille f
bonachón, -ona adj bon enfant
inv ♦ nm/f bonne pâte f
bonanza nf (NÁUT) bonace f
bondad nf bonté f; **tenga la ~
de** veuillez avoir l'amabilité de

bondadoso, -a adj bon (bonne)
bonificación nf bonification f
bonito, -a adj joli(e) ♦ nm (atún)
thon m
bono nm bon m
bonobús nm (ESP) carte de
transport (en autobus urbain)
boquerón nm anchois msg
boquete nm brèche f
boquiabierto, -a adj:
quedarse ~ en rester bouche
bée; **nos dejó ~s** nous sommes
restés bouche bée
boquilla nf (para cigarro) fume-
cigarette m; (MÚS) bec m
borbotón nm: **salir a
borbotones** jaillir à gros
bouillons
borda nf (NÁUT) bord m
bordado nm broderie f
bordar vt broder
borde nm bord m; **al ~ de** (fig)
au bord de; **ser ~** (ESP: fam) ne
pas se prendre pour n'importe
qui; **bordear** vt longer
bordillo nm (en acera) bord m;
(en carretera) accotement m
borla nf gland m; (para polvos)
houppette f
borracho, -a adj (persona)
soûl(e), saoul(e); (: por costumbre)
ivrogne ♦ nm/f (habituellement)
ivrogne m/f; **bizcocho ~** baba m
au rhum
borrador nm (de escrito, carta)
brouillon m; (goma) gomme f
borrar vt gommer; (de lista)
barrer; **~se** vpr (de club,
asociación) quitter
borrasca nf tempête f
borrico, -a nm/f âne (ânesse);
(fig) bourrique f
borrón nm tache f d'encre
borroso, -a adj flou(e); (escritura)
indécis(e)

bosque nm bois msg, forêt f
bosquejo nm ébauche f, esquisse f
bostezar vi bâiller; **bostezo** nm bâillement m
bota nf botte f; (de vino) gourde f; ~s de agua o goma bottes fpl en caoutchouc
botánica nf botanique f
botánico, -a adj botanique ♦ nm/f botaniste m/f
botar vt (balón) faire rebondir; (NÁUT) lancer, mettre à la mer; (fam) mettre à la porte; (esp AM: fam) jeter, balancer ♦ vi (persona) bondir; (balón) rebondir
bote nm bond m; (tarro) pot m; (lata) boîte f de conserve; (embarcación) canot m; **de ~ en ~** plein à craquer; **dar un ~** laisser un pourboire; **~ de la basura** (AM) poubelle f; **~ salvavidas** canot de sauvetage
botella nf bouteille f; **~ de oxígeno** bouteille d'oxygène
botellín nm petite bouteille f
botica nf pharmacie f
boticario, -a nm/f pharmacien(ne)
botijo nm cruche f
botín nm (calzado) bottine f; (MIL, de atraco, robo) butin m
botiquín nm armoire f à pharmacie; (portátil) trousse f à pharmacie; (enfermería) infirmerie f
botón nm bouton m; **~ de arranque** (AUTO) démarreur m; **~ de oro** bouton d'or
botones nm inv groom m
bóveda nf (ARQ) voûte f; **~ celeste** voûte céleste
boxeador, a nm/f boxeur m
boxear vi boxer
boxeo nm boxe f
boya nf (NÁUT) bouée f; (en red) flotteur m

boyante adj (negocio) prospère
bozal nm (de perro) muselière f
bracear vi agiter les bras; (nadar) nager la brasse
bracero, -a nm/f journalier(-ière)
bragas nfpl culotte f
bragueta nf braguette f
braille nm braille m
bramar vi (toro, viento, mar) mugir; (venado) bramer; (elefante) barrir; **bramido** nm (de toro, viento, lluvia) mugissement m; (del venado) bramement m; (del elefante) barrissement m; (de persona) hurlement m
brasa nf braise f; **a la ~** (carne, pescado) braisé(e)
brasero nm (para los pies) brasero m
Brasil nm Brésil m
brasileño, -a adj brésilien(ne) ♦ nm/f Brésilien(ne)
braveza nf férocité f; (valor) bravoure f
bravío, -a adj féroce
bravo, -a adj (soldado) vaillant(e); (animal: feroz) féroce; (: salvaje) sauvage; (toro) de combat; (mar) déchaîné(e); (terreno) accidenté(e); (AM: fam) en colère ♦ excl bravo!; **bravura** nf (de persona) bravoure f; (de animal) férocité f
braza nf: **nadar a (la) ~** nager la brasse
brazada nf brasse f; (de hierba, leña) brassée f
brazalete nm bracelet m; (banda) brassard m
brazo nm bras msg; **ir del ~** se donner le bras; **tener/llevar en ~s a algn** tenir/prendre qn dans ses bras
brea nf brai m
brebaje nm breuvage m

brecha *nf* brèche *f*; *(en la cabeza)* blessure *f*; **hacer** *o* **abrir ~ en** faire impression sur

breva *nf* figue *f* fraîche

breve *adj (pausa, encuentro, discurso)* bref (brève); **en ~** d'ici peu; *(en pocas palabras)* en bref;

brevedad *nf* brièveté *f*

brezal, brezo *nm* bruyère *f*

bribón, -ona *nm/f* fripouille *f*; *(pillo)* coquin(e)

bricolaje *nm* bricolage *m*

brida *nf* bride *f*; **a toda ~** à bride abattue

bridge *nm (NAIPES)* bridge *m*

brigada *nf* brigade *f* ♦ *nm (MIL)* brigadier *m*

brillante *adj* brillant(e) ♦ *nm (joya)* brillant *m*

brillar *vi* briller

brillo *nm* éclat *m*; **dar** *o* **sacar ~ a** faire reluire

brincar *vi (persona, animal)* bondir

brinco *nm (salto)* bond *m*; **dar** *o* **pegar un ~** faire un bond

brindar *vi*: **~ a** *o* **por** porter un toast à ♦ *vt (oportunidad, amistad)* offrir; **~se** *vpr*: **~se a hacer algo** s'offrir pour faire qch

brindis *nm inv (al beber, frase)* toast *m*; *(TAUR)* hommage *m*

brío *nm (tb: ~s)* énergie *f*, brio *m*; **con ~** avec brio

brisa *nf* brise *f*

británico, -a *adj* britannique ♦ *nm/f* Britannique *m/f*

brizna *nf* brin *m*; *(paja)* fétu *m*

broca *nf (TEC)* foret *m*

brocal *nm* margelle *f*

brocha *nf (de pintar)* brosse *f*; *(de afeitar)* blaireau *m*

broche *nm (en vestido)* agrafe *f*; *(joya)* broche *f*

broma *nf* plaisanterie *f*; **de** *o* **en**

~ pour rire; **gastar una ~ a algn** faire une blague à qn; **~ pesada** plaisanterie *f* de mauvais goût; **bromear** *vi* plaisanter

bromista *adj, nm/f* farceur(-euse)

bronca *nf* dispute *f*; **buscar ~** chercher querelle

bronce *nm* bronze *m*

bronceado, -a *adj* bronzé(e) ♦ *nm* bronzage *m*

bronceador, a *adj* solaire ♦ *nm* produit *m* solaire

broncearse *vpr* se faire bronzer

bronco, -a *adj (modales)* bourru(e); *(voz)* rauque

bronquio *nm* bronche *f*

bronquitis *nf inv* bronchite *f*

brotar *vi (BOT)* pousser; *(aguas, lágrimas)* jaillir

brote *nm (BOT)* pousse *f*; *(MED)* accès *msg*; *(de insurrección, huelga)* vague *f*

bruces: de ~ *adv* sur le ventre, à plat ventre; **darse de ~ con algn** tomber nez à nez avec qn

brujería *nf* sorcellerie *f*

brujo, -a *nm (BOT)* sorcier(ière) ♦ *nf (pey)* sorcière *f*

brújula *nf* boussole *f*

bruma *nf* brume *f*

brumoso, -a *adj* brumeux(-euse)

bruñir *vt* polir

brusco, -a *adj* brusque

Bruselas *n* Bruxelles

brutal *adj* brutal(e); *(fam: tremendo)* énorme

brutalidad *nf* brutalité *f*

bruto, -a *adj (al persona)* brutal(e); *(estúpido)* imbécile; *(metal, piedra, peso)* brut(e) ♦ *nm* brute *f*; **en ~** brut(e)

Bs.As. *abr* = **Buenos Aires**

bucal *adj* buccal(e); **por vía ~** par voie orale

bucear *vi* plonger; **~ en**

(documentos, pasado) fouiller dans;
buceo nm plongée f, plongeon
m
bucle nm boucle f
buen adj ver **bueno**
buenamente adv tout
bonnement; (de buena gana)
volontiers
buenaventura nf chance f;
(adivinación) bonne aventure f

PALABRA CLAVE

bueno, -a adj (antes de nmsg:
buen) **1** (excelente etc) bon(ne);
es un libro bueno o **es un
buen libro** c'est un bon livre;
tiene buena voz il a une belle
voix; **hace bueno/buen
tiempo** il fait beau/beau temps;
ya está bueno (de salud) il va
bien maintenant
2 (bondadoso): **es buena
persona** c'est quelqu'un de bien;
el bueno de Paco ce bon Paco;
fue muy bueno conmigo il a
été très gentil avec moi
3 (apropiado): **ser bueno para**
être bien pour; **creo que vamos
por buen camino** je crois que
nous sommes sur la bonne voie
4 (grande): **un buen trozo** un
bon bout; **le di un buen
rapapolvo** je lui ai passé un
savon
5 (irónico): **¡buen conductor
estás hecho!** comme tu
conduis bien!; **¡estaría bueno
que ...!** il ne manquerait plus
que...!
6 (sabroso): **está bueno este
bizcocho** ce gâteau est très bon
7 (atractivo: fam): **Carmen está
muy buena** Carmen est
vachement mignonne
8 (saludos): **¡buenos días!**

bonjour!; **¡buenas tardes!**
bonjour!; (más tarde) bonsoir!;
¡buenas noches! bonne nuit!;
¡buenas! salut!
9 (otras locuciones): **un buen día**
un beau jour; **estar de buenas**
être de bonne humeur; **por las
buenas o por las malas** de
gré ou de force; **de buenas a
primeras** tout d'un coup
♦ excl bon!; **bueno, ¿y qué?**
bon, et alors?

Buenos Aires n Buenos Aires
buey nm bœuf m
búfalo nm buffle m
bufanda nf cache-nez m inv
bufar vi (caballo) souffler; (gato)
cracher
bufete nm étude f, cabinet m
buffer nm (INFORM) mémoire f
tampon
buhardilla nf mansarde f
búho nm hibou m inv
buhonero nm colporteur m
buitre nm vautour m
bujía nf (vela, ELEC, AUTO) bougie f
bula nf bulle f
bulbo nm (BOT) bulbe m
bulevar nm boulevard m
Bulgaria nf Bulgarie f
búlgaro, -a adj bulgare ♦ nm/f
Bulgare m/f
bulla nf raffut m; (follón) pagaille f
bullicio nm brouhaha m;
(movimiento) bousculade f
bullir vi (líquido) bouillonner; ~
(de) (muchedumbre, público)
bouillir (de)
bulto nm paquet m; (en superficie,
MED) grosseur f; (silueta) masse f;
hacer ~ prendre la place
buñuelo nm beignet m
BUP (ESP) sigla m (ESCOL) (=
Bachillerato Unificado y Polivalente)

troisième, seconde, première
buque *nm* navire *m*; **~ de
guerra** navire de guerre
burbuja *nf* bulle *f*; **burbujear** *vi*
pétiller
burdel *nm* bordel *m*
burdo, -a *adj* grossier(-ière)
burgués, -esa *adj* bourgeois(e)
♦ *nm/f* bourgeois(e); **burguesía**
nf bourgeoisie *f*
burla *nf* moquerie *f*; (*broma*)
blague *f*; **hacer ~ a algn/de
algo** se moquer de qn/de qch;
hacer ~ a algn faire la nique à
qn
burladero *nm* (*TAUR*) palissade *f*
burlar *vt* (*persona*) tromper;
(*vigilancia*) déjouer; **~se** *vpr*: **~se
(de)** se moquer (de)
burlón, -ona *adj* moqueur(-euse)
burocracia *nf* bureaucratie *f*
burócrata *nm/f* bureaucrate *m*
burrada (*fam*) *nf*: **decir/hacer/
soltar ~s** dire/faire/lâcher des
âneries; **una ~** (*mucho*) une
flopée
burro, -a *nm/f* âne (ânesse) *m*; (*fig:
ignorante*) âne *m*; (: *bruto*) abruti
m ♦ *adj* crétin(e); **~ de carga**
(*fig*) bourreau *m* de travail
bursátil *adj* boursier(-ière)
bus *nm* bus *msg*
busca *nf*: **en ~ de** à la recherche
de ♦ *nm* (*TELEC*) bip(-bip) *m*
buscar *vt* chercher ♦ *vi* chercher;
se busca secretaria on
demande une secrétaire
busque *etc vb ver* **buscar**
búsqueda *nf* recherche *f*
busto *nm* (*ANAT, ARTE*) buste *m*
butaca *nf* fauteuil *m*; **~ de patio**
fauteuil d'orchestre
butano *nm* butane *m*; **bombona
de ~** bouteille *f* de butane
buzo *nm/f* (*persona*)

plongeur(-euse), homme *m*
grenouille
buzón *nm* boîte *f* aux lettres

C, c

C. *abr* (= *centígrado*) C (= *Celsius*)
C/ *abr* = **calle**
c. *abr* (= *capítulo*) chap. (=
chapitre)
c.a. *abr* = *corriente alterna*
cabal *adj* (*honrado*) bien
cábala *nf* cabale *f*; **~s** *nfpl*
(*suposiciones*): **hacer ~s** faire des
suppositions
cabalgar *vt* monter ♦ *vi*
chevaucher
cabalgata *nf* défilé *m*; **la ~ de
los Reyes Magos** le défilé des
Rois mages
caballa *nf* maquereau *m*
caballeresco, -a *adj*
chevaleresque
caballería *nf* monture *f*; (*MIL*)
cavalerie *f*
caballeriza *nf* écurie *f*
caballero *nm* gentleman *m*; (*de
la orden de caballería*) chevalier *m*;
(*en trato directo*) monsieur *m*; **de
~** d'homme, pour homme
caballerosidad *nf* courtoisie *f*
caballete *nm* (*de pintor*) chevalet
m; (*de pizarra*) support *m*; (*de
mesa*) tréteau *m*
caballitos *nmpl* chevaux *mpl* de
bois
caballo *nm* cheval *m*; (*AJEDREZ,
NAIPES*) cavalier *m*; **a ~** à cheval; **~
de carreras** cheval de course; **~
de vapor** cheval-vapeur *m*
cabaña *nf* cabane *f*
cabaré, cabaret (*pl* **~s**) *nm*
cabaret *m*
cabecear *vi* (*caballo*) encenser;

(*dormitar*) piquer du nez
cabecera *nf* (*de mesa, tribunal*) bout *m*; (*de cama*) tête *f*; (*en libro*) frontispice *m*; (*periódico*) manchette *f*, gros titre *m*; **médico de ~** médecin *m* traitant
cabecilla *nm* chef *m* de file, meneur(-euse)
cabellera *nf* chevelure *f*
cabello *nm* cheveu *m*; **~ de ángel** cheveux *mpl* d'ange
caber *vi* tenir, rentrer; **caben 3 más** on peut encore en mettre 3; **no cabe duda** cela ne fait pas de doute
cabestrillo *nm*: **en ~** en écharpe
cabestro *nm* chevreau *m*
cabeza *nf* tête *f*; **~ abajo/ arriba** tête en bas/en haut; **a la ~ de** (*de pelotón*) en tête de; (*de empresa*) à la tête de; **tirarse de ~** plonger; **tocamos a 3 por ~** ça fait 3 par tête; **se me va la ~** je perds la tête; **~ atómica/ nuclear** tête atomique/ogive *f* nucléaire; **~ de ajo** tête d'ail; **~ de familia** chef de famille; **~ de ganado** tête de bétail; **~ de partido** chef-lieu *m* d'arrondissement; **cabezada** *nf* coup *m* de tête; **dar cabezadas** piquer du nez; **echar una cabezada** faire un somme
cabezón, -ona *adj* qui a une grosse tête; (*vino*) capiteux(-euse); (*terco*) entêté(e)
cabida *nf* capacité *f*; (*depósito*) contenance *f*
cabildo *nm* (POL) conseil *m* municipal
cabina *nf* cabine *f*; **~ de mandos** cabine de pilotage; **~ telefónica** cabine téléphonique
cabizbajo, -a *adj* tête basse
cable *nm* câble *m*; (*de electrodoméstico*) fil *m*

cabo *nm* bout *m*; (MIL) caporal *m*; (*de policía*) brigadier *m*; (GEO) cap *m*; **al ~ de 3 días** au bout de 3 jours; **al fin y al ~** en fin de compte; **llevar a ~** mener à bien
cabra *nf* chèvre *f*; **~ montés** chèvre sauvage
cabré *etc vb ver* **caber**
cabrear (*fam*) *vt* énerver; **~se** (*fam*) *vpr* s'emporter
cabrío, -a *adj*: **macho ~** bouc *m; ver* **ganado**
cabriola *nf* cabriole *f*
cabritilla *nf*: **de ~** en chevreau
cabrito *nm* chevreau *m*
cabrón (*fam!*) *nm* salaud *m* (*fam!*)
caca (*fam*) *nf* caca *m*
cacahuete (ESP) *nm* cacahuète *f*
cacao *nm* cacao *m*, chocolat *m*; (BOT) cacayer *m*; (*tb*: **crema de ~**) beurre *m* de cacao
cacarear *vt* s'enorgueillir de ♦ *vi* caqueter
cacería *nf* partie *f* de chasse
cacerola *nf* casserole *f*, marmite *f*
cachalote *nm* cachalot *m*
cacharro *nm* ustensile *m*; (*trasto*) machin *m*, truc *m*
cachear *vt* fouiller
cachemir *nm*, **cachemira** *nf* cachemire *m*; **de ~** en cachemire
cachete *nm* claque *f*
cachiporra *nf* massue *f*
cachivache *nm* truc *m*, machin *m*
cacho *nm* morceau *m*; (AM) corne *f*
cachondeo (*fam*) *nm* rigolade *f*
cachondo, -a (*fam*) *adj* marrant(e), rigolo(te)
cachorro, -a *nm/f* chiot *m*; (*de león*) lionceau *m*; (*de lobo*) louveteau *m*
cacique *nm* (POL) personnage *m* influent; **caciquismo** *nm*

caciquisme m

caco nm filou m

cacto nm, **cactus** nm inv cactus m inv

cada adj inv chaque; (antes de número) tous les; ~ **día** tous les jours; ~ **dos días** tous les deux jours; ~ **cual**/uno chacun; ~ **vez más/menos** de plus en plus/de moins en moins; ~ **vez que** chaque fois que

cadalso nm échafaud m

cadáver nm cadavre m

cadena nf chaîne f; ~s nfpl (AUTO) chaînes fpl; ~ **de montaje** chaîne de montage; ~ **montañosa** chaîne de montagnes; ~ **perpetua** (JUR) emprisonnement m à perpétuité

cadera nf hanche f

cadete nm cadet m

caducar vi expirer

caduco, -a adj dépassé(e); **de hoja caduca** à feuilles caduques

caer vi tomber; ~**se** vpr tomber; **dejar** ~ laisser tomber; **¡no caigo!** je ne vois pas; **¡ya caigo!** j'y suis!; **me cae bien/mal** (persona) je le trouve sympathique/antipathique; **su cumpleaños cae en viernes** son anniversaire tombe un vendredi; **se me cayó el libro** j'ai fait tomber le livre

café (pl ~s) nm café m; ~ **con leche** café crème, café au lait; ~ **solo** o **negro** café (noir)

cafetera nf cafetière f

cafetería nf cafétéria f

cagar (fam!) vi chier (fam!); ~**se** vpr se dégonfler

caída nf chute f; (declive) pente f; (de tela) tombée f; (de precios, moneda) baisse f

caído, -a adj tombant(e)

caiga etc vb ver **caer**

caimán nm caïman m

caja nf boîte f, caisse f; ~ **de ahorros** caisse d'épargne; ~ **de cambios** boîte de vitesses; ~ **de caudales** coffre m fort; ~ **de fusibles** boîte à fusibles; ~ **fuerte** coffre fort

cajero, -a nm/f caissier(-ière) ♦ nm ~ **automático** distributeur m automatique

cajetilla nf paquet m

cajón nm caisse f; (de mueble) tiroir m

cal nf chaux fsg; ~ **viva** chaux vive

cala nf crique f

calabacín nm, **calabacita** nf (AM) courgette f

calabaza nf courge f, citrouille f

calabozo nm taule f; (celda) cachot m

calada nf bouffée f

calado, -a adj ajouré(e); (de barco) tirant m d'eau; (de las aguas) profondeur f; **estoy** ~ **(hasta los huesos)** je suis trempé(e) (jusqu'aux os)

calamar nm calmar m

calambre nm crampe f; **dar** ~ envoyer une décharge

calamidad nf calamité f

calar vt transpercer; (AUTO) caler; ~**se** vpr (motor) caler; (mojarse) se tremper; (gafas) chausser; (sombrero) enfoncer

calavera nf tête f de mort

calcar vt décalquer

calcetín nm chaussette f

calcinar vt calciner

calcio nm calcium m

calcomanía nf décalcomanie f

calculador, a adj calculateur(-trice)

calculadora nf calculatrice f

calcular vt calculer; **calculo que ...** je pense que ...; **cálculo** nm calcul m; **según mis cálculos** d'après mes calculs

caldear vt chauffer; (ánimos) réchauffer

caldera nf chaudière f

calderilla nf ferraille f

caldero nm chaudron m

caldo nm bouillon m; (vino) cru m

calefacción nf chauffage m; ~ **central** chauffage central

calendario nm calendrier m

calentador nm calorifère m

calentamiento nm échauffement m; ~ **global** réchauffement m imatique

calentar vt faire chauffer; (habitación) réchauffer; (motor) faire tourner; (pegar) flanquer une calotte a ♦ vi chauffer; **~se** vpr se chauffer, se réchauffer; (motor) chauffer; (discusión, ánimos) s'échauffer

calentura nf fièvre f; (de boca) bouton m de fièvre

calibrar vt (consecuencias) évaluer; (importancia) jauger; **calibre** nm calibre m; (fig) calibre, envergure f

calidad nf qualité f; **de ~** de qualité; **en ~ de** en qualité de

cálido, -a adj chaud(e); (palabras, aplausos) chaleureux(-euse)

caliente vb ver **calentar** ♦ adj chaud(e); **estar/ponerse ~** (fam) être excité(e)/s'exciter

calificación nf qualification f; (en examen) note f

calificar vt noter; ~ **como/de** traiter de

calima, calina nf (neblina) brume f de chaleur; (calor) chaleur f caniculaire

cáliz nm calice m

caliza nf pierre f à chaux

callado, -a adj: **estar ~** être silencieux(-euse); **ser ~** être peu bavard(e)

callar vt taire; (persona, oposición) faire taire ♦ vi se taire; **~se** vpr se taire; **¡cállate!** tais-toi!

calle nf rue f; (DEPORTE) couloir m; **la ~** (en conjunto) la rue; ~ **peatonal** rue piétonne

calleja nf = **callejuela**; **callejear** vi flâner

callejero, -a adj ambulant(e); (verbena) en plein air; (riña) de rue ♦ nm plan m; **callejón** nm passage m, couloir m; **callejón sin salida** impasse f, voie f sans issue; (fig) impasse; **callejuela** nf ruelle f, venelle f

callista nm/f pédicure m/f

callo nm (en pies) cor m; (en manos) durillon m; **~s** nmpl (CULIN) tripes fpl

calma nf calme m; **hacer algo con ~** faire qch calmement

calmante nm calmant m, tranquillisant m

calmar vt calmer ♦ vi (tempestad, viento) se calmer

calor nm chaleur f; **entrar en ~** se réchauffer; **tener ~** avoir chaud

caloría nf calorie f

calumnia nf calomnie f

caluroso, -a adj chaud(e)

calvario nm calvaire m

calvicie nf calvitie f

calvo, -a adj, nm/f chauve m/f

calzada nf chaussée f

calzado, -a adj chaussé(e) ♦ nm chaussure f

calzador nm chausse-pied m

calzar vt chausser; (TEC) caler; **~se** vpr: **se los zapatos** se chausser; **¿qué (número) calza?** quelle est votre pointure?

calzón nm (AM: de hombre) slip m; (: de mujer) culotte f

calzoncillos nmpl slip msg

cama nf lit; ~ **individual/de matrimonio** lit simple/double

camaleón nm caméléon m

cámara nf chambre f; (CINE, TV) caméra f; (fotográfica) appareil-photo m; (de vídeo) caméscope m ♦ nm/f (CINE, TV) caméraman m; **música de** ~ musique f de chambre; ~ **de aire** chambre à air; ~ **de comercio** chambre de commerce; ~ **de gas** chambre à gaz; ~ **digital** appareil-photo numérique; ~ **frigorífica** chambre froide

camarada nm/f camarade m/f; (de trabajo) collègue m/f

camarera nf (en hotel) femme f de chambre; (AM) hôtesse f de l'air; ver tb **camarero**

camarero, -a nm/f (en restaurante) serveur(-euse); (en bar) garçon m de café (serveuse); **¡camarera, por favor!** mademoiselle, s'il vous plaît!

camarilla nf clique f; (POL) groupe m de pression, lobby m

camarón nm crevette f grise

camarote nm cabine f

cambiante adj variable; (humor) changeant(e)

cambiar vt, vi changer; (fig) échanger; ~**se** vpr (de casa) changer; (de ropa) se changer; ~ **algo por algo** changer qch pour o contre qch; ~ **de coche/de idea/de trabajo** changer de voiture/d'idée/de travail; ~**(se) de sitio** changer de place

cambio nm changement m; (de dinero, impresiones) échange m; (COM: tipo de cambio) change m; (dinero menudo) monnaie f; **a** ~ **de** en échange de; **en** ~ (por otro lado) en revanche, par contre; (en lugar de eso) à la place; ~ **climático** changement climatique; ~ **de divisas** change de devises; ~ **de marchas** o **de velocidades** changement de vitesses

camelar (fam) vt baratiner

camello nm chameau m; (fam) dealer m

camerino nm loge f

camilla nf civière f, brancard m; (mesa) guéridon m

caminante nm/f marcheur(-euse)

caminar vi marcher, cheminer ♦ vt faire à pied

caminata nf trotte f (fam)

camino nm chemin m; **a medio** ~ à mi-chemin; **en el** ~ en chemin, chemin faisant; ~ **de** vers; **ir por buen/mal** ~ (fig) être sur la bonne/mauvaise voie; ~ **particular** voie f privée

---

Camino de Santiago

Le chemin de saint Jacques est un pèlerinage célèbre depuis le Moyen-Âge. Il a pour point de départ les Pyrénées et se termine à Saint-Jacques-de-Compostelle, au nord-ouest de l'Espagne, où serait enterré l'apôtre saint Jacques. De nos jours, ce pèlerinage attire toujours un grand nombre de croyants et de touristes.

---

camión nm camion m, poids msg lourd; **estar como un** ~ (fam: mujer) être bien roulée; ~ **cisterna** camion citerne; ~ **de la basura** camion des éboueurs; ~ **de mudanzas** camion de déménagement

camionero nm camionneur m,

routier *m*

camioneta *nf* camionnette *f*

camisa *nf* chemise *f*; ~ **de fuerza** camisole *f* de force

camiseta *nf* tee-shirt *m*; *(ropa interior)* maillot *m* de corps; *(de deportista)* maillot

camisón *nm* chemise *f* de nuit

camorra *nf*: **armar** ~ faire un scandale; *(MIL)* camp *m*

campamento *nm* colonie *f* de vacances; *(MIL)* camp *m*

campana *nf* cloche *f*; *(CSUR)* campagne *f*; ~ **de cristal** cloche de verre; **campanario** *nm* clocher *m*

campanilla *nf* clochette *f*; *(BOT)* campanule *f*

campaña *nf* campagne *f*; ~ **electoral/publicitaria** campagne électorale/publicitaire

campechano, -a *adj* sans façon; **es muy** ~ il est très nature

campeón, -ona *nm/f* champion(ne); **campeonato** *nm* championnat *m*

campesino, -a *adj* champêtre; *(gente)* de la campagne ♦ *nm/f* paysan(ne)

campestre *adj* champêtre

camping *(pl* ~**s***) *nm* camping *m*; **ir de** *o* **hacer** ~ aller en camping, faire du camping

campo *nm* campagne *f*; *(AGR, ELEC, FÍS)* champ *m*; *(INFORM)* champ, zone *f*; *(MIL, de fútbol, rugby)* terrain *m*; **a** ~ **traviesa** *o* **través** à travers champs; ~ **de batalla** champ de bataille; ~ **de concentración** camp de concentration; ~ **de deportes/ de golf** terrain de sports/de golf; ~ **visual** champ visuel

camposanto *nm* cimetière *m*

camuflaje *nm* camouflage *m*

cana *nf* cheveu *m* blanc; *ver tb* **cano**

Canadá *nm* Canada *m*; **canadiense** *adj* canadien(ne) ♦ *nm/f* Canadien(ne)

canal *nm* canal *m*; *(de televisión)* chaîne *f*; *(de tejado)* chéneau *m*, gouttière *f*; **C~ de Panamá** canal de Panama; **canalizar** *vt* canaliser

canalla *nm* canaille *f*

canalón *nm* tuyau *m* de descente; *(del tejado)* chéneau *m*; **canalones** *nmpl (CULIN)* cannelloni *mpl*

canapé *(pl* ~**s***) *nm* canapé *m*

Canarias *nfpl*: **las (Islas)** ~ les (îles) Canaries *fpl*

canario, -a *adj* des (îles) Canaries ♦ *nm/f* natif(-ive) *o* habitant(e) des (îles) Canaries ♦ *nm (ZOOL)* canari *m*, serin *m*; **amarillo** ~ jaune canari *inv*, jaune serin *inv*

canasta *nf* corbeille *f*; *(en baloncesto)* panier *m*; *(NAIPES)* canasta *f*; **canastilla** *nf* trousse *f* à couture; *(de niño)* layette *f*

canasto *nm* corbeille *f*

cancela *nf* portillon *m*

cancelación *nf (ver vt)* annulation *f*; résiliation *f*; suppression *f*; acquittement *m*

cancelar *vt (visita, vuelo)* annuler; *(contrato)* résilier; *(permiso)* supprimer; *(deuda)* s'acquitter de

cáncer *nm* cancer *m*; **C~** *(ASTROL)* Cancer; **ser C~** être (du) Cancer

cancha *nf* terrain *m*; *(de tenis)* court *m* ♦ *excl (CSUR)* dégagez!, faites place!

canciller *nm* chancelier *m*; *(AM)* ministre *m* des Affaires étrangères

canción *nf* chanson *f*; ~ **de cuna** berceuse *f*

candado nm cadenas msg

candente adj chauffé(e) au rouge; (tema, problema) brûlant(e)

candidato, -a nm/f candidat(e); (para puesto) candidat(e), postulant(e)

candidez nf candeur f; (falta de malicia) innocence f

cándido, -a adj candide, innocent(e)

candil nm lampe f à huile

candor nm candeur f

canela nf cannelle f

cangrejo nm crabe m; (de río) écrevisse f

canguro nm kangourou m; **hacer de ~** garder des enfants

caníbal adj, nm/f cannibale m/f

canica nf bille f

canijo, -a adj chétif(-ive)

canino, -a adj canin(e) ♦ nm canine f

canjear vt: ~ (por) échanger (pour)

cano, -a adj (pelo, cabeza) blanc (blanche)

canoa nf canoë m

canon nm canon m; (COM) taxe f, impôt m

canónigo nm chanoine m

canonizar vt canoniser

canoso, -a adj grisonnant(e), aux cheveux blancs; (pelo) grisonnant(e)

cansado, -a adj fatigué(e); (viaje, trabajo) fatigant(e)

cansancio nm fatigue f

cansar vt fatiguer; (aburrir) ennuyer; (hartar) lasser; **~se** vpr: **~se (de hacer)** se lasser (de faire)

cantábrico, -a adj cantabrique; **Mar C~** golfe m de Gascogne

cántabro, -a adj de la province de Santander ♦ nm/f natif(-ive) o

habitant(e) de la province de Santander

cantante nm/f chanteur(-euse)

cantar vt chanter ♦ vi chanter ♦ nm chanson f; **estaba cantado** c'était à prévoir

cántara nf bidon m

cántaro nm cruche f

cante nm: ~ **jondo** chant m flamenco

cantera nf (lugar) carrière f

cantidad nf quantité f; **gran ~ de** une grande quantité de, bon nombre de

cantimplora nf gourde f

cantina nf cantine f; (de estación) buffet m; (esp AM: taberna) café m

canto nm chant m; (de mesa, moneda) bord m; (de libro) tranche f; (de cuchillo) dos msg; **faltó el ~ de un duro** il s'en est fallu d'un cheveu; **de ~** de côté, sur le côté; **~ rodado** galet m

canturrear vi chantonner

canuto nm petit tube m; (fam: droga) joint m

caña nf (BOT) tige f; (: especie) roseau m; (de cerveza) demi m; (AM) alcool m de canne à sucre; **dar** o **meter ~** (fam: a un coche) appuyer sur le champignon; (: a algn) secouer; **~ de azúcar/de pescar** canne f à sucre/à pêche

cañada nf vallon m

cáñamo nm chanvre m

cañería nf tuyauterie f

caño nm (de fuente) jet m

cañón nm canon m; (GEO) canyon m

caoba nf acajou m

caos nm chaos msg

C.A.P. sigla m (= Certificado de Aptitud Pedagógica) certificat d'aptitude à l'enseignement

cap. abr (= capítulo) chap. (=

chapitre)

capa *nf* (*prenda*) cape *f*; (*CULIN, GEO*) couche *f*; (*de polvo*) pellicule *f*; **~ de ozono** couche d'ozone

capacidad *nf* contenance *f*, capacité *f*; **este teatro tiene una ~ de mil espectadores** ce théâtre peut contenir mille spectateurs; **tener ~ para los idiomas/las matemáticas** être doué(e) pour les langues/les mathématiques; **tener ~ de adaptación/de trabajo** avoir une capacité d'adaptation/de travail

capacitar *vt*: **~ a algn para** préparer qn à

capar *vt* castrer

caparazón *nm* (*de ave*) carcasse *f*; (*de tortuga*) carapace *f*

capataz *nm* contremaître *m*

capaz *adj* capable; **ser ~ de (hacer)** être capable de (faire); **es ~ que venga mañana** (*AM*) il viendra probablement demain

capcioso, -a *adj*: **pregunta capciosa** question *f* captieuse

capellán *nm* aumônier *m*; (*sacerdote*) chapelain *m*

caperuza *nf* capuche *f*; (*de bolígrafo*) capuchon *m*

capilla *nf* chapelle *f*

capital *adj* capital(e) ♦ *nm* capital *m* ♦ *nf* capitale *f*; **~ autorizado** *o* **social** capital social

capitalismo *nm* capitalisme *m*; **capitalista** *adj, nm/f* capitaliste *m/f*

capitán *nm* capitaine *m*

capitanear *vt* commander; (*equipo*) être le capitaine de; (*pandilla, expedición*) être à la tête de

capitulación *nf* capitulation *f*

capitular *vi* capituler

capítulo *nm* chapitre *m*

capó *nm* capot *m*

capón *nm* (*golpe*) tape *f* sur la tête

capota *nf* (*de coche*) capote *f*

capote *nm* (*de militar*) capote *f*; (*de torero*) cape *f*

capricho *nm* caprice *m*

caprichoso, -a *adj* capricieux(-euse)

Capricornio *nm* (*ASTROL*) Capricorne *m*; **ser ~** être (du) Capricorne

cápsula *nf* capsule *f*; **~ espacial** capsule spatiale

captar *vt* (*indirecta, sentido*) saisir; (*RADIO*) capter; (*atención, apoyo*) attirer

captura *nf* capture *f*; **capturar** *vt* capturer

capucha *nf*, **capuchón** *nm* capuche *f*

capullo *nm* (*ZOOL*) cocon *m*; (*BOT*) bouton *m*; **~ de rosa** bouton de rose

caqui *adj inv* kaki *inv* ♦ *nm* (*fruta*) kaki *m*

cara *nf* visage *m*, face *f*; (*expresión*) mine *f*; (*de disco, papel*) face; (*fam: descaro*) culot *m*, toupet *m* ♦ *adv*: **(de) ~ a** vis à vis de, face à; **de ~ de** face; **decir algo ~ a** en dire qch en face; **mirar a ~** regarder bien en face; **dar la ~** ne pas se dérober; **echar algo en ~ a algn** reprocher qch à qn; **¿~ o cruz?** pile ou face?; **poner/tener ~ de** prendre/avoir un air de; **¡qué ~ más dura!** quel culot!, en voilà du toupet!; **tener buena/mala ~** avoir bonne/mauvaise mine; (*herida, asunto, guiso*) avoir bon/mauvais aspect; **tener mucha ~**

avoir un culot monstre; **de una ~** (*disquete*) d'une seule face

carabina *nf* carabine *f*; (*persona*) chaperon *m*

Caracas *n* Caracas

caracol *nm* escargot *m*; (*concha*) coquille *f* d'escargot; (*esp AM*) coquillage *m*

carácter (*pl* **caracteres**) *nm* caractère *m*; **tener buen/mal ~** avoir bon/mauvais caractère

característica *nf* caractéristique *f*

característico, -a *adj* caractéristique

caracterizar *vt* caractériser; (*TEATRO*) bien interpréter; **~se** *vpr* (*TEATRO*) se mettre en costume; **~se por** se caractériser par

caradura *nm/f*: **es un ~** c'est un malotru

carajillo *nm* café *m* mêlé de cognac

carajo (*fam!*) *nm*: **¡~!** merde! (*fam!*)

caramba *excl* dis donc!, mince alors!

carámbano *nm* glaçon *m*

caramelo *nm* bonbon *m*; (*azúcar fundido*) caramel *m*

caravana *nf* caravane *f*; (*de vehículos, gente*) file *f*; (*AUTO*) bouchon *m*

carbón *nm* charbon *m*; **papel ~** carbone *m*; **carboncillo** *nm* fusain *m*; **carbonilla** *nf* poussière *f* de charbon

carbonizar *vt* carboniser; **quedar carbonizado** être réduit en cendres

carbono *nm* carbone *m*

carburador *nm* carburateur *m*

carburante *nm* carburant *m*

carcajada *nf* éclat *m* de rire; **reír(se) a ~s** éclater de rire

cárcel *nf* prison *f*, maison *f* d'arrêt

carcelero, -a *nm/f* gardien(ne) de prison

carcoma *nf* termite *m*

carcomer *vt* manger, ronger; (*salud, confianza*) miner; **~se** *vpr*: **~se de** être rongé(e) par

cardar *vt* carder

cardenal *nm* cardinal *m*; (*MED*) bleu *m*

cardiaco, -a, cardíaco, -a *adj* cardiaque

cardinal *adj* (*GRAMÁTICA*) cardinal(e); **puntos ~es** points *mpl* cardinaux

cardo *nm* (*comestible*) cardon *m*; (*espinoso*) chardon *m*

carecer *vi*: **~ de** manquer de

carencia *nf* manque *m*; (*escasez*) carence *f*

carente *adj*: **~ de** dépourvu(e) de

carestía *nf* (*COM*) cherté *f*; (*escasez*) pénurie *f*; **época de ~** période *f* de pénurie

careta *nf* masque *m*; **~ antigás** masque à gaz

carga *nf* charge *f*; (*de barco, camión*) chargement *m*, cargaison *f*; (*de bolígrafo, pluma*) cartouche *f*, recharge *f*; **de ~** (*animal*) de charge; **buque de ~** cargo *m*; **~ explosiva** charge explosive

cargado, -a *adj* chargé(e); (*café, té*) serré(e), fort(e); (*ambiente*) raréfié(e), vicié(e)

cargamento *nm* chargement *m*, cargaison *f*

cargar *vt* charger; (*COM*) débiter ♦ *vi* charger; **~se** *vpr* (*fam*: *estropear*) bousiller; (: *matar*) liquider; (: *tipo, proyecto*) supprimer; (: *suspender*) recaler, coller; (*ELEC*) se charger; **~**

(contra) charger (contre); **~ con** porter; *(responsabilidad)* assumer; **los indecisos me cargan** les gens indécis me portent sur les nerfs; **~ a o en la espalda** prendre sur son dos; **~se de** *(de dinero)* se munir de; *(de paquetes)* se charger de; *(de obligaciones)* assumer

cargo *nm* (COM etc) débit *m*; *(puesto)* charge *f*; **~s** *nmpl* (JUR) accusations *fpl*; **estar a(l) ~ de** être à (la) charge de; **hacerse ~ de** *(de deudas, poder)* assumer; *(darse cuenta de)* se rendre compte de

carguero *nm* cargo *m*; *(avión)* avion-cargo *m*

Caribe *nm*: **el ~** les Caraïbes *fpl*

caribeño, -a *adj* des Caraïbes

caricatura *nf* caricature *f*

caricia *nf* caresse *f*

caridad *nf* charité *f*; **obras de ~** œuvres *fpl* de charité; **vivir de la ~** vivre de la charité

caries *nf inv* carie *f*

cariño *nm* affection *f*; **sí, ~** oui, chéri; **sentir ~ por/tener ~ a** ressentir/avoir de l'affection pour

cariñoso, -a *adj* affectueux(-euse); **"saludos ~s"** "affectueusement"

carisma *nm* charisme *m*

caritativo, -a *adj* charitable

cariz *nm* *(de los acontecimientos)* tournure *f*

carmesí *adj* cramoisi(e) ♦ *nm* cramoisi *m*

carmín *nm* carmin *m*; **~ (de labios)** rouge *m* (à lèvres)

carnal *adj* charnel(le); **primo ~** cousin *m* germain

carnaval *nm* carnaval *m*

Carnaval

Les réjouissances du Carnaval se déroulent pendant les trois jours qui précèdent le début du carême ("Cuaresma"). En déclin sous le régime franquiste, le carnaval connaît aujourd'hui un regain de popularité dans toute l'Espagne. Le carnaval de Cadix et celui de Tenerife sont particulièrement renommés pour leur animation: défilés, feux d'artifice et déguisements souvent somptueux.

carne *nf* chair *f*; (CULIN) viande *f*; **~s** *nfpl* (fam) graisse *fsg*; **en ~ viva** à vif; **~ de cerdo/de cordero** viande de porc/d'agneau; **~ de gallina** chair de poule; **~ de membrillo** gelée *f* de coing; **~ de ternera/de vaca** viande de veau/de bœuf; **~ picada** viande hachée

carné *nm* = **carnet**

carnero *nm* veau *m*

carnet (*pl* **~s**) *nm*: **~ de conducir** permis *msg* de conduire; **~ de identidad** carte *f* d'identité; **~ de socio** carte *f* de membre

carnicería *nf* boucherie *f*

carnicero, -a *adj* carnassier(-ière); *(pájaro, ave)* de proie ♦ *nm/f* boucher(-ère)

carnívoro, -a *adj* carnivore

carnoso, -a *adj* charnu(e)

caro, -a *adj* cher (chère) ♦ *adv* cher

carpa *nf* carpe *f*; *(de circo)* chapiteau *m*; (AM) tente *f*

carpeta *nf* dossier *m*, chemise *f*; **~ (de anillas)** classeur *m*

carpintería nf menuiserie f;
  carpintero nm menuisier m
carraspear vi (toser) se racler la
  gorge, s'éclaircir la gorge
carrera nf course f; (UNIV) études
  fpl; (profesión) carrière f; **tienes
  una ~ en las medias** tes bas
  sont filés; **aquí se recogen ~s
  a las medias** ici on reprise les
  bas; **darse** o **coger** o **pegar
  una ~** filer à toute allure o à
  toutes jambes; **de ~s** de course;
  en una ~ d'une traite; **~ de
  armamentos/de obstáculos**
  course aux armements/d'obstacles
carreta nf charrette f
carrete nm pellicule f; (TEC)
  bobine f
carretera nf route f; **~ de
  circunvalación** boulevard m
  périphérique; **~ nacional/
  secundaria** route nationale/
  secondaire
carretilla nf brouette f
carril nm chemin m; (de
  autopista) file f, voie f; (FERRO) voie f;
  ~-bici piste f cyclable
carrillo nm joue f
carrito nm chariot m, caddie m
carro nm chariot m; (con dos
  ruedas) charrette f; (AM) voiture f;
  ¡para el ~! arrête là!, c'est bon,
  ça suffit!; **~ blindado/de
  combate** char m d'assaut/de
  combat
carrocería nf carrosserie f
carroña nf charogne f
carroza nf carrosse m; (en desfile)
  char m
carta nf lettre f; (NAIPES) carte f;
  (JUR) charte f; **a la ~** à la carte;
  dar ~ blanca a algn donner
  carte blanche à qn; **echar una ~
  (al correo)** mettre une lettre (à
  la poste); **~ certificada** lettre

recommandée; **~ de ajuste** (TV)
  mire f; **~ marítima** carte marine
cartabón nm équerre f
cartel nm affiche f; (COM) cartel
  m, trust m; **en ~** à l'affiche;
cartelera nf rubrique f; **lleva
  mucho/poco tiempo en
  cartelera** il est à l'affiche depuis
  longtemps/peu
cartera nf (tb: **~ de bolsillo**)
  portefeuille m; (de cobrador)
  serviette f; (de colegial) cartable m;
  (AM) sac m à main m; **ocupa la ~
  de Agricultura** il occupe le
  portefeuille de l'Agriculture; ver tb
  cartero
carterista nm/f pickpocket m,
  voleur(-euse) à la tire
cartero, -a nm/f facteur(-trice)
cartilla nf livret m scolaire; **~ de
  ahorros** livret de caisse
  d'épargne
cartón nm carton m; (de tabaco)
  cartouche f; **~ piedra** papier m
  mâché
cartucho nm cartouche f;
  (cucurucho) cornet m
cartulina nf bristol m
casa nf maison f; **sentirse
  como en su ~** se sentir comme
  chez soi; **~ de campo** maison de
  campagne; **~ de fieras**
  ménagerie f; **~ de huéspedes**
  pension f de famille; **~ de
  socorro** dispensaire m
casado, -a adj, nm/f marié(e)
casamiento nm mariage m
casar vt marier ▶ vi: **~ (con)** aller
  bien (avec); **~se** vpr: **~se (con)**
  se marier (avec); **~se por lo
  civil/por la Iglesia** se marier
  civilement/religieusement
cascabel nm grelot m
cascada nf cascade f
cascanueces nm inv casse-

noisettes *msg*

cascar *vt* casser; (*fam: golpear*) tabasser ♦ *vi* (*fam*) papoter; **~se** *vpr* se casser; (*voz*) s'érailler

cáscara *nf* coquille *f*; (*de fruta*) pelure *f*; (*de patata*) épluchure *f*; (*de limón, naranja*) écorce *f*

casco *nm* casque *m*; (*NÁUT*) coque *f*; (*ZOOL*) sabot *m*; (*pedazo roto*) tesson *m*; **~s** *nmpl* (*auriculares*) écouteurs *mpl*; **el ~ antiguo** la vieille ville; **el ~ urbano** le centre ville

caserío *nm* hameau *m*; (*casa*) manoir *m*

casero, -a *adj* (*cocina*) maison; (*remedio*) de bonne femme; (*trabajos*) domestique ♦ *nm/f* propriétaire *m/f*; **"comida casera"** "cuisine maison"; **pan ~** pain *m* de ménage; **ser muy ~** être très casanier(-ière)

caseta *nf* baraque *f*; (*de perro*) niche *f*; (*para bañista*) cabine *f*; (*de feria*) stand *m*

casete *nm* magnétophone *m* ♦ *nf* cassette *f*

casi *adv* presque; **~ nunca/nada** presque jamais/rien; **~ te caes** tu as manqué (de) *o* failli tomber

casilla *nf* casier *m*; (*AJEDREZ, en crucigrama*) case *f*

casillero *nm* casier *m*

casino *nm* casino *m*

caso *nm* cas *msg*; **en ~ de ...** en cas de ...; **en ~ (de) que venga** au cas où il viendrait; **el ~ es que** le fait est que; **en ese ~** dans ce cas; **en todo ~** en tout cas; **¡eres un ~!** tu es un cas!; **(no) hacer ~ a** *o* **de algo/algn** (ne pas) faire cas de qch/qn; **hacer** *o* **venir al ~** venir *o* propos

caspa *nf* (*en pelo*) pellicule *f*

cassette = **casete**

casta *nf* race *f*; (*clase social*) caste *f*

castaña *nf* châtaigne *f*, marron *m*; (*fam: tb: castañazo*) gnon *m*, marron; (: *AUT*) gnon

castañetear *vi*: **le castañetean los dientes** il claque des dents

castaño, -a *adj* marron; (*pelo*) brun(e) ♦ *nm* châtaignier *m*, marronnier *m*; **~ de Indias** marronnier des Indes

castañuelas *nfpl* castagnettes *fpl*

castellano, -a *adj* castillan(e) ♦ *nm/f* (*persona*) Castillan(e) ♦ *nm* (*LING*) castillan *m*

castidad *nf* chasteté *f*

castigar *vt* punir, châtier; (*DEPORTE*) pénaliser; **castigo** *nm* punition *f*; (*DEPORTE*) pénalisation *f*

Castilla *nf* Castille *f*

castillo *nm* château *m*

castizo, -a *adj* (*LING*) pur(e); (*auténtico*) de pure souche

casto, -a *adj* chaste

castor *nm* castor *m*

castrar *vt* châtrer

castrense *adj* militaire

casual *adj* fortuit(e);

casualidad *nf* hasard *m*; **dar la casualidad (de) que** se trouver que; **se da la casualidad que ...** il se trouve que ...; **por casualidad** par hasard; **¡qué casualidad!** quel hasard!

cataclismo *nm* cataclysme *m*

catalán, -ana *adj* catalan(e) ♦ *nm/f* Catalan(e) ♦ *nm* (*LING*) catalan *m*

catalizador *nm* catalyseur *m*

catalogar *vt* cataloguer; **~ a algn** cataloguer qn comme

catálogo *nm* catalogue *m*

Cataluña *nf* Catalogne *f*

catar *vt* goûter
catarata *nf* cataracte *f*
catarro *nm* rhume *m*
catástrofe *nf* catastrophe *f*
catastrófico, -a *adj* catastrophique
catear *(fam) vt* recaler, coller
cátedra *nf* chaire *f*
catedral *nf* cathédrale *f*
catedrático, -a *nm/f* professeur *m*
categoría *nf* catégorie *f*; **de ~** de classe; **de segunda ~** de seconde catégorie
categórico, -a *adj* catégorique
cateto, -a *nm/f (pey)* rustre *m*, péquenaud(e) *(fam)* ♦ *nm (GEOM)* côté *m*
catolicismo *nm* catholicisme *m*
católico, -a *adj, nm/f* catholique *m/f*
catorce *adj inv, nm inv* quatorze *m inv; ver tb* **seis**
cauce *nm (de río)* lit *m*
caucho *nm* caoutchouc *m; (AM)* pneu *m*; **de ~** en caoutchouc
caución *nf* caution *f*
caudal *nm* débit *m; (fortuna)* fortune *f*, capital *m*
caudaloso, -a *adj* à fort débit
caudillo *nm* chef *m*
causa *nf* cause *f*; **a/por ~ de** à/pour cause de
causar *vt* causer
cautela *nf* précaution *f*, prudence *f*
cauteloso, -a *adj* prudent(e)
cautivar *vt* captiver
cautiverio *nm*, **cautividad** *nf* captivité *f*
cautivo, -a *adj, nm/f* captif(-ive)
cauto, -a *adj* prudent(e), avisé(e)
cava *nf* cava *m (équivalent du "champagne" français* ♦ *nf* cave *f*
cavar *vt, vi* creuser

caverna *nf* caverne *f*
cavidad *nf* cavité *f*
cavilar *vi*: **~ (sobre)** méditer (sur)
cayendo *etc vb ver* **caer**
caza *nf* chasse *f* ♦ *nm (AVIAT)* chasseur *m*; **dar ~ a** faire la chasse à; **ir de ~** aller à la chasse; **~ mayor/menor** gros/menu gibier *m*
cazador, a *adj, nm/f* chasseur(-euse)
cazadora *nf* blouson *m*
cazar *vt (buscar)* chasser; *(perseguir)* pourchasser; *(coger)* attraper
cazo *nm (cacerola)* poêlon *m; (cucharón)* louche *f*
cazuela *nf (vasija)* marmite *f; (guisado)* ragoût *m*
c/c. *abr (COM) (= cuenta corriente)* CC (= compte courant)
CD *sigla m (= compact disc)* CD *m*
CD-ROM *sigla m* CD-ROM *m*
CE *sigla f (= Comunidad Europea)* CE *f (= Communauté européenne)*
cebada *nf* orge *f*
cebar *vt (animal)* gaver, engraisser; *(persona)* gaver; *(anzuelo)* amorcer; **~se** *vpr* se gaver; **~se en/con** s'acharner sur/à
cebo *nm* appât *m*, amorce *f; (fig)* appât, leurre *m*
cebolla *nf* oignon *m*
cebolleta *nf* oignon *m* nouveau; *(en vinagre)* petit oignon blanc
cebra *nf* zèbre *m*; **paso de ~** passage *m* pour piétons
cecear *vi* zézayer; **ceceo** *nm* zézaiement *m*
ceder *vt* céder ♦ *vi* céder; *(disminuir)* diminuer; **"ceda el paso"** "cédez le passage"
cedro *nm* cèdre *m*

cédula nf cédule f; **~ de identidad** (AM) carte f d'identité

cegar vt aveugler; (tubería, ventana) boucher; **~se** vpr (fig) s'aveugler

ceguera nf cécité f

ceja nf sourcil m

cejar vi: **(no) ~ en su empeño/propósito** (ne pas) renoncer à son engagement/dessein

celador, a nm/f (de hospital) gardien(ne); (de cárcel) gardien(ne) de prison

celda nf cellule f

celebración nf célébration f

celebrar vt célébrer ♦ vi (REL) officier; **~se** vpr se célébrer; **celebro que sigas bien** je suis ravi(e) que tu ailles bien

célebre adj célèbre

celebridad nf célébrité f

celeste adj (tb: **azul ~**) bleu ciel inv; (cuerpo, bóveda) céleste

celestial adj céleste

celibato nm célibat m

célibe adj, nm/f célibataire m/f

celo nm zèle m; (® tb: **papel ~**) papier m collant, scotch m ®; **~s** nmpl (de niño, amante) jalousie fsg; **tener ~s de algn** être jaloux(-ouse) de qn; **estar en ~** être en chaleur

celofán nm cellophane f

celoso, -a adj jaloux(-ouse)

célula nf cellule f

celulitis nf cellulite f

celulosa nf cellulose f

cementerio nm cimetière m

cemento nm (argamasa) mortier m; (para construcción) ciment m; (AM: cola) colle f

cena nf dîner m, souper m

cenagal nm bourbier m

cenar vt: **~ algo** manger qch

pour le dîner ♦ vi souper, dîner

cenicero nm cendrier m

cenit nm zénith m; (de carrera) sommet m, faîte m

ceniza nf cendre f; **~s** nfpl (de persona) cendres fpl

censo nm recensement m; **~ electoral** recensement électoral

censura nf censure f

censurar vt censurer

centella nf (étincelle f; (rayo) foudre f; **como una ~** comme la foudre

centellear vi étinceler; (estrella) scintiller

centenar nm centaine f

centenario, -a adj, nm centenaire m

centeno nm seigle m

centésimo, -a adj, nm/f centième m

centígrado adj centigrade

centímetro nm centimètre m; **~ cuadrado/cúbico** centimètre carré/cube

céntimo nm centime m

centinela nm sentinelle f

centollo nm araignée f de mer

central adj central(e) ♦ nf centrale f; **~ eléctrica/nuclear** centrale électrique/nucléaire

centralita nf standard m

centralizar vt centraliser

centrar vt centrer; (interés, atención) attirer; **~se** vpr s'adapter

céntrico, -a adj central(e)

centrífugar vt essorer

centrista adj centriste

centro nm centre m; **~ comercial** centre commercial; **~ de gravedad** centre de gravité; **~ de salud** centre de santé; **~ docente** centre d'enseignement; **~ social** foyer m socio-éducatif; **~ turístico** centre touristique

centroamericano, -a adj
d'Amérique centrale ♦ nm/f
natif(-ive) o habitant(e)
d'Amérique centrale

ceñido, -a adj cintré(e)

ceñir vt serrer; **~se** vpr (vestido)
coller; **~se a algo/a hacer
algo** s'en tenir à qch/à faire qch

ceño nm froncement m; **fruncir
el ~** froncer les sourcils

CEOE sigla f (= Confederación
Española de Organizaciones
Empresariales) ≈ CNPF m (=
Conseil national du patronat
français)

cepillar vt brosser; (madera)
raboter

cepillo nm brosse f; (para madera)
rabot m; **~ de dientes** brosse à
dents

cera nf cire f; (del oído) cérumen
m

cerámica nf céramique f; **de ~**
en céramique

cerca nf haie f ♦ adv (en el
espacio) près; (en el tiempo)
bientôt ♦ prep: **~ de** (cantidad)
près de, environ; (distancia) près
de; **de ~** de près

cercanía nf proximité f; **~s** nfpl
(de ciudad) alentours mpl; **tren
de ~s** train m de banlieue

cercano, -a adj proche; (pueblo
etc) voisin(e); **~ a** proche de

cercar vt clôturer; (manifestantes)
encercler; (MIL) assiéger

cerciorarse vpr: **~ (de)** s'assurer
(de)

cerco nm cercle m; (AM) clôture f;
(MIL) siège m

Cerdeña nf Sardaigne f

cerdo, -a nm/f cochon (truie);
(fam: persona sucia) cochon(ne)

cereal nm céréale f; **~es** nmpl
(CULIN) céréales fpl

cerebral adj cérébral(e)

cerebro nm cerveau m

ceremonia nf cérémonie f;
ceremonial adj (traje) de
cérémonie; (danza) cérémoniel(le)
♦ nm cérémonial m

ceremonioso, -a adj
cérémonieux(-euse)

cereza nf cerise f

cerilla nf, **cerillo** (AM) nm
allumette f

cernerse vpr: **~ sobre**
(tempestad) menacer; (desgracia)
planer sur

cero nm zéro m; **8 grados bajo
~** 8 degrés au dessous de zéro;
15 a ~ 15 à zéro

cerrado, -a adj fermé(e); (curva)
en épingle à cheveux; (poco
sociable) renfermé(e); (bruto)
borné(e); (acento) marqué(e),
prononcé(e)

cerradura nf serrure f

cerrajero, -a nm/f serrurier m

cerrar vt fermer; (paso, entrada)
barrer; (debate, plazo) clore,
clôturer; (cuenta) clore, fermer ♦ vi
fermer; **~se** vpr se fermer; **~ con
llave** fermer à clef; **~ un trato**
conclure un marché

cerro nm tertre m

cerrojo nm verrou m

certamen nm concours msg

certero, -a adj adroit(e)

certeza, certidumbre nf
certitude f; **tener la ~ de que**
avoir la certitude que

certificado, -a adj
recommandé(e) ♦ nm certificat m;
~ médico certificat médical

certificar vt certifier; (CORREOS)
envoyer en recommandé

cervatillo nm faon m

cervecería nf brasserie f

cerveza nf bière f

cesante *adj* en disponibilité; (AM)
au chômage

cesar *vi* cesser; (*empleado*) se
démettre de ses fonctions ♦ *vt*
(*funcionario, ministro*) démettre de
ses fonctions; **sin ~** sans cesse

cesárea *nf* césarienne *f*

cese *nm* fin *f*; (*despido*) révocation
f

césped *nm* gazon *m*, pelouse *f*

cesta *nf* panier *m*

cesto *nm* panier *m*, corbeille *f*

cetro *nm* sceptre *m*

chabacano, -a *adj* vulgaire

chabola *nf* cabane *f*; **~s** *nfpl*
(*zona*) bidonville *m*

chacal *nm* chacal *m*

chacha (*fam*) *nf* bonne *f*

cháchara *nf*: **estar de ~** parler
à bâtons rompus

chacra (AND, CSUR) *nf* ferme *f*

chafar *vt* (*pelo*) aplatir; (*hierba*)
coucher; (*ropa*) chiffonner; (*fig:
planes*) bouleverser

chal *nm* châle *m*

chalado, -a (AM) *adj* taré(e);
estar ~ por algn en pincer pour
qn

chalé (*pl* **~s**) *nm* villa *f*; (*en la
montaña*) chalet *m*

chaleco *nm* gilet *m*; **~
salvavidas** gilet de sauvetage

chalet (*pl* **~s**) *nm* = **chalé**

champán, champaña *nm*
champagne *m*

champú (*pl* **~es, ~s**) *nm*
shampooing *m*

chamuscar *vt* roussir

chance (AM) *nm o f* occasion *f*

chancho, -a (AM) *nm/f* porc *m*

chanchullo (*fam*) *nm* magouille *f*

chándal *nm* survêtement *m*

chantaje *nm* chantage *m*

chapa *nf* (*de metal, insignia*)
plaque *f*; (*de madera*) planche *f*;

(*de botella*) capsule *f*; (AM) serrure
f; **de 3 ~s** (*madera*) en 3
épaisseurs; (AM: *de matrícula*)
(CSUR) plaque d'immatriculation

chaparrón *nm* averse *f*

chapotear *vi* patauger

chapucero, -a *nm/f* (*pey*): **ser
(un) ~** bâcler son travail

chapurr(e)ar *vt* baragouiner

chapuza *nf* bricole *f*; (*pey*) travail
m bâclé

chapuzón *nm*: **darse un ~** faire
trempette

chaqueta *nf* (*de lana*) gilet *m*; (*de
traje*) veste *f*

chaquetón *nm* veste *f*

charca *nf* mare *f*

charco *nm* flaque *f*

charcutería *nf* charcuterie *f*

charla *nf* bavardage *m*;
(*conferencia*) petit discours *msg*

charlar *vi* bavarder

charlatán, -ana *adj* bavard(e) ♦
nm/f bavard(e); (*estafador*)
charlatan *m*

charol *nm* cuir *m* verni; (AM)
plateau *m*; **de ~** verni(e)

chárter *adj inv*: **vuelo ~** vol *m*
charter

chasco *nm* (*desengaño*)
déception *f*; **me llevó un ~** ça
m'a fait l'effet d'une douche froide

chasis *nm inv* châssis *msg*

chasquear *vt* faire claquer;

chasquido *nm* claquement *m*;
(*de madera*) craquement *m*

chat *nm* forum *m* de discussion

chatarra *nf* ferraille *f*

chato, -a *adj* (*persona*) au nez
épaté; (*nariz*) épaté(e)

chaval, -a *nm/f* gars *msg*, fille *f*

Chequia *nf* Tchéquie *f*

checo(e)slovaco, -a *adj*
tchécoslovaque ♦ *nm/f*
Tchécoslovaque *m/f*

Checo(e)slovaquia nf
Tchécoslovaquie f
chepa nf bosse f
cheque nm chèque m; **~ de
viaje** chèque de voyage
chequeo nm (MED) bilan m de
santé; (AUTO) vérification f
chequera (AM) nf chéquier m
chica ver **chico**
chicano, -a adj chicano ♦ nm/f
Chicano m/f
chícharo (MÉX) nm (guisante)
petit pois msg
chichón nm bosse f (à la tête)
chicle nm chewing-gum m
chico, -a adj (esp AM) petit(e)
♦ nm/f garçon/fille
chiflado, -a (fam) adj givré(e)
chiflar vi siffler; **le chiflan los
helados** il raffole des glaces; **nos
chifla montar en moto** on
adore faire de la moto
Chile nm Chili m
chile nm piment m fort
chileno, -a adj chilien(ne) ♦ nm/f
Chilien(ne)
chillar vi (persona) pousser des
cris aigus; (animal) glapir
chillido nm (de persona) cri m
aigu; (de animal) glapissement m
chillón, -ona adj (niño)
brailleur(-euse); (voz, color)
criard(e)
chimenea nf cheminée f
chimpancé (pl **~s**) nm
chimpanzé m
China nf: **la ~** la Chine
china nf (CSUR: india) indienne f; (:
criada) domestique f
chinche nf punaise f; **morirse
como ~s** tomber comme des
mouches
chincheta nf punaise f
chino, -a adj chinois(e) ♦ nm/f
Chinois(e) ♦ nm (LING) chinois

msg; (AND, CSUR: indio) indien m; (:
criado) domestique m; (MÉX)
boucle f
chipirón nm petit calmar m
Chipre nf Chypre f; **chipriota**
adj chypriote ♦ nm/f Chypriote
m/f
chiquillo, -a (fam) nm/f môme
m/f
chirimoya nf (BOT) anone f
chiringuito nm kiosque m
chiripa nf: **por** o **de ~** sur un
coup de pot
chirriar vi (goznes) grincer
chirrido nm grincement m
chis excl chut
chisme nm ragot m; (fam) truc m
chismoso, -a adj cancanier(-ère)
♦ nm/f commère f
chispa nf étincelle f; **una ~** (fam)
un tout petit peu
chispear vi étinceler; (lloviznar)
pleuvoter
chisporrotear vi crépiter
chiste nm histoire f drôle
chistoso, -a adj (situación)
comique; (persona) spirituel(le)
chivo, -a nm/f chevreau(-vrette);
~ expiatorio tête f de turc
chocante adj (sorprendente)
choquant(e); (gracioso) drôle
chocar vi (coches etc) cogner;
(MIL, fig) s'affronter; (sorprender)
choquer; **~ con** rentrer dans; (fig)
s'accrocher avec; **¡chócala!** (fam)
tope là!
chochear vi devenir
gâteux(-euse)
chocho, -a adj gâteux(-euse);
estar ~ por algn/algo raffoler
de qn/qch
chocolate adj (AM) chocolat inv ♦
nm chocolat m
chocolatina nf chocolat m
chofer, chófer nm chauffeur m

chollo (fam) nm bon plan m
choque vb ver **chocar** ♦ nm
choc m; (impacto) impact m; (fig:
disputa) heurt m
chorizo nm chorizo m; (fam)
voyou m
chorrear vt dégouliner ♦ vi
dégouliner; (gotear) goutter;
estar chorreando être
trempé(e)
chorro nm (de líquido) jet m; (fig)
flot m; **salir a ~s** couler à
flots
choza nf hutte f
chubasco nm bourrasque f
chubasquero nm ciré m
chuchería nf babiole f; (para
comer) amuse-gueule m inv
chuleta nf côte f; (ESCOL etc: fam)
pompe f
chulo, -a adj (fam: bonito) classe;
(MÉX) beau (belle); (pey)
effronté(e) ♦ nm effronté m;
(matón) frimeur m; (tb: ~ **de
putas**) maquereau m; (AND)
vautour m
chupar vt (líquido) aspirer;
(caramelo) sucer; (absorber)
absorber; ~**se** vpr (dedo) sucer;
(mano) se lécher
chupete nm sucette f
chupito nm (fam) petit verre m;
un ~ de whisky por favor un
baby s'il vous plaît
churro nm ≈ beignet m

Churros

Les churros, ces longs beignets
à base de farine et d'eau, sont
très appréciés dans toute
l'Espagne. On les déguste
généralement au petit-déjeuner ou
au goûter, en buvant du chocolat
chaud épais. À Madrid, il en
existe une variété plus grosse
appelée "porra".

---

chusma (pey) nf foule f
chutar vi (DEPORTE) shooter
Cía abr (= compañía) Cie
cianuro nm (QUÍM) cyanure m
cibercafé nm cybercafé m
cibernauta nmf cybernaute mf
cicatriz nf cicatrice f; **cicatrizar**
vt, vi cicatriser; **cicatrizarse** vpr
se cicatriser
ciclismo nm cyclisme m
ciclista adj, nm/f cycliste m/f
ciclo nm cycle m
ciclomotor nm cyclomoteur m
ciclón nm cyclone m
cicloturismo nm cyclotourisme
m
ciego, -a vb ver **cegar** ♦ adj
aveugle ♦ nm/f aveugle m/f; **a
ciegas** à l'aveuglette
cielo nm ciel m; (ARQ: tb: ~ **raso**)
faux-plafond m; **¡~s!** Mon Dieu!,
juste ciel!
ciempiés nm inv mille-pattes m
inv
cien adj inv, nm inv cent m
ciénaga nf marécage m
ciencia nf science f; **ciencia-
ficción** nf science-fiction f
cieno nm vase f
científico, -a adj, nm/f
scientifique m/f
ciento adj, nm cent m; **el diez
por ~** dix pour cent
cierre vb ver **cerrar** ♦ nm
fermeture f; (pulsera) fermoir m; ~
de cremallera fermeture
éclair ®; ~ **relámpago** (AND,
CSUR) fermeture éclair ®
cierto, -a adj certain(e); ~
hombre/día un certain homme/
jour; **ciertas personas**
certaines personnes; **sí, es ~** oui,

c'est certain; **por ~** à propos

ciervo nm cerf m

cifra nf chiffre m; **~ global** chiffre global

cifrar vt coder; (*esperanzas, felicidad*) placer; **~se** vpr: **~se en** s'élever à

cigala nf langoustine f

cigarra nf cigale f

cigarrillo nm cigarette f

cigarro nm cigarette f; (*puro*) cigare m

cigüeña nf cigogne f

cilíndrico, -a adj cylindrique

cilindro nm cylindre m

cima nf sommet m, cime f; (*de árbol*) cime; (*apogeo*) sommet

cimbrearse vpr se déhancher; (*ramas, tallos*) ployer

cimentar vt (*edificio*) jeter les fondations de; (*consolidar*) cimenter; **~se** vpr: **~se en** se fonder sur

cimientos nmpl fondations fpl

cinc nm zinc m

cincel nm ciseau m; **cincelar** vt ciseler

cinco adj inv, nm inv cinq m inv; ver tb **seis**

cincuenta adj inv, nm inv cinquante m inv; ver tb **sesenta**

cine nm cinéma m

cineasta nm/f cinéaste m/f

cinematográfico, -a adj cinématographique

cínico, -a adj, nm/f cynique m/f; (*desvergonzado*) effronté(e)

cinismo nm (ver adj) cynisme m; effronterie f

cinta nf ruban m, bande f; **~ adhesiva/aislante** ruban adhésif/isolant; **~ de vídeo** cassette f vidéo; **~ métrica** mètre m à ruban

cintura nf taille f

cinturón nm ceinture f; **~ de seguridad** ceinture de sécurité; **~ industrial** zone f industrielle

ciprés nm cyprès m

circo nm cirque m

circuito nm circuit m; **TV por ~ cerrado** télévision f en circuit fermé

circulación nf circulation f

circular adj, nf circulaire f ♦ vi circuler

círculo nm cercle m; **~ vicioso** cercle vicieux

circundar vt entourer

circunferencia nf circonférence f

circunscribirse vpr se circonscrire; **~ a (hacer)** se limiter o s'en tenir à (faire)

circunscripción nf circonscription f

circunspecto, -a adj circonspect(e)

circunstancia nf circonstance f

circunvalación nf ver carretera

cirio nm cierge m

ciruela nf prune f; **~ claudia** reine f claude; **~ pasa** pruneau m

cirugía nf chirurgie f; **~ estética/plástica** chirurgie esthétique/plastique

cirujano, -a nm/f chirurgien(ne)

cisne nm cygne m

cisterna nf chasse f d'eau; (*depósito*) citerne f

cita nf rendez-vous m inv; (*referencia*) citation f

citación nf citation f

citar vt donner rendez-vous à; (*JUR*) citer; **~se** vpr: **~se (con)** prendre rendez-vous (avec)

cítrico, -a adj citrique ♦ nm: **~s** agrumes mpl

ciudad nf ville f; **~**

universitaria cité f universitaire;
la C~ Condal Barcelone; **C~ del
Cabo** le Cap; **~ perdida** (MÉX)
bidonville m; **ciudadanía** nf
citoyenneté f
ciudadano, -a adj, nm/f
citadin(e)
cívico, -a adj civique; (persona)
civil(e)
civil adj civil(e) ♦ nm civil m
civilización nf civilisation f
civilizar vt civiliser
civismo nm civisme m
cizaña nf: **meter/sembrar ~**
mettre/semer la zizanie
cl. abr (= centilitro(s)) cl (=
centilitre(s))
clamar vt clamer ♦ vi crier
clamor nm clameur f
clandestino, -a adj clandestin(e)
clara nf (de huevo) blanc m
claraboya nf lucarne f
clarear vi (el día) se lever; (el
cielo) s'éclaircir
clarete nm rosé m
claridad nf clarté f
clarificar vt éclaircir
clarinete nm clarinette f
clarividencia nf clairvoyance f
claro, -a adj clair(e) ♦ nm
éclaircie f ♦ adv clairement ♦ excl
bien sûr!; **estar ~** être clair(e); **~
que sí/no** bien sûr que oui/non
clase nf genre m, classe f;
(lección) cours msg; **dar ~(s)**
(profesor) faire cours, donner des
cours; **tener ~** avoir de la classe;
~ alta/media/obrera/social
classe dominante/moyenne/
ouvrière/sociale; **~s
particulares** cours particuliers
clásico, -a adj classique
clasificación nf classement m;
(de cartas, líneas) tri m
clasificar vt classer; (cartas) trier

~se vpr se qualifier
claudicar vi céder
claustro nm cloître m; (UNIV,
ESCOL) conseil m; (: junta)
assemblée f, réunion f
cláusula nf clause f; **~ de
exclusión** clause d'exclusion
clausura nf clôture f; **de ~** (REL)
claustral; (: monja) cloîtré(e);
clausurar vt clore; (local) fermer
clavar vt enfoncer; (clavo) clouer;
(alfiler) épingler; (mirada) fixer;
(fam: cobrar caro) arnaquer; **~se**
vpr s'enfoncer
clave nf clef f ♦ adj inv clé; **en ~**
(mensaje) codé(e)
clavel nm œillet m
clavícula nf clavicule f
clavija nf cheville f; (ELEC) fiche f
clavo nm clou m; (BOT, CULIN) clou
de girofle; **dar en el ~** mettre
dans le mille, faire mouche
claxon (pl ~s) nm klaxon m
clemencia nf clémence f
clérigo nm ecclésiastique m
clero nm clergé m
clic nm clic m; **hacer ~ en**
cliquer sur; **clicar** vi cliquer
cliché nm cliché m
cliente, -a nm/f client(e)
clientela nf clientèle f
clima nm climat m
climatizado, -a adj climatisé(e)
clímax nm inv apogée m, point m
culminant; (sexual) orgasme m
clínica nf clinique f
clínico, -a adj clinique
clip (pl ~s) nm trombone m
clítoris nm inv clitoris m inv
cloaca nf égout m
cloro nm chlore m
club (pl ~s o ~es) nm club m
cm. abr (= centímetro(s)) cm m (=
centimètre(s))
C.N.T. sigla f (ESP: Confederación

*Nacional de Trabajo) syndicat; (AM:
Confederación Nacional de
Trabajadores) syndicat*
coacción *nf* contrainte *f*
coaccionar *vt* contraindre
coagular *vt* coaguler; **~se** *vpr* se
coaguler; **coágulo** *nm* caillot *m*
coalición *nf* coalition *f*
coartada *nf* alibi *m*
coba *nf*: **dar ~ a algn** passer de
la pommade à qn
cobarde *adj* lâche ♦ *nm/f* lâche
m/f, peureux(-euse); **cobardía** *nf*
lâcheté *f*
cobaya *nm o f* cobaye *m*
cobertizo *nm* hangar *m*, remise *f*;
(de animal) abri *m*
cobertura *nf* couverture *f*; **~ de
dividendo** rapport *m*
dividendes-résultat
cobija *(AM)* *nf* couverture *f*
cobijar *vt* héberger, loger; **~se**
vpr: **~se (de)** se protéger (de); **~
(de)** protéger (de); **cobijo** *nm*
abri *m*
cobra *nf* cobra *m*
cobrador, a *nm/f* receveur(-euse)
cobrar *vt* (*cheque*) toucher,
encaisser; (*sueldo*) toucher; (*precio*)
faire payer; (*deuda, alquiler, gas*)
encaisser ♦ *vi* toucher son salaire;
cóbrese payez-vous; **a ~** à
encaisser; **cantidades por ~**
sommes *fpl* dues
cobre *nm* cuivre *m*; **~s** *nmpl*
(*MÚS*) cuivres *mpl*; **sin un ~** (*AM:
fam*) sans un sou
cobro *nm* (*de cheque*)
encaissement *m*; (*pago*) paiement
m; **presentar al ~** encaisser
cocaína *nf* cocaïne *f*
cocción *nf* cuisson *f*
cocear *vi* ruer
cocer *vt* (faire) cuire ♦ *vi* cuire;
(*agua*) bouillir; **~se** *vpr* cuire

coche *nm* voiture *f*; (*para niños*)
poussette *f*; **~ de bomberos**
voiture des pompiers; **~ de
carreras** voiture de course
coche-cama (*pl* **~s-~**) *nm*
wagon-lit *m*
cochera *nf* garage *m*; (*de
autobuses*) dépôt *m*
cochino, -a *adj* dégoûtant(e) ♦
nm/f cochon (truie); (*persona*)
cochon(ne)
cocido, -a *adj* (*patatas*) bouilli(e);
(*huevos*) dur(e) ♦ *nm* pot-au-feu *m*
inv
cocina *nf* cuisine *f*; (*aparato*)
cuisinière *f*; **~ eléctrica/de gas**
cuisinière électrique/à gaz; **~
francesa** cuisine française;
cocinar *vt, vi* cuisiner
cocinero, -a *nm/f* cuisinier(-ière)
coco *nm* noix *fsg* de coco
cocodrilo *nm* crocodile *m*;
cocotero *nm* cocotier *m*
cóctel *nm* cocktail *m*; **~ molotov**
cocktail Molotov
codazo *nm*: **dar un ~ a algn**
donner un coup de coude à qn
codicia *nf* convoitise *f*; **codiciar**
vt convoiter
codicioso, -a *adj* avide;
(*expresión*) de convoitise
código *nm* code *m*; **~ civil/
postal** code civil/postal; **~ de
(la) circulación** code de la
route
codillo *nm* (*TEC*) coude *m*
codo *nm* coude *m*
codorniz *nf* caille *f*
coerción *nf* coercition *f*
coetáneo, -a *nm/f*
contemporain(e)
coexistir *vi*: **~ (con)** coexister
(avec)
cofradía *nf* confrérie *f*
cofre *nm* coffre *m*; (*de joyas*)

coffret m

coger vt prendre; (objeto caído)
ramasser; (pelota) attraper; (frutas)
cueillir; (sentido, indirecta)
comprendre, saisir; (tomar
prestado) emprunter; (AM: fam!)
baiser (fam!); **~se** vpr se prendre;
~ cariño a algn prendre qn en
affection; **~ celos de algn** être
jaloux(-ouse) de qn; **~ manía a
algn** prendre qn en grippe; **~se
a** s'accrocher à, s'agripper à; **iban
cogidos de la mano** ils se
tenaient par la main

cogollo nm cœur m

cogote nm nuque f

cohecho nm subornation f

coherente adj cohérent(e)

cohesión nf cohésion f

cohete nm fusée f, pétard m; (tb:
~ espacial) fusée f

cohibido, -a adj: **estar/
sentirse ~** être/se sentir gêné(e);
(tímido) être/se sentir intimidé(e)

cohibir vt intimider; (reprimir)
réprimer; **~se** vpr se retenir

coincidencia nf coïncidence f

coincidir vi (en lugar) se
rencontrer; **coincidimos en
ideas** nous partageons les mêmes
idées; **~ con** coïncider avec

coito nm coït m

cojear vi boiter; (mueble) être
bancal(e)

cojera nf claudication f

cojín nm coussin m; **cojinete** nm
palier m

cojo, -a vb ver **coger** ♦ adj
boiteux(-euse); (mueble) bancal(e)
♦ nm/f (persona) boiteux(-euse)

cojón (fam!) nm couille f (fam!);
¡cojones! putain! (fam!)

cojonudo, -a (ESP: fam!) adj
super

col nf chou m; **~es de Bruselas**

choux mpl de Bruxelles

cola nf queue f; (para pegar) colle
f; **hacer ~** faire la queue

colaborador, a nm/f
collaborateur(-trice)

colaborar vi: **~ con** collaborer
avec

colada nf: **hacer la ~** faire la
lessive

colador nm (de té) passoire f;
(para verduras) écumoire f

colapso nm collapsus msg; (de
circulación) embouteillage m; (en
producción) effondrement m

colar vt filtrer ♦ vi (mentira)
prendre, passer; **~se** vpr (en cola)
se glisser, se faufiler; (viento, lluvia)
s'engouffrer; **~se en** (concierto,
cine) se faufiler dans

colcha nf couvre-lit m

colchón nm matelas m; **~
inflable/neumático** matelas
gonflable/pneumatique

colchoneta nf tapis msg

colección nf collection f;
coleccionar vt collectionner;
coleccionista nm/f
collectionneur(-euse)

colecta nf collecte f

colectivo, -a adj collectif(-ive) ♦
nm collectif m; (AM) autobus msg;
(: taxi) taxi m

colega nm/f collègue m/f; (POL)
homologue m/f; (amigo) copain
(copine)

colegial, a adj, nm/f
collégien(ne)

colegio nm collège m; (de
abogados, médicos) ordre m; **ir al
~** aller à l'école o au collège; **~
electoral** collège électoral; **~
mayor** résidence f universitaire

colegir vt déduire

cólera nf colère f ♦ nm choléra m

colérico, -a adj colérique;

(persona) coléreux(-euse)

colesterol nm cholestérol m

coleta nf queue f, couette f

colgante adj pendant(e), suspendu(e) ♦ nm pendentif m

colgar vt accrocher; (teléfono) raccrocher; (ropa) étendre; (ahorcar) pendre ♦ vi raccrocher; **~ de** pendre à, être suspendu(e) à

cólico nm colique f

coliflor nf chou-fleur m

colilla nf mégot m

colina nf colline f

colirio nm collyre m

colisión nf collision f

collar nm collier m

colmar vt remplir à ras bord

colmena nf ruche f

colmillo nm canine f; (de elefante) défense f; (de perro) croc m

colmo nm: **ser el ~ de la locura/frescura/insolencia** être le comble de la folie/du toupet/de l'insolence; **para ~ (de desgracias)** pour comble (de malheurs)

colocación nf (de piedra) pose f; (de persona) placement m; (empleo) emploi m, travail m; (disposición) emplacement m

colocar vt (piedra) poser; (cuadro) accrocher; (poner en empleo) placer; **~se** vpr se placer; (conseguir trabajo): **~se (de)** trouver du travail (comme)

Colombia nf Colombie f

colombiano, -a adj colombien(ne) ♦ nm/f Colombien(ne)

colonia nf colonie f; (tb: **agua de ~**) eau f de cologne; (MÉX) quartier m; **~ proletaria** (MÉX) bidonville m

colonización nf colonisation f

colonizador, a adj, nm/f

colonisateur(-trice)

colonizar vt coloniser

coloquial adj familier(-ière), parlée(e)

coloquio nm colloque m

color nm couleur f; **de ~** de couleur; **de ~ amarillo/azul/naranja** de couleur jaune/bleue/orange

colorado, -a adj rouge; (AM: chiste) grivois(e)

colorante nm colorant m

colorar, colorear vt colorer

colorete nm fard m

columna nf colonne f; **~ vertebral** colonne vertébrale

columpiar vt balancer; **~se** vpr se balancer; **columpio** nm balançoire f

coma nf virgule f ♦ nm (MED) coma m

comadrona nf sage-femme f

comandancia nf (mando) commandement m; (edificio) commandement m, commanderie f

comandante nm commandant m

comarca nf contrée f

comba nf corde f; **saltar a la ~** sauter à la corde; **no pierde ~** il n'en perd pas une

combar vt courber; **~se** vpr se courber

combate nm combat m; **combatiente** nm combattant m

combatir vt, vi combattre

combinación nf combinaison f

combinar vt combiner; (esfuerzos) unir

combustible adj, nm combustible m

combustión nf combustion f

comedia nf comédie f

comediante nmf comédien(ne)

comedido, -a adj modéré(e)

comedor nm salle f à manger; (de

colegio, hotel) réfectoire m

comensal *nm/f* invité(e), convive *m/f*

comentar *vt* commenter

comentario *nm* commentaire m; **~s** *nmpl* (*chismes*) commentaires *mpl*; **dar lugar a ~s** prêter à commentaires

comentarista *nm/f* commentateur(-trice)

comenzar *vt, vi* commencer; **~ a/por hacer** commencer à/par faire

comer *vt* manger; (*DAMAS, AJEDREZ*) souffler ♦ *vi* manger; (*almorzar*) manger, déjeuner; **~se** *vpr* manger; **está para comérsela** elle est belle à croquer; **~ el coco a algn** (*fam*) bourrer le crâne à qn

comercial *adj* commercial(e)

comercializar *vt* commercialiser

comerciar *vi*: **~ en** faire le commerce de

comercio *nm* commerce m; **~ autorizado** commerce autorisé; **~ exterior/interior** commerce extérieur/intérieur; **~ justo** commerce équitable

comestible *adj* comestible ♦ *nm*: **~s** aliments *mpl*

cometa *nm* comète f ♦ *nf* cerf-volant m

cometer *vt* commettre

cometido *nm* rôle m; (*deber*) devoir m

comezón *nf* démangeaison f

cómic *nm* bande f dessinée

comicios *nmpl* comices *mpl*

cómico, -a *adj* comique ♦ *nm/f* (*de TV, cabaret*) comique *m/f*; (*de teatro*) comédien(ne)

comida *nf* nourriture f; (*almuerzo*) repas *msg*; (*esp AM*) dîner m; **~ basura** malbouffe f

comidilla *nf*: **ser la ~ del barrio** être sur toutes les lèvres

comienzo *vb ver* **comenzar** ♦ *nm* commencement m

comillas *nfpl* guillemets *mpl*

comilona (*fam*) *nf* gueuleton m

comino *nm* cumin m; **(no) me importa un ~** je m'en balance

comisaría *nf* (*tb:* **~ de Policía**) commissariat m

comisario *nm* commissaire m

comisión *nf* commission f; **~ mixta/permanente** commission paritaire/permanente; **comisiones bancarias** commissions bancaires; **Comisiones Obreras** (*ESP*) syndicat ouvrier

comité (*pl* **~s**) *nm* comité m

comitiva *nf* suite f, cortège m

como *adv* comme; (*en calidad de*) en ♦ *conj* (*condición*) si; (*causa*) comme; **lo hace ~ yo** il le fait comme moi; **tan grande ~** aussi grand que; **~ si estuviese ciego** comme s'il était aveugle

cómo *adv* comment ♦ *excl* comment!; **¿~ (ha dicho)?** comment?, vous avez dit?; **¡~ no!** bien sûr!; (*esp AM:* **¡claro!**) pardi!; **¡~ corre!** comme il cavale!

cómoda *nf* commode f

comodidad *nf* confort m; (*conveniencia*) avantage m; **~es** *nfpl* aises *fpl*

comodín *nm* (*NAIPES*) joker m; (*INFORM*) caractère m de remplacement

cómodo, -a *adj* confortable; (*máquina, herramienta*) pratique; **estar/ponerse/sentirse ~** être/se mettre/se sentir à l'aise

compact disc *nm* C.D. m

compacto, -a *adj* compact(e)

compadecer *vt* plaindre; **~se**

vpr: **~se de** se plaindre de
compadre *nm* parrain *m*; (*en oración directa*) (mon) vieux
compañero, -a *nm/f* collègue *m/f*; (*en juego*) partenaire *m/f*; (*en estudios*) camarade *m/f*
compañía *nf* compagnie *f*; **en ~ de** en compagnie de; **hacer ~ a algn** tenir compagnie à qn; **~ afiliada** filiale *f*; **~ concesionaria/inversionista** compagnie concessionaire/actionnaire; **~ (no) cotizable** compagnie (non) cotée en Bourse
comparación *nf* comparaison *f*; **en ~ con** par comparaison à
comparar *vt*: **~ a/con** comparer à/avec
comparecer *vi* comparaître
comparsa *nm/f* (*TEATRO, CINE*) figurant(e) ♦ *nf* (*de carnaval etc*) mascarade *f*
compartimento, **compartimiento** *nm* compartiment *m*
compartir *vt* partager
compás *nm* (*MÚS*) rythme *m*; (*para dibujo*) compas *msg*; **al ~** au même rythme
compasión *nf* compassion *f*; **sin ~** sans pitié
compasivo, -a *adj* compatissant(e)
compatibilidad *nf* compatibilité *f*
compatible *adj*: **~ (con)** compatible (avec)
compatriota *nm/f* compatriote *m/f*
compendiar *vt* résumer; **compendio** *nm* abrégé *m*
compenetrarse *vpr* (*personas*) s'entendre sur tout
compensación *nf* compensation *f*, dédommagement *m*

compensar *vt* (*persona*) compenser; (*contrarrestar: pérdidas*) compenser, contrebalancer ♦ *vi* (*esfuerzos, trabajo*) récompenser
competencia *nf* compétition *f*, concurrence *f*; (*JUR, habilidad*) compétence *f*; **~s** *nfpl* (*POL*) compétences *fpl*; **la ~** (*COM*) la compétition *o* concurrence; **hacer la ~ a** faire concurrence à; **ser de la ~ de algn** être de la compétence de qn
competente *adj* compétent(e)
competición *nf* compétition *f*
competir *vi* concourir; **~ en** (*fig*) rivaliser en; **~ por** rivaliser pour; (*DEPORTE*) être en compétition pour, concourir pour
compilar *vt* compiler
complacencia *nf* complaisance *f*
complacer *vt* faire plaisir à; **~se** *vpr*: **~se en (hacer)** se complaire à (faire)
complaciente *adj* complaisant(e); **ser ~ con** *o* **para con** montrer de la complaisance envers
complejo, -a *adj* complexe ♦ *nm* (*PSICO*) complexe *m*; **~ deportivo** cité *f* des sports; **~ industrial** complexe industriel
complemento *nm* complément *m*
completar *vt* compléter
completo, -a *adj* complet(-ète); (*éxito, fracaso*) total(e); **al ~** au complet; **por ~** complètement
complicado, -a *adj* compliqué(e); **estar ~ en** être impliqué(e) dans
complicar *vt* compliquer; **~se** *vpr* se compliquer; **~ a algn en** impliquer qn dans
cómplice *nm/f* complice *m/f*

complot (pl ~s) nm complot m
componer vt composer; (algo roto) réparer; **~se de** se composer de; **componérselas para hacer algo** s'arranger pour faire qch
comportamiento nm comportement m
comportar vt comporter; **~se** vpr se comporter
composición nf composition f
compositor, a nm/f (MÚS) compositeur(-trice)
compostura nf tenue f, maintien m
compra nf achat m; **hacer/ir a la ~** faire/aller faire les courses; **ir de ~s** faire les magasins; **~ a plazos** achat à crédit
comprador, a nm/f acheteur(-euse)
comprar vt acheter; **~se** vpr s'acheter
comprender vt comprendre
comprensión nf compréhension f
comprensivo, -a adj compréhensif(-ive)
compresa nf (tb: **~ higiénica**) serviette f hygiénique
comprimido, -a adj comprimé(e) ♦ nm (MED) comprimé m, cachet m
comprimir vt comprimer
comprobante nm (COM) reçu m, récépissé m
comprobar vt vérifier
comprometer vt compromettre; **~se** vpr se compromettre; **~ a algn a hacer** mettre qn dans l'obligation de faire; **~se a hacer** s'engager à faire
compromiso nm (acuerdo) compromis m(sg); (situación difícil) embarras m(sg)

compuesto, -a pp de **componer** ♦ adj composé(e) ♦ nm composé m; **~ de** composé(e) de
computador nm, **computadora** nf ordinateur m; **~ central** ordinateur central
cómputo nm calcul m
comulgar vi (REL) communier; **~ con** (con ideas, valores) partager
común adj commun(e); **en ~** en commun
comunicación nf communication f; **comunicaciones** nfpl (transportes, TELEC) communications fpl
comunicado nm communiqué m; **~ de prensa** communiqué de presse
comunicar vt communiquer ♦ vi (teléfono) être occupé; **~se** vpr communiquer; **~ con** communiquer avec; **está comunicando** (TELEC) c'est occupé
comunidad nf communauté f; **~ autónoma** (POL) communauté autonome; **~ de vecinos** copropriétaires mpl, association f de copropriétaires; **C~ (Económica) Europea** Communauté (économique) européenne
comunión nf communion f
comunismo nm communisme m; **comunista** adj, nm/f communiste m/f

---
PALABRA CLAVE
---

con prep **1** (medio, compañía, modo) avec; **comer con cuchara** manger avec une cuillère; **café con leche** café au lait; **con habilidad** avec habileté

2 (*actitud, situación*): **piensa con los ojos cerrados** il pense les yeux fermés; **estoy con un catarro** j'ai un rhume

3 (*a pesar de*): **con todo, merece nuestros respetos** malgré tout, il mérite notre respect

4 (*relación, trato*): **es muy bueno (para) con los niños** il sait s'y prendre avec les enfants

5 (+ *infin*): **con llegar tan tarde se quedó sin comer** comme il est arrivé très tard, il n'a pas pu manger; **con estudiar un poco apruebas** en étudiant un peu tu y arriveras

6 (*queja*): **¡con las ganas que tenía de hacerlo!** moi qui avais tellement envie de le faire!

♦ *conj* **1: con que: será suficiente con que le escribas** il suffit que tu lui écrives

2: con tal (de) que du moment que

conato *nm* tentative *f*; (*de incendio*) début *m*

concebir *vt, vi* concevoir

conceder *vt* accorder; (*premio*) décerner

concejal, -a *nm/f* conseiller *m* municipal

concentración *nf* concentration *f*

concentrar *vt* concentrer; (*personas*) rassembler; **~se** *vpr* se concentrer; **~se (en)** se concentrer (sur)

concepción *nf* conception *f*

concepto *nm* (*idea*) concept *m*; **tener buen/mal ~ de algn** avoir bonne/mauvaise opinion de qn

concernir *vi* concerner; **en lo que concierne a** en ce qui concerne

concertar *vt* (*precio*) se mettre d'accord sur; (*entrevista*) fixer; (*tratado, paz*) conclure; (*esfuerzos*) associer; (*MÚS*) accorder ♦ *vi* (*MÚS*) être en harmonie

concesión *nf* (*COM: adjudicación*) concession *f*; **hacer concesiones** faire des concessions; **sin concesiones** sans concessions

concesionario, -a *nm/f* (*COM*) concessionnaire *m/f*

concha *nf* (*de molusco*) coquille *f*; (*de tortuga*) carapace *f*

conciencia *nf* conscience *f*; **hacer algo a ~** faire qch consciencieusement; **tener/tomar ~ de** avoir/prendre conscience de

concienciar *vt* faire prendre conscience à; **~se** *vpr* prendre conscience

concienzudo, -a *adj* consciencieux(-euse)

concierto *nm* (*MÚS: acto*) concert *m*; (: *obra*) concerto *m*; (*convenio*) accord *m*

conciliar *vt* concilier; **~ el sueño** trouver le sommeil

concilio *nm* concile *m*

conciso, -a *adj* concis(e)

concluir *vt* conclure ♦ *vi* (se) terminer

conclusión *nf* conclusion *f*

concluyente *adj* concluant(e)

concordia *nf* concorde *f*

concretar *vt* concrétiser; **~se** *vpr*: **~se a (hacer)** s'en tenir à (faire)

concreto, -a *adj* concret(-ète); (*determinado*) précis(e) ♦ *nm* (*AM: hormigón*) béton *m*; **en ~** en somme; (*específicamente*) en particulier; **un día ~** un jour précis

concurrencia *nf* assistance *f*

concurrido, -a *adj* fréquenté(e)

concurrir *vi* (*sucesos*) coïncider; (*factores*) concourir; (*ríos*) confluer; (*avenidas*) converger

concursante *nm/f* concurrent(e)

concurso *nm* concours *m*

conde *nm* comte *m*

condecoración *nf* décoration *f*

condecorar *vt* décorer

condena *nf* condamnation *f*

condenar *vt* condamner; **~se** *vpr* (*JUR*) se reconnaître coupable; (*REL*) se damner; **~ (a)** condamner (à)

condensar *vt* condenser; **~se** *vpr* se condenser

condesa *nf* comtesse *f*

condición *nf* condition *f*; (*modo de ser*) caractère *m*; (*estado*) état *m*; **condiciones** *nfpl* capacités *fpl*, aptitudes *fpl*; **a ~ de que ...** à condition que ...; **condicional** *adj* conditionnel(le); *ver* **libertad**

condicionar *vt* conditionner; **estar condicionado a** dépendre de

condimento *nm* condiment *m*

condolerse *vpr* compatir

condón *nm* préservatif *m*

conducir *vt* conduire; (*suj: camino, escalera, negocio*) conduire, mener ♦ *vi* conduire; **~se** *vpr* se conduire; **esto no conduce a nada/ninguna parte** cela ne mène à rien/nulle part

conducta *nf* conduite *f*

conducto *nm* conduit *m*; **por ~ oficial** par voie officielle

conductor, -a *adj* (*FÍS, ELEC*) conducteur(-trice) ♦ *nm* conducteur *m* ♦ *nm/f*

conducteur(-trice)

conduje *etc vb ver* **conducir**

conduzca *etc vb ver* **conducir**

conectar *vt* relier; (*tubos*) raccorder; (*enchufar*) connecter, brancher ♦ *vi:* **~ (con)** (*TV, RADIO*) donner l'antenne (à)

conejillo *nm:* **~ de Indias** cochon *m* d'Inde; (*fig*) cobaye *m*

conejo *nm* lapin *m*

conexión *nf* connexion *f*

confección *nf* confection *f*

confeccionar *vt* confectionner

confederación *nf* confédération *f*

conferencia *nf* conférence *f*; (*TELEC*) communication *f* interurbaine; **~ a cobro revertido** (*TELEC*) appel *m* en PCV; **~ de prensa** conférence de presse

conferir *vt* conférer

confesar *vt* confesser, avouer ♦ *vi* (*REL*) confesser; (*JUR*) avouer; **~se** *vpr* se confesser

confesión *nf* confession *f*, aveu *m*; (*REL*) confession

confesionario *nm* (*REL*) confessionnal *m*

confeti *nm* confetti *m*

confiado, -a *adj* confiant(e)

confianza *nf* confiance *f*; (*familiaridad*) familiarité *f*; **de ~** (*persona*) de confiance; (*alimento*) de qualité; **tener ~ con algn** être intime avec qn; **tomarse ~s con algn** (*pey*) se permettre des familiarités avec qn

confiar *vt* confier; **~se** *vpr* être confiant(e); **~ en** avoir confiance en; **~ en hacer/que** compter faire/que

confidencia *nf* confidence *f*

confidencial *adj* confidentiel(le); **"~"** (*en sobre*) "confidentiel"

confidente *nmf (amigo)*
confident(e); *(policial)*
informateur(-trice),
indicateur(-trice),
configurar *vt* façonner
confín *nm*: **el ~ del mundo** le
bout du monde
confinar *vt (desterrar)* confiner
confirmar *vt* confirmer; **~se** *vpr*
se confirmer; *(REL)* faire sa
confirmation; **la excepción
confirma la regla** l'exception
confirme la règle
confiscar *vt* confisquer
confitería *nf (tienda)* confiserie *f*;
(CSUR: café) café *m*
confitura *nf* confiture *f*
conflictivo, -a *adj* conflictuel(le);
(época) de conflit
conflicto *nm* conflit *m*; *(fig:
problema)* problème *m*
confluir *vi (ríos, personas)*
confluer; *(carreteras)* se rejoindre
conformar *vt (carácter, paisaje)*
façonner; **~se** *vpr*: **~se con** se
contenter de; *(resignarse)* se
résigner à; **~se con hacer** se
contenter de faire
conforme *adj* conforme; *(de
acuerdo)* d'accord; *(satisfecho)*
content(e), satisfait(e) ♦ *conj (tal
como)* tel que, comme; *(a medida
que)* à mesure que ♦ *excl* d'accord
♦ *prep*: **~ a** conformément à; **~
con** content(e) *o* satisfait(e) de
conformidad *nf* conformité *f*;
(aprobación) accord *m*,
approbation *f*; **conformista** *adj,
nmf* conformiste *m/f*
confortable *adj* confortable
confortar *vt* réconforter
confrontar *vt* confronter; **~se**
vpr s'affronter; **~se con** affronter
confundir *vt* confondre; *(persona:
embrollar)* embrouiller; (: *descon-*

certar) confondre; **~se** *vpr*
(equivocarse) se tromper; *(hacerse
borroso)* se confondre; *(mezclarse)*
se confondre; **~ algo/algn con**
confondre qch/qn avec
confusión *nf* confusion *f*
confuso, -a *adj* confus(e)
congelado, -a *adj (carne,
pescado)* congelé(e); **~s** *nmpl*
(CULIN) surgelés *mpl*;
congelador *nm* congélateur *m*
congelar *vt* congeler; *(COM, FIN)*
geler; **~se** *vpr* se congeler;
(sangre, grasa) se figer
congeniar *vi*: **~ (con)**
s'entendre (avec)
congestión *nf (de tráfico)*
encombrement *m*; *(MED)*
congestion *f*
congestionar *vt* congestionner;
~se *vpr* se congestionner
congoja *nf* chagrin *m*
congraciarse *vpr*: **~ con**
s'attirer les bonnes grâces de
congratular *vt* féliciter; **~se** *vpr*:
~se de *o* **por** se féliciter de
congregación *nf* congrégation *f*
congregar *vt* réunir, rassembler;
~se *vpr* se réunir, se rassembler
congreso *nm* congrès *m*
conjetura *nf* conjecture *f*; **sólo
podemos hacer ~s** nous
sommes réduits aux conjectures
conjugar *vt* conjuguer
conjunción *nf (LING)* conjonction
f
conjunto, -a *adj* commun(e) ♦
nm ensemble *m*; *(de
circunstancias)* concours *msg*; *(de
música pop)* groupe *m*; **de ~**
(visión, estudio) d'ensemble; **en ~**
dans l'ensemble
conjurar *vt, vi* conjurer; **~se** *vpr*
se conjurer
conmemoración *nf*

commémoration f

conmemorar vt commémorer

conmigo pron avec moi

conmoción nf commotion f; (en sociedad, costumbres) bouleversement m; **~ cerebral** (MED) commotion cérébrale

conmovedor, a adj émouvant(e)

conmover vt émouvoir; (suj: terremoto, estrépito) ébranler; **~se** vpr s'émouvoir

conmutador nm (AM: TELEC) central m téléphonique

cono nm (GEOM) cône m; **C~ Sur** (GEO) Chili, Argentine, Uruguay

conocedor, -a adj, nm/f connaisseur(-euse)

conocer vt connaître; (reconocer) reconnaître; **~se** vpr se connaître; **se conoce que ...** il semble o paraît que ...

conocido, -a adj connu(e) ♦ nm/f (persona) connaissance f

conocimiento nm connaissance f; **~s** nmpl (saber) connaissances fpl; **poner en ~ de algn** faire savoir à qn; **tener ~ de** avoir connaissance de

conozca etc vb ver **conocer**

conque conj ainsi donc, alors

conquista nf conquête f

conquistador, a adj, nm/f conquérant(e) ♦ nm (de América) conquistador m; (seductor) séducteur m

conquistar vt conquérir; (puesto) obtenir; (simpatía, fama) conquérir; (enamorar) conquérir, faire la conquête de

consagrar vt consacrer

consciente adj conscient(e); **estar ~** être conscient(e); **ser ~ de** être conscient(e) de

consecuencia nf conséquence f; **a ~ de** par suite de; **en ~** en

conséquence

consecuente adj: **~ (con)** conséquent(e) (avec)

consecutivo, -a adj consécutif(-ive)

conseguir vt obtenir; (sus fines) parvenir à; **~ hacer** arriver à faire

consejero, -a nm/f (persona) conseiller(-ère); (POL) ministre dans une communauté autonome

consejo nm conseil m; **~ de administración** (COM) conseil d'administration; **~ de guerra/ de ministros** conseil de guerre/ des ministres

consenso nm consensus m

consentimiento nm consentement m

consentir vt consentir; (mimar) gâter ♦ vi: **~ hacer** consentir à faire; **~ a algn hacer algo/ que algn haga algo** permettre à qn de faire qch/que qn fasse qch

conserje nm concierge m

conserva nf conserve f; **~s** nfpl conserves fpl; **en ~** en conserve

conservación nf (de paisaje, naturaleza) conservation f; (de especie) protection f

conservador, a adj, nm/f conservateur(-trice)

conservante nm conservateur m

conservar vt (gen) conserver; (costumbre, figura) garder; **~se** vpr: **~se bien** (comida etc) bien se conserver; **~se joven** être bien conservé

conservatorio nm (MÚS) conservatoire m

considerable adj (importante) important(e); (grande) considérable

consideración nf considération f

considerado, -a adj (atento)

attentionné(e); *(respetado)*
respecté(e)
considerar *vt* considérer
consigna *nf* consigne *f*
consigo *vb ver* **conseguir** ♦
pron (m) avec lui; *(f)* avec elle;
(usted(es)) avec vous; ~ **mismo**
avec soi-même
consiguiendo *etc vb ver*
conseguir
consiguiente *adj*: **el ~ susto/**
nerviosismo la peur/nervosité
qui en résulte; **por ~** par
conséquent
consistente *adj* consistant(e);
(material, pared, teoría) solide; ~
en qui consiste en
consistir *vi*: ~ **en** consister en
consolación *nf ver* **premio**
consolar *vt* consoler; ~**se** *vpr*:
~**se (con)** se consoler (avec)
consolidar *vt* consolider
consomé *(pl* ~**s)** *nm (CULIN)*
consommé *m*
consonante *nf* consonne *f*
consorcio *nm (COM)* consortium
m
conspiración *nf* conspiration *f*
conspirador, a *nm/f*
conspirateur(-trice)
conspirar *vi* conspirer
constancia *nf* constance *f*;
dejar ~ de algo faire état de
qch
constante *adj* constant(e) ♦ *nf*
(MAT, fig) constante *f*
constar *vi*: ~ **(en)** figurer (dans);
~ **de** se composer de; **me**
consta que ... je suis conscient
que ...; **(que) conste que lo**
hice por ti n'oublie pas que c'est
pour toi que je l'ai fait
constatar *vt* constater
consternación *nf* consternation
f

constipado, -a *adj*: **estar ~**
être enrhumé(e) ♦ *nm* rhume *m*
constitución *nf* constitution *f*;
(de tribunal, equipo etc)
composition *f*; **constitucional**
adj constitutionnel(le)
constituir *vt* constituer
constituyente *adj* constituant(e)
constreñir *vt (limitar)* restreindre
construcción *nf* construction *f*
constructor, a *nm/f*
constructeur(-trice) ♦ *nf*
entrepreneur *m*
construir *vt* construire
construyendo *etc vb ver*
construir
consuelo *vb ver* **consolar** ♦ *nm*
consolation *f*
cónsul *nm* consul *m*;
consulado *nm* consulat *m*
consulta *nf* consultation *f*; *(MED:*
consultorio) cabinet *m*; **horas de**
~ heures *fpl* de consultation
consultar *vt* consulter; ~ **algo**
con algn consulter qn au sujet
de qch
consultorio *nm (MED)* cabinet *m*
consumar *vt* consommer
consumición *nf* consommation
f; ~ **mínima** prix *m* minimum de
la consommation
consumidor, a *nm/f*
consommateur(-trice)
consumir *vt* consommer; ~**se**
vpr se consumer; *(caldo)* réduire;
~**se de celos/de envidia/de**
rabia) se consumer (de jalousie/
d'envie/de rage)
consumismo *nm (COM)*
surconsommation *f*
consumo *nm* consommation *f*;
bienes/sociedad de ~ biens
mpl/société *f* de consommation
contabilidad *nf* comptabilité *f*;
contable *nm/f* comptable *m/f*

contacto nm contact m; **estar/ponerse en ~ con algn** être/se mettre en contact avec qn

contado, -a adj: **en casos ~s** dans de rares cas ♦ nm: **al ~** au comptant; **pagar al ~** payer comptant

contador, a nm/f (AM: contable) comptable m/f ♦ nm (aparato) compteur m

contagiar vt (enfermedad) passer; (persona) contaminer

contagio nm contagion f

contagioso, -a adj contagieux(-euse)

contaminación nf (de alimentos) contamination f; (del agua, ambiente) pollution f

contaminante adj polluant(e) ♦ nm polluant m

contaminar vt polluer

contante adj: **dinero ~** argent m comptant; **dinero ~ y sonante** espèces fpl sonnantes et trébuchantes

contar vt (dinero etc) compter; (historia etc) conter ♦ vi compter; **~ con** (persona) compter avec; (disponer de: plazo etc) disposer de; (: habitantes) compter

contemplación nf contemplation f; **contemplaciones** nfpl (miramientos) égards mpl

contemplar vt contempler

contemporáneo, -a adj, nm/f contemporain(e)

contendiente adj, nm/f (persona, país) rival(e); (DEPORTE) adversaire m/f

contenedor nm conteneur m

contener vt contenir; (risa, caballo etc) retenir; **~se** vpr se retenir

contenido, -a adj contenu(e) ♦ nm contenu m

contentar vt faire plaisir à; **~se** vpr: **~se (con)** se contenter (de); **~se con hacer** se contenter de faire

contento, -a adj: **~ (con/de)** content(e) (de)

contestación nf réponse f

contestador nm: **~ automático** répondeur m

contestar vt répondre; (JUR) plaider ♦ vi répondre; **~ a una pregunta/a un saludo** répondre à une question/à un salut

contexto nm contexte m

contienda nf dispute f

contigo pron avec toi

contiguo, -a adj: **~ (a)** contigu(ë) (à)

continente nm continent m

contingencia nf (posibilidad) éventualité f; **contingente** adj contingent(e) ♦ nm (MIL, COM) contingent m

continuación nf (de trabajo, estancia, obras) poursuite f; (de novela, película, calle) suite f; **a ~** juste après

continuar vt continuer, poursuivre ♦ vi (permanecer) rester; (mantenerse, prolongarse) continuer; (telenovela etc) reprendre; **~ haciendo** continuer de o à faire; **~ siendo** être toujours

continuo, -a adj continu(e); (llamadas, quejas) continuel(le)

contorno nm (silueta) contours mpl; (en dibujo) contour m; **~s** nmpl (alrededores) environs mpl

contorsión nf contorsion f

contra prep contre ♦ adj (NIC) contra ♦ adv: **en ~ (de)** contre ♦ nm/f contra m/f ♦ nf: **la C~ (nicaragüense)** les Contras mpl

♦ nm ver **pro**

contraataque nm contre-attaque f

contrabajo nm contrebasse f

contrabandista nm/f contrebandier(-ière)

contrabando nm contrebande f; **llevar/pasar algo de ~** passer qch en contrebande

contracción nf contraction f

contracorriente: **a ~** adv à contre-courant

contradecir vt contredire; **~se** vpr se contredire; **esto se contradice con ...** ceci est en contradiction avec ...

contradicción nf contradiction f; **en ~ con** en contradiction avec

contradictorio, -a adj contradictoire

contraer vt contracter; **~se** vpr se contracter; **~ matrimonio con** épouser

contraluz nm (FOTO) contre-jour m; **a ~** à contrejour

contrapelo: **a ~** adv à rebrousse-poil

contrapesar vt contrebalancer; **contrapeso** nm contrepoids msg

contraportada nf page f de garde

contraproducente adj qui n'a pas l'effet escompté

contrariar vt contrarier

contrariedad nf contretemps msg; (disgusto) contrariété f

contrario, -a adj: **~ (a)** opposé(e) (à); (equipo etc) adverse ♦ nm/f adversaire m/f; **al ~** au contraire; **por el ~** tout au contraire; **ser ~ a** être opposé(e) à; (a intereses, opinión) être contraire à; **llevar la contraria** contredire; **de lo ~** sinon

contrarrestar vt compenser

contraseña nf mot m de passe

contrastar vi: **~ (con)** trancher (avec) ♦ vt (comprobar) vérifier

contraste nm contraste m

contratar vt engager, recruter; (servicios) faire appel à

contratiempo nm contretemps msg

contratista nm/f entrepreneur(-euse)

contrato nm contrat m

contravenir vt contrevenir

contraventana nf volet m

contribución nf contribution f

contribuir vi: **~ (a)** contribuer (à); **~ con** participer à raison de

contribuyente nm/f contribuable m/f

contrincante nm concurrent(e)

control nm contrôle m; (dominio: de nervios, impulsos) maîtrise f; (tb: **~ de policía**) contrôle; **llevar el ~ de** (situación) maîtriser; (en asunto) diriger; **perder el ~** perdre le contrôle; **~ de (la) natalidad** contrôle des naissances; **~ de pasaportes** contrôle des passeports

controlador, a nm/f: **~ aéreo** contrôleur m aérien

controlar vt contrôler; (nervios, impulsos) maîtriser; **~se** vpr se maîtriser

controversia nf controverse f

contundente adj (prueba) indiscutable; (fig: argumento etc) radical(e)

contusión nf contusion f

convalecencia nf convalescence f

convaleciente adj, nm/f convalescent(e)

convalidar vt valider

convencer vt convaincre; **~se**

vpr: **~se (de)** se persuader (de); **~ a algn de (que haga) algo** convaincre qn de (faire) qch; **~ a algn para que haga** convaincre qn de faire; **esto no me convence (nada)** cela ne me convainc pas (du tout)

convencimiento *nm* certitude *f*

convención *nf* convention *f*

conveniencia *nf* (*oportunidad*) opportunité *f*; (*provecho*) intérêt *m*; (*utilidad*) avantage *m*; **~s sociales** *nfpl* (*tb*: **~s sociales**) convenances *fpl*

conveniente *adj* opportun(e); (*útil*) pratique

convenio *nm* accord *m*

convenir *vt* convenir de ♦ *vi* convenir; **no te conviene salir** tu ne devrais pas sortir

convento *nm* couvent *m*

convenza *etc vb ver* **convencer**

converger, convergir *vi* converger

conversación *nf* conversation *f*

conversar *vi* discuter

conversión *nf* transformation *f*

convertir *vt* transformer; (*REL*): **~ a** convertir à

convicción *nf* conviction *f*; **convicciones** *nfpl* (*ideas*) convictions *fpl*

convicto, -a *adj* condamné(e)

convidado, -a *nm/f* convive *m/f*

convidar *vt*: **~ (a)** convier (à); **~ a algn a hacer** convier qn à faire

convincente *adj* convaincant(e)

convite *nm* (*banquete*) banquet *m*; (*invitación*) invitation *f*

convivencia *nf* cohabitation *f*

convivir *vi* cohabiter

convocar *vt* convoquer; **~ (a)** (*personas*) convoquer (à); (*huelga*) appeler à

convocatoria *nf* convocation *f*;

(*huelga*) appel *m*

convulsión *nf* (*MED*) convulsion *f*

conyugal *adj* conjugal(e); **vida ~** vie *f* conjugale; **cónyuge** *nm/f* conjoint(e)

coñac (*pl* **~s**) *nm* cognac *m*

coño (*fam!*) *nm* con *m* (*fam!*) ♦ *excl* merde! (*fam!*)

cooperación *nf* coopération *f*

cooperar *vi* coopérer

cooperativa *nf* coopérative *f*

coordinador, a *nm/f* coordinateur(-trice) ♦ *nf* bureau *m* de coordination

coordinar *vt* coordonner

copa *nf* (*recipiente*) verre *m* à pied; (*de champán*, *DEPORTE*) coupe *f*; (*de árbol*) cime *f*; **~s** *nfpl* (*NAIPES*) l'une des quatre couleurs du jeu de cartes espagnol; **tomar una ~** prendre un verre *o* un pot

copia *nf* copie *f*; (*llave*) double *m*; **~ de respaldo** *o* **de seguridad** (*INFORM*) sauvegarde *f*; **copiar** *vt* copier; (*INFORM*) faire une copie de

copioso, -a *adj* abondant(e); (*comida*) copieux(-euse)

copla *nf* (*canción*) couplet *m*

copo *nm*: **~ de nieve** flocon *m* de neige; **~s de avena** flocons *mpl* d'avoine

coqueta *nf* (*mujer*) coquette *f*; (*mueble*) coiffeuse *f*; **coquetear** *vi* flirter

coraje *nm* courage *m*; (*esp AM*) colère *f*

coral *adj* (*MÚS*) de chœur ♦ *nf* (*MÚS*) chorale *f* ♦ *nm* (*ZOOL*) corail *m*; **de ~** en corail

coraza *nf* cuirasse *f*; (*ZOOL*) carapace *f*

corazón *nm* cœur *m*; (*BOT*) noyau *m*

corazonada *nf* pressentiment *m*

corbata *nf* cravate *f*

Córcega nf Corse f
corchete nm agrafe f
corcho nm liège m; (PESCA, tapón)
bouchon m; **de ~** en liège
cordel nm corde f
cordero nm agneau m
cordial adj cordial(e);
cordialidad nf cordialité f
cordillera nf cordillère f
Córdoba n Cordoue
córdoba nm (NIC) monnaie du
Nicaragua
cordón nm (cuerda) ficelle f; (de
zapatos) lacet m; (ELEC, policial)
cordon m; (CSUR) bord m du
trottoir; **~ umbilical** cordon
ombilical
cordura nf sagesse f; (MED) santé
f mentale
córner (pl **córners**) nm (DEPORTE)
corner m
corneta nf (MÚS) cornet m; (MIL)
clairon m
cornisa nf corniche f
coro nm chœur m
corona nf couronne f;
coronación nf couronnement
m; **coronar** vt couronner
coronel nm colonel m
coronilla nf sommet m du crâne;
estar hasta la ~ (de) en avoir
jusque-là (de)
corporación nf corporation f
corporal adj (ejercicio) physique;
(castigo, higiene) corporel(le)
corpulento, -a adj corpulent(e);
(árbol, tronco) énorme
corral nm (de animales) basse-cour f
correa nf courroie f; (cinturón)
ceinture f; (de perro) laisse f; **~ del
ventilador** (AUTO) courroie du
ventilateur
corrección nf correction f;
correccional nm pénitencier m
correcto, -a adj correct(e)

corredor, a nm/f coureur(-euse)
♦ nm (pasillo) corridor m; (balcón
corrido) galerie f; (COM) courtier m
corregir vt corriger; **~se** vpr se
corriger; **se le ha corregido la
miopía** on lui a corrigé sa myopie
correo nm courrier m; (servicio)
poste f; **C~s** nmpl (servicio) la
Poste, les PTT fpl; (edificio) la
Poste; **a vuelta de ~** par retour
de courrier; **echar al ~** mettre à
la poste; **~ aéreo** courrier par
avion; **~ basura** (por carta)
prospectus mpl; (por Internet)
spam m; **~ electrónico** courrier
électronique
correr vt (mueble etc) déplacer;
(riesgo) courir; (cortinas: cerrar)
fermer; (: abrir) ouvrir; (cerrojo)
tourner ♦ vi (persona, rumor)
courir; (coche, agua, viento) aller
vite; **~se** vpr (persona, terreno) se
déplacer; (colores) couler; **echar
a ~** se mettre à courir
correspondencia nf
correspondance f
corresponder vi (dinero, tarea)
revenir; (en amor) aimer en retour;
~se vpr (amarse) bien s'entendre;
~ a (invitación) répondre à;
(convenir, ajustarse, pertenecer)
correspondre à; **al gobierno le
corresponde ...** le
gouvernement a pour tâche de ...;
~se con correspondre à
correspondiente adj (respectivo)
correspondant(e); **~ (a)**
(adecuado) qui correspond (à)
corresponsal nm/f
correspondant(e)
corrida nf corrida f; (CHI) file f
corrido nm (MÉX) ballade f; **de ~**
couramment
corriente adj courant(e); (suceso,
costumbre) habituel(le); (común)

commun(e) ♦ *nf* courant *m*; (*tb*: ~ **de aire**) courant d'air ♦ *nm*: **el 16 del** ~ le 16 courant; **estar al** ~ **de** être au courant de; **seguir la** ~ **a algn** ne pas contrarier qn; **poner/tener al** ~ mettre/tenir au courant

corrija *etc vb ver* **corregir**

corro *nm* cercle *m*; **jugar al** ~ faire la ronde

corroborar *vt* corroborer

corroer *vt* corroder; (*suj: envidia*) ronger; **~se** *vpr* se désagréger

corromper *vt* pourrir; (*fig: costumbres, moral*) corrompre; (*: juez etc*) corrompre, soudoyer; **~se** *vpr* pourrir; (*costumbres*) se corrompre; (*persona, justicia*) se laisser soudoyer

corrosivo, -a *adj* corrosif(-ive)

corrupción *nf* putréfaction *f*; (*fig*) corruption *f*

corsé *nm* corset *m*

cortacésped *nm* tondeuse *f* (à gazon)

cortado, -a *adj* (*leche*) tourné(e); (*piel, labios*) craquelé(e) ♦ *nm* café *m* avec un nuage de lait; **estar** ~ être coincé(e); **quedarse** ~ rester sans voix

cortafuegos *nm inv* pare-feu *m*

cortar *vt* couper ♦ *vi* couper; (*viento*) être glacial(e); (*AM: TELEC*) raccrocher; **~se** *vpr* se couper; (*turbarse*) se troubler; (*TELEC*) s'interrompre; (*leche*) tourner; **~se el pelo** se (faire) couper les cheveux; **se le cortan los labios** ses lèvres se gercent

cortaúñas *nm inv* coupe-ongles *m inv*

corte *nm* coupure *f*; (*de pelo, vestido*) coupe *f* ♦ *nf* (*real*) cour *f*; **las C~s** le parlement espagnol

cortejar *vt* courtiser

cortejo *nm* cortège *m*; ~ **fúnebre** cortège funèbre

cortés *adj* courtois(e), poli(e)

cortesía *nf* courtoisie *f*, politesse *f*

corteza *nf* (*de árbol*) écorce *f*; (*de pan, queso*) croûte *f*; (*de fruta*) peau *f*; ~ **terrestre** écorce *o* croûte terrestre

cortina *nf* rideau *m*

corto, -a *adj* court(e); (*tímido*) timide, timoré(e); (*tonto*) bouché(e), ~ (*m*) (*CINE*) court-métrage *m*; ~ **de vista** myope; **quedarse** ~ ne pas être à la hauteur; **cortocircuito** *nm* court-circuit *m*

cortometraje *nm* court-métrage *m*

cosa *nf* chose *f*; (*asunto*) affaire *f*; **es** ~ **de una hora** c'est l'affaire d'une heure; **eso es** ~ **mía** c'est mon affaire; **lo que son las** ~**s** c'est drôle, la vie; **las** ~**s como son** les choses étant ce qu'elles sont

coscorrón *nm* coup *m* sur la tête; **darse un** ~ se cogner la tête

cosecha *nf* récolte *f*; (*de vino*) cru *m*

cosechar *vt* récolter ♦ *vi* faire la récolte

coser *vt* coudre; ~ **algo a algo** coudre qch à qch

cosmético, -a *adj*, *nm* cosmétique *m* ♦ *nf* cosmétique *m*

cosquillas *nfpl*: **hacer** ~ chatouiller; **tener** ~ être chatouilleux(-euse)

costa *nf* (*GEO*) côte *f*; **a** ~ **de** aux dépens de; (*trabajo*) à force de; (*grandes esfuerzos*) au prix de; (*su vida*) au péril de; **a toda** ~ coûte que coûte, à tout prix; **C~**

Brava/del Sol Costa Brava/del Sol; **C~ Azul/Cantábrica/de Marfil** Côte d'Azur/cantabrique/ d'Ivoire

costado nm côté m; **de ~** (dormir etc) sur le côté

costar vt, vi coûter; **me cuesta hablarle** j'ai du mal à lui parler

costarricense, costarriqueño, -a adj costaricien(ne), de Costa Rica ♦ nm/f Costaricien(ne)

costear vt payer

costero, -a adj côtier(-ière)

costilla nf (ANAT) côte f; (CULIN) côtelette f

costo nm coût m, prix msg

costoso, -a adj coûteux(-euse); (difícil) difficile

costra nf (de suciedad) couche f; (MED, de cal etc) croûte f

costumbre nf coutume f, habitude f; (tradición) coutume f

costura nf couture f

costurera nf couturière f

costurero nm boîte f à couture

cotejar vt: **~ (con)** comparer (à o avec)

cotidiano, -a adj quotidien(ne)

cotilla nm/f commère f

cotillear vi faire des commérages

cotización nf (COM) cours m; (de club, del trabajador) cotisation f

cotizar vt (COM) coter; (pagar) cotiser; **~se** vpr (fig) être bien coté; **~se a** (COM) être coté à

coto nm (tb: **~ de caza**) réserve f; **poner ~ a** mettre fin à

cotorra nf (loro) perruche f; (fam: persona) pie f

COU (ESP) sigla m (= Curso de Orientación Universitaria) Terminale f

coyote nm coyote m

coyuntura nf articulation f, jointure f; (fig) conjoncture f,

occasion f

coz nf ruade f

cráneo nm crâne m

cráter nm cratère m

creación nf création f

creador, a adj, nm/f créateur(-trice)

crear vt créer

creativo, -a adj créatif(-ive)

crecer vi grandir; (pelo) pousser; (ciudad) s'agrandir; (río) grossir

creces: con ~ adv (pagar) au centuple

crecido, -a adj: **estar ~** avoir grandi; (planta) avoir poussé

creciente adj croissant(e); **cuarto ~** premier quartier m

crecimiento nm croissance f; (de planta) pousse f; (de ciudad) agrandissement m

credenciales nfpl lettres fpl de créance

crédito nm crédit m; **a ~** à crédit; **dar ~ a** accorder crédit à, croire

credo nm credo m

crédulo, -a adj crédule

creencia nf croyance f

creer vt, vi croire; **~se** vpr (considerarse) se croire; (aceptar) croire; **~ en** croire en; **¡ya lo creo!** je crois o pense bien; **creo que no/sí** je crois que non/oui; **no se lo cree** il n'y croit pas

creíble adj croyable

creído, -a adj présomptueux(-euse)

crema nf crème f; (para zapatos) cirage m; **~ de afeitar** crème à raser; **~ de cacao** beurre m de cacao; **~ pastelera** crème pâtissière

cremallera nf fermeture f éclair ®

crematorio nm (tb: **horno ~**) four m crématoire

crepitar vi crépiter
crepúsculo nm crépuscule m
cresta nf crête f
creyendo etc vb ver **creer**
creyente nm/f croyant(e)
creyó etc vb ver **creer**
crezca etc vb ver **crecer**
cría vb ver **criar** ♦ nf (de animales) élevage m; (cachorro) petit m; ver tb **crío**
criada nf bonne f; ver tb **criado**
criadero nm élevage m
criado, -a nm/f domestique m/f
crianza nf allaitement m; (formación) éducation f
criar vt allaiter, nourrir; (educar) éduquer, élever; (animales) élever ♦ vi avoir des petits
criatura nf créature f; (niño) gosse m
criba nf crible m; **cribar** vt cribler, tamiser
crimen nm crime m
criminal adj criminel(le) ♦ nm/f criminel(le)
crin nf (tb: ~es) crinière f
crío, -a (fam) nm/f bébé m; (más mayor) marmot m
crisis nf inv crise f; ~ **nerviosa** dépression f nerveuse
crispar vt crisper; ~**se** vpr se crisper; **ese ruido me crispa los nervios** ce bruit me porte sur les nerfs
cristal nm verre m; (de ventana) vitre f; ~**es** nmpl (trozos rotos) bouts mpl de verre; **de** ~ en verre
cristalino, -a adj cristallin(e)
cristalizar vi cristalliser; (fig) se cristalliser; **cristalizarse** vpr se cristalliser
cristiandad nf chrétienté f
cristianismo nm christianisme m
cristiano, -a adj, nm/f chrétien(ne)

Cristo nm le Christ; (crucifijo) crucifix m
criterio nm critère m; (opinión) avis m; (discernimiento) discernement m, jugement m
crítica nf critique f
criticar vt (censurar) critiquer; (novela, película) faire la critique de ♦ vi critiquer
crítico, -a adj, nm/f critique m/f
Croacia n Croatie f
croar vi coasser
cromo nm chrome m; (para niños) vignette f
crónica nf chronique f
crónico, -a adj chronique
cronómetro nm chronomètre m
croqueta nf croquette f
cruce vb ver **cruzar** ♦ nm croisement m; (miradas) rencontre f; (de carreteras) carrefour m; ~ **de peatones** passage m clouté
crucificar vt crucifier
crucifijo nm crucifix msg
crucigrama nm mots mpl croisés
crudo, -a adj cru(e); (invierno etc) rigoureux(-euse) ♦ nm pétrole m brut
cruel adj cruel(le); **crueldad** nf cruauté f
crujido nm craquement m
crujiente adj (galleta) croquant(e); (pan) croustillant(e)
crujir vi craquer; (dientes) grincer; (nieve, arena) crisser
cruz nf croix fsg; (de moneda) pile f; ~ **gamada** croix gammée; **C~ Roja** Croix-Rouge f
cruzado, -a adj croisé(e); (en calle, carretera) de travers ♦ nm croisé m
cruzar vt croiser; (calle, desierto) traverser; ~**se** vpr se croiser; ~**se con algn** croiser qn; ~**se de brazos** se croiser les bras

cuaderno nm bloc m notes; (de escuela) cahier m

cuadra nf écurie f; (AM: ARQ) pâté m de maisons

cuadrado, -a adj carré(e) ♦ nm (MAT) carré m; **metro/kilómetro ~** mètre m/kilomètre m carré

cuadrar vt (PE) garer; **~se** vpr (soldado) se mettre au garde-à-vous; **~ (con)** (informaciones) correspondre (à); (cuentas) s'accorder (avec)

cuadrilátero nm (DEPORTE) ring m; (GEOM) quadrilatère m

cuadrilla nf (de obreros etc) équipe f; (de ladrones, amigos) bande f

cuadro nm tableau m; (cuadrado) carré m; (DEPORTE, MED) équipe f; **a/de ~s** à carreaux

cuádruple adj quadruple

cuajar vt (leche) cailler; (sangre) coaguler; (huevo) faire durcir ♦ vi (CULIN, nieve) prendre; (fig: planes) aboutir; (: acuerdo) marcher; (: idea) se réaliser; **~se** vpr (leche) se cailler; **~ algo de** remplir qch de

cuajo nm: **de ~** (arrancar etc) à la racine

cual adv comme, tel que, tel un ♦ pron: **el/la ~** lequel (laquelle), qui; **los/las ~es** lesquels (lesquelles), qui; **lo ~** ce qui, ce que; **cada ~** chacun; **con o por lo ~** c'est pourquoi; **del ~** duquel, dont; **tal ~** tel que tel

cuál pron (interrogativo) lequel, laquelle, lesquels, lesquelles

cualesquier(a) pl de **cualquier(a)**

cualidad nf qualité f

cualquier(a) (pl **cualesquiera**) adj (indefinido) n'importe quel(le); (tras sustantivo) quelconque ♦ pron: **~a** quiconque, n'importe

qui; (a la hora de escoger) n'importe lequel (laquelle); **~ día de estos** un de ces jours; **no es un hombre ~a** ce n'est pas n'importe qui; **eso ~a lo sabe hacer** ça, n'importe qui peut le faire; **es un ~a** c'est un pas-grand-chose

cuando adv quand ♦ conj quand, lorsque; (puesto que) puisque, du moment que; (si) si ♦ prep: **yo, ~ niño ...** moi, quand j'étais petit ...; **aun ~** même si, même quand; **~ más/menos** tout au plus/au moins; **de ~ en ~** de temps en temps, de temps à autre

cuándo adv quand, lorsque; **¿desde ~?, ¿de ~ acá?** depuis quand?

cuantioso, -a adj considérable

PALABRA CLAVE

---

cuanto, -a adj **1** (todo): **tiene todo cuanto desea** il a tout ce qu'il veut; **le daremos cuantos ejemplares necesite** nous vous donnerons autant d'exemplaires qu'il vous en faudra

2: **unos cuantos: había unos cuantos periodistas** il y avait quelques journalistes

3 (+ más): **cuanto más vino bebas peor te sentirás** plus tu boiras de vin plus tu te sentiras mal

♦ pron **1**: **tome cuanto/cuantos quiera** prends-en autant que tu voudras

2: **unos cuantos** quelques-uns

♦ adv: **en cuanto: en cuanto profesor es excelente** comme professeur, il est excellent; **en cuanto a mí** quant à moi; ver tb **antes**

♦ conj **1**: **cuanto más lo**

pienso menos me gusta plus j'y pense moins ça ne me plaît **2: en cuanto: en cuanto llegue/llegué** dès qu'il arrive/arriva

cuánto, -a adj (exclamativo) que de, quel(le); (interrogativo) combien de ♦ pron, adv combien; **¿~ cuesta?** combien ça coûte?; **¿a ~s estamos?** le combien sommes-nous?; **Señor no sé ~s** Monsieur Untel

cuarenta adj inv, nm inv quarante m inv; ver tb **sesenta**

cuarentena nf quarantaine f

cuaresma nf carême m

cuarta nf empan m (MÚS) quarte f; ver tb **cuarto**

cuartel nm caserne f; **~ general** quartier m général

cuarteto nm quatuor m

cuarto, -a adj quatrième ♦ nm (MAT) quart m; (habitación) chambre f, pièce f; (ZOOL) quartier m; **~ de baño/de estar** salle f de bains/de séjour; **~s de final** (DEPORTE) quarts mpl de finale; **~ de hora** quart d'heure; ver tb **sexto**

cuarzo nm quartz m

cuatro adj inv, nm inv quatre m inv; ver tb **seis**

cuatrocientos, -as adj quatre cents; ver tb **seiscientos**

Cuba nf Cuba m

cuba nf cuve f, tonneau m; (tina) cuve

cubano, -a adj cubain(e) ♦ nm/f Cubain(e)

cúbico, -a adj cubique

cubierta nf couverture f; (neumático) pneu m; (NÁUT) pont m

cubierto, -a pp de **cubrir** ♦ adj

couvert(e) ♦ nm couvert m; **~ de** couvert(e) de, recouvert(e) de; **a** o **bajo ~** à l'abri

cubilete nm gobelet m, cornet m

cubito nm: **~ de hielo** glaçon m

cubo nm (MAT, GEOM) cube m; (recipiente) seau m; (TEC) tambour m; **~ de la basura** poubelle f

cubrecama nm couvre-lit m, dessus msg de lit

cubrir vt couvrir; (esconder) cacher; (polvo, nieve) recouvrir, couvrir; **~se** vpr se couvrir; **el agua casi me cubría** je n'avais presque pas pied; **~ de** couvrir de; **~se de** se couvrir de, se recouvrir de

cucaracha nf cafard m

cuchara nf cuiller f o cuillère f; **cucharada** nf cuillerée f

cucharilla nf petite cuiller f o cuillère f

cucharón nm louche f

cuchichear vi chuchoter

cuchilla nf lame f

cuchillo nm couteau m

cuchitril (pey) nm taudis msg, bouge m

cuclillas nfpl: **en ~** accroupi(e)

cuco, -a adj (astuto) malin(-igne) ♦ nm coucou m

cucurucho nm cornet m

cuello nm cou m; (de ropa) col m; (de botella) goulot m

cuenca nf (tb: **~ del ojo**) orbite f; (GEO: valle) vallée f

cuenco nm bol m

cuenta vb ver **contar** ♦ nf compte m; (en restaurante) addition f; (de collar) grain m; **a fin de ~s** au bout du compte; **caer en la ~ y** être; **darse ~ de algo** se rendre compte de qch; **echar la ~** faire le point; **perder la ~ de** ne pas se rappeler; **tener**

en ~ tener cuenta de; **trabajar
por su** ~ travailler à son compte;
~ **atrás** compte à rebours;
corriente compte courant; ~ **de
ahorros** compte épargne;
cuentakilómetros *nm inv*
compteur *m* kilométrique;
(velocímetro) compteur de vitesse
cuento *vb ver* **contar** ♦ *nm* conte
m; *(patraña)* histoire *f*; **eso no
viene a** ~ ceci n'a rien à voir; ~
chino histoire à dormir debout;
(fam) bobard *m*; ~ **de hadas**
conte de fées
cuerda *nf* corde *f*; *(de reloj)*
ressort *m*; **dar** ~ **a un reloj**
remonter une montre; ~**s
vocales** cordes vocales; *ver tb*
cuerdo
cuerdo, -a *adj* sensé(e);
(prudente) sage, prudent(e)
cuerno *nm* corne *f*
cuero *nm* cuir *m*; **en** ~**s** tout(e)
nu(e); ~ **cabelludo** cuir chevelu
cuerpo *nm* corps *msg*; **a** ~ sans
manteau
cuervo *nm* corbeau *m*
cuesta *vb ver* **costar** ♦ *nf* pente
f; *(en camino etc)* côte *f*; **ir** ~
arriba/abajo monter/descendre;
a ~**s** sur le dos
cuestión *nf* question *f*; **en** ~ **de**
en matière de; **es** ~ **de** c'est une
question de
cueva *nf* grotte *f*, caverne *f*
cuidado, -a *adj* soigné(e) ♦ *nm*
précaution *f*; *(de los niños etc)* soin
m ♦ *excl* attention!; **estar al** ~
de s'occuper de; **tener** ~ faire
attention
cuidadoso, -a *adj*
soigneux(-euse); *(prudente)*
prudent(e)
cuidar *vt* soigner; *(niños, casa)*
s'occuper de ♦ *vi*: ~ **de** prendre

soin de; ~**se** *vpr* prendre soin de
soi; ~**se de hacer** prendre soin
de faire
culata *nf* crosse *f*
culebra *nf* couleuvre *f*
culebrón *nm (fam)* série *f*
télévisée
culinario, -a *adj* culinaire
culminación *nf* point *m*
culminant
culminar *vi* culminer
culo *nm (fam!)* cul *m (fam!)*
culpa *nf* faute *f*; *(JUR)* culpabilité *f*;
echar la ~ **a algn** accuser qn;
por ~ **de** à cause de; **tengo la** ~
c'est de ma faute; **culpabilidad**
nf culpabilité *f*; **culpable** *adj*,
nm/f coupable *m/f*
culpar *vt* accuser
cultivar *vt* cultiver
cultivo *nm* culture *f*; *(cosecha)*
récolte *f*
culto, -a *adj* cultivé(e); *(lenguaje)*
choisi(e); *(palabra)* savant(e) ♦ *nm*
culte *m*; **rendir** ~ **a** *(REL, fig)*
rendre un culte à
cultura *nf* culture *f*; **la** ~ la
culture
culturismo *nm* culturisme *m*
cumbre *nf* sommet *m*
cumpleaños *nm inv* anniversaire
m; **¡feliz** ~! joyeux anniversaire!
cumplido, -a *adj (cortés)* poli(e);
(plazo) échu(e) ♦ *nm* compliment
m; **visita de** ~ visite *f* de
politesse
cumplimentar *vt* complimenter,
adresser ses compliments à
cumplimiento *nm*
accomplissement *m*; *(de norma)*
respect *m*
cumplir *vt* accomplir; *(ley)*
respecter; *(promesa)* tenir; *(años)*
avoir; ~**se** *vpr (plazo)* expirer;
(plan, pronósticos) se réaliser,
s'accomplir; ~ **con** *(deber)* faire,

remplir; (*persona*) ne pas manquer
à; **hoy cumple dieciocho
años** aujourd'hui il a dix-huit ans
cúmulo *nm* tas *msg*
cuna *nf* berceau *m*
cundir *vi* (*rumor, pánico*) se
répandre, se propager; (*trabajo*)
avancer, progresser
cuneta *nf* fossé *m*
cuña *nf* (*TEC*) coin *m*
cuñado, -a *nm/f* beau-frère
(belle-sœur)
cuota *nf* quota *m*; (*parte
proporcional*) quote-part *f*; (*de club
etc*) cotisation *f*
cupo *vb ver* **caber** ♦ *nm* quote-
part *f*
cupón *nm* billet *m*; (*de resguardo*)
bon *m*
cúpula *nf* coupole *f*
cura *nf* guérison *f*; (*tratamiento*)
soin *m* ♦ *nm* curé *m*
curación *nf* guérison *f*;
(*tratamiento*) traitement *m*
curandero, -a *nm/f*
guérisseur(-euse)
curar *vt* (*enfermo, enfermedad:
herida*) guérir; (: *con apósitos*)
panser; (*CULIN*) faire sécher; (*cuero*)
tanner; **~se** *vpr* (*persona*) se
rétablir; (*herida*) se guérir
curiosear *vt* fouiner dans ♦ *vi*
fouiner
curiosidad *nf* curiosité *f*; **sentir**
o **tener ~ por** *o* **de (hacer)** être
curieux(-euse) de (faire)
curioso, -a *adj* curieux(-euse) ♦
nm/f (*pey*) curieux(-euse)
currante *nm/f* (*fam*)
bosseur(-euse)
currar, currelar *vi* (*fam*) bosser,
trimer
currículo, currículum *nm* (*tb*:
~ vitae) curriculum *m* (vitae);
curro *nm* (*fam*) job *m*

cursi *adj* de mauvais goût;
(*afectado*) maniéré(e)
cursillo *nm* cours *msg*; (*de
reciclaje etc*) stage *m*
cursiva *nf* italiques *mpl*
curso *nm* cours *msg*; (*ESCOL, UNIV*)
année *f*; **en ~** (*año, proceso*) en
cours; **en el ~ de** au cours de
cursor *nm* (*INFORM*) curseur *m*
curtido, -a *adj* (*cara, cuero*)
tanné(e)
curtir *vt* (*pieles*) tanner, corroyer;
(*suj: sol, viento*) tanner
curva *nf* virage *m*, tournant *m*;
(*MAT*) courbe *f*
cúspide *nf* sommet *m*; (*fig*) faîte
m, comble *m*
custodia *nf* surveillance *f*; (*de
hijos*) garde *f*; **custodiar** *vt*
surveiller
cutis *nm inv* peau *f*
cutre (*fam*) *adj* minable
cuyo, -a *pron* (*complemento de
sujeto*) dont le, dont la; (: *plural*)
dont les; (*complemento de objeto*)
dont; (*tras preposición*) de qui,
duquel, de laquelle; (: *plural*)
desquels, desquelles
C.V. *abr* (= *caballos de vapor*) CV
(= *cheval vapeur*)

D, d

D. *abr* (= *Don*) (*con apellido*)
Monsieur *m*; (*sólo con nombre*)
Don *m*
Da. *abr* (= *Doña*) (*con apellido*)
Madame *f*; (*sólo con nombre*)
Doña *f*, ≈ Madame
dádiva *nf* (*regalo*) présent *m*
dado, -a *pp de* **dar** ♦ *adj*: **en un
momento ~** à un moment
donné ♦ *nm* (*para juego*) dé *m*;
~s *nmpl* (*juego*) dés *mpl*; **~ que**

étant donné que

daltónico, -a adj, nm/f daltonien(ne)

dama nf dame f; **~s** nfpl (juego) dames fpl; **~ de honor** (de novia) demoiselle f d'honneur

danés, -esa adj danois(e) ♦ nm/f Danois(e)

danza nf danse f

danzar vt danser ♦ vi danser

dañar vt (mueble, cuadro, motor) abîmer; (cosecha) endommager; (salud, reputación) nuire à; **~se** vpr (cosecha) se gâter

dañino, -a adj (sustancia) nocif(-ive); (animal) nuisible

daño nm (a mueble, máquina) dommage m; (a persona, animal) mal m; **~s y perjuicios** (JUR) dommages mpl et intérêts mpl; **hacer ~** (alimento) ne pas réussir; **hacer ~ a algn** (producir dolor) faire mal à qn; (fig: ofender) blesser qn; **eso me hace ~** ça ne me réussit pas; **hacerse ~** se faire mal

---
PALABRA CLAVE
---

dar vt **1** donner; **dar algo a algn** donner qch à qn; **dar de beber a algn** donner à boire à qn

2 (causar: alegría) donner; (: problemas) causer; (: susto) faire

3 (+ n = perífrasis de verbo): **me da pena/asco** cela me désole/ dégoûte; **da gusto escucharle** c'est bien agréable de l'écouter; ver tb **más**

4 (dar a + infin): **dar a conocer** faire connaître

♦ vi **1**: **dar a** (ventana, habitación) donner sur; (botón etc) appuyer sur

2: **dar con**: **dimos con él dos**

horas más tarde nous l'avons rencontré deux heures plus tard; **al final di con la solución** finalement j'ai trouvé la solution

3: **dar en** (blanco) atteindre; **dar en el suelo** tomber par terre; **el sol me da en la cara** j'ai le soleil dans la figure

4: **dar de sí** (zapatos, ropa) s'élargir; **darse** vpr **1** se donner; **darse un baño** prendre un bain

2 (ocurrir): **se han dado muchos casos** il y a eu de nombreux cas

3: **darse a**: **darse a la bebida** s'adonner à la boisson

4: **darse por**: **darse por vencido** se déclarer vaincu; **darse por satisfecho** s'estimer satisfait

5: **se me dan bien/mal las ciencias** je suis bon/mauvais en sciences

6: **dárselas de**: **se las da de experto** il joue les experts

---

dardo nm dard m

datar vi: **~ de** dater de

dátil nm datte f

dato nm (detalle) fait m; **~s** nmpl (información, INFORM) données fpl; **~s personales** identité fsg

dcha. abr (= derecha) dr. (= droite)

PALABRA CLAVE
---

de (de + el = del) prep **1** (gen: complemento de nombre) de, d'; **la casa de Isabel/de mis padres/de los Alvarez** la maison d'Isabelle/de mes parents/ des Alvarez; **una copa de vino** un verre de vin; **clases de inglés** cours mpl d'anglais

2 (posesión: con ser) **es de ellos** c'est à eux

3 (*origen, distancia*) de; **soy de Gijón** je suis de Gijón; **salir del cine/de la casa** sortir du cinéma/de la maison; **de lado** de côté; **de atrás/delante** de derrière/devant

4 (*materia*) en; **un abrigo de lana** un manteau en laine; **temblar de miedo/de frío** trembler de peur/de froid; **de un trago** d'un coup

5 (*condicional + infin*): **de no ser así** si ce n'était pas comme ça; **de ser posible** si c'est possible; **de no terminarlo hoy** si ce n'est pas fini aujourd'hui

6: de no (AM: *si no*) sinon; **¡hazlo, de no ...!** fais-le sinon ...!

dé *vb ver* **dar**

deambular *vi* (*persona*) déambuler; (*animal*) vagabonder

debajo *adv* dessous; **~ de** sous; **por ~ de** en dessous de

debate *nm* débat *m*; **debatir** *vi* débattre (de) ♦ *vi* débattre; **debatirse** *vpr* (*forcejear*) se débattre

deber *nm* (*obligación*) devoir *m* ♦ *vt* devoir; **~es** *nmpl* (ESCOL) devoirs *mpl*; **~se** *vpr*: **~se a** être dû (due) à; **debo hacerlo** je dois le faire; **debe (de) ser canadiense** il doit être canadien

debido, -a *adj* (*cuidado, respeto*) dû (due); **~ a** en raison de; **a su ~ tiempo** en temps voulu; **como es ~** comme il convient

débil *adj* faible; **debilidad** *nf* faiblesse *f*; **tener debilidad por algn/algo** avoir un faible pour qn/qch

debilitar *vt* (*persona, resistencia*) affaiblir; (*cimientos*) ébranler; **~se**

vpr s'affaiblir

debutar *vi* (*en actuación*) débuter

década *nf* décennie *f*

decadencia *nf* (*de edificio*) délabrement *m*; (*de persona*) déchéance *f*; (*de sociedad*) décadence *f*

decaer *vi* (*espectáculo*) perdre de son attrait; (*negocio*) dépérir; (*éxito, afición, interés*) retomber; (*salud*) décliner

decaído, -a *adj*: **estar ~** (*desanimado*) être abattu(e)

decano, -a *nm/f* doyen(ne)

decapitar *vt* décapiter

decena *nf*: **una ~** une dizaine

decencia *nf* décence *f*

decente *adj* décent(e); (*honesto*) convenable

decepción *nf* déception *f*

decepcionar *vt* décevoir

decidir *vt* décider ♦ *vi* décider; **~se** *vpr*: **~se (a hacer algo)** se décider (à faire qch)

décima *nf* (MAT) dixième *m*; **~s** *nfpl* (MED) dixièmes *mpl* (de degré)

decimal *adj* décimal(e)

decímetro *nm* décimètre *m*

décimo, -a *adj, nm* dixième *m*; *ver tb* **sexto**

decir *vt* dire; **~se** *vpr*: **se dice que ...** on dit que ...; **~ para sí** se dire; **querer ~** vouloir dire; **es ~** c'est-à-dire; **¡diga!, ¡dígame!** (TELEC) allô!; **por no ~** pour ne pas dire; **¿cómo se dice "cursi" en francés?** comment dit-on "cursi" en français?

decisión *nf* décision *f*; **tomar una ~** prendre une décision

decisivo, -a *adj* décisif(-ive)

declaración *nf* déclaration *f*; (JUR) déposition *f*; **prestar ~** (JUR) faire une déposition; **~ de la**

renta déclaration de revenus; ~
fiscal déclaration d'impôts
declarar vt déclarer ♦ vi (para la
prensa, en público) faire une
déclaration; (JUR) faire une
déposition; **~se** vpr (a una chica)
déclarer son amour; (guerra,
incendio) se déclarer
declinar vt décliner ♦ vi (poder)
décliner; (fiebre) baisser
declive nm pente f; (fig) déclin m
decoración nf décoration f
decorado nm décor m
decorar vt décorer
decorativo, -a adj décoratif(-ive)
decoro nm (en comportamiento
etc) correction f
decoroso, -a adj correct(e);
(digno) respectable
decrecer vi diminuer; (nivel de
agua) baisser
decrépito, -a adj décrépit(e);
(sociedad) en décrépitude
decretar vt décréter; **decreto**
nm décret m
dedal nm (para costura) dé m
dedicación nf (a trabajo etc)
engagement m; (de persona)
dévouement m; **dedicar** vt
dédicacer; (tiempo, dinero,
esfuerzo) consacrer; **dedicarse**
vpr: **dedicarse a** se consacrer à;
dedicatoria nf dédicace f
dedo nm doigt m; ~ **(del pie)**
orteil m; **a ~** (entrar, nombrar)
avec du piston; **hacer ~** (fam)
faire du stop; ~ **anular** annulaire
m; ~ **corazón** majeur m; ~
gordo pouce m; (en pie) gros
orteil; ~ **índice** index msg; ~
meñique auriculaire m
deducción nf déduction f
deducir vt déduire
defecto nm défaut m
defectuoso, -a adj

défectueux(-euse)
defender vt défendre; **~se** vpr:
~se de algo se défendre de qch;
~se contra algo/algn se
défendre contre qch/qn
defensa nf défense f; (de tesis,
ideas) soutien m ♦ nm (DEPORTE)
défense f
defensivo, -a adj (movimiento,
actitud) de défense
defensor, a adj (persona) qui
défend ♦ nm/f (tb: **abogado ~**)
avocat(e) de la défense; (protector)
défenseur m
deficiente adj (trabajo)
insuffisant(e); (salud) déficient(e) ♦
nm/f: **ser un ~ mental/físico**
être handicapé mental/physique
déficit (pl **~s**) nm déficit m
definición nf définition f
definir vt définir
definitivo, -a adj définitif(-ive);
en definitiva définitivement; (en
conclusión, resumen) en définitive
deformación nf déformation f
deformar vt déformer; **~se** vpr
se déformer; **deforme** adj
difforme
defraudar vt (a personas)
tromper; (a Hacienda) frauder
defunción nf décès m
degeneración nf dégradation f
degenerar vi dégénérer
degollar vt égorger
degradar vt dégrader; **~se** vpr se
dégrader
degustación nf dégustation f
dejadez nf laisser-aller m
dejar vt laisser; (persona, empleo,
pueblo) quitter ♦ vi: **~ de** arrêter
de; **~ a algn (hacer algo)**
laisser qn (faire qch); **no dejes
de visitarles** continue à leur
rendre visite; **¡déjame en paz!**
laisse-moi tranquille!; ~ **atrás a**

algn dépasser qn; **~ entrar/ salir** laisser entrer/sortir; **~ pasar** laisser passer

deje, dejo *nm* accent *m*

del = **de + el**

delantal *nm* tablier *m*

delante *adv* devant ♦ *prep*: **~ de** devant; **por ~ (de)** par devant

delantera *nf (de vestido)* devant *m*; *(de coche)* avant *m*; *(DEPORTE)* avance *f*; **llevar la ~ (a algn)** mener (devant qn)

delantero, -a *adj (asiento, balcón)* avant; *(vagón)* de tête ♦ *nm (DEPORTE)* avant *m*

delatar *vt* dénoncer

delator, a *nm/f* dénonciateur(-trice)

delegación *nf* délégation *f*; *(MÉX: comisaría)* commissariat *m*; *(: ayuntamiento)* mairie *f*

delegado, -a *nm/f* délégué(e)

delegar *vt*: **~ algo en algn** déléguer qch à qn

deletrear *vt* épeler

delfín *nm* dauphin *m*

delgadez *nf* maigreur *f*; *(fineza)* minceur *f*

delgado, -a *adj* maigre; *(fino)* mince

deliberación *nf* délibération *f*

deliberar *vi*: **~ (sobre)** délibérer (sur)

delicadeza *nf* délicatesse *f*

delicado, -a *adj* délicat(e)

delicia *nf* délice *m*

delicioso, -a *adj* délicieux(-euse)

delimitar *vt* délimiter

delincuencia *nf* délinquance *f*; **~ juvenil** délinquance juvénile; **delincuente** *nm/f* délinquant(e)

delineante *nm/f* dessinateur(-trice)

delirar *vi* délirer

delirio *nm* délire *m*; **~s de**

grandeza folie *f* des grandeurs

delito *nm* délit *m*

delta *nm* delta *m*

demacrado, -a *adj* émacié(e)

demanda *nf* demande *f*; **en ~ de** pour demander

demandante *nm/f* (JUR) demandeur(-deresse)

demandar *vt* demander; (JUR) poursuivre

demarcación *nf* démarcation *f*; *(zona)* zone *f*; *(jurisdicción)* circonscription *f*

demás *adj*: **los ~ niños** les autres enfants *mpl* ♦ *pron*: **los/ las ~** les autres; **lo ~** le reste; **por lo ~** à part cela

demasiado, -a *adj*: **~ vino** trop de vin ♦ *adv* trop; **~s libros** trop de livres; **¡es ~!** c'est trop!

demencia *nf* démence *f*; **demente** *adj, nm/f* dément(e)

democracia *nf* démocratie *f*

demócrata *adj, nm/f* démocrate *m/f*

democrático, -a *adj* démocratique

demolición *nf* démolition *f*

demonio *nm* démon *m*; **¡~s!** mince!

demora *nf* retard *m*; **demorar** *vt* retarder ♦ *vi*: **demorar en** (AM) mettre du temps à; **demorarse** *vpr* s'attarder

demos *vb ver* **dar**

demostración *nf* démonstration *f*; *(de sinceridad)* preuve *f*

demostrar *vt (sinceridad)* prouver; *(afecto, fuerza)* montrer; *(funcionamiento, aplicación)* démontrer

demudado, -a *adj*: **tener el rostro ~** avoir le visage pâle

den *vb ver* **dar**

denegar *vt* refuser

denigrar vt dénigrer

Denominación de Origen

La "Denominación de Origen" ou "D.O." est l'équivalent espagnol de l'appellation d'origine contrôlée. Ce label est attribué à des produits agricoles (vins, fromages, charcuterie) dont il garantit la qualité et la conformité aux caractéristiques d'une région donnée.

denotar vt dénoter
densidad nf densité f
denso, -a adj dense; (humo, niebla) épais(se)
dentadura nf denture f; ~ **postiza** dentier m
dentera nf frisson m
dentífrico, -a adj: **crema** o **pasta dentífrica** pâte f dentifrice ♦ nm dentifrice m
dentista nm/f dentiste m/f
dentro adv dedans ♦ prep: ~ **de** dans; **mirar por** ~ regarder à l'intérieur; ~ **de tres meses** dans trois mois
denuncia nf plainte f;
denunciar vt (en comisaría) déposer une plainte contre; (en prensa etc) dénoncer
departamento nm département m; (AM) appartement m
dependencia nf dépendance f
depender vi: ~ **de** dépendre de; **todo depende** tout dépend; **no depende de mí** cela ne dépend pas de moi; **depende de lo que haga él** cela dépend de ce qu'il fait
dependienta nf vendeuse f
dependiente nm vendeur m
depilar vt épiler; ~**se** vpr s'épiler;

depilatorio, -a adj, nm dépilatoire m
deplorable adj déplorable
deplorar vt déplorer
deponer vt (rey, gobernante) déposer; (actitud) laisser libre cours à; ~ **las armas** déposer les armes
deportar vt déporter
deporte nm sport m;
deportista adj, nm/f sportif(-ive)
deportivo, -a adj sportif(-ive) ♦ nm voiture f de sport
depositar vt déposer; ~**se** vpr se déposer
depositario, -a nm/f: ~ **de** dépositaire m/f de
depósito nm dépôt m; (de agua, gasolina etc) réserve f; ~ **de cadáveres** morgue f
depreciar vt déprécier; ~**se** vpr se déprécier
depredador, a adj prédateur(-trice) ♦ nm prédateur m
depresión nf dépression f; ~ **nerviosa** dépression nerveuse
deprimido, -a adj déprimé(e)
deprimir vt, **deprimirse** vpr déprimer
deprisa adv vite
depuración nf épuration f;
depurar vt épurer
derecha nf main f droite; (POL) droite f; **a la** ~ à droite
derecho, -a adj, nm droit(e) ♦ nm droit; (lado) côté m droit ♦ adv droit; ~**s** nmpl droits mpl; **a mano derecha** à droite; **Facultad de D**~ Faculté f de Droit; **estudiante de D**~ étudiant(e) en Droit; **¡no hay** ~! il n'y a pas de justice!; **tener** ~ **a algo** avoir droit à qch; **tener** ~ **a hacer algo** avoir le droit de faire

qch; **~ a voto** droit de vote; **~s
civiles** droits civiques; **~s
humanos/de autor** droits de
l'homme/d'auteur

deriva nf: **ir/estar a la ~** aller/
être à la dérive

derivado nm dérivé m

derivar vt (conclusión) arriver à;
(conversación) dévier ♦ vi dévier;
~se vpr: se ~ de dériver de

derramamiento nm: **~ de
sangre** épanchement m de sang

derramar vt (verter) verser;
(esparcir) renverser; **~se** vpr se
répandre; **~ lágrimas** verser o
répandre des larmes

derrame nm écoulement m;
(MED) épanchement m; **~
cerebral** hémorragie f cérébrale

derretido, -a adj fondu(e)

derretir vt fondre; **~se** vpr
fondre; **~se de calor** être en
nage

derribar vt faire tomber;
(construcción) abattre; (gobierno,
político) renverser

derrocar vt (gobierno) renverser

derrochar vt dilapider; (energía,
salud) déborder de; **derroche**
nm gaspillage m; (de salud,
alegría) débordement m

derrota nf déroute f; (DEPORTE,
POL) défaite f; **derrotar** vt
vaincre; (enemigo) mettre en
déroute; (DEPORTE, POL) battre;

derrotero nm cap m; **tomar
otros derroteros** prendre une
autre voie

derruir vt démolir

derrumbar vt démolir; **~se** vpr
s'écrouler; (esperanzas) s'effondrer

derruyendo etc vb ver **derruir**

des vb ver **dar**

desabotonar vt déboutonner;
~se vpr se déboutonner

desabrido, -a adj (persona)
désagréable

desabrochar vt défaire; **~se** vpr
(cinturón) défaire

desacato nm (JUR) outrage m

desacertado, -a adj erroné(e);
(inoportuno) mal à propos

desacierto nm erreur f

desaconsejado, -a adj: **estar ~**
être déconseillé(e)

desaconsejar vt: **~ algo a
algn** déconseiller qch à qn

desacreditar vt discréditer

desacuerdo nm désaccord m;
(disconformidad) contradiction f

desafiar vt affronter; **~ a algn a
hacer** mettre qn au défi de faire

desafilado, -a adj émoussé(e)

desafinado, -a adj: **estar ~**
être désaccordé(e)

desafinar vi détonner; **~se** vpr
se désaccorder

desafío nm défi m

desaforado, -a adj (grito)
terrible; (ambición) démesuré(e)

desafortunadamente adv
malheureusement

desafortunado, -a adj
malheureux(-euse); (inoportuno)
inopportun(e)

desagradable adj désagréable;
es ~ tener que hacerlo il est
désagréable d'avoir à le faire

desagradecido, -a adj ingrat(e)

desagrado nm mécontentement
m; **con ~** de mauvaise grâce

desagraviar vt se racheter

desagüe nm écoulement m; (de
lavadora) vidange f; **tubo de ~**
tuyau m d'écoulement

desaguisado nm dommage m

desahogado, -a adj aisé(e);
(espacioso) spacieux(-euse)

desahogar vt laisser libre cours à;
~se vpr se soulager

desahogo nm soulagement m;
(comodidad) commodité f; **vivir
con ~** vivre dans l'aisance
desahuciar vt (enfermo)
condamner; (inquilino) expulser;
desahucio nm expulsion f
desaire nm mépris m; **hacer un
~ a algn** faire un affront à qn
desajustar vt desserrer; **~se** vpr
se desserrer
desajuste nm (de situación)
dérèglement m; (desacuerdo)
désaccord m; **~ económico/de
horarios** décalage m
économique/horaire
desalentador, a adj
décourageant(e)
desalentar vt décourager
desaliento vb ver **desalentar** ♦
nm découragement m
desaliño nm négligence f
desalmado, -a adj méchant(e),
cruel(le)
desalojar vt (salir de) quitter;
(expulsar) déloger
desamparado, -a adj (persona)
désemparé(e); (lugar: expuesto)
exposé(e); (: desierto) déserté(e)
desamparar vt abandonner
desandar vt: **~ lo andado** o **el
camino** revenir sur ses pas
desangrar vt saigner; **~se** vpr se
vider de son sang; (morir) rendre
l'âme
desanimado, -a adj déprimé(e)
desanimar vt décourager;
(deprimir) déprimer; **~se** vpr se
décourager
desapacible adj orageux(-euse)
desaparecer vi disparaître ♦ vt
(AM: POL) faire disparaître
desaparecido, -a adj disparu(e)
♦ nm/f (AM: POL) disparu(e); **~s**
nmpl disparus mpl;
desaparición nf disparition f

desapasionado, -a adj
impartial(e)
desapego nm indifférence f; (a
dinero) désintéressement m
desapercibido, -a adj: **pasar
~** passer inaperçu(e)
desaprensivo, -a adj sans
scrupules
desaprobar vt désapprouver
desaprovechar vt (oportunidad,
tiempo) perdre; (comida, tela) ne
pas apprécier
desarmar vt désarmer; (mueble,
máquina) démonter; **desarme**
nm désarmement m
desarraigo nm déracinement m
desarreglo nm désordre m; **~s**
nmpl (MED) troubles mpl
desarrollar vt développer;
(planta, semilla) faire pousser;
(plan etc) mettre au point; **~se**
vpr se développer; (hechos,
reunión) se dérouler; **desarrollo**
nm développement m; (de
acontecimientos) déroulement m;
país en vías de desarrollo
pays msg en voie de
développement
desarticular vt (mecanismo,
bomba) désamorcer; (grupo
terrorista) démanteler
desasir vt (soltar) lâcher; **~se**
vpr: **~se (de)** se défaire (de)
desasosegar vt inquiéter; **~se**
vpr s'inquiéter
desasosiego vb ver
desasosegar ♦ nm inquiétude f;
(POL) agitation f
desastrado, -a adj (desaliñado)
négligé(e); (descuidado)
négligent(e)
desastre nm désastre m; (fam:
persona) catastrophe f
desastroso, -a adj
désastreux(-euse)

desatado, -a adj furieux(-euse)
desatar vt (nudo) défaire; (cordones, cuerda) dénouer; (perro, prisionero) détacher; **~se** vpr se défaire; (perro, prisionero) se détacher; (tormenta) se déchaîner
desatascar vt (cañería) déboucher
desatender vt (consejos, súplicas) ignorer; (trabajo, hijo) négliger
desatento, -a adj impoli(e)
desatinado, -a adj immodéré(e); **desatino** nm folie f; **decir desatinos** raconter des bêtises
desatornillar vt (tornillo) dévisser; (estructura) démonter; **~se** vpr (ver vt) se dévisser; se démonter
desatrancar vt (puerta) débarrer; (cañería) déboucher
desautorizar vt (oficial) désavouer; (informe, declaraciones) désapprouver; (huelga, manifestación) interdire
desavenencia nf désaccord m; (discordia) conflit m
desayunar vi: **~ algo** prendre qch au petit déjeuner ♦ vi prendre le petit déjeuner; **desayuno** nm petit déjeuner m
desazón nf malaise m
desazonarse vpr se faire du souci
desbandarse vpr se débander
desbarajuste nm pagaille f
desbaratar vt déranger; (plan) bouleverser
desbloquear vt (COM, negociaciones) débloquer; (tráfico) rétablir
desbocado, -a adj (caballo) emballé(e); (cuello) détendu(e)
desbordar vt déborder; (fig: paciencia, tolerancia) pousser à

bout; **~se** vpr: **~se (de)** déborder (de)
descabalgar vi: **~ (de)** descendre (de)
descabellado, -a adj fantaisiste
descafeinado, -a adj décaféiné(e) ♦ nm décaféiné m
descalabro nm revers msg; (daño) coup m
descalificar vt (DEPORTE) disqualifier; (desacreditar) discréditer
descalzar vt déchausser; **~se** vpr se déchausser
descalzo, -a adj (persona) pieds nus; **estar/ir (con los pies) ~(s)** être/aller pieds nus
descambiar vt (COM) échanger
descaminado, -a adj: **estar** o **ir ~** se leurrer
descampado nm terrain m vague
descansado, -a adj reposant(e); (oficio, actividad) facile; **estar/sentirse ~** être/se sentir reposé(e)
descansar vt reposer ♦ vi (reposar) se reposer; (no trabajar) faire une pause; (dormir) se coucher
descansillo nm palier m
descanso nm repos msg; (en el trabajo) pause f; (alivio) soulagement m; (TEATRO, CINE) entracte m; (DEPORTE) mi-temps fsg
descapotable nm (tb: **coche ~**) décapotable f
descarado, -a adj éhonté(e); (insolente) effronté(e)
descarga nf déchargement m; (MIL) décharge f
descargar vt décharger; (golpe) envoyer; (INFORM) télécharger ♦ vi décharger; (tormenta) éclater; (nube) crever; **~se** vpr se

décharger; **descargo** nm (de obligación) libération f; (COM) crédit m; (de conciencia) soulagement m; (JUR) décharge f

descaro nm effronterie f; (insolencia) impudence f

descarriar vt (fig) dévergonder; **~se** vpr se dévergonder

descarrilamiento nm déraillement m

descarrilar vi dérailler

descartar vt rejeter

descascarillado, -a adj écaillé(e)

descendencia nf (hijos) descendance f

descender vt descendre ♦ vi descendre; (temperatura, nivel) baisser; **~ de** descendre de; **~ de categoría** se déclasser

descendiente nm/f descendant(e)

descenso nm descente f; (de temperatura, fiebre) baisse f

descifrar vt déchiffrer

descolgar vt décrocher; **~se** vpr se laisser glisser; (lámpara, cortina) se décrocher

descolorido, -a adj (tela, cuadro) passé(e); (persona) pâlot(te)

descomponer vt décomposer; (desordenar) déranger; (estropear) casser; (facciones) altérer; **~se** vpr se décomposer; (encolerizarse) se mettre en colère; (MÉX) se casser

descomposición nf décomposition f; **~ de vientre** diarrhée f

descompuesto, -a pp de **descomponer** ♦ adj (alimento) pourri(e); (vino) frelaté(e); (persona, rostro) décomposé(e); (con diarrea) dérangé(e)

descomunal adj énorme

desconcertado, -a adj déconcerté(e)

desconcertar vt déconcerter; **~se** vpr se déconcerter

desconcierto vb ver **desconcertar** ♦ nm désorientation f; (confusión) discorde f

desconectar vt déconnecter; (desenchufar) débrancher

desconfianza nf méfiance f

desconfiar vi: **~ de algn/algo** se méfier de qn/qch; **~ de que algn/algo haga aigo** (dudar) craindre que qn/qch (ne) fasse qch

descongelar vt décongeler; (POL, COM) dégeler; **~se** vpr se décongeler; se dégeler

descongestionar vt décongestionner

desconocer vt (dato) ignorer; (persona) ne pas connaître

desconocido, -a adj, nm/f inconnu(e); **está ~** (persona) il est transformé; (lugar) c'est transformé

desconsiderado, -a adj irrespectueux(-euse)

desconsolar vt affliger; **~se** vpr s'affliger

desconsuelo vb ver **desconsolar** ♦ nm affliction f, chagrin m

descontado, -a adj: **por ~** c'est certain; **dar por ~ (que)** escompter (que)

descontar vt (deducir) déduire; (rebajar) faire une remise de

descontento, -a adj mécontent(e) ♦ nm mécontentement m

descorazonar vt décourager; **~se** vpr perdre courage

descorchar vt déboucher

descorrer vt (cortina, cerrojo) tirer

descortés adj discourtois(e); (grosero) grossier(-ière)

descoser vt découdre; **~se** vpr se découdre

descosido, -a adj décousu(e) ♦ nm (en prenda) trou m

descrédito nm discrédit m

descremado, -a adj écrémé(e)

describir vt décrire; **descripción** nf description f

descuartizar vt (CULIN: cerdo) équarrir; (: pollo) dépecer

descubierto, -a pp de **descubrir** ♦ adj découvert(e); (coche) décapoté(e) ♦ nm (COM: en el presupuesto) déficit m; (: bancario) découvert m; **al ~** en plein air; **poner al ~** révéler

descubrimiento nm découverte f

descubrir vt découvrir; **~se** vpr se découvrir; (fig) éclater

descuento vb ver **descontar** ♦ nm remise f

descuidado, -a adj négligé(e); (desordenado) négligent(e); **estar ~** être pris(e) au dépourvu; **coger** o **pillar a algn ~** prendre qn au dépourvu

descuidar vt négliger ♦ vi ne plus y penser; **~se** vpr (despistarse) ne pas faire attention; **¡descuida!** n'y pense plus!; **descuido** nm négligence f; **al menor descuido** à la moindre négligence; **con descuido** sans faire attention; **en un descuido** dans un moment d'inattention; **por descuido** par inadvertance

---
PALABRA CLAVE
---

desde prep **1** (lugar, posición) depuis; **desde Burgos hasta**

mi casa hay 30 km de Burgos à chez moi il y a 30 km; **hablaba desde el balcón** il parlait du balcon

2 (tiempo) depuis; **desde ahora** à partir de maintenant; **desde niño** depuis qu'il est tout petit; **nos conocemos desde 1987/desde hace 20 años** nous nous connaissons depuis 1987/depuis 20 ans; **no le veo desde 1992/desde hace 5 años** je ne le vois plus depuis 1992/depuis 5 ans

3 (gama): **desde los más lujosos hasta los más económicos** des plus luxeux aux plus avantageux

4: desde luego (que no/sí) bien sûr (que non/si)

♦ conj: **desde que: desde que recuerdo** aussi loin que je m'en souvienne; **desde que llegó no ha salido** depuis qu'il est rentré il n'est pas sorti

desdecirse vpr: **~ de** se dédire de

desdén nm dédain m

desdeñar vt dédaigner

desdicha nf malheur m

desdichado, -a adj (sin suerte) infortuné(e); (infeliz) malheureux(-euse) ♦ nm/f miséreux(-euse)

desdoblar vt (extender) déplier

desear vt désirer

desecar vt assécher; **~se** vpr se dessécher

desechar vt jeter; (oferta) rejeter

desecho nm déchet m; **~s** nmpl ordures fpl; **de ~** (materiales) de rebut; (ropa) à jeter

desembalar vt déballer

desembarazar vt débarrasser;

~se *vpr*: **~se de** se débarrasser de

desembarcar *vt* débarquer

desembocadura *nf* (de río) embouchure f

desembocar *vi*: **~ en** (río) se jeter dans; (fig) déboucher sur

desembolsar *vt, vi* débrayer

desembrollar *vt* débrouiller

desemejanza *nf* dissemblance f

desempaquetar *vt* déballer

desempatar *vi*: **volvieron a jugar para ~** ils ont joué à nouveau pour se départager;
desempate *nm* (FÚTBOL) belle f; (TENIS) tie-break m

desempeñar *vt* (cargo, función) occuper; (papel) jouer; (deber) accomplir; (lo empeñado) dégager;
~ un papel (fig) jouer un rôle

desempeño *nm* (de cargo) accomplissement m

desempleado, -a *adj* au chômage; **desempleo** *nm* chômage m

desempolvar *vt* dépoussiérer; (recuerdos) rassembler

desencadenar *vt* (ira, conflicto) déchaîner; (guerra) déclencher;
~se *vpr* (conflicto, tormenta) se déchaîner; (guerra) se déclencher

desencajar *vt* (mandíbula) décrocher; (hueso, pieza) déboîter;
~se *vpr* se déboîter

desencanto *nm* désenchantement m

desenchufar *vt* débrancher

desenfadado, -a *adj* décontracté(e); **desenfado** *nm* décontraction f

desenfocado, -a *adj* (FOTO) flou(e)

desenfrenado, -a *adj* (pasión) sans bornes; (lenguaje, conducta) débridé(e); **desenfreno** *nm*

(libertinaje) libertinage m; (falta de control) déchaînement m

desenganchar *vt* décrocher;
~se *vpr* (fam: de drogas) décrocher

desengañar *vt* désillusionner;
~se *vpr*: **~se (de)** perdre ses illusions (sur); **¡desengáñate!** détrompe-toi!; **desengaño** *nm* désillusion f; **llevarse un desengaño (con algn)** être déçu(e) (par qn)

desenlace *nm* dénouement m

desenmarañar *vt* (fig) débrouiller

desenmascarar *vt* (fig) démasquer

desenredar *vt* débrouiller

desenroscar *vt* dévisser

desenterrar *vt* déterrer

desentonar *vi* détonner

desentrañar *vt* (misterio) percer; (sentido) éclaircir

desentumecer *vt* (pierna) dégourdir; (DEPORTE) échauffer;
~se *vpr* se dégourdir

desenvoltura *nf* désinvolture f

desenvolver *vt* défaire; **~se** *vpr* se dérouler; **~se bien/mal** bien/mal se dérouler; **~se en la vida** se débrouiller dans la vie

deseo *nm* désir m; **~ de (hacer)** désir de (faire)

deseoso, -a *adj*: **estar ~ de (hacer)** être désireux(-euse) de (faire)

desequilibrado, -a *adj, nm/f* déséquilibré(e)

desertar *vi* (soldado) déserter

desértico, -a *adj* désertique

desesperación *nf* désespoir m; (irritación) exaspération f

desesperar *vt* désespérer; (exasperar) exaspérer ♦ *vi*: **~ (de)** désespérer (de); **~se** *vpr* perdre

espoir
desestabilizar vt déstabiliser
desestimar vt (menospreciar)
mésestimer; (rechazar) rejeter
desfachatez nf aplomb m;
tener la ~ de hacer avoir
l'aplomb de faire
desfalco nm détournement m de
fonds
desfallecer vi défaillir
desfasado, -a adj déphasé(e);
(costumbres) vieux jeu inv;
desfase nm (en mecanismo)
déphasage m; (entre ideas,
circunstancias) décalage m
desfavorable adj défavorable
desfigurar vt défigurer
desfiladero nm défilé m
desfilar vi défiler; **desfile** nm
défilé m; **desfile de modelos**
défilé de mode
desfogarse vpr (fig) se défouler
desgajar vt arracher; **~se** vpr
(rama) s'arracher
desgana nf (falta de apetito)
manque m d'appétit; (falta de
entusiasmo) manque d'entrain
desganado, -a adj: **estar ~** (sin
apetito) ne pas avoir d'appétit; (sin
entusiasmo) manquer d'entrain
desgarrador, -a adj déchirant(e)
desgarrar vt déchirer; (carne)
déchiqueter; **~se** vpr (prenda) se
déchirer; (carne) partir en
lambeaux
desgastar vt user; **~se** vpr
s'user; **desgaste** nm usure f;
desgaste físico déchéance f
physique
desglosar vt disjoindre
desgracia nf malheur m; **por ~**
malheureusement
desgraciado, -a adj
malheureux(-euse); (miserable)
infortuné(e); (AM: fam) infâme ♦

nm/f (miserable) infortuné(e);
(infeliz) malheureux(-euse):
desgravación nf (COM): **~**
fiscal dégrèvement m fiscal
desgravar vt dégrever ♦ vi (FIN)
détaxer
deshabitado, -a adj (edificio)
inhabité(e); (zona) déserté(e)
deshacer vt défaire; (TEC)
démonter; (contrato) annuler;
(disolverse) se dissoudre;
(derretirse) fondre; **~se de** se
défaire de; **~se en cumplidos/**
atenciones/lágrimas se
répandre en compliments/être
plein d'attentions/fondre en
larmes
desharrapado, -a adj en
haillons
deshecho, -a pp de **deshacer**
♦ adj défait(e); (roto) cassé(e);
estoy ~ (cansado) je suis mort(e)
de fatigue; (deprimido) je suis
abattu(e)
desheredar vt déshériter
deshidratar vt déshydrater; **~se**
vpr se déshydrater
deshielo nm dégel m
deshonesto, -a adj malhonnête
deshonor nm, **deshonra** nf
déshonneur m
deshora: **a ~(s)** adv (llegar) au
mauvais moment; (hablar) quand
il ne faut pas; (acostarse, comer) à
des heures impossibles
deshuesar vt (carne) désosser;
(fruta) dénoyauter
desierto, -a adj déserté(e) ♦ nm
désert m; **declarar ~ un**
premio ne pas décerner un prix
(à cause du niveau insuffisant des
candidats)
designar vt désigner; **~ (para)**
(nombrar) désigner (pour)
designio nm dessein m

desigual *adj* inégal(e); *(tamaño, escritura)* irrégulier(-ière)

desilusión *nf* désillusion *f*;

desilusionar *vt* désillusionner; *(decepcionar)* décevoir;

desilusionarse *vpr* perdre ses illusions

desinfectar *vt* désinfecter

desinflar *vt* dégonfler; **~se** *vpr* se dégonfler

desintegración *nf* désintégration *f*

desinterés *nm* *(altruismo)* désintéressement *m*; **~ por** *(familia, actividad)* désintérêt *m* pour

desintoxicarse *vpr* se désintoxiquer

desistir *vi* renoncer; **~ de (hacer)** renoncer à (faire)

desleal *adj* déloyal(e);

deslealtad *nf* déloyauté *f*

desleír *vt* diluer

deslenguado, -a *adj* *(grosero)* fort(e) en gueule

desligar *vt* *(separar)* séparer

desliz *nm* *(fig)* impair *m*;

deslizar *vt* glisser; **deslizarse** *vpr* glisser; *(aguas mansas, lágrimas)* couler

deslucido, -a *adj* terne

deslumbrar *vt* éblouir

desmadrarse *(fam)* *vpr* se défouler

desmán *nm* abus *msg*

desmandarse *vpr* *(descontrolarse)* se rebeller

desmantelar *vt* démanteler; *(casa, fábrica)* vider

desmayarse *vpr* perdre connaissance; **desmayo** *nm* *(MED)* évanouissement *m*; *(desaliento)* découragement *m*

desmedido, -a *adj* démesuré(e)

desmejorar *vi* *(MED)* s'affaiblir

desmembrar *vt* démembrer; **~se** *vpr* *(imperio)* se morceler

desmemoriado, -a *adj* distrait(e)

desmentir *vt* démentir

desmenuzar *vt* *(pan)* émietter; *(roca)* effriter; *(carne)* couper en morceaux; *(asunto, teoría)* examiner en détail

desmerecer *vi* *(marca)* baisser; *(belleza)* se flétrir; **~ de** *(cosa)* ne pas être à la hauteur de; *(persona)* ne pas être digne de

desmesurado, -a *adj* *(ambición, egoísmo)* démesuré(e); *(habitación, gafas)* énorme

desmontable *adj* *(que se quita)* démontable; *(que se puede plegar)* pliable

desmontar *vt* démonter ♦ *vi* *(de caballería)* mettre pied à terre

desmoralizar *vt* démoraliser; **~se** *vpr* se démoraliser

desmoronar *vt* saper; **~se** *vpr* s'écrouler; *(convicción, ilusión)* s'ébranler

desnatado, -a *adj* écrémé(e)

desnivel *nm* *(de terreno)* dénivellation *f*

desnudar *vt* dénuder; **~se** *vpr* se dénuder

desnudo, -a *adj* nu(e); *(árbol)* dépouillé(e) ♦ *nm* *(ARTE)* nu *m*

desnutrición *nf* malnutrition *f*

desnutrido, -a *adj* mal nourri(e)

desobedecer *vt, vi* désobéir

desobediente *adj* désobéissant(e)

desocupado, -a *adj* *(persona: ocioso)* désœuvré(e); *(asiento, servicios)* libre

desocupar *vt* *(vivienda)* libérer; *(local)* vider

desodorante *nm* déodorant *m*

desolación *nf* désolation *f*

desorbitado, -a adj (deseos) démesuré(e); (precio) exorbitant(e)

desorden nm désordre m; **desórdenes** nmpl (POL) troubles mpl

desordenado, -a adj (habitación, objetos) en désordre; (persona) désordonné(e)

desorganización nf désorganisation f

desorganizar vt bouleverser

desorientado, -a adj (extraviado) égaré(e); (confundido) confus(e)

desorientar vt (extraviar) égarer; (desconcertar) désorienter; **~se** vpr s'égarer

despabilado, -a adj (despierto) réveillé(e); (fig) éveillé(e)

despabilar vt réveiller ♦ vi se réveiller; (fig) s'éveiller; **~se** vpr se réveiller; **¡despabílate!** (date prisa) réveille-toi!

despachar vt (negocio) expédier; (correspondencia) s'occuper de; (en tienda: cliente) servir; (entradas) distribuer; (empleado) se débarrasser de; (visitas) décliner; (ARG: maletas) enregistrer ♦ vi (en tienda) servir

despacho nm bureau m; (envío) dépêche f; (COM: venta) envoi m; (comunicación oficial) dépêche f; **de billetes o boletos** (AM) bureau de tabac

despacio adv lentement; (cuidadosamente, AM: en voz baja) doucement

desparpajo nm (desenvoltura) aisance f; (pey) insolence f

desparramar vt répandre

despavorido, -a adj terrorisé(e)

despecho nm dépit m; **a ~ de** en dépit de

despectivo, -a adj (tono, modo)

condescendant(e)

despedazar vt réduire en miettes

despedida nf (adiós) congé m; **regalo/cena de ~** cadeau m/dîner m d'adieu; **hacer su ~ de soltero/soltera** enterrer sa vie de garçon/jeune fille

despedir vt (decir adiós a) dire au revoir à; (empleado) renvoyer; (olor, calor) dégager; **~se** vpr quitter son emploi; **~se de algn** dire au revoir à qn; **ir a ~ a algn** aller prendre congé de qn

despegar vt, vi décoller; **despego** nm = **desapego**

despegue vb ver **despegar** ♦ nm décollage m

despejado, -a adj dégagé(e); (persona) réveillé(e)

despejar vt dégager; (desalojar) vider; (misterio) éclaircir; (mente) rafraîchir ♦ vi s'éclaircir; **~se** vpr s'éclaircir; (persona) émerger

despellejar vt (animal) écorcher

despenalizar vt décriminaliser

despensa nf armoire f à provisions

despeñadero nm précipice m

despeñarse vpr basculer

desperdiciar vt gaspiller; (oportunidad) manquer

desperdicio nm gaspillage m; **~s** nmpl (basura) ordures fpl; (residuos) déchets mpl; **el libro no tiene ~** le livre est excellent du début à la fin

desperdigarse vpr se disperser; (semillas etc) s'éparpiller

desperezarse vpr s'étirer

desperfecto nm (deterioro) dommage m; (defecto) imperfection f

despertador nm réveil m

despertar vt réveiller; (sospechas, admiración) éveiller; (apetito) aiguiser ♦ *vi* se réveiller ♦ *nm* (*de persona*) réveil *m*; (*día, era*) aube *f*; **~se** *vpr* se réveiller

despiadado, -a *adj* impitoyable

despido *vb ver* **despedir** ♦ *nm* (*de trabajador*) licenciement *m*

despierto, -a *vb ver* **despertar** ♦ *adj* réveillé(e); (*fig*) éveillé(e)

despilfarro *nm* gaspillage *m*

despistado, -a *adj* (*distraído*) distrait(e)

despistar *vt* (*perseguidor*) semer; (*desorientar*) dérouter; **~se** *vpr* (*distraerse*) être distrait(e)

despiste *nm* distraction *f*

desplazamiento *nm* déplacement *m*; (*INFORM*) défilement *m*; **~ hacia arriba/abajo** (*INFORM*) déplacement vers le haut/bas; **gastos de ~** frais *mpl* de déplacement

desplazar *vt* déplacer; (*fig*) supplanter; (*INFORM*) faire défiler; **~se** *vpr* se déplacer

desplegar *vt* déployer; (*tela, papel*) déplier; **~se** *vpr* (*MIL*) se déployer; **despliegue** *vb ver* **desplegar** ♦ *nm* déploiement *m*

desplomarse *vpr* s'écrouler

desplumar *vt* (*ave*) déplumer; (*fam*) plumer

despoblado, -a *adj* (*sin habitantes*) vide; (*con pocos habitantes*) dépeuplé(e) ♦ *nm* terrain *m* vague

despojar *vt* (*casa*) dépouiller; **~ de** (*persona: de sus bienes*) dépouiller de; (: *de título, derechos*) retirer; **~se** *vpr*: **~se de** (*ropa*) enlever

despojo *nm* (*de banquete*) reliefs *mpl*

desposado, -a *adj* tout juste marié(e)

desposar *vt* (*suj: sacerdote*)

marier; **~se** *vpr* se marier

desposeer *vt*: **~ (de)** déposséder (de)

déspota *nm/f* despote *m*

despotricar *vt* mépriser; (*oferta, regalo*) dédaigner; **desprecio** *nm* dédain *m*; **un desprecio** un affront

desprender *vt* ôter; (*olor, calor*) dégager; **~se** *vpr* se détacher; (*olor, perfume*) se dégager; **~ (de)** (*separar*) ôter (de); **~se de algo** se défaire de qch; **de ahí se desprende que** il en découle que

desprendimiento *nm* générosité *f*; **~ de retina** décollement *m* de la rétine; **~ de tierras** éboulement *m* de terrain

despreocupado, -a *adj*: **estar ~** (*sin preocupación*) ne pas s'inquiéter; **ser ~** être insouciant(e)

despreocuparse *vpr*: **~ (de)** (*dejar de inquietarse*) ne plus s'occuper (de); (*desentenderse*) se désintéresser (de)

desprestigiar *vt* discréditer; **~se** *vpr* se discréditer

desprevenido, -a *adj* dépourvu(e); **coger** (*ESP*) *o* **agarrar** (*AM*) **a algn ~** prendre qn au dépourvu

desproporcionado, -a *adj* disproportionné(e)

desprovisto, -a *adj*: **~ de** dépourvu(e) de

después *adv* après; (*entonces*) alors ♦ *prep*: **~ de** après ♦ *conj*: **~ (de) que** après que; **un año ~** un an après; **~ de comer** après manger; **~ de todo** après tout

desquiciar *vt* (*puerta*) sortir de ses gonds; (*persona*) rendre fou (folle)

desquite *nm*: **tomarse el ~ (de)** prendre sa revanche (sur)

destacar *vt* (ARTE) mettre en relief; (fig) souligner; (MIL) détacher ♦ *vi* (sobresalir: montaña, figura) ressortir; (: obra, persona) se démarquer; **~se** *vpr* se démarquer

destajo *nm*: **trabajar a ~** (por pieza) travailler à la pièce; (mucho) travailler d'arrache-pied

destapar *vt* découvrir; (botella) déboucher; (cacerola) ôter le couvercle de; **~se** *vpr* (botella) se déboucher; (en la cama) se découvrir

destartalado, -a *adj* (casa) délabré(e); (coche) démantibulé(e)

destello *nm* (de diamante, metal) scintillement m; (de estrella) scintillation f; (de faro) lueur f

destemplado, -a *adj* (MÚS) désaccordé(e); (voz) discordant(e); (METEOROLOGÍA) mauvais(e); **estar/sentirse ~** (MED) être/se sentir indisposé(e)

desteñir *vt* (sol, lejía) passer ♦ *vi* (tejido) déteindre; **~se** *vpr* déteindre; **esta tela no destiñe** cette toile ne déteint pas

desternillarse *vpr*: **~ de risa** se tordre de rire

desterrar *vt* exiler

destiempo: **a ~** *adv* mal à propos

destierro *vb ver* **desterrar** ♦ *nm* (expulsión) interdiction f de séjour; (exilio) exil m

destilar *vt*, *vi* distiller; **destilería** *nf* distillerie f

destinar *vt* (funcionario, militar) affecter; (habitación, tarea) assigner; **~ a** o **para** (fondos) destiner à

destinatario, -a *nm/f*

destinatario *m/f*

destino *nm* (suerte) destin m; (de viajero) destination f; (de funcionario, militar) poste m; **con ~ a** à destination de

destituir *vt*: **~ (de)** destituer (de)

destornillador *nm* tournevis *msg*

destornillar *vt* = **desatornillar**

destreza *nf* dextérité f; (maña) adresse f

destrozar *vt* (romper) casser; (planes, campaña, persona) anéantir; (nervios) mettre à vif

destrozo *nm* destruction f; **~s** *nmpl* (daños) dégâts *mpl*

destrucción *nf* destruction f

destructivo, -a *adj* destructeur(-trice)

destruir *vt* détruire; (persona: moralmente) briser; (negocio, comarca) ruiner; (político, competidor, ilusiones) anéantir

desuso *nm* non utilisation f; **caer en ~** tomber en désuétude; **estar en ~** être inusité(e)

desvalido, -a *adj* déshérité(e)

desvalijar *vt* dévaliser; (coche) cambrioler

desván *nm* grenier m

desvanecerse *vpr* (MED) s'évanouir; (fig) se dissiper; (borrarse) s'effacer

desvanecimiento *nm* (de contornos, colores) effacement m; (MED) évanouissement m

desvariar *vi* délirer; **desvarío** *nm* délire m

desvelar *vt* (suj: café, preocupación) tenir éveillé(e); **~se** *vpr* rester éveillé(e)

desvelos *nmpl* (preocupación) soucis *mpl*

desvencijado, -a *adj* (silla) branlant(e); (máquina) détraqué(e)

desventaja *nf* inconvénient m;

estar en o **llevar ~** être désavantagé(e)

desventura *nf* malheur *m*

desvergonzado, -a *adj, nm/f* dévergondé(e); *(descarado)* effronté(e)

desvergüenza *nf* dévergondage *m*; *(descaro)* toupet *m*

desvestir *vt* déshabiller; **~se** *vpr* se déshabiller

desviación *nf* *(de río)* détournement *m*; *(AUTO)* déviation *f*; *(de la conducta)* écart *m*; **~ de la columna** *(MED)* scoliose *f*

desviar *vt* dévier; *(río, mirada)* détourner; **~se** *vpr* *(apartarse del camino)* s'égarer; *(rumbo)* faire un détour

desvío *vb ver* **desviar** ♦ *nm* *(AUTO)* détour *m*

desvirtuar *vt* *(actuación, labor)* nuire à; **~se** *vpr* perdre sa signification première

desvivirse *vpr*: **~ por algo/algn** se mettre en quatre pour qch/qn; **~ por hacer** se tuer à faire

detalle *nm* détail *m*; *(delicadeza)* attention *f*; **¡qué ~!** comme c'est gentil; **al ~** *(COM)* au détail

detallista *adj* méticuleux(-euse) ♦ *nm/f* *(COM)* détaillant(e)

detective *nm/f* détective *m*; **~ privado** détective privé

detener *vt* arrêter; **~se** *vpr* s'arrêter; *(demorarse)* s'attarder

detenido, -a *adj* arrêté(e); *(minucioso)* minutieux(-euse); *(preso)* détenu(e) ♦ *nm/f* détenu(e)

detenimiento *nm*: **con ~** avec soin

detergente *nm* détergent *m*

deteriorar *vt* détériorer; **~se** *vpr* se détériorer

determinación *nf* détermination

f; *(decisión)* décision *f*

determinado, -a *adj* déterminé(e)

determinar *vt* déterminer; **~se** *vpr*: **~se a hacer** se déterminer à faire

detestar *vt* détester

detrás *adv* derrière; *(en sucesión)* après ♦ *prep*: **~ de** derrière; **~ mío/nuestro** *(esp CSUR)* derrière moi/nous

detrimento *nm*: **en ~ de** au détriment de

deuda *nf* dette *f*; **estar en ~ con algn** *(fig)* avoir une dette envers qn; **~ exterior/pública** dette extérieure/publique

devaluación *nf* dévaluation *f*

devaluar *vt* dévaluer

devastar *vt* dévaster

devoción *nf* dévotion *f*; **sentir ~ por algn/algo** avoir de la dévotion pour qn/qch

devolución *nf* restitution *f*; *(de carta)* retour *m*; *(de dinero)* remboursement *m*

devolver *vt* rendre; *(a su sitio)* remettre; *(fam: vomitar)* rendre ♦ *vi (fam)* rendre; **~se** *vpr (AM)* revenir

devorar *vt* dévorer

devoto, -a *adj (REL)* dévot(e) ♦ *nm/f* dévot(e); *(adepto)* adepte *m/f*

devuelto *pp de* **devolver**

devuelva *etc vb ver* **devolver**

di *vb ver* **dar**; **decir**

día *nm (24 horas)* journée *f*; *(lo que no es noche)* jour *m*; **¿qué ~ es?** quel jour est-on?; **estar/poner al ~** *(cuentas)* être/mettre à jour; *(persona)* être/mettre au courant; **el ~ de mañana** demain; **al ~ siguiente** le jour suivant; **vivir al ~** vivre au jour le jour; **es de ~** il fait jour; **en**

pleno ~ en plein jour; **¡buenos ~s!** bonjour!; **~ domingo/lunes** etc (AM) dimanche/lundi etc; **D~ de Reyes** Epiphanie f; **~ festivo** o **feriado** (AM) o **de fiesta** (AM) jour férié; **~ laborable** jour de travail; **~ lectivo/libre** jour de classe/de congé

diabetes nf diabète m

diabético, -a nm/f diabétique m/f

diablo nm diable m; **¿cómo/qué ~s …?** comment/que diable …?;
diablura nf diablerie f

diadema nf diadème m

diafragma nm diaphragme m

diagnosis nf inv diagnostic m

diagnóstico nm diagnostic m

diagonal adj oblique ♦ nf diagonale f

diagrama nm diagramme m; **~ de flujo** (INFORM) organigramme m

dial nm (de radio) bande f de fréquence

dialecto nm dialecte m

dialogar vi dialoguer; **~ con** (POL) s'entretenir avec

diálogo nm dialogue m

diamante nm diamant m; **~s** nmpl (NAIPES) carreau msg

diámetro nm diamètre m

diana nf (MIL) réveil m; (de blanco) mouche f

diapositiva nf (FOTO) diapositive f

diario, -a adj quotidien(ne) ♦ nm quotidien m; (para memorias) journal m; (COM) livre m journal; **a ~** tous les jours; **de** o **para ~** de tous les jours

diarrea nf diarrhée f

dibujar vt, vi dessiner

dibujo nm dessin m; **dibujos animados** dessins mpl animés;
dibujo lineal/técnico dessin industriel

diccionario nm dictionnaire m

dicho, -a pp de **decir** ♦ adj: **en ~s países** dans ces pays ♦ nm proverbe m

dichoso, -a adj heureux(-euse)

diciembre nm décembre m; ver tb **julio**

dictado nm dictée f

dictador nm dictateur m;
dictadura nf dictature f

dictamen nm expertise f

dictar vt dicter; (decreto) prendre; (ley) édicter; (AM: clase) faire

didáctico, -a adj didactique; (educativo) éducatif(-ive)

diecinueve adj inv, nm inv dix-neuf m inv; ver tb **seis**

dieciocho adj inv, nm inv dix-huit m inv; ver tb **seis**

dieciséis adj inv, nm inv seize m inv; ver tb **seis**

diecisiete adj inv, nm inv dix-sept m inv; ver tb **seis**

diente nm dent f; **hablar entre ~s** parler entre ses dents; **~ de ajo** gousse f d'ail; **~ de león** pissenlit m

diera etc vb ver **dar**

diesel adj: **motor ~** (moteur m) diesel m

diestro, -a adj droit(e); (hábil) adroit(e) ♦ nm (TAUR) matador m

dieta nf régime m; **~s** nfpl (de viaje, hotel) frais mpl; **estar a ~** être au régime

dietética nf diététique f

dietético, -a adj diététique

diez adj inv, nm inv dix m inv; ver tb **seis**

diezmar vt décimer

difamar vt diffamer

diferencia nf différence f; **~s** nfpl (desacuerdos) différend msg; **a ~ de** à la différence de;

diferenciar vt: **diferenciar (de)** distinguer (de) ♦ vi: **diferenciar entre A y B** distinguer A de B; **diferenciarse** vpr: **diferenciarse (de)** se distinguer (de)

diferente adj différent(e) ♦ adv différemment

diferido nm: **en ~** (TV) en différé

difícil adj difficile; **ser ~ de hacer/entender/explicar** être difficile à faire/comprendre/expliquer

dificultad nf difficulté f; **~es** nfpl (problemas) difficultés fpl; **poner ~es (a algn)** faire des difficultés (à qn)

dificultar vt (explicación, labor) rendre difficile; (visibilidad) brouiller

difteria nf diphtérie f

difundir vt (calor, noticia) diffuser; (doctrina, rumores) répandre; **~se** vpr se diffuser; (doctrina) se répandre

difunto, -a adj ♦ nm/f défunt(e)

difusión nf diffusion f

diga etc vb ver **decir**

digerir vt digérer

digestión nf digestion f

digestivo, -a adj digestif(-ive)

digital adj digital(e)

dignarse vpr: **~ (a) hacer** daigner faire

dignatario, -a nm/f dignitaire m/f

dignidad nf dignité f

digno, -a adj (sueldo, nivel de vida) décent(e); (comportamiento, actitud) digne; **~ de** digne de

dije vb ver **decir**

dilapidar vt dilapider

dilatar vt dilater; (prolongar, aplazar) prolonger; **~se** vpr se dilater

dilema nm dilemme m

diligencia nf diligence f; (trámite) acte m de procédure; **~s** nfpl (JUR) formalités fpl; **diligente** adj diligent(e)

diluir vt diluer

diluvio nm déluge m

dimensión nf dimension f; (de catástrofe) proportions fpl; **dimensiones** nfpl (tamaño) dimensions fpl

diminuto, -a adj tout(e) petit(e)

dimitir vi: **~ (de)** démissionner (de)

dimos vb ver **dar**

Dinamarca nf Danemark m

dinámico, -a adj dynamique

dinamita nf dynamite f

dinamo, dínamo nf (nm en AM) dynamo f

dineral nm fortune f

dinero nm argent m; **~ contante (y sonante)** espèces fpl; **~ efectivo** o **en metálico** liquide m; **~ suelto** menue monnaie f

dinosaurio nm dinosaure m

dio vb ver **dar**

diócesis nf inv diocèse m

Dios nm Dieu m; **¡~ mío!** mon Dieu!; **¡por ~!** grand Dieu!; **si ~ quiere** si Dieu le veut

dios nm dieu m

diosa nf déesse f

diploma nm diplôme m

diplomacia nf diplomatie f

diplomado, -a adj, nm/f diplômé(e)

diplomático, -a adj diplomatique ♦ nm/f diplomate m/f

diptongo nm diphtongue f

diputación nf ≃ conseil m général

diputado, -a nm/f député m

dique nm digue f

diré etc vb ver **decir**

dirección nf direction f; (señas) adresse f; (CINE, TEATRO) mise f en scène; **~ prohibida/única** sens m interdit/unique

directa nf (AUTO) quatrième f, cinquième f

directiva nf comité m directeur

directo, -a adj direct(e); **transmitir en ~** (TV) diffuser en direct

director, a adj directeur(-trice) ♦ nm/f directeur(-trice); (CINE, TV) metteur m en scène; **~ general** o **gerente** directeur général

dirigente adj, nm/f dirigeant(e)

dirigir vt diriger; (carta, pregunta) adresser; (obra de teatro, film) mettre en scène; (esfuerzos) concentrer; **~se** vpr: **~se a** s'adresser à; **~ a** o **hacia** diriger vers; **no ~ la palabra a algn** ne pas adresser la parole à qn

dirija etc vb ver **dirigir**

discernir vt discerner

disciplina nf discipline f

discípulo, -a nm/f disciple m

disco nm disque m; (AUTO) feu m; **~ compacto** disque compact; **~ de densidad doble/sencilla** disquette double densité/densité simple; **~ duro** o **rígido/flexible** o **floppy** disque dur/disquette

disconforme adj non conforme; **estar ~ (con)** ne pas être conforme (à)

discordia nf désaccord m

discoteca nf discothèque f

discreción nf discrétion f; (prudencia) prudence f; **comer/beber a ~** manger/boire à volonté; **discrecional** adj (uso, poder) discrétionnaire; (servicio) optionnel(le)

discrepancia nf différence f;

(desacuerdo) différend m

discreto, -a adj discret(-ète); (sensato) judicieux(-euse)

discriminación nf discrimination f

disculpa nf excuse f; **pedir ~s a/por** demander pardon à/pour; **disculpar** vt pardonner; **disculparse** vpr: **disculparse (de/por)** s'excuser (de/pour)

discurrir vt échafauder ♦ vi réfléchir; (el tiempo) s'écouler; **~ (por)** (gente, río) passer (par)

discurso nm discours msg

discusión nf discussion f

discutir vt discuter ♦ vi discuter; (disputar): **~ (con)** se disputer (avec)

disecar vt (animal) empailler; (planta) sécher

diseminar vt éparpiller; (fig) répandre

diseñar vt créer

diseño nm (TEC) conception f; (boceto) ébauche f

disfraz nm déguisement m; **disfrazar** vt déguiser; **disfrazarse** vpr se déguiser; **disfrazarse de** se déguiser en

disfrutar vt jouir de ♦ vi prendre beaucoup de plaisir

disgregar vt (manifestantes) disperser; (familia, imperio) diviser; **~se** vpr (muchedumbre) se disperser

disgustar vt déplaire à; **~se** vpr être contrarié(e); (dos personas) s'accrocher

disgusto nm désagrément m; (pesadumbre) contrariété f; (desgracia) malheur m; (riña) accrochage m

disidente adj, nm/f dissident(e)

disimular vt dissimuler ♦ vi faire comme si de rien n'était

disipar vt dissiper; **~se** vpr se dissiper

dislocar vt (articulación) déboîter; **~se** vpr se déboîter

disminución nf diminution f

disminuido, -a nm/f: **~ mental/físico** handicapé(e) mental/physique

disminuir vt (gastos, cantidad, dolor) diminuer; (temperatura, velocidad, población) réduire ♦ vi (días, población, número) diminuer; (precios, temperatura, memoria) baisser; (velocidad) décroître

disociarse vpr: **~ (de)** se dissocier (de)

disolver vt dissoudre; (manifestación) disperser; (contrato) dénoncer; **~se** vpr se dissoudre; (manifestantes) se disperser

dispar adj (distinto) distinct(e)

disparar vt, vi tirer; **~se** vpr (precios) monter en flèche

disparate nm bêtise f; (error) absurdité f; **decir ~s** dire des bêtises

disparo nm tir m

dispensar vt dispenser; (bienvenida) souhaiter

dispersar vt éparpiller; (manifestación, fig) disperser; **~se** vpr se disperser; (luz) se répandre

disponer vt disposer; (mandar) ordonner ♦ vi: **~ de** disposer de; **~se** vpr: **~se a o para hacer** se disposer à faire; **la ley dispone que ...** la loi stipule que ...; **no puede ~ de esos bienes** il ne peut disposer librement de ces biens

disponible adj disponible; **no estar ~** ne pas être disponible

disposición nf disposition f; **~ para** (aptitud) dispositions fpl

pour; **a (la) ~ de** à (la) disposition de; **a su ~** à votre disposition

dispositivo nm dispositif m

dispuesto, -a pp de **disponer** ♦ adj (preparado) préparé(e); **estar ~/poco ~ a hacer** être disposé(e)/peu disposé(e) à faire

disputar vt (DEPORTE, premio, derecho) disputer ♦ vi discuter; **~se** vpr se disputer; **~ por** disputer

disquetera nf (INFORM) lecteur m de disquette

distancia nf distance f; (en el tiempo) écart m; **a ~** à distance

distanciar vt distancer; **~se** vpr (enemistarse) se distancier; **~se (de)** (alejarse) s'éloigner (de)

distante adj distant(e)

distar vi: **dista 5 kms de aquí** c'est à 5 km d'ici

diste, disteis vb ver **dar**

distensión nf détente f

distinción nf distinction f; **sin ~ de** sans distinction de

distinguido, -a adj distingué(e)

distinguir vt distinguer; **~se** vpr se distinguer; **~ X de Y** distinguer X de Y

distintivo, -a adj distinctif(-ive) ♦ nm (insignia) insigne m

distinto, -a adj: **~ (a o de)** distinct(e) (de); **~s** (varios) plusieurs mpl

distracción nf distraction f

distraer vt distraire; **~se** vpr (entretenerse) se distraire; (perder la concentración) être distrait(e)

distraído, -a adj distrait(e); (entretenido) amusé(e)

distribuidor, a nm/f (persona) distributeur(-trice) ♦ nf (COM) concessionnaire m; (CINE) distributeur m

distribuir vt (riqueza, beneficio) répartir; (cartas, trabajo) distribuer

distrito nm district m; ~ **electoral** circonscription f électorale; ~ **postal** secteur m postal

disturbio nm troubles mpl; ~ **de orden público** trouble m de l'ordre public

disuadir vt: ~ **(de)** dissuader (de)

disuelto pp de **disolver**

disyuntiva nf alternative f

DIU sigla m (= dispositivo intrauterino) stérilet m

diurno, -a adj de jour

divagar vi divaguer

diván nm divan m

divergencia nf divergence f

diversidad nf diversité f

diversificar vt diversifier; ~**se** vpr se diversifier

diversión nf distraction f

diverso, -a adj (variado) varié(e) ♦ nm: ~**s** (COM) articles mpl divers; ~**s libros** plusieurs livres; ~**s colores** couleurs fpl variées

divertido, -a adj amusant(e); (fiesta) réussi(e); (película, libro) divertissant(e)

divertir vt amuser; ~**se** vpr s'amuser

dividendo nm (COM): ~**s** dividendes mpl

dividir vt partager; (separar) séparer; (partido, opinión pública) diviser; (MAT): ~ **(por o entre)** diviser (par)

divierta etc vb ver **divertir**

divino, -a adj (REL, fam) divin(e)

divirtiendo etc vb ver **divertir**

divisa nf devise f; ~**s** nfpl (COM) devises fpl

divisar vt deviner

división nf division f; (de herencia) partage m

divorciar vt prononcer le divorce de; ~**se** vpr: ~**se (de)** divorcer (de); **divorcio** nm divorce m

divulgar vt divulguer; (popularizar) vulgariser

DNI (ESP) sigla m (= Documento Nacional de Identidad) ver **documento**

DNI

Le **Documento Nacional de Identidad**, appelé également DNI ou "carnet de identidad" est la carte d'identité nationale espagnole, comportant la photographie, l'état civil et les empreintes digitales du titulaire. Comme en France, il faut toujours en être muni et le présenter à la police en cas de contrôle.

Dña. abr (= Doña) Mme (= Madame)

do nm (MÚS) do m

dobladillo nm ourlet m

doblar vt plier; (cantidad, CINE) doubler; ~**se** vpr se plier; ~ **la esquina** tourner au coin de la rue; ~ **a la derecha/izquierda** tourner à droite/gauche

doble adj double ♦ nm: **el** ~ le double ♦ nm/f (TEATRO, CINE) double m; ~**s** nmpl (DEPORTE): **partido de** ~**s** double msg; **con** ~ **sentido** à double sens

doblegar vt obliger; ~**se** vpr (ceder) se plier

doblez nm (pliegue) pli m

doce adj inv, nm inv douze m inv; ver tb **seis**; **docena** nf douzaine f

docente adj: **centro/personal** ~ centre m/personnel m

d'enseignement; **cuerpo ~** corps *msg* enseignant

dócil *adj* docile

doctor, a *nm/f* (*médico*) médecin *m*; (*UNIV*) docteur *m*

doctorado *nm* doctorat *m*

doctrina *nf* doctrine *f*

documentación *nf* documentation *f*; **documental** *adj, nm* documentaire *m*

documento *nm* (*certificado*) justificatif *m*; (*histórico*) document *m*; (*fig: testimonio*) témoignage *m*; **~ adjunto** fichier *m* adjoint; **~ nacional de identidad** carte *f* d'identité

dólar *nm* dollar *m*

doler *vi* faire mal; (*fig*) peiner; **~se** *vpr* se plaindre; **me duele el brazo** mon bras me fait mal

dolor *nm* douleur *f*; **~ de cabeza** mal *m* de tête; **~ de estómago** maux *mpl* d'estomac; **~ de muelas** mal de dents

domar *vt* dompter; **domesticar** *vt* domestiquer

doméstico, -a *adj, nm/f* domestique *m/f*; **economía doméstica** économie *f* domestique

domiciliación *nf*: **~ de pagos** virement *m* automatique

domicilio *nm* domicile *m*; **servicio a ~** service *m* à domicile; **sin ~ fijo** sans domicile fixe; **~ particular** domicile particulier; **~ social** (*COM*) siège *m* social

dominante *adj* dominant(e); (*persona*) dominateur(-trice)

dominar *vt* dominer; (*epidemia*) enrayer ♦ *vi* dominer; **~se** *vpr* se dominer

domingo *nm* dimanche *m*; **D~ de Ramos/de Resurrección** dimanche des Rameaux/de

Pâques; *ver tb* **sábado**

dominicano, -a *adj* dominicain(e) ♦ *nm/f* Dominicain(e)

dominio *nm* domination *f*; (*de las pasiones, de idioma*) maîtrise *f*; **~s** *nmpl* (*tierras*) domaine *msg*

dominó *nm* domino *m*; (*juego*) dominos *mpl*

don *nm* don *m*; (*tratamiento: con apellido*) Monsieur *m*; (: *sólo con nombre*) Don *m*, ≈ Monsieur; **D~ Juan Gómez** Monsieur Juan Gómez; **tener ~ de gentes** savoir s'y prendre avec les gens; **un ~ de la naturaleza** un don de la nature; **tener un ~ para el dibujo/la música** être doué(e) pour le dessin/la musique

---

Don/Doña

Le titre don/doña, *souvent abrégé en* D./Dña *s'utilise en marque de respect lorsque l'on s'adresse à une personne plus âgée que soi ou à un supérieur hiérarchique. Il se place devant le prénom, par exemple* Don Diego, Doña Inés. *Cet usage, de plus en plus rare en Espagne, est maintenant surtout réservé à la correspondance et aux documents officiels. Dans ce cas, le titre précède les prénoms et noms de famille* Sr. D. Pedro, Rodríguez Hernández, Sra. Dña. Inés Rodríguez Hernández.

---

donar *vt* faire un don de; (*sangre*) donner

donativo *nm* don *m*

doncella *nf* (*criada*) bonne *f*

donde *adv* où; (*fam*): **se fue ~ sus tíos** il est allé chez ses vieux;

por ~ par où

dónde *adv* où; **¿a ~ vas?** où vas-tu?; **¿de ~ vienes?** d'où viens-tu?; **¿por ~?** par où?

dondequiera *adv* n'importe où ♦ *conj:* **~ que** où que

doña *nf (tratamiento: con apellido)* Madame *f*; (: *sólo con nombre)* Doña *f*, ≃ Madame

dorado, -a *adj* doré(e) ♦ *nm* dorure *f*

dormir *vt* endormir ♦ *vi* dormir; **~se** s'endormir; **~ la siesta** faire la sieste; **se me ha dormido el brazo/la pierna** j'ai eu des fourmis dans le bras/la jambe

dormitar *vi* somnoler

dormitorio *nm* chambre *f*; (*en una residencia*) dortoir *m*

dorsal *adj* dorsal(e) ♦ *nm* (*DEPORTE*) dossard *m*

dorso *nm* dos *m*

DOS *sigla m (= sistema operativo de disco)* DOS *msg*

dos *adj inv, nm inv* deux *inv*; **los ~ les deux; de ~ en ~** deux par deux; *ver tb* **seis**

doscientos, -as *adj* deux cents; *ver tb* **seiscientos**

dosis *nf inv* dose *f*

dotado, -a *adj* doué(e); **~ de** doté(e) de

dotar *vt* équiper; **~ o con** (*proveer: de inteligencia, simpatía*) douer de; (: *de dinero*) allouer; (: *de personal, maquinaria*) doter de

dote *nf* dot *f*; **dotes** *nfpl* dons *mpl*

doy *vb ver* **dar**

dragar *vt* draguer

drama *nm* drame *m*

dramático, -a *adj* dramatique

dramaturgo, -a *nm/f* dramaturge *m/f*

drástico, -a *adj* drastique

drenaje *nm* drainage *m*

droga *nf* drogue *f*

drogadicto, -a *nm/f* drogué(e)

droguería *nf* droguerie *f*

ducha *nf* douche *f*

ducharse *vpr* se doucher

duda *nf* doute *m*; **sin ~** sans aucun doute; **no cabe ~** il n'y a pas de doute; **para salir de ~s** pour en avoir le cœur net; **dudar** *vt, vi* douter; **dudar (de)** douter (de); **dudó si comprarlo o no** il a hésité à l'acheter

dudoso, -a *adj* douteux(-euse)

duelo *vb ver* **doler** ♦ *nm* duel *m*

duende *nm* lutin *m*

dueño, -a *nm/f (propietario)* propriétaire *m/f*; (*empresario*) patron(ne)

duerma *etc vb ver* **dormir**

dulce *adj* doux (douce) ♦ *nm* gourmandise *f*; (*pastel*) douceur *f*

dulzura *nf* douceur *f*

duna *nf* dune *f*

duplicar *vt (llave, documento)* faire un double de; (*cantidad*) doubler; **~se** *vpr* se multiplier par deux

duque *nm* duc *m*; **duquesa** *nf* duchesse *f*

duración *nf* durée *f*; (*de máquina*) durée de vie

duradero, -a *adj (material)* résistant(e); (*fe, paz*) durable

durante *adv* pendant; **habló ~ una hora** il a parlé pendant une heure

durar *vi* durer; (*persona: en cargo*) rester

durazno (*AM*) *nm* pêche *f*; (*árbol*) pêcher *m*

durex ® (*AM*) *nm* scotch ® *m*

dureza *nf* dureté *f*; (*de clima*) rigueur *f*

duro, -a adj dur(e) ♦ adv dur ♦
nm pièce de cinq pesetas; **a duras
penas** à grand-peine; **es ~ de
pelar** il faut se le farcir
DVD sigla m (= disco de vídeo
digital) DVD m

E, e

E abr (= este) E (= est)
e conj (delante de i- e hi-, pero no
hie-) et; ver tb **y**
ebanista nm/f ébéniste m/f
ébano nm ébène m
ebrio, -a adj ivre
ebullición nf ébullition f
eccema nm eczéma m
echar vt (lanzar) jeter; (verter)
verser; (gasolina, carta, freno)
mettre; (expulsar) mettre dehors;
(empleado) renvoyer; (hojas)
pousser; (despedir: humo) rejeter; (:
agua) cracher; (película) passer ♦
vi: **~ a andar/volar/correr** se
mettre à marcher/voler/courir;
~se vpr s'allonger; **~ a cara o
cruz algo** jouer qch à pile ou
face; **~ abajo** (gobierno)
renverser; (edificio) abattre; **~ una
carrera/una siesta** faire une
course/une sieste; **~ un trago**
avaler une gorgée; **~ de menos**
regretter; **~se atrás** se pencher
en arrière; (fig) se dédire; **~se a
llorar/reír/temblar** se mettre à
pleurer/rire/trembler
eclesiástico, -a adj
ecclésiastique
eco nm écho m
ecología nf écologie f
ecológico, -a adj écologique
ecologista adj, nm/f écologiste
m/f
economía nf économie f; (de

empresa) situation f économique
económico, -a adj économique
economista nm/f économiste
m/f
ecu nm écu m
ecuación nf équation f
Ecuador nm équateur m; **(el) E~**
(l')Équateur
ecuánime adj (carácter) juste;
(juicio) impartial(e)
ecuatoriano, -a adj
équatorien(ne) ♦ nm/f
Équatorien(ne)
ecuestre adj équestre
eczema nm = **eccema**
edad nf âge m; **¿qué ~ tienes?**
quel âge as-tu?; **tiene ocho
años de ~** il a huit ans; **ser de
mediana ~** être d'âge mûr; **ser
de ~ avanzada** être âgé(e); **ser
mayor/menor de ~** être
majeur/mineur; **la E~ Media** le
Moyen Âge; **tercera ~** troisième
âge; **la ~ del pavo** l'âge ingrat
edición nf édition f
edificar vt édifier
edificio nm édifice m, bâtiment m
editar vt éditer; (preparar textos)
mettre en page
editor, a nm (éditeur(-trice);
(redactor) rédacteur(-trice) ♦ adj:
casa ~a maison d'édition;
editorial adj éditorial(e) ♦ nm
éditorial m ♦ nf (tb: **casa
editorial**) maison f d'édition
edredón nm couette f
educación nf éducation f; **ser
de buena/mala ~** être bien/mal
élevé(e)
educar vt éduquer
EE.UU. sigla mpl (= Estados
Unidos) EU mpl (= États-Unis)
efectista adj spectaculaire
efectivamente adv
effectivement

efectivo, -a adj effectif(-ive) ♦
nm: **en ~** (COM) en espèces;
hacer ~ un cheque encaisser
un chèque

efecto nm effet m; **~s** nmpl (tb:
~s personales) effets mpl;
(COM) actif m; **hacer** o **surtir ~**
(medida) avoir de l'effet;
(medicamento) faire de l'effet; **al** o
a tal ~ à cet effet; **en ~** en effet;
~s especiales effets spéciaux;
~s secundarios (MED) effets
secondaires; (COM) retombées fpl;
~s sonoros effets de son

efectuar vt effectuer

eficacia nf efficacité f

eficaz adj efficace

eficiente adj efficace

efusivo, -a adj expansif(-ive)

EGB sigla f (ESP: Educación General
Básica) enseignement primaire et
premier cycle de l'enseignement
secondaire

egipcio, -a adj égyptien(ne) ♦
nm/f Égyptien(ne)

Egipto nm Egypte f

egoísmo nm égoïsme m

egoísta adj, nm/f égoïste m/f

Eire nm Eire f

ej. abr (= ejemplo) ex. (= exemple)

eje nm axe m

ejecución nf exécution f

ejecutar vt exécuter

ejecutivo, -a adj exécutif(-ive) ♦
nm/f exécutif m ♦ nf comité m
exécutif

ejemplar adj exemplaire ♦ nm
(ZOOL etc) spécimen m; (de libro,
periódico) exemplaire m

ejemplo nm exemple m; **por ~**
par exemple; **dar ~** donner
l'exemple

ejercer vt exercer ♦ vi: **~ de**
exercer le métier de

ejercicio nm exercice m; **hacer**

~ prendre de l'exercice; ~
comercial exercice

ejército nm armée f; **E~ de**
Tierra/del Aire armée de terre/
de l'air

ejote (AM) nm haricot m vert

┌─────────────────────┐
│ PALABRA CLAVE │
└─────────────────────┘

el (f **la**, pl **los** o **las**) art def **1** le,
la, les; **el libro/la mesa/los**
estudiantes/las flores le
livre/la table/les étudiants/les
fleurs; **el amor/la juventud**
l'amour/la jeunesse; **me gusta el**
fútbol j'aime le football
2: romperse el brazo se casser
le bras; **levantó la mano** il leva
la main; **se puso el sombrero**
il mit son chapeau
3 (en descripción): **tener la boca**
grande/los ojos azules avoir
une grande bouche/les yeux bleus
4 (con días): **me iré el viernes**
je m'en irai vendredi; **los**
domingos suelo ir a nadar le
dimanche je vais nager
5 (en exclamación): **¡el susto**
que me diste! tu m'as fait une
de ces peurs!

♦ pron demos: **mi libro y el de**
usted mon livre et le vôtre; **las**
de Pepe son mejores celles de
Pepe sont mieux; **no la(s)**
blanca(s) sino la(s) gris(es)
pas la(es) blanche(s), la(les)
grise(s)

♦ pron rel **1**: **el/la/los/las +**
que (sujeto) celui/celle/ceux/celles
qui; (objeto) celui/celle/ceux/
celles que; **el/la que quiera**
que se vaya que celui/celle qui
le veut s'en aille; **el que sea**
n'importe qui; **llévese el que**
más le guste emportez celui
que vous préférez; **el que**

compré ayer celui que j'ai acheté hier; **la que está debajo** celle qui est dessous
2: el/la/los/las + que (con preposición) lequel/laquelle/lesquels/lesquelles; **la persona con la que hablé** la personne avec laquelle j'ai parlé
♦ conj: **el que sea tan vago me molesta** ça m'ennuie qu'il soit si paresseux

él pron pers (sujeto) il; (con preposición) lui; **para ~** pour lui; **es ~** c'est lui
elaborar vt élaborer
elasticidad nf élasticité f
elástico, -a adj, nm élastique m
elección nf élection f; (selección) choix m; (alternativa) alternative f; **elecciones** nfpl élections fpl; **elecciones generales** élections
electorado nm électorat m
electricidad nf électricité f
electricista nm/f électricien(ne)
eléctrico, -a adj/f électrique
electro... pref électro...;
electrocardiograma nm électrocardiogramme m;
electrocutar vt électrocuter;
electrocutarse vpr s'électrocuter; **electrodo** nm électrode f
electrodoméstico nm électroménager m
electrónica nf électronique f
electrónico, -a adj électronique
elefante nm éléphant m
elegancia nf élégance f
elegante adj (de buen gusto) élégant(e); (fino) raffiné(e); **estar o ir ~** être élégant(e)
elegir vt choisir; (por votación) élire

elemental adj élémentaire
elemento nm élément m; **~s** nmpl (de una ciencia) rudiments mpl; **estar en su ~** être dans son élément
elepé (pl **~s**) nm 33 tours m inv
elevación nf élévation f
elevar vt élever; **~se** vpr s'élever; **~se a** s'élever à
eligiendo etc vb ver **elegir**
elija etc vb ver **elegir**
eliminar vt éliminer
eliminatoria nf épreuve f éliminatoire; (DEPORTE) éliminatoires mpl
élite nf élite f
ella pron elle
ellas pron ver **ellos**
ello pron cela
ellos, -as pron ils (elles); (después de prep) eux (elles)
elocuencia nf éloquence f
elogiar vt louer; **elogio** nm éloge m; **hacer elogios a** o **de** faire l'éloge de
elote (AM) nm épi m de maïs
eludir vt (deber) faillir à; (responsabilidad) rejeter; (justicia) se soustraire à; (respuesta) éluder
e-mail nm e-mail m; **enviar algo por ~** envoyer qch par e-mail
emanar vi: **~ de** émaner de; (situación) découler de
emancipar vt affranchir; **~se** vpr s'émanciper; (siervo) s'affranchir
embadurnar vt: **~ (de)** badigeonner (de); **~se** vpr: **~se (de)** se badigeonner (de)
embajada nf ambassade f
embajador, a nm/f ambassadeur(-drice)
embaladura (AM) nf, **embalaje** nm emballage m
embalar vt emballer; **~se** vpr s'emballer

embalsamar vt embaumer

embalse nm réservoir m

embarazada adj f enceinte ♦ nf femme f enceinte

embarazo nm (de mujer) grossesse f

embarazoso, -a adj embarrassant(e)

embarcación nf embarcation f

embarcadero nm embarcadère m

embarcar vt embarquer; **~se** vpr s'embarquer; **~(se) en** (AM: tren, avión) monter dans

embargar vt (JUR) saisir

embargo nm (JUR) saisie f; (COM, POL) embargo m

embargue vb etc ver **embargar**

embarque vb ver **embarcar** ♦ nm embarquement m; **tarjeta/ sala de ~** carte f/salle f d'embarquement

embaucar vt enjôler

embeber vt boire; **~se** vpr: **~se en** (en libro, etc) se plonger dans

embellecer vt embellir; **~se** vpr s'embellir

embestida nf charge f;

embestir vt charger ♦ vi charger; (olas) rugir

emblema nm emblème m

embobado, -a adj bouche bée

embolia nf embolie f

émbolo nm piston m

embolsarse vpr empocher

emborrachar vt soûler; **~se** vpr se soûler

emboscada nf embuscade f

embotar vt (sentidos) émousser; (facultades) diminuer

embotellamiento nm embouteillage m

embotellar vt mettre en bouteille; **~se** vpr être embouteillé(e)

embrague nm embrayage m

embriagar vt soûler; (fig) griser; **~se** vpr se soûler

embrión nm embryon m

embrollar vt embrouiller; **~se** vpr s'embrouiller

embrollo nm enchevêtrement m; (fig: lío) beaux draps mpl

embrujado, -a adj ensorcelé(e)

embrutecer vt abrutir

embudo nm entonnoir m

embuste nm mensonge m

embustero, -a adj, nm/f menteur(-euse)

embutido nm (CULIN) charcuterie f

emergencia nf urgence f; (surgimiento) émergence f

emerger vi émerger

emigración nf (de personas) émigration f; (de pájaros) migration f

emigrante adj qui émigre ♦ nm/f émigrant(e)

emigrar vi (personas) émigrer; (pájaros) migrer

eminencia nf: **ser una ~ (en algo)** être un génie (en qch); **eminente** adj éminent(e)

emisario nm émissaire m

emisión nf émission f

emisor, a nm émetteur m ♦ nf station f d'émission

emitir vt émettre

emoción nf (excitación) excitation f; (sentimiento) émotion f

emocionante adj excitant(e); (conmovedor) émouvant(e)

emocionar vt exciter; (conmover, impresionar) émouvoir; **~se** vpr s'émouvoir

emoticón nm emoticon m, smiley m

emotivo, -a adj (escena) émouvant(e); (persona) émotif(-ive)

empadronarse vpr se faire

recenser

empalagoso, -a adj (alimento) écœurant(e); (fig: persona) mielleux(-euse); (: estilo) à l'eau de rose

empalmar vt (cable) rallonger; (carretera) rejoindre ♦ vi (dos caminos) se rejoindre; ~ **con** (tren) assurer la correspondance avec; **empalme** nm (TEC) jointure f; (de carreteras) croisement m; (de trenes) correspondance f

empanada nf sorte de chausson salé fourré de tomates, viande etc

empantanarse vpr être inondé(e); (fig) être dans une impasse

empañar vt embuer; ~**se** vpr s'embuer

empapar vt mouiller; (suj: toalla, esponja etc) absorber; ~**se** vpr: ~**se (de)** (persona) être trempé(e) (par); (esponja, comida) absorber

empapelar vt tapisser

empaquetar vt empaqueter

empastar vt plomber

empaste nm plombage m

empatar vi faire match nul; **empataron a 1** il y a eu 1 partout; **empate** nm match m nul

empecé etc, **empecemos** etc vb ver **empezar**

empedernido, -a adj invétéré(e)

empedrado, -a adj pavé(e) ♦ nm (pavimento) pavement m

empeine nm (de pie) cou-de-pied m; (de zapato) empeigne m

empellón nm coup m; **dar empellones a algn** rouer qn de coups

empeñado, -a adj (persona) endetté(e); (objeto) mis(e) en gage; ~ **en** (obstinado) déterminé(e) à

empeñar vt mettre en gage; ~**se** vpr s'endetter; ~**se en hacer** s'acharner à faire

empeño nm acharnement m; (cosa prendada) gage m; **casa de** ~**s** établissement m de prêts sur gages, mont-de-piété m; **poner** ~ **en hacer algo** mettre de l'acharnement à faire qch; **tener** ~ **en hacer algo** être déterminé(e) à faire qch

empeorar vt, vi empirer

empequeñecer vt rapetisser; (fig) banaliser

emperador nm empereur m

emperatriz nf impératrice f

empezar vt commencer ♦ vi commencer; ~ **a hacer** commencer à faire; ~ **por (hacer)** commencer par (faire)

emplece etc vb ver **empezar**

empiezo etc vb ver **empezar**

empinar vt redresser; ~**se** vpr (persona) se mettre sur la pointe des pieds; (animal) se mettre sur ses pattes de derrière

empírico, -a adj empirique

emplazamiento nm emplacement m; (JUR) citation f

emplazar vt construire; (JUR) citer à comparaître; (citar) citer

empleado, -a adj, nm/f employé(e); **le está bien** ~ c'est bien fait pour lui

emplear vt employer; ~**se** vpr: ~**se de** o **como** trouver un emploi de, se faire embaucher comme

empleo nm emploi m

empobrecer vt appauvrir; ~**se** vpr s'appauvrir

empollar vt, vi (ZOOL) couver; (ESCOL: fam) bûcher

empollón, -ona (fam) nm/f (ESCOL) bûcheur(-euse)

emporio nm centre m commercial; (AM) grand magasin m

empotrado, -a adj ver **armario**

emprender vt entreprendre

empresa nf entreprise f

empresario, -a nm/f (COM) chef m d'entreprise

empréstito nm emprunt m

empujar vt pousser; **~ a algn a hacer** pousser qn à faire; **empuje** nm poussée f; (fig) brio m

empujón nm coup m; **abrirse paso a empujones** se frayer un chemin à coups de coude

empuñar vt empoigner

emular vt imiter

PALABRA CLAVE

---

en prep **1** (posición) dans; (: sobre): **en la mesa** sur la table; (: dentro): **está en el cajón** c'est dans le tiroir; **en el periódico** dans le journal; **en el suelo** par terre; **en Argentina/Francia/ España** en Argentine/France/ Espagne; **en La Paz/París/ Londres** à La Paz/Paris/Londres; **en la oficina/el colegio** au bureau/à l'école; **en el quinto piso** au cinquième étage

2 (dirección) dans; **entró en el aula** il est entré dans la salle de classe

3 (tiempo) en; **en 1605/ invierno** en 1605/hiver; **en el mes de enero** au mois de janvier; **en aquella ocasión/ época** à cette occasion/époque; **en tres semanas** dans trois semaines; **en la mañana** (AM) le matin

4 (manera): **en avión/autobús** en avion/autobus; **viajar en tren**

voyager en train; **escrito en inglés** écrit en anglais

5 (forma): **en espiral** en spirale; **en punta** pointu

6 (tema, ocupación): **experto en la materia** expert en la matière; **trabaja en la construcción** il travaille dans la construction

7 (precio) pour; **lo vendió en 20 dólares** il l'a vendu pour 20 dollars

8 (diferencia): **reducir/ aumentar en una tercera parte/en un 20 por ciento** diminuer/augmenter d'un tiers/de 20 pour cent

9 (después de vb que indica gastar etc) en; **se le va la mitad del sueldo en comida** il dépense la moitié de son salaire en nourriture

10 (adj + en + infin): **lento en reaccionar** lent à réagir; **¡en marcha!** en route!

---

enaguas (AM) nfpl combinaison f

enajenación nf aliénation f; (tb: **~ mental**) aliénation (mentale)

enajenar vt aliéner; (fig) déranger

enamorado, -a adj, nm/f amoureux(-euse); **estar ~ (de)** être amoureux(-euse) (de)

enamorar vt rendre amoureux(-euse); **~se** vpr: **~se (de)** tomber amoureux(-euse) (de)

enano, -a adj nain(e) ♦ nm/f nain(e)

enardecer vt (incitar) inciter; (entusiasmar) enflammer; **~se** vpr (excitarse) s'enhardir; (exaltarse) s'enflammer

encabezamiento nm en-tête m; (de periódico) titre m

encabezar vt (movimiento) prendre la tête de; (lista) être en

tête de; (*carta, libro*) commencer
encadenar *vt* enchaîner;
(*bicicleta*) attacher
encajar *vt* encastrer, emboîter;
(*fam: golpe*) envoyer; (*: broma,
mala noticia*) encaisser ♦ *vi*
s'encastrer, s'emboîter; **~se** *vpr*
(*mecanismo*) se coincer; (*un
sombrero*) mettre; **~ con** (*fig*)
cadrer avec
encaje *nm* encastrement *m*
encalar *vt* blanchir à la chaux
encallar *vi* (*NÁUT*) échouer
encaminar *vt*: **~ (a)** diriger
(vers); **~se** *vpr*: **~se a** *o* **hacia** se
diriger vers
encantado, -a *adj* enchanté(e);
¡~! enchanté(e)!; **estar ~ con
algn/algo** être charmé(e) par
qn/qch
encantador, a *adj, nm/f*
charmeur(-euse)
encantar *vt* enchanter; **me
encantan los animales** j'adore
les animaux; **le encanta
esquiar** il adore skier; **encanto**
nm (*atractivo*) charme *m*; **como
por encanto** comme par
enchantement
encarcelar *vt* emprisonner
encarecer *vt* augmenter le prix
de ♦ *vi* augmenter; **~se** *vpr*
augmenter
encarecimiento *nm*
renchérissement *m*
encargado, -a *adj* chargé(e) ♦
nm/f (*gerente*) gérant(e);
(*responsable*) responsable *m/f*
encargar *vt* charger; **~se** *vpr*:
~se de se charger de; **~ a algn
que haga algo** charger qn de
faire qch
encargo *nm* requête *f*; (*COM*)
commande *f*
encariñarse *vpr*: **~ con** se

prendre d'affection pour
encarnizado, -a *adj* (*lucha*)
sanglant(e)
encasillar *vt* (*TEATRO*) attribuer
une place à; (*pey*) caser
encauzar *vt* diriger; (*fig*) orienter
encendedor (*esp AM*) *nm* briquet
m
encender *vt* allumer; **~se** *vpr*
s'allumer
encendido, -a *adj* allumé(e) ♦
nm allumage *m*
encerado *nm* (*ESCOL*) tableau *m*
encerar *vt* (*suelo*) cirer
encerrar *vt* (*persona, animal*)
enfermer; (*libros, documentos*)
serrer; (*fig*) renfermer; **~se** *vpr*
s'enfermer
encharcar *vt* détremper; **~se**
vpr être inondé(e)
enchufado, -a (*fam*) *nm/f*
pistonné(e)
enchufar *vt* (*ELEC*) brancher; (*TEC*)
assembler; (*fam: persona*)
pistonner; **enchufe** *nm* (*ELEC:
clavija*) prise *f* mâle; (*: toma*) prise
femelle; (*TEC*) jointure *f*; (*fam:
recomendación*) piston *m*; (*:
puesto*) poste obtenu par
piston
encía *nf* gencive *f*
enciclopedia *nf* encyclopédie *f*
encienda *etc vb ver* **encender**
encierro *etc vb ver* **encerrar** ♦ *nm*
retraite *f*; (*TAUR*) lâcher des
taureaux dans les rues avant une
corrida
encima *adv* (*en la parte de arriba*)
en haut; (*además*) en plus; **~ de**
(*sobre*) sur; (*además de*) en plus
de; **por ~ de** plus haut que;
leer/mirar algo por ~ lire/
regarder qch distraitement;
¿llevas dinero ~? as-tu de
l'argent sur toi?; **se me vino ~** il

est venu me voir à l'improviste; ~
mío/nuestro etc (esp CSUR: fam)
au-dessus de moi/nous etc
encina nf chêne m vert
encinta adj f enceinte
enclenque adj malingre
encoger vt (ropa) rétrécir;
(piernas) étendre; (músculos)
bander ♦ vi rétrécir; ~**se** vpr
rétrécir; (fig) être intimidé(e); ~
de hombros hausser les épaules
encolar vt recoller
encolerizar vt mettre en colère;
~**se** vpr se mettre en colère
encomendar vt remettre; ~**se**
vpr: ~**se a** s'en remettre à
encomiar vt faire l'éloge de
encomienda vb ver
encomendar ♦ nf (AM) colis m;
~ **postal** colis postal
encontrado, -a adj opposé(e)
encontrar vt trouver; ~**se** vpr
(reunirse) se retrouver; (estar)
trouver; (sentirse) se sentir; ~
con algn/algo tomber sur qn/
qch; ~**se bien (de salud)** aller
bien
encrespar vt faire moutonner;
~**se** vpr se mettre en colère
encrucijada nf croisement m
encuadernación nf reliure f
encuadrar vt encadrer; (FOTO)
cadrer
encubrir vt cacher; (JUR) couvrir
encuentro vb ver **encontrar** ♦
nm rencontre f; **ir/salir al** ~ **de**
algn aller/sortir à la rencontre de
qn
encuesta nf sondage m;
(investigación) enquête f; ~ **de**
opinión sondage d'opinion; ~
judicial enquête judiciaire
endeble adj (argumento)
mauvais(e); (persona) faible
endémico, -a adj endémique

endemoniado, -a adj
démoniaque; (fig: travieso)
vicieux(-euse)
enderezar vt redresser; ~**se** vpr
se redresser
endeudarse vpr s'endetter
endiablado, -a adj (hum: genio,
carácter) espiègle; (: problema)
diabolique; (: tiempo) de chien
endiñar (fam) vt refiler
endosar vt endosser; ~ **algo a**
algn (fam) refiler qch à qn
endulzar vt (café) sucrer; (salsa,
fig) adoucir; ~**se** vpr (ver vt)
sucrer; adoucir, s'adoucir
endurecer vt durcir; (fig:
persona) endurcir; ~**se** vpr (ver vt)
se durcir; s'endurcir
enema nm lavement m
enemigo, -a adj, nm/f ennemi(e)
enemistad nf aversion f
enemistar vt séparer; ~**se** vpr:
~**se (con)** se fâcher (avec)
energía nf énergie f; ~
atómica/nuclear/solar
énergie atomique/nucléaire/solaire
enérgico, -a adj énergique
energúmeno, -a nm/f
énergumène m/f
enero nm janvier m; ver tb **julio**
enfadado, -a adj en colère
enfadar vt fâcher; ~**se** vpr se
fâcher
enfado nm colère f
énfasis nm emphase f; **con** ~
avec emphase; **poner** ~ **en**
mettre l'accent sur
enfático, -a adj emphatique
enfermar vi tomber malade; ~**se**
vpr (esp AM) tomber malade
enfermedad nf maladie f
enfermería nf infirmerie f
enfermero, -a nm/f
infirmier(-ère); **enfermera jefa**
infirmière en chef

enfermizo, -a adj maladif(-ive)
enfermo, -a adj malade ♦ nm/f
malade m/f; (en hospital)
patient(e); **caer** o **ponerse ~**
tomber malade
enflaquecer vt faire maigrir ♦ vi
maigrir
enfocar vt (luz, foco) diriger;
(persona, objeto) diriger le
projecteur sur; (FOTO) faire la mise
au point sur; (fig: problema)
envisager
enfoque vb ver enfocar ♦ nm
(FOTO) objectif m; (fig) point m de
vue
enfrentar vt (peligro) affronter;
(contendientes) confronter; **~se**
vpr s'affronter; (dos equipos) se
rencontrer; **~se a** o **con**
(problema) se trouver face à;
(enemigo) faire face à
enfrente adv en face; **~ de**
devant; **la casa de ~** la maison
d'en face; **~ mío/nuestro** etc
(esp CSUR: fam) devant moi/nous
etc
enfriamiento nm
rafraîchissement m; (MED)
refroidissement m
enfriar vt (algo caliente, amistad)
refroidir; (habitación) rafraîchir;
~se vpr se refroidir; (habitación)
se rafraîchir; (MED) prendre froid
enfurecer vt rendre
furieux(-euse); **~se** vpr devenir
furieux(-euse); (mar) se déchaîner
engalanar vt (persona) habiller;
(ciudad, calle) décorer; **~se** vpr
bien s'habiller
enganchar vt (persona, dos
vagones) accrocher; (teléfono,
electricidad) mettre; (fam: persona)
mettre le grappin sur; (pez) ferrer;
~se vpr (MIL) s'engager; **~se
(en)** (ropa) s'accrocher (à); **se le**

**enganchó la falda en el
clavo** elle a accroché sa jupe au
clou
enganche nm (TEC) crochet m;
(FERRO) accrochage m; (MÉX: COM)
dépôt m
engañar vt tromper; (estafar)
escroquer; **~se** vpr se tromper
engaño nm (mentira) mensonge
m; (trampa) piège m; (estafa)
escroquerie f; **estar en** o
padecer un ~ être trompé(e)
engañoso, -a adj
trompeur(-euse)
engarzar vt (joya) sertir; (cuentas)
enfiler
engatusar (fam) vt enjôler
engendrar vt procréer; (fig)
engendrer; (trampa) piège m; (estafa)
engendro (pey) nm
monstre m; (novela, cuadro etc)
monstruosité f
englobar vt englober
engordar vt faire grossir ♦ vi
grossir
engorroso, -a adj
empoisonnant(e)
engranaje nm engrenage m
engrandecer vt (ennoblecer)
ennoblir
engrasar vt graisser
engreído, -a adj suffisant(e)
engrosar vt (manuscrito) grossir;
(muro) épaissir; (capital, filas)
augmenter ♦ vi grossir
enhebrar vt enfiler
enhorabuena nf: **dar la ~ a**
algn féliciter qn; **¡~!** félicitations!
enigma nm énigme f
enjabonar vt savonner; **~se** vpr
se savonner; **~se la barba/las
manos** se savonner la barbe/les
mains
enjambre nm essaim m; (fig)
meute f
enjaular vt mettre en taule; (fam:

persona) mettre en tôle

enjuagar *vt* rincer; **~se** *vpr* se rincer

enjuague *vb ver* **enjuagar**

enjugar *vt* éponger; (*lágrimas*) essuyer; **~se** *vpr*: **~se el sudor** s'éponger; **~se las lágrimas** essuyer ses larmes

enjuiciar *vt* (JUR) instruire; (*opinar sobre*) juger

enjuto, -a *adj* décharné(e)

enlace *vb ver* **enlazar ♦** *nm* (*relación*) lien *m*; (tb: **~ matrimonial**) union *f*; (*de trenes*) liaison *f*; **~ policial** contact *m*; **~ sindical** délégué(e) syndical(e)

enlatado, -a *adj* (*comida*) en conserve

enlazar *vt* attacher; (*conceptos, organizaciones*) faire le lien entre; (AM) prendre au lasso **♦** *vi*: **~ con** faire le lien avec

enlodar *vt* tacher de boue

enloquecer *vt* rendre fou (folle) **♦** *vi* devenir fou (folle); **me enloquece el chocolate** (*fig*) je raffole du chocolat

enlutado, -a *adj* en deuil

enmarañar *vt* emmêler; (*fig*) embrouiller; **~se** *vpr* s'embrouiller

enmarcar *vt* encadrer

enmascarar *vt* masquer; **~se** *vpr* se mettre un masque

enmendar *vt* (*escrito*) modifier; (*constitución, ley*) amender; (*comportamiento*) améliorer; **~se** *vpr* (*persona*) s'améliorer

enmienda *vb ver* **enmendar ♦** *nf* amendement *m*

enmohecerse *vpr* (*metal*) s'oxyder; (*muro, plantas, alimentos*) moisir

enmudecer *vi* rester muet(te)

ennegrecer *vt* noircir; **~se** *vpr* (se) noircir

ennoblecer *vt* faire honneur à

enojar *vt* mettre en colère; (*disgustar*) contrarier; **~se** *vpr* (*ver vt*) se mettre en colère; être contrarié(e)

enojoso, -a *adj* ennuyeux(-euse)

enorgullecer *vt* enorgueillir; **~se** *vpr* s'enorgueillir

enorme *adj* énorme;

enormidad *f* énormité *f*

enrarecido, -a *adj* raréfié(e)

enredadera *nf* plante *f* grimpante

enredar *vt* emmêler; (*fig*: *asunto*) embrouiller **♦** *vi* (*molestar*) faire des bêtises; (*trastear*) tripoter; **~se** *vpr* s'emmêler; (*fig*) s'embrouiller; **~ a algn en** (*fig*: *implicar*) mêler qn à; **~se en** se prendre dans; (*fig*) se mêler à

enredo *nm* nœud *m*; (*fig*: *lío*) pétrin *m*

enrejado *nm* grille *f*

enrevesado, -a *adj* épineux(-euse)

enriquecer *vt* enrichir **♦** *vi* s'enrichir; **~se** *vpr* s'enrichir

enrojecer *vt, vi* rougir; **~se** *vpr* rougir

enrolar *vt* enrôler; **~se** *vpr* s'enrôler

enrollar *vt* enrouler; **~se** *vpr* (*fam*: *al hablar*) s'éterniser

enroscar *vt* (*tornillo, tuerca*) visser; **~se** *vpr* (*serpiente*) se lover; (*planta*) se vriller

ensalada *nf* salade *f*;

ensaladilla *nf* (tb: **ensaladilla rusa**) salade *f* russe

ensalzar *vt* encenser

ensamblaje *nm* assemblage *m*; (TEC) joint *m*

ensanchar *vt* élargir; **~se** *vpr* s'élargir; (*fig*: *persona*) se rengorger; **ensanche** *nm*

élargissement *m*; (*zona*) terrain *m* à lotir

ensangrentar *vt* ensanglanter

ensañarse *vpr*: ~ **con** tourmenter

ensartar *vt* enfiler

ensayar *vt* essayer; (*TEATRO*) répéter ♦ *vi* répéter

ensayo *nm* essai *m*; (*TEATRO, MÚS*) répétition *f*; (*ESCOL*) dissertation *f*; ~ **general** répétition générale

enseguida *adv* = **en seguida**

ensenada *nf* crique *f*

enseñanza *nf* enseignement *m*; ~ **primaria/media/superior** enseignement primaire/ secondaire/supérieur

enseñar *vt* enseigner; (*mostrar*) montrer; (*señalar*) signaler; ~ **a algn a hacer** montrer à qn comment faire

enseres *nmpl* effets *mpl*; (*útiles*) matériel *msg*

ensillar *vt* seller

ensimismarse *vpr* s'absorber; ~ **en** s'absorber dans

ensombrecer *vt* assombrir; ~**se** *vpr* (*fig: rostro*) s'assombrir

ensortijado, -a *adj* (*pelo*) frisé(e)

ensuciar *vt* salir; ~**se** *vpr* se salir

ensueño *nm* rêve *m*; (*fantasía*) illusion *f*; **de** ~ de rêve

entablar *vt* (*AJEDREZ, DAMAS*) disposer; (*conversación, lucha*) engager; (*pleito, negociaciones*) entamer

entablillar *vt* mettre une attelle à

entallar *vt* (*traje*) ajuster

ente *nm* entité *f*; (*ser*) être *m*

entender *vt, vi* comprendre; ~**se** *vpr* (*a sí mismo*) se comprendre; (*2 personas*) s'entendre; ~ **de** s'y entendre en; ~ **algo de** avoir quelques notions de; ~ **por** entendre par; **dar a** ~ **que ...**

donner à entendre que ...; ~**se bien/mal (con algn)** s'entendre bien/mal (avec qn)

entendido, -a *adj* (*experto*) compétent(e); (*informado*) informé(e) ♦ *nm/f* connaisseur(-euse) ♦ *excl* entendu!; ~

entendimiento *nm* entente *f*; (*inteligencia*) entendement *m*

enterado, -a *adj* informé(e); **estar** ~ **de** être au courant de

enteramente *adv* entièrement

enterarse *vpr*: ~ **(de)** apprendre

entereza *nf* droiture *f*; (*fortaleza*) courage *m*; (*integridad*) intégrité *f*; (*firmeza*) fermeté *f*

enternecer *vt* attendrir; ~**se** *vpr* s'attendrir

entero, -a *adj* (*íntegro*) au complet; (*no roto, fig*) entier(-ère); (*COM*) point *m*; (*AM*) versement *m*; (*ARG*) bleu *m* de travail; **por** ~ entièrement

enterrador *nm* fossoyeur *m*

enterrar *vt* enterrer

entibiar *vt* tiédir; ~**se** *vpr* tiédir

entidad *nf* (*empresa*) entreprise *f*; (*organismo, FILOS*) entité *f*; (*sociedad*) société *f*

entienda *etc vb ver* **entender**

entierro *vb ver* **enterrar** ♦ *nm* enterrement *m*

entonación *nf* intonation *f*

entonar *vt* entonner; (*colores*) harmoniser; (*MED*) fortifier ♦ *vi* (*al cantar*) donner le ton; ~**se** *vpr* (*MED*) se fortifier; ~ **con** (*colores*) se marier bien avec

entonces *adv* alors; **desde** ~ depuis; **en aquel** ~ en ce temps-là; **(pues)** ~ (et) alors

entornar *vt* (*puerta, ventana*) entrebâiller; (*los ojos*) garder mi-clos

entorno *nm* environnement *m*

entorpecer *vt* gêner; (*mente, persona*) abrutir

entrada *nf* entrée *f*; (*ingreso, COM*) recette *f*; **~s** *nfpl* (*COM*) recettes *fpl*; **~s y salidas** (*COM*) recettes et dépenses; **~ de aire** (*TEC*) entrée d'air; **de ~** d'entrée

entrado, -a *adj*: **~ en años** d'un âge avancé; **(una vez) ~ el verano** l'été venu

entramparse *vpr* s'endetter

entrante *adj* prochain(e) ♦ *nm* encaissement *m*; (*CULIN*) entrée *f*

entrañable *adj* (*amigo*) cher(-ère); (*trato*) cordial(e)

entrañas *nfpl* entrailles *fpl*; **sin ~** (*fig*) sans merci

entrar *vt* mettre; (*INFORM*) entrer ♦ *vi* entrer; (*caber: anillo, zapato*) aller; (: *tornillo, personas*) rentrer; (*en profesión etc*) entrer; **me entró sueño/frío** j'ai eu sommeil/froid; **~ en acción** entrer en action; (*entrar en funcionamiento*) commencer à fonctionner; **no me entra** je ne saisis pas; **~ a** (*AM*) entrer dans

entre *prep* (*dos cosas*) entre; (*más de dos cosas*) parmi; **lo haremos ~ todos** nous le ferons tous ensemble; **~ más estudia, más aprende** (*esp AM: fam*) plus il étudie, plus il apprend

entreabrir *vt* entrouvrir

entrecejo *nm*: **fruncir el ~** froncer les sourcils

entrecortado, -a *adj* entrecoupé(e)

entrega *nf* (*de mercancías*) livraison *f*; (*de premios*) remise *f*; (*de novela, serial*) épisode *m*

entregar *vt* livrer; (*dar*) remettre; **~se** *vpr* se livrer; **~se a** (*al trabajo*) se consacrer à; (*al vicio*) se livrer à

entrelazar *vt* entrelacer

entremeses *nmpl* entrées *fpl*

entremeterse *vpr* = **entrometerse**

entremetido, -a *adj* = **entrometido**

entremezclar *vt* mélanger; **~se** *vpr* se mélanger

entrenador, a *nm/f* entraîneur(-euse)

entrenar *vt* entraîner ♦ *vi* (*DEPORTE*) s'entraîner; **~se** *vpr* s'entraîner

entreplerna *nf* entrejambes *msg*

entresacar *vt* (*árboles*) déboiser; (*pelo*) dégraissir

entresuelo *nm* entresol *m*

entretanto *adv* entre-temps

entretener *vt* amuser; (*retrasar*) retenir; (*distraer*) distraire; (*fig*) entretenir; **~se** *vpr* s'amuser; (*retrasarse*) s'attarder; (*distraerse*) se distraire

entretenido, -a *adj* amusant(e); **entretenimiento** *nm* distraction *f*

entrever *vt* entrevoir

entrevista *nf* entrevue *f*; (*para periódico, TV*) interview *f*; **entrevistar** *vt* interviewer; **entrevistarse** *vpr*: **entrevistarse (con)** avoir une entrevue (avec)

entristecer *vt* attrister; **~se** *vpr* s'attrister

entrometerse *vpr*: **~ (en)** se mêler de

entrometido, -a *adj, nm/f* indiscret(-ète)

entumecer *vt* engourdir; **~se** *vpr* s'engourdir

entumecido, -a *adj* engourdi(e)

enturbiar *vt* (*agua*) troubler; (*alegría*) gâter; **~se** *vpr* (*ver vt*) se troubler; retomber

entusiasmar vt enthousiasmer;
~**se** vpr: ~**se (con** o **por)**
s'enthousiasmer (pour)
entusiasmo nm: ~ **(por)**
enthousiasme m (pour); **con** ~
avec enthousiasme
entusiasta adj, nm/f
enthousiaste m/f; ~ **de**
enthousiaste de
enumerar vt énumérer
enunciación nf énonciation f
enunciado nm énoncé m
envainar vt rengainer
envalentonar (pey) vt stimuler;
~**se** vpr se vanter
envanecer vt monter à la tête;
~**se** vpr: ~**se de hacer/de
haber hecho** se vanter de faire/
d'avoir fait
envasar vt conditionner
envase nm (recipiente) récipient
m; (botella) bouteille f; (lata) boîte
f de conserve; (bolsa) poche f;
(acción) conditionnement m
envejecer vt, vi vieillir
envenenar vt empoisonner
envergadura nf envergure f
envés nm envers m
enviar vt envoyer; ~ **a algn a
hacer** envoyer qn faire
enviciarse vpr: ~ **(con)**
s'intoxiquer (avec)
envidia nf envie f; (celos) jalousie
f; **envidiar** vt envier; (tener celos
de) jalouser
envío nm envoi m
enviudar vi devenir veuf (veuve)
envoltorio nm paquet m
envolver vt envelopper;
(enemigo) encercler; ~**se** vpr: ~**se
en** s'envelopper dans; ~ **a algn
en** (implicar) impliquer qn dans
envuelto etc, **envuelva** etc vb
ver **envolver**
enyesar vt plâtrer

enzarzarse vpr: ~ **en** se mêler à
épica nf poésie f épique
épico, -a adj épique
epidemia nf épidémie f
epilepsia nf épilepsie f
epílogo nm épilogue m
episodio nm épisode m
epístola nf lettre f
época nf époque f; **hacer** ~ faire
époque
equilibrar vt équilibrer;
equilibrio nm équilibre m;
**mantener/perder el
equilibrio** garder/perdre
l'équilibre; **equilibrista** nm/f
équilibriste m/f
equipaje nm bagages mpl;
hacer el ~ faire ses bagages; ~
de mano bagages à main
equipar vt: ~ **(con** o **de)** équiper
(de)
equiparar vt: ~ **algo/a algn a** o
con (igualar) mettre qch/qn sur
un pied d'égalité avec; (comparar)
comparer qch/qn à; ~**se** vpr: ~**se
con** se comparer à
equipo nm (grupo, DEPORTE) équipe
f; (instrumentos) matériel m,
équipement m; **trabajo en** ~
travail m d'équipe
equis nf (letra) X, x m inv
equitación nf équitation f
equitativo, -a adj équitable
equivalente adj équivalent(e) ♦
nm équivalent m
equivaler vi: ~ **a (hacer)**
équivaloir à (faire)
equivocación nf erreur f
equivocado, -a adj (decisión,
camino) mauvais(e)
equivocarse vpr se tromper; ~
de camino/número se tromper
de chemin/numéro
equívoco, -a adj équivoque ♦
nm (ambigüedad) ambiguïté f;

(*malentendido*) quiproquo *m*

era *vb ver* **ser** ♦ *nf* ère *f*

erais *vb ver* **ser**

éramos *vb ver* **ser**

eran *vb ver* **ser**

erario *nm* biens *mpl*

eras *vb ver* **ser**

erección *nf* érection *f*

eres *vb ver* **ser**

erguir *vt* (*alzar*) lever; (*poner derecho*) redresser; **~se** *vpr* se redresser

erigir *vt* ériger; **~se** *vpr*: **~se en** s'ériger en

erizarse *vpr* se hérisser

erizo *nm* hérisson *m*; (*tb*: **~ de mar**) oursin *m*

ermita *nf* ermitage *m*

ermitaño, -a *nm/f* ermite *m/f*

erosión *nf* érosion *f*

erosionar *vt* éroder

erótico, -a *adj* érotique; **erotismo** *nm* érotisme *m*

erradicar *vt* éradiquer

errar *vi* errer; (*equivocarse*) se tromper ♦ *vt*: **~ el camino** s'égarer; **~ el tiro** manquer son coup

errata *nf* errata *m inv*

erróneo, -a *adj* erroné(e)

error *nm* erreur *f*; **estar en un ~** être dans l'erreur; **~ de imprenta** erreur d'impression; **~ judicial** erreur judiciaire

eructar *vi* roter

erudito, -a *adj, nm/f* érudit(e); **los ~s en esta materia** les experts en la matière

erupción *nf* éruption *f*

es *vb ver* **ser**

esa *adj demos ver* **ese**

ésa *pron ver* **ése**

esbelto, -a *adj* svelte

esbozo *nm* ébauche *f*

escabeche *nm* escabèche *f*; **en**

~ à l'escabèche

escabroso, -a *adj* (*accidentado*) accidenté(e); (*fig: complicado*) épineux(-euse); (: *atrevido*) scabreux(-euse)

escabullirse *vpr* s'esquiver; (*de entre los dedos*) filer

escafandra *nf* (*tb*: **~ autónoma**) scaphandre *m* (autonome); **~ espacial** scaphandre spatial

escala *nf* échelle *f*; (*tb*: **~ de cuerda**) échelle de corde; (*AVIAT, NÁUT*) escale *f*; **en gran/pequeña** à grande/petite échelle; **hacer ~ en** faire escale à; **~ móvil** échelle mobile

escalafón *nm* (*en empresa*) échelle *f* des salaires; (*en organismo público*) échelons *mpl* de solde

escalar *vt* escalader; (*fig*) monter ♦ *vi* faire de l'escalade; (*fig*) monter en grade

escalera *nf* escalier *m*; (*tb*: **~ de mano**) marchepied *m*; (*NAIPES*) suite *f*; **~ de caracol/de incendios** escalier en colimaçon/de secours; **~ de tijera** escabeau *m*; **~ mecánica** escalier roulant

escalfar *vt* pocher

escalinata *nf* perron *m*

escalofriante *adj* d'horreur

escalofrío *nm* frisson *m*; **~s** *nmpl* (*fig*) frissons *mpl*; **dar o producir ~s a algn** donner des frissons à qn

escalón *nm* marche *f*; (*de escalera de mano, fig*) échelon *m*

escalope *nm* escalope *f*

escama *nf* écaille *f*; (*de jabón*) paillette *f*

escamar *vt* (*producir recelo*) rendre soupçonneux(-euse)

escamotear *vt* (*sueldo*) subtiliser

escampar vi se dégager

escandalizar vt scandaliser

escándalo nm scandale m

escandaloso, -a adj
scandaleux(-euse); (niño)
turbulent(e)

escandinavo, -a adj scandinave
♦ nm/f Scandinave m/f

escaneo nm scannage m

escaño nm siège m

escapar vi: ~ **(de)** (de encierro)
s'échapper (de); (de peligro)
échapper à; (DEPORTE) faire une
échappée; **~se** vpr: **~se (de)**
s'échapper (de); (agua, gas) fuir;
se le escapó el secreto il a
vendu la mèche; **se le escapó
la risa** un rire lui a échappé

escaparate nm vitrine f

escape nm (de agua, gas) fuite f;
(tb: **tubo de ~**) pot m
d'échappement

escarabajo nm scarabée m

escaramuza nf escarmouche f

escarbar vt ratisser ♦ vi fouiller;
~ **en** (en asunto) démêler

escarceos nmpl (fig) écarts mpl;
~ **amorosos** ébats mpl
amoureux

escarcha nf rosée f

escarchado, -a adj glacé(e)

escarlata adj écarlate;

escarlatina nf scarlatine f

escarmentar vt punir ♦ vi
comprendre la leçon

escarmiento vb ver

escarmentar ♦ nm punition f;
(aviso) leçon f

escarnio nm raillerie f; (insulto)
quolibet m

escarola nf scarole f

escarpado, -a adj escarpé(e)

escasear vi être rare

escasez nf (falta) manque m;
(pobreza) misère f

escaso, -a adj faible;
(posibilidades) compté(e);
(recursos) insuffisant(e); **estar ~
de algo** être à cours de qch

escatimar vt (sueldo, tela) lésiner
sur; (elogios, esfuerzos) ménager

escayola nf plâtre m

escena nf scène f; **poner en ~**
mettre en scène

escenario nm scène f;
escenografía nf scénographie f

escepticismo nm scepticisme m

escéptico, -a adj, nm/f
sceptique m/f

escisión nf (de partido) scission f

esclarecer vt éclaircir

esclavitud nf esclavage m

esclavizar vt asservir

esclavo, -a adj, nm/f esclave m/f

esclusa nf écluse f

escoba nf balai m

escobilla nf (esp AM) brosse f

escocer vi brûler; **~se** vpr
s'irriter; **me escuece mucho la
herida** ma blessure me brûle

escocés, -esa adj écossais(e) ♦
nm/f Écossais(e)

Escocia nf Écosse f

escoger vt choisir

escogido, -a adj choisi(e)

escolar adj, nm/f scolaire m/f

escollo nm écueil m

escolta nf escorte f; **escoltar** vt
escorter

escombros nmpl décombres mpl

esconder vt cacher; **~se** vpr se
cacher

escondidas nfpl (AM) cache-
cache m inv; **a escondidas** en
cachette; **escondite** nm
cachette f; (juego) cache-cache m
inv; **escondrijo** nm cachette f

escopeta nf fusil m; **~ de aire
comprimido** fusil à air comprimé

escoria nf (fig) lie f

Escorpio nm (ASTROL) Scorpion m; **ser** ~ être (du) Scorpion

escorpión nm scorpion m

escotado, -a adj décolleté(e)

escote nm décolleté m; **pagar a** ~ payer son écot

escotilla nf (NÁUT) écoutille f

escozor nm cuisson f

escribible adj enregistrable

escribir vt, vi écrire; ~**se** vpr s'écrire; ~ **a máquina** taper à la machine; **¿cómo se escribe?** comment ça s'écrit?

escrito, -a pp de **escribir** ♦ adj écrit(e) ♦ nm (documento) écrit m; (manifiesto) manifeste m; **por** ~ par écrit

escritor, a nm/f écrivain m/f

escritorio nm (mueble) secrétaire m; (oficina) bureau m

escritura nf écriture f; (JUR) écrit m

escrúpulo nm: **me da** ~ **(hacer)** j'ai des scrupules (à faire); ~**s** nmpl (dudas) scrupules mpl

escrupuloso, -a adj scrupuleux(-euse); (aprensivo) maniaque

escrutar vt scruter; (votos) dépouiller le scrutin

escrutinio nm examen m attentif; (de votos) scrutin m

escuadra nf équerre f; (MIL) escouade f; (NÁUT) escadre f;

escuadrilla nf escadrille f

escuadrón nm escadron m

escuálido, -a adj efflanqué(e)

escuchar vt écouter ♦ vi écouter

escudo nm bouclier m; (insignia) écusson m

escuela nf école f; ~ **de arquitectura/Bellas Artes/ idiomas** école d'architecture/des Beaux Arts/de langues; ~ **normal** école normale

escueto, -a adj (estilo) dépouillé(e); (explicación) concis(e)

escuincle (MÉX: fam) nm gosse m

esculpir vt sculpter

escultor, a nm/f sculpteur m;

escultura nf sculpture f

escupidera nf crachoir m; (orinal) pot m de chambre

escupir vt, vi cracher

escurreplatos nm inv égouttoir m

escurridizo, -a adj glissant(e)

escurridor nm essoreuse f

escurrir vt (ropa) essorer; (verduras) égoutter; (platos) laisser s'égoutter; (líquidos) verser la dernière goutte de ♦ vi (ropa, botella) goutter; (líquidos) couler; ~**se** vpr (líquido) s'écouler; (ropa, platos) s'égoutter; (resbalarse) glisser; (escaparse) s'esquiver

ese, esa, esos, esas adj (demostrativo: sg) ce (cette); (: pl) ces

ése, ésa, ésos, ésas pron (sg) celui-là (celle-là); (pl) ceux-là (celles-là); ~ ... **éste** ... celui-ci ... celui-là ...

esencia nf essence f; (de doctrina) essentiel m; **esencial** adj essentiel(le)

esfera nf sphère f; (de reloj) cadran m

esférico, -a adj sphérique

esforzarse vpr s'efforcer; ~ **hacer** s'efforcer de faire

esfuerzo vb ver **esforzarse** ♦ nm effort m; **hacer un** ~ **(para hacer)** faire un effort (pour faire); **con/sin** ~ avec/sans effort

esfumarse vpr (persona) s'évanouir dans la nature; (esperanzas) partir en fumée

esgrima nf escrime f

esgrimir vt (arma) manier; (argumento) déployer

esguince nm entorse f

eslabón nm maillon m

eslavo, -a adj slave ♦ nm/f Slave m/f ♦ nm (LING) langue f slave

eslip nm slip m

eslovaco, -a adj slovaque ♦ nm/f Slovaque m/f ♦ nm (LING) slovaque m

Eslovaquia nf Slovaquie f

esmaltar vt émailler

esmalte nm émail m; **esmalte de uñas** vernis m à ongles

esmerado, -a adj soigné(e)

esmeralda nf émeraude f

esmerarse vpr: ~ (en) se donner du mal (pour)

esmero nm soin m; **con** ~ avec soin

esnob adj inv, nm/f snob m/f;

esnobismo nm snobisme m

eso pron ce, cela; ~ **de su coche** cette histoire avec sa voiture; **el** ~ **de ir al cine** cette histoire d'aller au cinéma; **a** ~ **de las cinco** vers cinq heures; **por** ~ c'est pour ça; ~ **es** c'est cela; ~ **mismo** cela-même; **y** ~ **que llovía** pourtant il pleuvait!

esos adj demos ver **ese**

ésos pron ver **ése**

espabilar vt = **despabilar**

espacial adj spatial(e)

espaciar vt espacer

espacio nm espace m; **el** ~ l'espace; ~ **aéreo/exterior** espace aérien/extérieur

espacioso, -a adj spacieux(-euse)

espada nf épée f; ~**s** nfpl (NAIPES) l'une des quatre couleurs du jeu de cartes espagnol

espaguetis nmpl spaghettis mpl

espalda nf dos msg; **a** ~**s de** algn dans le dos de qn; **estar de** ~**s** être de dos; **por la** ~ (atacar) par derrière; (disparar) dans le dos; **tenderse de** ~**s** s'allonger sur le dos; **volver la** ~ **a algn** tourner le dos à qn

espantajo nm,

espantapájaros nm inv épouvantail m

espantar vt (persona) effrayer; (animal) faire fuir; ~**se** vpr s'effrayer; (ahuyentar) déguerpir; (fig) se dissiper

espanto nm frayeur f; (terror) panique f

espantoso, -a adj effrayant(e); (fam: desmesurado) terrible; (: feísimo) repoussant(e)

España nf Espagne f

español, -a adj espagnol(e) ♦ nm/f Espagnol(e) ♦ nm (LING) espagnol m

esparadrapo nm sparadrap m

esparcimiento nm (fig) divertissement m

esparcir vt (objetos) éparpiller; (semillas) semer; (líquido, noticia) répandre; ~**se** vpr s'éparpiller; (noticia) se répandre

espárrago nm asperge f

esparto nm alfa m

espasmo nm spasme m

espátula nf spatule f

especia nf condiment m

especial adj spécial(e);

especialidad nf spécialité f; (ESCOL) spécialisation f

especialista nm/f spécialiste m/f

especialmente adv spécialement

especie nf espèce f; **una** ~ **de** une espèce de; **pagar en** ~ payer en espèces

especificar vt spécifier

específico, -a adj spécifique

espécimen (*pl* **especímenes**) *nm* spécimen *m*; (*muestra*) échantillon *m*

espectáculo *nm* spectacle *m*

espectador, a *nm/f* spectateur(-trice); (*de incidente*) badaud *m*; **los ~es** (*TEATRO*) les spectateurs

espectro *nm* spectre *m*

especular *vi* (*meditar*): **~ sobre** spéculer sur; **~ (en)** (*COM*) spéculer (en)

espejismo *nm* mirage *m*

espejo *nm* miroir *m*; **mirarse en ~** se regarder dans la glace; **~ retrovisor** rétroviseur *m*

espeluznante *adj* à faire dresser les cheveux sur la tête

espera *nf* attente *f*; **a la** o **en ~ de** dans l'attente de

esperanza *nf* espoir *m*; **hay pocas ~s de que venga** il y a peu de chances pour qu'il vienne; **~ de vida** espérance *f* de vie

esperar *vt* attendre; (*desear, confiar*) espérer ♦ *vi* attendre; **~ un bebé** attendre un enfant; **es de ~ que** il faut espérer que

esperma *nm* sperme *m*

espesar *vt* épaissir; **~se** *vpr* s'épaissir

espeso, -a *adj* épais(se); **espesor** *nm* épaisseur *f*; (*densidad*) densité *f*

espía *nm/f* espion(ne); **espiar** *vt* espionner ♦ *vi*: **espiar para** être un espion à la solde de

espiga *nf* épi *m*

espigón *nm* (*BOT*) piquant *m*; (*NÁUT*) digue *f*

espina *nf* (*BOT*) épine *f*; (*de pez*) arête *f*; **~ dorsal** épine dorsale

espinaca *nf* (*BOT*) épinard *m*; **~s** (*CULIN*) épinards *mpl*

espinazo *nm* épine *f* dorsale

espinilla *nf* (*ANAT*) tibia *m*; (*MED*) point *m* noir

espinoso, -a *adj* épineux(euse)

espionaje *nm* espionnage *m*

espiral *adj* en spirale ♦ *nf* spirale *f*; (*anticonceptivo*) stérilet *m*

espirar *vt, vi* expirer

espíritu *nm* esprit *m*; **~ de cuerpo/de equipo** esprit de corps/d'équipe; **~ de lucha** naturel *m* bagarreur; **E~ Santo** Saint-Esprit *m*; **espiritual** *adj* spirituel(le)

espita *nf* robinet *m*

espléndido, -a *adj* splendide; (*generoso*) généreux(-euse)

esplendor *nm* splendeur *f*

espolear *vt* (*fig: persona*) tanner

espoleta *nf* goupille *f*

espolón *nm* (*de ave*) ergot *m*; (*malecón*) jetée *f*

espolvorear *vt* saupoudrer

esponja *nf* éponge *f*; **~ de baño** éponge de toilette

esponjoso, -a *adj* spongieux(-euse); (*bizcocho*) imbibé(e)

esponsorización *nf* sponsoring *m*

espontaneidad *nf* spontanéité *f*

espontáneo, -a *adj* spontané(e)

esposar *vt* passer les menottes à

esposo, -a *nm/f* époux(-ouse); **esposas** *nfpl* (*para detenidos*) menottes *fpl*

espray *nm* aérosol *m*

espuela *nf* éperon *m*

espuma *nf* mousse *f*; (*sobre olas*) écume *f*; **~ de afeitar** mousse à raser

espumadera *nf* écumoire *f*

espumoso, -a *adj* moussant(e)

esqueleto *nm* squelette *m*

esquema *nm* schéma *m*; (*guión*) plan *m*

esquí (pl **~s**) nm ski m; **~ acuático** ski nautique; **esquiar** vi skier

esquilar vt tondre

esquimal adj esquimau(de) ♦ nm/f Esquimau(de)

esquina nf coin m; **doblar la ~** tourner au coin de la rue

esquinazo nm: **dar ~ a algn** planter là qn

esquirol nm briseur m de grève

esquivar vt esquiver

esquivo, -a adj (huraño) asocial(e); (desdeñoso) dédaigneux(-euse)

esta adj ver **este²**

está vb ver **estar**

ésta pron ver **éste**

estabilidad nf stabilité f; **estable** adj stable

establecer vt établir; **~se** vpr s'établir; **establecimiento** nm établissement m

establo nm étable f

estaca nf (palo) piquet m; (con punta) pieu m

estación nf gare f; (del año) saison f; **~ de autobuses** gare routière; **~ de radio** station d'émission; **~ de servicio** station-service f; **~ meteorológica** station météorologique

estacionamiento nm stationnement m

estacionar vt (AUT) garer; **~se** vpr (AUT) se garer; (MED) se stabiliser

estacionario, -a adj (estado) stationnaire; (mercado) calme

estadio nm stade m

estadista nm homme m d'Etat

estadística nf statistique f

estado nm état m; **el E~** l'Etat; **estar en ~ (de buena esperanza)** attendre un heureux événement; **~ civil** état civil; **~ de ánimo** état d'âme; **~ de cuenta(s)** relevé m de compte; **~ de emergencia** o **excepción** état d'urgence; **~ de sitio** état de siège; **~ mayor** (MIL) état-major m; **E~s Unidos** Etats-Unis

estadounidense adj américain(e) ♦ nm/f Américain(e)

estafa nf escroquerie f; **estafar** vt escroquer; **les estafaron 8 millones** ils les ont escroqués de 8 millions

estafeta nf bureau m de poste

estáis vb ver **estar**

estallar vi (bomba) exploser; **estallido** nm explosion f; (fig: de guerra) déclenchement m

estampa nf estampe f; (porte) allure f

estampado, -a adj imprimé(e) ♦ nm (dibujo) imprimé m

estampar vt imprimer

estampida (esp AM) nf débandade f

estampido nm détonation f

están vb ver **estar**

estancado, -a adj stagnant(e)

estancar vt stagner; **~se** vpr stagner; (fig: progreso) piétiner; (persona): **~se en** s'enliser dans

estancia nf séjour m; (sala) salle f; (AM) ferme d'élevage;

estanciero (AM) nm (AGR) éleveur m

estanco nm bureau m de tabac

Estanco

L'estanco est l'équivalent espagnol du bureau de tabac : on y achète cigarettes, tabac, timbres et timbres fiscaux. On trouve également des cigarettes et du *tabac dans les bars et les "quioscos", mais ils y sont généralement vendus plus chers.*

estándar *adj* normal(e); *(medio)* standard ♦ *nm* standard *m*;
estandarizar *vt* standardiser;
estandarizarse *vpr* se standardiser
estandarte *nm* étendard *m*
estanque *vb ver* **estancar** ♦ *nm* bassin *m*
estanquero, -a *nm/f* buraliste *m/f*
estante *nm (de mueble)* rayonnage *m*; *(adosado)* étagère *f*; *(AM: soporte)* étai *m*; **estantería** *nf* rayonnage *m*
estaño *nm* étain *m*

PALABRA CLAVE
---

estar *vi* **1** *(posición)* être; **está en la Plaza Mayor** il est sur la Plaza Mayor; **¿está Juan?** (est-ce que) Juan est là?; **estamos a 30 km de Junín** nous sommes à 30 km de Junín

2 *(+ adj o adv: estado)* être; **estar enfermo** être malade; **estar lejos** être loin; **está muy elegante** il est très élégant; **¿cómo estás?** comment vas-tu?; *ver tb* **bien**

3 *(+ gerundio)* être en train de; **estoy leyendo** je suis en train de lire

4 *(uso pasivo)*: **está condenado a muerte** il est condamné à mort; **está envasado en ...** c'est enveloppé dans ...

5 *(tiempo)*: **estamos en octubre/1994** nous sommes en octobre/1994

6 *(estar listo)*: **¿está la comida?**

le repas est prêt?; **¿estará para mañana?** ce sera prêt pour demain?; **ya está** ça y est

7 *(sentar)* aller; **el traje le está bien** le costume lui va bien

8: estar a *(con fechas)*: **¿a cuántos estamos?** nous sommes le combien?; **estamos a 5 de mayo** nous sommes le 5 mai; *(con precios)*: **las manzanas están a 1,50 €** les pommes sont à 1,50 €; *(con grados)*: **estamos a 25°** il fait 25°

9: estar de *(ocupación)*: **estar de vacaciones/viaje** être en vacances/voyage; *(trabajo)*: **está de camarero** il travaille comme garçon de café

10: estar en *(consistir)* résider dans

11: estar para *(a punto de)*: **está para salir** il est prêt à sortir; *(con humor de)*: **no estoy para bromas** je ne suis pas d'humeur à plaisanter

12: estar por *(a favor de)* être pour; **estoy por dejarlo** je suis pour le laisser tomber; *(sin hacer)*: **está por limpiar** ça reste à nettoyer

13: estar que: **¡está que trina!** il en est fumasse!

14: estar sin: **estar sin dinero** ne pas avoir d'argent; **la casa está sin terminar** la maison n'est pas finie

15 *(locuciones)*: **¡ya estuvo!** *(AM: fam)* ça suffit!; **¿estamos?** *(¿de acuerdo?)* d'accord?; **¡ya está bien!** bon, ça va!

estarse *vpr*: **se estuvo en la cama toda la tarde** il est resté au lit tout l'après-midi

estas *adj demos ver* **este**

éstas pron ver **éste**

estatal adj (política) gouvernemental(e); (enseñanza) public(-ique)

estático, -a adj statique

estatua nf statue f

estatura nf stature f

estatuto nm statut m

este[1] adj, nm est m

este[2]**, esta, estos, estas** adj (demostrativo: sg) ce (cette); (: pl) ces ♦ excl (AM: fam: esto) euh!

esté vb ver **estar**

éste, ésta, éstos, éstas pron (sg) celui-ci (celle-ci); (pl) ceux-ci (celles-ci); **ése ... ~ ...** celui-ci ... celui-là ...

estén vb ver **estar**

estepa nf steppe f

estera nf sparterie f

estéreo adj inv, nm stéréo f; **estereotipo** (pey) nm stéréotype m

estéril adj stérile

esterilizar vt stériliser

esterlina adj: **libra ~** livre f sterling

estés vb ver **estar**

estética nf esthétique f

estético, -a adj esthétique

estibador nm docker m

estiércol nm fumier m

estilarse vpr être en vogue

estilo nm style m; (NATACIÓN) nage f; **por el ~** de ce genre

estima nf estime f; **le tiene en mucha ~** il a beaucoup d'estime pour lui

estimación nf (valoración) estimation f; (estima) estime f

estimar vt estimer; **~ algo en** (valorar) estimer qch à

estimulante adj stimulant(e) ♦ nm stimulant m

estimular vt stimuler

estímulo nm stimulation f

estipulación nf stipulation f; **estipular** vt stipuler

estirado, -a adj tendu(e); (engreído) infatué(e)

estirar vt étirer; (brazo, pierna) tendre; (fig: dinero) faire durer ♦ vi tirer; **~se** vpr s'étirer; **~ las piernas** (fig) se dégourdir les jambes

estirón nm étirement m; **dar** o **pegar un ~** pousser comme une asperge

estirpe nf souche f

estival adj estival(e)

esto pron cela, ça, c' ♦ excl (fam) euh!; **~ de la boda** cette affaire de la noce; **por ~** c'est pour ça

Estocolmo n Stockolm

estofado, -a adj cuit(e) à l'étouffée ♦ nm estouffade f

estofar vt cuire à l'étouffée

estómago nm estomac m

estorbar vt gêner ♦ vi gêner; **estorbo** nm gêne f

estornudar vi éternuer

estos adj ver **este**[2]

éstos pron ver **éste**

estoy vb ver **estar**

estrado nm estrade f

estrafalario, -a adj extravagant(e)

estrago nm: **hacer** o **causar ~s en** faire des ravages parmi

estragón nm estragon m

estrambótico, -a adj extravagant(e)

estrangular vt étrangler

Estrasburgo n Strasbourg

estratagema nf stratagème m

estrategia nf stratégie f

estratégico, -a adj stratégique

estrato nm strate f; **~ social** couche f sociale

estrechamente adv (íntimamente) étroitement; (pobremente) à l'étroit

estrechar vt rétrécir; (persona) serrer; (lazos de amistad) resserrer; **~se** vpr se rétrécir; (dos personas) se rapprocher; **~ la mano** serrer la main

estrechez nf étroitesse f; **estrecheces** nfpl (apuros) difficultés fpl financières

estrecho, -a adj étroit(e); (amistad) intime ♦ nm détroit m; **~ de miras** borné(e); **estar/ir muy ~s** être très serrés

estrella nf étoile f; (CINE etc) star f; **ver las ~s** (fam) voir trente-six chandelles; **~ de mar** étoile de mer; **~ fugaz** étoile filante

estrellado, -a adj en forme d'étoile; (cielo) étoilé(e)

estrellar vt briser en mille morceaux; (huevos) faire cuire au le plat; **~se** vpr se briser en mille morceaux; (coche) s'écraser; (fracasar) échouer

estremecer vt bouleverser; (suj: miedo, frío) faire frissonner; **~se** vpr frissonner; (edificio) trembler; **~se de** frissonner de; **estremecimiento** nm frisson m

estrenar vt (vestido) étrenner; (casa) pendre la crémaillère; (película, obra de teatro) donner la première de; **~se** vpr: **~se como** (persona) faire ses débuts de; **estreno** nm inauguration f; (CINE, TEATRO) première f

estreñido, -a adj constipé(e)

estreñimiento nm constipation f

estrépito nm fracas msg

estrepitoso, -a adj (caída) spectaculaire; (gritos) perçant(e);

(fracaso, victoria) fracassant(e); **aplausos ~s** un tonnerre d'applaudissements

estrés nm stress m

estría nf (en tronco) strie f; (columna) striure f; **~s** (en la piel) vergetures fpl

estribación nf (GEO, frec pl) contrefort m

estribar vi: **~ en** reposer sur

estribillo nm refrain m

estribo nm (de jinete) étrier m; (de tren) marchepied m; (de puente, cordillera) contrefort m; **perder los ~s** (fig) monter sur ses grands chevaux

estribor nm (NÁUT) tribord m

estricto, -a adj strict(e)

estridente adj (color) criard(e); (voz) strident(e)

estropajo nm lavette f

estropear vt (material) abîmer; (máquina, coche) casser; (planes) détruire; (cosecha) gâter; (persona) ravager; **~se** vpr tomber en panne; (envejecer) vieillir

estructura nf structure f

estruendo nm vacarme m

estrujar vt (limón) presser; (bayeta, papel) tordre; (persona) serrer; **~se** vpr (personas) se serrer

estuario nm estuaire m

estuche nm trousse f

estudiante nm/f étudiant(e);
estudiantil adj estudiantin(e)

estudiar vt étudier; (carrera) faire des études de ♦ vi étudier

estudio nm étude f; (piso) atelier m; (RADIO, TV etc: local) studio m; **~s** nmpl études fpl

estudioso, -a adj studieux(-euse) ♦ nm/f: **~ de** spécialiste m/f de

estufa nf radiateur m

estupefaciente adj stupéfiant(e)

♦ nm stupéfiant m
estupefacto, -a adj: **quedarse ~** être stupéfait(e); **me dejó ~** il m'a laissé stupéfait; **me miró ~** il m'a regardé avec stupéfaction
estupendo, -a adj formidable; **¡~!** super!
estupidez nf stupidité f
estúpido, -a adj stupide
estupor nm stupeur f
estuve etc vb ver **estar**
esvástica nf croix f gammée
ETA sigla f (POL) (= Euskadi Ta Askatasuna) ETA m
etapa nf étape f; **por ~s** par étapes
etarra adj, nm/f membre m/f de l'ETA
etc. abr (= etcétera) etc. (= et c(a)etera)
etcétera adv et cetera
eternidad nf éternité f
eterno, -a adj éternel(le); (fam: larguísimo) à n'en plus finir
ética nf éthique f; **~ profesional** éthique professionnelle
ético, -a adj éthique
Etiopía nf Éthiopie f
etiqueta nf étiquette f; **traje de ~** tenue f de soirée
étnico, -a adj ethnique
Eucaristía nf Eucharistie f
eufemismo nm euphémisme m
euforia nf euphorie f
euro nm (moneda) euro m
eurodiputado, -a nm/f député(e) européen(ne)
Europa nf Europe f
europeo, -a adj européen(ne) ♦ nm/f Européen(ne)
Euskadi nm pays m basque
euskera nm basque m
eutanasia nf euthanasie f
evacuación nf évacuation f
evadir vt éviter; (impuesto)

frauder; **~se** vpr s'évader
evaluar vt (valorar) évaluer; (calificar) noter
evangelio nm Évangile m
evaporar vt faire évaporer; **~se** vpr s'évaporer; (fam: persona) se volatiliser
evasión nf évasion f; **de ~** (novela, película) d'évasion; **~ de capitales** évasion des capitaux
evasiva nf réponse f évasive
evasivo, -a adj évasif(-ive)
evento nm événement m
eventual adj (circunstancias) éventuel(le); (trabajo) temporaire
evidencia nf évidence f; **poner en ~** (a algn) tourner en ridicule; (algo) mettre en évidence
evidenciar vt rendre évident(e); **evidenciarse** vpr être manifeste
evidente adj évident(e)
evitar vt éviter; **~ hacer** éviter de faire
evocar vt évoquer
evolución nf évolution f;
evolucionar vi évoluer
ex prep ex; **el ~ ministro** l'ex-ministre
exacerbar vt exacerber; (persona) exaspérer
exactamente adv exactement
exactitud nf exactitude f; (fidelidad) fidélité f
exacto, -a adj exact(e); **¡~!** exactement!
exageración nf exagération f;
exagerar vt, vi exagérer
exaltado, -a adj, nm/f exalté(e)
exaltar vt exalter; **~se** vpr s'exalter
examen nm examen m; **~ de conducir** épreuve f de conduite; **~ de ingreso** examen d'entrée
examinar vt examiner; (ESCOL) faire passer un examen à; **~se**

vpr: **~se (de)** passer un examen (de)

exasperar *vt* exaspérer; **~se** *vpr* s'irriter

Exc.ª *abr* = **Excelencia**

excavador, a *nm/f (persona)* mineur ♦ *nf (TEC)* excavateur *m*, excavatrice *f*

excavar *vt, vi* excaver

excedencia *nf:* **estar en ~** être en congé sabbatique; **pedir** *o* **solicitar la ~** demander *o* solliciter un congé sabbatique

excedente *adj (producto, dinero)* excédentaire; *(funcionario)* en disponibilité ♦ *nm* excédent *m;* **~ de cupo** exempté *m* de service militaire

exceder *vt* surpasser; **~se** *vpr* dépasser; **~se en gastos** faire trop de dépenses; **~se en sus funciones** outrepasser ses pouvoirs

excelencia *nf* excellence *f;* **E~** *(tratamiento)* Excellence; **por ~** par excellence; **excelente** *adj* excellent(e)

excentricidad *nf* excentricité *f*

excéntrico, -a *adj, nm/f* excentrique *m/f*

excepción *nf:* **ser/hacer una ~** être/faire une exception; **a** *o* **con ~ de** à l'exception de; **sin ~** sans exception; **excepcional** *adj* exceptionnel(le)

excepto *adv* excepté

exceptuar *vt* excepter

excesivo, -a *adj* excessif(-ive)

exceso *nm* excès *msg;* (COM) excédent *m;* **~s** *nmpl (desórdenes)* excès *mpl;* **con** *o* **en ~** à l'excès; **~ de equipaje/peso** excédent de bagages/poids; **~ de velocidad** excès de vitesse

excitación *nf* excitation *f*

excitar *vt* exciter; **~se** *vpr* s'exciter

exclamación *nf* exclamation *f;* **exclamar** *vt, vi* s'exclamer

excluir *vt (descartar)* exclure; *(no incluir):* **~ (de)** exclure (de);

exclusión *nf* exclusion *f;* **con exclusión de** à l'exclusion de

exclusiva *nf* exclusivité *f;* **modelo en ~** modèle *m* exclusif

exclusivo, -a *adj* exclusif(-ive); **derecho ~** droit *m* exclusif

Excmo. *abr* = *(Excelentísimo)* titre de courtoisie

excomulgar *vt* excommunier

excomunión *nf* excommunication *f*

excursión *nf (por el campo)* randonnée *f; (viaje)* excursion *f;* **ir de ~** faire une excursion; **excursionista** *nm/f (por campo)* randonneur(-euse)

excusa *nf* excuse *f*

excusar *vt* excuser; **~se** *vpr* s'excuser; **~ (de hacer)** *(eximir)* excuser (de faire)

exhalar *vt* exhaler

exhaustivo, -a *adj* exhaustif(-ive)

exhausto, -a *adj* épuisé(e)

exhibición *nf* exhibition *f*

exhibir *vt* exhiber; **~se** *vpr* s'exhiber

exhortar *vt:* **~ a** exhorter à

exigencia *nf* exigence *f;* **~s del trabajo/de la situación** exigences du travail/de la situation; **exigente** *adj* exigeant(e)

exigir *vt (reclamar)* exiger; *(necesitar)* demander ♦ *vi* être exigeant(e)

exiliado, -a *adj, nm/f* exilé(e)

exilio *nm* exil *m*

eximir *vt:* **~ a algn (de)**

exempter qn (de)

existencia nf existence f; **~s** nfpl (artículos) stock m; **en ~** (COM) en stock

existir vi exister

éxito nm succès m; **tener ~** avoir du succès

exonerar vt: **~ de** (de cargo) destituer de; (de obligación) dispenser de

exorbitante adj exorbitant(e)

exorcizar vt exorciser

exótico, -a adj exotique

expandirse vpr se dilater; se répandre

expansión nf expansion f; (diversión) distraction f; **~ económica** expansion économique

expansivo, -a adj (onda) de propagation; (carácter) expansif(-ive)

expatriarse vpr s'expatrier

expectativa nf expectative f; (perspectiva) perspective f

expedición nf expédition f

expediente nm (JUR: procedimiento) procédure f; (: papeles) démarches fpl; (ESCOL: tb: **~ académico**) dossier m scolaire; **abrir/formar ~ a algn** ouvrir un dossier au nom de qn/ instruire le dossier de qn

expedir vt (carta, mercancías) expédier; (documento) délivrer

expendedor, a nm/f vendeur(-euse) ♦ nm (tb: **~ automático**) guichet m automatique; **~ de cigarrillos** distributeur m de cigarettes

expensas nfpl (JUR) frais mpl; **a ~ de** aux frais de

experiencia nf expérience f

experimentado, -a adj expérimenté(e)

experimentar vt (en laboratorio) expérimenter; (deterioro, aumento) connaître; (sensación) ressentir; **experimento** nm expérience f

experto, -a adj, nm/f expert(e)

expiar vt expier

expirar vi expirer

explanada nf esplanade f

explayarse vpr s'étendre; **~ con algn** se confier à qn

explicación nf explication f; **explicar** vt expliquer; **explicarse** vpr s'expliquer; **explicarse algo** s'expliquer qch

explícito, -a adj explicite

explique etc vb ver **explicar**

explorador, a nm/f explorateur(-trice); (MIL) éclaireur(-euse)

explorar vt explorer

explosión nf explosion f

explosivo, -a adj explosif(-ive) ♦ nm explosif m

explotación nf exploitation f

explotar vt exploiter ♦ vi exploser

exponer vt exposer; **~se** vpr: **~se a (hacer) algo** s'exposer à (faire) qch

exportación nf exportation f; **exportar** vt exporter

exposición nf exposition f; **E~ Universal** exposition universelle

exprés adj inv (café) express

expresamente adv (decir) expressément; (ir) exprès

expresar vt exprimer; **~se** vpr s'exprimer; **expresión** nf expression f

expresivo, -a adj (vivo) expressif(-ive); (cariñoso) expansif(-ive)

expreso, -a adj (explícito) exprès(-esse); (claro) explicite; (tren) express ♦ nm (FERRO) express m

exprimidor nm presse-citrons msg

exprimir vt presser

expropiar vt exproprier

expuesto, -a pp de **exponer** ♦ adj exposé(e)

expulsar vt expulser; (humo) cracher; **expulsión** nf expulsion f; (de humo) émission f

exquisito, -a adj exquis(e)

éxtasis nm extase f

extender vt étendre; (mantequilla, pintura) étaler; (certificado, documento) délivrer; (cheque, recibo) établir; **~se** vpr s'étendre

extendido, -a adj étendu(e); (costumbre, creencia) répandu(e)

extensión nf étendue f; (TELEC) poste m; **por ~** par extension

extenso, -a adj étendu(e)

extenuar vt exténuer

exterior adj extérieur(e) ♦ nm extérieur m; (países extranjeros) étranger m; **al ~** à l'extérieur; **en el ~** en extérieur

exterminar vt exterminer; **exterminio** nm extermination f

externo, -a adj externe; (culto) extérieur(e) ♦ nm/f externe m/f; **de uso ~** (MED) à usage externe

extinguir vt (fuego) éteindre; (raza) provoquer l'extinction de; **~se** vpr s'éteindre

extinto, -a adj disparu(e)

extintor nm (tb: **~ de incendios**) extincteur m

extirpar vt (mal) déraciner; (MED) extirper

extorsión nf extorsion f; (molestia) gêne f

extra adj inv (tiempo, paga) supplémentaire; (chocolate) extra; (calidad) super ♦ nm/f (CINE) figurant(e) ♦ nm (bono) bonus m inv; (de menú, cuenta) supplément m

extracción nf extraction f

extracomunitario, -a adj extracommunautaire

extracto nm résumé m; (de café, hierbas) extrait m

extradición nf extradition f

extraer vt extraire

extraescolar adj: **actividad ~** activité f extrascolaire

extralimitarse vpr: **~ (en)** dépasser les limites (de)

extranjero, -a adj, nm/f étranger(-ère) ♦ nm étranger m; **en el ~** à l'étranger

extrañar vt étonner; (AM: echar de menos) regretter; (algo nuevo) ne pas reconnaître; **~se** vpr: **~se (de)** s'étonner (de); **te extraño mucho** tu me manques beaucoup

extrañeza nf (rareza) singularité f; (asombro) étonnement m

extraño, -a adj étranger(-ère); (raro) bizarre ♦ nm/f étranger(-ère); **... lo que por ~ que parezca** ... ce qui, aussi bizarre que cela puisse paraître

extraordinario, -a adj extraordinaire; (edición) spécial(e) ♦ nm (de periódico) numéro m spécial; **horas extraordinarias** heures fpl supplémentaires

extrarradio nm banlieue f

extravagancia nf extravagance f; **extravagante** adj extravagant(e)

extraviar vt (objeto) égarer; **~se** vpr s'égarer; **extravío** nm objet m perdu

extremar vt pousser à l'extrême

extremaunción nf extrême-onction f

extremeño, -a adj d'Estrémadure

extremidad nf extrémité f; **~es** nfpl (ANAT) extrémités fpl

extremo, -a *adj* extrême ♦ *nm*
(*punta*) extrémité *f*; (*fig*) extrême
m; **en último ~** en dernière
extrémité; **E~ Oriente** Extrême-
Orient *m*

extrovertido, -a *adj, nm/f*
extraverti(e)

exuberancia *nf* exubérance *f*;
exuberante *adj* exubérant(e)

eyacular *vi* éjaculer

F, f

fa *nm* fa *m*

fábrica *nf* usine *f*; **de ~** (ARQ) en
brique; **marca/precio de ~**
marque *f*/prix *m* de fabrique

fabricación *nf* fabrication *f*; **de
~ casera** fait(e) maison; **~ en
serie** fabrication en série

fabricante *nm/f* fabricant(e)

fabricar *vt* fabriquer

fábula *nf* (*tb* chisme, mentira)
fable *f*

fabuloso, -a *adj* fabuleux(-euse)

facción *nf* (POL) faction *f*;
facciones *nfpl* (*del rostro*) traits
mpl

faceta *nf* facette *f*

facha (fam) *adj, nm/f* (pey) facho
m/f ♦ *nf* (aspecto) aspect *m*; **estar
hecho una ~** ressembler à un
épouvantail

fachada *nf* façade *f*

fácil *adj* facile; **es ~ que venga**
il est probable qu'il vienne

facilidad *nf* facilité *f*; **~es** *nfpl*
(*condiciones favorables*) facilités *fpl*;
~ de palabra facilité d'élocution

facilitar *vt* faciliter; (*proporcionar*)
fournir

fácilmente *adv* facilement

facsímil *nm* fac-similé *m*

factible *adj* faisable

factor *nm* facteur *m*

factoría *nf* (*fábrica*) fabrique *f*

factura *nf* facture *f*

facturación *nf* (COM) facturation
f; **~ de equipajes**
enregistrement *m* des bagages

facturar *vt* (COM) facturer;
(*equipaje*) enregistrer

facultad *nf* faculté *f*

faena *nf* tâche *f*; **~s
domésticas** tâches *fpl*
domestiques; **hacerle una ~ a
algn** (fam) ficher la frousse à qn

faisán *nm* faisan *m*

faja *nf* (*para la cintura*) ceinture *f*;
(*de mujer*) gaine *f*; (*de tierra, libro
etc*) bande *f*

fajo *nm* liasse *f*

falacia *nf* fausseté *f*

falda *nf* jupe *f*; (GEO) versant *m*; **~
pantalón** jupe-culotte *f*

falla *nf* (GEO) faille *f*

fallar *vt* (JUR) prononcer ♦ *vi*
échouer; (*cuerda, rama*) céder;
(*motor*) tomber en panne; (*frenos*)
lâcher; **le falló la memoria** il a
eu un trou de mémoire; **le ~on
las piernas** les jambes lui ont
manqué; **sin ~** sans faute

Fallas

Les *Fallas* ou *fêtes de la Saint-
Joseph*, en l'honneur du saint
patron de la ville, ont lieu chaque
année à Valence, la semaine du
19 mars. Le terme *fallas* désigne
les grandes figures en papier
mâché et en bois, à l'effigie
d'hommes politiques et de
personnalités connues, qui sont
réalisées pendant l'année par les
différentes équipes en
compétition. Ces figures sont
ensuite examinées par un jury et
brûlées dans des feux de joie.

Seules les meilleures échappent aux flammes.

fallecer vi décéder;
fallecimiento nm décès m
fallido, -a adj avorté(e)
fallo nm (JUR) jugement m;
(defecto, INFORM) défaut m; (error)
erreur f; **~ cardíaco** crise f
cardiaque
falsedad nf fausseté f; (mentira)
mensonge m
falsificar vt falsifier
falso, -a adj faux (fausse);
declarar en ~ faire une fausse
déclaration
falta nf (carencia) manque m;
(defecto, en comportamiento)
défaut m; (ausencia) absence f; (en
examen, ejercicio, DEPORTE) faute f;
echar en ~ (persona, clima)
regretter; (escasear) se
faire rare; **faltan 2 horas para
llegar** il reste encore 2 heures
avant que l'on arrive; **¡no faltaba
o ~ía más!** (naturalmente) mais
comment donc!; (¡ni hablar!) pas
question!
falto, -a adj: **está ~ de** il (elle)
manque de
fama nf (celebridad) célébrité f;
(reputación) réputation f; **tener ~
de** avoir la réputation de
famélico, -a adj famélique
familia nf famille f
familiar adj familial(e); (conocido,
informal) familier(-ère) ♦ nm/f
parent(e); **familiaridad** nf

familiarité f; **familiaridades** nfpl
(pey) familiarités fpl
familiarizarse vpr: **~ con** se
familiariser avec
famoso, -a adj célèbre
fanático, -a adj, nm/f fanatique
m/f; **ser un ~ de** être un
fanatique de; **fanatismo** nm
fanatisme m
fanfarrón, -ona adj, nm/f
fanfaron(ne)
fango nm fange f
fangoso, -a adj fangeux(-euse);
(consistencia) visqueux(-euse)
fantasía nf fantaisie f; **~s** nfpl
(ilusiones) illusions fpl; **joyas de
~** bijoux nmpl fantaisie
fantasma nm fantôme m
fantástico, -a adj fantastique
farmacéutico, -a adj
pharmaceutique ♦ nm/f
pharmacien(ne)
farmacia nf pharmacie f; **~ de
guardia** pharmacie de garde
fármaco nm médicament m
faro nm (NÁUT, AUTO) phare m; **~s
antiniebla/delanteros/
traseros** feux mpl
antibrouillard/avant/arrière
farol nm lanterne f; **echarse** o
tirarse un ~ (fam) frimer
farola nf réverbère m
farsa nf farce f; **¡es una ~!** (fig)
quelle farce!
farsante nm/f farceur(-euse)
fascículo nm fascicule m
fascinar vt fasciner
fascismo nm fascisme m
fascista adj, nm/f fasciste m/f
fase nf phase f
fastidiar vt (molestar) ennuyer;
(estropear) gâcher; **~se** vpr
prendre sur soi
fastidio nm ennui m; **¡qué ~!**
c'est trop bête!

fastidioso, -a *adj* fastidieux(-euse)

fastuoso, -a *adj* fastueux(-euse)

fatal *adj* fatal(e); *(fam: malo)* dur(e) ♦ *adv* très mal; **fatalidad** *nf* fatalité *f*

fatiga *nf* fatigue *f*

fatigar *vt* fatiguer; **~se** *vpr* se fatiguer

fatigoso, -a *adj (tarea)* pénible; *(respiración)* difficile

favor *nm* faveur *f*; **haga el ~ de ...** faites-moi le plaisir de ...; **por ~** s'il vous plaît; **a ~ de** en faveur de; **favorable** *adj* favorable; **ser favorable a algo** être favorable à qch

favorecer *vt* favoriser; *(suj: vestido, peinado)* avantager

favorito, -a *adj*, *nm/f* favori(te)

fax *nm* fax *m*

fe *nf* foi *f*; **de buena/mala ~** de bonne/mauvaise foi; **dar ~ de** faire foi de; **tener ~ en algo/algn** avoir foi en qch/qn; **~ de bautismo/de vida** certificat *m* de baptême/de vie

fealdad *nf* laideur *f*

febrero *nm* février *m*; *ver tb* **julio**

febril *adj* fiévreux(-euse); *(fig)* fébrile

fecha *nf* date *f*; **en ~ próxima** prochainement; **hasta la ~** jusqu'à aujourd'hui; **~ de caducidad** *(de alimentos)* date limite de consommation; **~ de nacimiento** date de naissance; **~ límite** *o* **tope** date limite; **fechar** *vt* dater

fecundar *vt* féconder

fecundo, -a *adj (mujer, fig)* fécond(e); *(tierra)* fertile

federación *nf* fédération *f*

federal *adj* fédéral(e)

felicidad *nf* bonheur *m*; *(dicha)*

felicité *f*; **~es** tous mes *etc* vœux

felicitación *nf (enhorabuena)* vœux *mpl*; *(tarjeta)* carte *f* de vœux

felicitar *vt*: **~ (por)** féliciter (pour); **me felicitó por mi cumpleaños** il me souhaita un bon anniversaire

feligrés, -esa *nm/f* fidèle *m/f*

feliz *adj* heureux(-euse)

felpudo *nm* paillasson *m*

femenino, -a *adj* féminin(e); *(ZOOL, BIO)* femelle ♦ *nm (LING)* féminin *m*

feminista *adj*, *nm/f* féministe *m/f*

fenomenal *adj (fam: enorme)* phénoménal(e); *(: estupendo)* sensationnel(le) ♦ *adv* vachement bien

fenómeno *nm* phénomène *m* ♦ *adv*: **lo pasamos ~** on s'est vachement bien amusé ♦ *excl* super!

feo, -a *adj* laid(e); **esto se está poniendo ~** ça va mal tourner

féretro *nm* cercueil *m*

feria *nf* foire *f*; *(AM: mercado de pueblo)* marché *m*; *(MÉX: cambio)* monnaie *f*; **~s** *nfpl (fiestas)* fêtes *fpl*

fermentar *vi* fermenter

ferocidad *nf* férocité *f*

feroz *adj* féroce

férreo, -a *adj* ferreux(-euse); *(fig)* de fer

ferretería *nf* ferronnerie *f*

ferrocarril *nm* chemin *m* de fer

ferroviario, -a *adj* ferroviaire

fértil *adj (tierra, fig)* fertile; *(persona)* fécond(e)

ferviente *adj* fervent(e)

fervor *nm* ferveur *f*

fervoroso, -a *adj* = **ferviente**

festejar *vt* fêter; **festejo** *nm* fête *f*; **festejos** *nmpl (fiestas)* festivités *fpl*

festín *nm* festin *m*

festival *nm* festival *m*

festividad *nf* festivité *f*

festivo, -a *adj* festif(-ive); (*alegre*) joyeux(-euse); **día ~** jour *m* de fête

fétido, -a *adj* fétide

feto *nm* fœtus *msg*

fiable *adj* (*persona*) digne de confiance; (*máquina*) fiable; (*criterio, versión*) valable

fiador, a *nm/f* garant(e)

fiambre *adj* (*CULIN*) froid(e) ♦ *nm* (*CULIN*) charcuterie *f*

fianza *nf* caution *f*; **libertad bajo ~** (*JUR*) liberté *f* sous caution

fiar *vt* vendre à crédit ♦ *vi* vendre à crédit; **~se** *vpr*: **~se de algn/ algo** avoir confiance en qn/qch; **es de ~** on peut se fier à lui

fibra *nf* fibre *f*; **~ de vidrio** fibre de verre; **~ óptica** (*INFORM*) fibre optique

ficción *nf* fiction *f*; **literatura/ obra de ~** littérature *f*/œuvre *f* de fiction

ficha *nf* fiche *f*; (*en juegos, casino*) jeton *m*; **fichar** *vt* ficher; (*DEPORTE*) recruter; (*fig*) classer; (*trabajador*) pointer; **estar fichado** être fiché; **fichero** *nm* fichier *m*

ficticio, -a *adj* (*imaginario*) fictif(-ive); (*falso*) simulé(e)

fidelidad *nf* fidélité *f*; **alta ~** haute fidélité

fideos *nmpl* vermicelles *mpl*

fiebre *nf* fièvre *f*; **tener ~** avoir de la fièvre; **~ amarilla** fièvre jaune; **~ del heno** rhume *m* des foins; **~ palúdica** paludisme *m*

fiel *adj* fidèle; **los ~es** (*REL*) les fidèles *mpl*

fieltro *nm* feutre *m*

fiera *nf* bête *f* féroce

fiero, -a *adj* féroce

fiesta *nf* fête *f*; (*vacaciones: tb*: **~s**) fêtes *fpl*; **hoy/mañana es ~** aujourd'hui/demain c'est fête; **~ de guardar** (*REL*) Fête d'obligation

---

Fiestas

Les **Fiestas** correspondent à des fêtes légales ou à des jours fériés institués par chaque région autonome. Elles coïncident souvent avec des fêtes religieuses. De nombreuses **fiestas** sont également organisées dans toute l'Espagne en l'honneur de la Sainte Vierge ou du saint patron de la ville ou du village. Les festivités, qui durent généralement plusieurs jours, peuvent comporter des processions, des défilés de carnaval, des courses de taureaux et des bals.

---

figura *nf* figure *f*

figurar *vt*, *vi* figurer; **~se** *vpr* se figurer; **¡figúrate!** figure-toi!

fijador *nm* fixateur *m*

fijar *vt* fixer; (*sellos*) coller; (*cartel*) afficher; **~se** *vpr*: **~se (en)** observer; **~ algo a** attacher qch à; **¡fíjate!** figure-toi!

fijo, -a *adj* fixe; (*sujeto*): **~ (a)** fixé(e) (à) ♦ *adv*: **mirar ~** regarder fixement; **de ~** assurément

fila *nf* file *f*; (*DEPORTE, TEATRO*) rang *m*; **~s** *nfpl* (*MIL*) service *m* militaire; **ponerse en ~** se mettre en file; **~ india** file indienne

filántropo, -a *nm/f* philanthrope *m/f*

filatelia *nf* philatélie *f*

filete nm filet m

filial adj filial(e) ♦ nf filiale f

Filipinas nfpl: **las (Islas)** ~ **les** (îles) Philippines fpl

filipino, -a adj philippin(e) ♦ nm/f Philippin(e)

filmar vt filmer

filo nm fil m; **sacar** ~ **a** aiguiser; **arma de doble** ~ (fig) arme f à double tranchant

filón nm filon m

filosofía nf philosophie f

filósofo, -a nm/f philosophe m/f

filtrar vt filtrer ♦ vi s'infiltrer; ~**se** vpr (líquido) s'infiltrer; (luz, noticia) filtrer

filtro nm filtre m; (papel) buvard m; **filtro de aceite** (AUTO) filtre à huile

fin nm fin f; **al** ~ à la fin; **al** ~ **y al cabo** finalement; **a** ~ **de (que)** afin que; **a** ~**es de** à la fin de; **por/en** ~ enfin; ~ **de archivo** (INFORM) fin de fichier; ~ **de semana** fin de semaine

final adj final(e) ♦ nm (de partido, tarde) fin f; (de calle, novela) bout m ♦ nf (DEPORTE) finale f; **al** ~ à la fin; **finalidad** nf finalité f;

finalista nm/f finaliste m/f;

finalizar vt terminer ♦ vi toucher à sa fin

financiar vt financer

financiero, -a adj financier(-ère) ♦ nm/f financier m

finca nf (rústica) ferme f; (urbana) propriété f

fingir vt feindre ♦ vi mentir; ~**se** vpr: ~**se dormido** faire semblant de dormir; ~**se un sabio** se donner des airs de savant

finlandés, -esa adj finlandais(e) ♦ nm/f Finlandais(e) ♦ nm (LING) finnois m

Finlandia nf Finlande f

fino, -a adj fin(e); (de buenas maneras) délicat(e)

firma nf signature f; (COM) firme f

firmamento nm firmament m;

firmar vt, vi signer

firme adj solide; (fig) ferme ♦ nm chaussée f; **mantenerse** ~ (fig) tenir ferme; **firmemente** adv fermement; **firmeza** nf fermeté f; (solidez) solidité f; (perseverancia) persévérance f

fiscal adj fiscal(e) ♦ nm (JUR) avocat m général

fisco nm fisc m

fisgar vt fouiner dans ♦ vi fouiner

fisgonear vt fureter dans ♦ vi fureter

física nf physique f; ver tb **físico**

físico, -a adj physique ♦ nm physique m ♦ nm/f physicien(ne)

fisura nf fissure f; (MED) fracture f

flác(c)ido, -a adj flasque

flaco, -a adj (delgado) maigre; **punto** ~ point m faible

flagrante adj flagrant(e); **en** ~ **delito** en flagrant délit

flamante adj (fam) (vistoso) voyant(e); (nuevo) flambant neuf (neuve)

flamenco, -a adj (de Flandes) flamand(e); (baile, música) flamenco ♦ nm flamenco m

flan nm flan m au caramel

flaqueza nf faiblesse f

flash (pl ~**es**) nm (FOTO) flash m

flauta nf flûte f

flecha nf flèche f

flechazo nm (enamoramiento) coup m de foudre

fleco nm frange f

flema nm flegme m

flequillo nm frange f

flexible adj (material) souple; (fig) flexible

flexión nf flexion f

flexo nm lampe f de bureau

flojera nf défaillance f; (AM) paresse f; **me da ~ (hacer)** j'ai la flemme de (faire)

flojo, -a adj (cuerda, nudo) lâche; (persona, COM: sin fuerzas) faible; (perezoso: esp AM) paresseux(-euse); (viento, vino, trabajo) léger(-ère)

flor nf fleur f; **en ~** en fleur; **en la ~ de la vida** dans la fleur de l'âge; **florecer** vi fleurir; **floreciente** adj fleurissant(e); **florero** nm pot m de fleurs; **floristería** nf fleuriste m

flota nf flotte f

flotador nm flotteur m; (para nadar) bouée f

flotar vi flotter; **flote** nm: **a flote** à flot

fluctuar vi fluctuer

fluidez nf fluidité f; **con ~** avec fluidité

fluido, -a adj ♦ nm fluide m

fluir vi couler

flujo nm flux m; **~ y reflujo** flux et reflux

fluvial adj fluvial(e)

fobia nf phobie f

foca nf phoque m

foco nm foyer m

fofo, -a adj (esponjoso) mou (molle); (carnes) flasque

fogata nf feu m de bois

fogón nm (de cocina) plaque f

folio nm feuille f de papier

folklore nm folklore m

follaje nm feuillage m

folletín nm feuilleton m; (fig) mélodrame m

folleto nm (de propaganda) prospectus msg

follón (fam) nm bordel m; **armar un ~** faire du bordel

fomentar vt promouvoir; (odio, envidia) fomenter; **fomento** nm promotion f

fonda nf auberge f

fondo nm fond m; **~s** nmpl (COM, de museo, biblioteca) fonds msg; **a/de ~** à/de fond; **en el ~** au fond; **~ común** fonds msg commun; **~ del mar** fond de la mer

fontanería nf plomberie f

fontanero nm plombier m

footing nm footing m; **hacer ~** faire du footing

forastero, -a nm/f étranger(-ère)

forcejear vi lutter

forense nm/f (tb: **médico ~**) médecin m légiste

forjar vt forger; (imperio, fortuna) bâtir

forma nf forme f; (manera) façon f, manière f; **en (plena) ~** en (pleine) forme; **guardar las ~s** se tenir convenablement; **de todas ~s** de toute façon

formación nf formation f; **~ profesional** formation professionnelle

formal adj (defecto) de forme; (requisito, promesa) formel(le); (persona: de fiar) sérieux(-euse); **formalidad** nf sérieux m; (trámite) formalité f; **formalizar** vt officialiser; **formalizarse** vpr se ranger

formar vt former; (hacer) faire; **~se** vpr se former; **~ parte de** faire partie de

formatear vt (INFORM) formater

formativo, -a adj formateur(-trice)

formato nm format m

formidable adj formidable

fórmula nf formule f; (fig: método) solution f; **~ de cortesía** formule de courtoisie;

uno (AUTO) formule un
formular vt formuler; (idea) émettre
formulario nm formulaire m
fornido, -a adj corpulent(e)
forrar vt (abrigo) doubler; (libro, sofá) recouvrir; **~se** vpr (fam) amasser une petite fortune; **forro** nm (de abrigo) doublure f; (de libro) couverture f; (de sofá) tissu m
fortalecer vt fortifier; (músculos) endurcir
fortaleza nf (MIL) forteresse f; (fuerza) force f
fortuito, -a adj fortuit(e)
fortuna nf fortune f; **por ~** par hasard
forzar vt forcer; (proceso) accélérer; **~ a algn a hacer algo** forcer qn à faire qch
forzoso, -a adj forcé(e)
fosa nf fosse f; **~s nasales** fosses fpl nasales
fósforo nm phosphore m; (AM: cerilla) allumette f
fósil adj, nm fossile m
foso nm (hoyo, AUTO) fosse f; (TEATRO) fosse d'orchestre; (de castillo) douves fpl
foto nf photo f; **sacar** o **hacer una ~** faire une photo; **~ (de) carné** photo d'identité
fotocopia nf photocopie f; **fotocopiadora** nf photocopieuse f; **fotocopiar** vt photocopier
fotografía nf photographie f
fotógrafo, -a nm/f photographe m/f
fracasar vi échouer; **fracaso** nm échec m; (desastre) catastrophe f
fracción nf fraction f; (POL) scission f; **fraccionamiento** (AM) nm lotissement m

fractura nf fracture f; (grieta) cassure f
fragancia nf parfum m
frágil adj fragile
fragmento nm fragment m; (MÚS) morceau m choisi
fragua nf forge f
fraile nm moine m
frambuesa nf framboise f
francamente adv franchement
francés, -esa adj français(e) ♦ nm/f Français(e) ♦ nm (LING) français m
Francia nf France f
franco, -a adj franc(he) ♦ nm franc m; **de ~** (CSUR) en permission
francotirador, a nm/f franc-tireur m
franela nf flanelle f
franja nf (en vestido, bandera) frange f; (de tierra, luz) bande f
franquear vt (paso, entrada) débarrasser; (carta etc) affranchir; (obstáculo) franchir
franqueo nm affranchissement m
franqueza nf franchise f; **con ~** avec franchise
frasco nm flacon m
frase nf phrase f; (locución) expression f; **~ hecha** expression f figée; (despectivo) cliché m
fraterno, -a adj fraternel(le)
fraude nm fraude f
fraudulento, -a adj frauduleux(-euse)
frazada (AM) nf couvre-lit m
frecuencia nf fréquence f; **con ~** fréquemment
frecuentar vt fréquenter
frecuente adj fréquent(e); (habitual) habituel(le)
fregadero nm lave-vaisselle m
fregado, -a (fam) adj (AM: molesto) embêtant(e) ♦ nm

dispute f

fregar vt laver; (AM: fam) énerver

fregona nf serpillière f; (pey: *sirvienta*) boniche f

freír vt frire

frenar vt, vi freiner

frenazo nm coup m de frein

frenético, -a adj frénétique; (*persona*) hors de soi

freno nm frein m; (de *cabalgadura*) mors m; ~ **de mano** frein à main

frente nm front m ♦ nf front ♦ adv (esp CSUR: fam): ~ **mío/nuestro** etc en face de moi/nous etc; ~ **a** en face de; (en *comparación con*) par rapport à; **chocar de** ~ se heurter de front; **hacer** ~ **a** faire face à; **ir/ponerse al** ~ **de** être/se mettre à la tête de

fresa nf (ESP) fraise f

fresco, -a adj frais (fraîche); (*ropa*) léger(-ère); (*descarado*) insolent(e) ♦ nm (*aire*) frais m; (ARTE) fresque f; (AM) boisson f fraîche ♦ nm/f (fam: *descarado*) insolent(e) ♦ (: *desvergonzado*) effronté(e); **hacer** ~ il fait frais; **estar/quedarse tan** ~ demeurer imperturbable; **tomar el** ~ prendre le frais; **frescura** nf fraîcheur f; (*descaro*) insolence f

frialdad nf froideur f; (*indiferencia*) froideur glaciale

fricción nf friction f

frigidez nf frigidité f

frigorífico, -a adj frigorifique ♦ nm réfrigérateur m; **camión** ~ camion m frigorifique

frijol (AM) nm haricot m sec; (*verde*) haricot vert

frío, -a adj froid(e); (fig: *poco entusiasta*) pas très chaud(e); (*relaciones*) tendu(e) ♦ nm froid m;

tener ~ avoir froid; **hace** ~ il fait froid

frito, -a pp de **freír** ♦ adj (CULIN) frit(e) ♦ nm: ~**s** (CULIN) friture f; **me tiene** o **trae** ~ ese **hombre** (fam) ce type est barbant

frívolo, -a adj frivole

frontal adj frontal(e); (*choque*) de front

frontera nf frontière f; **sin** ~**s** sans limite

fronterizo, -a adj (*pueblo, paso*) frontalier(-ère)

frontón nm (*cancha*) fronton m; (*juego*) pelote f basque

frotar vt frotter; ~**se** vpr: ~**se las manos** se frotter les mains

fructífero, -a adj fructueux(-euse)

fruncir vt froncer

frustrar vt frustrer

fruta nf fruit m; **frutería** nf boutique f de fruits et légumes

frutero, -a adj fruitier(-ère) ♦ nm/f marchand(e) de fruits et légumes ♦ nm compotier m

frutilla nf (AND, CSUR) nf fraise f

fruto nm fruit m; ~**s secos** fruits mpl secs

fue vb ver **ser**; **ir**

fuego nm feu m; **prender a** ~ mettre le feu à; **¿tienes** ~**?** t'as du feu?; ~**s artificiales** o **de artificio** feux mpl d'artifice

fuente nf fontaine f; (*bandeja*) plateau m; (fig) source f; ~ **de soda** (AM) buvette f

fuera vb ver **ser**; **ir** ♦ adv dehors; (de viaje) en voyage ♦ prep: ~ **de** hors de; (fig) sauf; **¡~!** dehors!; **por** ~ au dehors

fuera-borda nm inv hors-bord m

fuerte adj fort(e); (*resistente*) solide ♦ adv (*sujetar*) solidement;

(*golpear*) violemment; (*llover*) à
verse; (*gritar*) fort
fuerza *vb ver* **forzar ♦** *nf* force *f*;
(MIL: *tb*: **~s**) forces *fpl*; **a ~ de** à
force de; **cobrar ~s** prendre des
forces; **tener ~** avoir de la force;
tener ~s para hacer avoir la
force de faire; **a** *o* **por la ~** de
force; **por ~** forcément; **~s**
aéreas/armadas forces
aériennes/armées; **~ de voluntad**
volonté *f*
fuga *nf* fugue *f*; (*de gas, agua*)
fuite *f*
fugarse *vpr* s'enfuir; (*amantes*)
faire une fugue
fugaz *adj* fugitif(-ive)
fugitivo, -a *adj* en fuite ♦ *nm/f*
fugitif(-ive)
fui *etc vb ver* **ser**; **ir**
fulano, -a *nm/f* un(e) tel(le)
fulminante *adj* explosif(-ive);
(MED, *fig*) foudroyant(e); (*fam:*
éxito) fulgurant(e)
fumador, a *nm/f* fumeur(-euse)
fumar *vt*, *vi* fumer; **~se** *vpr*
fumer; (*fam: herencia*) manger; (:
clases, trabajo) manquer; **~ en**
pipa fumer la pipe
función *nf* fonction *f*; (TEATRO *etc*)
représentation *f*; **entrar en**
funciones entrer en fonction; **~**
de tarde/de noche matinée *f*/
soirée *f*; **en ~ de** en fonction de;
presidente/director en
funciones président/directeur
par intérim
funcional *adj* fonctionnel(le)
funcionar *vi* fonctionner; **"no**
funciona" "en panne"
funcionario, -a *nm/f*
fonctionnaire *m/f*
funda *nf* étui *m*; (*de almohada*)
taie *f*
fundación *nf* fondation *f*

fundamental *adj* fondamental(e)
fundamentar *vt* (*fig*): **~ (en)**
fonder (sur); **fundamento** *nm*
fondement *m*
fundar *vt* fonder; (*fig: basar*): **~**
en fonder sur; **~se** *vpr*: **~se en**
se fonder sur
fundición *nf* (*fábrica*) fonderie *f*
fundir *vt* fondre; (COM, *fig*)
fusionner; (ELEC, *nieve, mantequilla*)
fondre; (*fig*) fusionner
fúnebre *adj* funèbre
funeral *nm* funérailles *fpl*
funeraria *nf* pompes *fpl* funèbres
funesto, -a *adj* funeste
furgón *nm* (*camión*) camion *m*;
(FERRO) wagon *m*; **furgoneta** *nf*
fourgonnette *f*
furia *nf* furie *f*
furibundo, -a *adj* furibond(e)
furioso, -a *adj* furieux(-euse);
furor *nm* fureur *f*
furtivo, -a *adj* furtif(-ive);
(*cazador*) braconnier *m*
fusible *nm* fusible *m*
fusil *nm* fusil *m*; **fusilar** *vt* fusiller
fusión *nf* fusion *f*
fútbol *nm* football *m*; **futbolista**
nm/f footballeur(-euse)
futuro, -a *adj* futur(e) ♦ *nm*
avenir *m*; **futura madre** future
maman *f*

G, g

gabardina *nf* imperméable *m*;
(*tela*) gabardine *f*
gabinete *nm* cabinet *m*; (*de*
abogados) étude *f*
gaceta *nf* gazette *f*
gachas *nfpl* polenta *f*
gafas *nfpl* lunettes *fpl*; **~ de sol**
lunettes de soleil
gafe *adj*: **ser ~** porter la poisse

gaita nf cornemuse f

gajes nmpl: **~ del oficio** aléas mpl du métier

gajo nm (de naranja) quartier m

gala nf gala m; **~s** nfpl (atuendo) atours mpl; **de ~** de gala; **vestir de ~** mettre sa tenue de gala; **hacer ~ de** se targuer de

galante adj galant(e);
galantería nf galanterie f; (cumplido) courtoisie f

galápago nm tortue f marine

galaxia nf galaxie f

galera nf (nave) galère f

galería nf galerie f; **~ comercial** galerie commerciale

Gales nm: **(el País de) ~** le pays de Galles

galés, -esa adj gallois(e) ♦ nm/f Gallois(e) ♦ nm gallois msg

galgo, -a nm/f lévrier (levrette)

Galicia nf Galice f, Galicie f

galimatías nm inv galimatias msg

gallardía nf (en aspecto) grâce f; (al actuar) vaillance f

gallego, -a adj gallicien(ne) ♦ nm/f Galicien(ne) ♦ nm (LING) galicien m

galleta nf galette f

gallina nf poule f ♦ nm (fam) poule mouillée; **carne de ~** chair f de poule

gallinero nm poulailler m

gallo nm coq m; (pescado) raie f

galón nm galon m

galopar vi galoper

gama nf gamme f

gamba nf crevette f

gamberro, -a nm/f vandale m/f, voyou m

gamuza nf (bayeta) peau f de chamois

gana nf (deseo) envie f; (apetito) faim f; **de buena/mala ~** volontiers/à contrecœur; **me dan**
~s de hacer ça me donne envie de faire; **tener ~s de (hacer)** avoir envie de (faire); **no me da la (real) ~** je n'en ai pas (vraiment) envie

ganadería nf bétail m; (cría) élevage m; (comercio) commerce m du bétail

ganado nm bétail m; **~ bovino** o **vacuno** bovins mpl

ganador, a adj, nm/f gagnant(e)

ganancia nf gain m; **~s** nfpl (ingresos) revenus mpl; (beneficios) gains mpl

ganar vt gagner; (fama, experiencia) acquérir; (premio) remporter ♦ vi (DEPORTE) gagner; **~se** vpr: **~se la vida** gagner sa vie; **le gana en simpatía** il est plus sympathique

ganchillo nm crochet m; **hacer ~** faire du crochet

gancho nm crochet m

gandul, a adj, nm/f feignant(e)

ganga nf (COM) affaire f

gangrena nf gangrène f

gángster (pl **~s**) nm gangster m

ganso, -a nm/f jars (oie); (fam) tarte f

ganzúa nf crochet m

garabatear vt griffonner ♦ vi avoir une écriture de chat

garabato nm gribouillage m; **~s** nmpl (escritura) pattes fpl de mouche

garaje nm garage m

garante adj, nm/f garant(e)

garantía nf garantie f

garantizar vt garantir

garbanzo nm pois msg chiche

garbo nm allure f

garfio nm (TEC) crochet m

garganta nf gorge f;
gargantilla nf collier m

gárgara nf gargarisme m; **hacer**

~s faire des gargarismes
garita nf guérite f
garra nf griffe f; (de ave) serre f;
caer en las ~s de algn tomber
entre les griffes de qn
garrafa nf carafe f
garrapata nf puce f
garrote nm (palo) gourdin m;
(porra) massue f; (ejecución) garrot
m
garza nf héron m
gas nm gaz m; **~es** nmpl (MED)
gaz mpl; **a todo ~** plein gaz; **~es
lacrimógenos** gaz mpl
lacrymogènes
gasa nf gaze f; (de pañal) couche
f
gaseosa nf limonade f
gaseoso, -a adj gazeux(-euse)
gasoil, gasóleo nm gas-oil m
gasolina nf essence f
gasolinera nf station-service f
gastado, -a adj (ropa) usé(e);
(mechero) fini(e); (bolígrafo) qui
n'a plus d'encre
gastar vt dépenser; (malgastar)
perdre; (desgastar) user; **~se** vpr
s'user; **~ bromas** faire des
blagues; **¿qué número gastas?**
quelle est ta pointure?
gasto nm dépense f; **~s** nmpl
(desembolsos) dépenses fpl
gastritis nf gastrite f
gastronomía nf gastronomie f
gata nf ver **gato**
gatear vi marcher à quatre pattes
gatillo nm gâchette f
gato, -a nm/f chat(te) f; ♦ nm (TEC)
cric m; **andar a gatas** marcher à
quatre pattes; **dar a algn ~ por
liebre** rouler qn
gaviota nf mouette f
gay adj, nm homo m
gazpacho nm gaspacho m (soupe
froide espagnole)

gel nm (de ducha) gel m; (de baño)
bain m moussant
gelatina nf gélatine f
gema nf gène m
gemelo, -a adj, nm/f
jumeau(-elle); **~s** nmpl (de
camisa) boutons mpl de
manchette; (anteojos) jumelles fpl;
~s de campo/de teatro
jumelles de campagne/de
spectacle
gemido nm gémissement m
Géminis nm (ASTROL) Gémeaux
mpl; **ser ~** être (des) Gémeaux
gemir vi gémir; (animal) geindre
gen nm gène m
generación nf génération f
general adj général(e) ♦ nm
général m; **en o por lo ~** en
général; **Generalitat** nf
gouvernement catalan;
generalizar vt, vi généraliser;
generalizarse vpr se généraliser;
generalmente adv
généralement
generar vt (energía) générer
género nm genre m; (COM) article
m; **~s** nmpl (productos) articles
mpl; **~ de punto** tricots mpl; **~
humano** genre humain
generosidad nf générosité f
generoso, -a adj
généreux(-euse)
genial adj (artista, obra) de génie;
(fam: idea) génial(e)
genio nm tempérament m; (mal
carácter) mauvais caractère m;
tener mal ~ être soupe au lait
inv, être emporté(e)
genital adj génital(e) ♦ nm; **~es**
organes mpl génitaux
gente nf gens mpl; (fam: familia)
petite famille f; **~ de la calle**
gens comme vous et moi; **~
menuda** les tout petits

gentileza nf: **tener la ~ de hacer** avoir la gentillesse de faire; **por gentileza de** avec l'aimable autorisation de

gentío nm foule f

genuino, -a adj authentique

geografía nf géographie f

geología nf géologie f

geometría nf géométrie f

geranio nm géranium m

gerencia nf direction f; **gerente** nm/f (supervisor) gérant(e); (jefe) directeur(-trice)

geriatría nf gériatrie f

germen nm germe m

germinar vi germer

gesticular vi gesticuler; (hacer muecas) faire des grimaces

gestión nf gestion f; (trámite) démarche f; **gestionar** vt s'occuper de

gesto nm geste m; (mueca) grimace f

Gibraltar nm Gibraltar m

gibraltareño, -a adj de Gibraltar ♦ nm/f natif(-ive) o habitant(e) de Gibraltar

gigante adj géant(e) ♦ nm/f géant(e); (fig) génie m

gigantesco, -a adj gigantesque

gilipollas (fam!) adj inv, nm/f inv con(ne) (fam!)

gimnasia nf gymnastique f; **gimnasio** nm gymnase m; **gimnasta** nm/f gymnaste m/f

gimotear vi pleurnicher

ginebra nf genièvre m

ginecólogo, -a nm/f gynécologue m/f

gira nf excursion f; (de grupo) tournée f

girar vt (hacer girar) faire tourner; (dar la vuelta) tourner; (giro postal, letra de cambio) virer ♦ vi tourner; **~ (a/hacia)** (torcer) virer (à); **~ en torno a** (conversación) s'orienter vers

girasol nm tournesol m

giratorio, -a adj tournant(e)

giro nm tour m; (COM) virement m; (tb: **~ postal**) mandat (postal) m; **dar un ~** tourner; **~ bancario** virement bancaire

gis (MÉX) nm craie f

gitano, -a adj gitan(e) ♦ nm/f Gitan(e)

glacial adj (zona) glaciaire; (frío, fig) glacial(e)

glaciar nm glacier m

glándula nf glande f

global adj global(e)

globalización nf mondialisation f

globo nm globe m; (para volar, juguete) ballon m

glóbulo nm: **~ blanco/rojo** globule m blanc/rouge

gloria nf gloire f; (REL) paradis m; **estar en la ~** être aux anges; **es una ~** (fam) quel délice

glorieta nf (de jardín) tonnelle f; (AUTO, plaza) rond-point m

glorificar vt glorifier

glorioso, -a adj glorieux(-euse)

glosario nm glossaire m

glotón, -ona adj, nm/f glouton(ne)

glucosa nf glucose m

gobernador, a nm/f gouverneur m; **G~ civil** représentant du gouvernement au niveau local; **G~ militar** gouverneur militaire

gobernante adj gouvernant(e) ♦ nm gouvernant m

gobernar vt gouverner; (nave) piloter ♦ vi gouverner; (NÁUT) piloter

gobierno vb ver **gobernar** ♦ nm gouvernement m; (NÁUT) pilotage m

goce vb ver **gozar**

gol *nm* but *m*; **meter un ~** marquer un but

golf *nm* golf *m*

golfa (*fam*) *nf* pute *f*

golfo¹ *nm* golfe *m*

golfo² *nm* voyou *m*; (*gamberro*) casse-pieds *m inv*; (*hum: pillo*) radin *m*

golondrina *nf* hirondelle *f*

golosina *nf* gourmandise *f*

goloso, -a *adj* gourmand(e)

golpe *nm* coup *m*; **no dar ~** ne pas en ficher une rame; **de un ~** en un clin d'œil; **golpear** *vt* frapper, heurter ♦ *vi* cogner; (*lluvia*) tomber dru; (*puerta*) battre

goma *nf* gomme *f*; (*goma, COSTURA*) élastique *m*; **~ de pegar** colle *f*

gordo, -a *adj* gros(se); (*libro, árbol, tela*) épais(se); (*fam: problema*) de taille; (*accidente*) catastrophique ♦ *nm/f* gros homme (grosse femme) *m*; (*tb: premio ~*) gros lot *m*; (*de la carne*) gras *msg*; **ese tipo me cae ~** ce type ne me revient pas

---

El Gordo

El Gordo *désigne le gros lot attribué au tirage de la loterie nationale espagnole "Lotería Nacional", en particulier à Noël. Le tirage au sort exceptionnel "Sorteo Extraordinario de Navidad" du 22 décembre atteint une valeur de plusieurs millions de francs. Étant donné le coût élevé des billets, les Espagnols jouent souvent en groupe et se partagent ensuite les gains.*

---

gordura *nf* obésité *f*

gorila *nm* gorille *m*; (*CSUR: fam: jefe militar*) chef *m*

gorjear *vi* triller

gorra *nf* casquette *f*, béret *m*; (*de niño*) bonnet *m*; **de ~** (*sin pagar*) à l'œil

gorrión *nm* moineau *m*

gorro *nm* bonnet *m*

gorrón, -ona *nm/f* parasite *m/f*

gota *nf* goutte *f*; **gotear** *vi* goutter; (*lloviznar*) pleuvoter; **gotera** *nf* gouttière *f*; (*mancha*) tache *f* d'humidité

gozar *vi* jouir; **~ de** jouir de

gozne *nm* gond *m*

gozo *nm* (*alegría*) plaisir *m*; (*placer*) jouissance *f*

gr. *abr* (= *gramo(s)*) g (= *gramme(s)*)

grabación *nf* enregistrement *m*

grabado, -a *adj* (*MÚS*) enregistré(e) ♦ *nm* gravure *f*

grabadora *nf* magnétophone *m*; **~ de CD/DVD** graveur *m* de CD/DVD

grabar *vt* (*en piedra, ARTE*) graver; (*discos, en vídeo, INFORM*) enregistrer

gracia *nf* grâce *f*; (*humor*) humour *m*; **¡muchas ~s!** merci beaucoup!; **~s a** grâce à; **tener ~** (*chiste etc*) être amusant(e); (*irónico*) être très amusant(e); **no me hace ~** (*hacer*) ça ne m'amuse pas (de faire); **dar las ~s a algn por algo** remercier qn de *o* pour qch

gracioso, -a *adj* amusant(e)

grada *nf* marche *f*; **~s** *nfpl* (*de estadio*) gradins *mpl*

gradería *nf* gradins *mpl*

grado *nm* degré *m*; (*ESCOL*) classe *f*; (*UNIV*) titre *m*; (*MIL*) grade *m*; **de buen ~** de bon gré; **~ centígrado** degré centigrade

graduación *nf* (*del alcohol*) degré *m*; (*MIL*) grade *m*

graduado, -a adj gradué(e) ♦
nm/f (UNIV) diplômé(e) ♦ nm: ~
escolar ≃ brevet m des collèges;
~ **social** ≃ B.T.S. m d'assistance
sociale

gradual adj progressif(-ive)

graduar vt graduer; (volumen)
mesurer; (MIL): ~ **a algn de**
conférer à qn le grade de; ~**se**
vpr (UNIV) être diplômé(e); (MIL):
~**se (de)** obtenir son grade (de);
~**se la vista** se faire vérifier la
vue

gráfica nf courbe f

gráfico, -a adj graphique;
(revista) d'art ♦ nm graphique m;
~**s** nmpl graphiques mpl; ~ **de
barras** (COM) graphique à barres

gragea nf (MED) pilule f

grajo nm corbeau m

Gral. abr (MIL) (= General)
Général

gramática nf grammaire f; ver tb
gramático

gramatical adj grammatical(e)

gramático, -a nm/f
grammairien(ne)

gramo nm gramme m

gran adj ver **grande**

granada nf grenade f; ~ **de
mano** grenade à main

granate adj grenat adj inv ♦ nm
grenat m

Gran Bretaña nf Grande-
Bretagne f

grande adj grand(e) ♦ nm grand
m; **gran miedo** grand peur; **los
zapatos le están** o **quedan ~s**
ces chaussures sont trop grandes
pour lui; **grandeza** nf grandeur f

grandioso, -a adj grandiose

granel nm: **a ~** (COM) en vrac

granero nm grenier m

granito nm granit m

granizado nm jus m de fruit

glacé

granizar vi grêler; **granizo** nm
grêlon m

granja nf ferme f; ~ **avícola**
ferme avicole

granjear vt (amistad, simpatía)
gagner; ~**se** vpr gagner

granjero, -a nm/f fermier(-ère)

grano nm grain m; (MED) bouton
m

granuja nm (bribón) fripouille f;
(golfillo) filou m

grapa nf agrafe f

grapadora nf agrafeuse f

grasa nf graisse f; (sebo) gras m

grasiento, -a adj gras(se); (sucio)
graisseux(-euse)

graso, -a adj gras(se)

gratificación nf gratification f;
gratificar vt (recompensar)
gratifier

gratis adj inv, adv gratis inv

gratitud nf gratitude f

grato, -a adj agréable

gratuito, -a adj gratuit(e)

gravamen nm (carga) poids msg;
(impuesto) servitude f,
hypothèques f

gravar vt (JUR: propiedad) grever;
~ **(con impuesto)** (producto)
imposer

grave adj grave; **gravedad** nf
gravité f

gravilla nf gravillon m

gravitar vi graviter

graznar vi (cuervo) croasser;
(pato) cancaner

Grecia nf Grèce f

gremio nm corporation f

greña nf (tb: ~**s**) tignasse f

gresca nf altercation f

griego, -a adj grec(que) ♦ nm/f
Grec(que)

grieta nf (en pared, madera) fente
f; (en terreno, MED) crevasse f

grifo *nm* robinet *m*; *(AND)* station-service *f*

grilletes *nmpl* fers *mpl*

grillo *nm* grillon *m*

gripe *nf* grippe *f*

gris *adj* gris(e) ♦ *nm* gris *msg*

gritar *vt, vi* crier; **grito** *nm* cri *m*; **a gritos** en criant; **dar gritos** pousser des cris

grosella *nf* groseille *f*; **~ negra** cassis *msg*

grosería *nf* grossièreté *f*

grosero, -a *adj* grossier(-ère)

grosor *nm* grosseur *f*

grotesco, -a *adj* grotesque

grúa *nf* grue *f*

grueso, -a *adj* épais(se); *(persona)* corpulent(e) ♦ *nm* grosseur *f*; **el ~ de** le gros de

grulla *nf* grue *f*

grumo *nm* grumeau *m*

gruñido *nm* grognement *m*

grupa *nf* *(ZOOL)* croupe *f*

grupo *nm* groupe *m*; **~ de apoyo** groupe de parole; **~ de presión** groupe de pression; **~ sanguíneo** groupe sanguin

gruta *nf* grotte *f*

guadaña *nf* serpe *f*

guagua *nf* *(ANT, CANARIAS)* autobus *msg*; *(AND, CSUR)* bébé *m*

guante *nm* gant *m*; **~s de goma** gants de caoutchouc

guantera *nf* *(AUTO)* boîte *f* à gants

guapo, -a *adj* beau (belle) ♦ *nm* *(AND: fam)* beau gosse *m*; **estar ~** être beau

guarda *nm/f* gardien(ne); **~ forestal** garde *m* forestier; **~ jurado** vigile *m*; **guardabosques** *nm/f inv* garde *m* forestier; **guardacostas** *nm/f inv* garde *m* côte; **guardaespaldas** *nm/f inv* garde *m/f* du corps; **guarda-**

meta *nm* gardien *m* de but;

guardar *vt* garder; *(poner: en su sitio)* mettre; *(: en sitio seguro)* ranger; **guardarse** *vpr* garder; *(ocultar)* garder (pour soi); **guardar cama/silencio** garder le lit/le silence; **guardarse de** *(evitar)* se garder de; **guardarse de hacer** *(abstenerse)* se garder de faire; **se la tengo guardada** il me le paiera; **guardarropa** *nm* *(en establecimiento público)* vestiaire *m*

guardería *nf* garderie *f*

guardia *nf* garde *f* ♦ *nm/f* *(de tráfico, municipal etc)* agent *m*; *(policía)* gardien (femme policier); **estar de ~** être de garde; **estar/ponerse en ~** être sur ses gardes/se mettre en garde; **montar la ~** monter la garde; **la G~ Civil** la Garde Civile espagnole; **un ~ civil** ≃ un gendarme; **G~ Nacional** *(NIC, PAN)* ≃ gendarmerie *f* nationale

guardián, -ana *nm/f* gardien(ne)

guarecer *vt* héberger; **~se** *vpr*: **~se (de)** s'abriter (de)

guarida *nf* abri *m*

guarnecer *vt* garnir; *(TEC)* revêtir; **guarnición** *nf* *(de vestimenta)* ornement *m*; *(de piedra preciosa)* chaton *m*; *(CULIN)* garniture *f*; *(MIL)* garnison *f*

guarro, -a *adj* *(fam)* sale ♦ *nm/f* cochon (truie); *(fam: persona)* cochon(ne)

guasa *nf* blague *f*; **con** *o* **de ~** pour rire

guasón, -ona *adj, nm/f* blagueur(-euse)

Guatemala *nf* Guatemala *m*

gubernativo, -a *adj* du gouvernement

guerra *nf* guerre *f*; **Primera/**

Segunda G~ Mundial
Première/Deuxième Guerre
mondiale; **dar ~** donner du fil à
retordre; **~ atómica/
bacteriológica/nuclear/
psicológica** guerre atomique/
bactériologique/nucléaire/
psychologique; **~ civil/fría**
guerre civile/froide; **guerrear** vi
guerroyer

guerrero, -a adj de guerre;
(carácter) guerrier(-ère) ♦ nm/f
guerrier(-ère)

guerrilla nf guérilla f

guerrillero, -a nm/f guérillero m

guía vb ver **guiar** ♦ nm/f (persona)
guide m/f ♦ nf (libro) guide m; **~
de ferrocarriles** horaire m des
trains; **~ telefónica** annuaire m

guiar vt guider; (AUTO) diriger;
~se vpr: **~se por** suivre

guijarro nm caillou m

guillotina nf guillotine f; (para
papel) coupe-papier m inv

guinda nf griotte f

guindilla nf piment m

guiñapo nm (harapo) haillon m;
(persona) chiffe f molle

guiñar vt cligner de

guión nm (LING) tiret m; (esquema)
plan m; (CINE) scénario m;

guionista nm/f scénariste m/f

guirnalda nf guirlande f

guisado nm ragoût m

guisante nm petit pois msg

guisar vt, vi faire cuire; (fig)
tramer; **guiso** nm plat m

guitarra nf guitare f

gula nf gloutonnerie f

gusano nm vers msg; (de
mariposa, pey) larve f

gustar vt goûter ♦ vi plaire; **~ de
hacer** prendre plaisir à faire; **me
gustan las uvas** j'aime le raisin;
le gusta nadar il aime nager;

**me gusta ese chico/esa
chica** j'aime bien ce garçon/cette
fille

gusto nm goût m; (afición) intérêt
m; **a su** etc **~** à votre etc aise; **dar
~ a aign** faire plaisir à qn; **de
buen/mal ~** de bon/mauvais
goût; **estar/sentirse a ~** être/
se sentir à l'aise; **¡mucho** o **tanto
~ (en conocerle)!** enchanté(e)
o ravi(e) de faire votre
connaissance; **coger** o **tomar ~
a algo** prendre goût à qch

gustoso, -a adj
savoureux(-euse); **aceptar ~**
accepter avec joie

H, h

ha vb ver **haber**

haba nf fève f

Habana nf: **la ~** la Havane

habano nm havane m

habéis vb ver **haber**

PALABRA CLAVE
---

haber vb aux **1** (tiempos
compuestos) avoir; (con verbos
pronominales o de movimiento)
être; **he/había comido** j'ai/
j'avais mangé; **antes/después
de haberlo visto** avant/après
l'avoir vu

2: **haber de** (+ infin): **he de
hacerlo** je dois le faire; **ha de
llegar mañana** il doit arriver
demain; **no ha de tardar** (AM) il
arrivera bientôt; **has de estar
loco** (AM) tu dois être tombé sur
la tête

♦ vb impers **1** (existencia) avoir;
**hay un hermano/dos
hermanos** il y a un frère/deux
frères; **¿cuánto hay de aquí a**

Sucre? il y a combien d'ici à
Sucre?
2 (*tener lugar*) **¿hay partido
mañana?** il y a un match
demain?
3: ¡no hay de o **por** (*AM*) **qué!**
il n'y a pas de quoi!
4: ¿qué hay? (*¿qué pasa?*)
qu'est-ce qu'il y a?; (*¿qué tal?*) ça
va?; **¡qué hubo! ¡qué húbole!**
(*esp MÉX, CHI: fam*) salut!
5 (*haber que* + *infin*) **hay que
apuntarlo para acordarse** il
faut le marquer pour s'en
souvenir; **¡habrá que
decírselo!** il faudra le lui dire!
6: ¡hay que ver! il faut voir!
7: he aquí las pruebas voici
les preuves
8 ¡hubiera visto ...! (*MÉX: si
hubiera visto*) si vous aviez vu ...!;
haberse *vpr:* **voy a
habérmelas con él** je vais
m'expliquer avec lui
♦ *hm* **nm 1** (*COM*) crédit *m*; **¿cuánto
tengo en el haber?** j'ai
combien sur mon compte?; **tiene
varias novelas en su haber** il
a plusieurs romans à son actif
2 haberes *nmpl* avoirs *mpl*

habichuela *nf* haricot *m*
hábil *adj* habile; **día** *nf* jour *m*
ouvrable; **habilidad** *nf* habileté *f*
habilitar *vt* ~ **(para)** (*casa, local*)
aménager (pour); ~ **a algn para
hacer** habiliter qn à faire
hábilmente *adv* habilement
habitación *nf* pièce *f*; (*dormitorio*)
chambre *f*; ~ **doble** o **de
matrimonio** chambre double; ~
sencilla o **individual** chambre
simple
habitante *nm/f* habitant(e)
habitar *vt, vi* habiter

hábito *nm* (*costumbre*) habitude *f*;
(*traje*) habit *m*
habitual *adj* habituel(le)
habituar *vt:* ~ **a algn a (hacer)**
habituer qn à (faire); ~**se** *vpr:*
~**se a (hacer)** s'habituer à (faire)
habla *nf* (*capacidad de hablar*)
parole *f*; (*forma de hablar*) langage
m; (*dialecto*) parler *m*; **perder el**
~ perdre l'usage de la parole; **de**
~ **francesa/española** de
langue française/espagnole;
estar/ponerse al ~ être en
train de parler/se mettre à parler;
estar al ~ (*TELEC*) être à
l'appareil; **¡González al** ~!
(*TELEC*) González à l'appareil!
hablador, a *adj, nm/f* bavard(e)
habladuría *nf* commérage *m*; ~**s**
nfpl (*chismes*) commérages *mpl*
hablante *nm/f* (*LING*)
locuteur(-trice); **los** ~**s de
catalán** les personnes parlant
catalan
hablar *vt, vi* parler; ~**se** *vpr* se
parler; ~ **con** parler avec; **¡ni** ~!
pas question!; ~ **de** parler de;
"se habla francés" "on parle
français"; **no se hablan** ils ne se
parlent plus; **no me hablo con
mi hermana** je ne parle plus à
ma sœur
habré *etc vb ver* **haber**
hacendoso, -a *adj*
travailleur(-euse)

PALABRA CLAVE

hacer *vt* **1** (*producir, ejecutar*)
faire; **hacer una película/un
ruido** faire un film/un bruit;
hacer la compra faire les
courses; **hacer la comida** faire à
manger; **hacer la cama** faire le
lit
2 (*obrar*) faire; **¿qué haces?**

qu'est-ce que tu fais?; **eso no se hace** ça ne se fait pas; **¡bien hecho!** bravo!
3 (*dedicarse a*) faire de; **hacer español/económicas** faire de l'espagnol/de l'économie; **hacer yoga/gimnasia/deporte** faire du yoga/de la gym/du sport
4 (*causar*): **hacer ilusión** faire plaisir; **hacer gracia** faire rire
5 (*conseguir*): **hacer amigos** se faire des amis; **hacer una fortuna** faire une fortune
6 (*dar aspecto de*): **ese peinado te hace más joven** cette coiffure te rajeunit
7 (*cálculo*): **esto hace 100** et voilà 100
8 (*como sustituto de vb*) faire; **él bebió y yo hice lo mismo** il a bu et j'ai fait la même chose
9 (+ *inf.* + *que*): **les hice venir** je les ai fait venir; **hacer trabajar a los demás** faire travailler les autres; **aquello me hizo comprender** cela m'a fait comprendre; **hacer reparar algo** faire réparer qch; **esto nos hará ganar tiempo** ça nous fera gagner du temps
♦ *vi* **1: no le hace** (AM: *no importa*) ça ne fait rien
2: haz como que no lo sabes fais comme si tu ne savais rien
3: hacer de (*objeto*) servir de; **la tabla hace de mesa** la planche sert de table; **hacer de madre** jouer le rôle de mère; (*pey*) jouer les mères poules; (TEATRO): **hacer de Otelo** jouer Othello
♦ *vb impers* **1: hace calor/frío** il fait chaud/froid; *ver tb* **bueno; sol; tiempo**
2 (*tiempo*): **hace 3 años** il y a 3 ans; **hace un mes que voy/no**

voy cela fait un mois que j'y vais/ je n'y vais plus
hacerse (*volverse*) se faire; **hacerse viejo** se faire vieux; **se hicieron amigos** ils sont devenus amis
2 (*resultar*): **se me hizo muy duro el viaje** j'ai trouvé le voyage très pénible
3 (*acostumbrarse*): **hacerse a** se faire à
4 (*obtener*): **hacerse de o con algo** obtenir qch
5 (*fingir*): **hacerse el sordo** o **el sueco** faire la sourde oreille
6: hacerse idea de algo se faire une idée de qch
7: se me hace que (AM: *me parece que*) il me semble que

hacha *nf* hache *f*
hachís *nm* haschisch *m*
hacia *prep* vers; (*actitud*) envers; ~ **adelante/atrás/dentro/fuera** devant/derrière/dedans/dehors; ~ **abajo/arriba** en bas/haut; ~ **acá** regarde par ici; ~ **mediodía/finales de mayo** vers midi/la fin mai
hacienda *nf* (*propiedad*) propriété *f*; (*finca*) ferme *f*; (AM) hacienda *f*; **(Ministerio de) H~** (ministère *m* des) Finances *fpl*; ~ **pública** trésor *m* public
hada *nf* fée *f*
haga *etc vb ver* **hacer**
halagar *vt* flatter; (*agradar*) réjouir
halago *nm* flatterie *f*
halagüeño, -a *adj* réjouissant(e); (*lisonjero*) flatteur(-euse)
halcón *nm* faucon *m*
hallar *vt* trouver; **~se** *vpr* se trouver; **hallazgo** *nm* trouvaille *f*
halterofilia *nf* haltérophilie *f*
hamaca *nf* hamac *m*; (*asiento*)

chaise f longue
hambre nf faim f; **tener ~** avoir faim
hambriento, -a adj, nm/f affamé(e)
hamburguesa nf hamburger m
hamburguesería nf sandwicherie f
han vb ver **haber**
harapiento, -a adj en haillons
harapos nmpl haillons mpl
haré etc vb ver **hacer**
harina nf farine f; **~ de maíz/de trigo** farine de maïs/de blé
hartar vt (de comida) gaver; (fastidiar) fatiguer; **~se** vpr (cansarse) se lasser; (de comida): **~se (de)** se gaver (de); **~se de leer/reír** se lasser de lire/rire; **hartazgo** nm: **darse un hartazgo (de)** avoir son content (de)
harto, -a adj: **~ (de)** rassasié(e) (de); (cansado) fatigué(e) (de); **estar ~ de hacer/algn** en avoir marre de faire/qn; **¡estoy ~ de decírtelo!** je te l'ai assez dit!
has vb ver **haber**
hasta adv même, voire ♦ prep jusqu'à ♦ conj: **~ que** jusqu'à ce que; (CAM, COL, MÉX: no ... hasta): **viene ~ las cuatro** il ne vient pas avant quatre heures; **~ luego** o **ahora** (fam), **~ siempre** (ARG) salut!; **~ mañana/el sábado** à demain/samedi; **¿~ qué punto?** à quel point?; **~ tal punto que ...** à tel point que ...; **~ que empezó** (AM) cela n'a commencé qu'hier
hastiar vt fatiguer; **~se** vpr: **~se de (hacer)** se lasser de (faire); **hastío** nm ennui m
hatillo nm affaires fpl
hay vb ver **haber**

Haya nf: **la ~** La Haye
haya vb ver **haber** ♦ nf hêtre m
haz vb ver **hacer** ♦ nm botte f; (de luz) faisceau m
hazaña nf exploit m
hazmerreír nm inv: **ser/convertirse en el ~ de** être/devenir la risée de
he vb ver **haber**
hebilla nf boucle f
hebra nf fil m
hebreo, -a adj hébreu (sólo m), hébraïque ♦ nm/f Hébreu m ♦ nm (LING) hébreu m
hechizar vt ensorceler
hechizo nm sorcellerie f; (encantamiento) enchantement m
hecho, -a pp de **hacer** ♦ adj fait(e); (hombre, mujer) mûr(e); (vino) arrivé(e) à maturation; (ropa) de prêt-à-porter ♦ nm fait m; (factor) facteur m ♦ excl c'est fait!; **¡bien ~!** bravo!, bien joué!; **muy/poco ~** (CULIN) très/peu cuit(e); **bien/mal ~** bien/mal fait(e); **de ~** de fait; **el ~ es que ...** le fait est que ...
hechura nf (confección) confection f; (corte, forma) coupe f
hectárea nf hectare m
heder vi puer
hediondo, -a adj puant(e); (fig) dégoûtant(e)
hedor nm puanteur f
helada nf gelée f
heladera (CSUR) nf réfrigérateur m
helado, -a adj congelé(e); (muy frío) gelé(e) ♦ nm glace f; **quedarse ~** être abasourdi(e)
helar vt congeler; (BOT) geler; (dejar atónito) abasourdir ♦ vi geler; **~se** vpr geler; **~se de frío** mourir de froid
helecho nm fougère f
hélice nf hélice f

helicóptero nm hélicoptère m
hembra nf femelle f; (mujer) femme f
hemorragia nf hémorragie f; ~ **nasal** saignement m de nez
hemorroides nfpl hémorroïdes fpl
hemos vb ver **haber**
hendidura nf fente f; (GEO) faille f
heno nm foin m
herbicida nm herbicide m
heredad nf domaine m
heredar vt hériter
heredero, -a nm/f héritier(-ère)
hereje nm/f hérésiarque m/f
herencia nf héritage m; (BIO) hérédité f
herida nf blessure f; ver tb **herido**
herido, -a adj, nm/f blessé(e)
herir vt blesser
hermana nf sœur f; ~ **política** belle-sœur
hermanastro, -a nm/f demi-frère (demi-sœur)
hermandad nf congrégation f
hermano nm frère m; ~ **político** beau-frère
hermético, -a adj hermétique
hermoso, -a adj beau (belle); (espacioso) spacieux(-euse); **hermosura** nf beauté f
hernia nf hernie f; ~ **discal** hernie discale
héroe nm héros msg
heroína nf (mujer, droga) héroïne f
heroísmo nm héroïsme m
herradura nf fer m à cheval
herramienta nf outil m
herrero nm forgeron m
herrumbre nf rouille f
hervidero nm (fig: de personas) foule f; (: de animales) troupeau m; (: de pasiones) déchaînement m
hervir vt (faire) bouillir ♦ vi

bouillir; (fig): ~ **de** bouillir de;
hervor nm: **dar un hervor a** faire bouillir
heterosexual adj, nm/f hétérosexuel(le)
hice etc vb ver **hacer**
hidratante adj: **crema** ~ crème f hydratante
hidratar vt hydrater
hidrato nm: ~**s de carbono** hydrates mpl de carbone
hidráulica nf hydraulique f
hidráulico, -a adj hydraulique
hidroeléctrico, -a adj hydroélectrique
hidrógeno nm hydrogène m
hiedra nf lierre m
hiel nf bile f
hielo nm ver **helar** ♦ nm glace f; ~**s** nmpl (escarcha) gelées fpl
hiena nf hyène f
hierba nf herbe f; **mala** ~ mauvaise herbe; **hierbabuena** nf menthe f
hierro nm fer m; (trozo, pieza) bout m de fer; **de** ~ en fer; (fig: persona) fort(e) comme un bœuf; (: voluntad, salud) de fer
hígado nm foie m
higiene nf hygiène f
higiénico, -a adj hygiénique
higo nm figue f; ~ **seco** figue sèche; **higuera** nf figuier m
hija nf fille f; ~ **política** belle-fille
hijastro, -a nm/f beau-fils (belle-fille); ~**s** beaux-enfants mpl
hijo nm (retoño) fils msg; ~**s** nmpl (hijos e hijas) enfants mpl; ~ **adoptivo** fils adoptif; ~ **de mamá/papá** fils à maman/papa; ~ **de puta** (fam!) fils de pute (fam!); ~ **político** gendre m
hilar vt filer
hilera nf rangée f
hilo nm fil m; (de metal) filon m;

(de agua, luz, voz) filet m;
perder/seguir el ~ (de relato, pensamientos) perdre/suivre le fil
hilvanar vt (COSTURA) ourler
himno nm hymne m; **~ nacional** hymne national
hincapié nm: hacer ~ en mettre l'accent sur
hincar vt planter; **~se** vpr s'enfoncer; **~le el diente a** (comida) mordre à belles dents dans; (fig: asunto) s'attaquer à; **~se de rodillas** s'agenouiller
hincha nm/f (fam) fan m/f
hinchado, -a adj (MED) enflammé(e); (inflado) enflé(e)
hinchar vt gonfler; (fig) exagérer; **~se** vpr (MED) s'enflammer; **~se de (hacer)** en avoir marre de (faire); **hinchazón** nf inflammation f
hinojo nm fenouil m
hipermercado nm hypermarché m
hípico, -a adj (concurso) hippique; (carrera) de chevaux
hipnotismo nm hypnotisme m; **hipnotizar** vt hypnotiser
hipo nm hoquet m; **me ha entrado ~** j'ai le hoquet; **tener ~** avoir le hoquet
hipocresía nf hypocrisie f; **hipócrita** adj, nm/f hypocrite m/f
hipódromo nm hippodrome m
hipopótamo nm hippopotame m
hipoteca nf hypothèque f; **pagar la ~** rembourser l'hypothèque
hipótesis nf inv hypothèse f
hiriente adj blessant(e)
hispánico, -a adj hispanique
hispano, -a adj espagnol(e); (en EEUU) hispano-américain(e) ♦ nm/f Espagnol(e); (en EEUU) Hispano-Américain(e); **Hispanoamérica**

nf Amérique f latine
hispanoamericano, -a adj hispano-américain(e) ♦ nm/f Hispano-Américain(e)
histeria nf hystérie f
historia nf histoire f; **~s** nfpl (chismes) histoires fpl drôles; **déjate de ~s** ne me raconte pas d'histoires; **pasar a la ~** passer à la postérité
historiador, a nm/f historien(ne)
historial nm (profesional) curriculum vitae m inv; (MED) antécédents mpl
histórico, -a adj historique; (estudios) d'histoire
historieta nf bande f dessinée
hito nm (fig) fait m historique
hizo vb ver hacer
Hno(s). abr (= Hermano(s)) Fre(s) (= frère(s))
hocico nm museau m
hockey nm hockey m; **~ sobre hielo/patines** hockey sur glace/patins
hogar nm foyer m
hogareño, -a adj (ambiente) familial(e); (escena) de famille; (persona) casanier(-ère)
hoguera nf feu m de bois
hoja nf feuille f; (de cuchillo) lame f; **~ de afeitar** lame de rasoir; **~ de pedido** bon m de commande; **~ de servicios** états mpl de service; **~ electrónica** feuille de calcul (électronique); **~ informativa** circulaire f
hojalata nf fer m blanc
hojaldre nm pâte f feuilletée
hojear vt feuilleter
hola excl salut!
Holanda nf Hollande f
holandés, -esa adj hollandais(e) ♦ nm/f Hollandais(e) ♦ nm (LING) hollandais msg

holgado, -a adj (prenda) ample; (situación) aisé(e); **iban muy ~s en el coche** ils étaient au large dans la voiture

holgar vi: **huelga decir que** inutile de dire que

holgazán, -ana adj, nm/f paresseux(-euse)

holgura nf ampleur f; (TEC) jeu m; **vivir con ~** vivre dans l'aisance

hollín nm suie f

hombre nm homme m; (raza humana): **el ~** l'homme ♦ excl dis donc!; **buen ~** bon gars msg; **pobre ~** pauvre homme; **¡sí, ~!** mais si!; **~ de mundo** homme du monde; **~ de negocios** homme d'affaires; **~-rana** (pl **~s-rana**) homme-grenouille m

hombrera nf épaulette f

hombro nm épaule f; **al ~** sur l'épaule; **encogerse de ~s** hausser les épaules; **llevar/traer a ~s** porter sur les épaules

hombruno, -a adj hommasse

homenaje nm hommage m

homicida adj (arma) du crime; (carácter) meurtrier(-ère) ♦ nm/f meurtrier(-ère); **homicidio** nm homicide m

homologar vt homologuer

homólogo, -a nm/f: **su** etc **~** son etc homologue

homosexual adj, nm/f homosexuel(le)

hondo, -a adj profond(e); **en lo ~ de** au fin fond de

hondonada nf creux m

Honduras nf Honduras m

hondureño, -a adj du Honduras ♦ nm/f natif(-ive) o habitant(e) du Honduras

honestidad nf honnêteté f

honesto, -a adj honnête

hongo nm champignon m; **~s** nmpl (MED) champignons mpl, mycose f

honor nm honneur m; **en ~ a la verdad ...** à la vérité est que ...; **en ~ de algn** en l'honneur de qn; **honorable** adj honorable

honorario, -a adj honoraire ♦ nm: **~s** honoraires mpl

honra nf honneur m; **~s fúnebres** honneurs funèbres; **honradez** nf honnêteté f; (de mujer) vertu f

honrado, -a adj honnête

honrar vt honorer

honroso, -a adj (que da honra) tout à l'honneur de qn; (decoroso) pour sauver l'honneur

hora nf heure f; **¿qué ~ es?** quelle heure est-il?; **¿a qué ~?** à quelle heure?; **media ~** une demi-heure; **a la ~ de comer/del recreo** à l'heure du repas/de la récréation; **a primera/última ~** à la première/dernière heure; **~ tras ~** heure après heure; **a altas ~s (de la noche)** à des heures tardives; **entre ~s** (comer) entre les repas; **a todas ~s** à toute heure; **en mala ~** par malchance; **me han dado ~ para mañana** ils m'ont fixé rendez-vous pour demain; **dar la ~** donner l'heure; **pedir ~** demander un rendez-vous; **poner el reloj en ~** mettre sa montre à l'heure; **~s de oficina/de trabajo/de visita** heures de bureau/de travail/de visite; **~s extraordinarias** heures supplémentaires

horadar vt forer

horario, -a adj, nm horaire m; **~ comercial** heures fpl ouvrables

horca nf potence f

horcajadas: a ~ adv à

califourchon
horchata *nf* ≃ sirop *m* d'orgeat
horizontal *adj* horizontal(e)
horizonte *nm* horizon *m*
horma *nf* forme *f*
hormiga *nf* fourmi *f*
hormigón *nm* béton *m*; **~ armado** béton armé
hormigueo *nm* fourmis *fpl*; (*fig*) agitation *f*
hormona *nf* hormone *f*
hornada *nf* fournée *f*
hornillo *nm* réchaud *m*; **~ de gas** réchaud à gaz
horno *nm* four *m*; (*CULIN*) four, fourneau *m*; **alto(s) ~(s)** haut(s) fourneau(x); **~ crematorio** four crématoire; **~ microondas** four à micro-ondes
horóscopo *nm* horoscope *m*
horquilla *nf* peigne *m*; (*AGR*) fourche *f*
horrendo, -a *adj* affreux(-euse)
horrible *adj* horrible
horripilante *adj* horripilant(e)
horror *nm* horreur *f*; **~es** *nmpl* (*atrocidades*) horreurs *fpl*; **¡qué ~!** (*fam*) quelle horreur!; **me da ~** cela me fait horreur; **tener ~ a (hacer)** avoir horreur de (faire);
horrorizar *vt* horrifier;
horrorizarse *vpr*: **se horrorizó de pensarlo** il a été horrifié à cette idée
horroroso, -a *adj* affreux(-euse); (*hambre, sueño*) terrible
hortaliza *nf* légume *m*
hortelano, -a *nm/f* maraîcher(-ère)
hortera *adj, nm/f* plouc *m/f*
hosco, -a *adj* (*persona*) antipathique
hospedar *vt* loger; **~se** *vpr* se loger
hospital *nm* hôpital *m*

hospitalario, -a *adj* hospitalier(-ère); **hospitalidad** *nf* hospitalité *f*
hostal *nm* pension *f*
hostelería *nf* hôtellerie *f*
hostia *nf* (*REL*) hostie *f*; (*fam!*) beigne *f* (*fam!*) ♦ *excl*: **¡~(s)!** (*fam!*) putain! (*fam!*)
hostigar *vt* (*MIL, fig*) harceler; (*caballería*) cravacher
hostil *adj* hostile; **hostilidad** *nf* hostilité *f*
hotel *nm* hôtel *m*

Hotel

Il existe en Espagne différents types d'hébergement dont le prix est fonction des services offerts aux voyageurs. Les voici, par ordre décroissant de prix : l'hôtel (du 5 étoiles au 1 étoile), l'hostal, la pensión, la casa de huéspedes et la fonda. L'État gère également un réseau d'hôtels de luxe, appelés "paradores", généralement situés dans des lieux à caractère historique ou installés dans des monuments historiques.

---

hotelero, -a *adj, nm/f* hôtelier(-ère)
hoy *adv* aujourd'hui; **de ~ en adelante** dorénavant
hoyo *nm* fosse *f*; **hoyuelo** *nm* fossette *f*
hoz *nf* faux *fsg*
hube *etc vb ver* **haber**
hucha *nf* tirelire *f*
hueco, -a *adj* creux(-euse) ♦ *nm* creux *msg*; (*espacio*) place *f*; **hacerle (un) ~ a algn** faire une place à qn; **~ de la escalera/ del ascensor** cage *f* d'escalier/

d'ascenseur

huela etc vb ver **oler**

huelga vb ver **holgar** ♦ nf grève f; **declararse/estar en ~** se mettre/être en grève; **~ de brazos caídos** grève sur le tas; **~ de celo** grève du zèle; **~ de hambre** grève de la faim; **~ general** grève générale

huelguista nm/f gréviste m/f

huella nf trace f; **~ dactilar** trace de doigt; **~ digital** empreinte f digitale

huérfano, -a adj: **~ (de)** orphelin(e) (de) ♦ nm/f orphelin(e); **quedar(se) ~** devenir orphelin(e)

huerta nf verger m; (en Murcia, Valencia) huerta f

huerto nm (de verduras) jardin m potager; (de árboles frutales) verger m

hueso nm os msg; (de fruta) noyau m; (MÉx: fam) sinécure f

huésped, a nm/f hôte m/f; (en hotel) client(e)

huesudo, -a adj osseux(-euse)

huevas nfpl œufs mpl de poisson

huevera nf (para servir) coquetier m; (para transportar) boîte f à œufs

huevo nm œuf m; **~ duro/ escalfado/frito** œuf dur/ poché/au plat; **~ estrellado** œuf sur le plat; **~s revueltos** œufs mpl brouillés; **~ pasado por agua** o (AM) **tibio** œuf à la coque

huida nf fuite f

huidizo, -a adj (tímido) farouche; (mirada, frente) fuyant(e)

huir vt, vi fuir; **~ de** fuir

hule nm toile f cirée

humanidad nf humanité f

humanitario, -a adj humanitaire

humano, -a adj humain(e) ♦ nm

humain m; **ser ~** être humain

humareda nf nuage m de fumée

humedad nf humidité f; **a prueba de ~** résiste à l'humidité; **humedecer** vt humidifier; **humedecerse** vpr s'humidifier

húmedo, -a adj humide

humildad nf humilité f; **humilde** adj humble

humillación nf humiliation f

humillar vt humilier; **~se** vpr: **~se (ante)** s'humilier (devant)

humo nm fumée f; **~s** nmpl (fig: altivez) air m hautain; **echar ~** fumer; **bajar los ~s a algn** rabattre son caquet à qn

humor nm humeur f; **de buen/ mal ~** de bonne/mauvaise humeur; **humorista** nm/f humoriste m/f

humorístico, -a adj humoristique

hundimiento nm (de barco) naufrage m; (de edificio) écroulement m; (de tierra) éboulement m

hundir vt (barco, negocio) couler; (edificio) raser; (fig: persona) abattre; **~se** vpr (barco, negocio) couler; (edificio) s'écrouler

húngaro, -a adj hongrois(e) ♦ nm/f Hongrois(e)

Hungría nf Hongrie f

huracán nm ouragan m

huraño, -a adj désagréable; (poco sociable) peu sociable

hurgar vt remuer ♦ vi: **~ (en)** fouiner (dans); **~se** vpr: **~se (las narices)** se curer (le nez)

hurón nm furet m

hurtadillas: a ~ adv à la dérobée

hurtar vt dérober; **hurto** nm vol m

husmear vt humer ♦ vi fouiner; **~ en** (fam) se mêler de

huyendo etc vb ver **huir**

I, i

iba etc vb ver **ir**
ibérico, -a adj ibérique
iberoamericano, -a adj latino-américain(e) ♦ nm/f Latino-américain(e)
Ibiza nf Ibiza f
iceberg (pl ~s) nm iceberg m
icono nm icône f
iconoclasta adj, nm/f iconoclaste m/f
ictericia nf jaunisse f
ida nf aller m; ~ **y vuelta** aller et retour
idea nf idée f; (propósito) intention f; **no tengo la menor ~** je n'en ai pas la moindre idée; **cambiar de ~** changer d'idée; **¡ni ~!** aucune idée!
ideal adj idéal(e) ♦ nm idéal m;
idealista adj, nm/f idéaliste m/f;
idealizar vt idéaliser
idear vt concevoir
ídem pron idem
idéntico, -a adj: ~ **(a)** identique (à)
identidad nf identité f
identificación nf identification f
identificar vt identifier; ~**se** vpr: ~**se (con)** s'identifier (à)
ideología nf idéologie f
idilio nm idylle f
idioma nm langue f
idiota adj, nm/f idiot(e); **idiotez** nf idiotie f
ídolo nm idole f
idóneo, -a adj idéal(e)
iglesia nf église f
ignorancia nf ignorance f;
ignorante adj, nm/f ignorant(e);
ignorar vt ignorer

┌─── PALABRA CLAVE ───┐

igual adj **1** (idéntico) pareil(le);
Pedro es igual que tú Pedro est comme toi; **X es igual a Y**
(MAT) X est égal à Y; **son iguales**
ils sont pareils; **van iguales** (en carrera, competición) ils sont à égalité; **él, igual que tú, está convencido de que ...** comme toi, il est convaincu que ...; **¡es igual!** (no importa) ça ne fait rien!; **me da igual** ça m'est égal
2 (liso: terreno, superficie) égal(e)
♦ nm/f (persona) égal(e); **sin igual** sans égal
♦ adv **1** (de la misma manera) de la même façon, pareil (fam);
visten igual ils s'habillent de la même façon
2 (fam: a lo mejor) peut-être que;
igual no lo saben todavía
peut-être qu'ils ne le savent pas encore
3 (esp CSUR: fam: a pesar de todo) quand même; **era inocente pero me expulsaron igual**
j'étais innocent mais ils m'ont renvoyé quand même

└─────────────────────┘

igualar vt égaliser; ~**se** vpr
(diferencias) s'aplanir; ~**se (con)**
(compararse) se comparer (avec)
igualdad nf égalité f; **en ~ de condiciones** dans les mêmes conditions
igualmente adv: **¡felices vacaciones! - ~** bonnes vacances! - à toi aussi
ilegal adj illégal(e)
ilegible adj illisible
ilegítimo, -a adj illégitime
ileso, -a adj: **resultar** o **salir ~ (de)** sortir indemne (de), sortir sain(e) et sauf (sauve) (de)

ilícito, -a *adj* illicite

ilimitado, -a *adj* illimité(e)

ilógico, -a *adj* illogique

iluminación *nf* illumination f, éclairage m; *(de local, habitación)* éclairage

iluminar *vt* illuminer, éclairer; *(adornar con luces)* illuminer; *(colorear: ilustración)* enluminer

ilusión *nf* illusion f; *(alegría)* joie f; *(esperanza)* espoir m; **hacerle ~ a algn** faire plaisir à qn; **hacerse ilusiones** se faire des illusions

ilusionado, -a *adj*: **estar ~ (con)** se réjouir (de)

ilusionar *vt* réjouir; **~se** *vpr*: **~se (con)** se réjouir (de)

ilusionista *nm/f* illusionniste *m/f*

iluso, -a *adj* naïf(-ïve) ♦ *nm/f* rêveur(-euse)

ilusorio, -a *adj* illusoire

ilustración *nf* illustration f; *(cultura)* instruction f, culture f; **la I~** le Siècle des lumières

ilustrado, -a *adj* illustré(e); *(persona)* cultivé(e), instruit(e)

ilustrar *vt* illustrer

ilustre *adj* illustre, célèbre

imagen *nf* image f

imaginación *nf* imagination f; **imaginaciones** *nfpl (suposiciones)* idées fpl

imaginar *vt* imaginer; *(idear)* imaginer, concevoir; **~se** *vpr* s'imaginer; **~ que ...** *(suponer)* imaginer que ...

imaginario, -a *adj* imaginaire

imaginativo, -a *adj* imaginatif(-ive)

imán *nm* aimant m

imbécil *adj, nm/f* imbécile *m/f*

imitación *nf* imitation f; *(parodia)* imitation, pastiche m; **de ~** en imitation

imitar *vt* imiter; *(parodiar)* imiter, pasticher

impaciencia *nf* impatience f;

impaciente *adj* impatient(e); **estar impaciente** se tracasser; *(deseoso)* être impatient; **estar impaciente (por hacer)** être impatient (de faire), avoir hâte (de faire)

impacto *nm* impact m; *(esp AM: fig)* impression f

impar *adj* impair(e)

imparcial *adj* impartial(e)

impartir *vt (clases)* donner; *(orden)* intimer

impasible *adj* impassible

impecable *adj* impeccable

impedimento *nm* empêchement m, obstacle m

impedir *vt (imposibilitar)* empêcher; *(estorbar)* gêner; **~ a algn hacer o que haga algo** empêcher qn de faire qch

impenetrable *adj* impénétrable

imperar *vi* régner

imperativo, -a *adj* impératif(-ive); **~s** *nmpl (exigencias)* impératifs mpl

imperceptible *adj* imperceptible

imperdible *nm* épingle f à nourrice

imperdonable *adj* impardonnable

imperfección *nf (en prenda, joya, vasija)* défaut m; *(de persona)* imperfection f

imperfecto, -a *adj* défectueux(-euse); *(tarea, LING)* imparfait(e)

imperial *adj* impérial(e); **imperialismo** *nm* impérialisme m

imperio *nm* empire m

imperioso, -a *adj* impérieux(-euse)

impermeable *adj, nm*
imperméable *m*
impersonal *adj* impersonnel(le)
impertinencia *nf* impertinence *f*;
impertinente *adj* impertinent(e)
imperturbable *adj*
imperturbable
ímpetu *nm* (*violencia*) violence *f*;
(*energía*) énergie *f*
impetuoso, -a *adj*
impétueux(-euse); (*paso, ritmo*)
soutenu(e)
impío, -a *adj* (*sin fe*) impie;
(*irreverente*) irrévérencieux(-euse)
implacable *adj* implacable
implantar *vt* implanter; **~se** *vpr*
s'implanter
implicar *vt* impliquer; **~ a algn
en algo** impliquer qn dans qch
implícito, -a *adj* (*tácito*) tacite;
(*sobreentendido*) implicite; **llevar
~** comporter implicitement
implorar *vt* implorer
imponente *adj* imposant(e);
(*fam*) sensationnel(le)
imponer *vt* imposer; (*respeto*)
inspirer; **~se** *vpr* (*moda,
costumbre*) s'imposer; (*razón,
equipo*) l'emporter; **~se (a)**
s'imposer (à); **~se (hacer)**
s'imposer (de faire); **imponible**
adj (COM) imposable
impopular *adj* impopulaire
importación *nf* importation *f*
importancia *nf* importance *f*;
darse ~ faire l'important; **sin ~**
sans importance; **importante** *adj*
important(e)
importar *vt* importer; (*ascender a:
cantidad*) se monter à, coûter ♦ *vi*
importer; **me importa un bledo**
o **rábano** je m'en fiche pas mal;
¿le importa que fume? ça
vous ennuie si je fume?; **¿y a ti
qué te importa?** qu'est-ce que

ça peut (bien) te faire?; **no
importa** ce n'est pas grave, ça ne
fait rien
importe *nm* (*coste*) coût *m*; (*total*)
montant *m*
importunar *vt* importuner
imposibilidad *nf* impossibilité *f*;
imposibilitar *vt* rendre
impossible; (*impedir*) empêcher
imposible *adj*: **hacer lo ~ por**
faire l'impossible pour
imposición *nf* (*de moda*)
introduction *f*; (*sanción, condena*)
application *f*; (*mandato*) ordre *m*;
(COM: *impuesto*) imposition *f*; (:
depósito) dépôt *m*
impostor, a *nm/f* imposteur *m*
impotencia *nf* impuissance *f*;
impotente *adj* impuissant(e) ♦
nm impuissant *m*
impracticable *adj* (*camino*)
impraticable
impreciso, -a *adj* imprécis(e)
impregnar *vt* imprégner; **~se**
vpr s'imprégner
imprenta *nf* (*aparato*) presse *f*;
letra de ~ caractère *m*
d'imprimerie
imprescindible *adj*
indispensable
impresión *nf* impression *f*
impresionable *adj*
impressionnable
impresionante *adj*
impressionnant(e)
impresionar *vt* impressionner;
(*conmover*) bouleverser, toucher;
~se *vpr* être impressionné(e); **se
impresiona con facilidad** il ne
faut pas grand-chose pour
l'impressionner
impreso, -a *pp de* **imprimir** ♦
adj imprimé(e); (*formulario*)
imprimé *m*, formulaire *m*; **~s**
nmpl (*material impreso*) imprimés

mpl; **impresora** *nf* (INFORM) imprimante *f*

imprevisto, -a *adj* imprévu(e) ♦ *nm* imprévu *m*

imprimir *vt* imprimer

improbable *adj* improbable

improcedente *adj* inopportun(e)

improductivo, -a *adj* improductif(-ive)

improperio *nm* insulte *f*, injure *f*

impropio, -a *adj* impropre; **~ de** *o* **para** peu approprié(e) à

improvisado, -a *adj* improvisé(e)

improvisar *vt, vi* improviser

improviso *adv:* **de ~** à l'improviste

imprudencia *nf* imprudence *f*; (*indiscreción*) indiscrétion *f*;

imprudente *adj* imprudent(e); (*indiscreto*) indiscret(-ète)

impúdico, -a *adj* impudique, indécent(e)

impuesto, -a *pp de* **imponer** ♦ *nm* impôt *m*; **libre de ~s** exonéré(e) d'impôt; **~ directo/ indirecto** impôt direct/indirect; **~ sobre el valor añadido** *o* (AM) **agregado** taxe à la valeur ajoutée; **~ sobre la renta/ sobre la renta de las personas físicas** impôt sur le revenu/sur le revenu des personnes physiques

impugnar *vt* contester; (*refutar*) réfuter

impulsar *vt* propulser; (*economía*) stimuler; **él me impulsó a hacerlo** *o* **a que lo hiciera** il m'a poussé à le faire

impulsivo, -a *adj* impulsif(-ive)

impulso *nm* impulsion *f*; (*fuerza*) élan *m*; **dar ~ a** donner une impulsion à

impune *adj* impuni(e)

impureza *nf* impureté *f*; **~s** *nfpl* (*de agua, aire*) impuretés *fpl*

impuro, -a *adj* impur(e)

imputar *vt* imputer

inacabable *adj* interminable

inaccesible *adj* inaccessible

inacción *nf* inaction *f*

inaceptable *adj* inacceptable

inactividad *nf* inactivité *f*

inactivo, -a *adj* inactif(-ive)

inadecuado, -a *adj* inadéquat(e)

inadmisible *adj* inadmissible

inadvertido, -a *adj:* **pasar ~** passer inaperçu(e)

inagotable *adj* inépuisable, intarissable

inaguantable *adj* insupportable

inalterable *adj* inaltérable; (*persona*) entier(-ère)

inanición *nf* inanition *f*

inanimado, -a *adj* inanimé(e)

inapreciable *adj* (*poco importante*) insignifiant(e); (*de gran valor*) inestimable

inaudito, -a *adj* inouï(e)

inauguración *nf* inauguration *f*;

inaugurar *vt* inaugurer

inca *adj* inca *inv* ♦ *nm/f* Inca *m/f*

incalculable *adj* incalculable

incandescente *adj* incandescent(e)

incansable *adj* infatigable

incapacidad *nf* incapacité *f*; **~ física** incapacité physique

incapacitar *vt:* **~ (para)** (*inhabilitar*) rendre inapte (à); (*descalificar*) déclarer inapte (à)

incapaz *adj* incapable

incautación *nf* saisie *f*

incautarse *vpr:* **~ de** s'emparer de

incauto, -a *adj* (*imprudente*) imprudent(e)

incendiar *vt* incendier; **~se** *vpr* prendre feu, brûler

incendiario, -a *adj* incendiaire
incendio *nm* incendie *m*
incentivo *nm* stimulation *f*, aiguillon *m*
incertidumbre *nf* incertitude *f*
incesante *adj* incessant(e)
incesto *nm* inceste *m*
incidencia *nf* (*repercusión*) incidence *f*
incidente *nm* incident *m*
incidir *vi*: ~ **en** affecter; ~ **en un error** tomber dans l'erreur
incienso *nm* encens *msg*
incineración *nf* incinération *f*
incinerar *vt* incinérer
incipiente *adj* naissant(e)
incisión *nf* incision *f*
incisivo, -a *adj* (*fig*) incisif(-ive) ♦ *nm* incisive *f*
incitar *vt* inciter
inclemencia *nf* sévérité *f*; ~**s** *nfpl* (*del tiempo*) rigueurs *fpl*
inclinación *nf* inclinaison *f*; (*fig*) inclination *f*, penchant *m*; **tener ~ por algn/algo** avoir un penchant pour qn/qch
inclinar *vt* incliner; (*cabeza, cuerpo*) incliner, pencher; ~**se** *vpr* pencher; (*persona*) se pencher; **me inclino a pensar que ...** j'incline à penser que ...
incluir *vt* (*abarcar*) comprendre; (*meter*) inclure
inclusive *adv* (*incluido*) inclus, y compris; (*incluso*) même
incluso *adv*, *prep* même
incógnito: de ~ *adv* incognito
incoherente *adj* incohérent(e)
incomodar *vt* incommoder; ~**se** *vpr* se fâcher
incomodidad *nf* ennui *m*; (*de vivienda, asiento*) manque *m* de confort
incómodo, -a *adj* (*vivienda*) inconfortable; (*asiento*) peu

confortable; (*molesto*) incommodant(e); **sentirse ~** se sentir mal à l'aise
incomparable *adj* incomparable
incompatible *adj*: ~ (**con**) incompatible (avec)
incompetencia *nf* incompétence *f*; **incompetente** *adj* incompétent(e)
incompleto, -a *adj* incomplet(-ète)
incomprensible *adj* incompréhensible
incomunicado, -a *adj* (*aislado: persona*) isolé(e); (: *pueblo*) coupé(e) de tout; (*preso*) mis(e) au régime cellulaire
inconcebible *adj* inconcevable
incondicional *adj* inconditionnel(le)
inconexo, -a *adj* décousu(e)
inconfundible *adj* caractéristique
incongruente *adj* incongru(e); ~ (**con**) (*actitud*) en désaccord (avec)
inconsciencia *nf* inconscience *f*; **inconsciente** *adj* inconscient(e); **inconsciente de** inconscient(e) de
inconsecuente *adj*: ~ (**con**) inconséquent(e) (avec)
inconsiderado, -a *adj* inconsidéré(e)
inconsistente *adj* inconsistant(e)
inconstancia *nf* inconstance *f*; **inconstante** *adj* inconstant(e)
incontable *adj* innombrable, incalculable
incontestable *adj* incontestable
incontinencia *nf* incontinence *f*
inconveniencia *nf* inconvenance *f*; **inconveniente** *adj* déplacé(e) ♦ *nm* inconvénient *m*; **el inconveniente es que ...** l'inconvénient, c'est que ...

incordiar (fam) vt emmerder (fam!)

incorporación nf incorporation f

incorporar vt incorporer; (enderezar) lever; ~se vpr se lever; ~se a (puesto) se présenter à

incorrección nf incorrection f

incorrecto, -a adj incorrect(e)

incorregible adj incorrigible

incredulidad nf incrédulité f

incrédulo, -a adj incrédule

increíble adj incroyable

incremento nm augmentation f

increpar vt admonester

incubar vt couver

inculcar vt inculper

inculpar vt inculper

inculto, -a adj inculte ♦ nm/f ignorant(e)

incumplimiento nm (de promesa) manquement m; ~ de contrato rupture f de contrat

incurrir vi: ~ en (error) tomber dans; (crimen) en arriver à

indagación nf recherche f

indagar vt rechercher

indecente adj indécent(e)

indecible adj indicible

indeciso, -a adj indécis(e)

indefenso, -a adj (animal, persona) sans défense

indefinido, -a adj (indeterminado) indéfini(e); (ilimitado) indéterminé(e)

indeleble adj indélébile

indemne adj: **salir ~ de** sortir indemne de

indemnizar vt: ~ (de) indemniser (de)

independencia nf indépendance f

independiente adj indépendant(e)

indeterminado, -a adj indéterminé(e)

India nf: **la ~** l'Inde f

indicación nf indication f; (señal: de persona) signe m;

indicaciones nfpl (instrucciones) indications fpl

indicador nm indicateur m; (AUTO) panneau m de signalisation

indicar vt indiquer

índice nm index m; ~ **de materias** table f des matières

indicio nm indice m

indiferencia nf indifférence f;

indiferente adj: **indiferente (a)** indifférent(e) (à); **me es indiferente hacerlo hoy o mañana** cela m'est égal de le faire aujourd'hui ou demain; **a Alfonso le era indiferente Carmen** Carmen laissait Alfonso indifférent

indígena adj, nm/f indigène m/f

indigencia nf indigence f

indigestión nf indigestion f

indigesto, -a adj indigeste; (persona) insupportable

indignación nf indignation f

indignar vt indigner; ~se vpr: ~se (por) s'indigner (de)

indigno, -a adj: ~ (de) indigne (de)

indio, -a adj: ~ indien(ne) ♦ nm/f Indien(ne); **hacer el ~** faire l'imbécile

indirecta nf allusion f

indirecto, -a adj indirect(e)

indiscreción nf indiscrétion f

indiscreto, -a adj indiscret(-ète)

indiscriminado, -a adj (golpes) distribué(e) au hasard; **de un modo ~** sans discrimination

indiscutible adj indiscutable

indispensable adj indispensable

indisponer vt indisposer; ~se vpr (MED) se sentir indisposé(e); ~se con o contra algn se

brouiller avec qn
indisposición nf indisposition f
indistinto, -a adj indistinct(e)
individual adj individuel(le);
(habitación, mesa) simple ♦ nm
(DEPORTE) simple m
individuo nm individu m
índole nf (naturaleza) nature f;
(clase) caractère m
indómito, -a adj indomptable
inducir vt induire; ~ **a algn a**
hacer inciter qn à faire
indudable adj indubitable
indulgencia nf indulgence f
indultar vt gracier; **indulto** nm
grâce f
industria nf industrie f;
industrial adj industriel(le)
inédito, -a adj inédit(e)
inefable adj ineffable
ineficaz adj (medida,
medicamento) inefficace; (persona)
peu efficace
inepto, -a adj inepte ♦ nm/f
incapable m/f
inequívoco, -a adj clair(e)
inercia nf inertie f
inerme adj (sin armas)
désarmé(e); (indefenso) sans
défense
inerte adj inerte
inesperado, -a adj inattendu(e)
inestable adj instable
inevitable adj inévitable
inexactitud nf inexactitude f
inexacto, -a adj inexact(e)
inexperto, -a adj
inexpérimenté(e)
infalible adj infaillible
infame adj infâme
infancia nf enfance f
infantería nf infanterie f
infantil adj (programa, juego) pour
les enfants; (población) enfantin(e);
(pey) puéril(e)

infarto nm (tb: ~ **de miocardio**)
infarctus msg
infatigable adj infatigable
infección nf infection f
infeccioso, -a adj (MED)
infectieux(-euse)
infectar vt infecter; ~**se** vpr
s'infecter
infeliz adj, nm/f
malheureux(-euse)
inferior adj, nm/f inférieur(e); ~
(a) inférieur(e) (à)
inferir vt inférer
infestar vt infester
infidelidad nf infidélité f; ~
conyugal infidélité conjugale
infiel adj, nm/f infidèle m/f
infierno nm (REL) enfer m
infiltrarse vpr s'infiltrer
ínfimo, -a adj infime
infinidad nf: **una ~ de** une
infinité de
infinito, -a adj infini(e) ♦ nm
infini m
inflación nf (ECON) inflation f
inflacionario, -a adj
inflationniste
inflamar vt enflammer; ~**se** vpr
s'enflammer; (hincharse) s'enfler
inflar vt gonfler; (fig) exagérer;
~**se** vpr s'enfler; ~**se de**
(chocolate etc) se bourrer de
inflexible adj (material)
indéformable; (persona) inflexible
infligir vt infliger
influencia nf influence f;
influenciar vt influencer
influir vt influencer ♦ vi agir; ~ **en**
o **sobre** influer sur, influencer
influjo nm influence f
influyendo etc vb ver **influir**
influyente adj influent(e)
información nf (sobre un asunto,
INFORM) information f; (noticias,
informe) informations fpl; **l~**

(*oficina, TELEC*) Renseignements *mpl*; (*mostrador*) Information

informal *adj* (*persona*) peu sérieux(-euse); (*estilo, lenguaje*) informel(le)

informar *vt* informer ♦ *vi* (*dar cuenta de*): ~ **de/sobre** informer de/sur; ~**se** (**de**) s'informer (de); (**les**) **informó que ...** il (les) a informé(s) que ...

informática *nf* informatique *f*

informe *adj* informe ♦ *nm* rapport *m*

infortunio *nm* infortune *f*

infracción *nf* infraction *f*

infranqueable *adj* infranchissable

infringir *vt* transgresser

infructuoso, -a *adj* infructueux(-euse)

infundado, -a *adj* peu fondé(e)

infundir *vt*: ~ **ánimo** *o* **valor** insuffler du courage; ~ **respeto** inspirer le respect; ~ **miedo** inspirer de la crainte

infusión *nf* infusion *f*

ingeniar *vt* inventer; ~**se** *vpr*: ~**se** *o* **ingeniárselas para hacer** se débrouiller pour faire

ingeniería *nf* ingénierie *f*

ingeniero, -a *nm/f* ingénieur *m*; (*esp MÉX: título de cortesía: tb: I~*) Monsieur (Madame); ~ **de caminos** ingénieur des travaux publics; ~ **de sonido** ingénieur du son

ingenio *nm* génie *m*

ingenioso, -a *adj* (*hábil*) ingénieux(-euse); (*divertido*) spirituel(le)

ingenuidad *nf* ingénuité *f*

ingenuo, -a *adj* ingénu(e)

ingerir *vt* ingérer

Inglaterra *nf* Angleterre *f*

ingle *nf* aine *f*

inglés, -esa *adj* anglais(e) ♦ *nm/f* Anglais(e) ♦ *nm* (*LING*) anglais *msg*

ingratitud *nf* ingratitude *f*

ingrato, -a *adj* ingrat(e)

ingrediente *nm* ingrédient *m*

ingresar *vt* (*dinero*) déposer; (*enfermo*) faire entrer ♦ *vi*: ~ (**en**) (*en facultad, escuela*) être admis(e) (à); (*en club etc*) s'inscrire (à); (*en ejército*) entrer (dans); (*en hospital*) entrer (à)

ingreso *nm* admission *f*; ~**s** *nmpl* (*dinero*) revenus *mpl*; (: *COM*) recettes *fpl*

inhabitable *adj* inhabitable

inhalar *vt* inhaler

inhalador *nm* inhaler

inherente *adj*: ~ **a** inhérent(e) à

inhibir *vt* (*MED*) inhiber; ~**se** *vpr*: ~**se** (**de hacer**) s'abstenir (de faire)

inhóspito, -a *adj* inhospitalier(-ère)

inhumano, -a *adj* inhumain(e)

inicial *adj* initial(e); (*letra*) premier(-ère) ♦ *nf* initiale *f*

iniciar *vt* commencer; ~ (**en**) (*persona*) initier (à)

iniciativa *nf* initiative *f*; **la** ~ **privada** l'initiative privée; **tomar la** ~ prendre l'initiative

inicio *nm* début *m*

internauta *nmf* internaute *mf*

ininterrumpido, -a *adj* ininterrompu(e)

injerencia *nf* ingérence *f*

injertar *vt* greffer

injuria *nf* injure *f*; **injuriar** *vt* injurier

injurioso, -a *adj* injurieux(-euse)

injusticia *nf* injustice *f*

injusto, -a *adj* injuste

inmadurez *nf* immaturité *f*

inmediaciones *nfpl* environs *mpl*

inmediato, -a *adj* immédiat(e); (*contiguo*) contigu(ë); ~ **a** contigu(ë) à; **de ~** (*esp AM*) tout de suite

inmejorable *adj* excellent(e)

inmenso, -a *adj* immense

inmerecido, -a *adj* (*críticas*) injustifié(e)

inmigración *nf* immigration *f*

inmigrante *adj, nm/f* immigrant(e)

inmiscuirse *vpr*: ~ **(en)** s'immiscer (dans)

inmobiliaria *nf* (*tb*: **agencia ~**) agence *f* immobilière

inmobiliario, -a *adj* immobilier(-ère)

inmoral *adj* immoral(e)

inmortal *adj* immortel(le); **inmortalizar** *vt* immortaliser

inmóvil *adj* immobile

inmueble *adj*: **bienes ~s** biens *mpl* immeubles ♦ *nm* immeuble *m*

inmundicia *nf* saleté *f*

inmundo, -a *adj* (*lugar*) immonde

inmune *adj*: ~ **(a)** immunisé(e) (contre)

inmunidad *nf* immunité *f*

inmutarse *vpr* se troubler

innato, -a *adj* inné(e)

innecesario, -a *adj* pas nécessaire

innoble *adj* ignoble

innovación *nf* innovation *f*

inocencia *nf* innocence *f*

inocentada *nf* (*broma*) ≃ poisson *m* d'avril

inocente *adj, nm/f* innocent(e)

Día de los Santos Inocentes

Le 28 décembre, jour des saints Innocents, l'Église commémore le massacre des enfants de Judée ordonné par Hérode. Cette journée est l'occasion pour les Espagnols de se faire des plaisanteries et de se jouer des tours appelés **inocentadas**, un peu comme lors du premier avril en France.

---

inocuo, -a *adj* inoffensif(-ive)

inodoro, -a *adj* inodore ♦ *nm* cabinet *m*

inofensivo, -a *adj* inoffensif(-ive)

inolvidable *adj* inoubliable

inopinado, -a *adj* inopiné(e)

inoportuno, -a *adj* inopportun(e)

inoxidable *adj* inoxydable; **acero ~** acier *m* inoxydable

inquebrantable *adj* (*fe*) inébranlable; (*promesa*) solennel(le)

inquietar *vt* inquiéter; **~se** *vpr* s'inquiéter

inquieto, -a *adj* inquiet(-ète); (*niño*) turbulent(e); **inquietud** *nf* inquiétude *f*; (*agitación*) dissipation *f*

inquilino, -a *nm/f* locataire *m/f*

inquirir *vt* s'enquérir de

insalubre *adj* insalubre

inscribir *vt* inscrire; **~se** *vpr* (*ESCOL etc*) s'inscrire

inscripción *nf* inscription *f*

insecticida *nm* insecticide *m*

insecto *nm* insecte *m*

inseguridad *nf* insécurité *f*; (*inestabilidad*) instabilité *f*; (*de carácter*) manque *m* de confiance; (*indecisión*) indécision *f*; ~ **ciudadana** insécurité urbaine

inseguro, -a *adj* incertain(e); (*persona*) pas sûr(e) de soi; (*lugar*) peu sûr(e); (*terreno*) instable; (*escalera*) branlant(e); **sentirse ~** ne pas se sentir en sécurité

insensato, -a *adj* insensé(e)

insensibilidad nf insensibilité f
insensible adj insensible
insertar vt insérer
inservible adj inutilisable
insidioso, -a adj insidieux(-euse)
insignia nf (emblema) insigne m;
(estandarte) enseigne f; **buque ~**
vaisseau m amiral
insignificante adj insignifiant(-e)
insinuar vt insinuer
insípido, -a adj insipide
insistencia nf insistance f; **con
~** avec insistance
insistir vi: ~ (en) insister (sur)
insolación nf insolation f
insolencia nf insolence f;
insolente adj insolent(-e)
insólito, -a adj insolite
insoluble adj (problema)
insoluble; ~ **(en)** (sustancia)
insoluble (dans)
insolvencia nf insolvabilité
f
insomnio nm insomnie f
insondable adj insondable
insonorizar vt insonoriser
insoportable adj insupportable
insospechado, -a adj
insoupçonné(e)
inspección nf inspection f;
inspeccionar vt inspecter
inspector, a nm/f
inspecteur(-trice)
inspiración nf inspiration f
inspirar vt inspirer; ~**se** vpr: ~**se
en** s'inspirer de
instalación nf installation f;
instalaciones nfpl (de centro
deportivo, hotel) installations fpl; ~
eléctrica installation électrique
instalar vt installer; ~**se** vpr
s'installer
instancia nf instance f; **en
última ~** en dernier ressort
instantánea nf instantané m

instantáneo, -a adj
instantané(e); **café ~** café m
instantané
instante nm instant m; **a cada ~**
à tout instant; **al ~** à l'instant
instar vt: ~ **a algn a hacer** o
para que haga prier instamment
qn de faire
instaurar vt instaurer
instigar vt: ~ **a algn a (hacer)**
inciter qn à (faire)
instinto nm instinct m; **por ~**
d'instinct
institución nf institution f;
instituciones nfpl (de un país)
institutions fpl
instituir vt instituer; **instituto**
nm (ESCOL) lycée m; (de
investigación, cultural etc) institut
m; **Instituto de Bachillerato**
(ESP) lycée
institutriz nf préceptrice f
instrucción nf instruction f;
instrucciones nfpl (normas de
uso, órdenes) instructions fpl; ~
del sumario (JUR) instruction
instructivo, -a adj instructif(-ive)
instruir vt (JUR) instruire
instrumento nm instrument m
insubordinarse vpr: ~ **(contra)**
se rebeller (contre)
insuficiencia nf insuffisance f;
insuficiente adj insuffisant(e) ♦
nm (ESCOL) note f inférieure à la
moyenne
insufrible adj = **insoportable**
insular adj insulaire
insultar vt insulter; **insulto** nm
insulte f
insuperable adj (excelente)
incomparable; (invencible)
insurmontable
insurgente adj, nm/f insurgé(e)
insurrección nf insurrection f
intachable adj irréprochable

intacto, -a adj intact(e)

integral adj intégral(e); *(idiota)* parfait(e); **pan ~** pain m complet

integrar vt composer; **~se** vpr s'intégrer

integridad nf intégrité f

íntegro, -a adj intègre

intelectual adj, nm/f intellectuel(le)

inteligencia nf intelligence f; **inteligente** adj intelligent(e)

inteligible adj intelligible

intemperie nf intempérie f; **a la ~** sans abri

intempestivo, -a adj intempestif(-ive)

intención nf intention f; **con segundas intenciones** avec des intentions cachées; **buena/mala ~** bonne/mauvaise intention; **de buena/mala ~** bien/mal intentionné(e)

intencionado, -a adj intentionnel(le); **bien/mal ~** bien/mal intentionné(e)

intensidad nf intensité f; **llover con ~** pleuvoir dru

intenso, -a adj intense

intentar vt: **~ (hacer)** essayer o tenter de (faire); **intento** nm essai m, tentative f

intercalar vt intercaler

intercambio nm échange m

interceder vi: **~ (por)** intercéder (en faveur de)

interceptar vt intercepter

interés nm intérêt m; **intereses** nmpl *(dividendos, aspiraciones)* intérêts mpl; **sentir/tener ~ en** éprouver/avoir de l'intérêt pour; **tipo de ~** *(COM)* taux msg d'intérêt; **intereses creados** coalition d'intérêts; **~ propio** intérêt personnel

interesado, -a adj, nm/f

intéressé(e); **~ en/por** intéressé(e) par

interesante adj intéressant(e)

interesar vt intéresser ♦ vi être intéressant(e); **~se** vpr: **~se en** o **por** s'intéresser à; **no me interesan los toros** les courses de taureaux ne m'intéressent pas

interferencia nf *(RADIO, TV, TELEC)* interférence f; **~ (en)** *(injerencia)* ingérence f *(dans)*

interferir vt *(TELEC)* brouiller ♦ vi: **~ (en)** s'immiscer *(dans)*

interfono nm interphone m

interino, -a adj intérimaire ♦ nm/f intérimaire m/f; *(MED)* remplaçant(e)

interior adj intérieur(e) ♦ nm intérieur m; **Ministerio del l~** ministère m de l'Intérieur; **ropa ~** linge m de corps

interjección nf interjection f

interlocutor, a nm/f interlocuteur(-trice)

intermediario, -a adj, nm/f intermédiaire m/f

intermedio, -a adj intermédiaire ♦ nm *(TEATRO, CINE)* intervalle m

interminable adj interminable

intermitente adj intermittent(e) ♦ nm *(AUTO)* clignotant m

internacional adj international(e)

internado nm internat m

internar vt interner; **~se** vpr *(penetrar)*: **~se en** pénétrer dans

internauta nm/f internaute m/f

Internet nm Internet m

interno, -a adj interne; *(POL etc)* intérieur(e) ♦ nm/f *(alumno)* interne m/f

interponer vt interposer; *(JUR: apelación)* interjeter; **~se** vpr s'interposer; **~ (entre)** interposer

(entre)
interpretación nf interprétation f

interpretar vt interpréter; **~ mal** mal interpréter; **intérprete** nm/f interprète m/f

interrogación nf interrogation f; (tb: **signo de ~**) point m d'interrogation

interrogar vt interroger

interrumpir vt interrompre

interrupción nf interruption f

interruptor nm (ELEC) interrupteur m

intersección nf intersection f

interurbano, -a adj interurbain(e)

intervalo nm intervalle m; **a ~s** à intervalles

intervención nf intervention f

intervenir vt (MED) pratiquer une intervention sur; (suj: policía) saisir; (teléfono) placer sous écoute téléphonique; (cuenta bancaria) bloquer ♦ vi intervenir

interventor, a nm/f (en elecciones) inspecteur(-trice); (COM) audit m/f

interviú nf interview f

intestino nm intestin m

intimar vt: **~ a algn a que ...** intimer à qn de ... ♦ vi se lier d'amitié

intimidad nf intimité f; (amistad) amitié f; **en la ~** dans l'intimité

íntimo, -a adj intime

intolerable adj intolérable

intoxicación nf intoxication f; **~ alimenticia** intoxication alimentaire

intranquilizarse vpr s'inquiéter

intranquilo, -a adj inquiet(-ète)

intransigente adj intransigeant(e)

intransitable adj impraticable

intrépido, -a adj intrépide

intriga nf intrigue f; **intrigar** vt, vi intriguer

intrincado, -a adj (camino) embrouillé(e); (bosque) impénétrable; (problema, asunto) inextricable

intrínseco, -a adj intrinsèque

introducción nf introduction f

introducir vt introduire; **~se** vpr s'introduire

intromisión nf intromission f

introvertido, -a adj, nm/f introverti(e)

intruso, -a nm/f intrus(e)

intuición nf intuition f

inundación nf inondation f; **inundar** vt inonder; **inundarse** vpr s'inonder

inusitado, -a adj (espectáculo) insolite; (hora, calor) inhabituel(le)

inútil adj (herramienta) inutilisable; (esfuerzo) inutile; (persona: minusválido) handicapé(e); (: pey) bon(ne) à rien, inepte; **inutilidad** nf inutilité f; (ineptitud) ineptie f

inutilizar vt rendre inutilisable

invadir vt envahir

inválido, -a adj invalide ♦ nm/f handicapé(e)

invariable adj invariable

invasión nf invasion f

invasor, a adj envahissant(e) ♦ nm/f envahisseur m

invención nf invention f

inventar vt inventer

inventario nm inventaire m

inventiva nf inventivité f

invento nm invention f

inventor, a nm/f inventeur(-trice)

invernadero nm serre f

inverosímil adj invraisemblable

inversión nf (COM) investissement m

inverso, -a adj inverse; **en**

orden ~ dans l'ordre inverse; **a la inversa** à l'inverse
inversor, a *nm/f* (COM) investisseur *m*
invertir *vt* (COM) investir; (*poner del revés*) intervertir; (*tiempo*) consacrer
investigación *nf* recherche *f*; **~ del mercado** étude *f* de marché
investigar *vt* (*indagar*) chercher; (*estudiar*) faire des recherches en
invierno *nm* hiver *m*
invisible *adj* invisible
invitación *nf* invitation *f*
invitado, -a *nm/f* invité(e)
invitar *vt* inviter; **~ a algn a hacer algo** inviter qn à faire qch
invocar *vt* invoquer
involucrar *vt*: **~ a algn en** impliquer qn dans; **~se** *vpr*: **~se en** s'impliquer dans
involuntario, -a *adj* involontaire
inyección *nf* piqûre *f*, injection *f*; **ponerse una ~** se faire une piqûre
inyectar *vt* (MED) injecter

PALABRA CLAVE
---

ir *vi* **1** aller; **ir andando** marcher; **fui en tren** j'y suis allé en train; **¡(ahora) voy!** j'y vais!
2: ir (a) por: **ir (a) por el médico** aller chercher le docteur
3 (*progresar*) aller; **el trabajo va muy bien** le travail marche très bien; **¿cómo te va?** tu t'y fais?; **me va muy bien** ça va très bien; **le fue fatal** ça n'a pas du tout été
4 (*funcionar*): **el coche no va muy bien** la voiture ne marche pas très bien
5 (*sentar*): **me va estupendamente** (*ropa, color*) cela me va à merveille;

(*medicamento*) c'est exactement ce qu'il me fallait
6 (*aspecto*): **ir con zapatos negros** porter des chaussures noires; **iba muy bien vestido** il était très bien habillé
7 (*combinar*): **ir con algo** aller avec qch
8 (*excl*): **¡que va!** (*no*) mais non!; **vamos, no llores** allons, ne pleure pas; **vamos a ver** voyons voir; **¡vaya coche!** (*admiración*) quelle super voiture!; (*desprecio*) quelle voiture minable!; **que le vaya bien** (*esp AM: despedida*) salut!; **¡vete a saber!** allez savoir!
9: no vaya a ser: tienes que correr, no vaya a ser que pierdas el tren il faut que tu te dépêches, sinon tu vas rater ton train
♦ *vb aux* **1**: **ir a: voy/iba a hacerlo hoy** je vais/j'allais le faire aujourd'hui
2 (+ *gerundio*): **iba anocheciendo** il commençait à faire nuit; **todo se me iba aclarando** tout devenait clair pour moi
3 (+ *pp* = *pasivo*): **van vendidos 300 ejemplares** 300 exemplaires ont déjà été vendus
irse *vpr* **1**: **¿por dónde se va al parque?** comment va-t-on au parc?
2: irse (de) (*marcharse*) s'en aller (de); **ya se habrán ido** ils doivent être déjà partis; **¡vámonos!** allons-y!, on y va!

ira *nf* colère *f*
Irak *nm* = **Iraq**
Irán *nm* Iran *m*; **iraní** *adj* iranien(ne) ♦ *nm/f* Iranien(ne)

Iraq nm Irak m; **iraquí** adj
irakien(ne), iraquien(ne) ♦ nm/f
Irakien(ne), Iraquien(ne)
iris nm inv (ANAT) iris msg
Irlanda nf Irlande f; **~ del Norte**
Irlande du Nord
irlandés, -esa adj irlandais(e) ♦
nm/f Irlandais(e)
ironía nf ironie f
irónico, -a adj ironique
IRPF (ESP) sigla m (= Impuesto
sobre la Renta de las Personas
Físicas) ≃ IRPP m (= impôt sur le
revenu des personnes physiques)
irracional adj irrationnel(le)
irreal adj irréel(le)
irrecuperable adj irrécupérable
irreflexión nf irréflexion f
irregular adj irrégulier(-ère)
irremediable adj irrémédiable
irreparable adj irréparable
irresoluto, -a adj irrésolu(e)
irrespetuoso, -a adj
irrespectueux(-euse)
irresponsable adj irresponsable
irreversible adj irréversible
irrigar vt irriguer
irrisorio, -a adj dérisoire
irritación nf irritation f
irritar vt irriter; **~se** vpr s'irriter
irrupción nf irruption f
isla nf île f
islam nm Islam m
islandés, -esa adj islandais(e) ♦
nm/f Islandais(e)
Islandia nf Islande f
isleño, -a adj, nm/f insulaire m/f
Israel nm Israël m; **israelí** adj
israélien(ne) ♦ nm/f Israélite m/f
istmo nm isthme m
Italia nf Italie f
italiano, -a adj italien(ne) ♦ nm/f
Italien(ne)
itinerario nm itinéraire m
IVA (ESP) sigla m (COM) (= Impuesto

sobre el Valor Añadido) TVA f (=
taxe à la valeur ajoutée)
izar vt hisser
izdo. abr (= izquierdo) g (=
gauche)
izquierda nf gauche f; (lado
izquierdo) côté m gauche; **a la ~**
à gauche
izquierdista adj (POL) de gauche
♦ nm/f gauchiste m/f
izquierdo, -a adj gauche

J, j

jabalí nm sanglier m
jabalina nf javelot m
jabón nm savon m; **~ en polvo**
savon en poudre; **jabonar** vt
savonner; **jabonarse** vpr se
savonner
jaca nf bidet m
jacinto nm jacinthe f
jactarse vpr: **~ (de)** se vanter
(de)
jadear vi haleter; **jadeo** nm
halètement m
jaguar nm jaguar m
jalea nf gelée f
jaleo nm (barullo) tapage m; (riña)
grabuge m; **armar un ~** faire
(toute) une histoire
jalón nm (AM: estirón) coup m
jamás adv jamais
jamón nm jambon m; **~
serrano/de York** jambon cru/
cuit
Japón nm Japon m
japonés, -esa adj japonais(e) ♦
nm/f Japonais(e)
jaque nm (AJEDREZ) échec m; **~
mate** échec et mat
jaqueca nf migraine f
jarabe nm sirop m
jarcia nf (NÁUT) cordage m

jardín *nm* jardin *m*; ~ **de (la) infancia** *o* **de infantes** (AM) jardin d'enfants; **jardinería** *nf* jardinage *m*

jardinero, -a *nm/f* jardinier(-ère)

jarra *nf* jarre *f*

jarro *nm* broc *m*

jaula *nf* cage *f*

jauría *nf* meute *f*

jazmín *nm* jasmin *m*

jefa *nf ver* **jefe**

jefatura *nf* (*liderato*) commandement *m*; (*sede*) direction *f*; ~ **de policía** préfecture *f* de police

jefe, -a *nm/f* chef *m*; **ser el ~** (*fig*) être le chef; **comandante en ~** commandant *m* en chef; ~ **de estación** chef *m* de gare; ~ **de estado** chef d'état; ~ **de estudios** surveillant *m* général; ~ **de gobierno** chef de gouvernement

jeque *nm* cheik *m*

jerarquía *nf* hiérarchie *f*

jerárquico, -a *adj* hiérarchique

jerez *nm* xérès *msg*, jerez *msg*

jerga *nf* jargon *m*

jeringa *nf* seringue *f*; (*esp* AM: *fam*) ennui *m*

jeringuilla *nf* seringue *f*

jeroglífico *nm* hiéroglyphe *m*; (*pasatiempo*) rébus *m*

jersey (*pl* ~s *o* **jerséis**) *nm* pull-over *m*

Jerusalén *nf* Jérusalem *f*

Jesucristo *nm* Jésus-Christ *m*

jesuita *adj, nm* jésuite *m*

Jesús *nm* Jésus *m*; ¡~! mon Dieu!; (*al estornudar*) à tes *o* vos souhaits!

jinete *nm* cavalier *m*

jipijapa (AM) *nm* panama *m*

jirafa *nf* girafe *f*

jirón *nm* lambeau *m*; (PE: *calle*) rue *f*

joder (*fam!*) *excl* merde! (*fam!*)

jofaina *nf* cuvette *f*

jornada *nf* journée *f*; (*trabajar a*) ~ **intensiva/partida** (faire la) journée continue/discontinue

jornal *nm* journée *f*; **jornalero** *nm* journalier *m*

joroba *nf* bosse *f*

jorobado, -a *adj, nm/f* bossu(e)

jota *nf* (*letra*) j *m inv*; (*danza*) jota *f*; **no entiendo ni ~** je n'y pige rien; **no sabe ni ~** il n'en sait rien; **no veo ni ~** je n'y vois rien

joven *adj* jeune ♦ *nm* jeune homme *m*; (MÉX: *señor*) monsieur *m* ♦ *nf* jeune fille *f*; ¡**oiga, ~!** eh, jeune homme!

jovial *adj* jovial(e)

joya *nf* bijou *m*; (*persona*) perle *f*; ~**s de fantasía** bijoux *mpl* fantaisie; **joyería** *nf* bijouterie *f*; **joyero** *nm* bijoutier *m*; (*caja*) coffret *m* à bijoux

juanete *nm* (*del pie*) oignon *m*

jubilación *nf* retraite *f*

jubilado, -a *adj, nm/f* retraité(e)

jubilar *vt* mettre à la retraite; (*fam: algo viejo*) mettre au rancart; ~**se** *vpr* prendre sa retraite

júbilo *nm* joie *f*

judía *nf* haricot *m*; ~ **verde** haricot vert; ~ **blanca** flageolet *m*; *ver tb* **judío**

judicial *adj* judiciaire

judío, -a *adj, nm/f* juif(-ive)

judo *nm* judo *m*

juego *vb ver* **jugar** ♦ *nm* jeu *m*; **fuera de** ~ hors-jeu; **hacer** ~ **con** aller avec, faire pendant à; ~ **de palabras** jeu de mots; **J~s Olímpicos** Jeux olympiques

juerga *nf* fête *f*

jueves *nm inv* jeudi *m*; *ver tb* **sábado**

juez *nm/f* (*f tb*: **jueza**) juge *m*; ~

de instrucción juge d'instruction; **~ de línea** juge de touche; **~ de salida** starter *m*

jugada *nf* (*en juego*) coup *m*; (*fig*) mauvais tour *m*

jugador, a *nm/f* joueur(-euse)

jugar *vt, vi* jouer; **~se** *vpr* (*partido*) se jouer; (*lotería*) être tiré(e); (*vida, puesto, futuro*) jouer; **~ a** jouer à

jugo *nm* jus *msg*; **~ de naranja/ de piña** jus d'orange/d'ananas

jugoso, -a *adj* juteux(-euse); (*fig*) savoureux(-euse)

juguete *nm* jouet *m*; **juguetear** *vi* jouer; **juguetería** *nf* magasin *m* de jouets

juguetón, -ona *adj* joueur(-euse)

juicio *nm* jugement *m*; (*sensatez*) esprit *m*; (*opinión*) avis *msg*; (*JUR*) procès *msg*; **a mi ~** à mon *etc* avis; **estar fuera de ~** avoir perdu l'esprit; **perder el ~** perdre la tête

juicioso, -a *adj* sage

julio *nm* juillet *m*; **el uno de ~** le premier juillet; **el dos/once de ~** le deux/onze juillet; **a primeros/finales de ~** début/ fin juillet

junco *nm* jonc *m*

jungla *nf* jungle *f*

junio *nm* juin *m*; *ver tb* **julio**

junta *nf* comité *m*; (*organismo*) assemblée *f*, conseil *m*; (*TEC: punto de unión*) joint *m*; **~ de culata** (*AUTO*) joint de culasse; **~ directiva** équipe *f* de direction

juntar *vt* (*grupo, dinero*) rassembler; (*rodillas, pies*) joindre; **~se** *vpr* (*ríos, carreteras*) se rejoindre; (*personas*) se rassembler; (: *citarse*) se voir; (: *acercarse*) se rapprocher; (: *vivir juntos*) vivre à

la colle; **~se** a *o* **con algn** rejoindre qn

junto, -a *adj* ensemble ♦ *adv*: **~ todo** tout ensemble; **~ a** (*cerca de*) à côté de; **~ con** ci-joint; **~s** ensemble; (*próximos*) rapprochés; (*en contacto*) joints

jurado *nm* jury *m*; (*individuo: JUR*) juré *m*; (: *de concurso*) membre *m* du jury

juramento *nm* serment *m*; (*maldición*) juron *m*; **prestar ~** prêter serment; **tomar ~ a** faire prêter serment de

jurar *vt, vi* jurer; **~ en falso** se parjurer; **jurársela(s) a algn** garder un chien de sa chienne à qn

jurídico, -a *adj* juridique

jurisdicción *nf* juridiction *f*

jurisprudencia *nf* jurisprudence *f*

jurista *nm/f* juriste *m/f*

justamente *adv* justement

justicia *nf* justice *f*; **en ~** en toute justice; **hacer ~** rendre la justice

justiciero, -a *adj* justicier(-ère)

justificación *nf* justification *f*;

justificar *vt* justifier; **justificarse** *vpr* se justifier

justo, -a *adj* juste; (*preciso*) précis(e) ♦ *adv* précisément; **venir muy ~** (*dinero, comida*) être (tout) juste suffisant

juvenil *adj* juvénile; (*equipo*) junior; (*moda, club*) de jeunes; (*aspecto*) jeune

juventud *nf* jeunesse *f*; (*jóvenes*) jeunes *mpl*

juzgado *nm* tribunal *m*

juzgar *vt* juger; (*opinar*) penser; **a ~ por ...** à en juger par ...; **lo juzgo mi deber** j'estime que c'est mon devoir

K, k

karate, kárate nm karaté m
Kg., kg. abr (= kilogramo(s)) kg, K (= kilogramme(s))
kilo nm kilo m; **kilobit** nm kilobit m; **kilogramo** nm kilogramme m; **kilometraje** nm kilométrage m; **kilómetro** nm kilomètre m; **kilómetro cuadrado** kilomètre carré; **kilovatio** nm kilowatt m
kiosco nm = quiosco
km abr (= kilómetro(s)) km (= kilomètre(s))
kv abr (= kilovatio(s)) kW (= kilowatt)

L, l

l. abr (= litro(s)) l (= litre(s)) (JUR) = **ley**
la art def la ♦ pron (a ella) la, l'; (usted) vous; (cosa) la ♦ nm (MÚS) la m inv; **~ del sombrero rojo** celle qui porte un chapeau rouge
laberinto nm labyrinthe m
labia nf (locuacidad) volubilité f; (pey) bagout m
labio nm lèvre f
labor nf travail m, labeur m; (AGR) labour m; (obra) travail m; (COSTURA, de punto) ouvrage m; **~ de equipo** travail d'équipe; **~ de ganchillo** ouvrage au crochet; **~es domésticas** o **del hogar** tâches fpl domestiques
laborable adj (AGR) labourable; **día laborable** jour m ouvrable
laboral adj du travail
laboratorio nm laboratoire m
laborioso, -a adj (persona) travailleur(-euse); (negociaciones, trabajo) laborieux(-euse)
labrado, -a adj (campo) labouré(e); (madera) travaillé(e); (metal, cristal) ciselé(e)
labrador, a nm/f cultivateur(-trice)
labrar vt (tierra) labourer; (madera, cuero) travailler; (metal, cristal) ciseler; (porvenir, ruina) courir à
labriego, -a nm/f paysan(ne)
laca nf laque f
lacayo nm laquais msg
lacio, -a adj raide
lacónico, -a adj laconique
lacra nf (fig) fléau m; **~ social** fléau de la société
lacrar vt cacheter; **lacre** nm cire f (à cacheter)
lactancia nf allaitement m
lácteo, -a adj: **productos ~s** produits mpl laitiers
ladear vt pencher; **~se** vpr se pencher
ladera nf versant m
lado nm côté m; (de cuerpo, MIL) flanc m; **al ~ (de)** à côté (de); **poner de ~** mettre o placer de côté; **por un ~ ..., por otro ~ ...** d'un côté ..., d'un autre côté ...
ladrar vi aboyer; **ladrido** nm aboiement m
ladrillo nm brique f
ladrón, -ona nm/f voleur(-euse) ♦ nm (ELEC) prise f multiple
lagartija nf lézard m
lagarto nm lézard m; (AM: caimán) caïman m
lago nm lac m
lágrima nf larme f
laguna nf lagune f
laico, -a adj, nm/f laïque m/f
lamentable adj (desastroso) déplorable; (lastimoso) lamentable

lamentar vt (desgracia, pérdida)
pleurer; **~se** vpr: **~se (de)** se
lamenter (sur); **lamento tener
que decirle ...** je regrette
d'avoir à vous dire ...; **lo siento
mucho** je regrette beaucoup;
lamento nm plainte f

lamer vt lécher

lámina nf (de metal, papel) feuille
f; (ilustración, de madera) planche f

lámpara nf lampe f; (mancha)
tache f; **~ de alcohol/de gas**
lampe à alcool/à gaz; **~ de pie**
lampe de chevet

lana nf laine f

lancha nf canot m, vedette f; **~
de socorro** canot de sauvetage;
~ motora canot à moteur

langosta nf (insecto) sauterelle f;
(crustáceo) langouste f

langostino nm langoustine f

languidecer vi languir;

languidez f langueur f;

lánguido, -a adj languissant(e)

lanza nf lance f

lanzamiento nm (de misil, de
cohete, COM) lancement m; **~ de
pesos** lancer du poids

lanzar vt lancer; **~se** vpr: **~se a**
se jeter à; (al vacío) se jeter dans;
(fig) se mettre à; **~se contra
algn/algo** se lancer contre qn/
qch

lapa nf bernicle f, bernique f

lapicero nm crayon m; (AM:
bolígrafo) stylo m

lápida nf pierre f tombale; **~
conmemorativa** plaque f
commémorative

lapidario, -a adj, nm lapidaire m

lápiz nm crayon m (à papier); **~
de color** crayon de couleur; **~
de labios/de ojos** rouge m à
lèvres/crayon pour les yeux

lapón, -ona adj lapon(e) ♦ nm/f

Lapon(e)

lapso nm (tb: **~ de tiempo**) laps
msg de temps; (error) lapsus msg

lapsus nm inv lapsus msg

largar vt (NÁUT: cable) larguer;
(fam: dinero, bofetada) allonger; (:
discurso) infliger; (AM) lancer ♦ vi
(fam: hablar) causer; **~se** vpr
(fam) se casser; **~se a** (AM) se
mettre à

largo, -a adj long (longue) ♦ nm
longueur f; **dos horas largas**
deux bonnes heures; **tiene 9
metros de ~** il fait 9 mètres de
long; **~ y tendido** (hablar) en
long et en large; **a lo ~ de**
(espacio) le long de; (tiempo)
pendant; **a la larga** à la fin

largometraje nm long métrage
m

laringe nf larynx msg; **laringitis**
nf laryngite f

larva nf larve f

las art def, pron les; **~ que
cantan** celles qui chantent

lasaña nf lasagne f inv

lascivo, -a adj lascif(-ive)

láser nm laser m

lástima nf pitié f; **dar ~** faire
pitié; **es una ~ que** quel
dommage que; **¡qué ~!** quel
dommage!; **estar hecho una ~**
faire pitié à voir

lastimar vt (herir) blesser; **~se**
vpr se blesser

lastimero, -a adj navrant(e)

lastre nm (TEC, NÁUT) leste m; (fig)
poids msg mort

lata nf (metal) fer m blanc; (de
envase) boîte f de conserve; (fam)
plaie f; **en ~** en conserve; **dar la
~** enquiquiner

latente adj latent(e)

lateral adj latéral(e) ♦ nm (de
iglesia, camino) côté m; (DEPORTE)

aile f
latido nm battement m
latifundio nm latifundio m,
latifundium m; **latifundista** nm/f
propriétaire m/f d'un latifundio
latigazo nm coup m de fouet
látigo nm fouet m
latín nm (LING) latin m
latino, -a adj latin(e)
Latinoamérica nf Amérique f
latine
latinoamericano, -a adj latino-
américain(e) ♦ nm/f Latino-
américain(e)
latir vi battre
latitud nf latitude f; **~es** nfpl
(región) latitudes fpl
latón nm laiton m
latoso, -a adj enquiquinant(e)
laúd nm (MÚS) luth m
laurel nm laurier m
lava nf lave f
lavabo nm lavabo m; (servicio)
toilettes fpl
lavado nm nettoyage m; (de
cuerpo) toilette f; **~ de cerebro**
lavage m de cerveau
lavadora nf machine f à laver
lavanda nf lavande f
lavandería nf blanchisserie f; **~
automática** laverie f
automatique
lavaplatos nm inv lave-vaisselle
m inv
lavar vt laver; **~se** vpr se laver; **~
y marcar** (pelo) faire un
shampooing et une mise en plis; **~
en seco** nettoyer m à sec; **~se
las manos** se laver les mains
lavavajillas nm inv =
lavaplatos
laxante nm laxatif m
lazada nf nœud m
lazarillo nm: **perro ~** chien m
d'aveugle

lazo nm nœud m; (para animales)
lasso m; (trampa) piège m;
(vínculo) lien m
le pron (directo) le; (: usted) vous;
(indirecto) lui; (: usted) vous
leal adj loyal(e); **lealtad** nf
loyauté f
lección nf leçon f
leche nf lait m; **tener o estar
de mala ~** (fam) être de mauvais
poil; **~ condensada/
descremada o desnatada** lait
condensé/écrémé; **~ en polvo**
lait en poudre; **lechera** nf
(recipiente) pot m à lait; ver tb
lechero
lechero, -a adj, nm/f laitier(-ère)
lecho nm lit m, couche f; **~ de
río** lit de la rivière
lechón nm cochon m de lait
lechoso, -a adj laiteux(-euse)
lechuga nf laitue f
lechuza nf chouette f
lector, a nm/f lecteur(-trice)
lectura nf lecture f
leer vt lire
legado nm (JUR, fig) legs msg;
(enviado) légat m
legajo nm dossier m
legal adj légal(e); **legalidad** nf
légalité f; (normas) législation f;
legalizar vt légaliser
legaña nf chassie f
legar vt (JUR, fig) léguer
legendario, -a adj légendaire
legión nf (MIL, fig) légion f
legionario nm légionnaire m
legislación nf législation f;
legislar vi légiférer
legislatura nf législature f
legitimar vt légitimer
legítimo, -a adj (genuino)
véritable; (legal) légitime
lego, -a adj (REL) séculaire;
(ignorante) profane

legua nf lieue f

legumbres nfpl légumes mpl

leído, -a adj instruit(e)

lejanía nf éloignement m

lejano, -a adj éloigné(e); **L~ Oriente** Extrême-Orient m

lejía nf lessive f

lejos adv loin; **a lo ~** au loin; **de o desde ~** de loin; **~ de** loin de

lelo, -a adj bébête

lema nm devise f; (POL) slogan f

lencería nf (ropa interior) lingerie f

lengua nf langue f; **morderse la ~** (fig) se mordre les doigts; **~s clásicas** langues mortes

lenguado nm sole f

lenguaje nm langage m; **en ~ llano** simplement; **~ comercial** langage commercial; **~ de programación** (INFORM) langage de programmation; **~ ensamblador o de bajo nivel** (INFORM) assembleur m; **~ máquina** (INFORM) langage machine; **~ periodístico** langage journalistique

lengüeta nf (de zapatos, MÚS) languette f

lente nf lentille f; **~s** nmpl (gafas) lorgnon m; **~s de contacto** lentilles de contact; **~s progresivas** verres mpl progressifs

lenteja nf lentille f; **lentejuela** nf paillette f

lentilla nf lentille f

lentitud nf lenteur f; **con ~** avec lenteur

lento, -a adj lent(e)

leña nf (para el fuego) bois msg

leñador, a nm/f bûcheron(ne)

leño nm tronc m

Leo nm (ASTROL) Lion m; **ser ~** être (du) Lion

león nm lion m; **~ marino** otarie f

leopardo nm léopard m

leotardos nmpl collants mpl

lepra nf lèpre f

leproso, -a nm/f lépreux(-euse)

lerdo, -a adj lent(e)

les pron (directo) les; (: indirecto) leur; (: ustedes) vous; (indirecto) leur; (: ustedes) vous

lesbiana nf lesbienne f

lesión nf lésion f

lesionado, -a adj blessé(e)

letal adj létal(e)

letanía nf (REL) litanie f

letargo nm léthargie f

letra nf lettre f; (escritura) écriture f; (COM) traite f; (MÚS: de canción) paroles fpl; **L~s** nfpl (UNIV, ESCOL) Lettres fpl; **~ de cambio** (COM) lettre de change; **~ de imprenta o de molde** caractère m d'imprimerie

letrado, -a adj instruit(e) ♦ nm/f avocat(e); **letrero** nm panneau m; (anuncio) écriteau m

letrina nf latrines fpl

leucemia nf leucémie f

levadizo, -a adj: **puente ~** pont m basculant; (HIST) pont-levis m

levadura nf levure f

levantamiento nm soulèvement m; (de castigo, orden) levée f; **~ de pesos** haltérophilie f

levantar vt lever; (velo, telón) relever; (paquete, niño) soulever; (construir) élever; **~se** vpr se lever; **~ el ánimo** ranimer les esprits

levante nm (GEO) levant m; **el L~** le Levant

levar vt: **~ anclas** lever l'ancre

leve adj léger(-ère); **levedad** nf légèreté f; (de herida) caractère m bénin

levita nf redingote f

léxico, -a adj lexical(e) ♦ nm

lexique m

ley nf loi f; (de sociedad) règlement m; **de ~** (oro, plata) au titre

leyenda nf légende f

leyendo etc vb ver **leer**

liar vt (atar) lier; (enredar) embrouiller; (cigarrillo) rouler; (envolver) enrouler; **~se** vpr (fam) s'embrouiller; **~se a palos** se taper dessus

Líbano nm: **el ~** le Liban

libelo nm libelle m

libélula nf libellule f

liberación nf libération f

liberal adj, nm/f (POL, ECON) libéral(e); **liberalidad** nf libéralité f

liberar vt libérer

libertad nf liberté f; **~es** nfpl (pey) libertés fpl; **~ bajo fianza/bajo palabra** liberté sous caution/sur parole; **~ condicional** liberté conditionnelle; **~ de comercio** libre-échange m; **~ de culto/de expresión/de prensa** liberté du culte/d'expression/de presse

libertar vt (preso) délivrer

libertino, -a adj, nm/f libertin(e)

libra nf livre f; **L~** (ASTROL) Balance f; **ser L~** être (de la) Balance; **~ esterlina** livre sterling

librar vt (de castigo, obligación) soustraire; (de peligro) sauver; (batalla) livrer; (cheque) virer; (JUR) exempter ♦ vi avoir un jour de congé; **~se** vpr: **~se de algn/algo** échapper à qn/qch

libre adj libre; **~ de impuestos** exonéré(e) d'impôts; **tiro ~** coup m franc; **los 100 metros ~s** le 100 mètres nage libre; **al aire ~** à l'air libre

librería nf librairie f

librero, -a nm/f libraire m/f ♦ nm

(MÉX) librairie f

libreta nf cahier m; **~ de ahorros** livret m de caisse d'épargne

libro nm livre m; **~ de bolsillo** livre de poche; **~ de caja (auxiliar)** (COM) livre de (petite) caisse; **~ de texto** manuel m; **~ electrónico** livre électronique

licencia nf (ADMIN, JUR) licence f, autorisation f; **~ de armas/de caza** permis msg de port d'arme/de chasse; **~ fiscal** patente f

licenciado, -a adj libéré(e); (UNIV) titulaire d'une maîtrise ♦ nm/f titulaire m/f d'une maîtrise; **L~** (abogado) Maître m

licenciar vt (soldado) libérer; **licenciarse** vpr terminer son service militaire; (UNIV) passer sa maîtrise

licencioso, -a adj licencieux(-euse)

licitar vt faire une enchère sur

lícito, -a adj (legal) licite; (justo) juste; (permisible) permis(e)

licor nm liqueur f

licuadora nf mixeur m

licuar vt passer au mixeur

lid nf lutte f; **~es** nfpl matière f

líder nm/f leader m

liderazgo nm leadership m

lidia nf (TAUR) combat m; (: una lidia) corrida f; **toros de ~** taureaux mpl de combat; **lidiar** vt combattre ♦ vi: **lidiar con** (dificultades, enemigos) batailler avec

liebre nf lièvre m; (CHI: microbús) minibus msg

lienzo nm toile f

liga nf (de medias) porte-jarretelles m inv; (DEPORTE) compétition f; (POL) ligue f

ligadura nf ligature f
ligamento nm ligament m
ligar vt lier; (MED) ligaturer ♦ vi
(fam: persona) draguer; **~se** vpr
(fig) se lier
ligereza nf légèreté f
ligero, -a adj léger(-ère) ♦ adv
(andar) d'un pas léger; (moverse)
avec légèreté; **a la ligera** à la
légère
liguero nm porte-jarretelles m inv
lija nf (pez) roussette f; (tb: **papel
de ~**) papier m de verre
lila nf (BOT) lilas msg
lima nf (herramienta, BOT) lime f; **~
de uñas** lime à ongles; **limar** vt
limer
limitación nf limitation f;
limitaciones nfpl (carencias)
limites fpl; **~ de velocidad**
limitation de vitesse
limitar vt limiter; (terreno, tiempo)
délimiter ♦ vi: **~ con** (GEO) faire
frontière avec; **~se** vpr: **~se a
(hacer)** se limiter à (faire)
límite nm limite f; **~s** nmpl (de
finca, país) limites fpl; **fecha ~**
date f limite; **~ de velocidad**
limitation f de vitesse
limítrofe adj limitrophe
limón nm citron m ♦ adj:
amarillo ~ jaune citron inv;
limonada nf limonade f
limosna nf aumône f
limpiaparabrisas nm inv
essuie-glace m
limpiar vt nettoyer
limpieza nf propreté f; (acto,
POLICÍA) nettoyage m; (habilidad)
adresse f; **operación de ~** (MIL)
opération f de nettoyage; **~ en
seco** nettoyage à sec; **~ étnica**
purification f ethnique
limpio, -a adj propre; (conducta,
negocio) net(te) ♦ adv: **jugar ~**

(fig) jouer franc jeu; **pasar a ~**
mettre au propre
linaje nm lignée f
lince nm lynx msg
linchar vt lyncher
lindar vi: **~ con** border; **linde**
nm o f (de bosque, terreno) limite f
lindero nm limite f
lindo, -a adj joli(e) ♦ adv (AM)
bien; **canta muy ~** (AM) il chante
très bien; **de lo ~** (fam: muy bien)
vachement
línea nf ligne f; **en ~** (INFORM) en
ligne; **~ aérea** ligne aérienne; **~
de meta** (DEPORTE) ligne de
touche; (: de carrera) ligne
d'arrivée; **~ discontinua** (AUTO)
ligne discontinue; **~ fija** (TELEC)
ligne fixe; **~ recta** ligne droite
lingote nm lingot m
lingüística nf linguistique f
lino nm lin m
linóleo nm linoléum m
linterna nf lampe f de poche
lío nm paquet m; (desorden) fatras
msg; (fam: follón) bordel m;
hacerse un ~ s'emmêler les
pédales
liquen nm lichen m
liquidación nf (de empresa)
dépôt m de bilan; (de salario)
prime f; (de existencias, cuenta,
deuda) liquidation f
liquidar vt liquider
líquido, -a adj liquide; (ganancia)
net(te) ♦ nm liquide m
lira nf (MÚS) lyre f; (moneda) lire f
lírico, -a adj lyrique
lirio nm iris msg
lirón nm loir m
Lisboa n Lisbonne
lisiado, -a adj, nm/f estropié(e)
lisiar vt estropier
liso, -a adj (superficie, cabello)
lisse; (tela, color) uni(e)

lisonja nf flatterie f
lista nf liste f; (franja) rayure f; ~
pasar ~ faire la liste; **tela a ~s**
tissu m rayé; ~ **de correos** poste
f restante; ~ **de espera** liste
d'attente; ~ **de precios** tarif m
listo, -a adj intelligent(e);
(preparado) prêt(e)
listón nm planche f
litera nf (en barco, tren) couchette
f; (en dormitorio) lit m superposé
literal adj littéral(e)
literario, -a adj littéraire
literatura nf littérature f
litigio nm (JUR, fig) litige m
litografía nf lithographie f
litoral adj littoral(e) ♦ nm littoral
m
litro nm litre m
lívido, -a adj livide
llaga nf plaie f
llama nf flamme f; (ZOOL) lama m
llamada nf (telefónica) appel m; ~
a cobro revertido appel en
PCV; ~ **al orden** o **de atención**
rappel m à l'ordre
llamado (AM) nm appel m
llamamiento nm appel m
llamar vt appeler
llamarada nf flambée f
llamativo, -a adj voyant(e);
(color) criard(e)
llano, -a adj (superficie) plat(e);
(persona, estilo) simple ♦ nm plaine
f; **Los L~s** (VEN) les Plaines
llanta nf jante f; (AM: cámara)
chambre f à air
llanto nm pleurs mpl, larmes fpl
llanura nf plaine f
llave nf clé f, clef f; (MEC) clé; (de
la luz) interrupteur m; **cerrar**
con ~ o **echar la ~** fermer à clé;
~ **de contacto** (AUTO) clé de
contact; ~ **de judo** prise f de
judo; ~ **de paso** robinet d'arrêt;

~ **inglesa** clé anglaise; ~
maestra passe-partout m inv;
llavero nm porte-clefs msg
llegada nf arrivée f
llegar vi arriver; (ruido) parvenir;
(bastar) suffire; **~se** vpr: **~se a**
aller à; ~ **a** arriver à; ~ **a saber**
finir par savoir; ~ **a (ser)**
famoso/jefe devenir célèbre/le
patron
llenar vt remplir; (satisfacer)
combler ♦ vi rassasier; **~se** vpr:
~se (de) se remplir (de); (al
comer) se rassasier (de)
lleno, -a adj plein(e), rempli(e);
(persona: de comida) rassasié(e) ♦
nm (TEATRO) salle f comble; ~ **de**
polvo/de gente/de errores
rempli(e) de poussière/de gens/
d'erreurs
llevar vt porter; (en coche)
emmener; (transportar)
transporter; (dinero) avoir sur soi;
~se vpr (estar de moda) se porter
beaucoup; **me llevó una hora**
hacerlo j'ai mis une heure à le
faire; **llevamos dos días aquí**
nous sommes ici depuis deux
jours; **llevo un año estudiando**
cela fait un an que j'étudie; ~
hecho/vendido/estudiado
avoir fait/vendu/étudié; ~ **los**
libros (COM) tenir les registres;
~se un susto/disgusto/
sorpresa être effrayé(e)/
mécontent(e)/surpris(e); **~se**
bien/mal (con algn) bien/ne
pas s'entendre (avec qn)
llorar vt, vi pleurer; ~ **de risa**
pleurer de rire
lloriquear vi pleurnicher
lloro nm pleur m
llorón, -ona adj, nm/f
pleurnichard(e)
lloroso, -a adj (ojos) gonflé(e)

par les larmes; (persona) qui a pleuré

llover vi pleuvoir

llovizna nf bruine f; **lloviznar** vi pleuvoter

llueve etc vb ver **llover**

lluvia nf pluie f; ~ **radioactiva** pluie radioactive

lluvioso, -a adj pluvieux(-euse)

PALABRA CLAVE
---

lo art def **1**: **lo bueno/caro** ce qui est bon/cher; **lo mejor/peor** le mieux/pire; **lo mío** ce qui est à moi; **olvidaste lo esencial** tu as oublié l'essentiel

2: **lo + de** (pron dem): **¿sabes lo del presidente?** tu es au courant pour le président?

3: **lo que** (pron rel): **lo que yo pienso** ce que je pense; **lo que más me gusta** ce que j'aime le plus; **lo que pasa es que ...** ce qu'il y a, c'est que ...; **lo que quieras** ce que tu veux o voudras; **lo que sea** quoi que ce soit; **(a) lo que** (AM: en cuanto) dès que

4: **lo cual: lo cual es lógico** ce qui est logique

♦ pron pers **1** (a él) le, l'; **lo han despedido** ils l'ont renvoyé; **no lo conozco** je ne le connais pas **2** (a usted) vous; **lo escucho señor** je vous écoute, monsieur **3** (cosa, animal) le, l'; **te lo doy** je te le donne **4** (concepto) le, l'; **no lo sabía** je ne le savais pas; **voy a pensarlo** je vais y réfléchir

loable adj louable

loar vt louer

lobo nm loup m; **~ de mar** (fig) loup de mer

lóbrego, -a adj sombre

lóbulo nm lobe m

local adj local(e) ♦ nm local m; (bar) bar m; (TEATRO) place f; **localidad** nf localité f; (TEATRO) place f; **localizar** vt localiser; **localizarse** vpr (dolor) être localisé(e)

loción nf lotion f

loco, -a adj, nm/f (MED) fou (folle); **estar ~ con algo/por algn** être fou (folle) de qch/de qn; **me vuelve ~** (me gusta mucho) j'en suis fou (folle); (me marea) il me rend fou (folle)

locomotora nf locomotive f

locuaz adj loquace

locución nf (LING) locution f

locura nf folie f; **con ~** follement

locutor, a nm/f (RADIO, TV) speaker(ine)

locutorio nm cabine f téléphonique

lodo nm boue f

lógica nf logique f

lógico, -a adj logique; **es ~ que ...** il est logique que ...

logística nf logistique f

logotipo nm logo m

logrado, -a adj réussi(e)

lograr vt réussir; (victoria) remporter; **~ hacer algo** réussir à faire qch; **~ que algn venga** réussir à faire venir qn

logro nm réussite f

loma nf colline f

lombriz nf (ZOOL) ver m de terre; (MED) ver

lomo nm (de animal) dos msg, échine f; (CULIN: de cerdo) épaule f; (: de vaca) entrecôte f; (de libro) dos

lona nf toile f cirée

loncha nf tranche f

lonche (AM) nm petit-déjeuner m; **lonchería** (AM) nf cafétéria f

Londres n Londres

longaniza nf sorte de merguez

longitud nf longueur f; (GEO) longitude f; **tener 3 metros de ~** faire 3 mètres de long; **~ de onda** (FÍS) longueur d'onde

lonja nf (edificio) halle f; (de jamón, embutido) tranche f; **~ de pescado** halle f au poisson

loro nm perroquet m

los art def les ♦ pron les; (ustedes) vous; **mis libros y ~ de usted** mes livres et les vôtres

losa nf dalle f; **~ sepulcral** pierre f tombale

lote nm (de libros, COM, INFORM) lot m; (de comida) portion f

lotería nf loterie f

Lotería

D'importantes sommes d'argent sont dépensées chaque année en Espagne à ce jeu de hasard. L'État a institué deux loteries, dont il perçoit directement les gains : la **Lotería Primitiva** et la **Lotería Nacional**. Une des loteries les plus célèbres est organisée par l'influente et prospère association d'aide aux aveugles, "la ONCE".

loza nf (material) faïence f; (vajilla) vaisselle f

lozano, -a adj vigoureux(-euse)

lubricante adj lubrifiant(e) ♦ nm lubrifiant m

lubricar vt lubrifier

luces nfpl de **luz**

lucha nf lutte f; **~ contra/por** lutte contre/pour; **~ de clases** lutte des classes; **~ libre** lutte libre; **luchar** vi lutter; **luchar contra/por** (problema) lutter

contre/pour

lucidez nf lucidité f

lúcido, -a adj lucide; **estar ~** être lucide

luciérnaga nf ver m luisant

lucir vt (vestido, coche) étrenner; (conocimientos) étaler; (habilidades) exhiber ♦ vi briller; (AM: parecer) sembler; **~se** vpr (presumir) se montrer; **¡te has lucido!** (irónico) bien joué!; **la casa luce limpia** (AM) la maison a l'air très propre

lucro (pey) nm lucre m

lúdico, -a adj ludique

luego adv (después) après; (más tarde) puis; (AM: fam: en seguida) tout de suite ♦ conj (consecuencia) donc; **desde ~** évidemment; **¡hasta ~!** à plus tard!, salut!; **~ luego** (esp MÉX) dare-dare

lugar nm lieu, endroit m; (en lista) place f; **en ~ de** au lieu de; **dar ~ a** donner lieu à; **fuera de ~** (comentario, comportamiento) déplacé(e); **tener ~** avoir lieu; **~ común** lieu commun

lugareño, -a nm/f villageois(e)

lugarteniente nm remplaçant m

lúgubre adj lugubre

lujo nm luxe m; **de ~** de luxe

lujoso, -a adj luxueux(-euse)

lujuria nf luxure f

lumbre nf feu m (de bois)

lumbrera nf (genio) lumière f

luminoso, -a adj lumineux(-euse)

luna nf lune f; (vidrio) glace f; **estar en la ~** être dans la lune; **~ de miel** lune de miel; **~ llena/nueva** pleine/nouvelle lune

lunar adj lunaire ♦ nm grain m de beauté; (diseño) pois msg; **tela de ~es** tissu m à pois

lunes nm inv lundi m; ver tb

sábado

lupa *nf* loupe *f*

lustrar *vt* lustrer; (AM: *zapatos*) cirer; **lustre** *nm* lustre *m*; **dar lustre a algo** faire briller qch

lustroso, -a *adj* brillant(e)

luto *nm* deuil *m*; **ir** *o* **vestirse de ~** porter des habits de deuil

Luxemburgo *nm* Luxembourg *m*

luz (*pl* **luces**) *nf* lumière *f*; **dar a ~ un niño** mettre un enfant au monde; **dar la ~** donner de la lumière; **encender** (ESP) *o* **prender** (*esp* AM)/**apagar la ~** allumer/éteindre la lumière; **a todas luces** de toute évidence; **se hizo la ~ sobre ...** la lumière se fit sur ...; **sacar a la ~** tirer au clair; **tener pocas luces** ne pas être une lumière

M, m

m. *abr* (= *metro(s)*) m (= *mètre(s)*) (= *minuto(s)*) min. (= *minute(s)*) (= *masculino*) m (= *masculin*)

macarrones *nmpl* (CULIN) macarons *mpl*

macedonia *nf*: **~ de frutas** macédoine *f* de fruits

macerar *vt* macérer

maceta *nf* pot *m* de fleurs

machacar *vt* (*ajos*) réduire en purée ♦ *vi* insister

machete *nm* machette *f*

machismo *nm* machisme *m*

machista *adj*, *nm/f* machiste *m/f*

macho *adj* (BOT, ZOOL) mâle *m*; (*fam*) macho ♦ *nm* mâle *m*

macizo, -a *adj* massif(-ive) ♦ *nm* (GEO, *de flores*) massif *m*

madeja *nf* (*de lana*) écheveau *m*

madera *nf* bois *msg*; **una ~** un morceau de bois; **tiene ~ de**

profesor il a l'étoffe d'un professeur

madero *nm* madrier *m*

madrastra *nf* belle-mère *f*

madre *adj* (*lengua*) maternel(le); (*acequia*) maîtresse ♦ *nf* mère *f*

Madrid *n* Madrid

madriguera *nf* terrier *m*

madrileño, -a *adj* madrilène ♦ *nm/f* Madrilène *m/f*

madrina *nf* marraine *f*; **~ de boda** demoiselle *f* d'honneur

madrugada *nf* aube *f*

madrugador, a *adj* lève-tôt *inv*

madrugar *vi* se lever tôt

madurar *vt*, *vi* mûrir; **madurez** *nf* maturité *f*

maduro, -a *adj* mûr(e); (*hombre*, *mujer*) d'âge mûr

maestra *nf ver* **maestro**

maestría *nf* maestria *f*

maestro, -a *adj* maître(sse) ♦ *nm/f* (*de escuela*) maître(sse) (*d'école*), instituteur(-trice); (*en la vida*) maître *m* ♦ *nm* maître *m*; (MÚS) maestro *m*; **~ albañil** maître maçon *m*

magdalena *nf* madeleine *f*

magia *nf* magie *f*

mágico, -a *adj* magique

magisterio *nm* (*enseñanza*) études *fpl* d'instituteur(-trice); (*profesión*) métier *m* d'instituteur(-trice)

magistrado *nm* (JUR) magistrat *m*; **primer M~** (AM) président *m*

magnánimo, -a *adj* magnanime

magnate *nm* magnat *m*

magnético, -a *adj* magnétique; **magnetizar** *vt* magnétiser

magnetofón *nm* magnétophone *m*

magnetofónico, -a *adj*: **cinta magnetofónica** bande *f* magnétique

magnetófono nm = **magnetofón**

magnífico, -a adj magnifique; (carácter) exceptionnel(le)

magnitud nf (física) grandeur f; (de problema etc) ampleur f

mago, -a nm/f mage m; **los Reyes M~s** les Rois mpl Mages

magro, -a adj, nm maigre m

maguey nm (BOT) agave m

magullar vt contusionner; (lastimar) abîmer

mahometano, -a adj mahométan(e) ♦ nm/f Mahométan(e)

mahonesa nf = **mayonesa**

maíz nm maïs msg

majadero, -a adj imbécile

majestad nf: **Su M~** Sa Majesté

majestuoso, -a adj majestueux(-euse)

majo, -a adj beau (belle); (persona, apelativo) mignon(ne)

mal adv mal; (oler, saber) mauvais ♦ adj = **malo** ♦ nm: **el ~** le mal; **me entendió** = il m'a mal compris; **haces ~ en callarte** tu as tort de te taire; **¡menos ~!** heureusement!

malabarismo nm jonglerie f; **malabarista** nm/f jongleur(-euse)

malaria nf malaria f

malcriado, -a adj mal élevé(e)

maldad nf méchanceté f

maldecir vt ~ **de** maudire

maldición nf malédiction f

maldito, -a adj maudit(e); **¡~ sea!** (fam) maudit(e) soit ...!

maleante nm/f malfaiteur m, criminel(le)

maledicencia nf médisance f

maleducado, -a adj mal élevé(e)

malentendido nm malentendu m

malestar nm malaise m

maleta nf valise f; **hacer la ~** faire sa valise; **maletera** (AM) nf, **maletero** nm (AUTO) coffre m; **maletín** nm (de uso profesional) serviette f; (de viaje) mallette f

maleza nf (arbustos) fourré m

malgastar vt gaspiller; (oportunidades) laisser passer

malhechor, a nm/f malfaiteur m

malhumorado, -a adj de mauvaise humeur

malicia nf méchanceté f; (de niño) malice f

malicioso, -a adj malicieux(-euse); (con mala intención) méchant(e); (de malpensado) mauvais(e)

maligno, -a adj (MED) malin (maligne); (ser) méchant(e)

malla nf (esp AM) maillot m de bain; (tb: **~s**) collants mpl

Mallorca nf Majorque f

malo, -a adj (antes de nmsg: **mal**) mauvais(e); **estar ~** (persona) être malade; **lo ~ es que ...** le problème, c'est que ...; **por las malas** de force

malograrse vpr (plan) tomber à l'eau; (cosecha) être gâché(e); (carrera profesional) se briser; (PE: fam) s'abîmer; **el malogrado actor** l'acteur mort prématurément

malparado, -a adj: **salir ~** s'en tirer mal

malpensado, -a adj malveillant(e)

malsano, -a adj malsain(e)

maltratar vt maltraiter

maltrecho, -a adj en mauvais état

malvado, -a adj méchant(e)

malversar vt détourner

Malvinas *nfpl*: **las (Islas) ~** les (îles) Malouines *fpl*

malvivir *vi* vivre à l'étroit

mama *nf* mamelle *f*

mamá *nf* (*fam*) maman *f*; (AM: *cortesía*) mère *f*

mamar *vt*, *vi* téter; **dar de ~** allaiter

mamarracho *nm* (*persona despreciable*) rien-du-tout *m/f inv*

mamífero, -a *adj*, mammifère *m*

mampara *nf* (*entre habitaciones*) cloison *f*; (*biombo*) écran *m*

mampostería *nf* maçonnerie *f*

manada *nf* (*de leones, lobos*) horde *f*; (*de búfalos, elefantes*) troupeau *m*

manantial *nm* source *f*

manar *vt* laisser couler ♦ *vi* jaillir

mancha *nf* tache *f*; **manchar** *vt*, *vi* tacher; **mancharse** *vpr* se tacher

manchego, -a *adj* de la Manche

manco, -a *adj* manchot(e)

mancomunar *vt* mettre en commun; (JUR) rendre solidaires; **mancomunidad** *nf* (*de bienes*) copropriété *f*; (*de personas*, JUR) association *f*; (*de municipios*) syndicat *m*

mandamiento *nm* (REL) commandement *m*; **~ judicial** mandat *m* d'arrêt

mandar *vt* ordonner; (MIL) commander; (*enviar*) envoyer ♦ *vi* commander; **~ hacer un traje** se faire faire un costume

mandarina *nf* mandarine *f*

mandato *nm* (*orden*) ordre *m*; (POL) mandat *m*; (INFORM) commande *f*; **~ judicial** mandat d'arrêt

mandíbula *nf* mandibule *f*

mandil *nm* tablier *m*

mando *nm* (MIL) commandement *m*; (*de organización, país*) direction *f*; (TEC) commande *f*; **al ~ (de)** sous la responsabilité (de); **~ a distancia** télécommande *f*

manejable *adj* maniable; (*libro*) peu encombrant(e)

manejar *vt* manier; (*máquina*) manœuvrer; (*pey: a personas*) manœuvrer; (*casa, negocio*) mener; (*dinero, números*) brasser; (*idioma*) maîtriser; (AM: AUTO) conduire; **~se** *vpr* se débrouiller; **manejo** *nm* maniement *m*; (*de máquinas*) manœuvre *f*; (AM: *de negocio*) conduite *f*; **manejos** *nmpl* (*pey*) manœuvres *fpl*

manera *nf* manière *f*, façon *f*; **~s** *nfpl* (*modales*) manières *fpl*; **¡de ninguna ~!** en aucun cas!; **de otra ~** autrement; **de todas ~s** de toute manière; **no hay ~ de persuadirle** il n'y a pas moyen de le persuader

manga *nf* manche *f*; **~ de riego** tuyau d'irrigation

mangar (*fam*) *vt* piquer

mango *nm* manche *m*; (BOT) mangue *f*

mangonear (*pey*) *vt* commander ♦ *vi* se mêler de tout

manguera *nf* lance *f* d'arrosage

manía *nf* manie *f*; **tener ~ a algn/algo** avoir de l'antipathie pour qn/qch

maníaco, -a *adj*, *nm/f* maniaque *m/f*

maniatar *vt* ligoter

maniático, -a *adj*, *nm/f* maniaque *m/f*

manicomio *nm* asile *m* (de fous)

manifestación *nf* manifestation *f*

manifestar *vt* manifester; (*declarar*) déclarer; **~se** *vpr* (POL)

manifester
manifiesto, -a *pp de*
manifestar ♦ *adj* manifeste ♦ *nm*
(ARTE, POL) manifeste *m*
manillar *nm* guidon *m*
maniobra *nf* manœuvre *f*; **~s**
nfpl (MIL, pey) manœuvres *fpl*
maniobrar *vi* manœuvrer; (MIL)
faire des manœuvres
manipulación *nf* manipulation *f*;
manipular *vt* manipuler
maniquí *nm/f* mannequin *m/f* ♦
nm (de escaparate) mannequin *m*
manirroto, -a *adj*, dépensier(-ère)
manivela *nf* manivelle *f*
manjar *nm* mets *msg*
mano *nf* main *f*; (de pintura)
couche *f* ♦ *nm* (MÉX: fam) copain
m; **a ~** à la main; **estar/tener**
algo a ~ être/avoir qch à portée
de la main; **a ~ derecha/**
izquierda à (main) droite/
gauche; **de segunda ~**
d'occasion; **darse la(s) ~(s)** se
donner la main; **echar una ~**
donner un coup de main; **~ de**
obra main-d'œuvre *f*; **~s libres**
♦ *adj inv* (teléfono, dispositivo)
mains-libres *inv*; ♦ *nm inv* kit *m*
mains-libres
manojo *nm* (de hierbas) brassée *f*;
(de llaves) trousseau *m*
manopla *nf* moufle *f*
manoseado, -a *adj* (tema)
rebattu(e); (papel) manipulé(e);
manosear *vt* (libro) manipuler;
(flores) écraser; (tema, asunto)
rebattre; (fam: una persona)
tripoter
manotazo *nm* gifle *f*
mansalva: **a ~** *adv* sans risque
mansedumbre *nf* (de persona)
douceur *f*; (de animal) docilité *f*
mansión *nf* demeure *f*

manso, -a *adj* (persona) doux
(douce); (animal) apprivoisé(e)
manta *nf* couvre-lit *m*; (AM)
poncho *m*
manteca *nf* (de cerdo) saindoux
m; (de cacao, AM) beurre *m*
mantel *nm* nappe *f*
mantendré *etc vb ver* **mantener**
mantener *vt* maintenir; (familia)
subvenir aux besoins de; (TEC)
assurer la maintenance de;
(actividad) conserver; (edificio)
soutenir; **~se** *vpr* (edificio) être
soutenu(e); (no ceder) se
maintenir; **~ el equilibrio** garder
l'équilibre; **~se (de o con)** vivre
(de); **~se en pie** rester debout;
~se firme rester ferme;
mantenimiento *nm* (TEC)
maintenance *f*; (de orden,
relaciones) maintien *m*; (sustento)
subsistance *f*
mantequilla *nf* beurre *m*
manto *nm* cape *f*
mantuve *etc vb ver* **mantener**
manual *adj* manuel(le) ♦ *nm*
manuel *m*
manufactura *nf* manufacture *f*
manuscrito *nm* manuscrit *m*
manutención *nf* (de persona)
subsistance *f*; (de alimentos, dinero)
conservation *f*
manzana *nf* pomme *f*; (de
edificios) pâté *m*
manzanilla *nf* camomille *f*
manzano *nm* pommier *m*
maña *nf* adresse *f*; **~s** *nfpl*
(artimañas) ruses *fpl*
mañana *adv* demain ♦ *nm*: **(el) ~**
(le) lendemain ♦ *nf* matin *m*; **de o**
por la ~ le matin; **¡hasta ~!** à
demain!; **~ por la ~** demain
matin
mapa *nm* carte *f*
maqueta *nf* maquette *f*

maquillaje nm maquillage m
maquillar vt maquiller; **~se** vpr se maquiller
máquina nf machine f; (de tren) locomotive f; (AM) voiture f; **escrito a ~** tapé à la machine; **~ de coser/de escribir/de vapor** machine à coudre/à écrire/à vapeur
maquinación nf machination f
maquinal adj machinal(e)
maquinaria nf machinerie f
maquinilla nf (tb: **~ de afeitar**) rasoir m
maquinista nm mécanicien m
mar nm o f mer f; **~ adentro** au large; **en alta ~** en haute mer; **es la ~ de guapa** elle est très jolie; **el M~ Negro/Báltico** la Mer Noire/Baltique
maraña nf enchevêtrement m
maratón nf marathon m
maravilla nf merveille f
maravillar vt émerveiller
maravillarse vpr:
  maravillarse (de) s'émerveiller (de)
maravilloso, -a adj merveilleux(-euse)
marca nf marque f; (DEPORTE) record m; **de ~** (COM) de marque; **~ de fábrica** marque
marcador nm (DEPORTE) tableau m
marcapasos nm inv stimulateur m cardiaque
marcar vt marquer; (número de teléfono) composer ♦ vi (DEPORTE) marquer; (TELEC) composer le numéro
marcha nf marche f; (AUTO) vitesse f; (MIL) animación fête f; **dar ~ atrás** (AUTO, fig) faire marche arrière; **estar en ~** être en marche; (negocio) marcher;

poner en ~ faire démarrer
marchar vi marcher; (ir) partir; **~se** vpr s'en aller
marchitarse vpr se faner
marcial adj martial(e)
marco nm cadre m; (moneda) Mark m
marea nf marée f; **~ negra** marée noire
marear vt (MED) donner mal au cœur à; (fam) harceler; **~se** vpr s'évanouir; (estar aturdido) être abruti(e)
maremoto nm raz-de-marée m inv
mareo nm mal au cœur; (en barco) mal de mer; (en avión) mal de l'air; (en coche) mal des transports; (desmayo) évanouissement m; (aturdimiento) abrutissement m
marfil nm ivoire m
margarina nf margarine f
margarita nf marguerite f
margen o f (de río, camino) bord m; (de página) marge f ♦ nm marge; **dar ~ para** donner l'occasion de; **dejar a algn al ~** laisser qn en plan; **mantenerse al ~** rester en marge
marginar vt (socialmente) marginaliser
marica nm (fam!: homosexual) pédé m (fam!); (: cobarde) poule f mouillée
maricón nm (fam!: homosexual) pédé m (fam!); (: insulto) connard m (fam!)
marido nm mari m
marihuana nf marijuana f
marina nf (MIL) marine f; **~ mercante** marine marchande
marinero, -a adj marin(e) ♦ nm marin m
marino, -a adj marin(e) ♦ nm

marin m

marioneta nf marionnette f

mariposa nf papillon m

mariquita nf coccinelle f

marisco nm fruit m de mer

marítimo, -a adj maritime

mármol nm marbre m

marqués, -esa nm/f marquis(e)

marrón adj marron

marroquí adj marocain(e) ♦ nm/f Marocain(e) ♦ nm (cuero) maroquin m

Marruecos nm Maroc m

martes nm inv mardi m; ver tb **sábado**

Martes y Trece

En Espagne, selon une superstition, le mardi, et en particulier le mardi 13, est un jour qui porte malheur.

---

martillo nm marteau m

mártir nm/f martyr(e); **martirio** nm martyre m

marxismo nm marxisme m; **marxista** adj, nm/f marxiste m/f

marzo nm mars msg; ver tb **julio**

mas conj mais

PALABRA CLAVE

más adv **1** (compar) plus; **más grande/inteligente** plus grand/intelligent; **trabaja más (que yo)** il travaille plus (que moi); **más de mil** plus de mille; **más de lo que yo creía** plus que je ne croyais

2 (+ sustantivo) plus de; **más libros** plus de livres; **más tiempo** plus longtemps

3 (tras sustantivo) en plus, de plus; **3 personas más (que ayer)** 3 personnes de plus

(qu'hier)

4 (superl): **el más ...** le plus ...; **el más inteligente (de)** le plus intelligent (de); **el coche más grande** la voiture la plus grande; **el que más corre** le plus rapide

5 (adicional): **deme una más** donnez m'en encore une; **un poco más** encore un peu; **¿qué más?** quoi d'autre?, quoi encore?; **¿quién más?** qui d'autre?; **¿quieres más?** en veux-tu plus o davantage?

6 (negativo): **no tengo más dinero** je n'ai plus d'argent; **no viene más por aquí** il ne vient plus par ici; **no sé más** je n'en sais pas plus o davantage; **nunca más** plus jamais; **no hace más que hablar** il ne fait que parler; **no lo sabe nadie más que él** il n'y a que lui qui le sache

7 (+ adj: valor intensivo): **¡qué perro más sucio!** comme ce chien est sale!; **¡es más tonto!** qu'est-ce qu'il est bête!

8 (locuciones): **más o menos** plus ou moins; **los más** la plupart; **es más, acabamos pegándonos** on a même fini par se battre; **más aún** mieux encore; **más bien** plutôt; ver tb **cada**

9: de más: veo que aquí estoy de más je vois que je suis de trop ici; **tenemos uno de más** nous en avons un de trop

10 (AM): **así no más** seulement; **así no más** comme ça; **ayer no más** pas plus tard qu'hier

11: por más: por más que lo intento j'ai beau essayer; **por más que quisiera ...** j'ai beau vouloir ...

12 (MAT): **2 más 2 son 4** 2 plus

2 font 4

♦ *nm* (*MAT: signo*) signe *m* plus;
**este trabajo tiene sus más y
sus menos** ce travail a de bons
et de mauvais côtés

masa *nf* masse *f*; **las ~s** *nmpl*
(*POL*) les masses *fpl*; **en ~** en
masse
masacre *nf* massacre *m*
masaje *nm* massage *m*
máscara *nf* masque *m*; **~
antigás/de oxigeno** masque à
gaz/à oxygène; **mascarilla** *nf*
(*MED, en cosmética*) masque *m*
masculino, -a *adj* masculin(e);
(*BIO*) masculin(e), mâle ♦ *nm* (*LING*)
masculin *m*
masificación *nf* encombrement
m
masivo, -a *adj* massif(-ive)
masón *nm* franc-maçon *m*
masoquista *adj, nm/f* masochiste
m/f
máster *nm* (*ESCOL*) mastère *m*
masticar *vt, vi* mastiquer
mástil *nm* mât *m*; (*de guitarra*)
manche *m*
mastín *nm* mâtin *m*
masturbación *nf* masturbation *f*
masturbarse *vpr* se masturber
mata *nf* (*esp AM*) arbuste *m*; (*de
espinas*) brassée *f*; (*de perejil*)
bouquet *m*
matadero *nm* abattoir *m*
matador *nm* (*TAUR*) matador *m*
matamoscas *nm inv* tue-
mouches *m*
matanza *nf* (*de gente*) massacre
m; (*de cerdo: acción*) abattage *m*
du cochon
matar *vt* tuer; (*hambre, sed*)
apaiser; **~se** *vpr* se tuer
matasellos *nm inv* cachet *m* de
la poste

mate *adj* mat(e); (*AND, CSUR:
hierba, infusión*) maté *m*, thé *m*
des Jésuites; (*: vasija*) récipient *m*
pour le maté; **~ de coca/de
menta** thé à la coca/à la menthe
matemáticas *nfpl*
mathématiques *fpl*, maths *fpl*; *ver
tb* **matemático**
matemático, -a *adj*
mathématique ♦ *nm/f*
mathématicien(ne)
materia *nf* matière *f*; **en ~ de** en
matière de; **~ prima** matière
première; **material** *adj*
matériel(le); ♦ *nm* matière *f*,
matériau *m*; (*dotación*) matériel *m*;
(*cuero*) peau *f*; **materialista** *adj*
matérialiste; **materialmente**
adv: **es materialmente
imposible** c'est matériellement
impossible
maternal *adj* maternel(le)
maternidad *nf* maternité *f*
materno, -a *adj* maternel(le)
matinal *adj* matinal(e)
matiz *nm* nuance *f*; **matizar** *vt,
vi* préciser
matón *nm* dur *m*
matorral *nm* buisson *m*
matraca *nf* matraque *f*
matrícula *nf* (*ESCOL*) inscription *f*;
(*AUTO*) immatriculation *f*; (*: placa*)
plaque *f* d'immatriculation; **~ de
honor** ≈ mention *f* très bien;
matricular *vt* (*coche*)
immatriculer; (*alumno*) inscrire;
matricularse *vpr* s'inscrire
matrimonial *adj* (*contrato*) de
mariage; (*vida*) conjugal(e)
matrimonio *nm* (*pareja*) couple
m; (*boda*) mariage *m*
matriz *nf* (*ANAT*) utérus *msg*; (*TEC,
MAT*) matrice *f*
maullar *vi* miauler
máxime *adv* particulièrement

máximo, -a adj maximal(e), maximum; (longitud, altitud) maximal(e) ♦ nm maximum m; **al ~** au maximum

mayo nm mai m; ver tb **julio**

mayonesa nf mayonnaise f

mayor adj (adulto) adulte; (de edad avanzada) âgé(e); (MÚS, fig) majeur(e); (compar: de tamaño) plus grand(e); (: de edad) plus âgé(e); (superl: ver compar) très grand(e); très âgé(e); **~es** nmpl adultes mpl; **al por ~** en gros; **~ de edad** majeur(e)

mayordomo nm majordome m

mayoría nf majorité f

mayorista m/f grossiste m/f

mayúscula nf (tb: **letra ~**) majuscule f

mayúsculo, -a adj (susto) terrible; (error) magistral(e)

mazapán nm pâte f d'amande

mazo nm maillet m

me pron me; (en imperativo) moi; **¡dámelo!** donne-le-moi!

mear (fam) vt, vi pisser

mecánica nf mécanique f

mecánico, -a adj mécanique ♦ nm/f mécanicien(ne)

mecanismo nm mécanisme m

mecanografía nf dactylographie f

mecanógrafo, -a nm/f dactylo(graphe) m/f

mecate (AM) nm corde f

mecedor (AM) nm, **mecedora** nf fauteuil m à bascule

mecer vt balancer; **~se** vpr se balancer

mecha nf mèche f; **~s** nfpl (en el pelo) mèches fpl

mechero nm briquet m

mechón nm (de pelo) mèche f

medalla nf médaille f

media nf moyenne f; (prenda de vestir) bas msg; (AM) chaussette f

mediano, -a adj moyen(ne); **el ~** celui du milieu

medianoche nf minuit m

mediante adv grâce à

mediar vi servir d'intermédiaire; (problema: interponerse) s'interposer; **~ por algn** intercéder en faveur de qn

medicación nf (acción) prise f de médicaments; (medicamentos) médicaments mpl

medicamento nm médicament m

medicina nf (ciencia) médecine f; (medicamento) médicament m

medición nf mesure f

médico, -a adj médical(e) ♦ nm/f médecin m/f

medida nf mesure f; **~s** nfpl (de persona) mesures fpl; **en cierta ~** dans une certaine mesure; **en gran ~** en grande partie; **un traje a la ~** un costume sur mesure; **~ de cuello** encolure f; **a ~ de mí** etc **capacidad/ necesidad** dans la mesure de mes etc possibilités/besoins; **a ~ que ...** à mesure que ...

medio, -a adj moyen(ne) ♦ adv à moitié ♦ nm milieu m; (método) moyen m; **~s** nmpl moyens mpl; **a medias** à moitié; **~ litro** un demi-litre; **media hora/ docena/manzana** une demi-heure/douzaine/pomme; **las tres y media** trois heures et demie; **~ dormido/enojado** à moitié endormi/fâché; **en ~, entre medias** au milieu; **por ~ de** au moyen de; **~ ambiente** environnement m; **~s de comunicación/transporte** moyens de communication/ transport

medioambiental adj (efectos) sur l'environnement; (política) écologique

mediocre (pey) adj médiocre

mediodía nm midi m; **a ~** à midi

medir vt mesurer; **¿cuánto mides?** - **mido 1.50 m** tu mesures combien? - je mesure 1 m 50

meditar vt méditer ♦ vi: **~ (sobre)** méditer (sur)

mediterráneo, -a adj méditerranéen(ne) ♦ nm: **el (mar) M~** la (Mer) Méditerranée

médula nf moelle f; **~ espinal** moelle épinière

medusa (ESP) nf méduse f

megafonía nf sono f; (técnica) sonorisation f

megáfono nm porte-voix m inv

megalómano, -a nm/f mégalomane m/f

mejicano, -a (ESP) adj mexicain(e) ♦ nm/f Mexicain(e)

Méjico (ESP) nm Mexique m

mejilla nf joue f

mejillón nm moule f

mejor adj (superl) ♦ adv mieux; **será ~ que vayas** il vaut mieux que tu t'en ailles; **a lo ~** peut-être; **~ dicho** plutôt; **¡(tanto) ~!** tant mieux!; **~ vámonos** (esp AM: fam) allons-y; **tu, ~ te callas** (esp AM: fam) toi, tu ferais mieux de te taire

mejora nf amélioration f;
mejorar vt améliorer ♦ vi s'améliorer; (enfermo) se rétablir

mejoría nf (de enfermo) rétablissement m; (del tiempo) amélioration f

melancólico, -a adj mélancolique

melena nf (de persona) chevelure f; (de león) crinière f

mellizo, -a adj, nm/f jumeau(-elle); **~s** nmpl (AM) jumelles fpl; (de ropa) boutons mpl de manchette

melocotón (ESP) nm pêche f

melodía nf mélodie f

melodrama nm mélodrame m

melón nm melon m

membrete nm en-tête m

membrillo nm (fruto) coing m; (tb: **carne de ~**) confiture f de coings

memorable adj mémorable

memoria nf mémoire f; **~s** nfpl (de autor) mémoires fpl;
aprender/saber/recitar algo de ~ apprendre/savoir/réciter qch par cœur; **memorizar** vt mémoriser

menaje nm (de cocina) ustensiles mpl de cuisine; (del hogar) ustensiles de ménage

mencionar vt mentionner

mendigar vt, vi mendier

mendigo, -a nm/f mendiant(e)

mendrugo nm quignon m

menear vt remuer; (cadera) balancer; **~se** vpr remuer

menester nm: **es ~ hacer algo** il faut faire qch; **~es** nmpl devoirs mpl

menestra nf: **~ de verduras** macédoine f de légumes (parfois avec des morceaux de viande)

menguante adj décroissant(e);
menguar vt diminuer ♦ vi décroître; (número) réduire; (días) diminuer

meningitis nf méningite f

menopausia nf ménopause f

menor adj (más pequeño: compar) plus petit(e); (número: superl) moindre; (más joven) plus jeune; (MÚS) mineur(e) ♦ nm/f (tb: **~ de edad**) mineur(e); **no tengo la ~**

idea je n'en ai pas la moindre idée; **al por ~** au détail

Menorca *nf* Minorque *f*

PALABRA CLAVE
---

menos *adv* **1** (*compar*) moins; **me gusta menos (que el otro)** je l'aime moins (que l'autre); **menos de 50** moins de 50; **menos de lo que esperaba** moins que je n'en attendais **2** (+ *sustantivo*) moins de; **menos gente** moins de gens; **menos coches** moins de voitures **3** (*tras sustantivo*) de moins; **3 libros menos (que ayer)** 3 livres de moins (qu'hier) **4** (*superl*): **es la menos lista (de su clase)** c'est la moins intelligente (de sa classe); **el libro menos vendido** le livre le moins vendu; **de todas ellas es la que menos me agrada** c'est celle qui me plaît le moins parmi elles; **es el que menos culpa tiene** c'est celui qui est le moins coupable; **lo menos que ...** le moins que ... **5** (*locuciones*): **no quiero verle y menos visitarle** je ne veux pas le voir, encore moins lui rendre visite; **menos aun cuando ...** d'autant moins que ...; **¡menos mal (que ...)!** heureusement (que ...)!; **al** *o* **por lo menos** (tout) au moins; **si al menos ...** si seulement ... **6** (*MAT*): **5 menos 2** 5 moins 2 ♦ *prep* (*excepto*) sauf; **todos menos él** tous sauf lui ♦ *conj*: **a menos que: a menos que venga mañana** à moins qu'il ne vienne demain

menospreciar *vt* sous-estimer

mensaje *nm* message *m*; **~ de texto** minimessage *m*, Texto *m* ®

mensajero, -a *nm/f* messager(-ère)

menstruación *nf* menstruation *f*

mensual *adj* mensuel(elle); **mensualidad** *nf* mensualité *f*

menta *nf* menthe *f*

mental *adj* mental(e); **mentalidad** *nf* mentalité *f*

mentalizar *vt* faire prendre conscience à; **~se** *vpr*: **~se (de/ de que)** se faire à l'idée (de/que)

mentar *vt* mentionner

mente *nf* esprit *m*; **tener en ~ (hacer)** avoir dans l'idée (de faire)

mentir *vi* mentir

mentira *nf* mensonge *m*; **parece ~ que ...** on ne dirait vraiment pas que ...; (*como reproche*) cela paraît incroyable que ...

mentiroso, -a *adj, nm/f* menteur(-euse)

menú *nm* menu *m*

menudo, -a *adj* (*muy pequeño*) menu(e); **¡~ negocio!** drôle d'affaire!; **¡~ chaparrón/lío!** quelle engueulade/histoire!; **¡~ sitio/actor!** (*pey*) drôle d'endroit/d'acteur!; **a ~** souvent

meñique *nm* (*tb*: **dedo ~**) auriculaire *m*

meollo *nm*: **el ~ del asunto** le fond du problème

mercado *nm* marché *m*; **M~ Común** marché commun

mercancía *nf* marchandise *f*

mercantil *adj* commercial(e)

mercenario, -a *adj, nm* mercenaire *m*

mercería *nf* mercerie *f*; **artículos/sección de ~** mercerie

mercurio nm mercure m

merecer vt mériter; **merece la pena** ça vaut la peine

merecido, -a adj mérité(e); **recibir su ~** en prendre pour son grade

merendar vt prendre pour son goûter ♦ vi prendre son goûter

merengue nm meringue f

meridiano nm méridien m

merienda vb ver **merendar** ♦ nm goûter m; (en el campo) pique-nique m

mérito nm mérite m

merluza nf colin m

merma nf perte f; **mermar** vt diminuer ♦ vi (comida) réduire; (fortuna) diminuer

mermelada nf confiture f

mero, -a adj simple; (CAM, MÉX: fam: verdadero) vrai(e); (: principal) principal(e); (: exacto) précis(e)

merodear vi: ~ **por (un lugar)** rôder dans (un endroit)

mes nm mois msg

mesa nf table f; **poner/quitar la ~** mettre/débarrasser la table; ~ **electoral** bureau m de vote; ~ **redonda** table ronde

mesero, -a (esp MÉX) nm/f garçon (serveuse)

meseta nf plateau m

mesilla nf (tb: ~ **de noche**) table f de nuit

mesón nm restaurant m

mestizo, -a adj, nm/f métis(-isse)

mesura nf (moderación) mesure f

meta nf but m

metabolismo nm métabolisme m

metáfora nf métaphore f

metal nm métal m; (MÚS) cuivres mpl

metálico, -a adj métallique ♦ nm: **en ~** en espèces

metalurgia nf métallurgie f

meteoro nm météore m

meteorología nf météorologie f

meter vt mettre; (involucrar) mêler; (COSTURA) raccourcir; (miedo) faire; (paliza) flanquer; ~**se** vpr: ~**se en** (un lugar) entrer dans; (negocios, política) se lancer dans; (entrometerse) se mêler de; ~ **algo en** o (esp AM) **a** mettre qch dans; ~**se a escritor** se lancer dans la littérature; ~**se con algn** s'en prendre à qn; (en broma) taquiner qn

meticuloso, -a adj méticuleux(-euse)

metódico, -a adj méthodique

método nm méthode f; **con ~** avec méthode

metodología nf méthodologie f

metralleta nf mitraillette f

metro nm mètre m; (tren: tb: ~**politano**) métro m

mexicano, -a (AM) adj mexicain(e) ♦ nm/f Mexicain(e)

México (AM) nm Mexique m; **Ciudad de ~** Mexico

mezcla nf mélange m; **mezclar** vt mélanger; (cosas, ideas dispares) mêler; **mezclarse** vpr se mélanger; **mezclarse a algn en** (pey) mêler qn à; **mezclarse en algo** (pey) se mêler de qch

mezquino, -a adj mesquin(e)

mezquita nf mosquée f

mg. abr (= miligramo(s)) mg (= milligramme(s))

mi adj mon (ma) ♦ nm (MÚS) mi m; ~ **hijo** mon fils; **mis hijos** mes enfants

mí pron moi

michelín nm bourrelet m

micro nm micro m; (AM: microordenador) micro-ordinateur

m; (: *microbús*) minibus m*sg*
microbio nm microbe m
micrófono nm microphone m
microondas nm inv (tb: **horno
~**) four m à micro-ondes
microscopio nm microscope m
miedo nm peur f; **tener ~** avoir
peur; **tener ~ de que** avoir peur
que
miedoso, -a adj peureux(-euse)
miel nf miel m
miembro nm membre m; **~ viril**
membre viril
mientras conj pendant que ♦ adv
en attendant; **~ viva/pueda** tant
que je vivrai/pourrai; **~ que** tandis
que; **~ tanto** entre-temps
miércoles nm inv mercredi m;
ver tb **sábado**
mierda (fam!) nf merde f (fam!)
miga nf mie f; (*una miga*) miette f;
hacer buenas ~s (fam) faire
bon ménage
migración nf migration f
mil adj, nm mille m; **dos ~ libras**
deux milles livres
milagro nm miracle m; **de ~** par
miracle
milagroso, -a adj
miraculeux(-euse)
milésimo, -a adj, nm/f millième
m
mili nf: **la ~** (fam) le service
(militaire)
milicia nf milice f
milímetro nm millimètre m
militante adj, nm/f militant(e)
militar adj, nm/f militaire m ♦ vi:
~ en (POL) militer dans
millar nm millier m
millón nm million m
millonario, -a adj, nm/f
millionnaire m/f
mimar vt gâter
mimbre nm o f osier m

mímica nf mimique f
mimo nm (*gesto cariñoso*)
mamours mpl; (*en trato con niños:
pey*) indulgence f; (TEATRO) mime
m
mina nf mine f; **minar** vt miner
mineral adj minéral(e) ♦ nm
minéral m
minero, -a adj minier(-ière) ♦
nm/f mineur m
miniatura nf miniature f; **en ~**
en miniature
minifalda nf mini-jupe f
mínimo, -a adj (*temperatura,
salario*) minimal(e); (*detalle,
esfuerzo*) minime ♦ nm minimum
m
ministerio nm ministère m
ministro, -a nm/f ministre m
minoría nf minorité f
minucioso, -a adj
minutieux(-euse)
minúscula nf minuscule f
minusválido, -a adj, nm/f
handicapé(e)
minuta nf (*de abogado etc*)
minute f
minutero nm aiguille f des
minutes
minuto nm minute f
mío, -a adj mien(-enne) ♦ pron le
mien (la mienne); **un amigo ~**
un de mes amis
miope adj myope
mira nf (*de arma*) viseur m; **con
la ~ de** (hacer) dans le but de
(faire); **con ~s a (hacer)** en vue
de (faire)
mirada nf regard m;
(*momentánea*) coup m d'œil;
echar una ~ a jeter un coup
d'œil à
mirado, -a adj réservé(e); **estar
bien/mal ~** être bien/mal vu(e)
mirador nm mirador m

mirar vt regarder; (considerar)
penser à ♦ vi regarder; (suj:
ventana etc) donner sur; **~se** vpr
se regarder; **~ (hacia/por)**
regarder (vers/par); **~ (en/por)**
veiller (à); **~ bien/mal a algn**
apprécier/ne pas apprécier qn; **~
por algn/algo** veiller sur qn/qch

mirilla nf judas msg

mirlo nm merle m

misa nf messe f

miserable adj, nm/f misérable
m/f

miseria nf misère f; **una ~** (muy
poco) une misère

misericordia nf miséricorde f

misil nm missile m

misión nf mission f; **misiones**
nfpl (REL) missions fpl

misionero, -a nm/f missionnaire
m/f

mismo, -a adj: **el ~ libro/
apellido** le même livre/nom de
famille; (con pron personal): **mi** etc
~ moi etc même ♦ adv: **aquí/hoy
~** (dando énfasis) ici/aujourd'hui
même; (por ejemplo) par exemple
ici/aujourd'hui; **ayer ~** pas plus
tard qu'hier ♦ conj: **lo ~ que** de
même que; **el ~ color** la même
couleur; **ahora ~** à l'instant; **yo
~ lo vi** je l'ai vu de mes propres
yeux; **quiero lo ~** je veux la
même chose; **es** o **da lo ~** peu
importe; **~ que** (MÉX: esp en
prensa) qui

misterio nm mystère m; **hacer
algo con (mucho) ~** faire qch
en (grand) secret

misterioso, -a adj
mystérieux(-euse)

mitad nf moitié f; (centro) milieu
m; **a ~ de precio** à moitié prix;
en o **a ~ del camino** à mi-
chemin; **cortar por la ~**

partager en deux

mitigar vt atténuer

mitin nm (esp POL) meeting m

mito nm mythe m

mixto, -a adj mixte; (ensalada)
composé(e)

mobiliario nm mobilier m

mochila nf sac m à dos

moción nf motion f

moco nm morve f

moda nf mode f; **estar de ~** être
à la mode; **pasado de ~**
démodé(e)

modales nmpl manières fpl

modalidad nf modalité f

modelar vt modeler

modelo adj inv modèle ♦ nm/f
modèle m; (en moda, publicitario)
mannequin m ♦ nm (a imitar)
modèle

moderado, -a adj modéré(e)

moderar vt modérer; **~se** vpr:
~se (en) se modérer (dans)

modernizar vt moderniser

moderno, -a adj moderne

modestia nf modestie f

modesto, -a adj modeste

módico, -a adj modique

modificar vt modifier

modisto, -a nm/f couturier(-ère)

modo nm (manera) manière f; **~s**
nmpl (modales): **buenos/malos
~s** bonnes/mauvaises manières;
"~ de empleo" "mode
d'emploi"; **de ningún ~** en
aucune façon; **de todos ~s** de
toute manière

modorra nf léthargie f

mofa nf: **hacer ~ de algn** se
moquer de qn

mofarse vpr: **~ de** se moquer de

moho nm (en pan etc) moisi m

mojar vt mouiller; **~se** vpr se
mouiller

mojón nm borne f

molde *nm* moule *m*

mole *nf* masse *f* ♦ *nm* (MÉX) (sorte *f* de viande en) daube *f*

moler *vt* moudre

molestar *vt* (*suj: olor, ruido*) gêner; (: *visitas, niño*) déranger; (: *zapato, herida*) faire mal à; (: *comentario, actitud*) vexer ♦ *vi* (*visitas, niño*) déranger; **~se** *vpr* se déranger; (*ofenderse*) se vexer; **~ (en)** prendre la peine (de)

molestia *nf* gêne *f*; (MED) douleur *f*; **tomarse la ~ de** prendre la peine de; **no es ninguna ~** cela ne me dérange pas du tout, je vous en prie; **"perdonen las ~s"** "veuillez nous excuser pour le désagrément"

molesto, -a *adj* gênant(e), désagréable; **estar ~** (MED) se sentir mal; (*enfadado*) être fâché(e); **estar ~ con algn** ne pas être à l'aise avec qn

molido, -a *adj*: **estar ~** être crevé(e)

molinillo *nm*: **~ de café** moulin *m* à café

molino *nm* moulin *m*

momentáneo, -a *adj* momentané(e)

momento *nm* moment *m*; **es el/no es el ~ de (hacer)** c'est/ce n'est pas le moment de (faire); **de ~** pour le moment

momia *nf* momie *f*

monarca *nm* monarque *m*; **monarquía** *nf* monarchie *f*

monárquico, -a *adj* monarchique ♦ *nm/f* monarchiste *m/f*

monasterio *nm* monastère *m*

La Moncloa

Le palais de la Moncloa à Madrid est la résidence officielle du chef du gouvernement espagnol. Par extension, la Moncloa désigne souvent le chef du gouvernement et ses collaborateurs.

mondar *vt* éplucher; **~se** *vpr*: **~se de risa** (*fam*) se tordre de rire

moneda *nf* (*unidad monetaria*) monnaie *f*; (*pieza*) pièce *f* de monnaie; **monedero** *nm* porte-monnaie *m inv*

monetario, -a *adj* monétaire

monitor, a *nm/f* moniteur(-trice) ♦ *nm* (TV, INFORM) moniteur *m*

monja *nf* religieuse *f*

monje *nm* moine *m*

mono, -a *adj* beau (belle) ♦ *nm/f* singe (guenon) ♦ *nm* (*prenda: entera*) bleu *m* de travail

monólogo *nm* monologue *m*

monopolio *nm* monopole *m*; **monopolizar** *vt* monopoliser

monotonía *nf* monotonie *f*

monótono, -a *adj* monotone

monstruo *nm* monstre *m*

monstruoso, -a *adj* monstrueux(-euse)

montaje *nm* montage *m*

montaña *nf* montagne *f*; **~ rusa** montagne russe

montar *vt, vi* monter; **~ a caballo** monter à cheval; **botas fpl de ~** bottes *fpl* d'équitation; **~ en cólera** se mettre en colère

monte *nm* mont *m*; (*área sin cultivar*) bois *msg*; **~ de piedad** mont de piété

montón *nm* tas *msg*; (*de gente, dinero*) flopée *f*

monumento *nm* monument *m*

moño *nm* chignon *m*

moqueta *nf* moquette *f*

mora nf (BOT) mûre f
morada nf demeure f
morado, -a adj violet(-ette) ♦ nm violet m
moral adj moral(e) ♦ nf morale f; (ánimo) moral m ♦ nm (BOT) mûrier m
moraleja nf morale f
moralidad nf moralité f
morboso, -a adj morbide
morcilla nf (CULIN) ≃ boudin noir
mordaz adj (crítica) sévère
mordaza nf bâillon m
morder vt mordre; **mordisco** nm petite morsure f
moreno, -a adj brun(e); (de pelo) mat(e); **estar ~** être bronzé(e); **ponerse ~** se bronzer
morfina nf morphine f
moribundo, -a adj, nm/f moribond(e)
morir vi mourir; **~se** vpr mourir; **fue muerto a tiros/en un accidente** il a été tué par balles/dans un accident; **~se de envidia/de ganas/de vergüenza** mourir de jalousie/d'envie/de honte
moro, -a adj maure (mauresque) ♦ nm/f Maure (Mauresque)
moroso, -a adj retardataire ♦ nm (COM) mauvais payeur m
morral nm musette f
morro nm museau m; (AUTO, AVIAT) devant m; **beber a ~** boire au goulot; **estar de ~s (con algn)** faire la gueule (à qn); **tener mucho ~** (fam) avoir du toupet
mortadela nf mortadelle f
mortaja nf linceul m
mortal adj, nm/f mortel(-elle); **mortalidad** nf mortalité f
mortero nm mortier m
mortífero, -a adj meurtrier(-ère)

mosca nf mouche f
Moscú n Moscou
mosquear (fam) vt (hacer sospechar) faire soupçonner; (fastidiar) agacer; **~se** (fam) vpr se vexer
mosquitero nm moustiquaire f
mosquito nm moustique m
mostaza nf moutarde f
mostrador nm comptoir m
mostrar vt montrer; (el camino) montrer, indiquer; (explicar) expliquer; **~se** vpr: **~se amable** se montrer aimable
mota nf poussière f; (en tela: dibujo) nœud m
mote nm surnom m
motín nm mutinerie f
motivar vt motiver, encourager, stimuler; **motivo** nm motif m
moto, motocicleta nf moto f
motor, a adj moteur(-trice); ♦ nm moteur m; **~ a o de reacción/ de explosión** moteur à réaction/à explosion
motora nf canot m
movedizo, -a adj: **arenas movedizas** sables mpl mouvants
mover vt bouger; (máquina) mettre en marche; **~se** vpr se déplacer; (tren) glisser; **~ a algn a hacer** (inducir) pousser qn à faire; **~ la cabeza** (para negar) hocher la tête de droite à gauche
móvil adj mobile; (pieza de máquina) roulant(e) ♦ nm (de crimen) mobile m; (teléfono) portable m; **movilidad** nf mobilité f; **movilizar** vt mobiliser
movimiento nm mouvement m
moza nf jeune fille f
mozo nm jeune homme m; (en hotel) groom m; (camarero) garçon m; (MIL) conscrit m
muchacha nf fille f; (criada)

domestique f

muchacho nm garçon m

muchedumbre nf foule f

PALABRA CLAVE

mucho, -a adj **1** (cantidad, número) beaucoup de; **mucha gente** beaucoup de monde; **mucho dinero** beaucoup d'argent; **hace mucho calor** il fait très chaud; **muchas amigas** beaucoup d'amies

2 (sg: fam: grande): **ésta es mucha casa para él** cette maison est bien trop grande pour lui

3 (sg: demasiado): **hay mucho gamberro aquí** il y a beaucoup de voyous par ici

♦ pron: **tengo mucho que hacer** j'ai beaucoup (de choses) à faire; **muchos dicen que ...** beaucoup de gens disent que ...; ver tb **tener**

♦ adv **1**: **te quiero mucho** je t'aime beaucoup; **lo siento mucho** je regrette beaucoup, je suis vraiment désolé; **mucho antes/mejor** bien avant/ meilleur; **come mucho** il mange beaucoup; **¿te vas a quedar mucho?** tu vas rester longtemps?

2 (respuesta) très; **¿estás cansado? - ¡mucho!** tu es fatigué? - très!

3 (locuciones): **leo como mucho un libro al mes** je lis au maximum un livre par mois; **el mejor con mucho** de loin le meilleur; **¡ni mucho menos!** loin de là!; **él no es ni mucho menos trabajador** il est loin d'être travailleur

4: **por mucho que**: **por mucho que le quieras** tu as

beau l'aimer

muda nf (de ropa) linge m de rechange

mudanza nf déménagement m; **camión/casa de ~s** camion m/entreprise f de déménagement

mudar vt changer; (ZOOL) muer; **~se** vpr: **~se (de ropa)** se changer; **~ de** (opinión, color) changer de; **~se (de casa)** déménager; **la voz se le está mudando** il est en train de muer

mudo, -a adj muet(te); (callado) silencieux(-euse)

mueble nm meuble m

mueca nf grimace f

muela vb ver **moler** ♦ nf (diente de atrás) molaire f; **~ del juicio** dent f de sagesse

muelle nm ressort m; (NÁUT) quai m

muera etc vb ver **morir**

muerte nf mort f; **dar ~ a** donner la mort à

muerto, -a pp de **morir** ♦ adj mort(e) ♦ nm/f mort(e)

muestra vb ver **mostrar** ♦ nf (COM, COSTURA) échantillon m; (de sangre) prélèvement m; (en estadística) échantillonnage m; (señal) preuve f

muestreo nm (estadístico) échantillonnage m

mueva etc vb ver **mover**

mugir vi mugir

mugre nf (suciedad) crasse f; (: grasienta) cambouis msg

mugriento, -a adj crasseux(-euse)

mujer nf femme f; **mujeriego** adj, nm coureur m

mula nf mule f

muleta nf (para andar) béquille f; (TAUR) muleta f

mullido, -a *adj* moelleux(-euse)

multa *nf* amende *f*; **multar** *vt*
condamner à une amende

multicines *nmpl* cinéma *m*
multisalle

multinacional *adj*
multinational(e) ♦ *nf*
multinationale *f*

múltiple *adj* multiple

multiplicar *vt* multiplier; **~se**
se multiplier; (*para hacer algo*) se
démener, se mettre en quatre

multitud *nf* foule *f*; **~ de**
multitude de

mundano, -a *adj* mondain(e)

mundial *adj* mondial(e)

mundo *nm* monde *m*; **todo el ~**
tout le monde; **tiene mundo** il
sait comment se comporter en
société

munición *nf* munition *f*

municipal *adj* municipal(e) ♦
nm/f (*tb:* **policía ~**) agent *m* de
police

municipio *nm* municipalité *f*

muñeca *nf* (*ANAT*) poignet *m*;
(*juguete, mujer*) poupée *f* (*AND,
CSUR: fam*) prise *f* de courant

muñeco *nm* (*juguete*) baigneur *m*;
(*marioneta, fig*) pantin *m*

mural *nm* peinture *f* murale

muralla *nf* muraille *f*

murciélago *nm* chauve-souris *fsg*

murmullo *nm* murmure *m*

murmuración *nf* médisance *f*;
murmurar *vt, vi* murmurer;
murmurar (de) (*criticar*) dire du
mal (de)

muro *nm* mur *m*

muscular *adj* musculaire

músculo *nm* muscle *m*

museo *nm* musée *m*

musgo *nm* mousse *f*

música *nf* musique *f*; *ver tb*
músico

musical *adj* musical(e)

músico, -a *nm/f* musicien(ne)

muslo *nm* cuisse *f*

mustio, -a *adj* (*planta*) flétri(e)

musulmán, -ana *adj, nm/f*
musulman(e)

mutación *nf* mutation *f*

mutilar *vt* mutiler

mutismo *nm* mutisme *m*

mutuo, -a *adj* mutuel(-elle)

muy *adv* très; **M~ Señor mío/
Señora mía** cher Monsieur/chère
Madame; **~ de noche** tard dans
la nuit

N, n

N *abr* (= *norte*) N (= *nord*)

N. *sigla f* (= *carretera nacional*) RN
f (= *route nationale*)

n. *abr* (= *nacido, a*) né(e)

nabo *nm* navet *m*

nácar *nm* nacre *f*

nacer *vi* naître; (*vegetal, barba,
vello*) pousser; (*río*) prendre sa
source; (*columna, calle*)
commencer

nacido, -a *adj*: **~ en** né(e) en;
naciente *adj* naissant(e); **el sol
naciente** le soleil levant;
nacimiento *nm* naissance *f*; (*de
Navidad*) crèche *f*; (*de río*) source *f*

nación *nf* nation *f*; **nacional**
adj national(e);
nacionalidad *nf* nationalité *f*;
nacionalismo *nm* nationalisme
m; **nacionalista** *adj, nm/f*
nationaliste *m/f*; **nacionalizar** *vt*
nationaliser; **nacionalizarse** *vpr*
se faire naturaliser

nada *pron, adv* rien; **no decir ~**
ne rien dire; **de ~** de rien; **por ~**
pour rien

nadador, a *nm/f* nageur(-euse)

nadar *vi* nager

nadie *pron* personne; **~ habló** personne n'a parlé; **no había ~** il n'y avait personne

nado *adv:* **a ~** à la nage

nafta (CSUR) *nf* (*gasolina*) essence *f*

naipe *nm* carte *f*

nalgas *nfpl* fesses *fpl*

nana *nf* berceuse *f*

naranja *adj inv* orange ♦ *nm* (*color*) orange *m* ♦ *nf* (*fruta*) orange *f*; **media ~** (*fam*) moitié *f*;

naranjada *nf* orangeade *f*;

naranjo *nm* oranger *m*

narciso *nm* narcisse *m*

narcótico, -a *adj, nm* narcotique *m*; **narcotizar** *vt* administrer des narcotiques à

nardo *nm* nard *m*

narigón, -ona, narigudo, -a *adj:* **un tipo ~** un type au grand nez

nariz *nf* nez *m*; **narices** *nfpl* narines *fpl*; **delante de las narices de algn** au nez de qn; **~ chata/respingona** nez épaté/en trompette

narración *nf* narration *f*

narrador, a *nm/f* narrateur(-trice)

narrar *vt* raconter; **narrativa** *nf* genre *m* narratif

nata *nf* crème *f*

natación *nf* natation *f*

natal *adj* natal(e); **natalidad** *nf* natalité *f*; **control de natalidad** contrôle *m* des naissances

natillas *nfpl* crème *f* renversée

nativo, -a *adj* (*costumbres*) local(e), du pays; (*lengua*) maternel(le); (*país*) natal(e) ♦ *nm/f* natif(-ive)

nato, -a *adj:* **un actor/pintor/ músico ~** un acteur/peintre/ musicien né

natural *adj* naturel(le); (*luz*) du

jour; (*flor, fruta*) vrai(e); **~ de** natif(-ive) de

naturaleza *nf* nature *f*

naturalidad *nf* naturel *m*

naturalmente *adv* naturellement; **¡~!** naturellement!

naufragar *vi* faire naufrage; **naufragio** *nm* naufrage *m*

náufrago, -a *nm/f* naufragé(e)

náuseas *nfpl* nausées *fpl*; **me da ~** ça me donne la nausée

náutico, -a *adj* nautique

navaja *nf* couteau *m* (de poche); **~ (de afeitar)** rasoir *m* à main

naval *adj* naval(e)

Navarra *nf* Navarre *f*

nave *nf* (*barco*) navire *m*; (ARQ) nef *f*; **~ espacial** vaisseau *m* spatial; **~ industrial** atelier *m*

navegación *nf* navigation *f*; (*viaje*) voyage *m* en mer; **~ aérea/costera/fluvial** navigation aérienne/côtière/fluviale; **navegante** *nm/f* navigateur(-trice); **navegar** *vi* naviguer

navidad *nf* (*tb:* **~es**) fêtes *fpl* de Noël; (*tb:* **día de ~**) la Noël; (REL) Noël *m*

navideño, -a *adj* de Noël

navío *nm* navire *m*

nazca *etc vb ver* **nacer**

nazi *adj* nazi(e) ♦ *nm/f* Nazi(e)

NE *abr* (= *nor(d)este*) N.-E. (= nord-est)

neblina *nf* brume *f*

nebulosa *nf* nébuleuse *f*

necesario, -a *adj:* **~ (para)** nécessaire (pour); **(no) es ~ que** il (n')est pas nécessaire que

neceser *nm* nécessaire *m*

necesidad *nf* besoin *m*; (*cosa necesaria*) nécessité *f*; (*miseria*) pauvreté *f*; **en caso de ~** en cas de besoin; **hacer sus ~es** faire ses besoins

necesitado, -a *adj*
nécessiteux(-euse); **estar ~ de**
avoir grand besoin de

necesitar *vt:* **~ (hacer)** avoir
besoin de (faire) ♦ *vi:* **~ de** avoir
besoin de

necio, -a *adj, nm/f* idiot(e)

nectarina *nf* nectarine *f*

nefasto, -a *adj, nf* néfaste

negación *nf* négation *f*

negar *vt (hechos)* nier; *(permiso,
acceso)* refuser; **~se** *vpr:* **~se a
hacer algo** se refuser à faire qch

negativa *nf* négative *f; (rechazo)*
refus *msg*

negativo, -a *adj* négatif(-ive) ♦
nm (FOTO) négatif *m*

negligencia *nf* négligence *f*

negociado *nm* bureau *m*

negociante *nm/f (COM)*
négociant(e); *(pey)* trafiquant(e)

negociar *vt* négocier ♦ *vi:* **~ en** *o*
con *(COM)* faire le commerce de *o*
du commerce avec

negocio *nm* affaire *f; (tienda)*
commerce *m;* **los ~s** les affaires
fpl; **hacer ~** faire des affaires;
¡eso es un ~! ça rapporte!; **~
sucio** affaire *f* louche; **¡mal ~!**
(fam) ça va mal!

negra *nf (MÚS)* noire *f; (mala
suerte)* poisse *f*

negro, -a *adj* noir(e) ♦ *nm (color)*
noir *m* ♦ *nm/f (persona)* noir(e);
(AM: fam) chéri(e)

nene, -a *nm/f* petit(e)

neón *nm:* **luz** *o* **lámpara de ~**
néon *m*

neoyorquino, -a *adj* new-
yorkais(e)

nervio *nm* nerf *m; (BOT, ARQ)*
nervure *f;* **nerviosismo** *nm* état
m d'agitation, nervosité *f*

nervioso, -a *adj* nerveux(-euse)

neto, -a *adj* net (nette)

neumático *nm* pneu *m;* **~ de
recambio** roue *f* de secours

neurona *nf* neurone *m*

neutral *adj* neutre; **neutralizar**
vt neutraliser

neutro, -a *adj* neutre; *(BIO)*
asexué(e)

neutrón *nm* neutron *m*

nevada *nf* chute *f* de neige

nevar *vi* neiger

nevera *(ESP) nf* réfrigérateur *m*

nexo *nm* lien *m*

ni *conj* ni; *(tb:* **~ siquiera)** même
pas; **~ aunque** même si; **~
blanco ~ negro** ni blanc ni noir

Nicaragua *nf* Nicaragua *m;*
nicaragüense *adj*
nicaraguayen(ne) ♦ *nm/f*
Nicaraguayen(ne)

nicho *nm* niche *f*

nicotina *nf* nicotine *f*

nido *nm* nid *m*

niebla *nf* brouillard *m*

niego *etc*, **niegue** *etc vb ver*
negar

nieto, -a *nm/f* petit-fils (petite-
fille); **los ~s** *nmpl* les petits-
enfants

nieve *vb ver* **nevar** ♦ *nf* neige *f;
(AM: helado)* glace *f*

NIF *nm abr* (= Número de
Identificación Fiscal) *matricule fiscal
utilisé dans l'administration*

Nilo *nm:* **el (Río) ~** le Nil

nimiedad *nf* bagatelle *f*

nimio, -a *adj* insignifiant(e), sans
importance

ninfa *nf* nymphe *f*

ningún *adj ver* **ninguno**

ninguno, -a *adj* aucun(e) ♦ *pron*
personne; **de ninguna manera**
en aucune manière

niña *nf* (petite) fille *f; (del ojo)*
pupille *f*

niñera nf nourrice f; **niñería** (pey) nf enfantillage m

niñez nf enfance f

niño, -a adj jeune; (pey) puéril(e) ♦ nm enfant m; (chico) (petit) garçon m; (bebé) petit enfant m

nipón, -ona adj nippon(e o ne)

níquel nm nickel m; **niquelar** vt nickeler

níspero nm néflier m

nitidez nf (de imagen) netteté f; (de atmósfera) pureté f

nítido, -a adj (imagen) net(te); (cielo) dégagé(e); (atmósfera) pur(e)

nitrato nm nitrate m

nitrógeno nm azote m

nivel nm niveau m; **~ del aceite** niveau d'huile; **~ de vida** niveau de vie; **nivelar** vt niveler; (ingresos, categorías) égaliser

NN. UU. abr (= Naciones Unidas) NU (= Nations unies)

PALABRA CLAVE

no adv **1**: ¡no! (en respuesta) non!; **ahora no** pas maintenant; **no mucho** pas tellement, pas beaucoup; ¡cómo no! bien sûr!
2 (con verbo) ne ... pas; **no viene** il ne vient pas; **no es el mío** ce n'est pas le mien
3 (no + sustantivo): **pacto de no agresión** pacte m de non-agression; **los países no alineados** les pays non-alignés
4: no sea que haga frío au cas où il ferait froid
5: no bien hubo terminado se marchó à peine eut-il terminé qu'il s'en alla
6: ¡a que no lo sabes! je parie que tu ne le sais pas!

---

nobleza nf noblesse f; **la nobleza** la noblesse

noche nf nuit f; (la tarde) soir m; **de ~, por la ~** le soir; (de madrugada) la nuit; **se hace de ~** la nuit tombe; **es de ~** il fait nuit

Noche de San Juan

La fête de la Noche de San Juan a lieu le 24 juin. Cette fête, qui coïncide avec le solstice d'été, a remplacé d'anciennes fêtes païennes. Durant les festivités, où selon la tradition le feu joue un rôle important, on danse autour de feux de joie dans les villes et les villages.

Nochebuena nf nuit f de Noël

Nochebuena

Dans les pays de langue espagnole, comme en France, on fête Noël la nuit du 24 décembre; c'est Nochebuena. Les familles se réunissent autour d'un grand repas et les plus pieux assistent à la messe de minuit. Bien que la tradition veuille que les cadeaux soient apportés par les Rois mages le 6 janvier, il est de plus en plus fréquent de s'offrir des cadeaux la veille de Noël.

Nochevieja nf nuit f de la Saint Sylvestre

Nochevieja

En Espagne, "las campanadas", les douze coups de l'horloge de la "Puerta del Sol" à Madrid, qui sont retransmis en direct pour

noble adj, nm/f noble m/f;

marquer le début de chaque
nouvelle année, représentent le
temps fort du réveillon de la
Saint-Sylvestre **Nochevieja**.
Lorsque minuit sonne, la
tradition connue sous le nom de
"las uvas de la suerte" ou "las
doce uvas", veut que l'on mange
douze grains de raisin, un pour
chaque coup.

noción nf notion f

nocivo, -a adj nocif(-ive)

noctámbulo, -a adj nocturne; nm/f
noctambule m/f

nocturno, -a adj nocturne; (club)
de nuit; (clases) du soir ♦ nm (MÚS)
nocturne m

nodriza nf nourrice f; **buque/
nave ~** bateau m/navire m de
ravitaillement

nogal nm noyer m

nómada adj, nm/f nomade m/f

nombramiento nm nomination f

nombrar vt nommer

nombre nm nom m; (tb: **~
completo**) nom (et prénoms); **~
y apellidos** nom et prénoms; **~
común** nom commun; **~ de
pila** prénom m; **~ de soltera**
nom de jeune fille; **~ propio** nom
propre

nómina nf (de personal) liste f;
(hoja de sueldo) feuille f de paie

nominal adj nominal(e)

nominar vt nommer

nominativo, -a adj (LING)
nominatif(-ive); **un cheque ~ a
X** un chèque à l'ordre de X

nordeste adj, nm nord-est ♦ nm
nord-est m

nórdico, -a adj (zona) nord;
(escandinavo) nordique

noreste adj, nm = **nordeste**

noria nf (AGR) noria f; (de feria)
grande roue f

normal adj normal(e);

normalidad nf normalité f;
restablecer la normalidad
rétablir l'ordre; **normalizar** vt
normaliser; (gastos) régulariser;
normalizarse vpr se normaliser

normando, -a adj normand(e) ♦
nm/f Normand(e)

normativa nf réglementation f

noroeste adj nord-ouest ♦ nm
nord-ouest m

norte adj nord ♦ nm nord m

norteamericano, -a adj
américain(e) ♦ nm/f Américain(e)

Noruega nf Norvège f

noruego, -a adj norvégien(ne) ♦
nm/f Norvégien(ne)

nos pron nous; **~ levantamos a
las 7** nous nous levons à 7
heures

nosotros, -as pron nous

nostalgia nf nostalgie f

nota nf note f; **~s** nfpl (apuntes)
notes fpl; (ESCOL) résultats mpl

notar vt (darse cuenta de)
remarquer; (frío, calor) sentir; **~se**
vpr (efectos, cambio) se faire sentir;
(mancha) se voir; **se nota que
...** on voit que ...

notarial adj notarial(e); **acta ~**
acte m notarié

notario nm notaire m

noticia nf nouvelle f; **las ~s** (TV)
les informations; **tener ~s de
algn** avoir des nouvelles de qn

noticiero nm journal m

notificación nf notification f;
notificar vt notifier

notoriedad nf notoriété f

notorio, -a adj notoire

novato, -a adj, nm/f
nouveau(-velle)

novecientos, -as adj neuf

cents; *ver tb* **seiscientos**
novedad *nf* nouveauté *f*; (*noticia*) nouvelle *f*
novel *adj* débutant(e)
novela *nf* roman *m*
noveno, -a *adj, nm/f* neuvième *m/f*; *ver tb* **sexto**
noventa *adj num inv* quatre-vingt-dix *m inv*; *ver tb* **sesenta**
novia *nf ver* **novio**
noviazgo *nm* fiançailles *fpl*
novicio, -a *adj* (REL) novice ♦ *nm/f* (REL) novice *m/f*
noviembre *nm* novembre *m*; *ver tb* **julio**
novillada *nf* course de jeunes taureaux
novillero *nm* torero combattant de jeunes taureaux
novillo *nm* jeune taureau *m*; **hacer novillos** (*fam*) faire l'école buissonnière
novio, -a *nm/f* (*amigo íntimo*) petit(e) ami(e); (*prometido*) fiancé(e); (*en boda*) marié(e); **los ~s** les fiancés *mpl*; (*en boda*) les mariés *mpl*
nubarrón *nm* gros nuage *m*
nube *nf* nuage *m*; (*de mosquitos*) nuée *f*; (MED: *ocular*) taie *f*
nublado, -a *adj* nuageux(-euse); (*día*) gris(e)
nubosidad *nf* nuages *mpl*; **había mucha ~** il y avait beaucoup de nuages
nuca *nf* nuque *f*
nuclear *adj* nucléaire
núcleo *nm* noyau *m*; **~ de población** agglomération *f*; **~ urbano** centre *m* urbain
nudillo *nm* jointure *f*
nudista *adj, nm/f* nudiste *m/f*
nudo *nm* nœud *m*; **~ de carreteras** nœud routier; **~ de comunicaciones** nœud de communications
nudoso, -a *adj* noueux(-euse)
nuera *nf* belle-fille *f*
nuestro, -a *adj* à nous ♦ *pron* notre; **~ padre** notre père; **un amigo ~** un de nos amis; **es el ~** c'est le nôtre
nueva *nf* nouvelle *f*
nuevamente *adv* à nouveau
Nueva York *n* New York
Nueva Zelanda *nf* Nouvelle-Zélande *f*; **Nueva Zelandia** (AM) *nf* = **Nueva Zelanda**
nueve *adj inv, nm inv* neuf *m inv*; *ver tb* **seis**
nuevo, -a *adj* nouveau(-velle); (*no usado*) neuf (neuve); **de ~** de nouveau
nuez (*pl* **nueces**) *nf* noix *fsg*; **~ (de Adán)** pomme *f* d'Adam; **~ moscada** noix muscade
nulidad *nf* nullité *f*; **es una ~** (*pey*) il est nul
nulo, -a *adj* nul(le); **soy ~ para la música** je suis nul(le) en musique
núm. *abr* (= *número*) nº (= *numéro*)
numeración *nf* (*de calle, páginas*) numérotation *f*; (*sistema*) chiffres *mpl*
numeral *nm* numéral *m*
numerar *vt* numéroter
número *nm* nombre *m*; (*de zapato*) pointure *f*; (TEATRO, *de publicación, de lotería*) numéro *m*; **estar en ~s rojos** être à découvert; **~ atrasado** vieux numéro; **~ de matrícula de teléfono** numéro d'immatriculation/de téléphone; **~ decimal/impar/par** nombre décimal/impair/pair; **~ romano** chiffre romain
numeroso, -a *adj*

nombreux(-euse); *ver tb* **familia**
nunca *adv* jamais
nupcias *nfpl*: **en segundas ~**
en secondes noces
nutria *nf* loutre *f*
nutrición *nf* nutrition *f*
nutrido, -a *adj* nourri(e); (*grupo, representación*) dense; **bien/mal ~** bien/mal nourri(e)
nutrir *vt* nourrir; **~se** *vpr*: **~se de** se nourrir de
nutritivo, -a *adj* nutritif(-ive)
nylon *nm* nylon *m*

Ñ, ñ

ñato, -a (*CSUR*) *adj* (*de nariz chata*) camus(e)
ñoñería *nf* (*de persona sosa*) fadeur *f*; (*de persona melindrosa*) pudibonderie *f*; (*una ñoñería*) niaiserie *f*
ñoño, -a *adj* (*soso*) fadasse (*fam*); (*melindroso*) pudibond(e)

O, o

O *abr* (= *oeste*) O (= *ouest*)
o *conj* ou
o/ *nm* (= *orden*) commande *f*
oasis *nm inv* oasis *msg o fsg*
obedecer *vt* obéir à ♦ *vi* obéir; **~ a** (*MED, fig*) succomber à;
obediencia *nf* obéissance *f*;
obediente *adj* obéissant(e)
obertura *nf* (*MÚS*) ouverture *f*
obesidad *nf* obésité *f*
obeso, -a *adj* obèse
obispo *nm* évêque *m*
objeción *nf* objection *f*
objetar *vt*: **~ que** objecter que ♦ *vi* être objecteur de conscience
objetivo, -a *adj* objectif(-ive) ♦

nm objectif *m*
objeto *nm* objet *m*; (*finalidad*) objet, but *m*; **ser ~ de algo** être l'objet de qch
objetor *nm* (*tb*: **~ de conciencia**) objecteur *m* de conscience
oblicuo, -a *adj* oblique
obligación *nf* obligation *f*;
obligaciones *nfpl* obligations *fpl*; **cumplir con mi** *etc* **~** remplir mon *etc* devoir
obligar *vt* obliger
obligatorio, -a *adj* obligatoire
oboe *nm* hautbois *msg*
obra *nf* œuvre *f*; (*tb*: **~ dramática** *o* **de teatro**) pièce *f*; **~s** *nfpl* travaux *mpl*; **ser ~ de algn** être l'œuvre de qn; **por ~ de** à cause de; **~ maestra** chef-d'œuvre *m*; **~s públicas** travaux publics; **obrar** *vi* agir
obrero, -a *adj* ouvrier(-ère) ♦ *nm/f* ouvrier(-ère); (*del campo*) ouvrier(-ère) (*agricole*); **clase obrera** classe *f* ouvrière
obscenidad *nf* obscénité *f*
obsceno, -a *adj* obscène
obscu... = oscu...
obsequiar *vt*: **~ a algn con algo** faire cadeau de qch à qn; **obsequio** *nm* (*regalo*) présent *m*
observación *nf* observation *f*
observador, -a *adj* observateur(-trice) ♦ *nm/f* observateur *m*
observar *vt* observer
obsesión *nf* obsession *f*
obsesivo, -a *adj* obsessionnel(le)
obsoleto, -a *adj* (*máquina*) obsolète; (*ideas*) désuet(te)
obstáculo *nm* obstacle *m*
obstante *adv*: **no ~** cependant
obstinado, -a *adj* obstiné(e)
obstinarse *vpr* s'obstiner; **~ en**

s'obstiner à

obstrucción *nf* obstruction *f*;
obstruir *vt* obstruer; (*plan, labor, proceso*) faire obstacle à

obtener *vt* obtenir

obturador *nm* obturateur *m*

obvio, -a *adj* évident(e)

ocasión *nf* occasion *f*; **¡~!** (*COM*) offre spéciale; **de ~** (*libro*) d'occasion; **ocasionar** *vt* occasionner

ocaso *nm* (*puesta de sol*) coucher *m* du soleil

occidente *nm* occident *m*; **el O~** l'Occident *m*

O.C.D.E. *sigla f* (= *Organización para la Cooperación y el Desarrollo Económico*) OCDE *f* (= *Organisation de coopération et de développement économique*)

océano *nm* océan *m*

ochenta *adj inv*, *nm inv* quatre-vingts *m inv*; *ver tb* **sesenta**

ocho *adj inv*, *nm inv* huit *m inv*; *ver tb* **seis**

ochocientos, -as *adj* huit cents; *ver tb* **seiscientos**

ocio *nm* (*tiempo*) loisir *m*

ocioso, -a *adj*: **estar ~** être oisif(-ive)

octavilla *nm* (*esp POL*) tract *m*

octavo, -a *adj*, *nm/f* huitième *m/f*; *ver tb* **sexto**

octubre *nm* octobre *m*; *ver tb* **julio**

ocular *adj* (*inspección*) des yeux; **testigo ~** témoin *m* oculaire

oculista *nm/f* oculiste *m/f*

ocultar *vt* cacher

oculto, -a *adj* (*puerta, persona*) dissimulé(e); (*razón*) caché(e)

ocupación *nf* occupation *f*

ocupado, -a *adj* occupé(e);
ocupar *vt* occuper; **ocuparse** *vpr*: **ocuparse de** s'occuper de

ocurrencia *nf* (*idea*) idée *f*; (: *graciosa*) trait *m* d'esprit; **¡qué ~!** (*pey*) quelle drôle d'idée!

ocurrir *vi* (*suceso*) se produire, se passer; **~se**: **se me ha ocurrido que ...** il m'est venu à l'esprit que ...; **¿qué te ocurre?** qu'est-ce que tu as?; **¡qué cosas se te ocurren!** tu as de ces idées!

odiar *vt* (*a algn*) haïr; **odio** *nm* haine *f*

odioso, -a *adj* (*persona*) odieux(-euse); (*tiempo*) exécrable; (*trabajo, tema*) insupportable

odontólogo, -a *nm/f* odontologiste *m/f*

O.E.A. *sigla f* (= *Organización de Estados Americanos*) OEA *f* (= *Organisation des États américains*)

oeste *nm* ouest *m*; **película del ~** western *m*; *ver tb* **norte**

ofender *vt* offenser; **~se** *vpr* s'offenser; **ofensa** *nf* offense *f*

ofensiva *nf* offensive *f*

ofensivo, -a *adj* (*palabra etc*) offensant(e); (*MIL*) offensif(-ive)

oferta *nf* offre *f*; (*COM*: *de bajo precio*) promotion *f*; **la ~ y la demanda** l'offre et la demande; **artículos de ~** *o* **en ~** articles *mpl* en promotion

oficial *adj* officiel(le) ♦ *nm/f* (*MIL*) officier *m*; (*en un trabajo*) ouvrier(-ère) qualifié(e)

oficina *nf* bureau *m*; **~ de información** bureau d'information; **~ de turismo** office *m* du tourisme; **oficinista** *nm/f* employé(e) de bureau

oficio *nm* travail *m*

oficioso, -a *adj* officieux(-euse)

ofrecer *vt* offrir; **~se** *vpr*: **~se** *o* **para hacer algo** s'offrir pour faire qch; **¿qué se le ofrece?**,

¿se le ofrece algo? puis-je vous aider?; **~se de** s'offrir comme

ofrecimiento nm offre f

oftalmólogo, -a nm/f ophtalmologue m

ofuscar vt aveugler; **~se** vpr se troubler

oída nf: **de ~s** par ouï-dire

oído nm (ANAT) oreille f; (sentido) ouïe f

olga etc vb ver **oír**

oír vt entendre; (atender a, esp AM) écouter; **¡oye!**, **¡oiga!** écoute!, écoutez!

O.I.T. sigla f (= Organización Internacional del Trabajo) OIT f (= Organisation internationale du travail)

ojal nm boutonnière f

ojalá excl si seulement!, espérons! ♦ conj (tb: **~ que**) si seulement, espérons que; **~ (que) venga hoy** espérons qu'il viendra aujourd'hui

ojeada nf coup m d'œil

ojera nf cerne m; **tener ~s** avoir les yeux cernés

ojeriza nf: **tener ~ a** prendre en grippe

ojeroso, -a adj (cara, aspecto) fatigué(e); (ojos) cerné(e)

ojo nm œil m; (de puente) arche f; (de cerradura) trou m; (de aguja) chas msg ♦ excl attention!; **tener ~ para** avoir l'œil pour

okupa nm/f (fam) squatteur(-euse) mf

ola nf vague f

olé excl olé!

oleada nf vague f

oleaje nm vagues fpl

óleo nm: **un ~** une peinture à l'huile; **al ~** à l'huile; **oleoducto** nm oléoduc m

oler vt sentir ♦ vi (despedir olor) sentir; **huele a tabaco** ça sent le tabac

olfatear vt renifler; (con el hocico) flairer; **olfato** nm odorat m

oligarquía nf oligarchie f

olimpíada nf olympiade f; **~s** nfpl Jeux mpl olympiques

oliva nf olive f; **aceite de ~** huile f d'olive; **olivo** nm olivier m

olla nf marmite f; (comida) ragoût m; **~ a presión** cocotte-minute f

olmo nm orme m

olor nm odeur f

oloroso, -a adj odorant(e)

olvidar vt oublier; **~se** vpr: **~se (de)** oublier (de); **~ hacer algo** oublier de faire qch; **se me olvidó (hacerlo)** j'ai oublié (de le faire)

olvido nm oubli m

ombligo nm nombril m

omiso, -a adj: **hacer caso ~ de** passer outre à

omitir vt omettre

omnipotente adj omnipotent(e)

omóplato nm omoplate f

OMS sigla f (= Organización Mundial de la Salud) OMS f (= Organisation mondiale de la santé)

ONCE sigla f (= Organización Nacional de Ciegos Españoles) entreprise et organisme d'aide aux aveugles

once adj inv, nm inv onze m inv ♦ nm (AM: refrigerio, merienda): **la ~, las ~s** le goûter, le thé; ver tb **seis**

onda nf (Fis) onde f; **~ corta/larga/media** onde courte/grande/moyenne; **ondear** vi onduler

ondular vt, vi onduler; **~se** vpr onduler

ONG sigla f (= Organización no

gubernamental) ONG f

ONU *sigla f* (= *Organización de las Naciones Unidas*) ONU f (= *Organisation des Nations unies*)

opaco, -a *adj* opaque

opción *nf* (*elección*) choix m; (*una opción*) option f; (*derecho*): ~ a choix entre

opcional *adj* facultatif(-ive)

O.P.E.P. *sigla f* (= *Organización de Países Exportadores del Petróleo*) OPEP f (= *Organisation des pays exportateurs de pétrole*)

ópera *nf* opéra m

operación *nf* opération f

operar *vt* opérer ♦ *vi* opérer; (*COM*) faire des transactions; ~se *vpr* (*cambio*) s'opérer; ~se (de) être opéré(e) (de)

opereta *nf* opérette f

opinar *vt* penser ♦ *vi*: ~ (de o sobre) donner son avis (sur);
opinión *nf* opinion f, avis *msg*;
cambiar de opinión changer d'avis

opio *nm* opium m

oponente *nm/f* adversaire *m/f*

oponer *vt* opposer; ~se *vpr*: ~se (a) s'opposer (à); ¡me opongo! je m'y oppose!

oportunidad *nf* (*ocasión*) occasion f; (*posibilidad*) opportunité f; ~es *nfpl* (*COM*) promotions *fpl*

oportuno, -a *adj* opportun(e); (*persona*) judicieux(-euse); **en el momento** ~ au moment opportun

oposición *nf* opposition f;
oposiciones *nfpl* (*ESP*) concours *msg*; **la** ~ (*POL*) l'opposition

opresivo, -a *adj* (*régimen*) oppressif(-ive); (*medidas*) de répression

opresor, a *nm/f* oppresseur m

oprimir *vt* (*botón*) presser; (*suj: cinturón, ropa*) serrer; (*obrero, campesino*) opprimer

optar *vi*: ~ por opter pour; ~ a aspirer à

optativo, -a *adj* (*asignatura*) facultatif(-ive)

óptica *nf* (*tienda*) opticien m; (*FÍS, TEC*) optique f

óptico, -a *adj* optique ♦ *nm/f* opticien(ne)

optimismo *nm* optimisme m;
optimista *adj*, *nm/f* optimiste *m/f*

óptimo, -a *adj* optimal(e)

opuesto, -a *pp de* oponer ♦ *adj* opposé(e)

opulencia *nf* opulence f

opulento, -a *adj* opulent(e)

oración *nf* (*REL*) prière f; (*LING*) énoncé m

orador, a *nm/f* orateur(-trice)

oral *adj* oral(e)

orangután *nm* orang-outang m

orar *vi* prier

oratoria *nf* éloquence f, bagou m

órbita *nf* orbite f

orden *nm* ordre m ♦ *nf* (*mandato, REL*) ordre m; **por** ~ par ordre; **de primer** ~ de premier ordre; ~ **del día** ordre du jour

ordenado, -a *adj* ordonné(e)

ordenador *nm* (*INFORM*) ordinateur m

ordenanza *nf* (*militar, municipal*) ordonnance f

ordenar *vt* (*mandar*) ordonner; (*papeles, juguetes*) ranger; (*habitación, ideas*) mettre de l'ordre (dans); ~se *vpr* (*REL*) être ordonné(e)

ordeñar *vt* traire

ordinario, -a *adj* ordinaire; (*pey*) grossier(-ère)

orégano *nm* origan m

oreja nf oreille f
orfanato nm orphelinat m
orfandad nf fait d'être orphelin
orfebrería nf orfèvrerie f
orgánico, -a adj organique; (todo) organisé(e)
organigrama nm organigramme m
organismo nm organisme m
organización nf organisation f; **organizar** vt organiser; (crear) fonder; **organizarse** vpr s'organiser; (escándalo) se produire
órgano nm organe m; (MÚS) orgue m
orgasmo nm orgasme m
orgía nf orgie f
orgullo nm orgueil m
orgulloso, -a adj orgueilleux(-euse)
orientación nf orientation f
orientar vt orienter; (esfuerzos) diriger; **~se** vpr s'orienter; **~se (en, sobre)** s'orienter (vers, d'après)
oriente nm orient m; **O~ Medio/Próximo** Moyen-/Proche-Orient; **Lejano O~** Extrême-Orient
origen nm origine f; **de ~ español** d'origine espagnole; **de ~ humilde** d'origine modeste
original adj original(e); (relativo al origen) originel(le); **originalidad** nf originalité f
originar vt causer, provoquer; **~se** vpr: **~se (en)** trouver son origine (dans)
originario, -a adj originaire; **~ de** originaire de
orilla nf bord m
orina nf urine f; **orinal** nm pot m de chambre; **orinar** vi uriner; **orinarse** vpr faire pipi; **orines** nmpl urines fpl

oriundo, -a adj: **~ de** originaire de
ornitología nf ornithologie f
oro nm or m; ver tb **oros**
oropel nm oripeau m
oros nmpl (NAIPES) l'une des quatre couleurs du jeu de cartes espagnol
orquesta nf orchestre m
orquídea nf orchidée f
ortiga nf ortie f
ortodoxo, -a adj orthodoxe
ortografía nf orthographe f
ortopedia nf orthopédie f
ortopédico, -a adj orthopédique
oruga nf chenille f
orzuelo nm orgelet m
os pron vous
osa nf ourse f
osadía nf audace f
osar vi oser
oscilación nf oscillation f
oscilar vi osciller; (precio, temperatura) fluctuer
oscurecer vt obscurcir ♦ vi commencer à faire nuit; **~se** vpr s'obscurcir
oscuridad nf obscurité f
oscuro, -a adj obscur(e); (color etc) foncé(e); (día, cielo) sombre; **a oscuras** dans l'obscurité
óseo, -a adj osseux(-euse)
oso nm ours msg; **~ de peluche** ours en peluche; **~ hormiguero** tamanoir m
ostentación nf ostentation f
ostentar vt arborer; (cargo, título, récord) posséder
ostra nf huître f
OTAN sigla f (= Organización del Tratado del Atlántico Norte) OTAN f (= Organisation du traité de l'Atlantique Nord)
otear vt scruter
otitis nf otite f
otoñal adj automnal(e)

otoño *nm* automne *m*

otorgar *vt* octroyer, concéder; (*perdón*) accorder

otorrinolaringólogo, -a *nm/f* oto-rhino(-laryngologiste) *m/f*

PALABRA CLAVE
---

otro, -a *adj* **1** (*distinto: sg*) un(e) autre; (: *pl*) d'autres; **otra persona** une autre personne; **con otros amigos** avec d'autres amis

2 (*adicional*): **tráigame otro café (más), por favor** apportez-moi un autre café, s'il vous plaît; **otros 10 días más** encore 10 jours; **otros 3** 3 autres; **otra vez** encore une fois

3 (*un nuevo*): **es otro Mozart** c'est un nouveau Mozart

4: **otro tanto: comer otro tanto** manger autant; **recibí una decena de telegramas y otras tantas llamadas** il a reçu une dizaine de télégrammes et autant de coups de téléphone

♦ *pron* **1**: **el otro/la otra** l'autre; **otros/otras** d'autres; **los otros/las otras** les autres; **no cojas esa gabardina, que es de otro** ne prends pas cet imperméable, il est à quelqu'un d'autre; **que lo haga otro** que quelqu'un d'autre le fasse

2 (*recíproco*): **se odian (la) una a (la) otra** elles se détestent l'une l'autre; **unos y otros** les uns et les autres

---

ovación *nf* ovation *f*

ovalado, -a *adj* ovale

óvalo *nm* ovale *m*

ovario *nm* ovaire *m*

oveja *nf* brebis *fsg*

overol (*AM*) *nm* salopette *f*

ovillo *nm* pelote *f*; **hacerse un ~** se pelotonner

OVNI *sigla m* (= *objeto volante (o volador) no identificado*) OVNI *m* (= *objet volant non identifié*)

ovulación *nf* ovulation *f*; **óvulo** *nm* ovule *m*

oxidar *vt* oxyder, rouiller; **~se** *vpr* s'oxyder, se rouiller

óxido *nm* oxyde *m*; (*sobre metal*) rouille *f*

oxigenado, -a *adj* (*agua*) oxygéné(e)

oxígeno *nm* oxygène *m*

oyendo *etc vb ver* **oír**

oyente *nm/f* auditeur(-trice)

P, p

P *abr* (REL = *Padre*) P; = (*Père*) (= *Papa*) Q. (= *question*)

pabellón *nm* pavillon *m*

pacer *vi* paître

paciencia *nf* patience *f*

paciente *adj, nm/f* patient(e)

pacificar *vt* pacifier

pacífico, -a *adj* pacifique; **el (Océano) P~** le (o l'océan) Pacifique

pacifismo *nm* pacifisme *m*; **pacifista** *nm/f* pacifiste *m/f*

pacotilla *nf*: **de ~** de pacotille

pactar *vt, vi* pactiser

pacto *nm* pacte *m*

padecer *vt* oxyder, enfermedad) souffrir de; (*injusticia*) pâtir de; (*consecuencias, sequía*) subir ♦ *vi*: **~ de** souffrir de; **padecimiento** *nm* souffrance *f*

padrastro *nm* beau-père *m*

padre *nm* père *m* ♦ *adj* (*fam*): **una juerga ~** une bringue à tout casser; **~s** *nmpl* (*padre y madre*) parents *mpl*; **~ político** beau-

père *m*
padrino *nm* parrain *m*; **~s** *nmpl*
le parrain et la marraine; **~ de
boda** témoin *m* de mariage
padrón *nm* recensement *m*
paella *nf* paella *f*
paga *nf* paie *f*, paye *f*

Paga Extraordinaria

En Espagne, la plupart des
contrats de travail à durée
indéterminée ou de longue durée
stipulent un treizième et
quatorzième mois de salaire. En
juin et en décembre, la majorité
des salariés reçoivent donc un
mois double, appelé *paga
extraordinaria* ou *paga extra*.

---

pagano, -a *adj, nm/f* païen(ne)
pagar *vt, vi* payer
pagaré *nm* billet *m* à ordre
página *nf* page *f*; **~ de inicio**
page d'accueil; **~ web** page
Web
pago *nm* paiement *m*; **~(s)** (*esp
AND, CSUR*) région *fsg*; **~ a cuenta**
acompte *m*
pág(s). *abr* (= *página(s)*) pp (=
page(s))
pague *etc vb ver* **pagar**
país *nm* pays *m*; **los Países
Bajos** les Pays Bas; **el P~ Vasco**
le Pays Basque
paisaje *nm* paysage *m*
paisano, -a *nm/f* compatriote
m/f; (*esp CSUR*) paysan(ne) *m* *adj*
(*esp CSUR*) paysan(ne); **vestir de
~** être en civil
paja *nf* paille *f*, (*fig*) remplissage *m*
pajarita *nf* nœud *m* papillon
pájaro *nm* oiseau *m*
pajita *nf* paille *f*
pala *nf* pelle *f*; (*de pingpong,*

frontón) raquette *f*
palabra *nf* mot *m*; (*promesa,
facultad, en asamblea*) parole *f*;
faltar a su ~ manquer à sa
parole
palabrota *nf* gros mot *m*
palacio *nm* palais *msg*; **~ de
justicia** palais de justice
paladar *nm* (*tb fig*) palais *msg*;
paladear *vt* savourer
palanca *nf* levier *m*; **~ de
cambio/mando** levier de
changement de vitesse/de
commande
palangana *nf* cuvette *f*
palco *nm* (*TEATRO*) loge *f*
Palestina *nf* Palestine *f*
palestino, -a *adj* palestinien(ne)
♦ *nm/f* Palestinien(ne)
paleta *nf* (*de albañil*) truelle *f*;
(*ARTE*) palette *f*; (*AM*) esquimau *m*;
ver tb **paleto**
paleto, -a *adj, nm/f*
péquenaud(e)
paliar *vt* pallier; **paliativo** *nm*
palliatif *m*
palidecer *vi* pâlir; **palidez** *nf*
pâleur *f*
pálido, -a *adj* pâle
palillo *nm* cure-dents *msg*; **~s**
nmpl (*para comer*: *tb*: **~s chinos**)
baguettes *fpl*
paliza *nf* raclée *f*; **dar una ~ a
algn** flanquer une raclée à qn
palma *nf* (*de mano*) paume *f*;
(*árbol*) palmier *m*; **batir o dar ~s**
battre des mains; **palmada** *nf*
tape *f*; **palmadas** *nfpl* (*aplauso*)
applaudissements *mpl*; (*en música*)
battements *mpl* de mains
palmar (*fam*) *vi* (*tb*: **-la**) clamser
palmear *vi* applaudir
palmera *nf* palmier *m*
palmo *nm* empan *m*; (*fig*) pied *m*;
~ a ~ (*recorrer*) d'un bout à

l'autre; (*registrar*) de fond en comble

palo nm (*de madera*) bâton m; (*poste*) piquet m; (*mango*) manche m; (*golpe*) coup m; (*de golf*) club m; (*NÁUT*) mât m; (*NAIPES*) couleur f

paloma nf pigeon m; **la ~ de la paz** la colombe de la paix

palomitas nfpl (*tb:* **~ de maíz**) pop-corn msg

palpar vt palper

palpitación nf palpitation f

palpitante adj palpitant(e); (*fig*) brûlant(e)

palpitar vi palpiter

palta (*AND, CSUR*) nf avocat m

paludismo nm paludisme m

pamela nf capeline f

pampa (*AM*) nf pampa f

pan nm pain m; **un ~** un pain; **barra de ~** baguette f, flûte f; **~ de molde** pain de mie; **~ integral** pain complet; **~ rallado** chapelure f

pana nf velours msg côtelé

panadería nf boulangerie f

Panamá nm Panama m

panameño, -a adj panaméen(ne) ♦ nm/f Panaméen(ne)

pancarta nf pancarte f

panda nm panda m

pandereta nf tambourin m

pandilla nf bande f

panel nm panneau m

panfleto nm pamphlet m

pánico nm panique f

panorama nm panorama m

pantalla nf écran m; (*de lámpara*) abat-jour m

pantalón nm, **pantalones** nmpl pantalon msg

pantano nm (*ciénaga*) marécage m; (*embalse*) barrage m

panteón nm: **~ familiar** caveau

m de famille

pantera nf panthère f

pantis nmpl collant msg

pantomima nf pantomime f

pantorrilla nf mollet m

panty(s) nm(pl) collant msg

panza nf panse f

pañal nm lange m

paño nm (*tela*) étoffe f; (*trapo*) torchon m; **en ~s menores** en petite tenue

pañuelo nm (*para la nariz*) mouchoir m; (*para la cabeza*) foulard m

Papa nm Pape m

papa (*AM*) nf pomme de terre f

papá (*fam*) nm papa m; **~s** nmpl (*padre y madre*) parents mpl

papada nf double menton m

papagayo nm perroquet m

paparrucha nf (*tontería*) bourde f; (*rumor falso*) bobard m

papaya nf papaye f

papel nm papier m; (*TEATRO, fig*) rôle m; **~ carbón** papier carbone; **~ de aluminio** papier aluminium; **~ de calco/de lija** papier calque/de verre; **~ de envolver** papier d'emballage; **~ de estaño** o **plata** papier aluminium; o *MÉX* **~ higiénico** o *MÉX* **sanitario/secante** papier hygiénique/buvard; **~ moneda** papier-monnaie m

papeleo nm paperasserie f

papelera nf corbeille f à papiers; (*en la calle*) poubelle f

papelería nf papeterie f

papeleta nf (*de rifa*) billet m; (*POL*) bulletin m; (*ESCOL: calificación*) relevé m de notes

paperas nfpl oreillons mpl

papilla nf bouillie f

paquete nm paquet m; (*esp AM: fam*) ennui m; **~s postales** colis

mpl postaux
par *adj* pair(e) ♦ *nm* (*de guantes, calcetines*) paire *f*; **un ~ de veces/días** deux fois/jours; (*pocos*) deux ou trois fois/jours; **abrir de ~ en ~** ouvrir tout grand; **sin ~** unique
para *prep* pour; **decir ~ sí** se dire; **¿~ qué?** pourquoi faire? **¿~ qué lo quieres?** que veux-tu en faire?; **~ entonces** à ce moment-là; **estará listo ~ mañana** ça sera prêt demain; **ir ~ casa** aller chez soi; **tengo bastante ~ vivir** j'ai de quoi vivre; **~ el caso que me haces** vu l'intérêt que tu me portes
parábola *nf* parabole *f*
parabólica *nf* (*tb: antena ~*) antenne *f* parabolique
parabrisas *nm inv* pare-brise *m inv*
paracaídas *nm inv* parachute *m*; **paracaidista** *nm/f* parachutiste *m/f*
parachoques *nm inv* pare-chocs *m inv*
parada *nf* arrêt *m*; **~ de autobús/de taxis** arrêt d'autobus/station *f* de taxis
paradero *nm* endroit *m*; (AND, CSUR) halte *f*
parado, -a *adj* arrêté(e); (*sin empleo*) au chômage; (AM) debout ♦ *nm/f* chômeur(-euse)
paradoja *nf* paradoxe *m*
parador *nm* (*tb: ~ de turismo*) parador *m* (*hôtel de première catégorie géré par l'état*)

Parador Nacional

Le réseau des paradores a été mis en place par le gouvernement dans les années 50, au début de l'essor du tourisme en Espagne. Il

s'agit d'hôtels de première catégorie, dans des sites uniques ou des lieux à caractère historique, souvent établis dans d'anciens châteaux et monastères. Il existe actuellement 57 paradores, tous classés trois-étoiles ou plus, offrant des prestations de qualité ainsi qu'un large éventail de spécialités locales.

---

paráfrasis *nf inv* paraphrase *f*
paraguas *nm inv* parapluie *m*
Paraguay *nm* Paraguay *m*
paraguayo, -a *adj* paraguayen(ne) ♦ *nm/f* Paraguayen(ne)
paraíso *nm* paradis *msg*
paraje *nm* parage *m*
paralelo, -a *adj*, *nm* parallèle *m*
parálisis *nf inv* paralysie *f*
paralítico, -a *adj*, *nm/f* paralytique *m/f*
paralizar *vt* paralyser; **~se** *vpr* être paralysé(e)
paramilitar *adj* paramilitaire
páramo *nm* plateau *m* nu
parangón *nm*: **sin ~** sans égal(e)
paranoico, -a *adj* paranoïaque ♦ *nm/f* paranoïaque *m/f*; (*fig*) maniaque, obsédé(e)
parar *vt* arrêter ♦ *vi* s'arrêter; **~se** *vpr* s'arrêter; (AM) se lever; **sin ~** sans arrêt; **ha parado de llover** il ne pleut plus; **fue a ~ a la comisaría** il a atterri au commissariat
pararrayos *nm inv* paratonnerre *m*
parásito, -a *nm*, *nm* parasite *m*
parcela *nf* parcelle *f*
parche *nm* (*de rueda*) rustine *f*; (*de ropa*) pièce *f*
parcial *adj* (*pago, eclipse*)

partiel(le); (*juicio*) partial(e);
parcialidad *nf* partialité *f*

pardillo, -a *adj, nm/f* péquenaud(e) (*fam*) ♦ *nm* (*ZOOL*) bouvreuil *m*

parecer *nm* opinion *f* ♦ *vi* sembler; (*asemejarse a*) ressembler à; **~se** *vpr* se ressembler; **~se a** ressembler à; **al ~** à ce qu'il paraît; **me parece bien/ importante que ...** je trouve que c'est bien/qu'il est important que ...

parecido, -a *adj* semblable ♦ *nm* ressemblance *f*; **un hombre bien ~** un bel homme

pared *nf* mur *m*

pareja *nf* paire *f*; (*hombre y mujer*) couple *m*; (*persona*) partenaire *m/f*; **una ~ de guardias** deux gendarmes

parentela *nf* parenté *f*

parentesco *nm* parenté *f*

paréntesis *nm inv* parenthèse *f*

parezca *etc vb ver* **parecer**

pariente, -a *nm/f* parent(e)

parir *vt* (*hijo*) accoucher de; (*animal*) mettre à bas ♦ *vi* (*mujer*) accoucher; (*animal*) mettre bas

París *n* Paris

parisiense, parisino, -a *adj* parisien(ne) ♦ *nm/f* Parisien(ne)

parking *nm* parking *m*

parlamentario, -a *adj, nm/f* parlementaire *m/f*

parlamento *nm* parlement *m*

parlanchín, -ina *adj, nm/f* bavard(e)

paro *nm* (*huelga*) arrêt *m*; (*desempleo, subsidio*) chômage *m*; **estar en ~** être au chômage; **~ cardíaco** arrêt cardiaque

parodia *nf* parodie *f*; **parodiar** *vt* parodier

parpadear *vi* clignoter

párpado *nm* paupière *f*

parque *nm* parc *m*; **~ de atracciones** parc d'attractions; **~ de bomberos** caserne *f* de pompiers; **~ temático** parc à thème

parquímetro *nm* parcmètre *m*, parcmètre *m*

parra *nf* treille *f*

párrafo *nm* paragraphe *m*

parrilla *nf* grill *m*; **carne a la ~** viande *f* grillée; **parrillada** *nf* grillade *f*

párroco *nm* curé *m*

parroquia *nf* paroisse *f*

parsimonia *nf* parcimonie *f*

parte *nm* rapport *m* ♦ *nf* partie *f*; (*lado*) côté *m*; (*lugar, de reparto*) part *f*; **en alguna ~ de Europa** quelque part en Europe; **por todas ~s** partout; **en (gran) ~** en (grande) partie; **la mayor ~ de los españoles** la plupart des Espagnols; **de ~ de algn** de la part de qn; **¿de ~ de quién?** (*TELEC*) de la part de qui?; **por ~ de** de la part de; **yo por mí ~** en ce qui me concerne, quant à moi; **por una ~ ... por otra ~** d'une part ... d'autre part; **dar ~ a algn** communiquer à qn; **formar ~ de** faire partie de; **tomar ~ (en)** prendre part (à); **~ meteorológico** bulletin *m* météorologique

partición *nf* partage *m*

participación *nf* participation *f*; (*de lotería*) tranche *f*

participante *nm/f* participant(e)

participar *vt* communiquer ♦ *vi*: **~ (en)** participer (à)

partícipe *nm/f*: **hacer ~ a algn de algo** faire part à qn de qch

particular *adj* particulier(-ière) ♦ *nm* (*punto, asunto*) sujet *m*, chapitre m; (*individuo*) particulier m; **clases ~es** cours mpl particuliers; **en ~** en particulier

partida nf départ m; (COM: *de mercancía*) lot m; (: *de cuenta, factura*) entrée f; (: *de presupuesto*) chapitre m; (*juego*) partie f; **~ de defunción/de matrimonio** extrait m d'acte de décès/de mariage; **~ de nacimiento** extrait de naissance

partidario, -a adj: **ser ~ de** être partisan(e) de ♦ nm/f (*seguidor*) partisan(e)

partido nm parti m; (DEPORTE) match m; **sacar ~ de** tirer parti de; **tomar ~** prendre parti

partir vt (*dividir*) partager; (*romper*) casser; (*rebanada, trozo*) couper ♦ vi partir; **~se** vpr se casser; **a ~ de** à partir de, à compter de; **~ de** partir de

partitura nf partition f

parto nm (*de una mujer*) accouchement m; (*de un animal*) mise bas f; **estar de ~** être en couches

parvulario nm école f maternelle

pasa nf raisin m sec

pasada nf (*con trapo, escoba*) coup m; **de ~** (*leer, decir*) au passage; **mala ~** mauvais tour m

pasadizo nm passage m

pasado, -a adj passé(e); (*muy hecho*) trop cuit(e) ♦ nm passé m; **~ mañana** après-demain; **el mes ~** le mois dernier; **de moda** démodé(e)

pasador nm verrou m; (*de pelo*) barrette f; (*de corbata*) épingle f

pasaje nm passage m; (*de barco, avión*) billet m; (*los pasajeros*) passagers mpl

pasajero, -a adj, nm/f passager(-ère)

pasamontañas nm inv passe-montagne m

pasaporte nm passeport m

pasar vt passer; (*barrera, meta*) franchir; (*frío, calor, hambre*) avoir; (: *con énfasis*) souffrir de ♦ vi passer; (*ocurrir*) se passer; (*entrar*) entrer; **~se** vpr se passer; (*excederse*) exagérer; **~ a (hacer)** en venir à (faire); **~ de** dépasser de; **~ de (hacer) algo** (fam) se ficher de (faire) qch; **¡pase!** entrez!; **~ por un sitio/una calle** passer par un endroit/une rue; **~ por alto** faire fi de, passer sous silence; **~ sin algo** se passer de qch; **~lo bien** s'amuser; **¿qué te pasa?** que t'arrive-t-il?; **pase lo que pase** quoi qu'il en soit, advienne que pourra; **se hace ~ por médico** il se fait passer pour médecin; **pásate por casa/la oficina** passe chez moi/par mon bureau; **~se al enemigo** passer à l'ennemi; **me lo pasé bien/mal** cela s'est bien/mal passé; **se me pasó** j'ai complètement oublié

pasarela nf passerelle f; (*de modas*) podium m

pasatiempo nm passe-temps msg; **~s** nmpl (*en revista*) jeux mpl

Pascua, pascua nf (tb: **~ de Resurrección**) Pâques fpl; **~s** nfpl Noël msg; **¡felices ~s!** joyeux Noël!; **de ~s a Ramos** tous les trente-six du mois

pase nm passe m; (COM) passavant m; (CINE) projection f

pasear vt, vi promener; **~se** vpr se promener

paseo nm promenade f; (*distancia corta*) pas msg; **dar un paseo** faire une promenade; **paseo marítimo** front m de mer

pasillo nm couloir m

pasión nf passion f

pasivo, -a adj passif(-ive) ♦ nm (COM) passif m

pasmar vt ébahir; **pasmo** nm stupéfaction f

paso, -a adj sec(sèche) ♦ nm passage m; (pisada, de baile) pas msg; (modo de andar) pas, allure f; (TELEC) unité f; **a ese ~** à cette allure; **salir al ~** à répliquer à; **salir al ~** passer à la contre-offensive; **de ~, ...** au passage, ...; **estar de ~** être de passage; **prohibido el ~** passage interdit; **ceda el ~** céder le passage, priorité; **~ a nivel** passage à niveau; **~ de peatones/de cebra** passage pour piétons/clouté; **~ elevado** saut-de-mouton m; **~ subterráneo** passage souterrain

pasota (fam) adj, nm/f je-m'en-foutiste m/f

pasta nf pâte f; (tb: **~ de té**) petit four m; (fam: dinero) fric m; (encuadernación) reliure f; **~ dentífrica** o **de dientes** dentifrice m

pastar vi paître

pastel nm gâteau m; (de carne) friand m; (ARTE) pastel m; **pastelería** nf pâtisserie f

pasteurizado, -a adj pasteurisé(e)

pastilla nf (de jabón) savonnette f; (de chocolate) tablette f; (MED) comprimé m, cachet m

pastillero, -a nm/f (fam) accro mf aux petites pilules

pasto nm pâture f

pastor, a nm/f berger(-ère) ♦ nm (REL) pasteur m; **~ alemán** berger allemand

pata nf patte f; (pie) pied m; **~s**

arriba (caer) les quatre fers en l'air; (revuelto) sens dessus dessous; **meter la ~** mettre les pieds dans le plat; **tener mala ~** ne pas avoir de chance; **~ de cabra** (TEC) pince f à levier; **~ de gallo** pied-de-poule;

patada nf coup m de pied

patalear vi trépigner

patata nf pomme f de terre; **~s fritas** frites fpl; (en rebanadas) chips fpl

paté nm pâté m

patear vt piétiner ♦ vi trépigner

patentar vt breveter

patente adj manifeste ♦ nf patente f, brevet m; (CSUR) immatriculation f

paternal adj paternel(le)

paterno, -a adj paternel(le)

patético, -a adj pathétique

patilla nf (de gafas) branche f; **~s** nfpl (de la barba) favoris mpl

patín nm patin m; **patinaje** nm patinage m; **patinar** vi patiner; (fam: equivocarse) se gourer

patio nm cour f; **~ de butacas** (CINE, TEATRO) orchestre m; **~ de recreo** cour de récréation

pato nm canard m; **pagar el ~** (fam) payer les pots cassés

patológico, -a adj pathologique

patoso, -a adj lourdaud(e)

patraña nf mensonge m

patria nf patrie f

patrimonio nm patrimoine m

patriota nm/f patriote m/f;
patriotismo nm patriotisme m

patrocinar vt (sufragar) sponsoriser, parrainer; (apoyar) appuyer, parrainer; **patrocinio** nm parrainage m

patrón, -ona nm/f patron(ne); (de pensión) hôte (hôtesse) ♦ nm patron m

patronal adj: **la clase ~** la classe

patronale ♦ nf patronat m
patrulla nf patrouille f
pausa nf pause f
pausado, -a adj posé(e)
pauta nf modèle m
pavimento nm pavement m
pavo nm dindon m; **~ real** paon m
pavor nm frayeur f
payaso, -a nm/f clown m
payo, -a nm/f gadjo m/f
paz (pl **paces**) nf paix f; (tranquilidad) calme m; **hacer las paces** faire la paix
P.D. abr (= posdata) P.S. (= post-scriptum)
peaje nm péage m
peatón nm piéton m
peca nf tache f de rousseur
pecado nm péché m
pecador, a adj, nm/f pécheur(-eresse)
pecar vi pécher; **~ de generoso** pécher par excès de générosité
pecho nm poitrine f; (fig) cœur m; **dar el ~ a** donner le sein à; **tomar algo a ~** prendre qch à cœur
pechuga nf (de ave) blanc m
peculiar adj caractéristique (particular) particulier(-ère);
peculiaridad nf particularité f
pedal nm pédale f; **pedalear** vi pédaler
pedante adj, nm/f pédant(e);
pedantería nf pédanterie f
pedazo nm morceau m; **hacer algo ~s** réduire qch en mille morceaux; **hacer ~s a algn** mettre qn en bouillie; **caerse algo a ~s** tomber en ruine; **ser un ~ de pan** (fig) avoir un cœur d'or
pediatra nm/f pédiatre m/f
pedido nm commande f

pedir vt demander; (COM) commander ♦ vi mendier; **~ disculpas** demander des excuses; **~ prestado** emprunter; **¿cuánto piden por el coche?** combien demande-t-on pour cette voiture?
pedo (fam!) nm (ventosidad) pet m
pega nf (obstáculo) problème m; (fam: pregunta) colle f; **de ~** à la gomme, de pacotille; **nadie me etc puso ~s** personne n'a trouvé à redire
pegadizo, -a adj (canción) entraînant(e)
pegajoso, -a adj collant(e)
pegamento nm colle f
pegar vt coller; (enfermedad, costumbre) passer; (golpear) frapper ♦ vi (adherirse) se coller; (armonizar) aller bien; (el sol) taper; **~se** vpr se coller; (costumbre, enfermedad) s'attraper; (dos personas) se frapper; **~ un grito** pousser un cri; **~ un salto** faire un saut; **~ en** toucher; **~se un tiro** se tirer une balle dans la tête
pegatina nf adhésif m
pegote (fam) nm emplâtre m; **tirarse un ~** (fam) s'envoyer des fleurs
peinado nm coupe f
peinar vt peigner; **~se** vpr se peigner
peine nm peigne m; **peineta** nf grand peigne m
p.ej. abr (= por ejemplo) p. ex. (= par exemple)
Pekín n Pékin
pelado, -a adj pelé(e); (cabeza) tondu(e); (fam) fauché(e)
pelaje nm pelage m
pelar vt (fruta, animal) peler;

(patatas, marisco) éplucher; *(cortar el pelo)* couper; **~se** *vpr (la piel)* peler

peldaño *nm* marche *f*

pelea *nf (lucha)* lutte *f*; *(discusión)* discussion *f*

peleado, -a *adj*: **estar ~ (con algn)** être brouillé(e) *(avec qn)*

pelear *vi* se battre; *(discutir)* se disputer; **~se** *vpr* se battre; se disputer; *(enemistarse)* se brouiller

peletería *nf* pelleterie *f*

pelícano *nm* pélican *m*

película *nf* film *m*; *(capa fina, FOTO)* pellicule *f*; **de ~** *(fam)* sensass; **~ de dibujos (animados)** dessin *m* animé; **~ del oeste** western *m*; **~ muda** film muet

peligro *nm* danger *m*; **correr ~ de** courir le risque de

peligroso, -a *adj* dangereux(-euse)

pelirrojo, -a *adj* roux (rousse), rouquin(e) ♦ *nm/f* rouquin(e)

pellejo *nm* peau *f*

pellizcar *vt* pincer

pellizco *nm* pincement *m*; *(pizca)* pincée *f*

pelma, pelmazo, -a *(fam) nm/f* casse-pieds *m/fsg*

pelo *nm* cheveux *mpl*; *(un pelo)* cheveu *m*; *(: en el cuerpo)* poil *m*; **a ~** *(sin abrigo)* peu couvert(e); **venir al ~** tomber à pic; **por los ~s** de justesse; **con ~s y señales** en long et en large; **no tener ~s en la lengua** ne pas mâcher ses mots; **tomar el ~ a algn** se payer la tête de qn

pelota *nf* pelote *f*; *(tb: ~ vasca)* pelote; **en ~(s)** *(fam)* à poil; **hacer la ~ (a algn)** lécher les bottes (à qn)

pelotón *nm* peloton *m*

peluca *nf* perruque *f*

peluche *nm*: **muñeco de ~** peluche *f*

peludo, -a *adj (cabeza)* chevelu(e); *(persona, perro)* poilu(e)

peluquería *nf* salon *m* de coiffure

peluquero, -a *nm/f* coiffeur(-euse)

pelusa *nf (BOT)* duvet *m*; *(de tela)* peluche *f*; *(de polvo)* mouton *m*

pelvis *nf* bassin *m*

pena *nf* peine *f*; *(AM)* honte *f*; **~s** *nfpl* pénalités *fpl*; **merecer/ valer la ~** valoir la peine; **a duras ~s** à grand-peine; **me da ~** cela me fait de la peine; **¡qué ~!** quel dommage!; **~ de muerte** peine de mort

penal *adj* pénal; **antecedentes ~es** casier *msg* judiciaire

penalidades *nfpl* souffrances *fpl*

penalti, penalty *nm* penalty *m*

pendiente *adj (asunto)* en suspens; *(asignatura)* à repasser; *(terreno)* en pente ♦ *nm* boucle *f* d'oreille ♦ *nf* pente *f*; **estar ~ de algo/algn** *(vigilar)* garder un œil sur qch/qn; **estar ~ de los labios/de las palabras de algn** être pendu(e) aux lèvres de qn/boire les paroles de qn

pene *nm* pénis *msg*

penetración *nf* pénétration *f*

penetrante *adj* pénétrant(e)

penetrar *vt, vi* pénétrer

penicilina *nf* pénicilline *f*

península *nf* péninsule *f*; **peninsular** *adj* péninsulaire

penique *nm* penny *m*

penitencia *nf* pénitence *f*

penoso, -a *adj* pénible

pensador, -a *nm/f* penseur(-euse)

pensamiento *nm* pensée *f*

pensar vt, vi penser; ~ **(hacer)** penser (faire); ~ **en** penser à; **he pensado que** j'ai pensé que; ~ **mal de algn** avoir une mauvaise opinion de qn

pensativo, -a adj pensif(-ive)

pensión nf pension f; **media ~** (en hotel) demi-pension f; ~ **completa** pension complète;

pensionista nm/f (jubilado) pensionné(e)

penúltimo, -a adj, nm/f avant-dernier(-ière)

penumbra nf pénombre f

penuria nf pénurie f

peña nf rocher m; (grupo) amicale f

peñasco nm rocher m

peñón nm piton m; **el P~** Gibraltar

peón nm manœuvre m, ouvrier m; (esp AM) ouvrier agricole; (AJEDREZ) pion m

peor adj (compar) moins bon, pire; (superl) pire ♦ adv (compar) moins bien, pire; (superl) moins bien; **de mal en ~** de mal en pis

pepinillo nm cornichon m

pepino nm concombre m; **(no) me importa un ~** je m'en fiche complètement

pepita nf pépin m; (de mineral) pépite f

pequeñez nf petitesse f

pequeño, -a adj, nm/f petit(e)

pera adj inv (fam) ≃ BCBG inv ♦ nf poire f

percance nm contretemps msg

percatarse vpr: ~ **de** se rendre compte

percepción nf perception f

percha nf cintre m; (en la pared) portemanteau m

percibir vt percevoir

percusión nf percussion f

perdedor, a adj, nm/f perdant(e)

perder vt perdre; (tren) rater ♦ vi perdre; ~**se** vpr se perdre; **echar a ~** (comida) gâcher, gâter

perdición nf perdition f

pérdida nf perte f; ~**s** nfpl (COM) pertes fpl; **una ~ de tiempo** une perte de temps

perdido, -a adj perdu(e); **tonto ~** (fam) bête à manger du foin, bête comme ses pieds

perdiz nf perdrix f

perdón nm pardon m; **¡~!** pardon!; **perdonar** vt pardonner; (la vida) gracier; (eximir) exempter ♦ vi pardonner; **¡perdone (usted)!** pardon!

perdurar vi perdurer; (continuar) durer

perecedero, -a adj périssable

perecer vi périr

peregrino, -a adj (idea) curieux(-euse), bizarre ♦ nm/f pèlerin(e)

perejil nm persil m

perenne adj: **hoja ~** feuille persistante

pereza nf paresse f

perezoso, -a adj paresseux(-euse)

perfección nf perfection f; **perfeccionar** vt perfectionner

perfectamente adv parfaitement; **¡~!** parfaitement!, certainement!

perfecto, -a adj parfait(e)

perfil nm profil m; ~**es** nmpl (de figura) contours mpl; **de ~** de profil; **perfilar** vt profiler

perforación nf perforation f

perforar vt perforer

perfume nm parfum m

pericia nf adresse f

periferia nf périphérie f

periférico, -a adj périphérique f

nm (AM: AUTO) (boulevard *m*)
périphérique *m*

perímetro *nm* périmètre *m*

periódico, -a *adj* périodique ♦
nm journal *m*

periodismo *nm* journalisme *m*;
periodista *nm/f* journaliste *m/f*

período, período *nm* période *f*;
(*menstruación*) règles *fpl*

perito, -a *adj* expert(e);
(*técnico*) technicien(ne)

perjudicar *vt* nuire à, porter
préjudice à; **perjudicial** *adj*
néfaste, préjudiciable; **perjuicio**
nm préjudice *m*

perla *nf* perle *f*; **me viene de ~s**
ça tombe à pic

permanecer *vi* séjourner, rester;
(*seguir*) rester

permanencia *nf* (*estancia*) séjour
m

permanente *adj* permanent(e) ♦
nf permanente *f*

permiso *nm* permission *f*;
(*licencia*) licence *f*, permis *msg*;
con ~ avec votre permission;
estar de ~ = être en permission; ~
de conducir permis de conduire

permitir *vt* permettre

pernicioso, -a *adj*
pernicieux(-euse)

pero *conj* mais ♦ *nm* objection *m*;
¡~ bueno! mais (enfin) bon!

perpendicular *adj*
perpendiculaire

perpetrar *vt* perpétrer

perpetuar *vt* perpétuer

perpetuo, -a *adj* perpétuel(le)

perplejo, -a *adj* perplexe

perra *nf* chienne *f*

perrera *nf* chenil *m*

perrito *nm*: ~ **caliente** hot-dog
m

perro *nm* chien *m*

persa *adj* persan(e) ♦ *nm/f*

Persan(e)

persecución *nf* poursuite *f*; (REL,
POL) persécution *f*

perseguir *vt* poursuivre; (*atosigar*,
REL, POL) persécuter

perseverante *adj* persévérant(e)

perseverar *vi* persévérer; ~ **en**
persévérer dans

persiana *nf* persienne *f*

persignarse *vpr* se signer

persistente *adj* persistant(e)

persistir *vi*: ~ **(en)** persister
(dans)

persona *nf* personne *f*; ~
jurídica personne morale

personaje *nm* personnage *m*

personal *adj* personnel(le); (*aseo*)
intime ♦ *nm* personnel *m*;
personalidad *nf* personnalité *f*

personarse *vpr*: ~ **(en)** se
présenter (à)

personificar *vt* personnifier

perspectiva *nf* perspective *f*; **~s**
nfpl (*de futuro*) perspectives *fpl*

perspicacia *nf* perspicacité *f*

perspicaz *adj* perspicace

persuadir *vt* persuader; **~se** *vpr*
se persuader; **persuasión** *nf*
persuasion *f*

persuasivo, -a *adj*
persuasif(-ive)

pertenecer *vi*: ~ **a** appartenir à;
perteneciente *adj*: **ser**
perteneciente a appartenir à;
pertenencia *nf* possession *f*; (*a*
organización, club) affiliation *f*;
pertenencias *nfpl* (*posesiones*)
biens *mpl*

pertenezca *etc vb ver*
pertenecer

pértiga *nf* perche *f*; **salto de ~**
saut *m* à la perche

pertinente *adj* pertinent(e);
(*momento etc*) approprié(e)

perturbado, -a *adj* troublé(e) ♦

nm/f (tb: ~ **mental**) malade *m/f* mental(e)

perturbar *vt* perturber, troubler; (*MED*) troubler

Perú *nm* Pérou *m*

peruano, -a *adj* péruvien(ne) ♦ *nm/f* Péruvien(ne)

perversión *nf* perversion *f*

perverso, -a *adj* pervers(e)

pervertido, -a *adj, nm/f* pervers(e)

pervertir *vt* pervertir; **~se** *vpr* se pervertir

pesa *nf* poids *msg*; (*DEPORTE*) haltère *m*; **hacer ~s** faire des haltères

pesadez *nf* lourdeur *f*; (*fastidio*) ennui *m*

pesadilla *nf* cauchemar *m*

pesado, -a *adj* lourd(e); (*difícil, duro*) pénible; (*aburrido*) ennuyeux(-euse) ♦ *nm/f* enquiquineur(-euse)

pésame *nm* condoléances *fpl*; **dar el ~** présenter ses condoléances

pesar *vt* peser ♦ *vi* peser; (*fig: opinión*) compter ♦ *nm* (*remordimiento*) remords *msg*; (*pena*) chagrin *m*; **a ~ de** en dépit de; **a ~ de que** bien que; **(no) me pesa haberlo hecho** je (ne) regrette (pas) de l'avoir fait

pesca *nf* pêche *f*; **ir de ~** aller à la pêche

pescadería *nf* poissonnerie *f*

pescadilla *nf* merlan *m*

pescado *nm* poisson *m*

pescador, a *nm/f* pêcheur(-euse)

pescar *vt* pêcher; (*fam*) choper; (*novio*) décrocher; (*delincuente*) cueillir ♦ *vi* pêcher

pescuezo *nm* cou *m*

peseta *nf* peseta *f*

pesimista *adj, nm/f* pessimiste

m/f

pésimo, -a *adj* lamentable

peso *nm* poids *m*; (*balanza*) balance *f*; (*AM: moneda*) peso *m*; **vender a ~** vendre au poids; **~ bruto** poids brut; **~ neto** poids net; **~ pesado/pluma** (*BOXEO*) poids lourd/plume

pesquero, -a *adj* (*industria*) de la pêche; (*barco*) de pêche

pesquisa *nf* recherche *f*

pestaña *nf* cil *m*; (*borde*) bord *m*; **pestañear** *vi* cligner des yeux

peste *nf* peste *f*; (*mal olor*) puanteur *f*

pesticida *nm* pesticide *m*

pestillo *nm* verrou *m*; (*picaporte*) poignée *f*

petaca *nf* (*para cigarros*) porte-cigarettes *m inv*; (*para tabaco*) tabatière *f*; (*para beber*) flasque *f*

pétalo *nm* pétale *m*

petardo *nm* pétard *m*

petición *nf* demande *f*; (*JUR*) requête *f*

petrificar *vt* pétrifier

petróleo *nm* pétrole *m*

petrolero, -a *adj* pétrolier(-ère) ♦ *nm* pétrolier *m*

peyorativo, -a *adj* péjoratif(-ive)

pez *nm* poisson *m*; **~ espada** poisson-épée *m*; **~ gordo** (*fig*) grosse légume *f*

pezón *nm* mamelon *m*

pezuña *nf* (*de animal*) sabot *m*

piadoso, -a *adj* pieux(-euse)

pianista *nm/f* pianiste *m/f*

piano *nm* piano *m*

piar *vi* piailler

pibe, -a (*AM*) *nm/f* gosse *m/f*

picadillo *nm* hachis *msg*

picado, -a *adj* haché(e); (*hielo*) pilé(e); (*mar*) agité(e); (*diente*) gâté(e); (*tabaco*) découpé(e); (*enfadado*) piqué(e) ♦ *nm*: **en ~**

en piqué
picador nm (TAUR) picador m;
(minero) piqueur m
picadura nf piqûre f; (tabaco
picado) tabac m gris
picante adj épicé(e); (comentario,
chiste) piquant(e)
picaporte nm poignée f
picar vt piquer; (ave) picoter;
(CULIN) hacher ♦ vi piquer; (el sol)
brûler; (pez) mordre; **~se** vpr
(vino) se piquer; (muela) se gâter;
(ofenderse) prendre la mouche;
me pica el brazo mon bras me
démange
picardía nf sournoiserie f;
(astucia) astuce f; (travesura)
espièglerie f
pícaro, -a adj astucieux(-euse);
(travieso) espiègle ♦ nm/f canaille f;
(LIT) picaro m
pichón, -ona nm/f pigeon m
pico nm bec m; (de mesa,
ventana) coin m; (GEO,
herramienta) pic m
picotear vt, vi (fam) grignoter ♦
vi (ave) picorer
picudo, -a adj au bec pointu;
(zapato, tejado) pointu(e)
pidiendo etc vb ver **pedir**
pie nm pied m; (de página) bas
msg; **ir a ~** aller à pied; **al ~ de**
au pied de; **estar de ~** être
debout; **ponerse de ~** se mettre
debout; **al ~ de la letra** au pied
de la lettre; **en ~ de igualdad**
sur un pied d'égalité; **dar ~ a**
donner prise à; **hacer ~** (en el
agua) avoir pied
piedad nf pitié f
piedra nf pierre f; **~ preciosa**
pierre précieuse
piel nf peau f; (de animal, abrigo)
fourrure f
pienso vb ver **pensar** ♦ nm (AGR)

tourteau m
pierda etc vb ver **perder**
pierna nf jambe f; (de cordero)
gigot m
pieza nf pièce f; **~ de recambio**
o **de repuesto** pièce de
rechange
pigmeo, -a adj pygmée
pijama nm pyjama m
pila nf pile f; (fregadero) évier m;
(lavabo) lavabo m
píldora nf pilule f; **la ~
(anticonceptiva)** la pilule
(contraceptive)
pileta nf (esp CSUR) évier m;
(piscina) piscine f
pillaje nm pillage m
pillar vt coincer; (fam: coger,
sorprender) pincer; (: conseguir) se
dégotter; (: atropellar) faucher; (:
alcanzar) attraper; **me pilla
cerca/lejos** c'est près/loin de
chez moi; **~ una borrachera**
(fam) prendre une cuite; **~ un
resfriado** (fam) choper un
rhume
pillo, -a adj malin(-igne),
coquin(e) ♦ nm/f fripouille f
piloto nm/f pilote m ♦ nm (ARG)
imperméable m; **~ automático**
pilote automatique
pimentón nm piment m doux
pimienta nf poivre m
pimiento nm poivron m
pinacoteca nf galerie f de
peintures
pinar nm pinède f
pincel nm pinceau m
pinchar vt piquer; (neumático)
crever; (teléfono) mettre sur (table
d')écoute; **~se** vpr se piquer
pinchazo nm piqûre f; (de llanta)
crevaison f; **~ telefónico** écoute f
téléphonique
pincho nm pointe f; (de planta)

épine f; (CULIN) amuse-gueule m
inv; ~ **moruno** (chiche-)kebab m

pingüino nm pingouin m

pino nm pin m

pinta nf (mota) tache f; (aspecto)
mine f

pintar vt peindre; (con lápices de
colores) colorier; (fig) dépeindre ♦
vi peindre; (fam) compter; **~se**
vpr se maquiller; (uñas) se faire

pintor, a nm/f peintre m/f

pintoresco, -a adj pittoresque

pintura nf peinture f; **~ a la
acuarela** aquarelle f; **~ al óleo**
peinture à l'huile

pinza nf pince f; (para colgar ropa)
pince à linge; **~s** nfpl pinces fpl;
(para depilar) pince à épiler

piña nf (fruto del pino) pomme f
de pin; (fruta) ananas msg

piñón nm pignon m

piojo nm pou m

pionero, -a adj, nm/f
pionnier(-ère)

pipa nf pipe f; (BOT) pépin m; **~s**
nfpl (de girasol) graines fpl (de
tournesol); **pasarlo ~** (fam) bien
s'amuser

pique vb ver **picar** ♦ nm brouille
f; (rivalidad) compétition f; **irse a
~** couler à pic; (familia, negocio)
aller à la dérive

piquete nm piquet m

piragua nf pirogue f; (DEPORTE)
canoë m; **piragüismo** nm
canoë-kayak m

pirámide nf pyramide f

pirata adj: **edición/disco ~**
édition f/disque m pirate ♦ nm
pirate m; **~ informático** pirate
informatique

Pirineo(s) nm(pl) Pyrénées fpl

pirómano, -a nm/f pyromane
m/f

piropo nm compliment m

pis (fam) nm pipi m, pisse f;
hacer ~ pisser

pisada nf pas msg

pisar vt fouler, marcher sur;
(apretar con el pie, fig) écraser;
(idea, puesto) piquer ♦ vi marcher;
me has pisado tu m'as marché
dessus

piscina nf piscine f

Piscis nm (ASTROL) Poissons mpl;
ser ~ être Poissons

piso nm (planta) étage m;
(apartamento) appartement m;
(suelo) sol m; **primer ~** premier
étage; (AM: de edificio) rez-de-
chaussée m inv

pista nf piste f; **~ de aterrizaje**
piste d'atterrissage; **~ de baile**
piste de danse; **~ de carreras**
champ m de courses; **~ de hielo**
patinoire f; **~ de tenis** court m
de tennis

pistola nf pistolet m

pistolero nm gangster m

pistón nm piston m

pitar vt siffler; (AUTO) klaxonner ♦
vi siffler; (AUTO) klaxonner (fam)
gazer; (AM) fumer

pitillo nm (fam) sèche f

pito nm sifflement m; (silbato)
sifflet m; (de coche) klaxon m

pitón nm python m

pitorreo nm moquerie f; **estar
de ~** se payer la tête des gens

pizarra nf ardoise f; (encerado)
tableau m (noir)

pizca nf pincée f; (de pan) miette
f; (fig) petit morceau m; **ni ~** pas
une miette

pizza nf pizza f

placa nf plaque f; **~ de
matrícula** plaque
d'immatriculation

placer nm plaisir m

plácido, -a adj placide; (día, mar)

calme

plaga *nf* fléau *m*; **plagar** *vt* infester

plagio *nm* plagiat *m*; (AM) kidnapping *m*

plan *nm* plan *m*, projet *m*; (idea) idée *f*; **en ~ económico** (fam) pour pas cher; **vamos en ~ de turismo** on y va en touristes; **si te pones en ese ~ ...** si tu le vois comme ça ...

plana *nf* page *f*; **a toda ~** sur toute une page; **la primera ~** la une; **~ mayor** (MIL) état-major *m*

plancha *nf* (para planchar) fer *m* (à repasser); (de metal, madera, TIP) planche *f*; **pescado a la ~** poisson *m* grillé; **planchado, -a** *adj* repassé(e) ♦ *nm* repassage *m*; **planchar** *vt, vi* repasser

planeador *nm* planeur *m*

planear *vt* planifier ♦ *vi* planer

planeta *nm* planète *f*

planicie *nf* plaine *f*

planificación *nf* planification *f*; **~ familiar** planning familial

plano, -a *adj* plat(e) ♦ *nm* plan *m*; **primer ~** (CINE) premier plan; **caer de ~** tomber de tout son long

planta *nf* plante *f*; (TEC) usine *f*; (piso) étage *m*; **~ baja** rez-de-chaussée *m inv*

plantación *nf* plantation *f*

plantar *vt* planter; (novio, trabajo) laisser tomber; **~se** *vpr* se planter

plantear *vt* exposer; (problema) poser; (proponer) proposer; **~se** *vpr* envisager

plantilla *nf* (de zapato) semelle *f*; (personal) personnel *m*; **estar en ~** faire partie du personnel

plasmar *vt* (representar) reproduire; **~se** *vpr*: **~se en** se concrétiser

plástico, -a *adj* plastique ♦ *nm* plastique *m*

plastilina ® *nf* pâte *f* à modeler

plata *nf* (metal, dinero) argent *m*; (cosas de plata) argenterie *f*

plataforma *nf* plate-forme *f*; (tribuna) estrade *f*; **~ de lanzamiento** rampe *f* de lancement; **~ petrolera/de perforación** plate-forme pétrolière/de forage

plátano *nm* banane *f*; (árbol) bananier *m*

platea *nf* orchestre *m*

plateado, -a *adj* argenté(e); (TEC) plaqué(e) argent

platillo *nm* soucoupe *f*; **~ volante** soucoupe volante

platino *nm* platine *f*; **~s** *nmpl* (AUTO) vis *fpl* platinées

plato *nm* assiette *f*; **~ combinado** menu *m* express

playa *nf* plage *f*; **~ de estacionamiento** (AM) place *f* de stationnement

playera *nf* (AM) T-shirt *m*; **~s** *nfpl* chaussures *fpl* en toile

plaza *nf* place *f*; (mercado) place du marché; **~ de toros** arènes *fpl*

plazo *nm* délai *m*; (pago parcial) terme *m*; **a corto/largo ~** à court/long terme; **comprar a ~s** acheter à tempérament

pleamar *nf* pleine mer *f*

plebe (pey) *nf* plèbe *f*

plebiscito *nm* plébiscite *m*

plegable *adj* pliable

plegar *vt* plier; **~se** *vpr* se plier

pleito *nm* procès *msg*; (fig) conflit *m*

pleno, -a *adj* plein(e) ♦ *nm* plenum *m*; **en ~ día/verano** en plein jour/été; **en plena cara** en plein visage

pliego *vb* ver **plegar** ♦ *nm* (hoja)

feuille f (de papier); ~ **de cargos**
charges fpl produites contre
l'accusé; ~ **de condiciones**
cahier m des charges; ~ **de
descargo** témoignages mpl à la
décharge de l'accusé
pliegue vb ver **plegar** ♦ nm pli m
plomero (AM) nm plombier m
plomo (AM) plomb m; ~**s** nmpl
(ELEC) plombs mpl; (**gasolina**)
sin ~ (essence) sans plomb
pluma nf plume f; ~
(**estilográfica**) stylo-plume m; ~
fuente (AM) stylo-plume m
plumón (AM) stylo-feutre m
plural adj pluriel(le) ♦ nm pluriel
m; **pluralidad** nf pluralité f
pluriempleo (AM) nm
d'emplois
plusvalía nf (COM) plus-value f
población nf population f;
(**pueblo, ciudad**) peuplement m
poblado, -a adj peuplé(e) ♦ nm
hameau m; **densamente ~**
densément peuplé(e)
poblar vt peupler; ~**se** vpr: ~**se
de** se peupler de
pobre adj, nm/f pauvre m/f; **los
~s** les pauvres mpl; **pobreza** nf
pauvreté f
pocilga nf porcherie f

PALABRA CLAVE

poco, -a adj 1 (sg) peu de; **poco
tiempo** peu de temps; **de poco
interés** peu intéressant(e); **poca
cosa** peu de chose
2 (pl) peu de; **pocas personas
lo saben** peu de gens le savent;
unos pocos libros quelques
livres
♦ adv (comer, trabajar) peu; **poco
amable/inteligente** peu
aimable/intelligent; **cuesta poco**
cela ne coûte pas cher; **a poco**

que se interese ... pour peu
qu'il montre de l'intérêt ...
♦ pron 1: **unos/as pocos/as**
quelques-uns/unes
2 (casi): **por poco me caigo** j'ai
failli tomber
3 (locuciones de tiempo): **a poco
de haberse casado** peu après
s'être marié; **poco después** peu
après
4: **poco a poco** peu à peu
♦ nm: **un poco** un peu; **un poco
triste** un peu triste; **un poco de
dinero** un peu d'argent

podar vt élaguer

PALABRA CLAVE

poder vb aux (capacidad,
posibilidad, permiso) pouvoir; **no
puedo hacerlo** je ne peux pas le
faire; **puede llegar mañana** il
peut arriver demain; **pudiste
haberte hecho daño** tu aurais
pu te faire mal; **no se puede
fumar en este hospital** on n'a
pas le droit de fumer dans cet
hôpital; **podías habérmelo
dicho** tu aurais pu me le dire
♦ vi 1 pouvoir; **¿se puede?** on
peut entrer?; **¡no puedo más!** je
n'en peux plus!; **¡es tonto a
más no poder!** il est on ne peut
plus idiot!
2: **¿puedes con eso?** tu peux
y arriver?; **no puedo con este
crío** je n'arrive pas à venir à bout
de cet enfant
3: **A le puede a B** (fam) A est
plus fort que B
♦ vb impers: **¡puede (ser)!** cela
se peut!; **¡no puede ser!** ce
n'est pas possible!; **puede que
llueva** il pourrait pleuvoir
♦ nm pouvoir m; **ocupar el**

poder détenir le pouvoir;
detentar el poder s'emparer du
pouvoir; **estar en el poder** être
au pouvoir; **en mi/tu** etc **poder**
(*posesión*) en ma/ta etc possession;
en poder de entre les mains de;
por poderes (*JUR*) par
procuration; **poder adquisitivo**
pouvoir d'achat; **poder
ejecutivo/legislativo** (*POL*)
pouvoir exécutif/législatif

poderoso, -a *adj* puissant(e)
podio, podium *nm* podium *m*
podrido, -a *adj* pourri(e); (*fig*)
corrompu(e)
poema *nm* poème *m*
poesía *nf* poésie *f*
poeta *nm/f* poète *m*
póker *nm* poker *m*
polaco, -a *adj* polonais(e) ♦ *nm/f*
Polonais(e)
polar *adj* polaire; **polaridad** *nf*
polarité *f*
polarizar *vt* polariser; **~se** *vpr* se
polariser
polea *nf* poulie *f*
polémica *nf* polémique *f*
polémico, -a *adj* controversé(e)
polen *nm* pollen *m*
policía *nm/f* policier, femme-
policier, agent(e) (de police) ♦ *nf*
police *f*
policíaco, -a, policial *adj*
policier(-ière)
polideportivo *nm* complexe *m*
omnisports
poligamia *nf* polygamie *f*
polilla *nf* mite *f*
polio *nf* polio *f*
política *nf* politique *f*; **~ agraria**
politique agricole; **~ económica**
politique économique
político, -a *adj* politique ♦ *nm/f*

homme/femme politique;
padre/hermano ~ beau-père/-
frère *m*; **madre política** belle-
mère *f*
póliza *nf* police *f*; (*sello*) timbre *m*
fiscal; **~ de seguro(s)** police
d'assurance
polizón *nm* passager(-ère)
clandestin(e)
pollera (*AM*) *nf* jupe *f*
pollería *nf* marchand *m* de
volailles
pollo *nm* poulet *m*
polo *nm* pôle *m*; (*helado*) glace *f*;
(*DEPORTE, suéter*) polo *m*; **P~
Norte/Sur** Pôle Nord/Sud
Polonia *nf* Pologne *f*
poltrona (*esp AM*) *nf* fauteuil *m*
polvo *nm* poussière *f*; **~s** *nmpl*
(*en cosmética etc*) poudre *fsg*; **en
~** en poudre; **estar hecho ~**
(*fam*) être fichu(e); (: *persona*) être
crevé
pólvora *nf* poudre *f*
polvoriento, -a *adj*
poussiéreux(-euse)
pomada *nf* pommade *f*
pomelo *nm* poméло *m*
pomo *nm* poignée *f*
pompa *nf* bulle *f*; (*ostentación*)
pompe *f*
pomposo, -a (*pey*) *adj*
prétentieux(-euse); (*lenguaje,
estilo*) pompeux(-euse)
pómulo *nm* pommette *f*
pon *vb ver* **poner**
ponche *nm* punch *m*
poncho (*AM*) *nm* poncho *m*
ponderar *vt* soupeser; (*elogiar*)
porter aux nues
pondré etc *vb ver* **poner**

PALABRA CLAVE

poner *vt* **1** (*colocar*) mettre, poser;
(*ropa, mesa*) mettre

2 (*imponer: tarea*) donner; (*multa*) condamner à

3 (*obra de teatro, película*) passer; **¿qué ponen en el Excelsior?** qu'est-ce qui passe à l'Excelsior?; (*instalar: gas etc*) (faire) mettre

4 (*radio, TV*) mettre; **ponlo más alto** mets-le plus fort

5 (*suponer*): **pongamos que ...** mettons que ...

6 (*contribuir*): **el gobierno ha puesto un millón** le gouvernement a mis un million

7 (+ *adj*) rendre; **me estás poniendo nerviosa** tu commences à m'énerver

8 (*dar nombre*): **al hijo le pusieron Diego** ils ont appelé leur fils Diego

9 (*huevos*) pondre
♦ *vi* (*gallina*) pondre

ponerse *vpr* **1** (*colocarse*): **se puso a mi lado** il s'est mis à côté de moi; **ponte en esa silla** mets-toi sur cette chaise

2 (*vestido, cosméticos*) mettre; **¿por qué no te pones el vestido nuevo?** pourquoi ne mets-tu pas ta nouvelle robe?

3 (*sol*) se coucher

4 (+ *adj*) devenir; **se puso muy serio** il a pris un air très sérieux

poniente *nm* couchant *m*
pontífice *nm* pontife *m*
popa *nf* poupe *f*
popular *adj* populaire;
popularidad *nf* popularité *f*
popularizar *vt* populariser; **~se** *vpr* se populariser

⸻ PALABRA CLAVE ⸻

por *prep* **1** (*objetivo, en favor de*) pour; **luchar por la patria** combattre pour la patrie; **hazlo por mí** fais-le pour moi

2 (+ *infin*) pour; **por no llegar tarde** pour ne pas arriver tard; **por citar unos ejemplos** pour citer quelques exemples

3 (*causa, agente*) par; **por escasez de fondos** par manque de fonds; **le castigaron por desobedecer** il a été puni pour avoir désobéi; **por eso** c'est pourquoi; **escrito por él** écrit par lui

4 (*tiempo*) **por la mañana/Navidad** le matin/vers Noël

5 (*duración*) **se queda por una semana** il reste une semaine; **se fue por 3 días** il est parti pour 3 jours

6 (*lugar*): **pasar por Madrid** passer par Madrid; **ir a Guayaquil por Quito** aller à Guayaquil via Quito; **caminar por la calle/por las Ramblas** déambuler dans la rue/sur les Rambles; **por fuera/dentro** dehors/dedans; **vive por aquí** il habite par ici; *ver tb* **todo**

7 (*cambio, precio*): **te doy uno nuevo por el que tienes** je t'en donne un neuf contre le tien; **lo vendo por 50 euros** je le vends pour 50 euros

8 (*valor distributivo*): **diez euros por hora/cabeza** dix euros de l'heure/par tête; **100km por hora** 100 km à l'heure; **veinte por ciento** vingt pour cent

9 (*modo, medio*) par; **por avión/correo** par avion/la poste; **caso por caso** cas par cas; **por tamaños** par ordre de taille

10: **25 por 4 son 100** 4 fois 25 font 100

11: ir/venir por algo/algn
aller/venir chercher qch/qn;
estar/quedar por hacer être/
rester à faire
12 (evidencia): **por lo que
dicen** d'après ce qu'ils disent
13: por si (acaso) au cas où
14: ¿por qué? pourquoi?; **¿por
qué no?** pourquoi pas?

porcelana nf porcelaine f
porcentaje nm pourcentage m
porción nf portion f
pordiosero, -a nm/f
mendiant(e)
pormenor nm détail m
pornografía nf pornographie f
poro nm pore m
poroso, -a adj poreux(-euse)
porque conj parce que
porqué nm pourquoi m
porquería nf cochonnerie f,
saleté f; (algo sin valor)
cochonnerie f; **~s** nfpl (comida)
cochonneries fpl
porra nf matraque f; **¡vete a la
~!** va te faire voir!
porrazo nm coup m
porrón nm gourde f
portada nf couverture f
portador, -a nm/f porteur(-euse);
(COM) porteur m
portaequipajes nm inv
(maletero) coffre m; (baca) porte-
bagages m inv
portal nm (entrada) vestibule m;
(puerta) porte f
portamaletas nm inv =
portaequipajes
portarse vpr se comporter; **~
bien/mal** bien/mal se comporter
portátil adj portatif(-ive);
(ordenador) portable
portavoz nm/f porte-parole m inv
portazo nm: **dar un ~** claquer la

porte
porte nm (COM) port m
portento nm prodige m
porteño, -a adj de Buenos Aires
portería nf loge f (de concierge);
(DEPORTE) but m
portero, -a nm/f concierge m/f;
(de club) portier m; (DEPORTE)
gardien(ne) de but; **~
automático** interphone m
pórtico nm portique m
portorriqueño, -a adj
portoricain(e)
Portugal nm Portugal m
portugués, -esa adj
portugais(e) ♦ nm/f Portugais(e) ♦
nm (LING) portugais msg
porvenir nm avenir m
pos: en ~ de prep après, en quête
de
posada nf auberge f; **dar ~ a**
héberger
posar vt, vi poser; **~se** vpr se
poser; (polvo) se déposer
posavasos nm inv sous-verre m
posdata nf post-scriptum m inv
pose nf pose f
poseedor, a nm/f possesseur m
poseer vt posséder;
(conocimientos, belleza) avoir;
(récord, título) détenir
posesión nf possession f
posesivo, -a adj possessif(-ive)
posgrado nm = **postgrado**
posibilidad nf possibilité f
posible adj possible; **es ~ que** il
est possible que
posición nf position f
positivo, -a adj positif(-ive) ♦ nf
(FOTO) cliché m
poso nm (de café) marc m; (de
vino) lie f
posponer vt subordonner;
(aplazar) ajourner
posta nf: **a ~** exprès

postal adj postal(e) ♦ nf carte f postale

poste nm poteau m

póster nm poster m

postergar vt reléguer; (esp AM: aplazar) retarder

posteridad nf postérité f

posterior adj de derrière; (parte) postérieur(e); (en el tiempo) ultérieur(e); **posterioridad** nf: **con posterioridad** par la suite

postgrado nm troisième cycle m

postizo, -a adj faux (fausse), postiche ♦ nm postiche m

postor, a nm/f offrant m

postre nm dessert m

postrero, -a adj dernier(-ière)

postulado nm postulat m

póstumo, -a adj posthume

postura nf position f, posture f; (ante hecho, idea) position f

potable adj potable

potaje nm potage m

pote nm pot m

potencia nf puissance f; **en ~** en puissance

potencial adj potentiel(le) ♦ nm potentiel m; **potenciar** vt promouvoir

potente adj puissant(e)

potro nm poulain m; (DEPORTE) cheval m d'arçon

pozo nm puits msg; (de río) endroit le plus profond

p.p. abr (= por poderes) p.p.

práctica nf pratique f; **~s** nfpl (ESCOL) travaux mpl pratiques; (MIL) entraînement m; **en la ~** dans la pratique

practicante adj (REL) pratiquant(e) ♦ nm/f (MED) aide-soignant(e)

practicar vt, vi pratiquer

práctico, -a adj pratique

practique etc vb ver **practicar**

pradera nf prairie f

prado nm pré m; (AM) gazon m

Praga n Prague

pragmático, -a adj pragmatique

preadolescentes nmpl préados mpl

preámbulo nm préambule m

precario, -a adj précaire

precaución nf précaution f

precaverse vpr: **~ de** o **contra algo** se prémunir contre qch

precavido, -a adj prévoyant(e)

precedente adj précédent(e) ♦ nm précédent m

preceder vt précéder

precepto nm précepte m

preciado, -a adj précieux(-euse)

preciarse vpr se vanter; **~ de** se vanter de

precinto nm (COM: tb: **~ de garantía**) cachet m

precio nm prix msg; **a ~ de saldo** en réclame; **~ al detalle** prix de détail; **~ al por menor** prix de détail; **~ de ocasión** prix avantageux; **~ de venta al público** prix de vente conseillé

preciosidad nf (cosa bonita) merveille f; **es una ~** c'est une merveille

precioso, -a adj (hermoso) beau (belle); (de mucho valor) précieux(-euse)

precipicio nm précipice m

precipitación nf précipitation f

precipitado, -a adj précipité(e)

precipitar vt précipiter; **~se** vpr se précipiter

precisamente adv précisément

precisar vt (necesitar) avoir besoin de; (determinar, especificar) préciser

precisión nf précision f; **de ~** de précision

preciso, -a adj précis(e); (necesario) nécessaire

preconcebido, -a adj préconçu(e)

precontratación nf préembauche f inv

precoz adj précoce

precursor, a nm/f précurseur m

predecir vt prédire

predestinado, -a adj prédestiné(e)

predicar vt, vi prêcher

predicción nf prédiction f

predilecto, -a adj préféré(e)

predisponer vt prédisposer; **predisposición** nf prédisposition f

predominante adj prédominant(e)

predominar vi prédominer; **predominio** nm prédominance f

preescolar adj préscolaire

prefabricado, -a adj préfabriqué(e)

prefacio nm préface f

preferencia nf (predilección) préférence f; (AUTO, ventaja) priorité f

preferible adj préférable

preferir vt préférer; **~ hacer/que** préférer faire/que

prefiera etc vb ver **preferir**

prefijo nm (TELEC) indicatif m

pregonar vt crier

pregunta nf question f; **hacer una** ~ poser une question

preguntar vt, vi demander; **~se** vpr se demander; **~ por algn** demander qn

prehistórico, -a adj préhistorique

prejuicio nm préjugé m

preliminar adj, nm préliminaire m

preludio nm prélude m

premeditación nf préméditation f

premiar vt récompenser; (en un concurso) décerner un prix à

premio nm récompense f; (de concurso etc) prix msg

premonición nf prémonition f

prenatal adj prénatal(e)

prenda nf (ropa) vêtement m; (garantía) gage m

prendedor nm broche f

prender vt (sujetar) attacher; (delincuente) arrêter; (esp AM: encender) allumer ♦ vi (idea, miedo) s'enraciner; (planta, fuego) prendre; **~se** vpr prendre feu; (esp AM: encenderse) s'allumer; **~ fuego a algo** mettre le feu à qch

prendido, -a (AM) adj (luz etc) allumé(e)

prensa nf presse f; **prensar** vt (papel, uva) presser

preñado, -a adj (mujer) enceinte; **~ de** chargé(e) de

preocupación nf souci m

preocupado, -a adj soucieux(-euse)

preocupar vt préoccuper; **~se** vpr (inquietarse) se soucier; **~se de algo** (hacerse cargo) s'occuper de qch

preparación nf préparation f

preparado, -a adj (dispuesto) prêt(e); (platos, estudiante etc) préparé(e) ♦ nm (MED) préparation f

preparar vt préparer; **~se** vpr se préparer; **~se para hacer algo** se préparer à faire qch; **preparativos** nmpl préparatifs mpl

preparatoria (AM) nf terminale f

prerrogativa nf prérogative f

presa nf (de animal) proie f; (de agua) barrage m

presagio nm présage m

prescindir vi: **~ de** (privarse de) se passer de; (descartar) faire abstraction de

prescribir vt prescrire;
prescripción nf prescription f
presencia nf présence f;
  presencial adj: **testigo**
  presencial témoin m oculaire;
  presenciar vt (accidente,
  discusión) être témoin de;
  (ceremonia etc) assister à
presentación nf présentation f
presentador, a nm/f
  présentateur(-trice)
presentar vt présenter; (JUR:
  pruebas, documentos) produire;
  ~**se** vpr se présenter
presente adj présent(e) ♦ nm
  présent m; **tener ~** se souvenir
  de
presentimiento nm
  pressentiment m
presentir vt pressentir; ~ **que**
  pressentir que
preservativo nm préservatif m
presidencia nf présidence f
presidente nm/f président(e)
presidiario nm forçat m
presidio nm prison f
presidir vt (reunión) présider
presión nf pression f; **cerrar a ~**
  fermer avec des pressions; ~
  atmosférica pression
  atmosphérique; **presionar** vt
  (coaccionar) faire pression sur ♦ vi:
  presionar para o **por** faire
  pression pour
preso, -a adj: ~ **de terror/**
  pánico pris(e) de terreur/panique
  ♦ nm/f (en la cárcel)
  prisonnier(-ière)
prestación nf (ADMIN) prestation
  f; **prestaciones** nfpl (TEC, AUTO)
  performances fpl
prestado, -a adj emprunté(e);
  pedir ~ emprunter
préstamo nm prêt m; ~
  hipotecario prêt hypothécaire

prestar vt prêter
presteza nf promptitude f
prestigio nm prestige m
presumido, -a adj, nm/f
  prétentieux(-euse); (preocupado de
  su aspecto) coquet(te)
presumir vt présumer ♦ vi (tener
  aires) s'afficher; ~ **de listo** se
  croire fin; **presunción** nf
  présomption f
presunto, -a adj présumé(e);
  (heredero) présomptif(-ive)
presuntuoso, -a adj
  présomptueux(-euse)
presuponer vt présupposer
presupuesto pp de
  presuponer ♦ nm (FIN) budget
  m; (de costo, obra) devis msg
pretencioso, -a adj
  prétentieux(-euse)
pretender vt prétendre; ~ **que**
  prétendre que; **pretendiente,**
  -a nm/f prétendant(e);
  pretensión nf prétention f;
  pretensiones nfpl (pey)
  prétentions fpl
pretexto nm (excusa) prétexte m
prevalecer vi prévaloir
prevención nf prévention f
prevenido, -a adj: (estar) ~
  (preparado) être prévenu(e);
  (ser) ~ (cuidadoso) être averti(e)
prevenir vt prévenir; ~**se** vpr se
  préparer; ~ **(en) contra (de)/a**
  favor de prévenir contre/en
  faveur de; ~**se contra** se
  prémunir contre
preventivo, -a adj préventif(-ive)
prever vt prévoir
previo, -a adj (anterior) préalable;
  ~ **pago de los derechos**
  moyennant l'acquittement
  préalable des droits
previsión nf prévision f; **en ~ de**
  en prévision de

prima *nf* prime *f; ver tb* **primo**

primacía *nf* primauté *f*

primario, -a *adj* primaire

primavera *nf* printemps *m*

primera *nf* première *f;* **a la ~** du premier coup

primero, -a *adj (delante de nmsg:* **primer**) premier(-ière) ♦ *adv (en primer lugar)* d'abord; *(más bien)* plutôt ♦ *nm:* **ser/llegar el ~** être/arriver le premier

primicia *nf* primeur *f*

primitivo, -a *adj* primitif(-ive)

primo, -a *adj (MAT)* premier(-ière) ♦ *nm/f* cousin(e); *(fam)* idiot(e); **materias primas** matières *fpl* premières; **~ hermano** cousin *m* germain

primogénito, -a *adj* aîné(e)

primordial *adj* primordial(e)

princesa *nf* princesse *f*

principal *adj* principal(e)

príncipe *nm* prince *m*

principiante *nm/f* débutant *m*

principio *nm (comienzo)* début *m; (fundamento, moral, tb QUÍM)* principe *m;* **en ~** en principe

pringoso, -a *adj* gras(se)

pringue *nm (grasa)* graisse *f*

prioridad *nf* priorité *f*

prisa *nf* hâte *f; (rapidez)* rapidité *f;* **correr ~** être urgent(e); **darse ~** se presser; **tener ~** être pressé(s)

prisión *nf* prison *f*

prisionero, -a *nm/f* prisonnier(-ière)

prismáticos *nmpl* jumelles *fpl*

privación *nf* privation *f*

privado, -a *adj* privé(e)

privar *vt (despojar)* priver; **~se** *vpr:* **~se de** *(abstenerse)* se priver de

privilegiado, -a *adj, nm/f* privilégié(e)

privilegio *nm* privilège *f*

pro *nm* profit *m* ♦ *prep:* **asociación ~ ciegos** association *f* au profit des aveugles ♦ *pref:* **~ soviético/americano** pro-soviétique/américain; **en ~ de** en faveur de; **los ~s y los contras** le pour et le contre

proa *nf (NÁUT)* proue *f*

probabilidad *nf* probabilité *f;* **~es** *nfpl (perspectivas)* chances *fpl;* **probable** *adj* probable

probador *nm* cabine *f* d'essayage

probar *vt* essayer; *(demostrar)* prouver; *(comida)* goûter ♦ *vi* essayer; **~se** *vpr:* **~se un traje** essayer un costume

probeta *nf* éprouvette *f;* **bebé-~** bébé *m* éprouvette

problema *nm* problème *m*

proceder *vi (actuar)* procéder; *(ser correcto)* convenir ♦ *nm (comportamiento)* procédé *m;* **~ a** procéder à; **~ de** provenir de;

procedimiento *nm (JUR, ADMIN)* procédure *f; (proceso)* processus *msg; (método)* procédé *m*

procesado, -a *nm/f (JUR)* prévenu(e)

procesador *nm:* **~ de textos** *(INFORM)* machine *f* de traitement de texte

procesar *vt (JUR)* accuser

procesión *nf* procession *f*

proceso *nm (desarrollo, procedimiento)* processus *msg; (JUR)* procès *msg*

proclamar *vt* proclamer

procreación *nf* procréation *f*

procrear *vt, vi* procréer

procurador, -a *nm/f (JUR)* avoué *m; (POL)* député *m*

procurar *vt (intentar)* essayer de; *(proporcionar)* procurer; **~se** *vpr* se procurer

prodigio *nm* prodige *m*
prodigioso, -a *adj* prodigieux(-euse)
producción *nf* production *f*; ~ **en serie** production en série
producir *vt* produire; ~**se** *vpr* se produire
productividad *nf* productivité *f*
productivo, -a *adj* productif(-ive)
producto *nm* produit *m*
productor, a *adj, nm/f* producteur(-trice)
proeza *nf* prouesse *f*
profanar *vt* profaner
profano, -a *adj, nm/f* profane *m/f*
profecía *nf* prophétie *f*
proferir *vt* proférer
profesión *nf* profession *f*; **profesional** *adj, nm/f* professionnel(le)
profesor, a *nm/f* professeur *m*
profeta *nm* prophète *m*; **profetizar** *vt, vi* prophétiser
prófugo, -a *nm/f* fugitif(-ive) ♦ *nm* (MIL) insoumis *msg*
profundidad *nf* profondeur *f*; ~**es** *nfpl* (de océano etc) profondeurs *fpl*; **profundizar** *vi*: **profundizar en** (fig) approfondir
profundo, -a *adj* profond(e)
programa *nm* programme *m*; ~ **de estudios** programme; **programación** *nf* programmation *f*
programador, a *nm/f* programmeur(-euse) ♦ *nm* programmateur *m*; **programar** *vt* programmer
progresar *vi* progresser; **progresista** *adj, nm/f* progressiste *m/f*; **progresivo, -a** *adj* progressif(-ive); **progreso** *nm*

(avance) progrès *msg*; **el progreso** le progrès
prohibición *nf* interdiction *f*; (ADMIN, JUR) prohibition *f*
prohibir *vt* interdire; (ADMIN, JUR) prohiber; **"prohibido fumar"** "défense de fumer"; **"prohibida la entrada"** "entrée interdite"
prójimo *nm* prochain *m*
proletariado *nm* prolétariat *m*
proletario, -a *adj, nm/f* prolétaire *m/f*
proliferación *nf* prolifération *f*
proliferar *vi* proliférer
prolífico, -a *adj* prolifique
prólogo *nm* prologue *m*
prolongación *nf* prolongation *f*
prolongado, -a *adj* (largo) prolongé(e); (alargado) allongé(e)
prolongar *vt* prolonger; ~**se** *vpr* se prolonger
promedio *nm* moyenne *f*
promesa *nf* promesse *f*
prometer *vt*: ~ **hacer algo** promettre de faire qch ♦ *vi* promettre; ~**se** *vpr* (dos personas) se fiancer
prometido, -a *adj* promis(e) ♦ *nm/f* promis(e), fiancé(e)
prominente *adj* proéminent(e); (artista) en vue; (político) important(e)
promiscuo, -a (pey) *adj* (persona) de mœurs légères
promoción *nf* promotion *f*
promotor, a *nm/f* promoteur(-trice)
promover *vt* promouvoir; (escándalo, juicio) provoquer
promulgar *vt* promulguer
pronombre *nm* pronom *m*
pronosticar *vt* pronostiquer
pronóstico *nm* pronostic *m*; **pronóstico del tiempo** prévisions *fpl* météorologiques

pronto, -a adj (rápido) rapide ♦ adv rapidement; (dentro de poco) bientôt; (temprano) tôt ♦ nm (impulso) élan m; (: de ira) accès msg; **de ~** tout à coup; **por lo ~** pour l'instant

pronunciación nf (LING) prononciation f

pronunciar vt prononcer; **~se** vpr (MIL) se soulever; (declararse) se prononcer

propaganda nf propagande f

propagar vt propager; **~se** vpr se propager

propenso, -a adj: **~ a** enclin(e) à; **ser ~ a hacer algo** être enclin(e) à faire qch

propicio, -a adj propice

propiedad nf propriété f; **~ particular** propriété privée

propietario, -a nm/f propriétaire m

propina nf pourboire m

propio, -a adj propre; (mismo) en personne; **el ~ ministro** le ministre en personne; **¿tienes casa propia?** as-tu une maison à toi?

proponer vt proposer; **~se hacer** se proposer de faire

proporción nf proportion f; **proporciones** nfpl (dimensiones, tb fig) proportions fpl

proporcionado, -a adj proportionné(e); **proporcionar** vt offrir; (COM) fournir

proposición nf proposition f

propósito nm intention f ♦ adv: **a ~** à propos; **a ~ de** à propos de

propuesta nf proposition f

propulsar vt (impulsar) propulser; **propulsión** nf propulsion f

prórroga nf (de plazo) prorogation f; (DEPORTE) prolongation f; (MIL) sursis msg;

prorrogar vt (plazo) proroger; (decisión) différer

prorrumpir vi: **~ en lágrimas/ carcajadas** éclater en sanglots/ de rire; **el público prorrumpió en aplausos** les applaudissements ont fusé dans le public

prosa nf (LIT) prose f

proscrito, -a adj, nm/f proscrit(e)

proseguir vt poursuivre ♦ vi poursuivre; (discusiones etc) se poursuivre

prospección nf prospection f

prospecto nm (MED) notice f

prosperar vi prospérer; **prosperidad** nf prospérité f

próspero, -a adj prospère; **~ año nuevo** bonne année!

prostíbulo nm bordel m

prostitución nf prostitution f

prostituir vt prostituer; **~se** vpr se prostituer

prostituta nf prostituée f

protagonista nm/f protagoniste m/f

protagonizar vt (película, suceso) être le/la protagoniste de

protección nf protection f

protector, a adj (barrera, gafas, crema) de protection ♦ nm/f protecteur(-trice)

proteger vt protéger; **~se** vpr: **~se (de)** se protéger (de)

proteína nf protéine f

protesta nf protestation f

protestante adj protestant(e)

protestar vt (cheque) protester ♦ vi protester

protocolo nm protocole m

prototipo nm prototype m

prov. abr = **provincia**

provecho nm profit m; **¡buen ~!** bon appétit!; **en ~ de** au profit

de; **sacar ~ de** tirer profit de
proveer vt (suministrar) fournir
provenir vi provenir
proverbio nm proverbe m
providencia nf providence f
provincia nf province f; (ADMIN)
≃ département m
provinciano, -a (pey) adj
provincial(e)
provisión nf (abastecimiento)
provision f; **provisiones** nfpl
(víveres) provisions fpl
provisional adj provisoire
provocación nf provocation f
provocar vt provoquer; (AM): **¿te
provoca un café?** ça te dit, un
café?
provocativo, -a adj
provocant(e)
próximamente adv
prochainement
proximidad nf proximité f; **~s**
nfpl (cercanías) proximité fsg
próximo, -a adj (cercano) proche;
(parada, año) prochain(e)
proyectar vt projeter
proyectil nm projectile m
proyecto nm projet m
proyector nm projecteur m
prudencia nf prudence f;
prudente adj prudent(e)
prueba vb ver **probar** ♦ nf (gen)
épreuve f; (testimonio) témoignage
m; (JUR) preuve f; (de ropa)
essayage m; **a ~** à l'épreuve; **a ~
de** à l'épreuve de; **a ~ de
agua/fuego** étanche/à l'épreuve
du feu; **poner/someter a ~**
mettre/soumettre à l'épreuve
prurito nm démangeaison f
psico... pref psycho...;
psicoanálisis nm psychanalyse
f; **psicología** nf psychologie f;
psicológico, -a adj
psychologique; **psicópata** nm/f

psychopathe m/f; **psicosis** nf
inv psychose f
psiquiatra nm/f psychiatre m/f
psiquiátrico, -a adj
psychiatrique
psíquico, -a adj psychique
PSOE sigla m (= Partido Socialista
Obrero Español)
pta(s). abr = **peseta(s)**
pts. abr = **pesetas**
púa nf (de planta) piquant m;
(para guitarra) médiator m;
alambre de ~s fil m de fer
barbelé
pubertad nf puberté f
publicación nf publication f
publicar vt publier
publicidad nf publicité f
publicitario, -a adj publicitaire
público, -a adj public(-ique) ♦
nm public m; **en ~** en public
puchero nm (CULIN: olla) marmite
f; (: guiso) pot-au-feu m; **hacer
~s** bouder
púdico, -a adj pudique
pudiendo etc vb ver **poder**
pudor nm pudeur f
pudrir vt pourrir; **~se** vpr pourrir
pueblo nm (población pequeña)
village m; **~ joven** (PE) quartier m
de bidonvilles
pueda etc vb ver **poder**
puente nm (gen) pont m; **hacer
~** (fam) faire le pont; **~ aéreo/
colgante** pont aérien/suspendu;
~ levadizo pont-levis m
puerco, -a adj cochon(ne) ♦
nm/f (ZOOL) porc (truie); (fam)
porc (cochonne)
pueril adj puéril(e)
puerro nm poireau m
puerta nf porte f; (de coche)
portière f; (de jardín) portail m,
porte f; (portería: DEPORTE) but m;

a ~ cerrada à huis clos; **~ giratoria** tourniquet *m*, porte à tambour

puerto *nm* port *m*; *(de montaña)* col *m*

puertorriqueño, -a *adj* portoricain(e) ♦ *nm/f* Portoricain(e)

pues *conj* (en tal caso) donc; *(puesto que)* car ♦ *adv* (así que) donc; **¡~ claro!** bien sûr!; **~ ... no sé** eh bien ... je ne sais pas

puesta *nf*: **~ al día/a punto** mise *f* à jour/au point; **~ del sol** coucher *m* du soleil; **~ en marcha** mise en marche

puesto, -a *pp de* **poner** ♦ *adj*: **ir bien/muy ~** être bien habillé/tiré à quatre épingles ♦ *nm* poste *m*; (MIL: en clasificación) rang *m*; *(tb:* **~ de trabajo)** poste; (COM: en mercado) étal *m*, éventaire *m*; *(: de flores, periódicos)* kiosque *m* ♦ *conj*: **~ que** puisque

pugna *nf* lutte *f*; **pugnar** *vi*: **pugnar por** lutter pour

pujar *vi* (en subasta) surenchérir

pulcro, -a *adj* propre

pulga *nf* puce *f*

pulgada *nf (medida)* pouce *m*

pulgar *nm* pouce *m*

pulir *vt* polir

pulla *nf (broma)* pique *f*

pulmón *nm* poumon *m*; **pulmonía** *nf* pneumonie *f*

pulpa *nf* pulpe *f*

pulpería (AM) *nf* épicerie *f*

púlpito *nm* (REL) chaire *f*

pulpo *nm* poulpe *m*

pulsación *nf* pulsation *f*

pulsar *vt (tecla)* frapper; *(botón)* appuyer sur

pulsera *nf* bracelet *m*

pulso *nm* (MED) pouls *m*; **a ~** *(tb fig)* à la force du poignet

pulverizador *nm* pulvérisateur *m*

pulverizar *vt* pulvériser

puna (AND, CSUR) *nf* (MED) puna *f*

punitivo, -a *adj* punitif(-ive)

punta *nf* pointe *f*; *(de lengua, dedo)* bout *m*; **horas ~** heures *fpl* de pointe; **sacar ~ a** *(lápiz)* tailler

puntada *nf* (COSTURA) point *m*

puntal *nm* étai *m*

puntapié *(pl ~s)* *nm* coup *m* de pied

puntear *vt (dibujar)* pointiller

puntería *nf (de arma)* visée *f*; *(destreza)* précision *f*

puntero, -a *adj* (industria, país) de pointe ♦ *nm (vara)* baguette *f*

puntiagudo, -a *adj* pointu(e)

puntilla *nf* (COSTURA) dentelle *f* fine; **(andar) de ~s** (marcher) sur la pointe des pieds

punto *nm* point *m*; **a ~** (listo) au point; **estar a ~ de** être sur le point de; **dos ~s** (TIP) deux points; **de ~** tricoté(e); **en ~** *(horas)* pile; **estar en su ~** (CULIN) être à point; **hacer ~** tricoter; **~ acápite** (AM) point, à la ligne; **~ de vista** point de vue; **~ muerto** point mort; **~ y coma** point-virgule *m*

puntuación *nf (signos)* ponctuation *f*; *(puntos)* points *mpl*

puntual *adj* ponctuel(le); **puntualidad** *nf* ponctualité *f*; **puntualizar** *vt* préciser

puntuar *vt* (LING, TIP) ponctuer ♦ *vi* (DEPORTE) compter

punzada *nf (puntura)* piqûre *f*

punzante *adj (dolor)* aigu(ë), lancinant(e); *(herramienta)* pointu(e); **punzar** *vt (pinchar)* piquer

puñado *nm* poignée *f*

puñal *nm* poignard *m*; **puñalada** *nf* coup *m* de poignard

puñetazo *nm* coup *m* de poing

puño *nm* (ANAT) poing *m*; (*de ropa*) poignet *m*; (*de herramienta*) manche *m*

pupila *nf* (ANAT) pupille *f*

pupitre *nm* pupitre *m*

puré *nm* (CULIN) purée *f*; **~ de patatas/de verduras** purée de pommes de terre/de légumes

pureza *nf* pureté *f*

purga *nf* purge *f*; **purgante** *adj* purgatif(-ive) ♦ *nm* purgatif *m*; **purgar** *vt* purger

purgatorio *nm* purgatoire *m*

purificar *vt* purifier

puritano, -a *adj*, *nm/f* puritain(-e)

puro, -a *adj* pur(e); (*esp MÉX*) même ♦ *nm* (*tabaco*) cigare *m* ♦ *adv* (*esp MÉX*) uniquement; **de ~ cansado** à force de fatigue; **por pura casualidad/curiosidad** par pur hasard/pure curiosité

púrpura *nf* pourpre *f*

purpúreo, -a *adj* pourpré(e)

pus *nm* pus *msg*

puse *etc vb ver* **poner**

pústula *nf* pustule *f*

puta (*fam!*) *nf* putain *f*, pute *f* (*fam!*)

putrefacción *nf* putréfaction *f*

PVP (*ESP*) *sigla m* = Precio de Venta al Público

Q, q

que *pron rel* **1** (*sujeto*) qui; **el hombre que vino ayer** l'homme qui est venu hier

2 (*objeto*) que; **el sombrero que te compraste** le chapeau que tu t'es acheté; **la chica**

que invité la fille que j'ai invitée

3 (*circunstancial, con prep*): **el día que yo llegué** le jour où je suis arrivé; **el piano con que toca** le piano sur lequel il joue; **el libro del que te hablé** le livre dont je t'ai parlé; **la cama en que dormí** le lit dans lequel j'ai dormi; *ver tb* **el**

♦ *conj* **1** (*con oración subordinada*) que; **dijo que vendría** il a dit qu'il viendrait; **espero que lo encuentres** j'espère que tu le retrouveras; *ver tb* **el**

2 (*con verbo de mandato*): **dile que me llame** dis-lui de m'appeler

3 (*en oración independiente*): **¡que entre!** qu'il (elle) entre!; **¡que se mejore tu padre!** j'espère que ton père ira mieux!; **que lo haga él** qu'il le fasse, lui; **que yo sepa** que je sache

4 (*enfático*): **¿me quieres? - ¡que sí!** tu m'aimes? - oh oui!

5 (*consecutivo*): **es tan grande que no lo puedo levantar** c'est si gros que je ne peux pas le soulever

6 (*en comparaciones*) que; **es más alto que tú** il est plus grand que toi; **ese libro es igual que el otro** ce livre est pareil que l'autre; *ver tb* **más**; **menos**; **mismo**

7 (*porque*): **no puedo, que tengo que quedarme en casa** je ne peux pas, je dois rester à la maison

8 (*valor condicional*): **que no puedes, no lo haces** si tu ne peux pas, ne le fais pas

9 (*valor final*): **sal a que te vea** sors pour que je te voie

10: todo el día toca que toca
il joue toute la sainte journée

qué *adj* quel(le) ♦ *pron* que, quoi;
¿**~ edad tienes?** quel âge as-tu?; ¡**~ divertido/asco!** comme
c'est drôle/dégoûtant!; ¡**~ día
más espléndido!** quelle journée
splendide!; ¿**~?** quoi?; ¿**~
quieres?** qu'est-ce que tu veux?;
¿**de ~ me hablas?** de quoi me
parles-tu?; ¿**~ tal?** (comment) ça
va?; ¿**~ más?** autre chose?; **no
sé ~ quiere hacer** je ne sais pas
ce qu'il veut faire; ¡**y ~!** et alors!

quebradizo, -a *adj* cassant(e);
(*persona, salud*) fragile

quebrado, -a *adj* (*roto*) cassé(e);
(*línea*) brisé(e) ♦ *nm* (MAT) fraction
f

quebrantar *vt* (*moral*) casser;
(*ley, secreto, promesa*) violer;
(*salud*) affaiblir; **~se** *vpr* (*persona,
fuerzas*) s'affaiblir

quebranto *nm* (*en salud*)
affaiblissement m; (*en fortuna*)
perte f

quebrar *vt* casser ♦ *vi* faire faillite;
~se *vpr* se casser; (*línea, cordillera*)
se briser; (MED) se faire une hernie

quedar *vi* rester; (*encontrarse*) se
donner rendez-vous; **~se** *vpr*
rester; **~ en** convenir de; **~ en
nada** ne pas aboutir; **~ por
hacer** rester à faire; **no te
queda bien ese vestido** cette
robe ne te va pas bien;
quedamos allí on se retrouve là;
quedamos a las seis (*en
pasado*) on a dit 6 heures; (*en
presente*) on se voit à 6 heures;
eso queda muy lejos c'est très
loin; **quedan dos horas** il reste
deux heures; **~se ciego/mudo**
devenir aveugle/muet; **~se (con**

algo garder qch

quedo, -a *adj* (*voz*) bas (basse);
(*pasos*) feutré(e) ♦ *adv* (*hablar*)
doucement; (*andar*) à pas feutrés

quehacer *nm* tâche f; **~es
(domésticos)** tâches fpl
(domestiques)

queja *nf* plainte f

quejarse *vpr* se plaindre; **~ de
que ...** se plaindre que ...;

quejido *nm* gémissement m,
plainte f

quemado, -a *adj* brûlé(e) ♦ *nm*:
oler a ~ sentir le brûlé; **estar ~**
(*fam: irritado*) être en pétard; (:
político, actor) être fini

quemadura *nf* brûlure f

quemar *vt* brûler; (*fig: malgastar*)
gâcher; (: *deteriorar: imagen,
persona*) détruire ♦ *vi* brûler; **~se**
vpr (*consumirse*) brûler; (*del sol*)
attraper un (des) coup(s) de soleil

quemarropa: a ~ *adv* (*disparar*)
à bout portant; (*preguntar*) à
brûle-pourpoint

quepo *etc vb ver* **caber**

querella *nf* (JUR) plainte f;
(*disputa*) querelle f

querellarse *vpr* porter plainte

PALABRA CLAVE

querer *vt* **1** (*desear*) vouloir;
quiero más dinero je veux plus
d'argent; **quisiera** *o* **querría un
té** je voudrais un thé; **sin querer**
sans le vouloir
2 (+ *vb dependiente*): **quiero
ayudar/que vayas** je veux
aider/que tu t'en ailles; ¿**qué
quieres decir?** que veux-tu
dire?
3 (*para pedir algo*): ¿**quiere
abrir la ventana?** vous voulez
bien ouvrir la fenêtre?
4 (*amar*) aimer; (*amigo, perro*)

aimer bien; **quiere mucho a
sus hijos** elle aime beaucoup ses
enfants
5 (*requerir*): **esta planta quiere
más luz** cette plante a besoin de
plus de lumière

querido, -a *adj* (*mujer, hijo*)
chéri(e); (*tierra, amigo, en carta*)
cher (chère) ♦ *nm/f* amant(e); **¡sí,
~!** oui, chéri!
queso *nm* fromage *m*; **~
cremoso** fromage crémeux
quicio *nm* gond *m*; **sacar a
algn de ~** mettre qn hors de soi
quiebra *nf* effondrement *m*;
(COM) faillite *f*
quiebro *vb ver* **quebrar**
quien *pron* (*relativo: sujeto*) qui; (:
complemento) qui, que; **la
persona a ~ quiero** la personne
que j'aime; **~ dice eso es tonto**
(*indefinido*) celui qui dit cela est un
idiot; **hay ~ piensa que** il y a
des gens qui pensent que; **no
hay ~ lo haga** il n'y a personne
qui le fasse
quién *pron* (*interrogativo*) qui; **¿~
es?** qui est-ce?
quienquiera (*pl*
quienesquiera) *pron* quiconque
quiera *etc vb ver* **querer**
quieto, -a *adj* (*manos, cuerpo*)
immobile; **quietud** *f*
(*inmovilidad*) immobilité *f*
quilate *nm* carat *m*
quilla *nf* quille *f*
quimera *nf* chimère *f*
química *nf* chimie *f*
químico, -a *adj* chimique ♦ *nm/f*
chimiste *m/f*
quince *adj inv, nm inv* quinze *m
inv*; *ver tb* **seis**
quinceañero, -a *adj, nm/f*
adolescent(e); **quincena** *nf*

quinzaine *f*; **quincenal** *adj*
(*pago, reunión*) bimensuel(le)
quiniela *nf* (*impreso*) grille *f* o
feuille *f* de paris; **~s** *nfpl* ≃ Loto
msg sportif; **~ hípica** ≃ tiercé *m*
quinientos, -as *adj* cinq cents;
ver tb **seiscientos**
quinina *nf* quinine *f*
quinto, -a *adj* cinquième; *ver tb*
sexto
quiosco *nm* kiosque *m*
quirófano *nm* salle *f* d'opération
quirúrgico, -a *adj* chirurgical
quise *etc vb ver* **querer**
quisquilloso, -a *adj* (*susceptible*)
chatouilleux(-euse); (*meticuloso*)
pointilleux(-euse)
quiste *nm* kyste *m*
quitaesmalte *nm* dissolvant *m*
quitamanchas *nm inv* détachant
m
quitanieves *nm inv* chasse-neige
m inv
quitar *vt* enlever; (*ropa*) enlever,
ôter; (*dolor*) éliminer ♦ *vi*: **¡quita
de ahí!** hors d'ici!; **~se** *vpr*
(*mancha*) partir; (*ropa*) ôter; (*vida*)
se donner la mort; **quítalo de
ahí** enlève ça de là; **se quitó el
sombrero** il ôta son chapeau;
~se de renoncer à
quite *nm* (TAUR) action de
détourner l'attention du taureau
Quito *n* Quito
quizá(s) *adv* peut-être

R, r

rábano *nm* radis *msg*; **me
importa un ~** je m'en moque
comme de l'an quarante
rabia *nf* rage *f*; **rabiar** *vi* (MED)
avoir la rage; **rabiar por hacer
algo** mourir d'envie de faire qch

rabieta nf crise f de colère

rabino nm rabbin m

rabioso, a adj (perro) enragé(e); (dolor, ganas) fou (folle)

rabo nm queue f

racha nf (de viento) rafale f; **buena/mala ~** bonne/mauvaise passe f

racial adj racial(e)

racimo nm grappe f

raciocinio nm raisonnement m

ración nf ration f; (en bar) portion f

racional adj rationnel(le); **animal ~** être m doué de raison; **racionalizar** vt rationaliser

racionar vt rationner

racismo nm racisme m; **racista** adj, nm/f raciste m/f

radar nm radar m

radiactivo, -a adj = **radioactivo**

radiador nm radiateur m

radiante adj radieux(-euse)

radical adj radical(e)

radicar vi: **~ en** (consistir) résider en; (estar situado) être basé e; **~se** vpr s'établir

radio nf (AM: a veces nm) radio f ♦ nm rayon m; **por ~** à la radio

radioactividad nf radioactivité f

radioactivo, -a adj radioactif(-ive)

radiocasete nm radio-cassette m; **radiodifusión** nf radiodiffusion f; **radioemisora** nf station f (de radio); **radiografía** nf radiographie f; **radioterapia** nf radiothérapie f; **radioyente** nm/f auditeur(-trice)

ráfaga nf rafale f; (de luz) jet m

raído, -a adj (ropa) râpé(e)

raigambre nfpl racines fpl

raíz (pl **raíces**) nf racine f; **~ cuadrada** racine carrée; **a ~ de**

(como consecuencia de) à la suite de

raja nf (de melón, limón) tranche f; (en muro, madera) fissure f; **rajar** vt (tela) couper; (madera) fendre; (fam: herir) entailler; **rajarse** vpr se fendre; (fam) se dégonfler

rajatabla: a ~ adv à la lettre

rallador nm râpe f

rallar vt râper

rama nf branche f; **andarse** o **irse por las ~s** (fig, fam) tourner autour du pot; **ramaje** nm ramage m; **ramal** nm (FERRO) embranchement m; (AUTO) bretelle f

rambla nf rambla f

ramificación nf ramification f

ramificarse vpr se ramifier

ramillete nm bouquet m

ramo nm bouquet m; (de industria) branche f

rampa nf rampe f; **~ de acceso** rampe d'accès

ramplón, -ona adj vulgaire

rana nf grenouille f

ranchero nm (AM) fermier m

rancho nm (comida) popote f; (AM) ranch m; (: pequeño) petite ferme f; (choza) cabane f

rancio, -a adj rance; (vino, fig) vieux (vieille)

rango nm rang m

ranura nf rainure f; (de teléfono) fente f

rapar vt raser

rapaz adj (ave) de proie ♦ nf rapace m ♦ nm gamin f

rape nm (pez) baudroie f; **al ~** ras inv

rapé nm chique f

rapidez nf rapidité f

rápido, -a adj rapide ♦ adv rapidement ♦ nm (FERRO) rapide m; **~s** nmpl (de río) rapides mpl

rapiña nm rapine f; **ave de ~** oiseau m de proie

raptar vt enlever; **rapto** nm rapt m, enlèvement m

raqueta nf raquette f

raquítico, -a adj rachitique; **raquitismo** nm rachitisme m

rareza nf rareté f; (fig) manie f

raro, -a adj rare; (extraño) curieux(-euse)

ras nm: **a ~ de tierra/del suelo** à ras de terre/au ras du sol

rascacielos nm inv gratte-ciel m inv

rascar vt gratter; (raspar) racler; **~se** vpr se gratter

rasgar vt déchirer

rasgo nm trait m; **~s** nmpl (de rostro) traits mpl; **a grandes ~s** à grands traits

rasguñar ~se vpr s'égratigner; **rasguño** nm égratignure f

raso, -a adj ras(e) ♦ nm satin m; **cielo ~** ciel m dégagé

raspadura nf (marca) rayure f; **~s** nfpl (restos) restes mpl

raspar vt gratter; (arañar) rayer; (limar) râper

rastra nf: **a ~s** en traînant; (fig) à contrecœur

rastreador nm (de huellas, pistas) pisteur m; **~ de minas** dragueur m de mines

rastrear vt (pista) suivre

rastrero, -a adj (BOT) grimpant(e); (ZOOL, fig) rampant(e)

rastro nm trace f; (mercado) marché m aux puces

rastrojo nm chaume m

rasurarse (AM) vpr se raser

rata nf rat m

ratear vt voler

ratero, -a nm/f voleur(-euse); (AM: de casas) cambrioleur(-euse)

ratificar vt ratifier; **~se** vpr: **~se**

en algo réaffirmer qch

rato nm moment m; **a ~s** par moments; **al poco ~** peu après; **hay para ~** il y en a pour un bon bout de temps; **pasar el ~** passer le temps; **pasar un buen/mal ~** passer un bon/ mauvais moment

ratón nm souris fsg; **ratonera** nf souricière f

raudal nm torrent m; **a ~es** à flots

raya nf raie f; (en tela) rayure f; (TIP) tiret m; **a ~s** à rayures; **pasarse de la ~** dépasser les bornes; **tener a ~** tenir en respect; **rayar** vt rayer ♦ vi: **rayar en** o **con** confiner à o avec; (parecerse a) friser; **raya en la cincuentena** il frise la cinquantaine

rayo nm rayon m; (en una tormenta) foudre f; **ser un ~** (fig) être très vif (vive); **~s X** rayons X

raza nf race f; **~ humana** race humaine

razón nf raison f; (MAT) relation f; **a ~ de 10 cada día** à raison de 10 par jour; **"~: aquí"** "s'adresser ici"; **en ~ de** en raison de; **dar la ~ a algn** donner raison à qn; **tener/no tener ~** avoir/ne pas avoir raison; **~ directa/inversa** relation directe/indirecte; **~ de ser** raison d'être; **razonable** adj raisonnable; **razonamiento** nm raisonnement m; **razonar** vt raisonner; (COM: cuenta) détailler ♦ vi raisonner

reacción nf réaction f; **avión a ~** avion m à réaction; **reaccionar** vi réagir

reaccionario, -a adj, nm/f réactionnaire m/f

reacio, -a *adj* réticent(e)
reactivar *vt* (*economía*,
negociaciones) relancer; **~se** *vpr*
reprendre
reactor *nm* réacteur *m*
readaptación *nf*: **~**
profesional réadaptation *f*
professionnelle
reajuste *nm* réajustement *m*; **~**
ministerial remaniement *m*
ministériel
real *adj* (*verdadero*) réel(le); (*del*
rey, *fig*) royal(e)

Real Academia Española

La **Real Academia Española**
ou (RAE), *a été créée en 1713 et*
approuvée par le roi Philippe V en
1714 sous la devise "limpia, fija
y da esplendor" dans le but de
protéger la pureté de la langue
espagnole. Les 46 membres de
cette institution, nommés à vie,
comptent parmi les plus grands
écrivains et linguistes d'Espagne.
Le premier dictionnaire,
"Diccionario de Autoridades" en
six volumes, a été publié entre
1726 et 1739. Depuis la version
condensée en un volume parue en
1780, plus d'une vingtaine de
nouvelles éditions ont été
publiées.

---

realce *vb ver* **realzar** ♦ *nm* relief
m; **poner de ~** mettre en relief;
dar ~ a algo (*fig*) mettre qch en
relief
realidad *nf* réalité *f*
realista *adj* réaliste ♦ *nm/f* réaliste
m/f
realización *nf* réalisation *f*
realizador, -a *nm/f* (*TV, CINE*)
réalisateur(-trice)

realizar *vt* réaliser; **~se** *vpr* se
réaliser
realmente *adv* réellement; (*con*
adjetivo) vraiment; **es ~**
apasionante c'est vraiment
passion
realquilar *vt* (*subarrendar*) sous-
louer
realzar *vt* (*TEC*) surélever; (*belleza*)
rehausser, mettre en valeur;
(*importancia*) augmenter
reanimar *vt* ranimer; **~se** *vpr* se
ranimer
reanudar *vt* renouer; (*historia*,
viaje) reprendre
reaparición *nf* réapparition *f*
rearme *nm* réarmement *m*
rebaja *nf* solde *m*; **rebajar** *vt*
rabaisser
rebanada *nf* tranche *f*
rebañar *vt* racler
rebaño *nm* troupeau *m*
rebasar *vt* dépasser
rebatir *vt* réfuter
rebeca *nf* cardigan *m*
rebelarse *vpr* se rebeller
rebelde *adj* rebelle ♦ *nm/f* (*POL*)
rebelle *m/f*; (*JUR*) accusé(e)
défaillant(e); **rebeldía** *nf*
rébellion *f*; (*JUR*) contumace *f*
rebelión *nf* rébellion *f*
reblandecer *vt* ramollir
rebobinar *vt* rembobiner
rebosante *adj*: **~ de** (*fig*)
débordant(e) de
rebosar *vt*, *vi* déborder
rebotar *vi* rebondir; **rebote** *nm*
rebondissement *m*; **de rebote**
(*fig*) par ricochet
rebozado, -a *adj* enrobé(e) de
pâte à frire
rebozar *vt* enrober de pâte à frire
rebuscado, -a *adj* recherché(e)
rebuscar *vt* rechercher ♦ *vi*: **~**
(en *o* **por)** chercher (dans)

rebuznar vi braire

recado nm course f; (mensaje) message m

recaer vi rechuter; ~ **en** (responsabilidad) retomber sur

recalcar vt (fig) souligner

recalcitrante adj récalcitrant(e)

recámara nf (habitación) dressing-room m; (de arma) magasin m; (AM) chambre f

recambio nm (de pieza) pièce f détachée; (de pluma) recharge f

recapacitar vi réfléchir

recargado, -a adj surchargé(e)

recargar vt recharger; (pago) alourdir; **recargo** nm majoration f de prix; (aumento) augmentation f

recatado, -a adj réservé(e)

recato nm réserve f

recaudación nf recette f; (acción) perception f

recaudador, a nm/f (tb: ~ **de impuestos**) percepteur(-trice)

recelar vt: ~ **que** (sospechar) soupçonner que; (temer) craindre que ♦ vi se méfier; ~**se** vpr se méfier; **recelo** nm (desconfianza) méfiance f; (temor) crainte f

receloso, -a adj (suspicaz) méfiant(e); (temeroso) craintif(-ive)

recepción nf réception f; **recepcionista** nm/f réceptionniste f

receptáculo nm réceptacle m

receptivo, -a adj réceptif(-ive)

receptor, a nm/f réceptionnaire m/f ♦ nm (TELEC, radio) récepteur m

recesión nf récession f

receta nf (CULIN) recette f; (MED) ordonnance f

rechazar vt (ataque, oferta) repousser; (idea, acusación) rejeter

rechazo nm rejet m; (sentimiento) refoulement m

rechinar vi grincer

rechistar vi: **sin** ~ sans rechigner

rechoncho, -a (fam) adj trapu(e)

rechupete: de ~ adj à s'en lécher les babines o doigts

recibidor nm vestibule m

recibimiento nm accueil m

recibir vt, vi recevoir; ~**se** vpr (AM: ESCOL) ~**se de** obtenir le diplôme de; **recibo** nm reçu m

reciclaje nm recyclage m

reciclar vt recycler

recién adv récemment; (AM: sólo) seulement; ~ **casado** jeune marié; **el** ~ **llegado/nacido** le nouveau venu/-né; ~ **a las seis me enteré** (AM) je ne l'ai appris qu'à six heures

reciente adj récent(e); (pan, herida) frais (fraîche);

recientemente adv récemment

recinto nm enceinte f

recio, -a adj résistant(e); (voz) fort(e) ♦ adv fortement

recipiente nm (objeto) récipient m

reciprocidad nf réciprocité f

recíproco, -a adj réciproque

recital nm récital m

recitar vt réciter

reclamación nf réclamation f

reclamar vt, vi réclamer

reclamo nm (en caza) appeau m; (incentivo) appât m; **reclamo publicitario** réclame f

reclinar vt incliner; ~**se** vpr s'incliner

recluir vt enfermer; ~**se** vpr vivre en reclus; ~ **en su casa** s'enfermer chez soi

reclusión nf réclusion f; (voluntario) retraite f

recluta nm/f recrue f ♦ nf recrutement m

reclutar vt recruter
recobrar vt récupérer; **~se** vpr: **~se (de)** se remettre (de); **~ el sentido** reprendre connaissance
recodo nm coude m
recogedor nm pelle f
recoger vt (firmas, dinero) recueillir; (fruta) cueillir; (del suelo) ramasser; (ordenar) ranger; (juntar) rassembler; (pasar a buscar) prendre; (dar asilo) recueillir; (polvo) prendre; **~se** vpr se retirer; (pelo) se ramasser
recogida nf (AGR) cueillette f; (de basura) ramassage m; (de cartas) levée f
recogido, -a adj (lugar) retiré(e); (pequeño) petit(e)
recolección nf (AGR) récolte f; (de datos, dinero) collecte f
recomendación nf recommandation f
recomendar vt recommander
recompensa nf récompense f; **recompensar** vt récompenser
reconciliación nf réconciliation f
reconciliar vt réconcilier; **~se** vpr se réconcilier
recóndito, -a adj (lugar) retiré(e)
reconfortar vt réconforter
reconocer vt reconnaître
reconocido, -a adj reconnu(e); **reconocimiento** nm reconnaissance f
reconquista nf reconquête f
reconstituyente nm reconstituant m
reconstruir vt reconstruire; (suceso) reconstituer
reconversión nf reconversion f
recopilación nf (resumen) résumé m; (colección) recueil m, compilation f; **recopilar** vt compiler
récord (pl records o ~s) adj inv

record ♦ nm record m
recordar vt se rappeler ♦ vi (acordarse de) se rappeler; **~ algo a algn** rappeler qch à qn
recorrer vt parcourir; **recorrido** nm parcours msg; **tren de largo recorrido** train m de grandes lignes
recortado, -a adj découpé(e); (barba) taillé(e)
recortar vt découper; (presupuesto, gasto) réduire; **recorte** nm (de telas, chapas: acto) coupe f; (: fragmento) découpure f; (de prensa) coupure f; (de presupuestos, gastos) compression f
recostado, -a adj penché(e); **estar ~** être allongé(e)
recostar vt appuyer; **~se** vpr s'appuyer
recoveco nm (de camino, río) coude m; (en casa) coin m
recreación nf récréation f
recrear vt recréer; **~se** vpr: **~se con/en** prendre plaisir à
recreativo, -a adj récréatif(-ive); **sala ~a** salle f de jeux; **recreo** nm récréation f
recriminar vt reprocher ♦ vi récriminer
recrudecer vi redoubler d'intensité; **~se** vpr redoubler d'intensité
recrudecimiento nm recrudescence f
recta nf ligne f droite
rectángulo, -a adj, nm rectangle m
rectificar vt rectifier ♦ vi se corriger
rectitud nf rectitude f
recto, -a adj droit(e) ♦ nm (ANAT) rectum m
rector, a adj, nm/f recteur(-trice)

recuadro nm case f; (TIP) entrefilet m

recubrir vt: ~ (con) recouvrir (de)

recuento nm décompte m; **hacer el** ~ **de** faire le décompte de

recuerdo vb ver **recordar** ♦ nm souvenir m; **¡~s a tu madre!** amitiés à ta mère!

recuperable adj récupérable

recuperación nf récupération f; (de enfermo) rétablissement m; (ESCOL) rattrapage m

recuperar vt récupérer; **~se** vpr se récupérer; **~ fuerzas** reprendre ses forces

recurrir vi (JUR) faire appel; **~ a algo/a algn** recourir à qch/à qn; **recurso** nm recours msg

recusar vt récuser

red nf (tejido, trampa) filet m; (organización) réseau m; **la Red** (Internet) le Net

redacción nf rédaction f

redactar vt rédiger

redactor, -a nm/f rédacteur(-trice)

redada nf (tb: ~ **policial**) descente f

redimir vt racheter

rédito nm (ECON) intérêt m

redoblar vt redoubler ♦ vi battre le tambour

redomado, -a adj (astuto) rusé(e); **sinvergüenza** ~ fieffée canaille

redonda nf (MÚS) ronde f; **a la** ~ à la ronde

redondear vt (negocio, velada) conclure; (cifra, objeto) arrondir

redondel nm cercle m

redondo, -a adj rond(e); (completo) bon(ne); **en números** ~s en chiffres ronds

reducción nf réduction f

reducido, -a adj réduit(e)

reducir vt réduire; **~se** vpr se réduire; **~se a** (fig) se réduire à

redundancia nf redondance f

reembolsar vt rembourser; **reembolso** nm remboursement m

reemplazar vt remplacer; **reemplazo** nm remplacement m; **de reemplazo** (MIL) du contingent

reencuentro nm rencontre f

reescribible adj réenregistrable

referencia nf référence f; **~s** nfpl (de trabajo) références fpl; **con ~ a** en ce qui concerne

referéndum (pl ~s) nm référendum m

referente adj: ~ **a** relatif(-ive) à

referir vt rapporter; **~se** vpr: **~se a** se référer à

refilón: de ~ adv en passant

refinado, -a adj raffiné(e)

refinamiento nm raffinement m

refinar vt (petróleo, azúcar) raffiner; (modales) affiner; **refinería** nf raffinerie f

reflejar vt refléter

reflejo, -a adj réflexe ♦ nm reflet m; (ANAT) réflexe m; **~s** nmpl (en el pelo) reflets mpl

reflexión nf réflexion f; **reflexionar** vi réfléchir; **reflexionar sobre** réfléchir sur

reflexivo, -a adj (carácter) réflexif(-ive); (LING) réfléchi(e)

reflujo nm reflux m

reforma nf réforme f; **~s** nfpl (obras) transformations fpl

reformar vt réformer; (ARQ) transformer; **~se** vpr se réformer

reformatorio nm (tb: ~ **de menores**) maison f de redressement o correction

reforzar *vt* renforcer
refractario, -a *adj* réfractaire
refrán *nm* proverbe *m*
refregar *vt* frotter
refrenar *vt* (*deseos*) refréner
refrendar *vt* ratifier
refrescante *adj* rafraîchissant(e)
refrescar *vt* rafraîchir ♦ *vi* se rafraîchir; **~se** *vpr* se rafraîchir
refresco *nm* rafraîchissement *m*
refriega *vb ver* **refregar** ♦ *nf* bagarre *f*
refrigeración *nf* réfrigération *f*
refrigerador (*esp AM*) *nm*, **refrigeradora** (*AM*) *nf* réfrigérateur *m*
refrigerar *vt* réfrigérer
refuerce *vb ver* **reforzar**
refuerzo *nm* renfort *m*; **~s** *nmpl* (*MIL*) renforts *mpl*
refugiado, -a *nm/f* réfugié(e)
refugiarse *vpr* se réfugier
refugio *nm* refuge *m*
refunfuñar *vi* ronchonner
refutar *vt* réfuter
regadera *nf* arrosoir *m*; (*MÉX*: *ducha*) douche *f*
regadío *nm* irrigation *f*; **tierras de ~** terres irriguées
regalado, -a *adj* (*gratis*) gratis; (*vida*) de château
regalar *vt* offrir; (*mimar*) cajoler
regaliz *nm* réglisse *m o f*
regalo *nm* cadeau *m*; (*gusto*) régal *m*; (*comodidad*) aisance *f*
regañadientes: a ~ *adv* en rechignant
regañar *vt* gronder ♦ *vi* se fâcher; (*dos personas*) se disputer
regar *vt* arroser; (*fig*) semer
regatear *vt* marchander ♦ *vi* (*COM*) marchander; **regateo** *nm* (*COM*) marchandage *m*
regazo *nm* giron *m*
regeneración *nf* régénération *f*

regenerar *vt* régénérer
regentar *vt* (*empresa, negocio*) régenter; (*local, bar*) tenir;
regente, -a *nm/f* (*COM*) gérant(e); (*POL*) régent(e); (*MÉX*: *alcalde*) maire *m*
régimen (*pl* **regímenes**) *nm* régime *m*
regimiento *nm* régiment *m*
regio, -a *adj* royal(e); (*AM*: *fam*) formidable
región *nf* région *f*
regir *vt* (*ECON, JUR, LING*) régir ♦ *vi* (*ley*) être en vigueur
registrar *vt* fouiller; (*anotar*) enregistrer; **~se** *vpr* (*inscribirse*) s'inscrire; (*ocurrir*) avoir lieu
registro *nm* registre *m*; (*inspección*) fouille *f*; (*de datos*) enregistrement *m*; **~ civil** état *m* civil
regla *nf* règle *f*; **en ~** en règle
reglamentar *vt* réglementer
reglamentario, -a *adj* réglementaire; **reglamento** *nm* règlement *m*
regocijarse *vpr*: **~ de** *o* **por** se réjouir de; **regocijo** *nm* réjouissance *f*
regodearse *vpr*: **~ con** *o* **en algo** se délecter de qch; (*pey*) se réjouir de qch; **regodeo** *nm* délectation *f*
regresar *vi* retourner; **~se** *vpr* (*AM*) retourner
regresivo, -a *adj* régressif(-ive);
regreso *nm* retour *m*
reguero *nm* traînée *f*
regulador, a *adj* régulateur(-trice) ♦ *nm* régulateur *m*
regular *adj* régulier(-ière); (*mediano*) moyen(ne); (*fam: no bueno*) médiocre ♦ *vt* régler; (*normas, salarios*) contrôler; **por**

lo ~ en général; **regularidad** *nf* régularité *f*; **regularizar** *vt* régulariser

regusto *nm* arrière-goût *m*

rehabilitación *nf* (*de drogadicto*) rééducation *f*; (*ARQ, de memoria*) réhabilitation *f*

rehabilitar *vt* (*drogadicto*) rééduquer; (*ARQ, memoria*) réhabiliter

rehacer *vt* refaire; **~se** *vpr* se rétablir

rehén *nm* otage *m*

rehuir *vt* fuir

rehusar *vt, vi* refuser

reina *nf* reine *f*; **~ de (la) belleza/de las fiestas** reine de beauté/de la fête; **prueba ~** épreuve *f* phare; **reinado** *nm* règne *m*

reinante *adj* régnant(e)

reinar *vi* régner

reincidir *vi* (*JUR*) récidiver; **~ (en)** (*recaer*) retomber (dans)

reincorporarse *vpr*: **~ a** réintégrer; (*MIL*) être réincorporé dans

reino *nm* royaume *m*; **~ animal/vegetal** règne *m* animal/végétal; **el R~ Unido** le Royaume-Uni

reintegrar *vt* réintégrer; **~se** *vpr*: **~se a** réintégrer

reír *vi* rire; **~se** *vpr* rire; **~se de** rire de

reiterar *vt* réitérer

reivindicación *nf* revendication *f*

reivindicar *vt* revendiquer

reja *nf* grille *f*

rejilla *nf* grillage *m*; (*en muebles*) cannage *m*; (*en hornillo, de ventilación*) grille *f*; (*para equipaje*) filet *m*

rejuvenecer *vt, vi* rajeunir

relación *nf* relation *f*; (*narración*) récit *m*; **con ~ a, en ~ con** par rapport à; **relaciones públicas** relations publiques; **relacionar** *vt* mettre en rapport; **relacionarse** *vpr* fréquenter

relajación *nf* relaxation *f*

relajado, -a *adj* (*costumbres, moral*) relâché(e); (*persona*) détendu(e)

relajar *vt* (*mente, cuerpo*) décontracter; (*disciplina, moral*) relâcher; **~se** *vpr* (*distraerse*) se détendre

relamerse *vpr* se pourlécher

relamido, -a (*pey*) *adj* (*pulcro*) bichonné(e); (*afectado*) collet monté *inv*

relámpago *adj inv*: **visita/huelga ~** visite *f*/grève *f* éclair ♦ *nm* éclair *m*

relatar *vt* relater

relativo, -a *adj* relatif(-ive); **en lo ~ a** en ce qui concerne

relato *nm* récit *m*

relegar *vt* reléguer

relevante *adj* remarquable

relevar *vt* relever; **~se** *vpr* se relayer; **~ a algn de su cargo** relever qn de ses fonctions

relevo *nm* relève *f*; **carrera de ~s** course *f* de relais

relieve *nm* relief *m*; **bajo ~** bas-relief *m*; **poner de ~** mettre en relief

religión *nf* religion *f*

religioso, -a *adj, nm/f* religieux(-euse)

relinchar *vi* hennir; **relincho** *nm* hennissement *m*

reliquia *nf* relique *f*

rellano *nm* (*ARQ*) palier *m*

rellenar *vt* remplir; (*CULIN*) farcir

relleno, -a *adj* plein(e) ♦ *nm* (*CULIN*) farce *f*; (*de cojín*) rembourrage *m*

reloj *nm* montre *f*; **~ (de pulsera)** montre; **~ despertador** réveille-matin *m inv*; **~ digital** montre à affichage numérique

relojero, -a *nm/f* horloger(-ère)

reluciente *adj* reluisant(e)

relucir *vi* reluire; **sacar algo a ~** remettre qch sur le tapis

relumbrar *vi* reluire

remachar *vt* river; (*fig*) insister sur; **remache** *nm* rivet *m*

remanente *nm* (*COM*) surplus *msg*; (*de producto*) excédent *m*

remangarse *vpr* retrousser ses manches

remanso *nm* (*de río*) bras *msg* mort

remar *vi* ramer

rematar *vt* achever; (*trabajo*) parfaire; (*COM*) liquider ♦ *vi* (en *fútbol*) tirer; **~ de cabeza** faire une tête

remate *nm* fin *f*; (*extremo*) couronnement *m*; (*DEPORTE*) tir *m*; (*ARQ*) sommet *m*; (*COM*) liquidation *f*; **de ~** (*tonto*) complètement; **para ~** pour couronner le tout

remediar *vt* remédier à; (*evitar*) éviter

remedio *nm* remède *m*; (*JUR*) secours *msg*; **poner ~ a** remédier à; **no tener más ~** ne pas avoir le choix; **¡qué ~!** c'est comme ça!, qu'y faire!; **sin ~** sans rémission

remendar *vt* raccommoder; (*con parche*) rapiécer

remesa *nf* envoi *m*

remiendo *vb ver* **remendar** ♦ *nm* raccommodage *m*; (*con parche*) rapiéçage *m*

remilgado, -a *adj* (*melindroso*) minaudier(-ière); (*afectado*)

maniéré(e)

remilgo *nm* (*melindre*) minauderie *f*; (*afectación*) manière *f*

reminiscencia *nf* réminiscence *f*

remite *nm* expéditeur *m*; **remitente** *nm/f* expéditeur(-trice)

remitir *vt* envoyer ♦ *vi* (*tempestad*) se calmer; (*fiebre*) baisser; **~se** *vpr*: **~se a** s'en remettre à

remo *nm* rame *f*

remojar *vt* laisser tremper

remojo *nm*: **dejar la ropa en ~** laisser tremper le linge

remolacha *nf* betterave *f*

remolcador *nm* remorqueur *m*

remolcar *vt* remorquer

remolino *nm* remous *msg*

remolque *vb ver* **remolcar** ♦ *nm* remorque *f*; (*cuerda*) câble *m* de remorquage; **llevar a ~** prendre en remorque

remontar *vt* remonter; **~se** *vpr* s'élever; **~se a** (*COM*) s'élever à; **~ el vuelo** monter en flèche

remorder *vt* causer du remords à; **me remuerde la conciencia** j'ai des remords; **remordimiento** *nm* remords *msg*

remoto, -a *adj* éloigné(e)

remover *vt* remuer

remozar *vt* (*ARQ*) rafraîchir

remuneración *nf* rémunération *f*

remunerar *vt* rémunérer

renacer *vi* renaître; **renacimiento** *nm* renaissance *f*; **el Renacimiento** la Renaissance

renacuajo *nm* têtard *m*

renal *adj* rénal(e)

rencilla *nf* querelle *f*

rencor *nm* (*resentimiento*) rancœur *f*

rencoroso, -a *adj*

rancunier(-ière)

rendición nf reddition f

rendido, -a adj épuisé(e); **su ~ admirador** votre admirateur passionné

rendija nf fente f

rendimiento nm rendement m

rendir vt rapporter; (agotar) épuiser ♦ vi (COM) rapporter; **~se** vpr (tb: cansarse) se rendre; **~ homenaje/culto a** rendre hommage/un culte à; **~ cuentas a algn** rendre des comptes à qn

renegar vi renier; (quejarse) grommeler; (con imprecaciones) blasphémer

RENFE, Renfe sigla f (FERRO) (= Red Nacional de los Ferrocarriles Españoles) société nationale des chemins de fer espagnols

renglón nm ligne f; (COM) chapitre m; **a ~ seguido** à la ligne

renombrado, -a adj renommé(e)

renombre nm renom m; **de ~** de renom

renovación nf (de contrato, sistema) renouvellement m; (ARQ) rénovation f

renovar vt renouveler; (ARQ) rénover

renta nf revenu m; (esp AM: alquiler) loyer m; **~ disponible** revenu (individuel) disponible; **~ nacional (bruta)** revenu national (brut); **rentable** adj rentable; **rentar** vt rapporter

renuncia nf renonciation f

renunciar vi renoncer

reñido, -a adj (batalla, debate, votación) serré(e); **estar ~ con algn** être brouillé(e) avec qn

reñir vt gronder ♦ vi (pareja, amigos) se disputer; (físicamente)

se battre

reo nm/f (JUR) accusé(e); **~ de muerto** condamné à mort

reojo: de ~ adv (mirar) à la dérobée

reparación nf réparation f

reparar vt réparer ♦ vi: **~ en** (darse cuenta de) s'apercevoir de; (poner atención en) remarquer

reparo nm (duda) doute m; (inconveniente) obstacle m; **poner ~s** formuler des objections; **poner ~s a algo** contester qch

repartición nf répartition f

repartidor, a nm/f livreur(-euse)

repartir vt distribuer; (COM) livrer; **reparto** nm (de dinero, poder) répartition f; (CINE, CORREOS) distribution f

repasar vt réviser; **repaso** nm révision f

repatriar vt rapatrier

repelente adj repoussant(e)

repensar vt reconsidérer

repente: de ~ m: de ~ soudain; **~ de ira** accès de colère

repentino, -a adj (súbito) subit(e)

repercusión nf répercussion f

repercutir vi répercuter; **~ en** (fig) répercuter sur

repertorio nm répertoire m

repetición nf répétition f

repetir vt répéter; (ESCOL) redoubler; (plato, TEATRO) reprendre ♦ vi (ESCOL) redoubler; (sabor) revenir; (en comida) reprendre; **~se** vpr se répéter

repicar vi (campanas) sonner, carillonner

repique vb ver **repicar** ♦ nm (de campanas) volée f; **repiqueteo** nm (de campanas) volée f

repisa nf étagère f; (ARQ) console f; (de chimenea) dessus msg; (de

ventana) rebord *m*
repitiendo *etc vb ver* **repetir**
replantear *vt* reconsidérer
replegarse *vpr* se replier
repleto, -a *adj* plein(e)
réplica *nf* réplique *f*
replicar *vt, vi* répliquer; **¡no repliques!** et pas de discussion!
repliegue *vb ver* **replegarse ♦** *nm* (MIL) repli *m*
repoblación *nf* repeuplement *m*; **~ forestal** reboisement *m*
repoblar *vt* repeupler
repollo *nm* chou *m*
reponer *vt* (volver a poner) réinstaller; (TEATRO) reprendre; **~se** *vpr* se remettre; **~ que** répondre que
reportaje *nm* reportage *m*
reportero, -a *nm/f* reporter *m*
reposacabezas *nm inv* appui-tête *m*
reposado, -a *adj* reposé(e); (tranquilo) calme
reposar *vi* reposer
reposición *nf* (de dinero) réinvestissement *m*; (maquinaria) remplacement *m*; (CINE, TEATRO) reprise *f*
reposo *nm* repos *msg*
repostar *vt* se ravitailler en **♦** *vi* se ravitailler; (AUTO) se ravitailler en carburant
repostería *nf* pâtisserie *f*
repostero, -a *nm/f* pâtissier-(ière)
reprender *vt* (persona) réprimander; (comportamiento) blâmer
represa *nf* barrage *m*
represalia *nf* représailles *fpl*
representación *nf* représentation *f*; **en ~ de** en représentation de
representante *nm/f* (POL, COM) représentant(e); **representante**

diplomático (POL) représentant diplomatique
representar *vt* représenter; (significar) signifier; **~se** *vpr* se représenter
representativo, -a *adj* représentatif(-ive)
represión *nf* répression *f*
reprimenda *nf* réprimande *f*
reprimir *vt* réprimer
reprobar *vt* réprouver
reprochar *vt* reprocher; **reproche** *nm* reproche *m*
reproducción *nf* reproduction *f*
reproducir *vt* reproduire; **~se** *vpr* se reproduire
reproductor, a *adj* reproducteur(-trice) **♦** *nm* lecteur *m*; **~ (de) MP3** lecteur MP3
reptil *nm* reptile *m*
república *nf* république *f*
republicano, -a *adj, nm/f* républicain(e)
repudiar *vt* répudier
repuesto *pp de* **reponer ♦** *nm* (pieza de recambio) pièce *f* de rechange; (abastecimiento) ravitaillement *m*; **rueda de ~** roue *f* de secours
repugnancia *nf* répugnance *f*; **repugnante** *adj* répugnant(e)
repugnar *vt, vi* répugner
repulsa *nf* condamnation *f*
repulsión *nf* répulsion *f*
repulsivo, -a *adj* répulsif(-ive)
reputación *nf* réputation *f*
requemado, -a *adj* brûlé(e)
requerimiento *nm* requête *f*; (JUR) mise *f* en demeure
requerir *vt* requérir
requesón *nm* fromage *m* blanc
requete... *pref* très
réquiem *nm* requiem *m*
requisito *nm* condition *f* requise
res *nf* bête *f*

resaca *nf* (*en el mar*) ressac *m*; (*de alcohol*) gueule *f* de bois

resaltar *vt* détacher ♦ *vi* se détacher

resarcir *vt* (*reparar*) dédommager; **~se** *vpr* se rattraper

resbaladizo, -a *adj* glissant(e)

resbalar *vi* glisser; (*gotas*) couler; **~se** *vpr* glisser; **resbalón** *nm* glissade *f*, (*fig*) faux-pas *msg*

rescatar *vt* sauver; (*pagando rescate*) payer la rançon de; (*objeto*) récupérer

rescate *nm* sauvetage *m*; (*dinero*) rançon *f*; (*de objeto*) récupération *f*; **pagar un ~** payer une rançon

rescindir *vt* résilier

rescisión *nf* résiliation *f*

rescoldo *nm* braises *fpl*

resecar *vt* dessécher; (*MED*) disséquer; **~se** *vpr* se dessécher

reseco, -a *adj* desséché(e)

resentido, -a *adj* (*envidioso*) jaloux(-ouse); (*dolido*) aigri(e)

resentimiento *nm* ressentiment *m*

resentirse *vpr*: **~ de** *o* **con** se ressentir de; **su salud se resiente** sa santé s'en ressent

reseña *nf* (*descripción*) description *f*; (*informe*, *LIT*) compte *m* rendu

reseñar *vt* décrire; (*LIT*) faire le compte rendu de

reserva *nf* réserve *f*; (*de entradas*) réservation *f*, location *f*; **a ~ de que ...** (*AM*) sous réserve que ...; **con ~** (*con cautela*) sous toutes réserves; (*con condiciones*) sous réserve; **gran ~** (*vino*) grand cru *m*

reservado, -a *adj* réservé(e) ♦ *nm* cabinet *m* particulier

reservar *vt* réserver; (*TEATRO*) réserver, louer; **~se** *vpr* se réserver

resfriado *nm* rhume *m*

resfriarse *vpr* s'enrhumer

resfrío (*esp AM*) *nm* rhume *m*

resguardar *vt* protéger; **~se** *vpr*: **~se de** se protéger de;

resguardo *nm* abri *m*; (*justificante*, *recibo*) reçu *m*

residencia *nf* résidence *f*; **~ de ancianos** maison *f* de retraite; **residencial** *adj* résidentiel(le); (*AND*, *CHI*) hôtel *m* modeste

residente *adj*, *nm/f* résident(e)

residir *vi* résider; **~ en** (*habitar en*: *cuidad*) résider à; (*: país*) résider en *o* à

residuo *nm* (*sobrante*) résidu *m*; (*desperdicios*) résidus *mpl*

resignación *nf* résignation *f*

resignarse *vpr*: **~ a** se résigner à

resina *nf* résine *f*

resistencia *nf* résistance *f*; **no ofrece ~** il n'offre pas de résistance; **resistente** *adj* résistant(e)

resistir *vi* résister à; (*peso, calor, persona*) supporter ♦ *vi* résister; **~se** *vpr* résister; **~se a** (*decir, salir*) refuser de; (*cambio, ataque*) résister à

resolución *nf* résolution *f*; (*arrojo*) détermination *f*

resolver *vt* résoudre; **~se** *vpr* se résoudre

resonancia *nf* résonance *f*; (*fig*) retentissement *m*

resonar *vi* résonner

resoplar *vi* haleter; **resoplido** *nm* halètement *m*

resorte *nm* (*TEC*, *fig*) ressort *m*

respaldar *vt* appuyer; **~se** *vpr* (*en asiento*) s'adosser; **~se en** (*fig*) s'appuyer sur; **respaldo** *nm* (*de sillón*) dossier *m*; (*fig*) appui *m*

respectivamente *adv* respectivement

respectivo, -a *adj* respectif(-ive);
en lo ~ a en ce qui concerne

respecto *nm*: **al ~** à ce sujet;
con ~ a en ce qui concerne; **~
de** par rapport à

respetable *adj* respectable

respetar *vt* respecter; **respeto**
nm respect *m*; **respetos** *nmpl*
respects *mpl*

respetuoso, -a *adj*
respectueux(-euse)

respingo *nm*: **dar** *o* **pegar un ~**
sursauter

respiración *nf* respiration *f*; **~
asistida** respiration assistée

respirar *vt, vi* respirer

respiratorio, -a *adj* respiratoire;
respiro *nm* répit *m*

resplandecer *vi* resplendir;
(belleza) resplendir, rayonner;
resplandeciente *adj*
resplendissant(e); **resplandor**
nm éclat *m*

responder *vt* répondre ♦ *vi*
répondre; **~ de** *o* **por** répondre
de *o* pour

respondón, -ona *adj* effronté(e)

responsabilidad *nf*
responsabilité *f*

responsabilizar *vt*
responsabiliser, rendre
responsable; **~se** *vpr*: **~se de**
(atentado) revendiquer; *(crisis,
accidente)* assumer la
responsabilité de

responsable *adj, nm/f*
responsable *m/f*

respuesta *nf* réponse *f*

resquebrajar *vt* fendiller,
fissurer; **~se** *vpr* s'écailler

resquicio *nm* fente *f*; *(fig)*
possibilité *f*, rayon *m*

resta *nf* soustraction *f*

restablecer *vt* rétablir; **~se** *vpr*
se rétablir

restallar *vi* claquer

restante *adj* restant(e); **lo ~** le
reste, ce qui reste

restar *vt* *(MAT)* soustraire; *(fig)*
ôter ♦ *vi* rester

restauración *nf* restauration *f*

restaurante *nm* restaurant *m*

restaurar *vt* restaurer

restitución *nf* restitution *f*

restituir *vt* restituer

resto *nm* reste *m*; **~s** *nmpl* *(CULIN,
de civilización etc)* restes *mpl*;
echar el ~ jouer le tout pour le
tout

restregar *vt* frotter

restricción *nf* restriction *f*

restrictivo, -a *adj* restrictif(-ive)

restringir *vt* restreindre

resucitar *vt, vi* ressusciter

resuello *nm* *(aliento)* souffle *m*

resuelto, -a *pp de* **resolver** ♦
adj résolu(e)

resultado *nm* résultat *m*;
resultante *adj* résultant(e)

resultar *vi* *(ser)* être; *(llegar a ser)*
finir par être; *(salir bien)* réussir;
(ser consecuencia) résulter; **~ de**
résulter de; **resulta que ...** il se
trouve que ...; **el conductor
resultó muerto** le chauffeur est
mort; **no resultó** cela n'a pas
réussi; **me resulta difícil
hacerlo** il m'est difficile de le
faire

resumen *nm* résumé *m*; **en ~** en
résumé

resumir *vt* résumer

resurgir *vi* ressurgir

resurrección *nf* résurrection *f*

retablo *nm* retable *m*

retaguardia *nf* arrière-garde *f*

retahíla *nf* chapelet *m*

retal *nm* coupon *m*

retar *vt* défier

retardar *vt* *(demorar)* retarder;

(hacer más lento) ralentir

retazo *nm* coupon *m*

retención *nf* retenue *f*; *(MED)* rétention *f*; ~ **de tráfico** embouteillage *m*, bouchon *m*; ~ **fiscal** prélèvement *m* fiscal

retener *vt* retenir; *(suj: policía)* garder à vue; *(impuestos, sueldo)* prélever

retina *nf* rétine *f*

retintín *nm*: **decir algo con** ~ dire qch d'un ton malicieux

retirada *nf* *(MIL)* retraite *f*; *(de dinero)* retrait *m*; **batirse en** ~ battre en retraite

retirado, -a *adj* *(lugar)* retiré(e); *(vida)* calme; *(jubilado)* retraité(e) ♦ *nm/f* retraité(e)

retirar *vt* retirer; *(jubilar)* mettre à la retraite; **retiro** *nm* retraite *f*; *(DEPORTE)* abandon *m*

reto *nm* défi *m*

retocar *vt* retoucher

retoño *nm* rejeton *m*

retoque *vb ver* **retocar** ♦ *nm* retouche *f*

retorcer *vt* *(tela)* essorer; *(brazo)* tordre; ~**se** *vpr* se tortiller; *(persona)* se contorsionner

retorcido, -a *adj* *(tronco)* tordu(e); *(columna)* torse(e); *(personalidad)* retors(e); *(mente)* mal tourné(e)

retórica *nf* rhétorique *f*

retórico, -a *adj* rhétorique

retornar *vt* *(cartas)* renvoyer; *(dinero)* rendre ♦ *vi*: ~ **(a)** retourner (à); **retorno** *nm* retour *m*

retortijón *nm* *(tb*: ~ **de tripas)** crampe *f* (d'estomac)

retozar *vi* folâtrer

retozón, -ona *adj* folâtre

retracción *nf* rétraction *f*

retractarse *vpr* se rétracter; **me retracto** je me rétracte

retraer *vt* *(antena)* rentrer; *(órgano)* rétracter; ~**se** *vpr*: ~**se (de)** se retirer (de)

retraído, -a *adj* renfermé(e)

retraimiento *nm* *(timidez)* réserve *f*

retransmisión *nf* retransmission *f*

retransmitir *vt* retransmettre

retrasado, -a *adj* en retard; *(MED: tb:* ~ **mental)** attardé(e); **estar** ~ *(reloj)* être en retard, retarder

retrasar *vt, vi* retarder; ~**se** *vpr* *(persona, tren)* être en retard; *(reloj)* retarder; *(quedarse atrás)* s'attarder

retraso *nm* retard *m*; ~**s** *nmpl* *(COM)* arriérés *mpl*; **llegar con** ~ arriver en retard; ~ **mental** déficience *f* mentale

retratar *vt* *(ARTE)* faire le portrait de; *(FOTO)* photographier; *(fig)* décrire; ~**se** *vpr* se faire faire son portrait; *(fig)* se révéler; **retrato** *nm* portrait *m*; **ser el vivo retrato de** être tout le portrait de; **retrato-robot** *(pl* **retratos-robot)** *nm* portrait-robot *m*

retreta *nf* *(MIL)* retraite *f*

retrete *nm* toilettes *fpl*

retribución *nf* rétribution *f*

retribuir *vt* rétribuer

retro... *pref* rétro-...

retroactivo, -a *adj* rétroactif(-ive)

retroceder *vi* reculer; **la policía hizo** ~ **a la multitud** la police a fait reculer la foule

retroceso *nm* recul *m*

retrógrado, -a *adj* rétrograde

retrospectivo, -a *adj*

rétrospectif(-ive)
retrovisor nm rétroviseur m
retumbar vi retentir
reuma, reúma nm rhumatisme m
reumatismo nm rhumatisme m
reunificar vt réunifier
reunión nf réunion f
reunir vt réunir; (recoger)
rassembler, réunir; (personas)
rassembler; **~se** vpr se réunir
revalidar vt (título) confirmer
revancha nf revanche f
revelación nf révélation f
revelado nm développement m
revelar vt révéler; (FOTO)
développer
reventa nf revente f
reventar vt (globo) faire éclater;
(presa) céder ♦ vi éclater
reventón nm crevaison f
reverencia nf révérence f;
reverenciar vt révérer
reverendo, -a adj révérend(e)
reverente adj révérencieux(-euse)
reversible adj réversible
reverso nm revers msg
revertir vi revenir
revés nm envers msg; (fig, TENIS)
revers msg; **al ~** à l'envers;
volver algo al o **del ~** retourner
qch
revestir vt revêtir; **~se con** o **de**
s'armer de
revisar vt réviser
revisión nf révision f; **revisión
salarial** révision des salaires
revisor, a nm/f contrôleur(-euse)
revista vb ver **revistir** ♦ nf
revue f, magazine m; **pasar ~ a**
passer en revue; **~ literaria** revue
littéraire; **~s del corazón** presse
f du cœur
revivir vt, vi revivre
revocación nf révocation f

revocar vt révoquer
revolcarse vpr se vautrer
revolotear vi voltiger
revoltijo nm embrouillamini m
revoltoso, -a adj turbulent(e)
revolución nf révolution f; (TEC)
tour m; **revolucionar** vt
révolutionner
revolucionario, -a adj, nm/f
révolutionnaire m/f
revolver vt remuer; (casa) mettre
sens dessus dessous; (mezclar)
remuer, agiter; (POL) soulever ♦ vi:
~ en fouiller dans; **~se contra**
se retourner contre
revólver nm revolver m
revuelo nm vol m; (fig) trouble m
revuelta nf révolte f; (pelea)
bagarre f
revuelto, -a pp de **revolver** ♦
adj (desordenado) sens dessus
dessous
rey nm roi m; **el deporte ~** le
sport roi

Reyes Magos

Selon la tradition espagnole, les
Rois mages apportent des cadeaux
aux enfants pendant la nuit qui
précède l'Épiphanie. Le lendemain
soir, le 6 janvier, les Rois mages
arrivent dans la ville par mer ou
par terre, et participent à une
procession connue sous le nom de
cabalgatas, à la plus grande joie
des enfants.

---

reyerta nf rixe f
rezagado, -a adj: **quedar ~**
être en retard
rezagar vt retarder; **~se** vpr
traîner
rezar vi prier; **~ con** (fam) aller
avec; **rezo** nm prière f

rezongar vi ronchonner

rezumar vt laisser couler ♦ vi suinter

ría nf ria f

riada nf crue f, inondation f

ribera nf rive f, berge f; (área) rivage m, littoral m

ribete nm (de vestido) liseré m; **~s** nmpl (atisbos) côtés mpl; **muestra ~s de filósofo** il a un côté philosophe

ricino nm: **aceite de ~** huile f de ricin

rico, -a adj riche; (comida) délicieux(-euse); (niño) gentil(le) ♦ nm/f riche m/f; **~ en** riche en

rictus nm rictus msg

ridiculez nf ridicule m; (nimiedad) insignifiance f

ridiculizar vt ridiculiser

ridículo, -a adj ridicule; **hacer el ~** se couvrir de ridicule; **poner a algn en ~** tourner qn en ridicule

riego vb ver **regar** ♦ nm arrosage m; **~ sanguíneo** irrigation f

riel nm (FERRO) rail m; (de cortina) tringle f

rienda nf rêne f; **dar ~ suelta a** donner libre cours à

riesgo nm risque m; **correr el ~ de** courir le risque de

rifa nf tombola f; **rifar** vt tirer au sort; **rifarse** vpr se disputer

rifle nm rifle m

rigidez nf rigidité f

rígido, -a adj rigide

rigor nm rigueur f; **de ~** de rigueur

riguroso, -a adj rigoureux(-euse)

rima nf rime f; **~s** nfpl (composición) rimes fpl

rimbombante adj (fig) ronflant(e)

rímel nm rimmel m

rímmel nm = **rímel**

rincón nm coin m

rinoceronte nm rhinocéros msg

riña nf (disputa) dispute f; (pelea) bagarre f

riñón nm (ANAT) rein m; (CULIN) rognon m

río vb ver **reír** ♦ nm (que desemboca en otro río) rivière f; (que desemboca en el mar) fleuve m; (fig) flot m; **~ abajo/arriba** en aval/amont

Río de la Plata n Río de la Plata

rioja nf rioja m

rioplatense adj de Río de la Plata

riqueza nf richesse f

risa nf rire m; **¡qué ~!** que c'est drôle!

risco nm rocher m escarpé

risotada nf éclat m de rire

ristra nf chapelet m

risueño, -a adj souriant(e)

ritmo nm rythme m; **a ~ lento** au ralenti; **trabajar a ~ lento** travailler au ralenti; **~ de vida** rythme de vie

rito nm rite m

ritual adj rituel(le) ♦ nm rituel m

rival adj, nm/f rival(e); **rivalidad** nf rivalité f; **rivalizar** vi rivaliser

rizado, -a adj (pelo) frisé(e) ♦ nm frisure f

rizar vt friser; **~se** vpr (el pelo) se friser; (agua, mar) moutonner; **rizo** nm boucle f

RNE abr = Radio Nacional de España

robar vt voler

roble nm chêne m

robo nm vol m

robot (pl **~s**) nm robot m; **~ de cocina** robot

robustecer vt fortifier

robusto, -a adj robuste

roca nf roche f

roce vb ver **rozar** ♦ nm
frottement m; (caricia) frôlement
m; (TEC) friction f; (señal) éraflure
f; (: en la piel) égratignure f;
tener un ~ con s'accrocher
avec, avoir une prise de bec avec

rociar vt arroser

rocín nm rosse f

rocío nm rosée f

rock adj, nm (MÚS) rock m

rocoso, -a adj rocailleux(-euse)

rodado, -a adj: **tráfico ~**
circulation f routière

rodaja nf tranche f

rodaje nm (CINE) tournage m; **en
~** (AUTO) en rodage

rodar vt (vehículo) roder; (película)
tourner ♦ vi rouler; (CINE) tourner

rodear vt entourer; **~se** vpr: **~se
de amigos** s'entourer d'amis

rodeo nm détour m; (AM: DEPORTE)
rodéo m; **hablar sin ~s** parler
sans détours

rodilla nf genou m; **de ~s** à
genoux

rodillo nm rouleau m

roedor, -a adj rongeur(-euse) ♦
nm rongeur m

roer vt ronger

rogar vt, vi prier; **se ruega no
fumar** prière de ne pas fumer

rojizo, -a adj rougeâtre

rojo, -a adj rouge ♦ nm rouge m;
al ~ (vivo) (metal) rouge; (fig)
chauffé(e) à blanc

rol nm rôle m

rollizo, -a adj rondelet(te)

rollo nm rouleau m; (fam: película)
navet m; (libro) ouvrage m de bas
étage; **¡qué ~!** quelle barbe!,
quelle scie!

Roma n Rome

romance nm (LING) roman m;
(relación) idylle f

romanticismo nm romantisme

m

romántico, -a adj romantique

rombo nm losange m

romería nf (REL) fête f patronale,
≈ pardon m; (excursión)
pèlerinage m

Romería

À l'origine un pèlerinage vers un
lieu saint ou une église, en
l'honneur de la Sainte Vierge ou
du saint local, la **romería** donne
également lieu de nos jours à une
fête populaire. Les participants,
parfois venus de loin, apportent à
boire et à manger, et les festivités
durent toute une journée.

---

romero, -a nm/f pèlerin ♦ nm
(BOT) romarin m

romo, -a adj émoussé(e)

rompecabezas nm inv casse-
tête m inv

rompeolas nm inv brise-lames m
inv

romper vt casser; (papel, tela)
déchirer; (contrato) rompre ♦ vi
casser; (diente) casser; **~se** vpr
se casser; **~ el día**
commencer à faire jour; **~ a se**
mettre à; **~ a llorar** éclater en
sanglots; **~ con algn** rompre
avec qn

ron nm rhum m

roncar vi ronfler

ronco, -a adj rauque

ronda nf (de bebidas,
negociaciones) tournée f; (patrulla)
ronde f; **hacer la ~** (MIL) faire sa
ronde; **rondar** vt (vigilar)
surveiller ♦ vi faire une ronde; (fig)
rôder; **la cifra ronda el millón**
le chiffre frise le million

ronquido nm ronflement m

ronronear vi ronronner;
ronroneo nm ronronnement m

roña nf (VETERINARIA) gale f; (mugre) crasse f; (óxido) rouille f

roñoso, -a adj (mugriento) crasseux(-euse); (tacaño) radin(e)

ropa nf vêtements mpl; ~ **blanca/de casa** linge m blanc/de maison; ~ **de cama** literie f; ~ **interior** o **íntima** linge de corps;
ropaje nm vêtements mpl

ropero nm (de ropa de cama) armoire f (à linge); (guardarropa) garde-robe f

rosa adj inv rose ♦ nf (BOT) rose f ♦ nm (color) rose m; ~ **de los vientos** rose f des vents

rosado, -a adj rose ♦ nm rosé m

rosal nm rosier m

rosario nm chapelet m; (oraciones) rosaire m

rosca nf pas msg; (pan) couronne f

rosetón nm (ARQ) rosace f

rosquilla nf beignet à pâte dure en forme d'anneau

rostro nm visage m; **tener mucho** ~ (fam) avoir un sacré culot o toupet

rotación nf rotation f; ~ **de cultivos** rotation des cultures

rotativo nm journal m

roto, -a pp de **romper** ♦ adj cassé(e); (tela, papel) déchiré(e); (CHI: de clase obrera) ouvrier(-ière) ♦ nm/f (CHI) ouvrier(-ière) ♦ nm (en vestido) accroc m

rotonda nf rotonde f

rótula nf rotule f

rotulador nm crayon m feutre

rotular vt (carta, documento) légender; **rótulo** nm (título) enseigne f; (letrero) écriteau m

rotundamente adv

catégoriquement

rotundo, -a adj catégorique

rotura nf rupture f; (MED) fracture f

roturar vt défricher

rozadura nf (huella) éraflure f; (herida) écorchure f

rozar vt frôler; (tocar ligeramente, fig) effleurer; **~se** vpr se frôler; **~se (con)** (tratar) se frotter f

Rte. abr (= remite, remitente) exp. (= expéditeur)

RTVE sigla f = Radiotelevisión Española

rubí nm rubis msg

rubio, -a adj, nm/f blond(e); **tabaco** ~ tabac m blond

rubor nm (sonrojo) rougeur f; (vergüenza) honte f

ruborizarse vpr rougir

rúbrica nf (de firma) paraphe m, parafe m; **rubricar** vt (firmar) parapher o parafer; (concluir) couronner

rudimentario, -a adj rudimentaire

rudimentos nmpl rudiments mpl

rudo, -a adj (material) rude; (modales, persona) grossier(-ière)

rueda nf roue f; (corro) ronde f; ~ **de prensa** conférence f de presse; ~ **de recambio** o **de repuesto** roue de secours; ~ **delantera/trasera** roue avant/arrière

ruedo vb ver **rodar** ♦ nm (TAUR) arène f; (corro) ronde f

ruego vb ver **rogar** ♦ nm prière f

rufián nm ruffian m

rugby nm rugby m

rugido nm rugissement m

rugir vi rugir

rugoso, -a adj rugueux(-euse)

ruido nm bruit m; (alboroto) bruit, grabuge m
ruidoso, -a adj bruyant(e); (fig) tapageur(-euse)
ruin adj (vil) vil(e); (tacaño) pingre
ruina nf ruine f; **~s** nfpl ruines fpl
ruindad nf mesquinerie f; (acto) bassesse f
ruinoso, -a adj ruineux(-euse)
ruiseñor nm rossignol m
ruleta nf roulette f
rulo nm rouleau m
Rumania, Rumanía nf Roumanie f
rumba nf rumba f
rumbo nm (ruta) cap m; (ángulo de dirección) rumb m, rhumb m; (fig) direction f; **poner ~ a** mettre le cap sur; **sin ~ fijo** au hasard
rumboso, -a (fam) adj généreux(-euse)
rumiante nm ruminant m
rumiar vt, vi ruminer
rumor nm (ruido sordo) rumeur f; (chisme) bruit m
rumorearse vpr: **se rumorea que** le bruit court que
runrún nm rumeur f; (fig) rengaine f
rupestre adj: **pintura ~** peinture f rupestre
ruptura nf rupture f
rural adj rural(e)
Rusia nf Russie f
ruso, -a adj russe ♦ nm/f Russe m/f
rústica nf: **libro en ~** livre m broché
rústico, -a adj (del campo) rustique; (ordinario) rustre
ruta nf route f
rutina nf routine f
rutinario, -a adj routinier(-ière)

S, s

S abr (= sur) S (= sud)
S. abr (= san) S (= Saint)
s. abr = **siglo; siguiente**
S.A. abr (COM) (= Sociedad Anónima) SA f (= société anonyme); (= Su Alteza) SA (= Son Altesse)
sábado nm samedi m
sábana nf drap m
sabandija nf (ZOOL) bestiole f
sabañón nm engelure f

PALABRA CLAVE
---

saber vt savoir; **a saber** à savoir; **no lo supe hasta ayer** je ne l'ai appris qu'hier; **¿sabes conducir/nadar?** sais-tu conduire/nager?; **¿sabes francés?** sais-tu parler français?; **saber de memoria** savoir o connaître par cœur; **lo sé** je (le) sais; **hacer saber** faire savoir; **que yo sepa** que je sache; **¡vete a saber!** va savoir!; **¿sabes?** tu vois?
♦ vi: **saber a** avoir le goût de; **sabe a fresa** ça a un goût de fraise; **saber mal/bien** (comida, bebida) avoir bon/mauvais goût; **le sabe mal que otro saque a bailar a su mujer** ça ne lui plaît pas que d'autres gens invitent sa femme à danser; **saberse** vpr: **se sabe que ...** on sait que ...; **no se sabe todavía** on ne sait toujours pas

sabiduría nf savoir m; (buen juicio) sagesse f
sabiendas: a ~ adv en connaissance de cause
sabio, -a adj savant(e); (prudente)

sage ♦ nm/f savant(e)

sabor nm goût m, saveur f;

saborear vt savourer

sabotaje nm sabotage m

saboteador, a nm/f saboteur(-euse)

sabotear vt saboter

sabré etc vb ver **saber**

sabroso, -a adj savoureux(-euse); (salado) salé(e)

sacacorchos nm inv tire-bouchon m

sacapuntas nm inv taille-crayon m

sacar vt sortir; (dinero, entradas) retirer; (beneficios) tirer; (premio) remporter; (datos) extraire; (conclusión) arriver à; (esp AM: ropa) enlever; ~ **adelante** (hijos) élever; (negocio) faire démarrer; ~ **una foto** faire une photo; ~ **la lengua** tirer la langue; ~ **buenas/malas notas** avoir de bonnes/mauvaises notes

sacarina nf saccharine f

sacerdote nm prêtre m

saciar vt assouvir; ~**se** vpr se rassasier

saco nm sac m; (AM: chaqueta) veste f; ~ **de dormir** sac de couchage

sacramento nm sacrement m

sacrificar vt sacrifier; ~**se** vpr: ~**se por** se sacrifier pour; **sacrificio** nm sacrifice m

sacrilegio nm sacrilège m

sacristía nf sacristie f

sacudida nf secousse f; ~ **eléctrica** décharge f électrique

sacudir vt secouer

sádico, -a adj, nm/f sadique m/f; **sadismo** nm sadisme m

saeta nf flèche f

sagacidad nf sagacité f; **sagaz** adj sagace

Sagitario nm (ASTROL) Sagittaire m; **ser** ~ être (du) Sagittaire

sagrado, -a adj sacré(e)

Sáhara nm: **el** ~ le Sahara

sal vb ver **salir** ♦ nf sel m; (encanto) grâce f; ~**es de baño** sels de bain

sala nf salle f; (sala de estar) salle de séjour; (JUR) tribunal m; ~ **de espera** salle d'attente; ~ **de fiestas** salle des fêtes

salado, -a adj salé(e); (fig) piquant(e); **agua salada** eau f salée

salar vt saler

salarial adj (aumento) de salaire; (revisión) salarial(e)

salario nm salaire m

salchicha nf saucisse f; **salchichón** nm saucisson m

saldar vt solder; (deuda, diferencias) régler; **saldo** nm solde m; (de deuda) règlement m

saldré etc vb ver **salir**

salero nm (CULIN) salière f

salga etc vb ver **salir**

salida nf sortie f; (de tren, AVIAT, DEPORTE) départ m; (puerta) sortie, issue f; (fig) issue; (: de estudios) débouché m; **calle sin** ~ voie f sans issue; **a la** ~ **del teatro** à la sortie du théâtre; ~ **de emergencia/de incendios** sortie de secours

saliente nm saillie f

salir vi **1** (ir afuera) sortir; (tren, avión) partir; **salir de** sortir de; **Juan ha salido** Juan est sorti; **salió de la cocina** il est sorti de la cuisine

2 (aparecer: sol) se lever; (flor, pelo, dientes) pousser; (disco, libro) sortir; **anoche salió el**

reportaje en la tele le reportage est passé hier soir à la télé; **su foto salió en todos los periódicos** sa photo est parue dans tous les journaux **3** (*resultar*): **salir bien/mal** réussir/rater; **el niño nos ha salido muy estudioso** notre fils se révèle très studieux; **la comida te ha salido exquisita** ton repas est très très réussi; **sale muy caro** c'est très très cher **4** (*mancha*) partir; (*tapón*) s'enlever **5: le salió un trabajo** il a trouvé du travail **6: salir adelante** s'en sortir; **no sé como hacer para salir adelante** je ne sais pas comment faire pour m'en sortir

salirse *vpr* (*líquido*) se renverser; (*animal*) sortir; (*de la carretera*) quitter; (*persona: de asociación*) quitter

saliva *nf* salive *f*
salmo *nm* psaume *m*
salmón *nm* saumon *m*
salmuera *nf* saumure *f*
salón *nm* salon *m*; **~ de belleza** institut *m* de beauté
salpicadero *nm* (*AUTO*) tableau *m* de bord
salpicar *vt* éclabousser; (*esparcir*) parsemer
salsa *nf* sauce *f*; (*MÚS*) salsa *f*
saltamontes *nm inv* sauterelle *f*
saltar *vt* sauter ♦ *vi* sauter; (*al agua*) plonger; (*quebrarse: cristal*) se briser; (*explotar: persona*) exploser; **~se** *vpr* sauter; **~se un semáforo** brûler un feu
salto *nm* saut *m*; (*al agua*) plongeon *m*; **~ de agua** chute *f* d'eau; **~ de altura/de longitud**

saut en hauteur/en longueur; **~ mortal** saut périlleux

saltón, -ona *adj* (*ojos*) globuleux(-euse); (*dientes*) en avant
salud *nf* santé *f*; **¡(a su) ~!** (à votre) santé!; **saludable** *adj* sain(e)
saludar *vt* saluer; **salude de mi parte a X** saluez X de ma part; **saludo** *nm* salut *m*; **saludos** *nmpl* (*en carta*) salutations *fpl*
salva *nf* (*MIL, de aplausos*) salve *f*
salvación *nf* sauvetage *m*; (*REL*) salut *m*
salvado *nm* (*AGR*) son *m*
salvador *nm* sauveur *m*; **El S~** (*GEO*) El Salvador; **San S~** San Salvador
salvaguardar *vt* sauvegarder
salvajada *nf* sauvagerie *f*
salvaje *adj*, *nm/f* sauvage *m/f*
salvamento *nm* sauvetage *m*
salvapantallas *nm inv* économiseur *m* d'écran
salvar *vt* sauver; (*obstáculo, distancias*) franchir; (*exceptuar*) excepter; **~se** *vpr*: **se (de) se** sauver (de)
salvavidas *adj inv*: **bote/ chaleco/cinturón ~** canot *m*/ gilet *m*/bouée *f* de sauvetage
salvo, -a *adj*: **a ~** en lieu sûr ♦ *adv* sauf; **~ que** sauf que; **salvoconducto** *nm* sauf-conduit *m*
san *nm* saint *m*; **~ Juan** Saint Jean
sanar *vt*, *vi* guérir
sanatorio *nm* sanatorium *m*
sanción *nf* sanction *f*; (*aprobación*) approbation *f*; **sancionar** *vt* sanctionner; (*aprobar*) approuver
sandalia *nf* sandale *f*
sandía *nf* pastèque *f*

sandwich (*pl* ~**s** *o* ~**es**) *nm* sandwich *m*

saneamiento *nm* assainissement *m*

sanear *vt* assainir

Sanfermines

Les *Sanfermines* de Pampelune sont un festival d'une semaine, rendu célèbre par Hemingway. À partir du 7 juillet, fête patronale de "San Fermín", les habitants de la ville, principalement les jeunes, se rassemblent dans les rues pour chanter, boire et danser. Tôt le matin, on lâche des taureaux dans les rues étroites qui conduisent à l'arène. Selon une coutume répandue dans de nombreux villages espagnols, des jeunes gens font acte de courage en s'élançant devant les taureaux, au risque de leur vie.

---

sangrar *vt* saigner; *vi* saigner; **sangre** *nf* sang *m*

sangría *nf* (MED) saignée *f*; (CULIN) sangria *f*

sangriento, -a *adj* sanglant(e)

sanguijuela *nf* sangsue *f*

sanguinario, -a *adj* sanguinaire

sanguíneo, -a *adj* sanguin(e)

sanidad *nf* (ADMIN) santé *f*; (de ciudad, clima) salubrité *f*; ~ **pública** santé publique

---

San Isidro

San Isidro, saint patron de Madrid, donne son nom à des festivités d'une semaine qui ont lieu aux alentours du 15 mai. Foire Au XVIIIe siècle, la fête de San Isidro consiste de nos jours en diverses manifestations, telles

que bals, musique, spectacles, courses de taureaux et une célèbre romería.

---

sanitario, -a *adj* sanitaire ♦ *nm*: ~**s** sanitaires *mpl*

sano, -a *adj* sain(e); (sin daños) intact(e); ~ **y salvo** sain et sauf

Santiago *n*: ~ **(de Chile)** Santiago (du Chili)

santiamén *nm*: **en un** ~ en un clin d'œil

santidad *nf* sainteté *f*

santiguarse *vpr* se signer

santo, -a *adj* saint(e) ♦ *nm/f* (REL) Saint(e) ♦ *nm* fête *f*; ~ **y seña** mot *m* de passe

santuario *nm* sanctuaire *m*

saña *nf* (crueldad) sauvagerie *f*; (furor) fureur *f*

sapo *nm* crapaud *m*

saque *vb ver* **sacar** ♦ *nm* (TENIS) service *m*; (FÚTBOL) remise *f* en jeu; ~ **de esquina** corner *m*

saquear *vt* piller; **saqueo** *nm* pillage *m*

sarampión *nm* rougeole *f*

sarcasmo *nm* sarcasme *m*

sarcástico, -a *adj* sarcastique

sardina *nf* sardine *f*

sargento *nm* (MIL) sergent *m*

sarmiento *nm* sarment *m*

sarna *nf* (MED, ZOOL) gale *f*

sarpullido *nm* (MED) éruption *f* (prurigineuse)

sarro *nm* tartre *m*

sartén *nf o* (AM) *m* (CULIN) poêle *f* (à frire)

sastre *nm* tailleur *m*

Satanás *nm* Satan *m*

satélite *nm* satellite *m*

sátira *nf* satire *f*

satisfacción *nf* satisfaction *f*

satisfacer *vt* satisfaire; ~**se** *vpr*

se satisfaire
satisfecho, -a pp de
  satisfacer ♦ adj satisfait(e)
saturar vt saturer; **~se** vpr être
  saturé(e)
sauce nm saule m; **~ llorón**
  saule pleureur
sauna nf sauna m
savia nf sève f
saxofón nm saxophone m
sazonar vt mûrir; (CULIN) relever

PALABRA CLAVE

---

se pron **1** (reflexivo) se, s'; (: de Vd,
  Vds) vous; **se divierte** il s'amuse;
  lavarse se laver
  2 (con complemento directo: sg)
  lui; (pl) leur; (Vd, Vds) vous; **se lo
  dije** (a él) je le lui ai dit; (a ellos)
  je le leur ai dit; (a usted(es)) je
  vous l'ai dit; **se compró un
  sombrero** il s'est acheté un
  chapeau; **se rompió la pierna** il
  s'est cassé la jambe
  3 (uso recíproco) se; (: Vds) vous;
  se miraron (el uno al otro) ils
  se sont regardés (l'un l'autre);
  **cuando (ustedes) se
  conocieron** quand vous vous
  êtes connus
  4 (en oraciones pasivas): **se han
  vendido muchos libros**
  beaucoup de livres ont été vendus
  5 (impersonal): **se dice que ...**
  on dit que ...; **allí se come muy
  bien** on mange très bien; **se
  ruega no fumar** prière de ne
  pas fumer

---

sé vb ver **saber**; **ser**
sea etc vb ver **ser**
sebo nm sébum m
secador nm (tb: **~ de pelo**)
  sèche-cheveux m inv
secadora nf sèche-linge m inv

secar vt sécher; **~se** vpr sécher;
  (persona) se sécher
sección nf section f
seco, -a adj sec (sèche); **Juan, a
  secas** Juan tout court; **parar/
  frenar en ~** s'arrêter/freiner
  brusquement
secretaría nf secrétariat m
secretario, -a nm/f secrétaire
  m/f
secreto, -a adj secret(-ète) ♦ nm
  secret m
secta nf secte f
sectario, -a adj sectaire
sector nm secteur m; **~
  terciario** secteur tertiaire
secuela nf séquelle f
secuencia nf séquence f
secuestrar vt séquestrer; (avión)
  détourner; (publicación) retirer de
  la circulation; (bienes: JUR)
  séquestrer, mettre sous séquestre;
  secuestro nm (de persona)
  séquestration f; (de avión)
  détournement m
secular adj séculaire
secundar vt seconder
secundario, -a adj secondaire;
  (INFORM) d'arrière-plan
sed nf soif f; **tener ~** avoir soif
seda nf soie f
sedal nm ligne f
sedante nm sédatif m
sede nf siège m; **Santa S~** Saint
  Siège
sedentario, -a adj sédentaire
sediento, -a adj assoiffé(e)
sedimento nm sédiment m
sedoso, -a adj soyeux(-euse)
seducción nf séduction f
seducir vt séduire
seductor, a adj séducteur(-trice);
  (personalidad, idea) séduisant(e) ♦
  nm/f séducteur(-trice)
segar vt (mies) moissonner;

(hierba) faucher; (vidas) briser

seglar adj séculier(-ière)

segregación nf ségrégation f; ~ **racial** ségrégation raciale

segregar vt ségréguer; (líquido) sécréter

seguida nf: **en ~** tout de suite

seguido, -a adj (semana) continu(e) ♦ adv (derecho) tout droit; (AM: a menudo) souvent; **5 días ~5** 5 jours de suite

seguimiento nm suivi m

seguir vt suivre ♦ vi (venir después) suivre; (continuar) poursuivre; **~se** vpr: **~se (de)** résulter (de); **sigo sin comprender** je ne comprends toujours pas; **sigue lloviendo** il continue de pleuvoir; **¡siga!** (AM) allez-y!

según prep d'après ♦ adv (tal como) tel(le) que; (depende de) selon; (a medida que) à mesure que; **~ esté el tiempo** selon le temps qu'il fera; **está ~ lo dejaste** c'est resté tel que tu l'avais laissé

segundo, -a adj deuxième, second(e) ♦ nm seconde f ♦ nm/f deuxième m/f, second(e); **segunda (clase)** (FERRO) seconde (classe) f; **segunda (marcha)** (AUTO) seconde; **con segundas (intenciones)** avec une arrière-pensée; **de segunda mano** d'occasion; ver tb **sexto**

seguramente adv sûrement

seguridad nf sécurité f; (certeza) certitude f; (confianza) confiance f; **~ social** sécurité sociale

seguro, -a adj (AM) sûr(e) ♦ adv sûr ♦ nm sécurité f; (COM) assurance f; (CAM, MÉX) épingle f à nourrice; **~ a todo riesgo/contra terceros** assurance tous risques/

au tiers

seis adj inv, nm inv six m inv; **el ~ de abril** le six avril

seiscientos, -as adj six cents; **~ veinticinco** six cent vingt-cinq

seísmo nm séisme m

selección nf sélection f

seleccionar vt sélectionner

selectividad nf (UNIV) sélection f

selecto, -a adj sélect(e)

sellar vt sceller; (pasaporte) tamponner

sello nm (de correos) timbre m; (para estampar) tampon m; (precinto) sceau m

selva nf (bosque) forêt f; (jungla) jungle f

semáforo nm (AUTO) feu m rouge o de circulation

semana nf semaine f; **S~ Santa** semaine sainte

Semana Santa

Les célébrations de la semaine sainte en Espagne sont souvent grandioses. "Viernes Santo" (le Vendredi saint), "Sábado Santo" (le Samedi saint) et "Domingo de Resurrección" (le dimanche de Pâques) sont des fêtes légales auxquelles s'ajoutent d'autres jours fériés dans chaque région. Dans tout le pays, les membres des "cofradías" (confréries), vêtus de cagoules, avancent en processions dans les rues, précédant leurs "pasos", des chars richement décorés sur lesquels se dressent des statues religieuses. Les processions de la semaine sainte à Séville sont particulièrement renommées.

---

semanal adj hebdomadaire

semblante nm (traits mpl du)

sembrar visage m
sembrar vt semer
semejante adj, nm semblable m;
  semejanza nf ressemblance f
semen nm sperme m, semence f
semestral adj semestriel(le)
semi... pref semi...
semicírculo nm demi-cercle m
semidesnatado, -a adj demi-
  écrémé(e)
semifinal nf demi-finale f
semilla nf graine f, semence f
seminario nm (REL) séminaire m;
  (ESCOL) séance f de T.P.
sémola nf semoule f
Sena nm: **el ~** la Seine
senado nm sénat m
senador, a nm/f sénateur(-trice)
sencillez nf simplicité f
sencillo, -a adj simple
senda nf sentier m
sendero nm sentier m
senil adj sénile
seno nm sein m; (MAT) sinus m; **~**
  materno sein maternel
sensación nf sensation f;
  sensacional adj sensationnel(le)
sensato, -a adj sensé(e)
sensible adj sensible
sensorial adj sensoriel(le)
sensual adj sensuel(le)
sentada nf (protesta) sit-in m
sentado, -a adj: **estar ~** être
  assis(e); **dar por ~** considérer
  comme réglé(e).
sentar vt asseoir; (noticia, hecho,
  palabras) établir ♦ vi (vestido,
  color) aller; **~se** vpr s'asseoir; **~**
  bien (ropa) aller bien; (comida)
  faire du bien; (vacaciones) réussir;
  me ha sentado mal (comida) je
  ne l'ai pas digéré; (comentario)
  cela m'a blessé
sentencia nf sentence f;
sentenciar vt (JUR) condamner

sentido, -a adj (pérdida)
  regrette(e) ♦ nm sens msg; **mi**
  más ~ pésame mes plus
  sincères condoléances; **con ~**
  doble à double sens; **tener ~**
  avoir de sens; **~ común** bon sens;
  ~ del humor sens de l'humour;
  ~ único (AUTO) sens unique
sentimental adj sentimental(e);
  vida ~ vie f sentimentale
sentimiento nm sentiment m
sentir nm opinion f ♦ vt sentir;
  (lamentar) regretter; (esp AM)
  entendre ♦ vi sentir; **~se** vpr se
  sentir; **lo siento (mucho)** je suis
  désolé(e); **~se bien/mal** se
  sentir bien/mal
seña nf signe m; (MIL) mot m de
  passe; **~s** nfpl (dirección) adresse
  f; **~s personales** (descripción)
  caractéristiques fpl physiques
señal nf signal m; (síntoma) signe
  m; (marca, INFORM) marque f;
  (COM) arrhes fpl; **en ~ de** en
  signe de; **señalar** vt signaler;
  (poner marcas) marquer; (con el
  dedo) montrer du doigt; (hora)
  donner; (fijar) déterminer
señor, a adj (fam) classe ♦ nm
  monsieur m; (hombre) homme m;
  (trato) monsieur m; **Muy ~ mío**
  cher Monsieur
señora nf madame f; (dama)
  dame f; (mujer) femme f;
  Nuestra S~ (REL) Notre-Dame
señorita nf (tratamiento)
  mademoiselle f; (mujer joven)
  demoiselle f, jeune fille f
señorito nm (pey) fils msg à papa
señuelo nm leurre m
sepa etc vb ver **saber**
separación nf séparation f;
  (división) partage m; (distancia)
  distance f
separar vt séparer; (dividir)

diviser; **~se** vpr se séparer;
(partes) se détacher; **~se de**
(persona: de un lugar) s'éloigner
de; (: de asociación) quitter

sepia nf (CULIN) seiche f

septiembre nm septembre m;
ver tb **julio**

séptimo, -a adj, nm/f septième
m/f; ver tb **sexto**

sepulcro nm sépulcre m

sepultar vt inhumer; (suj: aguas,
escombros) ensevelir; **sepultura**
nf (entierro) inhumation f; (tumba)
sépulture f

sequedad nf sécheresse f

sequía nf sécheresse f

séquito nm (de rey) cour f

SER sigla f (RADIO) (= Sociedad
Española de Radiodifusión) société
privée de radiodiffusion

PALABRA CLAVE

---

ser vi **1** (descripción, identidad)
être; **es médico/muy alto** il est
docteur/très grand; **soy Pepe**
(TELEC) c'est Pepe (à l'appareil)
2 (suceder): **¿qué ha sido eso?**
qu'est-ce que c'était?; **la fiesta
es en casa** la fête a lieu chez
nous
3 (ser + de: posesión): **es de
Joaquín** c'est à Joaquín; (origen):
ella es de Cuzco elle est de
Cuzco; (sustancia): **es de piedra**
c'est en pierre; **¿qué va a ser
de nosotros?** qu'allons nous
devenir?
4 (horas, fechas, números): **es la
una** il est une heure; **son las
seis y media** il est six heures et
demi; **es el 1 de junio** c'est le
1er juin; **somos/son seis** nous
sommes/ils sont six; **2 y 2 son 4**
2 et 2 font 4
5 (valer): **¿cuánto es?** c'est

combien?
6 (+ para): **es para pintar** c'est
pour peindre
7 (en oraciones pasivas): **ya ha
sido descubierto** ça a déjà été
découvert; **fue construido** ça a
été construit
8 (ser + de + vb): **es de esperar
que ...** il faut s'attendre à ce
que ...
9 (+ que): **es que no puedo**
c'est que je ne peux pas; **¿cómo
es que no lo sabes?** comment
se fait-il que tu ne le saches pas?
10 (locuciones: con subjun): **o sea**
c'est-à-dire; **sea él, sea su
hermana** soit lui, soit sa sœur
11 (con infinitivo): **a no ser ...** si
ce n'est ...; **a no ser que salga
mañana** à moins qu'il ne sorte
demain; **de no ser así** si ce
n'était pas le cas
12: "érase una vez ..." "il
était une fois ..."
♦ nm (ente) être m; **ser
humano/vivo** être humain/
vivant

---

serenarse vpr s'apaiser

sereno, -a adj serein(e); (tiempo)
calme ♦ nm veilleur m de nuit

serie nf série f; (TV: por capítulos)
feuilleton m; **fuera de ~** (COM)
hors série; (fig) hors norme;
fabricación en ~ fabrication f
en série

seriedad nf sérieux msg; (de
crisis) gravité f

serio, -a adj sérieux(-ieuse); **en ~**
sérieusement

sermón nm sermon m

seropositivo, -a adj
séropositif(-ive)

serpiente nf serpent m; **~ de
cascabel** serpent à sonnettes

serranía nf zone f montagneuse

serrar vt scier

serrín nm sciure f (de bois)

serrucho nm scie f égoïne

servicio nm service m; **~s** nmpl (wáter) toilettes fpl; (ECON: sector) services mpl; **~ incluido** service compris; **~ militar** service militaire

servil (pey) adj servile

servilleta nf serviette f

servir vt, vi servir; **~se** vpr se servir; **~ (para)** servir (à); **~se de algo** se servir de qch; **sírvase pasar** veuillez entrer

sesenta adj inv, nm inv soixante m inv

sesgo nm tournure f; **al ~** (COSTURA) en biais

sesión nf séance f

seso nm cerveau m

seta nf champignon m; **~ venenosa** champignon vénéneux

setecientos, -as adj sept cents; ver tb **seiscientos**

setenta adj inv, nm inv soixante-dix m inv; ver tb **sesenta**

seudónimo nm pseudonyme m

severidad nf sévérité f

severo, -a adj sévère

Sevilla n Séville

sevillano, -a adj sévillan(e) ♦ nm/f Sévillan(e)

sexo nm sexe m

sexto, -a adj, nm/f sixième m/f

sexual adj sexuel(le)

si conj si ♦ nm (MÚS) si m inv; **me pregunto ~ ...** je me demande si ...

sí adv oui; (tras frase negativa) si; **él no quiere pero yo ~** il ne veut pas mais moi oui; **ella ~ vendrá** elle, elle viendra; **claro que ~** bien sûr que oui/si; **creo**

que ~ je crois que oui/si; **porque ~** (porque lo digo yo) parce que; **¡~ que lo es!** bien sûr que si!; **¡eso ~ que no!** alors là, non! ♦ nm (consentimiento) oui m ♦ pron (uso impersonal) soi; (sg: m) lui; (: f) elle; (: de cosa) lui (elle); (pl) eux; **por ~ solo/solos** à lui seul/eux seuls; **volver en ~** revenir à soi; **~ mismo/misma** lui-/elle-même; **se ríe de ~ misma** elle rit d'elle-même; **hablaban entre ~** ils parlaient entre eux; **de por ~** en soi-même etc

siamés, -esa adj, nm/f siamois(e)

SIDA, sida sigla m (= síndrome de inmuno-deficiencia adquirida) SIDA m, sida m (= syndrome immunodéficitaire acquis)

siderúrgico, -a adj sidérurgique

sidra nf cidre m

siembra vb ver **sembrar** ♦ nf (AGR) semence f

siempre adv toujours ♦ conj: **~ que ...** (cada vez que) chaque fois que ...; (a condición de que) seulement si; **como ~** comme toujours; **para ~** pour toujours; **~ me voy mañana** (AM) de toute façon, je pars demain

sien nf tempe f

siento vb ver **sentar; sentir**

sierra vb ver **serrar** ♦ nf (TEC) scie f; (GEO) chaîne f de montagnes; **S~ Leona** Sierra f Leone

siervo, -a nm/f serf (serve)

siesta nf sieste f; **dormir la o echarse una ~** faire une (petite) sieste

siete adj inv, nm inv sept m inv ♦ excl (AM: fam): **¡la gran ~!** punaise!; **se armó un follón de**

la gran ~ ça m'a fait un raffut de tous les diables; **hijo de la gran ~** (fam!) fils msg de pute; ver tb **seis**

sífilis nf syphilis fsg
sifón nm siphon m
siga etc vb ver **seguir**
sigla nf sigle m
siglo nm siècle m
significación nf signification f
significado nm signification f
significar vt signifier
significativo, -a adj significatif(-ive)
signo nm signe m; **~ de admiración** point m d'exclamation; **~ de interrogación** point d'interrogation
siguiendo etc vb ver **seguir**
siguiente adj suivant(e); **¡el ~!** au suivant!
sílaba nf syllabe f
silbar vt, vi siffler; **silbato** nm sifflet m; **silbido, silbo** nm sifflement m
silenciador nm silencieux msg
silenciar vt (AM: persona) faire taire; **silencio** nm silence m
silencioso, -a adj silencieux(-ieuse)
silla nf chaise f; (tb: **~ de montar**) selle f; **~ de ruedas** chaise roulante
sillón nm fauteuil m
silueta nf silhouette f
silvestre adj (BOT) sauvage
simbólico, -a adj symbolique
simbolizar vt symboliser
símbolo nm symbole m
simetría nf symétrie f
simiente nf graine f
similar adj similaire
simio nm singe m

simpatía nf sympathie f
simpático, -a adj (persona) sympathique
simpatizante nm/f sympathisant(e)
simpatizar vi: **~ con** sympathiser avec
simple adj simple ♦ nm/f (pey) simplet(te); **simplificar** vt simplifier
simposio nm symposium m
simular vt simuler
simultáneo, -a adj simultané(e)
sin prep sans ♦ conj: **~ que** (+subjun) sans que +subjun; **la ropa está ~ lavar** le linge n'est pas lavé; **~ embargo** cependant
sinagoga nf synagogue f
sinceridad nf sincérité f
sincero, -a adj sincère
sincronizar vt synchroniser
sindical adj syndical(e); **central ~** centrale f syndicale;
sindicalista adj, nm/f syndicaliste m/f
sindicato nm syndicat m
síndrome nm syndrome m; **~ de abstinencia** symptômes mpl de la privation
sinfín nm: **un ~ de** une infinité de
sinfonía nf symphonie f
singular adj singulier(-ière); **singularidad** nf singularité f; **singularizar** vt singulariser; **singularizarse** vpr se singulariser
siniestro, -a adj sinistre ♦ nm sinistre m; (en carretera) accident m
sinnúmero nm = **sinfín**
sino nm destin m ♦ conj sinon
sinónimo, -a adj, nm synonyme m
síntesis nf inv synthèse f

sintético, -a adj (material) synthétique; (producto) de synthèse

sintetizar vt synthétiser

sintiendo etc vb ver **sentir**

síntoma nm symptôme m

sintonía nf (RADIO) réglage m; (melodía) indicatif m (musical)

sintonizar vt (RADIO) régler ♦ vi: ~ **con** régler sur

sinvergüenza adj, nm/f canaille f; (descarado) effronté(e)

siquiera conj même si ♦ adv au moins; **ni** ~ pas même; ~ **bebe algo** bois au moins qch

Siria nf Syrie f

sirviendo etc vb ver **servir**

sirviente, -a nm/f domestique m/f

sisear vi dire "chut"

sistema nm système m

Sistema educativo

La réforme du système scolaire espagnol (sistema educativo) date du début des années 90. Les cycles EGB, BUP et COU ont été remplacés respectivement par la "Primaria", cycle obligatoire de 6 ans, la "Secundaria", cycle obligatoire de 4 ans et le "Bachillerato", cycle facultatif de 2 ans dans le secondaire, indispensable à la poursuite d'études supérieures.

sistemático, -a adj systématique

sitiar vt assiéger

sitio nm endroit m, site m; (espacio) place f; (MIL) siège m; ~ **web** site m web

situación nf situation f

situado, -a adj situé(e)

situar vt situer; (socioeconómicamente) placer; ~**se** vpr se situer; (socioeconómicamente) réussir (dans la vie)

slip (pl ~s) nm slip m

SME sigla m (= Sistema Monetario Europeo) SME m (= Système monétaire européen)

smoking (pl ~s) nm smoking m

SMS sigla m minimessage m

snob nm = **esnob**

SO abr (= suroeste) S.-O. (= sud-ouest)

sobaco nm aisselle f

sobar vt tripoter

soberanía nf souveraineté f

soberano, -a adj souverain(e) ♦ nm/f souverain(e)

soberbia nf superbe f, orgueil m

soberbio, -a adj (persona) orgueilleux(-euse); (palacio, ejemplar) superbe

sobornar vt acheter, soudoyer;

soborno nm (un soborno) pot-de-vin m; (el soborno) corruption f

sobra nf excès m; ~**s** nfpl (restos) restes mpl; **de** ~ en trop; **tengo de** ~ j'en ai plus qu'assez;

sobrante adj restant(e) ♦ nm restant m

sobrar vi (quedar) rester

sobre prep sur; (por encima de) au-dessus de; (aproximadamente) environ ♦ nm enveloppe f; ~ **todo** surtout

sobredosis nf inv overdose f

sobreentender vt sous-entendre; ~**se** vpr: **se sobreentiende (que)** il est sous-entendu (que)

sobrehumano, -a adj surhumain(e)

sobrellevar vt supporter

sobremesa nf: **de** ~ (ordenador) de bureau; (programación) de l'après-midi; **en la ~** après manger

sobrenatural *adj* surnaturel(le)

sobrentender *vt* = **sobreentender**

sobrepasar *vt* dépasser

sobreponerse *vpr*: **~ a algo** surmonter qch

sobresaliente *adj* extraordinaire ♦ *nm* (ESCOL) ≃ mention *f* "très bien"

sobresalir *vi* (*punta*) saillir; (*cabeza*) dépasser; (*fig*) se distinguer

sobresaltar *vt* faire sursauter; **~se** *vpr* sursauter

sobrevenir *vi* survenir

sobreviviente *adj, nm/f* survivant(e)

sobrevolar *vt* survoler

sobriedad *nf* sobriété *f*

sobrino, -a *nm/f* neveu (nièce)

sobrio, -a *adj* sobre

socarrón, -ona *adj* narquois(e)

socavar *vt* saper

socavón *nm* (*en calle*) trou *m*

sociable *adj* sociable

social *adj* social(e)

socialdemócrata *adj, nm/f* social-démocrate *m/f*

socialista *adj, nm/f* socialiste *m/f*

sociedad *nf* société *f*; **~ anónima** société anonyme

socio, -a *nm/f* membre *m/f*; (COM) associé(e)

sociología *nf* sociologie *f*

sociólogo, -a *nm/f* sociologue *m/f*

socorrer *vt* secourir; **socorrista** *nm/f* secouriste *m/f*; **socorro** *nm* secours *msg*; (MIL) secours *mpl*; **¡socorro!** au secours!

soda *nf* soda *m*

sofá *nm* canapé *m*; **sofá-cama** *nm* canapé-lit *m*

sofocar *vt* suffoquer, étouffer; (*incendio, rebelión*) étouffer; **~se** *vpr* étouffer; (*fig*) suffoquer; **sofoco** *nm* suffocation *f*

soga *nf* cordage *m*

sois *vb ver* **ser**

soja *nf* soja *m*

sol *nm* soleil *m*; **hace ~** il fait soleil; **tomar el ~** prendre le soleil

solamente *adv* seulement

solapa *nf* (*de chaqueta*) revers *msg*; (*de libro*) rabat *m*

solar *adj* solaire ♦ *nm* terrain *m* vague

solaz *nm* distraction *f*

solazarse *vpr* se distraire

soldado *nm* soldat *m*; **~ raso** simple soldat

soldador, a *nm/f* soudeur(-euse) ♦ *nm* machine *f* à souder

soldar *vt* souder

soleado, -a *adj* ensoleillé(e)

soledad *nf* solitude *f*

solemne *adj* solennel(le);
solemnidad *nf* solennité *f*

soler *vi*: **~ hacer algo** avoir l'habitude de faire qch; **suele salir a las ocho** d'ordinaire, il sort à 8 heures; **solíamos ir todos los años** nous y allions tous les ans

solicitar *vt* solliciter

solicitud *nf* sollicitation *f*

solidaridad *nf* solidarité *f*

solidario, -a *adj* solidaire

solidez *nf* solidité *f*

sólido, -a *adj* solide

soliloquio *nm* soliloque *m*

solista *nm/f* soliste *m/f*

solitario, -a *adj, nm/f* solitaire *m/f* ♦ *nm* (NAIPES) réussite *f*

sollozar *vi* sangloter; **sollozo** *nm* sanglot *m*

solo, -a *adj* (*único*) seul(e) (et

sólo unique); (*sin compañía*) seul(e); **hay una sola dificultad** il y a une seule difficulté; **a solas** tout(e) seul(e); (*dos personas*) seul à seul

sólo *adv* seulement

solomillo *nm* aloyau *m*

soltar *vt* lâcher; (*preso*) relâcher; (*pelo*) détacher; (*nudo*) défaire; (*estornudo, carcajada*) laisser échapper; **~se** *vpr* se détacher; (*adquirir destreza*) se débrouiller

soltero, -a *adj, nm/f* célibataire *m/f*

solterón, -ona *nm/f* vieux garçon (vieille fille)

soltura *nf* (*al hablar, escribir*) facilité *f*; (*agilidad*) adresse *f*

soluble *adj* soluble

solución *nf* solution *f*;

solucionar *vt* résoudre

solventar *vt* (*deudas*) régler; (*conflicto*) résoudre

solvente *adj* (COM) solvable

sombra *nf* ombre *f*; **tener buena/mala ~** (*suerte*) avoir de la/pas de chance

sombrero *nm* chapeau *m*

sombrilla *nf* ombrelle *f*

sombrío, -a *adj* sombre

somero, -a *adj* sommaire

someter *vt* soumettre; (*alumnos, familia*) faire obéir; **~se** *vpr* se soumettre; **~ algo/a algn a** soumettre qch/qn à; **~se a** (*mayoría, opinión*) se soumettre à; (*tratamiento*) subir

somnífero *nm* somnifère *m*

somnolencia *nf* somnolence *f*

somos *vb ver* **ser**

son *vb ver* **ser** ♦ *nm* son *m*; **en ~ de paz** en signe de paix

sonajero *nm* hochet *m*

sonámbulo, -a *nm/f* somnambule *m/f*

sonar *vi* sonner; (*música, voz*) retentir; (LING) être prononcé(e); (*resultar conocido*) dire qch; **~se** *vpr*: **~se (la nariz)** renifler; **me suena ese nombre/esa cara** ce nom/ce visage me dit quelque chose

sonda *nf* sonde *f*

sondear *vt* (MED) examiner à la sonde; **sondeo** *nm* sondage *m*; (MED) examen *m* à la sonde

sonido *nm* son *m*

sonoro, -a *adj* sonore

sonreír *vi* sourire; **~se** *vpr* sourire; **sonriente** *adj* souriant(e); **sonrisa** *nf* sourire *m*

sonrojarse *vpr* rougir

soñar *vt, vi* rêver; **~ con algn/algo** rêver de qn/qch

soñoliento, -a *adj* somnolent(e)

sopa *nf* soupe *f*

sopesar *vt* peser

soplar *vt* souffler ♦ *vi* souffler; **soplo** *nm* souffle *m*

sopor *nm* somnolence *f*

soporífero, -a *adj* soporifique

soportar *vt* supporter; **soporte** *nm* support *m*

soprano *nm/f* soprano *m/f*

sorber *vt* (*sopa*) avaler; (*refresco*) siroter; (*absorber*) absorber

sorbo *nm* gorgée *f*

sordera *nf* surdité *f*

sórdido, -a *adj* sordide

sordo, -a *adj, nm/f* sourd(e); **sordomudo, -a** *adj, nm/f* sourd-muet (sourde-muette)

soroche (AM) *nm* mal *m* des montagnes

sorprendente *adj* surprenant(e)

sorprender *vt* surprendre; **~se** *vpr*: **~se (de)** être surpris(e) (de);

sorpresa *nf* surprise *f*

sortear *vt* tirer (au sort); (*dificultad*) déjouer; **sorteo** *nm*

tirage *m* (au sort)
sortija *nf* bague *f*
sosegado, -a *adj* paisible
sosegar *vt* apaiser; **~se** *vpr*
s'apaiser; **sosiego** *vb ver*
sosegar ♦ *nm* calme *m*
soslayo: de ~ *adv* (*mirar*) de
côté; (*pasar*) sans s'arrêter
soso, -a *adj* insipide
sospecha *nf* soupçon *m*;
sospechar *vt*: **sospechar
(que)** soupçonner (que) ♦ *vi*:
sospechar de algn soupçonner
qn
sospechoso, -a *adj, nm/f*
suspect(e)
sostén *nm* soutien *m*
sostener *vt* soutenir; (*alimentar*)
faire vivre; **~se** *vpr* (*en pie*) rester;
(*económicamente*) survivre; (*seguir*)
se maintenir
sotana *nf* soutane *f*
sótano *nm* sous-sol *m*
soviético, -a *adj* soviétique ♦
nm/f Soviétique *m/f*
soy *vb ver* **ser**
Sr. *abr* (= *Señor*) M. (= *Monsieur*)
Sra. *abr* (= *Señora*) Mme (=
Madame)
S.R.C. *abr* (= *se ruega
contestación*) RSVP (= *répondez s'il
vous plaît*)
Sres. *abr* (= *Señores*) MM (=
Messieurs)
Srta. *abr* (= *Señorita*) Mlle (=
Mademoiselle)
Sta. *abr* (= *Santa*) Ste (= *Sainte*)
status *nm inv* statut *m*
Sto. *abr* (= *Santo*) St (= *Saint*)
su *adj* (*de él, ella, una cosa*) son
(sa); (*de ellos, ellas*) leur; (*de usted,
ustedes*) votre; **sus** (*de él, ella, una
cosa*) ses; (*de ellos, ellas*) leurs; (*de
usted, ustedes*) vos
suave *adj* doux (douce);

suavidad *nf* douceur *f*;
suavizar *vt* adoucir
suavizarse *vpr* s'adoucir
subalimentado, -a *adj* sous-
alimenté(e)
subasta *nf* vente *f* aux enchères;
(*de obras, servicios*) appel *m*
d'offre; **subastar** *vt* vendre aux
enchères
subcampeón, -ona *nm/f*
second(e)
subconsciente *adj*
subconscient(e) ♦ *nm* subconscient
m
subdesarrollado, -a *adj* sous-
développé(e)
subdesarrollo *nm* sous-
développement *m*
subdirector, a *nm/f* sous-
directeur(-trice)
súbdito, -a *nm/f* sujet *m*
subestimar *vt* sous-estimer
subida *nf* montée *f*
subir *vt* (*mueble, niño*) soulever;
(*cabeza*) lever; (*volumen*)
augmenter; (*calle*) remonter;
(*montaña, escalera*) monter, gravir;
(*precio*) augmenter; (*producto*)
augmenter le prix de ♦ *vi* monter;
(*precio, temperatura, calidad*)
augmenter; **~se** *vpr*: **~se a**
monter dans
súbito, -a *adj* subit(e), soudain(e)
subjetivo, -a *adj* subjectif(-ive)
sublevación *nf* soulèvement *m*
sublevar *vt* soulever; **~se** *vpr* se
soulever
sublime *adj* sublime
submarinismo *nm* plongée *f*
sous-marine
submarino, -a *adj* sous-marin(e)
♦ *nm* sous-marin *m*
subnormal *adj* anormal(e) ♦ *nm/f*
handicapé(e) mental(e)
subordinado, -a *adj, nm/f*

subordonné(e)

subrayar vt souligner

subsanar vt pallier

subscribir vt = **suscribir**

subsidio nm (de enfermedad, paro, etc) allocation f

subsistencia nf subsistance f

subsistir vi subsister

subterráneo, -a adj souterrain(e) ♦ nm souterrain m

subtítulo nm sous-titre m

suburbano, -a adj de banlieue ♦ nm train m de banlieue

suburbio nm banlieue f

subvención nf subvention f

subvencionar vt subventionner

subversión nf subversion f

subversivo, -a adj subversif(-ive)

subyugar vt opprimer

sucedáneo nm ersatz m

suceder vi se passer; **~ a** succéder à; **lo que sucede es que ...** ce que se passe, c'est que ...; **sucesión** nf succession f

sucesivamente adv: **y así ~** et ainsi de suite

sucesivo, -a adj successif(-ive); **en lo ~** à l'avenir

suceso nm événement m

suciedad nf saleté f

sucinto, -a adj succinct(e)

sucio, -a adj sale; (negocio) malhonnête

suculento, -a adj succulent(e)

sucumbir vi succomber

sucursal nf succursale f

Sudáfrica nf Afrique f du Sud

Sudamérica nf Amérique f du Sud

sudamericano, -a adj sud-américain(e) ♦ nm/f Sud-Américain(e)

sudar vi suer

sudeste adj sud-est inv ♦ nm

sud-est m

sudoeste adj sud-ouest inv ♦ nm sud-ouest m

sudor nm sueur f

Suecia nf Suède f

sueco, -a adj suédois(e) ♦ nm/f Suédois(e)

suegro, -a nm/f beau-père (belle-mère)

suela nf semelle f

sueldo, -a vb ver **soldar** ♦ nm salaire m

suelo vb ver **soler** ♦ nm sol m; **caerse al ~** tomber par terre

suelto, -a vb ver **soltar** ♦ adj (hojas) volant(e); (pelo, pieza) détaché(e); (preso) libéré(e); (por separado: ejemplar) séparé(e) ♦ nm monnaie f; **dinero ~** (petite) monnaie

sueño vb ver **soñar** ♦ nm sommeil m; (lo soñado, fig) rêve m; **descabezar o echarse un ~** faire un somme; **tener ~** avoir sommeil

suero nm (MED) sérum m; (de leche) petit-lait m

suerte nf (fortuna) chance f; (azar) hasard m; (destino) destin m; **lo echaron a ~s** ils ont tiré au sort; **tener ~** avoir de la chance; **tener mala ~** ne pas avoir de chance

suéter (pl **~s**) nm pull m

suficiente adj suffisant(e)

sufragio nm suffrage m

sufrimiento nm souffrance f

sufrir vt souffrir de; (malos tratos, cambios) subir; (fam: soportar) sentir ♦ vi souffrir

sugerencia nf suggestion f

sugerir vt suggérer

sugestión nf suggestion f; **sugestionar** vt influencer; **sugestionarse** vpr se faire des idées

sugestivo, -a adj suggestif(-ive); (idea) séduisant(e)

suicida adj suicidaire ♦ nm/f (que se mata) suicidé(e)

suicidarse vpr se suicider

suicidio nm suicide m

Suiza nf Suisse f

suizo, -a adj suisse ♦ nm/f Suisse m/f

sujeción nf assujettissement m

sujetador nm soutien-gorge m

sujetar vt attacher; ~se vpr s'attacher; (someterse) se soumettre

sujeto, -a adj attaché(e) ♦ nm sujet m; ~ a cambios susceptible d'être modifié

suma nf somme f; (operación) addition f; en ~ en somme

sumamente adv: ~ agradecido/necesario extrêmement reconnaissant/ absolument nécessaire

sumar vt additionner ♦ vi faire une addition; ~se vpr: ~se (a) s'additionner (à)

sumario, -a adj sommaire ♦ nm (JUR) mise f en accusation

sumergir vt submerger; ~se vpr plonger

suministrar vt fournir; **suministro** nm approvisionnement m; **suministros** nmpl (provisiones) provisions fpl

sumir vt submerger; (fig) plonger; ~se vpr: ~se en se plonger dans

sumisión nf soumission f

sumiso, -a adj soumis(e)

sumo, -a adj (cuidado) extrême; (grado) supérieur(e)

suntuoso, -a adj somptueux(-euse)

supe etc vb ver **saber**

supeditar vt: ~ algo a algo faire passer qch avant qch; ~se vpr: ~se a se plier à

super (fam) adv hyper ♦ adj inv super-; ~ caro hyper cher; ~ oferta f offre f exceptionnelle

super... pref super...; (fam: +adjetivo) hyper; (: +adverbio) super-

superar vt surpasser; (crisis, prueba) surmonter; ~se vpr se surpasser

superávit (pl ~s) nm (ECON) excédent m

superficial adj superficiel(le)

superficie nf surface f; (área) superficie f

superfluo, -a adj superflu(e)

superior adj, nm/f supérieur(e);

superioridad nf supériorité f

supermercado nm supermarché m

superponer vt superposer

supersónico, -a adj supersonique

superstición nf superstition f

supersticioso, -a adj superstitieux(-ieuse)

supervisar vt superviser

supervivencia nf survie f

superviviente adj, nm/f survivant(e)

suplantar vt supplanter

suplemento nm supplément m

suplente adj remplaçant(e) ♦ nm/f remplaçant(e); (actor) doublure f

supletorio, -a adj supplémentaire ♦ nm (tb: **teléfono ~**) second poste m

súplica nf supplication f; (JUR) placet m

suplicar vt supplier

suplicio nm supplice m

suplir vt suppléer; (objeto)

supo etc vb ver **saber**
suponer vt supposer;
suposición nf supposition f
supremacía nf suprématie f
supremo, -a adj suprême
supresión nf suppression f
suprimir vt supprimer
supuesto, -a pp de **suponer** ♦ adj supposé(e) ♦ nm supposition f; **¡por ~!** évidemment!
sur adj sud ♦ nm Sud m
surcar vt sillonner; **surco** nm sillon m
surgir vi surgir
surtido, -a adj (galletas) assorti(e) ♦ nm assortiment m
surtir vt fournir; (efecto) produire
susceptible adj susceptible; **~ de** susceptible
suscitar vt susciter
suscribir vt (firmar) souscrire; (respaldar) approuver; **~se** vpr: **~se (a)** souscrire (à); (a periódico etc) s'abonner (à); **suscripción** nf souscription f; (a periódico etc) abonnement m
susodicho, -a adj sudit(e), susmentionné(e)
suspender vt suspendre; (ESCOL) recaler ♦ vi (ESCOL) échouer, être recalé(e); **suspensión** nf suspension f; (de empleo, garantías) suppression f
suspenso, -a adj (ESCOL: asignatura) pas passé(e); (: alumno) recalé(e) ♦ nm (ESCOL) échec m; **quedar** o **estar en ~** rester en suspens
suspicacia nf suspicion f;
suspicaz adj suspicieux(-ieuse)
suspirar vi soupirer; **suspiro** nm soupir m
sustancia nf substance f
sustentar vt (familia) faire vivre;

(idea, moral) soutenir; **sustento** nm (alimento) substance f
sustituir vt substituer; (temporalmente) remplacer; **~ A por B** substituer B à A, remplacer A par B
susto nm peur f
sustraer vt subtiliser; (MAT) soustraire
susurrar vi susurrer; **susurro** nm susurrement m
sutil adj subtil(e); **sutileza** nf subtilité f
suyo, -a adj (después del verbo ser: de él, ella) le sien (la sienne), à lui (à elle); (: de ellos, ellas) le(-la) leur, à eux (à elles); (: de usted, ustedes) le(-la) vôtre, à vous ♦ pron: **el ~/la suya** (de él, ella) le sien (la sienne); (de ellos, ellas) le (la) leur; (de usted, ustedes) le (la) vôtre

T, t

Tabacalera nf ≃ SEITA f
tabaco nm tabac m
taberna nf taverne f
tabique nm cloison f
tabla nf (de madera) planche f; (de falda) pli m; (ARTE) panneau m; **~s** nfpl (TEATRO) planches fpl;
tablado nm plancher m, estrade f; (TEATRO) scène f
tablao nm (tb: **~ flamenco**) bar où l'on donne des représentations de flamenco
tablero nm planche f; (de ajedrez, damas) damier m; **~ de anuncios** panneau m d'affichage; **~ de mandos** (AUTO, AVIAT) tableau de bord
tableta nf (MED) comprimé m; (de chocolate) tablette f

tablón nm (de suelo) planche f;
(de techo) poutre f; **~ de
anuncios** panneau m d'affichage

tabú nm tabou m

tabular vt (TIP) mettre en
colonnes

taburete nm tabouret m

tacaño, -a adj radin(e)

tacha nf défaut m; (TEC) clou m (à
grosse tête), broquette f; **tachar**
vt rayer; **le tachan de
irresponsable** ils l'accusent
d'être irresponsable

tácito, -a adj tacite

taciturno, -a adj taciturne,
morose

taco nm (tarugo) cheville f, taquet
m; (libro de entradas) carnet m;
(AM: tacón) talon m; (tb: **~ de
billar**) queue f; (: palabrota)
grossièreté f, gros mot m; (CAM,
MÉX) crêpe de maïs fourrée

tacón nm talon m; **de ~ alto** à
talons hauts; **taconeo** nm bruit
m des talons sur le sol

táctica nf tactique f

táctico, -a adj tactique

tacto nm toucher m; (fig) tact m

taimado, -a adj rusé(e),
sournois(e)

tajada nf tranche f

tajante adj catégorique; (persona)
abrupt(e)

tajo nm (corte) coupure f; (GEO)
gorge f

tal adj tel (telle); (semejante) un(e)
tel (telle), pareil(le) ♦ pron
(persona) un(e) tel (telle); (cosa)
une telle chose ♦ adv: **~ como**
(igual) tel (telle) que ♦ conj: **con
~ (de) que** pourvu que, du
moment que; **~ día a ~ hora** tel
jour à telle heure; **jamás vi ~
desvergüenza** je n'ai jamais vu
une telle effronterie o une

effronterie pareille; **~es cosas** de
telles choses; **el ~ cura** le curé en
question; **un ~ García** un certain
García; **~es como** tels (telles)
que; **son ~ para cual** les deux
font la paire; **hablábamos de
que si ~ que si cual** nous
parlions de choses et d'autres;
fuimos al cine y ~ nous avons
été au ciné et tout ça; **~ cual**
(como es) tel (telle) quel (quelle);
~ como lo dejé tel que je l'ai
laissé; **¿qué ~?** ça va?; **¿qué ~
has comido?** tu as bien
mangé?; **con ~ de llamar la
atención** du moment qu'il etc
attire l'attention

taladrar vt percer; **taladro** nm
perceuse f; (hoyo) trou m (fait à la
perceuse)

talante nm humeur f

talar vt abattre

talco nm (tb: **polvos de ~**) talc
m

talego nm sac m

talento nm talent m; (capacidad,
don) don m

Talgo sigla m (FERRO) (= tren
articulado ligero Goicoechea-Oriol)
train rapide

talismán nm talisman m

talla nf taille f; (fig) envergure f;
(figura) sculpture f

tallado, -a adj taillé(e), sculpté(e)
♦ nm sculpture f

tallar vt tailler, sculpter; (medir)
toiser

tallarines nmpl nouilles fpl

talle nm taille f

tallo nm (de planta) tige f; (de
hierba) brin m

talón nm talon m; (COM) chèque
m

talonario nm carnet m; (de

cheques) carnet de chèques

tamaño, -a *adj* tel (telle) ♦ *nm* taille *f*; **de ~ natural** grandeur *f* nature; **de ~ grande/pequeño** de grande/petite taille

tamarindo *nm* tamarinier *m*

tambalearse *vpr* chanceler; (*vehículo*) bringuebaler

también *adv* aussi; (*además*) de plus

tambor *nm* tambour *m*; (ANAT) tympan *m*; **~ del freno/de lavadora** tambour de frein/de machine à laver

tamiz *nm* tamis *msg*; **tamizar** *vt* tamiser

tampoco *adv* non plus; **yo ~ lo compré** je ne l'ai pas acheté non plus

tampón *nm* tampon *m*

tan *adv* si; **~ ... como** aussi ... que; **¡qué cosa ~ rara!** comme c'est bizarre!; **no es una idea ~ buena** ce n'est pas une si bonne idée

tanda *nf* série *f*; (*de personas*) équipe *f*

tangente *nf* tangente *f*

Tánger *n* Tanger

tangible *adj* tangible

tanque *nm* (MIL) char *m* d'assaut; (*depósito*: AUTO) citerne *f* (: NÁUT) tanker *m*; (: *de agua*) réservoir *m*

tantear *vt* jauger; (*probar*) essayer ♦ *vi* (DEPORTE) compter les points; **tanteo** *nm* (*cálculo*) calcul *m* approximatif; (*prueba*) essai *m*; (DEPORTE) score *m*

tanto, -a *adj* (*cantidad*) tant de, tellement de; (*en comparaciones*) autant de ♦ *adv* tant, autant; (*tiempo*) si longtemps ♦ *nm* (*suma*) quantité *f*; (*proporción*) tant *m*; (*punto*) point *m*; (*gol*) but *m* ♦ *pron*: **cada uno paga** ~ chacun

paie tant ♦ *suf*: **veintintantos** vingt et quelques; **tiene ~s amigos** il a tellement *o* tant d'amis; **tengo tanto como tú** j'ai autant d'argent que toi; **~ gusto** (*al ser presentado*) enchanté(e); **~ que** tellement que; **~ como él** autant que lui; **~ como eso** pas tant que ça; **~ es así que ...** c'est si vrai que ...; **~ más cuanto que ...** d'autant plus que ...; **~ mejor/peor** tant mieux/pis; **~ quejarse para nada** tant de plaintes pour rien; **~ tú como yo** toi autant que moi; **me he vuelto ronco de o con ~ hablar** je me suis enroué à force de parler; **no quiero ~** je n'en veux pas autant; **gasta ~ que ...** il dépense tellement que ...; **viene ~** il vient si souvent; **ni ~ así** (*fam*) pas une miette; **ni tan clavo** n'exagérons rien; **¡no es para ~!** ce n'est pas si grave!; **¡y ~!** je ne vous *o* te le fais pas dire!; **en ~ que** pendant que; **entre ~** entre-temps; **por ~, por lo ~** donc, par conséquent; **~ alzado** forfait *m*; **~ por ciento** tant pour cent; **estar al ~** être au courant; **estar al ~ de los acontecimientos** être au courant des événements; **un ~ perezoso** un tantinet paresseux; **uno o ~s** un parmi d'autres; **he visto ~** je l'ai tellement vu; **a ~s de agosto** tel jour *o* telle date en août; **cuarenta y ~s** quarante et quelques; **se quedó en el bar hasta las tantas** il est resté au café jusqu'à une heure impossible

tapa *nf* couvercle *m*; (*de libro*) couverture *f*; (*comida*) amuse-gueule *m inv*, tapa *f*

tapadera *nf* couvercle *m*

tapar vt couvrir; (*hueco, ventana*) fermer, boucher; (*ocultar*) dissimuler; (*vista*) boucher; (AM: *dientes*) plomber; **~se** vpr se couvrir

tapete nm tapis msg

tapia nf mur m de pisé; **tapiar** vt murer

tapicería nf (*para muebles*) tissu m d'ameublement; (*para coches*) garniture f

tapiz nm tapisserie f; **tapizar** vt (*muebles*) recouvrir

tapón nm bouchon m; (TEC) bonde f; (MED: de cera) bouchon de cire; ~ **de rosca** o **de tuerca** bouchon à vis

taquigrafía nf sténographie f

taquígrafo, -a nm/f sténo m/f

taquilla nf guichet m; (*suma recogida*) recette f

tara nf tare f

tarántula nf tarentule f

tararear vt fredonner

tardar vi (*tomar tiempo*) mettre longtemps, tarder; (*llegar tarde*) être en retard; **¿tarda mucho el tren?** le train arrive bientôt?; **a más ~** au plus tard; **~ en hacer algo** mettre longtemps o tarder à faire qch; **no tardes en venir** ne tarde pas en chemin

tarde adv tard ♦ nf (*de día*) après-midi m o f inv; (*de noche*) soir m; **de ~ en ~** de temps en temps; **¡buenas ~s!** (*de día*) bonjour!; (*de noche*) bonsoir!; **a o por la ~** l'après-midi o le soir

tardío, -a adj tardif(-ive)

tarea nf travail m, tâche f

tarifa nf tarif m

tarima nf plate-forme f

tarjeta nf (*para el*) (DEPORTE) carton m; ~ **de crédito/de embarque/de transporte** carte

de crédit/d'embarquement/de transport; ~ **de identificación fiscal** carte d'immatriculation fiscale; ~ **de memoria** carte d'extension mémoire; ~ **postal/de Navidad** carte postale/de Noël; ~ **prepago** (TEC) carte prépayée; ~ **verde** (MÉX) permis m de travail

tarro nm pot m

tarta nf tarte f

tartamudear vi bégayer

tartamudo, -a adj, nm/f bègue

tártaro, -a adj tartare

tasa nf (*valoración*) évaluation f; (*precio*) taxe f; (*índice*) taux msg; (*medida*) mesure f, règle f; ~ **de cambio/de interés** taux de change/d'intérêt; **tasación** nf taxation f

tasador, a nm/f taxateur m

tasar vt (*fijar el precio*) taxer; (*valorar*) évaluer

tasca nf (*fam*) bistro(t) m

tatarabuelo, -a nm/f trisaïeul(e)

tatuaje nm tatouage m

tatuar vt tatouer

taurino, -a adj taurin(e)

Tauro nm (ASTROL) Taureau m; **ser** ~ être (du) Taureau

tauromaquia nf tauromachie f

taxi nm taxi m

taxista nm/f chauffeur m de taxi

taza nf tasse f; (*fam: de retrete*) cuvette f; ~ **de/para café** tasse de/à café; **tazón** nm bol m

te pron te; (*delante de vocal*) t'; (*con imperativo*) toi; **¿~ duele mucho el brazo?** ton bras te fait très mal?, tu as très mal au bras?; ~ **equivocas** tu te trompes; **¡cálmate!** calme-toi!

té nm thé m

teatral adj théâtral(e)

teatro nm théâtre m; **~ de la ópera** opéra m

tebeo nm bande f dessinée, BD f

techo nm plafond m; (tejado) toit m

tecla nf (INFORM, MÚS, TIP) touche f; **teclado** nm clavier m; **teclear** vi (MÚS: fam) pianoter; (INFORM, TIP) taper

técnica nf technique f

técnico, -a adj technique ♦ nm/f technicien(ne)

tecnología nf technologie f

tecnológico, -a adj technologique

tedio nm ennui m

tedioso, -a adj ennuyeux(-euse)

teja nf tuile f; **tejado** nm toit m

tejemaneje nm (intriga) manigances fpl

tejer vt tisser; (fig) ourdir; **tejido** nm tissu m

tel. abr (= teléfono) tél. (= téléphone)

tela nf toile f; **~ de araña** toile d'araignée; **telar** nm (máquina) métier m à tisser; **telares** nmpl (fábrica) usine f textile

telaraña nf toile f d'araignée

tele (fam) nf télé f

tele... pref télé...;

telecomunicación nf télécommunication f;

telecontrol nm télécommande f; **telediario** nm journal m télévisé

teledirigido, -a adj téléguidé(e)

teléf. abr (= teléfono) tél. (= téléphone)

teleférico nm téléphérique m

telefonear vt, vi téléphoner

telefónico, -a adj (m) téléphonique

telefonillo nm interphone m

telefonista nm/f standardiste m/f

teléfono nm téléphone m; **está hablando por ~** il est au téléphone; **~ con cámara** portable m appareil photo; **~ móvil** téléphone portable

telegrafía nf télégraphie f

telégrafo nm télégraphe m

telegrama nm télégramme m

telenovela nf feuilleton m télévisé

telepatía nf télépathie f

telerrealidad nf téléréalité f

telescópico, -a adj télescopique; **telescopio** nm télescope m; **telesilla** nm télésiège m

telespectador, a nm/f téléspectateur(-trice); **telesquí** nm téléski m; **teletipo** nm téléimprimeur m

televidente nm/f téléspectateur(-trice)

televisar vt téléviser

televisión nf télévision f; **~ en blanco y negro/en color** télévision en noir et blanc/en couleurs

televisor nm téléviseur m

telón nm rideau m; **~ de acero** rideau de fer; **~ de fondo** toile f de fond

tema nm thème m, sujet m; (MÚS) thème

temático, -a adj thématique

temblar vi trembler

temblón, -ona adj tremblotant(e)

temblor nm tremblement m; **temblor de tierra** tremblement de terre

tembloroso, -a adj tremblant(e)

temer vt craindre, avoir peur de ♦ vi avoir peur; **temo que Juan llegue tarde** je crains que Juan n'arrive tard; **~ por** avoir peur pour

temerario, -a adj téméraire;
temeridad nf témérité f; (una
temeridad) acte m irréfléchi

temeroso, -a adj craintif(-ive),
peureux(-euse)

temible adj redoutable

temor nm crainte f, peur f

témpano nm (tb: ~ de hielo)
banquise f

temperamento nm
tempérament m

temperatura nf température f

tempestad nf tempête f

tempestuoso, -a adj
orageux(-euse)

templado, -a adj tempéré(e); (en
el comer, beber) modéré(e); (agua)
tiède; (nervios) solide, bien
trempé(e); **templanza** nf
tempérance f

templar vt tempérer, modérer;
(agua, brisa) tiédir; (MÚS) accorder;
(acero) tremper; **temple** nm
(serenidad, TEC) trempe f; (MÚS)
accord m; (pintura) détrempe f

templo nm temple m; (iglesia)
église f

temporada nf période f; **de ~**
saisonnier(-ière)

temporal adj temporaire; (REL)
temporel(le) ♦ nm tempête f

tempranero, -a adj (BOT)
précoce; (persona) matinal(e)

temprano, -a adj précoce ♦ adv
tôt; (demasiado pronto) trop tôt

ten vb ver **tener**

tenacidad nf ténacité f

tenacillas nfpl pincettes fpl

tenaz adj résistant(e)

tenaza(s) nf(pl) pinces f(pl)

tendedero nm séchoir m à linge;
(cuerda) corde f à linge

tendencia nf tendance f

tendencioso, -a adj
tendancieux(-euse)

tender vt étendre; (vía férrea,
cable) poser; (cuerda, trampa)
tendre ♦ vi: ~ a tendre à; **~se** vpr
s'étendre, s'allonger; **~ la cama**
(AM) faire le lit; **~ la mesa** (AM)
mettre la table; **~ la mano** tendre
la main

tenderete nm (puesto) étalage m

tendero, -a nm/f commerçant(e)

tendido, -a adj étendu(e),
allongé(e); (colgado) accroché(e),
pendu(e) ♦ nm (TAUR) gradins mpl;
a galope ~ au triple galop

tendón nm tendon m

tendré etc vb ver **tener**

tenebroso, -a adj sombre

tenedor a nm/f détenteur(-trice)
♦ nm fourchette f; **~ de libros**
comptable m/f

tenencia nf (de propiedad)
possession f

PALABRA CLAVE
---

tener vt **1** (sostener) tenir;
¿tienes un boli? tu as un stylo?;
¿dónde tienes el libro? où as-
tu mis le livre?; **va a tener un
niño** elle va avoir un enfant;
¡ten!, ¡aquí tienes! tiens!,
voilà!; **¡tenga!, ¡aquí tiene!**
tenez!, voilà!

2 (edad) avoir; (medidas) faire;
tiene 7 años il a 7 ans; **tiene
15 cm de largo** cela fait 15 cm
de long; ver tb **calor**; **hambre**
etc

3 (sentimiento, dolor) avoir; **tener
admiración/cariño** avoir de
l'admiration/l'affection; **tener
miedo** avoir peur; **¿qué tienes,
estás enfermo?** qu'est-ce que
tu as, tu es malade?

4 (considerar): **lo tengo por
brillante** je le considère comme
quelqu'un de brillant; **tener en**

mucho/poco a algn avoir beaucoup/peu d'estime pour qn
5: tengo que acabar este trabajo hoy il faut que je finisse ce travail aujourd'hui
6 (+ pp = pretérito): **tengo terminada ya la mitad del trabajo** j'ai déjà fait la moitié du travail
7 (+ adj, + gerundio): **nos tiene muy contentos/hartos** nous sommes très satisfaits de lui/en avons assez de lui; **me ha tenido tres horas esperando** il m'a fait attendre pendant trois heures
8: las tiene todas consigo il a tout pour lui
tenerse vpr **1: tenerse en pie** se tenir debout
2: tenerse por se croire; **se tiene por muy listo** il se croit très intelligent

tenga etc vb ver **tener**
tenia nf ténia m
teniente nm lieutenant m
tenis nm tennis msg; ~ **de mesa** tennis de table, ping-pong m; **tenista** nm/f joueur(-euse) de tennis
tenor nm (MÚS) ténor m; **a ~ de** d'après
tensar vt tendre; (arco) bander
tensión nf tension f; **de alta ~** (ELEC) haute tension; **tener la ~ alta** avoir de la tension; ~ **arterial** tension artérielle
tenso, -a adj tendu(e)
tentación nf tentation f
tentáculo nm tentacule m
tentador, a adj tentant(e); (gesto) tentateur(-trice) ♦ nm/f tentateur(-trice)
tentar vt tenter; (palpar, MED) tâter; (incitar) inciter

tentativa nf tentative f;
tentativa de asesinato tentative d'assassinat
tentempié (fam) nm casse-croûte m inv
tenue adj (hilo) mince; (neblina) léger(-ère)
teñir vt teindre; (fig) teinter; ~**se el pelo** se (faire) teindre les cheveux
teología nf théologie f
teorema nm théorème m
teoría nf théorie f; **en ~** en principe; **teóricamente** adv théoriquement
teórico, -a adj théorique ♦ nm/f théoricien(ne); **teorizar** vi théoriser
tequila nf tequila f
terapéutico, -a adj thérapeutique
terapia nf thérapie f
tercer adj ver **tercero**
tercermundista adj tiers-mondiste
tercero, -a adj (delante de nmsg: **tercer**) troisième ♦ nm (JUR) tiers; ver tb **sexto**
terceto nm (MÚS) trio m
terciar vt (bolsa etc) mettre en bandoulière ♦ vi intervenir; ~**se** vpr se présenter; **si se tercia** à l'occasion
terciario, -a adj tertiaire
tercio nm tiers msg
terciopelo nm velours msg
terco, -a adj têtu(e)
tergal ® nm tergal m ®
tergiversar vt déformer
termal adj thermal(e)
termas nfpl thermes mpl
terminación nf extrémité f; (finalización) achèvement m
terminal adj terminal(e); (enfermo) en phase terminale ♦ nm

(*ELEC*) borne f; (*INFORM*) terminal m
♦ nf (*AVIAT*) aérogare f; (*FERRO*)
terminus msg
terminante adj catégorique;
(*decisión*) final(e)
terminantemente adv
catégoriquement
terminar vt finir, terminer ♦ vi
finir; ~se vpr finir; ~ **por hacer
algo** finir par faire qch
término nm terme m, fin f;
(*parada*) terminus msg; (*límite: de
espacio*) bout m; ~**s** nmpl (*COM*)
termes mpl; ~ **medio** moyenne f;
en ~**s de** en termes de
terminología nf terminologie f
termo ® nm thermos m o f ®
termodinámico, -a adj
thermodynamique
termómetro nm thermomètre m
termonuclear adj
thermonucléaire
termo(s) ® nm thermos m o f
®
termostato nm thermostat m
ternero, -a nm/f veau (génisse)
ternura nf tendresse f
terquedad nf entêtement m
terrado nm terrasse f
terraplén nm terre-plein m;
(*cuesta*) renflement m
terrateniente nm propriétaire m
terrien
terraza nf terrasse f
terremoto nm tremblement m de
terre
terrenal adj terrestre
terreno nm terrain m
terrestre adj terrestre; (*ruta*)
intérieur(e)
terrible adj terrible
territorio nm territoire m
terrón nm (*de azúcar*) morceau m;
(*de tierra*) motte f
terror nm terreur f

terrorífico, -a adj terrifiant(e)
terrorismo nm terrorisme m;
terrorista adj, nm/f terroriste
m/f; ~ **suicida** kamikaze m/f
terso, -a adj lisse; **tersura** nf
douceur f
tertulia nf cercle m
tesis nf inv thèse f
tesón nm (*firmeza*) acharnement
m; (*tenacidad*) persévérance f
tesorero, -a nm/f trésorier(-ière)
tesoro nm trésor m
test nm test m
testaferro nm prête-nom m
testamentario, -a adj
testamentaire ♦ nm/f (*JUR*)
exécuteur(-trice) testamentaire
testamento nm testament m;
Nuevo/Antiguo T~ Nouveau/
Ancien Testament
testar vi tester, faire son
testament
testarudo, -a adj entêté(e)
testículo nm testicule m
testificar vt, vi témoigner
testigo nm/f témoin m; ~ **de
cargo/de descargo** témoin à
charge/à décharge; ~ **ocular**
témoin oculaire
testimoniar vt témoigner de;
testimonio nm témoignage m
teta nf (*fam*) téton m, nichon m;
niño de ~ nourrisson m
tétanos nmsg tétanos msg
tetera nf théière f
tétrico, -a adj sombre
textil adj textile; ~**es** nmpl
textiles mpl
texto nm texte m; **textual** adj
textuel(le)
textura nf (*de tejido*) tissage m;
(*estructura*) texture f
tez nf (*cutis*) peau f; (*color*) teint m
ti pron toi
tía nf tante f; (*fam*) bonne femme

f, nana f

tibieza nf tiédeur f

tibio, -a adj tiède

tiburón nm requin m

tic nm tic m

tictac nm tic-tac m inv

tiempo nm temps msg; **a ~** à temps; **a un o al mismo ~** en même temps; **al poco ~** peu après; **hace buen/mal ~** il fait beau/mauvais temps; **hace ~** il y a quelque temps; **hacer ~** passer le temps; **motor de 2 ~s** moteur m deux temps

tienda vb ver **tender** ♦ nf magasin m; **~ de campaña** tente f

tiene etc vb ver **tener**

tienta nf: **andar a ~s** avancer à tâtons

tiento vb ver **tentar** ♦ nm tact m; (precaución) prudence f

tierno, -a adj tendre

tierra nf terre f; (país) pays msg; **~ adentro** à l'intérieur des terres; **~ firme** terre ferme

tieso, -a adj (rígido) raide; (erguido) droit(e); (fam: orgulloso) fier(-ère); **dejar a ~ a algn** (fam: matar) refroidir qn; (: sorprender) laisser qn pantois(e)

tiesto nm pot m de fleurs

tifoidea nf typhoïde f

tifón nm typhon m

tifus nm typhus msg

tigre nm tigre m; (AM) jaguar m

tijera nf (tb: **~s**) ciseaux mpl; (: para plantas) sécateur m

tijeretear vt découper

tildar vt: **~ de** traiter de

tilde nf (TIP) tilde m

tilín nm drelin m

timar vt (dinero) escroquer

timbal nm (MÚS) timbale f

timbrar vt timbrer

timbre nm (MÚS, sello) timbre m; (de estampar) cachet m; (de puerta) sonnette f; (tono) sonnerie f

timidez nf timidité f

tímido, -a adj timide

timo nm escroquerie f

timón nm (NÁUT) gouvernail m; (AM: AUTO) volant m; **timonel** nm (NÁUT) timonier m

tímpano nm (ANAT) tympan m; (MÚS) tympanon m

tina nf cuve f; (AM) baignoire f; **tinaja** nf jarre f

tinglado nm (fig) ruse f

tinieblas nfpl ténèbres fpl; **estar en ~** (fig) être dans le brouillard

tino nm adresse f; (juicio) doigté m

tinta nf encre f; (TEC) teinture f; (ARTE) couleur f; **sudar ~** trimer, suer sang et eau; **(re)cargar las ~s** en rajouter

tinte nm teinture f; (tintorería) teinturerie f

tintero nm encrier m

tintinear vi (cascabel) tintinnabuler; (campana) tinter

tinto nm rouge m; (COL) café m noir

tintorería nf teinturerie f

tintura nf teinture f

tío nm oncle m; (fam: viejo) père m; (: individuo) type m, mec m

tiovivo nm manège m, chevaux mpl de bois

típico, -a adj typique; (traje) régional

tipo nm type m; (: de mujer) silhouette f; (TIP) caractère m; **~ bancario/de cambio/de descuento/de interés** taux msg bancaire/de change/d'escompte/d'intérêt

tipografía nf typographie f; (lugar) imprimerie f

tipográfico, -a adj typographique

tique nm, **tiquet** (pl **~s**) nm ticket m; (en tienda) ticket m de caisse

tira nf (cinta) bande f ♦ nm: **~ y afloja** tiraillements mpl

tirabuzón nm (rizo) boucle f

tirachinas nm inv lance-pierre m

tirada nf lancer m, jet m; (distancia) trotte f; (TIP) tirage m; **de una ~** d'une traite

tirado, -a adj (fam: barato) bon marché; (: fácil) facile

tirador, a nm/f tireur(-euse) ♦ nm (mango) poignée f

tiralíneas nm inv tire-ligne m

tiranía nf tyrannie f

tirano, -a nm/f tyran m

tirante adj tendu(e); **~s** nmpl bretelles fpl; **tirantez** nf tension f

tirar vt jeter, lancer; (volcar) renverser; (derribar) abattre, démolir; (desechar) jeter; (dinero) dilapider; (imprimir, tirador) tirer; (golpe) décocher ♦ vi tirer; (fig) attirer; (fam: andar) aller; (tender) tendre; **~se** vpr (abalanzarse) se lancer; (tumbarse) se jeter; **~ abajo** descendre; **tira a su padre** il tient de son père; **ir tirando** aller comme ci comme ça; **se tiró toda la mañana hablando** il a passé toute la matinée à parler

tirita nf pansement m (adhésif)

tiritar vi grelotter

tiro nm tir m; (TENIS, GOLF) drive m; (alcance) portée f; (de chimenea) tirage m; **caballo de ~** cheval m de trait; **andar de ~s largos** être tiré(e) à quatre épingles; **al ~** (CHI) tout de suite

tirón nm coup m; (muscular) crampe f; **de un ~** d'un trait

tiroteo nm (disparos) fusillade f

tísico, -a adj, nm/f phtisique m/f

tisis nf phtisie f

títere nm marionnette f

titiritero, -a nm/f marionnettiste m/f

titubeante adj (indeciso) hésitant(e)

titubear vi (dudar) hésiter; (moverse) vaciller; **titubeo** nm hésitation f

titulado, -a pp de **titular** ♦ nm/f diplômé(e)

titular adj titulaire ♦ nm/f (de cargo) titulaire m/f ♦ nm titre m ♦ vt intituler; **~se** vpr s'intituler; (UNIV) obtenir son diplôme; **título** nm titre m; (COM) valeur f; (ESCOL) diplôme m; **a título de** à titre de

tiza nf craie f

tiznar vt souiller

tizo, tizón nm tison m

toalla nf serviette f; **arrojar la ~** baisser les bras

tobillo nm cheville f

tobogán nm (rampa) toboggan m

tocadiscos nm inv tourne-disques m inv

tocado, -a adj (fruta) abîmé(e) ♦ nm coiffure f

tocador nm (mueble) coiffeuse f

tocante: ~ a prep touchant à

tocar vt toucher; (timbre) sonner; (MÚS) jouer de; (topar con) heurter; (referirse a) aborder ♦ vi (a la puerta) frapper; (ser de turno) être le tour de; (atañer) concerner; **~se** vpr se toucher; (cubrirse la cabeza) se coiffer; **por lo que a mí me toca** en ce qui me concerne

tocayo, -a nm/f homonyme m/f

tocino nm lard m

todavía adv encore; (en frases afirmativas o con énfasis) toujours;

~ más encore plus; **~ no** pas encore

PALABRA CLAVE
---

todo, -a *adj* **1** (*sg*) tout(e); **toda la noche** toute la nuit; **todo el libro** tout le livre; **toda una botella** toute une bouteille; **todo lo contrario** tout le contraire; **está toda sucia** elle est toute sale; **a todo esto** (*mientras tanto*) pendant ce temps-là; (*a propósito*) à propos

2 (*pl*) tous (toutes); **todos vosotros** vous tous; **todos los libros** tous les livres; **todas las noches** toutes les nuits; **todos los que quieran salir** tous ceux qui veulent sortir

♦ *pron* **1** tout; **todos/as** tous (toutes); **lo sabemos todo** nous savons tout; **todos querían ir** ils voulaient tous s'en aller; **nos marchamos todos** nous partons tous; **arriba del todo** tout en haut; **no me agrada del todo** ça ne me satisfait pas entièrement

2: con todo: con todo, él me sigue gustando malgré tout, il me plaît toujours

♦ *adv* tout; **vaya todo seguido** allez tout droit

♦ *nm*: **como un todo** comme un tout

todopoderoso, -a *adj* tout(e)-puissant(e)

todoterreno *nm inv* véhicule *m* tout-terrain

toga *nf* robe *f*

Tokio *n* Tokyo

toldo *nm* (*para el sol*) parasol *m*; (*tienda*) marquise *f*

tolerancia *nf* tolérance *f*

tolerar *vt* tolérer

toma *nf* prise *f*; **~ de tierra** (AVIAT) atterrissage *m*

tomar *vt, vi* prendre; **~se** *vpr* prendre; **~ el sol** prendre le soleil; **tome la calle de la derecha** prenez la rue de droite; **~ a bien/a mal** prendre bien/mal; **~ en serio** prendre au sérieux; **~ el pelo a algn** taquiner qn; **~la con algn** s'en prendre à qn; **~se por** se prendre pour

tomate *nm* tomate *f*

tomavistas *nm inv* caméra *f*

tomillo *nm* thym *m*

tomo *nm* tome *m*

ton *abr* (= *tonelada*) t (= *tonne*)

tonalidad *nf* tonalité *f*

tonel *nm* tonneau *m*

tonelada *nf* tonne *f*; **tonelaje** *nm* tonnage *m*

tónica *nf* (*bebida*) tonic *m*; (*tendencia*) tendance *f*

tónico, -a *adj* tonique ♦ *nm* (MED) remontant *m*

tono *nm* ton *m*; **fuera de ~** hors de propos; **darse ~** se donner des grands airs; **~ de llamada** sonnerie *f*

tontería *nf* sottise *f*, bêtise *f*

tonto, -a *adj* bête, idiot(e) ♦ *nm/f* idiot(e), sot (sotte); (*payaso*) idiot(e)

topar *vi*: **~ con** tomber sur; **~se** *vpr*: **~se con** tomber sur; **~ contra** *o* **en** buter contre

tope *adj* limite ♦ *nm* limite *f*; (*obstáculo*) difficulté *f*; (*de puerta*) butoir *m*; (FERRO) tampon *m*

tópico, -a *adj* rebattu(e); (MED) externe ♦ *nm* (*pey*) cliché *m*

topo *nm* taupe *f*

topografía *nf* topographie *f*

topógrafo, -a *nm/f* topographe *m/f*

toque *vb ver* **tocar** ♦ *nm* (*de mano, pincel*) coup *m*; (*matiz*) touche *f*; **dar un ~ a** passer un coup de fil à; (*advertir*) donner un avertissement à; **~ de diana** sonnerie de clairon; **~ de queda** couvre-feu *m*; **toquetear** *vt* tripoter

toquilla *nf* châle *m*

tórax *nm* thorax *msg*

torbellino *nm* tourbillon *m*; (*fig*) tornade *f*

torcedura *nf* torsion *f*

torcer *vt* tordre; (*inclinar*) pencher ♦ *vi* (*cambiar de dirección*) tourner; **~se** *vpr* se tordre; (*inclinarse*) pencher; (*desviarse*) dévier; (*fracasar*) se gâter; **~ la esquina** tourner au coin de la rue

torcido, -a *adj* tordu(e); (*cuadro*) penché(e)

tordo *nm* étourneau *m*

torear *vt* (*toro*) combattre; (*evitar*) esquiver ♦ *vi* toréer; **toreo** *nm* tauromachie *f*

torero, -a *nm/f* torero *m*

tormenta *nf* tempête *f*, orage *m*; (*fig*) orage; **una ~ en un vaso de agua** une tempête dans un verre d'eau

tormento *nm* torture *f*; (*fig*) tourment *m*

tornado *nm* tornade *f*

tornar *vt* (*devolver*) rendre; (*transformar*) transformer ♦ *vi* revenir; **~se** *vpr* (*ponerse*) devenir

tornasolado, -a *adj* (*tela*) chatoyant(e); (*mar, superficie*) irisé(e)

torneo *nm* tournoi *m*

tornillo *nm* vis *fsg*

torniquete *nm* tourniquet *m*

torno *nm* (*TEC: grúa*) treuil *m*; (: *de carpintero, alfarero*) tour *m*; **en ~ a** autour de

toro *nm* taureau *m*; (*fam*) malabar *m*; **los ~s** *nmpl* (*fiesta*) la corrida

toronja *nf* pamplemousse *m*

torpe *adj* maladroit(e); (*necio*) abruti(e); (*lento*) lent(e)

torpedo *nm* torpille *f*

torpeza *nf* maladresse *f*; (*lentitud*) lenteur *f*

torre *nf* tour *f*; **~ de perforación** foreuse *f*

torrefacto, -a *adj*: **café ~** café *m* torréfié

torrente *nm* torrent *m*

tórrido, -a *adj* torride

torrija *nf* pain *m* perdu

torsión *nf* torsion *f*

torso *nm* torse *m*

torta *nf* tarte *f*; (*MÉX*) omelette *f*; (*fam*) baffe *f*

tortícolis *nm* o *nm* inv torticolis *msg*

tortilla *nf* omelette *f*; (*AM*) crêpe *f* de maïs; **~ española/francesa** tortilla *f*/omelette

tórtola *nf* tourterelle *f*

tortuga *nf* tortue *f*

tortuoso, -a *adj* tortueux(-ueuse)

tortura *nf* torture *f*; **torturar** *vt* torturer; **torturarse** *vpr* se torturer

tos *nf* toux *fsg*; **~ ferina** coqueluche *f*

tosco, -a *adj* (*material*) brut(e); (*artesanía*) grossier(-ière); (*sin refinar*) rustre, grossier(-ière)

toser *vi* tousser

tostada *nf* pain *m* grillé, toast *m*

tostado, -a *adj* grillé(e); (*por el sol*) bronzé(e)

tostador *nm* grille-pain *m* inv

tostar *vt* (*pan*) faire griller; (*café*) torréfier; (*al sol*) dorer; **~se** *vpr* (*al sol*) se dorer

total *adj* total(e) ♦ *adv* au total ♦ *nm* total *m*; **en ~** au total; **~ que**

bref, somme toute
totalidad nf totalité f
totalitario, -a adj totalitaire
totalmente adv entièrement;
(antes de adjetivo) complètement
tóxico, -a adj toxique ♦ nm
produit m toxique
toxicómano, -a nm/f
toxicomane m/f
toxina nf toxine f
tozudo, -a adj têtu(e)
traba nf entrave f; (de rueda)
rayon m
trabajador, a adj, nm/f
travailleur(-euse); ~ **autónomo** o
por cuenta propia travailleur
indépendant, free-lance m/f
trabajar vt travailler; (intentar
conseguir) s'occuper de ♦ vi
travailler; ~ **de** travailler comme
trabajo nm travail m; (fig)
difficultés fpl; **tomarse el**
trabajo de se donner la peine
de; **trabajo por turnos/a**
destajo travail par roulement/à la
pièce; **trabajo a tiempo**
parcial travail à temps partiel;
trabajos forzados travaux
forcés
trabajoso, -a adj
laborieux(-ieuse)
trabalenguas nm inv phrase f
difficile à prononcer
trabar vt joindre; (puerta) coincer;
(amistad, conversación) nouer;
~**se** vpr bafouiller; **se le traba**
la lengua il bafouille
tracción nf traction f; ~
delantera/trasera traction
avant/arrière
tractor nm tracteur m
tradición nf tradition f;
tradicional adj traditionnel(le)
traducción nf traduction f
traducir vt traduire

traductor, a nm/f
traducteur(-trice)
traer vt apporter; (llevar: ropa)
porter; (incluir) impliquer; ~**se**
(ocasionar) apporter, causer; ~**se**
vpr: ~**se algo** tramer qch
traficar vi: ~ **con** faire du trafic
de
tráfico nm (AUTO) trafic m,
circulation f; (pey) trafic
tragaluz nm vasistas msg
tragaperras nf inv machine f à
sous
tragar vt avaler; (devorar) dévorer;
(suj: mar, tierra) engloutir; ~**se**
vpr avaler; (devorar) dévorer;
(desprecio, insulto) ravaler;
(discurso, rollo) se farcir
tragedia nf tragédie f
trágico, -a adj tragique
trago nm gorgée f; (fam: bebida)
verre m; (desgracia) moment m
difficile
traición nf trahison f; **alta ~**
haute trahison; **a ~** en traître;
traicionar vt trahir
traicionero, -a adj, nm/f traître
(traîtresse)
traidor, a adj, nm/f traître
(traîtresse)
traiga etc vb ver **traer**
traje vb ver **traer** ♦ nm (de
hombre, de época) costume m; ~
de baño maillot m de bain; ~ **de**
chaqueta tailleur m; ~ **de**
luces habit m de lumière
trajera etc vb ver **traer**
trajín nm agitation f; (fam) va-et-
vient m inv; **trajinar** vi s'affairer
trama nf (de tejido) trame f; (de
obra) intrigue f; (intriga)
machination f; **tramar** vt tramer,
ourdir
tramitar vt (suj: departamento,
comisaría) s'occuper de; (:

individuo) faire des démarches pour obtenir

trámite *nm* démarche *f*; **~s** *nmpl* *(burocracia)* formalités *fpl*; *(JUR)* mesures *fpl*

tramo *nm (de escalera)* volée *f*; *(de vía)* tronçon *m*

tramoya *nf (TEATRO)* machinerie *f*

tramoyista *nm/f* machiniste *m*

trampa *nf* piège *m*; *(en el suelo)* trappe *f*; *(fam: deuda)* dette *f*

trampolín *nm* tremplin *m*

tramposo, -a *adj, nm/f* tricheur(-euse)

tranca *nf (palo)* trique *f*; *(de puerta, ventana)* barre *f*; **trancar** *vt* barrer

trance *nm (crítico)* moment *m* critique; *(estado hipnótico)* transe *f*

tranquilidad *nf* tranquillité *f*

tranquilizar *vt* tranquilliser

tranquilo, -a *adj* calme; *(apacible)* tranquille

Trans. *abr* = **transferencia**

trans... *pref* trans...; *ver tb* **tras...**

transacción *nf* transaction *f*

transbordador *nm* transbordeur *m*, bac *m*

transbordar *vt* transborder ♦ *vi* changer de train; **transbordo** *nm* transbordement *m*; **hacer transbordo** changer

transcurrir *vi (tiempo)* passer; *(hecho, reunión)* se dérouler

transcurso *nm (de tiempo)* cours *msg*; *(de hecho)* déroulement *m*

transeúnte *nm/f* passant(e)

transferencia *nf* transfert *m*; *(COM)* virement *m*

transferir *vt* transférer; *(dinero)* virer

transformador *nm* transformateur *m*

transformar *vt* transformer; **~**

en transformer en

tránsfuga *nm/f* transfuge *m*

transfusión *nf (tb:* **~ de sangre)** transfusion *f (sanguine)*

transgénico *adj* transgénique

transgredir *vt* transgresser

transición *nf* transition *f*

transigir *vi* transiger

transistor *nm* transistor *m*

transitar *vi:* **~ (por)** circuler *(sur)*; **tránsito** *nm* passage *m*; *(AUTO)* transit *m*

transitorio, -a *adj* transitoire

transmisión *nf* transmission *f*; *(RADIO, TV)* diffusion *f*; **~ en directo** diffusion en direct; **~ exterior** émission tournée en extérieur

transmitir *vt* transmettre; *(aburrimiento, esperanza)* communiquer; *(RADIO, TV)* diffuser

transparencia *nf* transparence *f*; *(foto)* transparent *m*

transparentar *vt (figura)* révéler ♦ *vi* être transparent(e); **~se** *vpr* être transparent(e);

transparente *adj* transparent(e)

transpirar *vi (sudar)* transpirer

transportar *vt* transporter;

transporte *nm* transport *m*

transversal *adj* transversal(e)

tranvía *nm* tramway *m*

trapecio *nm* trapèze *m*

trapecista *nm/f* trapéziste *m/f*

trapero, -a *nm/f* chiffonnier(-ière)

trapicheos *(fam) nmpl* stratagèmes *mpl*, machinations *fpl*

trapo *nm* chiffon *m*; *(de cocina)* torchon *m*

tráquea *nf* trachée *f*

traqueteo *nm* cahot *m*

tras *prep (detrás)* derrière; *(después)* après; **~ de** en plus de

tras... *pref* trans...; *ver tb* **trans...**

trasatlántico, -a adj, nm transatlantique m

trascendencia nf importance f

trascendental adj capital(e)

trascender vi (noticias) filtrer, transpirer; **~ de** dépasser

trasero, -a adj arrière ♦ nm (ANAT) postérieur m

trasfondo nm fond m

trashumante adj transhumant(e)

trasladar vt déplacer; (empleado, prisionero) transférer; (fecha) reporter; **~se** vpr (mudarse) déménager; (desplazarse) se déplacer; **traslado** nm déplacement m; (mudanza) déménagement m; (de empleado, prisionero) transfert m

traslucir vt laisser entrevoir; **~se** vpr (cristal) être translucide; (figura, color) se voir au travers; (fig) apparaître, se révéler

trasluz nm lumière f tamisée; **al ~** à la lumière

trasnochar vi se coucher tard; (no dormir) passer une nuit blanche

traspapelar vt égarer

traspasar vt transpercer; (propiedad, derechos) céder; (empleado, jugador) transférer; (límites) dépasser; (ley) transgresser; **traspaso** nm (de negocio, jugador) cession f, vente f

traspié nm (fig) faux pas, gaffe f

trasplantar vt transplanter

trasplante nm transplant m

traste nm (MÚS) touche f; **dar al ~ con algo** en finir avec qch

trastero nm débarras msg

trastienda nf arrière-boutique f

trasto nm (pey: cosa) saleté f; (: persona) propre m à rien

trastornado, -a adj (loco) détraqué(e)

trastornar vt déranger; (persona) troubler; (: enamorar) envoûter; (: enloquecer) rendre fou (folle); **~se** vpr (plan) échouer; (persona) devenir fou (folle); **trastorno** nm dérangement m; (confusión) désordre m

tratado nm traité m

tratamiento nm traitement m

tratar vt traiter; (dirigirse a) adresser; (tener contacto) fréquenter ♦ vi: **~ de** (hablar sobre) traiter de; (intentar) essayer de; **~se** vpr: **~se de** s'agir de; **~ con** traiter avec; **~ en** (COM) être négociant en; **¿de qué se trata?** de quoi s'agit-il?; **trato** nm traitement m; (relaciones) rapport m; (manera de ser) manières fpl; (COM, JUR) marché m; (título) titre m

trauma nm trauma m

través nm: **al ~** en travers; **a ~ de** à travers, en travers de; (radio, teléfono, organismo) par, par l'intermédiaire de

travesaño nm (ARQ) traverse f; (DEPORTE) barre f transversale

travesía nf (calle) passage m; (NÁUT) traversée f

travesura nf diablerie f

traviesa nf (FERRO) traverse f

travieso, -a adj (niño) espiègle, polisson(ne)

trayecto nm trajet m, chemin m; (tramo) section f; **trayectoria** nf trajectoire f

traza nf (aspecto) allure f; **trazado** nm (ARQ) plan m; (fig) grandes lignes fpl

trazar vt tracer; (plan) tirer; **trazo** nm (línea) trait m; (bosquejo) ébauche f

trébol nm trèfle m

trece adj inv, nm inv treize m inv;

ver tb **seis**

trecho nm (distancia) distance f; (de tiempo) moment m; **de ~ en ~** de temps en temps

tregua nf trêve f

treinta adj inv, nm inv trente m inv; ver tb **sesenta**

tremendo, -a adj (terrible) impressionnant(e); (imponente) terrible, impressionnant(e); (fam) terrible

trémulo, -a adj tremblant(e)

tren nm train m; **~ de aterrizaje** train d'atterrissage

trenza nf tresse f; **trenzar** vt tresser; **trenzarse** (AM: fam) vpr se mêler à une querelle

trepador, a adj (planta) grimpant(e) ♦ nm/f arriviste m/f ♦ nf (planta) plante f grimpante

trepar vi grimper

trepidante adj trépidant(e); (ruido) accablant(e)

tres adj inv, nm inv trois m inv; ver tb **seis**

trescientos, -as adj trois cents; ver tb **seiscientos**

tresillo nm salon m (comprenant un canapé et deux fauteuils); (MÚS) triolet m

treta nf machination f

triángulo nm triangle m

tribal adj tribal(e)

tribu nf tribu f

tribuna nf tribune f

tribunal nm (JUR) tribunal m

tributar vt payer; **tributo** nm tribut m, impôt m

tricotar vt, vi tricoter

trigal nm champ m de blé

trigo nm blé m

trigueño, -a adj (pelo) châtain-clair inv; (piel) basané(e)

trillado, -a adj (AGR) battu(e); (fig) rebattu(e); **trilladora** nf

batteuse f

trillar vt battre

trimestral adj trimestriel(le)

trimestre nm trimestre m

trinar vi (ave) gazouiller

trinchar vt découper

trinchera nf (MIL) tranchée f

trineo nm traîneau m

trinidad nf: **la T~** la Trinité

trino nm gazouillement m

tripa nf (ANAT) intestin m; **~s** nfpl (ANAT) intestins mpl; (CULIN, fig) tripes fpl

triple adj, nm triple m

triplicado, -a adj: **por ~** en trois exemplaires

tripulación nf équipage m

tripulante nm/f membre m de l'équipage

tripular vt former l'équipage de; **nave espacial tripulada** vaisseau m spatial habité

tris nm: **estar en un ~ de hacer algo** être sur le point de faire qch

triste adj triste; **tristeza** nf tristesse f

triturar vt triturer, broyer; (mascar) mâcher

triunfar vi triompher, gagner; **triunfo** nm triomphe m

trivial adj banal(e), sans importance; **trivializar** vt minimiser, banaliser

triza nf morceau m, lambeau m; **hacer algo ~s** réduire qch en miettes

trocar vt (COM) troquer; **~se** vpr se changer; **~ (en)** changer (en); **~se (en)** se changer (en)

trocear vt couper en morceaux

trocha (AM) nf sentier m

troche: **a ~ y moche** adv à tort et à travers

trofeo nm trophée m

tromba nf trombe f

trombón nm trombone m

trombosis nf inv thrombose f

trompa nf (MÚS) cor m; (de elefante, insecto, fam) trompe f; **cogerse una ~** (fam) prendre une cuite

trompada nf, **trompazo** nm coup m; (puñetazo) coup de poing; **darse un ~** se donner un coup

trompeta nf trompette f ♦ nm/f trompettiste m/f

trompicón: **a trompicones** adv par à-coups

trompo nm toupie f

tronar vt (CAM, MÉX: fam) tuer ♦ vi (METEOROLOGÍA) tonner

tronchar vt (árbol) abattre; (vida, esperanza) briser, détruire; **~se** vpr se fendre, tomber

tronco nm tronc m

trono nm trône m

tropa nf troupe f

tropel (desorden) cohue f

tropezar vi trébucher; **~ con** (fig) tomber sur; **tropezón** nm faux pas msg

tropical adj tropical(e)

trópico nm tropique m

tropiezo vb ver **tropezar** ♦ nm (error) erreur f, bévue f; (obstáculo) difficulté f

trotamundos (fam) nm/f inv globe-trotter m/f

trotar vi trotter; **trote** nm trot m; (fam) activité f; **de mucho trote** solide, résistant(e)

trozo nm morceau m

trucha nf truite f

truco nm truc m

trueno vb ver **tronar** ♦ nm tonnerre m; (estampido) détonation f

trueque vb ver **trocar** ♦ nm

échange m; (COM) troc m

trufa nf truffe f

truhán, -ana nm/f truand(e)

truncar vt tronquer; (vida) abréger; (desarrollo) retarder; (esperanzas) briser

tu adj ton (ta); **tus hijos** tes enfants

tú pron tu

tubérculo nm tubercule m

tuberculosis nf tuberculose f

tubería nf tuyau m; (sistema) tuyauterie f

tubo nm tube m; **~ de ensayo** éprouvette f, tube à essai; **~ de escape** pot m d'échappement

tuerca nf écrou m

tuerto, -a adj, nm/f borgne m/f

tuerza etc vb ver **torcer**

tuétano nm moelle f

tufo (pey) nm relent m

tul nm tulle m

tulipán nm tulipe f

tullido, -a adj, nm/f estropié(e)

tumba nf tombe f

tumbar vt (extender en el suelo) allonger; (en examen) recaler, coller; (en competición) battre; **~se** vpr s'allonger; (extenderse) s'étendre

tumbo nm chute f; (de vehículo) cahot m

tumbona nf chaise f longue

tumor nm tumeur f

tumulto nm tumulte m

tuna nf petit orchestre m d'étudiants; ver tb **tuno**

Tuna

Une **tuna** est un groupe musical constitué d'étudiants ou d'anciens étudiants qui portent les costumes de l'"Edad de Oro", l'âge d'or espagnol. Ces groupes se promènent dans les rues en *jouant de la guitare, du luth et du tambourin. Ils chantent des sérénades aux étudiants dans les résidences universitaires et font des apparitions improvisées dans les mariages et les soirées, où pour un peu d'argent, ils chantent des airs traditionnels espagnols.*

Turrón

*Le **Turrón** est une sorte de nougat, d'origine orientale, fait avec du miel, des blancs d'œufs et des noisettes. On le consomme pendant la période de Noël. Il peut être dur et contenir des amandes entières (Alicante), ou tendre, à base d'amandes pilées (Jijona).*

---

tunante *adj* coquin(e) ♦ *nm/f* coquin(e), garnement *m*; ¡~! garnement!, vilain(e)!

tunda *nf* raclée *f*

túnel *nm* tunnel *m*

Túnez *n* Tunis

tuno *nm* membre *m* d'un orchestre d'étudiants

tupido, -a *adj* (*niebla, bosque*) épais(se); (*tela*) serré(e)

turba *nf* (*muchedumbre*) foule *f*

turbar *vt* (*paz, sueño*) troubler; (*preocupar*) inquiéter, troubler; (: *azorar*) gêner; ~**se** *vpr* être gêné(e)

turbina *nf* turbine *f*

turbio, -a *adj, adv* trouble

turbulencia *nf* agitation *f*; (*fig*) turbulence *f*, agitation

turbulento, -a *adj* agité(e); (*fig*) agité(e), turbulent(e)

turco, -a *adj* turc (turque) ♦ *nm/f* Turc (Turque)

turismo *nm* tourisme *m*; (*coche*) voiture *f* (particulière); **turista** *nm/f* touriste *m/f*

turístico, -a *adj* touristique

turnar *vi* alterner; ~**se** *vpr* se relever; **turno** *nm* tour *m*

turquesa *adj, nf* turquoise *f*

Turquía *nf* Turquie *f*

turrón *nm* touron *m* (*sorte de nougat*)

tutear *vt* tutoyer; ~**se** *vpr* se tutoyer

tutela *nf* tutelle *f*; **tutelar** *adj* tutélaire ♦ *vt* avoir la tutelle de

tutor, a *nm/f* tuteur(-trice); (*ESCOL*) professeur *m* particulier

tuve *etc vb ver* **tener**

tuyo, -a *adj* ton (ta) ♦ *pron*: **el ~/la tuya** le tien/la tienne; **es ~** c'est à toi; **los ~s** (*fam*) les tiens

TV *sigla f* (= *televisión*)

TVE *sigla f* (= *Televisión Española*)

U, u

u *conj* ou

ubicar (*esp AM*) *vt* situer; (*encontrar*) trouver; ~**se** *vpr* se trouver

ubre *nf* mamelle *f*

Ud(s) *abr* (= *usted(es)*) *ver* **usted**

UE *sigla f* (= *Unión Europea*) UE *f*

ufano, -a *adj* (*arrogante*) suffisant(e); (*satisfecho*) satisfait(e)

UGT *sigla f* (= *Unión General de Trabajadores*) syndicat

ujier *nm* (*JUR*) huissier *m*

úlcera *nf* ulcère *m*

ulcerar *vt* ulcérer; ~**se** *vpr* s'ulcérer

últimamente *adv* dernièrement

ultimar *vt* finaliser; (*preparativos*) mettre la dernière main à; (AM: *asesinar*) abattre

ultimátum (*pl* ~s) *nm* ultimatum *m*

último, -a *adj* dernier(-ière); **a la última** (*en moda*) à la dernière mode; (*en conocimientos*) au goût du jour; **el** ~ le dernier; **en las últimas** (*enfermo*) à l'article de la mort; (*sin dinero, provisiones*) démuni(e); **por** ~ enfin, en dernier lieu

ultra *adj, nm/f* (POL) ultra *m/f*

ultrajar *vt* outrager; **ultraje** *nm* outrage *m*

ultramar *nm*: **de** ~ d'outre-mer

ultranza: **a** ~ à outrance

ultrasónico, -a *adj* hypersonique

ultratumba *nf* outre-tombe *f*

ultravioleta *adj inv* ultraviolet(te), ultra-violet(te)

umbral *nm* seuil *m*

---

unidad *nf* unité *f*

unido, -a *adj* uni(e)

unificar *vt* unifier

uniformar *vt* uniformiser

uniforme *adj* uniforme; (*color*) uni(e) ♦ *nm* uniforme *m*; **uniformidad** *nf* uniformité *f*

unilateral *adj* unilatéral(e)

unión *nf* union *f*; (TEC) jointure *f*; **la U~ Soviética** l'Union Soviétique

unir *vt* (*piezas*) assembler; (*cuerdas*) nouer; (*tierras, habitaciones*) relier; (*esfuerzos, familia*) unir; (*empresas*) fusionner; **~se** *vpr* (*personas*) s'unir; (*empresas*) fusionner; **~se a** se joindre à

unísono *nm*: **al** ~ à l'unisson

universal *adj* universel(le)

universidad *nf* université *f*

universitario, -a *adj* universitaire ♦ *nm/f* étudiant(e)

universo *nm* univers *msg*

PALABRA CLAVE

un, una *art indef* **1** (*sg*) un(e); **una naranja** une orange; **un arma blanca** une arme blanche

2 (*pl*) des; **hay unos regalos para ti** il y a des cadeaux pour toi; **hay unas cervezas en la nevera** il y a des bières dans le frigo

3 (*enfático*): **¡hace un frío!** il fait un de ces froids!

unánime *adj* unanime; **unanimidad** *nf* unanimité *f*

undécimo, -a *adj, nm/f* onzième *m/f*; *ver tb* **sexto**

ungir *vt* oindre

ungüento *nm* onguent *m*

únicamente *adv* uniquement

único, -a *adj* unique

PALABRA CLAVE

uno, -a *adj* un(e); **unos pocos** quelques uns; **unos cien** centaine; **el día uno** le premier ♦ *pron* **1** un(e); **quiero uno solo** je m'en veux qu'un; **uno de ellos** l'un d'eux; **uno mismo** soi-même; **de uno en uno** un à un

2 (*alguien*) quelqu'un; **conozco a uno que se te parece** je connais quelqu'un qui te ressemble; **unos querían quedarse** quelques-uns voulaient rester

3: **(los) unos ... (los) otros ...** certains *o* les uns ... les autres *o* d'autres; **se miraron el uno al otro** il se sont regardés l'un l'autre; **se pegan unos a otros**

ils se battent entre eux
4 (*enfático*): **¡se montó una ...!**
il y a eu une de ces pagailles!
♦ *nf* (*hora*): **es la una** il est une
heure
♦ *nm* (*número*) un *m*

untar *vt* (*con aceite, pomada*)
enduire; (*en salsa, café*) tremper;
(*fig, fam*) graisser la patte à
uña *nf* (*ANAT*) ongle *m*; (*de felino*)
griffe *f*
uranio *nm* uranium *m*
urbanidad *nf* courtoisie *f*
urbanismo *nm* urbanisme *m*
urbanización *nf* lotissement *m*
urbanizar *vt* urbaniser
urbano, -a *adj* urbain(e)
urbe *nf* grande ville *f*
urdimbre *nf* (*de tejido*) chaîne *f*
urdir *vt* ourdir
urgencia *nf* urgence *f*; **~s** *nfpl*
(*MED*) urgences *fpl*; **urgente** *adj*
urgent(e)
urgir *vi* être urgent(e); **me urge**
j'en ai besoin rapidement
urinario, -a *nm* urinoir *m*
urna *nf* urne *f*; (*de cristal*) vitrine *f*
urraca *nf* pie *f*
Uruguay *nm* Uruguay *m*
uruguayo, -a *adj* uruguayen(ne)
♦ *nm/f* Uruguayen(ne)
usado, -a *adj* usagé(e); (*ropa etc*)
usé(e), usagé(e)
usar *vt* utiliser; (*ropa*) porter;
(*derecho etc*) user de; **~se** *vpr*
s'utiliser; **uso** *nm* usage *m*;
(*aplicación: de objeto, herramienta*)
utilisation *f*
usted *pron* (*sg: abr* Ud (*esp* AM) *o*
Vd: *formal*) vous; **~es** (*pl: abr* Uds
(*esp* AM) *o* Vds: *formal*) vous
usual *adj* habituel(-le)
usuario, -a *nm/f* usager *m*;
(*INFORM*) utilisateur(-trice)

usura (*pey*) *nf* usure *f*
usurero, -a *nm/f* usurier(-ère)
usurpar *vt* usurper
utensilio *nm* instrument *m*; (*de
cocina*) ustensile *m*
útero *nm* utérus *msg*
útil *adj* utile; **~es** *nmpl* outils *mpl*
utilidad *nf* utilité *f*; (*provecho*)
avantage *m*; (*COM*) bénéfice *m*;
utilizar *vt* utiliser
utopía *nf* utopie *f*
utópico, -a *adj* utopique
uva *nf* raisin *m*

V, v

v. *abr* (*ELEC*) (= *voltio*) V (= *volt*)
va *vb ver* **ir**
vaca *nf* vache *f*; (*carne*) bœuf *m*
vacaciones *nfpl* vacances *fpl*
vacante *adj* vacant(e) ♦ *nf* poste
m vacant
vaciar *vt* vider; (*ARTE*) mouler;
~se *vpr* se vider
vacilante *adj* vacillant(e);
(*dudoso*) hésitant(e)
vacilar *vi* hésiter; (*mueble,
lámpara*) chanceler; (*luz, persona*)
vaciller; (*fam: bromear*) plaisanter
vacío, -a *adj* vide; (*puesto*) libre ♦
nm vide *m*
vacuna *nf* vaccin *m*; **vacunar** *vt*
vacciner; **vacunarse** *vpr* se faire
vacciner
vacuno, -a *adj* bovin(e)
vacuo, -a *adj* vide
vadear *vt* passer à gué; **vado** *nm*
gué *m*
vagabundo, -a *adj* vagabond(e);
(*perro*) errant(e) ♦ *nm/f*
vagabond(e)
vagamente *adv* vaguement
vagancia *nf* paresse *f*
vagar *vi* errer, vagabonder

vagina nf vagin m
vago, -a adj vague; (perezoso) fainéant(e) ♦ nm/f fainéant(e)
vagón nm wagon m
vaguedad nf vague m, manque m de précision; **~es** nfpl: **decir ~es** rester dans le vague
vaho nm vapeur f; (aliento) buée f
vaina nf (de espada) fourreau m; (de guisantes, judías) cosse f
vainilla nf vanille f
vainita (AM) nf haricot m vert
vais vb ver **ir**
vaivén nm va-et-vient m inv; **vaivenes** nmpl (fig: de la vida) vicissitudes fpl
vajilla nf vaisselle f
val etc, **valdré** etc vb ver **valer**
vale nm bon m; (recibo) reçu m; (pagaré) billet m à ordre
valedero, -a adj valable
valenciano, -a adj valencien(ne) ♦ nm/f Valencien(ne)
valentía nf bravoure f
valer vt valoir ♦ vi servir; (ser válido) être valable; (estar permitido) être permis(e); (tener mérito) avoir du mérite; **~se** vpr: **~se de** (hacer valer) faire valoir; (servirse de) se servir de; **~ la pena** valoir la peine; **~ (para)** servir (à); **¡vale!** d'accord!; **más vale (hacer/que)** mieux vaut (faire/que)
valga etc vb ver **valer**
valía nf valeur f
validez nf validité f
válido, -a adj valable
valiente adj (soldado) brave, courageux(-euse); (niño, decisión) courageux(-euse) ♦ nm/f brave m/f
valioso, -a adj de valeur
valla nf clôture f; (DEPORTE) haie f; **~ publicitaria** panneau m publicitaire; **vallar** vt clôturer

valle nm vallée f; **~ de lágrimas** vallée de larmes
valor nm valeur f; (valentía) courage m; **~es** nmpl (ECON, COM) valeurs fpl, titres mpl; (morales) valeurs; **valorar** vt évaluer, estimer
vals nm valse f
válvula nf valve f
vamos vb ver **ir**
vampiro nm vampire m
van vb ver **ir**
vanagloriarse vpr: **~ (de)** se glorifier (de)
vandalismo nm vandalisme m
vándalo, -a nm/f (pey) vandale m/f
vanguardia nf avant-garde f
vanidad nf vanité f
vanidoso, -a adj vaniteux(-euse)
vano, -a adj vain(e) ♦ nm (ARQ) embrasure f; **en ~** en vain
vapor nm vapeur f; (tb: **barco de ~**) (bateau m à) vapeur m; **al ~** (CULIN) à la vapeur; **~ de agua** vapeur d'eau
vaporoso, -a adj vaporeux(-euse)
vapulear vt fustiger; (reprender) houspiller
vaquero nm (CINE) cow-boy m; (AGR) vacher m; **~s** nmpl (pantalones) jeans mpl
vaquilla nf (AM) génisse f
vara nf perche f; (de mando) bâton m
variable adj, nf variable f
variación nf changement m
variar vt (cambiar) changer; (poner variedad) varier ♦ vi varier
varices nfpl varices fpl
variedad nf variété f; **~es** nfpl (espectáculo) variétés nfpl
varilla nf baguette f; (de paraguas, abanico) baleine f

vario, -a *adj* divers(e); **~s**
plusieurs

varita *nf*: **~ mágica** baguette *f*
magique

varón *nm* homme *m*; **hijo ~**
enfant *m* mâle; **varonil** *adj*
viril(e)

Varsovia *n* Varsovie

vas *vb ver* **ir**

vasco, -a *adj* basque ♦ *nm/f*
Basque *m/f* ♦ *nm* (LING) basque *m*

vascongadas *nfpl*: **las V~** les
provinces *fpl* basques

vaselina *nf* vaseline *f*

vasija *nf* pot *m*, récipient *m*

vaso *nm* verre *m*; (ANAT) vaisseau
m

vástago *nm* (BOT) rejeton *m*; (TEC)
tige *f*; (de familia) descendant *m*

vasto, -a *adj* vaste

vatio *nm* watt *m*

vaya *vb ver* **ir** ♦ *excl* (fastidio)
mince!, zut!; (sorpresa) eh bien!,
tiens!; **¿qué tal? - ¡~!** ça va? -
on fait aller!; **¡~ tontería!** quelle
idiotie!; **¡~ mansión!** quelle
maison!

Vd(s) *abr* (= usted(es)) *ver* **usted**

ve *vb ver* **ir**; **ver**

vecindad *nf* voisinage *m*

vecindario *nm* voisinage *m*,
quartier *m*

vecino, -a *adj* voisin(e) ♦ *nm/f*
voisin(e); (residente: de pueblo)
habitant(e)

veda *nf* (de pesca, caza) défense *f*,
interdiction *f*

vedar *vt* interdire, défendre; (caza,
pesca) interdire

vegetación *nf* végétation *f*

vegetal *adj* végétal(e) ♦ *nm*
végétal *m*

vehemencia *nf* impétuosité *f*;
(apasionamiento) véhémence *f*;

vehemente *adj*
impétueux(-euse); (apasionado)
véhément(e)

vehículo *nm* véhicule *m*

veinte *adj inv*, *nm inv* vingt *m*
inv; *ver tb* **seis**

vejación *nf* brimade *f*

vejez *nf* vieillesse *f*

vejiga *nf* vessie *f*

vela *nf* bougie *f*; (NÁUT) voile *f*; **en
~** éveillé(e); (velando) à veiller

velar *vt* veiller; (FOTO, cubrir) voiler
♦ *vi* veiller; **~se** *vpr* (FOTO) se
voiler; **~ por** veiller à

velatorio *nm* veillée *f*

veleidad *nf* inconstance *f*

velero *nm* (NÁUT) voilier *m*; (AVIAT)
planeur *m*

veleta *nm/f* (pey) girouette *f* ♦ *nf*
(para el viento) girouette

veliz *nm* (MÉX) valise *f*

vello *nm* duvet *m*

velo *nm* voile *m*

velocidad *nf* vitesse *f*; (rapidez)
rapidité *f*

velocímetro *nm* compteur *m* de
vitesse

veloz *adj* rapide

ven *vb ver* **venir**

vena *nf* veine *f*

venado *nm* grand gibier *m*

vencedor, a *adj* victorieux(-euse)
♦ *nm/f* vainqueur *m*

vencer *vt* vaincre; (obstáculos)
surmonter ♦ *vi* vaincre; (plazo)
expirer

vencido, -a *adj* vaincu(e); (COM:
letra) arrivé(e) à échéance ♦ *adv*:
pagar ~ payer après échéance;
vencimiento *nm* échéance *f*

venda *nf* pansement *m*; **vendar**
vt bander

vendaval *nm* vent *m* violent

vendedor, a *nm/f* vendeur(-euse)

vender *vt* vendre; **~ al**

contado/al por mayor/al por menor/a plazos vendre au comptant/en gros/au détail/à crédit; **"se vende"** "à vendre"

vendimia nf vendange f,

vendré etc vb ver **venir**

veneno nm poison m

venenoso, -a adj (seta) vénéneux(-euse); (producto) toxique

venerable adj vénérable; **venerar** vt vénérer

venéreo, -a adj vénérien(ne)

venezolano, -a adj vénézuélien(ne) ♦ nm/f Vénézuélien(ne)

Venezuela nf Venezuela m

venga etc vb ver **venir**

venganza nf vengeance f;

vengar vt venger; **vengarse** vpr se venger

vengativo, -a adj vindicatif(-ive)

venia nf permission f

venial adj véniel(le)

venida nf venue f

venidero, -a adj futur(e), à venir

venir vi venir; (en periódico, texto) être; (llegar, ocurrir) arriver; ~**se** vpr: ~**se abajo** s'écrouler; (persona) s'effondrer; ~ **de** venir de; ~ **bien/mal** convenir/ne pas convenir; **el año que viene** l'année prochaine

venta nf vente f; **estar a la/en ~** être à la/en vente; ~ **al contado** vente au comptant; ~ **al detalle** vente au détail; ~ **a plazos** vente à crédit; ~ **al por mayor** vente en gros; ~ **al por menor** vente au détail

ventaja nf avantage m

ventajoso, -a adj avantageux(-euse)

ventana nf fenêtre f; **ventanilla** nf guichet m

ventilación nf ventilation f, aération f; **ventilar** vt ventiler, aérer; (ropa) aérer; (fig) éclaircir; (: resolver) éclaircir; **ventilarse** vpr s'aérer

ventisca nf, **ventisquero** nm bourrasque f de neige

ventrílocuo, -a adj, nm/f ventriloque m/f

ventura nf félicité f; (suerte, destino) fortune f; **a la (buena) ~** à l'aventure

ver vt voir; (televisión, partido) regarder; (esp AM: mirar) regarder ♦ vi voir; ~**se** vpr se voir; (hallarse) se trouver; (AM: fam) avoir l'air; **(voy) a ~ que hay** je vais voir ce qu'il y a; **a ~** voyons voir; **no tener que ~ con** n'avoir rien à voir avec; **¡viera(n) qué casa!** (MÉX: fam) tu verrais la maison!; **¡hubiera(n) visto qué casa!** (MÉX: fam) si tu avais vu la maison!; **(ya) se ve que ...** on voit bien que ...; **te ves divina** (AM) tu es divine

vera nf: **a la ~ de** (del camino) au bord de; (de algn) auprès de

veracidad nf véracité f

veranear vi passer ses vacances d'été; **veraneo** nm: **ir de veraneo** partir en vacances d'été

veraniego, -a adj estival(e)

verano nm été m

veras nfpl: **de ~** vraiment

veraz adj véridique

verbal adj verbal(e)

verbena nf kermesse f

verbo nm verbe m

verdad nf vérité f; **¿~?** n'est-ce pas?; **de ~** vraiment; **¡es ~!** c'est vrai!; **la ~ es que ...** en fait ...

verdadero, -a adj véridique; (antes del nombre) vrai(e), véritable

verde adj (tb POL) vert(e); (chiste)

cochon(ne) ♦ nm vert m; (hierba)
verdure f; viejo ~ vieux cochon
m; verdear, verdecer vi verdir;
verdor nm (color) couleur f verte,
vert m

verdugo nm bourreau m

verdura(s) nf(pl) légumes mpl

vereda nf sentier m; (AM) trottoir
m

veredicto nm verdict m

vergonzoso, -a adj (persona)
timide; (acto, comportamiento)
honteux(-euse)

vergüenza nf honte f; me da ~
decírselo j'ai honte de le lui
dire; ¡qué ~! quelle honte!

verídico, -a adj véridique

verificar vt vérifier

verja nf grille f

vermut (pl ~s) nm vermouth m;
(esp AND, CSUR: CINE) matinée f

verosímil adj vraisemblable

verruga nf (MED) verrue f

versado, -a adj: ~ en versé(e)
en

versátil adj (material)
polyvalent(e); (persona) versatile

versión nf version f; en ~
original en version originale

verso nm vers msg

vértebra nf vertèbre f

verter vt verser; (derramar)
répandre

vertical adj vertical(e); (postura,
piano) droit(e)

vértice nm sommet m

vertiente nf versant m

vertiginoso, -a adj
vertigineux(-euse)

vértigo nm vertige m

vesícula nf vésicule f

vestíbulo nm vestibule m; (de
teatro) foyer m

vestido nm (de mujer) robe f

vestigio nm vestige m

vestimenta nf habillement m

vestir vt habiller; (llevar puesto)
porter ♦ vi s'habiller; (ser elegante)
habiller; ~se vpr s'habiller; ropa
de ~ vêtements mpl habillés

vestuario nm garde-robe f;
(TEATRO, CINE) costumes mpl; (local:
TEATRO) loge f; ~s nmpl (DEPORTES)
vestiaires mpl

veta nf (de mineral) veine f, filon
m; (en piedra, madera) veine f

vetar vi mettre son veto à

veterano, -a adj ancien(ne) ♦
nm/f vétéran m

veterinaria nf médecine f
vétérinaire

veterinario, -a nm/f vétérinaire
m/f

veto nm veto m

vez nf fois f sg; (turno) tour m; a la
~ en même temps; a su ~ à son
tour; una ~ une fois; en ~ de au
lieu de; a veces/algunas
veces parfois; otra ~ encore
(une fois); una y otra ~ à
maintes reprises; de ~ en
cuando de temps en temps; tal
~ peut-être; hacer las veces de tenir lieu
de, faire office de; tal ~ peut-être

vía nf voie f; por ~ judicial par
voie de droit; por ~ oficial par la
voie officielle; en ~s de en voie
de; Madrid-Berlín ~ París
Madrid-Berlín via Paris; ~s
aéreas voies fpl aériennes; V~
Láctea Voie lactée; ~ pública
voie publique

viable adj viable

viaducto nm viaduc m

viajar vi voyager

viaje nm voyage m; estar de
viaje être en voyage; viaje de
ida y vuelta voyage aller-retour;
viaje de novios voyage de
noces

viajero, -a adj, nm/f voyageur(-euse)

vial adj (AUTO: seguridad) routier(-ière); (marca) au sol

víbora nf vipère f

vibración nf vibration f

vibrar vi vibrer

vicepresidente nm/f vice-président(e)

viceversa adv: **y ~** et vice versa

viciado, -a adj (corrompido) dépravé(e); (postura) gauchi(e); (aire, atmósfera) vicié(e); **viciar** vt (persona, costumbres) pervertir; (JUR, aire) vicier; (objeto, postura) déformer; (mecanismo, dicción) fausser; (deformarse) se déformer; **viciarse con** (persona) devenir mordu(e) de

vicio nm vice m; (mala costumbre) mauvaise habitude f, défaut m

vicioso, -a adj, nm/f vicieux(-euse)

vicisitud nf vicissitude f

víctima nf victime f

victoria nf victoire f

victorioso, -a adj victorieux(-ieuse)

vid nf vigne f

vida nf vie f; **de por ~** de (toute) ma etc vie; **en la/mi** etc **~** (nunca) de la/ma etc vie; **estar con ~** être en vie; **ganarse la ~** gagner sa vie; **de ~ o muerte de** vie ou de mort

vídeo nm vidéo f; (aparato) magnétoscope m

videocámara nf caméra f vidéo

videocas(s)et(t)e nm vidéocassette f

videoclub nm club m vidéo

videojuego nm jeu m vidéo

videoteléfono nm visiophone m

vidrio nm verre m; **~s** nmpl (objetos) objets mpl en verre;

pagar los **~s** rotos payer les pots cassés

viejo, -a adj vieux (vieille); (tiempos) ancien(ne) ♦ nm/f vieux (vieille); **hacerse** o **ponerse ~** se faire vieux (vieille)

Viena n Vienne

viene etc vb ver **venir**

vienés, -esa adj viennois(e) ♦ nm/f viennois(e)

viento nm vent m

vientre nm ventre m

viernes nm inv vendredi m; **V~ Santo** vendredi saint; ver tb **sábado**

Vietnam nm Vietnam m; **vietnamita** adj vietnamien(ne) ♦ nm/f Vietnamien(ne)

viga nf poutre f

vigencia nf (de ley, contrato) validité f; **estar/entrar en ~** être/entrer en vigueur; **vigente** adj (ley etc) en vigueur

vigésimo, -a adj, nm/f vingtième m/f

vigía nm/f guetteur(-euse)

vigilancia nf surveillance f

vigilante adj vigilant(e) ♦ nm gardien m

vigilar vt surveiller

vigilia nf veille f; (REL) vigile f

vigor nm vigueur f; **en ~** en vigueur; **entrar en ~** entrer en vigueur

vigoroso, -a adj vigoureux(-euse)

vil adj vil(e); **vileza** nf vilenie f

villa nf villa f; (población) ville f; **~ miseria** (CSUR) bidonville m

villancico nm chant m de Noël

vilo: en ~ adv (sostener, levantar) en l'air; **estar en ~** (fig) être sur des charbons ardents

vinagre nm vinaigre m

vinagreta nf vinaigrette f

vincular vt rapprocher; (por contrato, obligación) lier; **~se** vpr: **~se (a)** se rapprocher (de); **vínculo** nm lien m

vinicultura nf viticulture f

vino vb ver **venir** ♦ nm vin m; **~ blanco** vin blanc; **~ tinto** vin rouge

viña nf vigne f

violación nf (de una persona) viol m; (de derecho, ley) violation f

violar vt violer

violencia nf violence f; **violentar** vt forcer; (persona) violenter

violento, -a adj violent(e); (embarazoso) embarrassant(e); (incómodo) mal à l'aise inv

violeta adj violet(te) ♦ nf (BOT) violette f ♦ nm (color) violet m

violín nm violon m

viraje nm virage m

virgen adj vierge; **la (Santísima) V~** la (Sainte) Vierge

Virgo nm (ASTROL) la Vierge; **ser ~** être (de la) Vierge

viril adj viril(e); **virilidad** nf virilité f

virtud nf vertu f; **en ~ de** en vertu de

virtuoso, -a adj vertueux(-euse) ♦ nm/f (MÚS) virtuose m/f

viruela nf variole f

virulento, -a adj virulent(e)

virus nm inv virus msg

visa (AM) nf, **visado** nm visa m

víscera nf viscère m; **~s** nfpl viscères mpl

visceral adj viscéral(e)

viscoso, -a adj visqueux(-euse)

visera nf visière f; (gorra) casquette f à visière

visibilidad nf visibilité f; **visible** adj visible

visillo nm rideau m

visión nf vision f

visita nf visite f; **hacer una ~** rendre o faire une visite

visitar vt (familia etc) rendre visite à; (ciudad, museo) visiter

vislumbrar vt apercevoir, distinguer

viso nm (de metal) éclat m; (de tela) lustre m; (aspecto) luisant m

visón nm vison m

visor nm (FOTO) viseur m

víspera nf veille f; **la ~ o en ~s de** (à) la veille de

vista nf vue f; **a primera o simple ~** à première vue, au premier abord; **hacer la ~ gorda** fermer les yeux; **está o salta a la ~ que** il saute aux yeux que; **conocer a algn de ~** connaître qn de vue; **en ~ de ... vu ...; en ~ de que** vu que; **¡hasta la ~!** à bientôt!; **con ~s a** (al mar) avec vue sur; (al futuro, a mejorar) dans le but de;

vistazo nm coup m d'œil; **dar o echar un vistazo a** donner o jeter un coup d'œil à

visto, -a vb ver **vestir** ♦ pp de **ver** ♦ adj: **estar muy ~** être très en vue ♦ nm: **~ bueno** autorisation f; **está ~ que** il est clair que; **está bien/mal ~** c'est bien/mal vu; **~ que** vu que; **por lo ~** apparemment

vistoso, -a adj voyant(e)

visual adj visuel(le)

vital adj vital(e); (persona) plein(e) de vitalité

vitalicio, -a adj viager(-ère); (cargo) à vie

vitalidad nf vitalité f

vitamina nf vitamine f

viticultor, a nm/f viticulteur(-trice); **viticultura** nf viticulture f

vitorear vt acclamer

vitrina nf vitrine f

viudez nf veuvage m

viudo, -a adj, nm/f veuf (veuve)

viva excl vivat!; **¡~ el rey!** vive le roi!

vivacidad nf vivacité f

vivaracho, -a adj vivant(e)

vivaz adj vivace

víveres nmpl vivres mpl

vivero nm (HORTICULTURA) pépinière f; (criadero) vivier m

vivienda nf logement m, habitation f

viviente adj vivant(e)

vivir vt, vi vivre

vivo, -a adj vif (vive); (ser, recuerdo, planta) vivant(e); **en ~** (TV, MÚS) en direct

vocablo nm mot m

vocabulario nm vocabulaire m

vocación nf vocation f;

vocacional (MÉX) nf (ESCOL) collège m technique

vocal adj vocal(e) ♦ nm/f membre m ♦ nf (LING) voyelle f; **vocalizar** vt prononcer ♦ vi vocaliser

vocear vi vociférer; **vocerío** nm clameur f

vocero, -a (AM) nm/f porte-parole m inv

voces pl cfr **voz**

vociferar vi vociférer

vodka nm vodka f

vol abr (= volumen) vol. (= volume)

volandas: en ~ adv en volant

volante nm volant m; (MED: de aviso) convocation f

volar vt faire exploser ♦ vi voler

volátil adj volatile

volcán nm volcan m

volcánico, -a adj volcanique

volcar vt (recipiente) vider; (contenido) verser; (vehículo)

renverser; (barco) faire chavirer ♦ vi (vehículo) capoter; (barco) chavirer; **~se** vpr (recipiente) se renverser; (esforzarse): **~se para hacer algo/con algn** se donner beaucoup de mal pour faire qch/avec qn

voleibol nm volley-ball m

volqué etc, **volquemos** etc vb ver **volcar**

voltaje nm voltage m

voltear vt faire tourner; (persona: en el aire) faire sauter en l'air; (AM) tourner; (: volcar) verser; **~se** vpr (AM) se retourner; **~ a hacer algo** (AM) recommencer (à faire) qch

voltereta nf (rodada) culbute f

voltio nm volt m

voluble adj volubile

volumen nm volume m; (COM) volume, chiffre m

voluminoso, -a adj volumineux(-euse)

voluntad nf volonté f

voluntario, -a adj, nm/f volontaire m/f

voluntarioso, -a adj volontaire

voluptuoso, -a adj voluptueux(-euse)

volver vt tourner; (de atrás adelante) ramener; (transformar en: persona) rendre ♦ vi (regresar) revenir; (ir de nuevo) retourner; **~se** vpr (girar) se retourner; (convertirse en) devenir; **~ la espalda** tourner le dos; **~ a hacer algo** recommencer (à faire) qch; **~ en sí** revenir à soi; **~se loco/insociable** devenir fou/asocial

vomitar vt vomir ♦ vi vomir; **vómito** nm vomissement m; (lo vomitado) vomi m

voraz adj vorace; (hambre)

dévorant(e)

vos (AM) pron vous; (esp CSUR) tu

vosotros, -as pron vous; **entre ~** parmi vous

votación nf vote m; **por ~** par vote

votar vt, vi voter; **voto** nm vote m; (REL) vœu m; **hacer votos por** faire des vœux pour

voy vb ver **ir**

voz nf voix fsg; (grito) cri m; (rumor) bruit m; **dar voces** pousser des cris; **llamar a algn/ hablar a voces** appeler qn en criant/crier; **a media ~** à mi-voix; **de viva ~** de vive voix; **en ~ alta/baja** à voix haute/basse; **~ de mando** ton m de commandement

vuelco vb ver **volcar** ♦ nm culbute f, chute f; (de coche) tonneau m, capotage m

vuelo vb ver **volar** ♦ nm vol m; (de falda, vestido) ampleur f; **cazar** o **coger al ~** attraper au vol; **~ chárter** vol charter; **~ libre** vol libre; **~ regular** vol régulier

vuelque etc vb ver **volcar**

vuelta nf tour m; (regreso) retour m; (en carreras, circuito) virage m; (de camino, río) méandre m; (de papel) verso m; (de pantalón, tela, fig) revers msg; (dinero) monnaie f; **a la ~** (ESP) au retour; **a la ~ (de la esquina)** au coin (de la rue); **a ~ de correo** par retour du courrier; **dar(se) la ~** (coche) faire demi-tour; (persona) se retourner; **dar la ~ a algo** retourner qch; (de atrás adelante) ramener qch; **dar ~s** tourner; **dar ~s a algo** (comida) remuer qch; (manivela) tourner qch; **dar ~s a una idea** tourner et

retourner une idée dans sa tête; **dar una ~** faire un tour; **~ ciclista** tour f (cycliste)

vuelto pp de **volver** ♦ nm (AM) monnaie f

vuelva etc vb ver **volver**

vuestro, -a adj votre ♦ pron: **el ~/la vuestra** le/la vôtre; **los ~s, las vuestras** les vôtres; **un amigo ~** un de vos amis; **¿son ~s?** c'est à vous?

vulgar adj (pey) vulgaire; (no refinado) grossier(-ière); (gustos, uso) commun(e); **vulgaridad** nf vulgarité f; (de gustos, rasgos) banalité f; (grosería) grossièreté f; **vulgarizar** vt vulgariser

vulgo nm: **el ~** (pey) le commun des mortels

vulnerable adj vulnérable; (punto, zona) sensible

vulnerar vt (ley, acuerdo) transgresser; (derechos, reputación) bafouer; (intimidad) violer

W, w

wáter nm waters mpl

web nf (página) page f Web; (red) Web m

webcam nf webcam f

webmaster nm/f webmaster m, webmestre m

whisky nm whisky m

windsurf nm windsurf m, planche f à voile

X, x

xenofobia nf xénophobie f

xilófono nm xylophone m

Y, y

y *conj* et

ya *adv* déjà; (*con presente: ahora*) maintenant; (: *en seguida*) tout de suite; (*con futuro: pronto*) bientôt ♦ *excl* OK! ♦ *conj* déjà; ~ **que** puisque; ~ **no vamos** nous ne partons plus; ~ **lo sé** je sais; ~ **veremos** on verra bien; **que ~, ya** mais oui, c'est ça; **¡~ voy!** j'arrive!, j'y vais!; ~ **mismo** (*esp CSUR*) tout de suite; **desde ~** (*CSUR*) tout de suite; (: *claro*) évidemment; ~ **vale (de hacer),** ~ **está bien** ça suffit

yacer *vi* gésir; **aquí yace** ci-gît

yacimiento *nm* gisement *m*

yanqui *adj* yankee ♦ *nm/f* Yankee *m/f*

yate *nm* yacht *m*

yazca *etc vb ver* **yacer**

yedra *nf* lierre *m*

yegua *nf* jument *f*

yema *nf* (*del huevo*) jaune *m*; (*BOT*) bourgeon *m*; ~ **del dedo** bout *m* du doigt

yerga *etc*, **yergue** *etc vb ver* **erguir**

yermo, -a *adj* (*no cultivado*) inculte

yerno *nm* gendre *m*

yerre *etc vb ver* **errar**

yeso *nm* (*ARQ*) plâtre *m*

yo *pron* (*personal*) je; **soy ~** c'est moi

yodo *nm* iode *m*

yoga *nm* yoga *m*

yogur(t) *nm* yaourt *m*, yogourt *m*

yudo *nm* judo *m*

yugo *nm* joug *m*

Yugoslavia *nf* Yougoslavie *f*

yugular *adj, nf* jugulaire *f*

yunque *nm* enclume *f*

yunta *nf* attelage *m*

yuxtaponer *vt* juxtaposer;
yuxtaposición *nf* juxtaposition *f*

Z, z

zafarse *vpr*: ~ **de** se libérer de

zafio, -a *adj* rustre

zafiro *nm* saphir *m*

zaga *nf*: **a la ~** à la traîne

zaguán *nm* vestibule *m*

zaherir *vt* mortifier

zalamería *nf* cajolerie *f*

zalamero, -a *adj* cajoleur(-euse)

zamarra *nf* veste *f* en cuir

zambullirse *vpr* plonger

zampar (*fam*) *vt* engouffrer

zanahoria *nf* carotte *f*

zancada *nf* enjambée *f*

zancadilla *nf* croc-en-jambe *m*;
echar *o* **poner la ~ a algn** barrer la route à qn

zanco *nm* échasse *f*

zancudo, -a *adj*: **ave** ~ oiseau *m* aux longues pattes ♦ *nm* (*AM*) moustique *m*

zángano *nm* (*ZOOL*) faux bourdon *m*

zanja *nf* fossé *m*; **zanjar** *vt* trancher

zapata *nf* patin *m*

zapatear *vi* (*bailar*) danser le zapateado

zapatería *nf* (*tienda*) magasin *m* de chaussures; (*oficio*) cordonnerie *f*

zapatero, -a *nm/f* cordonnier(-ière)

zapatilla *nf* (*para casa, ballet*)

chausson m; (para la calle)
chaussure f légère; **~ de deporte**
chaussure f de sport
zapato nm chaussure f
zapping nm zapping m; **hacer ~**
zapper
zarandear vt secouer
zarpa nf griffe f
zarpar vi lever l'ancre
zarza nf ronce f; **zarzal** nm
fourré m
zarzamora nf (fruto) mûre f;
(planta) mûrier m
zarzuela nf zarzuela f
zigzag nm zigzag m;
zigzaguear vi zigzaguer
zinc nm zinc m
zócalo nm soubassement m
zodíaco nm zodiaque m
zona nf zone f
zoo nm zoo m
zoología nf zoologie f

zoológico, -a adj zoologique ♦
nm (tb: **parque ~**) zoo m
zoólogo, -a nm/f zoologue m
zoom nm zoom m
zopilote (AM) nm vautour m
zoquete (fam) adj, nm/f
abruti(e)
zorro, -a adj rusé(e) ♦ nm/f
renard(e)
zozobra nf angoisse f; **zozobrar**
vi (barco) couler; (fig: plan)
échouer
zueco nm sabot m
zumbar vi (abeja) bourdonner;
(motor) vrombir; **zumbido** nm
(de abejas) bourdonnement m; (de
motor) vrombissement m
zumo nm jus msg
zurcir vt (COSTURA) raccommoder
zurdo, -a adj (persona)
gaucher(-ère); (mano) gauche
zurrar vt (fam: pegar) tabasser

LOS VERBOS FRANCESES

1 Participe présent **2** Participe passé **3** Présent **4** Imparfait **5** Futur **6** Conditionnel **7** Subjonctif présent

acquérir 1 acquérant **2** acquis **3** acquiers, acquérons, acquièrent **4** acquérais **5** acquerrai **7** acquière

ALLER 1 allant **2** allé **3** vais, vas, va, allons, allez, vont **4** allais **5** irai **6** irais **7** aille

asseoir 1 asseyant **2** assis **3** assieds, asseyons, asseyez, asseyent **4** asseyais **5** assiérai **7** asseye

atteindre 1 atteignant **2** atteint **3** atteins, atteignons **4** atteignais **7** atteigne

AVOIR 1 ayant **2** eu **3** ai, as, a, avons, avez, ont **4** avais **5** aurai **6** aurais **7** aie, aies, ait, ayons, ayez, aient

battre 1 battant **2** battu **3** bats, bat, battons **4** battais **7** batte

boire 1 buvant **2** bu **3** bois, buvons, boivent **4** buvais **7** boive

bouillir 1 bouillant **2** bouilli **3** bous, bouillons **4** bouillais **7** bouille

conclure 1 concluant **2** conclu **3** conclus, concluons **4** concluais **7** conclue

conduire 1 conduisant **2** conduit **3** conduis, conduisons **4** conduisais **7** conduise

connaître 1 connaissant **2** connu **3** connais, connaît, connaissons **4** connaissais **7** connaisse

coudre 1 cousant **2** cousu **3** couds, cousons, cousez, cousent **4** cousais **7** couse

courir 1 courant **2** couru **3** cours, courons **4** courais **5** courrai **7** coure

couvrir 1 couvrant **2** couvert **3** couvre, couvrons **4** couvrais **7** couvre

craindre 1 craignant **2** craint **3** crains, craignons **4** craignais **7** craigne

croire 1 croyant **2** cru **3** crois, croyons, croient **4** croyais **7** croie

croître 1 croissant **2** crû, crue, crus, crues **3** croîs, croissons **4** croissais **7** croisse

cueillir 1 cueillant **2** cueilli **3** cueille, cueillons **4** cueillais **5** cueillerai **7** cueille

devoir 1 devant **2** dû, due, dus, dues **3** dois, devons, doivent **4** devais **5** devrai **7** doive

dire 1 disant **2** dit **3** dis, disons, dites, disent **4** disais **7** dise

dormir 1 dormant **2** dormi **3** dors, dormons **4** dormais **7** dorme

écrire 1 écrivant **2** écrit **3** écris, écrivons **4** écrivais **7** écrive

ÊTRE 1 étant **2** été **3** suis, es, est, sommes, êtes, sont **4** étais **5** serai **6** serais **7** sois, sois, soit, soyons, soyez, soient

FAIRE 1 faisant **2** fait **3** fais, fais, fait, faisons, faites, font **4** faisais **5** ferai **6** ferais **7** fasse

falloir 2 fallu **3** faut **4** fallait **5** faudra **7** faille

FINIR 1 finissant **2** fini **3** finis, finis, finit, finissons, finissez, finissent **4** finissais **5** finirai **6** finirais **7** finisse

fuir 1 fuyant **2** fui **3** fuis, fuyons, fuient **4** fuyais **7** fuie

joindre 1 joignant **2** joint **3** joins, joignons **4** joignais **7** joigne

lire 1 lisant **2** lu **3** lis, lisons **4** lisais **7** lise

luire 1 luisant **2** lui **3** luis, luisons **4** luisais **7** luise

maudire 1 maudissant **2** maudit **3**

maudis, maudissons 4 maudissait 7 maudisse

mentir 1 mentant 2 menti 3 mens, mentons 4 mentais 7 mente

mettre 1 mettant 2 mis 3 mets, mettons 4 mettais 7 mette

mourir 1 mourant 2 mort 3 meurs, mourons, meurent 4 mourais 5 mourrai 7 meure

naître 1 naissant 2 né 3 nais, naît, naissons 4 naissais 7 naisse

offrir 1 offrant 2 offert 3 offre, offrons 4 offrais 7 offre

PARLER 1 parlant 2 parlé 3 parle, parles, parle, parlons, parlez, parlent 4 parlais, parlais, parlait, parlions, parliez, parlaient 5 parlerai, parleras, parlera, parlerons, parlerez, parleront 6 parlerais, parlerais, parlerait, parlerions, parleriez, parleraient 7 parle, parles, parle, parlions, parliez, parlent *impératif* parle! parlez!

partir 1 partant 2 parti 3 pars, partons 4 partais 7 parte

plaire 1 plaisant 2 plu 3 plais, plaît, plaisons 4 plaisais 7 plaise

pleuvoir 1 pleuvant 2 plu 3 pleut, pleuvent 4 pleuvait 5 pleuvra 7 pleuve

pourvoir 1 pourvoyant 2 pourvu 3 pourvois, pourvoyons, pourvoient 4 pourvoyais 7 pourvoie

pouvoir 1 pouvant 2 pu 3 peux, peut, pouvons, peuvent 4 pouvais 5 pourrai 7 puisse

prendre 1 prenant 2 pris 3 prends, prenons, prennent 4 prenais 7 prenne

prévoir *como* voir 5 prévoirai

RECEVOIR 1 recevant 2 reçu 3 reçois, reçois, reçoit, recevons, recevez, reçoivent 4 recevais 5 recevrai 6 recevrais 7 reçoive

RENDRE 1 rendant 2 rendu 3 rends, rends, rend, rendons, rendez, rendent 4 rendais 5 rendrai 6 rendrais 7 rende

résoudre 1 résolvant 2 résolu 3 résous, résolvons 4 résolvais 7 résolve

rire 1 riant 2 ri 3 ris, rions 4 riais 7 rie

savoir 1 sachant 2 su 3 sais, savons, savent 4 savais 5 saurai 7 sache *impératif* sache, sachons, sachez

servir 1 servant 2 servi 3 sers, servons 4 servais 7 serve

sortir 1 sortant 2 sorti 3 sors, sortons 4 sortais 7 sorte

souffrir 1 souffrant 2 souffert 3 souffre, souffrons 4 souffrais 7 souffre

suffire 1 suffisant 2 suffi 3 suffis, suffisons 4 suffisais 7 suffise

suivre 1 suivant 2 suivi 3 suis, suivons 4 suivais 7 suive

taire 1 taisant 2 tu 3 tais, taisons 4 taisais 7 taise

tenir 1 tenant 2 tenu 3 tiens, tenons, tiennent 4 tenais 5 tiendrai 7 tienne

vaincre 1 vainquant 2 vaincu 3 vaincs, vainc, vainquons 4 vainquais 7 vainque

valoir 1 valant 2 valu 3 vaux, vaut, valons 4 valais 5 vaudrai 7 vaille

venir 1 venant 2 venu 3 viens, venons, viennent 4 venais 5 viendrai 7 vienne

vivre 1 vivant 2 vécu 3 vis, vivons 4 vivais 7 vive

voir 1 voyant 2 vu 3 vois, voyons, voient 4 voyais 5 verrai 7 voie

vouloir 1 voulant 2 voulu 3 veux, veut, voulons, veulent 4 voulais 5 voudrai 7 veuille *impératif* veuillez

VERBES ESPAGNOLS

1 Gerundio **2** Imperativo **3** Presente **4** Pretérito perfecto **5** Futuro **6** Presente de subjuntivo **7** Imperfecto de subjuntivo **8** Participio pasado **9** Imperfecto

agradecer 3 agradezco **6** agradezca *etc*

aprobar 2 aprueba **3** apruebo, apruebas, aprueba, aprueban **6** apruebe, apruebes, apruebe, aprueben

atravesar 2 atraviesa **3** atravieso, atraviesas, atraviesa, atraviesan **6** atraviese, atravieses, atraviese, atraviesen

caber 3 quepo **4** cupe, cupiste, cupo, cupimos, cupisteis, cupieron **5** cabré *etc* **6** quepa *etc* **7** cupiera *etc*

caer 1 cayendo **3** caigo **4** cayó, cayeron **6** caiga *etc* **7** cayera *etc*

cerrar 2 cierra **3** cierro, cierras, cierra, cierran **6** cierre, cierres, cierre, cierren

COMER 1 comiendo **2** come, comed **3** como, comes, come, comemos, coméis, comen **4** comí, comiste, comió, comimos, comisteis, comieron **5** comeré, comerás, comerá, comeremos, comeréis, comerán **6** coma, comas, coma, comamos, comáis, coman **7** comiera, comieras, comiera, comiéramos, comierais, comieran **8** comido **9** comía, comías, comía, comíamos, comíais, comían

conocer 3 conozco **6** conozca *etc*

contar 2 cuenta **3** cuento, cuentas, cuenta, cuentan **6** cuente, cuentes, cuente, cuenten

dar 3 doy **4** di, diste, dio, dimos, disteis, dieron **7** diera *etc*

decir 2 di **3** digo **4** dije, dijiste, dijo, dijimos, dijisteis, dijeron **5**

diré *etc* **6** diga *etc* **7** dijera *etc* **8** dicho

despertar 2 despierta **3** despierto, despiertas, despierta, despiertan **6** despierte, despiertes, despierte, despierten

divertir 1 divirtiendo **2** divierte **3** divierto, diviertes, divierte, divierten **4** divirtió, divirtieron **6** divierta, diviertas, divierta, divirtamos, divirtáis, diviertan **7** divirtiera *etc*

dormir 1 durmiendo **2** duerme **3** duermo, duermes, duerme, duermen **4** durmió, durmieron **6** duerma, duermas, duerma, durmamos, durmáis, duerman **7** durmiera *etc*

empezar 2 empieza **3** empiezo, empiezas, empieza, empiezan **4** empecé **6** empiece, empieces, empiece, empecemos, empecéis, empiecen

entender 2 entiende **3** entiendo, entiendes, entiende, entienden **6** entienda, entiendas, entienda, entiendan

ESTAR 2 está **3** estoy, estás, está, están **4** estuve, estuviste, estuvo, estuvimos, estuvisteis, estuvieron **6** esté, estés, esté, estén **7** estuviera *etc*

HABER 3 he, has, ha, hemos, han **4** hube, hubiste, hubo, hubimos, hubisteis, hubieron **5** habré *etc* **6** haya *etc* **7** hubiera *etc*

HABLAR 1 hablando **2** habla, hablad **3** hablo, hablas, habla, hablamos, habláis, hablan **4** hablé, hablaste, habló, hablamos, hablasteis, hablaron **5** hablaré, hablarás, hablará, hablaremos, hablaréis, hablarán **6** hable, hables, hable, hablemos, habléis, hablen **7** hablara, hablaras, hablara, habláramos, hablarais, hablaran **8** hablado **9** hablaba, hablabas, hablaba, hablábamos, hablabais, hablaban

hacer 2 haz **3** hago **4** hice, hiciste, hizo, hicimos, hicisteis, hicieron **5** haré etc **6** haga etc **7** hiciera etc **8** hecho

instruir 1 instruyendo **2** instruye **3** instruyo, instruyes, instruye, instruyen **4** instruyó, instruyeron **6** instruya etc **7** instruyera etc

ir 1 yendo **2** ve **3** voy, vas, va, vamos, vais, van **4** fui, fuiste, fue, fuimos, fuisteis, fueron **6** vaya, vayas, vaya, vayamos, vayáis, vayan **7** fuera etc **9** iba, ibas, iba, íbamos, ibais, iban

jugar 2 juega **3** juego, juegas, juega, juegan **4** jugué **6** juegue etc

leer 1 leyendo **4** leyó, leyeron **7** leyera etc

morir 1 muriendo **2** muere **3** muero, mueres, muere, mueren **4** murió, murieron **6** muera, mueras, muera, muramos, muráis, mueran **7** muriera etc **8** muerto

mover 2 mueve **3** muevo, mueves, mueve, mueven **6** mueva, muevas, mueva, mueve, mueva, muevan

negar 2 niega **3** niego, niegas, niega, niegan **4** negué **6** niegue, niegues, niegue, neguemos, neguéis, nieguen

ofrecer 3 ofrezco **6** ofrezca etc

oír 1 oyendo **2** oye **3** oigo, oyes, oye, oyen **4** oyó, oyeron **6** oiga etc **7** oyera etc

oler 2 huele **3** huelo, hueles, huele, huelen **6** huela, huelas, huela, huelan

parecer 3 parezco **6** parezca etc

pedir 1 pidiendo **2** pide **3** pido, pides, pide, piden **4** pidió, pidieron **6** pida etc **7** pidiera etc

pensar 2 piensa **3** pienso, piensas, piensa, piensan **6** piense, pienses, piense, piensen

perder 2 pierde **3** pierdo, pierdes, pierde, pierden **6** pierda, pierdas, pierda, pierdan

poder 1 pudiendo **2** puede **3** puedo, puedes, puede, pueden **4** pude, pudiste, pudo, pudimos, pudisteis, pudieron **5** podré etc **6** pueda, puedas, pueda, puedan **7** pudiera etc

poner 1 pon **3** pongo **4** puse, pusiste, puso, pusimos, pusisteis, pusieron **5** pondré etc **6** ponga etc **7** pusiera etc **8** puesto

preferir 1 prefiriendo **2** prefiere **3** prefiero, prefieres, prefiere, prefieren **4** prefirió, prefirieron **6** prefiera, prefieras, prefiera, prefiramos, prefiráis, prefieran **7** prefiriera etc

querer 2 quiere **3** quiero, quieres, quiere, quieren **4** quise, quisiste, quiso, quisimos, quisisteis, quisieron **5** querré etc **6** quiera, quieras, quiera, quieran **7** quisiera etc

reír 2 ríe **3** río, ríes, ríe, ríen **4** rio, rieron **6** ría, rías, ría, riamos, riáis, rían **7** riera etc

repetir 1 repitiendo **2** repite **3** repito, repites, repite, repiten **4** repitió, repitieron **6** repita etc **7** repitiera etc

rogar 2 ruega **3** ruego, ruegas, ruegan **4** rogué **6** ruegue, ruegues, ruegue, roguéis, rueguen

saber 3 sé **4** supe, supiste, supo, supimos, supisteis, supieron **5** sabré etc **6** sepa etc **7** supiera etc

salir 2 sal **3** salgo **5** saldré etc **6** salga etc

seguir 1 siguiendo **2** sigue **3** sigo,

sigues, sigue, siguen 4 siguió, siguieron 6 siga *etc* 7 siguiera *etc*

sentar 2 sienta 3 siento, sientas, sienta, sientan 6 siente, sientes, siente, sienten

sentir 1 sintiendo 2 siente 3 siento, sientes, siente, sienten 4 sintió, sintieron 6 sienta, sientas, sienta, sintamos, sintáis, sientan 7 sintiera *etc*

SER 2 sé 3 soy, eres, es, somos, sois, son 4 fui, fuiste, fue, fuimos, fuisteis, fueron 6 sea *etc* 7 fuera *etc* 9 era, eras, era, éramos, erais, eran

servir 1 sirviendo 2 sirve 3 sirvo, sirves, sirve, sirven 4 sirvió, sirvieron 6 sirva *etc* 7 sirviera *etc*

soñar 2 sueña 3 sueño, sueñas, sueña, sueñan 6 sueñe, sueñes, sueñe, sueñen

tener 2 ten 3 tengo, tienes, tiene, tienen 4 tuve, tuviste, tuvo, tuvimos, tuvisteis, tuvieron 5 tendré *etc* 6 tenga *etc* 7 tuviera *etc*

traer 1 trayendo 3 traigo 4 traje,

trajiste, trajo, trajimos, trajisteis, trajeron 6 traiga *etc* 7 trajera *etc*

valer 2 val 3 valgo 5 valdré *etc* 6 valga *etc*

venir 2 ven 3 vengo, vienes, viene, vienen 4 vine, viniste, vino, vinimos, vinisteis, vinieron 5 vendré *etc* 6 venga *etc* 7 viniera *etc*

ver 3 veo 6 vea *etc* 8 visto 9 veía *etc*

vestir 1 vistiendo 2 viste 3 visto, vistes, viste, visten 4 vistió, vistieron 6 vista *etc* 7 vistiera *etc*

VIVIR 1 viviendo 2 vive, vivid 3 vivo, vives, vive, vivimos, vivís, viven 4 viví, viviste, vivió, vivimos, vivisteis, vivieron 5 viviré, vivirás, vivirá, viviremos, viviréis, vivirán 6 viva, vivas, viva, vivamos, viváis, vivan 7 viviera, vivieras, viviera, viviéramos, vivierais, vivieran 8 vivido 9 vivía, vivías, vivía, vivíamos, vivíais, vivían

volver 2 vuelve 3 vuelvo, vuelves, vuelve, vuelven 6 vuelva, vuelvas, vuelva, vuelvan 8 vuelto

LES NOMBRES

LOS NÚMEROS

un(e)	1	un(o)(-a)
deux	2	dos
trois	3	tres
quatre	4	cuatro
cinq	5	cinco
six	6	seis
sept	7	siete
huit	8	ocho
neuf	9	nueve
dix	10	diez
onze	11	once
douze	12	doce
treize	13	trece
quatorze	14	catorce
quinze	15	quince
seize	16	dieciséis
dix-sept	17	diecisiete
dix-huit	18	dieciocho
dix-neuf	19	diecinueve
vingt	20	veinte
vingt et un(e)	21	veintiun(o)(-a)
vingt-deux	22	veintidós
trente	30	treinta
trente et un(e)	31	treinta y uno(-a)
trente-deux	32	treinta y dos
quarante	40	cuarenta
cinquante	50	cincuenta
soixante	60	sesenta
soixante-dix	70	setenta
soixante et onze	71	setenta y uno(-a)
soixante-douze	72	setenta y dos
quatre-vingts	80	ochenta
quatre-vingt-un(e)	81	ochenta y uno(-a)
quatre-vingt-dix	90	noventa
quatre-vingt-onze	91	noventa y uno(-a)
cent	100	cien(to)
cent un(e)	101	ciento un(o)(-a)
cent cinquante-six	156	ciento cincuenta y seis
deux cents	200	doscientos(-as)
trois cent un(e)	301	trescientos(-as) uno(-a)
cinq cents	500	quinientos(-as)
mille	1 000	mil
cinq mille	5 000	cinco mil
un million	1 000 000	un millón

LES NOMBRES

premier (première), 1ᵉʳ (1ʳᵉ)
deuxième, 2e, 2ème
troisième, 3e, 3ème
quatrième
cinquième
sixième
septième
huitième
neuvième
dixième
onzième
douzième
treizième
quatorzième
quinzième
seizième
dix-septième
dix-huitième
dix-neuvième
vingtième
vingt et unième
vingt-deuxième
trentième
centième
cent-unième
millième

LOS NÚMEROS

primer(o)(-a), 1º(1ª)
segundo(-a), 2º(2ª)
tercer(o)(-a), 3º(3ª)
cuarto(-a)
quinto(-a)
sexto(-a)
séptimo(-a)
octavo(-a)
noveno(-a)
décimo(-a)
undécimo(-a)
duodécimo(-a)
decimotercero(-a)
decimocuarto(-a)
decimoquinto(-a)
decimosexto(-a)
decimoséptimo(-a)
decimoctavo(-a)
decimonoveno(-a)
vigésimo(-a)
vigésimo primero(-a)
vigésimo segundo(-a)
trigésimo(-a)
centésimo(-a)
centésimo primero(-a)
milésimo(-a)

Phrases utiles

Guía del viajero

THEMES | TEMAS

THEMES | TEMAS

FAIRE CONNAISSANCE	CONOCER A GENTE
Bonjour !	¡Buenos días!
Salut !	¡Hola!
Bonsoir !	¡Buenas noches!
Bonne nuit !	¡Buenas noches!
Au revoir !	¡Adiós!
Comment vous appelez-vous ?	¿Cómo se llama usted?
Je m'appelle ...	Me llamo ...
Je vous présente ma femme.	Le presento a mi mujer.
Je vous présente mon mari.	Le presento a mi marido.
Je vous présente mon compagnon.	Le presento a mi pareja.
Enchanté.	Encantado de conocerle.
D'où êtes-vous ?	¿De dónde es usted?
Je suis de ...	Soy de ...
Comment allez-vous ?	¿Cómo está usted?
Bien, merci.	Bien, gracias.
Et vous ?	¿Y usted?
Parlez-vous français ?	¿Habla usted francés?
Désolé, je ne comprends pas.	Perdone, pero no entiendo.
Merci beaucoup !	¡Muchas gracias!

SE DÉPLACER | TRASLADOS

Demander son chemin	Cómo se puede ir hasta ...?
Où est le bureau de poste le plus proche ?	¿Dónde está la oficina de correos más cercana?
Comment est-ce qu'on y va ?	¿Cómo se va hasta allí?
Comment est-ce qu'on va à la gare ?	¿Cómo se va hasta a la estación?
Est-ce que c'est loin ?	¿Está muy lejos?
C'est à combien d'ici ?	¿Cómo queda de lejos?
C'est la bonne direction pour aller à la gare ?	¿Por aquí se va a la estación?
Je suis perdu.	Me he perdido.
Pouvez-vous me le montrer sur la carte ?	¿Me lo puede señalar en el mapa?
Vous devez faire demi-tour.	Tiene que dar la vuelta.
Allez tout droit.	Siga todo recto.
Tournez à gauche.	Tuerza a la izquierda.
Tournez à droite.	Tuerza a la derecha.
Prenez la deuxième rue à gauche.	Tome la segunda calle a la izquierda.

Location de voitures	Alquiler de coches
Je voudrais louer une voiture.	Quisiera alquilar un coche.
Une automatique, s'il vous plaît.	Un coche automático, por favor.
C'est combien pour une journée ?	¿Cuánto cuesta por día?
C'est combien pour une semaine ?	¿Cuánto cuesta por semana?
Y a-t-il un supplément kilométrique ?	¿Hay que pagar kilometraje?
Qu'est-ce qui est inclus dans le prix ?	¿Qué se incluye en el precio?

SE DÉPLACER | TRASLADOS

Je voudrais souscrire une assurance collision sans franchise.	Quisiera contrata un seguro sin franquicia.
Je voudrais un siège auto pour un enfant de 2 ans.	Quisiera una silla infantil para un niño de 2 años.
Que dois-je faire en cas d'accident ?	¿Qué debo hacer en caso de accidente?
Que dois-je faire en cas de panne ?	¿Qué debo hacer en caso de avería?

Pannes | Averías

Je suis en panne.	Tengo una avería.
Appelez le dépannage, s'il vous plaît.	Por favor, llame a la grúa.
Je suis seul.	Estoy solo.
Où est le garage le plus proche ?	¿Hay un taller por aquí cerca?
La boîte de vitesse est cassé.	La caja de cambios está rota.
Le pare-brise est cassé.	El parabrisas está roto.
Les freins ne fonctionnent pas.	Los frenos no funcionan.
Les phares ne fonctionnent pas.	Las luces no funcionan.
La batterie est à plat.	Se ha quedado sin batería.
Le moteur ne démarre pas.	El motor no arranca.
Le moteur surchauffe.	El motor se recalienta.
Le voyant de l'huile est allumé.	El piloto del aceite no se apaga.
Le réservoir d'essence fuit.	El depósito pierde combustible.
J'ai crevé.	Se me ha pinchado una rueda.
Pouvez-vous le réparer ?	¿Puede repararlo?

SE DÉPLACER | TRASLADOS

Quand est-ce que la voiture sera prête ?	¿Cuándo estará listo el coche?
La voiture est encore sous garantie.	El coche aún tiene garantía.

Stationnement · Aparcamiento

Je peux me garer ici ?	¿Puedo aparcar aquí?
Pendant combien de temps est-ce que je peux laisser ma voiture ici ?	¿Cuánto tiempo puedo dejar aparcado el coche aquí?
Est-ce qu'il faut acheter un ticket de stationnement ?	¿Tengo que sacar un ticket del parquímetro?
Où est l'horodateur ?	¿Dónde está el parquímetro?
L'horodateur ne fonctionne pas.	El parquímetro no funciona.
Où dois-je payer l'amende ?	¿Dónde puedo pagar la multa?

Station-service · Gasolinera

Où est la station-service la plus proche ?	¿Hay una gasolinera por aquí cerca?
Le plein, s'il vous plaît.	Lleno, por favor.
30 euros de gazole, s'il vous plaît.	30 euros de diesel, por favor.
30 euros de sans plomb 95, s'il vous plaît.	30 euros de 95 (sin plomo), por favor.
Pompe numéro 4, s'il vous plaît.	El número 4, por favor.
Pouvez-vous vérifier la pression des pneus ?	Por favor, compruebe la presión de los neumáticos.
Pouvez-vous vérifier le niveau de l'huile ?	Por favor, compruebe la presión del aceite.

SE DÉPLACER | TRASLADOS

Accidents	Accidentes
Appelez la police, s'il vous plaît.	Por favor, llame a la policía.
Appelez une ambulance, s'il vous plaît.	Por favor, llame a una ambulancia.
Voici les références de mon assurance.	Estos son los datos de mi seguro.
Donnez-moi les références de votre assurance, s'il vous plaît.	Por favor, deme los datos de su seguro.
Pouvez-vous me servir de témoin ?	¿Puede ser usted mi testigo?
Vous conduisiez trop vite.	Usted conducía muy rápido.
Vous n'aviez pas la priorité.	Usted no tenía prioridad.

En voiture	En coche
Quel est le meilleur chemin pour aller à l'aéroport ?	¿Cuál es la mejor forma de ir al eropuerto?
Où paie-t-on le péage ?	¿Dónde se paga el peaje?
Avez-vous une carte de la région ?	¿Tiene un mapa de carreteras de esta zona?

À vélo	En bicicleta
Est-ce qu'il existe une carte des pistes cyclables de la région ?	¿Hay un mapa de cicloturismo de esta zona?
Où est la piste cyclable pour aller à … ?	¿Dónde está el carril-bici para ir a …?
Est-ce que je peux laisser mon vélo ici ?	¿Puedo dejar aquí mi bicicleta?
On m'a volé mon vélo.	Me han robado la bicicleta.
Où se trouve le réparateur de vélos le plus proche ?	¿Hay un taller de bicicletas por aquí cerca?

SE DÉPLACER | TRASLADOS

Les freins ne marchent pas.	El freno no funciona.
Les vitesses ne marchent pas.	Las marchas no funcionan.
La chaîne est cassée.	La cadena se ha roto.
J'ai crevé.	He tenido un pinchazo.
J'ai besoin d'un kit de réparation.	Necesito una caja de parches.

En train | En tren

Combien coûte un aller simple ?	¿Cuánto cuesta una ida?
Combien coûte un aller-retour ?	¿Cuánto cuesta una ida y vuelta?
Un aller simple pour … s'il vous plaît.	Un billete de ida para … por favor.
Deux allers-retours pour … s'il vous plaît.	Dos billetes de ida y vuelta para … por favor.
Je voudrais voyager en première classe.	Me gustaría viajar en primera clase.
Il y a un tarif réduit pour les étudiants ?	¿Hay descuento para estudiantes?
Il y a un tarif réduit pour les seniors ?	¿Hay descuento para pensionistas?
Je voudrais faire une réservation pour le train qui va à … s'il vous plaît.	Una reserva para el tren que va a … por favor.
Dans le sens de la marche, s'il vous plaît.	Mirando hacia adelante, por favor.
Je voudrais réserver une couchette pour …	Quisiera reservar una litera para …
À quelle heure part le prochain train pour … ?	¿Cuándo sale el próximo tren para …?
Est-ce qu'il faut payer un supplément ?	¿Tengo que pagar suplemento?

SE DÉPLACER | TRASLADOS

Est-ce qu'il y a un changement ?	¿Hay que hacer transbordo?
Où est-ce qu'il faut changer ?	¿Dónde tengo que hacer transbordo?
De quel quai part le train pour ... ?	¿De qué vía sale el tren para ...?
C'est bien le train pour ... ?	¿Es éste el tren que va a ...?
Excusez-moi, c'est ma place.	Perdone, éste es mi asiento.
J'ai réservé.	Tengo una reserva.
La place est libre ?	¿Está libre este asiento?
Pourriez-vous me prévenir lorsqu'on arrivera à ... ?	¿Por favor, avíseme cuando lleguemos a ...?
Où est la voiture-bar ?	¿Dónde está el coche restaurante?
Où est la voiture numéro 43 ?	¿Cuál es el vagón número 43?

En ferry | En barco

Est-ce qu'il y a un ferry pour ... ?	¿Sale algún barco para ...?
Quand part le prochain ferry pour ... ?	¿Cuándo sale el próximo barco para ...?
Quand part le dernier ferry pour ... ?	¿Cuándo sale el último barco para ...?
Combien coûte l'aller simple ?	¿Cuánto cuesta el billete de ida?
Combien coûte l'aller-retour ?	¿Cuánto cuesta el billete de ida y vuelta?
Combien coûte la traversée pour une voiture avec 2 personnes ?	¿Cuánto cuesta el billete para el coche y para 2 personas?
D'où part le ferry ?	¿De dónde zarpa el barco?
Combien de temps dure la traversée ?	¿Cuánto dura la travesía?

SE DÉPLACER | TRASLADOS

Quand devons-nous arriver à ... ?	¿Cuándo llegamos a ...?
Où est le restaurant ?	¿Dónde está el restaurante?
Où est le bar ?	¿Dónde está el bar?
Où est le magasin hors-taxe ?	¿Dónde está el duty-free?
Comment accède-t-on au niveau où sont les voitures ?	¿Cómo se llega al garaje?
Où est la cabine numéro 28 ?	¿Dónde está el camarote número 28?
Avez-vous quelque chose pour le mal de mer ?	¿Tienen algo para el mareo?

En avion | En avión

Où sont les bagages du vol provenant de... ?	¿Dónde está el equipaja del vuelo de ...?
Où puis-je changer de l'argent ?	¿Dónde se puede cambiar moneda?
Comment va-t-on au centre-ville ?	¿Cómo se va al centro?
Où est la station de taxis ?	¿Dónde está la parada de taxis?
Où est l'arrêt de bus ?	¿Dónde está la parada del bús?
Mes bagages ne sont pas arrivés.	Mi equipaje no ha llegado.
Est-ce que vous pouvez appeler ... ?	¿Puede avisar por el altavoz a ...?
Où dois-je enregistrer pour le vol pour ... ?	¿Dónde hay que facturar para el vuelo a ...?
À quelle porte faut-il embarquer pour le vol pour ... ?	¿Cuál es la puerta de embarque del vuelo para ...?
Quelle est l'heure limite d'enregistrement ?	¿Hasta qué hora como máximo se puede facturar?

SE DÉPLACER | TRASLADOS

À quelle heure commence l'embarquement ?	¿Cuándo empieza el embarque?
Fenêtre, s'il vous plaît.	Ventanilla, por favor.
Couloir, s'il vous plaît.	Pasillo, por favor.
J'ai perdu ma carte d'embarquement.	He perdido la tarjeta de embarque.
J'ai perdu mon billet.	He perdido el billete.
Je voudrais changer mon billet.	Quisiera cambiar el vuelo.
Je voudrais annuler mon billet.	Quisiera anular la reserva.

Transports en commun | Transporte público

Comment est-ce qu'on va au centre?	¿Cómo se va al centro?
Où est la gare routière ?	¿Dónde está la estación de autobuses?
Où est l'arrêt de bus le plus proche ?	¿Hay una parada de autobús por aquí cerca?
Où est la station de métro la plus proche ?	¿Hay una estación de metro por aquí cerca?
Un ticket, s'il vous plaît. Pour …	Un billete, por favor. A …
Il y a un tarif réduit pour les seniors ?	¿Hay descuentos para pensionistas?
Il y a un tarif réduit pour les enfants ?	¿Hay descuentos para niños?
Il y a un tarif réduit avec cette carte ?	¿Hay descuentos con este carnet?
Est-ce qu'il y a des tickets valables pour plusieurs voyages ?	¿Hay bonos de viaje?

Comment fonctionne le distributeur de tickets ?	¿Cómo funciona la máquina de billetes?
Avez-vous un plan du métro ?	¿Tienen un plano del metro?
Pourriez-vous me prévenir quand je dois descendre ?	¿Puede decirme cuándo tengo que bajar?
Quel est le prochain arrêt ?	¿Cuál es la próxima parada?

En taxi | En taxi

Où puis-je trouver un taxi ?	¿Dónde se puede coger un taxi?
Pouvez-vous m'appeler un taxi, s'il vous plaît ?	¿Puede avisar a un taxi, por favor?
Pouvez-vous me réserver un taxi pour 2 heures, s'il vous plaît ?	Por favor, pídame un taxi para las 2.
À l'aéroport, s'il vous plaît.	Al aeropuerto, por favor.
À la gare, s'il vous plaît.	A la estación, por favor.
À l'hôtel ... s'il vous plaît.	Al hotel ... por favor.
À cette adresse, s'il vous plaît.	A esta dirección, por favor.
Je suis pressé.	Tengo prisa.
C'est combien ?	¿Cuánto cuesta?
Il me faut un reçu.	Necesito un recibo.
Je n'ai pas de monnaie.	No tengo billetes más pequeños.
Gardez la monnaie.	Quédese con el cambio.
Arrêtez-moi ici, s'il vous plaît.	Pare aquí, por favor.

Camping | Camping

Est-ce qu'il y a un camping ici ?	¿Hay un camping por aquí?
Nous voudrions un emplacement pour une tente.	Quisiéramos una plaza para una tienda de campaña.
Nous voudrions un emplacement pour une caravane.	Quisiéramos una plaza para una caravana.
Nous voudrions rester une nuit.	Queremos quedarnos una noche.
Nous voudrions rester 3 nuits.	Queremos quedarnos 3 noches.
C'est combien la nuit ?	¿Cuánto es por noche?
Où sont les toilettes ?	¿Dónde están los lavabos?
Où sont les douches ?	¿Dónde están las duchas?
Où est le magasin ?	¿Dónde está la tienda?
Est-ce qu'on peut camper ici pour la nuit ?	¿Podemos acampar aquí por la noche?
Est-ce qu'on peut stationner ici pour la nuit ?	¿Podemos aparcar aquí por la noche?

Location de vacances | Apartamentos de vacaciones

Où faut-il aller chercher la clé de l'appartement ?	¿Dónde nos dan la llave del apartamento?
Quelle est la clé qui ouvre cette porte ?	¿Qué llave es la de esta puerta?
Est-ce que l'électricité est à payer en plus ?	¿Hay que pagar la luz aparte?
Où sont les fusibles ?	¿Dónde están los fusibles?
Où est le compteur de gaz ?	¿Dónde está el contador del gas?
Comment fonctionne la machine à laver ?	¿Cómo funciona la lavadora?

Comment fonctionne le chauffage ?	¿Cómo funciona la calefacción ?
Pouvez-vous nous montrer comme ça marche, s'il vous plaît ?	¿Puede enseñarnos cómo funciona esto, por favor?
Qui dois-je contacter en cas de problème ?	¿Con quién debo hablar si hubiera algún problema?
Il nous faut un double de la clé.	Necesitamos otra copia de la llave.
Il nous faut des draps supplémentaires.	Necesitamos más sábanas.
Il nous faut de la vaisselle en plus.	Necesitamos más vajilla.
Il n'y a plus de gaz.	Se ha acabado el gas.
Il n'y a pas d'électricité.	No hay luz.
Où devons-nous laisser la clé en partant ?	¿Dónde hay que dejar la llave cuando nos vayamos?
Est ce que nous devons nettoyer la maison avant de partir ?	¿Hay que limpiar la casa antes de marcharnos?

Hôtel | Hotel

Avez-vous une chambre pour une personne pour ce soir ?	¿Tienen una habitación individual para esta noche?
Avez-vous une chambre pour 2 personnes pour ce soir ?	¿Tienen una habitación doble para esta noche?
Avez vous une chambre pour 4 personnes pour ce soir ?	¿Tienen una habitación para 4 personas para esta noche?
Avez vous une chambre avec baignoire ?	¿Tienen una habitación con baño?

HÉBERGEMENT | ALOJAMIENTO

Je voudrais rester une nuit.	Quisiera quedarme una noche.
Je voudrais rester 5 nuits.	Quisiera quedarme 5 noches.
J'ai réservé une chambre au nom de …	Tengo reservada una habitación a nombre de …
Je voudrais une autre chambre.	Quisiera otra habitación.
On sert le petit déjeuner à quelle heure ?	¿A qué hora sirven el desayuno?
Où prend-on le petit déjeuner ?	¿Dónde sirven el desayuno?
Pouvez-vous me servir le petit déjeuner dans ma chambre ?	¿Podrían traerme el desayuno a la habitación?
Où est le restaurant ?	¿Dónde está el restaurante?
Où est la piscine ?	¿Dónde está la piscina?
Mettez ceci dans le coffre, s'il vous plaît.	Por favor, póngalo en la caja fuerte.
Je voudrais qu'on me réveille demain matin à sept heures.	¿Me podrían despertar por la mañana a las 7, por favor?
Pourriez-vous faire nettoyer ceci ?	¿Puede limpiarme esto?
S'il vous plaît, apportez-moi une autre couverture.	Por favor, tráigame una manta más.
La climatisation ne marche pas.	El aire acondicionado no funciona.
La clé, s'il vous plaît.	La llave, por favor.
Chambre numéro 312	Número de habitación 312
Est-ce que j'ai reçu des messages ?	¿Hay algún mensaje para mí?
Pouvez-vous me préparer ma note, s'il vous plaît ?	Por favor, prepare la cuenta.

Je voudrais des cartes postales.	Estoy buscando postales.
Je voudrais du dentifrice.	Quiero pasta de dientes.
Avez-vous des piles ?	¿Tienen pilas?
Où est le magasin de photo le plus proche ?	¿Hay una tienda de fotografía por aquí cerca?
Où est le magasin de souvenirs le plus proche ?	¿Hay una tienda de recuerdos por aquí cerca?
Avez-vous ceci dans une autre taille ?	¿Tienen esto en otra talla?
Avez-vous ceci dans une autre couleur ?	¿Tienen esto en otro color?
Je fais du ...	Mi talla es la ...
Quelle est votre pointure ?	¿Qué número calza?
Je fais du 37.	Calzo un 37.
Je le prends.	Me lo quedo.
Avez-vous autre chose ?	¿Tienen alguna otra cosa?
C'est trop cher.	Es demasiado caro.
Je regarde juste.	Sólo estaba mirando.
Acceptez-vous les cartes de crédit ?	¿Aceptan tarjetas de crédito?
Acceptez-vous la carte bleue ?	¿Aceptan tarjetas de débito?

Alimentation | Alimentación

Où est le supermarché le plus proche ?	¿Hay un supermercado por aquí cerca?
Où est la boulangerie la plus proche ?	¿Hay una panadería por aquí cerca?
Où est le marché ?	¿Dónde está el mercado?
Quels sont les jours de marché ?	¿Cuándo hay mercado?
un kilo de pommes de terre	un kilo de patatas

ACHATS	DE COMPRAS
une livre de pommes	medio kilo de manzanas
deux cents grammes d'olives	doscientos gramos de aceitunas
6 tranches de jambon	6 lonchas de jamón
un litre de lait	un litro de leche
une bouteille de vin rouge	una botella de vino tinto
un paquet de chips	una bolsa de patatas fritas

Poste	Correos
Où est la poste la plus proche ?	¿Hay una sucursal de correos por aquí cerca?
La poste ouvre à quelle heure ?	¿Cuándo abre Correos?
Où peut-on acheter des timbres ?	¿Dónde se pueden comprar sellos?
Je voudrais 8 timbres pour cartes postales pour la France.	Quiero 8 sellos para postales a Francia.
Je voudrais poster cette lettre.	Quiero enviar esta carta.
Je voudrais expédier ce colis.	Quiero enviar este paquete.
par avion	por avión
en courrier urgent	por correo urgente
en recommandé	certificado
Est-ce que j'ai du courrier ?	¿Tengo carta?
Où est la boîte aux lettres la plus proche ?	¿Hay un buzón por aquí cerca?

Photographie et vidéo	Fotografía y vídeo
Une pellicule couleur, s'il vous plaît.	Un carrete en color, por favor.
Une pellicule noir et blanc, s'il vous plaît.	Un carrete en blanco y negro, por favor.

ACHATS	DE COMPRAS
Je voudrais une carte mémoire pour mon appareil numérique.	Necesito una tarjeta de memoria para mi cámara digital.
de vingt-quatre/trente-six poses	de veinticuatro/treinta y seis fotos
Je voudrais une cassette pour ce caméscope, s'il vous plaît.	Quiero una cinta para esta cámara, por favor.
Je voudrais des piles pour cet appareil photo, s'il vous plaît.	Quiero pilas para esta cámara, por favor.
Mon appareil photo se bloque.	La cámara se atasca.
Pourriez-vous développer cette pellicule, s'il vous plaît ?	Quiero revelar este carrete, por favor.
Je voudrais les photos en mat.	Las fotos las quiero en mate.
Je voudrais les photos en brillant.	Las fotos las quiero en brillo.
Je voudrais les photos en format 10 sur 15.	Las fotos las quiero en formato de 10 por 15.
Quand est-ce que les photos seront prêtes ?	¿Cuándo puedo pasar a recoger las fotos?
Combien coûtent les photos ?	¿Cuánto cuestan las fotos?
Pourriez-vous nous prendre en photo, s'il vous plaît ?	¿Puede sacarnos una foto, por favor?

LOISIRS | OCIO

Visites touristiques	Visitas turísticas
Où se trouve l'office de tourisme ?	¿Dónde está la oficina de turismo?
Avez-vous des dépliants sur … ?	¿Tienen folletos de …?
Quels sont les endroits à visiter ici ?	¿Qué se puede visitar aquí?
Est-ce qu'il existe des visites guidées de la ville ?	¿Se organizan visitas por la ciudad?
Quels sont les horaires d'ouverture du musée ?	¿Cuándo está abierto el museo?
Combien coûte l'entrée ?	¿Cuánto cuesta la entrada?
Il y a un tarif réduit pour les enfants ?	¿Hay descuento para niños?
Il y a un tarif réduit pour les chômeurs ?	¿Hay descuento para desempleados?
Est-ce qu'il y a une visite guidée en français ?	¿Hay alguna visita guiada en francés?
Je voudrais un catalogue.	Quisiera un catálogo.
Je peux prendre des photos ici ?	¿Puedo sacar fotos?
Je peux filmer ici ?	¿Puedo filmar aquí?

Loisirs	Ocio
Qu'est-ce qu'il y a à faire ici ?	¿Qué se puede hacer por aquí?
Où est-ce qu'on peut danser ?	¿Dónde se puede bailar?
Où est-ce qu'on peut écouter de la musique live ?	¿Dónde se puede escuchar música en directo?
Où est-ce qu'il y a un bon bar ?	¿Dónde hay un buen bar?
Où est-ce qu'il y a une bonne discothèque ?	¿Dónde hay una buena discoteca?

Qu'est-ce qu'il y a ce soir au cinéma ?	¿Qué hay esta noche en el cine?
Qu'est-ce qu'il y a ce soir à la salle de concert ?	¿Qué hay esta noche en el auditorio?
Ou est-ce que je peux acheter des places de théâtre ?	¿Dónde puedo comprar entradas para el teatro?
Ou est-ce que je peux acheter des places d'opéra ?	¿Dónde puedo comprar entradas para la ópera?
Combien coûte l'entrée ?	¿Cuánto cuesta la entrada?
Je voudrais un billet pour ...	Quisiera una entrada para ...
Je voudrais 4 billets pour ...	Quisiera 4 entradas para ...
Il y a un tarif réduit pour les seniors ?	¿Hay descuento para pensionistas?
Il y a un tarif réduit pour les étudiants ?	¿Hay descuento para estudiantes?

À la plage	En la playa
Est-ce qu'on peut se baigner ici ?	¿Se puede uno bañar aquí?
Où se trouve la plage la plus proche ?	¿Hay una playa por aquí cerca?
Est-ce qu'il y a des courants ?	¿Hay corrientes?
Est-ce qu'on peut nager ici sans danger ?	¿Se puede nadar aquí sin peligro?
La profondeur de l'eau est de combien ?	¿Qué profundidad tiene el agua?
Est-ce qu'il y a un maître nageur ?	¿Hay socorrista?
Où peut-on faire du ski nautique ?	¿Dónde se puede practicar esquí acuático por aquí?
Où peut-on faire de la plongée ?	¿Dónde se puede bucear por aquí?

LOISIRS | OCIO

Je voudrais louer une chaise longue.	Quisiera alquilar una tumbona.
Je voudrais louer un parasol.	Quisiera alquilar una sombrilla.
Je voudrais louer un scooter des mers.	Quisiera alquilar una moto acuática.

Sport | Deporte

Où peut-on jouer au tennis?	¿Dónde se puede jugar al tenis?
Où peut-on aller nager ?	¿Dónde se puede ir a nadar?
Où peut-on faire de l'équitation ?	¿Dónde se puede montar a caballo?
Où peut-on aller pêcher ?	¿Dónde se puede ir a pescar?
Combien est-ce que ça coûte de l'heure ?	¿Cuánto cuesta la hora?
Où peut-on réserver un court ?	¿Dónde puedo reservar una pista?
Où peut-on louer des raquettes de tennis?	¿Dónde puedo alquilar raquetas de tenis?
Où peut-on louer un pédalo ?	¿Dónde puedo alquilar un patín a pedales?
Est-ce qu'il faut un permis de pêche ?	¿Se necesita un permiso de pesca?
Quelles compétitions sportives peut-on voir par ici ?	¿Qué actividades deportivas se pueden ver por aquí?
Je voudrais voir un match de foot.	Quisiera ver un partido de fútbol.
Je voudrais voir une course hippique.	Quisiera ver carreras de caballos.

Ski | Esquí

Où peut-on louer un équipement de ski ?	¿Dónde puedo alquilar un equipo de esquí?

Je voudrais louer des skis de piste.	Quisiera alquilar unos esquís (de descenso).
Je voudrais louer des skis de fond.	Quisiera alquilar unos esquís de fondo.
Je voudrais louer des chaussures de ski.	Quisiera alquilar unas botas de esquí.
Pourriez-vous resserrer mes fixations, s'il vous plaît ?	¿Podría ajustarme la fijación, por favor?
Où est-ce qu'on peut acheter un forfait ?	¿Dónde puedo comprar el forfait?
Je voudrais un forfait pour une journée.	Quisiera un forfait para un día.
Je voudrais un forfait pour une semaine.	Quisiera un forfait para una semana.
Combien coûte le forfait ?	¿Cuánto cuesta el forfait?
À quelle heure part le premier télésiège ?	¿Cuándo sale el primer telesilla?
Avez-vous une carte des pistes ?	¿Tiene un mapa de las pistas?
Où sont les pistes pour débutants ?	¿Dónde están las pistas para principiantes?
Quelle est la difficulté de cette piste ?	¿Cuál es la dificultad de esta pista?
Y a-t-il une école de ski ?	¿Hay una escuela de esquí?
Où est le poste de secours le plus proche ?	¿Hay una unidad de rescate en montaña cerca de aquí?
Quelles sont les prévisions de la météo ?	¿Cuál es el pronóstico del tiempo?
Comment est la neige ?	¿Cuál es el estado de la nieve?
Est-ce qu'il y a un risque d'avalanches ?	¿Hay peligro de aludes?

BOIRE ET MANGER | **COMIDA Y BEBIDA**

Une table pour 4 personnes, s'il vous plaît.	Una mesa para 4 personas, por favor.
La carte, s'il vous plaît.	Por favor, la carta.
La carte des vins, s'il vous plaît.	Por favor, la carta de vinos.
Qu'est-ce que vous me conseillez ?	¿Qué me recomienda?
Servez-vous des plats végétariens ?	¿Tienen platos vegetarianos?
Servez-vous des portions pour enfants ?	¿Tienen raciones para niños?
Est-ce que cela contient des cacahuètes ?	¿Esto contiene cacahuetes?
Est-ce que cela contient de l'alcool ?	¿Esto contiene alcohol?
Vous pourriez m'apporter encore du pain, s'il vous plaît ?	¿Puede traer más pan, por favor?
Je vais prendre le poisson.	Para mí, el pescado.
L'addition, s'il vous plaît.	La cuenta, por favor.
Sur une seule addition, s'il vous plaît.	Cóbrelo todo junto, por favor.
Sur des additions séparées, s'il vous plaît.	Haga cuentas separadas, por favor.
Gardez la monnaie.	Quédese con el cambio.
Ce n'est pas ce que j'ai commandé.	Esto no es lo que yo he pedido.
Il y a une erreur dans l'addition.	La cuenta está mal.
C'est froid.	La comida está fría.
C'est trop salé.	La comida está demasiado salada.
Je ne suis pas satisfait.	No estoy contento con esto.

Où est-ce que je peux téléphoner ?	¿Dónde puedo hacer una llamada por aquí cerca?
Où est la cabine à cartes la plus proche ?	¿Dónde hay un teléfono de tarjeta cerca de aquí?
Je voudrais une carte téléphonique de vingt-cinq euros.	Quisiera una tarjeta de teléfono de veinticinco euros.
Je voudrais de la monnaie pour téléphoner, s'il vous plaît.	Necesito monedas para llamar por teléfono, por favor.
Je voudrais téléphoner en PCV	Quisiera hacer una llamada a cobro revertido.
Allô.	Hola.
C'est ...	Soy ...
Qui est à l'appareil ?	¿Con quién hablo, por favor?
Puis-je parler à Monsieur ... s'il vous plaît ?	¿Puedo hablar con el señor ... por favor?
Puis-je parler à Madame ... s'il vous plaît ?	¿Puedo hablar con la señora ... por favor?
Poste numéro ... s'il vous plaît.	Por favor, póngame con el número ...
Je rappellerai plus tard.	Volveré a llamar más tarde.
Pouvez-vous me répondre par minimessage SMS ?	¿Puede mandarme su respuesta en un SMS?
Où est-ce que je peux recharger mon portable ?	¿Dónde puedo cargar la batería del móvil?
Il me faut une pile neuve.	Necesito una batería nueva.
Où est-ce que je peux acheter une carte prépayée ?	¿Dónde venden tarjetas de recarga?
Je n'ai pas de réception.	No hay cobertura.
Je ne te capte plus.	Se corta.

VIE PRATIQUE | DATOS PRÁCTICOS

Passeport/Douane | Pasaporte/Aduana

Voici mon passeport.	Aquí tiene mi pasaporte.
Voici ma carte d'identité.	Aquí tiene mi carnet de identidad.
Voici mon permis de conduire.	Aquí tiene mi carnet de conducir.
Voici ma carte verte.	Aquí tiene mi carta verde.
Voici les papiers de mon véhicule.	Aquí tiene la documentación del vehículo.
Les enfants sont sur ce passeport.	Los niños están incluidos en este pasaporte.
Est-ce que je dois déclarer ceci?	¿Tengo que declararlo?
C'est un cadeau.	Esto es un regalo.
C'est pour mon usage personnel.	Es para mi uso personal.
Je suis en transit pour ...	Estoy de paso para ir a ...

À la banque | En el banco

Où puis-je changer de l'argent?	¿Dónde puedo cambiar dinero?
Est-ce qu'il y a une banque par ici?	¿Hay un banco por aquí?
Est-ce qu'il y a un bureau de change par ici ?	¿Hay una oficina de cambio por aquí?
Quels sont les horaires d'ouverture de la banque ?	¿Cuándo está abierto el banco?
Quels sont les horaires d'ouverture du bureau de change ?	¿Cuándo está abierta la oficina de cambio?
Je voudrais 200 euros.	Quiero 200 euros.

Je voudrais changer 100 euros en dollars.	Quisiera cambiar 100 euros en dólares.
Je voudrais encaisser ces chèques de voyage.	Quisiera canjear estos cheques de viaje.
Combien prenez-vous de commission ?	¿Cuánto cobran de comisión?
Je peux me servir de ma carte pour retirer de l'argent ?	¿Puedo sacar dinero en efectivo con mi tarjeta de crédito?
Il y a un distributeur par ici ?	¿Hay un cajero por aquí?
Le distributeur m'a pris ma carte.	El cajero automático se ha quedado con mi tarjeta.
Pouvez-vous me donner de la monnaie, s'il vous plaît ?	Deme cambio en monedas, por favor.

Réparations | Arreglos

Où puis-je faire réparer ceci ?	¿Dónde pueden arreglarme esto?
Pouvez-vous réparer ces chaussures ?	¿Puede arreglar estos zapatos?
Pouvez-vous réparer cette montre ?	¿Puede reparar este reloj?
Est-ce que cela vaut la peine de le réparer ?	¿Vale la pena repararlo?
Combien coûte la réparation ?	¿Cuánto cuesta la reparación?
Quand sera-t-il prêt ?	¿Cuándo estará listo?
Pouvez-vous le faire tout de suite ?	¿Puede hacerlo ahora mismo?

Urgences | Servicios de urgencia

Au secours !	¡Socorro!
Au feu !	¡Fuego!

VIE PRATIQUE | DATOS PRÁCTICOS

Pouvez-vous appeler le médecin d'urgence, s'il vous plaît ?	Por favor, llame a un médico de urgencia.
Pouvez-vous appeler les pompiers, s'il vous plaît ?	Por favor, llame a los bomberos.
Pouvez-vous appeler la police, s'il vous plaît?	Por favor, llame a la policía.
Je dois téléphoner d'urgence.	Tengo que hacer una llamada urgente.
J'ai besoin d'un interprète.	Necesito un intérprete.
Où est le commissariat ?	¿Dónde está la comisaría?
Où est l'hôpital ?	¿Hay un hospital cerca de aquí?
Je voudrais signaler un vol.	Quisiera denunciar un robo.
On m'a volé mon portefeuille.	Me han robado la cartera.
Il y a eu un accident.	Ha habido un accidente.
Il y a 3 blessés.	Hay 3 heridos.
Je suis à ...	Estoy en ...
On m'a volé.	Me han robado.
On m'a attaqué.	Me han atracado.
On m'a violée.	Me han violada.
Je voudrais appeler mon ambassade.	Quisiera hablar con mi embajada.

Pharmacie | Farmacia

Où est la pharmacie la plus proche ?	¿Dónde hay una farmacia por aquí?
Quelle est la pharmacie de garde ?	¿Cuál es la farmacia de guardia?
Je voudrais quelque chose contre la diarrhée.	Quisiera algo para la diarrea.
Je voudrais quelque chose contre la fièvre.	Quisiera algo para la fiebre.
Je voudrais quelque chose contre le mal des transports.	Quisiera algo para el mareo.
Je voudrais quelque chose contre les maux de tête.	Quisiera algo para el dolor de cabeza.
Je voudrais des pansements.	Quiero tiritas.
Je voudrais du paracétamol.	Quiero paracetamol.
Je suis allergique à l'aspirine.	Soy alérgico a la aspirina.
Je suis allergique à la pénicilline.	Soy alérgico a la penicilina.
C'est sans danger pour les enfants ?	¿Pueden tomarlo los niños?
Comment dois-je le prendre ?	¿Cómo tengo que tomarlo?

Chez le médecin | En la consulta médica

J'ai besoin de voir un médecin.	Necesito que me atienda un médico.
Où sont les urgences ?	¿Dónde está Urgencias?
J'ai mal ici.	Me duele aquí.
J'ai chaud.	Tengo calor.
J'ai froid.	Tengo frío.
Je me sens mal.	Tengo ganas de vomitar.
J'ai la tête qui tourne.	Tengo mareos.
Je suis enceinte.	Yo estoy embarazada.

SANTÉ | SALUD

Je suis diabétique.	Soy diabético.
Je suis séropositif.	Soy seropositivo.
Je prends ces médicaments.	Estoy tomando este medicamento.
Je suis o positif.	Mi grupo sanguíneo es o positivo.

À l'hôpital | En el hospital

Dans quelle salle se trouve ... ?	¿En qué unidad está ...?
Quelles sont les heures de visite ?	¿Cuándo son las horas de visita?
Je voudrais parler à un médecin.	Quisiera hablar con un médico.
Quand vais-je pouvoir sortir ?	¿Cuándo me van a dar de alta?

Chez le dentiste | En el dentista

J'ai besoin de voir un dentiste.	Tengo que ir al dentista.
J'ai mal à cette dent.	Me duele esta muela.
J'ai perdu un de mes plombages.	Se me ha caído un empaste.
J'ai un abcès.	Tengo un absceso.
Je veux une piqûre contre la douleur.	Quisiera una inyección para el dolor.
Je ne veux pas de piqûre contre la douleur.	No quisiera una inyección para calmar el dolor.
Pouvez-vous réparer mon dentier ?	¿Me puede arreglar la dentadura?
J'ai besoin d'un reçu pour mon assurance.	Necesito un recibo para mi seguro.

Voyages d'affaires | Viajes de negocios

Je voudrais organiser une réunion avec ...	Quisiera tener una reunión con ...
J'ai rendez-vous avec ...	Tengo una cita con ...
Voici ma carte de visite.	Aquí tiene mi tarjeta.
Je travaille pour ...	Trabajo para ...
Où se trouve votre bureau ?	¿Cómo se llega a su despacho?
J'ai besoin d'un interprète.	Necesito un intérprete.
Je peux me servir de votre ordinateur ?	¿Puedo usar su ordenador?
Quelle est votre adresse électronique ?	¿Cuál es su e-mail?
Y a-t-il un accès à internet ici ?	¿Hay conexión a Internet en la sala?
Y a-t-il un fax que je puisse utiliser ?	¿Hay un fax que se pueda usar?
Y a-t-il un accès à internet sans fil dans cette pièce ?	¿La sala tiene conexión wi-fi?

Voyageurs handicapés | Discapacitados

Est-ce qu'on peut visiter ... en chaise roulante ?	¿La visita a ... es posible también para personas que vayan en silla de ruedas?
Où est l'entrée pour les chaises roulantes ?	¿Por dónde se puede entrar con la silla de ruedas?
Votre hôtel est-il accessible aux chaises roulantes ?	¿Tiene su hotel acceso para discapacitados?
Il me faut une chambre au rez-de-chaussée.	Necesito una habitación en la planta baja.
Y a-t-il un ascenseur pour chaises roulantes ?	¿Tienen ascensor para discapacitados?

VOYAGEURS | VIAJEROS

Où sont les toilettes pour handicapés ?	¿Dónde está el lavabo para discapacitados?
Pouvez-vous m'aider à monter, s'il vous plaît ?	¿Podría ayudarme a subir, por favor?
Où peut-on faire réparer une chaise roulante par ici ?	¿Hay un taller donde arreglen sillas de ruedas cerca de aquí?
Le pneu est crevé.	Se ha reventado un neumático.
La batterie est à plat.	Se ha quedado sin batería.

Voyager avec des enfants | Viajar con niños

Est-ce que les enfants sont admis ?	¿Pueden entrar niños?
Il y a un tarif réduit pour les enfants ?	¿Hay descuentos para niños?
Vous servez des portions pour enfants ?	¿Sirven raciones para niños?
Avez-vous une chaise haute ?	¿Tienen una sillita?
Avez-vous un lit de bébé ?	¿Tienen una cuna?
Avez-vous un siège pour enfant ?	¿Tienen un asiento para niños?
Où est-ce que je peux changer mon bébé ?	¿Dónde puedo cambiar al niño?
Où est-ce que je peux allaiter mon bébé ?	¿Dónde puedo darle el pecho al niño?
Vous pouvez me réchauffer ceci, s'il vous plaît ?	¿Puede calentar esto, por favor?
Qu'est-ce qu'il y a à faire pour les enfants ?	¿Qué pueden hacer aquí los niños?
Où est l'aire de jeux la plus proche ?	¿Hay un parque infantil por aquí cerca?
Est-ce qu'il y a un service de garderie ?	¿Hay guardería?